Fundamentos de
Sistemas Operacionais

O GEN | Grupo Editorial Nacional – maior plataforma editorial brasileira no segmento científico, técnico e profissional – publica conteúdos nas áreas de ciências exatas, humanas, jurídicas, da saúde e sociais aplicadas, além de prover serviços direcionados à educação continuada e à preparação para concursos.

As editoras que integram o GEN, das mais respeitadas no mercado editorial, construíram catálogos inigualáveis, com obras decisivas para a formação acadêmica e o aperfeiçoamento de várias gerações de profissionais e estudantes, tendo se tornado sinônimo de qualidade e seriedade.

A missão do GEN e dos núcleos de conteúdo que o compõem é prover a melhor informação científica e distribuí-la de maneira flexível e conveniente, a preços justos, gerando benefícios e servindo a autores, docentes, livreiros, funcionários, colaboradores e acionistas.

Nosso comportamento ético incondicional e nossa responsabilidade social e ambiental são reforçados pela natureza educacional de nossa atividade e dão sustentabilidade ao crescimento contínuo e à rentabilidade do grupo.

Fundamentos de Sistemas Operacionais

Nona Edição

Abraham Silberschatz
Yale University

Peter Baer Galvin
Pluribus Networks

Greg Gagne
Westminster College

Tradução
Aldir José Coelho Correa da Silva

Revisão Técnica
Elisabete do Rego Lins
MSc em Informática – PUC-Rio

- Os autores deste livro e a editora empenharam seus melhores esforços para assegurar que as informações e os procedimentos apresentados no texto estejam em acordo com os padrões aceitos à época da publicação, e todos os dados foram atualizados pelas autoras até a data de fechamento do livro. Entretanto, tendo em conta a evolução das ciências, as atualizações legislativas, as mudanças regulamentares governamentais e o constante fluxo de novas informações sobre os temas que constam do livro, recomendamos enfaticamente que os leitores consultem sempre outras fontes fidedignas, de modo a se certificarem de que as informações contidas no texto estão corretas e de que não houve alterações nas recomendações ou na legislação regulamentadora.

- Os autores e a editora se empenharam para citar adequadamente e dar o devido crédito a todos os detentores de direitos autorais de qualquer material utilizado neste livro, dispondo-se a possíveis acertos posteriores caso, inadvertida e involuntariamente, a identificação de algum deles tenha sido omitida.

- **Atendimento ao cliente: (11) 5080-0751 | faleconosco@grupogen.com.br**

- Traduzido de:
OPERATING SYSTEM CONCEPTS, NINTH EDITION
Copyright © 2013, 2012, 2008 John Wiley & Sons.
All Rights Reserved. This translation published under license with the original publisher John Wiley & Sons Inc.
ISBN: 978-1-1180-6333-0

- Direitos exclusivos para a língua portuguesa
Copyright © 2015 by
LTC — LIVROS TÉCNICOS E CIENTÍFICOS EDITORA LTDA.
Uma editora integrante do GEN | Grupo Editorial Nacional
Travessa do Ouvidor, 11
Rio de Janeiro – RJ – 20040-040
www.grupogen.com.br

- Reservados todos os direitos. É proibida a duplicação ou reprodução deste volume, no todo ou em parte, em quaisquer formas ou por quaisquer meios (eletrônico, mecânico, gravação, fotocópia, distribuição pela Internet ou outros), sem permissão, por escrito, da LTC | Livros Técnicos e Científicos Editora Ltda.

- Design de capa: Madelyn Lesure

- Ilustração de capa: Red33|Dreamstime.com

- Editoração eletrônica: UNA | União Nacional de Autores

- Ficha catalográfica

CIP-BRASIL. CATALOGAÇÃO-NA-FONTE
SINDICATO NACIONAL DOS EDITORES DE LIVROS, RJ

S576s
9. ed.

Silberschatz, Abraham
Fundamentos de sistemas operacionais / Abraham Silberschatz, Peter Baer Galvin, Greg Gagne. - 9. ed. - [Reimpr.]. - Rio de Janeiro : LTC, 2022.
il.; 28 cm.

Tradução de: Operating system concepts
Inclui bibliografia e índice
ISBN 978-85-216-2939-9

1. Sistemas operacionais (Computadores). I. Título.

15-23332   CDD: 005.43
                                                                        CDU: 004.451

Aos meus filhos Lemor, Sivan e Aaron e à minha Nicolette
Avi Silberschatz

A Brendan e Ellen, Barbara, Anne e Harold, Walter e Rebecca
Peter Baer Galvin

A minha Mãe e meu Pai,
Greg Gagne

Material Suplementar

Este livro conta com os seguintes materiais suplementares:

- **Apêndices:** Estudos de caso do Unix BSD e The Mach System em (.pdf) (acesso livre);
- **Códigos-fonte:** Códigos-fonte em C e Java (acesso livre);
- **Guia de Estudo:** Guia de estudo para acompanhar o livro-texto em (.pdf) (acesso livre);
- **Máquinas Virtuais:** Leia-me do software Virtualbox (acesso livre);
- **PowerPoint Slides:** Apresentações para uso em sala de aula em inglês em (.ppt) (acesso restrito a docentes);
- **Respostas dos Exercícios Práticos:** Problemas de revisão em (.pdf) (acesso livre);
- **Slides em PowerPoint:** Ilustrações da obra em formato de apresentação (acesso restrito a docentes);
- **Soluções dos Exercícios:** Soluções para os exercícios (.pdf) (acesso restrito a docentes);
- **Soluções dos Códigos-fonte:** Soluções para os códigos-fonte em C e Java (acesso restrito a docentes);
- **Testbank:** Banco de testes em inglês em (.pdf) (acesso restrito a docentes).

O acesso ao material suplementar é gratuito. Basta que o leitor se cadastre e faça seu login em nosso site (www.grupogen.com.br), clicando em GEN-IO, no menu superior do lado direito.

O acesso ao material suplementar online fica disponível até seis meses após a edição do livro ser retirada do mercado. Caso haja alguma mudança no sistema ou dificuldade de acesso, entre em contato conosco pelo e-mail gendigital@grupogen.com.br.

Caso haja alguma mudança no sistema ou dificuldade de acesso, entre em contato conosco pelo e-mail gendigital@grupogen.com.br.

GEN-IO (GEN | Informação Online) é o ambiente virtual de
aprendizagem do GEN | Grupo Editorial Nacional

Prefácio

Os sistemas operacionais são parte essencial de qualquer sistema de computação. Da mesma forma, um curso sobre sistemas operacionais é parte essencial de qualquer currículo educacional em ciência da computação. Esse campo tem mudado rapidamente, já que, hoje em dia, os computadores predominam em praticamente todas as situações da vida cotidiana – desde dispositivos embutidos em automóveis até as mais sofisticadas ferramentas de planejamento para governos e empresas multinacionais. Porém, os conceitos fundamentais permanecem razoavelmente intocados, e é neles que baseamos este livro.

Escrevemos este livro como texto para um curso introdutório sobre sistemas operacionais destinado aos ciclos básico e avançado de nível técnico ou ao primeiro ano de nível de graduação. Esperamos que os profissionais atuantes também o considerem útil. O livro oferece uma descrição clara dos *conceitos* que embasam os sistemas operacionais. Como pré-requisitos, supomos que o leitor tenha familiaridade com as estruturas de dados básicas, com a organização de computadores e com uma linguagem de alto nível, como C ou Java. Os tópicos de hardware necessários para a compreensão dos sistemas operacionais são abordados no Capítulo 1. Nesse capítulo, também incluímos uma visão geral das estruturas de dados básicas que são predominantes na maioria dos sistemas operacionais. Para os exemplos de códigos, utilizamos fundamentalmente C, com alguma coisa de Java, mas o leitor poderá entender os algoritmos, mesmo sem possuir um conhecimento profundo dessas linguagens.

Os conceitos são apresentados utilizando-se descrições intuitivas. São abordados resultados teóricos importantes, mas omitidas provas formais. A Bibliografia no fim de cada capítulo contém indicações sobre artigos de pesquisa nos quais os resultados foram apresentados e demonstrados pela primeira vez, bem como referências a materiais recentes para leitura adicional. Em lugar de demonstrações, são utilizadas figuras e exemplos que sugerem por que podemos esperar que o resultado em questão seja verdadeiro.

Os conceitos fundamentais e algoritmos abordados no livro são, com frequência, baseados nos utilizados tanto em sistemas operacionais comerciais quanto de fonte aberta. Nosso objetivo é apresentar esses conceitos e algoritmos de um modo geral sem vinculá-los a um sistema operacional em particular. No entanto, apresentamos um grande número de exemplos pertinentes aos sistemas operacionais mais conhecidos e inovadores, inclusive o Linux, o Microsoft Windows, o Mac OS X da Apple e o Solaris. Também incluímos exemplos tanto do Android quanto do iOS, atualmente os dois sistemas operacionais predominantes em dispositivos móveis.

A organização do livro reflete os vários anos em que ministramos cursos sobre sistemas operacionais, assim como diretrizes curriculares publicadas pela IEEE Computing Society e a Association for Computing Machinery (ACM). Também consideramos o *feedback* fornecido pelos revisores do texto e os muitos comentários e sugestões que recebemos de leitores de nossas edições anteriores e de nossos alunos atuais e passados.

Conteúdo Deste Livro

O texto é organizado em oito partes principais:

- **Visão geral.** Os Capítulos 1 e 2 explicam o que são sistemas operacionais, o que eles fazem e como são projetados e construídos. Esses dois capítulos discutem quais são as características comuns de um sistema operacional e o que um sistema operacional faz para o usuário. Incluímos a abordagem de sistemas operacionais tanto de PCs tradicionais quanto de servidores, assim como de sistemas operacionais para dispositivos móveis. A apresentação é, em essência, motivacional e explanatória. Nesses capítulos, evitamos uma discussão de como as coisas são realizadas internamente. Portanto, eles são adequados para leitores independentes ou para estudantes de nível básico que queiram aprender o que é um sistema operacional, sem precisar entrar nos detalhes dos algoritmos internos.

- **Gerenciamento de processos.** Os Capítulos 3 a 7 descrevem o conceito de processo e de concorrência como o coração dos modernos sistemas operacionais. Um *processo* é a unidade de trabalho de um sistema. Um sistema é composto por um conjunto de processos em execução *concorrente*, alguns dos quais são processos do sistema operacional (aqueles que executam códigos de sistema), e o restante são processos de usuário (os que executam códigos de usuário). Esses capítulos abordam métodos para scheduling de processos, comunicação entre processos, sincronização de processos e manipulação de deadlocks. Também incluem uma discussão sobre threads, assim como o exame de aspectos relacionados a sistemas multicore e programação paralela.

- **Gerenciamento da memória.** Os Capítulos 8 e 9 lidam com o gerenciamento da memória principal durante a execução de um processo. Para melhorar tanto a utilização da CPU quanto a velocidade de sua resposta aos usuários, o computador deve manter vários processos na memória. Há muitos esquemas diferentes de gerenciamento da memória, refletindo várias abordagens para esse gerenciamento, e a eficácia de um algoritmo específico depende da situação.

- **Gerenciamento do armazenamento.** Os Capítulos 10 a 13 descrevem como o armazenamento de massa, o sistema de arquivos e o I/O são manipulados em um sistema de computação moderno. O sistema de arquivos fornece o mecanismo para armazenar e acessar dados e programas on-line. Descrevemos as estruturas e os algoritmos internos clássicos de gerenciamento do armazenamento e fornecemos um conhecimento prático sólido dos algoritmos usados – suas propriedades, vantagens e desvantagens. Já que os dispositivos de I/O conectados a um computador são muito variados, o sistema operacional precisa fornecer às aplicações um amplo conjunto de funcionalidades para permitir que elas controlem todos os aspectos desses dispositivos. Discutimos o I/O do sistema com detalhes, inclusive o projeto do sistema de I/O, interfaces, assim como estruturas e funções internas do sistema. Em muitos aspectos, os dispositivos de I/O são os componentes principais mais lentos do computador. Já que representam um gargalo para o desempenho, também examinamos questões de desempenho associadas aos dispositivos de I/O.

- **Proteção e segurança.** Os Capítulos 14 e 15 discutem os mecanismos necessários à proteção e segurança dos sistemas de computação. Os processos em um sistema operacional devem ser protegidos das atividades uns dos outros, e, para fornecer tal proteção, precisamos assegurar que somente processos que tiverem recebido autorização apropriada do sistema operacional possam operar sobre os arquivos, sobre a memória, na CPU e sobre outros recursos do sistema. A proteção é um mecanismo para controlar o acesso de programas, processos ou usuários aos recursos do sistema de computação. Esse mecanismo deve fornecer meios para a especificação dos controles a serem impostos, assim como para sua execução. A segurança protege a integridade das informações armazenadas no sistema (tanto dados quanto código) e também dos recursos físicos do sistema contra acesso não autorizado, destruição ou alteração maliciosa e introdução acidental de inconsistências.

- **Tópicos avançados.** Os Capítulos 16 e 17 discutem máquinas virtuais e sistemas distribuídos. O Capítulo 16 é um novo capítulo que fornece uma visão geral das máquinas virtuais e sua relação com os sistemas operacionais contemporâneos. O capítulo inclui uma visão geral das técnicas de hardware e software que tornam possível a virtualização. O Capítulo 17 condensa e atualiza os três capítulos sobre computação distribuída da edição anterior. Essa alteração pretende tornar mais fácil, para os instrutores, a abordagem do material no tempo limitado disponível durante um semestre e, para os alunos, a obtenção mais rápida de uma compreensão das ideias básicas da computação distribuída.

- **Estudos de caso.** Os Capítulos 18 e 19 do texto e os Apêndices A e B (que estão disponíveis no site da LTC Editora) apresentam estudos de caso detalhados de sistemas operacionais reais, incluindo o Linux, o Windows 7, o FreeBSD e o Mach. Informações tanto sobre o Linux quanto sobre o Windows 7 são apresentadas no decorrer do texto; no entanto, os estudos de caso fornecem muito mais detalhes. É particularmente interessante comparar e confrontar o design desses dois sistemas tão diferentes. O Capítulo 20 descreve brevemente alguns outros sistemas operacionais influentes.

A Nona Edição

Enquanto escrevíamos esta Nona Edição de *Fundamentos de Sistemas Operacionais*, fomos influenciados pelo crescimento recente de três áreas básicas que afetam os sistemas operacionais:

1. Sistemas multicore
2. Computação móvel
3. Virtualização

Para enfatizar esses tópicos, integramos uma abordagem relevante em toda esta nova edição – e, no caso da virtualização, redigimos um capítulo inteiramente novo. Além disso, reescrevemos o material de quase todos os capítulos atualizando materiais mais antigos e removendo materiais que deixaram de ser interessantes ou relevantes.

Também fizemos modificações substanciais na organização. Por exemplo, eliminamos o capítulo sobre sistemas de tempo real e, em substituição, integramos uma abordagem apropriada desses sistemas no decorrer do texto. Reordenamos os capítulos sobre gerenciamento do armazenamento e antecipamos a apresentação da sincronização de processos para que apareça antes do scheduling de processos. A maioria dessas alterações na organização foi baseada em nossas experiências ministrando cursos de sistemas operacionais.

A seguir, fornecemos uma breve descrição das principais alterações nos diversos capítulos:

- O **Capítulo 1, Introdução**, inclui uma abordagem atualizada sobre sistemas multiprocessadores e multicore, assim como uma nova seção sobre estruturas de dados do kernel. Além disso, a abordagem de ambientes de computação agora inclui sistemas móveis e computação em nuvem. Também incorporamos uma visão geral dos sistemas de tempo real.

- O **Capítulo 2, Estruturas do Sistema Operacional**, fornece uma nova abordagem sobre interfaces de usuário para dispositivos móveis, incluindo discussões sobre o iOS e o Android, e uma abordagem expandida do Mac OS X como um tipo de sistema híbrido.

- O **Capítulo 3, Processos**, agora inclui uma abordagem sobre multitarefa em sistemas operacionais móveis, o suporte ao modelo multiprocesso do navegador Web Google Chrome e processos zumbis e órfãos no Unix.

- O **Capítulo 4, Threads**, fornece uma abordagem expandida sobre paralelismo e lei de Amdahl. Também fornece uma nova seção sobre threading implícito, incluindo o OpenMP e o Grand Central Dispatch da Apple.

- O **Capítulo 5, Sincronização de Processos** (anteriormente Capítulo 6), adiciona uma nova seção sobre locks mutex e uma abordagem sobre sincronização utilizando OpenMP, assim como linguagens funcionais.

- O **Capítulo 6, Scheduling da CPU** (anteriormente Capítulo 5), contém uma nova abordagem sobre o scheduler CFS do Linux e sobre o scheduling de modalidade de usuário do Windows. A abordagem sobre algoritmos de scheduling de tempo real também foi integrada a esse capítulo.

- O **Capítulo 7, Deadlocks**, não sofreu maiores alterações.

- O **Capítulo 8, Memória Principal**, inclui uma nova abordagem do swapping em sistemas móveis e arquiteturas Intel de 32 e 64 bits. Uma nova seção discute a arquitetura ARM.

- O **Capítulo 9, Memória Virtual**, atualiza o gerenciamento de memória do kernel para incluir os alocadores de memória SLUB e SLOB do Linux.

- O **Capítulo 10, Estrutura de Armazenamento de Massa** (anteriormente Capítulo 12), adiciona a abordagem sobre discos de estado sólido.

- O **Capítulo 11, Interface do Sistema de Arquivos** (anteriormente Capítulo 10), foi atualizado com informações sobre tecnologias atuais.

- O **Capítulo 12, Implementação do Sistema de Arquivos** (anteriormente Capítulo 11), foi atualizado para abranger tecnologias atuais.

- O **Capítulo 13, I/O**, atualiza as tecnologias e as estatísticas de desempenho, expande a abordagem sobre I/O síncrono/

assíncrono e com/sem bloqueio, e adiciona uma seção sobre I/O vetorizado.

- O **Capítulo 14, Proteção**, não sofreu maiores alterações.
- O **Capítulo 15, Segurança**, tem uma seção de criptografia revisada com notação moderna e uma explanação aperfeiçoada de vários métodos de criptografia e seus usos. O capítulo também inclui uma nova abordagem sobre a segurança do Windows 7.
- O **Capítulo 16, Máquinas Virtuais**, é um capítulo novo que fornece uma visão geral sobre virtualização e como ela está relacionada aos sistemas operacionais contemporâneos.
- O **Capítulo 17, Sistemas Distribuídos**, é um novo capítulo que combina e atualiza uma seleção de materiais dos Capítulos 16, 17 e 18 anteriores.
- O **Capítulo 18, O Sistema Linux** (anteriormente Capítulo 21), foi atualizado para abordar o kernel 3.2 do Linux.
- O **Capítulo 19, Windows 7**, é um novo capítulo que apresenta um estudo de caso do Windows 7.
- O **Capítulo 20, Sistemas Operacionais Influentes** (anteriormente Capítulo 23), não sofreu maiores alterações.

Ambientes de Programação

Este livro usa exemplos de muitos sistemas operacionais reais para ilustrar os conceitos fundamentais dos sistemas operacionais. Atenção especial é dada ao Linux e ao Microsoft Windows, mas também fazemos referência a várias versões do UNIX (incluindo o Solaris, o BSD e o Mac OS X).

O texto também fornece vários exemplos de programas escritos em C e Java. Esses programas devem ser executados nos ambientes de programação a seguir:

- **POSIX.** O POSIX (que significa *Portable Operating System Interface*) representa um conjunto de padrões implementados principalmente para sistemas operacionais baseados no UNIX. Embora sistemas Windows também possam executar certos programas POSIX, nossa abordagem do POSIX enfoca sistemas UNIX e Linux. Sistemas compatíveis com o POSIX devem implementar o padrão POSIX básico (POSIX.1); o Linux, o Solaris e o Mac OS X são exemplos de sistemas compatíveis com o POSIX. O POSIX também define várias extensões dos padrões, inclusive extensões de tempo real≈(POSIX1.b) e uma extensão para uma biblioteca de threads (POSIX1.c, mais conhecida como Pthreads). Fornecemos vários exemplos de programação escritos em C que ilustram a API base do POSIX, assim como o Pthreads e as extensões para programação em tempo real. Esses programas-exemplo foram testados em sistemas Linux 2.6 e 3.2, Mac OS X 10.7 e Solaris 10 utilizando o compilador `gcc` 4.0.
- **Java.** Java é uma linguagem de programação amplamente usada que tem uma API com muitos recursos e suporte de linguagem embutida para a criação e o gerenciamento de threads. Os programas Java são executados em qualquer sistema operacional que suporte uma máquina virtual Java (ou JVM). Ilustramos muitos dos conceitos de sistemas operacionais e de rede com programas em Java testados com o uso da Java 1.6 JVM.
- **Sistemas Windows.** O ambiente de programação principal para sistemas Windows é a API Windows, que fornece um conjunto abrangente de funções para gerenciamento de processos, threads, memória e dispositivos periféricos. Fornecemos vários programas em C ilustrando o uso desta API.

Diversos exemplos de programas foram testados em sistemas executando o Windows XP e o Windows 7.

Selecionamos esses três ambientes de programação porque achamos que representam melhor os dois modelos mais populares de sistemas operacionais – Windows e UNIX/Linux –, além do amplamente utilizado ambiente Java. A maioria dos exemplos de programação é escrita em C, e esperamos que os leitores fiquem confortáveis com essa linguagem. Leitores familiarizados com as linguagens C e Java devem entender facilmente a maior parte dos programas fornecidos neste texto.

Em alguns casos – como na criação de threads –, ilustramos um conceito específico usando todos os três ambientes de programação, permitindo que o leitor compare as três bibliotecas diferentes na abordagem da mesma tarefa. Em outros casos, podemos utilizar apenas uma das APIs para demonstrar um conceito. Por exemplo, ilustramos a memória compartilhada usando apenas a API do POSIX; a programação de soquetes no TCP/IP ganha destaque com o uso da API Java.

Notas para os Instrutores

Nesta edição, adicionamos mais de 60 novos exercícios escritos e mais de 20 novos problemas e projetos de programação. A maioria das novas tarefas de programação envolve processos, threads, sincronização de processos e gerenciamento da memória. Algumas envolvem a inclusão de módulos de kernel no sistema Linux, o que requer o uso da máquina virtual Linux ou outra distribuição adequada do Linux.

Soluções para exercícios escritos e tarefas de programação estão disponíveis para os instrutores que adotarem este livro em suas aulas sobre sistemas operacionais. Para obter esses suplementos restritos, visite o site da LTC Editora.

Notas para os Estudantes

Recomendamos que você faça os Exercícios Práticos que aparecem no fim de cada capítulo. As soluções dos Exercícios Práticos estão disponíveis para download no site da LTC Editora. Também recomendamos que você leia o Guia de Estudo, que foi preparado por um de nossos alunos. Finalmente, para estudantes que não tenham familiaridade com os sistemas UNIX e Linux, recomendamos que baixem e instalem a máquina virtual Linux. Além de proporcionar uma nova experiência em computação, a natureza de fonte aberta do Linux permitirá que você examine facilmente os detalhes internos desse sistema operacional popular.

Desejamos a você toda a sorte em seu estudo sobre sistemas operacionais.

Entre em Contato

Gostaríamos de receber sugestões sobre melhorias no livro. Também agradeceríamos qualquer contribuição feita ao site relacionada ao livro que possa ser útil para outros leitores, tais como exercícios de programação, sugestões de projetos, laboratórios e tutoriais on-line e dicas de ensino. E-mails devem ser enviados para ltc@grupogen.com.br.

Agradecimentos

Este livro é derivado das edições anteriores, as três primeiras delas com a coautoria de James Peterson. Outras pessoas que nos auxiliaram nas edições anteriores são Hamid Arabnia, Rida Bazzi, Randy Bentson, David Black, Joseph Boykin, Jeff Brumfield, Gael Buckley, Roy Campbell, P. C. Capon, John Carpenter, Gil Carrick, Thomas Casavant, Bart Childs, Ajoy Kumar Datta, Joe Deck, Sudarshan K. Dhall, Thomas Doeppner, Caleb Drake, M. Racsit Eskicioğlu, Hans Flack, Robert Fowler, G. Scott Graham, Richard Guy, Max Hailperin, Rebecca Hartman, Wayne Hathaway, Christopher Haynes, Don Heller, Bruce Hillyer, Mark Holliday, Dean Hougen, Michael Huang, Ahmed Kamel, Morty Kewstel, Richard Kieburtz, Carol Kroll, Morty Kwestel, Thomas LeBlanc, John Leggett, Jerrold Leichter, Ted Leung, Gary Lippman, Carolyn Miller, Michael Molloy, Euripides Montagne, Yoichi Muraoka, Jim M. Ng, Banu Özden, Ed Posnak, Boris Putanec, Charles Qualline, John Quarterman, Mike Reiter, Gustavo Rodriguez-Rivera, Carolyn J. C. Schauble, Thomas P. Skinner, Yannis Smaragdakis, Jesse St. Laurent, John Stankovic, Adam Stauffer, Steven Stepanek, John Sterling, Hal Stern, Louis Stevens, Pete Thomas, David Umbaugh, Steve Vinoski, Tommy Wagner, Larry L. Wear, John Werth, James M. Westall, J. S. Weston e Yang Xiang.

Robert Love atualizou tanto o Capítulo 18 quanto a abordagem do Linux que aparece no decorrer do texto, assim como respondeu a muitas de nossas perguntas relacionadas ao Android. O Capítulo 19 foi escrito por Dave Probert e teve origem no Capítulo 22 da oitava edição de *Fundamentos de Sistemas Operacionais*. Jonathan Katz contribuiu no Capítulo 15. Richard West forneceu informações para o Capítulo 16. Salahuddin Khan atualizou a Seção 15.9 para fornecer uma nova abordagem da segurança do Windows 7.

Partes do Capítulo 17 foram tiradas de um artigo de Levy e Silberschatz [1990]. O Capítulo 18 derivou de um manuscrito não publicado de Stephen Tweedie. Cliff Martin ajudou na atualização do apêndice sobre o UNIX para abordar o FreeBSD. Alguns dos exercícios e as soluções que os acompanham foram fornecidos por Arvind Krishnamurthy. Andrew DeNicola preparou o Guia de Estudo do Estudante, que está disponível no site da LTC Editora. Alguns dos slides foram preparados por Marilyn Turnamian.

Mike Shapiro, Bryan Cantrill e Jim Mauro responderam a várias perguntas relacionadas ao Solaris e Bryan Cantrill, da Sun Microsystems, ajudou na abordagem do ZFS. Josh Dees e Rob Reynolds contribuíram na abordagem da Microsoft'sNET. O projeto de filas de mensagens do POSIX foi contribuição de John Trono, do Saint Michael's College em Colchester, Vermont.

Judi Paige ajudou a gerar figuras e slides de apresentação. Thomas Gagne preparou o novo trabalho gráfico para esta edição. Owen Galvin ajudou na edição do Capítulo 16. Mark Wogahn garantiu que o software que produziu este livro (L^AT_EX e fontes) funcionasse apropriadamente. Ranjan Kumar Meher reescreveu parte do software L^AT_EX usado na produção deste novo texto.

Nossa editora executiva, Beth Lang Golub, atuou como guia especializada enquanto preparávamos esta edição. Ela foi assistida por Katherine Willis, que gerenciou com tranquilidade os diversos detalhes do projeto. O editor de produção sênior, Ken Santor, foi essencial na manipulação de todos os detalhes de produção.

A ilustradora da capa foi Susan Cyr, e a projetista, Madelyn Lesure. Beverly Peavler editou o manuscrito. A revisora das provas foi Katrina Avery; a indexadora foi a WordCo, Inc.

Abraham Silberschatz, New Haven, CT, 2012
Peter Baer Galvin, Boston, MA, 2012
Greg Gagne, Salt Lake City, UT, 2012

Sumário

PARTE UM ■ VISÃO GERAL

Capítulo 1 Introdução 3

1.1 O que Fazem os Sistemas Operacionais 3
1.2 Organização do Sistema de Computação 5
1.3 Arquitetura dos Sistemas de Computação 8
1.4 Estrutura do Sistema Operacional 11
1.5 Operações do Sistema Operacional 13
1.6 Gerenciamento de Processos 14
1.7 Gerenciamento da Memória 15
1.8 Gerenciamento do Armazenamento 15
1.9 Proteção e Segurança 18
1.10 Estruturas de Dados do Kernel 18
1.11 Ambientes de Computação 20
1.12 Sistemas Operacionais de Código-Fonte Aberto 25
1.13 Resumo 27
   Exercícios Práticos 28
   Exercícios 29
   Notas Bibliográficas 29
   Bibliografia 30

Capítulo 2 Estruturas do Sistema Operacional 31

2.1 Serviços do Sistema Operacional 31
2.2 Interface entre o Usuário e o Sistema Operacional 32
2.3 Chamadas de Sistema 35
2.4 Tipos de Chamadas de Sistema 37
2.5 Programas de Sistema 42
2.6 Projeto e Implementação do Sistema Operacional 43
2.7 Estrutura do Sistema Operacional 44
2.8 Depuração do Sistema Operacional 48
2.9 Geração do Sistema Operacional 51
2.10 Inicialização do Sistema 52
2.11 Resumo 53
   Exercícios Práticos 53
   Exercícios 53
   Problemas de Programação 54
   Projetos de Programação 54
   Notas Bibliográficas 56
   Bibliografia 56

PARTE DOIS ■ GERENCIAMENTO DE PROCESSOS

Capítulo 3 Processos 61

3.1 Conceito de Processo 61
3.2 Scheduling de Processos 63
3.3 Operações sobre Processos 67
3.4 Comunicação Interprocessos 70
3.5 Exemplos de Sistemas IPC 75
3.6 Comunicação em Sistemas Cliente-Servidor 78
3.7 Resumo 85
   Exercícios Práticos 86
   Exercícios 86
   Problemas de Programação 87
   Projetos de Programação 89
   Notas Bibliográficas 91
   Bibliografia 91

Capítulo 4 Threads 92

4.1 Visão Geral 92
4.2 Programação Multicore 93
4.3 Modelos de Geração de Multithreads 95
4.4 Bibliotecas de Threads 96
4.5 Threading Implícito 101
4.6 Questões Relacionadas com a Criação de Threads 103
4.7 Exemplos de Sistemas Operacionais 105
4.8 Resumo 107
   Exercícios Práticos 107
   Exercícios 107
   Problemas de Programação 109
   Projetos de Programação 110
   Notas Bibliográficas 111
   Bibliografia 111

Capítulo 5 Sincronização de Processos 113

5.1 Antecedentes 113
5.2 O Problema da Seção Crítica 114
5.3 Solução de Peterson 115
5.4 Hardware de Sincronização 116

5.5 Locks Mutex 117
5.6 Semáforos 118
5.7 Problemas Clássicos de Sincronização 120
5.8 Monitores 123
5.9 Exemplos de Sincronização 127
5.10 Abordagens Alternativas 130
5.11 Resumo 131
Exercícios Práticos 132
Exercícios 132
Problemas de Programação 134
Projetos de Programação 136
Notas Bibliográficas 138
Bibliografia 139

Captíulo 6 Scheduling da CPU 140

6.1 Conceitos Básicos 140
6.2 Critérios de Scheduling 142
6.3 Algoritmos de Scheduling 142
6.4 Scheduling de Threads 148
6.5 Scheduling para Múltiplos Processadores 149
6.6 Scheduling da CPU de Tempo Real 152
6.7 Exemplos de Sistemas Operacionais 156
6.8 Avaliação de Algoritmos 161
6.9 Resumo 163
Exercícios Práticos 164
Exercícios 165
Notas Bibliográficas 167
Bibliografia 167

Capítulo 7 Deadlocks 169

7.1 Modelo de Sistema 169
7.2 Caracterização do Deadlock 171
7.3 Métodos para a Manipulação de Deadlocks 172
7.4 Prevenção de Deadlocks 173
7.5 Impedimento de Deadlocks 175
7.6 Detecção de Deadlocks 178
7.7 Recuperação de Deadlocks 179
7.8 Resumo 180
Exercícios Práticos 181
Exercícios 181
Problemas de Programação 183
Projetos de Programação 183
Notas Bibliográficas 184
Bibliografia 184

PARTE TRÊS ■ GERENCIAMENTO DA MEMÓRIA

Capítulo 8 Memória Principal 187

8.1 Antecedentes 187
8.2 Permuta entre Processos (*Swapping*) 191
8.3 Alocação de Memória Contígua 192
8.4 Segmentação 194
8.5 Paginação 195
8.6 Estrutura da Tabela de Páginas 203

8.7 Exemplo: Arquiteturas Intel de 32 e 64 Bits 206
8.8 Exemplo: Arquitetura ARM 209
8.9 Resumo 210
Exercícios Práticos 210
Exercícios 211
Problemas de Programação 212
Notas Bibliográficas 212
Bibliografia 213

Capítulo 9 Memória Virtual 214

9.1 Antecedentes 214
9.2 Paginação por Demanda 216
9.3 Cópia-Após-Gravação 220
9.4 Substituição de Páginas 221
9.5 Alocação de Quadros 229
9.6 Atividade Improdutiva (*Thrashing*) 231
9.7 Arquivos Mapeados para a Memória 234
9.8 Alocando Memória do Kernel 238
9.9 Outras Considerações 240
9.10 Exemplos de Sistemas Operacionais 243
9.11 Resumo 245
Exercícios Práticos 245
Exercícios 246
Problemas de Programação 249
Projetos de Programação 249
Notas Bibliográficas 251
Bibliografia 251

PARTE QUATRO ■ GERENCIAMENTO DO ARMAZENAMENTO

Capítulo 10 Estrutura de Armazenamento de Massa 255

10.1 Visão Geral da Estrutura de Armazenamento de Massa 255
10.2 Estrutura do Disco 256
10.3 Conexão do Disco 257
10.4 Scheduling de Disco 258
10.5 Gerenciamento de Disco 261
10.6 Gerenciamento do Espaço de Permuta 263
10.7 Estrutura RAID 264
10.8 Implementação de Espaço de Armazenamento Estável 270
10.9 Resumo 270
Exercícios Práticos 271
Exercícios 272
Problemas de Programação 273
Notas Bibliográficas 273
Bibliografia 273

Capítulo 11 Interface do Sistema de Arquivos 274

11.1 Conceito de Arquivo 274
11.2 Métodos de Acesso 279

11.3 Estrutura de Diretórios e Discos 281
11.4 Montagem do Sistema de Arquivos 287
11.5 Compartilhamento de Arquivos 288
11.6 Proteção 291
11.7 Resumo 293
    Exercícios Práticos 295
    Exercícios 295
    Notas Bibliográficas 295
    Bibliografia 296

Capítulo 12   Implementação do Sistema de Arquivos   297

12.1 Estrutura do Sistema de Arquivos 297
12.2 Implementação do Sistema de Arquivos 298
12.3 Implementação de Diretórios 302
12.4 Métodos de Alocação 303
12.5 Gerenciamento do Espaço Livre 307
12.6 Eficiência e Desempenho 308
12.7 Recuperação 311
12.8 NFS 312
12.9 Exemplo: o Sistema de Arquivos WAFL 316
12.10 Resumo 317
    Exercícios Práticos 318
    Exercícios 318
    Problemas de Programação 319
    Notas Bibliográficas 320
    Bibliografia 320

Capítulo 13   Sistemas de I/O   321

13.1 Visão Geral 321
13.2 Hardware de I/O 321
13.3 Interface de I/O da Aplicação 327
13.4 Subsistema de I/O do Kernel 331
13.5 Transformando Solicitações de I/O em Operações de Hardware 335
13.6 STREAMS 337
13.7 Desempenho 338
13.8 Resumo 340
    Exercícios Práticos 341
    Exercícios 341
    Notas Bibliográficas 342
    Bibliografia 342

PARTE CINCO ■ PROTEÇÃO E SEGURANÇA

Capítulo 14   Proteção   345

14.1 Objetivos de Proteção 345
14.2 Princípios de Proteção 345
14.3 Domínio de Proteção 346
14.4 Matriz de Acesso 349
14.5 Implementação da Matriz de Acesso 351
14.6 Controle de Acesso 352
14.7 Revogação de Direitos de Acesso 353
14.8 Sistemas Baseados em Competências 353

14.9 Proteção Baseada em Linguagens 355
14.10 Resumo 358
    Exercícios Práticos 358
    Exercícios 359
    Notas Bibliográficas 359
    Bibliografia 359

Capítulo 15   Segurança   361

15.1 O Problema da Segurança 361
15.2 Ameaças de Programas 363
15.3 Ameaças de Sistemas e Redes 368
15.4 Criptografia como uma Ferramenta de Segurança 371
15.5 Autenticação de Usuários 377
15.6 Implementando Defesas de Segurança 379
15.7 Usando um Firewall para Proteger Sistemas e Redes 383
15.8 Classificações de Segurança de Computadores 384
15.9 Um Exemplo: Windows 7 385
15.10 Resumo 386
    Exercícios 386
    Notas Bibliográficas 387
    Bibliografia 387

PARTE SEIS ■ TÓPICOS AVANÇADOS

Capítulo 16   Máquinas Virtuais   391

16.1 Visão Geral 391
16.2 História 392
16.3 Benefícios e Recursos 393
16.4 Blocos de Construção 394
16.5 Tipos de Máquinas Virtuais e Suas Implementações 397
16.6 A virtualização e os Componentes do Sistema Operacional 401
16.7 Exemplos 405
16.8 Resumo 406
    Exercícios 407
    Notas Bibliográficas 407
    Bibliografia 407

Capítulo 17   Sistemas Distribuídos   409

17.1 Vantagens dos Sistemas Distribuídos 409
17.2 Tipos de Sistemas Operacionais Baseados em Redes 410
17.3 Estrutura da Rede 412
17.4 Estrutura de Comunicação 414
17.5 Protocolos de Comunicação 417
17.6 Um Exemplo: TCP/IP 419
17.7 Robustez 420
17.8 Aspectos de Projeto 422
17.9 Sistemas de Arquivos Distribuídos 422
17.10 Resumo 427
    Exercícios Práticos 427
    Exercícios 428
    Notas Bibliográficas 428
    Bibliografia 429

PARTE SETE ■ ESTUDOS DE CASO

Capítulo 18   O Sistema Linux   433

18.1 História do Linux   433
18.2 Princípios de Projeto   435
18.3 Módulos do Kernel   437
18.4 Gerenciamento de Processos   439
18.5 Scheduling   441
18.6 Gerenciamento de Memória   443
18.7 Sistemas de Arquivos   448
18.8 Entrada e Saída   451
18.9 Comunicação entre Processos   453
18.10 Estrutura de Rede   454
18.11 Segurança   455
18.12 Resumo   456
  Exercícios Práticos   456
  Exercícios   457
  Notas Bibliográficas   457
  Bibliografia   458

Capítulo 19   Windows 7   459

19.1 História   459
19.2 Princípios de Projeto   460
19.3 Componentes do Sistema   464
19.4 Serviços de Terminal e Permuta Rápida de Usuários   478
19.5 Sistema de Arquivos   478
19.6 Conexão de Rede   482
19.7 Interface do Programador   484
19.8 Resumo   490
  Exercícios Práticos   490
  Exercícios   490
  Notas Bibliográficas   490
  Bibliografia   491

Capítulo 20   Sistemas Operacionais Influentes   492

20.1 Migração de Recursos   492
20.2 Primeiros Sistemas   492
20.3 Atlas   497
20.4 XDS-940   497
20.5 THE   498
20.6 RC 4000   498
20.7 CTSS   498
20.8 MULTICS   499
20.9 IBM OS/360   499
20.10 TOPS-20   500
20.11 CP/M e MS/DOS   500
20.12 Sistema Operacional Macintosh e Windows   500
20.13 Mach   500
20.14 Outros Sistemas   501
  Exercícios   501
  Notas Bibliográficas   502
  Bibliografia   502

Créditos   504

Índice   505

PARTE OITO ■ APÊNDICES

Veja material no site da LTC Editora

Fundamentos de Sistemas Operacionais

Parte Um

Visão Geral

Um **sistema operacional** atua como intermediário entre o usuário e o hardware do computador. A finalidade de um sistema operacional é fornecer um ambiente em que o usuário possa executar programas de modo **conveniente** e **eficiente**.

O sistema operacional é um software que gerencia o hardware do computador. O hardware deve fornecer mecanismos apropriados para assegurar a operação correta do sistema de computação e impedir que programas de usuários interfiram na operação apropriada do sistema.

Internamente, os sistemas operacionais variam muito em sua composição, já que estão organizados em muitas linhas diferentes. O projeto de um novo sistema operacional é uma tarefa de peso. É importante que os objetivos do sistema sejam bem definidos antes que o projeto comece. Tais objetivos formam a base das escolhas feitas entre vários algoritmos e estratégias.

Já que um sistema operacional é grande e complexo, ele deve ser criado módulo a módulo. Cada um desses módulos deve ser uma parte bem delineada do sistema, com entradas, saídas e funções definidas cuidadosamente.

CAPÍTULO 1

Introdução

Um sistema operacional é um programa que gerencia o hardware de um computador. Ele também fornece uma base para os programas aplicativos e atua como intermediário entre o usuário e o hardware do computador. Um aspecto interessante dos sistemas operacionais é o quanto eles assumem diferentes abordagens ao cumprir essas tarefas. Os sistemas operacionais de mainframe são projetados basicamente para otimizar a utilização do hardware. Os sistemas operacionais dos computadores pessoais (PCs) suportam jogos complexos, aplicações comerciais e tudo o mais entre estes. Os sistemas operacionais de computadores móveis fornecem um ambiente no qual o usuário pode interagir facilmente com o computador para executar programas. Assim, alguns sistemas operacionais são projetados para serem *convenientes*, outros para serem *eficientes*, e outros para atenderem a alguma combinação de ambos os aspectos.

Antes de podermos explorar os detalhes de operação do sistema de computação, precisamos saber algo sobre a estrutura do sistema. Assim, discutimos as funções básicas de inicialização do sistema, o I/O e o armazenamento no início deste capítulo. Também descrevemos a arquitetura básica do computador que torna possível criar um sistema operacional funcional.

Já que um sistema operacional é grande e complexo, ele deve ser criado módulo a módulo. Cada um desses módulos deve ser uma parte bem delineada do sistema, com entradas, saídas e funções bem definidas. Neste capítulo, fornecemos uma visão geral dos principais componentes de um sistema de computação contemporâneo e das funções oferecidas pelo sistema operacional. Além disso, abordamos vários outros tópicos para ajudar a preparar o terreno para o restante do texto: estruturas de dados usadas em sistemas operacionais, ambientes de computação e sistemas operacionais de fonte aberta.

OBJETIVOS DO CAPÍTULO

- Descrever a organização básica dos sistemas de computação.
- Oferecer um giro completo pelos principais componentes dos sistemas operacionais.
- Fornecer uma visão geral dos vários tipos de ambientes de computação.
- Examinar diversos sistemas operacionais de fonte aberta.

1.1 O que Fazem os Sistemas Operacionais

Iniciamos nossa discussão examinando o papel do sistema operacional no sistema de computação como um todo. Um sistema de computação pode ser grosseiramente dividido em quatro componentes: o *hardware*, o *sistema operacional*, os *programas aplicativos* e os *usuários* (Figura 1.1).

O hardware — a unidade central de processamento (CPU — *central processing unit*), a memória e os dispositivos de entrada/saída (I/O — *input/output*) — fornece os recursos básicos de computação do sistema. Os programas aplicativos — como processadores de texto, planilhas, compiladores e navegadores da web — definem as formas pelas quais esses recursos são utilizados para resolver os problemas computacionais dos usuários. O sistema operacional controla o hardware e coordena seu uso pelos diversos programas aplicativos de vários usuários.

Também podemos considerar um sistema de computação como composto de hardware, software e dados. O sistema operacional fornece os meios para a utilização apropriada desses recursos durante a operação do sistema de computação. Um

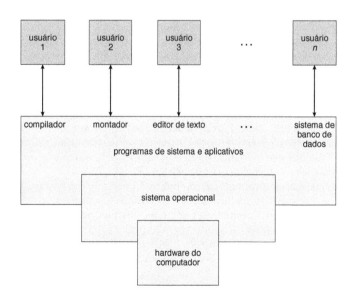

Figura 1.1 Visão abstrata dos componentes de um sistema de computação.

sistema operacional é semelhante ao governo. Tal como o governo, ele não desempenha funções úteis para si mesmo. Ele simplesmente proporciona um *ambiente* no qual outros programas possam desempenhar tarefas úteis.

Para entender melhor o papel do sistema operacional, examinamos a seguir os sistemas operacionais a partir de dois pontos de vista: o do usuário e o do sistema.

1.1.1 O Ponto de Vista do Usuário

A perspectiva do usuário em relação ao computador varia, dependendo da interface que estiver sendo utilizada. A maioria dos usuários de computador senta-se diante de um PC, constituído de um monitor, um teclado, um mouse e a unidade do sistema. Tal sistema é projetado para que um único usuário monopolize seus recursos. O objetivo é maximizar o trabalho (ou jogo) que o usuário esteja executando. Nesse caso, o sistema operacional é projetado principalmente para facilidade de uso, com alguma atenção dada ao desempenho e nenhuma à utilização dos recursos — a forma como vários recursos de hardware e software são compartilhados. É claro que o desempenho é importante para o usuário, mas esses sistemas são otimizados para a experiência de um único usuário e não para atender a vários usuários.

Em outros casos, o usuário senta-se diante de um terminal conectado a um mainframe ou a um minicomputador. Outros usuários acessam o mesmo computador por intermédio de outros terminais. Esses usuários compartilham recursos e podem trocar informações. Em tais casos, o sistema operacional é projetado para maximizar a utilização dos recursos — assegurando que todo o tempo de CPU, memória e I/O disponíveis, seja utilizado eficientemente e que nenhum usuário individual ocupe mais do que sua cota.

Há ainda outros casos em que os usuários ocupam estações de trabalho conectadas a redes de outras estações de trabalho e servidores. Esses usuários possuem recursos dedicados à sua disposição, mas também compartilham recursos, tais como a rede e os servidores, incluindo servidores de arquivo, de computação e de impressão. Portanto, seu sistema operacional é projetado para estabelecer um compromisso entre usabilidade individual e utilização dos recursos.

Ultimamente, estão na moda muitas variedades de computadores móveis, como smartphones e tablets. A maioria dos computadores móveis é de unidades autônomas para usuários individuais. Quase sempre, eles são conectados a redes por celulares ou outras tecnologias sem fio. Cada vez mais, esses dispositivos móveis estão substituindo os computadores desktop e laptop para pessoas que estão interessadas, principalmente, em usar computadores para enviar e-mails e navegar na web. Geralmente, a interface de usuário dos computadores móveis tem uma tela sensível ao toque, em que o usuário interage com o sistema pressionando e batendo com os dedos na tela em vez de usar um teclado ou mouse físico.

Alguns computadores são pouco ou nada visíveis ao usuário. Por exemplo, computadores embutidos em dispositivos domésticos e em automóveis podem ter um mostrador numérico e podem acender ou apagar luzes indicativas para mostrar um estado, mas basicamente eles e seus sistemas operacionais são projetados para operar sem intervenção do usuário.

1.1.2 O Ponto de Vista do Sistema

Do ponto de vista do computador, o sistema operacional é o programa mais intimamente envolvido com o hardware. Nesse contexto, podemos considerar um sistema operacional como um alocador de recursos. Um sistema de computação tem muitos recursos que podem ser necessários à resolução de um problema: tempo de CPU, espaço de memória, espaço de armazenamento em arquivo, dispositivos de I/O etc. O sistema operacional atua como o gerenciador desses recursos. Ao lidar com solicitações de recursos numerosas e possivelmente conflitantes, o sistema operacional precisa decidir como alocá-los a programas e usuários específicos de modo a poder operar o sistema de computação de maneira eficiente e justa. Como vimos, a alocação de recursos é particularmente importante quando muitos usuários acessam o mesmo mainframe ou minicomputador.

Uma visão ligeiramente diferente de um sistema operacional enfatiza a necessidade de controle dos diversos dispositivos de I/O e programas de usuário. Um sistema operacional é um programa de controle. Um programa de controle gerencia a execução de programas de usuário para evitar erros e o uso impróprio do computador. Ele se preocupa principalmente com a operação e o controle de dispositivos de I/O.

1.1.3 Definindo Sistemas Operacionais

A essa altura, você já deve ter notado que o termo *sistema operacional* abrange muitos papéis e funções. Isso ocorre, pelo menos em parte, em razão dos inúmeros designs e usos dos computadores. Os computadores estão presentes dentro de torradeiras, carros, navios, espaçonaves, casas e empresas. Eles são a base das máquinas de jogos, reprodutores de música, sintonizadores de TV a cabo e sistemas de controle industrial. Embora os computadores tenham uma história relativamente curta, eles evoluíram rapidamente. A computação começou como um experimento para determinar o que poderia ser feito e migrou rapidamente para sistemas de finalidade específica de uso militar, como decifração de códigos e plotagem de trajetórias, e uso governamental, como no cálculo do censo. Esses computadores iniciais evoluíram para mainframes multifuncionais de uso geral, e foi então que nasceram os sistemas operacionais. Nos anos 1960, a Lei de Moore previu que o número de transistores de um circuito integrado dobraria a cada dezoito meses, e essa previsão se confirmou. Os computadores aumentaram em funcionalidade e diminuíram em tamanho, levando a um vasto número de usos e a um vasto número e variedade de sistemas operacionais. (Consulte o Capítulo 20 para conhecer mais detalhes sobre a história dos sistemas operacionais.)

Como, então, podemos definir o que é um sistema operacional? Em geral, não possuímos uma definição totalmente adequada de um sistema operacional. Sistemas operacionais existem porque oferecem uma forma razoável de resolver o problema de criar um sistema de computação utilizável. O objetivo fundamental dos sistemas de computação é executar os programas dos usuários e facilitar a resolução dos seus problemas. É com esse objetivo que o hardware do computador é construído. Os programas aplicativos são desenvolvidos, tendo em vista que o hardware puro, sozinho, não é particularmente fácil de ser utilizado. Esses programas requerem determinadas operações comuns, como as que controlam os dispositivos de I/O. As funções comuns de controle e alocação de recursos são, então, reunidas em um único software: o sistema operacional.

Além disso, não temos uma definição universalmente aceita sobre o que compõe o sistema operacional. Um ponto de vista simplista é o de que esse sistema inclui tudo que um fornecedor oferece quando você encomenda "o sistema operacional". Entretanto, os recursos incluídos variam muito entre os sistemas.

Alguns sistemas ocupam menos do que um megabyte de espaço e não têm nem mesmo um editor de tela inteira, enquanto outros requerem gigabytes de espaço e são inteiramente baseados em sistemas de janelas gráficas. Uma definição mais comum, que é a que costumamos seguir, é que o sistema operacional é o único programa que permanece em execução no computador durante todo o tempo — chamado, em geral, de kernel. (Além do kernel, há dois outros tipos de programas: os programas do sistema que estão associados ao sistema operacional, mas não necessariamente fazem parte do kernel, e os **programas aplicativos** que incluem todos os programas não associados à operação do sistema.)

O problema do que constitui um sistema operacional foi se tornando cada vez mais importante, à medida que os computadores pessoais se popularizaram e os sistemas operacionais foram ficando mais sofisticados. Em 1998, o Departamento de Justiça dos Estados Unidos fez uma representação contra a Microsoft, alegando em essência que ela incluiu funcionalidades demais em seus sistemas operacionais impedindo a competição por parte dos vendedores de aplicativos. (Por exemplo, um navegador da web era parte integrante dos sistemas operacionais.) Como resultado, a Microsoft foi declarada culpada de usar seu monopólio na área de sistemas operacionais para limitar a competição.

Atualmente, no entanto, se olharmos os sistemas operacionais de dispositivos móveis, vamos ver que, mais uma vez, o número de recursos que compõem o sistema operacional está aumentando. Com frequência, os sistemas operacionais de dispositivos móveis incluem não só um kernel básico, mas também middleware — um conjunto de estruturas de software que fornece serviços adicionais para desenvolvedores de aplicativos. Por exemplo, os dois sistemas operacionais de dispositivos móveis predominantes — o iOS da Apple e o Android da Google — têm um kernel básico e o middleware que suporta bancos de dados, ambientes multimídia e elementos gráficos (para citar apenas alguns recursos).

1.2 Organização do Sistema de Computação

Antes que possamos explorar os detalhes de como os sistemas de computação funcionam, precisamos de um conhecimento geral da estrutura de um sistema de computação. Nesta seção, examinamos várias partes dessa estrutura. A seção é principalmente dedicada à organização do sistema de computação, portanto, você pode olhá-la superficialmente, ou saltá-la se já conhece os conceitos.

1.2.1 Operação do Sistema de Computação

Um moderno sistema de computação de uso geral é composto por uma ou mais CPUs e vários controladores de dispositivos conectados por intermédio de um bus comum que dá acesso à memória compartilhada (Figura 1.2). Cada controlador de dispositivos é responsável por um tipo específico de dispositivo (por exemplo, drives de disco, dispositivos de áudio ou exibidores de vídeo). A CPU e os controladores de dispositivos podem operar concorrentemente, competindo por ciclos de memória. Um controlador de memória sincroniza o acesso à memória compartilhada para assegurar um acesso ordenado.

Para que um computador comece a operar — por exemplo, quando é ligado ou reiniciado — ele precisa ter um programa inicial para executar. Esse programa inicial, ou programa bootstrap, tende a ser simples. Normalmente, ele é armazenado dentro do hardware do computador em memória somente de leitura (ROM) ou em memória somente de leitura eletricamente apagável e programável (EEPROM — *electrically erasable programmable read-only memory*), conhecida pelo termo geral firmware. Ele inicializa todos os aspectos do sistema, dos registradores da CPU aos controladores de dispositivos e conteúdos da memória. O programa bootstrap precisa saber como carregar o sistema operacional e iniciar sua execução. Para alcançar esse objetivo, o programa tem que localizar e carregar na memória o kernel do sistema operacional.

Assim que o kernel é carregado e está em execução, ele pode começar a fornecer serviços para o sistema e seus usuários. Alguns serviços são fornecidos fora do kernel por programas do sistema que são carregados na memória em tempo de inicialização para se tornarem processos do sistema, ou daemons do sistema, que são executados durante todo o tempo em que o kernel é executado. No UNIX, o primeiro processo do sistema é "init", e ele inicia muitos outros daemons. Quando essa fase é concluída, o sistema está totalmente inicializado e aguarda que algum evento ocorra.

Geralmente, a ocorrência de um evento é indicada por uma interrupção proveniente do hardware ou do software. O hardware pode disparar uma interrupção a qualquer momento enviando um sinal à CPU, normalmente pelo bus do sistema. O

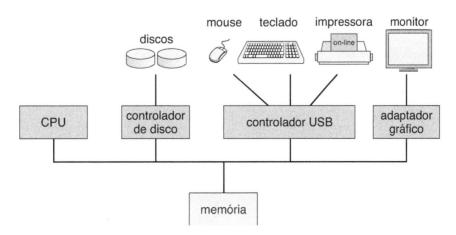

Figura 1.2 Um moderno sistema de computação.

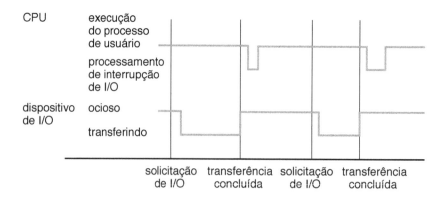

Figura 1.3 Linha de tempo de interrupções para um processo individual gerando saídas.

software pode disparar uma interrupção executando uma operação especial denominada chamada de sistema (também conhecida como chamada de monitor).

Quando a CPU é interrompida, ela para o que está fazendo e transfere imediatamente a execução para uma localização fixa. Normalmente, essa localização fixa contém o endereço inicial no qual se encontra a rotina de serviço da interrupção. A rotina de serviço da interrupção entra em operação; ao completar a execução, a CPU retoma a computação interrompida. Uma linha de tempo dessa operação é mostrada na Figura 1.3.

As interrupções são uma parte importante da arquitetura do computador. Cada projeto de computador tem seu próprio mecanismo de interrupção, mas diversas funções são comuns a todos. A interrupção deve transferir o controle para a rotina de serviço de interrupção apropriada. O método mais simples para a manipulação dessa transferência seria invocar uma rotina genérica que examinasse a informação de interrupção. A rotina, por sua vez, chamaria o manipulador de interrupções específico. Entretanto, as interrupções precisam ser manipuladas rapidamente. Já que só é permitida uma quantidade predeterminada de interrupções, uma tabela de ponteiros para rotinas de interrupção pode ser usada como alternativa para fornecer a velocidade necessária. A rotina de interrupção é chamada indiretamente pela tabela, sem necessidade de rotina intermediária. Geralmente, a tabela de ponteiros é armazenada na memória baixa (mais ou menos as 100 primeiras localizações). Essas localizações mantêm os endereços das rotinas de serviço de interrupção dos diversos dispositivos. Esse array de endereços, ou vetor de interrupções, é então indexado por um único número de dispositivo, fornecido com a solicitação de interrupção, de modo a que seja obtido o endereço da rotina de serviço de interrupção do dispositivo que a está causando. Sistemas operacionais tão diferentes como o Windows e o UNIX despacham as interrupções dessa maneira.

A arquitetura de interrupções também deve salvar o endereço da instrução interrompida. Muitos projetos antigos simplesmente armazenavam o endereço interrompido em uma localização fixa ou em uma localização indexada pelo número do dispositivo. Arquiteturas mais recentes armazenam o endereço de retorno na pilha do sistema. Se a rotina de interrupção precisar modificar o estado do processador — por exemplo, modificando os valores dos registradores — ela deve salvar explicitamente o estado corrente e, então, restaurar esse estado antes de retornar. Após a interrupção ser atendida, o endereço de retorno salvo é carregado no contador do programa, e a computação interrompida é retomada como se a interrupção não tivesse ocorrido.

1.2.2 Estrutura de Armazenamento

A CPU só pode carregar instruções a partir da memória; portanto, para serem executados, os programas devem estar arma-

---

DEFINIÇÕES E NOTAÇÃO DE ARMAZENAMENTO

A unidade básica de armazenamento nos computadores é o bit. Um bit pode conter um entre dois valores, 0 e 1. Todos os outros tipos de armazenamento em um computador são baseados em conjuntos de bits. Quando há bits suficientes, é espantoso quantas coisas um computador pode representar: números, letras, imagens, filmes, sons, documentos e programas, para citar apenas algumas. Um byte é composto por 8 bits e, na maioria dos computadores, é o menor bloco de armazenamento conveniente. Por exemplo, a maioria dos computadores não tem uma instrução para mover um bit e sim para mover um byte. Um termo menos comum é palavra que é uma unidade de dados nativa de determinada arquitetura de computador. Uma palavra é composta por um ou mais bytes. Por exemplo, um computador que tem registradores de 64 bits e endereçamento de memória de 64 bits, tem, normalmente, palavras de 64 bits (8 bytes). Um computador executa muitas operações em seu tamanho de palavra nativo, em vez de usar um byte de cada vez.

O espaço de armazenamento do computador, junto com a maior parte do seu throughput, é geralmente medido e manipulado em bytes e conjuntos de bytes. Um quilobyte ou KB é igual a 1.024 bytes; um megabyte ou MB equivale a 1.024^2 bytes; um gigabyte ou GB é o mesmo que 1.024^3 bytes; um terabyte ou TB corresponde a 1.024^4 bytes; e um pentabyte ou PB é composto por 1.024^5 bytes. Os fabricantes de computador costumam arredondar esses números e dizem que um megabyte corresponde a 1 milhão de bytes, e um gigabyte a 1 bilhão de bytes. As medidas aplicadas às redes são uma exceção a essa regra geral; elas são fornecidas em bits (porque as redes movem os dados bit a bit).

zenados na memória. Computadores de uso geral executam a maioria de seus programas a partir de memória regravável, ou seja, a memória principal (também chamada de memória de acesso randômico ou RAM). Normalmente, a memória principal é implementada em uma tecnologia de semicondutor denominada memória de acesso randômico dinâmica (DRAM — *dynamic random-access memory*).

Os computadores também usam outros tipos de memória. Já mencionamos a memória somente de leitura (ROM) e a memória somente de leitura eletricamente apagável e programável (EEPROM). Como a ROM não pode ser alterada, somente programas estáticos, como o programa bootstrap descrito anteriormente, são nela armazenados. A imutabilidade da ROM é útil em cartuchos de jogos. A EEPROM pode ser alterada, mas não com frequência e, portanto, contém programas estáticos em sua maior parte. Por exemplo, os smartphones têm EEPROM para armazenar seus programas instalados de fábrica.

Todos os tipos de memória fornecem um array de bytes. Cada byte tem seu próprio endereço. A interação é alcançada por intermédio de uma sequência de instruções load ou store para endereços de memória específicos. A instrução load move um byte ou palavra da memória principal para um registrador interno da CPU enquanto a instrução store move o conteúdo de um registrador para a memória principal. Além das cargas e armazenamentos explícitos, a CPU carrega automaticamente para execução instruções a partir da memória principal.

Um típico ciclo instrução-execução, conforme realizado em um sistema com arquitetura von Neumann, traz primeiro uma instrução da memória e a armazena no registrador de instruções. A instrução é, então, decodificada e pode provocar a busca de operandos na memória e o seu armazenamento em algum registrador interno. Após a execução da instrução sobre os operandos, o resultado pode ser armazenado novamente na memória. Observe que a unidade de memória enxerga apenas um fluxo de endereços de memória. Ela não sabe como eles são gerados (pelo contador de instruções, por indexação, indiretamente, como endereços literais ou por algum outro meio) ou para que servem (instruções ou dados). Da mesma forma, podemos ignorar *como* um endereço de memória é gerado por um programa. Só estamos interessados na sequência de endereços de memória gerados pelo programa em execução.

Idealmente, gostaríamos que os programas e dados residissem na memória principal de modo permanente. Esse esquema, geralmente, não é possível pelas duas razões a seguir:

1. A memória principal costuma ser muito pequena para armazenar permanentemente todos os programas e dados necessários.
2. A memória principal é um dispositivo de armazenamento volátil que perde seus conteúdos quando a energia é desligada ou quando ela falta por outro motivo.

Portanto, a maioria dos sistemas de computação fornece memória secundária como uma extensão da memória principal. O principal requisito da memória secundária é que ela seja capaz de armazenar grandes quantidades de dados permanentemente.

O dispositivo de memória secundária mais comum é o disco magnético, que fornece armazenamento tanto para programas quanto para dados. A maioria dos programas (de sistema e de aplicação) é armazenada em um disco até que seja carregada na memória. Por isso, muitos programas utilizam o disco tanto como fonte quanto como destino de seu processamento. Logo, o gerenciamento apropriado do armazenamento em disco é de importância capital para um sistema de computação, como discutimos no Capítulo 10.

De modo geral, no entanto, a estrutura de armazenamento que descrevemos — constituída de registradores, memória principal e discos magnéticos — é apenas um dos muitos sistemas de armazenamento possíveis. Há ainda a memória cache, o CD-ROM, as fitas magnéticas etc. Cada sistema de armazenamento fornece as funções básicas de armazenamento e de manutenção de dados até que sejam recuperados mais tarde. As principais diferenças entre os vários sistemas de armazenamento residem na velocidade, no custo, no tamanho e na volatilidade.

A ampla variedade de sistemas de armazenamento pode ser organizada em uma hierarquia (Figura 1.4), de acordo com a velocidade e o custo. Os níveis mais altos são caros, porém velozes. À medida que descemos na hierarquia, o custo por bit geralmente decresce, enquanto o tempo de acesso em geral aumenta. Essa desvantagem é razoável; se determinado sistema de armazenamento fosse ao mesmo tempo mais rápido e menos caro que outro — sendo as demais propriedades idênticas —, então não haveria razão para utilizar a memória mais lenta e mais dispendiosa. Na verdade, muitos dispositivos de armazenamento antigos, inclusive fita de papel e memórias de núcleo, foram relegados aos museus depois que a fita magnética e a memória semicondutora tornaram-se mais rápidas e mais baratas. Os quatro níveis mais altos de memória na Figura 1.4 podem ser construídos com o uso de memória semicondutora.

Além de diferirem na velocidade e no custo, os diversos sistemas de armazenamento podem ser voláteis ou não voláteis. Como mencionado anteriormente, a memória volátil perde seus conteúdos quando a energia para o dispositivo é removida. Na ausência de dispendiosos sistemas de backup por bateria ou gerador, os dados devem ser gravados em memória não volátil, por segurança. Na hierarquia mostrada na Figura 1.4, os sistemas de armazenamento situados acima do disco de estado sólido são voláteis enquanto os que o incluem e estão abaixo dele são não voláteis.

Há muitos tipos de discos de estado sólido, mas em geral eles são mais rápidos do que os discos magnéticos e são não voláteis. Um tipo de disco de estado sólido armazena dados em

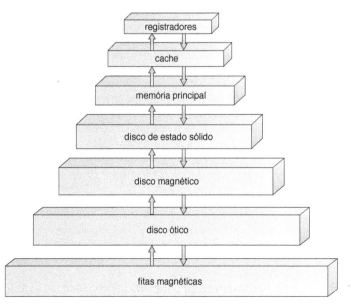

Figura 1.4 Hierarquia dos dispositivos de armazenamento.

um extenso array DRAM durante a operação normal, mas também contém um disco rígido magnético oculto e uma bateria como energia de backup. Quando há interrupção da energia externa, o controlador do disco de estado sólido copia os dados da RAM no disco magnético. Quando a energia externa é restaurada, o controlador copia os dados novamente na RAM. Outro tipo de disco de estado sólido é a memória flash que é popular em câmeras e assistentes digitais pessoais (PDAs — *personal digital assistants*), em robôs e cada vez mais para armazenamento em computadores de uso geral. A memória flash é mais lenta que a DRAM, mas não precisa de energia para reter seus conteúdos. Mais um tipo de armazenamento não volátil é a NVRAM, que é a DRAM com energia de backup por bateria. Essa memória pode ser tão rápida quanto a DRAM e (enquanto a bateria durar) é não volátil.

O projeto de um sistema de memória completo deve balancear todos os fatores que acabamos de discutir: só deve usar memória cara quando necessário e fornecer o máximo possível de memória barata e não volátil. Caches podem ser instalados para melhorar o desempenho quando existir grande disparidade no tempo de acesso ou na taxa de transferência entre dois componentes.

1.2.3 Estrutura de I/O

O armazenamento é apenas um dos muitos tipos de dispositivos de I/O de um computador. Grande parte do código do sistema operacional é dedicada ao gerenciamento de I/O, tanto por causa de sua importância para a confiabilidade e o desempenho de um sistema quanto em razão da natureza variada dos dispositivos. A seguir, fornecemos uma visão geral do I/O.

Um sistema de computação de uso geral é composto por CPUs e vários controladores de dispositivos conectados por um bus comum. Cada controlador de dispositivos é responsável por um tipo específico de dispositivo. Dependendo do controlador, pode haver mais de um dispositivo conectado. Por exemplo, sete ou mais dispositivos podem ser conectados ao controlador da interface de pequenos sistemas de computação (SCSI — *small computer-systems interface*). Um controlador de dispositivos mantém algum armazenamento em buffer local e um conjunto de registradores de uso específico. O controlador de dispositivos é responsável por movimentar os dados entre os dispositivos periféricos que controla e seu buffer de armazenamento local. Normalmente, os sistemas operacionais têm um driver de dispositivo para cada controlador de dispositivos. Esse driver entende o controlador de dispositivos e fornece uma interface uniforme entre o dispositivo e o resto do sistema operacional.

Para iniciar uma operação de I/O, o driver do dispositivo carrega os registradores apropriados dentro do controlador do dispositivo. Este, por sua vez, examina o conteúdo dos registradores para determinar que ação tomar (tal como "ler um caractere a partir do teclado"). O controlador inicia a transferência de dados do dispositivo para o seu buffer local. Quando a transferência de dados é concluída, o controlador do dispositivo informa ao driver do dispositivo, por uma interrupção, que terminou sua operação. O driver do dispositivo retorna então o controle para o sistema operacional, possivelmente retornando os dados ou um ponteiro para os dados se a operação foi uma leitura. Para outras operações, o driver do dispositivo retorna informações de *status*.

Esse tipo de I/O dirigido por interrupção é adequado para a movimentação de pequenas quantidades de dados, mas pode produzir um overhead alto quando usado na movimentação

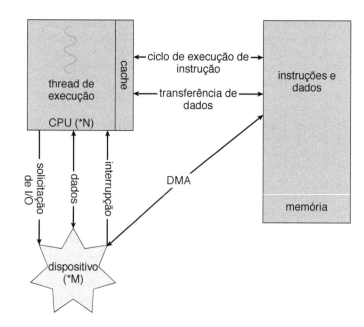

Figura 1.5 Como um moderno sistema de computação funciona.

de dados de massa como no I/O de disco. Para resolver esse problema, é utilizado o acesso direto à memória (DMA). Após estabelecer os buffers, ponteiros e contadores para o dispositivo de I/O, o controlador do dispositivo transfere um bloco inteiro de dados diretamente da memória para o seu próprio buffer ou a partir dele para a memória, sem intervenção da CPU. Somente é gerada uma interrupção por bloco para informar ao driver do dispositivo que a operação foi concluída, em vez de uma interrupção por byte gerada para dispositivos de baixa velocidade. Enquanto o controlador do dispositivo está executando essas operações, a CPU está disponível para cumprir outras tarefas.

Alguns sistemas de topo de linha usam arquitetura baseada em switch e não em bus. Nesses sistemas, vários componentes podem conversar com outros componentes concorrentemente, em vez de competirem por ciclos em um bus compartilhado. Nesse caso, o DMA é ainda mais eficaz. A Figura 1.5 mostra a interação de todos os componentes de um sistema de computação.

1.3 Arquitetura dos Sistemas de Computação

Na Seção 1.2, introduzimos a estrutura geral de um sistema de computação típico. Um sistema de computação pode ser organizado de várias maneiras diferentes que, grosso modo, podemos categorizar de acordo com o número de processadores de uso geral utilizados.

1.3.1 Sistemas Uniprocessadores

Até recentemente, a maioria dos sistemas de computação usava um único processador. Em um sistema de processador único, há uma CPU principal capaz de executar um conjunto de instruções de uso geral, incluindo instruções provenientes de processos de usuário. Quase todos os sistemas de processador único também têm outros processadores de uso específico. Eles podem estar na forma de processadores de dispositivos específicos, como controladores de disco, teclado e monitor; ou, nos mainframes, na forma de processadores de uso mais genérico, como os processadores de I/O que movem dados rapidamente entre os componentes do sistema.

Todos esses processadores de uso específico executam um conjunto limitado de instruções e não executam processos de usuário. Às vezes são gerenciados pelo sistema operacional, caso em que o sistema operacional lhes envia informações sobre sua próxima tarefa e monitora seu *status*. Por exemplo, o microprocessador de um controlador de disco recebe uma sequência de solicitações da CPU principal e implementa sua própria fila no disco e o algoritmo de scheduling do disco. Esse esquema libera a CPU principal do overhead do scheduling de disco. Os PCs contêm um microprocessador no teclado para converter os toques de teclas em códigos a serem enviados para a CPU. Em outros sistemas ou circunstâncias, os processadores de uso específico são componentes de baixo nível embutidos no hardware. O sistema operacional não pode se comunicar com esses processadores; eles executam suas tarefas autonomamente. O uso de microprocessadores de uso específico é comum e não transforma um sistema uniprocessador em um multiprocessador. Quando só existe uma CPU de uso geral, o sistema é uniprocessador.

1.3.2 Sistemas Multiprocessadores

Nos últimos anos, os sistemas multiprocessadores (também conhecidos como sistemas paralelos ou sistemas multicore) começaram a dominar o cenário da computação. Tais sistemas possuem dois ou mais processadores em estreita comunicação, compartilhando o bus do computador e algumas vezes o relógio, a memória e os dispositivos periféricos. Os sistemas multiprocessadores apareceram pela primeira vez e principalmente em servidores e, desde então, migraram para sistemas desktop e laptop. Recentemente, múltiplos processadores têm aparecido em dispositivos móveis como os smartphones e tablets.

Os sistemas multiprocessadores têm três vantagens principais:

1. **Aumento do throughput.** Com o aumento do número de processadores, espera-se que mais trabalho seja executado em menos tempo. No entanto, a taxa de aumento de velocidade com N processadores não é N; é menor do que N. Quando vários processadores cooperam em uma tarefa, observa-se algum overhead para manter todas as partes trabalhando corretamente. Esse overhead, mais a concorrência por recursos compartilhados, diminui o ganho esperado dos processadores adicionais. Do mesmo modo, N programadores trabalhando em cooperação não produzem N vezes o montante de trabalho que um único programador produziria.

2. **Economia de escala.** Sistemas multiprocessadores podem custar menos do que múltiplos sistemas equivalentes de processador único, já que eles podem compartilhar periféricos, memória de massa e suprimentos de energia. Quando vários programas trabalham sobre o mesmo conjunto de dados, é mais barato armazenar esses dados em um disco, compartilhando-os com todos os processadores, do que usar muitos computadores com discos locais e muitas cópias dos dados.

3. **Aumento da confiabilidade.** Se as funções puderem ser distribuídas apropriadamente entre vários processadores, a falha de um processador não interromperá o sistema, tornando-o apenas mais lento. Se tivermos dez processadores e um falhar, cada um dos nove processadores remanescentes poderá ficar com uma parcela do trabalho do processador que falhou. Assim, o sistema inteiro operará somente 10% mais devagar, em vez de falhar completamente.

O aumento da confiabilidade de um sistema de computação é crucial em muitas aplicações. A capacidade de continuar fornecendo serviço proporcionalmente ao nível do hardware remanescente é chamada de degradação limpa. Alguns sistemas vão além da degradação limpa e são chamados de tolerantes a falhas, porque podem sofrer falha em qualquer um dos componentes e continuar a operar. A tolerância a falhas requer um mecanismo para permitir que a falha seja detectada, diagnosticada e, se possível, corrigida. O sistema HP NonStop (anteriormente chamado de Tandem) usa a duplicação tanto do hardware como do software para assegurar a operação continuada, apesar das falhas. O sistema consiste em múltiplos pares de CPUs, funcionando em lockstep. Os dois processadores do par executam cada instrução e comparam os resultados. Quando o resultado difere, é porque uma CPU do par está falhando e as duas são interrompidas. O processo que estava sendo executado é, então, transferido para outro par de CPUs e a instrução que falhou é reiniciada. Essa solução é cara, já que envolve hardware especial e considerável duplicação de hardware.

Os sistemas multiprocessadores em uso hoje em dia são de dois tipos. Alguns sistemas utilizam multiprocessamento assimétrico, no qual a cada processador é designada uma tarefa específica. Um processador *mestre* controla o sistema; os demais processadores consultam o mestre para instruções ou possuem tarefas predefinidas. Esse esquema define um relacionamento mestre-escravo. O processador mestre organiza e aloca o trabalho para os escravos.

Os sistemas mais comuns utilizam multiprocessamento simétrico (SMP — *symmetric multiprocessing*) no qual cada processador executa todas as tarefas do sistema operacional. SMP significa que todos os processadores são pares; não existe um relacionamento mestre-escravo entre eles. A Figura 1.6 ilustra uma arquitetura SMP típica. Observe que cada processador tem seu próprio conjunto de registradores, assim como um cache privado — ou local. No entanto, todos os processadores compartilham memória física. Um exemplo de um sistema SMP é o AIX, uma versão comercial do UNIX projetada pela IBM. Um sistema AIX pode ser configurado de modo a empregar dúzias de processadores. O benefício desse modelo é que muitos processos podem ser executados simultaneamente — N processos podem ser executados se houver N CPUs — sem causar uma deterioração significativa de desempenho. Entretanto, devemos controlar cuidadosamente o I/O para assegurar que os dados alcancem o processador apropriado. Além disso, como as CPUs

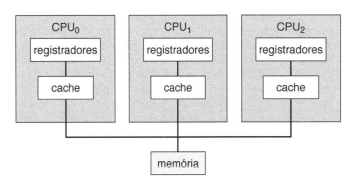

Figura 1.6 Arquitetura de multiprocessamento simétrico.

são separadas, uma pode ficar ociosa enquanto outra está sobrecarregada, resultando em ineficiências. Essas ineficiências podem ser evitadas, se os processadores compartilharem determinadas estruturas de dados. Um sistema multiprocessador desse tipo permitirá que processos e recursos — como a memória — sejam compartilhados dinamicamente entre os vários processadores e pode diminuir a diferença entre eles. Tal sistema deve ser escrito cuidadosamente, como veremos no Capítulo 5. Praticamente todos os sistemas operacionais modernos — incluindo o Windows, o Mac OS X e o Linux — já suportam o SMP.

A diferença entre multiprocessamento simétrico e assimétrico pode resultar tanto do hardware quanto do software. Um hardware especial pode diferenciar os processadores múltiplos, ou o software pode ser escrito para permitir somente um mestre e múltiplos escravos. Por exemplo, o sistema operacional SunOS Versão 4 da Sun Microsystems fornece multiprocessamento assimétrico, enquanto a Versão 5 (Solaris) é simétrica no mesmo hardware.

O multiprocessamento adiciona CPUs para aumentar o poder de computação. Se a CPU tem um controlador de memória integrado, o acréscimo de CPUs também pode aumentar o montante de memória endereçável no sistema. De qualquer forma, o multiprocessamento pode fazer com que um sistema altere seu modelo de acesso à memória, do acesso uniforme (UMA — *uniforme memory access*) ao acesso não uniforme (NUMA — *non-uniform memory access*). O UMA é definido como a situação em que o acesso a qualquer RAM a partir de qualquer CPU leva o mesmo período de tempo. No NUMA, algumas partes da memória podem demorar mais para serem acessadas do que outras, gerando perda de desempenho. Os sistemas operacionais podem minimizar a perda gerada pelo NUMA por meio do gerenciamento de recursos, como discutido na Seção 9.5.4.

Uma tendência recente no projeto de CPUs é a inclusão de múltiplos **núcleos** (**cores**) de computação em um único chip. Tais sistemas multiprocessadores são denominados **multicore**. Eles podem ser mais eficientes do que vários chips de núcleo único porque a comunicação *on-chip* (dentro do chip) é mais veloz do que a comunicação *between-chip* (entre chips). Além disso, um chip com vários núcleos usa bem menos energia do que vários chips de núcleo único.

É importante observar que, enquanto os sistemas multicore são multiprocessadores, nem todos os sistemas multiprocessadores são multicore, como veremos na Seção 1.3.3. Em nossa abordagem dos sistemas multiprocessadores no decorrer deste texto, a menos que mencionado o contrário, usamos o termo mais contemporâneo **multicore**, que exclui alguns sistemas multiprocessadores.

Na Figura 1.7, mostramos um projeto dual-core com dois núcleos no mesmo chip. Nesse projeto, cada núcleo tem seu próprio conjunto de registradores, assim como seu próprio cache local. Outros projetos podem usar um cache compartilhado ou uma combinação de caches local e compartilhado. Além das considerações relacionadas com a arquitetura, como a disputa por cache, memória e bus, essas CPUs multicore aparecem para o sistema operacional como N processadores-padrão. É uma característica que pressiona os projetistas de sistemas operacionais — e programadores de aplicações — a fazer uso desses núcleos de processamento.

Para concluir, os **servidores blade** são um desenvolvimento relativamente recente em que várias placas de processador, placas de I/O e placas de rede são inseridas no mesmo chassi. A diferença entre esses sistemas e os sistemas multiprocessadores

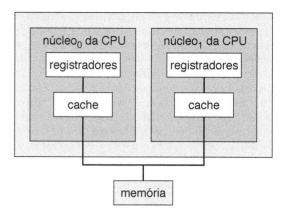

Figura 1.7 Um projeto dual-core com dois núcleos inseridos no mesmo chip.

tradicionais é que cada placa de processador blade é inicializada independentemente e executa seu próprio sistema operacional. Algumas placas de servidor blade também são multiprocessadoras, o que torna difícil diferenciar tipos de computadores. Em essência, esses servidores são compostos por vários sistemas multiprocessadores independentes.

1.3.3 Sistemas Agrupados (Clusters)

Outro tipo de sistema multiprocessador é o **sistema em cluster** que reúne várias CPUs. Esses sistemas diferem dos sistemas multiprocessadores descritos na Seção 1.3.2 por serem compostos de dois ou mais sistemas individuais — ou nós — acoplados. Tais sistemas são considerados **fracamente acoplados**. Cada nó pode ser um sistema uniprocessador ou um sistema multicore. É preciso ressaltar que a definição de *cluster* não é unânime; muitos pacotes comerciais divergem quanto à definição de um sistema em cluster e por que uma forma é melhor do que a outra. A definição geralmente aceita é a de que computadores em cluster compartilham memória e são estreitamente conectados por uma rede local LAN (como descrito no Capítulo 17) ou de uma interconexão mais veloz, como a InfiniBand.

O cluster costuma ser usado para fornecer serviço de **alta disponibilidade** — isto é, o serviço continuará mesmo se um ou mais sistemas do cluster falhar. Geralmente, a alta disponibilidade é obtida pela adição de um nível de redundância ao sistema. Uma camada de software de cluster opera sobre os nós do cluster. Cada nó pode monitorar um ou mais dos outros nós (por meio da LAN). Se a máquina monitorada falhar, a máquina de monitoramento pode apropriar-se da sua memória e reiniciar as aplicações que estavam sendo executadas na máquina que falhou. Os usuários e clientes das aplicações percebem somente uma breve interrupção do serviço.

O cluster pode ser estruturado assimétrica ou simetricamente. No **cluster assimétrico**, uma das máquinas permanece em **modalidade de alerta máximo**, enquanto a outra executa as aplicações. A máquina hospedeira em alerta nada faz além de monitorar o servidor ativo. Se esse servidor falhar, o hospedeiro em alerta torna-se o servidor ativo. No **cluster simétrico**, dois ou mais hospedeiros executam aplicações e se monitoram uns aos outros. É claro que essa estrutura é mais eficiente, já que usa todo o hardware disponível. No entanto, isso requer que mais de uma aplicação esteja disponível para execução.

Já que um cluster é composto por vários sistemas de computação conectados por uma rede, os clusters também podem ser usados para fornecer ambientes de computação de alto desempenho. Esses sistemas podem fornecer um poder de computação significativamente maior do que sistemas de um único processador, ou até mesmo sistemas SMP, porque podem executar uma aplicação concorrentemente em todos os computadores do cluster. No entanto, a aplicação deve ter sido escrita especificamente para se beneficiar do cluster. Isso envolve uma técnica conhecida como paralelização que divide um programa em componentes separados executados em paralelo em computadores individuais do cluster. Normalmente, essas aplicações são projetadas para que, após cada nó de computação do cluster ter resolvido sua parte do problema, os resultados de todos os nós sejam combinados em uma solução final.

Outras formas de clusters incluem os clusters paralelos e o cluster através de uma rede de longa distância (WAN) (como descrito no Capítulo 17). Os clusters paralelos permitem que múltiplos hospedeiros acessem os mesmos dados na memória compartilhada. Tendo em vista que a maioria dos sistemas operacionais não permite que múltiplos hospedeiros acessem simultaneamente os dados, geralmente os clusters paralelos demandam o uso de versões especiais de software e releases de aplicações especiais. Por exemplo, o Oracle Real Application Cluster é uma versão do banco de dados Oracle projetada para operar em clusters paralelos. Cada uma das máquinas executa o Oracle, e uma camada de software conduz o acesso ao disco compartilhado. Cada máquina tem acesso total a todos os dados do banco de dados. Para fornecer esse acesso compartilhado, o sistema também deve oferecer controle de acesso e trancamento (*locking*) para assegurar que não ocorram operações conflitantes. Essa função, normalmente conhecida como gerenciador de lock distribuído (DLM — *distributed lock manager*), é incluída em algumas tecnologias de cluster.

A tecnologia de cluster está mudando rapidamente. Alguns produtos de cluster suportam vários sistemas em um cluster, assim como nós de cluster separados por quilômetros. Muitas dessas melhorias se tornaram possíveis, graças às redes de área de armazenamento (SANs — *storage-area networks*), como descrito na Seção 10.3.3, que permitem que vários sistemas sejam conectados a um pool de armazenamento. Se as aplicações e seus dados são armazenados na SAN, o software de cluster pode designar a execução da aplicação a qualquer hospedeiro que esteja conectado à SAN. Se o hospedeiro falhar, qualquer outro hospedeiro poderá assumir a tarefa. Em um cluster de banco de dados, vários hospedeiros podem compartilhar o mesmo banco de dados, melhorando muito o desempenho e a confiabilidade. A Figura 1.8 mostra a estrutura geral de um sistema cluster.

CLUSTERS BEOWULF

Os clusters Beowulf são projetados para resolver tarefas de computação de alto desempenho. Um cluster Beowulf é composto por equipamentos de hardware disponíveis no comércio — como os computadores pessoais — conectados por uma simples rede local. Não é necessário um pacote de software específico para construir um cluster. Em vez disso, os nós usam um conjunto de bibliotecas de softwares de código-fonte aberto para se comunicarem entre si. Portanto, existem várias abordagens para a construção de um cluster Beowulf. Normalmente, no entanto, os nós de computação Beowulf executam o sistema operacional Linux. Já que os clusters Beowulf não requerem hardware especial e funcionam usando software de código-fonte aberto disponível gratuitamente, eles oferecem uma estratégia de baixo custo para a construção de um cluster de computação de alto desempenho. Na verdade, alguns clusters Beowulf construídos a partir de computadores pessoais descartados usam centenas de nós para resolver problemas dispendiosos de computação científica.

1.4 Estrutura do Sistema Operacional

Agora que já discutimos a organização e a arquitetura básicas do sistema de computação, estamos prontos para conversar sobre sistemas operacionais. Um sistema operacional fornece o ambiente dentro do qual os programas são executados. Internamente, os sistemas operacionais variam bastante em sua composição, já que estão organizados em muitas linhas diferentes. No entanto, há muitas semelhanças, que consideramos nesta seção.

Um dos aspectos mais importantes dos sistemas operacionais é sua capacidade de multiprogramar. Geralmente, um único programa não pode manter a CPU ou os dispositivos de I/O ocupados o tempo todo. Usuários individuais costumam ter vários programas em execução. A multiprogramação aumenta a utilização da CPU organizando os jobs (código e dados) de modo que a CPU tenha sempre um para executar.

A ideia é a seguinte: O sistema operacional mantém vários jobs na memória simultaneamente (Figura 1.9). Já que a memória principal costuma ser muito pequena para acomodar todos os jobs, inicialmente eles são mantidos em disco no pool de

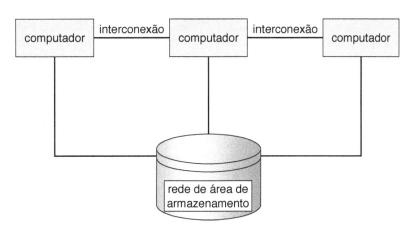

Figura 1.8 Estrutura geral de um sistema em cluster.

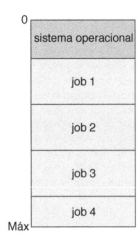

Figura 1.9 Layout da memória de um sistema de multiprogramação.

jobs. Esse pool é composto de todos os processos residentes em disco aguardando alocação da memória principal.

O conjunto de jobs na memória pode ser um subconjunto dos jobs mantidos no pool de jobs. O sistema operacional seleciona e começa a executar um dos jobs da memória. Em dado momento, o job pode ter de aguardar que alguma tarefa, como uma operação de I/O, seja concluída. Em um sistema sem multiprogramação, a CPU permaneceria ociosa. Em um sistema multiprogramado, o sistema operacional simplesmente passa para um novo job e o executa. Quando *este* job tem de aguardar, a CPU é redirecionada para *outro* job, e assim por diante. Por fim, o primeiro job sai da espera e retoma a CPU. Contanto que pelo menos um job tenha de ser executado, a CPU nunca fica ociosa.

Essa ideia é comum em outras situações da vida. Um advogado não trabalha para apenas um cliente de cada vez, por exemplo. Enquanto um caso está aguardando julgamento ou esperando a preparação de documentos, ele pode trabalhar em outro caso. Se tiver clientes suficientes, nunca ficará ocioso por falta de trabalho. (Advogados ociosos tendem a se tornar políticos e, portanto, existe certo valor social em manter os advogados ocupados.)

Os sistemas multiprogramados fornecem um ambiente em que os diversos recursos do sistema (por exemplo, CPU, memória e dispositivos periféricos) são utilizados eficientemente, mas não possibilitam a interação do usuário com o sistema de computação. O **tempo compartilhado** (ou **multitarefa**) é uma extensão lógica da multiprogramação. Em sistemas de tempo compartilhado, a CPU executa vários jobs alternando-se entre eles, mas as mudanças de job ocorrem com tanta frequência que os usuários podem interagir com cada programa enquanto ele está em execução.

O tempo compartilhado requer um sistema de computação **interativo** que forneça comunicação direta entre o usuário e o sistema. O usuário fornece instruções ao sistema operacional ou a um programa, diretamente, usando um dispositivo de entrada, como teclado, mouse, touch pad, ou touch screen, e espera os resultados imediatos em um dispositivo de saída. Em contrapartida, o **tempo de resposta** deve ser curto — normalmente, menos de um segundo.

Um sistema operacional de tempo compartilhado permite que muitos usuários compartilhem o computador simultaneamente. Como cada ação ou comando em um sistema de tempo compartilhado tende a ser breve, apenas um pequeno tempo de CPU é necessário para cada usuário. Já que o sistema muda rapidamente de um usuário para outro, cada usuário tem a impressão de que o sistema de computação inteiro está sendo dedicado ao seu uso, mesmo que esteja sendo compartilhado entre muitos usuários.

O sistema operacional de tempo compartilhado usa a multiprogramação e o scheduling da CPU para disponibilizar, a cada usuário, uma pequena porção de um computador de tempo compartilhado. Cada usuário tem, pelo menos, um programa separado na memória. Um programa carregado na memória e em execução é chamado um **processo**. Quando um processo entra em execução, normalmente opera apenas por um breve período antes que termine ou tenha de executar I/O. O I/O pode ser interativo, isto é, a saída é exibida para o usuário e a entrada vem do teclado, do mouse ou de outro dispositivo do usuário. Considerando que o I/O interativo costuma ser executado na "velocidade do usuário", pode levar um longo tempo para ser concluído. A entrada, por exemplo, pode ser limitada pela velocidade de digitação do usuário; sete caracteres por segundo é rápido para as pessoas, mas incrivelmente lento para os computadores. Em vez de deixar a CPU ociosa enquanto essa entrada interativa acontece, o sistema operacional direciona rapidamente a CPU ao programa de algum outro usuário.

O tempo compartilhado e a multiprogramação requerem que vários jobs sejam mantidos simultaneamente na memória. Se vários jobs estão prontos para serem conduzidos à memória e se não houver espaço suficiente para todos, o sistema deve selecionar um entre eles. Essa tomada de decisão envolve o **scheduling de jobs**, que discutimos no Capítulo 6. Quando o sistema operacional seleciona um job no pool de jobs, ele carrega esse job na memória para execução. A existência de vários programas na memória ao mesmo tempo requer algum tipo de gerenciamento da memória, o que abordamos nos Capítulos 8 e 9. Além disso, se vários jobs estão prontos para execução ao mesmo tempo, o sistema deve selecionar que job será executado primeiro. Essa tomada de decisão é o **scheduling da CPU** que também é discutido no Capítulo 6. Para concluir, a execução de múltiplos jobs concorrentemente requer que suas capacidades de afetar uns aos outros sejam limitadas em todas as fases do sistema operacional, incluindo o scheduling de processos, o armazenamento em disco e o gerenciamento da memória. Discutimos essas considerações ao longo do texto.

Em um sistema de tempo compartilhado, o sistema operacional deve assegurar um tempo de resposta razoável. Às vezes, esse objetivo é alcançado pelo **swapping**, em que os processos são alternados entre a memória principal e o disco. Um método comum para garantir um tempo de resposta razoável é a **memória virtual**, uma técnica que permite a execução de um processo que não se encontra totalmente na memória (Capítulo 9). A principal vantagem do esquema de memória virtual é que ele permite que os usuários executem programas maiores do que a **memória física** real. Além disso, ele resume a memória principal a um grande e uniforme array de armazenamento, separando a memória física da **memória lógica** visualizada pelo usuário. Esse esquema libera os programadores da preocupação com limitações de armazenamento na memória.

Um sistema de tempo compartilhado também deve fornecer um sistema de arquivos (Capítulos 11 e 12). O sistema de arquivos reside em um conjunto de discos; portanto, o gerenciamento de discos deve estar disponível (Capítulo 10). Além disso, um sistema de tempo compartilhado fornece um mecanismo para a proteção dos recursos contra uso inapropriado (Capítulo 14). Para garantir execução ordenada, o sistema deve fornecer mecanismos de sincronização e comunicação entre jobs (Capítulo 5) e deve assegurar que os jobs não fiquem presos em um deadlock, esperando eternamente uns pelos outros (Capítulo 7).

1.5 Operações do Sistema Operacional

Como mencionado anteriormente, os sistemas operacionais modernos são dirigidos por interrupções. Se não existem processos para executar, dispositivos de I/O para servir e usuários a quem responder, então um sistema operacional permanece inativo esperando que algo aconteça. Os eventos são quase sempre sinalizados pela ocorrência de uma interrupção ou de uma exceção (*trap*). Uma exceção é uma interrupção gerada por software causada por um erro (por exemplo, divisão por zero ou acesso inválido à memória) ou por uma solicitação específica proveniente de um programa de usuário para que um serviço do sistema operacional seja executado. A natureza de ser dirigido por interrupções de um sistema operacional define a estrutura geral do sistema. Para cada tipo de interrupção, segmentos separados de código do sistema operacional determinam qual ação deve ser executada. É fornecida uma rotina de serviço de interrupções para lidar com a interrupção.

Já que o sistema operacional e os usuários compartilham os recursos de hardware e software do sistema de computação, precisamos assegurar que um erro em um programa de usuário, cause problemas somente para o programa em execução. Com o compartilhamento, muitos processos poderiam ser afetados adversamente por um bug em um programa. Por exemplo, se um processo fica travado em um loop infinito, esse loop poderia impedir a operação correta de muitos outros processos. Erros mais sutis podem ocorrer em um sistema com multiprogramação, em que um programa defeituoso pode modificar outro programa, os dados de outro programa ou até mesmo o próprio sistema operacional.

Sem proteção contra esses tipos de erros, o computador deve executar apenas um processo de cada vez, ou qualquer saída será suspeita. Um sistema operacional projetado adequadamente deve assegurar que um programa incorreto (ou malicioso) não possa causar a execução incorreta de outros programas.

1.5.1 Operação em Modalidade Dual e Multimodalidade

Para garantir a execução apropriada do sistema operacional, temos que ser capazes de distinguir entre a execução de código do sistema operacional e de código definido pelo usuário.

A abordagem adotada pela maioria dos sistemas de computação é o fornecimento de suporte de hardware que permite diferenciar as diversas modalidades de execução.

Precisamos de, pelo menos, duas *modalidades* de operação separadas: a modalidade de usuário e a modalidade de kernel (também chamada de modalidade de supervisor, modalidade de sistema ou modalidade privilegiada). Um bit, chamado bit de modalidade, é adicionado ao hardware do computador para indicar a modalidade corrente: kernel (0) ou usuário (1). Com o bit de modalidade, podemos distinguir entre uma tarefa que é executada em nome do sistema operacional e a que é executada em nome do usuário. Quando o sistema de computação está operando em nome de uma aplicação de usuário, ele está em modalidade de usuário. Mas, quando a aplicação de usuário solicita um serviço do sistema operacional (por meio de uma chamada de sistema), o sistema deve passar da modalidade de usuário para a de kernel de modo a atender a solicitação. Isso é mostrado na Figura 1.10. Como veremos, essa melhoria de arquitetura também é útil em muitos outros aspectos de operação do sistema.

Em tempo de inicialização do sistema, o hardware começa a operar em modalidade de kernel. O sistema operacional é, então, carregado e inicia aplicações de usuário em modalidade de usuário. Sempre que uma exceção ou interrupção ocorre, o hardware passa da modalidade de usuário para a modalidade de kernel (isto é, muda para 0 o estado do bit de modalidade). Portanto, sempre que o sistema operacional obtém o controle do computador, ele está em modalidade de kernel. O sistema sempre passa para a modalidade de usuário (posicionando o bit de modalidade como 1) antes de passar o controle para um programa de usuário.

A modalidade dual de operação fornece os meios para a proteção do sistema operacional contra usuários errantes — e a proteção desses contra eles mesmos. Obtemos essa proteção designando como instruções privilegiadas algumas das instruções de máquina que podem causar erro. O hardware permite que as instruções privilegiadas sejam executadas somente em modalidade de kernel. Se é feita alguma tentativa de executar uma instrução privilegiada em modalidade de usuário, o hardware não executa a instrução, tratando-a como ilegal e interceptando-a (por uma exceção) para o sistema operacional.

A instrução de passagem para a modalidade de kernel é um exemplo de instrução privilegiada. Alguns outros exemplos incluem o controle de I/O, o gerenciamento do timer e o gerenciamento de interrupções. Como veremos no decorrer do texto, há muitas outras instruções privilegiadas.

O conceito de modalidades pode ser estendido para além de duas modalidades (caso em que a CPU utiliza mais de um bit para estabelecer e testar a modalidade). Com frequência, CPUs

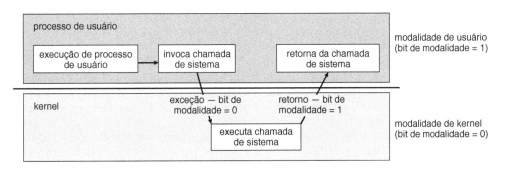

Figura 1.10 Transição da modalidade de usuário para a modalidade de kernel.

que suportam virtualização (Seção 16.1) têm uma modalidade separada para indicar quando o gerenciador de máquinas virtuais (VMM — *virtual machine manager*) — e o software de gerenciamento de virtualização — estão no controle do sistema. Nessa modalidade, o VMM tem mais privilégios do que os processos de usuário e menos do que o kernel. Ele precisa desse nível de privilégio para poder criar e gerenciar máquinas virtuais, alterando o estado da CPU para fazer isso. Às vezes, também, modalidades diferentes são usadas por vários componentes do kernel. Observemos que, como uma alternativa às modalidades, o projetista da CPU pode usar outros métodos para diferenciar privilégios operacionais. A família de CPUs Intel 64 suporta quatro *níveis de privilégios*, por exemplo, e suporta a virtualização, mas não tem uma modalidade separada para ela.

Podemos ver, agora, o ciclo de vida da execução de instruções em um sistema de computação. O controle inicial reside no sistema operacional, no qual instruções são executadas em modalidade de kernel. Quando o controle é passado para uma aplicação de usuário, a modalidade é posicionada como modalidade de usuário. O controle acaba sendo devolvido ao sistema operacional por uma interrupção, uma exceção ou uma chamada de sistema.

As chamadas de sistema fornecem o meio para que um programa de usuário solicite ao sistema operacional que execute tarefas reservadas a ele em nome do programa de usuário. Uma chamada de sistema pode ser invocada de várias maneiras, dependendo da funcionalidade fornecida pelo processador subjacente. De qualquer forma, é o método usado por um processo para solicitar uma ação ao sistema operacional. Geralmente, uma chamada de sistema assume a forma de uma exceção para uma localização específica no vetor de interrupções. Essa exceção pode ser executada por uma instrução `trap` genérica, embora alguns sistemas (como o MIPS) tenham uma instrução `syscall` específica para invocar uma chamada de sistema.

Quando uma chamada de sistema é executada, ela é tipicamente tratada pelo hardware como uma interrupção de software. O controle passa, por intermédio do vetor de interrupções, para uma rotina de serviço no sistema operacional, e o bit de modalidade é posicionado como modalidade de kernel. A rotina de serviço da chamada de sistema faz parte do sistema operacional. O kernel examina a instrução de interrupção para determinar qual chamada de sistema ocorreu; um parâmetro indica que tipo de serviço o programa do usuário está solicitando. Informações adicionais exigidas pela solicitação podem ser passadas em registradores, na pilha ou na memória (com ponteiros para as locações na memória passadas em registradores). O kernel verifica se os parâmetros estão corretos e legais, executa a solicitação e retorna o controle para a instrução seguinte à chamada de sistema. Descrevemos as chamadas de sistema com mais detalhes na Seção 2.3.

A ausência de uma modalidade dual suportada por hardware pode causar falhas graves em um sistema operacional. Por exemplo, o MS-DOS foi escrito para a arquitetura Intel 8088 que não possui bit de modalidade e, portanto, não tem modalidade dual. Um programa de usuário operando incorretamente pode tirar do ar o sistema operacional gravando dados sobre ele; e vários programas poderiam gravar ao mesmo tempo em um dispositivo, com resultados potencialmente desastrosos. Versões modernas da CPU Intel fornecem operação em modalidade dual. Como resultado, a maioria dos sistemas operacionais contemporâneos — como o Microsoft Windows 7 e, também, o Unix e o Linux — se beneficia desse recurso e fornece maior proteção ao sistema operacional.

Uma vez que a proteção de hardware esteja ativa, ela detecta erros que violam as modalidades. Normalmente, esses erros são manipulados pelo sistema operacional. Se um programa de usuário falha de alguma forma — como ao tentar executar uma instrução ilegal ou acessar memória que não faça parte do espaço de endereçamento do usuário —, o hardware gera uma exceção para o sistema operacional. A exceção transfere o controle, por meio do vetor de interrupções, para o sistema operacional, da mesma forma que a interrupção faz. Quando ocorre um erro no programa, o sistema operacional deve encerrá-lo anormalmente. Essa situação é manipulada pelo mesmo código de um encerramento anormal solicitado pelo usuário. Uma mensagem de erro apropriada é fornecida e a memória do programa pode ser despejada. Normalmente, o despejo da memória é gravado em um arquivo para que o usuário ou o programador possa examiná-lo, talvez corrigi-lo e reiniciar o programa.

1.5.2 Timer

Devemos assegurar que o sistema operacional mantenha o controle sobre a CPU. Não podemos permitir que um programa de usuário fique travado em um loop infinito ou não chame os serviços do sistema e nunca retorne o controle ao sistema operacional. Para alcançar esse objetivo, podemos utilizar um timer. Um timer pode ser configurado para interromper o computador após um período especificado. O período pode ser fixo (por exemplo, 1/60 segundos) ou variável (por exemplo, de 1 milissegundo a 1 segundo). Geralmente, um timer variável é implementado por um relógio de marcação fixa e um contador. O sistema operacional posiciona o contador. Cada vez que o relógio marca, o contador é decrementado. Quando o contador atinge 0, ocorre uma interrupção. Por exemplo, um contador de 10 bits com um relógio de 1 milissegundo permite interrupções a intervalos de 1 a 1024 milissegundos em passos de 1 milissegundo.

Antes de retornar o controle ao usuário, o sistema operacional assegura que o timer seja configurado para causar uma interrupção. Quando o timer causa a interrupção, o controle é transferido automaticamente para o sistema operacional que pode tratar a interrupção como um erro fatal ou dar mais tempo ao programa. É claro que as instruções que modificam o conteúdo do timer são privilegiadas.

Podemos usar o timer para impedir que um programa de usuário seja executado por muito tempo. Uma técnica simples é a inicialização de um contador com o período de tempo em que um programa pode ser executado. Um programa com um limite de tempo de 7 minutos, por exemplo, teria seu contador inicializado em 420. A cada segundo, o timer causaria uma interrupção e o contador seria decrementado de uma unidade. Enquanto o contador é positivo, o controle é retornado ao programa do usuário. Quando o contador se torna negativo, o sistema operacional encerra o programa por exceder o limite de tempo designado.

1.6 Gerenciamento de Processos

Um programa nada faz, a menos que suas instruções sejam executadas por uma CPU. Um programa em execução, como mencionado, é um processo. Um programa de usuário de tempo compartilhado, como um compilador, é um processo. Um programa de processamento de texto, sendo executado por um usuário individual em um PC, é um processo. Uma tarefa do sistema, como o envio de saída para uma impressora, também pode ser um processo (ou pelo menos parte de um processo).

Por enquanto, você pode considerar um processo como um job ou um programa de tempo compartilhado, mas posteriormente aprenderá que o conceito é mais genérico. Como veremos no Capítulo 3, é possível fornecer chamadas de sistema que possibilitem aos processos criarem subprocessos a serem executados concorrentemente.

Um processo precisa de certos recursos — incluindo tempo de CPU, memória, arquivos e dispositivos de I/O — para cumprir sua tarefa. Esses recursos são fornecidos ao processo quando ele é criado, ou são alocados a ele durante sua execução. Além dos diversos recursos físicos e lógicos que um processo obtém quando é criado, vários dados (entradas) de inicialização também podem ser passados. Por exemplo, considere um processo cuja função seja exibir o *status* de um arquivo na tela de um terminal. O processo receberá como entrada o nome do arquivo e executará as instruções e chamadas de sistema apropriadas para obter e exibir as informações desejadas no terminal. Quando o processo terminar, o sistema operacional reclamará os recursos reutilizáveis.

Enfatizamos que um programa por si só não é um processo. Um programa é uma entidade *passiva*, como os conteúdos de um arquivo armazenado em disco, enquanto um processo é uma entidade *ativa*. Um processo de um único thread tem um contador de programa especificando a próxima instrução a ser executada. (Os threads são abordados no Capítulo 4.) A execução de tal processo deve ser sequencial. A CPU executa uma instrução do processo após a outra, até o processo ser concluído. Além disso, a qualquer momento, no máximo uma instrução é executada em nome do processo. Portanto, embora dois processos possam estar associados ao mesmo programa, eles são considerados como duas sequências de execução separadas. Um processo com vários threads tem múltiplos contadores de programa, cada um apontando para a próxima instrução a ser executada para determinado thread.

Um processo é a unidade de trabalho de um sistema. Um sistema consiste em um conjunto de processos, alguns dos quais são processos do sistema operacional (os que executam código do sistema), e o resto são processos de usuário (aqueles que executam código de usuário). Todos esses processos podem ser executados concorrentemente — pela multiplexação em uma única CPU, por exemplo.

O sistema operacional é responsável pelas seguintes atividades relacionadas com o gerenciamento de processos:

- Executar o scheduling de processos e threads nas CPUs
- Criar e excluir processos de usuário e do sistema
- Suspender e retomar processos
- Fornecer mecanismos de sincronização de processos
- Fornecer mecanismos de comunicação entre processos

Discutimos as técnicas de gerenciamento de processos nos Capítulos 3 a 5.

1.7 Gerenciamento da Memória

Como discutimos na Seção 1.2.2, a memória principal é essencial para a operação de um sistema de computação moderno. A memória principal é um grande array de bytes que variam em tamanho de centenas de milhares a bilhões. Cada byte tem seu próprio endereço. A memória principal é um repositório de dados rapidamente acessáveis compartilhado pela CPU e dispositivos de I/O. O processador central lê instruções na memória principal, durante o ciclo de busca de instruções, e lê e grava dados a partir da memória principal, durante o ciclo de busca de dados (em uma arquitetura von Neumann). Como mencionado anteriormente, a memória principal costuma ser o único grande dispositivo de armazenamento que a CPU consegue endereçar e acessar diretamente. Por exemplo, para a CPU processar dados do disco, primeiro esses dados devem ser transferidos para a memória principal por chamadas de I/O geradas pela CPU. Da mesma forma, as instruções devem estar na memória para a CPU executá-las.

Para que um programa seja executado, ele deve ser mapeado para endereços absolutos e carregado na memória. Quando o programa é executado, ele acessa suas instruções e dados na memória gerando esses endereços absolutos. Eventualmente, o programa é encerrado, seu espaço de memória é declarado disponível e o próximo programa pode ser carregado e executado.

Para melhorar tanto a utilização da CPU quanto a velocidade de resposta do computador para seus usuários, computadores de uso geral devem manter vários programas na memória, criando a necessidade de gerenciamento da memória. Muitos esquemas diferentes de gerenciamento da memória são usados. Esses esquemas refletem diversas abordagens, e a eficácia de determinado algoritmo depende da situação. Ao selecionar um esquema de gerenciamento da memória para um sistema específico, devemos levar em consideração muitos fatores — principalmente o projeto de *hardware* do sistema. Cada algoritmo requer seu próprio suporte de hardware.

O sistema operacional é responsável pelas seguintes atividades relacionadas com o gerenciamento da memória:

- Controlar quais partes da memória estão sendo correntemente utilizadas e quem as está utilizando
- Decidir que processos (ou partes de processos) e dados devem ser transferidos para dentro e para fora da memória
- Alocar e desalocar espaço de memória conforme necessário

As técnicas de gerenciamento da memória são discutidas nos Capítulos 8 e 9.

1.8 Gerenciamento do Armazenamento

Para tornar o sistema de computação conveniente para os usuários, o sistema operacional fornece uma visão uniforme e lógica do armazenamento de informações. O sistema operacional abstrai, das propriedades físicas dos seus dispositivos de armazenamento, a definição de uma unidade lógica de armazenamento, o arquivo. O sistema operacional mapeia arquivos para mídia física e acessa esses arquivos por meio dos dispositivos de armazenamento.

1.8.1 Gerenciamento do Sistema de Arquivos

O gerenciamento de arquivos é um dos componentes mais visíveis de um sistema operacional. Os computadores podem armazenar informações em vários tipos diferentes de mídia física. Disco magnético, disco ótico e fita magnética são os mais comuns. Todas essas mídias têm suas próprias características e organização física. Cada mídia é controlada por um dispositivo, tal como um drive de disco ou de fita, que também tem características próprias. Essas propriedades incluem velocidade de acesso, capacidade, taxa de transferência de dados e método de acesso (sequencial ou randômico).

Um arquivo é um conjunto de informações relacionadas definido por seu criador. Normalmente, os arquivos representam programas (em ambas as formas, fonte e objeto) e dados. Arquivos de dados podem ser numéricos, alfabéticos, alfanuméricos ou binários. Os arquivos podem ter formato livre (por exemplo, arquivos de texto) ou podem ser formatados rigidamente (no caso de campos fixos). É claro que o conceito de arquivo é extremamente genérico.

O sistema operacional implementa o conceito abstrato de arquivo gerenciando mídias de armazenamento de massa, como fitas e discos, e os dispositivos que as controlam. Além disso, normalmente, os arquivos são organizados em diretórios para facilitar seu uso. Para concluir, quando vários usuários têm acesso aos arquivos, pode ser desejável controlar que usuário pode acessar um arquivo e como esse usuário pode acessá-lo (por exemplo, para ler, gravar, anexar).

O sistema operacional é responsável pelas seguintes atividades relacionadas com o gerenciamento de arquivos:

- Criar e apagar arquivos
- Criar e apagar diretórios para organizar arquivos
- Suportar primitivos para a manipulação de arquivos e diretórios
- Mapear arquivos em memória secundária
- Fazer backup de arquivos em mídias de armazenamento estáveis (não voláteis)

As técnicas de gerenciamento de arquivos são discutidas nos Capítulos 11 e 12.

1.8.2 Gerenciamento de Armazenamento de Massa

Como vimos, já que a memória principal é pequena demais para acomodar todos os dados e programas, e já que os dados que ela armazena são perdidos quando não há energia, o sistema de computação deve fornecer memória secundária como backup da memória principal. A maioria dos sistemas de computação modernos usa discos como o principal meio de armazenamento on-line tanto para programas quanto para dados. Grande parte dos programas — incluindo compiladores, montadores, processadores de texto, editores e formatadores — é armazenada em um disco até ser carregada na memória. Eles, então, usam o disco como fonte e destino de seu processamento. Portanto, o gerenciamento apropriado do armazenamento em disco é de importância primordial para um sistema de computação. O sistema operacional é responsável pelas seguintes atividades relacionadas com o gerenciamento de disco:

- Gerenciar o espaço livre
- Alocar espaço de armazenamento
- Fazer o scheduling de disco

Já que a memória secundária é utilizada com frequência, ela deve ser usada de maneira eficiente. A velocidade total de operação de um computador pode depender das velocidades do subsistema de disco e dos algoritmos que manipulam esse subsistema.

No entanto, há muitas utilidades para uma memória mais lenta e mais barata (e às vezes de maior capacidade) do que a memória secundária. Backups de dados de disco, armazenamento de dados pouco usados e armazenamento de longo prazo são alguns exemplos. Os drives de fita magnética e suas fitas e os drives de CD e DVD e discos são típicos dispositivos de **memória terciária**. A mídia (fitas e discos óticos) varia entre os formatos **WORM** (grava uma vez, lê várias vezes) e **RW** (lê e grava).

A memória terciária não é crucial para o desempenho do sistema, mas mesmo assim deve ser gerenciada. Alguns sistemas operacionais assumem essa tarefa, enquanto outros deixam o gerenciamento da memória terciária para programas aplicativos. Algumas das funções que os sistemas operacionais podem fornecer incluem a montagem e desmontagem da mídia em dispositivos, a alocação e liberação dos dispositivos para uso exclusivo pelos processos e a migração de dados da memória secundária para a terciária.

As técnicas de gerenciamento da memória secundária e terciária são discutidas no Capítulo 10.

1.8.3 Armazenamento em Cache (Caching)

Caching é um princípio importante dos sistemas de computação. Vejamos como funciona. Normalmente, as informações são mantidas em algum sistema de armazenamento (como a memória principal). Na medida em que são utilizadas, elas são copiadas temporariamente em um sistema de armazenamento mais veloz — o cache. Quando precisamos de uma informação específica, primeiro verificamos se ela está no cache. Se estiver, usamos a informação diretamente a partir do cache. Se não estiver, usamos a informação a partir da fonte, inserindo uma cópia no cache supondo que, em breve, ela possa ser necessária novamente.

Além disso, registradores internos programáveis, como os registradores índice, fornecem um cache de alta velocidade para a memória principal. O programador (ou compilador) implementa os algoritmos de alocação e realocação de registradores para decidir quais informações devem ser mantidas em registradores e quais devem ficar na memória principal.

Outros caches são implementados totalmente em hardware. Por exemplo, a maioria dos sistemas tem um cache de instruções para armazenar as instruções cuja execução é esperada em seguida. Sem esse cache, a CPU teria de esperar vários ciclos enquanto uma instrução é buscada na memória principal. Por motivos semelhantes, grande parte dos sistemas tem um ou mais caches de dados de alta velocidade na hierarquia da memória. Não estamos interessados nesses caches de hardware neste texto, já que eles estão fora do controle do sistema operacional.

Como os caches têm tamanho limitado, o **gerenciamento do cache** é um importante problema de projeto. A seleção cuidadosa do tamanho do cache e de uma política de realocação pode resultar em um desempenho muito melhor. A Figura 1.11 compara o desempenho do armazenamento em grandes estações de trabalho e pequenos servidores. Vários algoritmos de realocação para caches controlados por software são discutidos no Capítulo 9.

A memória principal pode ser vista como um cache veloz da memória secundária, já que os dados da memória secundária devem ser copiados na memória principal para uso e devem estar na memória principal antes de serem movidos para a memória secundária por segurança. Os dados do sistema de arquivos, que residem permanentemente na memória secundária, podem aparecer em vários níveis na hierarquia de armazenamento. No nível mais alto, o sistema operacional pode manter um cache de dados do sistema de arquivos na memória principal. Além disso, discos de estado sólido podem ser usados como memória de alta velocidade acessada pela interface do sistema de arquivos. Grande parte da memória secundária fica em discos magnéticos. O conteúdo armazenado em disco magnético, por sua vez, é frequentemente duplicado em fitas magnéticas ou discos removíveis para proteção contra a perda de

Nível	1	2	3	4	5
Nome	registradores	cache	memória principal	disco de estado sólido	disco magnético
Tamanho típico	< 1 KB	< 16 MB	< 64 GB	< 1 TB	< 10 TB
Tecnologia de implementação	memória personalizada com várias portas CMOS	CMOS SRAM em chip ou fora do chip	CMOS SRAM	memória flash	disco magnético
Tempo de acesso (ns)	0,25 - 0,5	0,5 - 25	80 - 250	25.000 - 50.000	5.000.000
Largura de banda (MB/s)	20000 - 100000	5000 - 10000	1000 - 5000	500	20 - 150
Gerenciado por	compilador	hardware	sistema operacional	sistema operacional	sistema operacional
Coadjuvado por	cache	memória principal	disco	disco	disco ou fita

Figura 1.11 Desempenho de vários níveis de armazenamento.

dados no caso de uma falha no disco rígido. Alguns sistemas transferem automaticamente dados de arquivos antigos da memória secundária para a memória terciária, como os jukeboxes de fita, para reduzir o custo de armazenamento (consulte o Capítulo 10).

A movimentação de informações entre os níveis de uma hierarquia de armazenamento pode ser explícita ou implícita, dependendo do projeto de hardware e do software de controle do sistema operacional. Por exemplo, a transferência de dados do cache para a CPU e os registradores é, geralmente, uma função do hardware, sem intervenção do sistema operacional. Por outro lado, a transferência de dados de disco para a memória costuma ser controlada pelo sistema operacional.

Em uma estrutura de armazenamento hierárquica, os mesmos dados podem aparecer em diferentes níveis do sistema de armazenamento. Por exemplo, suponha que um inteiro A que tenha que ser incrementado de 1 esteja localizado no arquivo B e o arquivo B resida em disco magnético. A operação de incremento é efetuada, sendo emitida, em primeiro lugar, uma operação de I/O para copiar, na memória principal, o bloco de disco no qual A reside. Essa operação é seguida pela cópia de A no cache e em um registrador interno. Assim, a cópia de A aparece em vários locais: no disco magnético, na memória principal, no cache e em um registrador interno (consulte a Figura 1.12). Uma vez que o incremento tenha lugar no registrador interno, o valor de A será diferente nos diversos sistemas de armazenamento. O valor de A será o mesmo somente depois que o novo valor de A seja copiado do registrador interno para o disco magnético.

Em um ambiente de computação em que só um processo é executado de cada vez, esse esquema não cria dificuldades, já que um acesso ao inteiro A sempre será efetuado em sua cópia no nível mais alto da hierarquia. No entanto, em um ambiente multitarefa em que a CPU se reveza entre vários processos, deve-se ter extremo cuidado para garantir que, se muitos processos quiserem acessar A, todos eles obtenham o valor mais recente de A.

A situação torna-se mais complicada em um ambiente multiprocessador em que, além de manter registradores internos, cada uma das CPUs também contém um cache local (Figura 1.6). Em um ambiente assim, uma cópia de A pode existir simultaneamente em vários caches. Já que todas as CPUs podem operar em paralelo, temos de nos certificar de que uma atualização do valor de A em um cache seja imediatamente refletida em todos os outros caches em que A reside. Essa situação é chamada de coerência do cache, e, em geral, é um problema do hardware (manipulado abaixo do nível do sistema operacional).

Em um ambiente distribuído, a situação torna-se ainda mais complexa. Nesse ambiente, várias cópias (ou réplicas) do mesmo arquivo podem ser mantidas em diferentes computadores. Já que as diversas réplicas podem ser acessadas e atualizadas concorrentemente, alguns sistemas distribuídos asseguram que, quando uma réplica é atualizada em um local, todas as outras réplicas são atualizadas assim que possível. Há várias maneiras de garantir isso, como discutimos no Capítulo 17.

1.8.4 Sistemas de I/O

Um dos objetivos de um sistema operacional é ocultar, dos usuários, as peculiaridades de dispositivos de hardware específicos. Por exemplo, no UNIX, as peculiaridades dos dispositivos de I/O são ocultas de grande parte do próprio sistema operacional pelo subsistema de I/O. O subsistema de I/O tem vários componentes:

- Um componente de gerenciamento de memória que inclui o uso de buffer, de cache e spooling
- Uma interface genérica para drivers de dispositivos
- Drivers para dispositivos de hardware específicos

Apenas o driver conhece as peculiaridades do dispositivo específico ao qual é atribuído.

Discutimos, na Seção 1.2.3, como os manipuladores de interrupção e drivers de dispositivos são usados na construção de

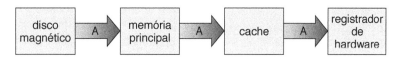

Figura 1.12 Migração de inteiro A de disco para o registrador.

subsistemas de I/O eficientes. No Capítulo 13, discutimos como o subsistema de I/O interage com outros componentes do sistema, gerencia dispositivos, transfere dados e detecta o término de I/O.

1.9 Proteção e Segurança

Se um sistema de computação tem múltiplos usuários e permite a execução concorrente de múltiplos processos, então o acesso aos dados deve ser regulado. Para atingir esse objetivo, mecanismos asseguram que arquivos, segmentos de memória, CPU e outros recursos possam ser operados apenas pelos processos que receberam autorização apropriada do sistema operacional. Por exemplo, o hardware de endereçamento da memória assegura que um processo só possa ser executado dentro de seu próprio espaço de endereçamento. O timer assegura que nenhum processo possa obter o controle da CPU sem, ao seu tempo, abandonar o controle. Registradores de controle de dispositivo não podem ser acessados por usuários para que a integridade dos diversos dispositivos periféricos seja protegida.

Proteção é, portanto, qualquer mecanismo que controle o acesso de processos ou usuários aos recursos definidos por um sistema de computação. Esse mecanismo deve fornecer os meios para a especificação dos controles a serem impostos e os meios para sua imposição.

A proteção pode aumentar a confiabilidade detectando erros latentes nas interfaces entre subsistemas componentes. A detecção precoce de erros de interface pode impedir, com frequência, a contaminação de um subsistema saudável por outro subsistema defeituoso. Além disso, um recurso desprotegido não pode se defender do uso (ou mau uso) por um usuário não autorizado ou incompetente. Um sistema orientado à proteção fornece meios para a distinção entre o uso autorizado e não autorizado, como discutimos no Capítulo 14.

Um sistema pode ter proteção adequada e, mesmo assim, estar propenso a falhas e permitir acesso inapropriado. Considere um usuário cujas informações de autenticação (seu meio de se identificar para o sistema) foram roubadas. Seus dados poderiam ser copiados ou apagados, mesmo que a proteção de arquivos e memória esteja funcionando. É responsabilidade da segurança a defesa de um sistema contra ataques externos e internos. Esses ataques abrangem uma vasta gama e incluem vírus e vermes, ataques de recusa de serviço (que usam todos os recursos de um sistema e, assim, mantêm os usuários legítimos fora do sistema), roubo de identidade e roubo de serviço (uso não autorizado de um sistema). A prevenção contra alguns desses ataques é considerada uma função do sistema operacional em determinados sistemas, enquanto outros sistemas a deixam para a política adotada ou para um software adicional. Em razão do aumento alarmante dos incidentes de segurança, os recursos de segurança do sistema operacional representam uma área de pesquisa e implementação em rápido crescimento. Discutimos segurança no Capítulo 15.

A proteção e a segurança exigem que o sistema seja capaz de identificar todos os seus usuários. A maioria dos sistemas operacionais mantém uma lista de nomes de usuários com identificadores de usuário (IDs de usuário) associados. No linguajar do Windows, esse é o ID de segurança (SID — *security ID*). Esses IDs numéricos são exclusivos, um por usuário. Quando um usuário conecta-se ao sistema, o estágio de autenticação determina o ID de usuário apropriado para ele. Esse ID de usuário é associado a todos os processos e threads do usuário. Quando um ID precisa estar legível para um usuário, ele é convertido de volta para o nome do usuário por meio da lista de nomes de usuários.

Em algumas circunstâncias, podemos querer identificar conjuntos de usuários em vez de usuários individuais. Por exemplo, o proprietário de um arquivo em um sistema UNIX pode ter permissão para executar todas as operações sobre esse arquivo, enquanto um conjunto selecionado de usuários pode ter permissão apenas para ler o arquivo. Para usar esse recurso, precisamos definir um nome de grupo e o conjunto de usuários pertencente a esse grupo. A funcionalidade de grupo pode ser implementada como uma lista de nomes de grupo e identificadores de grupo, com abrangência em todo o sistema. Um usuário pode estar em um ou mais grupos, dependendo das decisões de projeto do sistema operacional. Os IDs de grupo do usuário também são incluídos em todos os processos e threads associados.

No decorrer do uso normal de um sistema, os IDs de usuário e de grupo de um usuário são suficientes. No entanto, às vezes um usuário precisa escalar privilégios para obter permissões adicionais para uma atividade. O usuário pode precisar de acesso a um dispositivo que é restrito, por exemplo. Os sistemas operacionais fornecem vários métodos para permitir a escalação de privilégios. No UNIX, por exemplo, o atributo *setuid* em um programa faz com que esse programa seja executado com o ID de usuário do proprietário do arquivo, em vez do ID do usuário corrente. O processo é executado com esse UID efetivo até que privilégios adicionais sejam desativados ou o processo seja concluído.

1.10 Estruturas de Dados do Kernel

Abordamos, a seguir, um tópico essencial para a implementação do sistema operacional: a maneira como os dados são estruturados no sistema. Nesta seção, descrevemos brevemente várias estruturas de dados fundamentais usadas extensivamente em sistemas operacionais. Leitores que necessitem de detalhes adicionais sobre essas estruturas, assim como sobre outras, devem consultar a bibliografia no fim do capítulo.

1.10.1 Listas, Pilhas e Filas

Um array é uma estrutura de dados simples em que cada elemento pode ser acessado diretamente. Por exemplo, a memória principal é construída como um array. Se o item de dados que está sendo armazenado é maior do que um byte, vários bytes podem ser alocados para o item e ele é endereçado como número do item × tamanho do item. Mas, e quanto ao armazenamento de um item cujo tamanho pode variar? E, no caso da remoção de um item, as posições relativas dos itens remanescentes devem ser preservadas? Em tais situações, os arrays dão lugar a outras estruturas de dados.

Depois dos arrays, talvez as listas sejam as estruturas de dados mais fundamentais da ciência da computação. Enquanto cada item de um array pode ser acessado diretamente, os itens de uma lista devem ser acessados em uma ordem específica. Isto é, uma lista representa um conjunto de valores de dados como uma sequência. O método mais comum para a implementação dessa estrutura é a lista encadeada em que os itens são encadeados uns aos outros. Há vários tipos de listas encadeadas:

- Em uma *lista simplesmente encadeada*, cada item aponta para seu sucessor, como ilustrado na Figura 1.13.
- Em uma lista *duplamente encadeada*, determinado item pode referenciar seu predecessor ou seu sucessor, como ilustrado na Figura 1.14.

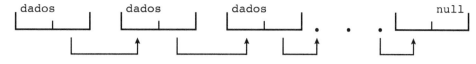

Figura 1.13   Lista simplesmente encadeada.

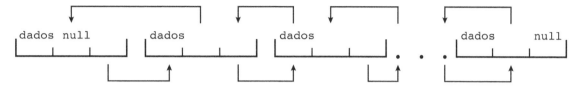

Figura 1.14   Lista duplamente encadeada.

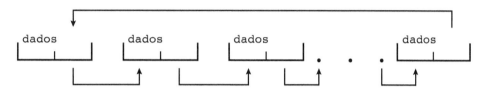

Figura 1.15   Lista circularmente encadeada.

- Em uma lista *circularmente encadeada*, o último elemento da lista referencia o primeiro elemento em vez de referenciar nulo, como ilustrado na Figura 1.15.

As listas encadeadas acomodam itens de vários tamanhos e permitem a fácil inserção e exclusão de itens. Uma possível desvantagem do uso de uma lista é que o desempenho para recuperação de um item especificado em uma lista de tamanho n é linear — $O(n)$ — já que, no pior caso, pode ser necessário percorrer todos os n elementos. Às vezes as listas são usadas diretamente por algoritmos do kernel. No entanto, com frequência, elas são utilizadas na construção de estruturas de dados mais poderosas, como as pilhas e filas.

Uma **pilha** é uma estrutura de dados ordenada sequencialmente que usa o princípio último a entrar, primeiro a sair (**LIFO** — *last in, first out*) para adicionar e remover itens, ou seja, o último item alocado a uma pilha é o primeiro a ser removido. As operações de inserção de itens em uma pilha e de remoção de itens de uma pilha são conhecidas como *inclusão (push)* e *extração (pop)*, respectivamente. Com frequência, os sistemas operacionais usam uma pilha quando invocam chamadas de função. Parâmetros, variáveis locais e o endereço de retorno são incluídos na pilha quando uma função é chamada; o retorno da chamada da função extrai esses itens da pilha.

Uma **fila**, por outro lado, é uma estrutura de dados ordenada sequencialmente que usa o princípio primeiro a entrar, primeiro a sair (**FIFO** — *first in, first out*): os itens são removidos de uma fila na ordem em que foram inseridos. Há muitos exemplos cotidianos de filas, incluindo fregueses esperando na fila do caixa em uma loja e carros aguardando enfileirados no semáforo. As filas também são muito comuns nos sistemas operacionais — jobs que são enviados para uma impressora são, normalmente, impressos na ordem em que foram submetidos, por exemplo. Como veremos no Capítulo 6, as tarefas que estão esperando para serem executadas em uma CPU disponível, geralmente são organizadas em filas.

1.10.2   Árvores

Uma **árvore** é uma estrutura de dados que pode ser usada para representar dados hierarquicamente. Os valores de dados de uma estrutura de árvore são vinculados por meio de relacionamentos pai-filho. Em uma **árvore genérica**, um pai pode ter um número ilimitado de filhos. Em uma **árvore binária**, o pai pode ter, no máximo, dois filhos que denominamos o *filho esquerdo* e o *filho direito*. Uma **árvore de pesquisa binária** também requer uma ordem entre os dois filhos em que o *filho_esquerdo* <= *filho_direito*. A Figura 1.16 fornece um exemplo de uma árvore de pesquisa binária. Quando procuramos um item em uma árvore de pesquisa binária, o desempenho, no pior caso, é $O(n)$ (considere como isso pode ocorrer). Para remediar essa situação, podemos usar um algoritmo para criar uma **árvore de pesquisa binária balanceada**. Nesse caso, uma árvore contendo n itens tem, no máximo, $lg\ n$ níveis, assegurando, assim, que o desempenho, na pior hipótese, seja $O(lg\ n)$. Veremos, na Seção 6.7.1, que o Linux utiliza uma árvore de pesquisa binária balanceada como parte de seu algoritmo de scheduling da CPU.

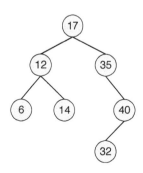

Figura 1.16   Árvore de pesquisa binária.

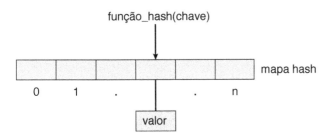

Figura 1.17 Mapa hash.

1.10.3 Funções e Mapas Hash

Uma função hash recebe dados como entrada, executa uma operação numérica com os dados e retorna um valor numérico. Esse valor numérico pode, então, ser usado como índice em uma tabela (tipicamente um array) para a recuperação rápida dos dados. Enquanto a procura por um item de dados em uma lista de tamanho n pode requerer até $O(n)$ comparações no pior caso, o uso de uma função hash para recuperar dados em uma tabela pode ter um resultado tão bom quanto $O(1)$ no pior caso, dependendo dos detalhes de implementação. Em razão desse desempenho, as funções hash são extensivamente utilizadas nos sistemas operacionais.

Uma dificuldade potencial encontrada nas funções hash é que duas entradas podem resultar no mesmo valor de saída — isto é, podem levar à mesma localização na tabela. Podemos resolver essa *colisão de hash*, tendo uma lista encadeada nessa localização da tabela contendo todos os itens que tenham o mesmo valor hash. É claro que quanto mais colisões houver, menos eficiente a função hash será.

Um dos usos da função hash é na implementação de um mapa hash, que associa (ou ***mapeia***) pares [chave:valor] usando uma função hash. Por exemplo, podemos mapear a chave *operacional* ao valor *sistema*. Estabelecido o mapeamento, aplicamos a função hash à chave para obter o valor no mapa hash (Figura 1.17). Por exemplo, suponha que um nome de usuário seja mapeado para uma senha. A autenticação da senha ocorreria da seguinte forma: um usuário insere seu nome de usuário e senha. A função hash é aplicada ao nome de usuário que é, então, usado para recuperar a senha. Em seguida, a senha recuperada é comparada com a senha inserida pelo usuário para autenticação.

1.10.4 Mapas de Bits

Um mapa de bits é uma cadeia de n dígitos binários que pode ser usada para representar o *status* de n itens. Por exemplo, suponha que tenhamos diversos recursos, e a disponibilidade de cada recurso seja indicada pelo valor de um dígito binário: 0 significa que o recurso está disponível, e 1 indica que ele está indisponível (ou vice-versa). O valor da *i-ésima* posição no mapa de bits está associado ao *i-ésimo* recurso. Como exemplo, considere o mapa de bits mostrado a seguir:

001011101

Os recursos 2, 4, 5, 6 e 8 estão indisponíveis; os recursos 0, 1, 3 e 7 estão disponíveis

O poder dos mapas de bits torna-se evidente quando consideramos sua eficiência na utilização de espaço. Se quisermos usar um valor booleano de oito bits em vez de um único bit, a estrutura de dados resultante será oito vezes maior. Logo, os mapas de bits são, normalmente, usados quando há a necessidade de representar a disponibilidade de um grande número de recursos. Os drives de disco são um bom exemplo. Um drive de disco de tamanho médio pode ser dividido em vários milhares de unidades individuais, chamadas blocos de disco. Um mapa de bits pode ser usado para indicar a disponibilidade de cada bloco de disco.

As estruturas de dados estão disseminadas pelas implementações dos sistemas operacionais. Assim, veremos as estruturas discutidas aqui, além de outras, no decorrer deste texto, quando examinarmos algoritmos do kernel e suas implementações.

> **ESTRUTURAS DE DADOS DO KERNEL DO LINUX**
>
> As estruturas de dados usadas no kernel do Linux estão disponíveis no código-fonte do kernel. O arquivo *include* `<linux/list.h>` fornece detalhes da estrutura de dados lista encadeada usada em todo o kernel. Uma fila no Linux é conhecida como `kfifo` e sua implementação pode ser encontrada no arquivo `kfifo.c` do diretório `kernel` do código-fonte. O Linux também fornece uma implementação de árvore de pesquisa binária balanceada usando *árvores rubro-negras*. Detalhes podem ser encontrados no arquivo include `<linux/rbtree.h>`.

1.11 Ambientes de Computação

Até aqui, descrevemos brevemente vários aspectos dos sistemas de computação e dos sistemas operacionais que os gerenciam. Passamos agora a uma discussão de como os sistemas operacionais são usados em vários ambientes de computação.

1.11.1 Computação Tradicional

À medida que a computação foi amadurecendo, as linhas que separavam muitos dos ambientes de computação tradicionais embaralharam-se. Considere o "ambiente de escritório típico". Há apenas alguns anos, esse ambiente era composto por PCs conectados a uma rede, com servidores fornecendo serviços de arquivo e impressão. O acesso remoto era complicado e a portabilidade era obtida com o uso de computadores laptop. Terminais conectados a mainframes também eram predominantes em muitas empresas, com ainda menos opções de acesso remoto e portabilidade.

A tendência atual dirige-se ao fornecimento de mais modalidades de acesso a esses ambientes de computação. Tecnologias web e a crescente largura de banda da WAN estão estendendo os limites da computação tradicional. As empresas estabelecem portais que fornecem acessibilidade da web aos seus servidores internos. Computadores em rede (ou clientes magros) — que, essencialmente, são terminais que entendem a computação baseada na web — são usados no lugar das estações de trabalho tradicionais, em que mais segurança ou manutenção mais fácil é desejada. Computadores móveis podem se sincronizar com PCs para permitir o uso de informações empresariais de maneira bastante portátil. Os computadores móveis também podem se conectar a redes sem fio e redes de dados de celular para usar o portal web da empresa (assim como os vários outros recursos da web).

Em casa, a maioria dos usuários tinha um único computador com uma conexão de modem lenta com o escritório, a Internet, ou ambos. Hoje, as velocidades de conexão de rede, antes disponíveis apenas a um alto custo, são relativamente baratas em muitos lugares, dando aos usuários domésticos mais acesso a mais dados. Essas conexões de dados velozes estão permitindo que os computadores domésticos sirvam páginas web e executem redes que incluem impressoras, PCs clientes e servidores. Muitos lares usam firewalls para proteger suas redes de brechas na segurança.

Na segunda metade do século XX, os recursos de computação eram relativamente escassos. (Antes disso, nem existiam!) Durante algum tempo, os sistemas eram batch ou interativos. Os sistemas batch processavam jobs em massa, com entradas predeterminadas provenientes de arquivos ou outras fontes de dados. Os sistemas interativos esperavam entradas dos usuários. Para otimizar o uso dos recursos de computação, vários usuários compartilhavam o tempo desses sistemas. Os sistemas de tempo compartilhado usavam um timer e algoritmos de scheduling para revezar rapidamente os processos na CPU, dando a cada usuário uma parcela dos recursos.

Atualmente, os sistemas de tempo compartilhado tradicionais são raros. A mesma técnica de scheduling ainda é usada em computadores desktop, laptops, servidores e até em computadores móveis, mas, com frequência, todos os processos são de propriedade do mesmo usuário (ou de um único usuário e do sistema operacional). Processos de usuário e processos do sistema que fornecem serviços ao usuário são gerenciados de modo que cada um obtenha rapidamente uma parcela de tempo do computador. Considere as janelas criadas enquanto um usuário está trabalhando em um PC, por exemplo, e o fato de que elas podem estar executando diferentes tarefas ao mesmo tempo. Até mesmo um navegador da web pode conter vários processos, um para cada site sendo visitado, com o compartilhamento de tempo sendo aplicado a cada processo do navegador.

1.11.2 Computação Móvel

Computação móvel refere-se à computação em smartphones e tablets portáteis. Esses dispositivos compartilham as características físicas peculiares de portabilidade e leveza. Historicamente, em comparação aos computadores desktop e laptop, os sistemas móveis deixaram de lado o tamanho da tela, a capacidade de memória e a funcionalidade geral em troca do acesso móvel portátil a serviços como e-mail e navegação na web. Nos últimos anos, contudo, os recursos dos dispositivos móveis aumentaram tanto que a diferença de funcionalidades entre, digamos, um laptop e um tablet pode ser difícil de distinguir. Na verdade, podemos argumentar que os recursos de um dispositivo contemporâneo permitem que ele forneça funcionalidades indisponíveis ou impraticáveis em um computador desktop ou laptop.

Hoje, os sistemas móveis são usados não só para o envio de e-mails e a navegação na web, mas também para reproduzir música e vídeo, permitir a leitura de livros digitais, tirar fotos e gravar vídeo de alta definição. Da mesma forma, um enorme crescimento continua ocorrendo no amplo conjunto de aplicativos executados nesses dispositivos. Muitos desenvolvedores já estão projetando aplicativos que se beneficiam dos recursos exclusivos dos dispositivos móveis, como chips do sistema de posicionamento global (GPS — *global positioning system*), acelerômetros e giroscópios. Um chip de GPS embutido permite que um dispositivo móvel use satélites para determinar seu local preciso na Terra. Essa funcionalidade é particularmente útil no projeto de aplicativos que forneçam navegação — por exemplo, para informar aos usuários que caminho tomar a pé ou de carro ou talvez direcioná-los a serviços próximos, como restaurantes. Um acelerômetro permite que o dispositivo móvel detecte sua posição em relação ao chão e identifique algumas outras forças, como inclinação e vibração. Em vários jogos de computador que empregam acelerômetros, os jogadores não interagem com o sistema usando um mouse ou teclado, mas sim pela inclinação, rotação e vibração do dispositivo móvel! Talvez um uso mais prático desses recursos seja encontrado em aplicativos de *realidade aumentada* que sobrepõem informações em uma exibição do ambiente corrente. É difícil imaginar como aplicativos equivalentes poderiam ser desenvolvidos em sistemas de computação laptop ou desktop tradicionais.

Para dar acesso a serviços on-line, os dispositivos móveis usam, normalmente, redes sem fio padrão IEEE 802.11 ou redes de dados de celular. A capacidade de memória e a velocidade de processamento dos dispositivos móveis, no entanto, são mais limitadas do que as dos PCs. Enquanto um smartphone ou tablet pode ter 64 GB de memória, não é raro encontrarmos 1 TB de memória em um computador desktop. Da mesma forma, já que o consumo de energia é uma grande preocupação, os dispositivos móveis usam, com frequência, processadores que são menores, mais lentos e oferecem menos núcleos de processamento do que os processadores encontrados em computadores desktop e laptop tradicionais.

Atualmente, dois sistemas operacionais dominam a computação móvel: o iOS da Apple e o Android da Google. O iOS foi projetado para ser executado nos dispositivos móveis iPhone e iPad da Apple. O Android capacita os smartphones e tablets disponibilizados por muitos fabricantes. Examinamos esses dois sistemas operacionais móveis com mais detalhes no Capítulo 2.

1.11.3 Sistemas Distribuídos

Um sistema distribuído é um conjunto de sistemas de computação fisicamente separados e possivelmente heterogêneos que são conectados em rede para conceder aos usuários acesso aos vários recursos que o sistema mantém. O acesso a um recurso compartilhado aumenta a velocidade de computação, a funcionalidade, a disponibilidade dos dados e a confiabilidade. Alguns sistemas operacionais generalizam o acesso à rede como um tipo de acesso a arquivo, com os detalhes da conexão de rede contidos no driver de dispositivo da interface de rede. Outros fazem os usuários invocarem funções da rede especificamente. Geralmente, os sistemas contêm uma combinação das duas modalidades — por exemplo, o FTP e o NFS. Os protocolos que criam um sistema distribuído podem afetar bastante a utilidade e a popularidade desse sistema.

Uma rede, em uma descrição simples, é uma via de comunicação entre dois ou mais sistemas. Os sistemas distribuídos dependem da conexão de rede para oferecer sua funcionalidade. As redes variam de acordo com os protocolos usados, as distâncias entre os nós e a mídia de transporte. O TCP/IP é o protocolo de rede mais comum e fornece a arquitetura básica da Internet. A maioria dos sistemas operacionais dá suporte ao TCP/IP, inclusive os de uso geral. Alguns sistemas suportam protocolos proprietários para satisfazer suas necessidades. Para um sistema operacional, um protocolo de rede precisa apenas de um dispositivo de interface — um adaptador de rede, por exemplo — com um driver de dispositivo para gerenciá-lo, assim como um software para manipular os dados. Esses conceitos são discutidos no decorrer deste livro.

As redes são caracterizadas de acordo com as distâncias entre seus nós. Uma **rede local** (**LAN**) conecta computadores dentro de uma sala, um prédio ou um campus. Uma **rede de longa distância** (**WAN**) geralmente conecta prédios, cidades ou países. Uma empresa global pode ter uma WAN para conectar seus escritórios mundialmente. Essas redes podem executar um protocolo ou vários. O contínuo surgimento de novas tecnologias traz novos tipos de rede. Por exemplo, uma **rede metropolitana** (**MAN**) pode conectar prédios dentro de uma cidade. Dispositivos BlueTooth e 802.11 usam tecnologia sem fio para se comunicar por uma distância de vários quilômetros, criando na verdade uma **rede de área pessoal** (**PAN**) entre um telefone e um fone de ouvido ou um smartphone e um computador desktop.

As mídias que suportam as redes são igualmente variadas. Elas incluem fios de cobre, fibras trançadas e transmissões sem fio entre satélites, parabólicas de ondas curtas e rádios. Quando dispositivos de computação são conectados a telefones celulares, eles criam uma rede. Até mesmo a comunicação em infravermelho de muito pouco alcance pode ser usada na conexão de rede. Em um nível rudimentar, sempre que os computadores se comunicam, eles usam ou criam uma rede. Essas redes também variam em seu desempenho e confiabilidade.

Alguns sistemas operacionais levaram o conceito de redes e sistemas distribuídos para além da noção de fornecimento de conectividade de rede. Um **sistema operacional de rede** é um sistema operacional que fornece recursos como o compartilhamento de arquivos pela rede e um esquema de comunicação que permite que diferentes processos em diferentes computadores troquem mensagens. Um computador executando um sistema operacional de rede atua independentemente de todos os outros computadores da rede, embora tenha conhecimento da rede e seja capaz de se comunicar com outros computadores conectados. Um sistema operacional distribuído fornece um ambiente menos autônomo. Os diferentes computadores se comunicam com proximidade suficiente para dar a impressão de que apenas um único sistema operacional controla a rede. Abordamos redes de computadores e sistemas distribuídos no Capítulo 17.

1.11.4 Computação Cliente-Servidor

Conforme os PCs ficavam mais velozes, poderosos e baratos, os projetistas iam abandonando a arquitetura de sistema centralizado. Atualmente os terminais conectados a sistemas centralizados estão sendo substituídos por PCs e dispositivos móveis. Da mesma forma, a funcionalidade de interface com o usuário, antes manipulada diretamente por sistemas centralizados, está cada vez mais sendo manipulada por PCs, quase sempre por uma interface web. Como resultado, muitos dos sistemas atuais agem como **sistemas servidores** para atender a solicitações geradas por **sistemas clientes**. Esse tipo de sistema distribuído especializado, chamado de sistema **cliente-servidor**, tem a estrutura geral mostrada na Figura 1.18.

Os sistemas servidores podem ser amplamente categorizados como servidores de computação e servidores de arquivo:

- O **sistema servidor de computação** fornece uma interface para a qual um cliente pode enviar uma solicitação para executar uma ação (por exemplo, ler dados). Em resposta, o servidor executa a ação e envia os resultados ao cliente. Um servidor executando um banco de dados que responde a solicitações de dados enviadas por clientes é um exemplo desse tipo de sistema.

- O **sistema servidor de arquivos** fornece uma interface com o sistema de arquivos em que os clientes podem criar, atualizar, ler e excluir arquivos. Um exemplo desse tipo de sistema é um servidor web que distribui arquivos a clientes que estejam executando navegadores da web.

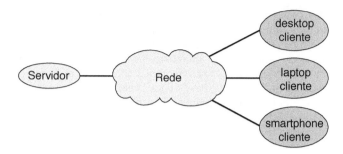

Figura 1.18 Estrutura geral de um sistema cliente-servidor.

1.11.5 Computação entre Pares (Peer-to-Peer)

Outra estrutura para um sistema distribuído é o modelo de sistema entre pares (P2P). Nesse modelo, clientes e servidores não são diferentes uns dos outros. Em vez disso, todos os nós do sistema são considerados pares, e cada um pode atuar como cliente ou servidor, dependendo de estar solicitando ou fornecendo um serviço. Os sistemas entre pares oferecem uma vantagem sobre os sistemas cliente-servidor tradicionais. Em um sistema cliente-servidor, o servidor é um gargalo; mas em um sistema entre pares, os serviços podem ser fornecidos por vários nós distribuídos ao longo da rede.

Para participar de um sistema entre pares, um nó deve primeiro conectar-se à rede de pares. Uma vez que o nó tenha se conectado à rede, pode começar a fornecer serviços para — e solicitar serviços de — outros nós da rede. A determinação dos serviços que estão disponíveis é feita de uma entre duas formas gerais:

- Quando um nó se conecta a uma rede, ele registra seu serviço em um serviço de pesquisa centralizado da rede. Qualquer nó que deseje um serviço específico primeiro faz contato com esse serviço de pesquisa centralizado para determinar qual nó fornece o serviço. O resto da comunicação ocorre entre o cliente e o fornecedor do serviço.

- Um esquema alternativo não usa serviço de pesquisa centralizado. Em vez disso, um par atuando como cliente deve descobrir qual nó fornece o serviço desejado transmitindo a solicitação do serviço para todos os outros nós da rede. O nó (ou nós) fornecedor do serviço responde ao par que fez a solicitação. Para suportar essa abordagem, um *protocolo de descoberta* deve ser fornecido para permitir que os pares descubram os serviços oferecidos por outros pares da rede. A Figura 1.19 ilustra esse cenário.

As redes entre pares ganharam popularidade no fim dos anos 1990 com vários serviços de compartilhamento de arquivos, como o Napster e o Gnutella que habilitavam pares a trocarem arquivos uns com os outros. O sistema Napster usava uma abordagem semelhante ao primeiro tipo descrito acima: um servidor centralizado mantinha um índice de todos os arquivos armazenados nos nós pares participantes da rede Napster, e a troca real de arquivos ocorria entre os nós pares. O sistema Gnutella usava uma técnica semelhante ao segundo tipo: um cliente transmitia solicitações de arquivo para outros

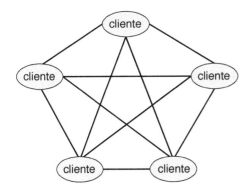

Figura 1.19 Sistema entre pares sem serviço centralizado.

nós do sistema, e os nós que podiam atender a solicitação respondiam diretamente ao cliente. O futuro da troca de arquivos permanece incerto porque as redes entre pares podem ser usadas para a troca anônima de materiais protegidos por direitos autorais (música, por exemplo), e há leis que controlam a distribuição de material com direitos autorais. De qualquer forma, o Napster teve problemas legais por infringir direitos autorais, e seus serviços deixaram de funcionar em 2001.

O Skype é outro exemplo de computação entre pares. Ele permite que os clientes façam chamadas de voz e de vídeo e enviem mensagens de texto pela Internet usando uma tecnologia conhecida como voz sobre IP (VoIP — *voice over IP*). O Skype usa uma abordagem entre pares híbrida. Ele inclui um servidor de login centralizado, mas também incorpora pares descentralizados e permite que dois pares se comuniquem.

1.11.6 Virtualização

A virtualização é uma tecnologia que permite que sistemas operacionais sejam executados como aplicações dentro de outros sistemas operacionais. À primeira vista, parece haver poucas razões para a existência dessa funcionalidade. Mas a indústria da virtualização é vasta e vem crescendo, o que prova sua utilidade e importância.

Falando de modo geral, a virtualização é membro de uma classe de softwares que também inclui a emulação. A emulação é usada quando o tipo da CPU de origem é diferente do tipo da CPU de destino. Por exemplo, quando a Apple mudou da CPU IBM Power para a Intel x86 em seus computadores desktop e laptop, ela incluiu um recurso de emulação chamado "Rosetta", que permitia aos aplicativos compilados para a CPU IBM serem executados na CPU Intel. Esse mesmo conceito pode ser estendido para permitir que um sistema operacional inteiramente escrito para uma plataforma seja executado em outra. A emulação custa caro, no entanto. Todas as instruções de nível de máquina que são executadas nativamente no sistema de origem devem ser traduzidas para a função equivalente no sistema de destino, o que, com frequência, resulta em várias instruções no sistema de destino. Se as CPUs de origem e de destino tiverem níveis de desempenho semelhantes, o código emulado pode ser executado muito mais lentamente do que o código nativo.

Um exemplo comum de emulação ocorre quando uma linguagem de computação não é compilada para código nativo; em vez disso, é executada em sua forma de alto nível ou traduzida para uma forma intermediária. Isso é conhecido como interpretação. Algumas linguagens, como o BASIC, podem ser compiladas ou interpretadas. Java, por outro lado, é sempre interpretada. A interpretação é uma forma de emulação em que o código da linguagem de alto nível é traduzido para instruções nativas da CPU, emulando não outra CPU, mas uma máquina virtual teórica em que essa linguagem poderia ser executada nativamente. Assim, podemos executar programas Java em "máquinas virtuais Java", mas tecnicamente essas máquinas virtuais são emuladores de Java.

Com a virtualização, por outro lado, um sistema operacional que é compilado nativamente para uma arquitetura de CPU específica é executado dentro de outro sistema operacional também nativo dessa CPU. A virtualização surgiu, primeiro, em mainframes IBM como um método para que múltiplos usuários executassem tarefas concorrentemente. A execução de múltiplas máquinas virtuais permitia (e ainda permite) que muitos usuários executassem tarefas em um sistema projetado para um único usuário. Posteriormente, em resposta a problemas com a execução de vários aplicativos Microsoft Windows XP na CPU Intel x86, a VMware criou uma nova tecnologia de virtualização na forma de um aplicativo que era executado no XP. Esse aplicativo executava uma ou mais cópias convidadas do Windows ou outros sistemas operacionais x86 nativos, cada uma executando seus próprios aplicativos. (Veja a Figura 1.20.) O Windows era o sistema operacional hospedeiro, e o aplicativo da VMware era VMM. A VMM executa os sistemas operacionais convidados, gerencia seu uso de recursos e protege os convidados uns dos outros.

Ainda que os sistemas operacionais modernos sejam totalmente capazes de executar múltiplos aplicativos de maneira confiável, o uso da virtualização continua a crescer. Em laptops e desktops, uma VMM permite que o usuário instale múltiplos sistemas operacionais para exploração ou execute aplicativos escritos para sistemas operacionais diferentes do hospedeiro nativo. Por exemplo, um laptop da Apple, executando o Mac OS X na CPU x86, pode executar um convidado Windows para permitir a execução de aplicativos Windows. Empresas que criam software para vários sistemas operacionais podem usar a virtualização para executar todos esses sistemas operacionais no mesmo servidor físico para desenvolvimento, teste e depuração. Dentro dos centros de dados, a virtualização tornou-se um método comum de execução e gerenciamento de ambientes de computação. VMMs como a VMware ESX e a Citrix XenServer não são mais executadas em sistemas operacionais hospedeiros; elas *são* os hospedeiros. Detalhes completos dos recursos e da implementação da virtualização são encontrados no Capítulo 16.

1.11.7 Computação em Nuvem

A computação em nuvem é um tipo de computação que distribui computação, armazenamento e até mesmo aplicativos como um serviço por uma rede. Em certos aspectos, é uma extensão lógica da virtualização porque a usa como base de sua funcionalidade. Por exemplo, o recurso Elastic Compute Cloud (EC2) da Amazon tem milhares de servidores, milhões de máquinas virtuais e petabytes de espaço de armazenamento disponíveis para uso por qualquer pessoa na Internet. Os usuários pagam por mês, dependendo de quanto fizerem uso desses recursos.

Existem atualmente muitos tipos de computação em nuvem, incluindo os descritos a seguir:

- Nuvem pública — uma nuvem disponível pela Internet para qualquer pessoa que queira pagar pelos serviços
- Nuvem privada — uma nuvem operada por uma empresa para uso próprio dessa empresa
- Nuvem híbrida — uma nuvem que inclui componentes de nuvem tanto pública quanto privada

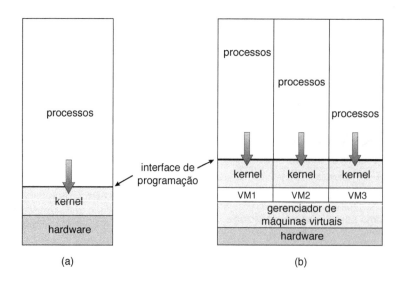

Figura 1.20 VMware.

- Software como serviço (SaaS — *software as a service*) — um ou mais aplicativos (como processadores de texto ou planilhas) disponíveis pela Internet
- Plataforma como serviço (PaaS — *platform as a service*) — uma pilha de software pronta para o uso de aplicativos pela Internet (por exemplo, um servidor de banco de dados)
- Infraestrutura como serviço (IaaS — *infrastructure as a service*) — servidores ou espaço de armazenamento disponível pela Internet (por exemplo, espaço de armazenamento disponível para fazer cópias de backup de dados de produção)

Esses tipos de computação em nuvem não são exclusivos, já que um ambiente de computação em nuvem pode fornecer uma combinação de vários tipos. Por exemplo, uma empresa pode fornecer tanto o SaaS quanto o IaaS como um serviço disponível publicamente.

Certamente, existem sistemas operacionais tradicionais dentro de muitos dos tipos de infraestrutura de nuvem. Além deles, há VMMs que gerenciam as máquinas virtuais em que os processos de usuário são executados. Em um nível mais alto, as VMMs propriamente ditas são gerenciadas por ferramentas de gerenciamento em nuvem, como o Vware vCloud Director e o conjunto de ferramentas de código-fonte aberto Eucalyptus. Essas ferramentas gerenciam os recursos de uma nuvem específica e fornecem interfaces para os componentes da nuvem, compondo um bom argumento para que sejam consideradas um novo tipo de sistema operacional.

A Figura 1.21 ilustra uma nuvem pública fornecendo o IaaS. Observe que tanto os serviços da nuvem quanto sua interface de usuário são protegidos por um firewall.

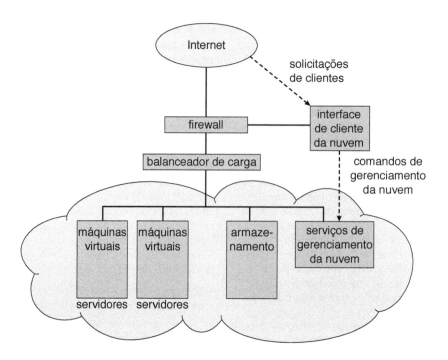

Figura 1.21 Computação em nuvem.

1.11.8 Sistemas Embutidos de Tempo Real

O computador embutido é, atualmente, o tipo de computador mais disseminado. Esses dispositivos são encontrados em todos os lugares, dos motores de carros e robôs industriais aos DVDs e fornos de micro-ondas. Eles tendem a possuir tarefas muito específicas. Os sistemas em que operam costumam ser primitivos e, portanto, os sistemas operacionais fornecem recursos limitados. Geralmente, têm pouca ou nenhuma interface com o usuário, preferindo ocupar seu tempo monitorando e gerenciando dispositivos de hardware, como motores de carro e braços robóticos.

Esses sistemas embutidos variam consideravelmente. Alguns são computadores de uso geral, executando sistemas operacionais padrão — como o Linux — com aplicações de uso específico para implementar a funcionalidade. Outros são dispositivos de hardware com um sistema operacional de uso específico embutido, fornecendo apenas a funcionalidade desejada. Existem ainda outros, que são dispositivos de hardware com circuitos integrados de aplicação específica (ASICs — *aplication-specific integrated circuits*), que executam suas tarefas sem um sistema operacional.

O uso de sistemas embutidos continua a se expandir. O poder desses dispositivos, tanto como unidades autônomas quanto como elementos de redes e da web, também deve aumentar. Mesmo hoje em dia, residências inteiras podem ser computadorizadas, para que um computador central — um computador de uso geral ou um sistema embutido — possa controlar o aquecimento e a iluminação, sistemas de alarme e até cafeteiras. O acesso à web pode permitir que a proprietária de uma casa peça a ela para se aquecer antes de sua chegada. Algum dia, o refrigerador entrará em contato com o armazém quando notar que o leite acabou.

Os sistemas embutidos quase sempre executam sistemas operacionais de tempo real. Um sistema de tempo real é usado quando requisitos de tempo rígidos são exigidos da operação de um processador ou do fluxo de dados; portanto, ele é usado, geralmente, como um dispositivo de controle em uma aplicação dedicada. Sensores trazem dados para o computador. O computador deve analisar os dados e, possivelmente, ajustar controles para modificar as entradas do sensor. Sistemas que controlam experimentos científicos, sistemas médicos de imagens, sistemas de controle industrial e certos sistemas de exibição são sistemas de tempo real. Alguns sistemas de injeção de combustível em motores de automóveis, controladores de utensílios domésticos e sistemas bélicos também são sistemas de tempo real.

Um sistema de tempo real tem restrições de tempo fixas e bem definidas. O processamento *deve* ser executado respeitando as restrições definidas, ou o sistema falhará. Por exemplo, não adiantaria um braço robótico ser instruído a parar *após* ter golpeado o carro que estava construindo. Um sistema de tempo real só funciona corretamente se retorna o resultado correto dentro de suas restrições de tempo. Compare esse sistema com um sistema de tempo compartilhado em que é desejável (mas não obrigatória) uma resposta rápida, ou um sistema batch que pode não ter quaisquer restrições de tempo.

No Capítulo 6, consideramos o recurso de scheduling necessário à implementação da funcionalidade de tempo real em um sistema operacional. No Capítulo 9, descrevemos o projeto de gerenciamento de memória para a computação de tempo real. Para concluir, nos Capítulos 18 e 19, descrevemos os componentes de tempo real dos sistemas operacionais Linux e Windows 7.

1.12 Sistemas Operacionais de Código-Fonte Aberto

Mencionamos, no começo deste capítulo, que o estudo dos sistemas operacionais foi facilitado pela disponibilidade de uma vasta quantidade de versões de código-fonte aberto. Os sistemas operacionais de código-fonte aberto são aqueles disponíveis em formato de código-fonte e não como código binário compilado. O Linux é o mais famoso sistema operacional de código-fonte aberto, enquanto o Microsoft Windows é um exemplo bem conhecido da abordagem oposta de código-fonte fechado. Os sistemas operacionais Mac OS X da Apple e o iOS compõem uma abordagem híbrida. Eles contêm um kernel de código-fonte aberto chamado Darwin, mas também incluem componentes proprietários de código-fonte fechado.

Partir do código-fonte permite que o programador produza código binário que possa ser executado em um sistema. Fazer o oposto — partir dos binários para o código-fonte pela engenharia reversa — é bem mais trabalhoso, e itens úteis, como os comentários, nunca são recuperados. O aprendizado dos sistemas operacionais por meio da investigação do código-fonte também tem outros benefícios. Com o código-fonte em mãos, um estudante pode modificar o sistema operacional e, em seguida, compilar e executar o código para testar essas alterações, o que é uma excelente ferramenta de aprendizado. Este texto inclui projetos que envolvem a modificação do código-fonte do sistema operacional, ao mesmo tempo em que descreve algoritmos em alto nível para assegurar que todos os tópicos importantes dos sistemas operacionais tenham sido abordados. No decorrer do texto, indicamos exemplos de código de fonte aberto para um estudo mais aprofundado.

Há muitos benefícios nos sistemas operacionais de código-fonte aberto, inclusive uma comunidade de programadores interessados (e geralmente trabalhando gratuitamente) que contribuem para o desenvolvimento do código, ajudando a depurá-lo, analisá-lo, fornecendo suporte e sugerindo alterações. É discutível se o código-fonte aberto é mais seguro do que o código-fonte fechado porque uma quantidade muito maior de pessoas o visualiza. Certamente o código-fonte aberto tem bugs, mas seus defensores argumentam que os bugs tendem a ser encontrados e corrigidos mais rapidamente, em razão do número de pessoas que usam e visualizam o código. Empresas que faturam com a venda de seus programas, hesitam, com frequência, em abrir seu código-fonte, mas a Red Hat e várias outras empresas estão fazendo exatamente isso e mostrando que empresas comerciais se beneficiam, em vez de serem prejudicadas, quando abrem seu código-fonte. A receita pode ser gerada por meio de contratos de suporte e da venda do hardware em que o software é executado, por exemplo.

1.12.1 História

Nos primórdios da computação moderna (isto é, nos anos 1950), havia muitos softwares disponíveis no formato de código-fonte aberto. Os hackers originais (entusiastas da computação) do Tech Model Railroad Club do MIT deixavam seus programas em gavetas para outras pessoas darem continuidade. Grupos de usuários "da casa" trocavam códigos durante suas reuniões. Posteriormente, grupos de usuários específicos de empresas, como o grupo DEC da Digital Equipment Corporation, passaram a aceitar contribuições de programas em código-fonte, reunindo-as em fitas e distribuindo as fitas a membros interessados.

Fabricantes de computadores e softwares eventualmente tentavam limitar o uso de seu software a computadores autorizados e clientes pagantes. Liberar apenas os arquivos binários compilados a partir do código-fonte, em vez do próprio código-fonte, ajudava-os a atingir esse objetivo assim como a proteger seu código e suas ideias contra seus concorrentes. Outro problema envolvia materiais protegidos por direitos autorais. Sistemas operacionais e outros programas podem limitar, a computadores autorizados, a capacidade de reprodução de filmes e música ou a exibição de livros eletrônicos. Essa **proteção contra cópia** ou **gerenciamento de direitos digitais** (**DRM** — *digital rights management*) não seria eficaz, se o código-fonte que implementava esses limites fosse publicado. Leis de muitos países, inclusive o U.S. Digital Millenium Copyright Act (DMCA), tornam ilegal usar engenharia reversa em código protegido pelo DRM ou tentar burlar a proteção contra cópia.

Para contra-atacar a tentativa de limitar o uso e redistribuição de software, Richard Stallman, em 1983, iniciou o projeto GNU para criar um sistema operacional compatível com o UNIX, livre e de código-fonte aberto. Em 1985, ele publicou o Manifesto GNU, que argumenta que qualquer software deve ser livre e de código-fonte aberto. Também formou a **Fundação de Software Livre** (**FSF** — *Free Software Foundation*) com o objetivo de encorajar a livre troca de códigos-fonte de softwares e o livre uso desses softwares. Em vez de patentear seu software, a FSF faz o "copyleft" do software para encorajar o compartilhamento e aperfeiçoamento. A **Licença Pública Geral do GNU** (**GPL** — *GNU General Public License*) sistematiza o copyleft e é uma licença comum sob a qual softwares livres são lançados. Basicamente, a GPL requer que o código-fonte seja distribuído com todos os binários e que qualquer alteração nele executada seja liberada sob a mesma licença GPL.

1.12.2 Linux

Como exemplo de sistema operacional de código-fonte aberto, considere o **GNU/Linux**. O projeto GNU produziu muitas ferramentas compatíveis com o UNIX, incluindo compiladores, editores e utilitários, mas nunca lançou um kernel. Em 1991, um estudante da Finlândia, Linus Torvalds, lançou um kernel rudimentar, baseado em UNIX, usando os compiladores e ferramentas do GNU, e solicitou contribuições no mundo todo. O advento da Internet significou que qualquer pessoa interessada poderia baixar o código-fonte, modificá-lo e enviar alterações para Torvalds. O lançamento de atualizações uma vez por semana permitiu que o assim chamado sistema operacional Linux crescesse rapidamente, aperfeiçoado por muitos milhares de programadores.

O sistema operacional GNU/Linux resultante gerou centenas de **distribuições** exclusivas, ou construções personalizadas, do sistema. As principais distribuições incluem a RedHat, SUSE, Fedora, Debian, Slackware e Ubuntu. As distribuições variam em função, utilidade, aplicações instaladas, suporte de hardware, interface de usuário e finalidade. Por exemplo, o RedHat Enterprise Linux foi preparado para amplo uso comercial. O PCLinuxOS é um **LiveCD** — um sistema operacional que pode ser inicializado e executado a partir de um CD-ROM sem ser instalado no disco rígido de um sistema. Uma variação do PCLinuxOS — chamada "PCLinuxOS Supergamer DVD" — é um **LiveDVD** que inclui drivers e jogos gráficos. Um jogador pode executá-lo em qualquer sistema compatível, simplesmente inicializando-o a partir do DVD. Quando o jogador termina, uma reinicialização do sistema o reajusta para o seu sistema operacional instalado.

Você pode executar o Linux em um sistema Windows usando a abordagem simples e gratuita a seguir:

1. Baixe a ferramenta gratuita "VMware Player" a partir de

    `http://www.vmware.com/download/player/`

    e instale-a em seu sistema.

2. Selecione uma versão do Linux entre as centenas de "mecanismos", ou imagens de máquina virtual, disponíveis na VMware em

    `http://www.vmware.com/appliances/`

    Essas imagens são pré-instaladas com os sistemas operacionais e aplicações e incluem muitas versões do Linux.

3. Inicialize a máquina virtual dentro do VMware Player.

Dentro deste texto, fornecemos uma imagem de máquina virtual do Linux executando a versão Debian. Essa imagem contém o código-fonte do Linux assim como ferramentas para o desenvolvimento de softwares. Abordamos exemplos envolvendo essa imagem do Linux no decorrer do texto assim como em um estudo de caso detalhado no Capítulo 18.

1.12.3 BSD UNIX

O **BSD UNIX** tem uma história mais longa e complicada do que o Linux. Ele surgiu em 1978 como um derivado do UNIX da AT&T. Versões da Universidade da Califórnia em Berkeley (UCB) vinham em forma de código binário e código-fonte, mas não eram de código-fonte aberto porque era requerida uma licença da AT&T. O desenvolvimento do BSD UNIX foi retardado por uma ação judicial da AT&T, mas uma versão de código-fonte aberto totalmente funcional, a 4.4BSD-lite, foi liberada em 1994.

Como ocorre com o Linux, há muitas distribuições do BSD UNIX que incluem o FreeBSD, o NetBSD, o OpenBSD e o DragonflyBSD. Para explorar o código-fonte do FreeBSD, simplesmente baixe a imagem de máquina virtual da versão de interesse e a inicialize dentro do VMware, como descrito acima para o Linux. O código-fonte vem com a distribuição e é armazenado em `/usr/src/`. O código-fonte do kernel fica em `/usr/src/sys`. Por exemplo, para examinar o código de implementação da memória virtual do kernel do FreeBSD, consulte os arquivos em `/usr/src/sys/vm`.

O Darwin, o componente nuclear do kernel do MAC OS X, é baseado no BSD UNIX e também é de código-fonte aberto. O código-fonte está disponível em `http://www.opensource.apple.com/`. Toda versão do MAC OS X tem seus componentes de código-fonte aberto postados nesse site. O nome do pacote que contém o kernel começa com "xnu". A Apple também fornece várias ferramentas de desenvolvedor, documentação e suporte em `http://connect.apple.com`. Para mais informações, consulte o Apêndice A.

1.12.4 Solaris

Solaris é o sistema operacional comercial da Sun Microsystems baseado em UNIX. Originalmente, o sistema operacional **SunOS** da Sun era baseado no BSD UNIX. A Sun migrou para o System V UNIX da AT&T, como sua base, em 1991. Em 2005, a Sun abriu a fonte da maior parte do código do Solaris no projeto OpenSolaris. A compra da Sun pela Oracle em 2009, no entanto, deixou incerto o estado desse projeto. O código-fonte, como se encontrava em 2005, ainda está disponível via um navegador de código-fonte e para download em `http://src.opensolaris.org/source`.

Vários grupos interessados no uso do OpenSolaris partiram dessa base e expandiram seus recursos. O conjunto de seu trabalho é o Projeto Illumos que se expandiu a partir da base fornecida pelo OpenSolaris, para incluir mais recursos e constituir a base de vários produtos. O Illumos está disponível em http://wiki.illumos.org.

1.12.5 Sistemas de Código-Fonte Aberto como Ferramentas de Aprendizado

O movimento do software livre está levando legiões de programadores a criarem milhares de projetos de código-fonte aberto, inclusive sistemas operacionais. Sites como http://freshmeat.net/ e http://distrowatch.com/ fornecem portais para muitos desses projetos. Como mencionado anteriormente, os projetos de código-fonte aberto permitem que os estudantes usem o código-fonte como ferramenta de aprendizado. Eles podem modificar programas e testá-los, ajudar a encontrar e corrigir bugs, ou então explorar sistemas operacionais totalmente desenvolvidos e maduros, compiladores, ferramentas, interfaces de usuário e outros tipos de programa. A disponibilidade do código-fonte de projetos históricos, como o Multics, pode ajudar os estudantes a entenderem esses projetos e a construírem conhecimento, o que auxiliará na implementação de novos projetos.

O GNU/Linux e o BSD UNIX são sistemas operacionais de código-fonte aberto, mas cada um tem seus próprios objetivos, utilidade, licenciamento e finalidade. Às vezes, as licenças não são mutuamente exclusivas e ocorre uma pulverização, permitindo melhorias rápidas nos projetos dos sistemas operacionais. Por exemplo, vários dos componentes principais do OpenSolaris têm sido portados para o BSD UNIX. As vantagens do software livre e do código-fonte aberto devem aumentar a quantidade e a qualidade de projetos de código-fonte aberto, levando a um acréscimo no número de indivíduos e empresas que usam esses projetos.

1.13 Resumo

Um sistema operacional é um software que gerencia o hardware do computador, bem como fornece um ambiente para programas aplicativos serem executados. Talvez o aspecto mais visível de um sistema operacional seja a interface com o sistema de computação que ele fornece ao usuário humano.

Para que um computador realize seu trabalho de execução de programas, os programas devem estar na memória principal. A memória principal é a única grande área de armazenamento que o processador pode acessar diretamente. Ela é um array de bytes, variando em tamanho de milhões a bilhões. Cada byte na memória tem seu próprio endereço. Normalmente, a memória principal é um dispositivo de armazenamento volátil que perde seu conteúdo quando a energia é desligada ou perdida. A maioria dos sistemas de computação fornece memória secundária como uma extensão da memória principal. A memória secundária fornece um tipo de armazenamento não volátil que pode manter grandes quantidades de dados permanentemente. O dispositivo de memória secundária mais comum é o disco magnético, que fornece armazenamento tanto de programas quanto de dados.

A grande variedade de sistemas de armazenamento em um sistema de computação pode ser organizada em uma hierarquia de acordo com a velocidade e o custo. Os níveis mais altos são caros, mas são velozes. Conforme descemos na hierarquia, em geral o custo por bit diminui, enquanto o tempo de acesso aumenta.

O ESTUDO DOS SISTEMAS OPERACIONAIS

Nunca houve uma época tão interessante para estudar os sistemas operacionais, e nunca foi tão fácil. O movimento do código-fonte aberto tomou conta dos sistemas operacionais, fazendo com que muitos deles sejam disponibilizados tanto no formato fonte quanto no formato binário (executável). Essa lista de sistemas operacionais disponíveis nos dois formatos inclui o Linux, o BSD UNIX, o Solaris e parte do Mac OS X. A disponibilidade do código-fonte permite-nos estudar os sistemas operacionais de dentro para fora. Perguntas que antes só podiam ser respondidas pela verificação da documentação ou do comportamento de um sistema operacional já podem ser respondidas pela verificação do próprio código.

Sistemas operacionais que não são mais comercialmente viáveis também passaram a ter o código-fonte aberto, habilitando-nos a estudar como os sistemas operavam em uma época de menos recursos de CPU, memória e armazenamento. Uma extensa, porém incompleta, lista de projetos de sistemas operacionais de código-fonte aberto está disponível em http://dmoz.org/Computers/Software/Operating_Systems/Open_Source/.

Além disso, o surgimento da virtualização como uma função de computação popular (e frequentemente gratuita) torna possível a execução de vários sistemas operacionais no topo de um sistema core. Por exemplo, a VMware (http://www.vmware.com) fornece um "player" gratuito para Windows, em que centenas de "aplicações virtuais" livres podem ser executadas. A Virtualbox (http://www.virtualbox.com) fornece um gerenciador de máquinas virtuais, gratuito e de código-fonte aberto, em muitos sistemas operacionais. Usando essas ferramentas, os estudantes podem testar centenas de sistemas operacionais sem hardware dedicado.

Em alguns casos, simuladores de hardware específico também estão disponíveis, permitindo que o sistema operacional seja executado em hardware "nativo", tudo nos limites de um computador e de um sistema operacional modernos. Por exemplo, um simulador DECSYSTEM-20 sendo executado no Mac OS X pode inicializar o TOPS-20, carregar as fitas de código-fonte e modificar e compilar um novo kernel TOPS-20. Um estudante interessado pode pesquisar na Internet os artigos originais que descrevem o sistema operacional, bem como os manuais originais.

O advento dos sistemas operacionais de código-fonte aberto também torna fácil fazer a transição de estudante para desenvolvedor de sistema operacional. Com algum conhecimento, algum esforço e uma conexão com a Internet, um estudante pode até mesmo criar uma nova distribuição de sistema operacional. Há apenas alguns anos, era difícil ou impossível obter acesso ao código-fonte. Agora, esse acesso é limitado apenas pelo quanto de interesse, tempo e espaço em disco o estudante tem.

Há várias estratégias diferentes para o projeto de um sistema de computação. Sistemas uniprocessadores têm apenas um processador, enquanto sistemas multiprocessadores contêm dois ou mais processadores que compartilham memória física e dispositivos periféricos. O projeto multiprocessador mais comum é o multiprocessamento simétrico (ou SMP), em que todos os processadores são considerados pares e são executados independentemente uns dos outros. Sistemas agrupados (clusters) são um tipo especializado de sistemas multiprocessadores e são compostos por vários sistemas de computação conectados por uma rede local.

Para melhor utilizar a CPU, os sistemas operacionais modernos empregam a multiprogramação que permite a vários jobs ficarem na memória ao mesmo tempo, assegurando, assim, que a CPU sempre tenha um job para executar. Os sistemas de tempo compartilhado são uma extensão da multiprogramação em que algoritmos de scheduling da CPU alternam-se rapidamente entre os jobs, dando a impressão de que cada job está sendo executado concorrentemente.

O sistema operacional deve assegurar a operação correta do sistema de computação. Para impedir que programas de usuário interfiram na operação apropriada do sistema, o hardware possui duas modalidades: modalidade de usuário e modalidade de kernel. Várias instruções (como as instruções de I/O e de interrupção) são privilegiadas e podem ser executadas apenas em modalidade de kernel. A memória em que o sistema operacional reside também deve ser protegida de modificações feitas pelo usuário. Um timer impede loops infinitos. Esses recursos (modalidade dual, instruções privilegiadas, proteção da memória e interrupção por timer) são blocos de construção básicos usados pelos sistemas operacionais para alcançarem a operação correta.

Um processo (ou job) é a unidade básica de trabalho de um sistema operacional. O gerenciamento de processos inclui a criação e exclusão de processos e o fornecimento de mecanismos para a comunicação e sincronização entre os processos. Um sistema operacional gerencia a memória controlando que partes dela estão sendo usadas e por quem. Além disso, o sistema operacional é responsável pela alocação e liberação dinâmica de espaço na memória. O espaço de armazenamento também é gerenciado pelo sistema operacional; isso inclui o fornecimento de sistemas de arquivos para a representação de arquivos e diretórios e o gerenciamento de espaço em dispositivos de armazenamento de massa.

Os sistemas operacionais também devem se preocupar com a proteção e segurança sua e dos usuários. As medidas de proteção controlam o acesso de processos ou usuários aos recursos disponibilizados pelo sistema de computação. As medidas de segurança são responsáveis pela defesa de um sistema de computação contra ataques externos ou internos.

Várias estruturas de dados, fundamentais para a ciência da computação, são amplamente usadas nos sistemas operacionais, incluindo listas, pilhas, filas, árvores, funções hash, mapas e mapas de bits.

A computação ocorre em vários ambientes. A computação tradicional envolve PCs desktop e laptop, geralmente conectados a uma rede de computadores. A computação móvel é a computação dos smartphones portáteis e tablets que oferecem muitos recursos exclusivos. Os sistemas distribuídos permitem que os usuários compartilhem recursos em hospedeiros geograficamente dispersos conectados por uma rede de computadores. Serviços podem ser fornecidos pelo modelo cliente-servidor ou do modelo entre pares. A virtualização envolve a abstração de um hardware de computador em vários ambientes de execução diferentes. A computação em nuvem usa um sistema distribuído para incluir serviços em uma "nuvem", em que os usuários podem acessá-los de locais remotos. Sistemas operacionais de tempo real são projetados para ambientes embutidos, como dispositivos de consumidores, automóveis e robótica.

O movimento do software livre criou milhares de projetos de código-fonte aberto, inclusive sistemas operacionais. Graças a esses projetos, os estudantes podem usar o código-fonte como ferramenta de aprendizado. Eles podem modificar programas e testá-los, ajudar a encontrar e corrigir bugs, ou então explorar sistemas operacionais maduros e completos, compiladores, ferramentas, interfaces de usuário e outros tipos de programas.

O GNU/Linux e o BSD UNIX são sistemas operacionais de código-fonte aberto. As vantagens do software livre e do código-fonte aberto devem aumentar a quantidade e a qualidade de projetos de código-fonte aberto, levando a um acréscimo no número de indivíduos e empresas que usam esses projetos.

Exercícios Práticos

1.1 Quais são as três finalidades principais de um sistema operacional?

1.2 Enfatizamos a necessidade de o sistema operacional usar eficientemente o hardware do computador. Quando é apropriado que o sistema operacional ignore esse princípio e "desperdice" recursos? Por que tal sistema não é, na verdade, perdulário?

1.3 Qual é a principal dificuldade que um programador deve superar ao escrever um sistema operacional para um ambiente de tempo real?

1.4 Lembrando-se das diversas definições de *sistema operacional*, considere se o sistema operacional deve incluir aplicações como navegadores web e programas de e-mail. Argumente tanto o que ele deve quanto o que ele não deve fazer isso e embase suas respostas.

1.5 De que modo a diferença entre modalidade de kernel e modalidade de usuário funciona como um tipo rudimentar de sistema de proteção (segurança)?

1.6 Qual das instruções a seguir deve ser privilegiada?

  a. Configurar o valor do timer.
  b. Ler o relógio.
  c. Limpar a memória.
  d. Emitir uma instrução de exceção.
  e. Desativar interrupções.
  f. Modificar entradas na tabela de *status* de dispositivos.
  g. Passar da modalidade de usuário para a de kernel.
  h. Acessar dispositivo de I/O.

1.7 Alguns computadores antigos protegiam o sistema operacional inserindo-o em uma partição da memória que não podia ser modificada pelo job do usuário ou pelo próprio sistema operacional. Descreva duas dificuldades que você entende que poderiam surgir com tal esquema.

1.8 Algumas CPUs fornecem mais de duas modalidades de operação. Cite dois usos possíveis para essas modalidades múltiplas.

1.9 Os timers podem ser usados para computar a hora corrente. Forneça uma breve descrição de como isso pode ser feito.

1.10 Cite duas razões que tornam os caches úteis. Que problemas eles resolvem? Que problemas eles causam? Se um cache pode ser aumentado até o tamanho do dispositivo para o qual está armazenando (por exemplo, um cache tão extenso quanto um disco), por que não lhe dar esse tamanho e eliminar o dispositivo?

1.11 Qual a diferença entre os modelos cliente-servidor e entre pares dos sistemas distribuídos?

Exercícios

1.12 Em um ambiente de multiprogramação e tempo compartilhado, vários usuários compartilham o sistema simultaneamente. Essa situação pode resultar em diversos problemas de segurança.
   a. Cite dois desses problemas.
   b. Podemos assegurar o mesmo nível de segurança em uma máquina de tempo compartilhado como em uma máquina dedicada? Explique sua resposta.

1.13 A questão da utilização de recursos assume formas diferentes em diferentes tipos de sistemas operacionais. Liste que recursos devem ser gerenciados cuidadosamente nas configurações a seguir:
   a. Sistemas mainframe ou de minicomputador
   b. Estações de trabalho conectadas a servidores
   c. Computadores móveis

1.14 Em que circunstâncias seria melhor para o usuário usar um sistema de tempo compartilhado em vez de um PC ou uma estação de trabalho monousuária?

1.15 Descreva as diferenças entre multiprocessamento simétrico e assimétrico. Cite três vantagens e uma desvantagem dos sistemas multiprocessadores.

1.16 Em que os sistemas agrupados (clusters) diferem dos sistemas multiprocessadores? O que é necessário para que duas máquinas pertencentes a um cluster cooperem para fornecer um serviço de alta disponibilidade?

1.17 Considere um cluster de computadores composto por dois nós executando um banco de dados. Descreva duas maneiras pelas quais o software de cluster pode gerenciar o acesso aos dados em disco. Discuta as vantagens e desvantagens de cada uma.

1.18 Em que os computadores em rede são diferentes dos computadores pessoais tradicionais? Descreva alguns cenários de uso em que é vantajoso usar computadores em rede.

1.19 Qual é o objetivo das interrupções? Em que uma interrupção difere de uma exceção? As exceções podem ser geradas intencionalmente por um programa de usuário? Caso possam, com que propósito?

1.20 O acesso direto à memória é usado em dispositivos de I/O de alta velocidade para impedir o aumento da carga de execução da CPU.
   a. Como a CPU interage com o dispositivo para coordenar a transferência?
   b. Como a CPU sabe quando as operações da memória foram concluídas?
   c. A CPU pode executar outros programas enquanto o controlador de DMA está transferindo dados. Esse processo interfere na execução dos programas de usuário? Caso interfira, descreva que tipos de interferência são gerados.

1.21 Alguns sistemas de computação não fornecem uma modalidade de operação privilegiada de hardware. É possível construir um sistema operacional seguro para esses sistemas de computação? Dê argumentos para defender e para refutar essa possibilidade.

1.22 Muitos sistemas SMP têm diferentes níveis de caches; um nível é local para cada núcleo de processamento, e outro nível é compartilhado entre todos os núcleos de processamento. Por que os sistemas de cache são projetados dessa forma?

1.23 Considere um sistema SMP semelhante ao mostrado na Figura 1.6. Ilustre com um exemplo como os dados que residem na memória poderiam ter um valor diferente em cada um dos caches locais.

1.24 Discuta, com exemplos, como o problema de manter a coerência dos dados armazenados em cache se manifesta nos ambientes de processamento a seguir:
   a. Sistemas uniprocessadores
   b. Sistemas multiprocessadores
   c. Sistemas distribuídos

1.25 Descreva um mecanismo que garanta a proteção da memória impedindo que um programa modifique a memória associada a outros programas.

1.26 Que configuração de rede — LAN ou WAN — atenderia melhor os ambientes a seguir?
   a. Um diretório de estudantes de um campus
   b. Várias regiões do campus de um sistema universitário de abrangência estadual
   c. Uma vizinhança

1.27 Descreva alguns dos desafios inerentes ao projeto de sistemas operacionais para dispositivos móveis em comparação com o projeto de sistemas operacionais para PCs tradicionais.

1.28 Cite vantagens dos sistemas entre pares sobre os sistemas cliente-servidor?

1.29 Descreva algumas aplicações distribuídas que seriam apropriadas para um sistema entre pares.

1.30 Identifique diversas vantagens e desvantagens dos sistemas operacionais de código-fonte aberto. Inclua os tipos de pessoas que considerariam cada aspecto uma vantagem ou uma desvantagem.

Notas Bibliográficas

[Brookshear (2012)] fornece um panorama da ciência da computação em geral. Uma abordagem completa das estruturas de dados pode ser encontrada em [Cormen et al. (2009)].

[Russinovich e Solomon (2009)] fornecem uma visão geral do Microsoft Windows e abordam detalhes técnicos consideráveis sobre os mecanismos internos e componentes do sistema. [McDougall e Mauro (2007)] abordam os mecanismos internos do sistema operacional Solaris. Os mecanismos internos do Mac OS X são discutidos em [Singh (2007)]. [Love (2010)] fornece uma visão geral do sistema operacional Linux e mais detalhes sobre as estruturas de dados usadas no kernel do Linux.

Muitos livros de conteúdo abrangente abordam sistemas operacionais, incluindo os de [Stallings (2011)], [Deitel et al. (2004)] e [Tanenbaum (2007)]. [Kurose e Ross (2013)] fornecem uma visão geral das redes de computadores, inclusive uma discussão de sistemas cliente-servidor e entre pares. [Tarkoma e Lagerspetz (2011)] examinam vários sistemas operacionais móveis diferentes, inclusive o Android e o iOS.

[Hennessy e Patterson (2012)] fornecem uma abordagem sobre sistemas de I/O e buses e sobre a arquitetura dos sistemas em geral. [Bryant e O'Hallaron (2010)] fornecem uma visão geral completa de um sistema de computação visto da perspectiva de um programador de computadores. Detalhes do conjunto de instruções e modalidades privilegiadas do Intel 64 podem ser encontrados em [Intel (2011)].

A história do código-fonte aberto e seus benefícios e desafios aparece em [Raymond (1999)]. A Fundação de Software Livre publicou sua filosofia em http://www.gnu.org/philosophy/free-software-for-freedom.html. O código-fonte aberto do MAC OS X está disponível em http://www.apple.com/opensource/.

A Wikipedia tem uma entrada informativa sobre as contribuições de Richard Stallman em http://en.wikipedia.org/wiki/Richard_Stallman.

O código-fonte do Multics está disponível em http://web.mit.edu/multics-history/source/Multics_Internet_Server/Multics_sources.html.

Bibliografia

[**Brookshear (2012)**] J. G. Brookshear, *Computer Science: An Overview*, décima primeira edição, Addison-Wesley (2012).

[**Bryant e O'Hallaron (2010)**] R. Bryant e D. O'Hallaron, *Computer Systems: A Programmers Perspective*, segunda edição, Addison-Wesley (2010).

[**Cormen et al. (2009)**] T. H. Cormen, C. E. Leiserson, R. L. Rivest e C. Stein, *Introduction to Algorithms*, terceira edição, MIT Press (2009).

[**Deitel et al. (2004)**] H. Deitel, P. Deitel e D. Choffnes, *Operating Systems*, terceira edição, Prentice Hall (2004).

[**Hennessy e Patterson (2012)**] J. Hennessy e D. Patterson, *Computer Architecture: A Quantitative Approach*, quinta edição, Morgan Kaufmann (2012).

[**Intel (2011)**] *Intel 64 and IA-32 Architectures Software Developer's Manual, Combined Volumes: 1, 2A, 2B, 3A and 3B*. Intel Corporation (2011).

[**Kurose e Ross (2013)**] J. Kurose e K. Ross, *Computer Networking — A Top-Down Approach*, sexta edição, Addison-Wesley (2013).

[**Love (2010)**] R. Love, *Linux Kernel Development*, terceira edição, Developer's Library (2010).

[**McDougall e Mauro (2007)**] R. McDougall e J. Mauro, *Solaris Internals*, segunda edição, Prentice Hall (2007).

[**Raymond (1999)**] E. S. Raymond, *The Cathedral and the Bazaar*, O'Reilly & Associates (1999).

[**Russinovich e Solomon (2009)**] M. E. Russinovich e D. A. Solomon, *Windows Internals: Including Windows Server 2008 and Windows Vista*, quinta edição, Microsoft Press (2009).

[**Singh (2007)**] A. Singh, *Mac OS X Internals: A Systems Approach*. Addison-Wesley (2007).

[**Stallings (2011)**] W. Stallings, *Operating Systems*, sétima edição, Prentice Hall (2011).

[**Tanenbaum (2007)**] A. S. Tanenbaum, *Modern Operating Systems*, terceira edição, Prentice Hall (2007).

[**Tarkoma e Lagerspetz (2011)**] S. Tarkoma e E. Lagerspetz, "Arching Over the Mobile Computing Chasm: Platforms and Runtimes", *IEEE Computer*, volume 44 (2011), páginas 22-28.

Estruturas do Sistema Operacional

CAPÍTULO 2

Um sistema operacional fornece o ambiente dentro do qual os programas são executados. Internamente, os sistemas operacionais variam muito em sua composição, já que estão organizados em muitas linhas diferentes. O projeto de um novo sistema operacional é uma tarefa de peso. É importante que os objetivos do sistema sejam bem definidos antes de o projeto começar. Esses objetivos formam a base das escolhas feitas entre vários algoritmos e estratégias.

Podemos considerar um sistema operacional segundo vários critérios. Um ponto de vista enfoca os serviços que o sistema fornece; outro, a interface que ele torna disponível para usuários e programadores; e um terceiro enfoca seus componentes e suas interconexões. Neste capítulo, exploramos todos os três aspectos dos sistemas operacionais, mostrando os pontos de vista de usuários, programadores e projetistas de sistemas operacionais. Consideramos os serviços que um sistema operacional fornece, como eles são fornecidos, como são depurados e que metodologias existem para o projeto desses sistemas. Para concluir, descrevemos como os sistemas operacionais são criados e como um computador inicia seu sistema operacional.

OBJETIVOS DO CAPÍTULO

- Descrever os serviços que um sistema operacional fornece para usuários, processos e outros sistemas.
- Discutir as diversas formas de estruturação de um sistema operacional.
- Explicar como os sistemas operacionais são instalados e personalizados e como são inicializados.

2.1 Serviços do Sistema Operacional

Um sistema operacional fornece um ambiente para a execução de programas. Ele fornece certos serviços para programas e para os usuários desses programas. Os serviços específicos fornecidos diferem, obviamente, de um sistema operacional para outro, mas podemos identificar classes comuns. Esses serviços do sistema operacional são fornecidos visando à conveniência do programador, para tornar mais fácil a tarefa de programar. A Figura 2.1 mostra uma representação dos diversos serviços do sistema operacional e como eles estão relacionados.

Um conjunto de serviços do sistema operacional fornece funções que são úteis para o usuário.

- **Interface de usuário.** Quase todos os sistemas operacionais têm uma interface de usuário (UI — *user interface*). Essa interface pode assumir várias formas. Uma delas é a interface de linha de comando (CLI — *command-line interface*) que usa comandos de texto e um método para sua entrada (digamos, um teclado para a digitação de comandos em um formato específico com opções específicas). Outra é a interface batch em que os comandos e suas diretivas de controle são inseridos em arquivos, e esses arquivos são executados. O mais comum é o uso de uma interface gráfica de usuário (GUI — *graphical user interface*). Nesse caso, a interface é um sistema de janelas com um dispositivo apontador para direcionar o I/O, selecionar a partir de menus e escolher opções e um teclado para entrada de texto. Alguns sistemas fornecem duas dessas variações ou as três.
- **Execução de programas.** O sistema deve ser capaz de carregar um programa na memória e executar esse programa. O programa deve ser capaz de encerrar sua execução, normal ou anormalmente (indicando o erro).
- **Operações de I/O.** Um programa em execução pode requerer I/O, e isso pode envolver um arquivo ou um dispositivo de I/O. Para dispositivos específicos, funções especiais podem ser desejáveis (como a gravação em um drive de CD ou DVD ou a limpeza de uma tela). Para eficiência e proteção, os usuários geralmente não podem controlar os dispositivos de I/O diretamente. Portanto, o sistema operacional deve fornecer um meio para executar I/O.
- **Manipulação do sistema de arquivos.** O sistema de arquivos é de especial interesse. É claro que os programas precisam ler e gravar arquivos e diretórios. Eles também precisam criar e excluí-los pelo nome, procurar um arquivo específico e listar informações de arquivos. Para concluir, alguns sistemas operacionais incluem o gerenciamento de permissões para permitir ou negar acesso a arquivos ou diretórios com base no proprietário dos arquivos. Muitos sistemas operacionais fornecem uma variedade de sistemas de arquivos, algumas vezes para permitir a escolha pessoal e, outras vezes, para fornecer recursos específicos ou características de desempenho.
- **Comunicações.** Há muitas situações em que um processo precisa trocar informações com outro processo. Essa comunicação pode ocorrer entre processos sendo executados no mesmo computador ou entre processos sendo executados

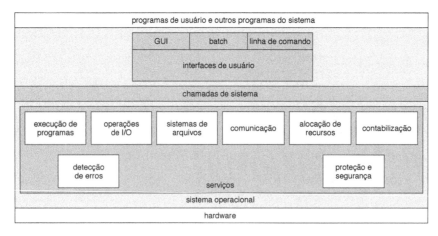

Figura 2.1 Uma visão dos serviços do sistema operacional.

em sistemas de computação diferentes, conectados por uma rede de computadores. As comunicações podem ser implementadas por memória compartilhada, em que dois ou mais processos leem e gravam em uma seção compartilhada da memória, ou por troca de mensagens, em que pacotes de informações em formatos predefinidos são transmitidos entre processos pelo sistema operacional.

- **Detecção de erros.** O sistema operacional precisa detectar e corrigir erros constantemente. Os erros podem ocorrer no hardware da CPU e da memória (como um erro de memória ou a falta de energia), em dispositivos de I/O (como um erro de paridade em disco, uma falha na conexão de rede ou a falta de papel na impressora) e no programa do usuário (como um overflow aritmético, uma tentativa de acessar uma locação ilegal na memória, ou o uso excessivo de tempo da CPU). Para cada tipo de erro, o sistema operacional deve tomar a medida apropriada para assegurar a computação correta e consistente. Em algumas situações, ele não tem escolha, a não ser interromper o sistema. Em outras, pode encerrar um processo causador de erro, ou retornar um código de erro ao processo para que este detecte o erro e, possivelmente, o corrija.

Existe outro conjunto de funções do sistema operacional cujo objetivo não é ajudar o usuário, mas, sim, assegurar a operação eficiente do próprio sistema. Sistemas com múltiplos usuários podem ganhar eficiência compartilhando os recursos do computador entre os usuários.

- **Alocação de recursos.** Quando existem múltiplos usuários ou jobs ativos ao mesmo tempo, é necessário alocar recursos para cada um deles. O sistema operacional gerencia muitos tipos diferentes de recursos. Alguns (como os ciclos de CPU, a memória principal e o armazenamento em arquivos) podem ter um código especial de alocação, enquanto outros (como os dispositivos de I/O) podem ter um código muito mais genérico de solicitação e liberação. Por exemplo, para determinar a melhor forma de usar a CPU, os sistemas operacionais possuem rotinas de scheduling da CPU que levam em consideração a velocidade da CPU, os jobs que devem ser executados, o número de registradores disponíveis e outros fatores. Também podem existir rotinas de alocação de impressoras, drives de armazenamento USB e outros dispositivos periféricos.
- **Contabilização.** Queremos controlar que usuários utilizam que quantidade e que tipos de recursos do computador. Es-

sa monitoração pode ser usada a título de contabilização (para que os usuários possam ser cobrados) ou, simplesmente, para acumulação de estatísticas de uso. As estatísticas de uso podem ser uma ferramenta valiosa para pesquisadores que desejem reconfigurar o sistema para melhorar os serviços de computação.

- **Proteção e segurança.** Os proprietários de informações armazenadas em um sistema de computação multiusuário ou em rede podem querer controlar o uso dessas informações. Quando vários processos separados são executados concorrentemente, um processo não pode interferir nos outros ou no próprio sistema operacional. Proteção significa garantir que qualquer acesso a recursos do sistema seja controlado. A segurança do sistema contra invasores também é importante. Tal segurança começa com a exigência de que cada zusuário se autentique junto ao sistema, geralmente por meio de uma senha, para obter acesso aos recursos do sistema. Ela se estende à defesa de dispositivos externos de I/O, incluindo adaptadores de rede, contra tentativas de acesso ilegal, e à gravação de todas essas conexões para a detecção de invasões. Para um sistema estar protegido e seguro, precauções devem ser tomadas em toda a sua extensão. A força de uma corrente se mede pelo seu elo mais fraco.

2.2 Interface entre o Usuário e o Sistema Operacional

Mencionamos, anteriormente, que há diversas maneiras para os usuários se comunicarem com o sistema operacional. Aqui, discutimos duas abordagens básicas. Uma fornece uma interface de linha de comando, ou interpretador de comandos, que permite aos usuários darem entrada, diretamente, em comandos a serem executados pelo sistema operacional. A outra permite que os usuários se comuniquem com o sistema operacional por meio de uma interface gráfica de usuário ou GUI.

2.2.1 Interpretadores de Comandos

Alguns sistemas operacionais incluem o interpretador de comandos no kernel. Outros, como o Windows e o UNIX, tratam o interpretador de comandos como um programa especial que está sendo executado quando um job é iniciado ou quando um usuário faz login pela primeira vez (em sistemas interativos). Em sistemas em que é possível escolher entre vários interpretadores de comandos, esses interpretadores são conhecidos como shells. Por exemplo, em sistemas UNIX e Linux, um usuário pode escolher entre vários shells diferentes, inclusive o *shell Bourne, shell C, shell Bourne-Again, shell Korn*, e outros. Shells de terceiros e shells gratuitos criados por usuários também estão disponíveis. A maioria dos shells fornece funcionalidade semelhante, e a escolha que o usuário faz do shell a ser usado baseia-se, em geral, na preferência pessoal. A Figura 2.2 mostra o interpretador de comandos do shell Bourne sendo usado no Solaris 10.

A principal função do interpretador de comandos é capturar e executar o próximo comando especificado pelo usuário. Muitos dos comandos fornecidos, nesse nível, manipulam arquivos: criar, excluir, listar, imprimir, copiar, executar, e assim por diante. Os shells do MS-DOS e do UNIX operam dessa forma. Esses comandos podem ser implementados de duas maneiras gerais.

Em uma abordagem, o próprio interpretador de comandos contém o código que executa o comando. Por exemplo, um comando que exclui um arquivo pode fazer o interpretador de comandos saltar para uma seção de seu código que configura os parâmetros e faz a chamada de sistema apropriada. Nesse caso, o número de comandos que pode ser fornecido determina o tamanho do interpretador de comandos, já que cada comando requer seu próprio código de implementação.

Uma abordagem alternativa — usada pelo UNIX, entre outros sistemas operacionais — implementa a maioria dos comandos por meio de programas de sistema. Nesse caso, o interpretador de comandos definitivamente não entende o comando; ele simplesmente usa o comando para identificar um arquivo a ser carregado na memória e executado. Portanto, o comando UNIX para excluir um arquivo

    rm file.txt

buscaria um arquivo chamado rm, carregaria o arquivo na memória e o executaria com o parâmetro file.txt. A função associada ao comando rm seria totalmente definida pelo código existente no arquivo rm. Dessa forma, os programadores podem adicionar facilmente novos comandos ao sistema criando novos arquivos com os nomes apropriados. O programa interpretador de comandos que pode ser pequeno, não tem de ser alterado para novos comandos serem adicionados.

2.2.2 Interfaces Gráficas de Usuário

Uma segunda estratégia de comunicação com o sistema operacional é por meio de uma interface gráfica de usuário amigável ou GUI. Aqui, em vez de dar entrada em comandos, diretamente, por meio de uma interface de linha de comando, os usuários empregam um sistema de janelas e menus baseado em mouse, caracterizado por uma simulação de área de trabalho. O usuário movimenta o mouse para posicionar seu cursor em imagens, ou ícones, na tela (a área de trabalho), os quais representam programas, arquivos, diretórios e funções do sistema. Dependendo da localização do cursor do mouse, um clique em um de seus botões pode chamar um programa, selecionar um arquivo ou diretório — conhecido como pasta — ou abrir um menu contendo comandos.

As interfaces gráficas de usuário surgiram, em parte, por causa de pesquisas que ocorreram no início dos anos 1970, no centro de pesquisas Xerox PARC. A primeira GUI surgiu no computador Xerox Alto, em 1973. No entanto, as interfaces gráficas disseminaram-se nos anos 1980, com o advento dos computadores Apple Macintosh. A interface de usuário do sistema operacional Macintosh (Mac OS) passou por várias alterações através dos anos, sendo a mais significativa a adoção da interface *Aqua*, que surgiu com o Mac OS X. A primeira versão da Microsoft para o Windows — Versão 1.0 — baseou-se na adição de uma GUI ao sistema operacional MS-DOS. Versões posteriores do Windows forneceram alterações superficiais na aparência da GUI além de várias melhorias em sua funcionalidade.

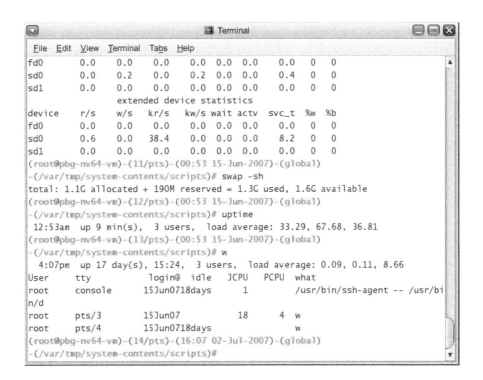

Figura 2.2 O interpretador de comandos do shell Bourne no Solaris 10.

Figura 2.3   A tela sensível ao toque (touchscreen) do iPad.

Como o uso de um mouse é impraticável na maioria dos sistemas móveis, os smartphones e computadores tablets portáteis usam, tipicamente, uma interface sensível ao toque (touchscreen). Nesse caso, os usuários interagem fazendo gestos na tela sensível ao toque — por exemplo, pressionando e batendo com os dedos na tela. A Figura 2.3 ilustra a touchscreen do iPad da Apple. Enquanto os smartphones mais antigos incluíam um teclado físico, a maior parte dos smartphones atuais simula um teclado na touchscreen.

Tradicionalmente, os sistemas UNIX têm sido dominados por interfaces de linha de comando. Várias GUIs estão disponíveis, no entanto. Elas incluem os sistemas Common Desktop Environment (CDE) e X-Windows, que são comuns em versões comerciais do UNIX, como o Solaris e o sistema AIX da IBM. Além disso, houve desenvolvimentos significativos na aparência das GUIs de vários projetos de código-fonte aberto, como o *K Desktop Environment* (ou *KDE*) e a área de trabalho do *GNOME* no projeto GNU. As áreas de trabalho do KDE e do GNOME são executadas no Linux e em vários sistemas UNIX e estão disponíveis sob licenças de código-fonte aberto, o que significa que seu código-fonte pode ser lido e modificado conforme os termos específicos da licença.

2.2.3   Escolha da Interface

A escolha entre usar uma interface de linha de comando ou uma GUI depende, em grande parte, de preferências pessoais. Administradores de sistemas que gerenciam computadores e usuários avançados que têm profundo conhecimento de um sistema usam, com frequência, a interface de linha de comando. Para eles, é mais eficiente, dando-lhes acesso mais rápido às atividades que precisam executar. Na verdade, em alguns sistemas, apenas um subconjunto de funções do sistema está disponível por meio da GUI, o que deixa as tarefas menos comuns para quem conhece a linha de comando. Além disso, as interfaces de linha de comando tornam, em geral, mais fácil a execução de tarefas repetitivas, em parte porque elas têm sua própria programabilidade. Por exemplo, se uma tarefa frequente precisa de um conjunto de passos de linha de comando, esses passos podem ser gravados em um arquivo, e o arquivo pode ser executado como se fosse um programa. O programa não é compilado em código executável, mas interpretado pela interface de linha de comando. Esses scripts de shell são muito comuns em sistemas que são orientados à linha de comando, como o UNIX e o Linux.

Por outro lado, a maioria dos usuários do Windows gosta de usar o ambiente de GUI do sistema e quase nunca usa a interface de shell do MS-DOS. As diversas alterações pelas quais passaram os sistemas operacionais Macintosh também fornecem um estudo interessante. Historicamente, o Mac OS não fornecia uma interface de linha de comando, sempre demandando que seus usuários se comunicassem com o sistema operacional usando sua GUI. No entanto, com o lançamento do Mac OS X (que é, em parte, implementado com o uso de um kernel UNIX), o sistema operacional agora fornece tanto uma interface Aqua quanto uma interface de linha de comando. A Figura 2.4 é uma tomada de tela da GUI do Mac OS X.

Estruturas do Sistema Operacional **35**

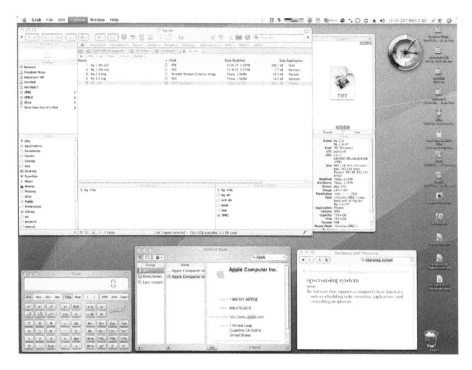

Figura 2.4 A GUI do Mac OS X.

A interface de usuário pode variar de um sistema para outro e, até mesmo, de usuário para usuário em um sistema. Ela costuma ser removida substancialmente da estrutura real do sistema. Portanto, o projeto de uma interface de usuário útil e amigável não depende diretamente do sistema operacional. Neste livro, estamos nos concentrando nos problemas básicos do fornecimento de serviço adequado para programas de usuário. Do ponto de vista do sistema operacional, não fazemos a distinção entre programas de usuário e programas de sistema.

2.3 Chamadas de Sistema

As chamadas de sistema fornecem uma interface com os serviços disponibilizados por um sistema operacional. Geralmente, essas chamadas estão disponíveis como rotinas escritas em C e C++, embora certas tarefas de baixo nível (por exemplo, tarefas em que o hardware deve ser acessado diretamente) possam precisar ser escritas usando instruções em linguagem de montagem.

Antes de discutirmos como um sistema operacional torna as chamadas de sistema disponíveis, vamos usar um exemplo para ilustrar como as chamadas de sistema são utilizadas: escrevendo um programa simples para ler dados em um arquivo e copiá-los em outro arquivo. A primeira entrada de que o programa precisará são os nomes dos dois arquivos: o arquivo de entrada e o arquivo de saída. Esses nomes podem ser especificados de muitas formas, dependendo do projeto do sistema operacional. Uma abordagem é aquela em que o programa solicita os nomes ao usuário. Em um sistema interativo, essa abordagem demandará uma sequência de chamadas de sistema, primeiro para exibir uma mensagem de alerta na tela e, em seguida, para ler a partir do teclado os caracteres que definem os dois arquivos. Em sistemas baseados em mouse e em ícones, é exibido, geralmente, um menu de nomes de arquivos em uma janela. O usuário pode, então, utilizar o mouse para selecionar o nome do arquivo de origem, e uma janela pode ser aberta para que o nome do arquivo de destino seja especificado. Essa sequência requer muitas chamadas de sistema de I/O.

Uma vez que os dois nomes de arquivo tenham sido obtidos, o programa deve abrir o arquivo de entrada e criar o arquivo de saída. Cada uma dessas operações requer outra chamada de sistema. Condições de erro que podem ocorrer, para cada operação, podem requerer chamadas de sistema adicionais. Quando o programa tentar abrir o arquivo de entrada, por exemplo, pode descobrir que não há arquivo com esse nome, ou que o arquivo está protegido contra acesso. Nesses casos, o programa deve exibir uma mensagem no console (outra sequência de chamadas de sistema) e, então, terminar anormalmente (outra chamada de sistema). Se o arquivo de entrada existe, devemos criar um novo arquivo de saída. Podemos descobrir que já existe um arquivo de saída com o mesmo nome. Essa situação pode fazer com que o programa aborte (uma chamada de sistema), ou podemos excluir o arquivo existente (outra chamada de sistema) e criar um novo (mais uma chamada de sistema). Outra opção, em um sistema interativo, é perguntar ao usuário (por meio de uma sequência de chamadas de sistema para exibir a mensagem de alerta e para ler a resposta a partir do terminal) se deseja substituir o arquivo existente ou abortar o programa.

Quando os dois arquivos estão definidos, entramos em um loop que lê o arquivo de entrada (uma chamada de sistema) e grava no arquivo de saída (outra chamada de sistema). Cada operação de leitura e gravação deve retornar informações de *status* referentes a várias condições de erro possíveis. Na entrada, o programa pode entender que o fim do arquivo foi alcançado ou que houve uma falha de hardware na leitura (como um erro de paridade). A operação de gravação pode encontrar vários erros, dependendo do dispositivo de saída (por exemplo, não há mais espaço em disco).

Para concluir, após o arquivo inteiro ser copiado, o programa pode fechar os dois arquivos (outra chamada de sistema), exibir uma mensagem no console ou janela (mais chamadas de

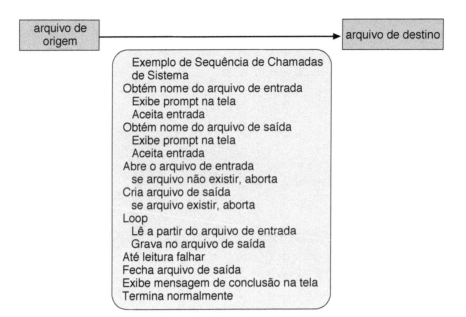

Figura 2.5 Exemplo de como as chamadas de sistema são usadas.

sistema) e, por fim, terminar normalmente (a última chamada de sistema). Essa sequência de chamadas de sistema é mostrada na Figura 2.5.

Como você pode ver, até mesmo programas simples podem fazer uso intenso do sistema operacional. Frequentemente, os sistemas executam milhares de chamadas de sistema por segundo. No entanto, a maioria dos programadores nunca vê esse nível de detalhe. Normalmente, os desenvolvedores de aplicações projetam programas de acordo com uma **interface de programação de aplicações** (**API** — *application programming interface*). A API especifica um conjunto de funções que estão disponíveis para um programador de aplicações, incluindo os parâmetros que são passados a cada função e os valores de retorno que o programador pode esperar. As três APIs mais comuns, disponíveis para programadores de aplicações, são a API Windows para sistemas Windows, a API POSIX para sistemas baseados em POSIX (que incluem virtualmente todas as versões do UNIX, Linux e Mac OS X) e a API Java para programas que são executados na máquina virtual Java. Um programador acessa uma API por meio de uma biblioteca de códigos fornecida pelo sistema operacional. No caso do UNIX e do Linux, para programas escritos na linguagem C, a biblioteca se chama libc. Observe que — a menos que especificado — os nomes das chamadas de sistema usados em todo este texto são exemplos genéricos. Cada sistema operacional tem seu próprio nome para cada chamada de sistema.

Em segundo plano, as funções que compõem uma API invocam tipicamente as chamadas de sistema reais em nome do programador de aplicações. Por exemplo, a função CreateProcess ( ) do Windows (que, obviamente, é usada para criar um novo processo) na verdade invoca a chamada de sistema NTCreateProcess ( ) no kernel do Windows.

Por que um programador de aplicações iria preferir programar de acordo com uma API em vez de invocar chamadas de sistema

---

EXEMPLO DE API PADRÃO

Como exemplo de uma API padrão, considere a função read ( ) que está disponível em sistemas UNIX e Linux. A API para essa função é obtida na página man invocando o comando

    man read

na linha de comando. Uma descrição dessa API é mostrada a seguir:

```
#include <unistd.h>

ssize_t    read(int fd, void *buf, size_t count)

valor de   nome          parâmetros
retorno    da
           função
```

Um programa que use a função read ( ) deve incluir o arquivo de cabeçalho unistd.h, já que esse arquivo define os tipos de dados ssize_t e size_t (entre outras coisas). Os parâmetros passados para read ( ) são os seguintes:

- int fd — o descritor de arquivo a ser lido
- void *buf — um buffer para o qual os dados serão lidos
- size_t count — o número máximo de bytes a serem lidos para o buffer

Em uma leitura bem-sucedida, o número de bytes lidos é retornado. Um valor de retorno igual a 0 indica fim de arquivo. Se ocorre um erro, read ( ) retorna −1.

reais? Há várias razões para fazer isso. Um benefício está relacionado com a portabilidade dos programas. Um programador de aplicações, ao projetar um programa usando uma API, espera que seu programa seja compilado e executado em qualquer sistema que dê suporte à mesma API (embora, na verdade, diferenças de arquitetura frequentemente tornem isso mais difícil do que parece). Além do mais, as chamadas de sistema reais costumam ser mais detalhadas e difíceis de manipular do que a API disponível para um programador de aplicações. De qualquer forma, existe, com frequência, uma forte correlação entre uma função da API e a chamada de sistema associada a ela dentro do kernel. Na verdade, muitas das APIs POSIX e Windows são semelhantes às chamadas de sistema nativas fornecidas pelos sistemas operacionais UNIX, Linux e Windows.

Na maioria das linguagens de programação, o sistema de suporte ao tempo de execução (um conjunto de funções que faz parte das bibliotecas incluídas com o compilador) fornece uma interface de chamadas de sistema que serve como uma ponte para as chamadas de sistema disponibilizadas pelo sistema operacional. A interface de chamadas de sistema intercepta as chamadas de função da API e invoca as chamadas de sistema necessárias dentro do sistema operacional. Normalmente, um número é associado a cada chamada de sistema, e a interface de chamadas de sistema mantém uma tabela indexada de acordo com esses números. A interface de chamadas de sistema invoca, então, a chamada de sistema desejada no kernel do sistema operacional e retorna o *status* da chamada de sistema e quaisquer valores de retorno.

O chamador não precisa saber coisa alguma sobre como a chamada de sistema é implementada ou o que ela faz durante a execução. Em vez disso, ele só precisa seguir a API e saber o que o sistema operacional fará como resultado da execução dessa chamada de sistema. Portanto, a maioria dos detalhes da interface do sistema operacional é oculta do programador pela API e gerenciada pela biblioteca de suporte ao tempo de execução. O relacionamento entre uma API, a interface de chamadas de sistema e o sistema operacional é mostrado na Figura 2.6, que ilustra como o sistema operacional manipula uma aplicação de usuário invocando a chamada de sistema open ( ).

As chamadas de sistema ocorrem de diferentes maneiras, dependendo do computador que estiver sendo usado. Geralmente, são necessárias mais informações do que simplesmente a identidade da chamada de sistema desejada. O tipo e o montante exatos das informações variam de acordo com a chamada e o sistema operacional específicos. Por exemplo, para obter entradas, podemos ter que especificar o arquivo ou dispositivo a ser usado como origem, assim como o endereço e o tamanho do buffer de memória para o qual a entrada deve ser lida. É claro que o dispositivo ou arquivo e o tamanho podem estar implícitos na chamada.

Três métodos gerais são usados para passar parâmetros ao sistema operacional. A abordagem mais simples é passar os parâmetros em registradores. Em alguns casos, no entanto, pode haver mais parâmetros do que registradores. Nesses casos, os parâmetros são, em geral, armazenados em um bloco, ou tabela, na memória, e o endereço do bloco é passado como parâmetro em um registrador (Figura 2.7). Essa é a abordagem adotada pelo Linux e o Solaris. Os parâmetros também podem ser colocados ou incluídos na pilha pelo programa e extraídos da pilha pelo sistema operacional. Alguns sistemas operacionais preferem o método do bloco ou da pilha porque essas abordagens não limitam a quantidade ou o tamanho dos parâmetros que estão sendo passados.

2.4 Tipos de Chamadas de Sistema

As chamadas de sistema podem ser agrupadas, *grosso modo*, em seis categorias principais: controle de processos, manipulação de arquivos, manipulação de dispositivos, manutenção de informações, comunicações e proteção. Nas Seções 2.4.1 a 2.4.6, discutimos brevemente os tipos de chamadas de sistema que podem ser fornecidos por um sistema operacional. A maioria dessas chamadas de sistema dá suporte a, ou é suportada por, conceitos e funções que são discutidos em capítulos posteriores. A Figura 2.8 resume os tipos de chamadas de sistema normalmente fornecidos por um sistema operacional. Como mencionado neste texto, quase sempre nos referimos às chamadas de

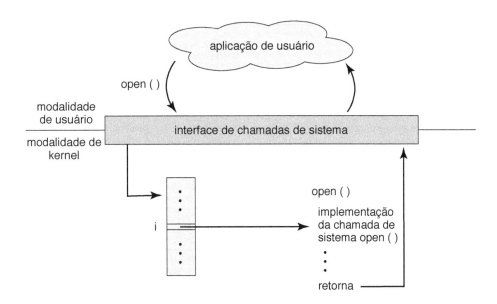

Figura 2.6 A manipulação de uma aplicação de usuário que invoca a chamada de sistema open ( ).

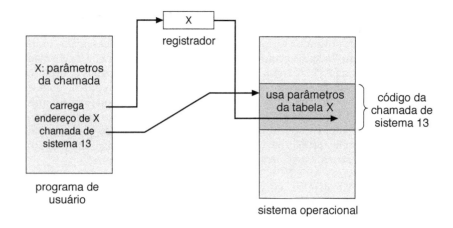

Figura 2.7 Passagem de parâmetros como uma tabela.

- Controle de processos
  - encerrar, abortar
  - carregar, executar
  - criar processo, encerrar processo
  - obter atributos do processo, definir atributos do processo
  - esperar hora
  - esperar evento, sinalizar evento
  - alocar e liberar memória
- Gerenciamento de arquivos
  - criar arquivo, excluir arquivo
  - abrir, fechar
  - ler, gravar, reposicionar
  - obter atributos do arquivo, definir atributos do arquivo
- Gerenciamento de dispositivos
  - solicitar dispositivo, liberar dispositivo
  - ler, gravar, reposicionar
  - obter atributos do dispositivo, definir atributos do dispositivo
  - conectar ou desconectar dispositivos logicamente
- Manutenção de informações
  - obter a hora ou a data, definir a hora ou a data
  - obter dados do sistema, definir dados do sistema
  - obter atributos do processo, arquivo ou dispositivo
  - definir atributos do processo, arquivo ou dispositivo
- Comunicações
  - criar, excluir conexão de comunicações
  - enviar, receber mensagens
  - transferir informações de status
  - conectar ou desconectar dispositivos remotos

Figura 2.8 Tipos de chamadas de sistema.

sistema usando nomes genéricos. No decorrer do texto, no entanto, fornecemos exemplos de contrapartidas reais às chamadas de sistemas do Windows, UNIX e Linux.

2.4.1 Controle de Processos

Um programa em execução precisa ser capaz de interromper sua operação, normal [end ( )] ou anormalmente [abort ( )]. Se uma chamada de sistema é feita para encerrar, anormalmente, o programa em execução corrente ou se o programa encontra um problema e causa uma exceção por erro, pode ocorrer um despejo da memória e a geração de uma mensagem de erro. O despejo é gravado em disco, podendo ser examinado por um **depurador** — um programa do sistema projetado para ajudar o programador a encontrar e corrigir erros ou **bugs** — para que seja determinada a causa do problema. Sob circunstâncias normais ou anormais, o sistema operacional deve transferir o controle ao interpretador de comandos invocador. O interpretador lê, então, o próximo comando. Em um sistema interativo, o interpretador de comandos simplesmente passa ao próximo comando; assume-se que o usuário emitirá um comando apropriado para responder a qualquer erro. Em um sistema de GUIs, uma janela pop-up pode alertar o usuário sobre o erro e solicitar orientação. Em um sistema batch, o interpretador de comandos usualmente encerra o job inteiro e continua com o próximo job. Alguns sistemas podem permitir ações de recuperação especiais em caso de erro. Se o programa descobrir um erro em sua entrada e quiser encerrar anormalmente, também pode querer definir um nível de erro. Erros mais graves podem ser indicados por um parâmetro de erro de nível mais alto. Assim, é possível combinar o encerramento normal e o anormal definindo um encerramento normal como um erro de nível 0. O interpretador de comandos ou o programa seguinte pode usar esse nível de erro para determinar, automaticamente, a próxima ação.

Um processo ou job executando um programa pode querer carregar (load) e executar (execute) outro programa. Esse recurso permite que o interpretador de comandos execute um programa a partir de um comando de usuário, um clique no mouse ou um comando batch, por exemplo. Uma questão interessante é para onde retornar o controle quando o programa carregado terminar. Essa questão está relacionada com se o programa existente foi perdido, salvo ou liberado para continuar a execução concorrentemente com o novo programa.

EXEMPLOS DE CHAMADAS DE SISTEMA DO WINDOWS E UNIX

	Windows	Unix
Controle de Processos	CreateProcess()	fork()
	ExitProcess()	exit()
	WaitForSingleObject()	wait()
Manipulação de Arquivos	CreateFile()	open()
	ReadFile()	read()
	WriteFile()	write()
	CloseHandle()	close()
Manipulação de Dispositivos	SetConsoleMode()	ioctl()
	ReadConsole()	read()
	WriteConsole()	write()
Manutenção de Informações	GetCurrentProcessID()	getpid()
	SetTimer()	alarm()
	Sleep()	sleep()
Comunicações	CreatePipe()	pipe()
	CreateFileMapping()	shm_open()
	MapViewOfFile()	mmap()
Proteção	SetFileSecurity()	chmod()
	InitializeSecurityDescriptor()	umask()
	SetSecurityDescriptorGroup()	chown()

Se o controle retorna ao programa existente quando o novo programa é encerrado, devemos salvar a imagem de memória do programa existente; assim, criamos efetivamente um mecanismo para que um programa chame outro programa. Se os dois programas continuarem concorrentemente, teremos criado um novo job ou processo a ser multiprogramado. Geralmente, há uma chamada de sistema especificamente para essa finalidade [create_process() ou submit_job()].

Se criamos um novo job ou processo, ou talvez até mesmo um conjunto de jobs ou processos, devemos ser capazes de controlar sua execução. Esse controle requer a habilidade de determinar e redefinir os atributos de um job ou processo, inclusive a prioridade do job, o tempo de execução máximo permitido, e assim por diante [get_process_attributes() e set_process_attributes()]. Também podemos querer encerrar um job ou processo que criamos [terminate_process()], se acharmos que ele está incorreto ou não é mais necessário.

Tendo criado novos jobs ou processos, podemos ter de esperar o término de sua execução. Podemos desejar esperar por um determinado período de tempo [wait_time()]. O mais provável é que esperemos a ocorrência de um evento específico [wait_event()]. Os jobs ou processos devem, então, sinalizar quando esse evento tiver ocorrido [signal_event()].

Com bastante frequência, dois ou mais processos podem compartilhar dados. Para assegurar a integridade dos dados que estão sendo compartilhados, os sistemas operacionais costumam fornecer chamadas de sistema que permitem que um processo *tranque* (imponha um lock a) dados compartilhados. Assim, outros processos não podem acessar os dados até que o lock seja liberado. Normalmente, essas chamadas de sistema incluem acquire_lock() e release_lock(). Esses tipos de chamadas de sistema, que lidam com a coordenação de processos concorrentes, são discutidos em grandes detalhes no Capítulo 5.

Há tantas nuances e variações no controle de processos e jobs, que usamos, a seguir, dois exemplos — um envolvendo um sistema monotarefa e o outro, um sistema multitarefa — para esclarecer esses conceitos. O sistema operacional MS-DOS é um exemplo de sistema monotarefa. Ele tem um interpretador de comandos que é invocado quando o computador é iniciado [Figura 2.9(a)]. Como o MS-DOS é monotarefa, ele usa um método simples para executar um programa e não cria um novo processo. Ele carrega o programa na memória, gravando sobre grande parte de si próprio, para dar ao programa o máximo de memória possível [Figura 2.9(b)]. Em seguida, posiciona o ponteiro de instruções para a primeira instrução do programa. O programa é, então, executado, e então ou um erro causa uma exceção, ou o programa executa uma chamada de sistema para ser encerrado. De uma forma ou de outra, o código de erro é salvo na memória do sistema para uso posterior. Após essa ação, a pequena parte do interpretador de comandos que não foi sobreposta retoma a

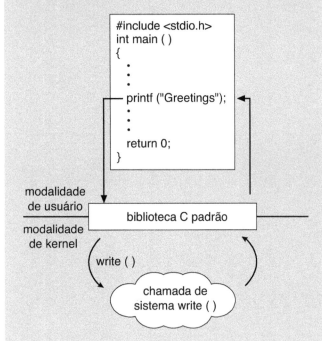

EXEMPLO DE BIBLIOTECA C PADRÃO

A biblioteca C padrão fornece parte da interface de chamadas de sistema de muitas versões do UNIX e Linux. Como exemplo, suponha que um programa em C invoque o comando printf( ). A biblioteca C intercepta essa chamada e invoca a chamada (ou chamadas) de sistema necessária no sistema operacional — nesse exemplo, a chamada de sistema write( ). A biblioteca C toma o valor retornado por write( ) e o passa de volta ao programa do usuário. Isso é mostrado abaixo:

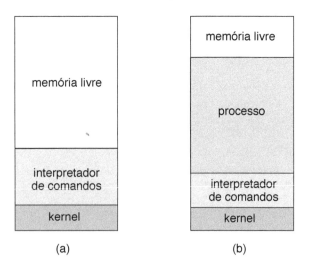

Figura 2.9   Execução do MS-DOS. (a) Na inicialização do sistema. (b) Executando um programa.

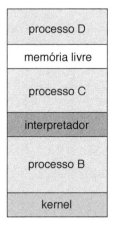

Figura 2.10   O FreeBSD executando múltiplos programas.

execução. Sua primeira tarefa é recarregar o resto do interpretador de comandos a partir do disco. Em seguida, o interpretador de comandos torna o código de erro anterior disponível para o usuário ou para o próximo programa.

O FreeBSD (derivado do UNIX de Berkeley) é um exemplo de sistema multitarefa. Quando um usuário faz login no sistema, o shell que ele escolheu é executado. Esse shell é semelhante ao shell do MS-DOS, já que aceita os comandos e executa os programas que o usuário solicita. No entanto, como o FreeBSD é um sistema multitarefa, o interpretador de comandos pode continuar em operação enquanto outro programa é executado (Figura 2.10). Para iniciar um novo processo, o shell executa uma chamada de sistema fork( ). Em seguida, o programa selecionado é carregado na memória por meio de uma chamada de sistema exec( ) e é executado. Dependendo da maneira como o comando foi emitido, o shell espera que o processo termine ou o executa "em background". No último caso, o shell solicita imediatamente outro comando. Quando um processo está sendo executado em background, ele não pode receber entradas diretamente do teclado porque o shell está usando esse recurso. Portanto, o I/O é executado por meio de arquivos ou de uma GUI. Enquanto isso, o usuário pode solicitar ao shell que execute outros programas, monitore o progresso do processo em execução, altere a prioridade desse programa, e assim por diante. Quando o processo é concluído, ele executa uma chamada de sistema exit( ) para ser encerrado, retornando ao processo que o invocou, o código de *status* 0 ou um código de erro diferente de zero. Esse código de *status* ou de erro fica, então, disponível para o shell ou para outros programas. Os processos são discutidos no Capítulo 3 com um exemplo de programa que usa as chamadas de sistema fork( ) e exec( ).

2.4.2   Gerenciamento de Arquivos

O sistema de arquivos é discutido com mais detalhes nos Capítulos 11 e 12. Podemos, no entanto, identificar várias chamadas de sistema comuns que lidam com arquivos.

Primeiro, precisamos ser capazes de criar [create( )] e excluir [delete( )] arquivos. As duas chamadas de sistema precisam do nome do arquivo e, talvez, de alguns de seus atributos. Uma vez que o arquivo seja criado, precisamos abri-lo [open( )] e usá-lo. Também podemos ler [read( )], gravar [write( )] ou reposicionar [reposition( )] o arquivo (retornar ao início ou saltar para o fim do arquivo, por exemplo). Para concluir, temos de fechar [close( )] o arquivo, indicando que ele não está mais sendo usado.

Podemos precisar desses mesmos conjuntos de operações para diretórios se tivermos uma estrutura de diretórios para a organização de arquivos no sistema de arquivos. Além disso, tanto para arquivos como para diretórios, temos que ser capazes de determinar o valor de diversos atributos e de, talvez, redefini-los se necessário. Os atributos do arquivo incluem seu nome, seu tipo, códigos de proteção, informações de contabilização, e assim por diante. Pelo menos, duas chamadas de sistema, `get_file_attributes()` e `set_file_attributes()`, são requeridas para essa função. Alguns sistemas operacionais fornecem muitas outras chamadas, como as chamadas de movimentação [`move()`] e cópia [`copy()`] de arquivos. Outros podem fornecer uma API que execute essas operações usando código e chamadas de sistema diferentes; outros podem fornecer programas de sistema para executar essas tarefas. Se os programas de sistema puderem ser chamados por outros programas, cada um deles poderá ser considerado uma API por outros programas do sistema.

2.4.3 Gerenciamento de Dispositivos

Um processo pode precisar de vários recursos para ser executado — memória principal, drives de disco, acesso a arquivos, e assim por diante. Se os recursos estão disponíveis, eles podem ser cedidos e o controle pode ser retornado ao processo do usuário. Caso contrário, o processo terá de esperar até que recursos suficientes estejam disponíveis.

Os diversos recursos controlados pelo sistema operacional podem ser considerados como dispositivos. Alguns desses dispositivos são dispositivos físicos (por exemplo, drives de disco), enquanto outros podem ser considerados dispositivos abstratos ou virtuais (por exemplo, arquivos). Um sistema com múltiplos usuários pode requerer que, primeiro, seja feita a solicitação [`request()`] de um dispositivo, para assegurar seu uso exclusivo. Quando o dispositivo não é mais necessário, ele pode ser liberado [`release()`]. Essas funções são semelhantes às chamadas de sistema `open()` e `close()` para arquivos. Outros sistemas operacionais permitem acesso não gerenciado a dispositivos. Nesse caso, o perigo é o potencial para a disputa por dispositivos e, talvez, para deadlocks que são descritos no Capítulo 7.

Uma vez que o dispositivo tenha sido solicitado (e alocado para nosso uso), podemos lê-lo [`read()`], gravá-lo [`write()`] e (possivelmente) reposicioná-lo [`reposition()`], da mesma forma que podemos fazer com os arquivos. Na verdade, a semelhança entre dispositivos de I/O e arquivos é tão grande que muitos sistemas operacionais, inclusive o UNIX, fundem os dois em uma estrutura combinada arquivo-dispositivo. Nesse caso, um conjunto de chamadas de sistema é usado tanto em arquivos quanto em dispositivos. Em algumas situações, dispositivos de I/O são identificados por nomes de arquivo especiais, localização de diretórios ou atributos de arquivo.

A interface de usuário também pode fazer arquivos e dispositivos parecerem semelhantes, ainda que as chamadas de sistema subjacentes sejam diferentes. Esse é outro exemplo das muitas decisões de projeto que fazem parte da construção de um sistema operacional e da interface de usuário.

2.4.4 Manutenção de Informações

Muitas chamadas de sistema existem, simplesmente, para fins de transferência de informações entre o programa do usuário e o sistema operacional. Por exemplo, a maioria dos sistemas tem uma chamada de sistema para retornar a hora [`time()`] e a data [`date()`] correntes. Outras chamadas de sistema podem retornar informações sobre o sistema, tais como o número de usuários correntes, o número de versão do sistema operacional, o montante de espaço livre na memória ou em disco, e assim por diante.

Outro conjunto de chamadas de sistema é útil na depuração de um programa. Muitos sistemas fornecem chamadas de sistema para o despejo [`dump()`] da memória. Esse recurso é útil na depuração. Um rastreamento [`trace()`] de programa lista cada chamada de sistema enquanto ela é executada. Até mesmo microprocessadores fornecem uma modalidade de CPU conhecida como **passo único**, em que uma exceção é executada pela CPU após cada instrução. Geralmente, a exceção é capturada por um depurador.

Muitos sistemas operacionais fornecem um perfil de tempo de um programa que indica por quanto tempo ele é executado em uma locação específica ou conjunto de locações. Um perfil de tempo requer um recurso de rastreamento ou interrupções periódicas de timer. A cada ocorrência de interrupção do timer, o valor do contador do programa é registrado. Com interrupções suficientemente frequentes do timer, um cenário estatístico do tempo gasto em várias partes do programa pode ser obtido.

Além disso, o sistema operacional mantém informações sobre todos os seus processos e chamadas de sistema utilizadas para acessar essas informações. Geralmente, chamadas também são usadas na redefinição das informações dos processos [`get_process_attributes()` e `set_process_attributes()`]. Na Seção 3.1.3, discutimos as informações que costumam ser mantidas.

2.4.5 Comunicação

Há dois modelos comuns de comunicação entre processos: o modelo de transmissão de mensagens e o modelo de memória compartilhada. No modelo de **transmissão de mensagens**, os processos em comunicação trocam mensagens uns com os outros para transferir informações. As mensagens podem ser trocadas entre os processos, direta ou indiretamente, por meio de uma caixa de correio comum. Antes que a comunicação possa ocorrer, uma conexão deve ser aberta. O nome do outro interlocutor deve ser conhecido, seja ele outro processo no mesmo sistema ou um processo em outro computador conectado por uma rede de comunicação. Cada computador de uma rede tem um **nome de hospedeiro** pelo qual é conhecido normalmente. O hospedeiro também tem um identificador de rede que pode ser um endereço IP. Da mesma forma, cada processo tem um **nome de processo**, e esse nome é traduzido para um identificador pelo qual o sistema operacional pode referenciar o processo. As chamadas de sistema `get_hostid()` e `get_processid()` fazem essa tradução. Os identificadores são, então, passados para as chamadas de uso geral `open()` e `close()`, fornecidas pelo sistema de arquivos, ou para as chamadas específicas `open_connection()` e `close_connection()`, dependendo do modelo de comunicação do sistema. Usualmente, o processo receptor deve dar sua permissão para que a comunicação possa ocorrer, com uma chamada `accept_connection()`. A maioria dos processos que recebem conexões é de **daemons** de uso específico que são programas de sistema fornecidos para esse fim. Eles executam uma chamada `wait_for_connection()` e são ativados quando uma conexão é estabelecida. Em seguida, a fonte da comunicação, conhecida como **cliente**, e o daemon receptor, conhecido como **servidor**, trocam mensagens usando chamadas de sistema `read_message()` e `write_message()`. A chamada `close_connection()` encerra a comunicação.

No **modelo de memória compartilhada**, os processos usam chamadas de sistema `shared_memory_create()` e `shared_` memory_attach ( ) para criar e obter acesso a regiões da memória ocupadas por outros processos. Lembre-se de que, normalmente, o sistema operacional tenta impedir que um processo acesse a memória de outro processo. A memória compartilhada exige que dois ou mais processos concordem com a remoção dessa restrição. Então, eles podem trocar informações lendo dados das áreas compartilhadas e gravando dados nessas áreas. A forma dos dados é determinada pelos processos e não fica sob controle do sistema operacional. Os processos também são responsáveis por garantir que não estão realizando gravações na mesma locação, simultaneamente. Tais mecanismos são discutidos no Capítulo 5. No Capítulo 4, examinamos uma variação do esquema de processos — os threads — em que a memória é compartilhada por default.

Os dois modelos que acabamos de discutir são comuns nos sistemas operacionais, e a maioria dos sistemas implementa ambos. A troca de mensagens é útil na transmissão de quantidades menores de dados porque não é necessário evitar conflitos. Também é mais fácil de implementar do que a memória compartilhada para a comunicação entre computadores. A memória compartilhada proporciona velocidade máxima e conveniência na comunicação, já que pode ocorrer na velocidade de transferência da memória quando se dá dentro de um computador. No entanto, existem problemas nas áreas de proteção e sincronização entre os processos que compartilham memória.

2.4.6 Proteção

A proteção proporciona um mecanismo para o controle de acesso aos recursos fornecidos por um sistema de computação. Historicamente, a proteção era uma preocupação somente em sistemas de computação multiprogramados com vários usuários. No entanto, com o advento das redes e da Internet, todos os sistemas de computação, de servidores a dispositivos móveis, devem se preocupar com a proteção.

Normalmente, as chamadas de sistema que fornecem proteção incluem set_permission ( ) e get_permission ( ), que manipulam as definições de permissões para recursos, tais como arquivos e discos. As chamadas de sistema allow_user ( ) e deny_user ( ) especificam se determinados usuários podem — ou não podem — obter acesso a certos recursos.

Abordamos a proteção no Capítulo 14 e o tópico muito mais abrangente da segurança no Capítulo 15.

2.5 Programas de Sistema

Outra característica de um sistema moderno é seu conjunto de programas de sistema. Volte à Figura 1.1, que mostra a hierarquia lógica do computador. No nível mais baixo, está o hardware. Em seguida, está o sistema operacional, depois os programas de sistema e, finalmente, os programas de aplicação. Os **programas de sistema**, também conhecidos como **utilitários de sistema**, fornecem um ambiente conveniente para o desenvolvimento e a execução de programas. Alguns deles são, simplesmente, interfaces de usuário para chamadas de sistema. Outros são, consideravelmente, mais complexos. Eles podem ser divididos nas categorias a seguir:

- **Gerenciamento de arquivos.** Esses programas criam, excluem, copiam, renomeiam, imprimem, descarregam, listam e, geralmente, manipulam arquivos e diretórios.
- **Informações de *status*.** Alguns programas simplesmente solicitam ao sistema a data, a hora, o montante disponível de memória ou de espaço em disco, a quantidade de usuários ou informações de *status* semelhantes. Outros são mais complexos, fornecendo informações detalhadas sobre desempenho, registro em log e depuração. Normalmente, esses programas formatam e exibem a saída no terminal ou em outros dispositivos ou arquivos de saída, ou a exibem em uma janela da GUI. Alguns sistemas também dão suporte a um repositório de registros que é usado para armazenar e recuperar informações de configuração.
- **Modificação de arquivos.** Vários editores de texto podem estar disponíveis para criar e modificar o conteúdo de arquivos armazenados em disco ou em outros dispositivos de armazenamento. Também podem existir comandos especiais para a busca de conteúdos de arquivos ou a execução de alterações no texto.
- **Suporte a linguagens de programação.** Compiladores, montadores, depuradores e interpretadores de linguagens de programação comuns (como C, C++, Java e PERL) são, com frequência, fornecidos com o sistema operacional ou estão disponíveis para download em separado.
- **Carga e execução de programas.** Uma vez que um programa seja montado ou compilado, ele deve ser carregado na memória para ser executado. O sistema pode fornecer carregadores absolutos, carregadores relocáveis, linkage editors e carregadores de overlay. Sistemas de depuração para linguagens de alto nível ou linguagem de máquina também são necessários.
- **Comunicações.** Esses programas fornecem o mecanismo para a criação de conexões virtuais entre processos, usuários e sistemas de computação. Eles permitem que os usuários enviem mensagens para a tela uns dos outros, naveguem em páginas da web, enviem e-mails, façam login remotamente ou transfiram arquivos de uma máquina para outra.
- **Serviços de background.** Todos os sistemas de uso geral têm métodos que lançam certos processos de programas de sistema em tempo de inicialização. Alguns desses processos terminam após a conclusão de suas tarefas, enquanto outros continuam a ser executados até que o sistema seja interrompido. Processos de programas de sistema constantemente executados são conhecidos como serviços, subsistemas, ou daemons. Um exemplo é o daemon de rede discutido na Seção 2.4.5. Naquele exemplo, um sistema precisava de um serviço para escutar conexões de rede e conectar essas solicitações aos processos corretos. Outros exemplos incluem schedulers de processos que iniciam processos de acordo com um schedule especificado, serviços de monitoração de erros do sistema e servidores de impressão. Sistemas típicos têm vários daemons. Além disso, sistemas operacionais que executam atividades importantes no contexto do usuário, em vez de no contexto do kernel, podem usar daemons para executar essas atividades.

Além dos programas de sistema, a maioria dos sistemas operacionais vem com programas que são úteis na resolução de problemas comuns ou na execução de operações comuns. Esses programas de aplicação incluem navegadores web, processadores e formatadores de texto, planilhas, sistemas de bancos de dados, compiladores, pacotes de plotagem e análise estatística e jogos.

A visão que a maioria dos usuários tem do sistema operacional é definida pelos programas de aplicação e de sistema e não pelas chamadas de sistema reais. Considere o PC de um usuário. Quando o computador de um usuário está executando o sistema operacional Mac OS X, o usuário pode ver a GUI fornecendo uma interface baseada em mouse e janelas. Alternativamente, ou até mesmo em uma das janelas, o usuário pode ter um shell UNIX de linha de comando. Os dois usam o mesmo conjunto de chamadas de sistema, mas elas têm aparências diferentes e agem de maneira diferente. Para confundir mais a visão do usuário, considere a inicialização dual do Windows a partir do Mac OS X. Agora, o mesmo usuário no mesmo hardware tem duas interfaces totalmente diferentes e dois conjuntos de aplicações utilizando os mesmos recursos físicos. Portanto, no mesmo hardware um usuário pode ser exposto a múltiplas interfaces de usuário, sequencial ou concorrentemente.

2.6 Projeto e Implementação do Sistema Operacional

Nesta seção, discutimos problemas que surgem no projeto e implementação de um sistema operacional. Não existem, obviamente, soluções definitivas para esses problemas, mas existem abordagens que se mostraram bem-sucedidas.

2.6.1 Objetivos do Projeto

O primeiro problema ao projetar um sistema é a definição de objetivos e especificações. Em um nível mais alto, o projeto do sistema será afetado pela escolha do hardware e do tipo de sistema: batch, tempo compartilhado, monousuário, multiusuário, distribuído, tempo real ou uso geral.

Além desse nível mais alto de projeto, os requisitos podem ser muito mais difíceis de especificar. No entanto, esses requisitos podem ser divididos em dois grupos básicos: objetivos do usuário e objetivos do sistema.

Usuários desejam certas propriedades óbvias em um sistema. O sistema deve ser conveniente para usar, fácil de aprender e utilizar, confiável, seguro e veloz. Naturalmente, essas especificações não são particularmente úteis ao projeto do sistema, já que não há um consenso geral sobre como alcançá-las.

Um conjunto semelhante de requisitos pode ser definido pelas pessoas responsáveis por projetar, criar, manter e operar o sistema. O sistema deve ser fácil de projetar, implementar e manter; e deve ser flexível, confiável, sem erros e eficiente. Novamente, esses requisitos são vagos e podem ser interpretados de várias maneiras.

Resumindo, não há uma solução única para o problema de definição dos requisitos de um sistema operacional. A grande quantidade de sistemas existente mostra que diferentes requisitos podem resultar em uma grande variedade de soluções para ambientes diferentes. Por exemplo, os requisitos do VxWorks, um sistema operacional de tempo real para sistemas embutidos, devem ter sido substancialmente diferentes dos definidos para o MVS, sistema operacional multiusuário e multiacesso, de grande porte, para mainframes IBM.

A especificação e o projeto de um sistema operacional é uma tarefa altamente criativa. Embora nenhum livro possa dizer a você como fazê-lo, foram desenvolvidos princípios gerais no campo da engenharia de software e passamos, agora, à discussão de alguns desses princípios.

2.6.2 Mecanismos e Políticas

Um princípio importante é a separação entre política e mecanismo. Os mecanismos determinam *como* fazer algo; as políticas determinam *o que* será feito. Por exemplo, o construtor timer (consulte a Seção 1.5.2) é um mecanismo que assegura a proteção da CPU, mas a decisão de por quanto tempo ele deve ser posicionado, para um usuário específico, é uma decisão política.

A separação entre política e mecanismo é importante para a flexibilidade. As políticas podem mudar para locais diferentes ou com o passar do tempo. Na pior das hipóteses, cada mudança na política demandaria uma mudança no mecanismo subjacente. Um mecanismo genérico, insensível a mudanças na política, seria mais desejável. Uma mudança na política demandaria, então, a redefinição de somente certos parâmetros do sistema. Por exemplo, considere um mecanismo para dar prioridade a determinados tipos de programas sobre outros. Se o mecanismo for apropriadamente separado da política, ele poderá ser usado tanto para suportar a decisão política de que programas I/O-intensivos devem ter prioridade sobre os programas CPU-intensivos, como para dar suporte à política oposta.

Sistemas operacionais baseados em microkernel (Seção 2.7.3) levam a separação entre mecanismo e política a um extremo, implementando um conjunto básico de blocos de construção primitivos. Esses blocos são quase independentes de política, permitindo que mecanismos e políticas mais avançados sejam adicionados por meio de módulos de kernel criados pelo usuário ou por meio dos próprios programas dos usuários. Como exemplo, considere a história do UNIX. Inicialmente, ele tinha um scheduler de tempo compartilhado. Na última versão do Solaris, o scheduling é controlado por tabelas carregáveis. Dependendo da tabela correntemente carregada, o sistema pode ser de tempo compartilhado, processamento batch, tempo real, compartilhamento justo, ou qualquer combinação. A definição do mecanismo de scheduling como de uso geral permite que amplas alterações sejam feitas na política com um único comando `load-new-table`. No outro extremo, está um sistema como o Windows, em que tanto o mecanismo quanto a política são codificados no sistema para impor uma aparência global. Todas as aplicações têm interfaces semelhantes porque a própria interface é construída nas bibliotecas do kernel e do sistema. O sistema operacional Mac OS X tem funcionalidade semelhante.

As decisões políticas são importantes para qualquer alocação de recursos. Sempre que é necessário decidir se um recurso deve ou não ser alocado, uma decisão política deve ser tomada. Sempre que o problema é *como* em vez de *o que*, um mecanismo é que deve ser determinado.

2.6.3 Implementação

Uma vez que o sistema operacional tenha sido projetado, ele deve ser implementado. Já que os sistemas operacionais são conjuntos de muitos programas, escritos por muitas pessoas durante um longo período de tempo, é difícil fazer afirmações gerais sobre como eles são implementados.

Os sistemas operacionais iniciais eram escritos em linguagem de montagem. Atualmente, embora alguns sistemas operacionais ainda sejam escritos em linguagem de montagem, a maioria é escrita em uma linguagem de mais alto nível como C ou de nível ainda mais alto como C++. Na verdade, um sistema operacional pode ser escrito em mais de uma linguagem. Os níveis mais baixos do kernel podem ser escritos em linguagem de montagem. As rotinas de nível mais alto podem ser escritas em C e os programas de sistema podem ser em C ou C++, em linguagens de script interpretadas como PERL ou Python, ou em scripts de shell. Na verdade, uma determinada distribuição do Linux provavelmente inclui programas escritos em todas essas linguagens.

O primeiro sistema não escrito em linguagem de montagem foi, provavelmente, o Master Control Program (MCP) para computadores Burroughs. O MCP foi escrito em uma variante de ALGOL. O MULTICS, desenvolvido no MIT, foi escrito, principalmente, na linguagem de programação de sistemas PL/1. Os kernels dos sistemas operacionais Linux e Windows, em sua maior parte, foram escritos em C, embora haja algumas pequenas seções de código de montagem para drivers de dispositivos e para salvar e restaurar o estado de registradores.

As vantagens do uso de uma linguagem de mais alto nível ou, pelo menos, de uma linguagem de implementação de sistemas, para implementar sistemas operacionais, são as mesmas obtidas quando a linguagem é usada para programas aplicativos: o código pode ser escrito mais rapidamente, é mais compacto e mais fácil de entender e depurar. Além disso, avanços na tecnologia dos compiladores melhoram o código gerado para o sistema operacional inteiro por meio de uma simples recompilação. Para concluir, um sistema operacional é muito mais fácil de portar — transportar para algum outro hardware — quando é escrito em uma linguagem de mais alto nível. Por exemplo, o MS-DOS foi escrito na linguagem de montagem Intel 8088. Como resultado, ele é executado, nativamente, apenas na família de CPUs Intel x86. (Observe que, embora o MS-DOS seja executado nativamente apenas no Intel x86, emuladores do conjunto de instruções do x86 permitem que o sistema operacional seja executado em outras CPUs — porém mais lentamente e com maior uso de recursos. Como mencionamos no Capítulo 1, emuladores são programas que duplicam a funcionalidade de um sistema em outro sistema.) O sistema operacional Linux, por outro lado, é escrito quase todo em C e está disponível nativamente em várias CPUs diferentes, inclusive no Intel x86, Oracle SPARC e IBM PowerPC.

Talvez as únicas desvantagens da implementação de um sistema operacional em uma linguagem de mais alto nível sejam a diminuição da velocidade e o aumento dos requisitos de armazenamento. No entanto, isso não é mais um grande problema nos sistemas atuais. Embora um programador especialista em linguagem de montagem possa produzir rotinas pequenas e eficientes, para programas grandes um compilador moderno pode executar análises complexas e aplicar otimizações sofisticadas que produzem excelente código. Os processadores modernos têm fortes interligações e várias unidades funcionais que podem manipular os detalhes de dependências complexas muito mais facilmente do que a mente humana.

Como ocorre em outros sistemas, é mais provável que os principais avanços no desempenho dos sistemas operacionais resultem de melhores estruturas de dados e algoritmos e não de um excelente código em linguagem de montagem. Além disso, embora os sistemas operacionais sejam grandes, apenas uma pequena parte do código é crítica para o alto desempenho; o manipulador de interrupções, o gerenciador de I/O, o gerenciador de memória e o scheduler da CPU são, provavelmente, as rotinas mais críticas. Depois que o sistema é escrito e está funcionando corretamente, rotinas que representam gargalos podem ser identificadas e substituídas por equivalentes em linguagem de montagem.

2.7 Estrutura do Sistema Operacional

Um sistema tão grande e complexo, como um sistema operacional moderno, deve ser construído cuidadosamente para funcionar de maneira apropriada e ser facilmente modificável. Uma abordagem comum é a divisão da tarefa em componentes pequenos, ou módulos, em vez da criação de um sistema monolítico. Cada um desses módulos deve ser uma parte bem definida do sistema, com entradas, saídas e funções cuidadosamente estabelecidas. Já discutimos brevemente, no Capítulo 1, os componentes comuns dos sistemas operacionais. Nesta seção, discutimos como esses componentes são interconectados e combinados em um kernel.

2.7.1 Estrutura Simples

Muitos sistemas operacionais não têm estruturas bem definidas. Frequentemente, tais sistemas começam como sistemas pequenos, simples e limitados e, então, crescem para além de seu escopo original. O MS-DOS é um exemplo desse tipo de sistema. Ele foi originalmente projetado e implementado por algumas pessoas que não tinham ideia de que se tornaria tão popular. Ele foi escrito para fornecer o máximo de funcionalidade no menor espaço e, portanto, não foi dividido cuidadosamente em módulos. A Figura 2.11 mostra sua estrutura.

No MS-DOS, as interfaces e níveis de funcionalidade não estão bem separados. Por exemplo, programas aplicativos podem acessar as rotinas básicas de I/O para gravar diretamente em tela e drives de disco. Tal liberdade deixa o MS-DOS vulnerável a programas errados (ou maliciosos), fazendo com que o sistema inteiro caia quando programas de usuário falham. Naturalmente, o MS-DOS também ficou limitado em razão do hardware de sua época. Já que o Intel 8088, para o qual ele foi escrito, não fornece modalidade dual e proteção de hardware, os projetistas do MS-DOS não tinham outra opção além de deixar o hardware básico acessível.

Outro exemplo de estrutura limitada é o sistema operacional UNIX original. Como o MS-DOS, o UNIX, inicialmente, foi limitado pela funcionalidade do hardware. Ele é composto por duas partes separadas: o kernel e os programas de sistema. Por sua vez, o kernel é separado em uma série de interfaces e drivers de dispositivos que foram sendo adicionados e expandidos com o passar dos anos, conforme o UNIX evoluía. Podemos considerar o sistema operacional UNIX tradicional como uma estrutura em camadas até certo ponto, como mostrado na Figura 2.12. Tudo que está abaixo da interface de chamadas de sistema e acima do hardware físico é o kernel. O kernel fornece o sistema de arquivos, o scheduling da CPU, o gerenciamento de memória

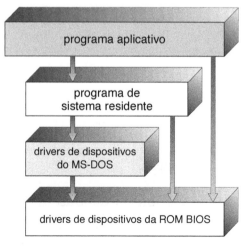

Figura 2.11 Estrutura em camadas do MS-DOS.

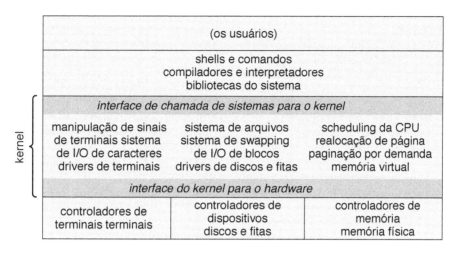

Figura 2.12 Estrutura tradicional de sistema UNIX.

e outras funções do sistema operacional por meio de chamadas de sistema. Tudo somado, isso corresponde a uma enorme quantidade de funcionalidades a serem combinadas em um único nível. Essa estrutura monolítica era difícil de implementar e manter. No entanto, apresentava uma vantagem peculiar para o desempenho: há muito pouco overhead na interface de chamadas de sistema ou na comunicação dentro do kernel. Ainda vemos evidências dessa estrutura simples e monolítica nos sistemas operacionais UNIX, Linux e Windows.

2.7.2 Abordagem em Camadas

Com suporte de hardware apropriado, os sistemas operacionais podem ser divididos em partes que sejam menores e mais adequadas do que as permitidas pelos sistemas MS-DOS e UNIX originais. O sistema operacional pode, então, deter um controle muito maior sobre o computador e sobre as aplicações que fazem uso desse computador. Os implementadores têm mais liberdade para alterar os mecanismos internos do sistema e criar sistemas operacionais modulares. Em uma abordagem top-down, a funcionalidade e os recursos gerais são determinados e separados em componentes. A ocultação de informações também é importante porque deixa os programadores livres para implementar as rotinas de baixo nível como acharem melhor, contanto que a interface externa da rotina permaneça inalterada e que a rotina propriamente dita execute a tarefa anunciada.

Um sistema pode ser modularizado de várias maneiras. Um dos métodos é a **abordagem em camadas**, em que o sistema operacional é dividido em várias camadas (níveis). A camada inferior (camada 0) é o hardware; a camada mais alta (camada N) é a interface de usuário. Essa estrutura em camadas é mostrada na Figura 2.13.

A camada de um sistema operacional é a implementação de um objeto abstrato composto por dados e as operações que podem manipular esses dados. Uma camada típica de sistema operacional — digamos, a camada M — é composta por estruturas de dados e um conjunto de rotinas que podem ser invocadas por camadas de níveis mais altos. A camada M, por sua vez, pode invocar operações em camadas de níveis mais baixos.

A principal vantagem da abordagem em camadas é a simplicidade de construção e depuração. As camadas são selecionadas de modo que cada uma use funções (operações) e serviços somente de camadas de nível mais baixo. Essa abordagem simplifica a depuração e a verificação do sistema. A primeira camada pode ser depurada sem nenhuma preocupação com o resto do sistema porque, por definição, ela usa somente o hardware básico (que se supõe esteja correto) para implementar suas funções. Uma vez que a primeira camada seja depurada, seu funcionamento correto pode ser assumido enquanto a segunda camada é depurada, e assim por diante. Se é encontrado um erro durante a depuração de uma camada específica, ele deve estar nessa camada porque as camadas abaixo já estão depuradas. Portanto, o projeto e a implementação do sistema são simplificados.

Cada camada é implementada somente com as operações fornecidas por camadas de nível mais baixo. A camada não precisa saber como essas operações são implementadas; precisa saber apenas o que elas fazem. Portanto, cada camada oculta,

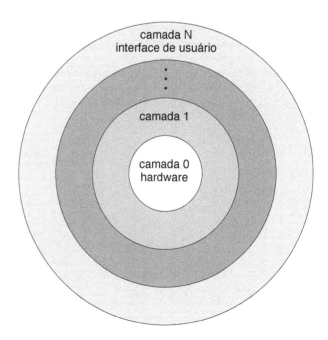

Figura 2.13 Um sistema operacional em camadas.

das camadas de nível mais alto, a existência de certas estruturas de dados, operações e hardware.

A principal dificuldade da abordagem em camadas envolve a definição apropriada das diversas camadas. Já que uma camada pode usar somente camadas de nível mais baixo, é necessário um planejamento cuidadoso. Por exemplo, o driver de dispositivos do backing store (espaço em disco usado por algoritmos de memória virtual) deve estar em um nível mais baixo do que as rotinas de gerenciamento da memória porque o gerenciamento da memória requer o uso do backing store.

Outros requisitos podem não ser tão óbvios. Normalmente, o driver do backing store fica acima do scheduler da CPU porque pode ter de esperar por I/O e a CPU pode sofrer um reschedule durante esse intervalo. No entanto, em um sistema grande, o scheduler da CPU pode ter mais informações sobre todos os processos ativos do que a memória pode armazenar. Portanto, essas informações podem ter que ser permutadas, inseridas na memória e dela extraídas, requerendo que a rotina do driver de backing store fique abaixo do scheduler da CPU.

Um problema final das implementações em camadas é que elas tendem a ser menos eficientes do que outras abordagens. Por exemplo, quando um programa de usuário executa uma operação de I/O, ele executa uma chamada de sistema que é interceptada para a camada de I/O que chama a camada de gerenciamento da memória que, por sua vez, chama a camada de scheduling da CPU que é, então, passada ao hardware. Em cada camada, os parâmetros podem ser modificados, dados podem ter de ser passados, e assim por diante. Cada camada adiciona overhead à chamada de sistema. O resultado final é uma chamada de sistema que demora mais do que em um sistema não estruturado em camadas.

Ultimamente, essas limitações têm causado alguma reação contra a estruturação em camadas. Menos camadas com mais funcionalidades estão sendo projetadas, fornecendo a maioria das vantagens do código modularizado, mas evitando os problemas de definição e interação de camadas.

2.7.3 Microkernels

Já vimos que, conforme o UNIX se expandiu, o kernel tornou-se maior e mais difícil de gerenciar. Na metade dos anos 1980, pesquisadores da Universidade Carnegie Mellon desenvolveram um sistema operacional chamado Mach que modularizou o kernel usando a abordagem de microkernel. Esse método estrutura o sistema operacional removendo todos os componentes não essenciais do kernel e implementando-os como programas de nível de sistema e de usuário. O resultado é um kernel menor. Há pouco consenso sobre quais serviços devem permanecer no kernel e quais devem ser implementados no espaço do usuário. Normalmente, no entanto, os microkernels fornecem um gerenciamento mínimo dos processos e da memória, além de um recurso de comunicação. A Figura 2.14 ilustra a arquitetura de um microkernel típico.

A principal função do microkernel é fornecer comunicação entre o programa cliente e os diversos serviços que também estão sendo executados no espaço do usuário. A comunicação é fornecida por transmissão de mensagens, que foi descrita na Seção 2.4.5. Por exemplo, se o programa cliente deseja acessar um arquivo, ele deve interagir com o servidor de arquivos. O programa cliente e o serviço nunca interagem diretamente. Em vez disso, eles se comunicam indiretamente trocando mensagens com o microkernel.

Um dos benefícios da abordagem de microkernel é que ela facilita a extensão do sistema operacional. Todos os serviços novos são adicionados ao espaço do usuário e, consequentemente, não requerem a modificação do kernel. Quando o kernel precisa ser modificado, as alterações tendem a ser minimizadas porque o microkernel é um kernel menor. O sistema operacional resultante é mais fácil de ser portado de um projeto de hardware para outro. O microkernel também fornece mais segurança e confiabilidade, já que a maioria dos serviços é executada como processos de usuário — e não do kernel. Se um serviço falha, o resto do sistema operacional permanece intocado.

Alguns sistemas operacionais contemporâneos têm usado a abordagem de microkernel. O Tru64 UNIX (antes conhecido como Digital UNIX) fornece uma interface UNIX para o usuário, mas é implementado com um kernel Mach. O kernel Mach mapeia chamadas de sistema UNIX em mensagens enviadas aos serviços de nível de usuário apropriados. O kernel do Mac OS X (também conhecido como Darwin) também se baseia, em parte, no microkernel Mach.

Outro exemplo é o QNX, um sistema operacional de tempo real para sistemas embutidos. O microkernel QNX Neutrino fornece serviços de transmissão de mensagens e scheduling de processos. Ele também manipula a comunicação de rede de baixo nível e as interrupções de hardware. Todos os outros serviços do QNX são fornecidos por processos-padrão executados fora do kernel em modalidade de usuário.

Infelizmente, o desempenho dos microkernels pode ser afetado pelo aumento do overhead de funções de sistema. Considere a história do Windows NT. A primeira versão tinha uma organização de microkernel em camadas. O desempenho dessa versão era baixo, se comparado ao do Windows 95. O Windows NT 4.0 corrigiu parcialmente o problema de

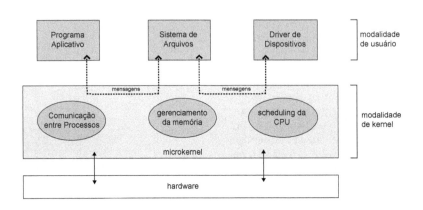

Figura 2.14 Arquitetura de um microkernel típico.

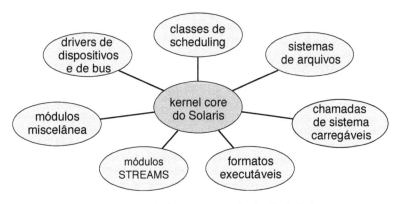

Figura 2.15 Módulos carregáveis do Solaris.

desempenho movendo camadas do espaço do usuário para o espaço do kernel e integrando-as mais fortemente. Quando o Windows XP foi projetado, a arquitetura Windows tinha se tornado mais monolítica do que de microkernel.

2.7.4 Módulos

Talvez a melhor metodologia atual para o projeto de sistemas operacionais envolva o uso de módulos de kernel carregáveis. Aqui, o kernel tem um conjunto de componentes nucleares e vincula serviços adicionais por meio de módulos, tanto em tempo de inicialização quanto em tempo de execução. Esse tipo de projeto é comum em implementações modernas do UNIX e, também, do Solaris, do Linux e do Mac OS X, assim como do Windows.

A ideia do projeto é que o kernel forneça serviços nucleares enquanto outros serviços são implementados dinamicamente quando o kernel está em execução. É melhor vincular serviços dinamicamente do que adicionar novos recursos diretamente ao kernel, o que demanda a recompilação do kernel sempre que uma alteração é feita. Assim, podemos, por exemplo, construir algoritmos de scheduling da CPU e gerenciamento da memória diretamente no kernel e, então, adicionar o suporte a diferentes sistemas de arquivos por meio de módulos carregáveis.

O resultado final lembra um sistema em camadas em que cada seção do kernel tem interfaces definidas e protegidas; porém, ele é mais flexível do que um sistema em camadas porque um módulo pode chamar qualquer outro módulo. A abordagem também é semelhante à abordagem de microkernel, já que o módulo principal tem apenas funções nucleares e o conhecimento de como carregar e se comunicar com outros módulos; no entanto, é mais eficiente porque os módulos não precisam invocar a transmissão de mensagens para se comunicarem.

A estrutura do sistema operacional Solaris, mostrada na Figura 2.15, é organizada ao redor de um kernel nuclear com sete tipos de módulos do kernel carregáveis:

1. Classes de scheduling
2. Sistemas de arquivos
3. Chamadas de sistema carregáveis
4. Formatos executáveis
5. Módulos STREAMS
6. Miscelâneas
7. Drivers de dispositivos e de bus

O Linux também usa módulos do kernel carregáveis, principalmente no suporte a drivers de dispositivos e sistemas de arquivos. Abordamos a criação de módulos do kernel carregáveis no Linux, como um exercício de programação, no fim deste capítulo.

2.7.5 Sistemas Híbridos

Na prática, muito poucos sistemas operacionais adotam uma estrutura única rigidamente definida. Em vez disso, eles combinam diferentes estruturas, resultando em sistemas híbridos que resolvem problemas de desempenho, segurança e usabilidade. Por exemplo, tanto o Linux quanto o Solaris são monolíticos porque o desempenho é muito mais eficiente quando o sistema operacional ocupa um único espaço de endereçamento. No entanto, eles também são modulares para que novas funcionalidades possam ser adicionadas ao kernel dinamicamente. O Windows também é amplamente monolítico (mais uma vez por questões de desempenho, principalmente), mas retém certo comportamento típico de sistemas de microkernel, inclusive fornecendo suporte a subsistemas separados (conhecidos como *personalidades* do sistema operacional) que são executados como processos de modalidade de usuário. Os sistemas Windows também fornecem suporte para módulos do kernel carregáveis dinamicamente. Fornecemos estudos de caso do Linux e do Windows 7 nos Capítulos 18 e 19, respectivamente. No resto desta seção, exploramos a estrutura de três sistemas híbridos: o sistema operacional Mac OS X da Apple e os dois sistemas operacionais móveis mais proeminentes — iOS e Android.

2.7.5.1 Mac OS X

O sistema operacional Mac OS X da Apple usa uma estrutura híbrida. Como mostrado na Figura 2.16, ele é um sistema em camadas. As camadas do topo incluem a interface de usuário *Aqua* (Figura 2.4) e um conjunto de ambientes e serviços de aplicações. Em destaque, o ambiente Cocoa especifica uma API para a linguagem de programação Objective-C, usada para escrever aplicações do Mac OS X. Abaixo dessas camadas está o *ambiente de kernel*, que é composto, principalmente, pelo microkernel Mach e o kernel BSD UNIX. O Mach fornece gerenciamento da memória; suporte a chamadas de procedimento remotas (RPCs) e recursos de comunicação entre processos (IPC), incluindo transmissão de mensagens; e o scheduling de threads. O componente BSD fornece uma interface de linha de comando BSD, suporte à conexão de rede e sistemas de arquivos e uma implementação de APIs POSIX, incluindo o Pthreads. Além do MAC e do BSD, o ambiente do kernel fornece um kit de I/O para o desenvolvimento de drivers de dispositivos e de

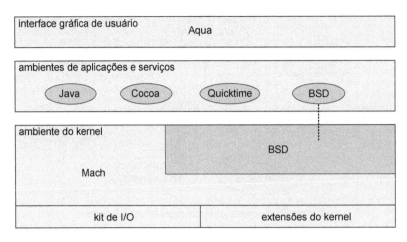

Figura 2.16   A estrutura do Mac OS X.

módulos carregáveis dinamicamente (que o Mac OS X chama de extensões do kernel). Como mostrado na Figura 2.16, o ambiente de aplicações BSD pode fazer uso dos recursos do BSD diretamente.

2.7.5.2   iOS

O iOS é um sistema operacional móvel projetado pela Apple para executar seu smartphone, o *iPhone*, bem como seu computador tablet, o *iPad*. O iOS foi estruturado sobre o sistema operacional Mac OS X, com funcionalidades adicionais pertinentes aos dispositivos móveis, mas não executa aplicativos do Mac OS X diretamente. A estrutura do iOS aparece na Figura 2.17.

Cocoa Touch é uma API para Objective-C que fornece várias estruturas para o desenvolvimento de aplicativos que executam em dispositivos iOS. A diferença fundamental entre o Cocoa, mencionado anteriormente, e o Cocoa Touch é que o último dá suporte a recursos de hardware exclusivos para dispositivos móveis, tais como as telas sensíveis ao toque. A camada de serviços de mídia fornece serviços para ambientes gráficos, áudio e vídeo.

A camada de serviços nucleares fornece uma variedade de recursos, incluindo suporte à computação em nuvem e a bancos de dados. A camada da base representa o sistema operacional nuclear que é baseado no ambiente de kernel mostrado na Figura 2.16.

2.7.5.3   Android

O sistema operacional Android foi projetado pela Open Handset Alliance (dirigida principalmente pela Google) e foi desenvolvido para smartphones e computadores tablets Android. Enquanto o iOs é projetado para execução em dispositivos móveis da Apple e seu código-fonte é fechado, o Android é executado em várias plataformas móveis e seu código-fonte é aberto, o que explica, em parte, sua rápida ascensão em popularidade. A estrutura do Android aparece na Figura 2.18.

O Android é semelhante ao iOS por ser uma pilha de softwares em camadas que fornece um rico conjunto de estruturas para o desenvolvimento de aplicativos móveis. Na base dessa pilha de softwares, está o kernel Linux, embora ele tenha sido modificado pela Google e esteja, atualmente, fora da distribuição normal de versões do Linux.

O Linux é usado, principalmente, no suporte de hardware a processos, memória e drivers de dispositivos e tem sido expandido para incluir gerenciamento de energia. O ambiente de tempo de execução do Android inclui um conjunto básico de bibliotecas e a máquina virtual Dalvik. Os projetistas de software para dispositivos Android desenvolvem aplicativos na linguagem Java. No entanto, em vez de usar a API Java padrão, a Google projetou uma API Android separada para desenvolvimento em Java. Os arquivos de classes Java são compilados para bytecode Java e, depois, traduzidos para um arquivo executável que é operado na máquina virtual Dalvik. A máquina virtual Dalvik foi projetada para o Android e é otimizada para dispositivos móveis com recursos limitados de memória e de processamento da CPU.

O conjunto de bibliotecas disponível para aplicativos Android inclui estruturas para desenvolvimento de navegadores web (webkit), suporte a banco de dados (SQLite) e multimídia. A biblioteca libc é semelhante à biblioteca C padrão, mas é muito menor e foi projetada para as CPUs mais lentas que caracterizam os dispositivos móveis.

2.8   Depuração do Sistema Operacional

Fizemos menção frequente à depuração, neste capítulo. Aqui, nós a examinamos com mais detalhes. Em sentido amplo, depuração é a atividade de encontrar e corrigir erros em um sistema, tanto em hardware quanto em software. Problemas de desempenho são considerados bugs e, portanto, a depuração também pode incluir o ajuste de desempenho que tenta melhorar o desempenho removendo gargalos de processamento. Nesta seção, exploramos a depuração de erros em processos e no kernel e de problemas de desempenho. A depuração do hardware está fora do escopo deste texto.

Figura 2.17   Arquitetura do iOS da Apple.

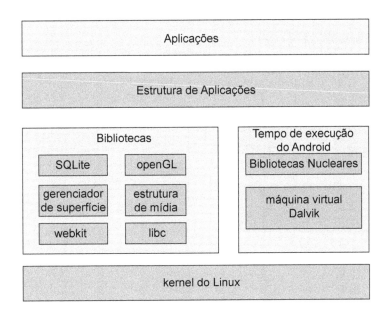

Figura 2.18 Arquitetura do Android da Google.

2.8.1 Análise de Falhas

Quando um processo falha, a maioria dos sistemas operacionais grava as informações de erro em um arquivo de log para alertar os operadores ou usuários do sistema de que o problema ocorreu. O sistema operacional também pode obter um despejo do núcleo — uma captura da memória do processo — e armazená-lo em um arquivo para análise posterior. (A memória era chamada de "núcleo" nos primórdios da computação.) Programas em execução e despejos do núcleo podem ser examinados por um depurador, o que permite ao programador examinar o código e a memória de um processo.

A depuração do código de processos de nível de usuário é um desafio. A depuração do kernel do sistema operacional é ainda mais complexa por causa do tamanho e complexidade do kernel, seu controle sobre o hardware e a falta de ferramentas de depuração de nível de usuário. Uma falha no kernel é chamada de desastre. Quando ocorre um desastre, as informações de erro são salvas em um arquivo de log, e o estado da memória é salvo em um despejo de desastre.

Geralmente, a depuração de sistemas operacionais e a depuração de processos usam ferramentas e técnicas diferentes em razão da natureza muito diferente dessas duas tarefas. Considere que uma falha de kernel no código do sistema de arquivos tornaria arriscado para o kernel tentar salvar seu estado em um arquivo do sistema de arquivos antes da reinicialização. Uma técnica comum é salvar o estado da memória do kernel em uma seção de disco sem sistema de arquivos e reservada para essa finalidade. Quando o kernel detecta um erro irrecuperável, ele grava todo o conteúdo da memória ou, pelo menos, as partes da memória do sistema que lhe pertencem, nessa área de disco. Quando o sistema reinicializa, um processo é executado para coletar os dados dessa área e gravá-los em um arquivo de despejo de desastre dentro de um sistema de arquivos, para análise. Obviamente, tais estratégias seriam desnecessárias para a depuração de processos em nível de usuário comum.

2.8.2 Ajuste de Desempenho

Mencionamos, anteriormente, que o ajuste de desempenho procura melhorar o desempenho removendo gargalos no processamento. Para identificar gargalos, devemos ser capazes de monitorar o desempenho do sistema. Assim, o sistema operacional deve ter algum meio de calcular e exibir medidas de comportamento do sistema. Em vários sistemas, o sistema operacional faz isso produzindo **listagens de rastreamento** do comportamento do sistema. Todos os eventos de interesse são registrados em log, com sua duração e parâmetros importantes, e gravados em um arquivo. Posteriormente, um programa de análise pode processar o arquivo de log para determinar o desempenho do sistema e identificar gargalos e ineficiências. Esses mesmos rastreamentos podem ser executados como entradas para a simulação de uma proposta de sistema otimizado. Os rastreamentos também podem ajudar as pessoas a encontrar erros no comportamento do sistema operacional.

Outra abordagem para o ajuste de desempenho utiliza ferramentas interativas e de uso específico que permitem a usuários e administradores questionarem o estado de vários componentes do sistema para procurar gargalos. Uma dessas ferramentas emprega o comando UNIX `top` para exibir os recursos usados no sistema, assim como uma lista ordenada dos processos "top" em relação ao uso de recursos. Outras ferramentas exibem o estado do I/O de disco, da alocação de memória e do tráfego de rede.

O Gerenciador de Tarefas do Windows é uma ferramenta semelhante para sistemas Windows. O gerenciador de tarefas inclui informações sobre aplicativos e processos em execução corrente, uso de CPU e memória e estatísticas de rede. Uma tomada de tela do gerenciador de tarefas aparece na Figura 2.19.

LEI DE KERNIGHAN

"Depurar é duas vezes mais difícil do que escrever o código pela primeira vez. Portanto, se você escrever o código o mais inteligentemente possível, você não é, por definição, suficientemente inteligente para depurá-lo."

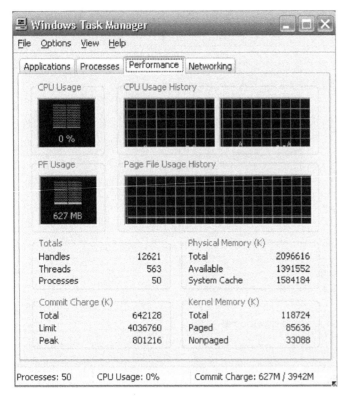

Figura 2.19 O gerenciador de tarefas do Windows.

```
# ./all.d `pgrep xclock` XEventsQueued
dtrace: script './all.d' matched 52377 probes
CPU FUNCTION
  0  -> XEventsQueued                          U
  0    -> _XEventsQueued                       U
  0      -> _X11TransBytesReadable             U
  0      <- _X11TransBytesReadable             U
  0      -> _X11TransSocketBytesReadable       U
  0      <- _X11TransSocketBytesreadable       U
  0      -> ioctl                              U
  0        -> ioctl                            K
  0          -> getf                           K
  0            -> set_active_fd                K
  0            <- set_active_fd                K
  0          <- getf                           K
  0          -> get_udatamodel                 K
  0          <- get_udatamodel                 K
...
  0          -> releasef                       K
  0            -> clear_active_fd              K
  0            <- clear_active_fd              K
  0            -> cv_broadcast                 K
  0            <- cv_broadcast                 K
  0          <- releasef                       K
  0        <- ioctl                            K
  0      <- ioctl                              U
  0    <- _XEventsQueued                       U
  0  <- XEventsQueued                          U
```

Figura 2.20 O `dtrace` do Solaris 10 acompanha uma chamada de sistema dentro do kernel.

Tornar os sistemas operacionais mais fáceis de entender, depurar e ajustar enquanto são executados é uma área ativa de pesquisa e implementação. Uma nova geração de ferramentas de análise de desempenho, habilitadas para o kernel, tem feito melhorias significativas no modo como esse objetivo pode ser atingido. A seguir, discutimos um exemplo pioneiro desse tipo de ferramenta: o recurso de rastreamento dinâmico DTrace, do Solaris 10.

2.8.3 DTrace

O DTrace é um recurso que adiciona, dinamicamente, sondagens a um sistema em execução, tanto em processos de usuário quanto no kernel. Essas sondagens podem ser consultadas por meio da linguagem de programação D, para determinar uma quantidade enorme de informações sobre o kernel, o estado do sistema e atividades de processos. Por exemplo, a Figura 2.20 segue uma aplicação, enquanto ela executa uma chamada de sistema [ioctl ( )], e mostra as chamadas funcionais dentro do kernel enquanto elas são executadas para realizar a chamada. As linhas que terminam com "U" são executadas em modalidade de usuário, e as que terminam com "K", em modalidade de kernel.

A depuração das interações entre código de nível de usuário e código de kernel é quase impossível sem um grupo de ferramentas que entenda os dois conjuntos de código e possa instrumentar as interações. Para que esse conjunto de ferramentas seja realmente útil, ele deve ser capaz de depurar qualquer área de um sistema, inclusive áreas que não foram escritas visando à depuração, e fazendo isso sem afetar a confiabilidade do sistema. Essa ferramenta também deve ter um impacto mínimo sobre o desempenho — o ideal é que ela não cause impactos quando não está em uso e cause um impacto proporcional durante o uso. A ferramenta DTrace atende a tais requisitos e fornece um ambiente de depuração dinâmico, seguro e de baixo impacto.

Antes de a estrutura e as ferramentas do DTrace se tornarem disponíveis no Solaris 10, a depuração do kernel era, usualmente, uma tarefa enigmática executada por meio de códigos e ferramentas casuais e arcaicos. Por exemplo, as CPUs têm um recurso de breakpoint que interrompe a execução e permite que o depurador examine o estado do sistema. Em seguida, a execução pode continuar até o próximo breakpoint ou o seu término. Esse método não pode ser usado em um kernel de sistema operacional multiusuário sem afetar negativamente todos os usuários do sistema. A geração de perfis que, periodicamente, coleta amostras do ponteiro de instruções para determinar qual o código que está sendo executado pode mostrar tendências estatísticas, mas não atividades individuais. Um código poderia ser incluído no kernel para a emissão de dados específicos sob determinadas circunstâncias, mas esse código torna o kernel lento e tende a não ser incluído na parte do kernel em que ocorre o problema específico que está sendo depurado.

Por outro lado, o DTrace é executado em sistemas de produção — sistemas que estão executando aplicações importantes ou críticas — e não causa danos ao sistema. Ele retarda as atividades enquanto está habilitado, mas, após a execução, restaura o sistema ao seu estado pré-depuração. Além disso, é uma ferramenta abrangente e profunda. Pode depurar de forma abrangente tudo que está acontecendo no sistema (tanto nos níveis do usuário e do kernel quanto entre as camadas de usuário e de kernel). Também pode investigar profundamente o código, exibindo instruções individuais da CPU ou atividades de sub-rotinas do kernel.

O DTrace é composto por um compilador, uma estrutura, **provedores** de **sondagens** escritos dentro dessa estrutura e **consumidores** dessas sondagens. Os provedores do DTrace criam sondagens. Existem estruturas no kernel que controlam todas as sondagens que os provedores criam. As sondagens são armazenadas em uma estrutura de dados de tabela hash a qual é aplicada uma função hash por nome, e indexada de acordo com identificadores de sondagem exclusivos. Quando uma sondagem é habilitada, um trecho de código da área a ser sondada é reescrito para chamar `dtrace_probe(probe identifier)` e, então, continuar com a operação original do código. Diferentes provedores criam diferentes tipos de sondagens. Por exemplo, uma sondagem de chamadas de sistema do kernel funciona de modo diferente de uma sondagem de processos do usuário que é diferente de uma sondagem de I/O.

O DTrace inclui um compilador que gera um bytecode executado no kernel. Esse código tem sua "segurança" assegurada pelo compilador. Por exemplo, loops não são permitidos, e apenas modificações específicas no estado do kernel são autorizadas quando especificamente solicitadas. Somente usuários com "privilégios" do DTrace (ou usuários "root") podem usá-lo, já que ele pode recuperar dados privados do kernel (e modificar dados, se solicitado). O código gerado é executado no kernel e habilita sondagens. Ele também habilita consumidores em modalidade de usuário e comunicações entre os dois.

Um consumidor do DTrace é um código interessado em uma sondagem e em seus resultados. O consumidor solicita que o provedor crie uma ou mais sondagens. Quando uma sondagem é acionada, ela emite dados que são gerenciados pelo kernel. Dentro do kernel, ações chamadas **blocos de controle de habilitação**, ou **ECBs** (*enabling control blocks*), são executadas quando sondagens são acionadas. Uma sondagem pode fazer com que vários ECBs sejam executados se mais de um consumidor estiver interessado nessa sondagem. Cada ECB contém um predicado ("comando if") que pode filtrá-lo. Caso contrário, a lista de ações do ECB é executada. A ação mais comum é a captura de algum fragmento de dados, como o valor de uma variável no ponto de execução da sondagem. Por meio da coleta desses dados, um cenário completo de uma ação do usuário ou do kernel pode ser construído. Além disso, sondagens acionadas, tanto a partir do espaço do usuário quanto a partir do kernel, podem mostrar como uma ação de nível de usuário causou reações no nível do kernel. Tais dados são inestimáveis para monitoração do desempenho e otimização do código.

Assim que o consumidor da sondagem termina, seus ECBs são removidos. Se não houver ECBs consumindo uma sondagem, a sondagem é removida. Isso envolve a reescrita do código para remover a chamada `dtrace_probe ( )` e recolocar o código original. Portanto, antes de uma sondagem ser criada e após a mesma ser destruída, o sistema fica exatamente igual, como se nenhuma sondagem tivesse ocorrido.

O DTrace encarrega-se de assegurar que as sondagens não usem memória ou capacidade de CPU em demasia, o que poderia prejudicar o sistema que está em execução. Os buffers usados para armazenar os resultados da sondagem são monitorados para não excederem os limites default e máximo. O tempo de CPU para a execução de sondagens também é monitorado. Se limites são excedidos, o consumidor é encerrado, junto com as sondagens ofensivas. Buffers são alocados por CPU para evitar a disputa e a perda de dados.

Um exemplo de código D junto com sua saída mostra parte de sua utilidade. O programa a seguir mostra o código DTrace que habilita sondagens no scheduler e registra o montante de tempo de CPU de cada processo em execução com ID de usuário 101 enquanto essas sondagens estão habilitadas (isto é, enquanto o programa é executado):

```
sched:::on-cpu
uid == 101
{
   self->ts = timestamp;
}

sched:::off-cpu
self->ts
{
   @time[execname] = sum(timestamp - self->ts);
   self->ts = 0;
}
```

A saída do programa, exibindo os processos e quanto tempo (em nanossegundos) eles levam em execução nas CPUs, é mostrada na Figura 2.21.

```
# dtrace -s sched.d
dtrace: script 'sched.d' matched 6 probes
^C
```

gnome-settings-d	142354
gnome-vfs-daemon	158243
dsdm	189804
wnck-applet	200030
gnome-panel	277864
clock-applet	374916
mapping-daemon	385475
xscreensaver	514177
metacity	539281
Xorg	2579646
gnome-terminal	5007269
mixer applet2	7388447
java	10769137

Figura 2.21 Saída do código em D.

Já que o DTrace faz parte da versão de código-fonte aberto OpenSolaris do sistema operacional Solaris 10, ele foi adicionado a outros sistemas operacionais que não têm contratos de licença conflitantes. Por exemplo, o DTrace foi adicionado ao Mac OS X e ao FreeBSD e, provavelmente, terá uma disseminação ainda maior em razão de seus recursos únicos. Outros sistemas operacionais, principalmente os derivados do Linux, também estão adicionando a funcionalidade de rastreamento do kernel. Ainda outros sistemas operacionais estão começando a incluir ferramentas de desempenho e rastreamento fomentadas por pesquisas em várias instituições, o que inclui o projeto Paradyn.

2.9 Geração do Sistema Operacional

É possível projetar, codificar e implementar um sistema operacional especificamente para um computador em um determinado sítio. Geralmente, no entanto, os sistemas operacionais são projetados para execução em qualquer máquina de uma classe de máquinas, em uma variedade de sítios, com inúmeras configurações periféricas. O sistema deve, então, ser configurado ou gerado para cada sítio específico de computadores, um processo também conhecido como geração do sistema (SYSGEN).

Normalmente, o sistema operacional é distribuído em disco, em CD-Rom ou DVD-Rom ou como uma imagem "ISO", que é um arquivo no formato de um CD-Rom ou DVD-Rom. Para gerar um sistema, usamos um programa especial. Esse programa SYSGEN lê a partir de um arquivo fornecido ou solicita ao operador do sistema informações relacionadas com a configuração específica do sistema de hardware ou, ainda, sonda o hardware diretamente para determinar que componentes estão disponíveis. Os seguintes tipos de informações devem ser determinados.

- Qual é a CPU a ser usada? Que opções (conjuntos de instruções estendidas, aritmética de ponto flutuante, e assim por diante) estão instaladas? Para sistemas com múltiplas CPUs, cada uma das CPUs deve ser descrita.
- Como o disco de inicialização será formatado? Em quantas seções, ou "partições", ele será dividido, e o que haverá em cada partição?
- Quanta memória está disponível? Alguns sistemas determinarão esse valor por si mesmos, referenciando locação a locação da memória, até que uma falha de "endereço ilegal" seja gerada. Esse procedimento define o último endereço legal e, portanto, o montante de memória disponível.
- Que dispositivos estão disponíveis? O sistema precisará saber como endereçar cada dispositivo (o número do dispositivo), seu número de interrupção, tipo e modelo, e qualquer característica especial do dispositivo.
- Que opções do sistema operacional são desejadas, ou que valores de parâmetros devem ser usados? Essas opções ou valores podem incluir a quantidade e o tamanho dos buffers a serem usados, que tipo de algoritmo de scheduling da CPU é desejado, a quantidade máxima de processos a ser suportada, e assim por diante.

Uma vez que tais informações sejam determinadas, elas poderão ser usadas de várias maneiras. Em um extremo, um administrador de sistemas pode usá-las para modificar uma cópia do código-fonte do sistema operacional. O sistema operacional é, então, totalmente compilado. Declarações de dados, inicializações e constantes, junto com uma compilação condicional, produzem uma versão-objeto do sistema operacional personalizada para o sistema descrito.

Em um nível de personalização um pouco menor, a descrição do sistema pode levar à criação de tabelas e à seleção de módulos em uma biblioteca pré-compilada. Esses módulos são vinculados para gerar o sistema operacional. A seleção permite que a biblioteca contenha os drivers de dispositivos para todos os dispositivos de I/O suportados, mas só os necessários são vinculados ao sistema operacional. Já que o sistema não é recompilado, sua geração é mais rápida, mas o sistema resultante pode ser excessivamente genérico.

No outro extremo, é possível construir um sistema totalmente dirigido por tabelas. O código inteiro faz parte do sistema o tempo todo, e a seleção ocorre em tempo de execução, em vez de em tempo de compilação ou vinculação. A geração do sistema envolve simplesmente a criação das tabelas apropriadas para descrevê-lo.

As principais diferenças entre essas abordagens são o tamanho e a generalidade do sistema gerado e a facilidade de modificá-lo quando a configuração do hardware muda. Considere o custo de modificação do sistema para dar suporte a um terminal gráfico recém-adquirido ou outro drive de disco. Como contraponto a esse custo, é claro, está a frequência (ou infrequência) de tais mudanças.

2.10 Inicialização do Sistema

Após um sistema operacional ser gerado, ele deve ser disponibilizado para uso pelo hardware. Mas como o hardware sabe onde está o kernel ou como carregar esse kernel? O procedimento de iniciar um computador a partir da carga do kernel é conhecido como inicialização do sistema. Na maioria dos sistemas de computação, um pequeno bloco de código conhecido como programa bootstrap ou carregador bootstrap localiza o kernel, carrega-o na memória principal e inicia sua execução. Alguns sistemas de computação, como os PCs, usam um processo de dois passos em que um carregador bootstrap simples acessa um programa de inicialização mais complexo em disco que, por sua vez, carrega o kernel.

Quando uma CPU recebe um evento de reinicialização — por exemplo, quando é ligada ou reinicializada — o registrador de instruções é carregado com uma locação de memória predefinida, e a execução começa daí. Nessa locação, está o programa bootstrap inicial. Esse programa encontra-se na forma de memória somente de leitura (ROM) porque a RAM está em um estado desconhecido na inicialização do sistema. A ROM é conveniente porque não precisa de inicialização e não pode ser infectada facilmente por um vírus de computador.

O programa bootstrap pode executar várias tarefas. Geralmente, uma das tarefas é a execução de diagnósticos para determinar o estado da máquina. Se os diagnósticos forem bem-sucedidos, o programa poderá continuar com os passos de inicialização. Ele também pode inicializar todos os aspectos do sistema, dos registradores da CPU aos controladores de dispositivos e o conteúdo da memória principal. Assim que possível, ele inicia o sistema operacional.

Alguns sistemas — como os telefones celulares, tablets e consoles de jogos — armazenam o sistema operacional inteiro em ROM. O armazenamento do sistema operacional em ROM é adequado para sistemas operacionais pequenos, hardware de suporte simples, e operação irregular. Um problema dessa abordagem é que a alteração do código bootstrap requer a mudança dos chips de hardware da ROM. Alguns sistemas resolvem esse problema usando memória somente de leitura apagável e programável (EPROM), que é somente de leitura, exceto quando recebe explicitamente um comando para se tornar gravável. Todos os tipos de ROM também são conhecidos como firmware, já que suas características se encaixam em algum ponto entre as características de hardware e as de software. Um problema comum com o firmware é que a execução do código nesse local é mais lenta do que em RAM. Alguns sistemas armazenam o sistema operacional em firmware e o copiam em RAM para execução rápida. Um último problema do firmware é que ele é relativamente caro e, portanto, em geral, somente pequenos montantes ficam disponíveis.

Para sistemas operacionais grandes (inclusive a maioria dos sistemas operacionais de uso geral como o Windows, o Mac OS X e o UNIX) ou para sistemas que mudam com frequência, o carregador bootstrap é armazenado em firmware e o sistema operacional fica em disco. Nesse caso, o programa bootstrap executa diagnósticos e contém um trecho de código que pode ler um único bloco em uma locação fixa (por exemplo, o bloco zero) do disco, enviar para a memória e executar o código a partir desse bloco de inicialização. O programa armazenado no bloco de inicialização pode ser suficientemente sofisticado para carregar o sistema operacional inteiro na memória e começar sua execução. Mais comumente, é um código simples (já que cabe em um único bloco do disco) e conhece apenas o endereço em disco e o tamanho do resto do programa bootstrap. O GRUB é um exemplo de programa bootstrap de código-fonte aberto para sistemas Linux. Toda a inicialização baseada em disco e o próprio sistema operacional podem ser facilmente alterados com a criação de novas versões em disco. Um disco que contenha uma partição de inicialização (veja mais sobre isso na Seção 10.5.1) é chamado de disco de inicialização ou disco do sistema.

Agora que o programa bootstrap inteiro foi carregado, ele pode percorrer o sistema de arquivos para encontrar o kernel do sistema operacional, carregá-lo na memória e iniciar sua execução. É somente nesse ponto que o sistema é considerado em execução.

2.11 Resumo

Os sistemas operacionais fornecem vários serviços. No nível mais baixo, chamadas de sistema permitem que um programa em execução faça solicitações diretamente ao sistema operacional. Em um nível mais alto, o interpretador de comandos ou shell fornece um mecanismo para o usuário emitir uma solicitação sem escrever um programa. Os comandos podem ser provenientes de arquivos durante a execução em modalidade batch ou diretamente de um terminal ou da GUI de um desktop quando em modalidade interativa ou de tempo compartilhado. Programas de sistema são fornecidos para atender a muitas solicitações comuns dos usuários.

Os tipos de solicitação variam de acordo com o nível. O nível de chamada de sistema deve fornecer as funções básicas, como controle de processos e manipulação de arquivos e dispositivos. Solicitações de nível mais alto, atendidas pelo interpretador de comandos ou por programas de sistema, são traduzidas em uma sequência de chamadas de sistema. Os serviços do sistema podem ser classificados em várias categorias: controle de programas, solicitações de *status* e solicitações de I/O. Os erros de programa podem ser considerados pedidos implícitos de serviço.

O projeto de um novo sistema operacional é uma tarefa de peso. É importante que os objetivos do sistema sejam bem definidos antes de o projeto começar. O tipo de sistema desejado é a base das escolhas entre os vários algoritmos e estratégias que serão necessários.

Durante todo o ciclo de projeto, devemos ter o cuidado de separar decisões políticas de detalhes (mecanismos) de implementação. Essa separação permite flexibilidade máxima se as decisões políticas tiverem de ser alteradas posteriormente.

Uma vez que um sistema operacional seja projetado, ele deve ser implementado. Atualmente, os sistemas operacionais são quase sempre escritos em uma linguagem de implementação de sistemas ou em uma linguagem de mais alto nível. Essa característica melhora sua implementação, manutenção e portabilidade.

Um sistema tão grande e complexo, como os sistemas operacionais modernos, deve ser construído cuidadosamente. A modularidade é importante. Projetar um sistema como uma sequência de camadas ou usar um microkernel são consideradas boas técnicas. Muitos sistemas operacionais atuais suportam módulos carregados dinamicamente que permitem a inclusão de funcionalidades em um sistema operacional enquanto ele está em execução. Geralmente, os sistemas operacionais adotam uma abordagem híbrida que combina vários tipos de estruturas diferentes.

A depuração de falhas em processos e no kernel pode ser feita com o uso de depuradores e outras ferramentas que analisem despejos de memória. Ferramentas como o DTrace analisam sistemas de produção para encontrar gargalos e entender outros comportamentos do sistema.

Para criar um sistema operacional para uma configuração de máquina específica, devemos realizar a geração do sistema. Para que o sistema de computação entre em execução, a CPU deve inicializar e começar a execução do programa bootstrap em firmware. O programa bootstrap pode executar o sistema operacional diretamente se este também estiver no firmware, ou pode completar uma sequência em que carregue progressivamente programas mais inteligentes a partir de firmware e disco até que o próprio sistema operacional seja carregado na memória e executado.

Exercícios Práticos

2.1 Qual é a finalidade das chamadas de sistema?

2.2 Quais são as cinco principais atividades de um sistema operacional relacionadas com o gerenciamento de processos?

2.3 Quais são as três principais atividades de um sistema operacional relacionadas com o gerenciamento de memória?

2.4 Quais são as três principais atividades de um sistema operacional relacionadas com o gerenciamento de memória secundária?

2.5 Qual é a finalidade do interpretador de comandos? Por que ele é, usualmente, separado do kernel?

2.6 Que chamadas de sistema têm de ser executadas por um interpretador de comandos ou shell para iniciar um novo processo?

2.7 Qual é a finalidade dos programas de sistema?

2.8 Qual é a principal vantagem da abordagem em camadas para o projeto de sistemas? Quais as desvantagens da abordagem em camadas?

2.9 Liste cinco serviços fornecidos por um sistema operacional e explique como cada um deles é conveniente para os usuários. Em que casos seria impossível que programas de nível de usuário fornecessem esses serviços? Explique sua resposta.

2.10 Por que alguns sistemas armazenam o sistema operacional em firmware, enquanto outros o armazenam em disco?

2.11 Como um sistema poderia ser projetado para permitir a escolha de sistemas operacionais a partir dos quais realizar a inicialização? O que o programa bootstrap teria de fazer?

Exercícios

2.12 Os serviços e funções fornecidos por um sistema operacional podem ser divididos em duas categorias principais. Descreva resumidamente as duas categorias e discuta em que elas diferem.

2.13 Descreva três métodos gerais para passagem de parâmetros ao sistema operacional.

2.14 Descreva como você poderia obter um perfil estatístico do montante de tempo gasto por um programa executando diferentes seções de seu código. Discuta a importância da obtenção desse perfil estatístico.

2.15 Quais são as cinco atividades principais de um sistema operacional relacionadas com o gerenciamento de arquivos?

2.16 Quais são as vantagens e desvantagens do uso da mesma interface de chamadas de sistema para manipular tanto arquivos quanto dispositivos?

2.17 Seria possível para o usuário desenvolver um novo interpretador de comandos usando a interface de chamadas de sistema fornecida pelo sistema operacional?

2.18 Quais são os dois modelos de comunicação entre processos? Quais são as fortalezas e fraquezas das duas abordagens?

2.19 Por que a separação entre mecanismo e política é desejável?

2.20 Às vezes, é difícil adotar uma abordagem em camadas quando dois componentes do sistema operacional dependem um do outro. Identifique um cenário em que não seja claro o modo de dispor em camadas dois componentes do sistema que requeiram acoplamento estreito de suas funcionalidades.

2.21 Qual é a principal vantagem da abordagem de microkernel para o projeto de sistemas? Como os programas de usuário e serviços do sistema interagem em uma arquitetura de microkernel? Quais são as desvantagens do uso da abordagem de microkernel?

2.22 Quais são as vantagens do uso de módulos de kernel carregáveis?

2.23 Em que o iOS e o Android são semelhantes? Em que são diferentes?

2.24 Explique por que programas Java sendo executados em sistemas Android não usam a API Java padrão e a máquina virtual.

2.25 O sistema operacional experimental Synthesis tem um montador incorporado ao kernel. Para otimizar o desempenho das chamadas de sistema, o kernel monta rotinas dentro do espaço do kernel para minimizar o caminho que a chamada de sistema deve percorrer dentro do kernel. Essa abordagem é a antítese da abordagem em camadas em que o caminho percorrido no kernel é estendido para tornar a construção do sistema operacional mais fácil. Discuta as vantagens e desvantagens da abordagem do Synthesis para o projeto do kernel e a otimização do desempenho do sistema.

Problemas de Programação

2.26 Na Seção 2.3, descrevemos um programa que copia o conteúdo de um arquivo para um arquivo de destino. Esse programa funciona solicitando ao usuário, em primeiro lugar, o nome dos arquivos de origem e destino. Escreva o programa usando a API Windows ou a API POSIX. Certifique-se de inserir toda a verificação de erro necessária assegurando-se, inclusive, da existência do arquivo de origem.

Uma vez que você tenha projetado e testado corretamente o programa, se você utilizou um sistema que dê suporte a isso, execute o programa usando um utilitário que rastreie chamadas de sistema. Os sistemas Linux fornecem o utilitário `strace`, e os sistemas Solaris e Mac OS X usam o comando `dtrace`. Já que os sistemas Windows não fornecem tais recursos, você terá que rastrear a versão Windows desse programa usando um depurador.

Projetos de Programação

Módulos de Kernel do Linux

Nesse projeto, você aprenderá a criar um módulo de kernel e a carregá-lo no kernel do Linux. O projeto pode ser realizado utilizando a máquina virtual Linux que está disponível com este texto. Embora você possa usar um editor para escrever esses programas em C, terá que usar o aplicativo *terminal* para compilar os programas e terá que dar entrada em comandos na linha de comandos para gerenciar os módulos no kernel.

Como você verá, a vantagem do desenvolvimento de módulos do kernel é que esse é um método relativamente fácil de interagir com o kernel, permitindo que você escreva programas que invoquem diretamente as funções do kernel. É importante ter em mente que você está, na verdade, escrevendo um *código de kernel* que interage diretamente com o kernel. Normalmente, isso significa que quaisquer erros no código poderiam fazer o sistema cair! No entanto, já que você usará uma máquina virtual, as falhas, na pior das hipóteses, demandarão apenas a reinicialização do sistema.

Parte I — Criando Módulos do Kernel

A primeira parte desse projeto envolve seguir uma série de passos para a criação e inserção de um módulo no kernel do Linux.

Você pode listar todos os módulos do kernel que estão correntemente carregados, dando entrada no comando

```
lsmod
```

Esse comando listará os módulos correntes do kernel em três colunas: nome, tamanho e onde o módulo está sendo usado.

O programa a seguir (chamado `simple.c` e disponível com o código-fonte para este texto) ilustra um módulo de kernel muito básico que exibe mensagens apropriadas quando o módulo é carregado e descarregado.

```
#include <linux/init.h>
#include <linux/kernel.h>
#include <linux/module.h>

/* Essa função é chamada quando o módulo é
carregado. */
int simple init(void)
{
    printk(KERN INFO "Loading Module\n");

    return 0;
}

/* Essa função é chamada quando o módulo é
removido. */
```

```
void simple exit(void)
{
   printk(KERN INFO "Removing Module\n");
}

/* Macros para o registro dos pontos de entrada
e saída do módulo. */
module init(simple init);
module exit(simple exit);

MODULE LICENSE("GPL");
MODULE DESCRIPTION("Simple Module");
MODULE AUTHOR("SGG");
```

A função `simple_init( )` é o **ponto de entrada do módulo** que representa a função invocada quando o módulo é carregado no kernel. Da mesma forma, a função `simple_exit( )` é o **ponto de saída do módulo** — a função que é chamada quando o módulo é removido do kernel.

A função de ponto de entrada do módulo deve retornar um valor inteiro, com 0 representando sucesso e qualquer outro valor representando falha. A função de ponto de saída do módulo retorna `void`. Nem o ponto de entrada do módulo nem o ponto de saída do módulo recebem quaisquer parâmetros. As duas macrofunções a seguir são usadas para registrar os pontos de entrada e saída do módulo no kernel:

```
module_init()

module_exit()
```

Observe como as duas funções de ponto de entrada e saída do módulo fazem chamadas à função `printk( )`. Essa função é a equivalente no kernel a `printf( )`, mas sua saída é enviada a um buffer de log do kernel cujo conteúdo pode ser lido pelo comando `dmesg`. Uma diferença entre `printf( )` e `printk( )` é que `printk( )` nos permite especificar um flag de prioridade cujos valores são fornecidos no arquivo de inclusão `<linux/printk.h>`. Nessa instância, a prioridade é KERN_INFO que é definida como uma mensagem *informativa*.

As linhas finais — MODULE_LICENSE( ), MODULE_DESCRIPTION( ) e MODULE_AUTHOR( ) — representam detalhes relacionados com a licença do software, a descrição do módulo e o autor. Para nossos objetivos, não dependemos dessas informações, mas as incluímos porque é prática-padrão no desenvolvimento de módulos do kernel.

O módulo de kernel `simple.c` é compilado com o uso do `Makefile` que acompanha o código-fonte com esse projeto. Para compilar o módulo, dê entrada no seguinte comando na linha de comando:

```
make
```

A compilação produz vários arquivos. O arquivo `simple.ko` representa o módulo de kernel compilado. O passo seguinte ilustra a inserção desse módulo no kernel do Linux.

Carregando e Removendo Módulos do Kernel

Os módulos do kernel são carregados com o uso do comando `insmod` que é executado como descrito a seguir:

```
sudo insmod simple.ko
```

Para verificar se o módulo foi carregado, dê entrada no comando `lsmod` e procure pelo módulo `simple`. Lembre-se de que o ponto de entrada do módulo é invocado quando o módulo é inserido no kernel. Para verificar o conteúdo dessa mensagem no buffer de log do kernel, dê entrada no comando

```
dmesg
```

Você deve ver a mensagem "Loading Module".

A remoção do módulo do kernel envolve a invocação do comando `rmmod` (observe que o sufixo `.ko` é desnecessário):

```
sudo rmmod simple
```

Certifique-se de fazer a verificação com o comando `dmesg` para se assegurar de que o módulo foi removido.

Já que o buffer de log do kernel pode ficar cheio rapidamente, é bom limpar o buffer periodicamente. Isso pode ser resolvido da seguinte forma:

```
sudo dmesg -c
```

Parte I — Tarefa

Execute os passos descritos acima para criar o módulo do kernel e para carregar e descarregar o módulo. Certifique-se de verificar o conteúdo do buffer de log do kernel usando `dmesg` para garantir que você seguiu os passos apropriadamente.

Parte II — Estruturas de Dados do Kernel

A segunda parte desse projeto envolve a modificação do módulo do kernel para que ele use a estrutura de dados de lista encadeada do kernel.

Na Seção 1.10, examinamos várias estruturas de dados que são comuns nos sistemas operacionais. O kernel do Linux fornece várias dessas estruturas. Aqui, examinamos o uso da lista circular duplamente encadeada que está disponível para desenvolvedores do kernel. Grande parte do que estamos discutindo está disponível no código-fonte do Linux — nessa instância, o arquivo de inclusão `<linux/list.h>` — e recomendamos que você examine esse arquivo à medida que prossegue por meio dos passos a seguir.

Inicialmente, você deve definir um `struct` contendo os elementos a serem inseridos na lista encadeada. O `struct` em C a seguir define aniversários:

```
struct birthday {
   int day;
   int month;
   int year;
   struct list_head list;
}
```

Observe o membro `struct list_head list`. A estrutura `list_head` é definida no arquivo de inclusão `<linux/types.h>`. Sua finalidade é embutir a lista encadeada dentro dos nós que compõem a lista. A estrutura `list-head` é muito simples — ela simplesmente contém dois membros, `next` e `prev`, que apontam para a entrada posterior e anterior da lista. Ao embutir a lista encadeada dentro da estrutura, o Linux torna possível gerenciar a estrutura de dados com uma série de funções *macro*.

Inserindo Elementos na Lista Encadeada

Podemos declarar um objeto `list_head` que usamos como referência para a cabeça da lista, empregando a macro LIST_HEAD ( )

```
static LIST_HEAD (birthday_list);
```

Essa macro define e inicializa a variável `birthday_list`, que é de tipo `struct list_head`.

Criamos e inicializamos instâncias de `struct birthday` como descrito a seguir:

```
struct birthday *person;

person = kmalloc(sizeof(*person), GFP KERNEL);
person->day = 2;
person->month= 8;
person->year = 1995;
INIT_LIST_HEAD(&person->list);
```

A função `kmalloc()` é o equivalente no kernel à função `malloc()`, de nível de usuário, para alocação de memória, exceto por ser a memória do kernel que está sendo alocada. (O flag `GFP_KERNEL` indica alocação de memória de rotina no kernel.) A macro `INIT_LIST_HEAD()` inicializa o membro `list` em `struct birthday`. Podemos então adicionar essa instância ao fim da lista encadeada usando a macro `list_add_tail()`:

```
list_add_tail(&person->list, &birthday_list);
```

Percorrendo a Lista Encadeada

Percorrer a lista encadeada envolve o uso da macro `list_for_each_entry()`, que aceita três parâmetros:

- Um ponteiro para a estrutura que está sendo iterada
- Um ponteiro para a cabeça da lista que está sendo iterada
- O nome da variável que contém a estrutura `list_head`

O código a seguir ilustra essa macro:

```
struct birthday *ptr;

list_for_each_entry(ptr, &birthday list, list) {
   /* a cada iteração prt aponta */
   /* para próxima estrutura birthday */
}
```

Removendo Elementos da Lista Encadeada

A remoção de elementos da lista envolve o uso da macro `list_del()`, que recebe um ponteiro para `struct list_head`

```
list_del (struct list_head *element)
```

Essa macro remove *element* da lista enquanto mantém a estrutura do resto da lista.

Talvez a abordagem mais simples para a remoção de todos os elementos de uma lista encadeada seja remover cada elemento enquanto percorremos a lista. A macro `list_for_each_entry_safe()` comporta-se de modo semelhante a `list_for_each_entry()`, exceto por receber um argumento adicional que mantém o valor do ponteiro `next` do item que está sendo excluído. (Isso é necessário para preservar a estrutura da lista.) O exemplo de código a seguir ilustra essa macro:

```
struct birthday *ptr, *next

list_for_each_entry_safe(ptr,next,&birthday list,list) {
   /* a cada iteração prt aponta */
   /* para a próxima estrutura birthday */
list_del(&ptr->list);
kfree(ptr);
}
```

Observe que, após excluir cada elemento, devolvemos ao kernel, com a chamada `kfree()`, a memória que foi alocada anteriormente com `kmalloc()`. Um gerenciamento cuidadoso da memória — que inclui a liberação de memória para impedir *vazamentos de memória* — é crucial no desenvolvimento de código de nível de kernel.

Parte II — Tarefa

No ponto de entrada do módulo, crie uma lista encadeada contendo cinco elementos `struct birthday`. Percorra a lista encadeada e dê saída do seu conteúdo para o buffer de log do kernel. Invoque o comando `dmesg` para assegurar que a lista foi construída apropriadamente, uma vez que o módulo do kernel tenha sido carregado.

No ponto de saída do módulo, exclua os elementos da lista encadeada e devolva a memória livre ao kernel. Mais uma vez, invoque o comando `dmesg` para verificar se a lista foi removida, uma vez que o módulo do kernel tenha sido descarregado.

Notas Bibliográficas

[Dijkstra (1968)] defendeu a abordagem em camadas para o projeto do sistema operacional. [Brinch-Hansen (1970)] foi um proponente pioneiro da construção de um sistema operacional como um kernel (ou núcleo) sobre o qual sistemas mais completos pudessem ser construídos. [Tarkoma e Lagerspetz (2011)] fornecem uma visão geral de vários sistemas operacionais móveis, inclusive o Android e o iOS.

O MS-DOS, versão 3.1, é descrito em [Microsoft (1986)]. O Windows NT e o Windows 2000 são descritos por [Solomon (1998)] e [Solomon e Russinovich (2000)]. Os mecanismos internos do Windows XP são descritos em [Russinovich e Solomon (2009)]. [Hart (2005)] aborda a programação de sistemas Windows em detalhes. O BSD UNIX é descrito em [McKusick et al. (1996)]. [Love (2010)] e [Mauerer (2008)] discutem detalhadamente o kernel do Linux. Em particular, [Love (2010)] aborda os módulos de kernel do Linux, assim como as estruturas de dados do kernel. Vários sistemas UNIX — inclusive o Mach — são tratados com detalhes em [Vahalia (1996)]. O Mac OS X é apresentado em http://www.apple.com/macosx e em [Singh (2007)]. O Solaris é descrito detalhadamente em [McDougall e Mauro (2007)].

O DTrace é discutido em [Gregg e Mauro (2011)]. O código-fonte do DTrace está disponível em http://src.opensolaris.org/source/.

Bibliografia

[Brinch-Hansen (1970)] P. Brinch-Hansen, "The Nucleus of a Multiprogramming System", *Communications of the ACM*, volume 13, número 4 (1970), páginas 238-241 e 250.

[Dijkstra (1968)] E. W. Dijkstra, "The Structure of the Multiprogramming System", *Communications of the ACM*, volume 11, número 5 (1968), páginas 341-346.

[Gregg e Mauro (2011)] B. Gregg e J. Mauro, *DTrace — Dynamic Tracing in Oracle Solaris, Mac OS X, and FreeBSD*, Prentice Hall (2011).

[Hart (2005)] J. M. Hart, *Windows System Programming*, terceira edição, Addison-Wesley (2005).

[Love (2010)] R. Love, *Linux Kernel Development*, terceira edição, Developer's Library (2010).

[Mauerer (2008)] W. Mauerer, *Professional Linux Kernel Architecture*, John Wiley and Sons (2008).

[McDougall e Mauro (2007)] R. McDougall e J. Mauro, *Solaris Internals*, segunda edição, Prentice Hall (2007).

[McKusick et al. (1996)] M. K. McKusick, K. Bostic e M. J. Karels, *The Design and Implementation of the 4.4 BSD UNIX Operating System*, John Wiley and Sons (1996).

[Microsoft (1986)] Microsoft MS-DOS User's Reference and Microsoft MS-DOS Programmer's Reference. Microsoft Press (1986).

[Russinovich e Solomon (2009)] M. E. Russinovich e D. A. Solomon, *Windows Internals: Including Windows Server 2008 and Windows Vista*, quinta edição, Microsoft Press (2009).

[Singh (2007)] A. Singh, *Mac OS X Internals: A System Approach*, Addison-Wesley (2007).

[Solomon (1998)] D. A. Solomon, *Inside Windows NT*, segunda edição, Microsoft Press (1998).

[Solomon e Russinovich (2000)] D. A. Solomon e M. E. Russinovich, *Inside Microsoft Windows 2000*, terceira edição, Microsoft Press (2000).

[Tarkoma e Lagerspetz (2011)] S. Tarkoma e E. Lagerspetz, "Arching over the Mobile Computing Chasm: Platforms and Runtimes", *IEEE Computer*, volume 44, (2011), páginas 22-28.

[Vahalia (1996)] U. Vahalia, *Unix Internals: The New Frontiers*, Prentice Hall (1996).

Parte Dois

Gerenciamento de Processos

Um **processo** pode ser considerado como um programa em execução. Um processo precisará de certos recursos — como tempo de CPU, memória, arquivos e dispositivos de I/O — para cumprir sua tarefa. Esses recursos são alocados ao processo quando ele é criado ou enquanto está sendo executado.

O processo é a unidade de trabalho na maioria dos sistemas. Os sistemas são compostos por um conjunto de processos: processos do sistema operacional executam código de sistema, e processos de usuário executam código de usuário. Todos esses processos podem ser executados concorrentemente.

Embora, tradicionalmente, um processo contivesse apenas um único **thread** de controle ao ser executado, a maioria dos sistemas operacionais modernos agora suporta processos com múltiplos threads.

O sistema operacional é responsável por vários aspectos importantes do gerenciamento de processos e threads: a criação e exclusão de processos de usuário e de sistema, o scheduling de processos e o fornecimento, aos processos, de mecanismos para sincronização, comunicação e manipulação de deadlocks.

CAPÍTULO 3

Processos

Os primeiros computadores permitiam que apenas um programa fosse executado de cada vez. Esse programa tinha controle total sobre o sistema e acesso a todos os seus recursos. Por outro lado, os sistemas de computação contemporâneos permitem que vários programas sejam carregados na memória e executados concorrentemente. Essa evolução demandou controle mais firme e maior compartimentalização dos diversos programas; e essas necessidades resultaram na noção de processo, que é um programa em execução. Um processo é a unidade de trabalho em um sistema moderno de tempo compartilhado.

Quanto mais complexo é o sistema operacional, mais se espera que ele funcione em benefício de seus usuários. Embora sua principal preocupação seja a execução de programas de usuário, ele também precisa se encarregar de várias tarefas do sistema, que ficam melhor fora do próprio kernel. Portanto, um sistema é composto por um conjunto de processos: processos do sistema operacional executando código de sistema e processos de usuário executando código de usuário. Potencialmente, todos esses processos podem ser executados concorrentemente, com a CPU (ou CPUs) multiplexada entre eles. Alternando a CPU entre os processos, o sistema operacional pode tornar o computador mais produtivo. Neste capítulo, você lerá sobre o que são processos e como eles funcionam.

OBJETIVOS DO CAPÍTULO

- Introduzir a noção de processo — um programa em execução que forma a base de toda a computação.
- Descrever as diversas características dos processos, incluindo o scheduling, a criação e o encerramento.
- Explorar a comunicação entre processos com o uso da memória compartilhada e da transmissão de mensagens.
- Descrever a comunicação em sistemas cliente-servidor.

3.1 Conceito de Processo

Uma questão que surge na discussão sobre os sistemas operacionais envolve como caracterizar todas as atividades da CPU. Um sistema batch executa jobs, enquanto um sistema de tempo compartilhado tem programas de usuário ou tarefas. Até mesmo em um sistema monousuário, o usuário pode executar vários programas ao mesmo tempo: um processador de texto, um navegador web e um pacote de e-mail. E mesmo que o usuário possa executar apenas um programa de cada vez, como em um dispositivo embutido que não suporte multitarefa, o sistema operacional deve dar suporte às suas próprias atividades programadas, como o gerenciamento da memória. Em muitos aspectos, essas atividades são semelhantes e, assim, todas são chamadas de processos.

Os termos *job* e *processo* são usados de maneira quase intercambiável neste texto. Embora o termo *processo* seja de nossa preferência, grande parte da teoria e terminologia dos sistemas operacionais foi desenvolvida durante uma época em que a principal atividade dos sistemas operacionais era o processamento de jobs. Seria enganoso evitar o uso de termos comumente aceitos que incluem a palavra *job* (como *scheduling de jobs*), simplesmente porque *processo* substituiu *job*.

3.1.1 O Processo

Informalmente, como já mencionado, um processo é um programa em execução. Um processo é mais do que o código do programa, que também é conhecido como seção de texto. Ele também inclui a atividade corrente, conforme representada pelo valor do contador do programa e o conteúdo dos registradores do processador. Geralmente, um processo também inclui a pilha do processo que contém dados temporários (como parâmetros de funções, endereços de retorno e variáveis locais), e uma seção de dados, que contém variáveis globais. Um processo também pode incluir um heap, que é a memória dinamicamente alocada durante o tempo de execução do processo. A estrutura de um processo na memória é mostrada na Figura 3.1.

Enfatizamos que um programa por si só não é um processo. Um programa é uma entidade *passiva*, como um arquivo contendo uma lista de instruções armazenadas em disco (geralmente chamado de arquivo executável). Por outro lado, um processo é uma entidade *ativa*, com um contador de programa especificando a próxima instrução a ser executada e um conjunto de recursos associados. Um programa torna-se um processo quando um arquivo executável é carregado na memória. Duas técnicas comuns para a carga de arquivos executáveis são clicar duas vezes em um ícone representando o arquivo executável ou dar entrada no nome do arquivo executável na linha de comando (como em prog.exe ou a.out).

Embora dois processos possam estar associados ao mesmo programa, ainda assim eles são considerados duas sequências de execução separadas. Por exemplo, vários usuários podem estar executando diferentes cópias do programa de e-mail ou o

61

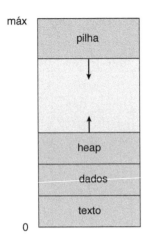

Figura 3.1 Processo na memória.

mesmo usuário pode invocar muitas cópias do programa de navegação na web. Cada uma delas é um processo separado e, embora as seções de texto sejam equivalentes, os dados, o heap e as seções de pilha variam. Também é comum haver um processo que gera muitos processos ao ser executado. Discutimos essas questões na Seção 3.4.

Observe que o próprio processo pode ser um ambiente de execução para outros códigos. O ambiente de programação Java fornece um bom exemplo. Na maioria dos casos, um programa executável Java é operado dentro da máquina virtual Java (JVM). A JVM executa como um processo que interpreta o código Java carregado e realiza ações (por meio de instruções nativas da máquina) em nome desse código. Por exemplo, para executar o programa Java compilado Program.class, daríamos entrada em

```
java Program
```

O comando java executa a JVM como um processo comum que, por sua vez, executa o programa Java Program na máquina virtual. O conceito é o mesmo da simulação, exceto pelo fato de o código ser escrito na linguagem Java em vez de ser escrito a partir de um conjunto de instruções diferentes.

3.1.2 Estado do Processo

Quando um processo é executado, ele muda de estado. O estado de um processo é definido, em parte, pela atividade corrente do processo. Um processo pode estar em um dos seguintes estados:

- **Novo.** O processo está sendo criado.
- **Em execução.** Instruções estão sendo executadas.
- **Em espera.** O processo está esperando que algum evento ocorra (como a conclusão de um I/O ou o recebimento de um sinal).
- **Pronto.** O processo está esperando que seja atribuído a um processador.
- **Concluído.** O processo terminou sua execução.

Esses nomes são arbitrários e variam entre os sistemas operacionais. No entanto, os estados que eles representam são encontrados em todos os sistemas. Certos sistemas operacionais também descrevem, mais apuradamente, os estados do processo. É importante saber que apenas um processo pode estar *em execução* em algum processador a cada instante. Mas muitos processos podem estar *prontos* e *em espera*. O diagrama de estado correspondente a esses estados é apresentado na Figura 3.2.

3.1.3 Bloco de Controle de Processo

Cada processo é representado, no sistema operacional, por um bloco de controle de processo (PCB — *process control block*) — também chamado bloco de controle de tarefa. Um PCB é mostrado na Figura 3.3. Ele contém muitas informações associadas a um processo específico, incluindo estas:

- **Estado do processo.** O estado pode ser novo, pronto, em execução, em espera, parado, e assim por diante.
- **Contador do programa.** O contador indica o endereço da próxima instrução a ser executada para esse processo.
- **Registradores da CPU.** Os registradores variam em número e tipo, dependendo da arquitetura do computador. Eles incluem acumuladores, registradores índice, ponteiros de pilhas e registradores de uso geral, além de qualquer informação do código de condição. Junto com o contador do programa, essas informações de estado devem ser salvas quando ocorre uma interrupção, para permitir que o processo seja retomado corretamente mais tarde (Figura 3.4).
- **Informações de scheduling da CPU.** Essas informações incluem a prioridade de um processo, ponteiros para filas de scheduling e quaisquer outros parâmetros de scheduling. (O Capítulo 6 descreve o scheduling de processos.)
- **Informações de gerenciamento da memória.** Essas informações podem incluir itens como o valor dos registradores ba-

Figura 3.2 Diagrama de estado do processo.

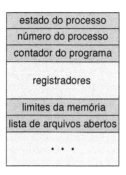

Figura 3.3 Bloco de controle de processo (PCB).

se e limite e as tabelas de páginas, ou as tabelas de segmentos, dependendo do sistema de memória usado pelo sistema operacional (Capítulo 8).

- **Informações de contabilização.** Essas informações incluem o montante de tempo real e de CPU usados, limites de tempo, números de conta, números de jobs ou processos, e assim por diante.
- **Informações de *status* de I/O.** Essas informações incluem a lista de dispositivos de I/O alocados ao processo, uma lista de arquivos abertos, e assim por diante.

Resumindo, o PCB serve, simplesmente, como o repositório de quaisquer informações que possam variar de um processo para outro.

3.1.4 Threads

O modelo de processo discutido até agora sugere que um processo é um programa que executa apenas um thread. Por exemplo, quando um processo está executando um programa de processamento de texto, um único thread de instruções está sendo executado. Esse thread de controle único permite que o processo execute apenas uma tarefa de cada vez. O usuário não pode digitar caracteres e executar, simultaneamente, o corretor ortográfico dentro do mesmo processo, por exemplo. A maioria dos sistemas operacionais modernos estendeu o conceito de processo para permitir que um processo tenha múltiplos threads de execução e, assim, desempenhe mais de uma tarefa de cada vez. Esse recurso é particularmente benéfico em sistemas multicore, em que múltiplos threads podem ser executados em paralelo. Em um sistema que suporte threads, o PCB é expandido de modo a incluir informações para cada thread. Também são necessárias outras alterações no sistema como um todo para que ele suporte threads. O Capítulo 4 explora os threads com detalhes.

3.2 Scheduling de Processos

O objetivo da multiprogramação é haver sempre algum processo em execução para maximizar a utilização da CPU. O objetivo do compartilhamento de tempo é alternar a CPU entre os processos, com tanta frequência, que os usuários possam interagir com cada programa enquanto ele está sendo executado. Para alcançar esses objetivos, o scheduler de processos seleciona um processo disponível (possivelmente em um conjunto de vários processos disponíveis) para execução na CPU. Em um sistema de processador único, nunca haverá mais de um processo em execução. Se houver mais processos, os outros terão que esperar até que a CPU esteja livre e possa ser submetida a um reschedule.

3.2.1 Filas de Sheduling

Quando os processos entram no sistema, eles são inseridos em uma fila de jobs que é composta por todos os processos no sistema. Os processos que estão residindo na memória principal e estão prontos e esperando execução são mantidos em uma

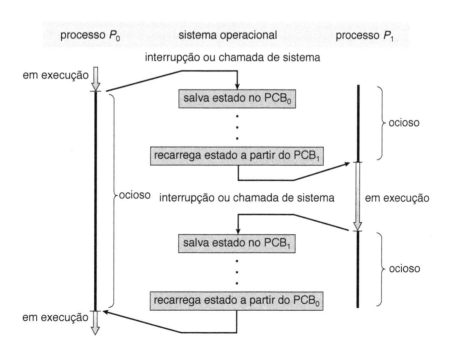

Figura 3.4 Diagrama mostrando a alternância da CPU de um processo para outro.

REPRESENTAÇÃO DE PROCESSOS NO LINUX

O bloco de controle de processo é representado no sistema operacional Linux pela estrutura em C `task_struct`, que é encontrada no arquivo de inclusão `<linux/sched.h>` no diretório de código-fonte do kernel. Essa estrutura contém todas as informações necessárias à representação de um processo, incluindo o estado do processo, informações de scheduling e de gerenciamento da memória, a lista de arquivos abertos, ponteiros para o pai do processo e uma lista de seus filhos e irmãos. (O **pai** de um processo é o processo que o criou; seus **filhos** são quaisquer processos que ele tenha criado. Seus **irmãos** são os filhos que têm o mesmo processo-pai.) Alguns desses campos incluem:

```
long state; /* estado do processo */
struct sched_entity se; /* informações de scheduling */
struct task_struct *parent; /* pai desse processo */
struct list_head children; /* filhos desse processo */
struct files_struct *files; /* lista de arquivos abertos */
struct mm_struct *mm; /* espaço de endereçamento desse processo */
```

Por exemplo, o estado de um processo é representado pelo campo `long state` nessa estrutura. Dentro do kernel do Linux, todos os processos ativos são representados com o uso de uma lista duplamente encadeada de `task_struct`. O kernel mantém um ponteiro — `current` — para o processo em execução corrente no sistema, como mostrado abaixo:

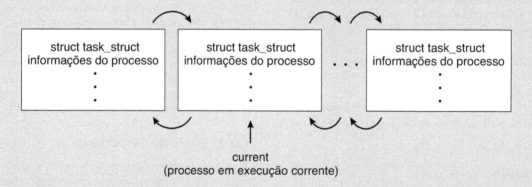

Como ilustração de como o kernel pode manipular um dos campos da `task_struct` de um processo especificado, vamos assumir que o sistema queira alterar o estado do processo em execução corrente para o valor `new_state`. Se `current` for um ponteiro para o processo em execução corrente, seu estado será alterado com a linha a seguir:

```
current->state = new_state;
```

---

lista chamada **fila de prontos**. Essa fila é, em geral, armazenada como uma lista encadeada. O cabeçalho de uma fila de prontos contém ponteiros para o primeiro e o último PCBs da lista. Cada um dos PCBs inclui um campo de ponteiro para o próximo PCB da fila de prontos.

O sistema também inclui outras filas. Quando a CPU é alocada a um processo, ele é executado por algum tempo e, eventualmente, para, é interrompido ou espera pela ocorrência de um evento específico, como a conclusão de uma solicitação de I/O. Suponha que o processo faça uma solicitação de I/O para um dispositivo compartilhado, como um disco. Já que há muitos processos no sistema, o disco pode estar ocupado com a solicitação de I/O de algum outro processo. Portanto, o processo pode ter que esperar pelo disco. A lista de processos em espera por um dispositivo de I/O específico é chamada **fila do dispositivo**. Cada dispositivo tem sua própria fila (Figura 3.5).

Uma representação comum do scheduling de processos é o **diagrama de enfileiramento**, como o da Figura 3.6. Cada caixa retangular representa uma fila. Dois tipos de filas estão presentes: a fila de prontos e um conjunto de filas de dispositivos. Os círculos representam os recursos que servem às filas, e as setas indicam o fluxo de processos no sistema.

Inicialmente, um novo processo é inserido na fila de prontos. Ele aguarda até ser selecionado para execução, ou **despachado**. Uma vez que a CPU seja alocada ao processo e este entre em execução, um entre vários eventos pode ocorrer:

- O processo pode emitir uma solicitação de I/O e, então, ser inserido em uma fila de I/O.
- O processo pode criar um novo processo-filho e esperá-lo terminar.
- O processo pode ser removido à força da CPU, como resultado de uma interrupção, e ser devolvido à fila de prontos.

Nos dois primeiros casos, o processo eventualmente passa do estado de espera para o estado de pronto e é, então, devolvido à fila de prontos. Um processo continua esse ciclo até terminar, momento em que é removido de todas as filas e tem seu PCB e recursos desalocados.

3.2.2 Schedulers

Um processo passa por várias filas de scheduling durante o seu tempo de vida. Para fins de scheduling, o sistema operacional

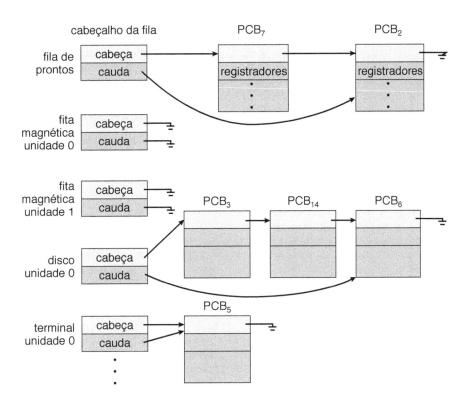

Figura 3.5 A fila de prontos e várias filas de dispositivo de I/O.

deve selecionar processos nessas filas, de alguma forma. O processo de seleção é executado pelo **scheduler** apropriado.

Com frequência, em um sistema batch, são submetidos mais processos do que é possível executar imediatamente. Esses processos são reservados em um dispositivo de armazenamento de massa (tipicamente, um disco), no qual são mantidos para execução posterior. O **scheduler de longo prazo**, ou **scheduler de jobs**, seleciona processos nesse pool e os carrega na memória para execução. O **scheduler de curto prazo**, ou **scheduler da CPU**, seleciona entre os processos que estão prontos para execução e aloca a CPU a um deles.

A principal diferença entre esses dois schedulers está na frequência de execução. O scheduler de curto prazo deve selecionar, com frequência, um novo processo para a CPU. O processo pode ser executado por apenas alguns milissegundos antes de entrar em espera por uma solicitação de I/O. Quase sempre, o scheduler de curto prazo é executado pelo menos uma vez a cada 100 milissegundos. Em razão do curto tempo entre as execuções, o scheduler de curto prazo deve ser rápido. Se ele levar 10 milissegundos para decidir executar um processo por 100 milissegundos, então $10/(100 + 10) = 9$ por cento da CPU estarão sendo usados (desperdiçados) simplesmente no scheduling do trabalho.

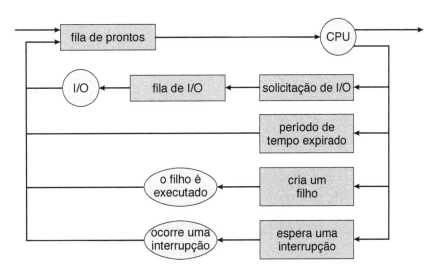

Figura 3.6 Representação do scheduling de processos em diagrama de enfileiramento.

O scheduler de longo prazo é executado com muito menos frequência; minutos podem separar a criação de um novo processo e o processo seguinte. O scheduler de longo prazo controla o grau de multiprogramação (o número de processos na memória). Se o grau de multiprogramação for estável, a taxa média de criação de processos deve ser igual à taxa média de processos que estão deixando o sistema. Portanto, o scheduler de longo prazo pode ter que ser invocado apenas quando um processo deixa o sistema. Em razão do intervalo mais longo entre as execuções, o scheduler de longo prazo pode dispor de mais tempo para decidir que processo deve ser selecionado para execução.

É importante que o scheduler de longo prazo faça uma seleção cuidadosa. Em geral, a maioria dos processos pode ser descrita como limitada por I/O ou limitada por CPU. Um processo limitado por I/O é aquele que gasta mais do seu tempo fazendo I/O do que executando computação. Um processo limitado por CPU, de outro lado, gera solicitações de I/O com menos frequência, usando a maior parte de seu tempo executando computação. É importante que o scheduler de longo prazo selecione um bom *mix de processos*, formado de processos limitados por I/O e limitados por CPU. Se todos os processos forem limitados por I/O, a fila de prontos ficará, quase sempre, vazia e o scheduler de curto prazo terá pouco a fazer. Se todos os processos forem limitados por CPU, a fila de espera por I/O ficará, quase sempre, vazia, os dispositivos não serão usados e, novamente, o sistema ficará desbalanceado. Portanto, o sistema com melhor desempenho terá uma combinação de processos limitados por CPU e processos limitados por I/O.

Em alguns sistemas, o scheduler de longo prazo pode estar ausente ou ser mínimo. Por exemplo, sistemas de tempo compartilhado, como os sistemas UNIX e Microsoft Windows, quase sempre não têm scheduler de longo prazo e, simplesmente, inserem cada novo processo na memória para o scheduler de curto prazo. A estabilidade desses sistemas depende tanto de uma limitação física (como a quantidade de terminais disponíveis) quanto da natureza de autoajuste dos usuários humanos. Quando o desempenho desce a níveis inaceitáveis em um sistema multiusuário, alguns usuários simplesmente desistem.

Alguns sistemas operacionais, como os sistemas de tempo compartilhado, podem introduzir um nível de scheduling intermediário adicional. Esse scheduler de médio prazo é diagramado na Figura 3.7. A ideia-chave por trás de um scheduler de médio prazo é que, às vezes, pode ser vantajoso remover um processo da memória (e da disputa ativa pela CPU) e, assim, reduzir o grau de multiprogramação. Posteriormente, o processo pode ser reintroduzido na memória e sua execução pode ser retomada de onde parou. Esse esquema é chamado swapping. O processo é removido da memória e, depois, reintroduzido na memória pelo scheduler de médio prazo. O swapping pode ser necessário para melhorar o mix de processos ou porque uma alteração nos requisitos da memória sobrecarregou a memória disponível, requerendo sua liberação. O swapping é discutido no Capítulo 8.

3.2.3 Mudança de Contexto

Como mencionado na Seção 1.2.1, as interrupções fazem com que o sistema operacional tire a CPU de sua tarefa corrente para executar uma rotina do kernel. Essas operações ocorrem, com frequência, em sistemas de uso geral. Quando uma interrupção ocorre, o sistema precisa salvar o contexto corrente do processo em execução na CPU — de modo a poder restaurar esse contexto quando seu processamento for concluído — essencialmente, suspendendo o processo para depois retomá-lo. O contexto é representado no PCB do processo. Ele inclui o valor dos registradores da CPU, o estado do processo (consulte a Figura 3.2) e informações de gerenciamento da memória. De modo geral, executamos um salvamento do estado corrente da CPU, seja em modalidade de kernel ou de usuário, e então uma restauração do estado para retomar as operações.

A alocação da CPU a outro processo requer a execução do salvamento do estado do processo corrente e a restauração do estado de um processo diferente. Essa tarefa é conhecida como mudança de contexto. Quando ocorre uma mudança de contexto, o kernel salva o contexto do processo antigo em seu PCB e carrega o contexto salvo do novo processo indicado no schedule para execução. O tempo gasto na mudança de contexto é puro overhead porque o sistema não executa trabalho útil durante a permuta de processos. A velocidade da permuta varia de uma máquina para outra, dependendo da velocidade da memória, do número de registradores a serem copiados e da existência de instruções especiais (como uma única instrução de carga ou armazenamento de todos os registradores). Uma velocidade típica é de alguns milissegundos.

Os tempos gastos em mudanças de contexto são altamente dependentes do suporte de hardware. Por exemplo, alguns processadores (como o UltraSPARC da Sun) fornecem vários conjuntos de registradores. Nesse caso, uma mudança de contexto requer, simplesmente, a alteração do ponteiro para o conjunto de registradores corrente. Naturalmente, se existem mais processos ativos do que conjuntos de registradores, o sistema recorre à cópia dos dados dos registradores para dentro e para fora da memória, como antes. Além disso, quanto mais complexo o sistema operacional, mais trabalho precisa ser executado durante uma mudança de contexto. Como veremos no Capítulo 8, técnicas avançadas de gerenciamento da memória podem requerer que dados adicionais sejam permutados com cada con-

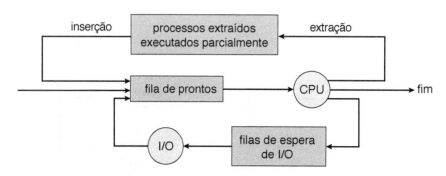

Figura 3.7 Inclusão do scheduling de médio prazo no diagrama de enfileiramento.

MULTITAREFA EM SISTEMAS MÓVEIS

Em razão das restrições impostas aos dispositivos móveis, as primeiras versões do iOS não forneciam o ambiente multitarefa para aplicações de usuário; apenas uma aplicação é executada em foreground e todas as outras aplicações de usuário são suspensas. As tarefas do sistema operacional foram habilitadas para multitarefa porque eram escritas pela Apple e se comportavam bem. No entanto, a partir do iOS 4, a Apple está fornecendo uma forma limitada de multitarefa para aplicações de usuário, permitindo, assim, que uma única aplicação de foreground seja executada concorrentemente com várias aplicações de background. (Em um dispositivo móvel, a aplicação de foreground é a que está correntemente aberta e aparece na tela. A aplicação de background permanece na memória, mas não ocupa a tela.) A API de programação do iOS 4 dá suporte à multitarefa, permitindo que um processo seja executado em background sem ser suspenso. Porém, ela é restrita e está disponível apenas para um número limitado de tipos de aplicações, incluindo as que

- executam uma única tarefa de tamanho finito (como um download de conteúdo a partir de uma rede);
- recebem notificações sobre a ocorrência de um evento (como uma nova mensagem de e-mail);
- têm tarefas de background de execução longa (como um reprodutor de áudio).

Provavelmente, a Apple limita a multitarefa em razão de preocupações com tempo de vida da bateria e uso de memória. Certamente, a CPU tem os recursos para dar suporte à multitarefa, mas a Apple prefere não se beneficiar de alguns deles para gerenciar melhor o uso dos recursos.

O Android não impõe tais restrições aos tipos de aplicações que podem ser executadas em background. Se uma aplicação requer processamento quando está em background, ela deve usar um serviço, um componente separado da aplicação que é executado em nome do processo de background. Considere uma aplicação de streaming de áudio: se a aplicação passa para background, o serviço continua a enviar arquivos de áudio para o driver de dispositivo de áudio em nome da aplicação de background. Na verdade, o serviço continuará a ser executado, mesmo se a aplicação de background for suspensa. Os serviços não têm uma interface de usuário e têm um footprint de memória pequeno, fornecendo assim uma técnica eficiente para a multitarefa em um ambiente móvel.

---

texto. Por exemplo, o espaço de endereçamento do processo corrente deve ser preservado enquanto o espaço da próxima tarefa é preparado para uso. A forma como o espaço de endereçamento é preservado, e qual volume de trabalho é necessário para preservá-lo, depende do método de gerenciamento da memória do sistema operacional.

3.3 Operações sobre Processos

Os processos, na maioria dos sistemas, podem ser executados concorrentemente e podem ser criados e excluídos dinamicamente. Portanto, esses sistemas devem fornecer um mecanismo para a criação e o encerramento de processos. Nesta seção, exploramos os mecanismos envolvidos na criação de processos e ilustramos a criação de processos em sistemas UNIX e Windows.

3.3.1 Criação de Processos

Durante o curso de execução, um processo pode criar vários processos novos. Como mencionado anteriormente, o processo criador é chamado processo-pai, e os novos processos são chamados filhos desse processo. Por sua vez, cada um desses novos processos pode criar outros processos, formando uma árvore de processos.

A maioria dos sistemas operacionais (incluindo o UNIX, o Linux e o Windows) identifica os processos de acordo com um identificador de processo (ou pid) exclusivo que, normalmente, é um número inteiro. O pid fornece um valor exclusivo para cada processo no sistema e pode ser usado como um índice de acesso a vários atributos de um processo dentro do kernel.

A Figura 3.8 ilustra uma árvore de processos típica do sistema operacional Linux, mostrando o nome de cada processo e seu pid. (Usamos o termo *processo* de modo impreciso, já que o Linux prefere o termo *tarefa*). O processo init (cujo pid é sempre 1) serve como o processo-pai raiz para todos os processos de usuário. Uma vez que o sistema seja inicializado, o processo init também pode criar vários processos de usuário, como um servidor web ou de impressão, um servidor ssh e processos semelhantes. Na Figura 3.8, vemos dois filhos de init — kthreadd e sshd. O processo kthreadd é responsável por criar processos adicionais que executam tarefas em nome do kernel (nesse caso, khelper e pdflush). O processo sshd é responsável por gerenciar clientes que se conectam ao sistema usando ssh (que á a abreviação de *secure shell*). O processo login é responsável por gerenciar clientes que se conectam diretamente ao sistema. Nesse exemplo, um cliente conectou-se e está utilizando o shell bash que recebeu o pid 8416. Usando a interface de linha de comando do bash, esse usuário criou o processo ps assim como o editor emacs.

Em sistemas UNIX e Linux, podemos obter uma listagem de processos usando o comando ps. Por exemplo, o comando

```
ps -el
```

listará informações completas sobre todos os processos correntemente ativos no sistema. É fácil construir uma árvore de processos semelhante à mostrada na Figura 3.8 rastreando recursivamente os processos-pais até o processo init.

Geralmente, quando um processo cria um processo-filho, esse processo-filho precisa de certos recursos (tempo de CPU, memória, arquivos, dispositivos de I/O) para executar sua tarefa. Um processo-filho pode obter seus recursos diretamente do sistema operacional, ou pode ficar restrito a um subconjunto dos recursos do processo-pai. O pai pode ter de dividir seus recursos entre seus filhos, ou pode compartilhar alguns recursos (como memória e arquivos) entre vários deles. Restringir um processo-filho a um subconjunto dos recursos do pai impede que um processo sobrecarregue o sistema criando processos-filhos demais.

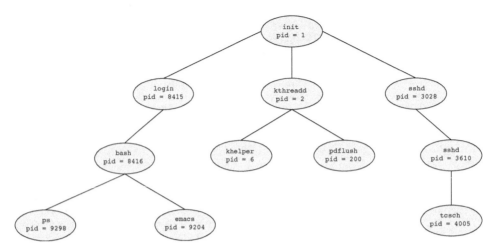

Figura 3.8 Uma árvore de processos em um sistema Linux típico.

Além de fornecer diversos recursos físicos e lógicos, o processo-pai pode passar, na inicialização, dados (entradas) ao processo-filho. Por exemplo, considere um processo cuja função seja exibir o conteúdo de um arquivo — digamos, image.jpg — na tela de um terminal. Quando o processo for criado, receberá o nome do arquivo *image.jpg* do processo-pai, como entrada. Usando esse nome de arquivo, ele abrirá o arquivo e exibirá o conteúdo. Ele também poderia obter o nome do dispositivo de saída. Alternativamente, alguns sistemas operacionais passam recursos a processos-filhos. Em um sistema assim, o novo processo pode receber dois arquivos abertos, image.jpg e o dispositivo de terminal, e pode, simplesmente, transferir os dados entre os dois.

Quando um processo cria um novo processo, existem duas possibilidades de execução:

1. O pai continua a ser executado concorrentemente com seus filhos.
2. O pai espera até que alguns de seus filhos ou todos eles sejam encerrados.

Existem, também, duas possibilidades de espaço de endereçamento para o novo processo:

1. O processo-filho é uma duplicata do processo-pai (ele tem o mesmo programa e dados do pai).
2. O processo-filho tem um novo programa carregado nele.

Para ilustrar essas diferenças, vamos considerar primeiro o sistema operacional UNIX. No UNIX, como vimos, cada processo é identificado por seu identificador de processo, que é um inteiro exclusivo. Um novo processo é criado pela chamada de sistema fork ( ). O novo processo é composto por uma cópia do espaço de endereçamento do processo original. Esse mecanismo permite que o processo-pai se comunique facilmente com seu processo-filho. Os dois processos (o pai e o filho) continuam a execução na instrução posterior a fork ( ), com uma diferença: o código de retorno de fork ( ) é zero para o novo processo (filho), enquanto o identificador de processo (diferente de zero) do filho é retornado ao pai.

Após uma chamada de sistema fork ( ), um dos dois processos usa, normalmente, a chamada de sistema exec ( ) para realocar o espaço de memória do processo para um novo programa. A chamada de sistema exec ( ) carrega um arquivo binário na memória [destruindo a imagem de memória do programa que contém a chamada de sistema exec ( )] e inicia sua execução. Dessa forma, os dois processos podem se comunicar e seguir, então, caminhos separados. O pai pode criar mais filhos, ou, se não tem mais nada a fazer enquanto o filho é executado, pode emitir uma chamada de sistema wait ( ) para ser removido da fila de prontos até o encerramento do filho. Já que a chamada a exec ( ) sobrepõe o espaço de endereçamento do processo com um novo programa, a chamada exec ( ) não retorna o controle, a menos que ocorra um erro.

O programa em C, mostrado na Figura 3.9, ilustra as chamadas de sistema UNIX descritas anteriormente. Agora, temos dois processos diferentes executando cópias do mesmo programa. A única diferença é que o valor do pid (identificador do processo) do processo-filho é zero, enquanto o do pai tem um valor inteiro maior

```
#include <sys/types.h>
#include <stdio.h>
#include <unistd.h>

int main()
{
pid_t pid;

   /* cria um processo-filho */
   pid = fork();

   if (pid < 0) { /* um erro ocorreu */
      fprintf(stderr, "Fork Failed");
      return 1;
   }
   else if (pid == 0) { /* processo-filho */
      execlp("/bin/ls","ls",NULL);
   }
   else { /* processo-pai */
      /* o pai esperará que o filho seja
      concluído */
      wait(NULL);
      printf("Child Complete");
   }

   return 0;
}
```

Figura 3.9 Criando um processo separado usando a chamada de sistema fork( ) do UNIX.

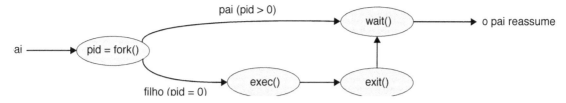

Figura 3.10 Criação de processo com o uso da chamada de sistema `fork( )`.

do que zero (na verdade, é o pid real do processo-filho). O processo-filho herda privilégios e atributos de scheduling do pai, assim como certos recursos, como arquivos abertos. O processo-filho sobrepõe, então, seu espaço de endereçamento com o comando UNIX `/bin/ls` (usado para obter uma listagem de diretório) por intermédio da chamada de sistema `execlp ( )` [`execlp ( )` é uma versão da chamada de sistema `exec ( )`]. O pai espera que o processo-filho seja concluído, com a chamada de sistema `wait ( )`. Quando o processo-filho é concluído [invocando implícita ou explicitamente `exit ( )`], o processo-pai reassume a partir da chamada a `wait ( )` e é concluído usando a chamada de sistema `exit ( )`. Isso também é ilustrado na Figura 3.10.

Naturalmente, nada impede que o filho **não** invoque `exec ( )` e, em vez disso, continue a ser executado como uma cópia do processo-pai. Nesse cenário, o pai e o filho são processos concorrentes executando as mesmas instruções do código. Já que o filho é uma cópia do pai, cada processo tem sua própria cópia dos dados.

Como exemplo alternativo, consideramos, a seguir, a criação de processos no Windows. Os processos são criados na API Windows com o uso da função `CreateProcess ( )` que é semelhante a `fork ( )`, no sentido de que um pai cria um novo processo-filho. Porém, enquanto em `fork ( )` o processo-filho herda o espaço de endereçamento de seu pai, `CreateProcess ( )` requer a carga de um programa especificado no espaço de endereçamento do processo-filho, durante a criação do processo. Além disso, enquanto `fork ( )` não recebe parâmetros, `CreateProcess ( )` espera não receber menos de dez.

O programa em C mostrado na Figura 3.11 ilustra a função `CreateProcess ( )` que cria um processo-filho, que carrega a aplicação `mspaint.exe`. Optamos pelo uso de muitos dos valores default dos dez parâmetros passados para `CreateProcess ( )`.

```c
#include <stdio.h>
#include <windows.h>

int main(VOID)
{
STARTUPINFO si;
PROCESS_INFORMATION pi;

  /* aloca memória */
  ZeroMemory(&si, sizeof(si));
  si.cb = sizeof(si);
  ZeroMemory(&pi, sizeof(pi));

  /* cria processo-filho */
  if (!CreateProcess(NULL, /* usa linha de comando */
    "C:\\WINDOWS\\system32\\mspaint.exe", /* comando */
    NULL, /* não herda manipulador do processo */
    NULL, /* não herda manipulador do thread */
    FALSE, /* desativa a herança de manipuladores */
    0, /* sem flags de criação */
    NULL, /* usa o bloco de ambiente do pai */
    NULL, /* usa o diretório existente do pai */
    &si,
    &pi))
  {
    fprintf(stderr, "Create Process Failed");
    return -1;
  }
  /* o pai esperará que o filho seja concluído */
  WaitForSingleObject(pi.hProcess, INFINITE);
  printf("Child Complete");

  /* fecha manipuladores */
  CloseHandle(pi.hProcess);
  CloseHandle(pi.hThread);
}
```

Figura 3.11 Criando um processo separado usando a API Windows.

Leitores interessados em conhecer os detalhes de criação e gerenciamento de processos na API Windows devem consultar as Notas Bibliográficas no fim deste capítulo.

Dois parâmetros passados para a função `CreateProcess ( )` são instâncias das estruturas `STARTUPINFO` e `PROCESS_INFORMATION`. `STARTUPINFO` especifica muitas propriedades do novo processo, como o tamanho e a aparência das janelas, e manipuladores para arquivos-padrão de entrada e saída. A estrutura `PROCESS_INFORMATION` contém um manipulador e os identificadores para o processo recém-criado e seu thread. Invocamos a função `ZeroMemory ( )` para alocar memória a cada uma dessas estruturas antes de prosseguir com `CreateProcess ( )`.

Os dois primeiros parâmetros passados para `CreateProcess ( )` são o nome da aplicação e parâmetros de linha de comando. Se o nome da aplicação for `NULL` (como ocorre nesse caso), o parâmetro de linha de comando especificará a aplicação a ser carregada. Nesse exemplo, estamos carregando a aplicação `mspaint.exe` do Microsoft Windows. Além desses dois parâmetros iniciais, usamos os parâmetros default para herança dos manipuladores de processo e thread, assim como para especificação de que não haverá flags de criação. Usamos, também, o bloco de ambiente e o diretório inicial existentes do pai. Para concluir, fornecemos dois ponteiros para as estruturas `STARTUPINFO` e `PROCESS_INFORMATION` criadas no começo do programa. Na Figura 3.9, o processo-pai espera que o filho seja concluído, invocando a chamada de sistema `wait ( )`. O equivalente a essa chamada, no Windows, é `WaitForSingleObject ( )` que recebe um manipulador do processo-filho — `pi.hProcess` — e espera que esse processo seja concluído. Uma vez que o processo-filho seja concluído, o controle retorna a partir da função `WaitForSingleObject ( )` no processo-pai.

3.3.2 Encerramento de Processos

Um processo é encerrado quando termina a execução de seu último comando e solicita ao sistema operacional que o exclua, usando a chamada de sistema `exit ( )`. Nesse momento, o processo pode retornar um valor de *status* (normalmente, um inteiro) para seu processo-pai [por meio da chamada de sistema `wait ( )`]. Todos os recursos do processo — incluindo memória física e virtual, arquivos abertos e buffers de I/O — são desalocados pelo sistema operacional.

O encerramento também pode ocorrer em outras circunstâncias. Um processo pode causar o encerramento de outro processo por meio de uma chamada de sistema apropriada [por exemplo, `TerminateProcess ( )` no Windows]. Usualmente, tal chamada de sistema pode ser invocada apenas pelo pai do processo que está para ser encerrado. Caso contrário, os usuários poderiam encerrar arbitrariamente os jobs uns dos outros. Observe que o pai precisa saber as identidades de seus filhos para encerrá-los. Portanto, quando um processo cria um novo processo, a identidade do processo recém-criado é passada ao pai.

Um pai pode encerrar a execução de um de seus filhos por várias razões, por exemplo:

- O filho excedeu o uso de alguns dos recursos que recebeu. (Para determinar se isso ocorreu, o pai deve ter um mecanismo para inspecionar o estado de seus filhos.)
- A tarefa atribuída ao filho não é mais requerida.
- O pai está sendo encerrado e o sistema operacional não permite que um filho continue se seu pai for encerrado.

Alguns sistemas não permitem que um filho exista se seu pai tiver sido encerrado. Nesses sistemas, se um processo for encerrado (normal ou anormalmente), todos os seus filhos também devem ser encerrados. Esse fenômeno, chamado **encerramento em cascata**, é normalmente iniciado pelo sistema operacional.

Para ilustrar a execução e o encerramento de processos, considere que, em sistemas Linux e UNIX, podemos encerrar um processo usando a chamada de sistema `exit ( )`, fornecendo um *status* de saída como parâmetro:

```
/* sair com status 1 */
exit(1);
```

Na verdade, no encerramento normal, `exit ( )` pode ser chamada diretamente (como mostrado acima) ou indiretamente [por um comando `return` em `main ( )`].

Um processo-pai pode esperar o encerramento de um processo-filho usando a chamada de sistema `wait ( )`. A chamada de sistema `wait ( )` recebe um parâmetro que permite que o pai obtenha o *status* de saída do filho. Essa chamada de sistema também retorna o identificador de processo do filho encerrado para que o pai possa saber qual de seus filhos deixou de ser executado:

```
pid_t pid;
int status;

pid = wait (&status);
```

Quando um processo termina, seus recursos são desalocados pelo sistema operacional. No entanto, sua entrada na tabela de processos deve permanecer até que o pai chame `wait ( )`, porque a tabela de processos contém o *status* de saída do processo. Um processo que foi encerrado, mas cujo pai ainda não chamou `wait ( )`, é conhecido como processo **zumbi**. Todos os processos passam para esse estado quando terminam, mas geralmente permanecem como zumbis por pouco tempo. Quando o pai chama `wait ( )`, o identificador do processo zumbi e sua entrada na tabela de processos são liberados.

Agora, considere o que ocorreria se um pai não invocasse `wait ( )` e, em vez disso, fosse encerrado deixando assim seus processos-filhos como **órfãos**. O Linux e o UNIX resolvem esse problema designando o processo `init` como o novo pai dos processos órfãos. (Veja, na Figura 3.8, que o processo `init` é a raiz da hierarquia de processos em sistemas UNIX e Linux.) O processo `init` invoca `wait ( )`, periodicamente, permitindo que o *status* de saída de qualquer processo órfão seja coletado e liberando o identificador do processo órfão e sua entrada na tabela de processos.

3.4 Comunicação Interprocessos

Os processos que são executados concorrentemente no sistema operacional podem ser processos independentes ou processos cooperativos. Um processo é ***independente*** quando não pode afetar outros processos em execução no sistema nem ser afetado por eles. Qualquer processo que não compartilhe dados com outros processos é independente. Um processo é ***cooperativo*** quando pode afetar outros processos em execução no sistema ou pode ser afetado por eles. É claro que qualquer processo que compartilhe dados com outros processos é um processo cooperativo.

Há várias razões para o fornecimento de um ambiente que permita a cooperação entre processos:

- **Compartilhamento de informações.** Já que vários usuários podem estar interessados no mesmo bloco de informações (por exemplo, um arquivo compartilhado), devemos forne-

ARQUITETURA MULTIPROCESSOS — NAVEGADOR CHROME

Muitos websites apresentam conteúdos ativos em JavaScript, Flash e HTML5 para fornecer uma experiência de navegação na web rica e dinâmica. Infelizmente, essas aplicações web também podem conter bugs de software capazes de resultar em tempos de resposta lentos, podendo, até mesmo, causar a queda do navegador. Esse não é um grande problema em um navegador web que exiba conteúdos de apenas um website. Mas a maioria dos navegadores web contemporâneos fornece navegação em guias, o que permite que uma única instância de uma aplicação do navegador web, abra vários websites ao mesmo tempo, com cada website em uma guia separada. Para se alternar entre os diferentes websites, um usuário precisa apenas clicar na guia apropriada. Esse esquema é ilustrado a seguir:

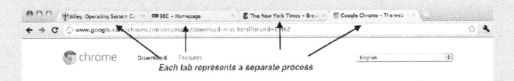

Um problema dessa abordagem é que, se uma aplicação web em uma guia cair, o processo inteiro — incluindo todas as outras guias que estiverem exibindo websites adicionais — também cairá.

O navegador Chrome da Google foi projetado para resolver esse problema usando uma arquitetura multiprocessos. O Chrome identifica três tipos de processos diferentes: navegador, renderizadores e plug-ins.

- O processo navegador é responsável por gerenciar a interface de usuário, assim como o I/O de disco e de rede. Um novo processo navegador é criado quando o Chrome é iniciado. Somente um processo navegador é criado.
- Os processos renderizadores contêm a lógica para renderização de páginas web. Assim, eles contêm a lógica para manipulação de HTML, JavaScript, imagens, e assim por diante. Como regra geral, um novo processo renderizador é criado para cada website aberto em uma nova guia e, portanto, vários processos renderizadores podem estar ativos ao mesmo tempo.
- Um processo plug-in é criado para cada tipo de plug-in (como Flash ou QuickTime) em uso. Os processos plug-in contêm o código para o plug-in, assim como um código adicional que habilite o plug-in a se comunicar com os processos renderizadores associados e com o processo navegador.

A vantagem da abordagem multiprocessos é que os websites são executados isoladamente uns dos outros. Se um website falha, apenas o seu processo renderizador é afetado; todos os outros processos permanecem incólumes. Além disso, processos renderizadores são executados em uma sandbox o que significa que o acesso ao I/O de disco e de rede é restrito, minimizando os efeitos de quaisquer invasões na segurança.

---

cer um ambiente que permita o acesso concorrente a tais informações.
- **Aumento da velocidade de computação.** Se quisermos que uma tarefa em particular seja executada mais rapidamente, devemos dividi-la em subtarefas a serem executadas em paralelo. Observe que essa aceleração pode ser obtida somente se o computador tiver vários núcleos de processamento.
- **Modularidade.** Podemos querer construir o sistema de forma modular, dividindo suas funções em processos ou threads separados, como discutimos no Capítulo 2.
- **Conveniência.** Até mesmo um usuário individual pode trabalhar em muitas tarefas ao mesmo tempo. Por exemplo, um usuário pode editar, ouvir música e compilar em paralelo.

Processos cooperativos demandam um mecanismo de comunicação entre processos (IPC) que lhes permita trocar dados e informações. Há dois modelos básicos de comunicação entre processos: memória compartilhada e transmissão de mensagens. No modelo de memória compartilhada, estabelece-se uma região da memória que é compartilhada por processos cooperativos. Os processos podem, então, trocar informações lendo e gravando dados na região compartilhada. No modelo de transmissão de mensagens, a comunicação ocorre por meio de mensagens trocadas entre os sistemas cooperativos. Os dois modelos de comunicação são comparados na Figura 3.12.

Os dois modelos que acabamos de mencionar são comuns nos sistemas operacionais, e muitos sistemas implementam ambos. A transmissão de mensagens é útil para a troca de pequenas quantidades de dados porque não é necessário evitar conflitos. A transmissão de mensagens também é mais fácil de implementar em um sistema distribuído do que a memória com-

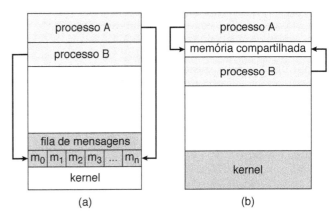

Figura 3.12 Modelos de comunicação. (a) Transmissão de mensagens. (b) Memória compartilhada.

partilhada. (Embora existam sistemas que fornecem memória compartilhada distribuída, não os consideramos aqui.) A memória compartilhada pode ser mais rápida do que a transmissão de mensagens, já que os sistemas de transmissão de mensagens são, tipicamente, implementados com o uso de chamadas de sistema e, portanto, requerem a tarefa mais demorada de intervenção do kernel. Em sistemas de memória compartilhada, as chamadas de sistema são requeridas apenas para estabelecer as regiões compartilhadas na memória. Uma vez que a memória compartilhada seja estabelecida, todos os acessos são tratados como acessos rotineiros à memória, e nenhuma assistência do kernel é requerida.

Pesquisas recentes em sistemas com vários núcleos de processamento indicam que, em tais sistemas, a transmissão de mensagens fornece melhor desempenho do que a memória compartilhada. A memória compartilhada apresenta problemas de coerência de cache que surgem porque os dados compartilhados migram entre os diversos caches. Conforme o número de núcleos de processamento nos sistemas cresce, é possível que vejamos a transmissão de mensagens como o mecanismo preferido para IPC.

No resto desta seção, exploramos os sistemas de memória compartilhada e de transmissão de mensagens com mais detalhes.

3.4.1 Sistemas de Memória Compartilhada

A comunicação entre processos que usam memória compartilhada requer que os processos em comunicação estabeleçam uma região de memória compartilhada. Normalmente, a região de memória compartilhada reside no espaço de endereçamento do processo que cria o segmento de memória compartilhada. Outros processos que queiram se comunicar usando esse segmento de memória compartilhada devem anexá-lo ao seu espaço de endereçamento. Lembre-se de que, normalmente, o sistema operacional tenta impedir que um processo acesse a memória de outro processo. A memória compartilhada requer que dois ou mais processos concordem em eliminar essa restrição. Eles podem, então, trocar informações lendo e gravando dados nas áreas compartilhadas. A forma dos dados e a locação são determinadas por esses processos e não ficam sob o controle do sistema operacional. Os processos também são responsáveis por assegurar que eles não estão fazendo gravações na mesma locação simultaneamente.

Para ilustrar o conceito de processos cooperativos, vamos considerar o problema do produtor-consumidor que é um paradigma comum dos processos cooperativos. Um processo **produtor** produz informações que são consumidas por um processo **consumidor**. Por exemplo, um compilador pode produzir código de montagem que é consumido por um montador. O montador, por sua vez, pode produzir módulos-objeto que são consumidos pelo carregador. O problema do produtor-consumidor também fornece uma metáfora útil para o paradigma cliente-servidor. Geralmente, consideramos um servidor como produtor e um cliente como consumidor. Por exemplo, um servidor web produz (isto é, fornece) arquivos e imagens HTML que são consumidos (isto é, lidos) pelo navegador web cliente que solicitou o recurso.

Uma solução para o problema do produtor-consumidor usa memória compartilhada. Para permitir que processos produtores e consumidores sejam executados concorrentemente, devemos ter disponível um buffer de itens que possa ser preenchido pelo produtor e esvaziado pelo consumidor. Esse buffer residirá em uma região de memória compartilhada por processos produtores e consumidores. Um produtor pode produzir um item enquanto o consumidor está consumindo outro item. O produtor e o consumidor devem estar sincronizados para que o consumidor não tente consumir um item que ainda não foi produzido.

Dois tipos de buffers podem ser usados. O **buffer ilimitado** não impõe um limite prático ao seu tamanho. O consumidor pode ter que esperar por novos itens, mas o produtor sempre pode produzir novos itens. O **buffer limitado** assume um tamanho de buffer fixo. Nesse caso, o consumidor deve esperar se o buffer estiver vazio, e o produtor deve esperar se o buffer estiver cheio.

Vamos examinar mais detalhadamente como o buffer limitado ilustra a comunicação entre processos usando memória compartilhada. As variáveis a seguir residem em uma região da memória compartilhada por processos produtores e consumidores.

```
#define BUFFER_SIZE 10

typedef struct {
    . . .
}item;

item buffer[BUFFER_SIZE];
int in = 0;
int out = 0;
```

O buffer compartilhado é implementado como um array circular com dois ponteiros lógicos: in e out. A variável in aponta para a próxima posição livre no buffer; out aponta para a primeira posição preenchida do buffer. O buffer está vazio quando in == out; o buffer está cheio quando [(in + 1) % BUFFER_SIZE] == out.

O código do processo produtor é mostrado na Figura 3.13, e o código do processo consumidor, na Figura 3.14. O processo produtor tem uma variável local next_produced em que o novo item a ser produzido é armazenado. O processo consumidor tem uma variável local next_consumed em que o item a ser consumido é armazenado.

Esse esquema permite no máximo BUFFER_SIZE — 1 item no buffer, ao mesmo tempo. Deixamos como exercício que você forneça uma solução em que BUFFER_SIZE itens possam estar no buffer ao mesmo tempo. Na Seção 3.5.1, ilustramos a API POSIX para memória compartilhada.

Uma questão que esse exemplo não aborda diz respeito à situação em que tanto o processo produtor quanto o processo consumidor tentam acessar o buffer compartilhado concorrentemente. No Capítulo 5, discutimos como a sincronização entre processos cooperativos pode ser implementada efetivamente em um ambiente de memória compartilhada.

```
while (true) {
  /* produz um item em next_produced */

  while (((in + 1) %BUFFER_SIZE) == out)
    ; /* não faz coisa alguma */

  buffer[in] = next_produced;
  in = (in + 1) %BUFFER_SIZE;
}
```

Figura 3.13 O processo produtor usando memória compartilhada.

```
item next_consumed;

while (true) {
  while (in == out)
    ; /* não faz coisa alguma */

  next_consumed = buffer[out];
  out = (out + 1) %BUFFER SIZE;

  /* consome o item em next_consumed */
}
```

Figura 3.14 O processo consumidor usando memória compartilhada.

3.4.2 Sistemas de Transmissão de Mensagens

Na Seção 3.4.1, mostramos como os processos cooperativos podem se comunicar em um ambiente de memória compartilhada. O esquema requer que esses processos compartilhem uma região da memória e que o código para acessar e manipular a memória compartilhada seja escrito explicitamente pelo programador da aplicação. Outra maneira de obter o mesmo efeito é o sistema operacional fornecer meios para que os processos cooperativos se comuniquem uns com os outros por meio de um recurso de transmissão de mensagens.

A transmissão de mensagens fornece um mecanismo para permitir que os processos se comuniquem e sincronizem suas ações sem compartilhar o mesmo espaço de endereçamento. Isso é particularmente útil em um ambiente distribuído em que os processos em comunicação podem residir em diferentes computadores conectados por uma rede. Por exemplo, um programa de bate-papo na Internet poderia ser projetado de modo que os participantes se comuniquem uns com os outros trocando mensagens.

Um recurso de transmissão de mensagens fornece, pelo menos, duas operações:

send(message)   receive(message)

As mensagens enviadas por um processo podem ser de tamanho fixo ou variável. Se apenas mensagens de tamanho fixo podem ser enviadas, a implementação no nível do sistema é simples. Essa restrição, no entanto, torna a tarefa de programar mais difícil. Inversamente, mensagens de tamanho variável requerem uma implementação mais complexa no nível do sistema, mas a tarefa de programar torna-se mais simples. Esse é um tipo comum de decisão vista em todo o projeto do sistema operacional.

Se os processos P e Q querem se comunicar, eles devem enviar e receber mensagens entre si; um *link de comunicação* deve existir entre eles. Esse link pode ser implementado de várias maneiras. Não estamos aqui interessados na implementação física do link (como memória compartilhada, bus de hardware ou rede que são abordados no Capítulo 17), mas, sim, em sua implementação lógica. A seguir, temos vários métodos para implementar logicamente um link e as operações send ( )/ receive ( ):

- Comunicação direta ou indireta
- Comunicação síncrona ou assíncrona
- Armazenamento em buffer automático ou explícito

Examinamos, a seguir, questões relacionadas com cada um desses recursos.

3.4.2.1 Nomeação

Processos que querem se comunicar precisam contar com uma forma para referenciar um ao outro. Eles podem usar a comunicação direta ou indireta.

Na **comunicação direta**, cada processo que quer se comunicar deve nomear explicitamente o receptor ou o emissor da comunicação. Nesse esquema, as primitivas send ( ) e receive ( ) são definidas assim:

- send (P, message) — Envia uma mensagem ao processo P.
- receive (Q, message) — Recebe uma mensagem do processo Q.

Um link de comunicação nesse esquema tem as seguintes propriedades:

- Um link é estabelecido automaticamente entre cada par de processos que querem se comunicar. Os processos precisam saber apenas a identidade um do outro para se comunicar.
- Um link é associado a exatamente dois processos.
- Entre cada par de processos, existe exatamente um link.

Esse esquema exibe *simetria* no endereçamento; isto é, tanto o processo emissor quanto o processo receptor devem nomear um ao outro para se comunicar. Uma variante desse esquema emprega a *assimetria* no endereçamento. Aqui, apenas o emissor nomeia o receptor; o receptor não precisa nomear o emissor. Nessa abordagem, as primitivas send ( ) e receive ( ) são definidas como descrito a seguir:

- send (P, message) — Envia uma mensagem ao processo P.
- receive (id, message) — Recebe uma mensagem de qualquer processo. A variável id é definida com o nome do processo com o qual a comunicação teve lugar.

A desvantagem desses dois esquemas (simétrico e assimétrico) é a modularidade limitada das definições dos processos resultantes. A alteração do identificador de um processo pode demandar a verificação de todas as outras definições de processos. Todas as referências ao identificador antigo devem ser encontradas, de modo que elas possam ser modificadas para o novo identificador. Em geral, todas as técnicas de *hard-coding* desse tipo, em que identificadores devem ser declarados explicitamente, são menos desejáveis do que técnicas que envolvem um tratamento indireto, como descrito a seguir.

Na *comunicação indireta*, as mensagens são enviadas para e recebidas de *caixas postais*, ou *portas*. Uma caixa postal pode ser considerada abstratamente como um objeto no qual mensagens podem ser inseridas por processos e do qual mensagens podem ser removidas. Cada caixa postal tem uma identificação exclusiva. Por exemplo, filas de mensagens POSIX usam um valor inteiro para identificar uma caixa postal. Um processo pode se comunicar com outro processo por meio de várias caixas postais diferentes, mas dois processos só podem se comunicar se tiverem uma caixa postal compartilhada. As primitivas send ( ) e receive ( ) são definidas como descrito a seguir:

- send (A, message) — Envia uma mensagem para a caixa postal A.

- `receive(A, message)` — Recebe uma mensagem da caixa postal A.

Nesse esquema, o link de comunicação tem as seguintes propriedades:

- Um link é estabelecido entre um par de processos, apenas se os dois membros do par possuem uma caixa postal compartilhada.
- Um link pode estar associado a mais de dois processos.
- Entre cada par de processos em comunicação, podem existir vários links diferentes, com cada link correspondendo a uma caixa postal.

Agora, suponha que os processos P_1, P_2 e P_3 compartilhem a caixa postal A. O processo P_1 envia uma mensagem para A, enquanto P_2 e P_3 executam um `receive()` a partir de A. Que processo receberá a mensagem enviada por P_1? A resposta depende de qual dos seguintes métodos escolhermos:

- Permitir que um link seja associado a, no máximo, dois processos.
- Permitir que, no máximo, um processo de cada vez execute uma operação `receive()`.
- Permitir que o sistema selecione arbitrariamente o processo que receberá a mensagem (ou seja, P_2 ou P_3 receberá a mensagem, mas não ambos). O sistema pode definir um algoritmo para a seleção do processo que receberá a mensagem (por exemplo, um algoritmo **round robin**, em que os processos se revezam no recebimento de mensagens). O sistema pode identificar o receptor para o emissor.

Uma caixa postal pode ser de propriedade de um processo ou do sistema operacional. Se a caixa postal é de propriedade de um processo (isto é, a caixa postal faz parte do espaço de endereçamento do processo), então fazemos a distinção entre o proprietário (que só pode receber mensagens por essa caixa postal) e o usuário (que só pode enviar mensagens para a caixa postal). Já que cada caixa postal tem um proprietário exclusivo, não pode haver confusão sobre que processo deve receber uma mensagem enviada para essa caixa postal. Quando um processo que possui uma caixa postal é encerrado, a caixa postal desaparece. Qualquer processo que enviar subsequentemente uma mensagem para essa caixa postal deve ser notificado de que ela não existe mais.

Por outro lado, uma caixa postal que é de propriedade do sistema operacional tem existência própria. Ela é independente e não está associada a qualquer processo específico. Logo, o sistema operacional deve fornecer um mecanismo que permita a um processo fazer o seguinte:

- Criar uma nova caixa postal.
- Enviar e receber mensagens pela caixa postal.
- Excluir uma caixa postal.

O processo que cria uma nova caixa postal é seu proprietário por default. Inicialmente, o proprietário é o único processo que pode receber mensagens por essa caixa postal. No entanto, o privilégio de propriedade e recebimento pode ser transferido a outros processos por meio de chamadas de sistema apropriadas. Naturalmente, essa transferência poderia resultar em vários receptores para cada caixa postal.

3.4.2.2 Sincronização

A comunicação entre processos tem lugar por meio de chamadas às primitivas `send()` e `receive()`. Há diferentes opções de projeto para a implementação de cada primitiva. A transmissão de mensagens pode ser **com bloqueio** ou **sem bloqueio** — também conhecidas como **síncrona** e **assíncrona**. (No decorrer deste texto, você encontrará os conceitos de comportamento síncrono e assíncrono em relação a vários algoritmos do sistema operacional.)

- **Envio com bloqueio.** O processo emissor é bloqueado até que a mensagem seja recebida pelo processo receptor ou pela caixa postal.
- **Envio sem bloqueio.** O processo emissor envia a mensagem e retoma a operação.
- **Recebimento com bloqueio.** O receptor é bloqueado até que a mensagem fique disponível.
- **Recebimento sem bloqueio.** O receptor recupera uma mensagem válida ou uma mensagem nula.

Diferentes combinações de `send()` e `receive()` são possíveis. Quando `send()` e `receive()` são com bloqueio, temos um **ponto de encontro** entre o emissor e o receptor. A solução para o problema do produtor-consumidor torna-se trivial quando usamos comandos `send()` e `receive()` com bloqueio. O produtor, simplesmente, invoca a chamada `send()` com bloqueio e espera até que a mensagem seja distribuída para o receptor ou a caixa postal. Da mesma forma, quando o consumidor invoca `receive()`, ele é bloqueado até que uma mensagem esteja disponível. Isso é ilustrado nas Figuras 3.15 e 3.16.

3.4.2.3 Armazenamento em Buffer

Independentemente de a comunicação ser direta ou indireta, as mensagens trocadas por processos em comunicação residem em uma fila temporária. Basicamente, essas filas podem ser implementadas de três maneiras:

- **Capacidade zero.** A fila tem tamanho máximo de zero; logo, o link não pode ter quaisquer mensagens em espera. Nesse caso, o emissor deve ser bloqueado até que o receptor receba a mensagem.

```
message next_produced;

while (true) {
  /* produz um item em next_produced */

  send(next_produced);
}
```

Figura 3.15 O processo produtor usando transmissão de mensagens.

```
message next_consumed;

while (true) {
  receive(next_consumed);

  /* consome o item em next_consumed */
}
```

Figura 3.16 O processo consumidor usando transmissão de mensagens.

- **Capacidade limitada.** A fila tem tamanho finito n; logo, no máximo n mensagens podem residir nela. Se a fila não está cheia quando uma nova mensagem é enviada, a mensagem é inserida na fila (a mensagem é copiada ou um ponteiro para a mensagem é mantido) e o emissor pode continuar a execução sem esperar. No entanto, a capacidade do link é finita. Se o link está cheio, o emissor deve ser bloqueado até haver espaço disponível na fila.
- **Capacidade ilimitada.** O tamanho da fila é potencialmente infinito; logo, pode conter qualquer número de mensagens em espera. O emissor nunca é bloqueado.

A opção de capacidade zero é, às vezes, referenciada como sistema de mensagens sem armazenamento em buffer. As outras opções são conhecidas como sistemas com armazenamento em buffer automático.

3.5 Exemplos de Sistemas IPC

Nesta seção, exploramos três sistemas ICP diferentes. Primeiro, abordamos a API POSIX para memória compartilhada; em seguida, discutimos a transmissão de mensagens no sistema operacional Mach. Concluímos com o Windows que, curiosamente, usa a memória compartilhada como um mecanismo para fornecer certos tipos de transmissão de mensagens.

3.5.1 Um Exemplo: a Memória Compartilhada no POSIX

Vários mecanismos IPC estão disponíveis para sistemas POSIX, incluindo a memória compartilhada e a transmissão de mensagens. Aqui, exploramos a API POSIX para memória compartilhada.

A memória compartilhada no POSIX é organizada com o uso de arquivos mapeados para a memória que associam a região de memória compartilhada a um arquivo. Inicialmente, um processo deve criar um objeto de memória compartilhada usando a chamada de sistema shm_open ( ), como descrito a seguir:

```
shm_fd = shm_open (name, O_CREAT | O_RDWR,
0666);
```

O primeiro parâmetro especifica o nome do objeto de memória compartilhada. Processos que queiram acessar essa memória compartilhada devem referenciar o objeto por esse nome. Os parâmetros subsequentes especificam que o objeto de memória compartilhada deve ser criado, se ele ainda não existir (O_CREAT), e que o objeto está aberto para leitura e gravação (O_RDWR). O último parâmetro estabelece as permissões de diretório do objeto de memória compartilhada. Uma chamada bem-sucedida a shm_open ( ) retorna um descritor de arquivo, na forma de um inteiro, para o objeto de memória compartilhada.

Uma vez que o objeto seja estabelecido, a função ftruncate ( ) é usada para configurar o tamanho do objeto em bytes. A chamada

```
ftruncate (shm_fd, 4096);
```

define o tamanho do objeto com 4.096 bytes.

Para concluir, a função mmap ( ) estabelece um arquivo mapeado para a memória contendo o objeto de memória compartilhada. Ela também retorna um ponteiro ao arquivo mapeado para a memória, usado para acesso ao objeto de memória compartilhada.

Os programas mostrados nas Figuras 3.17 e 3.18 usam o modelo do produtor-consumidor na implementação da memória compartilhada. O produtor estabelece um objeto de memória compartilhada e grava na memória compartilhada, e o consumidor lê a partir da memória compartilhada.

O produtor, mostrado na Figura 3.17, cria um objeto de memória compartilhada chamado OS e grava a famigerada sequência "Hello World!" na memória compartilhada. O programa mapeia para a memória um objeto de memória compartilhada com o tamanho especificado e permite gravações no objeto. (Obviamente, somente gravações são necessárias para o produtor.) O flag MAP_SHARED especifica que alterações feitas no objeto de memória compartilhada poderão ser vistas por todos os processos que compartilhem o objeto. Observe que gravamos no objeto de memória compartilhada chamando a função sprintf ( ) e gravando a sequência formatada para o ponteiro ptr. Após cada gravação, devemos incrementar o ponteiro de acordo com o número de bytes gravados.

O processo consumidor, mostrado na Figura 3.18, lê e exibe o conteúdo da memória compartilhada. O consumidor também invoca a função shm_unlink ( ) que remove o segmento de memória compartilhada após o consumidor tê-lo acessado. Fornecemos outros exercícios que usam a API POSIX de memória compartilhada nos exercícios de programação no fim deste capítulo. Adicionalmente, fornecemos uma abordagem mais detalhada do mapeamento de memória na Seção 9.7.

3.5.2 Um Exemplo: o Mach

Como exemplo de transmissão de mensagens, consideramos, a seguir, o sistema operacional Mach. Você deve se lembrar de que introduzimos o Mach no Capítulo 2 como parte do sistema operacional Mac OS X. O kernel do Mach suporta a criação e a destruição de várias tarefas que são semelhantes a processos, mas têm múltiplos threads de controle e menos recursos associados. A maior parte da comunicação no Mach — incluindo todas as informações entre tarefas — é executada por **mensagens**. As mensagens são enviadas e recebidas em caixas postais, chamadas **portas** no Mach.

Até mesmo chamadas de sistema são feitas por mensagens. Quando uma tarefa é criada, duas caixas postais especiais — a caixa postal Kernel e a caixa postal Notify — também são criadas. O kernel usa a caixa postal Kernel para se comunicar com a tarefa e envia notificações de ocorrências de eventos à porta Notify. Apenas três chamadas de sistema são necessárias para a transferência de mensagens. A chamada msg_send ( ) envia uma mensagem a uma caixa postal. A mensagem é recebida por msg_receive ( ). Chamadas de procedimento remotas (RPCs) são executadas por msg_rpc ( ), que envia uma mensagem e espera por apenas uma mensagem de retorno do emissor. Dessa forma, a RPC modela uma típica chamada de procedimento de sub-rotina, mas pode operar entre sistemas — daí o termo *remota*. As chamadas de procedimento remotas são abordadas com detalhes na Seção 3.6.2.

A chamada de sistema port_allocate ( ) cria uma nova caixa postal e aloca espaço para sua fila de mensagens. O default para o tamanho máximo da fila de mensagens é de oito mensagens. A tarefa que cria a caixa postal é a sua proprietária. O proprietário também pode receber mensagens da caixa postal. Somente uma tarefa de cada vez pode ser proprietária ou receber mensagens de uma caixa postal, mas esses direitos podem ser enviados a outras tarefas.

Inicialmente, a fila de mensagens da caixa postal fica vazia. Conforme mensagens são enviadas à caixa postal, elas são copiadas nessa caixa postal. Todas as mensagens têm a mesma prioridade. O Mach garante que várias mensagens do mesmo

```c
#include <stdio.h>
#include <stdlib.h>
#include <string.h>
#include <fcntl.h>
#include <sys/shm.h>
#include <sys/stat.h>

int main()
{
/* o tamanho (em bytes) do objeto de memória compartilhada */
const int SIZE = 4096;
/* nome do objeto de memória compartilhada */
const char *name = "OS";
/* strings gravadas na memória compartilhada */
const char *message 0 = "Hello";
const char *message 1 = "World!";

/* descritor de arquivo da memória compartilhada */
int shm fd;
/* ponteiro para o objeto de memória compartilhada */
void *ptr;

   /* cria o objeto de memória compartilhada */
   shm fd = shm open(name, O_CREAT | O RDWR, 0666);

   /* configura o tamanho do objeto de memória compartilhada */
   ftruncate(shm_fd, SIZE);

   /* mapeia o objeto de memória compartilhada para a memória */
   ptr = mmap(0, SIZE, PROT_WRITE, MAP_SHARED, shm_fd, 0);

   /* grava no objeto de memória compartilhada */
   sprintf(ptr,"%s",message_0);
   ptr += strlen(message_0);
   sprintf(ptr,"%s",message_1);
   ptr += strlen(message_1);

   return 0;
}
```

Figura 3.17 Processo produtor ilustrando a API POSIX de memória compartilhada.

emissor sejam enfileiradas na ordem 'primeiro a entrar, primeiro a sair' (FIFO), mas não garante uma ordem absoluta. Por exemplo, mensagens de dois emissores podem ser enfileiradas em qualquer ordem.

As mensagens propriamente ditas são compostas por um cabeçalho de tamanho fixo seguido por uma parte de dados de tamanho variável. O cabeçalho indica o tamanho da mensagem e inclui dois nomes de caixa postal. Um dos nomes especifica a caixa postal para a qual a mensagem está sendo enviada. Normalmente, o thread emissor espera uma resposta e, assim, o nome da caixa postal do emissor é passado à tarefa receptora, que pode usá-lo como "endereço de retorno".

A parte variável da mensagem é uma lista de itens de dados tipificados. Cada entrada da lista tem um tipo, tamanho e valor. O tipo dos objetos especificados na mensagem é importante, já que objetos definidos pelo sistema operacional — tais como direitos de propriedade ou de acesso para recebimento, estados de tarefas e segmentos de memória — podem ser enviados em mensagens.

As operações de envio e recebimento são flexíveis. Por exemplo, quando uma mensagem é enviada a uma caixa postal, essa caixa postal pode estar cheia. Se a caixa postal não estiver cheia, a mensagem será copiada nela e o thread emissor prosseguirá. Quando a caixa postal está cheia, o thread emissor tem quatro opções:

1. Esperar indefinidamente até haver espaço na caixa postal.
2. Esperar no máximo *n* milissegundos.
3. Não esperar e retornar imediatamente.
4. Armazenar, temporariamente, uma mensagem em cache. Nesse caso, uma mensagem pode ser confiada ao sistema operacional para que ele a armazene, mesmo se a caixa postal, para a qual a mensagem foi enviada, estiver cheia. Quando a mensagem puder ser inserida na caixa postal, outra mensagem será retornada ao emissor. Não mais do que uma mensagem enviada a uma caixa postal cheia pode ficar pendente, a qualquer tempo, para determinado thread emissor.

A última opção é específica para tarefas de servidor, tal como um driver de impressora de linha. Após concluir uma solicitação, essas tarefas de servidor podem precisar enviar uma resposta imediata à tarefa que solicitou o serviço, mas elas também devem continuar atendendo a outras requisições de serviço, mesmo que a caixa postal de resposta, para um cliente, esteja cheia.

```c
#include <stdio.h>
#include <stdlib.h>
#include <fcntl.h>
#include <sys/shm.h>
#include <sys/stat.h>

int main()
{
/* o tamanho (em bytes) do objeto de memória compartilhada */
const int SIZE = 4096;
/* nome do objeto de memória compartilhada */
const char *name = "OS";
/* descritor de arquivo da memória compartilhada */
int shm_fd;
/* ponteiro para o objeto de memória compartilhada */
void *ptr;

    /* abre o objeto de memória compartilhada */
    shm_fd = shm_open(name, O_RDONLY, 0666);

    /* mapeia o objeto de memória compartilhada para a memória */
    ptr = mmap(0, SIZE, PROT_READ, MAP_SHARED, shm_fd, 0);

    /* lê a partir do objeto de memória compartilhada */
    printf("%s",(char *)ptr);

    /* remove o objeto de memória compartilhada */
    shm_unlink(name);

    return 0;
}
```

Figura 3.18 Processo consumidor ilustrando a API POSIX de memória compartilhada.

A operação de recebimento deve especificar a caixa postal ou o conjunto de caixas postais a partir das quais uma mensagem deve ser recebida. Um conjunto de caixas postais é uma coleção de caixas postais declaradas pela tarefa, que podem ser agrupadas e tratadas como uma única caixa postal para os fins dessa tarefa. Os threads de uma tarefa podem receber mensagens somente de uma caixa postal ou conjunto de caixas postais para as quais a tarefa tenha acesso de recebimento. Uma chamada de sistema port_status ( ) retorna a quantidade de mensagens em determinada caixa postal. A operação de recebimento tenta receber (1) de qualquer caixa postal pertencente a um conjunto de caixas postais ou (2) de uma caixa postal específica (nomeada). Se nenhuma mensagem está em espera para ser recebida, o thread receptor pode esperar, no máximo, *n* milissegundos ou não esperar.

O sistema Mach foi projetado especialmente para sistemas distribuídos que discutimos no Capítulo 17, mas também se mostrou adequado para sistemas com menos núcleos de processamento, como evidenciado por sua inclusão no sistema Mac OS X. O principal problema dos sistemas de mensagens tem sido, em geral, o fraco desempenho causado pela cópia dupla de mensagens: primeiro, a mensagem é copiada do emissor para a caixa postal e, então, da caixa postal para o receptor. O sistema de mensagens do Mach tenta evitar operações de cópia dupla usando técnicas de gerenciamento de memória virtual (Capítulo 9). Essencialmente, o Mach mapeia o espaço de endereçamento que contém a mensagem do emissor para o espaço de endereçamento do receptor. A própria mensagem nunca é realmente copiada. Essa técnica de gerenciamento de mensagens proporciona uma grande melhoria no desempenho, mas funciona somente para mensagens dentro do sistema. O sistema operacional Mach é discutido com mais detalhes no Apêndice B fornecido on-line.

3.5.3 Um Exemplo: Windows

O sistema operacional Windows é um exemplo de projeto moderno que emprega a modularidade para aumentar a funcionalidade e reduzir o tempo necessário à implementação de novos recursos. O Windows dá suporte a vários ambientes operacionais, ou *subsistemas*. Os programas de aplicação comunicam-se com esses subsistemas por um mecanismo de transmissão de mensagens. Assim, os programas de aplicação podem ser considerados clientes de um servidor de subsistemas.

O recurso de transmissão de mensagens do Windows é denominado chamada de procedimento local avançada (ALPC — *advanced local procedure call*). Ele é usado na comunicação entre dois processos na mesma máquina. É semelhante ao mecanismo de chamada de procedimento remota padrão (RPC) que é amplamente utilizado, porém otimizado e específico para o Windows. (As chamadas de procedimento remotas são abordadas com detalhes na Seção 3.6.2.) Como o Mach, o Windows usa um objeto porta para estabelecer e manter uma conexão entre dois processos. O Windows usa dois tipos de portas: portas de conexão e portas de comunicação.

Os processos de servidor publicam objetos portas de conexão que podem ser vistos por todos os processos. Quando um cliente requer serviços de um subsistema, ele abre um manipulador para o objeto porta de conexão do servidor e envia uma solicitação de conexão a essa porta. O servidor, então, cria um canal e retorna um manipulador para o cliente. O canal é composto por um par de portas de comunicação privadas: uma para mensagens cliente-servidor, e a outra para mensagens servidor-cliente. Adicionalmente, os canais de comunicação dão suporte a um mecanismo de retorno de chamada que permite que o cliente e o servidor aceitem solicitações quando, normalmente, estariam esperando uma resposta.

Quando um canal ALPC é criado, uma entre três técnicas de transmissão de mensagens é selecionada:

1. Para mensagens pequenas (até 256 bytes), a fila de mensagens da porta é usada como repositório intermediário, e as mensagens são copiadas de um processo para o outro.
2. Mensagens maiores devem ser passadas por meio de um objeto seção, que é uma região de memória compartilhada associada ao canal.
3. Quando o volume de dados é grande demais para caber em um objeto seção, existe uma API disponível que permite que processos de servidor leiam e gravem diretamente no espaço de endereçamento de um cliente.

Ao estabelecer o canal, o cliente tem que decidir se precisa enviar uma mensagem extensa. Se o cliente determina que, realmente, deseja enviar mensagens extensas, ele solicita que um objeto seção seja criado. Da mesma forma, se o servidor decide que as respostas serão extensas, ele cria um objeto seção. Para que um objeto seção possa ser usado, é enviada uma pequena mensagem contendo um ponteiro e informações de tamanho do objeto seção. Esse método é mais complicado do que o primeiro método descrito acima, mas evita a cópia de dados. A estrutura das chamadas de procedimento locais avançadas no Windows é mostrada na Figura 3.19.

É importante observar que o recurso ALPC do Windows não faz parte da API Windows e, portanto, não fica visível para o programador da aplicação. Em vez disso, aplicações que usam a API Windows invocam chamadas de procedimento remotas padrão. Quando a RPC é invocada em um processo no mesmo sistema, ela é manipulada indiretamente por uma ALPC. Além disso, muitos serviços do kernel usam a ALPC para se comunicar com processos clientes.

3.6 Comunicação em Sistemas Cliente-Servidor

Na Seção 3.4, descrevemos como os processos podem se comunicar usando memória compartilhada e transmissão de mensagens. Essas técnicas também podem ser usadas para comunicação em sistemas cliente-servidor (Seção 1.11.4). Nesta seção, exploramos outras três estratégias para comunicação em sistemas cliente-servidor: sockets, chamadas de procedimento remotas (RPCs) e pipes.

3.6.1 Sockets

Um socket é definido como uma extremidade de comunicação. Um par de processos comunicando-se por uma rede emprega um par de sockets — um para cada processo. Um socket é identificado por um endereço IP concatenado com um número de porta. Geralmente, os sockets usam uma arquitetura cliente-servidor. O servidor espera solicitações recebidas de clientes ouvindo em uma porta especificada. Uma vez que uma solicitação seja recebida, o servidor aceita uma conexão proveniente do socket do cliente para completá-la. Servidores que implementam serviços específicos (como telnet, FTP e HTTP) ouvem em portas bem conhecidas (um servidor telnet ouve na porta 23, um servidor FTP ouve na porta 21, e um servidor web, ou HTTP, ouve na porta 80). Todas as portas abaixo de 1024 são consideradas *bem conhecidas*; podemos usá-las para implementar serviços-padrão.

Quando um processo cliente inicia uma solicitação de conexão, uma porta é atribuída a ele pelo computador hospedeiro. Essa porta tem algum número arbitrário maior do que 1024. Por exemplo, se um cliente, no hospedeiro X com endereço IP 146.86.5.20, quiser estabelecer uma conexão com um servidor web (que está escutando na porta 80) no endereço 161.25.19.8, a porta 1625 pode ser designada ao hospedeiro X. A conexão será composta por um par de sockets: (146.86.5.20:1625) no hospedeiro X e (161.25.19.8:80) no servidor web. Essa situação é ilustrada na Figura 3.20. Os pacotes que viajarem entre os hospedeiros serão liberados para o processo apropriado com base no número da porta de destino.

Todas as conexões devem ser exclusivas. Portanto, se outro processo, também no hospedeiro X, quisesse estabelecer outra

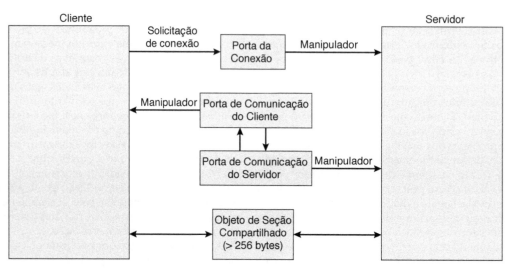

Figura 3.19 Chamadas de procedimento locais avançadas no Windows.

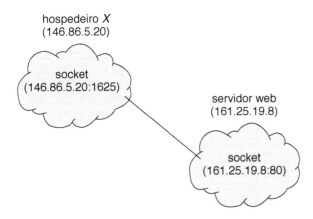

Figura 3.20 Comunicação com o uso de sockets.

conexão com o mesmo servidor web, teria a ele designado um número de porta maior do que 1024 e diferente de 1625. Isso assegura que todas as conexões sejam compostas por um único par de sockets.

Embora a maioria dos exemplos de programa deste texto use C, ilustraremos os sockets usando Java, já que essa linguagem fornece uma interface para sockets muito mais fácil e tem uma rica biblioteca de utilitários de rede. As pessoas interessadas na programação de sockets em C ou C++ devem consultar as Notas Bibliográficas no fim do capítulo.

A linguagem Java fornece três tipos de sockets diferentes. Os sockets orientados à conexão (TCP) são implementados com a classe `Socket`. Os sockets sem conexão (UDP) usam a classe `DatagramSocket`. Para concluir, a classe `MulticastSocket` é uma subclasse da classe `DatagramSocket`. Um socket multicast permite que os dados sejam enviados a vários receptores.

Nosso exemplo descreve um servidor de data que usa sockets TCP orientados à conexão. A operação permite que os clientes solicitem a data e a hora correntes ao servidor. O servidor escuta na porta 6013, embora a porta possa ter qualquer número arbitrário maior do que 1024. Quando uma conexão é recebida, o servidor retorna a data e a hora para o cliente.

O servidor de data é mostrado na Figura 3.21. O servidor cria um objeto `ServerSocket` que especifica que a porta 6013 será usada. Em seguida, o servidor começa a escutar na porta com o método `accept()`. O servidor é bloqueado no método `accept()` esperando que um cliente solicite uma conexão. Quando uma solicitação de conexão é recebida, `accept()` retorna um socket que o servidor pode usar para se comunicar com o cliente.

Os detalhes do modo como o servidor se comunica com o socket são descritos a seguir. Primeiro, o servidor estabelece um objeto `PrintWriter` que usará para se comunicar com o cliente. O objeto `PrintWriter` permite que o servidor grave no socket usando os métodos rotineiros de saída `print()` e `println()`. O processo do servidor envia a data ao cliente, chamando o método `println()`. Uma vez gravada a data no socket, o servidor fecha o socket para o cliente e retoma a escuta para mais solicitações.

Um cliente estabelece comunicação com o servidor criando um socket e se conectando com a porta em que o servidor está escutando. Implementamos tal cliente no programa em Java mostrado na Figura 3.22. O cliente cria um `Socket` e solicita uma conexão com o servidor no endereço IP 127.0.0.1 na porta 6013. Uma vez que a conexão seja estabelecida, o cliente pode

```java
import java.net.*;
import java.io.*;

public class DateServer
{
  public static void main(String[] args) {
    try {
      ServerSocket sock = new
        ServerSocket(6013);

      /* agora escuta conexões */
      while (true) {
        Socket client = sock.accept();

        PrintWriter pout = new
          PrintWriter(client.
          getOutputStream(), true);

        /* grava a Data no socket */
        pout.println(new java.util.Date().
          toString());

        /* fecha o socket e volta   */
        /* a escutar conexões */
        client.close();
      }
    }
    catch (IOException ioe) {
      System.err.println(ioe);
    }
  }
}
```

Figura 3.21 Servidor de data.

```java
import java.net.*;
import java.io.*;

public class DateClient
{
  public static void main(String[] args) {
    try {
      /* estabelece conexão com o socket do
         servidor */
      Socket sock = new Socket("127.0.0.1",6013);

      InputStream in = sock.getInputStream();
      BufferedReader bin = new
        BufferedReader(new
        InputStreamReader(in));

      /* lê a data no socket */
      String line;
      while ((line = bin.readLine()) != null)
        System.out.println(line);

      /* fecha a conexão com o socket*/
      sock.close();
    }
    catch (IOException ioe) {
      System.err.println(ioe);
    }
  }
}
```

Figura 3.22 Cliente do servidor de data.

ler do socket usando comandos normais de fluxo de I/O. Após ter recebido a data enviada pelo servidor, o cliente fecha o socket e é encerrado. O endereço IP 127.0.0.1 é um endereço IP especial conhecido como **autorretorno**. Quando um computador referencia o endereço IP 127.0.0.1, está referenciando a si próprio. Esse mecanismo permite que um cliente e um servidor no mesmo hospedeiro se comuniquem usando o protocolo TCP/IP. O endereço IP 127.0.0.1 poderia ser substituído pelo endereço IP de outro hospedeiro que estivesse executando o servidor de data. Além de um endereço IP, um nome de hospedeiro real, como www.westminstercollege.edu, também pode ser usado.

A comunicação com o uso de sockets — embora comum e eficiente — é considerada uma forma de comunicação de baixo nível entre processos distribuídos. Um dos motivos é que os sockets permitem que somente um fluxo não estruturado de bytes seja trocado entre os threads que estão se comunicando. É responsabilidade da aplicação cliente ou servidora impor uma estrutura aos dados. Nas duas próximas subseções, examinamos dois métodos de comunicação de alto nível: as chamadas de procedimento remotas (RPCs) e os pipes.

3.6.2 Chamadas de Procedimento Remotas

Uma das formas mais comuns de serviço remoto é o paradigma RPC que discutimos brevemente na Seção 3.5.2. A RPC foi projetada como uma forma de abstrair o mecanismo de chamada de procedimento para uso entre sistemas com conexões de rede. Ela é, em muitos aspectos, semelhante ao mecanismo IPC descrito na Seção 3.4 e é, usualmente, construída no topo de um sistema desse tipo. Aqui, no entanto, já que estamos lidando com um ambiente em que os processos estão sendo executados em sistemas separados, devemos usar um esquema de comunicação baseado em mensagens para fornecer serviço remoto.

Ao contrário das mensagens IPC, as mensagens trocadas na comunicação RPC são bem estruturadas e, portanto, não são mais pacotes de dados apenas. Cada mensagem é endereçada a um daemon RPC, escutando em uma porta no sistema remoto, e contém um identificador especificando a função a ser executada e os parâmetros a serem passados para a função. Essa função é, então, executada como solicitado, e qualquer saída é retornada ao solicitante em uma mensagem separada.

Uma **porta** é, simplesmente, um número incluído no início de um pacote de mensagem. Enquanto um sistema, normalmente, tem um endereço de rede, ele pode ter muitas portas dentro desse endereço para diferenciar os diversos serviços de rede a que dá suporte. Se um processo remoto precisa de um serviço, ele endereça uma mensagem à porta apropriada. Por exemplo, se um sistema quisesse permitir que outros sistemas fossem capazes de listar seus usuários correntes, teria um daemon suportando essa RPC, anexado a uma porta — digamos, a porta 3027. Qualquer sistema remoto poderia obter as informações necessárias (isto é, a lista de usuários correntes) enviando uma mensagem RPC para a porta 3027 do servidor. Os dados seriam recebidos em uma mensagem de resposta.

A semântica das RPCs permite que um cliente invoque um procedimento em um hospedeiro remoto como invocaria um procedimento localmente. O sistema RPC oculta os detalhes que permitem a ocorrência da comunicação, fornecendo um **stub** no lado do cliente. Normalmente, existe um stub separado para cada procedimento remoto. Quando o cliente invoca um procedimento remoto, o sistema RPC chama o stub apropriado, passando para ele os parâmetros fornecidos ao procedimento remoto. Esse stub localiza a porta no servidor e **organiza** os parâmetros. A organização dos parâmetros envolve o seu empacotamento em uma forma que possa ser transmitida por uma rede. O stub envia, então, uma mensagem ao servidor usando transmissão de mensagens. Um stub semelhante no lado do servidor recebe essa mensagem e invoca o procedimento no servidor. Se necessário, valores de retorno são devolvidos ao cliente com o uso da mesma técnica. Em sistemas Windows, o código do stub é compilado a partir de uma especificação escrita na **Microsoft Interface Definition Language (MIDL)**, que é usada para definir as interfaces entre programas cliente e servidor.

Uma questão que deve ser tratada diz respeito às diferenças na representação de dados nas máquinas do cliente e do servidor. Considere a representação de inteiros de 32 bits. Alguns sistemas (conhecidos como **big-endian**) armazenam primeiro o byte mais significativo, enquanto outros (conhecidos como **little-endian**) armazenam primeiro o byte menos significativo. Nenhuma das duas ordens é "melhor" por si só; em vez disso, a escolha é arbitrária dentro de uma arquitetura de computador. Para resolver esse tipo de diferença, muitos sistemas RPC definem uma representação de dados independente de máquina. Tal representação é conhecida como **representação de dados externa** (**XDR** — *external data representation*). No lado do cliente, a organização de parâmetros envolve a conversão dos dados dependentes de máquina para XDR antes de serem enviados ao servidor. No lado do servidor, os dados XDR são desorganizados e convertidos para a representação dependente de máquina do servidor.

Outra questão importante envolve a semântica de uma chamada. Enquanto chamadas de procedimento locais só falham em circunstâncias extremas, as RPCs podem falhar, ou podem ser duplicadas e executadas mais de uma vez, como resultado de erros comuns de rede. Uma forma de resolver esse problema é o sistema operacional assegurar que as mensagens sejam manipuladas *exatamente uma vez*, em vez de *no máximo uma vez*. A maioria das chamadas de procedimento locais tem a funcionalidade "exatamente uma vez", mas ela é mais difícil de implementar.

Primeiro, considere a abordagem "no máximo uma vez". Essa semântica pode ser implementada pela anexação de um marcador de tempo a cada mensagem. O servidor deve manter um histórico de todos os marcadores de tempo de mensagens que ele já processou ou um histórico suficientemente extenso para assegurar que mensagens repetidas sejam detectadas. Mensagens recebidas com um marcador de tempo já existente no histórico são ignoradas. O cliente pode, então, enviar uma mensagem uma ou mais vezes e ter certeza de que ela só será executada uma vez.

Para usar a abordagem "exatamente uma vez", precisamos eliminar o risco de que o servidor nunca receba a solicitação. Para conseguir isso, o servidor deve implementar o protocolo "no máximo uma vez" descrito acima, mas também deve confirmar, para o cliente, que a chamada RPC foi recebida e executada. Essas mensagens ACK são comuns em todos os serviços de rede. O cliente deve reenviar cada chamada RPC periodicamente até receber a mensagem de confirmação (ACK) para essa chamada.

Mais uma questão importante diz respeito à comunicação entre um servidor e um cliente. Nas chamadas de procedimento-padrão, ocorre algum tipo de associação durante o tempo de vinculação, carga ou execução (Capítulo 8) para que o nome da chamada de procedimento seja substituído por seu endereço na memória. O esquema RPC requer uma associação semelhante entre a porta do cliente e do servidor, mas como um cliente sabe os números de porta do servidor? Nenhum dos dois sistemas tem informações completas sobre o outro, porque eles não compartilham memória.

Duas abordagens são comuns. Na primeira, as informações da associação podem ser predeterminadas, na forma de endereços de porta fixos. Em tempo de compilação, uma chamada RPC tem um número de porta fixo a ela associado. Uma vez que um programa esteja compilado, o servidor não pode alterar o número de porta do serviço solicitado. Na segunda abordagem, a associação pode ser obtida dinamicamente por um mecanismo de ponto de encontro. Normalmente, um sistema operacional fornece um daemon de ponto de encontro (também chamado matchmaker) em uma porta RPC fixa. O cliente envia, então, uma mensagem contendo o nome da RPC ao daemon de encontro, solicitando o endereço de porta da RPC que ele tem de executar. O número da porta é retornado e as chamadas RPC podem ser enviadas para essa porta até que o processo termine (ou que o servidor caia). Esse método impõe o overhead adicional da solicitação inicial, porém é mais flexível do que a primeira abordagem. A Figura 3.23 mostra um exemplo de interação.

O esquema RPC é útil na implementação de um sistema de arquivos distribuído (Capítulo 17). Tal sistema pode ser implementado como um conjunto de daemons e clientes RPC. As mensagens são endereçadas à porta do sistema de arquivos distribuído em um servidor no qual uma operação de arquivos está para ocorrer. A mensagem contém a operação de disco a ser executada. A operação de disco pode ser read, write, rename, delete ou status, que correspondem às chamadas de sistema usuais relacionadas com arquivos. A mensagem de retorno contém quaisquer dados resultantes dessa chamada que é executada pelo daemon DFS em nome do cliente. Por exemplo, uma mensagem pode conter uma solicitação para transferir um arquivo inteiro a um cliente ou ser limitada a uma simples solicitação de bloco. No último caso, várias solicitações podem ser necessárias se um arquivo inteiro estiver para ser transferido.

3.6.3 Pipes

Um pipe atua como um canal que permite que dois processos se comuniquem. Os pipes foram um dos primeiros mecanismos

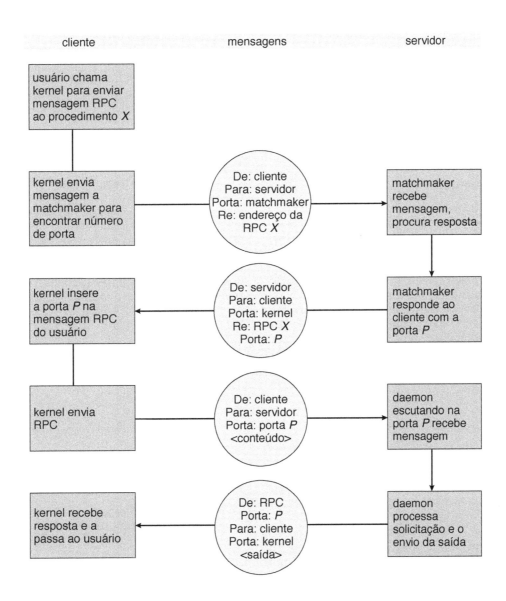

Figura 3.23 Execução de uma chamada de procedimento remota (RPC).

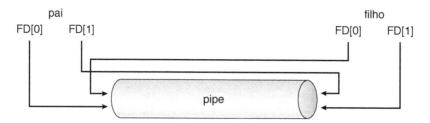

Figura 3.24 Descritores de arquivo de um pipe comum.

IPC em sistemas UNIX iniciais. Eles fornecem, tipicamente, uma das maneiras mais simples para que os processos se comuniquem uns com os outros, embora também tenham algumas limitações. Na implementação de um pipe, quatro questões devem ser consideradas:

1. O pipe permite comunicação bidirecional ou é de comunicação unidirecional?
2. Se a comunicação bidirecional é permitida, ela é half duplex (os dados podem viajar em uma direção de cada vez) ou full duplex (os dados podem viajar nas duas direções ao mesmo tempo)?
3. Deve existir um relacionamento (do tipo *pai-filho*) entre os processos em comunicação?
4. Os pipes podem se comunicar por uma rede ou os processos em comunicação devem residir na mesma máquina?

Nas seções a seguir, exploramos dois tipos comuns de pipes usados em sistemas UNIX e Windows: pipes comuns e pipes nomeados.

3.6.3.1 Pipes Comuns

Os pipes comuns permitem que dois processos se comuniquem na forma-padrão produtor-consumidor: o produtor grava em uma extremidade do pipe (a extremidade de gravação) e o consumidor lê da outra extremidade (a extremidade de leitura). Como resultado, os pipes comuns são unidirecionais, permitindo apenas a comunicação em uma direção. Se a comunicação bidirecional é necessária, dois pipes devem ser usados, com cada pipe enviando dados em uma direção diferente. Ilustramos, a seguir, a construção de pipes comuns em sistemas UNIX e Windows. Nos dois exemplos de programas, um processo grava a mensagem Greetings no pipe, enquanto o outro processo lê a mensagem a partir do pipe.

Em sistemas UNIX, os pipes comuns são construídos com o uso da função

```
pipe(int fd[])
```

Essa função cria um pipe que é acessado pelos descritores de arquivo int fd[]: fd[0] é a extremidade de leitura do pipe, e fd[1] é a extremidade de gravação. O UNIX trata um pipe como um tipo especial de arquivo. Assim, os pipes podem ser acessados com o uso das chamadas de sistema comuns read ( ) e write ( ).

Um pipe comum não pode ser acessado de fora do processo que o criou. Normalmente, um processo-pai cria um pipe e o usa para se comunicar com um processo-filho que ele cria por meio de fork ( ). Lembre-se, da Seção 3.3.1, de que um processo-filho herda os arquivos abertos do seu pai. Já que um pipe é um tipo especial de arquivo, o filho herda o pipe do seu processo-pai. A Figura 3.24 ilustra o relacionamento do descritor de arquivo fd dos processos-pais e filho.

No programa UNIX mostrado na Figura 3.25, o processo-pai cria um pipe e, em seguida, envia uma chamada fork ( ) que cria o processo-filho. O que ocorre após a chamada fork ( ) depende de como os dados irão fluir pelo pipe. Nesse exemplo, o pai grava no pipe, e o filho lê a partir dele. É importante observar que, inicialmente, tanto o processo-pai quanto o processo-filho fecham suas extremidades não utilizadas do pipe. Embora o programa mostrado na Figura 3.25 não demande essa ação, ela é um passo importante para assegurar que um processo, ao ler a partir do pipe, consiga detectar fim de arquivo [read ( ) retorna 0] quando o gravador tiver fechado sua extremidade do pipe.

Os pipes comuns, nos sistemas Windows, são chamados pipes anônimos e eles se comportam de maneira semelhante aos seus equivalentes no UNIX: são unidirecionais e empregam relacionamentos pai-filho entre os processos em comunicação. Além disso, a leitura do pipe e a gravação no pipe podem ser executadas com as funções comuns ReadFile ( ) e WriteFile ( ). A API Windows para a criação de pipes é a função CreatePipe ( ), que recebe quatro parâmetros. Os parâmetros fornecem manipuladores separados para (1) leitura do pipe e (2) gravação no pipe, assim como (3) uma instância da estrutura STARTUPINFO que é usada para especificar que o processo-filho deve herdar os manipuladores do pipe. Adicionalmente, (4) o tamanho do pipe (em bytes) pode ser especificado.

A Figura 3.27 ilustra um processo-pai criando um pipe anônimo para se comunicar com seu filho. Diferente dos sistemas UNIX em que um processo-filho herda automaticamente um

```
#include <sys/types.h>
#include <stdio.h>
#include <string.h>
#include <unistd.h>

#define BUFFER_SIZE 25
#define READ_END 0
#define WRITE_END 1

int main(void)
{
char write_msg[BUFFER_SIZE] = "Greetings";
char read_msg[BUFFER_SIZE];
int fd[2];
pid_t pid;
```

/* O programa continua na Figura 3.26 */

Figura 3.25 Pipe comum no UNIX.

```
        /* cria o pipe */
        if (pipe(fd) == -1) {
          fprintf(stderr,"Pipe failed");
          return 1;
        }

        /* cria um processo-filho */
        pid = fork();

        if (pid < 0) { /* error occurred */
          fprintf(stderr, "Fork Failed");
          return 1;
        }

        if (pid > 0) { /* parent process */
          /* fecha a extremidade não usada do pipe */
          close(fd[READ_END]);

          /* grava no pipe */
          write(fd[WRITE_END], write_msg, strlen(write_msg)+1);

          /* fecha a extremidade de leitura do pipe */
          close(fd[WRITE_END]);
        }
        else { /* processo-filho */
          /* fecha a extremidade não usada do pipe */
          close(fd[WRITE_END]);

          /* lê do pipe */
          read(fd[READ_END], read_msg, BUFFER_SIZE);
          printf("read %s",read_msg);

          /* fecha a extremidade de gravação do pipe */
          close(fd[READ_END]);
        }

        return 0;
      }
```

Figura 3.26 Continuação da Figura 3.25.

pipe criado por seu pai, o Windows requer que o programador especifique os atributos que o processo-filho herdará. Isso é feito, em primeiro lugar, pela inicialização da estrutura SECU-RITY_ATTRIBUTES para permitir que manipuladores sejam herdados e, em seguida, pelo redirecionamento dos manipuladores de entrada ou saída-padrão do processo-filho para o manipulador de leitura ou gravação do pipe. Já que o filho fará leituras a partir do pipe, o pai deve redirecionar a entrada-padrão do filho para o manipulador de leitura do pipe. Além disso, já que os pipes são half duplex, é necessário proibir o filho de herdar a extremidade de gravação do pipe. O programa que cria o processo-filho é semelhante ao programa da Figura 3.11, exceto pelo fato de que o quinto parâmetro é posicionado como TRUE, indicando que o processo-filho deve herdar os manipuladores designados do seu pai. Antes de gravar no pipe, o pai fecha sua extremidade de leitura não utilizada do pipe. O processo-filho que lê a partir do pipe é mostrado na Figura 3.29. Antes de ler, esse programa obtém o manipulador de leitura do pipe invocando GetStdHandle ( ).

Observe que os pipes comuns requerem um relacionamento pai-filho entre os processos em comunicação, tanto em sistemas UNIX quanto em sistemas Windows. Isso significa que esses pipes só podem ser usados para a comunicação entre processos na mesma máquina.

```
#include <stdio.h>
#include <stdlib.h>
#include <windows.h>

#define BUFFER_SIZE 25

int main(VOID)
{
HANDLE ReadHandle, WriteHandle;
STARTUPINFO si;
PROCESS_INFORMATION pi;
char message[BUFFER_SIZE] = "Greetings";
DWORD written;
```

/* O programa continua na Figura 3.28 */

Figura 3.27 Pipe anônimo no Windows — processo-pai.

```c
/* estabelece atributos de segurança permitindo que os pipes sejam herdados */
SECURITY_ATTRIBUTES sa = {sizeof(SECURITY_ATTRIBUTES),NULL,TRUE};
/* aloca memória */
ZeroMemory(&pi, sizeof(pi));

/* cria o pipe */
if (!CreatePipe(&ReadHandle, &WriteHandle, &sa, 0)) {
  fprintf(stderr, "Create Pipe Failed");
  return 1;
}

/* estabelece a estrutura START_INFO para o processo-filho */
GetStartupInfo(&si);
si.hStdOutput = GetStdHandle(STD_OUTPUT_HANDLE);

/* redireciona a entrada-padrão para a extremidade de leitura do pipe */
si.hStdInput = ReadHandle;
si.dwFlags = STARTF_USESTDHANDLES;

/* não permite que o filho herde a extremidade de gravação do pipe */
SetHandleInformation(WriteHandle, HANDLE_FLAG_INHERIT, 0);

/* cria o processo-filho */
CreateProcess(NULL, "child.exe", NULL, NULL,
  TRUE, /* inherit handles */
  0, NULL, NULL, &si, &pi);

/* fecha a extremidade não usada do pipe */
CloseHandle(ReadHandle);

/* o pai grava no pipe */
if (!WriteFile(WriteHandle, message,BUFFER_SIZE,&written,NULL))
  fprintf(stderr, "Error writing to pipe.");

/* fecha a extremidade de gravação do pipe */
CloseHandle(WriteHandle);

/* espera o filho sair */
WaitForSingleObject(pi.hProcess, INFINITE);
CloseHandle(pi.hProcess);
CloseHandle(pi.hThread);
return 0;
}
```

Figura 3.28 Continuação da Figura 3.27.

3.6.3.2 Pipes Nomeados

Os pipes comuns fornecem um mecanismo simples que permite a comunicação entre um par de processos. No entanto, pipes comuns só existem enquanto os processos estão se comunicando um com o outro. Em sistemas UNIX e Windows, uma vez que os processos terminem a comunicação e sejam encerrados, o pipe comum deixa de existir.

Os pipes nomeados fornecem uma ferramenta de comunicação muito mais poderosa. A comunicação pode ser bidirecional, e nenhum relacionamento pai-filho é necessário. Uma vez que um pipe nomeado seja estabelecido, vários processos podem usá-lo para comunicação. Na verdade, em um cenário típico, um pipe nomeado tem vários gravadores. Adicionalmente, os pipes nomeados continuam a existir após os processos em comunicação terem sido encerrados. Os sistemas UNIX e Windows suportam pipes nomeados, embora os detalhes de implementação sejam bem diferentes. A seguir, exploramos os pipes nomeados em cada um desses sistemas.

Os pipes nomeados são considerados FIFOs nos sistemas UNIX. Uma vez criados, eles aparecem como arquivos típicos no sistema de arquivos. Uma FIFO é criada com a chamada de sistema mkfifo ( ) e manipulada com as chamadas de sistema comuns open ( ), read ( ), write ( ) e close ( ). Ela continuará a existir até ser explicitamente excluída do sistema de arquivos. Embora as FIFOs permitam a comunicação bidirecional, apenas a transmissão half duplex é permitida. Quando os dados precisam viajar nas duas direções, duas FIFOs são, normalmente, utilizadas. Adicionalmente, os processos em comunicação devem residir na mesma máquina. Se a comunicação entre máquinas for necessária, sockets (Seção 3.6.1) devem ser usados.

Os pipes nomeados nos sistemas Windows fornecem um mecanismo de comunicação mais rico do que seus equivalentes

```c
#include <stdio.h>
#include <windows.h>

#define BUFFER_SIZE 25

int main(VOID)
{
HANDLE Readhandle;
CHAR buffer[BUFFER_SIZE];
DWORD read;

   /* obtém o manipulador de leitura do pipe */
   ReadHandle = GetStdHandle(STD_INPUT_HANDLE);

   /* o filho lê a partir do pipe */
   if (ReadFile(ReadHandle, buffer, BUFFER_SIZE,
     &read, NULL))
      printf("child read %s",buffer);
   else
      fprintf(stderr, "Error reading from pipe");

   return 0;
}
```

Figura 3.29 Pipes anônimos do Windows — processo-filho.

no UNIX. A comunicação full duplex é permitida e os processos em comunicação podem residir na mesma máquina ou em máquinas diferentes. Adicionalmente, apenas dados orientados a bytes podem ser transmitidos por uma FIFO UNIX, enquanto os sistemas Windows permitem tanto dados orientados a bytes quanto dados orientados a mensagens. Os pipes nomeados são criados com a função `CreateNamedPipe ( )`, e um cliente pode se conectar com um pipe nomeado usando `Connect-NamedPipe ( )`. A comunicação pelo pipe nomeado pode ser estabelecida com o uso das funções `ReadFile ( )` e `WriteFile ( )`.

3.7 Resumo

Um processo é um programa em execução. Enquanto um processo é executado, ele muda de estado. O estado de um processo é definido por sua atividade corrente. Cada processo pode estar em um dos estados a seguir: novo, pronto, em execução, em espera, ou encerrado. Cada processo é representado no sistema operacional por seu próprio bloco de controle de processo (PCB).

Quando não está sendo executado, um processo é inserido em alguma fila de espera. Existem duas classes principais de filas em um sistema operacional: filas de solicitação de I/O e a fila de prontos. A fila de prontos contém todos os processos que estão prontos para execução e estão esperando pela CPU. Cada processo é representado por um PCB.

O sistema operacional deve selecionar processos em várias filas de scheduling. O scheduling de longo prazo (de jobs) é a seleção dos processos que poderão disputar a CPU. Normalmente, o scheduling de longo prazo é muito influenciado por considerações de alocação de recursos, principalmente pelo gerenciamento da memória. O scheduling de curto prazo (da CPU) é a seleção de um processo na fila de prontos.

Os sistemas operacionais devem fornecer um mecanismo para que os processos-pais criem novos processos-filhos. O pai pode esperar que seus filhos sejam encerrados antes de prosseguir, ou o pai e os filhos podem ser executados concorrentemente. Há várias razões para permitir a execução concorrente: compartilhamento de informações, aceleração da computação, modularidade e conveniência.

Os processos em execução no sistema operacional podem ser independentes ou cooperativos. Os processos cooperativos requerem um mecanismo de comunicação entre processos para se comunicarem uns com os outros. Basicamente, a comunicação é obtida por dois esquemas: memória compartilhada e transmissão de mensagens. O método de memória compartilhada requer que os processos em comunicação compartilhem algumas variáveis. Espera-se que os processos troquem informações pelo uso dessas variáveis compartilhadas. Em um sistema de memória compartilhada, a responsabilidade pelo fornecimento de comunicação é dos programadores de aplicações; o sistema operacional tem de fornecer apenas a memória compartilhada. O método de transmissão de mensagens permite que os processos troquem mensagens. A responsabilidade pelo fornecimento de comunicação pode ser do próprio sistema operacional. Esses dois esquemas não são mutuamente exclusivos e podem ser usados simultaneamente dentro do mesmo sistema operacional.

A comunicação em sistemas cliente-servidor pode usar (1) sockets, (2) chamadas de procedimento remotas (RPCs), ou (3) pipes. Um socket é definido como uma extremidade de comunicação. Uma conexão entre um par de aplicações é composta por um par de sockets, um em cada extremidade do canal de comunicação. As RPCs são outro tipo de comunicação distribuída. Uma RPC ocorre quando um processo (ou thread) chama um procedimento em uma aplicação remota. Os pipes fornecem maneiras relativamente simples para que os proces-

---

OS PIPES NA PRÁTICA

Os pipes são usados, com muita frequência, no ambiente de linha de comando do UNIX, em situações nas quais a saída de um comando serve como entrada para outro comando. Por exemplo, o comando UNIX `ls` produz uma listagem de diretório. Para listagens de diretórios, especialmente longas, a saída pode rolar por várias telas. O comando `more` gerencia a saída exibindo apenas uma tela de cada vez; o usuário deve pressionar a barra de espaço para passar de uma tela para a próxima. O estabelecimento de um pipe entre os comandos `ls` e `more` (que estão sendo executados como processos individuais) possibilita que a saída de `ls` seja liberada como entrada para `more`, habilitando o usuário a exibir uma listagem de diretório extensa em uma tela de cada vez. Um pipe pode ser construído na linha de comando com o uso do caractere |. O comando completo é

   `ls | more`

Nesse cenário, o comando `ls` serve como produtor, e sua saída é consumida pelo comando `more`.

Os sistemas Windows fornecem um comando `more` para o shell DOS com funcionalidade semelhante à de seu equivalente no UNIX. O shell DOS também usa o caractere | para estabelecer um pipe. A única diferença é que, para obter uma listagem de diretório, o DOS usa o comando `dir`, em vez de `ls`, como mostrado abaixo:

   `dir | more`

```c
#include <sys/types.h>
#include <stdio.h>
#include <unistd.h>

int value = 5;

int main()
{
pid_t pid;

  pid = fork();

  if (pid == 0) { /* processo-filho */
    value += 15;
    return 0;
  }
  else if (pid > 0) { /* processo-pai */
    wait(NULL);
    printf("PARENT: value = %d",value); /*
    LINHA A */
    return 0;
  }
}
```

Figura 3.30 Que saída haverá na linha A?

sos se comuniquem uns com os outros. Os pipes comuns permitem a comunicação entre processos-pais e processos-filhos, enquanto os pipes nomeados permitem que processos não relacionados se comuniquem.

Exercícios Práticos

3.1 Usando o programa mostrado na Figura 3.30, explique qual será a saída na LINHA A.

3.2 Incluindo o processo-pai inicial, quantos processos são criados pelo programa mostrado na Figura 3.31?

3.3 As versões originais do sistema operacional móvel iOs da Apple não forneciam um meio para processamento concorrente. Discuta três grandes complicações que o processamento concorrente adiciona a um sistema operacional.

```c
#include <stdio.h>
#include <unistd.h>

int main()
{
  /* cria um processo-filho */
  fork();

  /* cria outro processo-filho */
  fork();

  /* e cria um outro */
  fork();

  return 0;
}
```

Figura 3.31 Quantos processos são criados?

3.4 O processador UltraSPARC da Sun tem vários conjuntos de registradores. Descreva o que acontece quando ocorre uma mudança de contexto e o novo contexto já está carregado em um dos conjuntos de registradores. O que acontece quando o novo contexto está na memória e não em um conjunto de registradores e todos os conjuntos de registradores estão sendo usados?

3.5 Quando um processo cria um novo processo usando a operação fork( ), qual dos estados a seguir é compartilhado entre o processo-pai e o processo-filho?
   a. Pilha
   b. Heap
   c. Segmentos de memória compartilhada

3.6 Considere a semântica "exatamente uma vez" no que diz respeito ao mecanismo RPC. O algoritmo para implementação dessa semântica é executado corretamente, mesmo quando a mensagem ACK retornada ao cliente é perdida por causa de um problema na rede? Descreva a sequência de mensagens e discuta se a semântica "exatamente uma vez" continua sendo preservada.

3.7 Suponha que um sistema distribuído seja suscetível a falhas no servidor. Que mecanismos seriam necessários para garantir a semântica "exatamente uma vez" na execução de RPCs?

Exercícios

3.8 Descreva as diferenças entre o scheduling de curto prazo, de médio prazo e de longo prazo.

3.9 Descreva as ações executadas por um kernel para a mudança de contexto entre processos.

3.10 Construa uma árvore de processos semelhante a da Figura 3.8. Para obter informações sobre processos do sistema UNIX ou Linux, use o comando ps -ael. Use o comando man ps para obter mais informações sobre o comando ps. O gerenciador de tarefas, nos sistemas Windows, não fornece a ID do processo-pai, mas a ferramenta *monitor de processos*, disponível em technet.microsoft.com, fornece uma ferramenta de árvore de processos.

3.11 Explique o papel do processo init em sistemas UNIX e Linux no que diz respeito ao encerramento de processos.

3.12 Incluindo o processo-pai inicial, quantos processos são criados pelo programa mostrado na Figura 3.32?

```c
#include <stdio.h>
#include <unistd.h>

int main()
{
  int i;

  for (i = 0; i < 4; i++)
    fork();

  return 0;
}
```

Figura 3.32 Quantos processos são criados?

```
#include <sys/types.h>
#include <stdio.h>
#include <unistd.h>

int main()
{
pid_t pid;

   /* cria um processo-filho */
   pid = fork();

   if (pid < 0) { /* um erro ocorreu */
      fprintf(stderr, "Fork Failed");
      return 1;
   }
   else if (pid == 0) { /* processo-filho */
      execlp("/bin/ls","ls",NULL);
      printf("LINE J");
   }
   else { /* processo-pai */
      /* o pai esperará o filho terminar */
      wait(NULL);
      printf("Child Complete");
   }

   return 0;
}
```

Figura 3.33 Quando `LINE J` será alcançada?

```
#include <sys/types.h>
#include <stdio.h>
#include <unistd.h>

int main()
{
pid_t pid, pid1;

   /* cria um processo-filho */
   pid = fork();

   if (pid < 0) { /* um erro ocorreu */
      fprintf(stderr, "Fork Failed");
      return 1;
   }
   else if (pid == 0) { /* processo-filho */
      pid1 = getpid();
      printf("child: pid = %d",pid);  /* A */
      printf("child: pid1 = %d",pid1); /* B */
   }
   else { /* processo-pai */
      pid1 = getpid();
      printf("parent: pid = %d",pid);  /* C */
      printf("parent: pid1 = %d",pid1); /* D */
      wait(NULL);
   }

   return 0;
}
```

Figura 3.34 Quais são os valores de pid?

3.13 Explique as circunstâncias em que a linha de código marcada por `printf ("LINE J")` na Figura 3.33 será alcançada.

3.14 Usando o programa da Figura 3.34, identifique os valores de pid nas linhas A, B, C e D. (Suponha que os pids reais do pai e do filho sejam 2600 e 2603, respectivamente.)

3.15 Dê um exemplo de uma situação em que pipes comuns sejam mais adequados do que pipes nomeados e um exemplo de uma situação em que pipes nomeados sejam mais apropriados do que pipes comuns.

3.16 Considere o mecanismo RPC. Descreva as consequências indesejáveis que poderiam surgir da não imposição da semântica "no máximo uma vez" ou "exatamente uma vez". Descreva possíveis usos para um mecanismo que não tenha qualquer dessas garantias.

3.17 Usando o programa mostrado na Figura 3.35, explique qual será a saída nas linhas X e Y.

3.18 Quais são os benefícios e as desvantagens de cada uma das situações a seguir? Considere tanto o nível de sistema quanto o nível de programador.

   a. Comunicação síncrona e assíncrona
   b. Armazenamento em buffer automático e explícito
   c. Envio por cópia e envio por referência
   d. Mensagens de tamanho fixo e de tamanho variável

Problemas de Programação

3.19 Usando um sistema UNIX ou Linux, escreva um programa em C para criar um processo-filho que acabe se tornando um processo zumbi. Esse processo zumbi deve

```
#include <sys/types.h>
#include <stdio.h>
#include <unistd.h>

#define SIZE 5

int nums[SIZE] = {0,1,2,3,4};

int main()
{
int i;
pid_t pid;

   pid = fork();

   if (pid == 0) {
      for (i = 0; i < SIZE; i++) {
         nums[i] *= -i;
         printf("CHILD: %d ",nums[i]); /* LINHA X */
      }
   }
   else if (pid > 0) {
      wait(NULL);
      for (i = 0; i < SIZE; i++)
         printf("PARENT: %d ",nums[i]); /* LINHA Y */
   }

   return 0;
}
```

Figura 3.35 Que saída teremos na Linha X e na Linha Y?

permanecer no sistema por, pelo menos, 10 segundos. Os estados do processo podem ser obtidos com o comando

```
ps -l
```

Os estados dos processos são mostrados na coluna S; processos com estado Z são zumbis. O identificador (pid) do processo-filho é listado na coluna PID e o do pai é listado na coluna PPID.

Talvez, a maneira mais fácil de determinar se o processo-filho é mesmo um zumbi seja executar, em background (usando &), o programa que você escreveu e, em seguida, executar o comando ps -l para determinar se o filho é um processo zumbi. Já que você não quer muitos processos zumbis no sistema, terá que remover o que você criou. O modo mais fácil de fazer isso é encerrar o processo-pai usando o comando kill. Por exemplo, se o id do processo-pai for 4884, você deve entrar com

```
kill -9 4884
```

3.20 O **gerenciador de pids** do sistema operacional é responsável por gerenciar identificadores de processo. Quando um processo é criado, o gerenciador de pids atribui a ele um pid exclusivo. O pid é retornado ao gerenciador de pids quando a execução do processo termina, e o gerenciador pode atribuí-lo novamente mais tarde. Os identificadores de processo são discutidos com mais detalhes na Seção 3.3.1. O mais importante aqui é reconhecer que os identificadores de processo devem ser exclusivos; dois processos ativos não podem ter o mesmo pid.

Use as constantes a seguir para identificar o intervalo de possíveis valores de pid:

```
#define MIN_PID 300
#define MAX_PID 5000
```

Você pode usar qualquer estrutura de dados de sua escolha para representar a disponibilidade dos identificadores de processo. Uma estratégia é adotar o que o Linux tem feito e usar um mapa de bits em que um valor 0 na posição i indica que um id de processo de valor i está disponível e um valor 1 indica que o id de processo está em uso corrente.

Implemente a API a seguir para obter e liberar um pid:

- int allocate_map (void) — Cria e inicializa uma estrutura de dados para representar pids; retorna —1, se não for bem-sucedida, e 1, se for bem-sucedida.
- int allocate_pid (void) — Aloca e retorna um pid; retorna —1 se for incapaz de alocar um pid (todos os pids estão em uso)
- void release_pid (int pid) — Libera um pid

Esse problema de programação será modificado, posteriormente, nos Capítulos 4 e 5.

3.21 A conjectura de Collatz preocupa-se com o que acontece quando tomamos um inteiro positivo n qualquer e aplicamos o seguinte algoritmo:

$$n = \begin{cases} n/2, & \text{se } n \text{ é par} \\ 3 \times n + 1, & \text{se } n \text{ é ímpar} \end{cases}$$

A conjectura estabelece que, quando esse algoritmo é aplicado continuamente, todos os inteiros positivos acabam chegando a 1. Por exemplo, se $n = 35$, a sequência é

35, 106, 53, 160, 80, 40, 20, 10, 5, 16, 8, 4, 2, 1

Escreva um programa em C que gere essa sequência no processo-filho, usando a chamada de sistema fork ( ). O número inicial será fornecido na linha de comando. Por exemplo, se 8 for passado como parâmetro na linha de comando, o processo-filho exibirá 8, 4, 2, 1. Já que os processos-pais e processos-filhos têm suas próprias cópias dos dados, será necessário que o filho exiba a sequência. Faça o pai invocar a chamada wait ( ) para esperar que o processo-filho seja concluído, antes de sair do programa. Execute a verificação de erros necessária para assegurar que um inteiro positivo seja passado na linha de comando.

3.22 No Exercício 3.21, o processo-filho deve dar saída na sequência de números gerada a partir do algoritmo especificado pela conjectura de Collatz porque o pai e o filho têm suas próprias cópias dos dados. Outra abordagem para o projeto desse programa é estabelecer um objeto de memória compartilhada entre o processo-pai e o processo-filho. Essa técnica permite que o filho grave o conteúdo da sequência no objeto de memória compartilhada. O pai, então, pode dar saída na sequência quando o filho for concluído. Já que a memória é compartilhada, quaisquer alterações que o filho faça também se refletirão no processo-pai.

Esse programa será estruturado com o uso da memória compartilhada POSIX como descrito na Seção 3.5.1. O processo-pai percorrerá os seguintes passos:

a. Estabelecer o objeto de memória compartilhada [shm_open ( ), ftruncate ( ) e mmap ( )].
b. Criar o processo-filho e esperar que ele termine.
c. Dar saída no conteúdo da memória compartilhada.
d. Remover o objeto de memória compartilhada.

Uma área de preocupação no que se refere aos processos cooperativos diz respeito às questões de sincronização. Nesse exercício, o processo-pai e o processo-filho devem ser coordenados para que o pai não dê saída na sequência até que a execução do filho termine. Esses dois processos serão sincronizados com o uso da chamada de sistema wait ( ): o processo-pai invocará wait ( ), que o suspenderá até que o processo-filho termine.

3.23 A Seção 3.6.1 descreve os números de porta abaixo de 1024 como sendo bem conhecidos — isto é, fornecem serviços-padrão. A porta 17 é conhecida como o serviço *quote-of-the-day*. Quando um cliente se conecta à porta 17 em um servidor, o servidor responde com uma citação do dia.

Modifique o servidor de data mostrado na Figura 3.21 para que ele distribua uma citação do dia em vez da data corrente. As citações devem ser caracteres ASCII imprimíveis e devem conter menos de 512 caracteres, embora várias linhas sejam permitidas. Já que a porta 17 é bem conhecida e, portanto, não disponível, faça seu servidor escutar na porta 6017. O cliente da data, mostrado na Figura 3.22, pode ser usado para ler as citações retornadas por seu servidor.

3.24 Um **haicai** é um poema de três linhas em que a primeira linha contém cinco sílabas, a segunda linha contém sete sílabas, e a terceira linha contém cinco sílabas. Crie um servidor de haicais que escute na porta 5575. Quando um cliente se conectar a essa porta, o servidor responderá com um haicai. O cliente da data, mostrado na Figura 3.22, pode ser usado para ler as citações retornadas por seu servidor de haicais.

3.25 Um servidor de eco retorna qualquer coisa que receba de um cliente. Por exemplo, se um cliente envia ao servidor a string `Hello there!`, o servidor responderá com `Hello there!`

Crie um servidor de eco usando a API de rede Java descrita na Seção 3.6.1. Esse servidor esperará uma conexão de cliente usando o método `accept ( )`. Quando uma conexão de cliente é recebida, o servidor entra em loop, executando os seguintes passos:

- Ler dados do socket para um buffer.
- Retornar o conteúdo do buffer para o cliente.

O servidor sairá do loop somente quando tiver determinado que o cliente fechou a conexão.

O servidor de data mostrado na Figura 3.21 usa a classe `java.io.BufferedReader`. `BufferedReader` estende a classe `java.io.Reader` que é usada para ler fluxos de caracteres. No entanto, o servidor de eco não pode garantir que lerá caracteres a partir dos clientes; ele também pode receber dados binários. A classe `java.io.InputStream` lida com dados no nível de byte e não no nível de caractere. Assim, seu servidor de eco deve usar um objeto que estenda `java.io.InputStream`. O método `read ( )`, na classe `java.io InputStream`, retorna —1 quando o cliente tiver fechado sua extremidade da conexão de socket.

3.26 Projete um programa usando pipes comuns em que um processo envia uma mensagem de cadeia de caracteres a um segundo processo, e este inverte a capitalização de cada caractere da mensagem e a retorna ao primeiro processo. Por exemplo, se o primeiro processo enviar a mensagem `Hi There`, o segundo processo retornará `hI tHERE`. Isso demandará o uso de dois pipes, um para o envio da mensagem original do primeiro para o segundo processo e o outro para enviar a mensagem modificada do segundo para o primeiro processo. Você pode escrever esse programa usando pipes UNIX ou Windows.

3.27 Projete um programa de cópia de arquivos chamado `filecopy` usando pipes comuns. Esse programa receberá dois parâmetros: o nome do arquivo a ser copiado e o nome do arquivo copiado. Em seguida, o programa criará um pipe comum e gravará nele o conteúdo do arquivo a ser copiado. O processo-filho lerá esse arquivo do pipe e o gravará no arquivo de destino. Por exemplo, se invocarmos o programa como descrito a seguir:

`filecopy inpuy.txt copy.txt`

o arquivo `input.txt` será gravado no pipe. O processo-filho lerá o conteúdo desse arquivo e o gravará no arquivo de destino `copy.txt`. Você pode escrever esse programa usando pipes UNIX ou Windows.

Projetos de Programação

Projeto 1 — Shell UNIX e Recurso de Histórico

Esse projeto consiste em desenhar um programa em C para servir como uma interface de shell que aceita comandos de usuário e, então, executa cada comando em um processo separado. O projeto pode ser finalizado em qualquer sistema Linux, UNIX ou Mac OS X.

Uma interface de shell fornece um prompt ao usuário, após o qual o próximo comando é inserido. O exemplo a seguir ilustra o prompt `osh>` e o próximo comando de usuário: `cat prog.c`. (Esse comando exibe o arquivo `prog.c` no terminal usando o comando `cat` do UNIX.)

`osh> cat prog.c`

Uma técnica para a implementação de uma interface de shell é que, primeiro, o processo-pai leia o que o usuário insere na linha de comando (nesse caso, `cat prog.c`) e, então, crie um processo-filho separado para executar o comando. A menos que especificado de outra forma, o processo-pai espera que o filho saia antes de continuar. Isso é semelhante em funcionalidade à criação de um novo processo ilustrada na Figura 3.10. No entanto, os shells UNIX também permitem, normalmente, que o processo-filho seja executado em background ou concorrentemente. Para fazer isso, adicionamos um "e" comercial (&) ao fim do comando. Assim, se reescrevermos o comando acima como

`osh> Cat prog.c &`

o processo-pai e o processo-filho serão executados concorrentemente.

Um processo-filho separado é criado com o uso da chamada de sistema `fork ( )`, e o comando do usuário é executado com o uso de uma das chamadas de sistema da família `exec ( )` (como descrito na Seção 3.3.1).

Um programa em C que fornece as operações gerais de um shell de linha de comando é mostrado na Figura 3.36. A função `main ( )` apresenta o prompt `osh>` e descreve os passos a serem executados depois que a entrada do usuário tenha sido lida. A função `main ( )` executa um loop contínuo enquanto `should_run` for igual a 1; quando o usuário inserir `exit` no prompt, seu programa tornará `should_run` igual a 0 e terminará.

Esse projeto é organizado em duas partes: (1) criação do processo-filho e execução do comando nesse processo, e (2) modificação do shell para permitir um recurso de histórico.

Parte I — Criando um Processo-Filho

A primeira tarefa é modificar a função `main ( )` da Figura 3.36 para que um processo-filho seja criado e execute o comando especificado pelo usuário. Isso demandará a análise do que o usuário inseriu em tokens separados e o armazenamento dos tokens em um array de strings de caracteres (`args` na Figura 3.36). Por exemplo, se o usuário der entrada no comando `ps -ael` no prompt `osh>`, os valores armazenados no array `args` são:

```
args [0] = "ps"
args [1] = "-ael"
args [2] = NULL
```

Esse array `args` será passado à função `execvp ( )`, que tem o seguinte protótipo:

`execvp(char *command, char *params[];`

Aqui, `command` representa o comando a ser executado e `params` armazena os parâmetros para esse comando. Para esse projeto, a função `execvp ( )` deve ser invocada como `execvp (args[0], args)`. Certifique-se de que o usuário incluiu um & para determinar se o processo-pai deve ou não esperar que o filho seja encerrado.

Parte II — Criando um Recurso de Histórico

A próxima tarefa é modificar o programa de interface de shell para que ele forneça um recurso de *histórico* que permita ao usuário acessar os comandos inseridos mais recentemente. O usuário poderá acessar até 10 comandos usando o recurso. Os comandos serão numerados consecutivamente começando em 1, e a numeração continuará depois de 10. Por exemplo, se o usuário tiver inserido 35 comandos, os 10 comandos mais recentes serão numerados de 26 a 35.

```c
#include <stdio.h>
#include <unistd.h>

#define MAX_LINE 80 /* O comando de tamanho máximo */

int main(void)
{
char *args[MAX_LINE/2 + 1]; /* argumentos de linha de comando */
int should_run = 1; /* flag para determinar quando encerrar o programa */

    while (should_run) {
       printf("osh>");
       fflush(stdout);

       /**
        * Após a leitura da entrada do usuário, os passos são:
        * (1) cria um processo-filho usando fork ( )
        * (2) o processo-filho invocará execvp ( )
        * (3) se o comando incluir &, o pai invocará wait ( )
        */
    }

    return 0;
}
```

Figura 3.36 Descrição de um shell simples.

O usuário poderá listar o histórico de comandos inserindo o comando

```
history
```

no prompt osh>. Como exemplo, suponha que o histórico seja composto pelos comandos (do mais recente ao menos recente):

```
ps, ls, -1, top, cal, who, date
```

O comando history dará saída em:

```
6 ps
5 ls -1
4 top
3 cal
2 who
1 date
```

Seu programa deve suportar duas técnicas de recuperação de comandos do histórico de comandos:

1. Quando o usuário dá entrada em !!, o comando mais recente do histórico é executado.
2. Quando o usuário dá entrada em apenas um !, seguido por um inteiro *N*, o *N*-enésimo comando do histórico é executado.

Continuando nosso exemplo anterior, se o usuário dá entrada em !!, o comando ps é executado; se o usuário dá entrada em !3, o comando cal é executado. Qualquer comando executado dessa forma deve ser ecoado na tela do usuário. O comando também deve ser inserido no buffer do histórico como o próximo comando.

O programa também deve gerenciar um tratamento de erros básico. Se não há comandos no histórico, a entrada de !! deve resultar em uma mensagem "Nenhum comando no histórico". Se não há comando correspondente ao número inserido com !, o programa deve exibir "Nenhum comando correspondente no histórico".

Projeto 2 — Módulo de Kernel do Linux para a Listagem de Tarefas

Nesse projeto, você escreverá um módulo de kernel para listar todas as tarefas em curso em um sistema Linux. Reveja o projeto de programação no Capítulo 2, que lida com a criação de módulos de kernel do Linux, antes de começar o projeto. Ele pode ser concluído com o uso da máquina virtual Linux que acompanha este texto.

Parte I — Iterando pelas Tarefas Linearmente

Como ilustrado na Seção 3.1, o PCB no Linux é representado pela estrutura task_struct, que é encontrada no arquivo de inclusão <linux/sched.h>. No Linux, a macro for_each_process ( ) permite uma iteração fácil por todas as tarefas em curso no sistema:

```c
#include <linux/sched.h>

struct task_struct *task;

for_each_process (task){
   /* em cada iteração a tarefa aponta para a
   próxima tarefa */
}
```

Os diversos campos de task_struct podem, então, ser exibidos, à medida que o programa itera, por meio da macro for_each_process ( ).

Parte I Tarefa

Projete um módulo de kernel que itere por todas as tarefas no sistema usando a macro for_each_process ( ). Especificamente, dê saída no nome da tarefa (conhecido como *nome executável*), no estado e no id de processo de cada tarefa. (Você, provavelmente, terá que dar uma lida na estrutura `task_struct` em `<linux/sched.h>` para obter os nomes desses campos.) Escreva esse código no ponto de entrada do módulo para que seu conteúdo apareça no buffer de log do kernel, que pode ser visualizado com o uso do comando `dmesg`. Para verificar se seu código está funcionando corretamente, compare o conteúdo do buffer de log do kernel com a saída do comando, a seguir, que lista todas as tarefas no sistema:

```
ps -el
```

Os dois valores devem ser muito semelhantes. No entanto, já que as tarefas são dinâmicas, é possível que algumas apareçam em uma listagem, mas as outras não.

Parte II — Iterando pelas Tarefas com Uma Árvore de Pesquisa em Profundidade 1

A segunda parte desse projeto envolve a iteração por todas as tarefas do sistema com o uso de uma árvore de pesquisa em profundidade 1 (DFS — *depth-first search*). (Um exemplo: a iteração DFS pelos processos na Figura 3.8 resulta em 1, 8415, 8416, 9298, 9204, 2, 6, 200, 3028, 3610, 4005.)

O Linux mantém sua árvore de processos como uma série de listas. Examinando `task_sctruct` em `<linux/sched.h>`, vemos dois objetos em `struct list_head`:

`children`

e

`sibling`

Esses objetos são ponteiros para uma lista dos filhos das tarefas, assim como dos irmãos da tarefa. O Linux também mantém referências à tarefa `init` (`struct task_struct init_task`). Usando essas informações e operações de macros sobre listas, podemos iterar pelos filhos de `init` como descrito abaixo:

```
struct task_struct *task;
struct list_head *list;

list_for_each(list, &init_task->children) {
    task = list_entry(list, struct_task_struct,
        sibling);
    /* a tarefa aponta para o próximo filho na
       lista */
}
```

A macro `list_for_each ( )` recebe dois parâmetros, ambos de tipo `struct list_head`:

- Um ponteiro para a cabeça da lista a ser percorrida
- Um ponteiro para o nó da cabeça da lista a ser percorrida

A cada iteração de `list_for_each ( )`, o primeiro parâmetro é estabelecido com a estrutura `list` do próximo filho. Usamos, então, esse valor para obter cada estrutura da lista, usando a macro `list_entry ( )`.

Parte II Tarefa

Partindo da tarefa `init`, projete um módulo de kernel que itere por todas as tarefas no sistema usando uma árvore DFS. Como na primeira parte desse projeto, dê saída no nome, no estado e no pid de cada tarefa. Execute essa iteração no módulo de entrada do kernel para que sua saída apareça no buffer do log do kernel.

Se você der saída em todas as tarefas do sistema, poderá ver muito mais tarefas do que as que aparecem com o comando `ps`

`-ael`. Isso ocorre porque alguns threads aparecem como filhos, mas não são exibidos como processos comuns. Portanto, para verificar a saída da árvore DFS, use o comando

```
ps -eLf
```

Esse comando lista todas as tarefas — incluindo os threads — do sistema. Para verificar se executou realmente uma iteração DFS apropriada, você terá que examinar os relacionamentos entre as diversas tarefas exibidas pelo comando `ps`.

Notas Bibliográficas

A criação de processos, o gerenciamento e a IPC em sistemas UNIX e Windows, respectivamente, são discutidos em [Robbins e Robbins (2003)] e [Russinovich e Solomon (2009)]. [Love (2010)] aborda o suporte a processos no kernel do Linux, e [Hart (2005)] aborda a programação de sistemas Windows com detalhes. A abordagem do modelo multiprocessos, usado no Chrome da Google, pode ser encontrada em `http://blog.chromium.org/2008/09/multi-process-architecture.html`.

A transmissão de mensagens em sistemas multicore é discutida em [Holland e Seltzer (2011)]. [Baumann et al. (2009)] descrevem questões de desempenho em sistemas de memória compartilhada e de transmissão de mensagens. [Vahalia (1996)] descreve a comunicação entre processos no sistema Mach.

A implementação de RPCs é discutida por [Birrell e Nelson (1984)]. [Staunstrup (1982)] discute comunicação por chamadas de procedimento *versus* comunicação por transmissão de mensagens. [Harold (2005)] fornece uma abordagem sobre a programação de sockets em Java.

[Hart (2005)] e [Robbins e Robbins (2003)] abordam os pipes em sistemas Windows e UNIX, respectivamente.

Bibliografia

[Baumann et al. (2009)] A. Baumann, P. Barham, P.-E. Dagand, T. Harris, R. Isaacs, P. Simon, T. Roscoe, A. Schüpbach e A. Singhania, "The multikernel: a new OS architecture for scalable multicore systems" (2009), páginas 29-44.

[Birrell e Nelson (1984)] A. D. Birrell e B. J. Nelson, "Implementing Remote Procedure Calls", *ACM Transactions on Computer Systems*, **volume 2, número 1 (1984), páginas 39-59.**

[Harold (2005)] E. R. Harold, *Java Network Programming*, terceira edição, O'Reilly & Associates (2005).

[Hart (2005)] J. M. Hart, *Windows System Programming*, **terceira edição,** Addison-Wesley (2005).

[Holland e Seltzer (2011)] D. Holland e M. Seltzer, "Multicore OSes: looking forward from 1991, er, 2011", *Proceedings of the 13th USENIX conference on Hot topics in operating systems* **(2011), página 33.**

[Love (2010)] R. Love, *Linux Kernel Development*, **terceira edição, Developer's Library (2010).**

[Robbins e Robbins (2003)] K. Robbins e S. Robbins, *Unix Systems Programming*: *Communication, Concurrency and Threads*, **segunda edição, Prentice Hall (2003).**

[Russinovich e Solomon (2009)] M. E. Russinovich e D. A. Solomon, *Windows Internals*: *Including Windows Server 2008 and Windows Vista*, **quinta edição, Microsoft Press (2009).**

[Staunstrup (1982)] J. Staunstrup, "Message Passing Communication Versus Procedure Call Communication", *Software — Practice and Experience*, **volume 12, número 3 (1982), páginas 223-234.**

[Vahalia (1996)] U. Vahalia, *Unix Internals*: *The New Frontiers*, **Prentice Hall (1996).**

Threads

CAPÍTULO 4

O modelo de processo introduzido no Capítulo 3 supõe que um processo é um programa em execução com um único thread de controle. Praticamente todos os sistemas operacionais modernos, no entanto, fornecem recursos que habilitam um processo a conter múltiplos threads de controle. Neste capítulo, introduzimos diversos conceitos associados aos sistemas de computação multithreaded, incluindo uma discussão sobre as APIs das bibliotecas de threads Pthreads, Windows e Java. Examinamos muitas questões relacionadas com a programação com múltiplos threads e seu efeito sobre o projeto de sistemas operacionais. Para concluir, exploramos como os sistemas operacionais Windows e Linux suportam threads no nível do kernel.

OBJETIVOS DO CAPÍTULO

- Introduzir a noção de thread — uma unidade básica de utilização da CPU que forma a base dos sistemas de computação multithreaded.
- Discutir as APIs das bibliotecas de threads Pthreads, Windows e Java.
- Explorar várias estratégias que fornecem a criação de threads implícita.
- Examinar questões relacionadas com a programação com múltiplos threads.
- Abordar o suporte do sistema operacional aos threads no Windows e no Linux.

4.1 Visão Geral

Um thread é uma unidade básica de utilização da CPU; é composto por um ID de thread, um contador de programa, um conjunto de registradores e uma pilha. Um thread compartilha, com outros threads pertencentes ao mesmo processo, sua seção de código, a seção de dados e outros recursos do sistema operacional, como arquivos abertos e sinais. Um processo tradicional (ou *processo pesado*) tem um único thread de controle. Se um processo tem múltiplos threads de controle, ele pode executar mais de uma tarefa ao mesmo tempo. A Figura 4.1 ilustra a diferença entre um processo tradicional com um único thread e um processo multithreads.

4.1.1 Motivação

A maioria das aplicações de software executadas em computadores modernos é multithreads. Uma aplicação é implementada, tipicamente, como um processo separado com diversos threads de controle. Um navegador web pode ter um thread para exibir imagens ou texto, enquanto outro thread recupera dados da rede, por exemplo. Um processador de textos pode ter um thread para exibir elementos gráficos, outro para responder ao uso do teclado pelo usuário, e um terceiro para executar a verificação ortográfica e gramatical em background. Aplicações também podem ser projetadas para alavancar capacidades de processamento em sistemas multicore. Tais aplicações podem executar diversas tarefas CPU-intensivas em paralelo, em múltiplos núcleos de computação.

Em certas situações, uma única aplicação pode ser chamada a executar várias tarefas semelhantes. Por exemplo, um servidor web aceita solicitações de clientes de páginas web, imagens, som, e assim por diante. Um servidor web ocupado pode ter diversos (talvez milhares de) clientes que o acessem concorrentemente. Se o servidor web operasse como um processo tradicional com um único thread, ele seria capaz de atender a apenas um cliente de cada vez, e um cliente poderia precisar esperar por muito tempo para ter sua solicitação atendida.

Uma solução é tornar o servidor capaz de operar como um processo individual que aceita solicitações. Quando o servidor receber uma solicitação, ele criará um processo separado para atendê-la. Na verdade, esse método de criação de processos era de uso comum antes de os threads se popularizarem. A criação de processos é demorada e usa muitos recursos, no entanto. Se o novo processo tiver que executar as mesmas tarefas do processo existente, por que incorrer em todo esse overhead? Geralmente, é mais eficiente usar um processo contendo múltiplos threads. Se o processo do servidor web for multithreaded, o servidor criará um thread separado para escutar solicitações de clientes. Quando uma solicitação for feita, em vez de criar outro processo, o servidor criará um novo thread para atender a solicitação e voltará a esperar por solicitações adicionais. Isso é ilustrado na Figura 4.2.

Os threads também desempenham um papel vital em sistemas com chamadas de procedimento remotas (RPCs). Lembre-se, do Capítulo 3, de que as RPCs possibilitam a comunicação entre processos fornecendo um mecanismo de comunicação semelhante às funções ou chamadas de procedimento comuns. Normalmente, os servidores de RPCs são multithreaded. Quando um servidor recebe uma mensagem, ele a atende usando um thread separado. Isso permite que o servidor atenda a várias solicitações concorrentes.

Para concluir, a maioria dos kernels dos sistemas operacionais são, agora, multithreaded. Múltiplos threads operam no kernel e cada thread executa uma tarefa específica, como o ge-

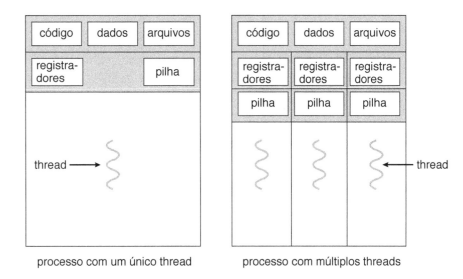

Figura 4.1 Processos com um único thread e com múltiplos threads.

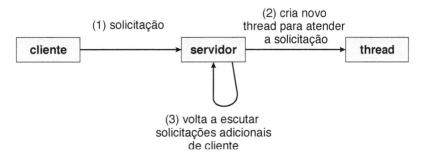

Figura 4.2 Arquitetura de servidor com múltiplos threads.

renciamento de dispositivos, o gerenciamento da memória ou a manipulação de interrupções. Por exemplo, o Solaris tem um conjunto de threads no kernel especificamente para a manipulação de interrupções; o Linux usa um thread do kernel para gerenciar o montante de memória livre no sistema.

4.1.2 Benefícios

Os benefícios da programação com múltiplos threads podem ser divididos em quatro categorias principais:

1. **Capacidade de resposta.** Tornar uma aplicação interativa multithreaded pode permitir que um programa continue a ser executado, mesmo que parte dele esteja bloqueada ou executando uma operação demorada, o que aumenta a capacidade de resposta para o usuário. Essa qualidade é particularmente útil no projeto de interfaces de usuário. Por exemplo, considere o que ocorre quando um usuário clica em um botão que causa a execução de uma operação demorada. Uma aplicação com um único thread deixaria de responder ao usuário até que a operação fosse concluída. Por outro lado, se a operação demorada for executada em um thread separado, a aplicação continuará respondendo ao usuário.
2. **Compartilhamento de recursos.** Os processos só podem compartilhar recursos por meio de técnicas como memória compartilhada e transmissão de mensagens. Essas técnicas devem ser organizadas explicitamente pelo programador. No entanto, por default, os threads compartilham a memó-

ria e os recursos do processo ao qual pertencem. O benefício de compartilhar código e dados é que isso permite que uma aplicação tenha múltiplos threads de atividade diferentes dentro do mesmo espaço de endereçamento.
3. **Economia.** A alocação de memória e recursos para a criação de processos é dispendiosa. Já que os threads compartilham os recursos do processo ao qual pertencem, é mais econômico criar threads e permutar seus contextos. Pode ser difícil avaliar empiricamente a diferença de overhead, mas, em geral, é significativamente mais demorado criar e gerenciar processos do que threads. No Solaris, por exemplo, a criação de um processo é cerca de trinta vezes mais lenta do que a criação de um thread, e a mudança de contexto é cerca de cinco vezes mais lenta.
4. **Escalabilidade.** Os benefícios da criação de múltiplos threads podem ser ainda maiores em uma arquitetura multiprocessadora, em que os threads possam ser executados em paralelo em diferentes núcleos de processamento. Um processo com um único thread só pode ser executado em um processador, independentemente de quantos estiverem disponíveis. Exploramos mais essa questão na próxima seção.

4.2 Programação Multicore

Nos primórdios dos projetos de computadores, sistemas com uma única CPU evoluíram para sistemas com várias CPUs, em resposta à necessidade de melhor desempenho de computação.

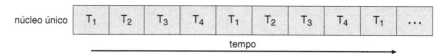

Figura 4.3 Execução concorrente em um sistema com um único núcleo.

Uma tendência semelhante e mais recente no projeto de sistemas é a inserção de múltiplos núcleos de computação no mesmo chip. Cada núcleo aparece como um processador separado para o sistema operacional (Seção 1.3.2). Estejam os núcleos ao longo dos chips da CPU ou dentro dos chips da CPU, chamamos esses sistemas de **multicore** ou **multiprocessadores**. A programação com múltiplos threads fornece um mecanismo para o uso mais eficiente desses múltiplos núcleos de computação e o aumento da concorrência. Considere uma aplicação com quatro threads. Em um sistema com um único núcleo de computação, concorrência significa simplesmente que a execução dos threads será intercalada por meio do tempo (Figura 4.3), já que o núcleo de processamento é capaz de executar apenas um thread de cada vez. Em um sistema com múltiplos núcleos, no entanto, concorrência significa que os threads podem ser executados em paralelo, já que o sistema pode atribuir um thread separado a cada núcleo (Figura 4.4).

Observe a diferença entre ***paralelismo*** e ***concorrência*** nessa discussão. Um sistema é paralelo quando pode executar mais de uma tarefa simultaneamente. Por outro lado, um sistema concorrente dá suporte a mais de uma tarefa, permitindo que todas elas progridam. Assim, é possível haver concorrência sem paralelismo. Antes do advento das arquiteturas SMP e multicore, a maioria dos sistemas de computação tinha apenas um único processador. Os schedulers da CPU eram projetados para dar a impressão de paralelismo permutando rapidamente os processos no sistema e permitindo que cada processo progredisse. Esses processos estavam sendo executados concorrentemente, mas não em paralelo.

Conforme os sistemas aumentavam de dezenas para milhares de threads, os projetistas de CPUs melhoraram o desempenho dos sistemas adicionando hardware para otimizar o desempenho dos threads. As CPUs Intel modernas costumam dar suporte a dois threads por núcleo, enquanto a CPU Oracle T4 suporta oito threads por núcleo. Esse suporte significa que múltiplos threads podem ser carregados no núcleo para uma permuta rápida. Sem dúvida, os computadores multicore continuarão a crescer em número de núcleos e no suporte de hardware aos threads.

4.2.1 Desafios da Programação

A tendência ao uso de sistemas multicore continua pressionando os projetistas de sistemas e os programadores de aplicações a fazerem melhor uso dos múltiplos núcleos de computação. Os projetistas de sistemas operacionais devem escrever algoritmos de scheduling que usem múltiplos núcleos de processa-

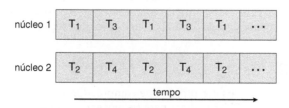

Figura 4.4 Execução paralela em um sistema multicore.

LEI DE AMDAHL

A Lei de Amdahl é uma fórmula que identifica ganhos de desempenho potenciais com a inclusão de núcleos de computação adicionais em uma aplicação que tenha componentes tanto seriais (não paralelos) quanto paralelos. Se S é a parte da aplicação que deve ser executada serialmente em um sistema com N núcleos de processamento, a fórmula fica definida da seguinte forma:

$$aceleração \leq \frac{1}{S + \frac{(1-s)}{N}}$$

Como exemplo, suponha que tenhamos uma aplicação que seja 75% paralela e 25% serial. Se executarmos essa aplicação em um sistema com dois núcleos de processamento, poderemos obter uma aceleração de 1,6 vez. Se adicionarmos mais dois núcleos (ficando com um total de quatro), a aceleração será de 2,28 vezes.

Um fato interessante sobre a Lei de Amdahl é que, à medida que N se aproxima do infinito, a aceleração converge para $1/S$. Por exemplo, se 40% de uma aplicação forem executados serialmente, a aceleração máxima é de 2,5 vezes, não importando o número de núcleos de processamento que adicionarmos. Esse é o princípio básico por trás da Lei de Amdahl: a parte serial de uma aplicação pode ter um efeito desproporcional sobre o ganho de desempenho com a inclusão de núcleos de computação adicionais.

Algumas pessoas argumentam que a Lei de Amdahl não leva em consideração as melhorias de desempenho do hardware usadas no projeto dos sistemas multicore contemporâneos. Esses argumentos sugerem que a Lei de Amdahl pode perder a aplicabilidade, já que o número de núcleos de processamento continua a crescer nos sistemas de computação modernos.

---

mento para permitir a execução paralela mostrada na Figura 4.4. Para os programadores de aplicações, o desafio é a modificação dos programas existentes e o projeto de novos programas com múltiplos threads.

Em geral, cinco áreas apresentam desafios para a programação de sistemas multicore:

1. **Identificação de tarefas.** Envolve a análise das aplicações em busca de áreas que possam ser divididas em tarefas separadas e concorrentes. O ideal é que as tarefas sejam independentes umas das outras e, portanto, possam ser executadas em paralelo em núcleos individuais.
2. **Equilíbrio.** Além de identificar tarefas que possam ser executadas em paralelo, os programadores também devem assegurar que elas desenvolvam esforço igual e de mesmo valor. Em alguns casos, determinada tarefa pode não contribuir tanto para o processo em geral como outras. O uso de um núcleo de execução separado para a realização dessa tarefa pode não valer a pena.

3. **Divisão de dados.** Da mesma forma que as aplicações são divididas em tarefas separadas, os dados acessados e manipulados por elas devem ser divididos para execução em núcleos separados.
4. **Dependência de dados.** Os dados acessados pelas tarefas devem ser examinados para determinar dependências entre duas ou mais tarefas. Quando uma tarefa depender dos dados de outra, os programadores devem assegurar que a execução das tarefas seja sincronizada para acomodar a dependência de dados. Examinamos essas estratégias no Capítulo 5.
5. **Teste e depuração.** Quando um programa está sendo executado em paralelo em múltiplos núcleos, podem existir muitos caminhos de execução diferentes. O teste e a depuração desses programas concorrentes são inerentemente mais difíceis do que o teste e a depuração de aplicações com um único thread.

Por causa desses desafios, muitos desenvolvedores de software argumentam que o advento dos sistemas multicore demandará uma abordagem totalmente nova para o projeto de sistemas de software no futuro. (De modo semelhante, muitos educadores em ciência da computação acreditam que o desenvolvimento de software deve ser pensado com ênfase crescente na programação paralela.)

4.2.2 Tipos de Paralelismo

Em geral, há dois tipos de paralelismo: paralelismo de dados e paralelismo de tarefas. O paralelismo de dados coloca o foco na distribuição de subconjuntos dos mesmos dados, por múltiplos núcleos de computação, e na execução da mesma operação em cada núcleo. Considere, por exemplo, a soma dos conteúdos de um array de tamanho N. Em um sistema single-core, um thread simplesmente somaria os elementos $[0] \ldots [N-1]$. Em um sistema dual-core, no entanto, o thread A, sendo executado no núcleo 0, poderia somar os elementos $[0] \ldots [N/2-1]$, enquanto o thread B, sendo executado no núcleo 1, poderia somar os elementos $[N/2] \ldots [N-1]$. Os dois threads estariam sendo executados em paralelo em núcleos de computação separados.

O paralelismo de tarefas envolve a distribuição não de dados, mas de tarefas (threads) em vários núcleos de computação separados. Cada thread executa uma única operação. Diferentes threads podem estar operando sobre os mesmos dados ou sobre dados diferentes. Considere novamente o exemplo acima. Contrastando com aquela situação, um exemplo de paralelismo de tarefas pode envolver dois threads, cada um executando uma única operação estatística sobre o array de elementos. Mais uma vez, os threads estão operando em paralelo em núcleos de computação separados, mas cada um está executando uma única operação exclusiva.

Basicamente, portanto, o paralelismo de dados envolve a distribuição de dados por vários núcleos, e o paralelismo de tarefas envolve a distribuição de tarefas em vários núcleos. Na prática, porém, poucas aplicações seguem estritamente o paralelismo de dados ou de tarefas. Quase sempre, as aplicações usam um híbrido dessas duas estratégias.

4.3 Modelos de Geração de Multithreads

Até agora, nossa discussão tratou os threads de um modo geral. No entanto, o suporte aos threads pode ser fornecido no nível

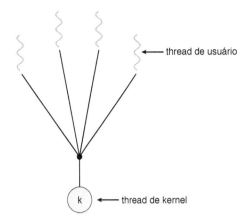

Figura 4.5 Modelo muitos-para-um.

do usuário, para threads de usuário, ou pelo kernel, para threads de kernel. Os threads de usuário são suportados acima do kernel e gerenciados sem o suporte do kernel, enquanto os threads de kernel são suportados e gerenciados diretamente pelo sistema operacional. Praticamente todos os sistemas operacionais contemporâneos — inclusive o Windows, o Linux, o Mac OS X e o Solaris — dão suporte aos threads de kernel.

No fim das contas, deve existir um relacionamento entre os threads de usuário e os threads de kernel. Nesta seção, examinamos três maneiras comuns de estabelecer esse relacionamento: o modelo muitos-para-um, o modelo um-para-um e o modelo muitos-para-muitos.

4.3.1 Modelo Muitos-Para-Um

O modelo muitos-para-um (Figura 4.5) mapeia muitos threads de nível de usuário para um thread de kernel. O gerenciamento dos threads é feito pela biblioteca de threads no espaço do usuário e, portanto, é eficiente (discutimos as bibliotecas de threads na Seção 4.4). Contudo, o processo inteiro será bloqueado, se um thread fizer uma chamada de sistema bloqueadora. Além disso, já que apenas um thread por vez pode acessar o kernel, muitos threads ficam incapazes de executar em paralelo em sistemas multicore. Green threads — uma biblioteca de threads disponível para sistemas Solaris e adotada em versões iniciais de Java — usava o modelo muitos-para-um. No entanto, muito poucos sistemas continuam a usar o modelo em razão de sua incapacidade de tirar partido dos múltiplos núcleos de processamento.

4.3.2 Modelo Um-Para-Um

O modelo um-para-um (Figura 4.6) mapeia cada thread de usuário para um thread de kernel. Ele fornece mais concorrência do que o modelo muitos-para-um ao permitir que outro thread seja executado quando um thread faz uma chamada de sistema bloqueadora. Ele também permite que múltiplos threads sejam executados em paralelo em multiprocessadores. A única desvantagem desse modelo é que a criação de um thread de usuário requer a criação do thread de kernel correspondente. Já que o overhead de criação de threads de kernel pode sobrecarregar o desempenho de uma aplicação, a maioria das implementações desse modelo restringe o número de threads suportados pelo sistema. O Linux, junto com a família de sistemas operacionais Windows, implementa o modelo um-para-um.

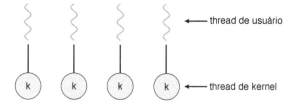

Figura 4.6 Modelo um-para-um.

4.3.3 Modelo Muitos-Para-Muitos

O modelo muitos-para-muitos (Figura 4.7) multiplexa muitos threads de nível de usuário para um número menor ou igual de threads de kernel. O número de threads de kernel pode ser específico para determinada aplicação ou máquina (uma aplicação pode receber mais threads de kernel em um ambiente multiprocessador do que em um ambiente uniprocessador).

Consideremos o efeito desse projeto sobre a concorrência. Embora o modelo muitos-para-um permita que o desenvolvedor crie quantos threads de usuário quiser, ele não resulta em concorrência real porque o kernel pode incluir, no schedule, apenas um thread de cada vez. O modelo um-para-um permite maior concorrência, mas o desenvolvedor precisa tomar cuidado para não criar threads demais dentro de uma aplicação (e, em alguns casos, pode ter restrições quanto ao número de threads que podem ser criados). O modelo muitos-para-muitos não sofre de qualquer dessas deficiências: os desenvolvedores podem criar quantos threads de usuário forem necessários, e os threads de kernel correspondentes podem ser executados em paralelo em um multiprocessador. Além disso, quando um thread executa uma chamada de sistema bloqueadora, o kernel pode designar, no schedule, outro thread para execução.

Uma variação do modelo muitos-para-muitos multiplexa muitos threads de nível de usuário para um número menor ou igual de threads de kernel, mas também permite que um thread de nível de usuário seja limitado a um thread de kernel. Essa variação é, às vezes, referenciada como modelo de dois níveis (Figura 4.8). O sistema operacional Solaris suportava o modelo de dois níveis em versões anteriores ao Solaris 9. No entanto, a partir do Solaris 9, esse sistema passou a usar o modelo um-para-um.

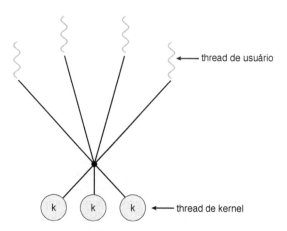

Figura 4.7 Modelo muitos-para-muitos.

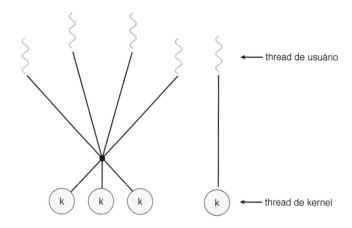

Figura 4.8 Modelo de dois níveis.

4.4 Bibliotecas de Threads

Uma biblioteca de threads fornece ao programador uma API para criação e gerenciamento de threads. Há duas maneiras principais de implementar uma biblioteca de threads. A primeira abordagem é fornecer uma biblioteca inteiramente no espaço do usuário sem suporte do kernel. Todo o código e as estruturas de dados da biblioteca existem no espaço do usuário. Isso significa que a invocação de uma função da biblioteca resulta em uma chamada de função local no espaço do usuário e não em uma chamada de sistema.

A segunda abordagem é a implementação de uma biblioteca no nível do kernel com suporte direto do sistema operacional. Nesse caso, o código e as estruturas de dados da biblioteca existem no espaço do kernel. Invocar uma função da API da biblioteca resulta, tipicamente, em uma chamada de sistema para o kernel.

Três bibliotecas de threads principais são usadas atualmente: a Pthreads do POSIX, a do Windows e a de Java. A biblioteca Pthreads, a extensão de threads do padrão POSIX, pode ser fornecida como uma biblioteca de nível de usuário ou de kernel. A biblioteca de threads do Windows é uma biblioteca de nível de kernel disponível em sistemas Windows. A API de threads Java permite que threads sejam criados e gerenciados diretamente por programas em Java. No entanto, já que na maioria dos casos a JVM é executada no topo de um sistema operacional hospedeiro, a API de threads Java é, geralmente, implementada com o uso de uma biblioteca de threads disponível no sistema hospedeiro. Isso significa que, em sistemas Windows, os threads Java são, tipicamente, implementados com o uso da API Windows; sistemas UNIX e Linux costumam usar a biblioteca Pthreads.

Na criação de threads no POSIX e no Windows, os dados declarados globalmente — isto é, declarados fora de qualquer função — são compartilhados entre todos os threads pertencentes ao mesmo processo. Já que em Java não temos dados globais, o acesso a dados compartilhados deve ser organizado explicitamente entre os threads. Dados declarados como locais para uma função são, normalmente, armazenados na pilha. Como cada thread tem sua própria pilha, cada thread tem sua própria cópia dos dados locais.

No restante desta seção, descrevemos a criação básica de threads com o uso dessas três bibliotecas. Como exemplo ilustrativo, projetamos um programa com múltiplos threads que executa a soma de inteiros não negativos em um thread separado, usando a notória função de soma:

$$soma = \sum_{i=0}^{N} i$$

Por exemplo, se N for igual a 5, essa função representará a soma de inteiros de 0 a 5 que é 15. Todos esses três programas serão executados com os limites superiores da soma inseridos na linha de comando. Portanto, se o usuário inserir 8, a soma dos valores inteiros de 0 a 8 será exibida.

Antes de prosseguir com nossos exemplos de criação de threads, introduzimos duas estratégias gerais para a criação de múltiplos threads: a criação de threads assíncrona e síncrona. Na criação de threads assíncrona, assim que o pai cria um thread-filho, o pai retoma sua execução para que ele e seu filho sejam executados concorrentemente. Cada thread é executado independentemente um do outro, e o thread-pai não precisa saber quando o thread-filho terminou. Já que os threads são independentes, normalmente há pouco compartilhamento de dados entre eles. A criação de threads assíncrona é a estratégia usada no servidor multithreaded ilustrado na Figura 4.2.

A criação de threads síncrona ocorre quando o thread-pai cria um ou mais filhos e, então, deve esperar que todos os seus filhos terminem para ele voltar a ser executado — essa estratégia é conhecida como *fork-join*. Nela, os threads criados pelo pai executam tarefas concorrentemente, mas o pai não pode continuar até que essas tarefas tenham sido concluídas. À medida que cada thread conclua seu trabalho, ele é encerrado e reencontra o seu pai. Somente após todos os filhos terem retornado é que o pai pode retomar a execução. Normalmente, a criação de threads síncrona envolve um compartilhamento de dados significativo entre os threads. Por exemplo, o thread-pai pode combinar os resultados calculados por seus diversos filhos. Todos os exemplos a seguir usam a criação de threads síncrona.

4.4.1 Pthreads

O **Pthreads** é o padrão POSIX (IEEE 1003.1c) que define uma API para a criação e sincronização de threads. É uma *especificação* para o comportamento dos threads e não uma *implementação*. Os projetistas de sistemas operacionais podem implementar a especificação da maneira que quiserem. Vários sistemas implementam a especificação Pthreads; em grande parte são sistemas de tipo UNIX, incluindo o Linux, o Mac OS X e o Solaris. Embora o Windows não dê suporte ao Pthreads nativamente, algumas implementações de terceiros estão disponíveis para Windows.

O programa em C mostrado na Figura 4.9 demonstra a API Pthreads básica para a construção de um programa com múlti-

```c
#include <pthread.h>
#include <stdio.h>

int sum; /* esses dados são compartilhados pelo(s) thread(s) */
void *runner(void *param); /* os threads chamam essa função */

int main(int argc, char *argv[])
{
  pthread_t tid; /* o identificador do thread */
  pthread_attr_t attr; /* conjunto de atributos do thread */

  if (argc != 2) {
    fprintf(stderr,"usage: a.out <integer value>\n");
    return -1;
  }
  if (atoi(argv[1]) < 0) {
    fprintf(stderr,"%d must be >= 0\n",atoi(argv[1]));
    return -1;
  }

  /* obtém os atributos default */
  pthread_attr_init(&attr);
  /* cria o thread */
  pthread_create(&tid,&attr,runner,argv[1]);
  /* espera o thread ser encerrado */
  pthread_join(tid,NULL);

  printf("sum = %d\n",sum);
}
/* O thread assumirá o controle nessa função */
void *runner(void *param)
{
  int i, upper = atoi(param);
  sum = 0;

  for (i = 1; i <= upper; i++)
    sum += i;

  pthread_exit(0);
}
```

Figura 4.9 Programa em C com múltiplos threads usando a API Pthreads.

plos threads que calcula a soma de inteiros não negativos em um thread separado. Em um programa Pthreads, threads separados começam a execução em uma função especificada. Na Figura 4.9, é a função `runner ( )`. Quando esse programa começa, um único thread de controle é iniciado em `main ( )`. Após algumas operações de inicialização, `main ( )` cria um segundo thread que assume o controle na função `runner ( )`. Os dois threads compartilham a soma de dados global `sum`.

Vamos examinar mais de perto esse programa. Todos os programas Pthreads devem incluir o arquivo de cabeçalho `pthread.h`. O comando `pthread_t tid` declara o identificador do thread que criaremos. Cada thread tem um conjunto de atributos, incluindo tamanho da pilha e informações de scheduling. A declaração `pthread_attr_t attr` representa os atributos do thread. Estabelecemos os atributos na chamada de função `pthread_attr_init(&attr)`. Já que não estabelecemos qualquer atributo explicitamente, usamos os atributos default fornecidos. (No Capítulo 6, discutimos alguns dos atributos de scheduling fornecidos pela API PThreads.) Um thread separado é criado com a chamada de função `pthread_create ( )`. Além de passar o identificador e os atributos do thread, também passamos o nome da função em que o novo thread começará a execução — nesse caso, a função `runner ( )`. Para concluir, passamos o parâmetro inteiro que foi fornecido na linha de comando, `argv [1]`.

Nesse ponto, o programa tem dois threads: o thread inicial (ou pai) em `main ( )` e o thread de soma (ou filho) que efetua a operação de soma na função `runner ( )`. Esse programa segue a estratégia fork-join descrita anteriormente: após a criação do thread de soma, o thread-pai esperará que ele seja concluído chamando a função `pthread_join ( )`. O thread de soma será concluído quando chamar a função `pthread_exit ( )`. Uma vez que o thread de soma tenha retornado, o thread-pai dará saída no valor da soma de dados compartilhada `sum`.

Esse exemplo de programa cria apenas um único thread. Com a crescente predominância dos sistemas multicore, a criação de programas contendo múltiplos threads está se tornando cada vez mais comum. Um método fácil para esperar por múltiplos threads com o uso da função `pthread_join ( )` é inserir a operação dentro de um loop `for` simples. Por exemplo, você pode agrupar dez threads usando o código Pthreads mostrado na Figura 4.10.

4.4.2 Threads Windows

A técnica de criação de threads com o uso da biblioteca de threads Windows é semelhante à técnica do Pthreads em vários aspectos. Ilustramos a API de threads Windows no programa em C mostrado na Figura 4.11. Observe que devemos incluir o arquivo de cabeçalho `windows.h` ao usar a API Windows.

Como na versão do Pthreads mostrada na Figura 4.9, os dados compartilhados por threads separados – nesse caso, `Sum` – são declarados globalmente (o tipo de dado `DWORD` é um inteiro de 32 bits sem sinal). Também definimos a função `Summation ( )` que deve ser executada em um thread separado. Essa função recebe um ponteiro para um tipo `void`, que o Windows define como LPVOID. O thread que executa essa função define a soma de dados global `Sum` como o resultado da soma dos valores de 0 até o parâmetro passado para `Summation ( )`.

Os threads são criados na API Windows com o uso da função `CreateThread ( )`, e — como no Pthreads — um conjunto de atributos do thread é passado para essa função. Esses atributos incluem informações de segurança, o tamanho da pilha e um flag que pode ser posicionado para indicar se o thread deve ser iniciado em estado de suspensão. Nesse programa, usamos os valores default desses atributos. (Inicialmente, os valores default não estabelecem um estado de suspensão para o thread e, em vez disso, o tornam elegível para ser executado pelo scheduler da CPU.) Uma vez que o thread de soma seja criado, o pai deve esperar que ele seja concluído antes de exibir o valor de `Sum`, já que o valor é definido pelo thread de soma. Lembre-se de que, no programa Pthread (Figura 4.9), o thread-pai espera pelo thread de soma usando o comando `pthread_join ( )`. Fizemos algo semelhante na API Windows usando a função `WaitForSingleObject ( )`, que causa o bloqueio do thread criador até que o thread de soma tenha sido encerrado.

Em situações que requerem a espera da conclusão de múltiplos threads, a função `WaitForMultipleObjects ( )` é usada. Essa função recebe quatro parâmetros:

1. O número de objetos que estão sendo esperados
2. Um ponteiro para o array de objetos
3. Um flag indicando se todos os objetos foram sinalizados
4. Um tempo limite (ou `INFINITE`)

Por exemplo, se `THandles` é um array de objetos thread HANDLE de tamanho N, o thread-pai pode esperar que todos os seus threads-filhos sejam concluídos com esse comando:

```
WaitForMultipleObjects (N, THandles, TRUE,
INFINITE)
```

4.4.3 Threads Java

Os threads são o modelo básico de execução de programas em Java, e a linguagem Java e sua API fornecem um rico conjunto de recursos para a criação e o gerenciamento de threads. Todos os programas em Java são compostos por, pelo menos, um thread de controle — até mesmo um programa em Java simples, composto por apenas um método `main ( )`, é executado como um único thread na JVM. Os threads Java estão disponíveis em qualquer sistema que forneça uma JVM, incluindo o Windows, o Linux e o MacOS X. A API de threads Java também está disponível para aplicações do Android.

Há duas técnicas para a criação de threads num programa em Java. Uma abordagem é a criação de uma nova classe derivada da classe `Thread` e a sobreposição de seu método `run ( )`. Uma técnica alternativa — e mais usada — é a definição de uma classe que implementa a interface `Runnable`. A interface `Runnable` é definida como descrito a seguir:

```
public interface Runnable
{
public abstract void run ();
}
```

Quando uma classe implementa `Runnable`, ela deve definir um método `run ( )`. O código que implementa o método `run ( )` é o que é executado como um thread separado.

```
#define NUM_THREADS 10

/* um array de threads para o agrupamento */
pthread_t workers[NUM_THREADS];

for (int i = 0; i < NUM_THREADS; i++)
   pthread_join(workers[i], NULL);
```

Figura 4.10 Código Pthread para o agrupamento de dez threads.

```c
#include <windows.h>
#include <stdio.h>
DWORD Sum; /* os dados são compartilhados pelo(s) thread(s) */

/* o thread é executado nessa função separada */
DWORD WINAPI Summation(LPVOID Param)
{
  DWORD Upper = *(DWORD*)Param;
  for (DWORD i = 0; i <= Upper; i++)
    Sum += i;
  return 0;
}

int main(int argc, char *argv[])
{
  DWORD ThreadId;
  HANDLE ThreadHandle;
  int Param;

  if (argc != 2) {
    fprintf(stderr,"An integer parameter is required\n");
    return -1;
  }
  Param = atoi(argv[1]);
  if (Param < 0) {
    fprintf(stderr,"An integer >= 0 is required\n");
    return -1;
  }

  /* cria o thread*/
  ThreadHandle = CreateThread(
    NULL, /* atributos default de segurança  */
    0, /* tamanho default de pilha */
    Summation, /* função do thread */
    &Param, /* parâmetro para a função do thread */
    0, /* flags default de criação */
    &ThreadId); /* retorna o identificador do thread */

  if (ThreadHandle != NULL) {
    /* agora espera que o thread seja encerrado */
    WaitForSingleObject(ThreadHandle,INFINITE);

    /* fecha o manipulador do thread */
    CloseHandle(ThreadHandle);

    printf("sum = %d\n",Sum);
  }
}
```

Figura 4.11 Programa em C com múltiplos threads usando a API Windows.

A Figura 4.12 mostra a versão Java de um programa com múltiplos threads que determina a soma de inteiros não negativos. A classe Summation implementa a interface Runnable. A criação de threads é executada com a criação de uma instância de objeto da classe Thread e a passagem de um objeto Runnable para o construtor.

A criação de um objeto Thread não cria, especificamente, o novo thread; em vez disso, é o método start ( ) que cria o novo thread. A chamada do método start ( ) do novo objeto faz duas coisas:

1. Aloca memória e inicializa um novo thread na JVM.
2. Chama o método run ( ), tornando o thread elegível para execução na JVM. (Observe, mais uma vez, que nunca chamamos o método run ( ) diretamente. Em vez disso, chamamos o método start ( ) que chama o método run ( ) em nosso nome.)

Quando o programa de soma é executado, a JVM cria dois threads. O primeiro é o thread-pai, que começa a execução no método main ( ). O segundo thread é criado quando o método start ( ) é invocado no objeto Thread. Esse thread-filho começa a execução no método run ( ) da classe Summation. Após dar saída no valor da soma, o thread termina ao sair de seu método run ( ).

O compartilhamento de dados entre threads ocorre facilmente no Windows e no Pthreads porque os dados compartilhados são simplesmente declarados como globais. Já que é totalmente orientada a objetos, a linguagem Java não tem o conceito de dados globais. Se dois ou mais threads precisam compartilhar dados em um programa em Java, o compartilhamento ocorre pela passagem de referências do objeto compartilhado para os threads apropriados. No programa em Java mostrado na Figura 4.12, o thread principal e o thread de soma compartilham a instância de objeto da classe Sum. Esse objeto compartilhado é referenciado pelos métodos getSum ( ) e setSum ( ) apropriados. (Você deve estar se perguntando por que não usamos um objeto Integer em vez de projetar uma nova classe Sum. O motivo é que a classe Integer é *imutável* — isto é, uma vez que seu valor seja estabelecido, ele não pode mudar.)

Você deve lembrar que os threads-pais das bibliotecas Pthreads e Windows usam pthread_join ( ) e WaitForSingleObject ( ) (respectivamente) para esperar que os threads de soma terminem antes de prosseguir. O méto-

```java
class Sum
{
  private int sum;

  public int getSum() {
    return sum;
  }

  public void setSum(int sum) {
    this.sum = sum;
  }
}

class Summation implements Runnable
{
  private int upper;
  private Sum sumValue;

  public Summation(int upper, Sum sumValue) {
    this.upper = upper;
    this.sumValue = sumValue;
  }

  public void run() {
    int sum = 0;
    for (int i = 0; i <= upper; i++)
      sum += i;
    sumValue.setSum(sum);
  }
}

public class Driver
{
  public static void main(String[] args) {
    if (args.length > 0) {
      if (Integer.parseInt(args[0]) < 0)
        System.err.println(args[0] + " must be >= 0.");
      else {
        Sum sumObject = new Sum();
        int upper = Integer.parseInt(args[0]);
        Thread thrd = new Thread(new Summation(upper, sumObject));
        thrd.start();
        try {
          thrd.join();
          System.out.println
              ("The sum of "+upper+" is "+sumObject.getSum());
        } catch (InterruptedException ie) { }
      }
    }
    else
      System.err.println("Usage: Summation <integer value>"); }
}
```

Figura 4.12 Programa em Java para a soma de inteiros não negativos.

> ## A JVM E O SISTEMA OPERACIONAL HOSPEDEIRO
>
> A JVM costuma ser implementada no topo de um sistema operacional hospedeiro (consulte a Figura 16.10). Essa configuração permite que a JVM oculte os detalhes de implementação do sistema operacional subjacente e forneça um ambiente abstrato e consistente que permita aos programas Java operarem em qualquer plataforma que suporte a JVM. A especificação da JVM não indica como os threads Java devem ser mapeados para o sistema operacional subjacente, deixando essa decisão a cargo da implementação específica da JVM. Por exemplo, o sistema operacional Windows XP usa o modelo um-para-um; assim, cada thread Java de uma JVM, sendo executada nesse sistema, é mapeado para um thread do kernel. Em sistemas operacionais que usam o modelo muitos-para-muitos (como o Tru64 UNIX), um thread Java é mapeado de acordo com tal modelo. Inicialmente, o Solaris implementava a JVM usando o modelo muitos-para-um (a biblioteca green threads, mencionada anteriormente). Versões posteriores da JVM foram implementadas usando o modelo muitos-para-muitos. A partir do Solaris 9, os threads Java começaram a ser mapeados com o uso do modelo um-para-um. Além disso, pode haver um relacionamento entre a biblioteca de threads Java e a biblioteca de threads do sistema operacional hospedeiro. Por exemplo, implementações de uma JVM para a família de sistemas operacionais Windows podem usar a API Windows ao criar threads Java; os sistemas Linux, Solaris e Mac OS X podem usar a API Pthreads.

do `join ( )` em Java fornece funcionalidade semelhante. (Observe que `join ( )` pode lançar uma `InterruptedException`, que preferimos ignorar.) Se o pai deve esperar que múltiplos threads terminem, o método `join ( )` pode ser inserido em um loop `for` semelhante ao mostrado para o Pthreads na Figura 4.10.

4.5 Threading Implícito

Com o contínuo crescimento do processamento multicore, estão surgindo aplicações contendo centenas — ou até mesmo milhares — de threads. Projetar essas aplicações não é tarefa simples: os programadores devem superar não apenas os desafios descritos na Seção 4.2 como também dificuldades adicionais. Essas dificuldades, que estão relacionadas com a correção dos programas, são abordadas nos Capítulos 5 e 7.

Uma forma de superar essas dificuldades e suportar melhor o projeto de aplicações com múltiplos threads é transferir a criação e o gerenciamento de threads dos desenvolvedores de aplicações para os compiladores e para as bibliotecas de tempo de execução. Essa estratégia, chamada threading implícito, é uma tendência popular hoje em dia. Nesta seção, exploramos três abordagens alternativas para o projeto de programas com múltiplos threads que possam tirar proveito de processadores multicore por meio do threading implícito.

4.5.1 Pools de Threads

Na Seção 4.1, descrevemos um servidor web com múltiplos threads. Naquele caso, sempre que o servidor recebe uma solicitação, ele cria um thread separado para atendê-la. Embora a criação de um thread separado seja, sem dúvida, melhor do que a criação de um processo separado, um servidor multithreaded apresenta, contudo, problemas potenciais. O primeiro problema está relacionado com o tempo necessário à criação do thread, além do fato de que esse thread será descartado, assim que concluir seu trabalho. O segundo problema é mais complicado. Se permitirmos que todas as solicitações concorrentes sejam atendidas em um novo thread, não teremos um limite para o número de threads ativos e em concorrência no sistema. Um número ilimitado de threads pode exaurir os recursos do sistema, como o tempo de CPU ou a memória. Uma solução para esse problema é usar um pool de threads.

A ideia geral por trás do pool de threads é a criação de múltiplos threads na inicialização do processo, bem como a inserção dos threads em um pool, onde eles ficarão esperando para entrar em ação. Quando um servidor recebe uma solicitação, ele desperta um thread desse pool — se houver um disponível — e passa para ele a solicitação de serviço. Uma vez que o thread conclua seu serviço, ele retorna ao pool e espera por mais trabalho. Se o pool não tem um thread disponível, o servidor espera até que um seja liberado.

Os pools de threads oferecem esses benefícios:

1. O atendimento de uma solicitação com um thread existente é mais rápido do que esperar a criação de um thread.
2. Um pool de threads limita o número de threads existentes em determinado momento. Isso é particularmente importante em sistemas que não podem dar suporte a um grande número de threads concorrentes.
3. A separação da tarefa a ser executada da mecânica de criação da tarefa permite-nos usar diferentes estratégias para execução da tarefa. Por exemplo, ela poderia ser organizada no schedule tanto para execução após um tempo de espera como para execução periódica.

O número de threads no pool pode ser estabelecido heuristicamente com base em fatores, como o número de CPUs no sistema, o montante de memória física e o número esperado de solicitações de clientes concorrentes. Arquiteturas de pool de threads mais sofisticadas podem ajustar dinamicamente o número de threads no pool de acordo com padrões de uso. Essas arquiteturas oferecem o benefício adicional de possuírem um pool menor — consumindo menos memória — quando a carga no sistema é baixa. Discutimos uma arquitetura desse tipo, a Grand Central Dispatch da Apple, posteriormente, nesta seção.

A API Windows fornece várias funções relacionadas com os pools de threads. O uso da API de pools de threads é semelhante à criação de um thread com a função `Thread_Create ( )`, como descrito na Seção 4.4.2. Aqui, é definida uma função que deve ser executada como um thread separado. Essa função pode aparecer na forma a seguir:

```
DWORD WINAPI PoolFunction (AVOID Param) {
  /*
   * essa função é executada como um thread
   separado.
   */
}
```

Um ponteiro para `PoolFunction ( )` é passado para uma das funções na API de pool de threads, e um thread do pool executa a função. Um membro desse tipo, pertencente à API de pool de threads, é a função `QueueUserWorkItem ( )`, que recebe três parâmetros:

- `LPTHREAD_START_ROUTINE Function` — um ponteiro para a função que deve ser executada como um thread separado
- `PVOID Param` — o parâmetro passado para `Function`
- `ULONG Flags` — flags indicando como o pool de threads deve criar e gerenciar a execução do thread

Um exemplo de invocação de uma função seria o seguinte:

```
QueueUserWorkItem(&PoolFunction, NULL, 0);
```

Tal comando causa a invocação, por um thread do pool de threads, de `PoolFuncion ( )` em nome do programador. Nesse caso, não são passados parâmetros para `PoolFunction ( )`. Já que especificamos 0 como flag, não fornecemos instruções especiais ao pool de threads para a criação de threads.

Outros membros da API Windows de pool de threads incluem utilitários que invocam funções em intervalos periódicos ou quando uma solicitação de I/O assíncrona é concluída. O pacote `java.util.concurrent` da API Java também fornece um utilitário de pool de threads.

4.5.2 OpenMP

O OpenMP é um conjunto de diretivas de compilador assim como uma API para programas escritos em C, C++ ou FORTRAN que dá suporte à programação paralela em ambientes de memória compartilhada. OpenMP identifica **regiões paralelas** como blocos de código que podem ser executados em paralelo. Desenvolvedores de aplicações inserem diretivas de compilador em seu código, em regiões paralelas, e essas diretivas instruem a biblioteca de tempo de execução do OpenMP a executar a região em paralelo. O programa em C, a seguir, ilustra uma diretiva de compilador acima da região paralela que contém o comando `printf ( )`:

```
#include <omp.h>
#include <stdio.h>

int main(int argc, char *argv[])
{
   /* código sequencial */

   #pragma omp parallel
   {
      printf("I am a parallel region.");
   }

   /* código sequencial */

   return 0;
}
```

Quando OpenMP encontra a diretiva

```
#pragma omp parallel
```

ele cria um número de threads equivalente ao número de núcleos de processamento do sistema. Assim, para um sistema dual-core, dois threads são criados; para um sistema quad-core, quatro são criados; e assim por diante. Todos os threads, então, executam simultaneamente a região paralela. À medida que cada thread sai da região paralela, ele é encerrado.

O OpenMP fornece várias diretivas adicionais para a execução de regiões de código em paralelo, incluindo a paralelização de loops. Por exemplo, suponha que tenhamos dois arrays a e b de tamanho N. Queremos somar seu conteúdo e colocar o resultado no array c. Podemos ter essa tarefa executada em paralelo usando o segmento de código a seguir, que contém a diretiva de compilador para a paralelização de loops `for`:

```
#pragma omp parallel for
for (i = 0; i < N; i++) {
   c[i] = a[i] + b[i];
}
```

O OpenMP divide o trabalho contido no loop `for` entre os threads que ele criou, em resposta à diretiva

```
#pragma omp parallel for
```

Além de fornecer diretivas de paralelização, o OpenMP permite que os desenvolvedores escolham entre vários níveis de paralelismo. Por exemplo, eles podem definir o número de threads manualmente. Também permite que os desenvolvedores identifiquem se os dados são compartilhados entre threads ou se são privados de um thread. O OpenMP está disponível em vários compiladores comerciais e de código-fonte aberto para os sistemas Linux, Windows e MacOS X. Recomendamos que os leitores interessados em aprender mais sobre o OpenMP consultem a Bibliografia no fim do capítulo.

4.5.3 Grand Central Dispatch

O Grand Central Dispatch (GCD) — uma tecnologia para sistemas operacionais Mac OS X e iOS da Apple — é uma combinação de extensões para a linguagem C, uma API e uma biblioteca de tempo de execução que permite aos desenvolvedores de aplicações identificarem seções de código a serem executadas em paralelo. Como o OpenMP, o GCD gerencia a maioria dos detalhes da criação de threads.

O GCD identifica extensões para as linguagens C e C++, conhecidas como **blocos**. Um bloco é, simplesmente, uma unidade de trabalho autossuficiente. Ele é especificado por um acento circunflexo (^) inserido na frente de um par de chaves ({}). Um exemplo simples de um bloco é mostrado abaixo:

```
^{printf ("Eu sou um bloco"); }
```

O GCD inclui no schedule blocos para serem executados em tempo de execução, inserindo-os em uma **fila de despacho**. Quando ele remove um bloco de uma fila, designa o bloco a um thread disponível no pool de threads que gerencia. O GCD identifica dois tipos de filas de despacho: *serial* e *concorrente*.

Blocos inseridos em uma fila serial são removidos em ordem FIFO. Uma vez que um bloco tenha sido removido da fila, ele deve concluir a sua execução antes que outro bloco seja removido. Cada processo tem sua própria fila serial (conhecida como **fila principal**). Os desenvolvedores podem criar filas seriais adicionais que sejam locais para processos específicos. As filas seriais são úteis para assegurar a execução sequencial de várias tarefas.

Blocos inseridos em uma fila concorrente também são removidos em ordem FIFO, mas vários blocos podem ser removidos ao mesmo tempo, permitindo assim que múltiplos blocos sejam executados em paralelo. Existem três filas de despacho concorrentes com abrangência em todo o sistema, e elas se distinguem pela prioridade: baixa, default e alta. As prioridades representam uma aproximação da importância relativa dos blocos. Resumindo, blocos com prioridade mais alta devem ser inseridos na fila de despacho de prioridade alta.

O segmento de código a seguir ilustra a obtenção da fila concorrente de prioridade default e a submissão de um bloco à fila, com o uso da função `dispatch_async ( )`:

```
dispatch_queue_t queue = dispatch_get_global_queue
   (DISPATCH_QUEUE_PRIORITY_DEFAULT, 0);
dispatch_async(queue, ^{printf("Eu sou um
   bloco");});
```

Internamente, o pool de threads do GCD é composto por threads POSIX. O GCD gerencia ativamente o pool, permitindo que o número de threads cresça e diminua de acordo com a demanda das aplicações e a capacidade do sistema.

4.5.4 Outras Abordagens

Os pools de threads, o OpenMP e o Grand Central Dispatch são apenas algumas das muitas tecnologias emergentes para o gerenciamento de aplicações com múltiplos threads. Outras abordagens comerciais incluem bibliotecas paralelas e concorrentes, como o Threading Building Blocks (TBB) da Intel e vários produtos da Microsoft. A linguagem e a API Java também têm se inclinado significativamente ao suporte à programação concorrente. Um exemplo claro é o pacote `java.util.concurrent`, que dá suporte à criação e ao gerenciamento de threads implícitos.

4.6 Questões Relacionadas com a Criação de Threads

Nesta seção, discutimos algumas das questões que devem ser consideradas no projeto de programas com múltiplos threads.

4.6.1 As Chamadas de Sistema Fork ( ) e Exec ( )

No Capítulo 3, descrevemos como a chamada de sistema `fork ( )` é usada para criar um processo duplicado separado. A semântica das chamadas de sistema `fork ( )` e `exec ( )` muda em um programa com múltiplos threads.

Se o thread em um programa chamar `fork ( )`, o novo processo duplicará todos os threads, ou o novo processo terá um único thread? Alguns sistemas UNIX optaram por terem duas versões de `fork ( )`, uma que duplica todos os threads e outra que duplica apenas o thread que invocou a chamada de sistema `fork ( )`.

Normalmente, a chamada de sistema `exec ( )` funciona como descrito no Capítulo 3. Isto é, se um thread invocar a chamada de sistema `exec ( )`, o programa especificado como parâmetro para `exec ( )` substituirá o processo inteiro — inclusive todos os threads.

Qual das duas versões de `fork ( )` deve ser usada depende da aplicação. Quando `exec ( )` é chamada imediatamente após a ramificação, a duplicação de todos os threads é desnecessária, já que o programa especificado nos parâmetros de `exec ( )` substituirá o processo. Nesse caso, é apropriado duplicar apenas o thread chamador. Se, no entanto, o processo separado não chamar `exec ( )` após a bifurcação, o processo separado deve duplicar todos os threads.

4.6.2 Manipulação de Sinais

Um *sinal* é usado em sistemas UNIX para notificar um processo de que determinado evento ocorreu. O sinal pode ser recebido síncrona ou assincronamente, dependendo da origem e da causa do evento que está sendo sinalizado. Todos os sinais, síncronos ou assíncronos, seguem o mesmo padrão:

1. Um sinal é gerado pela ocorrência de um evento específico.
2. O sinal é liberado para um processo.
3. Uma vez liberado, o sinal deve ser manipulado.

Exemplos de causas de sinais síncronos incluem o acesso ilegal à memória e a divisão por zero. Se um programa em execução realiza uma dessas ações, um sinal é gerado. Os sinais síncronos são liberados para o mesmo processo que executou a operação que causou os sinais (é por isso que são considerados síncronos).

Quando um sinal é gerado por um evento externo a um processo em execução, esse processo recebe o sinal assincronamente. Exemplos desse tipo de sinal incluem o sinal de encerramento de um processo com pressionamentos de tecla específicos (como `<control> <C>`) e o sinal de expiração de um timer. Normalmente, um sinal assíncrono é enviado a outro processo.

Um sinal pode ser *manipulado* por um entre dois manipuladores possíveis:

1. Um manipulador de sinais default
2. Um manipulador de sinais definido pelo usuário

Todo sinal tem um manipulador de sinais default que o kernel executa ao manipular o sinal. Essa ação default pode ser sobreposta por um manipulador de sinais definido pelo usuário que é chamado para manipular o sinal. Os sinais são manipulados de diferentes maneiras. Alguns sinais (como na alteração do tamanho de uma janela) são simplesmente ignorados; outros (como no acesso ilegal à memória) são manipulados com o encerramento do programa.

A manipulação de sinais em programas com um único thread é simples: os sinais são sempre liberados para um processo. No entanto, a liberação de sinais é mais complicada em programas multithreaded, em que um processo pode ter múltiplos threads. Para onde, então, um sinal deve ser liberado?

Geralmente, existem as opções a seguir:

1. Liberar o sinal para o thread ao qual ele é aplicável.
2. Liberar o sinal para cada thread do processo.
3. Liberar o sinal para certos threads do processo.
4. Designar um thread específico para receber todos os sinais do processo.

O método de distribuição de um sinal depende do tipo de sinal gerado. Por exemplo, um sinal síncrono tem de ser liberado para o thread que o causou e não para outros threads do processo. No entanto, a situação com os sinais assíncronos não é tão clara. Alguns sinais assíncronos — como um sinal que encerra um processo (`<control> <C>`, por exemplo) — devem ser enviados a todos os threads.

A função UNIX padrão para a liberação de um sinal é

```
kill(pid_t pid,int signal)
```

Essa função especifica o processo (`pid`) para o qual um sinal em particular (`signal`) deve ser liberado. A maioria das versões multithreaded do UNIX permite que um thread especifique quais sinais ele aceitará e quais ele bloqueará. Portanto, em alguns casos, um sinal assíncrono pode ser liberado apenas para os threads que não o estão bloqueando. Porém, já que os sinais precisam ser manipulados apenas uma vez, um sinal é, normalmente, liberado somente para o primeiro thread encontrado que não o está bloqueando. O Pthreads POSIX fornece a função a seguir, que permite que um sinal seja distribuído para um thread específico (tid):

```
pthread_kill(pthread_t tid, int signal)
```

Embora o Windows não dê suporte explícito aos sinais, ele nos permite emulá-los com o uso de chamadas de procedimento assíncronas (APCs – *asynchronous procedure calls*). O recurso APC habilita um thread de usuário a especificar uma função que deve ser chamada quando esse thread receber a notificação de um evento específico. Como sugerido por seu nome, uma APC é quase equivalente a um sinal assíncrono no UNIX. No entanto, enquanto o UNIX deve resolver como lidar com os sinais em um ambiente com múltiplos threads, o recurso APC é mais direto, já que uma APC é liberada para um thread específico em vez de um processo.

4.6.3 Cancelamento de Threads

O cancelamento de threads envolve o encerramento de um thread antes que ele seja concluído. Por exemplo, se múltiplos threads estiverem pesquisando concorrentemente em um banco de dados e um deles retornar o resultado, os threads restantes podem ser cancelados. Outra situação pode ocorrer quando um usuário pressiona um botão em um navegador web que impede que uma página web acabe de ser carregada. Geralmente, uma página web é carregada com o uso de múltiplos threads — cada imagem é carregada em um thread separado. Quando um usuário pressiona o botão stop no navegador, todos os threads que estão carregando a página são cancelados.

Um thread que está para ser cancelado costuma ser chamado de thread-alvo. O cancelamento de um thread-alvo pode ocorrer em dois cenários diferentes:

1. **Cancelamento assíncrono.** Um thread encerra imediatamente o thread-alvo.
2. **Cancelamento adiado.** O thread-alvo verifica, periodicamente, se deve ser encerrado, dando a si próprio a oportunidade de terminar de maneira ordenada.

A dificuldade do cancelamento ocorre em situações em que recursos foram alocados a um thread cancelado ou em que um thread é cancelado no meio da atualização dos dados que ele está compartilhando com outros threads. Isso se torna especialmente problemático no cancelamento assíncrono. Geralmente, o sistema operacional reclama os recursos do sistema alocados a um thread cancelado, mas não reclama todos os recursos. Portanto, o cancelamento assíncrono de um thread pode não liberar um recurso necessário a todo o sistema.

No cancelamento adiado, por outro lado, um thread indica que um thread-alvo deve ser cancelado, mas o cancelamento ocorre somente após o thread-alvo ter verificado um flag para determinar se deve ou não ser cancelado. O thread pode executar essa verificação em um ponto em que ele possa ser cancelado seguramente.

No Pthreads, o cancelamento de threads é iniciado com o uso da função pthread_cancel ( ). O identificador do thread-alvo é passado como parâmetro para a função. O código a seguir ilustra a criação — e depois o cancelamento — de um thread:

```
pthread_t tid;

/* cria o thread */
pthread_create(&tid, 0, worker, NULL);

...

/* cancela o thread */
pthread_cancel(tid);
```

A invocação de pthread_cancel ( ) indica apenas uma solicitação de cancelamento do thread-alvo, no entanto; o cancelamento real depende de como o thread-alvo está definido para manipular a solicitação. O Pthreads dá suporte a três modalidades de cancelamento. Cada modalidade é definida como um estado e um tipo, como ilustrado na tabela abaixo. Um thread pode estabelecer seu estado e tipo de cancelamento usando uma API.

Modalidade	Estado	Tipo
Desativado	Desabilitado	–
Adiado	Habilitado	Adiado
Assíncrono	Habilitado	Assíncrono

Como a tabela ilustra, o Pthreads permite que os threads desabilitem ou habilitem o cancelamento. É claro que um thread não pode ser cancelado, se o cancelamento estiver desabilitado. No entanto, as solicitações de cancelamento permanecem pendentes e, assim, o thread poderá habilitar o cancelamento mais tarde e responder à solicitação.

O tipo de cancelamento default é o cancelamento adiado. Nele, o cancelamento ocorre apenas quando um thread alcança um ponto de cancelamento. Uma técnica para estabelecer um ponto de cancelamento é invocar a função pthread_testcancel ( ). Se uma solicitação de cancelamento é considerada pendente, uma função conhecida como manipulador de limpeza é invocada. Essa função permite que qualquer recurso que um thread tenha adquirido seja liberado antes que o thread seja encerrado.

O código a seguir ilustra como um thread pode responder a uma solicitação de cancelamento usando o cancelamento adiado:

```
while (1) {
  /* executa algum trabalho por um tempo */
  /* . . . */

  /* verifica se existe uma solicitação de
  cancelamento */
  pthread_testcancel( );
}
```

Por causa dos problemas já descritos, o cancelamento assíncrono não é recomendado na documentação do Pthreads. Assim, não o abordamos aqui. Uma observação interessante é que, em sistemas Linux, o cancelamento de threads com o uso da API Pthreads é manipulado por sinais (Seção 4.6.2).

4.6.4 Armazenamento Local do Thread

Os threads pertencentes a um processo compartilham os dados do processo. Na verdade, esse compartilhamento de dados fornece um dos benefícios da programação com múltiplos threads. No entanto, em algumas circunstâncias, cada thread pode precisar de sua própria cópia de certos dados. Chamaremos esses dados de armazenamento local do thread (ou TLS – *thread-local storage*). Por exemplo, em um sistema de processamento de transações, podemos atender a cada transação em um thread separado. Além disso, cada transação pode receber um identificador exclusivo. Para associar cada thread a seu identificador exclusivo, podemos usar o armazenamento local do thread.

É fácil confundir o TLS com as variáveis locais. No entanto, as variáveis locais são visíveis apenas durante uma única invocação de função, enquanto os dados TLS são visíveis ao longo das invocações de funções. Em alguns aspectos, o TLS é semelhante aos dados `static`. A diferença é que os dados TLS são únicos para cada thread. A maioria das bibliotecas de threads — inclusive a do Windows e a Pthreads — fornece algum tipo de suporte ao armazenamento local do thread; Java também dá suporte.

4.6.5 Ativações do Scheduler

Uma última questão a ser considerada quanto aos programas com múltiplos threads refere-se à comunicação entre o kernel e a biblioteca de threads, que pode ser requerida nos modelos muitos-para-muitos e de dois níveis discutidos na Seção 4.3.3. Essa coordenação permite que o número de threads do kernel seja ajustado dinamicamente para ajudar a assegurar o melhor desempenho.

Muitos sistemas que implementam o modelo muitos-para-muitos ou de dois níveis inserem uma estrutura de dados intermediária entre os threads do usuário e do kernel. Essa estrutura de dados — normalmente conhecida como **processo peso leve**, ou **LWP** (*lightweight process*) — é mostrada na Figura 4.13. Para a biblioteca de threads de usuário, o LWP aparece como um processador virtual em que a aplicação pode incluir no schedule um thread de usuário para execução. Cada LWP é anexado a um thread do kernel, e são threads do kernel que o sistema operacional inclui no schedule para execução em processadores físicos. Se um thread do kernel for bloqueado (por exemplo, enquanto espera que uma operação de I/O seja concluída), o LWP também o será. Mais para cima na cadeia, o thread de nível de usuário anexado ao LWP também será bloqueado.

Uma aplicação pode requerer qualquer número de LWPs para ser executada eficientemente. Considere uma aplicação limitada por CPU sendo executada em um único processador. Nesse cenário, apenas um thread pode ser executado de cada vez; portanto, um LWP é suficiente. Uma aplicação que seja I/O-intensiva pode requerer vários LWPs para ser executada, no entanto. Normalmente, um LWP é necessário para cada chamada de sistema bloqueadora concorrente. Suponha, por exemplo, que cinco solicitações de leitura de arquivo diferentes ocorram simultaneamente. Cinco LWPs são necessários porque todas as solicitações podem estar esperando pela conclusão de I/O no kernel. Se um processo tem apenas quatro LWPs, a quinta solicitação deve esperar que um dos LWPs retorne do kernel.

Um esquema para a comunicação entre a biblioteca de threads de usuário e o kernel é conhecido como **ativação do scheduler**. Funciona da seguinte forma: o kernel fornece a uma aplicação um conjunto de processadores virtuais (LWPs), e a aplicação pode incluir no schedule threads de usuário para um processador virtual disponível. Além disso, o kernel deve informar a aplicação sobre certos eventos. Esse procedimento é conhecido como **upcall**. As upcalls são manipuladas pela biblioteca de threads com um **manipulador de upcalls** que deve ser executado em um processador virtual. Um evento que dispara uma upcall ocorre quando um thread da aplicação está para ser bloqueado. Nesse cenário, o kernel faz uma upcall para a aplicação, informando-a de que um thread está para ser bloqueado e identificando o thread específico. Em seguida, o kernel aloca um novo processador virtual à aplicação. A aplicação executa um manipulador de upcall nesse novo processador virtual, e o manipulador salva o estado do thread bloqueado e sai do processador virtual em que o thread está sendo executado. O manipulador de upcall, então, inclui no schedule outro thread que seja elegível para execução no novo processador virtual. Quando o evento que o thread bloqueado estava esperando ocorre, o kernel faz outra upcall para a biblioteca de threads informando-a de que o thread anteriormente bloqueado está, agora, elegível para execução. O manipulador de upcall desse evento também requer um processador virtual, e o kernel pode alocar um novo processador virtual ou capturar um dos threads de usuário e executar o manipulador de upcall em seu processador virtual. Após marcar o thread desbloqueado como elegível para execução, a aplicação inclui no schedule um thread elegível para ser executado em um processador virtual disponível.

4.7 Exemplos de Sistemas Operacionais

Nesse ponto, examinamos vários conceitos e questões relacionados com os threads. Concluímos o capítulo explorando como os threads são implementados em sistemas Windows e Linux.

4.7.1 Threads no Windows

O Windows implementa a API Windows, que é a principal API da família de sistemas operacionais da Microsoft (Windows 98, NT, 2000 e XP, assim como o Windows 7). Na verdade, grande parte do que é mencionado nesta seção se aplica a toda essa família de sistemas operacionais.

Uma aplicação do Windows é executada como um processo separado, e cada processo pode conter um ou mais threads. A API Windows para criação de threads é abordada na Seção 4.4.2. Além disso, o Windows usa o mapeamento um-para-um descrito na Seção 4.3.2, em que cada thread de nível de usuário é mapeado para um thread de kernel associado.

Os componentes gerais de um thread incluem:

- Um ID que identifica o thread de maneira exclusiva
- Um conjunto de registradores representando o *status* do processador
- Uma pilha de usuário, empregada quando o thread está sendo executado em modalidade de usuário, e uma pilha de kernel, empregada quando o thread está sendo executado em modalidade de kernel
- Uma área de armazenamento privada usada por várias bibliotecas de tempo de execução e bibliotecas de links dinâmicos (DLLs)

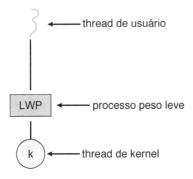

Figura 4.13 Processo peso leve (LWP).

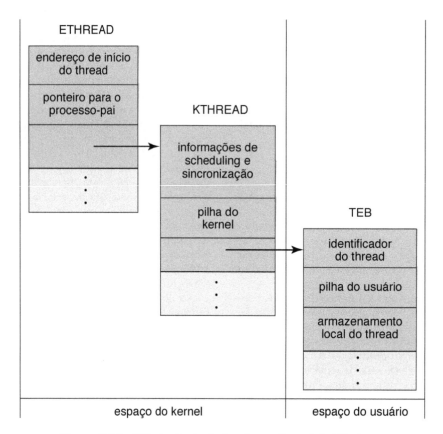

Figura 4.14 Estruturas de dados de um thread do Windows.

O conjunto de registradores, as pilhas e a área de armazenamento privada são conhecidos como **contexto** do thread.

As principais estruturas de dados de um thread incluem:

- ETHREAD — bloco de thread executivo
- KTHREAD — bloco de thread do kernel
- TEB — bloco de ambiente do thread

Os componentes-chave de ETHREAD incluem um ponteiro para o processo ao qual o thread pertence e o endereço da rotina em que o thread assume o controle. ETHREAD também contém um ponteiro para o KTHREAD correspondente.

KTHREAD inclui informações de scheduling e sincronização do thread. Além disso, KTHREAD inclui a pilha do kernel (usada quando o thread está em execução em modalidade de kernel) e um ponteiro para o TEB.

ETHREAD e KTHREAD existem inteiramente no espaço do kernel; isso significa que apenas o kernel pode acessá-los. TEB é uma estrutura de dados do espaço do usuário que é acessada quando o thread está sendo executado em modalidade de usuário. Entre outros campos, o TEB contém o identificador do thread, uma pilha de modalidade de usuário e um array para o armazenamento local do thread. A estrutura de um thread do Windows é ilustrada na Figura 4.14.

4.7.2 Threads no Linux

O Linux fornece a chamada de sistema `fork ( )` com a funcionalidade tradicional de duplicar um processo, como descrito no Capítulo 3. O Linux também fornece o recurso para criação de threads com o uso da chamada de sistema `clone` ( ). No entanto, o Linux não diferencia processos e threads. Na verdade, o Linux usa o termo *tarefa* — em vez de **processo** ou **thread** — ao se referir a um fluxo de controle dentro de um programa.

Quando `clone ( )` é invocada, recebe um conjunto de flags que determinam o nível de compartilhamento que deve ocorrer entre as tarefas pai e filha. Alguns desses flags estão listados na Figura 4.15. Por exemplo, suponha que `clone ( )` receba os flags `CLONE_FS`, `CLONE_VM`, `CLONE_SIGHAND` e `CLONE_FILES`. As tarefas pai e filha compartilharão então as mesmas informações do sistema de arquivos (como o diretório de trabalho corrente), o mesmo espaço de memória, os mesmos manipuladores de sinais e o mesmo conjunto de arquivos abertos. O uso de `clone ( )` dessa forma é equivalente à criação de um thread como descrito neste capítulo, já que a tarefa pai com-

flag	significado
CLONE_FS	As informações do sistema de arquivos são compartilhadas.
CLONE_VM	O mesmo espaço de memória é compartilhado.
CLONE_SIGHAND	Os manipuladores de sinais são compartilhados.
CLONE_FILES	O conjunto de arquivos abertos é compartilhado.

Figura 4.15 Alguns dos flags passados quando `clone ( )` é invocada.

partilha a maioria de seus recursos com sua tarefa filha. No entanto, se nenhum desses flags estiver posicionado quando `clone()` for invocada, não ocorrerá compartilhamento, resultando em uma funcionalidade semelhante à fornecida pela chamada de sistema `fork()`.

O nível variado de compartilhamento é possível por causa da maneira como uma tarefa é representada no kernel do Linux. Há uma estrutura de dados do kernel (especificamente, `struct task_struct`) exclusiva para cada tarefa no sistema. Em vez de armazenar os dados da tarefa, essa estrutura de dados contém ponteiros para outras estruturas de dados onde esses dados estão armazenados — por exemplo, estruturas de dados que representam a lista de arquivos abertos, informações sobre manipulação de sinais e memória virtual. Quando `fork()` é invocada, uma nova tarefa é criada, junto com uma *cópia* de todas as estruturas de dados associadas do processo-pai. Uma nova tarefa também é criada quando a chamada de sistema `clone()` é feita. No entanto, em vez de copiar todas as estruturas de dados, a nova tarefa *aponta* para as estruturas de dados da tarefa-pai, dependendo do conjunto de flags passados para `clone()`.

4.8 Resumo

Um thread é um fluxo de controle dentro de um processo. Um processo multithreaded contém vários fluxos de controle diferentes dentro do mesmo espaço de endereçamento. Os benefícios da criação de múltiplos threads incluem o aumento da capacidade de resposta para o usuário, o compartilhamento de recursos dentro do processo, economia e fatores relacionados com a escalabilidade, como o uso mais eficiente de múltiplos núcleos de processamento.

Threads de nível de usuário são aqueles visíveis ao programador e desconhecidos do kernel. O kernel do sistema operacional suporta e gerencia threads de nível de kernel. Geralmente, os threads de nível de usuário são mais rápidos para criar e gerenciar do que os threads de nível de kernel, já que nenhuma intervenção do kernel é necessária.

Três tipos diferentes de modelos relacionam threads de usuário e de kernel. O modelo muitos-para-um mapeia muitos threads de usuário para um único thread de kernel. O modelo um-para-um mapeia cada thread de usuário para um thread de kernel correspondente. O modelo muitos-para-muitos multiplexa muitos threads de usuário para um número menor ou igual de threads de kernel.

Na maioria dos sistemas operacionais modernos, o kernel dá suporte aos threads. Entre eles estão o Windows, o Mac OS X, o Linux e o Solaris.

As bibliotecas de threads fornecem ao programador de aplicações uma API para a criação e o gerenciamento de threads. As três bibliotecas de threads mais usadas são: PThreads do POSIX, threads do Windows e threads do Java.

Além de criar threads, explicitamente, usando a API fornecida por uma biblioteca, podemos usar a criação de threads implícita em que a criação e o gerenciamento de threads são transferidos para compiladores e bibliotecas de tempo de execução. Algumas estratégias para o threading implícito incluem os pools de threads, o OpenMP e o Grand Central Dispatch.

Os programas com múltiplos threads introduzem muitos desafios para os programadores, inclusive a semântica das chamadas de sistema `fork()` e `exec()`. Outras questões incluem a manipulação de sinais, o cancelamento de threads, o armazenamento local do thread e as ativações do scheduler.

Exercícios Práticos

4.1 Forneça dois exemplos de programação em que a criação de múltiplos threads proporciona melhor desempenho do que uma solução com um único thread.

4.2 Cite duas diferenças entre threads de nível de usuário e threads de nível de kernel. Sob que circunstâncias um tipo é melhor do que o outro?

4.3 Descreva as ações executadas por um kernel para mudar o contexto entre threads de nível de kernel.

4.4 Que recursos são usados quando um thread é criado? Em que eles diferem daqueles usados quando um processo é criado?

4.5 Suponha que um sistema operacional mapeie threads de nível de usuário para o kernel, usando o modelo muitos-para-muitos e que o mapeamento seja feito por LWPs. Além disso, o sistema permite que os desenvolvedores criem threads de tempo real para uso em sistemas de tempo real. É necessário vincular um thread de tempo real a um LWP? Explique.

Exercícios

4.6 Forneça dois exemplos de programação em que a criação de múltiplos threads *não* proporciona melhor desempenho do que uma solução com um único thread.

4.7 Sob que circunstâncias uma solução com múltiplos threads, usando múltiplos threads de kernel, fornece melhor desempenho do que uma solução com um único thread em um sistema com apenas um processador?

4.8 Qual dos seguintes componentes de estado de um programa são compartilhados pelos threads em um processo com múltiplos threads?

  a. Valores do registrador
  b. Memória do heap
  c. Variáveis globais
  d. Memória da pilha

4.9 Uma solução com múltiplos threads usando múltiplos threads de nível de usuário pode obter melhor desempenho em um sistema multiprocessador do que em um sistema uniprocessador? Explique.

4.10 No Capítulo 3, discutimos o navegador Chrome da Google e sua prática de abrir cada novo website em um processo separado. Os mesmos benefícios seriam alcançados se, em vez disso, a decisão de projeto do Chrome tivesse sido abrir cada novo website em um thread separado? Explique sua resposta.

4.11 É possível haver concorrência mas não paralelismo? Explique.

4.12 Usando a Lei de Amdahl, calcule a aceleração obtida em uma aplicação que tenha um componente paralelo de 60% para (a) dois núcleos de processamento e (b) quatro núcleos de processamento.

4.13 Determine se os problemas a seguir exibem paralelismo de tarefas ou de dados:

  - O programa estatístico com múltiplos threads descrito no Exercício 4.21
  - O validador de Sudoku com múltiplos threads descrito no Projeto 1 deste capítulo

108 Capítulo 4

- O programa de classificação com múltiplos threads descrito no Projeto 2 deste capítulo
- O servidor web com múltiplos threads descrito na Seção 4.1

4.14 Um sistema com dois processadores dual-core tem quatro processadores disponíveis para scheduling. Uma aplicação CPU-intensiva está sendo executada nesse sistema. Todas as entradas são fornecidas na inicialização do programa, quando um único arquivo deve ser aberto. Da mesma forma, todas as saídas são fornecidas logo antes de o programa terminar, quando os resultados do programa devem ser gravados em um único arquivo. Entre a inicialização e o encerramento, o programa é totalmente limitado pela CPU. Sua missão é melhorar o desempenho dessa aplicação tornando-a multithreaded. A aplicação é executada em um sistema que usa o modelo um-para-um de criação de threads (cada thread de usuário é mapeado para um thread do kernel).

- Quantos threads você criará para executar a entrada e a saída? Explique.
- Quantos threads você criará para a parte da aplicação que é CPU-intensiva? Explique.

4.15 Considere o segmento de código a seguir:

```
pid_t pid;

pid = fork();
if (pid == 0) {/*processo-filho */
    fork();
    thread_create( . . . );
}
fork();
```

a. Quantos processos únicos são criados?
b. Quantos threads únicos são criados?

4.16 Como descrito na Seção 4.7.2, o Linux não diferencia processos de threads. Em vez disso, ele trata os dois da mesma forma, permitindo que uma tarefa seja mais semelhante a um processo ou a um thread, dependendo do conjunto de flags passados para a chamada de sistema clone ( ). No entanto, outros sistemas operacionais, como o Windows, tratam os processos e os threads de maneira diferente. Normalmente, esses sistemas usam uma notação em que a estrutura de dados de um processo contém ponteiros para os threads separados pertencentes ao processo. Compare essas duas abordagens para modelar processos e threads dentro do kernel.

4.17 O programa mostrado na Figura 4.16 usa a API Pthreads. Qual seria a saída do programa em LINE C e LINE P?

4.18 Considere um sistema multicore e um programa com múltiplos threads escrito com o uso do modelo muitos-para-

```
#include <pthread.h>
#include <stdio.h>

int value = 0;
void *runner(void *param); /* o thread */

int main(int argc, char *argv[])
{
pid_t pid;
pthread_t tid;
pthread_attr_t attr;

    pid = fork();

    if (pid == 0) { /* processo-filho */
        pthread_attr_init(&attr);
        pthread_create(&tid,&attr,runner,NULL);
        pthread_join(tid,NULL);
        printf("CHILD: value = %d",value); /* LINE C */
    }
    else if (pid > 0) { /* processo-pai */
        wait(NULL);
        printf("PARENT: value = %d",value); /* LINE P */
    }
}

void *runner(void *param) {
    value = 5;
    pthread_exit(0);
}
```

Figura 4.16 Programa em C para o Exercício 4.17.

muitos de criação de threads. Faça o número de threads de nível de usuário no programa ser maior do que o número de núcleos de processamento no sistema. Discuta as implicações de desempenho dos cenários a seguir.

a. O número de threads do kernel alocados ao programa é menor do que o número de núcleos de processamento.
b. O número de threads do kernel alocados ao programa é igual ao número de núcleos de processamento.
c. O número de threads do kernel alocados ao programa é maior do que o número de núcleos de processamento, porém menor do que o número de threads de nível de usuário.

4.19 O Pthreads fornece uma API para gerenciar o cancelamento de threads. A função pthread_setcancelstate ( ) é usada para estabelecer o estado do cancelamento. Seu protótipo é o seguinte:

```
pthread_setcancelstate(int state, int *oldstate)
```

```
int oldstate;

pthread_setcancelstate(PTHREAD_CANCEL_DISABLE, &oldstate);

/* Que operações seriam executadas aqui? */

pthread_setcancelstate(PTHREAD_CANCEL_ENABLE, &oldstate);
```

Figura 4.17 Programa C para o Exercício 4.19.

Os dois valores possíveis para o estado são `PTHREAD_CANCEL_ENABLE` e `PTHREAD_CANCEL_DISABLE`.

Usando o segmento de código mostrado na Figura 4.17, forneça exemplos de duas operações que seriam adequadas para execução entre as chamadas de desabilitação e habilitação do cancelamento de threads.

Problemas de Programação

4.20 Modifique o Exercício 3.20 dos Problemas de Programação do Capítulo 3, que pede a você para projetar um gerenciador de pids. Essa modificação consiste na criação de um programa com múltiplos threads que teste a solução dada ao Exercício 3.20. Você criará múltiplos threads — por exemplo, 100 — e cada thread solicitará um pid, entrará em suspensão por um período de tempo aleatório e, então, liberará o pid. (A entrada em suspensão por período de tempo aleatório é semelhante ao uso típico do pid em que um pid é atribuído a um novo processo, o processo é executado e encerrado, e o pid é liberado no encerramento do processo.) Em sistemas UNIX e Linux, a suspensão é obtida pela função `sleep()`, que recebe um valor inteiro representando quantos segundos durará a suspensão. Esse problema será modificado no Capítulo 5.

4.21 Escreva um programa com múltiplos threads que calcule diversos valores estatísticos para uma lista de números. Esse programa receberá uma série de números na linha de comando e, então, criará três threads de trabalho separados. Um dos threads determinará a média dos números, o segundo thread determinará o valor máximo, e o terceiro determinará o valor mínimo. Por exemplo, suponha que seu programa receba os inteiros

90 81 78 95 79 72 85

O programa relatará

```
O valor médio é 82
O valor mínimo é 72
O valor máximo é 95
```

As variáveis que representam os valores médio, mínimo e máximo serão armazenadas globalmente. Os threads de trabalho estabelecerão esses valores, e o thread-pai os exibirá quando os threads de trabalho terminarem. (Obviamente, poderíamos expandir esse programa criando threads adicionais para determinar outros valores estatísticos, como a mediana e o desvio-padrão.)

4.22 Uma forma interessante de calcular π é usar uma técnica conhecida como **Monte Carlo**, que envolve randomização. Essa técnica funciona da seguinte forma: Suponha que você tenha um círculo inscrito dentro de um quadrado, como mostrado na Figura 4.18. (Suponha que o raio desse círculo seja 1.) Primeiro, gere uma série de pontos aleatórios como simples coordenadas (x, y). Esses pontos devem estar dentro das coordenadas cartesianas que limitam o quadrado. Do número total de pontos aleatórios gerados, alguns ocorrerão dentro do círculo. Em seguida, estime π efetuando o seguinte cálculo:

π = 4 × (*número de pontos no círculo*) / (*número total de pontos*)

Escreva uma versão multithreaded desse algoritmo que crie um thread separado para gerar vários pontos aleatórios. O thread contará o número de pontos que

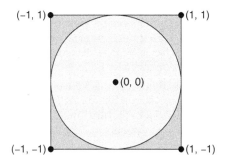

Figura 4.18 Técnica Monte Carlo para o cálculo de pi.

ocorrem dentro do círculo e armazenará esse resultado em uma variável global. Quando esse thread terminar, o thread-pai calculará e exibirá o valor estimado de π. É recomendável fazer testes variando o número de pontos aleatórios gerados. Em geral, quanto maior o número de pontos, maior a aproximação para π.

No download do código-fonte deste texto, fornecemos um exemplo de programa que oferece uma técnica para gerar números aleatórios, assim como para determinar se o ponto aleatório (x, y) ocorre dentro do círculo.

Leitores interessados nos detalhes do método Monte Carlo para a estimativa de π devem consultar a Bibliografia no fim deste capítulo. No Capítulo 5, modificamos esse exercício usando material relevante deste capítulo.

4.23 Repita o Exercício 4.22, mas, em vez de usar um thread separado para gerar pontos aleatórios, use o OpenMp para paralelizar a geração de pontos. Cuidado para não inserir o cálculo de π na região paralela, já que você quer calcular π somente uma vez.

4.24 Escreva um programa com múltiplos threads que exiba números primos. Esse programa deve funcionar da seguinte forma: O usuário executará o programa e dará entrada em um número na linha de comando. Em seguida, o programa criará um thread separado que exibirá todos os números primos menores ou iguais ao número informado pelo usuário.

4.25 Modifique o servidor de data baseado em socket (Figura 3.21) do Capítulo 3, de modo que o servidor atenda a cada solicitação de cliente em um thread separado.

4.26 A sequência de Fibonacci é a série de números 0, 1, 1, 2, 3, 5, 8, ... Formalmente, ela pode ser expressa como:

$$fib_0 = 0$$
$$fib_1 = 1$$
$$fib_n = fib_{n-1} + fib_{n-2}$$

Escreva um programa com múltiplos threads que gere a sequência de Fibonacci. Esse programa deve funcionar da seguinte forma: Na linha de comando, o usuário dará entrada em quantos números de Fibonacci o programa deve gerar. O programa criará, então, um thread separado que gerará os números de Fibonacci, colocando a sequência em dados que possam ser compartilhados pelos threads (um array é, provavelmente, a estrutura de dados mais conveniente). Quando o thread encerrar a execução, o thread-pai exibirá a sequência gerada pelo thread-filho. Já que o thread-pai não pode começar a exibir a sequência de Fibonacci até o thread-filho ser concluído, ele terá que esperar o encerramento do thread-filho. Use as técnicas descritas na Seção 4.4 para atender a esse requisito.

4.27 O Exercício 3.25 no Capítulo 3 envolve o projeto de um servidor de eco com o uso da API Java de criação de threads. Esse servidor tem um único thread, significando que ele não pode responder a clientes de eco concorrentes até que o cliente corrente saia. Modifique a solução do Exercício 3.25 para que o servidor de eco atenda cada cliente em uma solicitação separada.

Projetos de Programação

Projeto 1 — Validador de Solução de Sudoku

Um quebra-cabeça *Sudoku* usa um grid de 9 × 9 em que cada coluna e cada linha, assim como cada um dos nove subgrids 3 × 3, devem conter todos os dígitos 1 ... 9. A Figura 4.19 apresenta um exemplo de quebra-cabeça Sudoku válido. Esse projeto consiste na elaboração de uma aplicação com múltiplos threads que determine se a solução para um quebra-cabeça Sudoku é válida.

Existem várias maneiras diferentes de tornar essa aplicação multithreaded. Uma estratégia sugerida é criar threads que verifiquem os critérios a seguir:

- Um thread para verificar se cada coluna contém os dígitos de 1 a 9.
- Um thread para verificar se cada linha contém os dígitos de 1 a 9.
- Nove threads para verificar se cada um dos subgrids 3 × 3 contém os dígitos de 1 a 9.

Isso resultaria em um total de onze threads separados para a validação de um quebra-cabeça Sudoku. No entanto, você é incentivado a criar ainda mais threads para esse projeto. Por exemplo, em vez de criar um thread para verificar todas as nove colunas, você poderia criar nove threads separados e fazer cada um verificar uma coluna.

6	2	4	5	3	9	1	8	7
5	1	9	7	2	8	6	3	4
8	3	7	6	1	4	2	9	5
1	4	3	8	6	5	7	2	9
9	5	8	2	4	7	3	6	1
7	6	2	3	9	1	4	5	8
3	7	1	9	5	6	8	4	2
4	9	6	1	8	2	5	7	3
2	8	5	4	7	3	9	1	6

Figura 4.19 Solução para um quebra-cabeça Sudoku 9 × 9.

Passando Parâmetros para Cada Thread

O thread-pai criará os threads de trabalho, passando para cada um a localização que ele deve verificar no grid do Sudoku. Esse passo demandará a passagem de vários parâmetros para cada thread. A abordagem mais fácil é criar uma estrutura de dados com o uso de struct. Por exemplo, uma estrutura para passar a linha e a coluna que um thread deve começar a validar teria essa aparência:

```
/* estrutura para passagem de dados aos threads */
typedef struct
{
   int row;
   int columm;
} parameters;
```

Tanto o programa Pthreads quanto o programa Windows criarão os threads de trabalho usando uma estratégia semelhante à mostrada abaixo:

```
parameters *data = (parameters *) malloc(sizeof
 (parameters));
data->row = 1;
data->columm = 1;
/* Cria agora o thread passando a ele data
  como parâmetro */
```

O ponteiro data será passado tanto à função pthread_create ( ) (Pthreads) quanto à função CreateThread ( ) (Windows) que, por sua vez, o passará como parâmetro à função a ser executada como um thread separado.

Retornando Resultados para o Thread-Pai

Cada thread de trabalho recebeu a tarefa de determinar a validade de uma região específica do quebra-cabeça Sudoku. Uma vez que um thread de trabalho tenha executado essa verificação, ele deve retornar seus resultados para o pai. Uma boa forma de manipular isso é criando um array de valores inteiros que seja visível a cada thread. O *i-ésimo* índice desse array corresponde ao *i-ésimo* thread de trabalho. Se um thread de trabalho estabelecer seu valor como 1, estará indicando que sua região do quebra-cabeça Sudoku é válida. Um valor igual a 0 indicaria o contrário. Quando todos os threads de trabalho tiverem terminado, o thread-pai verificará cada entrada no array de resultados para determinar se o quebra-cabeça Sudoku é válido.

Projeto 2 — Aplicação de Classificação com Múltiplos Threads

Escreva um programa de classificação com múltiplos threads que funcione da seguinte forma: Uma lista de inteiros é dividida em duas listas menores de tamanho igual. Dois threads separados (que chamaremos de *threads classificadores*) classificam cada sublista usando um algoritmo de classificação de sua escolha. As duas sublistas são, então, mescladas por um terceiro thread — um *thread de mesclagem* — que as combina em uma única lista classificada.

Já que dados globais são compartilhados por todos os threads, talvez a maneira mais fácil de configurar os dados seja criar um array global. Cada thread classificador trabalhará em uma metade desse array. Um segundo array global, com o mesmo tamanho do array de inteiros desclassificados, também será definido. O thread de mesclagem combinará as duas sublistas

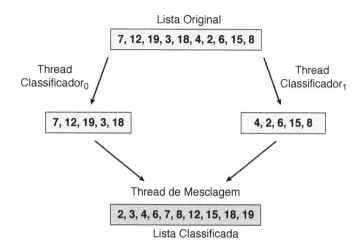

Figura 4.20 Classificação com múltiplos threads.

nesse segundo array. Graficamente, esse programa tem a estrutura mostrada na Figura 4.20.

Esse projeto de programação demandará a passagem de parâmetros para cada um dos threads classificadores. Especificamente, será necessário identificar o índice inicial a partir do qual cada thread deve começar a classificar. Consulte as instruções no Projeto 1 para ver detalhes da passagem de parâmetros para um thread.

O thread-pai exibirá o array classificado, uma vez que todos os threads classificadores tenham terminado.

Notas Bibliográficas

Os threads tiveram uma longa evolução, começando como uma "concorrência pouco dispendiosa" nas linguagens de programação e migrando para os "processos peso leve", cujos exemplos iniciais incluíam o sistema Thoth [Cheriton et al. (1979)] e o sistema Pilot [Redell et al. (1980)]. [Binding (1985)] descreveu a migração dos threads para o kernel do UNIX. Os sistemas Mach ([Accetta et al. (1986)], Tevanian et al. (1987)]) e V [Cheriton (1988)] faziam uso extenso dos threads, e quase todos os principais sistemas operacionais acabaram os implementando de alguma forma.

[Vahalia (1996)] aborda a criação de threads em várias versões do UNIX. [McDougall e Mauro (2007)] descrevem desenvolvimentos na criação de threads no kernel do Solaris. [Russinovich e Solomon (2009)] discutem a criação de threads na família de sistemas operacionais Windows. [Maurer (2008)] e [Love (2010)] explicam como o Linux manipula a criação de threads, e [Singh (2007)] aborda os threads no Mac OS X.

Informações sobre a programação com o Pthreads são fornecidas em [Lewis e Berg (1998)] e [Butenhof (1997)]. [Oaks e Wong (1999)] e [Lewis e Berg (2000)] discutem a criação de múltiplos threads em Java. [Goetz et al. (2006)] apresentam uma discussão detalhada sobre programação concorrente em Java. [Hart (2005)] descreve a criação de múltiplos threads com o uso do Windows. Detalhes sobre o uso do OpenMP podem ser encontrados em http://openmp.org.

Uma análise do tamanho ótimo para o pool de threads pode ser encontrada em [Ling et al. (2000)]. As ativações de scheduler foram apresentadas, pela primeira vez, em [Anderson et al. (1991)] e [Williams (2002)] discute ativações de scheduler no sistema NetBSD.

[Breshears (2009)] e [Pacheco (2011)] abordam a programação paralela com detalhes. [Hill e Marty (2008)] examinam a Lei de Amdahl no que diz respeito a sistemas multicore. A técnica Monte Carlo para a estimativa de π é discutida com mais detalhes em http://math.fullerton.edu/mathews/n2003/monte-carlopimod.html.

Bibliografia

[Accetta et al. (1986)] M. Accetta, R. Baron, W. Bolosky, D. B. Golub, R. Rashid, A. Tevanian e M. Young, "Mach: A New Kernel Foundation for UNIX Development", *Proceedings of the Summer USENIX Conference* (1986), páginas 93-112.

[Anderson et al. (1991)] T. E. Anderson, B. N. Bershad, E. D. Lazowska e H. M. Levy, "Scheduler Activations: Effective Kernel Support for the User-Level Management of Parallelism", *Proceedings of the ACM Symposium on Operating Systems Principles* (1991), páginas 95-109.

[Binding (1985)] C. Binding, "Cheap Concurrency in C", *SIGPLAN Notices*, volume 20, número 9 (1985), páginas 21-27.

[Breshears (2009)] C. Breshears, *The Art of Concurrency*, O'Reilly & Associates (2009).

[Butenhof (1997)] D. Butenhof, *Programming with POSIX Threads*, Addison-Wesley (1997).

[Cheriton (1988)] D. Cheriton, "The V Distributed System", *Communications of the ACM*, volume 31, número 3 (1988), páginas 314-333.

[Cheriton et al. (1979)] D. R. Cheriton, M. A. Malcolm, L. S. Melen e G. R. Sager, "Thoth, a Portable Real-Time Operating System", *Communications of the ACM*, volume 22, número 2 (1979), páginas 105-115.

[Goetz et al. (2006)] B. Goetz, T. Peirls, J. Bloch, J. Bowbeer, D. Holmes e D. Lea, *Java Concurrency in Practice*, Addison-Wesley (2006).

[Hart (2005)] J. M. Hart, *Windows System Programming*, terceira edição, Addison-Wesley (2005).

[Hill e Marty (2008)] M. Hill e M. Marty, "Amdahl's Law in the Multicore Era", *IEEE Computer*, volume 41, número 7 (2008), páginas 33-38.

[Lewis e Berg (1998)] B. Lewis e D. Berg, *Multithreaded Programming with Pthreads*, Sun Microsystems Press (1998).

[Lewis e Berg (2000)] B. Lewis e D. Berg, *Multithreaded Programming with Java Technology*, Sun Microsystems Press (2000).

[Ling et al. (2000)] Y. Ling, T. Mullen e X. Lin, "Analysis of Optimal Thread Pool Size", *Operating System Review*, volume 34, número 2 (2000), páginas 42-55.

[Love (2010)] R. Love, *Linux Kernel Development*, terceira edição, Developer's Library (2010).

[Mauerer (2008)] W. Mauerer, *Professional Linux Kernel Architecture*, John Wiley and Sons (2008).

[McDougall e Mauro (2007)] R. McDougall e J. Mauro, *Solaris Internals*, segunda edição, Prentice Hall (2007).

[Oaks e Wong (1999)] S. Oaks e H. Wong, *Java Threads*, segunda edição, O'Reilly & Associates (1999).

[Pacheco (2011)] P. S. Pacheco, *An Introduction to Parallel Programming*, Morgan Kaufmann (2011).

[Redell et al. (1980)] D. D. Redell, Y. K. Dalal, T. R. Horsley, H. C. Lauer, W. C. Lynch, P. R. McJones, H. G. Murray e S. P. Purcell, "Pilot: An Operating System for a Personal Computer", *Communications of the ACM*, volume 23, número 2 (1980), páginas 81-92.

[Russinovich e Solomon (2009)] M. E. Russinovich e D. A. Solomon, *Windows Internals: Including Windows Server 2008 e Windows Vista*, quinta edição, Microsoft Press (2009).

[Singh (2007)] A. Singh, *Mac OS X Internals: A Systems Approach*, Addison-Wesley (2007).

[Tevanian et al. (1987)] A. Tevanian, Jr., R. F. Rashid, D. B. Golub, D. L. Black, E. Cooper e M. W. Young, "Mach Threads and the Unix Kernel: The Battle for Control", *Proceedings of the Summer USENIX Conference* (1987).

[Vahalia (1996)] U. Vahalia, *Unix Internals*: *The New Frontiers*, Prentice Hall (1996).

[Williams (2002)] N. Williams, "An Implementation of Scheduler Activations on the NetBSD Operating System", *2002 USENIX Annual Technical Conference, FREENIX Track* (2002).

Sincronização de Processos

CAPÍTULO 5

Um processo cooperativo é aquele que pode afetar outros processos em execução no sistema, ou ser por eles afetado. Os processos cooperativos podem compartilhar diretamente um espaço de endereçamento lógico (isto é, código e dados), ou podem ser autorizados a compartilhar dados somente por meio de arquivos ou mensagens. O primeiro caso pode ser posto em prática com o uso dos threads, discutidos no Capítulo 4. O acesso concorrente a dados compartilhados pode resultar em inconsistência de dados, no entanto. Neste capítulo, discutimos vários mecanismos para assegurar a execução ordenada de processos cooperativos que compartilham um espaço de endereçamento lógico para que a consistência dos dados seja mantida.

OBJETIVOS DO CAPÍTULO

- Introduzir o problema da seção crítica, cujas soluções podem ser usadas para garantir a consistência de dados compartilhados.
- Apresentar soluções tanto de software quanto de hardware para o problema da seção crítica.
- Examinar vários problemas clássicos de sincronização de processos.
- Explorar várias ferramentas usadas na resolução de problemas de sincronização de processos.

5.1 Antecedentes

Já vimos que os processos podem ser executados concorrentemente ou em paralelo. A Seção 3.2.2 introduziu o papel do scheduling de processos e descreveu como o scheduler da CPU alterna-se rapidamente entre os processos para fornecer execução concorrente. Isso significa que um processo pode completar sua execução apenas parcialmente antes que outro processo seja incluído no schedule. Na verdade, um processo pode ser interrompido a qualquer momento em seu fluxo de instruções, e o núcleo de processamento pode ser designado para executar instruções de outro processo. Adicionalmente, a Seção 4.2 introduziu a execução paralela, em que dois fluxos de instruções (representando diferentes processos) são executados simultaneamente em núcleos de processamento separados. Neste capítulo, explicamos como a execução concorrente ou paralela pode afetar questões envolvendo a integridade de dados compartilhados por vários processos.

Consideremos um exemplo de como isso pode ocorrer. No Capítulo 3, desenvolvemos um modelo de sistema composto por processos ou threads sequenciais cooperativos, todos sendo executados assincronamente e, possivelmente, compartilhando dados. Ilustramos esse modelo com o problema do "produtor-consumidor", que é representativo dos sistemas operacionais. Especificamente, na Seção 3.4.1, descrevemos como um buffer limitado poderia ser usado para habilitar processos a compartilharem memória.

Voltamos agora à nossa consideração sobre o buffer limitado. Como ressaltamos, nossa solução original permitia no máximo BUFFER_SIZE — 1 item no buffer ao mesmo tempo. Suponha que queiramos modificar o algoritmo para remediar essa deficiência. Uma possibilidade é adicionar uma variável inteira counter, inicializada com 0. A variável counter é incrementada sempre que adicionamos um novo item ao buffer e é decrementada sempre que removemos um item do buffer. O código do processo produtor pode ser modificado como descrito a seguir:

```
while (true) {
  /* produz um item em next_produced */

  while (counter == BUFFER_SIZE)
    ; /* não faz coisa alguma */

  buffer[in] = next_produced;
  in = (in + 1) % BUFFER_SIZE;
  counter++;
}
```

O código do processo consumidor pode ser modificado como mostrado abaixo:

```
while (true) {
  while (counter == 0)
    ; /* não faz coisa alguma */

  next_consumed = buffer[out];
  out = (out + 1) % BUFFER_SIZE;
  counter--;

  /* consome o item em next_consumed */
}
```

Embora as rotinas do produtor e do consumidor mostradas acima estejam corretas separadamente, elas podem não funcionar de forma correta quando executadas concorrentemente. Como ilustração, suponha que o valor corrente da variável counter seja 5 e que os processos produtor e consumidor executem os comandos "counter++" e "counter--" concorrentemente. Após a execução desses dois comandos, o valor da variável counter pode ser 4, 5 ou 6! O único resultado correto, no entanto, é counter == 5, que será gerado corretamente se o produtor e o consumidor forem executados separadamente.

Podemos mostrar que o valor de counter pode ser incorreto fazendo o seguinte: Observe que o comando "counter++" pode ser implementado em linguagem de máquina (em um computador típico) como

$$registrador_1 = counter$$
$$registrador_1 = registrador_1 + 1$$
$$counter = registrador_1$$

em que $registrador_1$ é um dos registradores da CPU local. Da mesma forma, o comando "counter--" é implementado como mostrado abaixo:

$$registrador_2 = counter$$
$$registrador_2 = registrador_2 - 1$$
$$counter = registrador_2$$

em que novamente $registrador_2$ é um dos registradores da CPU local. Ainda que $registrador_1$ e $registrador_2$ possam ser o mesmo registrador físico (um acumulador, digamos), lembre-se de que os conteúdos desse registrador serão salvos e restaurados pelo manipulador de interrupções (Seção 1.2.3).

A execução concorrente de "counter++" e "counter--" é equivalente a uma execução sequencial em que as instruções de mais baixo nível apresentadas anteriormente são intercaladas em alguma ordem arbitrária (mas a ordem dentro de cada comando de alto nível é preservada). A intercalação a seguir é desse tipo:

T_0: produtor   executa $registrador_1 = counter$ {$registrador_1 = 5$}
T_1: produtor   executa $registrador_1 = registrador_1 + 1$ {$registrador_1 = 6$}
T_2: consumidor executa $registrador_2 = counter$ {$registrador_2 = 5$}
T_3: consumidor executa $registrador_2 = registrador_2 - 1$ {$registrador_2 = 4$}
T_4: produtor   executa $counter = registrador_1$ {$contador = 6$}
T_5: consumidor executa $counter = registrador_2$ {$contador = 4$}

Observe que chegamos ao estado incorreto "counter == 4", indicando que quatro buffers estão cheios, quando, na verdade, cinco buffers estão cheios. Se invertêssemos a ordem dos comandos em T_4 e T_5, chegaríamos ao estado incorreto "counter == 6".

Chegaríamos a esse estado incorreto porque permitimos que os dois processos manipulassem a variável counter concorrentemente. Uma situação como essa, em que vários processos acessam e manipulam os mesmos dados concorrentemente e o resultado da execução depende da ordem específica em que o acesso ocorre, é chamada uma *condição de corrida*. Para nos proteger da condição de corrida acima, temos de assegurar que apenas um processo de cada vez possa manipular a variável counter. Para garantirmos isso, é necessário que os processos sejam sincronizados de alguma forma.

Situações como a que acabamos de descrever ocorrem com frequência nos sistemas operacionais quando diferentes partes do sistema manipulam recursos. Além disso, como enfatizamos em capítulos anteriores, a crescente importância dos sistemas multicore aumentou a ênfase no desenvolvimento de aplicações multithreaded. Nessas aplicações, vários threads — que possi-

```
do {

    seção de entrada

    seção crítica

    seção de saída

    seção remanescente

} while (true);
```

Figura 5.1 Estrutura geral de um processo P_i típico.

velmente estão compartilhando dados — são executados em paralelo em diferentes núcleos de processamento. É claro que não queremos que as alterações resultantes dessas atividades interfiram umas com as outras. Em razão da importância dessa questão, dedicamos grande parte deste capítulo à **sincronização** e **coordenação** entre processos cooperativos.

5.2 O Problema da Seção Crítica

Começamos nosso estudo de sincronização de processos discutindo o assim chamado problema da seção crítica. Considere um sistema composto por n processos ($P_0, P_1, ..., P_{n-1}$). Cada processo tem um segmento de código, chamado **seção crítica**, em que o processo pode estar alterando variáveis comuns, atualizando uma tabela, gravando um arquivo, e assim por diante. A característica importante do sistema é que, quando um processo está executando sua seção crítica, nenhum outro processo deve ter autorização para fazer o mesmo. Isto é, dois processos não podem executar suas seções críticas ao mesmo tempo. O ***problema da seção crítica*** corresponde ao projeto de um protocolo que os processos possam usar para cooperar. Cada processo deve solicitar permissão para entrar em sua seção crítica. A seção de código que implementa essa solicitação é a **seção de entrada**. A seção crítica pode ser seguida por uma **seção de saída**. O código restante é a **seção remanescente**. A estrutura geral de um processo P_1 típico é mostrada na Figura 5.1. A seção de entrada e a seção de saída foram inseridas em caixas para realçar esses importantes segmentos de código.

Uma solução para o problema da seção crítica deve satisfazer aos três requisitos a seguir:

1. **Exclusão mútua.** Se o processo P_i está executando sua seção crítica, então nenhum outro processo pode executar sua seção crítica.
2. **Progresso.** Se nenhum processo está executando sua seção crítica e algum processo quer entrar em sua seção crítica, então somente aqueles processos que não estão executando suas seções remanescentes podem participar da decisão de qual entrará em sua seção crítica a seguir, e essa seleção não pode ser adiada indefinidamente.
3. **Espera limitada.** Há um limite, ou fronteira, para quantas vezes outros processos podem entrar em suas seções críticas após um processo ter feito uma solicitação para entrar em sua seção crítica e antes de essa solicitação ser atendida.

Assumimos que cada processo esteja sendo executado a uma velocidade diferente de zero. No entanto, não podemos fazer suposições com relação à velocidade relativa dos n processos.

Em determinado momento, muitos processos em modalidade de kernel podem estar ativos no sistema operacional. Como resultado, o código que implementa um sistema operacional (*código de kernel*) está sujeito a várias condições de corrida possíveis. Considere como exemplo uma estrutura de dados do kernel que mantenha uma lista de todos os arquivos abertos no sistema. Essa lista deve ser modificada quando um novo arquivo é aberto ou fechado (adicionando o arquivo à lista ou removendo-o dela). Se dois processos tivessem de abrir arquivos simultaneamente, as atualizações separadas nessa lista poderiam resultar em uma condição de corrida. Outras estruturas de dados do kernel que estão propensas a possíveis condições de corrida incluem as estruturas que mantêm a alocação de memória, mantêm listas de processos e manipulam interrupções. É responsabilidade dos desenvolvedores do kernel assegurar que o sistema operacional esteja livre de tais condições de corrida.

Duas abordagens gerais são usadas para manipular seções críticas em sistemas operacionais: kernels com preempção e kernels sem preempção. Um kernel com preempção permite que um processo seja interceptado enquanto está sendo executado em modalidade de kernel. Um kernel sem preempção não permite que um processo sendo executado em modalidade de kernel seja interceptado; um processo em modalidade de kernel será executado até sair dessa modalidade, ser bloqueado ou abandonar voluntariamente o controle da CPU.

É claro que um kernel sem preempção está essencialmente livre de condições de corrida em suas estruturas de dados, já que apenas um processo de cada vez fica ativo no kernel. Não podemos dizer o mesmo dos kernels com preempção; portanto, eles devem ser projetados cuidadosamente para assegurar que os dados compartilhados do kernel fiquem livres de condições de corrida. Os kernels com preempção são particularmente difíceis de projetar para arquiteturas SMP, uma vez que, nesses ambientes, é possível que dois processos em modalidade de kernel sejam executados simultaneamente em diferentes processadores.

Por que, então, alguém preferiria um kernel com preempção a um sem preempção? O kernel com preempção pode apresentar melhor capacidade de resposta, pois há menos risco de um processo em modalidade de kernel ser executado por um período de tempo arbitrariamente longo antes de liberar o processador para os processos em espera. (É claro que esse risco também pode ser minimizado pelo projeto de um código de kernel que não se comporte dessa forma.) Além disso, o kernel com preempção é mais apropriado para a programação de tempo real, já que permite que um processo de tempo real intercepte o processo em execução corrente no kernel. Posteriormente, neste capítulo, exploramos como vários sistemas operacionais gerenciam a preempção dentro do kernel.

5.3 Solução de Peterson

A seguir, ilustramos uma solução clássica baseada em software para o problema da seção crítica, conhecida como solução de Peterson. Por causa da maneira como as arquiteturas de computador modernas executam instruções básicas de linguagem de máquina, como load e store, não há garantias de que a solução de Peterson funcione corretamente nessas arquiteturas. No entanto, apresentamos a solução porque ela fornece uma boa descrição algorítmica de resolução do problema da seção crítica e ilustra algumas das complexidades envolvidas no projeto de um software que focalize os requisitos de exclusão mútua, progresso e espera limitada.

A solução de Peterson se restringe a dois processos que se alternam na execução de suas seções críticas e seções remanescentes. Os processos são numerados como P_0 e P_1. Por conveniência, quando apresentamos P_i, usamos P_j para representar o outro processo; isto é, j é igual a 1−i.

```
do {

    flag[i] = true;
    turn = j;
    while (flag[j] && turn == j);

        seção crítica

    flag[i] = false;

        seção remanescente

} while (true);
```

Figura 5.2 A estrutura do processo P_i na solução de Peterson.

A solução de Peterson requer que os dois processos compartilhem dois itens de dados:

```
int turn;
boolean flag[2];
```

A variável turn indica de quem é a vez de entrar em sua seção crítica. Isto é, se turn == i, então o processo P_i é autorizado a executar sua seção crítica. O array flag é usado para indicar se um processo está pronto para entrar em sua seção crítica. Por exemplo, se flag[i] é true, esse valor indica que P_i está pronto para entrar em sua seção crítica. Com a explicação dessas estruturas de dados concluída, estamos prontos para descrever o algoritmo mostrado na Figura 5.2.

Para entrar na seção crítica, primeiro o processo P_i posiciona flag[i] como true e, em seguida, atribui a turn o valor j, assegurando que, se o outro processo quiser entrar na seção crítica, ele possa fazê-lo. Se os dois processos tentarem entrar ao mesmo tempo, turn será posicionada tanto com i quanto com j quase ao mesmo tempo. Apenas uma dessas atribuições permanecerá; a outra ocorrerá, mas será sobreposta imediatamente. O valor final de turn determina qual dos dois processos é autorizado a entrar primeiro em sua seção crítica.

Provamos, agora, que essa solução está correta. Precisamos mostrar que:

1. A exclusão mútua é preservada.
2. O requisito de progresso é atendido.
3. O requisito de espera limitada é atendido.

Para provar a propriedade 1, observamos que cada P_i entra em sua seção crítica apenas se flag[j] == false ou turn == i. Observamos também que, se os dois processos podem executar suas seções críticas ao mesmo tempo, então flag[0] == flag[1] == true. Essas duas observações implicam que P_0 e P_1 não poderiam ter executado com sucesso seus comandos while ao mesmo tempo, já que o valor de turn pode ser 0 ou 1, mas não ambos. Portanto, um dos processos — digamos, P_j — deve ter executado com sucesso o comando while, enquanto P_i teve que executar pelo menos um comando adicional ("turn == j"). Porém, nesse momento, flag[j] == true e turn == j, e essa condição persistirá enquanto P_j estiver em sua seção crítica; como resultado, a exclusão mútua é preservada.

Para provar as propriedades 2 e 3, observamos que um processo P_i pode ser impedido de entrar na seção crítica somente se ficar preso no loop `while` com a condição `flag[j] == true` e `turn == j`; esse loop é o único possível. Se P_j não estiver pronto para entrar na seção crítica, então `flag[j] == false`, e P_i pode entrar em sua seção crítica. Se P_j posicionou `flag[j]` como `true` e também está executando seu comando `while`, então `turn == i` ou `turn == j`. Se `turn == i`, então P_i entrará na seção crítica. Se `turn == j`, então P_j entrará na seção crítica. No entanto, quando P_j sair de sua seção crítica, ele posicionará `flag[j]` como `false`, permitindo que P_i entre em sua seção crítica. Se P_j posicionar `flag[j]` como `true`, também deve atribuir a `turn` o valor `i`. Assim, já que P_i não altera o valor da variável `turn` enquanto executa o comando `while`, P_i entrará na seção crítica (progresso) após no máximo uma entrada de P_j (espera limitada).

5.4 Hardware de Sincronização

Acabamos de descrever uma solução baseada em software para o problema da seção crítica. No entanto, como mencionado, soluções baseadas em software como a de Peterson não dão garantia de funcionar em arquiteturas de computador modernas. Nas discussões a seguir, exploramos diversas outras soluções para o problema da seção crítica usando técnicas que variam do hardware às APIs baseadas em software, disponíveis tanto para desenvolvedores do kernel quanto para programadores de aplicações. Todas essas soluções são baseadas na premissa do **trancamento** (*locking*) — isto é, a proteção de regiões críticas através do uso de locks. Como veremos, os projetos desses locks podem ser bem sofisticados.

Começamos apresentando algumas instruções simples de hardware que estão disponíveis em muitos sistemas e mostrando como elas podem ser usadas efetivamente na resolução do problema da seção crítica. Recursos de hardware podem tornar mais fácil qualquer tarefa de programação e melhorar a eficiência do sistema.

O problema da seção crítica poderia ser resolvido facilmente em um ambiente com um único processador, se pudéssemos impedir que interrupções ocorressem enquanto uma variável compartilhada estivesse sendo modificada. Dessa forma, poderíamos ter certeza de que a sequência de instruções corrente seria autorizada a executar em ordem e sem preempção. Nenhuma outra instrução seria executada e, portanto, nenhuma modificação inesperada poderia ser feita na variável compartilhada. Essa costuma ser a abordagem usada por kernels preemptivos.

Infelizmente, essa solução não é tão viável em um ambiente multiprocessador. A desabilitação de interrupções em um multiprocessador pode ser demorada, já que a mensagem é passada a todos os processadores. Essa transmissão de mensagem atrasa a entrada em cada seção crítica, e a eficiência do sistema diminui. Considere também o efeito sobre o relógio de um sistema se o relógio for mantido atualizado por interrupções.

Muitos sistemas de computação modernos fornecem, portanto, instruções de hardware especiais que nos permitem testar e modificar o conteúdo de uma palavra ou permutar os conteúdos de duas palavras **atomicamente** — isto é, como uma unidade impossível de interromper. Podemos usar essas instruções especiais para resolver o problema da seção crítica de maneira relativamente simples. Em vez de discutir uma instrução específica de determinada máquina, abstraímos os principais conceitos existentes por trás desses tipos de instruções descrevendo as instruções `test_and_set ( )` e `compare_and_swap ( )`.

```
boolean test_and_set(boolean *target) {
  boolean rv = *target;
  *target = true;

  return rv;
}
```

Figura 5.3 A definição da instrução `test_and_set ( )`.

A instrução `test_and_set ( )` pode ser definida como mostrado na Figura 5.3. A característica importante dessa instrução é que ela é executada atomicamente. Portanto, se duas instruções `test_and_set ( )` forem executadas simultaneamente (cada uma em uma CPU diferente), elas serão executadas sequencialmente em alguma ordem arbitrária. Se a máquina der suporte à instrução `test_and_set ( )`, poderemos implementar a exclusão mútua declarando uma variável booleana `lock`, inicializada como `false`. A estrutura do processo P_i é mostrada na Figura 5.4.

```
do {
   while (test and set(&lock))
      ; /* não faz coisa alguma */

      /* seção crítica */

   lock = false;

      /* seção remanescente */
} while (true);
```

Figura 5.4 Implementação da exclusão mútua com `test_and_set ( )`.

A instrução `compare_and_swap ( )`, ao contrário de `test_and_set ( )`, atua sobre três operandos; ela é definida na Figura 5.5. O operando `value` é posicionado como `new_value` somente se a expressão (`*value == expected`) for verdadeira. De qualquer forma, `compare_and_swap ( )` sempre retorna o valor original da variável `value`. Como a instrução `test_and_set ( )`, `compare_and_swap ( )` é executada atomicamente. A exclusão mútua pode ser fornecida como descrito a seguir: uma variável global (`lock`) é declarada e inicializada com 0. O primeiro processo que invocar `compare_and_swap ( )` atribuirá 1 ao `lock`. O processo entrará então em sua seção crítica porque o valor original de `lock` era igual ao valor esperado (0). Chamadas subsequentes a `compare_and_swap ( )` não serão bem-sucedidas porque, agora, `lock` não é igual ao valor esperado (0). Quando um processo sair de sua seção crítica, ele atribuirá de novo a `lock` o valor 0, o que

```
int compare_and_swap(int *value, int expected,
int new_value) {
  int temp = *value;

  if (*value == expected)
    *value = new_value;

  return temp;
}
```

Figura 5.5 A definição da instrução `compare_and_swap ( )`.

```
do {
    while (compare_and_swap(&lock, 0, 1) != 0)
        ; /* não faz coisa alguma */

        /* seção crítica */

    lock = 0;

        /* seção remanescente */
} while (true);
```

Figura 5.6 Implementação da exclusão mútua com a instrução `compare_and_swap ( )`.

permitirá que outro processo entre em sua seção crítica. A estrutura do processo P_i é mostrada na Figura 5.6.

Embora satisfaçam ao requisito da exclusão mútua, esses algoritmos não satisfazem ao requisito da espera limitada. Na Figura 5.7, apresentamos outro algoritmo que usa a instrução `test_and_set ( )` e satisfaz a todos os requisitos da seção crítica. As estruturas de dados comuns são

```
boolean waiting[g];
boolean lock;
```

Essas estruturas de dados são inicializadas como `false`. Para provar que o requisito de exclusão mútua é atendido, observamos que o processo P_i pode entrar em sua seção crítica somente se `waiting[i] == false` ou `key == false`. O valor de `key` pode se tornar `false` somente se `teste_and_set ( )` é executada. O primeiro processo a executar `test_and_set ( )` encontra `key == false`; todos os outros devem esperar. A variável `waiting[i]` pode se tornar `false` somente se outro processo deixar sua seção crítica; somente um `waiting[i]` é posicionado como `false` sustentando o requisito de exclusão mútua.

Para provar que o requisito de progresso é atendido, observamos que os argumentos apresentados para a exclusão mútua também se aplicam aqui, uma vez que um processo, ao sair da seção crítica, posiciona tanto `lock` quanto `waiting[j]` como

```
do {
    waiting[i] = true;
    key = true;
    while (waiting[i] && key)
        key = test_and_set(&lock);
    waiting[i] = false;

        /* seção crítica */

    j = (i + 1) % n;
    while ((j != i) && !waiting[j])
        j = (j + 1) % n;

    if (j == i)
        lock = false;
    else
        waiting[j] = false;

        /* seção remanescente */
} while (true);
```

Figura 5.7 Exclusão mútua com espera limitada com `test_and_set ( )`.

`false`. As duas opções permitem que um processo, em espera para entrar em sua seção crítica, prossiga.

Para provar que o requisito de espera limitada é atendido, observamos que, quando um processo deixa sua seção crítica, ele varre o array `waiting` em ordem cíclica ($i + 1, i + 2, ..., n - 1, 0, ..., i - 1$). Ele designa o primeiro processo dessa ordem que esteja na seção de entrada (`waiting[j] == true`), como o próximo a entrar na seção crítica. Portanto, qualquer processo em espera para entrar em sua seção crítica fará isso dentro de $n - 1$ vezes.

Detalhes que descrevem a implementação das instruções atômicas `test_and_set ( )` e `compare_and_swap ( )` são discutidos com mais minúcias em livros sobre arquitetura de computadores.

5.5 Locks Mutex

As soluções baseadas em hardware para o problema da seção crítica, apresentadas na Seção 5.4, são complicadas, como também geralmente inacessíveis aos programadores de aplicações. Como alternativa, os projetistas de sistemas operacionais constroem ferramentas de software para resolver o problema da seção crítica. A mais simples dessas ferramentas é o **lock mutex**. (Na verdade, o termo *mutex* é a abreviação de *mut*ual *ex*clusion). Usamos o lock mutex para proteger regiões críticas e, assim, evitar condições de corrida. Isto é, um processo deve adquirir o lock antes de entrar em uma seção crítica; ele libera o lock quando sai da seção crítica. A função `acquire ( )` adquire o lock, e a função `release ( )` o libera, como ilustrado na Figura 5.8.

Um lock mutex tem uma variável booliana `available` cujo valor indica se o lock está ou não disponível. Se o lock está disponível, uma chamada a `acquire ( )` é bem-sucedida, e o lock é então considerado indisponível. Um processo que tente adquirir um lock indisponível é bloqueado até que o lock seja liberado.

A definição de `acquire ( )` é a seguinte:

```
acquire() {
    while (!available)
        ; /* espera em ação */
    available = false;
}
```

A definição de `release ( )` é:

```
release () {
    available 5 true
}
```

```
do {

    [adquire lock]

        seção crítica

    [libera lock]

        seção remanescente

} while (true);
```

Figura 5.8 Solução para o problema da seção crítica usando locks mutex.

Chamadas a `acquire ( )` ou `release ( )` devem ser executadas atomicamente. Assim, os locks mutex são, com frequência, implementados com o uso de um dos mecanismos de hardware descritos na Seção 5.4, mas deixamos a descrição dessa técnica como exercício.

A principal desvantagem da implementação fornecida aqui é que ela requer a espera em ação. Enquanto um processo está em sua seção crítica, qualquer outro processo que tente entrar em sua seção crítica deve entrar em um loop contínuo na chamada a `acquire ( )`. Na verdade, esse tipo de lock mutex também é denominado um spinlock porque o processo "gira" (spin) enquanto espera que o lock se torne disponível. [Vemos o mesmo problema nos exemplos de código que ilustram as instruções `test_and_set ( )` e `compare_and_swap ( )`.] Esse looping contínuo é claramente um problema em um sistema de multiprogramação real, em que uma única CPU é compartilhada entre muitos processos. A espera em ação desperdiça ciclos da CPU que algum outro processo poderia usar produtivamente.

Os spinlocks apresentam uma vantagem, porém, no sentido de que nenhuma mudança de contexto é requerida quando um processo tem de esperar em um lock, e uma mudança de contexto pode levar um tempo considerável. Assim, os spinlocks são úteis quando o uso de locks é esperado por períodos curtos. Eles costumam ser empregados em sistemas multiprocessadores em que um thread pode "desenvolver um spin" em um processador enquanto outro thread executa sua seção crítica em outro processador.

Posteriormente neste capítulo (Seção 5.7), examinamos como os locks mutex podem ser usados para resolver problemas clássicos de sincronização. Também discutimos como esses locks são usados em vários sistemas operacionais e no Pthreads.

5.6 Semáforos

Como já mencionado, geralmente os locks mutex são considerados as ferramentas mais simples de sincronização. Nesta seção, examinamos uma ferramenta mais robusta que pode se comportar de modo semelhante a um lock mutex, mas também pode fornecer maneiras mais sofisticadas para que os processos sincronizem suas atividades.

Um semáforo S é uma variável inteira que, exceto na inicialização, é acessada apenas por meio de duas operações atômicas padrão: `wait ( )` e `signal ( )`. A operação `wait ( )` era originalmente denominada P (do holandês **proberen**, que significa "testar"); `signal ( )` era originalmente denominada V (de **verhogen**, que significa "incrementar"). A definição de `wait ( )` é descrita abaixo:

```
wait(S) {
  while (S <= 0)
    ; // espera em ação
  S--;
}
```

A definição de `signal ( )` é descrita a seguir:

```
signal (S) {
  S++;
}
```

Todas as modificações do valor inteiro do semáforo nas operações `wait ( )` e `signal ( )` devem ser executadas indivisivelmente. Isto é, quando um processo modifica o valor do semáforo, nenhum outro processo pode modificar o valor desse mesmo semáforo simultaneamente. Além disso, no caso de `wait (S)`, o teste do valor inteiro de S (S ≤ 0), assim como sua possível modificação (S--), deve ser executado sem interrupções. Veremos, na Seção 5.6.2, como essas operações podem ser implementadas. Primeiro, vejamos como os semáforos podem ser usados.

5.6.1 Uso dos Semáforos

Os sistemas operacionais costumam fazer a distinção entre semáforos de contagem e binários. O valor de um semáforo de contagem pode variar dentro de um domínio irrestrito. O valor de um semáforo binário pode variar somente entre 0 e 1. Assim, os semáforos binários comportam-se de maneira semelhante aos locks mutex. Na verdade, em sistemas que não fornecem locks mutex, semáforos binários podem ser usados em seu lugar para oferecer exclusão mútua.

Os semáforos de contagem podem ser usados para controlar o acesso a determinado recurso composto por um número finito de instâncias. O semáforo é inicializado com o número de recursos disponíveis. Cada processo que deseja usar um recurso executa uma operação `wait ( )` no semáforo (decrementando a contagem). Quando um processo libera um recurso, ele executa uma operação `signal ( )` (incrementando a contagem). Quando a contagem do semáforo chega a 0, todos os recursos estão sendo usados. Depois disso, processos que queiram usar um recurso ficarão bloqueados até a contagem se tornar maior do que 0.

Também podemos usar semáforos para resolver vários problemas de sincronização. Por exemplo, considere dois processos sendo executados concorrentemente: P_1 com um comando S_1 e P_2 com um comando S_2. Suponha que queiramos que S_2 seja executada somente após S_1 ser concluída. Podemos implementar esse esquema imediatamente deixando P_1 e P_2 compartilharem um semáforo synch, inicializado com 0. No processo P_1, inserimos os comandos

```
S1;
signal (synch);
```

No processo P_2, inserimos

```
wait (sunch);
S2;
```

Já que synch é inicializado com 0, P_2 executará S_2 somente após P_1 ter invocado `signal (synch)`, o que ocorre após o comando S_1 ter sido executado.

5.6.2 Implementação do Semáforo

Lembre-se de que a implementação de locks mutex discutida na Seção 5.5 sofre da espera em ação. As definições das operações de semáforo `wait ( )` e `signal ( )` que acabamos de descrever apresentam o mesmo problema. Para eliminar a necessidade da espera em ação, podemos modificar a definição das operações `wait ( )` e `signal ( )` da forma a seguir. Quando um processo executa a operação `wait ( )` e descobre que o valor do semáforo não é positivo, ele deve esperar. No entanto, em vez de entrar na espera em ação, o processo pode bloquear a si próprio. A operação de bloqueio insere o processo em uma fila de espera associada ao semáforo, e o estado do processo é comutado para o estado de espera. Em seguida, o controle é transferido ao scheduler da CPU, que seleciona outro processo para execução.

Um processo que está bloqueado, esperando em um semáforo S, deve ser reiniciado quando algum outro processo executar uma operação `signal ( )`. O processo é reiniciado por uma operação `wakeup ( )` que o passa do estado de espera para o estado de pronto. O processo é então inserido na fila de prontos. (A CPU pode ou não ser desviada do processo em execução para o novo processo pronto, dependendo do algoritmo de scheduling da CPU.)

Para implementar semáforos usando essa definição, especificamos um semáforo como mostrado a seguir:

```
typedef struct {
  int value;
  struct process *list;
} semaphore;
```

Cada semáforo tem um inteiro `value` e uma lista de processos `list`. Quando um processo deve esperar em um semáforo, ele é adicionado à lista de processos. Uma operação `signal ( )` remove um processo da lista de processos em espera e ativa esse processo.

Agora, a operação de semáforo `wait ( )` pode ser definida como

```
wait(semaphore *S) {
  S->value--;
  if (S->value < 0) {
    adiciona esse processo a S->list;
    block();
  }
}
```

e a operação de semáforo `signal ( )` pode ser definida como

```
signal(semaphore *S) {
  S->value++;
  if (S->value <= 0) {
    remove um processo P de S->list;
    wakeup(P);
  }
}
```

A operação `block ( )` suspende o processo que a invocou. A operação `wakeup (P)` retoma a execução de um processo bloqueado P. Essas duas operações são fornecidas pelo sistema operacional como chamadas de sistema básicas.

Observe que, nessa implementação, os valores do semáforo podem ser negativos, embora valores de semáforo nunca sejam negativos na definição clássica de semáforos com espera em ação. Se o valor do semáforo é negativo, sua magnitude é igual ao número de processos esperando nesse semáforo. Esse fato resulta da troca da ordem do decremento e do teste na implementação da operação `wait ( )`.

A lista de processos em espera pode ser facilmente implementada por um campo de link em cada bloco de controle de processo (PCB). Cada semáforo contém um valor inteiro e um ponteiro para uma lista de PCBs. Uma forma de adicionar processos da lista e removê-los da lista, para garantir a espera limitada, é usar uma fila FIFO, em que o semáforo contenha ponteiros para a cabeça e a cauda da fila. Em geral, no entanto, a lista pode usar qualquer estratégia de enfileiramento. O uso correto dos semáforos não depende de uma estratégia de enfileiramento específica para as listas.

É vital que as operações de semáforo sejam executadas atomicamente. Devemos garantir que dois processos não possam executar operações `wait ( )` e `signal ( )` no mesmo semáforo ao mesmo tempo. Esse é um problema de seção crítica; e, em um ambiente com um único processador, podemos resolvê-lo simplesmente inibindo interrupções durante o tempo em que as operações `wait ( )` e `signal ( )` estejam sendo executadas. Esse esquema funciona em um ambiente com um único processador porque, uma vez que as interrupções sejam inibidas, instruções de processos diferentes não podem ser intercaladas. Somente o processo em execução corrente é executado até que as interrupções sejam reabilitadas e o scheduler possa retomar o controle.

Em um ambiente multiprocessador, as interrupções devem ser desabilitadas em cada processador. Caso contrário, instruções de processos diferentes (sendo executados em processadores diferentes) podem ser intercaladas de alguma forma arbitrária. A desabilitação de interrupções em cada processador pode ser uma tarefa difícil e, além disso, pode piorar seriamente o desempenho. Portanto, sistemas SMP devem fornecer técnicas alternativas de uso do lock — como `compare_and_swap ( )` ou os spinlocks — para assegurar que `wait ( )` e `signal ( )` sejam executadas atomicamente.

É importante admitir que não eliminamos completamente a espera em ação com essa definição das operações `wait ( )` e `signal ( )`. Na verdade, passamos a espera em ação da seção de entrada para as seções críticas dos programas de aplicação. Além disso, limitamos a espera em ação às seções críticas das operações `wait ( )` e `signal ( )`, e essas seções são curtas (quando codificadas apropriadamente, elas não devem ter mais do que cerca de dez instruções). Portanto, a seção crítica quase nunca fica ocupada, e a espera em ação ocorre raramente, e mesmo assim por um tempo curto. Uma situação inteiramente diferente ocorre em programas de aplicação cujas seções críticas podem ser longas (minutos ou até mesmo horas) ou quase sempre ficam ocupadas. Nesses casos, a espera em ação é extremamente ineficiente.

5.6.3 Deadlocks e Inanição

A implementação de um semáforo com fila de espera pode resultar em uma situação em que dois ou mais processos fiquem esperando indefinidamente por um evento que pode ser causado somente por um dos processos em espera. O evento em questão é a execução de uma operação `signal ( )`. Quando tal estado é alcançado, dizemos que esses processos estão em **deadlock**.

Para ilustrar, consideremos um sistema composto por dois processos, P_0 e P_1, cada um acessando dois semáforos, S e Q, aos quais é atribuído o valor 1:

```
   P0              P1

wait(S);         wait(Q);
wait(Q);         wait(S);
   .                .
   .                .
   .                .
signal(S);       signal(Q);
signal(Q);       signal(S);
```

Suponha que P_0 execute `wait (S)` e, então, P_1 execute `wait (Q)`. Quando P_0 executa `wait(Q)`, deve esperar até que P_1 execute `signal (Q)`. Da mesma forma, quando P_1 executa `wait(S)`, deve esperar até que P_0 execute `signal(S)`. Já que essas operações `signal ( )` não podem ser executadas, P_0 e P_1 estão em deadlock.

Dizemos que um conjunto de processos está em estado de deadlock quando cada processo do conjunto está esperando por um evento que só pode ser causado por outro processo do conjunto. Os eventos que mais nos interessam aqui são a aquisição e a liberação de recursos. Outros tipos de eventos podem resultar em deadlocks, como mostrado no Capítulo 7. Neste capítulo, descrevemos vários mecanismos que lidam com o problema do deadlock.

Outro problema relacionado com os deadlocks é o bloqueio indefinido ou inanição, uma situação em que os processos esperam indefinidamente dentro do semáforo. O bloqueio indefinido pode ocorrer se removermos processos da lista associada a um semáforo, em ordem LIFO (último a entrar, primeiro a sair).

5.6.4 Inversão de Prioridades

Um desafio do scheduling surge quando um processo de prioridade mais alta precisa ler ou modificar dados do kernel que estão sendo acessados correntemente por um processo de prioridade mais baixa — ou uma cadeia de processos de prioridade mais baixa. Já que os dados do kernel são, tipicamente, protegidos com um lock, o processo de prioridade mais alta terá que esperar que um de prioridade mais baixa termine de usar o recurso. A situação torna-se mais complicada se o processo de prioridade mais baixa sofre preempção em favor de outro processo com prioridade mais alta.

Como exemplo, suponha que tenhamos três processos — L, M e H — cujas prioridades seguem a ordem $L < M < H$. Suponha que o processo H precise do recurso R, que correntemente está sendo acessado pelo processo L. Normalmente, o processo H esperaria que L terminasse de usar o recurso R. No entanto, suponha agora que o processo M se torne não executável, causando assim a preempção do processo L. Indiretamente, um processo com prioridade mais baixa — o processo M — afetou o período de tempo durante o qual o processo H deve esperar até que L abandone o recurso R.

Esse problema é conhecido como inversão de prioridades. Ele ocorre apenas em sistemas com mais de duas prioridades; portanto, uma solução é o uso de apenas duas prioridades. Isso é insuficiente para a maioria dos sistemas operacionais de uso geral, no entanto. Normalmente, esses sistemas resolvem o problema implementando um protocolo de herança de prioridades. De acordo com esse protocolo, todos os processos que estão acessando recursos requeridos por um processo de prioridade mais alta herdam a prioridade mais alta até terem terminado de usar os recursos em questão. Quando terminam de usá-los, suas prioridades retornam a seus valores originais. No exemplo abaixo, um protocolo de herança de prioridades permitiria que o processo L herdasse temporariamente a prioridade do processo H, impedindo assim que o processo M causasse a preempção de L. Quando o processo L terminasse de usar o recurso R, abandonaria a prioridade herdada de H e assumiria sua prioridade original. Já que agora o recurso R estaria disponível, o processo H — e não M — seria executado em seguida.

5.7 Problemas Clássicos de Sincronização

Nesta seção, apresentamos vários problemas de sincronização como exemplos de uma classe ampla de problemas de controle de concorrência. Esses problemas são usados no teste de quase todo novo esquema de sincronização proposto. Em nossas soluções para os problemas, usamos semáforos para sincronização, já que essa é a maneira tradicional de se apresentarem tais soluções. No entanto, implementações reais dessas soluções poderiam usar locks mutex em vez de semáforos binários.

5.7.1 O Problema do Buffer Limitado

O *problema do buffer limitado* foi introduzido na Seção 5.1; ele é comumente usado para ilustrar o poder dos primitivos de sincronização. Aqui, apresentamos uma estrutura geral desse esquema sem nos prender a qualquer implementação específica. Fornecemos um projeto de programação relacionado, nos Exercícios no fim do capítulo.

A INVERSÃO DE PRIORIDADES E A MARS PATHFINDER

A inversão de prioridades pode ser mais do que uma inconveniência do scheduling. Em sistemas com rígidas restrições de tempo — como os sistemas de tempo real — a inversão de prioridades pode fazer com que um processo demore mais do que deveria para executar uma tarefa. Quando isso acontece, outras falhas podem ser geradas em cascata, resultando em falha do sistema.

Considere a Mars Pathfinder, uma sonda espacial da NASA que desembarcou um robô, o veículo Sojourner, em Marte, em 1997, para conduzir experimentos. Pouco depois que o Sojourner começou a operar, passou a experimentar reinicializações frequentes do computador. Cada reinicialização ativava novamente todo o hardware e o software, incluindo as comunicações. Se o problema não tivesse sido resolvido, o Sojourner teria falhado em sua missão.

O problema foi causado porque uma tarefa de prioridade alta, "bc_dist", estava demorando mais do que o esperado para executar seu trabalho. Essa tarefa estava sendo forçada a esperar por um recurso compartilhado que estava ocupado com a tarefa de prioridade mais baixa "ASI/MET" que, por sua vez, sofria preempção por várias tarefas de prioridade média. A tarefa "bc_dist" ficou bloqueada esperando pelo recurso compartilhado e, por fim, a tarefa "bc_sched" descobriu o problema e executou a reinicialização. O Sojourner estava sofrendo de um caso típico de inversão de prioridades.

O sistema operacional no Sojourner era o sistema operacional de tempo real VxWorks que tinha uma variável global para habilitar a herança de prioridades em todos os semáforos. Após testes, a variável foi reposicionada no Sojourner (em Marte!) e o problema foi resolvido.

Uma descrição completa do problema, sua detecção e sua solução, foi relatada pelo líder da equipe de software e está disponível em http://research.microsoft.com/en-us/um/people/mbj/mars_pathfinder/authoritative_account.html.

```
do {
    ...
    /* produz um item em next_produced */
    ...
    wait(empty);
    wait(mutex);
    ...
    /* adiciona next_produced ao buffer */
    ...
    signal(mutex);
    signal(full);
} while (true);
```

Figura 5.9 A estrutura do processo produtor.

Em nosso problema, os processos produtor e consumidor compartilham as estruturas de dados a seguir:

```
int n;
semaphore mutex = 1;
semaphore empty = n;
semaphore full = 0
```

Assumimos que o pool seja composto por n buffers, cada um podendo conter um item. O semáforo `mutex` fornece exclusão mútua para acessos ao pool de buffers e é inicializado com o valor 1. Os semáforos `empty` e `full` contam o número de buffers vazios e cheios. O semáforo `empty` é inicializado com o valor n; o semáforo `full` é inicializado com o valor 0.

O código do processo produtor é mostrado na Figura 5.9, e o do processo consumidor, na Figura 5.10. Observe a simetria entre o produtor e o consumidor. Podemos interpretar esse código como o produtor produzindo buffers cheios para o consumidor ou o consumidor produzindo buffers vazios para o produtor.

5.7.2 O Problema dos Leitores-Gravadores

Suponha que um banco de dados deva ser compartilhado por vários processos concorrentes. Alguns desses processos podem querer apenas ler o banco de dados, enquanto outros podem querer atualizá-lo (ou seja, ler e gravar). Distinguimos esses dois tipos de processos chamando os primeiros de **leitores** e os últimos de **gravadores**. É claro que, se dois leitores acessarem os dados compartilhados simultaneamente, não haverá efeitos adversos. No entanto, se um gravador e algum outro processo (um leitor ou um gravador) acessarem o banco de dados simultaneamente, isso pode resultar em caos.

Para garantir que não surjam essas dificuldades, é preciso que os gravadores, ao gravarem no banco de dados compartilhado,

```
do {
    wait(full);
    wait(mutex);
    ...
    /* transfere um item do buffer para next_
    consumed */
    ...
    signal(mutex);
    signal(empty);
    ...
    /* consome o item em next_consumed */
    ...
} while (true);
```

Figura 5.10 A estrutura do processo consumidor.

tenham acesso exclusivo a ele. Esse problema de sincronização é chamado de **problema dos leitores-gravadores**. Desde que foi originalmente definido, ele tem sido usado para testar quase todos os novos primitivos de sincronização. O problema dos leitores-gravadores tem diversas variações, todas envolvendo prioridades. A mais simples delas, chamada *primeiro* problema dos leitores-gravadores, requer que nenhum leitor seja mantido em espera, a menos que um gravador já tenha obtido permissão para usar o objeto compartilhado. Em outras palavras, nenhum leitor deve esperar que outros leitores terminem, simplesmente porque um gravador está esperando. O *segundo* problema dos leitores-gravadores requer que, uma vez que um gravador esteja pronto, esse gravador execute sua gravação assim que possível. Em outras palavras, se um gravador está esperando para acessar o objeto, nenhum novo leitor pode começar a ler.

Uma solução para qualquer um dos dois problemas pode resultar em inanição. No primeiro caso, os gravadores podem entrar em inanição; no segundo caso, os leitores é que podem entrar em inanição. Por essa razão, outras variantes do problema têm sido propostas. A seguir, apresentamos uma solução para o primeiro problema dos leitores-gravadores. Consulte as Notas Bibliográficas no fim do capítulo para referências que descrevam soluções livres de inanição para o segundo problema dos leitores-gravadores.

Na solução para o primeiro problema dos leitores-gravadores, os processos leitores compartilham as estruturas de dados a seguir:

```
semaphore rw_mutex = 1;
semaphore mutex = 1;
int read_count = 0;
```

Os semáforos `mutex` e `rw_mutex` são inicializados com 1; `read_count` é inicializada com 0. O semáforo `rw_mutex` é comum a processos leitores e gravadores. O semáforo `mutex` é usado para assegurar a exclusão mútua quando a variável `read_count` é atualizada. A variável `read_count` registra quantos processos estão lendo correntemente o objeto. O semáforo `rw_mutex` funciona como um semáforo de exclusão mútua para os gravadores. Ele também é usado pelo primeiro ou último leitor que entra na seção crítica ou sai dela. Ele não é usado por leitores que entram ou saem enquanto outros leitores estão em suas seções críticas.

O código para um processo gravador é mostrado na Figura 5.11; o código para um processo leitor é mostrado na Figura 5.12. Observe que, se um gravador está na seção crítica e n leitores estão esperando, um leitor é enfileirado em `rw_mutex`, e n – 1 leitores são enfileirados em `mutex`. Observe também que, quando um gravador executa `signal(rw_mutex)`, podemos retomar a execução dos leitores em espera ou de um único gravador em espera. A seleção é feita pelo scheduler.

O problema dos leitores-gravadores e suas soluções têm sido generalizados para fornecer locks de **leitores-gravadores** em alguns sistemas. A aquisição de um lock de leitor-gravador requer a especificação da modalidade do lock: de acesso à *leitura*

```
do {
    wait(rw_mutex);
    ...
    /* a gravação é executada */
    ...
    signal(rw mutex);
} while (true);
```

Figura 5.11 A estrutura de um processo gravador.

```
do {
    wait(mutex);
    read_count++;
    if (read_count == 1)
        wait(rw_mutex);
    signal(mutex);
        ...
    /* a leitura é executada */
        ...
    wait(mutex);
    read_count--;
    if (read_count == 0)
        signal(rw_mutex);
    signal(mutex);
} while (true);
```

Figura 5.12 A estrutura de um processo leitor.

Figura 5.13 A situação dos filósofos comensais.

ou à *gravação*. Quando um processo deseja somente ler dados compartilhados, ele solicita o lock de leitor-gravador na modalidade de leitura. Um processo que queira modificar os dados compartilhados deve solicitar o lock em modalidade de gravação. Vários processos são autorizados a adquirir concorrentemente um lock de leitor-gravador em modalidade de leitura, mas só um processo pode adquirir o lock para gravação, já que o acesso exclusivo é requerido para gravadores.

Os locks de leitor-gravador são mais úteis nas situações a seguir:

- Em aplicações em que é fácil identificar processos que apenas leem dados compartilhados e processos que apenas gravam dados compartilhados.
- Em aplicações que têm mais leitores do que gravadores. Isso ocorre porque os locks de leitor-gravador geralmente demandam mais overhead para serem estabelecidos do que os semáforos ou os locks de exclusão mútua. O aumento da concorrência, por serem permitidos vários leitores, compensa o overhead envolvido na especificação do lock de leitor-gravador.

5.7.3 O Problema dos Filósofos Comensais

Considere cinco filósofos que passam suas vidas pensando e comendo. Os filósofos compartilham uma mesa circular rodeada por cinco cadeiras, cada uma pertencendo a um deles. No centro da mesa está uma tigela de arroz, e a mesa está posta com cinco chopsticks individuais (Figura 5.13). Quando um filósofo pensa, ele não interage com seus colegas. Periodicamente, um filósofo fica com fome e tenta pegar os dois chopsticks que estão mais próximos dele (os chopsticks que estão entre ele e seus vizinhos da esquerda e da direita). Um filósofo pode pegar somente um chopstick de cada vez. É claro que ele não pode pegar um chopstick que já esteja na mão de um vizinho. Quando um filósofo faminto está com seus dois chopsticks ao mesmo tempo, ele come sem largá-los. Quando termina de comer, larga seus dois chopsticks e começa a pensar novamente.

O **problema dos filósofos comensais** é considerado um problema clássico de sincronização, não por causa de sua importância prática ou porque os cientistas da computação não gostem de filósofos, mas porque é um exemplo de uma classe ampla de problemas de controle de concorrência. É uma representação simples da necessidade de alocar vários recursos entre diversos processos de uma forma livre de deadlocks e de inanição.

Uma solução simples é representar cada chopstick com um semáforo. Um filósofo tenta pegar um chopstick executando uma operação `wait()` nesse semáforo. Ele libera seus chopsticks executando a operação `signal()` nos semáforos apropriados. Portanto, os dados compartilhados são

```
semaphore chopstick[5];
```

em que todos os elementos de `chopstick` são inicializados com 1. A estrutura do filósofo *i* é mostrada na Figura 5.14.

Embora essa solução garanta que dois vizinhos não comam simultaneamente, ela deve ser rejeitada porque poderia criar um deadlock. Suponha que todos os cinco filósofos fiquem com fome ao mesmo tempo e que cada um pegue seu chopstick esquerdo. Agora todos os elementos de `chopstick` serão iguais a 0. Quando cada filósofo tentar pegar seu chopstick direito, ficará em estado de suspensão indefinidamente.

Várias soluções possíveis para o problema do deadlock podem ser substituídas por:

- Permitir no máximo quatro filósofos sentados à mesa simultaneamente.
- Permitir que um filósofo pegue seus chopsticks apenas se os dois chopsticks estiverem disponíveis (para fazer isso, ele deve pegá-los em uma seção crítica).
- Usar uma solução assimétrica — isto é, um filósofo de número ímpar pega primeiro seu chopstick esquerdo e, então, seu chopstick direito, enquanto um filósofo de número par pega seu chopstick direito e, então, seu chopstick esquerdo.

Na Seção 5.8, apresentamos uma solução para o problema dos filósofos comensais que assegura a inexistência de deadlocks.

```
do {
    wait(chopstick[i]);
    wait(chopstick[(i+1) % 5]);
        ...
    /* come durante algum tempo */
        ...
    signal(chopstick[i]);
    signal(chopstick[(i+1) % 5]);
        ...
    /* pensa durante algum tempo */
        ...
} while (true);
```

Figura 5.14 A estrutura do filósofo *i*.

Observe, no entanto, que qualquer solução satisfatória para o problema dos filósofos comensais deve garantir a impossibilidade de que um dos filósofos morra de fome. Uma solução livre de deadlocks não elimina necessariamente a possibilidade de inanição.

5.8 Monitores

Embora os semáforos forneçam um mecanismo conveniente e eficaz para a sincronização de processos, usá-los incorretamente pode resultar em erros de timing difíceis de detectar, já que esses erros só acontecem se ocorrem sequências de execução específicas e essas sequências nem sempre ocorrem.

Vimos um exemplo desses erros no uso de contadores em nossa solução para o problema "produtor-consumidor" (Seção 5.1). Nesse exemplo, o problema de timing ocorria apenas raramente e, mesmo quando ocorria, o valor do contador parecia ser razoável — com uma diferença de apenas 1. No entanto, a solução não é obviamente aceitável. É por isso que os semáforos foram introduzidos.

Infelizmente, esses erros de timing também podem ocorrer quando os semáforos são usados. Para ilustrar como, recapitulamos a solução dos semáforos para o problema da seção crítica. Todos os processos compartilham uma variável semáforo `mutex` que é inicializada com 1. Cada processo deve executar `wait (mutex)` antes de entrar na seção crítica e `signal (mutex)` depois. Se essa sequência não for observada, dois processos podem entrar em suas seções críticas simultaneamente. A seguir, examinamos as diversas dificuldades que podem surgir. Observe que essas dificuldades surgirão, mesmo se um *único* processo não se comportar adequadamente. Essa situação pode ser causada por um erro de programação inocente ou por um programador não cooperativo.

- Suponha que um processo troque a ordem em que as operações `wait ( )` e `signal ( )` são executadas no semáforo `mutex`, resultando na execução a seguir:

    ```
    signal (mutex);
        ...
        seção crítica
        ...
    wait (mutex);
    ```

    Nessa situação, vários processos podem estar sendo executados em suas seções críticas simultaneamente, violando o requisito de exclusão mútua. Esse erro pode ser descoberto apenas se vários processos estiverem ativos simultaneamente em suas seções críticas. Observe que esse cenário pode ser de difícil reprodução.

- Suponha que um processo substitua `signal (mutex)` por `wait (mutex)`. Ou seja, ele executaria

    ```
    wait (mutex);
        ...
        seção crítica
        ...
    wait (mutex);
    ```

    Nesse caso, um deadlock ocorrerá.

- Suponha que um processo omita `wait (mutex)`, `signal (mutex)`, ou ambas. Nesse caso, a exclusão mútua é violada e ocorrerá um deadlock.

Esses exemplos ilustram que vários tipos de erros podem ser gerados facilmente quando os programadores usam semáforos

```
monitor nome do monitor
{
    /* declarações de variáveis compartilhadas */

    função P1 ( . . . ) {
        ...
    }
    função P2 ( . . . ) {
        ...
    }
        .
        .
        .
    função Pn ( . . . ) {
        ...
    }

    código de inicialização ( . . . ) {
        ...
    }
}
```

Figura 5.15 Sintaxe de um monitor.

incorretamente para resolver o problema da seção crítica. Problemas semelhantes podem surgir com os outros modelos de sincronização discutidos na Seção 5.7.

Para lidar com esses erros, os pesquisadores desenvolveram construtores de linguagens de alto nível. Nesta seção, descrevemos um construtor de sincronização de alto nível fundamental — o tipo monitor.

5.8.1 Uso do Monitor

Um tipo de dado abstrato — ou ADT (*abstract data type*) — encapsula dados com um conjunto de funções para operarem sobre esses dados, que são independentes de qualquer implementação específica do ADT. Um *tipo monitor* é um ADT que inclui um conjunto de operações definidas pelo programador e que são dotadas de exclusão mútua dentro do monitor. O tipo monitor também declara as variáveis cujos valores definem o estado de uma instância desse tipo, além dos corpos de funções que operam sobre essas variáveis. A sintaxe de um tipo monitor é mostrada na Figura 5.15. A representação de um tipo monitor não pode ser usada diretamente pelos diversos processos. Portanto, uma função definida dentro de um monitor pode acessar somente as variáveis declaradas localmente dentro do monitor e seus parâmetros formais. Da mesma forma, as variáveis locais de um monitor podem ser acessadas apenas pelas funções locais.

O construtor monitor assegura que somente um processo de cada vez esteja ativo dentro do monitor. Consequentemente, o programador não precisa codificar essa restrição de sincronização explicitamente (Figura 5.16). No entanto, o construtor monitor, como definido até agora, não é suficientemente poderoso para a modelagem de alguns esquemas de sincronização. Para esse fim, precisamos definir mecanismos de sincronização adicionais. Esses mecanismos são fornecidos pelo construtor `condition`. Um programador que precise escrever um esquema de sincronização personalizado pode definir uma ou mais variáveis do tipo *condition*:

```
condition x, y;
```

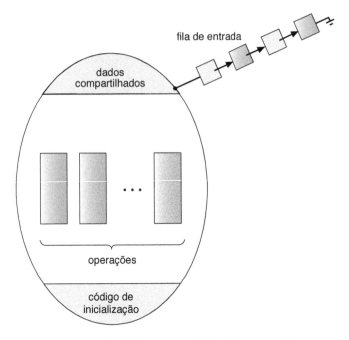

Figura 5.16 Visão esquemática de um monitor.

As únicas operações que podem ser invocadas em uma variável de condição são wait ( ) e signal ( ). A operação

x.wait ( );

significa que o processo que a está invocando está suspenso até que outro processo invoque

x.signal ( );

A operação x.signal ( ) retoma um único processo suspenso. Se nenhum processo estiver suspenso, então a operação signal ( ) não terá efeito; isto é, o estado de x permanecerá como se a operação nunca tivesse sido executada (Figura 5.17).

Compare essa operação com a operação signal ( ) associada aos semáforos que sempre afeta o estado do semáforo.

Agora suponha que haja um processo suspenso Q associado à condição x quando a operação x.signal ( ) for invocada por um processo P. É claro que, se o processo suspenso Q puder retomar sua execução, o processo P emissor do sinal terá de esperar. Caso contrário, tanto P quanto Q ficariam ativos simultaneamente dentro do monitor. Observe, no entanto, que conceitualmente os dois processos podem continuar com sua execução. Existem duas possibilidades:

1. **Sinalizar e esperar.** P espera até Q deixar o monitor ou espera por outra condição.
2. **Sinalizar e continuar.** Q espera até P deixar o monitor ou espera por outra condição.

Há argumentos razoáveis em favor da adoção de qualquer uma das opções. Por um lado, como P já estava sendo executado no monitor, o método *sinalizar e continuar* parece mais sensato. Por outro lado, se permitirmos que o thread P continue, então quando Q for retomado, a condição lógica pela qual Q estava esperando pode não existir mais. Um compromisso entre essas duas opções foi adotado na linguagem Concurrent Pascal. Quando o thread P executa a operação signal, ele deixa imediatamente o monitor. Assim, Q é retomado imediatamente.

Muitas linguagens de programação incorporaram a ideia do monitor como descrito nesta seção, incluindo Java e C# (pronuncia-se "C-sharp"). Outras linguagens — como Erlang — fornecem algum tipo de suporte à concorrência usando um mecanismo semelhante.

5.8.2 Solução para os Filósofos Comensais com o Uso de Monitores

A seguir, ilustramos conceitos relacionados com os monitores apresentando uma solução livre de deadlocks para o problema dos filósofos comensais. Essa solução impõe a restrição de que um filósofo só possa pegar seu chopstick se os dois estiverem disponíveis. Para codificá-la, precisamos diferenciar três esta-

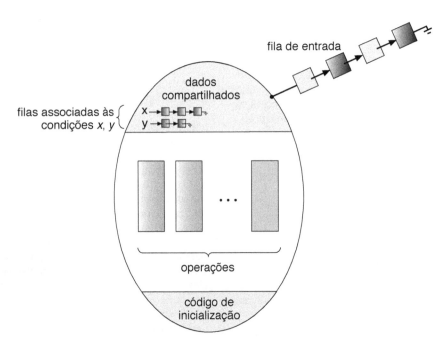

Figura 5.17 Monitor com variáveis de condição.

dos em que podemos encontrar um filósofo. Para esse fim, introduzimos a estrutura de dados abaixo:

```
enum {THINKING, HUNGRY, EATING} state[5];
```

O filósofo *i* pode definir a variável `state [i] = EATING` apenas se seus dois vizinhos não estiverem comendo: (state [(i+4) % 5] != EATING) e (state [(i+1) % 5] != EATING).

Também temos que declarar:

```
condition self[5];
```

Isso permite que o filósofo *i* se mantenha em espera quando estiver com fome e não possa obter os chopsticks de que precisa.

Agora estamos prontos para descrever nossa solução para o problema dos filósofos comensais. A distribuição dos chopsticks é controlada pelo monitor `DiningPhilosophers`, cuja definição é mostrada na Figura 5.18. Antes de começar a comer, cada filósofo deve invocar a operação `pickup ( )`. Esse ato pode resultar na suspensão do processo do filósofo. Após a conclusão bem-sucedida da operação, o filósofo pode comer. Depois disso, o filósofo invoca a operação `putdown ( )`. Portanto, o filósofo *i* deve invocar as operações `pickup ( )` e `putdown ( )` na sequência a seguir:

```
DiningPhilosophers.pickup(i);
    ...
    come
    ...
DiningPhilosophers.putdown(i);
```

É fácil mostrar que essa solução assegura que dois vizinhos não comam simultaneamente e que nenhum deadlock ocorra. Observamos, no entanto, que é possível que um filósofo morra de inanição. Não apresentamos uma solução para esse problema e a deixamos como um exercício para você.

5.8.3 Implementando um Monitor Usando Semáforos

Consideramos agora uma implementação possível do mecanismo monitor usando semáforos. Um semáforo `mutex` (inicializado com 1) é fornecido para cada monitor. Um processo deve executar `wait (mutex)` antes de entrar no monitor e `signal (mutex)` após deixar o monitor.

Já que um processo sinalizador deve aguardar até que o processo retomado saia ou espere, um semáforo adicional, `next`, é introduzido, inicializado com 0. Os processos sinalizadores podem usar `next` para suspender a si mesmos. Uma variável inteira `next_count` também é fornecida para contar quantos processos estão suspensos em `next`. Portanto, cada função externa F é substituída por

```
wait(mutex);
    ...
    corpo de F
    ...
if (next_count > 0)
    signal(next);
else
    signal(mutex);
```

A exclusão mútua dentro de um monitor é assegurada.

Já podemos descrever também como as variáveis de condição são implementadas. Para cada condição x, introduzimos um semáforo `x_sem` e uma variável inteira `x_count`, os dois

```
monitor DiningPhilosophers
{
  enum {THINKING, HUNGRY, EATING} state[5];
  condition self[5];

  void pickup(int i) {
    state[i] = HUNGRY;
    test(i);
    if (state[i] != EATING)
      self[i].wait();
  }

  void putdown(int i) {
    state[i] = THINKING;
    test((i + 4) % 5);
    test((i + 1) % 5);
  }

  void test(int i) {
    if ((state[(i + 4) % 5] != EATING) &&
        (state[i] == HUNGRY) &&
        (state[(i + 1) % 5] != EATING)) {
      state[i] = EATING;
      self[i].signal();
    }
  }

  initialization_code() {
    for (int i = 0; i < 5; i++)
      state[i] = THINKING;
  }
}
```

Figura 5.18 Uma solução com monitor para o problema dos filósofos comensais.

inicializados com 0. Assim a operação `x.wait ( )` pode ser implementada como

```
x_count++;
if (next_count > 0)
   signal(next);
else
   signal(mutex);
wait(x_sem);
x_count--;
```

A operação `x.signal ( )` pode ser implementada como

```
if (x_count > 0) {
   next_count++;
   signal(x_sem);
   wait(next);
   next_count--;
}
```

Essa implementação é aplicável às definições de monitores fornecidas tanto por Hoare quanto por Brinch-Hansen (consulte as Notas Bibliográficas no fim do capítulo). Em alguns casos, no entanto, a generalidade da implementação é desnecessária, e uma melhoria significativa na eficiência é possível. Deixamos esse problema para você resolver no Exercício 5.30.

5.8.4 Retomando Processos Dentro de um Monitor

Voltamos agora ao tema da ordem de retomada de processos dentro de um monitor. Se vários processos estão suspensos na condição x, e uma operação x.signal ( ) é executada por algum processo, como determinar qual dos processos suspensos deve ser retomado em seguida? Uma solução simples é usar uma ordem "primeiro a entrar, primeiro a ser atendido" (FCFS —*first-come, first-served*) para que o processo que tenha esperado por mais tempo seja retomado primeiro. Em muitas circunstâncias, no entanto, um esquema de scheduling tão simples não é adequado. Por isso, o construtor espera condicional pode ser usado. Esse construtor tem a forma

```
x.wait (c);
```

em que c é uma expressão inteira que é avaliada quando a operação wait ( ) é executada. O valor de c, que é chamado de número de prioridade, é então armazenado com o nome do processo que está suspenso. Quando x.signal ( ) é executada, o processo com o número de prioridade mais baixo é retomado em seguida.

Para ilustrar esse novo mecanismo, considere o monitor ResourceAllocator mostrado na Figura 5.19, que controla a alocação de um único recurso entre processos competidores. Ao solicitar uma alocação desse recurso, cada processo especifica o tempo máximo em que planeja usá-lo. O monitor aloca o recurso ao processo que tenha solicitado a menor alocação de tempo. Um processo que precise acessar o recurso em questão deve observar a sequência abaixo:

```
R.acquire(t);
   ...
acessa o recurso;
   ...
R.release();
```

em que R é uma instância do tipo ResourceAllocator.

```
monitor ResourceAllocator
{
   boolean busy;
   condition x;

   void acquire(int time) {
      if (busy)
         x.wait(time);
      busy = true;
   }

   void release() {
      busy = false;
      x.signal();
   }

   initialization code() {
      busy = false;
   }
}
```

Figura 5.19 Um monitor para a alocação de um único recurso.

Infelizmente, o conceito de monitor não garante que a sequência de acesso anterior seja seguida. Especificamente, os seguintes problemas podem ocorrer:

- Um processo pode acessar um recurso sem antes obter permissão de acesso ao recurso.
- Um processo pode nunca liberar um recurso, uma vez que tenha obtido acesso a ele.
- Um processo pode tentar liberar um recurso que nunca solicitou.
- Um processo pode solicitar o mesmo recurso duas vezes (sem liberá-lo antes).

MONITORES JAVA

Java fornece um mecanismo de concorrência semelhante ao monitor para a sincronização de threads. Todo objeto em Java tem um único lock associado a ele. Quando um método é declarado como synchronized, a chamada do método requer a posse do lock para o objeto. Declaramos um método como synchronized inserindo a palavra-chave synchronized em sua definição. Por exemplo, o código a seguir define safeMethod ( ) como synchronized:

```java
public class SimpleClass {
   ...
   public synchronized void safeMethod() {
      ...
      /* Implementação de safeMethod () */
      ...
   }
}
```

Agora, criamos uma instância do objeto SimpleClass, como a seguinte:

```java
SimpleClass sc = new SimpleClass();
```

A invocação do método sc.safeMethod ( ) requer a posse do lock na instância do objeto sc. Se o lock já pertence a outro thread, o thread que chamou o método synchronized é bloqueado e inserido no **conjunto de entradas** do lock do objeto. O conjunto de entradas representa o conjunto de threads em espera para que o lock se torne disponível. Se o lock está disponível quando um método synchronized é chamado, o thread chamador torna-se o proprietário do lock do objeto e pode entrar no método. O lock é liberado quando o thread sai do método. Um thread do conjunto de entradas é então selecionado como o novo proprietário do lock.

Java também fornece os métodos wait ( ) e notify ( ) que são semelhantes em função aos comandos wait ( ) e signal ( ) de um monitor. A API Java dá suporte a semáforos, variáveis de condição e locks mutex (entre outros mecanismos de concorrência) no pacote java.util.concurrent.

As mesmas dificuldades são encontradas com o uso de semáforos, e elas têm natureza semelhante às que nos encorajaram a desenvolver os construtores monitores. Anteriormente, tínhamos que nos preocupar com o uso correto dos semáforos. Agora, temos que nos preocupar com o uso correto de operações de mais alto nível definidas pelo programador e com as quais o compilador não pode mais nos ajudar.

Uma solução possível para esse problema é incluir as operações de acesso a recursos dentro do monitor ResourceAllocator. No entanto, o uso dessa solução significa que o scheduling será feito de acordo com o algoritmo interno de scheduling do monitor e não com o algoritmo que codificamos.

Para assegurar que os processos observem as sequências apropriadas, devemos verificar todos os programas que fazem uso do monitor ResourceAllocator e do recurso que ele gerencia. Devemos verificar duas condições para estabelecer a precisão do sistema. Em primeiro lugar, os processos de usuário devem sempre fazer suas chamadas no monitor em uma sequência correta. Em segundo lugar, devemos estar certos de que um processo não cooperativo não ignore simplesmente a porta da exclusão mútua fornecida pelo monitor e tente acessar o recurso compartilhado diretamente, sem usar os protocolos de acesso. Somente se essas duas condições puderem ser asseguradas, poderemos garantir que não ocorrerão erros de natureza temporal e que o algoritmo de scheduling não será desrespeitado.

Embora essa verificação seja possível em um sistema estático pequeno, não é razoável para um sistema grande ou um sistema dinâmico. Esse problema de controle de acesso pode ser resolvido somente através do uso dos mecanismos adicionais que são descritos no Capítulo 14.

5.9 Exemplos de Sincronização

Descrevemos, a seguir, os mecanismos de sincronização fornecidos pelos sistemas operacionais Windows, Linux e Solaris, assim como pela API Pthreads. Selecionamos esses três sistemas operacionais porque eles fornecem bons exemplos de diferentes abordagens para a sincronização do kernel, e incluímos a API Pthreads porque ela é largamente usada na criação e sincronização de threads por desenvolvedores de sistemas UNIX e Linux. Como você verá nesta seção, os métodos de sincronização disponíveis nesses diferentes sistemas variam de maneiras sutis e significativas.

5.9.1 Sincronização no Windows

O sistema operacional Windows é um kernel multithreaded que dá suporte a aplicações de tempo real e a múltiplos processadores. Quando o kernel do Windows acessa um recurso global em um sistema com um único processador, ele mascara temporariamente as interrupções para todos os manipuladores de interrupções que também possam acessar o recurso global. Em um sistema multiprocessador, o Windows protege o acesso a recursos globais usando spinlocks, embora o kernel use spinlocks apenas para proteger segmentos de código curtos. Além disso, por motivos de eficiência, o kernel assegura que um thread nunca sofra preempção enquanto estiver mantendo um spinlock.

Para a sincronização de threads fora do kernel, o Windows fornece objetos despachantes. Quando um objeto despachante é usado, os threads sincronizam-se de acordo com vários mecanismos diferentes, incluindo locks mutex, semáforos, eventos e timers. O sistema protege dados compartilhados exigindo que um thread obtenha a posse de um mutex para acessar os dados

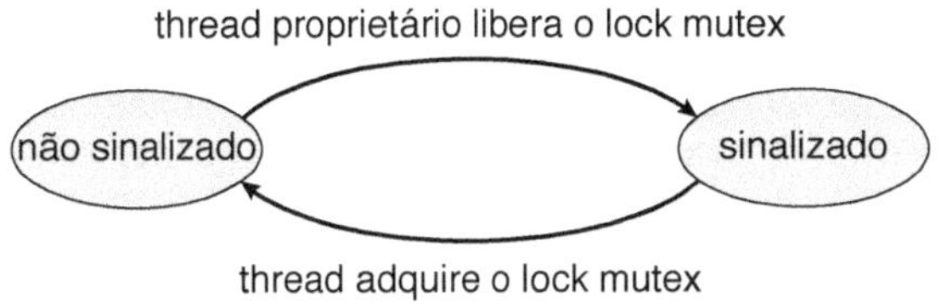

Figura 5.20 Objeto despachante mutex.

e o libere quando terminar. Os semáforos comportam-se como descrito na Seção 5.6. Os eventos são semelhantes às variáveis de condição; isto é, podem notificar um thread em espera quando ocorre uma condição desejada. Para concluir, os timers são usados para notificar um (ou mais de um) thread de que um período de tempo especificado expirou.

Os objetos despachantes podem estar em um estado sinalizado ou não sinalizado. Um objeto em estado sinalizado está disponível, e o thread não será bloqueado ao adquiri-lo. Um objeto em estado não sinalizado não está disponível, e o thread será bloqueado ao tentar adquiri-lo. Ilustramos as transições de estado de um objeto despachante lock mutex na Figura 5.20.

Existe um relacionamento entre o estado de um objeto despachante e o estado de um thread. Quando um thread é bloqueado em um objeto despachante não sinalizado, seu estado muda de pronto para em espera e ele é inserido em uma fila de espera para o objeto. Quando o estado do objeto despachante passa para sinalizado, o kernel verifica se algum thread está esperando no objeto. Se estiver, o kernel passa um thread — ou possivelmente mais — do estado de espera para o estado de pronto, onde eles podem retomar a execução. O número de threads que o kernel seleciona na fila de espera depende do tipo de objeto despachante pelo qual ele está esperando. O kernel selecionará apenas um thread na fila de espera por um mutex, já que um objeto mutex pode ser "possuído" somente por um único thread. Para um objeto evento, o kernel selecionará todos os threads que estiverem esperando pelo evento.

Podemos usar um lock mutex como ilustração de objetos despachantes e estados de threads. Se um thread tentar adquirir um objeto despachante mutex que esteja em um estado não sinalizado, esse thread será suspenso e inserido em uma fila de espera do objeto mutex. Quando o mutex passar para o estado sinalizado (porque outro thread liberou o lock no mutex), o thread que for o primeiro da fila de espera será passado do estado de espera para o estado de pronto e obterá o lock mutex.

Um objeto seção crítica é um mutex de modalidade de usuário que com frequência pode ser adquirido e liberado sem intervenção do kernel. Em um sistema multiprocessador, um objeto seção crítica usa primeiro um spinlock enquanto espera que o outro thread libere o objeto. Se ele mantiver o giro (spin) por muito tempo, o thread que está tentando obter o objeto alocará então um mutex do kernel e abandonará sua CPU. Os objetos seção crítica são particularmente eficientes porque o mutex do kernel é alocado apenas quando há disputa pelo objeto. Na prática, há muito pouca disputa e, portanto, a economia é significativa.

Fornecemos um Projeto de Programação no fim deste capítulo, que usa locks mutex e semáforos na API Windows.

5.9.2 Sincronização no Linux

Antes da Versão 2.6, o Linux era um kernel sem preempção, significando que um processo sendo executado em modalidade de kernel não poderia sofrer preempção — mesmo se um processo de prioridade mais alta ficasse disponível para execução. Agora, no entanto, o kernel do Linux é totalmente preemptivo e, assim, uma tarefa pode sofrer preempção quando está sendo executada no kernel.

O Linux fornece vários mecanismos diferentes para a sincronização no kernel. Já que a maioria das arquiteturas de computador fornece instruções para versões atômicas de operações matemáticas simples, a técnica de sincronização mais simples dentro do kernel do Linux é um inteiro atômico que é representado com o uso do tipo de dado opaco `atomic_t`. Como o nome sugere, todas as operações matemáticas que usam inteiros atômicos são executadas sem interrupção. O código a seguir ilustra a declaração de um inteiro atômico `counter` e a execução de várias operações atômicas:

```
atomic t counter;
int value;

atomic_set(&counter,5);       /* counter = 5 */
atomic_add(10, &counter);     /* counter = counter + 10 */
atomic_sub(4, &counter);      /* counter = counter - 4 */
atomic_inc(&counter);         /* counter = counter + 1 */
value = atomic_read(&counter); /* valor = 12 */
```

Os inteiros atômicos são particularmente eficientes em situações em que uma variável inteira — como `counter` — precisa ser atualizada, já que as operações atômicas não geram o overhead dos mecanismos de trancamento (locking). No entanto, seu uso é limitado a esses tipos de cenários. Em situações em que existem diversas variáveis contribuindo para uma possível condição de corrida, ferramentas de trancamento mais sofisticadas devem ser usadas.

Os locks mutex estão disponíveis no Linux para proteger seções críticas dentro do kernel. Nesse caso, uma tarefa deve invocar a função `mutex_lock ( )`, antes de entrar em uma seção crítica, e a função `mutex_unlock ( )`, após sair da seção crítica. Se o lock mutex estiver indisponível, a tarefa que chamar `mutex_lock ( )` será posta em estado de suspensão e será ativada quando o proprietário do lock invocar `mutex_unlock ( )`.

O Linux também fornece spinlocks e semáforos (assim como versões de leitor-gravador desses dois locks) para operações de trancamento no kernel. Em máquinas SMP, o mecanismo básico de trancamento é um spinlock, e o kernel é projetado de modo que o spinlock seja mantido apenas por pouco tempo. Em máquinas com um único processador, como os sistemas embutidos com um único núcleo de processamento, o uso de spinlocks é inapropriado e eles são substituídos pela habilitação e desabilitação da preempção no kernel. Isto é, em sistemas uniprocessadores, em vez de manter um spinlock, o kernel desabilita a preempção; e em vez de liberar o spinlock, ele habilita a preempção. Isso é resumido abaixo:

processador único	múltiplos processadores
Desabilita a preempção do kernel.	Adquire spinlock.
Habilita a preempção do kernel.	Libera spinlock.

O Linux usa uma abordagem interessante para desabilitar e habilitar a preempção no kernel. Ele fornece duas chamadas de sistema simples — `preempt_disable ( )` e `preempt_enable ( )` — para desabilitação e habilitação da preempção no kernel. No entanto, o kernel não é preemptivo se uma tarefa em execução no kernel está mantendo um lock. Para reforçar essa regra, cada tarefa do sistema tem uma estrutura `thread-info` contendo um contador, `preempt-count`, que indica o número de locks que estão sendo mantidos pela tarefa. Quando um lock é adquirido, `preempt_count` é incrementado. Ele é decrementado quando um lock é liberado. Se o valor de `preempt-count` para a tarefa em execução corrente no kernel é maior do que zero, não é seguro causar a preempção do kernel já que essa tarefa mantém correntemente um lock. Se a contagem é igual a zero, o kernel pode ser interrompido seguramente [supondo que não haja chamadas pendentes a `preempt-disable ( )`].

Os spinlocks — junto com a habilitação e desabilitação da preempção do kernel — são usados no kernel somente quando um lock (ou a desabilitação da preempção do kernel) é mantido por um tempo curto. Quando um lock deve ser mantido por um período mais longo, é apropriado o uso de semáforos ou locks mutex.

5.9.3 Sincronização no Solaris

Para controlar o acesso a seções críticas, o Solaris fornece locks mutex adaptativos, variáveis de condição, semáforos, locks de leitor-gravador e roletas (turnstiles). O Solaris implementa semáforos e variáveis de condição essencialmente da mesma forma em que eles são apresentados nas Seções 5.6 e 5.7. Nesta seção, descrevemos os locks mutex adaptativos, os locks de leitor-gravador e as roletas.

Um **mutex adaptativo** protege o acesso a todos os itens de dados críticos. Em um sistema multiprocessador, um mutex adaptativo começa como um semáforo-padrão implementado como um spinlock. Se os dados estão trancados (submetidos a um lock) e, portanto, já em uso, o mutex adaptativo faz uma entre duas coisas: Se o lock é mantido por um thread em execução corrente em outra CPU, o thread aguarda em um spinlock enquanto espera que o lock se torne disponível, porque o thread que mantém o lock deve terminar em breve. Se o thread que mantém o lock não está correntemente em estado de execução, o thread é bloqueado, passando a dormir até ser despertado pela liberação do lock. Ele é adormecido para não aguardar em um spinlock, já que o lock não será liberado tão cedo. Um lock mantido por um thread adormecido pode ser classificado nessa categoria. Em um sistema com um único processador, o thread que mantém o lock nunca será executado se o lock estiver sendo testado por outro thread, porque apenas um thread pode ser executado de cada vez. Portanto, nesse tipo de sistema, os threads sempre adormecem em vez de aguardarem em um spinlock quando encontram um lock.

O Solaris usa o método do mutex adaptativo para proteger apenas os dados que são acessados por curtos segmentos de código. Isto é, um mutex é usado se um lock for mantido por menos de algumas centenas de instruções. Se o segmento de código é maior do que isso, o método de aguardar em um spinlock é excessivamente ineficiente. Para esses segmentos de código mais longos, variáveis de condição e semáforos são usados. Se o lock desejado já estiver em uso, o thread emite um comando wait e adormece. Quando um thread libera o lock, ele emite um sinal para o próximo thread adormecido na fila. O custo adicional de adormecer um thread e despertá-lo e das mudanças de contexto associadas é menor do que o custo de desperdiçar várias centenas de instruções aguardando em um spinlock.

Os locks de leitor-gravador são usados para proteger dados que são acessados frequentemente, mas que costumam ser acessados em modalidade de somente-leitura. Nessas circunstâncias, os locks de leitor-gravador são mais eficientes do que os semáforos, porque vários threads podem ler dados concorrentemente, enquanto os semáforos sempre serializam o acesso aos dados. Os locks de leitor-gravador são de implementação relativamente dispendiosa e, portanto, são usados apenas em longas seções de código.

O Solaris usa roletas para ordenar a lista de threads em espera para adquirir um mutex adaptativo ou um lock de leitor-gravador. Uma *roleta* é uma estrutura de fila que contém os threads trancados em um lock. Por exemplo, se um thread possui correntemente o lock para um objeto sincronizado, todos os outros threads que tentem adquirir o lock ficam trancados e entram na roleta desse lock. Quando o lock é liberado, o kernel seleciona um thread da roleta como o próximo proprietário do lock. Cada objeto sincronizado com pelo menos um thread trancado no lock do objeto requer uma roleta separada. No entanto, em vez de associar uma roleta a cada objeto sincronizado, o Solaris fornece a cada thread do kernel sua própria roleta. Já que um thread pode ser bloqueado somente em um objeto de cada vez, isso é mais eficiente do que ter uma roleta para cada objeto.

A roleta do primeiro thread a ser trancado em um objeto sincronizado passa a ser a roleta do próprio objeto. Threads trancados subsequentemente no lock serão adicionados a essa roleta. Quando o thread inicial finalmente libera o lock, ele ganha uma nova roleta proveniente de uma lista de roletas disponíveis mantida pelo kernel. Para evitar uma inversão de prioridades, as roletas são organizadas de acordo com um *protocolo de herança de prioridades*. Isso significa que, se um thread de prioridade mais baixa mantém correntemente um lock em que um thread de prioridade mais alta está trancado, o thread com a prioridade mais baixa herdará temporariamente a prioridade do thread de prioridade mais alta. Após a liberação do lock, o thread reverterá à sua prioridade original.

Observe que os mecanismos de trancamento usados pelo kernel também são implementados para threads de nível de usuário; portanto, os mesmos tipos de locks estão disponíveis dentro e fora do kernel. Uma diferença crucial na implementação é o protocolo de herança de prioridades. As rotinas de trancamento do kernel adotam os métodos de herança de prioridades usados pelo scheduler, como descrito na Seção 5.6.4. Os mecanismos de trancamento de threads de nível de usuário não fornecem essa funcionalidade.

Para otimizar o desempenho do Solaris, os desenvolvedores têm aprimorado e ajustado os métodos de trancamento. Já que os locks são usados com frequência e normalmente são empregados em funções cruciais do kernel, um ajuste em sua implementação e uso pode produzir grandes melhorias no desempenho.

5.9.4 Sincronização no Pthreads

Embora os mecanismos de trancamento usados no Solaris estejam disponíveis tanto para threads de nível de usuário quanto para threads do kernel, basicamente os métodos de sincronização discutidos até agora estão relacionados com a sincronização dentro do kernel. Por outro lado, a API Pthreads está disponível para os programadores no nível de usuário e não faz parte de nenhum kernel específico. Essa API fornece locks mutex, variáveis de condição e locks de leitor-gravador para a sincronização de threads.

Os locks mutex representam a técnica básica de sincronização usada com o Pthreads. Um lock mutex é usado na proteção de seções críticas de código — isto é, um thread adquire o lock antes de entrar em uma seção crítica e o libera ao sair da seção crítica. O Pthreads usa o tipo de dado `pthread_mutex_t` para locks mutex. Um mutex é criado com a função `pthread_mutex_init ( )`. O primeiro parâmetro é um ponteiro para o mutex. Passando NULL como segundo parâmetro, inicializamos o mutex com seus atributos default. Isso é ilustrado abaixo:

```
#include <pthread.h>

pthread_mutex_t mutex;

/* cria o lock mutex */
pthread_mutex_init(&mutex,NULL);
```

O mutex é adquirido e liberado com as funções `pthread_mutex_lock ( )` e `pthread_mutex_unlock ( )`. Se o lock mutex está indisponível quando `pthread_mutex_lock ( )` é invocada, o thread chamador é bloqueado até que o proprietário invoque `pthread_mutex_unlock ( )`. O código a seguir ilustra a proteção de uma seção crítica com locks mutex:

```
/* adquire o lock mutex */
pthread_mutex_lock(&mutex);

/* seção crítica */

/* libera o lock mutex */
pthread_mutex_unlock(&mutex);
```

Todas as funções mutex retornam o valor 0 em caso de operação correta; se um erro ocorre, essas funções retornam um código de erro diferente de zero. As variáveis de condição e os locks de leitor-gravador comportam-se de maneira semelhante à maneira como são descritos nas Seções 5.8 e 5.7.2, respectivamente.

Muitos sistemas que implementam o Pthreads também fornecem semáforos, embora os semáforos não façam parte do padrão Pthreads e, em vez disso, pertençam à extensão POSIX SEM. O POSIX especifica dois tipos de semáforos — *nomeados* e *não nomeados*. A diferença básica entre os dois é que um semáforo nomeado tem um nome real no sistema de arquivos e pode ser compartilhado por vários processos não relacionados. Os semáforos não nomeados podem ser usados apenas por threads pertencentes ao mesmo processo. Nesta seção, descrevemos os semáforos não nomeados.

O código abaixo ilustra a função `sem_init ( )` para a criação e inicialização de um semáforo não nomeado:

```
#include <semaphore.h>
sem_t sem;

/* Cria o semáforo e o inicializa com 1 */
sem_init(&sem, 0, 1);
```

A função `sem_init ( )` recebe três parâmetros:

1. Um ponteiro para o semáforo
2. Um flag indicando o nível de compartilhamento
3. O valor inicial do semáforo

Nesse exemplo, ao passar o flag 0, estamos indicando que esse semáforo pode ser compartilhado somente por threads pertencentes ao processo que o criou. Um valor diferente de zero permitiria que outros processos também acessassem o semáforo. Além disso, inicializamos o semáforo com o valor 1.

Na Seção 5.6, descrevemos as operações de semáforo clássicas `wait()` e `signal()`. O Pthreads chama essas operações de `sem_wait()` e `sem_post()`, respectivamente. O exemplo de código a seguir ilustra a proteção de uma seção crítica com o uso do semáforo criado acima:

```
/* adquire o semáforo */
sem_wait(&sem);

/* seção crítica */

/* libera o semáforo */
sem_post(&sem);
```

Como no caso dos locks mutex, todas as funções de semáforo retornam 0 quando bem-sucedidas, e um valor diferente de zero, quando uma condição de erro ocorre.

Existem outras extensões da API Pthreads — incluindo spinlocks — mas é importante observar que nem todas as extensões são consideradas portáveis de uma implementação para outra. Fornecemos vários Exercícios e Projetos de Programação no fim deste capítulo, usando locks mutex e variáveis de condição do Pthreads assim como semáforos POSIX.

5.10 Abordagens Alternativas

Com o surgimento dos sistemas multicore, aumentou a pressão para o desenvolvimento de aplicações multithreaded que se beneficiem de múltiplos núcleos de processamento. No entanto, as aplicações multithreaded apresentam maior risco de ocorrência de condições de corrida e deadlocks. Tradicionalmente, técnicas como locks mutex, semáforos e monitores têm sido usadas para resolver essas questões, mas, à medida que o número de núcleos de processamento aumenta, torna-se cada vez mais difícil projetar aplicações multithreaded que não apresentem condições de corrida e deadlocks.

Nesta seção, exploramos vários recursos, fornecidos tanto em linguagens de programação quanto em hardware, que suportam o projeto de aplicações concorrentes sem o uso de threads.

5.10.1 Memória Transacional

Com bastante frequência na ciência da computação, ideias de uma área de estudo podem ser usadas para resolver problemas de outras áreas. O conceito de memória transacional teve origem na teoria de bancos de dados, por exemplo, e mesmo assim fornece uma estratégia para a sincronização de processos. Uma transação de memória é uma sequência de operações atômicas de leitura-gravação em memória. Se todas as operações de uma transação são concluídas, a transação de memória é confirmada. Caso contrário, as operações devem ser abortadas e revertidas. Os benefícios da memória transacional podem ser obtidos por recursos adicionados a uma linguagem de programação.

Considere um exemplo. Suponha que tenhamos uma função `update()` que modifique dados compartilhados. Tradicionalmente, essa função seria escrita com o uso de locks mutex (ou semáforos), como a seguir:

```
void update ()
{
  acquire();

  /* modifica dados compartilhados */

  release();
}
```

No entanto, o uso de mecanismos de sincronização, como locks mutex e semáforos, envolve muitos problemas potenciais, incluindo deadlocks. Além disso, conforme o número de threads cresce, o uso tradicional de locks não consegue acompanhar satisfatoriamente, porque o nível de disputa entre os threads pela propriedade dos locks torna-se muito alto.

Como uma alternativa aos métodos tradicionais de trancamento, novos recursos que se beneficiam da memória transacional podem ser adicionados a uma linguagem de programação. Em nosso exemplo, suponha que adicionamos o construtor `atomic{S}`, que assegura que as operações em `S` sejam executadas como uma transação. Isso nos permite reescrever a função `update()` como abaixo:

```
void update ()
{
  atomic {
    /* modifica dados compartilhados */
  }
}
```

A vantagem do uso desse mecanismo em lugar dos locks é que o sistema de memória transacional — e não o desenvolvedor — é responsável por garantir a atomicidade. Adicionalmente, já que não há locks envolvidos, não é possível a ocorrência de deadlocks. Além disso, um sistema de memória transacional pode identificar que comandos em blocos atômicos podem ser executados concorrentemente, como no acesso concorrente de leitura de uma variável compartilhada. É claro que é possível para um programador identificar essas situações e usar locks de leitor-gravador, mas a tarefa se torna cada vez mais difícil conforme o número de threads de uma aplicação cresce.

A memória transacional pode ser implementada em software ou hardware. A memória transacional em software (STM — *software transactional memory*), como o nome sugere, implementa a memória transacional exclusivamente em software — nenhum hardware especial é necessário. A STM funciona inserindo código de instrumentação dentro de blocos de transação. O código é inserido por um compilador e gerencia cada transação examinando onde os comandos podem ser executados concorrentemente e onde um lock de baixo nível específico é necessário. A memória transacional em hardware (HTM — *hardware transactional memory*) usa hierarquias de cache de hardware e protocolos de coerência de cache para gerenciar e resolver conflitos envolvendo dados compartilhados que residam em caches de processadores separados. A HTM não requer instrumentação especial de código e, portanto, tem menos overhead do que a STM. No entanto, a HTM requer que as hierarquias de cache e os protocolos de coerência de cache existentes sejam modificados para dar suporte à memória transacional.

A memória transacional já existe há vários anos sem ter sido amplamente implementada. Porém, o crescimento dos sistemas multicore e a consequente ênfase na programação concorrente e paralela motivaram um montante significativo de pesquisas nessa área, tanto por parte dos acadêmicos quanto por parte dos fornecedores comerciais de software e hardware.

5.10.2 OpenMP

Na Seção 4.5.2, fornecemos uma visão geral do OpenMP e seu suporte à programação paralela em um ambiente de memória compartilhada. Lembre-se de que o OpenMP inclui um conjunto de diretivas de compilador e uma API. Qualquer código que siga a diretiva de compilador `#pragma omp parallel` é identificado como uma região paralela e executado por um número de threads igual ao número de núcleos de processamento no sistema. A vantagem do OpenMP (e ferramentas semelhantes) é que a criação e o gerenciamento de threads são manipulados por sua biblioteca e não são responsabilidade dos desenvolvedores de aplicações.

Juntamente com sua diretiva de compilador `#pragma omp parallel`, o OpenMP fornece a diretiva de compilador `#pragma omp critical`, que especifica a região de código que segue a diretiva, como uma seção crítica em que somente um thread pode estar ativo de cada vez. Dessa forma, o OpenMP garante que os threads não gerem condições de corrida.

Como exemplo do uso da diretiva de compilador da seção crítica, primeiro suponha que a variável compartilhada `counter` possa ser modificada na função `update ( )` como descrito a seguir:

```
void update(int value)
{
    counter += value;
}
```

Se a função `update ( )` pode ser parte de — ou for invocada a partir de — uma região paralela, uma condição de corrida pode ocorrer na variável `counter`.

A diretiva de compilador da seção crítica pode ser usada para remediar essa condição de corrida e é codificada assim:

```
void update(int value)
{
    #pragma omp critical
    {
        counter += value;
    }
}
```

A diretiva da seção crítica comporta-se de maneira semelhante a um semáforo binário ou um lock mutex, assegurando que apenas um thread de cada vez esteja ativo na seção crítica. Se um thread tenta entrar em uma seção crítica quando outro thread está correntemente ativo nesta seção (isto é, *possui* a seção), o thread chamador é bloqueado até que o thread proprietário saia. Se várias seções críticas devem ser usadas, cada seção crítica pode receber um nome separado, e uma regra pode especificar que apenas um thread pode estar ativo em uma seção crítica de mesmo nome simultaneamente.

Uma vantagem do uso da diretiva de compilador de seção crítica no OpenMP é que geralmente ela é considerada mais fácil de usar do que os locks mutex padrão. No entanto, uma desvantagem é que os desenvolvedores de aplicações ainda devem identificar possíveis condições de corrida e proteger adequadamente os dados compartilhados usando a diretiva de compilador. Além disso, já que a diretiva de compilador de seção crítica se comporta de maneira semelhante a um lock mutex, podem ocorrer deadlocks quando duas ou mais seções críticas são identificadas.

5.10.3 Linguagens de Programação Funcionais

A maioria das linguagens de programação conhecidas — como C, C++, Java e C# — são denominadas linguagens imperativas (ou procedimentais). As linguagens imperativas são usadas para implementar algoritmos baseados em estado. Nessas linguagens, o fluxo do algoritmo é crucial para sua operação correta, e o estado é representado com variáveis e outras estruturas de dados. É claro que o estado do programa é mutável, já que as variáveis podem receber valores diferentes com o tempo.

Com a atual ênfase na programação concorrente e paralela para sistemas multicore, uma atenção maior tem sido dada às linguagens de programação funcionais que seguem um paradigma de programação muito diferente do oferecido por linguagens imperativas. A diferença básica entre as linguagens imperativas e funcionais é que as linguagens funcionais não mantêm o estado. Isto é, uma vez que uma variável seja definida e receba um valor, seu valor é imutável — ele não pode mudar. Já que as linguagens funcionais não permitem o estado mutável, elas não precisam se preocupar com questões como condições de corrida e deadlocks. Basicamente, a maioria dos problemas abordados neste capítulo não existe em linguagens funcionais.

Várias linguagens funcionais estão sendo usadas hoje em dia, e mencionamos brevemente duas delas aqui: Erlang e Scala. A linguagem Erlang ganhou uma atenção significativa em razão de seu suporte à concorrência e à facilidade com que pode ser usada no desenvolvimento de aplicações executadas em sistemas paralelos. Scala é uma linguagem funcional que também é orientada a objetos. Na verdade, grande parte da sintaxe da linguagem Scala é semelhante à das populares linguagens orientadas a objetos Java e C#. Leitores interessados em Erlang e Scala e em mais detalhes sobre as linguagens funcionais em geral devem consultar a Bibliografia no fim deste capítulo para referências adicionais.

5.11 Resumo

Dado um conjunto de processos sequenciais cooperativos que compartilhem dados, a exclusão mútua deve ser fornecida para assegurar que uma seção de código crítica seja usada por apenas um processo ou thread de cada vez. Normalmente, o hardware do computador fornece várias operações que asseguram a exclusão mútua. No entanto, essas soluções baseadas em hardware são complicadas demais para a maioria dos desenvolvedores usarem. Os locks mutex e semáforos superam esse obstáculo. As duas ferramentas podem ser usadas para resolver vários problemas de sincronização e podem ser implementadas eficientemente, principalmente se o suporte de hardware a operações atômicas estiver disponível.

Vários problemas de sincronização (como o problema do buffer limitado, o problema dos leitores-gravadores e o problema dos filósofos comensais) são importantes, sobretudo porque são exemplos de uma ampla classe de problemas de controle de concorrência. Esses problemas são usados para testar quase todo esquema de sincronização recém-proposto.

O sistema operacional deve fornecer os meios de proteção contra erros de timing, e vários construtores de linguagem têm sido propostos para lidar com tais problemas. Os monitores fornecem um mecanismo de sincronização para o compartilhamento de tipos de dados abstratos. Uma variável de condição fornece um método pelo qual uma função de monitor pode bloquear sua execução até ser sinalizada para continuar.

Os sistemas operacionais também dão suporte à sincronização. Por exemplo, o Windows, o Linux e o Solaris fornecem mecanismos, como os semáforos, locks mutex, spinlocks e variáveis de condição para controlar o acesso a dados compartilhados. A API Pthreads dá suporte aos locks mutex e semáforos, assim como às variáveis de condição.

Várias abordagens alternativas enfocam a sincronização para sistemas multicore. Uma das abordagens usa a memória transacional que pode resolver problemas de sincronização usando técnicas de software ou hardware. Outra abordagem usa as extensões de compilador oferecidas pelo OpenMP. Para concluir, as linguagens de programação funcionais resolvem problemas de sincronização não permitindo a mutabilidade.

Exercícios Práticos

5.1 Na Seção 5.4, mencionamos que a desabilitação de interrupções pode afetar com frequência o relógio do sistema. Explique por que isso pode ocorrer e como esses efeitos podem ser minimizados.

5.2 Explique por que o Windows, o Linux e o Solaris implementam vários mecanismos de trancamento. Descreva as circunstâncias em que eles usam spinlocks, locks mutex, semáforos, locks mutex adaptativos e variáveis de condição. Em cada caso, explique por que o mecanismo é necessário.

5.3 Qual é o significado do termo ***espera em ação***? Que outros tipos de espera existem em um sistema operacional? A espera em ação pode ser totalmente evitada? Explique sua resposta.

5.4 Explique por que os spinlocks não são apropriados para sistemas com um único processador, mas são usados com frequência em sistemas multiprocessadores.

5.5 Mostre que, se as operações de semáforo `wait ( )` e `signal ( )` não forem executadas atomicamente, a exclusão mútua pode ser violada.

5.6 Mostre como um semáforo binário pode ser usado para implementar a exclusão mútua entre *n* processos.

Exercícios

5.7 As condições de corrida podem ocorrer em muitos sistemas de computação. Considere um sistema bancário que controle o saldo das contas com duas funções: `deposit (amount)` e `withdraw (amount)`. Essas duas funções recebem a quantia (`amount`) a ser depositada em uma conta bancária ou dela retirada. Suponha que um marido e a esposa compartilhem uma conta bancária. Concorrentemente, o marido chama a função de `withdraw ( )`, e a esposa chama de `deposit ( )`. Descreva como uma condição de corrida é possível e o que pode ser feito para impedir que ela ocorra.

5.8 A primeira solução de software correta conhecida para o problema da seção crítica envolvendo dois processos foi desenvolvida por Dekker. Os dois processos, P_0 e P_1, compartilham as variáveis a seguir:

```
boolean flag[2]; /* inicialmente falso */
int turn;
```

A estrutura do processo P_i (`i` == 0 ou 1) é mostrada na Figura 5.21. O outro processo é P_j (`j` == 1 ou 0). Prove que o algoritmo satisfaz todos os três requisitos do problema da seção crítica.

5.9 A primeira solução de software correta conhecida para o problema da seção crítica, envolvendo *n* processos com um limite inferior de espera igual a $n - 1$ vezes, foi apresentada por Eisenberg e McGuire. Os processos compartilham as variáveis a seguir:

```
enum pstate {idle, want_in, in_cs};
pstate flag[n];
int turn;
```

Inicialmente, todos os elementos de `flag` estão ociosos. O valor inicial de `turn` é imaterial (entre 0 e `n` – 1). A estrutura do processo P_i é mostrada na Figura 5.22. Prove que o algoritmo satisfaz a todos os três requisitos para o problema da seção crítica.

5.10 Explique por que a implementação de primitivos de sincronização através da desabilitação de interrupções não é apropriada em um sistema com um único processador se os primitivos de sincronização devem ser usados em programas de nível de usuário.

5.11 Explique por que as interrupções não são apropriadas para a implementação de primitivos de sincronização em sistemas multiprocessadores.

5.12 O kernel do Linux tem uma política de que um processo não pode manter um spinlock enquanto tenta adquirir um semáforo. Explique por que essa política foi definida.

5.13 Descreva duas estruturas de dados do kernel em que as condições de corrida são possíveis. Certifique-se de incluir uma descrição de como uma condição de corrida pode ocorrer.

5.14 Descreva como a instrução `compare_and_swap ( )` pode ser usada para fornecer uma exclusão mútua que satisfaça ao requisito da espera limitada.

5.15 Considere como implementar um lock mutex com o uso de uma instrução de hardware atômica. Suponha que a estrutura a seguir, que define o lock mutex esteja disponível:

```
typedef struct {
     int available;
} lock;
```

`(available == 0)` indica que o lock está disponível, e um valor igual a 1 indica que o lock está indisponível.

```
do {
  flag[i] = true;

  while (flag[j]) {
    if (turn == j) {
      flag[i] = false;
      while (turn == j)
        ; /* não faz coisa alguma */
      flag[i] = true;
    }
  }

    /* seção crítica */

  turn = j;
  flag[i] = false;

    /* seção remanescente */
} while (true);
```

Figura 5.21 A estrutura do processo P_i no algoritmo de Dekker.

```
do {
  while (true) {
    flag[i] = want_in;
    j = turn;

    while (j != i) {
      if (flag[j] != idle) {
        j = turn;
      else
        j = (j + 1) % n;
    }

    flag[i] = in_cs;
    j = 0;

    while ((j < n) && (j == i || flag[j] != in_cs))
      j++;
    if ((j >= n) && (turn == i || flag[turn] ==
      idle))
      break;
  }

    /* seção crítica */

  j = (turn + 1) % n;

  while (flag[j] == idle)
    j = (j + 1) % n;

  turn = j;
  flag[i] = idle;

    /* seção remanescente */
} while (true);
```

Figura 5.22 A estrutura do processo P_i no algoritmo de Eisenberg e McGuire.

Usando essa struct, mostre como as funções a seguir podem ser implementadas com o uso das instruções test_and_set ( ) e compare_and_swap ( ):

- void acquire(lock *mutex)
- void release(lock *mutex)

Certifique-se de incluir qualquer inicialização que possa ser necessária.

5.16 A implementação de locks mutex fornecida na Seção 5.5 sofre de espera em ação. Descreva que alterações seriam necessárias para que um processo em espera para adquirir um lock mutex seja bloqueado e inserido em uma fila de espera até que o lock se torne disponível.

5.17 Suponha que um sistema tenha vários núcleos de processamento. Para cada um dos cenários a seguir, descreva qual é o melhor mecanismo de trancamento — um spinlock ou um lock mutex em que processos em espera adormecem enquanto aguardam que o lock se torne disponível.

- O lock deve ser mantido por um período curto.
- O lock deve ser mantido por um período longo.
- Um thread pode ser adormecido enquanto mantém o lock.

```
#define MAX_PROCESSES 255
int number_of_processes = 0;

/* a implementação de fork ( ) chama essa função */
int allocate_process() {
int new_pid;

  if (number_of_processes == MAX_PROCESSES)
    return -1;
  else {
    /* aloca recursos necessários aos processos */
    ++number_of_processes;

    return new_pid;
  }
}

/* a implementação de exit ( ) chama essa função */
void release_process() {
  /* libera recursos dos processos */
  --number_of_processes;
}
```

Figura 5.23 Alocando e liberando processos.

5.18 Suponha que uma mudança de contexto leve um tempo T. Sugira um limite superior (em termos de T) para a manutenção de um spinlock. Se o spinlock for mantido por mais tempo, um lock mutex (em que threads em espera são postos para dormir) é uma alternativa melhor.

5.19 Um servidor web multithreaded quer controlar o número de solicitações a que ele atende (conhecidas como *hits*). Considere as duas estratégias a seguir, que impedem a ocorrência de uma condição de corrida na variável hits. A primeira estratégia é usar um lock mutex básico quando hits é atualizada:

```
int hits;
mutex_lock hit_lock;

hit_lock.acquire();
hits++;
hit_lock.release();
```

Uma segunda estratégia é usar um inteiro atômico:

```
atomic_t hits;
atomic_inc(&hits);
```

Explique qual dessas duas estratégias é mais eficiente.

5.20 Considere o exemplo de código para alocação e liberação de processos mostrado na Figura 5.23.

a. Identifique a(s) condição(ões) de corrida.

b. Suponha que você tenha um lock mutex chamado mutex com as operações acquire ( ) e release ( ). Indique onde o lock precisa ser inserido para evitar a(s) condição(ões) de corrida.

c. Poderíamos substituir a variável inteira

    int number_of_processes = 0

    pelo atômico inteiro

```
atomic_t number_of_processes = 0
```
para evitar a(s) condição(ões) de corrida?

5.21 Os servidores podem ser projetados para limitar o número de conexões abertas. Por exemplo, um servidor pode querer ter apenas N conexões de socket em determinado momento. Assim que N conexões forem estabelecidas, o servidor não aceitará outra conexão de entrada até que uma conexão existente seja liberada. Explique como os semáforos podem ser usados por um servidor para limitar o número de conexões concorrentes.

5.22 O Windows Vista fornece uma ferramenta de sincronização peso leve chamada locks de *leitor-gravador slim*. Enquanto a maioria das implementações de locks de leitor-gravador favorece leitores ou gravadores ou, às vezes, ordena threads em espera usando uma política FIFO, os locks de leitor-gravador slim não favorecem leitores nem gravadores, e nem mesmo threads em espera são ordenados em uma fila FIFO. Explique os benefícios do fornecimento dessa ferramenta de sincronização.

5.23 Demonstre como implementar as operações de semáforo `wait ( )` e `signal ( )` em ambientes multiprocessadores com o uso da instrução `test_and_set ( )`. A solução deve incorrer na espera em ação mínima.

5.24 O Exercício 4.26 requer que o thread-pai espere o thread-filho terminar sua execução antes de exibir os valores computados. Se deixarmos que o thread-pai acesse os números de Fibonacci assim que eles tenham sido computados pelo thread-filho — em vez de esperar que o thread-filho termine — que alterações seriam necessárias na solução desse exercício? Implemente sua solução modificada.

5.25 Demonstre que monitores e semáforos são equivalentes no sentido de que podem ser usados para implementar soluções para os mesmos tipos de problemas de sincronização.

5.26 Projete um algoritmo para um monitor de buffer limitado em que os buffers (porções) estejam embutidos no próprio monitor.

5.27 A exclusão mútua estrita dentro de um monitor torna o monitor de buffer limitado, do Exercício 5.26, particularmente adequado para pequenas porções.
   a. Explique por que isso é verdade.
   b. Projete um novo esquema que seja adequado para porções maiores.

5.28 Discuta a relação entre compartilhamento justo e throughput nas operações do problema dos leitores-gravadores. Proponha um método para resolver o problema dos leitores-gravadores sem causar inanição.

5.29 Como a operação `signal ( )` associada aos monitores difere da operação correspondente definida para semáforos?

5.30 Suponha que o comando `signal ( )` possa aparecer somente como o último comando em uma função de monitor. Sugira como a implementação descrita na Seção 5.8 pode ser simplificada nessa situação.

5.31 Considere um sistema composto pelos processos P_1, P_2, ..., P_n, cada um com um número de prioridade exclusivo. Escreva um monitor que aloque três impressoras idênticas a esses processos, usando os números de prioridade para definir a ordem de alocação.

5.32 Um arquivo deve ser compartilhado entre diferentes processos, cada um com um número exclusivo. O arquivo pode ser acessado simultaneamente por vários processos, obedecendo à restrição a seguir: a soma de todos os números exclusivos associados a todos os processos com acesso corrente ao arquivo deve ser menor do que n. Escreva um monitor para coordenar o acesso ao arquivo.

5.33 Quando um sinal é emitido em uma condição dentro de um monitor, o processo sinalizador pode continuar sua execução ou transferir o controle para o processo que foi sinalizado. Em que a solução do exercício anterior seria diferente com essas duas maneiras distintas de executar a sinalização?

5.34 Suponha que façamos a substituição das operações `wait ( )` e `signal ( )` dos monitores por um único construtor `await (B)`, em que B é uma expressão booliana geral que faz o processo que a executa esperar que B seja igual a `true`.
   a. Escreva um monitor usando esse esquema para implementar o problema dos leitores-gravadores.
   b. Explique por que, em geral, esse construtor não pode ser implementado eficientemente.
   c. Que restrições precisam ser impostas ao comando `await` para que ele possa ser implementado eficientemente? (*Dica*: Restrinja a generalidade de B; consulte [Kessels (1977)].)

5.35 Projete um algoritmo para um monitor que implemente um *despertador* para habilitar um programa chamador a atrasar a si próprio por um número especificado de unidades de tempo (*tiques*). Você pode assumir a existência de um relógio de hardware real que invoque uma função `tick ( )` no seu monitor em intervalos regulares.

Problemas de Programação

5.36 O Exercício de Programação 3.20 dos Problemas de Programação solicitou que você projetasse um gerenciador de PID para alocar um identificador de processo exclusivo a cada processo. O Exercício 4.20, também do Problemas de Programação, pediu a você para modificar sua solução do Exercício 3.20 escrevendo um programa que criasse vários threads para solicitar e liberar identificadores de processo. Agora modifique sua solução do Exercício 4.20, assegurando que a estrutura de dados usada para representar a disponibilidade de identificadores de processo esteja livre de condições de corrida. Use os locks mutex do Pthreads, descritos na Seção 5.9.4.

5.37 Considere que um número finito de recursos do mesmo tipo tenha que ser gerenciado. Os processos podem solicitar vários desses recursos e os devolvem quando terminam. Como exemplo, muitos pacotes de software comerciais fornecem determinado número de *licenças*, indicando quantas aplicações podem ser executadas concorrentemente. Quando a aplicação é iniciada, a contagem de licenças é decrementada. Quando a aplicação é encerrada, a contagem de licenças é incrementada. Se todas as licenças estão em uso, solicitações para iniciar a aplicação são negadas. Essas solicitações serão atendidas somente quando um detentor de licença existente encerrar a aplicação, e a licença for devolvida.

O segmento de programa, a seguir, é usado para gerenciar um número finito de instâncias de um recurso disponível. O número máximo de recursos e o número de recursos disponíveis são declarados como descrito abaixo:

```
#define MAX_RESOURCES 5
int available_resources = MAX_RESOURCES;
```

Quando um processo quer obter recursos, ele invoca a função `decrease_count ( )`:

```
/* diminui available_resources de acordo com
count */
/* retorna 0, se houver recursos suficientes
disponíveis; */
/* caso contrário, retorna -1 */
int decrease_count(int count) {
  if (available_resources < count)
    return -1;
  else {
    available_resources -= count;

    return 0;
  }
}
```

Quando um processo quer devolver recursos, ele invoca a função `increase_count ( )`:

```
/* aumenta available_resources de acordo com
count */
int increase_count(int count) {
  available_resources += count;

  return 0;
}
```

O segmento de programa anterior produz uma condição de corrida. Faça o seguinte:

a. Identifique os dados envolvidos na condição de corrida.
b. Identifique a localização (ou localizações) no código em que a condição de corrida ocorre.
c. Usando um semáforo ou lock mutex, corrija a condição de corrida. É permitido modificar a função `decrease_count ( )` para que o processo que a invocar seja bloqueado até que recursos suficientes estejam disponíveis.

5.38 A função `decrease_count ( )` do exercício anterior retorna correntemente 0, quando recursos suficientes estão disponíveis, e −1, na situação oposta. Isso leva a uma programação deselegante para um processo que queira obter vários recursos.

```
while (decrease_count(count) == -1)
  ;
```

Reescreva o segmento de código gerenciador de recursos usando um monitor e variáveis de condição para que a função `decrease_count ( )` suspenda o processo até que recursos suficientes estejam disponíveis. Isso permitirá que um processo invoque `decrease_count ( )` simplesmente chamando

`decrease_count (count);`

O processo retornará dessa chamada de função somente quando recursos suficientes estiverem disponíveis.

5.39 O Exercício 4.22, dos Problemas de Programação, pediu a você para projetar um programa multithreaded que estimasse π usando a técnica Monte Carlo. Nesse exercício, você foi solicitado a criar um único thread que gerasse pontos aleatórios, armazenando o resultado em uma variável global. Uma vez que o thread fosse encerrado, o thread-pai fazia o cálculo que estimava o valor de π. Modifique esse programa de modo a criar vários threads, cada um gerando pontos aleatórios, e determine se os pontos se encontram dentro do círculo. Cada thread terá que atualizar a contagem global de todos os pontos que se encontram dentro do círculo. Proteja-se contra condições de corrida em atualizações da variável global compartilhada usando locks mutex.

5.40 O Exercício 4.23, dos Problemas de Programação, solicitou a você para projetar um programa usando o OpenMp que estimasse π usando a técnica Monte Carlo. Examine sua solução para esse programa procurando por qualquer condição de corrida possível. Se você identificar uma condição de corrida, proteja-se contra ela usando a estratégia descrita na Seção 5.10.2.

5.41 Uma **barreira** é uma ferramenta para a sincronização da atividade de vários threads. Quando um thread alcança um **ponto de barreira**, ele não pode prosseguir até que todos os outros threads também tenham alcançado esse ponto. Quando o último thread alcança o ponto de barreira, todos os threads são liberados e podem retomar a execução concorrente.

Suponha que a barreira seja inicializada com N — o número de threads que devem esperar no ponto de barreira:

`init (N);`

Cada thread executa então alguma tarefa até alcançar o ponto de barreira:

```
/* executa algum trabalho durante algum tempo */

barrier_point();

/* executa algum trabalho durante algum tempo */
```

Usando as ferramentas de sincronização descritas neste capítulo, construa uma barreira que implemente a API a seguir:

- `int init (int n)` — Inicializa a barreira com o tamanho especificado.
- `int barrier_point (void)` — Identifica o ponto de barreira. Todos os threads são liberados da barreira quando o último thread alcança esse ponto.

O valor de retorno de cada função é usado para identificar condições de erro. Cada função retornará 0, em caso de operação normal, e −1, se um erro ocorrer. No download do código-fonte é fornecida uma estrutura de teste automatizada (test harness) para você testar sua implementação da barreira.

Projetos de Programação

Projeto 1 — O Assistente de Ensino Adormecido

O departamento de ciência da computação de uma universidade tem um assistente de ensino (AE) que ajuda os estudantes de graduação em suas tarefas de programação durante as horas normais de expediente. O escritório do AE é pequeno e só tem espaço para uma mesa com uma cadeira e um computador. Existem três cadeiras no corredor fora do escritório em que os estudantes podem sentar e esperar se, no momento, o AE estiver ajudando outro estudante. Quando não há estudantes que precisem de ajuda durante as horas de expediente, o AE senta-se à mesa e tira uma soneca. Se um estudante chega durante as horas de expediente e encontra o AE dormindo, deve acordá-lo para pedir ajuda. Se um estudante chega e encontra o AE ajudando outro estudante, deve sentar-se em uma das cadeiras do corredor e esperar. Se não houver cadeiras disponíveis, o estudante voltará mais tarde.

Usando threads, locks mutex e semáforos do POSIX, implemente uma solução que coordene as atividades do AE e os estudantes. Detalhes desse exercício são fornecidos abaixo.

Os Estudantes e o AE

Usando o Pthreads (Seção 4.4.1), comece criando *n* estudantes. Cada estudante será executado como um thread separado. O AE também será executado como um thread separado. Os threads de estudantes se alternarão entre a programação por algum tempo e a busca de ajuda do AE. Se o AE estiver disponível, eles obterão ajuda. Caso contrário, sentarão em uma cadeira no corredor ou, se não houver cadeiras disponíveis, voltarão a programar e procurarão ajuda em um momento posterior. Se um estudante chegar e notar que o AE está dormindo, deve notificar o AE usando um semáforo. Quando o AE terminar de ajudar um estudante, deve verificar se há estudantes esperando por ajuda no corredor. Se houver, o AE deve ajudar esses estudantes, um de cada vez. Se não houver estudantes presentes, o AE pode voltar a dormir.

Talvez a melhor opção para a simulação da programação dos estudantes — assim como do AE fornecendo ajuda a um estudante — seja fazer os threads apropriados adormecerem por um período de tempo aleatório.

Sincronização no POSIX

A abordagem dos locks mutex e semáforos POSIX é fornecida na Seção 5.9.4. Consulte essa seção para ver detalhes.

Projeto 2 — O Problema dos Filósofos Comensais

Na Seção 5.7.3, fornecemos a descrição de uma solução para o problema dos filósofos comensais usando monitores. Esse problema requer a implementação de uma solução usando locks mutex e variáveis de condição do Pthreads.

Os Filósofos

Comece criando cinco filósofos, cada um deles identificado por um número de 0 a 4. Cada filósofo será executado como um thread separado. A criação de threads com o uso do Pthreads é abordada na Seção 4.4.1. Os filósofos se alternam entre pensar e comer. Para simular as duas atividades, faça o thread adormecer por um período aleatório entre um e três segundos. Quando um filósofo quiser comer, ele chamará a função

```
pickup_forks(int philosopher_number)
```

em que `philosopher_number` identifica o número do filósofo que quer comer. Quando um filósofo acaba de comer, ele invoca

```
return_forks(int philosopher_number)
```

Variáveis de Condição no Pthreads

As variáveis de condição no Pthreads comportam-se de maneira semelhante às descritas na Seção 5.8. No entanto, naquela seção, as variáveis de condição são usadas dentro do contexto de um monitor, o que fornece um mecanismo de trancamento para assegurar a integridade dos dados. Já que normalmente o Pthreads é usado em programas em C — e já que C não tem um monitor — podemos obter o trancamento associando uma variável de condição a um lock mutex. Os locks mutex no Pthreads são abordados na Seção 5.9.4. Abordamos as variáveis de condição no Pthreads aqui.

As variáveis de condição no Pthreads usam o tipo de dado `pthread_cond_t` e são inicializadas usando a função `pthread_cond_init ( )`. O código a seguir cria e inicializa uma variável de condição, assim como o lock mutex associado:

```
pthread_mutex_t mutex;
pthread_cond_t cond_var;

pthread_mutex_init(&mutex,NULL);
pthread_cond_init(&cond_var,NULL);
```

A função `pthread_cond_wait ( )` é usada para a espera em uma variável de condição. O código a seguir ilustra como um thread pode esperar que a condição `a == b` se torne verdadeira usando uma variável de condição Pthread.

```
pthread_mutex_lock(&mutex);
while (a != b)
    pthread_cond_wait(&mutex, &cond_var);
pthread_mutex_unlock(&mutex);
```

O lock mutex associado à variável de condição deve ser trancado antes que a função `pthread_cond_wait ( )` seja chamada, já que ele é usado para proteger, contra uma possível condição de corrida, os dados na cláusula condicional. Uma vez que esse lock seja adquirido, o thread pode verificar a condição. Se a condição não for verdadeira, o thread invoca `pthread_cond_wait ( )`, passando o lock mutex e a variável de condição como parâmetros. A chamada a `pthread_cond_wait ( )` libera o lock mutex, permitindo assim que outro thread acesse os dados compartilhados e possivelmente atualize seu valor para que a cláusula de condição seja avaliada como verdadeira. (Para se proteger contra erros de programa, é importante inserir a cláusula condicional dentro de um loop, de modo que a condição seja verificada novamente após a sinalização.)

Um thread que modifique os dados compartilhados pode invocar a função `pthread_cond_signal ( )`, sinalizando assim o thread em espera na variável de condição. Isso é ilustrado abaixo:

```
pthread_mutex_lock(&mutex);
a = b;
pthread_cond_signal(&cond var);
pthread_mutex_unlock(&mutex);
```

É importante notar que a chamada a `pthread_cond_signal ( )` não libera o lock mutex. É a chamada subsequente a `pthread_mutex_unlock ( )` que libera o mutex. Uma vez que o lock mutex seja liberado, o thread sinalizado passa a ser seu proprietário e retoma o controle na chamada a `pthread_cond_wait ( )`.

Projeto 3 — Problema do Produtor-Consumidor

Na Seção 5.7.1, apresentamos uma solução baseada em semáforo para o problema do produtor-consumidor usando um buffer limitado. Nesse projeto, você criará uma solução de programação para o problema do buffer limitado usando os processos produtor e consumidor mostrados nas Figuras 5.9 e 5.10. A solução apresentada na Seção 5.7.1 usa três semáforos: `empty` e `full`, que contam o número de slots vazios e cheios no buffer, e `mutex`, que é um semáforo binário (ou de exclusão mútua), que protege a inserção ou remoção real de itens no buffer. Nesse projeto, você usará semáforos de contagem padrão para `empty` e `full` e um lock mutex, em vez de um semáforo binário, para representar `mutex`. O produtor e o consumidor — executados como threads separados — moverão itens de, e para, um buffer sincronizado com as estruturas `empty`, `full` e `mutex`. Você pode resolver esse problema usando o Pthreads ou a API Windows.

O Buffer

Internamente, o buffer será composto por um array de tamanho fixo de tipo `buffer_item` (que será definido com o uso de um `typedef`). O array de objetos `buffer_item` será manipulado como uma fila circular. A definição de `buffer_item`, junto com o tamanho do buffer, pode ser armazenada em um arquivo de cabeçalho como o descrito a seguir:

```
/* buffer.h */
typedef int buffer_item;
#define BUFFER_SIZE 5
```

O buffer será manipulado com duas funções, `insert_item ( )` e `remove_item ( )`, que são chamadas pelos threads produtor e consumidor, respectivamente. Um esboço que descreve essas funções aparece na Figura 5.24.

As funções `insert_item ( )` e `remove_item ( )` sincronizarão o produtor e o consumidor usando os algoritmos descritos nas Figuras 5.9 e 5.10. O buffer também precisará de

```
#include "buffer.h"

/* o buffer */
buffer_item buffer[BUFFER_SIZE];

int insert_item(buffer_item item) {
  /* insere item no buffer
     retorna 0, se bem-sucedida; caso contrário,
     retorna -1 indicando uma condição de erro */
}

int remove_item(buffer_item *item) {
  /* remove um objeto do buffer
     inserindo-o em item
     retorna 0, se bem-sucedida; caso contrário,
     retorna -1 indicando uma condição de erro */
}
```

Figura 5.24 Descrição de operações de buffer.

```
#include "buffer.h"

int main(int argc, char *argv[]) {
  /* 1. Obtém os argumentos de linha de comando
     argv[1], argv[2], argv[3] */
  /* 2. Inicializa buffer */
  /* 3. Cria thread(s) produtor(es) */
  /* 4. Cria thread(s) consumidor(es) */
  /* 5. Adormece */
  /* 6. Sai */
}
```

Figura 5.25 Descrição de esboço de programa.

uma função de inicialização que inicialize o objeto `mutex` de exclusão mútua junto com os semáforos `empty` e `full`.

A função `main ( )` inicializará o buffer e criará os threads produtor e consumidor separadamente. Uma vez que tenha criado os threads produtor e consumidor, a função `main ( )` dormirá por um período de tempo e, após acordar, encerrará a aplicação. A função `main ( )` receberá três parâmetros na linha de comando:

1. Por quanto tempo dormir antes do encerramento.
2. O número de threads produtores
3. O número de threads consumidores

Um esboço dessa função aparece na Figura 5.25.

Os Threads Produtor e Consumidor

O thread produtor se alternará entre dormir por um período de tempo aleatório e inserir um inteiro aleatório no buffer. Os números aleatórios serão produzidos com o uso da função `rand ( )`, que produz inteiros aleatórios entre 0 e RAND_MAX. O consumidor também dormirá por um período de tempo aleatório e, após acordar, tentará remover um item do buffer. Uma descrição dos threads produtor e consumidor aparece na Figura 5.26.

Como mencionado anteriormente, você pode resolver esse problema usando o Pthreads ou a API Windows. Nas seções a seguir, fornecemos mais informações sobre cada uma dessas opções.

Criação e Sincronização de Threads com o Pthreads

A criação de threads com o uso da API Pthreads é discutida na Seção 4.4.1. A abordagem dos locks mutex e semáforos com o uso do Pthreads é fornecida na Seção 5.9.4. Consulte essas seções para instruções específicas sobre a criação e sincronização de threads no Pthreads.

Windows

A Seção 4.4.2 discute a criação de threads com o uso da API Windows. Consulte essa seção para instruções específicas sobre a criação de threads.

Locks Mutex no Windows

Os locks mutex são um tipo de objeto despachante, como descrito na Seção 5.9.1. O código a seguir ilustra como criar um lock mutex usando a função `CreateMutex ( )`:

```
#include <windows.h>

HANDLE Mutex;
Mutex = CreateMutex(NULL, FALSE, NULL);
```

```
#include <stdlib.h> /* requerido por rand ( ) */
#include "buffer.h"

void *producer(void *param) {
  buffer_item item;

  while (true) {
    /* adormece por um período de tempo
    aleatório */
    sleep(...);
    /* gera um número aleatório */
    item = rand();
    if (insert_item(item))
      fprintf("report error condition");
    else
      printf("producer produced %d\n",item);
  }
}

void *consumer(void *param) {
  buffer_item item;

  while (true) {
    /* adormece por um período de tempo
    aleatório */
    sleep(...);
    if (remove_item(&item))
      fprintf("report error condition");
    else
      printf("consumer consumed %d\n",item);
  }
}
```

Figura 5.26 Uma descrição dos threads produtor e consumidor.

O primeiro parâmetro refere-se a um atributo de segurança para o lock mutex. Ao posicionar esse atributo como NULL, não permitimos que qualquer filho do processo que criou esse lock mutex herde o manipulador do lock. O segundo parâmetro indica se o criador do lock mutex é o proprietário inicial do lock. A passagem de um valor FALSE indica que o thread criador do mutex não é o proprietário inicial. (Em breve veremos como os locks mutex são adquiridos.) O terceiro parâmetro permite-nos nomear o mutex. No entanto, já que fornecemos um valor NULL, não nomeamos o mutex. Se bem-sucedida, CreateMutex ( ) retorna um HANDLE para o lock mutex; caso contrário, a função retorna NULL.

Na Seção 5.9.1, identificamos os objetos despachantes como sendo *sinalizados* ou *não sinalizados*. Um objeto despachante sinalizado (como um lock mutex) está disponível para aquisição. Uma vez adquirido, ele passa para o estado não sinalizado. Quando o objeto é liberado, ele volta ao estado sinalizado.

Os locks mutex são adquiridos invocando a função WaitForSingleObject ( ). A função recebe o HANDLE para o lock junto com um flag indicando o tempo de espera. O código a seguir demonstra como o lock mutex criado acima pode ser adquirido:

```
WaitForSingleObject(Mutex, INFINITE);
```

O valor de parâmetro INFINITE indica que esperaremos por um período de tempo infinito até que o lock se torne disponível. Poderiam ser usados outros valores para permitir que o thread chamador seja cancelado por tempo excedido se o lock não se tornar disponível dentro de um período de tempo especificado. Se o lock está em um estado sinalizado, WaitForSingleObject ( ) retorna imediatamente e o lock torna-se não sinalizado. Um lock é liberado (passa para o estado sinalizado) pela invocação de ReleaseMutex ( ) – por exemplo, como em:

```
ReleaseMutex(Mutex);
```

Semáforos no Windows

Os semáforos na API Windows são objetos despachantes e, portanto, usam o mesmo mecanismo de sinalização dos locks mutex. Os semáforos são criados como descrito a seguir:

```
#include <windows.h>

HANDLE Sem;
Sem = CreateSemaphore(NULL, 1, 5, NULL);
```

O primeiro e o último parâmetros identificam um atributo de segurança e um nome para o semáforo, semelhante ao que descrevemos para os locks mutex. O segundo e terceiro parâmetros indicam o valor inicial e o valor máximo do semáforo. Nesse exemplo, o valor inicial do semáforo é 1, e seu valor máximo é 5. Se bem-sucedida, a função CreateSemaphore ( ) retorna um HANDLE para o lock mutex; caso contrário, retorna NULL.

Os semáforos são adquiridos com a mesma função WaitForSingleObject ( ) dos locks mutex. Adquirimos o semáforo Sem criado nesse exemplo usando o comando a seguir:

```
WaitForSingleObject(Sem, INFINITE);
```

Se o valor do semáforo é > 0, ele está no estado sinalizado e, portanto, é adquirido pelo thread chamador. Caso contrário, o thread chamador é bloqueado indefinidamente — já que estamos especificando INFINITE — até que o semáforo retorne ao estado sinalizado.

O equivalente à operação signal ( ) em semáforos do Windows é a função ReleaseSemaphore ( ). Essa função recebe três parâmetros:

1. O HANDLE do semáforo
2. O quanto aumentar o valor do semáforo
3. Um ponteiro para o valor anterior do semáforo

Podemos usar o comando a seguir, para aumentar Sem de 1:

```
ReleaseSemaphore(Sem, 1, NULL);
```

Tanto ReleaseSemaphore ( ) quanto ReleaseMutex ( ) retornam um valor diferente de zero, se bem-sucedidas, e zero, na situação oposta.

Notas Bibliográficas

O problema da exclusão mútua foi discutido pela primeira vez em um artigo clássico de [Dijkstra (1965)]. O algoritmo de Dekker (Exercício 5.8) — a primeira solução de software correta para o problema da exclusão mútua envolvendo dois processos — foi desenvolvido pelo matemático holandês T. Dekker. Esse algoritmo também foi discutido por [Dijkstra (1965)]. Desde então, uma solução mais simples para o problema da exclusão mútua envolvendo dois processos foi apresentada por [Peterson (1981)] (Figura 5.2). O conceito de semáforo foi sugerido por [Dijkstra (1965)].

Os problemas clássicos de coordenação de processos que descrevemos são paradigmas para uma grande classe de problemas de controle de concorrência. O problema do buffer limitado e o problema dos filósofos comensais foram sugeridos em [Dijkstra (1965)] e [Dijkstra (1971)]. O problema dos leitores-gravadores foi sugerido por [Courtouis et al. (1971)].

O conceito de região crítica foi sugerido por [Hoare (1972)] e por [Brinch-Hansen (1972)]. O conceito de monitor foi desenvolvido por [Brinch-Hansen (1973)]. [Hoare (1974)] forneceu uma descrição completa do monitor.

Alguns detalhes dos mecanismos de trancamento usados no Solaris foram apresentados em [Mauro e McDougall (2007)]. Como mencionado anteriormente, os mecanismos de trancamento usados pelo kernel também são implementados para threads de nível de usuário e, portanto, os mesmos tipos de locks estão disponíveis dentro e fora do kernel. Detalhes da sincronização no Windows 2000 podem ser encontrados em [Solomon e Russinovich (2000)]. [Love (2010)] descreve a sincronização no kernel do Linux.

Informações sobre a programação com o Pthreads podem ser encontradas em [Lewis e Berg (1998)] e [Butenhof (1997)]. [Hart (2005)] descreve a sincronização de threads com o uso do Windows. [Goetz et al. (2006)] apresentam uma discussão detalhada sobre a programação concorrente em Java, assim como sobre o pacote java.util.concurrent. [Breshears (2009)] e [Pacheco (2011)] fornecem uma abordagem detalhada sobre problemas de sincronização relacionados com a programação paralela. [Lu et al. (2008)] fornecem um estudo sobre os bugs de concorrência em aplicações do mundo real.

[Adl-Tabatabai et al. (2007)] discutem a memória transacional. Detalhes sobre o uso do OpenMP podem ser encontrados em http://openmp.org. A programação funcional com o uso de Erlang e Scala é abordada em [Armstrong (2007)] e [Odersky et al. (2006)], respectivamente.

Bibliografia

[Adl-Tabatabai et al. (2007)] A.-R. Adl-Tabatabai, C. Kozyrakis e B. Saha, "Unlocking Concurrency", *Queue*, volume 4, número 10 (2007), páginas 24-33.

[Armstrong (2007)] J. Armstrong, *Programming Erlang Software for a Concurrent World*, The Pragmatic Bookshelf (2007).

[Breshears (2009)] C. Breshears, *The Art of Concurrency*, O'Reilly & Associates (2009).

[Brinch-Hansen (1972)] P. Brinch-Hansen, "Structured Multiprogramming", *Communications of the ACM*, volume 15, número 7 (1972), páginas 574-578.

[Brinch-Hansen (1973)] P. Brinch-Hansen, *Operating System Principles*, Prentice Hall (1973).

[Butenhof (1997)] D. Butenhof, *Programming with POSIX Threads*, Addison-Wesley (1997).

[Courtois et al. (1971)] P. J. Coutois, F. Heymans e D. L. Parnas, "Concurrent Control with 'Readers' and 'Writers'", *Communications of the ACM*, volume 14, número 10 (1971), páginas 667-668.

[Dijkstra (1965)] E. W. Dijkstra, "Cooperating Sequential Processes", relatório técnico, Technological University, Eindhoven, Países Baixos (1965).

[Dijkstra (1971)] E. W. Dijkstra, "Hierarchical Ordering of Sequential Processes", *Acta Informatica*, volume 1, número 2 (1971), páginas 115-138.

[Goetz et al. (2006)] B. Goetz, T. Peirls, J. Bloch, J. Bowbeer, D. Holmes e D. Lea, *Java Concurrency in Practice*, Addison-Wesley (2006).

[Hart (2005) J. M. Hart, *Windows System Programming*, terceira edição, Addison-Wesley (2005).

[Hoare (1972)] C. A. R. Hoare, "Towards a Theory of Parallel Programming", em **[Hoare e Perrott 1972]** (1972), páginas 61-71.

[Hoare (1974)] C. A. R. Hoare, "Monitors: An Operating System Structuring Concept", *Communications of the ACM*, volume 17, número 10 (1974), páginas 549-557.

[Kessels (1977)] J. L. W. Kessels, "An Alternative to Event Queues for Synchronization in Monitors", *Communications of the ACM*, volume 20, número 7 (1977), páginas 500-503.

[Lewis e Berg (1998)] B. Lewis e D. Berg, *Multithreaded Programming with Pthreads*, Sun Microsystems Press (1998).

[Love (2010)] R. Love, *Linux Kernel Development*, terceira edição, Developer's Library (2010).

[Lu et al. (2008)] S. Lu, S. Park, E. Seo e Y. Zhou, "Learning from mistakes: a comprehensive study on real world concurrency bug characteristics", *SIGPLAN Notices*, volume 43, número 3 (2008), páginas 329-339.

[Mauro e McDougall (2007)] J. Mauro e R. McDougall, *Solaris Internals: Core Kernel Architecture*, Prentice Hall (2007).

[Odersky et al. (2006)] M. Odersky, V. Cremet, I. Dragos, G. Dubochet, B. Emir, S. Mcdirmid, S. Micheloud, N. Mihaylov, M. Schinz, E. Stenman, L. Spoon e M. Zenger, *An Overview of the Scala Programming Language*, EPFL (2006).

[Pacheco (2011)] P. S. Pacheco, *An Introduction to Parallel Programming*, Morgan Kauffman (2011).

[Peterson (1981)] G. L. Peterson, "Myths About the Mutual Exclusion Problem", *Information Processing Letters*, volume 12, número 3 (1981).

[Solomon e Russinovich (2000) D. A. Solomon e M. E. Russinovich, *Inside Microsoft Windows 2000*, terceira edição, Microsoft Press (2000).

Scheduling da CPU

O scheduling da CPU é a base dos sistemas operacionais multiprogramados. Alternando a CPU entre os processos, o sistema operacional pode tornar o computador mais produtivo. Neste capítulo, introduzimos conceitos básicos sobre o scheduling da CPU e vários algoritmos de scheduling da CPU. Também consideramos o problema da seleção de um algoritmo para um sistema específico.

No Capítulo 4, introduzimos os threads no modelo de processo. Em sistemas operacionais que os suportam, são os threads de nível de kernel — e não os processos — que são realmente incluídos no schedule pelo sistema operacional. No entanto, geralmente os termos "scheduling de processos" e "scheduling de threads" são usados de forma intercambiável. Neste capítulo, usamos *scheduling de processos*, quando discutimos conceitos gerais de scheduling, e *scheduling de threads* para nos referir a ideias relacionadas especificamente com os threads.

OBJETIVOS DO CAPÍTULO

- Introduzir o scheduling da CPU que é a base dos sistemas operacionais multiprogramados.
- Descrever vários algoritmos de scheduling da CPU.
- Discutir critérios de avaliação para a seleção de um algoritmo de scheduling da CPU para um sistema específico.
- Examinar os algoritmos de scheduling de vários sistemas operacionais.

6.1 Conceitos Básicos

Em um sistema com um único processador, só um processo pode ser executado de cada vez. Os outros devem esperar até que a CPU esteja livre e possa ser realocada. O objetivo da multiprogramação é haver sempre algum processo em execução para maximizar a utilização da CPU. A ideia é relativamente simples. Um processo é executado até ter que esperar, em geral, pela conclusão de alguma solicitação de I/O. Em um sistema de computação simples, a CPU permanece ociosa. Todo esse tempo de espera é desperdiçado; nenhum trabalho útil é realizado. Com a multiprogramação, tentamos usar esse tempo produtivamente. Vários processos são mantidos na memória ao mesmo tempo. Quando um processo precisa esperar, o sistema operacional desvincula a CPU desse processo e a designa a outro processo. Esse padrão continua. Sempre que um processo tem de esperar, outro processo pode assumir o uso da CPU.

Um scheduling desse tipo é uma função básica do sistema operacional. Quase todos os recursos do computador são alocados antes de serem usados. É claro que a CPU é um dos principais recursos do computador. Portanto, seu scheduling é essencial no projeto do sistema operacional.

6.1.1 Ciclo de Picos de CPU-I/O

O sucesso do scheduling da CPU depende de uma propriedade observada nos processos: a execução de processos consiste em um ciclo de execução da CPU e espera por I/O. Os processos se alternam entre esses dois estados. A execução do processo começa com um pico de CPU. Esse é seguido por um pico de

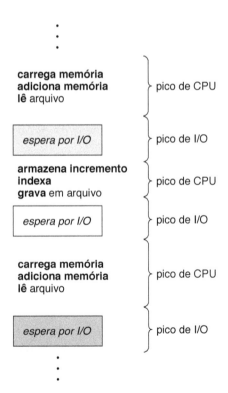

Figura 6.1 Sequência alternada de picos de CPU e de I/O.

I/O, que é seguido por outro pico de CPU e, então, outro pico de I/O, e assim por diante. Eventualmente, o último pico de CPU termina com o sistema solicitando o encerramento da execução (Figura 6.1).

As durações dos picos de CPU têm sido extensivamente medidas. Embora variem muito de um processo para outro e de um computador para outro, tendem a ter uma curva de frequência semelhante à mostrada na Figura 6.2. Geralmente a curva é caracterizada como exponencial ou hiperexponencial, com um grande número de picos curtos de CPU e um pequeno número de picos longos de CPU.

Normalmente, um programa limitado por I/O tem muitos picos curtos de CPU. Um programa limitado por CPU pode ter alguns picos longos de CPU. Essa distribuição pode ser importante na seleção de um algoritmo apropriado de scheduling da CPU.

6.1.2 Scheduler da CPU

Sempre que a CPU se torna ociosa, o sistema operacional deve selecionar um dos processos na fila de prontos para ser executado. O processo de seleção é realizado pelo **scheduler de curto prazo**, ou scheduler da CPU. O scheduler seleciona um processo entre os processos na memória que estão prontos para execução e aloca a CPU a esse processo.

Observe que a fila de prontos não é necessariamente uma fila "primeiro-a-entrar, primeiro-a-sair" (FIFO). Como veremos quando considerarmos os diversos algoritmos de scheduling, uma fila de prontos pode ser implementada como uma fila FIFO, uma fila de prioridades, uma árvore, ou simplesmente uma lista encadeada não ordenada. Conceitualmente, no entanto, todos os processos na fila de prontos são enfileirados esperando por uma chance de serem executados na CPU. Geralmente, os registros nas filas são blocos de controle de processo (PCBs) dos processos.

6.1.3 Scheduling com Preempção

Decisões de scheduling da CPU podem ser tomadas sob as seguintes circunstâncias:

1. Quando um processo passa do estado de execução para o estado de espera [por exemplo, como resultado de uma solicitação de I/O ou de uma invocação a `wait ( )` para o encerramento de um processo-filho]
2. Quando um processo passa do estado de execução para o estado de pronto (por exemplo, quando ocorre uma interrupção)
3. Quando um processo passa do estado de espera para o estado de pronto (por exemplo, na conclusão de I/O)
4. Quando um processo termina

Nas situações 1 e 4, não há alternativa no que diz respeito ao scheduling. Um novo processo (se existir um na fila de prontos) deve ser selecionado para execução. Há uma alternativa, no entanto, nas situações 2 e 3.

Quando o scheduling ocorre apenas sob as circunstâncias 1 e 4, dizemos que o esquema de scheduling é **sem preempção** ou **cooperativo**. Caso contrário, ele tem **preempção**. No scheduling sem preempção, uma vez que a CPU tenha sido alocada a um processo, este a ocupa até liberá-la no encerramento ou ao passar para o estado de espera. Esse método de scheduling era usado pelo Microsoft Windows 3.x. O Windows 95 introduziu o scheduling com preempção, e todas as versões subsequentes dos sistemas operacionais Windows têm usado o scheduling com preempção. O sistema operacional Mac OS X, da Macintosh, também usa o scheduling com preempção; versões anteriores do sistema operacional da Macintosh baseavam-se no scheduling cooperativo. O scheduling cooperativo é o único método que pode ser usado em certas plataformas de hardware porque não requer o hardware especial (por exemplo, um timer) demandado pelo scheduling com preempção.

Infelizmente, o scheduling com preempção pode resultar em condições de corrida quando dados são compartilhados entre vários processos. Considere o caso de dois processos que compartilham dados. Enquanto um processo está atualizando os dados, ele é interceptado para que o segundo processo possa ser executado. O segundo processo tenta então ler os dados que estão em um estado inconsistente. Essa questão foi explorada com detalhes no Capítulo 5.

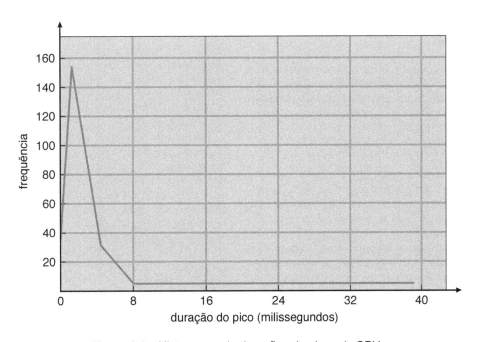

Figura 6.2 Histograma de durações de picos de CPU.

A preempção também afeta o projeto do kernel do sistema operacional. Durante o processamento de uma chamada de sistema, o kernel pode estar ocupado com uma atividade em nome de um processo. Essas atividades podem envolver a alteração de importantes dados do kernel (por exemplo, filas de I/O). O que acontece se o processo é objeto de preempção no meio dessas alterações e o kernel (ou o driver do dispositivo) precisa ler ou modificar a mesma estrutura? Isso resulta em caos. Certos sistemas operacionais, incluindo a maioria das versões do UNIX, lidam com esse problema esperando que uma chamada de sistema seja concluída, ou um bloco de I/O ocorra antes de fazer uma mudança de contexto. Esse esquema garante que a estrutura do kernel seja simples, já que o kernel não sujeita um processo à preempção enquanto suas próprias estruturas de dados estão em estado inconsistente. Infelizmente, esse modelo de execução do kernel é insatisfatório para suportar a computação de tempo real em que as tarefas devem concluir sua execução dentro de um período de tempo determinado. Na Seção 6.6, exploramos as demandas de scheduling dos sistemas de tempo real.

Já que as interrupções podem, por definição, ocorrer a qualquer momento e já que nem sempre podem ser ignoradas pelo kernel, as seções de código afetadas por interrupções devem ser protegidas contra o uso simultâneo. O sistema operacional precisa aceitar interrupções a quase todo momento. Caso contrário, a entrada pode ser perdida, ou a saída, sobreposta. Para que essas seções de código não sejam acessadas concorrentemente por vários processos, elas desabilitam as interrupções na entrada e as reabilitam na saída. É importante observar que as seções de código que desabilitam interrupções não ocorrem com muita frequência e normalmente contêm poucas instruções.

6.1.4 Despachante

Outro componente envolvido na função de scheduling da CPU é o despachante. O despachante é o módulo que passa o controle da CPU ao processo selecionado pelo scheduler de curto prazo. Essa função envolve o seguinte:

- Mudança de contexto
- Mudança para a modalidade de usuário
- Salto para a locação apropriada no programa do usuário para que ele seja reiniciado.

O despachante deve ser o mais rápido possível, já que é invocado durante cada comutação de processo. O tempo que o despachante leva para interromper um processo e iniciar a execução de outro é conhecido como latência do despacho.

6.2 Critérios de Scheduling

Diferentes algoritmos de scheduling da CPU têm diferentes propriedades, e a escolha de um algoritmo específico pode favorecer uma classe de processos em vez de outra. Na escolha do algoritmo a ser usado em uma situação específica, devemos considerar as propriedades dos diversos algoritmos.

Muitos critérios têm sido sugeridos para a comparação de algoritmos de scheduling da CPU. As características usadas na comparação podem fazer uma grande diferença na avaliação do algoritmo como o melhor. Os critérios incluem os seguintes:

- **Utilização da CPU.** Queremos manter a CPU tão ocupada quanto possível. Conceitualmente, a utilização da CPU pode variar de 0 a 100%. Em um sistema real, ela deve variar de 40% (para um sistema pouco carregado) a 90% (para um sistema pesadamente carregado).
- **Throughput.** Se a CPU está ocupada executando processos, trabalho está sendo realizado. Uma medida de trabalho é o número de processos que são concluídos por unidade de tempo, chamado throughput. Para processos longos, essa taxa pode ser de um processo por hora; para transações curtas, ela pode ser de dez processos por segundo.
- **Tempo de turnaround.** Do ponto de vista de um processo específico, o critério importante é quanto tempo ele leva para ser executado. O intervalo entre o momento em que o processo é submetido e o momento de sua conclusão é o tempo de turnaround. O tempo de turnaround é a soma dos períodos gastos em espera para entrar na memória, em espera na fila de prontos, em execução na CPU, e executando I/O.
- **Tempo de espera.** O algoritmo de scheduling da CPU não afeta o período de tempo durante o qual um processo é executado ou faz I/O. Ele afeta somente o período de tempo que um processo gasta esperando na fila de prontos. O tempo de espera é a soma dos períodos gastos em espera na fila de prontos.
- **Tempo de resposta.** Em um sistema interativo, o tempo de turnaround pode não ser o melhor critério. Com frequência, um processo consegue produzir alguma saída bem mais cedo e pode continuar computando novos resultados enquanto resultados anteriores estão sendo exibidos para o usuário. Portanto, outra medida é o tempo que vai da submissão de uma solicitação até a primeira resposta ser produzida. Essa medida, chamada tempo de resposta, é o tempo necessário para que comece o envio de respostas e não o tempo necessário à exibição da resposta. Geralmente, o tempo de turnaround é limitado pela velocidade do dispositivo de saída.

É desejável maximizar a utilização da CPU e o throughput e minimizar o tempo de turnaround, o tempo de espera e o tempo de resposta. Na maioria dos casos, otimizamos a medida média. No entanto, sob algumas circunstâncias, é preferível otimizar os valores mínimo ou máximo em vez da média. Por exemplo, para garantir que todos os usuários obtenham um serviço satisfatório, podemos querer minimizar o tempo de resposta máximo.

Pesquisadores têm sugerido que, para sistemas interativos (como os sistemas desktop), é mais importante minimizar a variância no tempo de resposta do que minimizar o tempo médio de resposta. Um sistema com tempo de resposta razoável e previsível pode ser considerado mais desejável do que um sistema mais rápido na média, porém altamente variável. No entanto, pouco esforço tem sido feito para a criação de algoritmos de scheduling da CPU que minimizem a variância.

Ao discutirmos vários algoritmos de scheduling da CPU na seção a seguir, ilustramos sua operação. Uma ilustração precisa deveria envolver muitos processos, cada um sendo uma sequência de várias centenas de picos de CPU e picos de I/O. A título de simplificação, no entanto, consideramos apenas um pico de CPU (em milissegundos) por processo em nossos exemplos. Nossa medida de comparação é o tempo médio de espera. Mecanismos de avaliação mais elaborados são discutidos na Seção 6.8.

6.3 Algoritmos de Scheduling

O scheduling da CPU lida com o problema de decidir para qual dos processos da fila de prontos a CPU deve ser alocada. Há muitos algoritmos de scheduling da CPU diferentes. Nesta seção, descrevemos vários deles.

6.3.1 Scheduling "Primeiro-a-Chegar, Primeiro-a-Ser-Atendido"

Sem dúvida, o algoritmo mais simples de scheduling da CPU é o algoritmo "primeiro-a-chegar, primeiro-a-ser-atendido" (FCFS – *first-come, first-served*). Nesse esquema, o processo que solicita a CPU primeiro é o primeiro a usá-la. A implementação da política FCFS é facilmente gerenciada com uma fila FIFO. Quando um processo entra na fila de prontos, seu PCB é conectado na cauda da fila. Quando a CPU está livre, ela é alocada ao processo na cabeça da fila. O processo em execução é então removido da fila. O código do scheduling FCFS é simples de escrever e entender.

O lado negativo é que o tempo médio de espera na política FCFS geralmente é bem longo. Considere o conjunto de processos a seguir que chegam no tempo 0, com o intervalo do pico de CPU dado em milissegundos:

Processo	Duração do Pico
P_1	24
P_2	3
P_3	3

Se os processos chegam na ordem P_1, P_2, P_3 e são atendidos na ordem FCFS, obtemos o resultado mostrado no gráfico de Gantt, a seguir, que é um gráfico de barras que ilustra um schedule específico, incluindo os momentos de início e fim de cada um dos processos participantes:

O tempo de espera é de 0 milissegundo para o processo P_1, 24 milissegundos para o processo P_2, e 27 milissegundos para o processo P_3. Logo, o tempo médio de espera é de (0 + 24 + 27)/3 = 17 milissegundos. Se os processos chegarem na ordem P_2, P_3, P_1, no entanto, os resultados serão os mostrados no gráfico de Gantt a seguir:

O tempo médio de espera agora é de (6 + 0 + 3)/3 = 3 milissegundos. Essa redução é substancial. Portanto, geralmente o tempo médio de espera na política FCFS não é mínimo e pode variar significativamente se os intervalos de pico de CPU dos processos variarem muito.

Além disso, considere o desempenho do scheduling FCFS em uma situação dinâmica. Suponha que tenhamos um processo limitado por CPU e muitos processos limitados por I/O. Enquanto os processos fluem pelo sistema, podemos ter como resultado o cenário a seguir. O processo limitado por CPU ocupará e manterá a CPU. Durante esse período, todos os outros processos terminarão seus I/O e entrarão na fila de prontos, esperando pela CPU. Enquanto os processos esperam na fila de prontos, os dispositivos de I/O ficam ociosos. Eventualmente, o processo limitado por CPU termina seu pico de CPU e passa para um dispositivo de I/O. Todos os processos limitados por I/O que têm picos de CPU curtos são executados rapidamente e voltam para as filas de I/O. Nesse momento, a CPU permanece ociosa. O processo limitado por CPU volta então para a fila de prontos e a CPU é alocada para ele. Novamente, todos os processos limitados por I/O têm de esperar na fila de prontos até que o processo limitado por CPU termine. Há um efeito comboio, já que todos os outros processos esperam que o grande processo saia da CPU. Esse efeito resulta em uma utilização da CPU e dos dispositivos menor do que seria possível se os processos mais curtos pudessem ser atendidos antes.

Observe também que o algoritmo de scheduling FCFS não tem preempção. Uma vez que a CPU tenha sido alocada para um processo, esse processo a ocupa até liberá-la, seja ao encerrar sua execução ou ao solicitar I/O. O algoritmo FCFS é, portanto, particularmente problemático para sistemas de tempo compartilhado, em que é importante que cada usuário tenha sua vez na CPU a intervalos regulares. Seria desastroso permitir que um processo se apropriasse da CPU por um período extenso.

6.3.2 Scheduling Menor-Job-Primeiro

Uma abordagem diferente para o scheduling da CPU é o algoritmo de scheduling menor-job-primeiro (SJF – *shortest-job-first*). Esse algoritmo associa a cada processo a duração do próximo pico de CPU do processo. Quando a CPU está disponível, ela é atribuída ao processo que tem o próximo pico de CPU mais curto. Se os próximos picos de CPU de dois processos forem iguais, o scheduling FCFS será usado para resolver o impasse. Observe que um termo mais apropriado para esse método de scheduling seria o algoritmo do *próximo pico de CPU mais curto* porque o scheduling depende da duração do próximo pico de CPU de um processo, e não de sua duração total. Usamos o termo SJF porque a maioria das pessoas e livros usa esse termo para se referir a esse tipo de scheduling.

Como exemplo de scheduling SJF, considere o conjunto de processos a seguir, com a duração de pico de CPU dada em milissegundos:

Processo	Duração do Pico
P_1	6
P_2	8
P_3	7
P_4	3

Usando o sheduling SJF, esses processos seriam organizados para execução de acordo com o seguinte gráfico de Gantt:

P_4	P_1	P_3	P_2
0 3	9	16	24

O tempo de espera é de 3 milissegundos para o processo P_1, 16 milissegundos para o processo P_2, 9 milissegundos para o processo P_3, e 0 milissegundo para o processo P_4. Portanto, o tempo médio de espera é de (3 + 16 + 9 + 0)/4 = 7 milissegundos. Por comparação, se estivéssemos usando o esquema de scheduling FCFS, o tempo médio de espera seria de 10,25 milissegundos.

O algoritmo de scheduling SJF é comprovadamente ótimo, pelo fato de fornecer o tempo médio de espera mínimo para determinado conjunto de processos. Executar um processo curto antes de um longo reduz mais o tempo de espera do processo curto do que aumenta o tempo de espera do processo longo. Consequentemente, o tempo médio de espera diminui.

A grande dificuldade do algoritmo SJF é como saber a duração da próxima solicitação de CPU. No scheduling de longo prazo (scheduling de jobs) em um sistema batch, podemos usar o limite de tempo do processo, que é especificado pelo usuário quando submete o job. Nessa situação, os usuários são motivados a estimar o limite de tempo do processo de maneira precisa, já que um valor mais baixo pode significar uma resposta mais rápida, mas um valor baixo demais causará um erro de limite de tempo excedido e demandará uma nova submissão do job. O scheduling SJF costuma ser usado no scheduling de longo prazo.

Embora o algoritmo SJF seja ótimo, ele não pode ser implementado no nível do scheduling da CPU de curto prazo. No scheduling de curto prazo, não há maneira de saber a duração do próximo pico de CPU. Uma abordagem para esse problema é tentar encontrar um valor aproximado ao do scheduling SJF. Podemos não saber a duração do próximo pico de CPU, mas talvez possamos prever seu valor. Esperamos que o próximo pico de CPU tenha duração semelhante à dos picos de CPU anteriores. Calculando um valor aproximado para a duração do próximo pico de CPU, podemos selecionar o processo com o menor pico de CPU previsto.

O próximo pico de CPU é, em geral, previsto como uma **média exponencial** dos intervalos medidos dos picos de CPU anteriores. Podemos definir a média exponencial com a fórmula a seguir. Seja t_n a duração do enésimo pico de CPU e seja τ_{n+1} o valor previsto para o próximo pico de CPU. Então, para α, $0 \leq \alpha \leq 1$, temos

$$\tau_{n+1} = \alpha\, t_n + (1 - \alpha)\tau_n.$$

O valor de t_n contém nossa informação mais recente, enquanto τ_n armazena a história passada. O parâmetro α controla o peso relativo da história recente e da passada em nossa previsão. Se $\alpha = 0$, então $\tau_{n+1} = \tau_n$, e a história recente não tem efeito (as condições correntes são consideradas transientes). Se $\alpha = 1$, então $\tau_{n+1} = t_n$, e somente o pico de CPU mais recente importa (a história é considerada passada e irrelevante). O mais comum é $\alpha = 1/2$; assim, as histórias recente e passada têm peso igual. O τ_0 inicial pode ser definido como uma constante ou como uma média geral do sistema. A Figura 6.3 mostra uma média exponencial com $\alpha = 1/2$ e $\tau_0 = 10$.

Para entender o comportamento da média exponencial, podemos expandir a fórmula para τ_{n+1}, substituindo τ_n, para encontrar

$$\tau_{n+1} = \alpha t_n + (1 - \alpha)\alpha t_{n-1} + \cdots + (1 - \alpha)^j \alpha t_{n-j} + \cdots + (1 - \alpha)^{n+1}\tau_0.$$

Normalmente, α é menor do que 1. Como resultado, $(1 - \alpha)$ também é menor do que 1, e cada termo sucessivo tem menos peso do que seu predecessor.

O algoritmo SJF pode ter ou não ter preempção. A escolha é feita quando um novo processo chega à fila de prontos enquanto um processo anterior ainda está sendo executado. O próximo pico de CPU do processo recém-chegado pode ser mais curto do que o tempo remanescente deixado pelo processo em execução corrente. Um algoritmo SJF com preempção interromperá o processo em execução corrente, enquanto um algoritmo SJF sem preempção permitirá que o processo em execução corrente termine seu pico de CPU. O algoritmo SJF com preempção também é chamado de scheduling do **tempo-remanescente-mais-curto-primeiro**.

Como exemplo, considere os quatro processos a seguir, com a duração do pico de CPU dada em milissegundos:

Processo	Tempo de Chegada	Duração do Pico
P_1	0	8
P_2	1	4
P_3	2	9
P_4	3	5

Se os processos chegarem à fila de prontos nos momentos mostrados e necessitarem dos tempos de pico indicados, então o scheduling SJF com preempção resultante será como o mostrado no gráfico de Gantt abaixo:

P_1	P_2	P_4	P_1	P_3
0 1	5	10	17	26

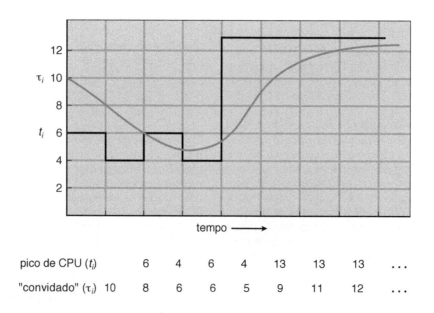

Figura 6.3 Previsão da duração do próximo pico de CPU.

O processo P_1 é iniciado no tempo 0, já que é o único processo na fila. O processo P_2 chega no tempo 1. O tempo restante do processo P_1 (7 milissegundos) é maior do que o tempo requerido pelo processo P_2 (4 milissegundos); portanto, o processo P_1 é interceptado, e o processo P_2 é incluído no schedule. O tempo médio de espera nesse exemplo é de $[(10-1) + (1-1) + (17-2) + (5-3)]/4 = 26/4 = 6,5$ milissegundos. O scheduling SJF sem preempção resultaria em um tempo médio de espera de 7,75 milissegundos.

6.3.3 Scheduling por Prioridades

O algoritmo SJF é um caso especial do algoritmo geral de scheduling por prioridades. Uma prioridade é associada a cada processo, e a CPU é alocada ao processo com a prioridade mais alta. Processos com prioridades iguais são organizados no schedule em ordem FCFS. O algoritmo SJF é simplesmente um algoritmo por prioridades em que a prioridade (p) é o inverso do próximo pico de CPU (previsto). Quanto maior o pico de CPU, menor a prioridade, e vice-versa.

Observe que discutimos o scheduling em termos de **alta** e **baixa** prioridade. As prioridades são, geralmente, indicadas por algum intervalo de números fixo, como 0 a 7 ou 0 a 4.095. No entanto, não há um consenso geral sobre se 0 é a prioridade mais alta ou mais baixa. Alguns sistemas usam números baixos para representar baixa prioridade; outros usam números baixos para prioridades altas. Essa diferença pode levar à confusão. Neste texto, assumimos que números baixos representam alta prioridade.

Como exemplo, considere o conjunto de processos a seguir, que assumimos tenham chegado no tempo 0, na ordem $P_1, P_2, ..., P_5$, com a duração do pico de CPU dada em milissegundos:

Processo	Duração do Pico	Prioridade
P_1	10	3
P_2	1	1
P_3	2	4
P_4	1	5
P_5	5	2

Usando o scheduling por prioridades, esses processos seriam organizados no schedule de acordo com o gráfico de Gantt a seguir:

O tempo médio de espera é de 8,2 milissegundos.

As prioridades podem ser definidas interna ou externamente. Prioridades definidas internamente usam uma ou mais quantidades mensuráveis para calcular a prioridade de um processo. Por exemplo, limites de tempo, requisitos de memória, número de arquivos abertos e a razão entre o pico médio de I/O e o pico médio de CPU têm sido usados no cômputo das prioridades. Prioridades externas são definidas por critérios externos ao sistema operacional, como a importância do processo, o tipo e o montante dos fundos pagos pelo uso do computador, o departamento que patrocina o trabalho, e outros fatores, geralmente políticos.

O scheduling por prioridades pode ou não ter preempção. Quando um processo chega à fila de prontos, sua prioridade é comparada com a prioridade do processo em execução corrente.

Um algoritmo de scheduling por prioridades com preempção se apropriará da CPU se a prioridade do processo recém-chegado for mais alta do que a prioridade do processo em execução corrente. Um algoritmo de scheduling de prioridades sem preempção simplesmente inserirá o novo processo na cabeça da fila de prontos.

Um grande problema dos algoritmos de scheduling por prioridades é o bloqueio indefinido ou inanição. Um processo que esteja pronto para ser executado, mas em espera pela CPU, pode ser considerado bloqueado. Um algoritmo de scheduling por prioridades pode deixar alguns processos de baixa prioridade esperando indefinidamente. Em um sistema de computação muito carregado, um fluxo constante de processos de prioridade mais alta pode impedir que um processo de prioridade baixa consiga usar a CPU. Geralmente, acontece uma entre duas coisas. O processo acaba sendo executado (às 2 da madrugada de domingo, quando finalmente o sistema está pouco carregado) ou o sistema de computação cai e perde todos os processos de baixa prioridade não concluídos. (Dizem que quando o IBM 7094 foi desligado no MIT em 1973, foi achado um processo de baixa prioridade que tinha sido submetido em 1967 e ainda não tinha sido executado.)

Uma solução para o problema do bloqueio indefinido de processos de baixa prioridade é o envelhecimento. O envelhecimento envolve o aumento gradual da prioridade dos processos que esperam no sistema por muito tempo. Por exemplo, se as prioridades variam de 127 (baixa) a 0 (alta), podemos aumentar a prioridade de um processo em espera de uma unidade a cada 15 minutos. Eventualmente, até mesmo um processo com prioridade inicial igual a 127 teria a prioridade mais alta no sistema e seria executado. Na verdade, não demoraria mais do que 32 horas para que um processo de prioridade 127 envelhecesse até se tornar um processo de prioridade 0.

6.3.4 Scheduling Round-Robin

O algoritmo de scheduling round-robin (RR) foi projetado especialmente para sistemas de tempo compartilhado. Ele é semelhante ao scheduling FCFS, mas a preempção é adicionada para habilitar o sistema a se alternar entre os processos. Uma pequena unidade de tempo, chamada quantum de tempo ou porção de tempo, é definida. Geralmente um quantum de tempo tem duração de 10 a 100 milissegundos. A fila de prontos é tratada como uma fila circular. O scheduler da CPU percorre a fila de prontos, alocando a CPU a cada processo por um intervalo de até um quantum de tempo.

Para implementar o scheduling RR, devemos tratar novamente a fila de prontos como uma fila FIFO de processos. Novos processos são adicionados à cauda da fila de prontos. O scheduler da CPU seleciona o primeiro processo da fila de prontos, define um timer com interrupção após 1 quantum de tempo e despacha o processo.

Portanto, uma entre duas coisas ocorrerá. O processo pode ter um pico de CPU menor do que 1 quantum de tempo. Nesse caso, o próprio processo liberará a CPU voluntariamente. O scheduler passará então para o próximo processo na fila de prontos. Se o pico de CPU do processo em execução corrente for maior do que 1 quantum de tempo, o timer será desligado e causará uma interrupção para o sistema operacional. Uma mudança de contexto será executada e o processo será inserido na cauda da fila de prontos. O scheduler da CPU selecionará então o próximo processo na fila de prontos.

O tempo médio de espera na política RR é frequentemente longo. Considere o conjunto de processos, a seguir, que chegam no tempo 0, com a duração do pico de CPU dada em milissegundos:

Processo	Duração do Pico
P_1	24
P_2	3
P_3	3

Se usarmos um quantum de tempo de 4 milissegundos, o processo P_1 ficará com os 4 primeiros milissegundos. Já que ele requer outros 20 milissegundos, é interceptado após o primeiro quantum de tempo, e a CPU é alocada ao próximo processo na fila, o processo P_2. O processo P_2 não precisa de 4 milissegundos e, portanto, é encerrado antes que seu quantum de tempo expire. A CPU é então liberada para o próximo processo, o processo P_3. Uma vez que cada processo tenha recebido 1 quantum de tempo, a CPU é retornada para o processo P_1 por um quantum de tempo adicional. O schedule RR resultante é o seguinte:

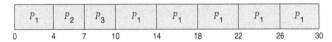

Vamos calcular o tempo médio de espera desse schedule. P_1 espera por 6 milissegundos (10 – 4), P_2 espera por 4 milissegundos e P_3 espera por 7 milissegundos. Assim, o tempo médio de espera é de 17/3 = 5,66 milissegundos.

No algoritmo de scheduling RR, nenhum processo é alocado à CPU por mais de 1 quantum de tempo sucessivamente (a menos que seja o único processo executável). Se o pico de CPU de um processo exceder 1 quantum de tempo, esse processo é interceptado e devolvido à fila de prontos. Portanto, o algoritmo de scheduling RR tem preempção.

Se existem n processos na fila de prontos e o quantum de tempo é q, cada processo recebe $1/n$ do tempo da CPU em porções de no máximo q unidades de tempo. Cada processo não deve esperar por mais de $(n-1) \times q$ unidades de tempo até seu próximo quantum de tempo. Por exemplo, no caso de cinco processos e um quantum de tempo de 20 milissegundos, cada processo receberá até 20 milissegundos a cada 100 milissegundos.

O desempenho do algoritmo RR depende substancialmente do tamanho do quantum de tempo. Por um lado, se o quantum de tempo é extremamente longo, a política RR é igual à política FCFS. Por outro lado, quando o quantum de tempo é extremamente curto (digamos, 1 milissegundo), a abordagem RR pode resultar em um grande número de mudanças de contexto. Suponha, por exemplo, que tenhamos apenas um processo de 10 unidades de tempo. Se o quantum é de 12 unidades de tempo, o processo termina em menos de 1 quantum de tempo, sem overhead. Se o quantum é de 6 unidades de tempo, no entanto, o processo precisa de 2 quanta, resultando em uma mudança de contexto. Se o quantum de tempo é de 1 unidade de tempo, nove mudanças de contexto ocorrem, tornando proporcionalmente mais lenta a execução do processo (Figura 6.4).

Assim, queremos que o quantum de tempo seja longo em relação ao tempo de mudança de contexto. Se o tempo de mudança de contexto for de aproximadamente 10% do quantum de tempo, então cerca de 10% do tempo da CPU serão gastos com mudança de contexto. Na prática, a maioria dos sistemas modernos tem quanta de tempo que variam de 10 a 100 milissegundos. O tempo requerido por uma mudança de contexto é, tipicamente, menor do que 10 microssegundos; portanto, o tempo de mudança de contexto é uma pequena fração do quantum de tempo.

O tempo de turnaround também depende do tamanho do quantum de tempo. Como podemos ver na Figura 6.5, o tempo médio de turnaround de um conjunto de processos não melhora necessariamente na medida em que o tamanho do quantum de tempo aumenta. Geralmente, o tempo médio de turnaround pode ser melhorado quando a maioria dos processos termina seu próximo pico de CPU em um único quantum de tempo. Por exemplo, dados três processos de 10 unidades de tempo cada e um quantum de 1 unidade de tempo, o tempo médio de turnaround é de 29. Se o quantum de tempo é igual a 10, no entanto, o tempo médio de turnaround cai para 20. Se o tempo de mudança de contexto for incluído, o tempo médio de turnaround aumenta ainda mais para um quantum de tempo menor, já que mais mudanças de contexto são necessárias.

Embora o quantum de tempo deva ser longo, comparado ao tempo de mudança de contexto, ele não deve ser longo demais. Como apontamos anteriormente, se o quantum de tempo for longo demais, o scheduling RR degenerará para uma política FCFS. Uma regra prática é a de que 80% dos picos de CPU devem ser menores do que o quantum de tempo.

6.3.5 Scheduling de Filas Multiníveis

Outra classe de algoritmos de scheduling foi criada para situações em que os processos são facilmente classificados em diferentes grupos. Por exemplo, uma divisão comum é feita entre processos de **foreground** (interativos) e processos de **background** (batch). Esses dois tipos de processos têm requisitos de tempo de resposta diferentes e, portanto, podem ter diferentes neces-

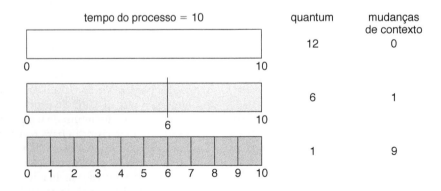

Figura 6.4 Como um quantum de tempo menor aumenta as mudanças de contexto.

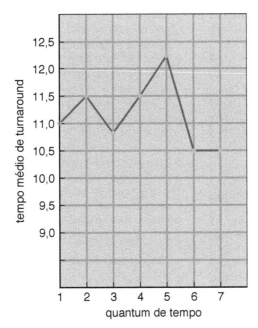

Figura 6.5 Como o tempo de turnaround varia com o quantum de tempo.

sidades de scheduling. Além disso, os processos de foreground podem ter prioridade (definida externamente) sobre os processos de background.

Um algoritmo de scheduling de **filas multiníveis** particiona a fila de prontos em várias filas separadas (Figura 6.6). Os processos são atribuídos permanentemente a uma fila, geralmente com base em alguma propriedade do processo, como o tamanho da memória, a prioridade do processo ou o tipo do processo. Cada fila tem seu próprio algoritmo de scheduling. Por exemplo, filas separadas podem ser usadas para processos de foreground e de background. A fila de foreground pode ser organizada no schedule por um algoritmo RR, enquanto a fila de background, por um algoritmo FCFS.

Além disso, deve haver um scheduling entre as filas, que é normalmente implementado como um scheduling de prioridade fixa com preempção. Por exemplo, a fila de foreground pode ter prioridade absoluta sobre a fila de background.

Examinemos um exemplo de um algoritmo de scheduling de filas multiníveis com cinco filas, listadas abaixo em ordem de prioridade:

1. Processos do sistema
2. Processos interativos
3. Processos de edição interativa
4. Processos batch
5. Processos de estudantes

Cada fila tem prioridade absoluta sobre as filas de menor prioridade. Nenhum processo na fila batch, por exemplo, pode ser executado, a não ser que as filas de processos do sistema, processos interativos e processos de edição interativa estejam todas

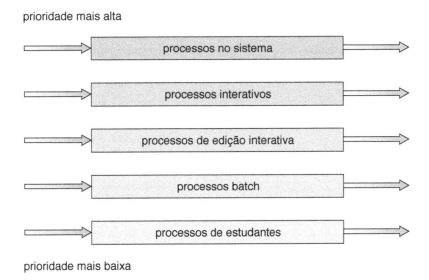

Figura 6.6 Scheduling de filas multiníveis.

vazias. Se um processo de edição interativa entrar na fila de prontos enquanto um processo batch estiver em execução, o processo batch sofrerá preempção.

Outra possibilidade é a divisão do tempo entre as filas. Aqui, cada fila recebe determinada parcela do tempo de CPU que ela pode então distribuir entre seus diversos processos. Por exemplo, no caso das filas de foreground e de background, a fila de foreground pode receber 80% do tempo da CPU para o scheduling RR entre seus processos, enquanto a fila de background recebe 20% da CPU para distribuir entre seus processos usando o scheduling FCFS.

6.3.6 Scheduling de Filas Multiníveis com Retroalimentação

Normalmente, quando o algoritmo de scheduling de filas multiníveis é usado, os processos são atribuídos permanentemente a uma fila quando entram no sistema. Se houver filas separadas para processos de foreground e de background, por exemplo, os processos não passam de uma fila para a outra, já que eles não mudam sua natureza de foreground ou background. Essa definição tem a vantagem de gerar baixo overhead de scheduling, mas é inflexível.

Por outro lado, um algoritmo de scheduling de filas multiníveis com retroalimentação permite a alternância de um processo entre as filas. A ideia é separar os processos de acordo com as características de seus picos de CPU. Se um processo usar muito tempo da CPU, ele será passado para uma fila de prioridade mais baixa. Esse esquema deixa os processos interativos e limitados por I/O nas filas de prioridade mais alta. Além disso, um processo que esperar demais em uma fila de prioridade mais baixa pode ser movido para uma fila de maior prioridade. Esse tipo de envelhecimento evita a inanição.

Por exemplo, considere um scheduler de filas multiníveis com retroalimentação manipulando três filas, numeradas de 0 a 2 (Figura 6.7). Primeiro, o scheduler executa todos os processos na fila 0. Somente quando a fila 0 estiver vazia é que ele executará os processos na fila 1. Da mesma forma, os processos na fila 2 serão executados apenas se as filas 0 e 1 estiverem vazias. Um processo que chegue à fila 1 interceptará um processo na fila 2. Por sua vez, um processo na fila 1 será interceptado por um processo que chegue à fila 0.

Um processo que entre na fila de prontos é inserido na fila 0. Um processo na fila 0 recebe um quantum de tempo de 8 milissegundos. Se ele não for concluído dentro desse período, será passado para a cauda da fila 1. Se a fila 0 estiver vazia, o processo na cabeça da fila 1 receberá um quantum de tempo de 16 milissegundos. Se ele não for concluído, sofrerá preempção e será inserido na fila 2. Os processos da fila 2 serão executados segundo o scheduling FCFS, mas só entrarão em execução quando as filas 0 e 1 estiverem vazias.

Esse algoritmo de scheduling dá prioridade mais alta a qualquer processo com pico de CPU de 8 milissegundos ou menos. Tal processo obterá rapidamente a CPU, terminará seu pico de CPU e passará para seu próximo pico de I/O. Processos que precisam de mais de 8 e menos de 24 milissegundos também são atendidos rapidamente, embora com prioridade mais baixa do que processos mais curtos. Processos longos são automaticamente relegados à fila 2, sendo atendidos em ordem FCFS com quaisquer ciclos de CPU deixados pelas filas 0 e 1.

Em geral, um scheduler de filas multiníveis com retroalimentação é definido pelos parâmetros a seguir:

- O número de filas
- O algoritmo de scheduling de cada fila
- O método usado para determinar quando um processo deve ser elevado a uma fila de prioridade mais alta
- O método usado para determinar quando um processo deve ser rebaixado a uma fila de prioridade mais baixa
- O método usado para determinar a fila em que um processo entrará quando precisar de serviço

A definição de um scheduler de filas multiníveis com retroalimentação o torna o algoritmo de scheduling de CPU mais geral. Ele pode ser configurado para se ajustar a um sistema específico que esteja sendo projetado. Infelizmente, também é o algoritmo mais complexo, já que a definição do melhor scheduler requer alguma forma de seleção de valores para todos os parâmetros.

6.4 Scheduling de Threads

No Capítulo 4, introduzimos os threads ao modelo de processo, fazendo a distinção entre threads de *nível de usuário* e de *nível de kernel*. Em sistemas operacionais que os suportam, são os threads de nível de kernel — e não os processos — que são incluídos no schedule pelo sistema operacional. Os threads de nível de usuário são gerenciados por uma biblioteca de threads, e o kernel não tem conhecimento deles. Para serem executados em uma CPU, os threads de nível de usuário devem ser mapeados para um thread de nível de kernel associado, embora esse mapeamento possa ser indireto e usar um processo peso leve (LWP). Nesta seção, exploramos questões de scheduling envolvendo threads de nível de usuário e de nível de kernel e outros exemplos específicos de scheduling para o Pthreads.

6.4.1 Escopo de Disputa

Uma diferença entre os threads de nível de usuário e de nível de kernel diz respeito a como eles são organizados no schedule. Em sistemas que implementam os modelos muitos-para-um (Seção 4.3.1) e muitos-para-muitos (Seção 4.3.3), a biblioteca de threads organiza os threads de nível de usuário para execução em um LWP disponível. Esse esquema é conhecido como escopo de disputa de processos (PCS — *process-contention scope*), já que a disputa pela CPU ocorre entre threads pertencentes ao mesmo processo. (Quando dizemos que a biblioteca de threads *organiza* threads de usuário para execução em LWPs disponíveis, não queremos dizer que os threads estão sendo realmente executados em uma CPU. Isso demandaria que o sistema operacional designas-

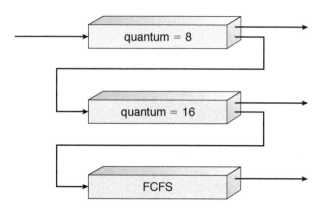

Figura 6.7 Filas multiníveis com retroalimentação.

se o thread de kernel a uma CPU física.) Para decidir que thread de nível de kernel deve ser designado a uma CPU, o kernel usa o **escopo de disputa do sistema** (**SCS** — *system-contention scope*). A disputa pela CPU com o scheduling SCS ocorre entre todos os threads no sistema. Sistemas que usam o modelo um-para-um (Seção 4.3.2), como o Windows, o Linux e o Solaris, organizam threads para execução usando somente o SCS.

Normalmente, o PCS é estabelecido de acordo com prioridades — o scheduler seleciona para execução o thread executável com a prioridade mais alta. As prioridades dos threads de nível de usuário são definidas pelo programador e não são ajustadas pela biblioteca de threads, embora algumas bibliotecas de threads possam permitir que o programador altere a prioridade de um thread. É importante observar que o PCS, normalmente, intercepta o thread em execução corrente em favor de um thread de prioridade mais alta; no entanto, não há garantia de divisão do tempo (Seção 6.3.4) entre threads de prioridade igual.

6.4.2 Scheduling no Pthreads

Fornecemos um exemplo de programa Pthreads do POSIX na Seção 4.4.1, junto com uma introdução à criação de threads com o Pthreads. Agora, destacamos a API POSIX Pthreads que permite a especificação do PCS ou do SCS durante a criação de threads. O Pthreads identifica os valores de escopo de disputa a seguir:

- PTHREAD_SCOPE_PROCESS organiza threads para execução usando o scheduling PCS.
- PTHREAD_SCOPE_SYSTEM organiza threads para execução usando o scheduling SCS.

Em sistemas que implementam o modelo muitos-para-muitos, a política PTHREAD_SCOPE_PROCESS designa threads de nível de usuário para execução em LWPs disponíveis. O número de LWPs é mantido pela biblioteca de threads, casualmente usando ativações do scheduler (Seção 4.6.5). A política de scheduling PTHREAD_SCOPE_SYSTEM cria e vincula um LWP a cada thread de nível de usuário em sistemas muitos-para-muitos, mapeando efetivamente os threads com o uso da política um-para-um.

A IPC do Pthreads fornece duas funções para a obtenção — e o estabelecimento — da política de escopo de disputa:

- pthread_attr_setscope(pthread_attr_t *attr, int scope)
- pthread_attr_getscope(pthread_attr_t *attr, int *scope)

O primeiro parâmetro das duas funções contém um ponteiro para o conjunto de atributos do thread. O segundo parâmetro da função pthread_attr_setscope( ) recebe o valor PTHREAD_SCOPE_SYSTEM ou PTHREAD_SCOPE_PROCESS, indicando como o escopo de disputa deve ser estabelecido. No caso de pthread_attr_getscope( ), esse segundo parâmetro contém um ponteiro para um valor int, que é posicionado com o valor corrente do escopo de disputa. Se um erro ocorre, cada uma dessas duas funções retorna um valor diferente de zero.

Na Figura 6.8, ilustramos uma API de scheduling do Pthreads. Primeiro o programa determina o escopo de disputa existente e o define como PTHREADS_SCOPE_SYSTEM. Em seguida, cria cinco threads separados que serão executados com o uso da política de scheduling SCS. Observe que, em alguns sistemas, apenas certos valores de escopo de disputa são permitidos. Por exemplo, os sistemas Linux e Mac OS X permitem somente PTHREAD_SCOPE_SYSTEM.

```
#include <pthread.h>
#include <stdio.h>
#define NUM_THREADS 5

int main(int argc, char *argv[])
{
   int i, scope;
   pthread_t tid[NUM_THREADS];
   pthread_attr_t attr;

   /* obtém os atributos default */
   pthread_attr_init(&attr);

   /* primeiro descobre o escopo corrente */
   if (pthread_attr_getscope(&attr, &scope) != 0)
     fprintf(stderr, "Unable to get scheduling
       scope\n");
   else {
     if (scope == PTHREAD_SCOPE_PROCESS)
       printf("PTHREAD_SCOPE_PROCESS");
     else if (scope == PTHREAD_SCOPE_SYSTEM)
       printf("PTHREAD_SCOPE_SYSTEM");
     else
       fprintf(stderr, "Illegal scope value.\n");
}

/* define o algoritmo de scheduling como PCS ou
SCS */
pthread_attr_setscope(&attr, PTHREAD_SCOPE_
SYSTEM);

/* cria os threads */
for (i = 0; i < NUM_THREADS; i++)
      pthread_create(&tid[i],&attr,runner,NULL);

/* agora vincula cada um dos threads */
for (i = 0; i < NUM_THREADS; i++)
      pthread_join(tid[i], NULL);
}

/* Cada thread assumirá o controle nessa função */
void *runner(void *param)
{
      /* faz algum trabalho ... */

      pthread_exit(0);
}
```

Figura 6.8 API de scheduling do Pthreads.

6.5 Scheduling para Múltiplos Processadores

Até agora nossa discussão enfocou os problemas de scheduling da CPU em um sistema com um único processador. Se múltiplas CPUs estão disponíveis, o **compartilhamento de carga** torna-se possível; mas os problemas do scheduling passam a ser igualmente mais complexos. Muitas possibilidades têm sido tentadas, e como vimos no scheduling da CPU com um único processador, não há uma solução melhor.

Aqui, discutimos várias questões referentes ao scheduling com múltiplos processadores. Enfocamos sistemas em que os processadores são idênticos — homogêneos — quanto à sua funcionalidade. Podemos assim usar qualquer processador disponível para executar qualquer processo na fila. Observe, no entanto, que, mesmo com multiprocessadores homogêneos, podemos ter limitações no scheduling. Considere um sistema com um dispositivo de I/O conectado a um bus privado de um processador. Processos que queiram usar esse dispositivo devem ser designados para execução nesse processador.

6.5.1 Abordagens para o Scheduling com Múltiplos Processadores

Em uma das abordagens para o scheduling da CPU em um sistema multiprocessador, todas as decisões de scheduling, o processamento de I/O e outras atividades do sistema são manipulados por um único processador — o servidor mestre. Os outros processadores executam apenas código de usuário. Esse multiprocessamento assimétrico é simples porque somente um processador acessa as estruturas de dados do sistema, reduzindo a necessidade de compartilhamento de dados.

Uma segunda abordagem usa o multiprocessamento simétrico (SMP — *symmetric multiprocessing*), em que cada processador faz o seu próprio scheduling. Todos os processos podem estar numa fila de prontos comum ou cada processador pode ter sua própria fila privada de processos prontos. De uma forma ou de outra, o scheduling é executado tendo o scheduler de cada processador que examinar a fila de prontos e selecionar um processo para execução. Como vimos no Capítulo 5, se existem múltiplos processadores tentando acessar e atualizar a mesma estrutura de dados, o scheduler deve ser programado cuidadosamente. Devemos assegurar que dois processadores não selecionem o mesmo processo para execução e que processos não sejam perdidos da fila. Praticamente todos os sistemas operacionais modernos dão suporte ao SMP, incluindo o Windows, o Linux e o Mac OS X. No resto desta seção, discutimos questões relacionadas com os sistemas SMP.

6.5.2 Afinidade com o Processador

Considere o que ocorre na memória cache quando um processo é executado em um processador específico. Os dados acessados mais recentemente pelo processo preenchem o cache do processador. Como resultado, acessos sucessivos à memória executados pelo processo são atendidos com frequência na memória cache. Agora considere o que acontece quando o processo migra para outro processador. O conteúdo da memória cache deve ser invalidado para o primeiro processador, e o cache do segundo processador deve ser preenchido novamente. Por causa do alto custo da invalidação e repovoamento dos caches, a maioria dos sistemas SMP tenta evitar a migração de processos de um processador para outro e, em vez disso, tenta manter o processo em execução no mesmo processador. Isso é conhecido como afinidade com o processador — isto é, um processo tem afinidade com o processador em que está em execução corrente.

A afinidade com o processador assume diversas formas. Quando um sistema operacional tem uma política de tentar manter um processo em execução no mesmo processador — mas não garantindo que ele fará isso — temos uma situação conhecida como afinidade leve. Nesse caso, o sistema operacional tenta manter o processo em um único processador, mas é possível que um processo migre entre processadores. Por outro lado, alguns sistemas fornecem chamadas de sistema que dão suporte à afinidade rígida, permitindo que um processo especifique um subconjunto de processadores em que ele pode ser executado. Muitos sistemas fornecem tanto a afinidade leve quanto a rígida. Por exemplo, o Linux implementa a afinidade leve, mas também fornece a chamada de sistema `sched_setaffinity ( )`, que suporta a afinidade rígida.

A arquitetura da memória principal de um sistema pode afetar questões relacionadas com a afinidade com o processador. A Figura 6.9 ilustra uma arquitetura representando o acesso não uniforme à memória (NUMA), em que uma CPU tem acesso mais rápido a algumas partes da memória principal do que a outras partes. Normalmente, isso ocorre em sistemas que contêm placas de CPU e memória combinadas. As CPUs em uma placa podem acessar a memória nessa placa com mais rapidez do que conseguem acessar a memória em outras placas do sistema. Se os algoritmos de scheduler da CPU e de alocação da memória do sistema operacional funcionam em conjunto, um processo ao qual é atribuída afinidade com uma CPU específica pode ter memória alocada na placa em que essa CPU reside. Esse exemplo também mostra que os sistemas operacionais frequentemente não são definidos e implementados de maneira tão clara como descrito nos livros de sistemas operacionais. Em vez disso, as "linhas sólidas" entre as seções de um sistema operacional são com frequência apenas "linhas pontilhadas" com algoritmos criando conexões de maneiras destinadas a otimizar o desempenho e a confiabilidade.

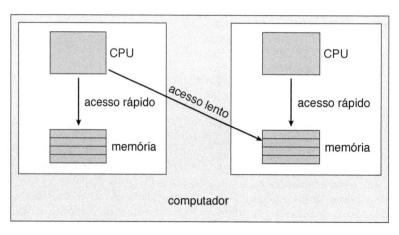

Figura 6.9 O NUMA e o scheduling da CPU.

6.5.3 Balanceamento de Carga

Em sistemas SMP, é importante manter a carga de trabalho balanceada entre todos os processadores para que os benefícios do uso de mais de um processador sejam auferidos plenamente.

Caso contrário, um ou mais processadores podem ficar ociosos enquanto outros terão cargas de trabalho altas, juntamente com listas de processos esperando pela CPU. O balanceamento de carga tenta manter a carga de trabalho uniformemente distribuída entre todos os processadores em um sistema SMP. É importante observar que normalmente o balanceamento de carga é necessário somente em sistemas em que cada processador tem sua própria fila privada de processos elegíveis para execução. Em sistemas com uma fila de execução comum, o balanceamento de carga não costuma ser necessário, porque, uma vez que um processador se torne ocioso, ele extrai imediatamente um processo executável da fila de execução comum. Também é importante observar, no entanto, que, na maioria dos sistemas operacionais contemporâneos que suportam o SMP, cada processador tem uma fila privada de processos elegíveis.

Existem duas abordagens gerais para o balanceamento de carga: migração por impulsão e migração por extração. Na migração por impulsão, uma tarefa específica verifica periodicamente a carga em cada processador e — quando encontra um desequilíbrio — distribui uniformemente a carga, movendo (ou impulsionando) processos de processadores sobrecarregados para processadores ociosos ou menos ocupados. A migração por extração ocorre quando um processador ocioso extrai uma tarefa que está esperando em um processador ocupado. As migrações por impulsão e extração não precisam ser mutuamente exclusivas; na verdade, são frequentemente implementadas em paralelo em sistemas de balanceamento de carga. Por exemplo, o scheduler do Linux (descrito na Seção 6.7.1) e o scheduler ULE disponível para sistemas FreeBSD implementam as duas técnicas.

O interessante é que geralmente o balanceamento de carga neutraliza os benefícios da afinidade com o processador, discutida na Seção 6.5.2. Isto é, a vantagem de mantermos um processo em execução no mesmo processador é que o processo pode se beneficiar de seus dados estarem na memória cache desse processador. A extração ou a impulsão de um processo de um processador para outro invalida esse benefício. Como costuma ocorrer na engenharia de sistemas, não há uma regra absoluta com relação a que política é melhor. Portanto, em alguns sistemas, um processador ocioso sempre extrai um processo de um processador não ocioso. Em outros sistemas, os processos são movidos apenas quando o desequilíbrio excede determinado limite.

6.5.4 Processadores Multicore

Tradicionalmente, os sistemas SMP têm permitido que vários threads sejam executados concorrentemente, fornecendo múltiplos processadores físicos. No entanto, uma prática recente no hardware dos computadores tem sido a inserção de múltiplos núcleos processadores no mesmo chip físico, resultando em um processador multicore. Cada núcleo mantém o estado de sua arquitetura e, portanto, parece ser um processador físico separado para o sistema operacional. Sistemas SMP que usam processadores multicore são mais rápidos e consomem menos energia do que sistemas em que cada processador tem seu próprio chip físico.

Os processadores multicore podem complicar questões relacionadas com o scheduling. Vejamos como isso pode ocorrer. Pesquisadores descobriram que, quando um processador acessa a memória, ele gasta um montante de tempo significativo esperando que os dados fiquem disponíveis. Essa situação, conhecida como obstrução da memória, pode ocorrer por várias razões, como um erro de cache (acesso a dados que não estão na memória cache). A Figura 6.10 ilustra uma obstrução da memória. Nesse cenário, o processador pode gastar até 50% de seu tempo esperando que os dados da memória se tornem disponíveis. Para remediar essa situação, muitos projetos de hardware recentes têm implementado núcleos processadores multithreaded em que dois (ou mais) threads de hardware são atribuídos a cada núcleo. Dessa forma, se um thread ficar obstruído enquanto espera pela memória, o núcleo pode permutar para outro thread. A Figura 6.11 ilustra um núcleo processador com thread dual em que a execução do thread 0 e a execução do thread 1 são intercaladas. Para o sistema operacional, cada thread de hardware aparece como um processador lógico que está disponível para executar um thread de software. Portanto, em um sistema dual-core e dual-threaded, quatro processadores lógicos são apresentados ao sistema operacional. A CPU UltraSPARC T3 tem dezesseis núcleos por chip e oito threads de hardware por núcleo. Para o sistema operacional, parece haver 128 processadores lógicos.

Em geral, há duas maneiras de tornar um núcleo processador multithreaded: criação de ambiente multithreads de baixa granularidade e de alta granularidade. No ambiente multithread de baixa granularidade, um thread é executado em um processador até que ocorra um evento de latência longa como uma obstrução da memória. Em razão do atraso causado pelo evento de latência longa, o processador deve permutar para outro thread e começar sua execução. No entanto, o custo da alternância entre threads é alto, já que o pipeline de instruções deve ser esvaziado antes que o outro thread possa começar a ser executado no núcleo processador. Uma vez que esse novo thread comece a ser executado, ele inicia o preenchimento do pipeline com suas instruções. O ambiente multithread de alta granularidade (ou intercalado) alterna-se entre os threads com um nível de granularidade muito mais fina — normalmente no limite de um ciclo de instrução. No entanto, o projeto da arquitetura de sistemas de alta granularidade inclui a lógica para a alternância entre threads. Como resultado, o custo da alternância entre threads é baixo.

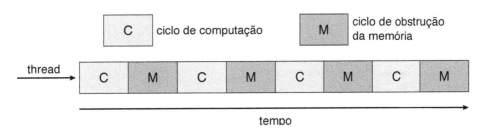

Figura 6.10 Obstrução da memória.

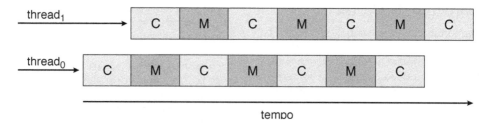

Figura 6.11 Sistema multithreaded e multicore.

Observe que um processador multicore e multithreaded requer na verdade dois níveis diferentes de scheduling. Em um nível estão as decisões de scheduling que devem ser tomadas pelo sistema operacional ao selecionar qual thread de software executar em cada thread de hardware (processador lógico). Para esse nível de scheduling, o sistema operacional pode selecionar qualquer algoritmo de scheduling, como os descritos na Seção 6.3. Um segundo nível de scheduling especifica como cada núcleo decide qual thread de hardware executar. Há várias estratégias que podem ser adotadas nessa situação. O UltraSPARC T3, mencionado anteriormente, usa um algoritmo round-robin simples para organizar a execução dos oito threads de hardware para cada núcleo. Outro exemplo, o Intel Itanium, é um processador dual-core com dois threads gerenciados pelo hardware por núcleo. A cada thread de hardware é atribuído um valor de *urgência* dinâmico que varia de 0 a 7, com 0 representando a urgência mais baixa, e 7, a mais alta. O Itanium identifica cinco eventos diferentes que podem disparar uma permuta de threads. Quando um desses eventos ocorre, a lógica de alternância de threads compara a urgência dos dois threads e seleciona o thread com valor de urgência mais alto para executar no núcleo processador.

6.6 Scheduling da CPU de Tempo Real

O scheduling da CPU para sistemas de tempo real envolve questões especiais. Em geral, podemos fazer a distinção entre sistemas de tempo real não crítico e sistemas de tempo real crítico. Os sistemas de tempo real não crítico não fornecem garantia de quando um processo de tempo real crítico será alocado no schedule. Eles garantem apenas que o processo terá preferência sobre processos não críticos. Sistemas de tempo real crítico têm requisitos mais rigorosos. Uma tarefa deve ser atendida de acordo com seu limite de tempo; o atendimento após o limite de tempo ter expirado é o mesmo que não haver atendimento. Nesta seção, exploramos várias questões relacionadas com o scheduling de processos em sistemas operacionais de tempo real tanto crítico quanto não crítico.

6.6.1 Minimizando a Latência

Considere a natureza dirigida por eventos de um sistema de tempo real. O sistema espera normalmente pela ocorrência de um evento de tempo real. Eventos podem ocorrer em software — como quando um timer expira — ou em hardware — como quando um veículo de controle remoto detecta que está se aproximando de um obstáculo. Quando um evento ocorre, o sistema deve responder a ele e atendê-lo o mais rápido possível. Denominamos latência do evento o período de tempo decorrido desde a ocorrência de um evento até o seu atendimento (Figura 6.12).

Usualmente, eventos diferentes têm diferentes requisitos de latência. Por exemplo, o requisito de latência para um sistema de freios antitravamento pode ser de três a cinco milissegundos. Isto é, a partir do momento em que uma roda detecta que está derrapando, o sistema que controla os freios antitravamento terá de três a cinco milissegundos para responder à situação e controlá-la. Qualquer resposta mais demorada pode resultar na perda do controle da direção do automóvel. Por outro lado, um sistema embutido de controle de radar em uma aeronave pode tolerar um período de latência de vários segundos.

Dois tipos de latências afetam o desempenho de sistemas de tempo real:

1. Latência de interrupção
2. Latência de despacho

A latência de interrupção é o período de tempo que vai da chegada de uma interrupção na CPU até o início da rotina que atende à interrupção. Quando ocorre uma interrupção, o sistema operacional deve primeiro concluir a instrução que está executando e determinar o tipo de interrupção que ocorreu. Então, ele deve salvar o estado do processo corrente antes de atender à interrupção usando a rotina de serviço de interrupção (ISR — *interrupt service routine*) específica. O tempo total requerido para a execução dessas tarefas é a latência de interrupção (Figura 6.13). Obviamente, é crucial que os sistemas operacionais de tempo real minimizem a latência de interrupção para assegurar que as tarefas de tempo real recebam atenção imediata. Na verdade, para sistemas de tempo real crítico, a latência de interrupção não deve apenas ser minimizada; ela deve se limitar a atender os requisitos rigorosos desses sistemas.

Um fator importante que contribui para a latência de interrupção é o montante de tempo durante o qual as interrupções podem ser desabilitadas enquanto estruturas de dados do kernel estão sendo atualizadas. Os sistemas operacionais de tempo

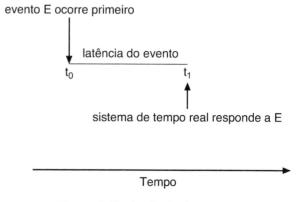

Figura 6.12 Latência de evento.

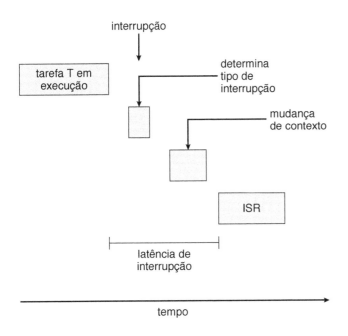

Figura 6.13 Latência de interrupção.

real requerem que as interrupções fiquem desabilitadas apenas por períodos de tempo muito curtos.

O montante de tempo requerido para que o despachante do scheduling interrompa um processo e inicie outro é conhecido como latência de despacho. Para que as tarefas de tempo real tenham acesso imediato à CPU, os sistemas operacionais de tempo real também devem minimizar essa latência. A técnica mais eficaz para manter a latência de despacho baixa é o fornecimento de kernels preemptivos.

Na Figura 6.14, representamos em um diagrama a composição da latência de despacho. A fase de conflito da latência de despacho tem dois componentes:

1. Preempção de qualquer processo em execução no kernel.
2. Liberação, por processos de baixa prioridade, de recursos requeridos por um processo de alta prioridade.

Como exemplo, no Solaris, a latência de despacho com a preempção desabilitada leva mais de uma centena de milissegundos. Com a preempção habilitada, ela é reduzida para menos de um milissegundo.

6.6.2 Scheduling Baseado em Prioridades

O recurso mais importante de um sistema operacional de tempo real é responder imediatamente a um processo de tempo real assim que esse processo demandar a CPU. Como resultado, o scheduler de um sistema operacional de tempo real deve suportar um algoritmo baseado em prioridades com preempção. Lembre-se de que os algoritmos de scheduling baseados em prioridades atribuem a cada processo uma prioridade com base em sua importância; tarefas mais importantes recebem prioridades mais altas do que as consideradas menos importantes. Se o scheduler também suportar preempção, um processo em execução corrente na CPU sofrerá preempção se um processo de prioridade mais alta tornar-se disponível para execução.

Algoritmos de scheduling baseados em prioridades preemptivos são discutidos com detalhes na Seção 6.3.3, e a Seção 6.7 apresenta exemplos dos recursos de scheduling de tempo real não crítico dos sistemas operacionais Linux, Windows e Solaris. Todos esses sistemas atribuem aos processos de tempo real a prioridade de scheduling mais alta. Por exemplo, o Windows tem 32 níveis de prioridade diferentes. Os níveis mais altos — valores de prioridade 16 a 31 — são reservados para processos de tempo real. O Solaris e o Linux têm esquemas de priorização semelhantes.

Observe que o fornecimento de um scheduler baseado em prioridades preemptivo garante somente a funcionalidade de tempo real não crítico. Sistemas de tempo real crítico também devem garantir que as tarefas de tempo real sejam atendidas de acordo com seus requisitos de limite de tempo, e para que isso seja garantido são necessários recursos de scheduling adicio-

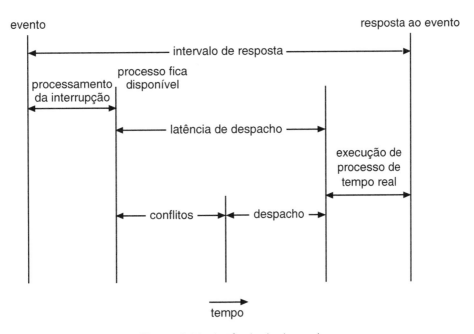

Figura 6.14 Latência de despacho.

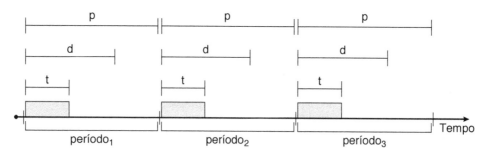

Figura 6.15 Tarefa periódica.

nais. No resto desta seção, abordamos algoritmos de scheduling apropriados para sistemas de tempo real crítico.

Antes de prosseguir com os detalhes dos schedulers individuais, no entanto, devemos definir certas características dos processos que estão para ser incluídos no schedule. Primeiro, os processos são considerados periódicos. Isto é, eles precisam da CPU em intervalos (períodos) constantes. Uma vez que um processo periódico tenha assumido a CPU, ele tem um tempo t de processamento fixo, um limite de tempo d dentro do qual deve ser atendido pela CPU e um período p. O relacionamento entre o tempo de processamento, o limite de tempo e o período pode ser expresso como $0 \leq t \leq d \leq p$. A taxa de uma tarefa periódica é $1/p$. A Figura 6.15 ilustra a execução de um processo periódico ao longo do tempo. Os schedulers podem tirar vantagem dessas características e atribuir prioridades de acordo com os requisitos de limite de tempo ou de taxa de um processo.

O que não é usual nesse tipo de scheduling é que um processo pode ter que anunciar seus requisitos de limite de tempo para o scheduler. Então, usando uma técnica conhecida como algoritmo de controle de admissão, o scheduler faz uma entre duas coisas. Admite o processo, garantindo que ele será concluído a tempo, ou rejeita a solicitação como impossível se não puder garantir que a tarefa será atendida de acordo com o limite de tempo do processo.

6.6.3 Scheduling de Taxa Monotônica

O algoritmo de scheduling de taxa monotônica organiza a execução de tarefas periódicas usando uma política de prioridades estática com preempção. Se um processo de prioridade mais baixa está em execução e um processo de prioridade mais alta torna-se disponível para execução, ele causará a preempção do processo de prioridade mais baixa. Ao entrar no sistema, cada tarefa periódica recebe uma prioridade inversamente baseada em seu período. Quanto mais curto o período, mais alta a prioridade; quanto mais longo o período, menor a prioridade. O fundamento lógico dessa política é a atribuição de uma prioridade mais alta a tarefas que requeiram a CPU com mais frequência. Além disso, o scheduling de taxa monotônica presume que o tempo de processamento de um processo periódico seja o mesmo para cada pico de CPU. Isto é, sempre que um processo assume a CPU, a duração do seu pico de CPU é a mesma.

Consideremos um exemplo. Temos dois processos: P_1 e P_2. Os períodos de P_1 e P_2 são 50 e 100, respectivamente — isto é, $p_1 = 50$ e $p_2 = 100$. Os tempos de processamento são $t_1 = 20$ para P_1 e $t_2 = 35$ para P_2. O limite de tempo de cada processo requer que ele complete seu pico de CPU no começo de seu próximo período.

Devemos primeiro nos perguntar se é possível organizar a execução dessas tarefas de modo que as duas cumpram seus limites de tempo. Se medirmos a utilização que um processo P_i faz da CPU, como a proporção entre seu pico e seu período — t_i/p_i — a utilização que P_1 faz da CPU é expressa como $20/50 = 0,40$ e a de P_2 como $35/100 = 0,35$, para um total de utilização da CPU de 75%. Portanto, parece que podemos incluir essas tarefas no schedule de modo que as duas cumpram seus limites de tempo e ainda deixem a CPU com ciclos disponíveis.

Suponha que atribuíssemos a P_2 uma prioridade mais alta que a P_1. A execução de P_1 e P_2 nessa situação é mostrada na Figura 6.16. Como podemos ver, P_2 começa a ser executado primeiro e é concluído no tempo 35. Nesse momento, P_1 começa; ele conclui seu pico de CPU no tempo 55. No entanto, o primeiro limite de tempo de P_1 terminava no tempo 50; portanto, o scheduler causou a perda do limite de tempo de P_1.

Agora, suponha que usássemos um scheduling de taxa monotônica em que atribuíssemos a P_1 uma prioridade mais alta que a de P_2 porque o período de P_1 é mais curto que o de P_2. A execução desses processos nessa situação é mostrada na Figura 6.17. P_1 começa primeiro e conclui seu pico de CPU no tempo 20, cumprindo assim seu primeiro limite de tempo. P_2 começa a ser executado nesse ponto e prossegue até o tempo 50. Nesse momento, sofre preempção de P_1, embora ainda tenha 5 milissegundos sobrando em seu pico de CPU. P_1 conclui seu pico de CPU no tempo 70, momento em que o scheduler retoma P_2. P_2 conclui seu pico de CPU no tempo 75, cumprindo também seu primeiro limite de tempo. O sistema fica ocioso até o tempo 100, quando P_1 é novamente incluído no schedule.

O scheduling de taxa monotônica é considerado ótimo pelo fato de que, se um conjunto de processos não puder ter sua execução atribuída por esse algoritmo, ele não poderá ser

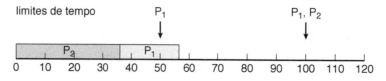

Figura 6.16 Scheduling de tarefas quando P_2 tem prioridade mais alta do que P_1.

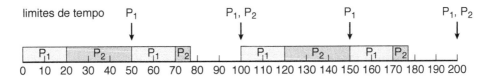

Figura 6.17 Scheduling de taxa monotônica.

organizado no schedule por qualquer outro algoritmo que atribua prioridades estáticas. Vamos examinar, a seguir, um conjunto de processos que não pode ser organizado no schedule com o uso do algoritmo de taxa monotônica.

Suponha que o processo P_1 tenha um período $p_1 = 50$ e um pico de CPU $t_1 = 25$. Para P_2, os valores correspondentes são $p_2 = 80$ e $t_2 = 35$. O scheduling de taxa monotônica atribuiria ao processo P_1 uma prioridade mais alta, já que ele tem o período mais curto. A utilização total da CPU para os dois processos é de $(25/50) + (35/80) = 0,94$ e, portanto, parece óbvio que os dois processos poderiam ser designados para execução e ainda deixariam a CPU com 6% de tempo disponível. A Figura 6.18 mostra o scheduling dos processos P_1 e P_2. Inicialmente, P_1 é executado até concluir seu pico de CPU no tempo 25. O processo P_2 começa então a ser executado e prossegue até o tempo 50, quando sofre preempção de P_1. Nesse momento, P_2 ainda tem 10 milissegundos restantes em seu pico de CPU. O processo P_1 é executado até o tempo 75; consequentemente, P_2 perde seu limite de tempo ao completar seu pico de CPU no tempo 80.

Então, apesar de ser ótimo, o scheduling de taxa monotônica apresenta uma restrição: a utilização da CPU é limitada e nem sempre é possível maximizar totalmente seus recursos. O pior caso de utilização da CPU para o scheduling de N processos é

$$N(2^{1/N} - 1).$$

Com um único processo no sistema, a utilização da CPU é de 100%, mas ela cai para aproximadamente 69% à medida que o número de processos se aproxima do infinito. Com dois processos, a utilização da CPU fica limitada a cerca de 83%. A utilização da CPU combinada, para os dois processos incluídos no schedule nas Figuras 6.16 e 6.17, é de 75%; portanto, o algoritmo de scheduling de taxa monotônica garante sua organização no schedule de modo que eles cumpram seus limites de tempo. Para os dois processos incluídos no schedule na Figura 6.18, a utilização combinada da CPU é de aproximadamente 94%; portanto, o scheduling de taxa monotônica não consegue garantir que eles sejam designados para execução, de modo a cumprirem seus limites de tempo.

6.6.4 Scheduling do Limite-de-Tempo-Mais-Cedo-Primeiro

O scheduling do limite-de-tempo-mais-cedo-primeiro (EDF — *earliest-deadline-first*) atribui prioridades dinamicamente de acordo com o limite de tempo. Quanto mais cedo for o limite de tempo, maior a prioridade; quanto mais tarde o limite de tempo, menor a prioridade. Sob a política EDF, quando um processo se torna executável, ele deve anunciar seus requisitos de limite de tempo para o sistema. Prioridades podem ter que ser ajustadas para refletir o limite de tempo do processo que acabou de se tornar executável. Observe como isso é diferente do scheduling de taxa monotônica, em que as prioridades são fixas.

Para ilustrar o scheduling EDF, incluímos novamente no schedule os processos mostrados na Figura 6.18 que não conseguiram alcançar seus requisitos de limite de tempo com o scheduling de taxa monotônica. Lembre-se de que P_1 tem os valores $p_1 = 50$ e $t_1 = 25$ e que P_2 tem os valores $p_2 = 80$ e $t_2 = 35$. O scheduling EDF desses processos é mostrado na Figura 6.19. O processo P_1 tem o limite de tempo mais cedo e, portanto, sua prioridade inicial é mais alta que a do processo P_2. O processo P_2 começa a ser executado no fim do pico de CPU de P_1. No entanto, enquanto o scheduling de taxa monotônica permite que P_1 provoque a preempção de P_2 no começo de seu próximo período no tempo 50, o scheduling EDF permite que o processo P_2 continue a ser executado. Agora P_2 tem uma prioridade mais alta do que P_1 porque seu próximo limite de tempo (no tempo 80) é mais cedo do que o de P_1 (no tempo 100). Logo, tanto P_1 quanto P_2 alcançam seus limites de tempo iniciais. O processo P_1 começa a ser executado novamente no tempo 60 e conclui seu segundo pico de CPU no tempo 85, atingindo também seu segundo limite de tempo no tempo 100. P_2 começa a ser executado nesse ponto e logo sofre preempção de P_1 no início de seu próximo período no tempo 100. P_2 sofre preempção porque P_1 tem um limite de tempo mais cedo (tempo 150) do que P_2 (tempo 160). No tempo 125, P_1 completa seu pico de CPU e P_2 retoma a execução, terminando no tempo 145 e atingindo também seu limite de tempo. O sistema fica ocioso até o tempo 150, quando P_1 é designado para execução mais uma vez.

Diferente do que ocorre no algoritmo de taxa monotônica, o scheduling EDF não requer que os processos sejam periódicos, e o processo não precisa de um montante constante de tempo de CPU por pico. O único requisito é que o processo anuncie seu limite de tempo para o scheduler quando se torna executável. O interessante no scheduling EDF é que teoricamente ele é ótimo — teoricamente, ele pode organizar processos para execução de modo que cada processo consiga atender seus requisitos de limite de tempo e utilização da CPU de 100%. Na prática, no entanto, é impossível atingir esse nível de utilização da CPU em razão do custo da mudança de contexto entre os processos e a manipulação de interrupções.

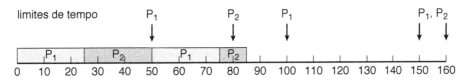

Figura 6.18 Limites de tempo perdidos com o scheduling de taxa monotônica.

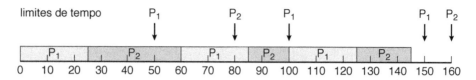

Figura 6.19 Scheduling do limite-de-tempo-mais-cedo-primeiro.

6.6.5 Scheduling das Cotas Proporcionais

Os schedulers de cotas proporcionais funcionam alocando T cotas de tempo entre todas as aplicações. Uma aplicação pode receber N cotas de tempo, garantindo assim que a aplicação terá N/T do tempo total do processador. Como exemplo, suponha que um total de $T = 100$ cotas devem ser divididas entre três processos, A, B e C. A recebeu 50 cotas, B recebeu 15 cotas e C recebeu 20 cotas. Esse esquema assegura que A terá 50% do tempo total do processador, B terá 15% e C terá 20%.

Os schedulers de cotas proporcionais devem operar em conjunto com uma política de controle de admissão para garantir que uma aplicação receba as cotas de tempo alocadas a ela. Uma política de controle de admissão admite que um cliente solicite um número específico de cotas somente se cotas suficientes estão disponíveis. Em nosso exemplo corrente, alocamos $50 + 15 + 20 = 85$ cotas do total de 100 cotas. Se um novo processo D solicitar 30 cotas, o controlador de admissão negará a entrada de D no sistema.

6.6.6 Scheduling de Tempo Real do POSIX

O padrão POSIX também fornece extensões para a computação de tempo real — o POSIX.1b. Aqui, abordamos algumas das APIs POSIX relacionadas com o scheduling de threads de tempo real. O POSIX define duas classes de scheduling para threads de tempo real:

- SCHED_FIFO
- SCHED_RR

SCHED_FIFO organiza threads no schedule de acordo com uma política primeiro-a-chegar, primeiro-a-ser-atendido, usando uma fila FIFO como descrito na Seção 6.3.1. No entanto, não há divisão do tempo entre threads de mesma prioridade. Logo, o thread de tempo real de prioridade mais alta do início da fila FIFO assumirá a CPU até terminar ou ser bloqueado. SCHED_RR usa uma política round-robin. É semelhante a SCHED_FIFO, exceto por fornecer divisão do tempo entre threads de mesma prioridade. O POSIX fornece uma classe de scheduling adicional — SCHED_OTHER — mas sua implementação é indefinida e específica do sistema; ele pode se comportar diferentemente em diferentes sistemas.

A API POSIX especifica as duas funções a seguir, para obter e estabelecer a política de scheduling:

- pthread_attr_getsched_policy (pthread_attr_t *attr, int *policy)
- pthread_attr_setsched_policy (pthread_attr_t *attr, int policy)

O primeiro parâmetro das duas funções é um ponteiro para o conjunto de atributos do thread. O segundo parâmetro é (1) um ponteiro para um inteiro que é posicionado para a política de scheduling corrente [para pthread_attr_getsched_policy ( )] ou (2) um valor inteiro (SCHED_FIFO, SCHED_RR ou SCHED_OTHER) para a função pthread_attr_setsched_policy ( ). As duas funções retornam valores diferentes de zero quando um erro ocorre.

Na Figura 6.20, mostramos um programa Pthreads do POSIX que usa essa API. Esse programa determina primeiro a política de scheduling corrente e, depois, estabelece o algoritmo de scheduling como SCHED_FIFO.

6.7 Exemplos de Sistemas Operacionais

Passamos, em seguida, a uma descrição das políticas de scheduling dos sistemas operacionais Linux, Windows e Solaris. É importante observar que usamos aqui o termo *scheduling de processos* em sentido geral. Na verdade, estamos descrevendo o scheduling de *threads do kernel* nos sistemas Solaris e Windows e de *tarefas* com o scheduler do Linux.

6.7.1 Exemplo: Scheduling no Linux

O scheduling de processos no Linux tem uma história interessante. Antes da versão 2.5, o kernel do Linux executava uma variação do algoritmo de scheduling tradicional do UNIX. No entanto, já que esse algoritmo não foi projetado visando aos sistemas SMP, ele não dava suporte adequado a sistemas com múltiplos processadores. Além disso, resultou em um desempenho fraco para sistemas com um grande número de processos executáveis. Na versão 2.5 do kernel, o scheduler foi revisto para incluir um algoritmo de scheduling — conhecido como $O(1)$ — que é executado em tempo constante independentemente do número de tarefas no sistema. O scheduler $O(1)$ também dava maior suporte a sistemas SMP, incluindo afinidade com o processador e balanceamento de carga entre processadores. No entanto, na prática, embora o scheduler $O(1)$ possibilitasse um desempenho excelente em sistemas SMP, ele levou a tempos de resposta insatisfatórios para os processos interativos que são comuns em muitos sistemas de computação desktop. Durante o desenvolvimento do kernel 2.6, o scheduler foi revisto novamente, e, na versão 2.6.23 do kernel, o *Completely Fair Scheduler* (CFS) tornou-se o algoritmo de scheduling default do Linux.

O scheduling no sistema Linux é baseado em classes de scheduling. Cada classe recebe uma prioridade específica. Usando diferentes classes de scheduling, o kernel pode acomodar algoritmos de scheduling diferentes com base nas necessidades do sistema e de seus processos. Os critérios de scheduling para um servidor Linux, por exemplo, podem ser diferentes dos critérios para um dispositivo móvel executando o Linux. Para decidir que tarefa executar a seguir, o scheduler seleciona a tarefa de prioridade mais alta pertencente à classe de scheduling de prioridade mais alta. Os kernels-padrão do Linux implementam duas classes de scheduling: (1) uma classe de scheduling default, que usa o algoritmo de scheduling CFS, e (2) uma classe de scheduling de tempo real. Discutimos cada uma dessas

```c
#include <pthread.h>
#include <stdio.h>
#define NUM_THREADS 5

int main(int argc, char *argv[])
{
   int i, policy;
   pthread_t tid[NUM_THREADS];
   pthread_attr_t attr;

   /* obtém os atributos default */
   pthread_attr_init(&attr);

   /* obtém a política de scheduling corrente */
   if (pthread_attr_getschedpolicy(&attr,
      &policy) != 0)
      fprintf(stderr, "Unable to get policy.\n");
   else {
      if (policy == SCHED_OTHER)
         printf("SCHED_OTHER\n");
      else if (policy == SCHED_RR)
         printf("SCHED_RR\n");
      else if (policy == SCHED_FIFO)
         printf("SCHED_FIFO\n");
   }

   /* estabelece a política de scheduling —
   FIFO, RR ou OTHER */
   if (pthread_attr_setschedpolicy(&attr, SCHED_
   FIFO) != 0)
      fprintf(stderr, "Unable to set policy.\n");

   /* cria os threads */
   for (i = 0; i < NUM_THREADS; i++)
      pthread_create(&tid[i],&attr,runner,NULL);

   /* agora vincula cada um dos threads */
   for (i = 0; i < NUM_THREADS; i++)
      pthread_join(tid[i], NULL);
}

/* Cada thread assumirá o controle nessa função */
void *runner(void *param)
{
   /* faz algum trabalho ... */

   pthread_exit(0);
}
```

Figura 6.20 API de scheduling de tempo real do POSIX.

classes aqui. É claro que novas classes de scheduling podem ser adicionadas.

Em vez de usar regras rigorosas que associem um valor de prioridade relativo à duração de um quantum de tempo, o scheduler CFS atribui uma proporção do tempo de processamento da CPU a cada tarefa. Essa proporção é calculada com base no valor refinado atribuído a cada tarefa. Os valores refinados variam de –20 a +19, em que um valor refinado numericamente mais baixo indica uma prioridade relativa mais alta. Tarefas com valores refinados mais baixos recebem uma proporção mais alta de tempo de processamento da CPU do que tarefas com valores refinados mais altos. O valor refinado default é 0. (O termo *refinado* vem da ideia de que, se uma tarefa aumenta seu valor refinado de, digamos, 0 para +10, estará sendo amável com outras tarefas no sistema ao diminuir sua prioridade relativa.) O CFS não usa valores de parcelas de tempo discretos; em vez disso, identifica uma latência-alvo, que é um intervalo de tempo durante o qual todas as tarefas executáveis devem ser executadas pelo menos uma vez. Proporções de tempo da CPU são alocadas a partir do valor da latência-alvo. Além de ter valores default e mínimo, a latência-alvo pode aumentar se o número de tarefas ativas no sistema cresce além de determinado limite.

O scheduler CFS não atribui prioridades diretamente. Em vez disso, ele registra por quanto tempo cada tarefa foi executada, mantendo seu tempo de execução virtual com o uso da variável vruntime por tarefa. O tempo de execução virtual é associado a um fator de decaimento baseado na prioridade de uma tarefa: tarefas de prioridade mais baixa têm taxas de decaimento mais altas do que tarefas de prioridade mais alta. Para tarefas na prioridade normal (valores refinados iguais a 0), o tempo de execução virtual é idêntico ao tempo de execução real. Logo, se uma tarefa com prioridade default for executada por 200 milissegundos, seu vruntime também será igual a 200 milissegundos. No entanto, se uma tarefa de prioridade mais baixa for executada em 200 milissegundos, seu vruntime será mais alto do que 200 milissegundos. Da mesma forma, se uma tarefa de prioridade mais alta for executada em 200 milissegundos, seu vruntime será menor do que 200 milissegundos. Para decidir que tarefa executar a seguir, o scheduler simplesmente seleciona a tarefa que tenha o vruntime de menor valor. Além disso, uma tarefa de prioridade mais alta que se torne disponível para execução, pode interceptar uma tarefa de prioridade mais baixa.

Examinemos o scheduler CFS em ação: suponha que duas tarefas tenham os mesmos valores refinados. Uma tarefa é limitada por I/O e a outra é limitada por CPU. Normalmente, a tarefa limitada por I/O é executada apenas por períodos curtos antes de ser bloqueada para I/O adicional, e a tarefa limitada por CPU exaure seu período de tempo sempre que tem uma oportunidade de ser executada em um processador. Portanto, o valor de vruntime acabará sendo eventualmente menor para a tarefa limitada por I/O do que para a tarefa limitada por CPU, dando à tarefa limitada por I/O prioridade mais alta que a da tarefa limitada por CPU. Nesse caso, se a tarefa limitada por CPU estiver em execução quando a tarefa limitada por I/O se tornar elegível para execução (por exemplo, quando o I/O pelo qual a tarefa está esperando se torna disponível), a tarefa limitada por I/O interceptará a tarefa limitada por CPU.

O Linux também implementa o scheduling de tempo real usando o padrão POSIX como descrito na Seção 6.6.6. Qualquer tarefa designada para execução com o uso da política de tempo real SCHED_FIFO ou SCHED_RR é executada com prioridade mais alta do que tarefas normais (que não são de tempo real). O Linux usa dois intervalos de prioridade separados, um para tarefas de tempo real e outro para tarefas normais. Tarefas de tempo real recebem prioridades estáticas dentro do intervalo que vai de 0 a 99, e tarefas normais (isto é, que não são de tempo real) recebem as prioridades 100 a 139. Esses dois intervalos são mapeados para um esquema de prioridades global em que valores numericamente menores indicam prioridades relativas mais altas. Tarefas normais recebem prioridades de acordo com seus valores refinados, em que um valor igual a –20 é mapeado

> ## DESEMPENHO DO CFS
>
> O scheduler CFS do Linux fornece um algoritmo eficiente para a seleção da tarefa a ser executada em seguida. Cada tarefa executável é inserida em uma árvore rubro-negra — uma árvore de pesquisa binária balanceada, cuja chave é baseada no valor de `vruntime`. Essa árvore é mostrada abaixo:
>
>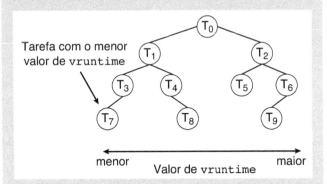
>
> Quando uma tarefa se torna executável, ela é adicionada à árvore. Se uma tarefa na árvore não é executável (por exemplo, se estiver bloqueada enquanto espera por I/O), ela é removida. De modo geral, tarefas que recebem menos tempo de processamento (`vruntime` de menor valor) ficam no lado esquerdo da árvore, e tarefas que recebem mais tempo de processamento ficam no lado direito. De acordo com as propriedades de uma árvore de pesquisa binária, o nó da extrema esquerda tem a chave de menor valor, o que para o scheduler CFS significa que é a tarefa de prioridade mais alta. Já que a árvore rubro-negra é balanceada, percorrê-la para buscar o nó da extrema esquerda requer $O(\lg N)$ operações (em que N é o número de nós da árvore). Contudo, por questões de eficiência, o scheduler do Linux armazena esse valor em cache na variável `rb_leftmost`; portanto, a determinação de que tarefa executar em seguida requer somente a recuperação do valor no cache.

para a prioridade 100 e um valor igual a +19 é mapeado para 139. Esse esquema é mostrado na Figura 6.21.

6.7.2 Exemplo: Scheduling no Windows

O Windows organiza threads para execução usando um algoritmo de scheduling com preempção baseado em prioridades. O scheduler do Windows assegura que o thread de prioridade mais alta seja sempre executado. A parte do kernel do Windows que manipula o scheduling é chamada de despachante. Um thread selecionado para execução pelo despachante será executado até ser interceptado por um thread de prioridade mais alta, até terminar, até seu quantum de tempo expirar, ou até invocar uma chamada de sistema bloqueadora, como as de I/O. Se um thread de tempo real com prioridade mais alta torna-se pronto enquanto um thread de prioridade mais baixa está em execução, o thread de prioridade mais baixa é interceptado. Essa preempção dá ao thread de tempo real acesso preferencial à CPU quando ele precisar desse acesso.

O despachante usa um esquema de prioridades de 32 níveis para determinar a ordem de execução de threads. As prioridades são divididas em duas classes. A classe variável contém threads que têm prioridades de 1 a 15, e a classe de tempo real contém threads com prioridades que vão de 16 a 31. (Também há um thread em execução na prioridade 0 que é usado para gerenciamento da memória.) O despachante usa uma fila para cada prioridade do scheduling e percorre o conjunto de filas, da mais alta para a mais baixa, até encontrar um thread que esteja pronto para execução. Se nenhum thread pronto for encontrado, o despachante executará um thread especial chamado thread ocioso.

Há um relacionamento entre as prioridades numéricas do kernel do Windows e da API Windows. A API Windows identifica as seis classes de prioridade a seguir, às quais um processo pode pertencer:

- IDLE_PRIORITY_CLASS (classe de prioridade ociosa)
- BELOW_NORMAL_PRIORITY_CLASS (classe de prioridade abaixo do normal)
- NORMAL_PRIORITY_CLASS (classe de prioridade normal)
- ABOVE_NORMAL_PRIORITY_CLASS (classe de prioridade acima do normal)
- HIGH_PRIORITY_CLASS (classe de alta prioridade)
- REALTIME_PRIORITY_CLASS (classe de prioridade de tempo real)

Normalmente os processos são membros da NORMAL_PRIORITY_CLASS. Um processo pertence a essa classe, a menos que seu pai seja membro da classe IDLE_PRIORITY_CLASS ou que outra classe tenha sido especificada quando o processo foi criado. Além disso, a classe de prioridade de um processo pode ser alterada com a função `SetPriorityClass ( )` da API Windows. As prioridades de todas as classes, exceto de REALTIME_PRIORITY_CLASS, são variáveis, significando que a prioridade de um thread pertencente a uma dessas classes pode mudar.

Um thread pertencente a determinada classe de prioridades também tem uma prioridade relativa. Os valores das prioridades relativas incluem:

- IDLE (ociosa)

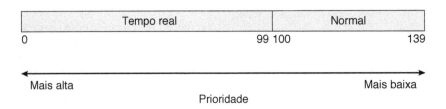

Figura 6.21 Prioridades de scheduling em um sistema Linux.

- LOWEST (mais baixa)
- BELOW_NORMAL (abaixo do normal)
- NORMAL
- ABOVE_NORMAL (acima do normal)
- HIGHEST (mais alta)
- TIME_CRITICAL (tempo crítico)

A prioridade de cada thread é baseada tanto na classe de prioridades a que ele pertence quanto em sua prioridade relativa dentro dessa classe. Esse relacionamento é mostrado na Figura 6.22. Os valores das classes de prioridades aparecem na linha superior. A coluna esquerda contém os valores das prioridades relativas. Por exemplo, se a prioridade relativa de um thread da ABOVE_NORMAL_PRIORITY_CLASS for NORMAL, a prioridade numérica desse thread será 10.

Além disso, cada thread tem uma prioridade base representando um valor no intervalo de prioridades da classe a que o thread pertence. Por default, a prioridade base é o valor da prioridade relativa NORMAL dessa classe. As prioridades bases de cada classe de prioridades são as seguintes:

- REALTIME_PRIORITY_CLASS—24
- HIGH_PRIORITY_CLASS—13
- ABOVE_NORMAL_PRIORITY_CLASS—10
- NORMAL_PRIORITY_CLASS—8
- BELOW_NORMAL_PRIORITY_CLASS—6
- IDLE_PRIORITY_CLASS—4

A prioridade inicial de um thread costuma ser a prioridade base do processo ao qual o thread pertence, embora a função SetThreadPriority ( ) da API Windows também possa ser usada para modificar a prioridade base de um thread.

Quando o quantum de tempo de um thread expira, o thread é interrompido. Se o thread está na classe de prioridade variável, sua prioridade é diminuída. No entanto, a prioridade nunca é diminuída para um valor abaixo da prioridade base. A diminuição da prioridade tende a restringir o uso da CPU por threads limitados por computação. Quando um thread de prioridade variável é liberado de uma operação de espera, o despachante eleva a prioridade. O montante da elevação depende do que o thread estava esperando. Por exemplo, um thread em espera por I/O de teclado teria uma elevação maior, enquanto um thread em espera por uma operação de disco teria uma elevação moderada. Essa estratégia tende a fornecer bons tempos de resposta para threads interativos que estejam usando mouse e janelas. Também habilita threads limitados por I/O a manterem os dispositivos de I/O ocupados enquanto permite que threads limitados por computação usem ciclos esparsos de CPU em background. Essa estratégia é usada por vários sistemas operacionais de tempo compartilhado, incluindo o UNIX. Além disso, a janela com a qual o usuário está interagindo no momento recebe uma elevação na prioridade para melhorar seu tempo de resposta.

Quando um usuário está executando um programa interativo, o sistema precisa proporcionar um desempenho especialmente bom. Por essa razão, o Windows tem uma regra especial de scheduling para processos na NORMAL_PRIORITY_CLASS. O Windows distingue o processo de foreground, selecionado correntemente na tela, dos processos de background que não estão correntemente selecionados. Quando um processo passa para foreground, o Windows aumenta o quantum do scheduling de acordo com algum fator — normalmente 3. Esse aumento dá ao processo de foreground três vezes mais tempo para ser executado antes da ocorrência de uma preempção de tempo compartilhado.

O Windows 7 introduziu o scheduling de modalidade de usuário (UMS — user-mode scheduling) que permite que as aplicações criem e gerenciem threads independentemente do kernel. Assim, uma aplicação pode criar e designar vários threads para execução sem envolver o scheduler do kernel do Windows. Para aplicações que criam um grande número de threads, organizar a execução de threads em modalidade de usuário é muito mais eficiente do que o scheduling de threads de modalidade de kernel, já que nenhuma intervenção do kernel é necessária.

Versões anteriores do Windows forneciam um recurso semelhante, conhecido como fibras, que permitia que vários threads de modalidade de usuário (fibras) fossem mapeados para um único thread do kernel. No entanto, as fibras tinham uso prático limitado. Uma fibra não podia fazer chamadas à API Windows porque todas as fibras tinham de compartilhar o bloco de ambiente do thread (TEB) do thread em que estavam sendo executadas. Isso apresentava um problema se uma função da API Windows inserisse informações de estado de uma fibra no TEB, apenas para ter as informações sobrepostas por uma fibra diferente. O UMS supera esse obstáculo fornecendo a cada thread de modalidade de usuário seu próprio contexto.

Além disso, diferente das fibras, o UMS não foi projetado para ser usado diretamente pelo programador. Os detalhes da criação de schedulers de modalidade de usuário podem ser muito desafiadores e o UMS não inclui um scheduler assim. Na verdade, os schedulers vêm das bibliotecas das linguagens de programação construídas acima do UMS. Por exemplo, a Mi-

	tempo real	alta	acima do normal	normal	abaixo do normal	prioridade ociosa
tempo crítico	31	15	15	15	15	15
mais alta	26	15	12	10	8	6
acima do normal	25	14	11	9	7	5
normal	24	13	10	8	6	4
abaixo do normal	23	12	9	7	5	3
mais baixa	22	11	8	6	4	2
ociosa	16	1	1	1	1	1

Figura 6.22 Prioridades de threads no Windows.

crosoft fornece o Concurrency Runtime (ConcRT), uma estrutura de programação concorrente para C++ projetada para o paralelismo baseado em tarefas (Seção 4.2) em processadores multicore. O ConcRT fornece um scheduler de modalidade de usuário junto com recursos para decomposição de programas em tarefas que podem então ser organizadas para execução nos núcleos de processamento disponíveis. Mais detalhes sobre o UMS podem ser encontrados na Seção 19.7.3.7.

6.7.3 Exemplo: Scheduling no Solaris

O Solaris usa o scheduling de threads baseado em prioridades. Cada thread pertence a uma das seis classes abaixo:

1. De tempo compartilhado (TS)
2. Interativa (IA)
3. De tempo real (RT)
4. De sistema (SYS)
5. De compartilhamento justo (FSS)
6. De prioridade fixa (FP)

Dentro de cada classe há diferentes prioridades e diferentes algoritmos de scheduling.

A classe de scheduling default para um processo é a de tempo compartilhado. A política de scheduling da classe de tempo compartilhado altera dinamicamente as prioridades e atribui parcelas de tempo de durações diferentes usando uma fila multiníveis com retroalimentação. Por default, há um relacionamento inverso entre prioridades e parcelas de tempo. Quanto mais alta a prioridade, menor a parcela de tempo; quanto menor a prioridade, maior a parcela de tempo. Normalmente os processos interativos têm prioridade mais alta, e processos limitados por CPU têm prioridade mais baixa. Essa política de scheduling fornece um bom tempo de resposta para processos interativos e um bom throughput para processos limitados por CPU. A classe interativa usa a mesma política de scheduling da classe de tempo compartilhado, mas dá às aplicações de janelas — como as criadas pelos gerenciadores de janelas do KDE ou GNOME — uma prioridade mais alta para melhorar o desempenho.

A Figura 6.23 mostra a tabela de despacho para o scheduling de threads de tempo compartilhado e interativos. Essas duas classes de scheduling incluem 60 níveis de prioridade; mas, para simplificar, abordamos apenas alguns. A tabela de despacho mostrada na Figura 6.23 contém os campos a seguir:

- **Prioridade.** A prioridade dependente da classe usada pelas classes de tempo compartilhado e interativa. Um número mais alto indica prioridade mais alta.
- **Quantum de tempo.** O quantum de tempo da prioridade associada ilustra o relacionamento inverso entre prioridades e quanta de tempo: a prioridade mais baixa (prioridade 0) tem o quantum de tempo mais alto (200 milissegundos), e a prioridade mais alta (prioridade 59) tem o quantum de tempo mais baixo (20 milissegundos).
- **Quantum de tempo expirado.** A nova prioridade de um thread que tenha usado seu quantum de tempo inteiro sem ser bloqueado. Esses threads são considerados CPU-intensivos. Como mostrado na tabela, esses threads têm suas prioridades diminuídas.
- **Retorno de suspensão.** A prioridade de um thread que está retornando da suspensão (por exemplo, da espera por I/O). Como a tabela ilustra, quando o I/O está disponível para um thread que está em espera, sua prioridade é elevada para entre 50 e 59, o que suporta a política de scheduling de fornecimento de um bom tempo de resposta para processos interativos.

Threads na classe de tempo real recebem a prioridade mais alta. Um processo de tempo real será executado antes de um processo de qualquer outra classe. Essa atribuição permite que um processo de tempo real tenha uma resposta garantida do sistema dentro de determinado período de tempo. Em geral, no entanto, poucos processos pertencem à classe de tempo real.

O Solaris usa a classe de sistema para executar threads do kernel, como o scheduler e o daemon de paginação. Uma vez

prioridade	quantum de tempo	quantum de tempo expirado	retorno da suspensão
0	200	0	50
5	200	0	50
10	160	0	51
15	160	5	51
20	120	10	52
25	120	15	52
30	80	20	53
35	80	25	54
40	40	30	55
45	40	35	56
50	40	40	58
55	40	45	58
59	20	49	59

Figura 6.23 Tabela de despacho no Solaris para threads de tempo compartilhado e interativos.

estabelecida, a prioridade de um thread do sistema não muda. A classe de sistema é reservada para uso do kernel (processos de usuário sendo executados em modalidade de kernel não estão na classe de sistema).

As classes de prioridade fixa e de compartilhamento justo foram introduzidas no Solaris 9. Threads na classe de prioridade fixa têm o mesmo intervalo de prioridades daqueles na classe de tempo compartilhado; no entanto, suas prioridades não são ajustadas dinamicamente. A classe de scheduling de compartilhamento justo usa cotas da CPU em vez de prioridades para tomar decisões de scheduling. As cotas da CPU indicam direitos a recursos disponíveis da CPU e são alocadas a um conjunto de processos (conhecido como um projeto).

Cada classe de scheduling inclui um conjunto de prioridades. No entanto, o scheduler converte as prioridades específicas da classe em prioridades globais e seleciona para execução o thread com a prioridade global mais alta. O thread selecionado é executado na CPU até (1) ser bloqueado, (2) usar sua porção de tempo ou (3) ser interceptado por um thread de prioridade mais alta. Se houver vários threads com a mesma prioridade, o scheduler usará uma fila round-robin. A Figura 6.24 ilustra como as seis classes de scheduling se relacionam umas com as outras e como é o seu mapeamento para prioridades globais. Observe que o kernel mantém dez threads para servir interrupções. Esses threads não pertencem a nenhuma classe de scheduling e são executados com a prioridade mais alta (160-169). Como mencionado, tradicionalmente o Solaris usava o modelo muitos-para-muitos (Seção 4.3.3), mas migrou para o modelo um-para-um (Seção 4.3.2) a partir do Solaris 9.

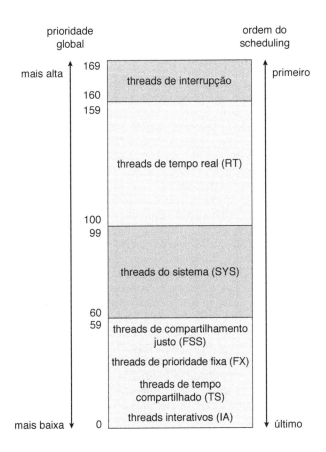

Figura 6.24 Scheduling no Solaris.

6.8 Avaliação de Algoritmos

Como selecionar um algoritmo de scheduling da CPU para um sistema específico? Como vimos na Seção 6.3, há muitos algoritmos de scheduling, cada um com seus próprios parâmetros. Logo, a seleção de um algoritmo pode ser difícil.

O primeiro problema é definir os critérios a serem usados na seleção de um algoritmo. Como vimos na Seção 6.2, os critérios são definidos com frequência em termos de utilização da CPU, tempo de resposta ou throughput. Para selecionar um algoritmo, primeiro devemos definir a importância relativa desses elementos. Nossos critérios podem incluir várias medidas, como essas:

- Maximização de utilização da CPU com a condição de que o tempo máximo de resposta seja de 1 segundo
- Maximização do throughput para que o tempo de turnaround seja (em média) linearmente proporcional ao tempo total de execução

Uma vez definidos os critérios de seleção, queremos avaliar os algoritmos que estão sendo considerados. A seguir, descrevemos os diversos métodos de avaliação que podemos usar.

6.8.1 Modelagem Determinística

Uma classe importante de métodos de avaliação é a avaliação analítica. A avaliação analítica usa o algoritmo dado e a carga de trabalho do sistema para produzir uma fórmula ou número que avalie o desempenho do algoritmo para essa carga de trabalho.

A modelagem determinística é um tipo de avaliação analítica. Esse método toma uma carga de trabalho predeterminada específica e define o desempenho de cada algoritmo para essa carga de trabalho. Por exemplo, suponha que tenhamos a carga de trabalho mostrada abaixo. Todos os cinco processos chegam no tempo 0, na ordem dada, com a duração do pico de CPU fornecida em milissegundos:

Processo	Duração do pico
P_1	10
P_2	29
P_3	3
P_4	7
P_5	12

Considere os algoritmos de scheduling FCFS, SJF e RR (quantum = 10 milissegundos) para esse conjunto de processos. Que algoritmo forneceria o tempo médio de espera mínimo?

Com o algoritmo FCFS, executaríamos os processos como descrito a seguir:

O tempo de espera é de 0 milissegundo para o processo P_1, 10 milissegundos para o processo P_2, 39 milissegundos para o processo P_3, 42 milissegundos para o processo P_4 e 49 milissegundos para o processo P_5. Portanto, o tempo médio de espera é de $(0 + 10 + 39 + 42 + 49)/5 = 28$ milissegundos.

Com o scheduling SJF sem preempção, executaríamos os processos como descrito a seguir:

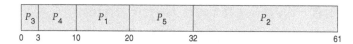

O tempo de espera é de 10 milissegundos para o processo P_1, 32 milissegundos para o processo P_2, 0 milissegundo para o processo P_3, 3 milissegundos para o processo P_4 e 20 milissegundos para o processo P_5. Logo, o tempo médio de espera é de $(10 + 32 + 0 + 3 + 20)/5 = 13$ milissegundos.

Com o algoritmo RR, executaríamos os processos como descrito abaixo:

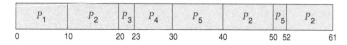

O tempo de espera é de 0 milissegundo para o processo P_1, 32 milissegundos para o processo P_2, 20 milissegundos para o processo P_3, 23 milissegundos para o processo P_4 e 40 milissegundos para o processo P_5. Logo, o tempo médio de espera é de $(0 + 32 + 20 + 23 + 40)/5 = 23$ milissegundos.

Podemos ver que, nesse caso, o tempo médio de espera obtido com a política SJF é menor do que metade do obtido com o scheduling FCFS; o algoritmo RR nos dá um valor intermediário.

A modelagem determinística é simples e rápida. Ela fornece números exatos e nos permite comparar os algoritmos. No entanto, ela requer números exatos como entrada, e suas respostas são aplicáveis somente a esses casos. Os principais usos da modelagem determinística são na descrição de algoritmos de scheduling e no fornecimento de exemplos. Em casos em que estamos executando o mesmo programa repetidamente e podemos medir exatamente os requisitos de processamento do programa, podemos usar a modelagem determinística para selecionar um algoritmo de scheduling. Além disso, a partir de um conjunto de exemplos, a modelagem determinística pode indicar tendências que podem então ser analisadas e comprovadas separadamente. Por exemplo, pode ser demonstrado que, para o ambiente descrito (todos os processos e seus tempos disponíveis no tempo 0), a política SJF sempre resultará no tempo de espera mínimo.

6.8.2 Modelos de Enfileiramento

Em muitos sistemas, os processos que são executados variam a cada dia e, portanto, não há um conjunto estático de processos (ou tempos) para serem usados na modelagem determinística. Porém, o que pode ser determinado é a distribuição de picos de CPU e de I/O. Essas distribuições podem ser medidas e então aproximadas ou simplesmente estimadas. O resultado é uma fórmula matemática que descreve a probabilidade de ocorrência de um pico de CPU específico. Normalmente, essa distribuição é exponencial e descrita por sua média. Da mesma forma, podemos descrever a distribuição dos tempos em que os processos chegam ao sistema (a distribuição de tempos de chegada). A partir dessas duas distribuições, é possível calcular a média de throughput, utilização, tempo de espera etc., para a maioria dos algoritmos.

O sistema de computação é descrito como uma rede de servidores. Cada servidor tem uma fila de processos em espera. A CPU é um servidor com sua fila de prontos, da mesma forma que o sistema de I/O com suas filas de dispositivos. Conhecendo as taxas de chegada e as taxas de serviço, podemos calcular a utilização, o tamanho médio da fila, o tempo médio de espera, e assim por diante. Essa área de estudo é chamada de análise de redes de enfileiramento.

Como exemplo, digamos que n seja o tamanho médio da fila (excluindo o processo que está sendo executado), W seja o tempo médio de espera na fila e λ seja a taxa média de chegada de novos processos na fila (por exemplo, três processos por segundo). Esperamos que durante o tempo W de espera de um processo, $\lambda \times W$ novos processos cheguem à fila. Se o sistema está em um estado estável, então o número de processos que estão deixando a fila deve ser igual ao número de processos que chegam. Assim,

$$n = \lambda \times W.$$

Essa equação, conhecida como **fórmula de Little**, é particularmente útil porque é válida para qualquer algoritmo de scheduling e distribuição de chegada.

Podemos usar a fórmula de Little para calcular uma das três variáveis, se conhecermos as outras duas. Por exemplo, se soubermos que 7 processos chegam a cada segundo (em média) e que normalmente há 14 processos na fila, então podemos calcular o tempo médio de espera por processo como de 2 segundos.

A análise de enfileiramento pode ser útil na comparação de algoritmos de scheduling, mas também tem limitações. No momento, as classes de algoritmos e distribuições que podem ser manipuladas são bastante limitadas. A matemática de algoritmos e distribuições complicados pode ser difícil de tratar. Portanto, distribuições de chegada e de serviço são definidas com frequência de maneiras tratáveis matematicamente — mas pouco realistas. Também é em geral necessário fazer várias suposições independentes que podem não ser precisas. Como resultado dessas dificuldades, os modelos de enfileiramento costumam ser apenas aproximações de sistemas reais, e a precisão dos resultados calculados pode ser questionável.

6.8.3 Simulações

Para obter uma avaliação mais precisa dos algoritmos de scheduling, podemos usar simulações. A execução de simulações envolve a programação de um modelo do sistema de computação. Estruturas de dados de software representam os principais componentes do sistema. O simulador tem uma variável que representa um relógio. À medida que o valor dessa variável é aumentado, o simulador modifica o estado do sistema para refletir as atividades dos dispositivos, dos processos e do scheduler. Quando a simulação é executada, estatísticas que indicam o desempenho do algoritmo são coletadas e exibidas.

Os dados que dirigem a simulação podem ser gerados de várias maneiras. O método mais comum usa um gerador de números aleatórios que é programado para gerar processos, durações de picos de CPU, chegadas, saídas e assim por diante, de acordo com distribuições probabilísticas. As distribuições podem ser definidas matematicamente (uniforme, exponencial, de Poisson) ou empiricamente. Se uma distribuição precisa ser definida empiricamente, medidas do sistema real em estudo são coletadas. Os resultados definem a distribuição de eventos no sistema real; essa distribuição pode então ser usada para orientar a simulação.

No entanto, uma simulação dirigida por distribuição pode ser imprecisa por causa dos relacionamentos entre eventos sucessivos no sistema real. A distribuição da frequência indica apenas quantas instâncias de cada evento ocorrem; ela não indica coisa alguma sobre a ordem de sua ocorrência. Para corrigir esse problema podemos usar **fitas de rastreamento**. Criamos uma fita de rastreamento monitorando o sistema real e registrando a sequência de eventos reais (Figura 6.25). Em seguida,

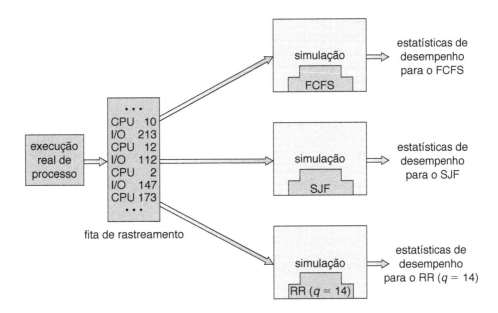

Figura 6.25 Avaliação de schedulers da CPU por simulação.

usamos essa sequência para dirigir a simulação. As fitas de rastreamento fornecem um excelente método para comparar dois algoritmos sobre exatamente o mesmo conjunto de entradas reais. Esse método pode produzir resultados precisos para suas entradas.

As simulações podem ser dispendiosas, com frequência demandando horas do tempo de computação. Uma simulação mais detalhada fornece resultados mais precisos, porém também consome mais tempo de computação. Além disso, as fitas de rastreamento podem requerer grandes montantes de espaço de armazenamento. Para concluir, pode ser uma tarefa árdua projetar, codificar e depurar o simulador.

6.8.4 Implementação

Até mesmo uma simulação tem precisão limitada. A única maneira totalmente precisa para avaliar um algoritmo de scheduling é codificá-lo, inseri-lo no sistema operacional e ver como ele funciona. Essa abordagem insere o algoritmo real no sistema real para avaliação sob condições operacionais reais.

A principal dificuldade dessa abordagem é o alto custo. O custo está relacionado não só com a codificação do algoritmo e a modificação do sistema operacional para que o suporte (junto com as estruturas de dados requeridas), mas também à reação dos usuários a um sistema operacional em constante mudança. A maioria dos usuários não está interessada na construção de um sistema operacional melhor; eles querem simplesmente ter seus processos executados e usar seus resultados. Um sistema operacional em constante mudança não ajuda os usuários a realizar seus trabalhos.

Outra dificuldade é que o ambiente em que o algoritmo é usado mudará. O ambiente mudará não apenas da forma usual, conforme novos programas forem escritos e os tipos de problemas mudarem, mas também como resultado do desempenho do scheduler. Se processos curtos recebem prioridade, os usuários podem dividir processos mais longos em conjuntos de processos menores. Se processos interativos recebem prioridade sobre processos não interativos, os usuários podem passar ao uso interativo.

Por exemplo, pesquisadores projetaram um sistema que classificava automaticamente processos interativos e não interativos, examinando o montante de I/O nos terminais. Se um processo não recebia entradas de um terminal ou dava saída em um terminal em um intervalo de 1 segundo, era classificado como não interativo e transferido para uma fila de prioridade mais baixa. Em resposta a essa política, um programador modificou seus programas para exibirem um caractere arbitrário no terminal em intervalos regulares de menos de 1 segundo. O sistema deu a esses programas uma prioridade alta, ainda que a saída no terminal não tivesse significado algum.

Os algoritmos de scheduling mais flexíveis são aqueles que podem ser alterados pelos administradores do sistema ou pelos usuários para que possam ser ajustados a uma aplicação ou a um conjunto de aplicações específico. Uma estação de trabalho que execute aplicações gráficas de ponta, por exemplo, pode ter necessidades de scheduling diferentes das de um servidor web ou um servidor de arquivos. Alguns sistemas operacionais — principalmente várias versões do UNIX — permitem que o administrador do sistema ajuste os parâmetros de scheduling para uma configuração de sistema específica. Por exemplo, o Solaris fornece o comando `dispadmin` para permitir que o administrador do sistema modifique os parâmetros das classes de scheduling descritas na Seção 6.7.3.

Outra abordagem é o uso de APIs que possam modificar a prioridade de um processo ou thread. As APIs Java, POSIX e Windows fornecem essas funções. A desvantagem dessa abordagem é que o ajuste do desempenho de um sistema ou aplicação quase nunca resulta em melhoria do desempenho em situações mais genéricas.

6.9 Resumo

O scheduling da CPU é a tarefa de selecionar um processo em espera na fila de prontos e alocar a CPU a ele. A CPU é alocada ao processo selecionado pelo despachante.

O scheduling "primeiro-a-chegar, primeiro-a-ser-atendido" (FCFS) é o algoritmo de scheduling mais simples, mas pode fazer com que processos curtos tenham de esperar por processos muito longos. O scheduling "menor-job-primeiro" (SJF) é comprovadamente ótimo, fornecendo o tempo médio de espera mais curto. A implementação do scheduling SJF é difícil, no entanto, porque é complicado prever a duração do próximo pico de CPU. O algoritmo SJF é um caso especial do algoritmo geral de scheduling por prioridades que simplesmente aloca a CPU ao processo de prioridade mais alta. Tanto o scheduling por prioridades quanto o scheduling SJF podem sofrer de inanição. O envelhecimento é uma técnica que impede a inanição.

O scheduling round-robin (RR) é mais apropriado para um sistema de tempo compartilhado (interativo). O scheduling RR aloca a CPU ao primeiro processo na fila de prontos durante q unidades de tempo, em que q é o quantum de tempo. Após q unidades de tempo, se o processo não tiver abandonado a CPU, ele é interceptado e inserido na cauda da fila de prontos. O principal problema é a seleção do quantum de tempo. Se o quantum é longo demais, o scheduling RR degenera para o scheduling FCFS. Se o quantum é muito curto, o overhead do scheduling, na forma de tempo de mudança de contexto, torna-se excessivo.

O algoritmo FCFS não tem preempção; o algoritmo RR tem preempção. Os algoritmos SJF e por prioridades podem ou não ter preempção.

Os algoritmos de filas multiníveis permitem que diferentes algoritmos sejam usados para diferentes classes de processos. O modelo mais comum inclui uma fila interativa de foreground que usa o scheduling RR e uma fila batch de background que usa o scheduling FCFS. As filas multiníveis com retroalimentação permitem que os processos migrem de uma fila para outra.

Muitos sistemas de computação contemporâneos dão suporte a múltiplos processadores e permitem que cada processador faça o seu próprio scheduling independentemente. Normalmente, cada processador mantém sua própria fila privada de processos (ou threads), todos disponíveis para execução. Questões adicionais relacionadas com o scheduling com múltiplos processadores incluem a afinidade com o processador, o balanceamento de carga e o processamento multicore.

Um sistema de computação de tempo real requer que os resultados cheguem dentro de determinado limite de tempo; resultados que chegam após o limite de tempo são inúteis. Sistemas de tempo real crítico devem garantir que tarefas de tempo real sejam atendidas dentro do limite de tempo. Sistemas de tempo real não crítico são menos restritivos, atribuindo a tarefas de tempo real uma prioridade de scheduling mais alta do que a de outras tarefas.

Os algoritmos de scheduling de tempo real incluem o scheduling de taxa monotônica e o do limite-de-tempo-mais-cedo-primeiro. O scheduling de taxa monotônica atribui a tarefas que precisem da CPU com mais frequência uma prioridade mais alta do que a de tarefas que precisem da CPU com menos frequência. O scheduling do limite-de-tempo-mais-cedo-primeiro atribui prioridades de acordo com o vencimento dos limites de tempo — quanto mais cedo o limite de tempo, maior a prioridade. O scheduling de cotas proporcionais divide o tempo do processador em cotas e atribui a cada processo um número de cotas, garantindo assim a cada processo uma cota proporcional de tempo da CPU. A API POSIX Pthreads também fornece vários recursos para o scheduling de threads de tempo real.

Os sistemas operacionais que suportam threads no nível do kernel devem designar threads — e não processos — para execução. É esse o caso do Solaris e do Windows. Esses dois sistemas designam threads para execução usando algoritmos de scheduling baseados em prioridades com preempção e incluem o suporte a threads de tempo real. O scheduler de processos do Linux também usa um algoritmo baseado em prioridades com suporte a tempo real. Os algoritmos de scheduling desses três sistemas operacionais normalmente favorecem os processos interativos sobre os processos limitados por CPU.

A grande variedade de algoritmos de scheduling demanda o uso de métodos para selecionar um deles. Os métodos analíticos usam análise matemática para determinar o desempenho de um algoritmo. Os métodos de simulação determinam o desempenho emulando o algoritmo de scheduling em uma amostra de processos "representativa" e calculando o desempenho resultante. No entanto, a simulação pode fornecer no máximo uma aproximação do desempenho do sistema real. A única técnica confiável para a avaliação de um algoritmo de scheduling é implementar o algoritmo em um sistema real e monitorar o seu desempenho em um ambiente do "mundo real".

Exercícios Práticos

6.1 Um algoritmo de scheduling da CPU determina uma ordem para a execução dos processos incluídos no schedule. Dados n processos a serem designados para execução em um processador, quantos schedules diferentes são possíveis? Forneça uma fórmula em função de n.

6.2 Explique a diferença entre scheduling com preempção e sem preempção.

6.3 Suponha que os processos a seguir cheguem para execução nos tempos indicados. Cada processo será executado durante o montante de tempo listado. Ao responder as perguntas, use o scheduling sem preempção e baseie todas as decisões nas informações disponíveis no momento em que a decisão deve ser tomada.

Processo	Tempo de Chegada	Duração do Pico
P_1	0,0	8
P_2	0,4	4
P_3	1,0	1

a. Qual é o tempo médio de turnaround desses processos com o algoritmo de scheduling FCFS?

b. Qual é o tempo médio de turnaround desses processos com o algoritmo de scheduling SJF?

c. O algoritmo SJF deveria melhorar o desempenho, mas observe que optamos por executar o processo P_1 no tempo 0 porque não sabíamos que dois processos mais curtos estavam para chegar. Calcule qual será o tempo médio de turnaround se a CPU for deixada ociosa durante a primeira unidade de tempo 1 para então o scheduling SJF ser usado. Lembre-se de que os processos P_1 e P_2 estão esperando durante esse tempo ocioso e, portanto, seu tempo de espera pode aumentar. Esse algoritmo poderia ser chamado scheduling do conhecimento futuro.

6.4 Qual a vantagem de termos tamanhos diferentes para o quantum de tempo em níveis diferentes de um sistema de enfileiramento multinível?

6.5 Muitos algoritmos de scheduling da CPU são parametrizados. Por exemplo, o algoritmo RR requer um parâmetro para indicar a parcela de tempo. Filas multiníveis com retroalimentação requerem parâmetros para definir o número de filas, o algoritmo de scheduling de cada fila, os critérios usados para mover processos entre as filas, e assim por diante.

Esses algoritmos são na verdade conjuntos de algoritmos (por exemplo, o conjunto de algoritmos RR para todas as parcelas de tempo etc.). Um conjunto de algoritmos pode incluir outro (o algoritmo FCFS, por exemplo, é o algoritmo RR com um quantum de tempo infinito). Que relação existe (se existe alguma) entre os pares de conjuntos de algoritmos a seguir?

a. De prioridades e SJF
b. Filas multiníveis com retroalimentação e FCFS
c. Por prioridades e FCFS
d. RR e SJF

6.6 Suponha que um algoritmo de scheduling (no nível do scheduling da CPU de curto prazo) favoreça os processos que usaram o menor tempo do processador no passado recente. Por que esse algoritmo favorecerá programas limitados por I/O e não deixará ao mesmo tempo os programas limitados por CPU em estado permanente de inanição?

6.7 Explique a diferença entre scheduling PCS e SCS.

6.8 Suponha que um sistema operacional mapeie threads de nível de usuário para o kernel usando o modelo muitos-para-muitos e que o mapeamento seja feito através do uso de LWPs. Além disso, o sistema permite que os desenvolvedores de programas criem threads de tempo real. É necessário vincular um thread de tempo real a um LWP?

6.9 O scheduler tradicional do UNIX impõe um relacionamento inverso entre números de prioridade e prioridades: quanto mais alto o número, menor a prioridade. O scheduler recalcula as prioridades dos processos uma vez por segundo usando a função a seguir:

Prioridade = (uso recente da CPU / 2) + base

em que base = 60 e *uso recente da CPU* refere-se a um valor indicando a frequência com que um processo usou a CPU desde que as prioridades foram recalculadas pela última vez.

Suponha que o uso recente da CPU seja 40 para o processo P_1, 18 para o processo P_2 e 10 para o processo P_3. Quais serão as novas prioridades para esses três processos quando as prioridades forem recalculadas? Com base nessas informações, o scheduler tradicional do UNIX elevará ou rebaixará a prioridade relativa de um processo limitado por CPU?

Exercícios

6.10 Por que é importante que o scheduler diferencie programas limitados por I/O de programas limitados por CPU?

6.11 Discuta como os pares de critérios de scheduling a seguir entram em conflito em certas configurações.

a. Utilização da CPU e tempo de resposta
b. Tempo médio de turnaround e tempo máximo de espera
c. Utilização de dispositivos de I/O e utilização da CPU

6.12 Uma técnica para a implementação do **scheduling lotérico** (*lottery scheduling*) funciona designando cupons de loteria aos processos, usados para a alocação do tempo da CPU. Sempre que uma decisão de scheduling tem de ser tomada, um cupom de loteria é selecionado aleatoriamente, e o processo que mantém o cupom assume a CPU. O sistema operacional BTV implementa o scheduling lotérico fazendo um sorteio 50 vezes a cada segundo, com cada vencedor recebendo 20 milissegundos de tempo da CPU (20 milissegundos × 50 = 1 segundo). Descreva como o scheduler do BTV pode assegurar que threads de prioridade mais alta recebam mais atenção da CPU do que threads de prioridade mais baixa.

6.13 No Capítulo 5, discutimos condições de corrida que podem ocorrer em várias estruturas de dados do kernel. A maioria dos algoritmos de scheduling mantém uma fila de execução, que lista os processos elegíveis para execução em um processador. Em sistemas multicore, existem duas opções gerais: (1) cada núcleo de processamento tem sua própria fila de execução, ou (2) uma única fila de execução é compartilhada por todos os núcleos de processamento. Quais são as vantagens e desvantagens de cada abordagem?

6.14 Considere a fórmula de média exponencial usada para prever a duração do próximo pico de CPU. Quais são as implicações da atribuição dos valores a seguir aos parâmetros usados pelo algoritmo?

a. $\alpha = 0$ e $\tau_0 = 100$ milissegundos
b. $\alpha = 0,99$ e $\tau_0 = 10$ milissegundos

6.15 Uma variação do scheduler round-robin é o scheduler **round-robin regressivo**. Esse scheduler atribui a cada processo um quantum de tempo e uma prioridade. O valor inicial de um quantum de tempo é de 50 milissegundos. No entanto, sempre que um processo assume a CPU e usa todo o seu quantum de tempo (não é bloqueado para I/O), 10 milissegundos são adicionados ao quantum de tempo, e o nível de prioridade é aumentado. (O quantum de tempo de um processo pode ser aumentado até um máximo de 100 milissegundos.) Quando um processo é bloqueado antes de usar todo o seu quantum de tempo, esse é reduzido em 5 milissegundos, mas a prioridade permanece a mesma. Que tipo de processo (limitado por CPU ou limitado por I/O) o scheduler round-robin regressivo favorece? Explique.

6.16 Considere o conjunto de processos a seguir, com a duração do pico de CPU dada em milissegundos:

Processo	Duração do Pico	Prioridade
P_1	2	2
P_2	1	1
P_3	8	4
P_4	4	2
P_5	5	3

Presume-se que os processos tenham chegado na ordem P_1, P_2, P_3, P_4, P_5, todos no tempo 0.

a. Desenhe quatro gráficos de Gantt que ilustrem a execução desses processos usando os algoritmos de scheduling a seguir: FCFS, SJF, por prioridades sem preempção (um número de prioridade maior implica prioridade mais alta), e RR (quantum = 2).

b. Qual é o tempo de turnaround de cada processo para cada um dos algoritmos de scheduling do item a?

c. Qual é o tempo de espera de cada processo para cada um desses algoritmos de scheduling?

d. Qual dos algoritmos resulta no tempo médio de espera mínimo (para todos os processos)?

6.17 Os processos a seguir estão sendo organizados para execução com o uso de um algoritmo de scheduling round-robin com preempção. Cada processo recebe uma prioridade numérica, com um número maior indicando uma prioridade relativa mais alta. Além dos processos listados a seguir, o sistema também tem uma *tarefa ociosa* (que não consome recursos da CPU e é identificada como P_{ociosa}). Essa tarefa tem prioridade 0 e é designada para execução, sempre que o sistema não tem outro processo disponível para executar. A duração de um quantum de tempo é de 10 unidades. Quando um processo é interceptado por outro de prioridade mais alta, o processo interceptado é inserido no fim da fila.

Thread	Prioridade	Pico	Chegada
P_1	40	20	0
P_2	30	25	25
P_3	30	25	30
P_4	35	15	60
P_5	5	10	100
P_6	10	10	105

a. Mostre a ordem de scheduling dos processos usando um gráfico de Gantt.

b. Qual é o tempo de turnaround para cada processo?

c. Qual é o tempo de espera para cada processo?

d. Qual é a taxa de utilização da CPU?

6.18 O comando nice é usado para estabelecer o valor refinado de um processo no Linux e em outros sistemas UNIX. Explique por que alguns sistemas permitem que qualquer usuário atribua a um processo um valor refinado > = 0, mas apenas o usuário raiz atribua valores refinados < 0.

6.19 Qual dos algoritmos de scheduling a seguir poderia resultar em inanição?

a. Primeiro-a-chegar, primeiro-a-ser-atendido
b. Menor-job-primeiro
c. Round-robin
d. Por prioridades

6.20 Considere uma variante do algoritmo de scheduling RR em que as entradas na fila de prontos são ponteiros para os PCBs.

a. Qual seria o efeito de inserir dois ponteiros para o mesmo processo na fila de prontos?

b. Quais seriam duas vantagens e duas desvantagens relevantes desse esquema?

c. Como você modificaria o algoritmo RR básico para obter o mesmo efeito sem os ponteiros duplicados?

6.21 Considere um sistema executando dez tarefas limitadas por I/O e uma tarefa limitada por CPU. Suponha que as tarefas limitadas por I/O emitam uma operação de I/O a cada milissegundo de computação da CPU e que cada operação de I/O leve 10 milissegundos para ser concluída. Suponha também que o overhead da mudança de contexto seja de 0,1 milissegundo e que todos os processos sejam tarefas de execução longa. Descreva a utilização da CPU para um scheduler round-robin quando:

a. O quantum de tempo é de 1 milissegundo
b. O quantum de tempo é de 10 milissegundos

6.22 Considere um sistema que implemente o scheduling de filas multiníveis. Que estratégia um usuário do computador pode empregar para maximizar o montante de tempo de CPU alocado ao seu processo?

6.23 Considere um algoritmo de scheduling por prioridades com preempção baseado na alteração dinâmica das prioridades. Números de prioridade mais altos implicam prioridade mais alta. Quando um processo está esperando pela CPU (na fila de prontos, sem ser executado), sua prioridade muda a uma taxa α. Quando ele está sendo executado, sua prioridade muda a uma taxa β. Todos os processos recebem uma prioridade igual a 0 quando entram na fila de prontos. Os parâmetros α e β podem ser posicionados de modo a fornecer vários algoritmos de scheduling diferentes.

a. Qual é o algoritmo que resulta de $\beta > \alpha > 0$?
b. Qual é o algoritmo que resulta de $\alpha < \beta < 0$?

6.24 Explique as diferenças no grau de atuação dos seguintes algoritmos de scheduling em favor de processos curtos:

a. FCFS
b. RR
c. Filas multiníveis com retroalimentação

6.25 Usando o algoritmo de scheduling do Windows, determine a prioridade numérica de cada um dos threads abaixo:

a. Um thread na REALTIME_PRIORITY_CLASS com prioridade relativa NORMAL
b. Um thread na ABOVE_NORMAL_PRIORITY_CLASS com prioridade relativa HIGHEST
c. Um thread na BELOW_NORMAL_PRIORITY_CLASS com prioridade relativa ABOVE_NORMAL

6.26 Supondo que nenhum thread pertença à REALTIME_PRIORITY_CLASS nem possa receber prioridade TIME_CRITICAL, que combinação de classe de prioridade e prioridade corresponde à prioridade relativa mais alta possível no scheduling do Windows?

6.27 Considere o algoritmo de scheduling do sistema operacional Solaris para threads de tempo compartilhado.

a. Qual é o quantum de tempo (em milissegundos) de um thread com prioridade 15? E com prioridade 40?

b. Suponha que um thread com prioridade 50 tenha usado todo o seu quantum de tempo sem sofrer bloqueio. Que nova prioridade o scheduler atribuirá a esse thread?

c. Suponha que um thread com prioridade 20 seja bloqueado para I/O antes de seu quantum de tempo expirar. Que nova prioridade o scheduler atribuirá a esse thread?

6.28 Suponha que duas tarefas A e B estejam sendo executadas em um sistema Linux. Os valores refinados de A e B são −5 e +5, respectivamente. Usando o scheduler CFS como base, descreva como os valores respectivos de `vruntime` variam entre os dois processos, dados os cenários a seguir:

- Tanto A quanto B são limitados por CPU.
- A é limitado por I/O, e B é limitado por CPU.
- A é limitado por CPU, e B é limitado por I/O.

6.29 Discuta maneiras pelas quais o problema de inversão de prioridades poderia ser resolvido em um sistema de tempo real. Discuta também se as soluções poderiam ser implementadas dentro do contexto de um scheduler de cotas proporcionais.

6.30 Sob que circunstâncias o scheduling de taxa monotônica é inferior ao scheduling de limite-de-tempo-mais-cedo-primeiro para o cumprimento de limites de tempo associados a processos?

6.31 Considere dois processos, P_1 e P_2, em que $p_1 = 50$, $t_1 = 25$, $p_2 = 75$ e $t_2 = 30$.

　a. Esses dois processos podem ser organizados para execução com o uso do scheduling de taxa monotônica? Ilustre sua resposta usando um gráfico de Gantt como os das Figuras 6.16 a 6.19.

　b. Ilustre o scheduling desses dois processos usando o scheduling do limite-de-tempo-mais-cedo-primeiro (EDF).

6.32 Explique por que os tempos de latência de interrupção e de despacho devem ser limitados em um sistema de tempo real crítico.

Notas Bibliográficas

Filas com retroalimentação foram implementadas originalmente no sistema CTSS descrito em [Corbato et al. (1962)]. Esse sistema de scheduling de filas com retroalimentação foi analisado por [Schrage (1967)]. O algoritmo de scheduling de prioridades com preempção do Exercício 6.23 foi sugerido por [Kleinrock (1975)]. Os algoritmos de scheduling para sistemas de tempo real crítico, como o scheduling de taxa monotônica e o scheduling do limite-de-tempo-mais-cedo-primeiro, são apresentados em [Liu e Layland (1973)].

[Anderson et al. (1989)], [Lewis e Berg (1998)] e [Philbin et al. (1996)] discutem o scheduling de threads. O scheduling multicore é examinado em [McNairy e Bhatia (2005)] e [Kongetira et al. (2005)].

[Fisher (1981)], [Hall et al. (1996)] e [Lowney et al. (1993)] descrevem técnicas de scheduling que levam em consideração informações relacionadas com os tempos de execução de processos em execuções anteriores.

Schedulers de compartilhamento justo são abordados por [Henry (1984)], [Woodside (1986)] e [Kay e Lauder (1988)].

Políticas de scheduling usadas no sistema operacional UNIX V são descritas por [Bach (1987)]; as do UNIX FreeBSD 5.2 são apresentadas por [McKusick e Neville-Neil (2005)]; e as do sistema operacional Mach são discutidas por [Black (1990)]. [Love (2010)] e [Mauerer (2008)] abordam o scheduling no Linux. [Faggioli et al. (2009)] discutem a inclusão de um scheduler EDF no kernel do Linux. Detalhes do scheduler ULE podem ser encontrados em [Roberson (2003)]. O scheduling do Solaris é descrito por [Mauro e McDougall (2007)]. [Russinovich e Solomon (2009)] discutem o scheduling dentro do Windows. [Butenhof (1997)] e [Lewis e Berg (1998)] descrevem o scheduling em sistemas Pthreads. [Siddha et al. (2007)] discutem os desafios do scheduling em sistemas multicore.

Bibliografia

[Anderson et al. (1989)] T. E. Anderson, E. D. Lazowska e H. M. Levy, "The Performance Implications of Thread Management Alternatives for Shared-Memory Multiprocessors", *IEEE Transactions on Computers*, volume 38, número 12 (1989), páginas 1631-1644.

[Bach (1987)] M. J. Bach, *The Design of the UNIX Operating System*, Prentice Hall (1987).

[Black (1990)] D. L. Black, "Scheduling Support for Concurrency and Parallelism in the Mach Operating System", *IEEE Computer*, volume 23, número 5 (1990), páginas 35-43.

[Butenhof (1997)] D. Butenhof, *Programming with POSIX Threads*, Addison-Wesley (1997).

[Corbato et al. (1962)] F. J. Corbato, M. Merwin-Dagget e R. C. Daley, "An Experimental Time-Sharing System", *Proceedings of the AFIPS Fall Joint Computer Conference* (1962), páginas 335-344.

[Faggioli et al. (2009)] D. Faggioli, F. Checconi, M. Trimarchi e C. Scordino, "An EDF scheduling class for the Linux kernel", *Proceedings of the 11th Real-Time Linux Workshop* (2009).

[Fisher (1981)] J. A. Fisher, "Trace Scheduling: A Technique for Global Microcode Compaction", *IEEE Transactions on Computers*, volume 30, número 7 (1981), páginas 478-490.

[Hall et al. (1996)] L. Hall, D. Shmoys e J. Wein, "Scheduling To Minimize Average Completion Time: Off-line and On-line Algorithms", *SODA: ACM-SIAM Symposium on Discrete Algorithms* (1996).

[Henry (1984)] G. Henry, "The Fair Share Scheduler", *AT&T Bell Laboratories Technical Journal* (1984).

[Kay e Lauder (1988)] J. Kay e P. Lauder, "A Fair Share Scheduler", *Communications of the ACM*, volume 31, número 1 (1998), páginas 44-55.

[Kleinrock (1975)] L. Kleinrock, *Queueing Systems, Volume II: Computer Applications*, Wiley-Interscience (1975).

[Kongetira et al. (2005)] P. Kongetira, K. Aingaran e K. Olukotun, "Niagara: A 32-Way Multithreaded SPARC Processor", *IEEE Micro Magazine*, volume 25, número 2 (2005), páginas 21-29.

[Lewis e Berg (1998)] B. Lewis e D. Berg, *Multithreaded Programming with Pthreads*, Sun Microsystems Press (1998).

[Liu e Layland (1973)] C. L. Liu e J. W. Layland, "Scheduling Algorithms for Multiprogramming in a Hard Real-Time Environment", *Communications of the ACM*, volume 20, número 1 (1973), páginas 46-61.

[Love (2010)] R. Love, *Linux Kernel Development*, terceira edição, Developer's Library (2010).

[Lowney et al. (1993)] P. G. Lowney, S. M. Freudenberger, T. J. Karzes, W. D. Lichtenstein, R. P. Nix, J. S. O'Donnell e J. C. Ruttenberg, "The Multiflow Trace Scheduling Compiler", *Journal of Supercomputing*, volume 7, números 1-2 (1993), páginas 51-142.

[Mauerer (2008)] W. Mauerer, *Professional Linux Kernel Architecture*, John Wiley and Sons (2008).

[Mauro e McDougall (2007)] J. Mauro e R. McDougall, *Solaris Internals: Core Kernel Architecture*, Prentice Hall (2007).

[McKusick e Neville-Neil (2005)] M. K. McKusick e G. V. Neville-Neil, *The Design and Implementation of the FreeBSD UNIX Operating System*, Addison Wesley (2005).

[McNairy e Bhatia (2005)] C. McNairy e R. Bhatia, "Montecito: A Dual-Core, Dual-Threaded Itanium Processor", *IEEE Micro Magazine*, volume 25, número 2 (2005), páginas 10-20.

[Philbin et al. (1996)] J. Philbin, J. Edler, O. J. Anshus, C. G. Douglas e K. Li, "Thread Scheduling for Cache Locality",

Architectural Support for Programming Languages and Operating Systems (1996), páginas 60-71.

[Roberson (2003)] J. Roberson, "ULE: A Modern Scheduler For FreeBSD", *Proceedings of the USENIX BSDCon Conference* (2003), páginas 17-28.

[Russinovich e Solomon (2009)] M. E. Russinovich e D. A. Solomon, *Windows Internals: Including Windows Server 2008 and Windows Vista*, quinta edição, Microsoft Press (2009).

[Schrage (1967)] L. E. Schrage, "The Queue M/G/I with Feedback to Lower Priority Queues", *Management Science*, volume 13, (1967), páginas 466-474.

[Siddha et al. (2007)] S. Siddha, V. Pallipadi e A. Mallick, "Process Scheduling Challenges in the Era of Multi-Core Processors", *Intel Technology Journal*, volume 11, número 4 (2007).

[Woodside (1986)] C. Woodside, "Controllability of Computer Performance Tradeoffs Obtained Using Controlled-Share Queue Schedulers", *IEEE Transactions on Software Engineering*, volume SE-12, número 10 (1986), páginas 1041-1048.

CAPÍTULO 7

Deadlocks

Em um ambiente de multiprogramação, vários processos podem competir por um número finito de recursos. Um processo solicita recursos; se os recursos não estão disponíveis naquele momento, o processo entra em estado de espera. Em alguns casos, um processo em espera não consegue mais mudar de estado novamente porque os recursos que ele solicitou estão reservados para outros processos em espera. Essa situação é chamada deadlock. Discutimos essa questão brevemente no Capítulo 5 em conexão com os semáforos.

Talvez a melhor ilustração de um deadlock possa ser extraída de uma lei outorgada pela legislatura do Kansas no início do século XX. Ela dizia, em parte: "Quando dois trens se aproximam um do outro em um cruzamento, ambos devem parar completamente e nenhum dos dois deve ser posto em marcha novamente até que o outro tenha partido."

Neste capítulo, descrevemos os métodos que um sistema operacional pode usar para evitar ou manipular deadlocks. Embora algumas aplicações consigam identificar programas que podem entrar em deadlock, os sistemas operacionais normalmente não fornecem recursos para prevenção de deadlocks, e continua sendo responsabilidade dos programadores assegurar que o projeto de seus programas seja livre de deadlocks. Os problemas dos deadlocks vão se tornar cada vez mais comuns, dadas as tendências atuais, incluindo o maior número de processos, programas multithreaded, muito mais recursos dentro de um sistema e a ênfase em servidores de arquivos e banco de dados de vida útil longa em vez de sistemas batch.

OBJETIVOS DO CAPÍTULO

- Desenvolver uma descrição dos deadlocks que impedem que conjuntos de processos concorrentes completem suas tarefas.
- Apresentar vários métodos diferentes que impeçam ou evitem deadlocks em um sistema de computação.

7.1 Modelo de Sistema

Um sistema é composto por um número finito de recursos a serem distribuídos entre vários processos competidores. Os recursos podem ser divididos em vários tipos (ou classes), cada um composto por determinado número de instâncias idênticas. Ciclos de CPU, arquivos e dispositivos de I/O (como impressoras e drives de DVD) são exemplos de tipos de recursos. Se um sistema tem duas CPUs, então o tipo de recurso *CPU* tem duas instâncias. Da mesma forma, o tipo de recurso *impressora* pode ter cinco instâncias.

Se um processo solicitar uma instância de um tipo de recurso, a alocação de *qualquer* instância do tipo deve satisfazer à solicitação. Se não satisfizer, as instâncias não são idênticas, e as classes dos tipos de recursos não foram definidas apropriadamente. Por exemplo, um sistema pode ter duas impressoras. Essas duas impressoras podem ser definidas para estarem na mesma classe de recursos se ninguém se preocupar com qual impressora imprime que saída. No entanto, se uma impressora estiver no nono andar e a outra estiver no porão, as pessoas no nono andar podem não considerar as duas impressoras como equivalentes, e classes de recurso separadas podem ter que ser definidas para cada impressora.

O Capítulo 5 discutiu várias ferramentas de sincronização, como os locks mutex e os semáforos. Essas ferramentas também são consideradas recursos do sistema e elas são uma fonte comum de deadlocks. No entanto, um lock está normalmente associado à proteção de uma estrutura de dados específica — isto é, um lock pode ser usado para proteger o acesso a uma fila, outro para proteger o acesso a uma lista encadeada, e assim por diante. Por essa razão, cada lock costuma ser atribuído à sua própria classe de recursos, e a definição não é um problema.

Um processo deve solicitar um recurso antes de usá-lo e deve liberar o recurso após usá-lo. O processo pode solicitar tantos recursos quantos precisar para executar sua tarefa. É claro que o número de recursos solicitados não pode exceder o número total de recursos disponíveis no sistema. Em outras palavras, um processo não pode solicitar três impressoras, se o sistema tem apenas duas.

Sob condições normais de operação, um processo pode utilizar um recurso obedecendo somente à seguinte sequência:

1. **Solicitação.** O processo solicita o recurso. Se a solicitação não puder ser atendida imediatamente (por exemplo, se o recurso estiver sendo usado por outro processo), o processo solicitante deve esperar até que possa adquirir o recurso.
2. **Uso.** O processo pode operar sobre o recurso (por exemplo, se o recurso for uma impressora, o processo pode imprimir na impressora).
3. **Liberação.** O processo libera o recurso.

A solicitação e a liberação de recursos podem ser chamadas de sistema, como explicado no Capítulo 2. Alguns exemplos são as chamadas de sistema `request ( )`, e `release ( )` para solicitar e liberar dispositivos, `open ( )` e `close ( )` para abrir e fechar arquivos e `allocate ( )` e `free ( )` para alocar e liberar memória. Da mesma forma, como vimos no Capítulo 5, a solicitação e liberação de semáforos podem ser executadas através das operações sobre semáforos `wait ( )` e `signal ( )` ou por meio de `acquire ( )` e `release ( )` para aquisição e liberação de um lock mutex. A cada uso de um recurso gerenciado pelo kernel por parte de um processo ou thread, o sistema operacional verifica se o processo solicitou e recebeu o recurso. Uma tabela do sistema registra se cada recurso está livre ou alocado. Para cada recurso que está alocado, a tabela também registra o processo para o qual ele está alocado. Se um processo solicitar um recurso que no momento está alocado a outro processo, ele pode ser adicionado a uma fila de processos em espera por esse recurso.

Um conjunto de processos está em estado de deadlock quando cada processo do conjunto está esperando por um evento que pode ser causado apenas por outro processo no conjunto. Os eventos em que estamos mais interessados aqui são a aquisição e a liberação de recursos. Os recursos tanto podem ser físicos (por exemplo, impressoras, drives de fita, espaço na memória e ciclos de CPU) como lógicos (por exemplo, semáforos, locks mutex e arquivos). No entanto, outros tipos de eventos podem resultar em deadlocks (por exemplo, os recursos de IPC discutidos no Capítulo 3).

Para ilustrar um estado de deadlock, considere um sistema com três drives de CD RW. Suponha que cada um dos processos mantenha um dos drives de CD RW. Se cada processo solicitar outro drive, os três processos entrarão em estado de deadlock. Cada processo está esperando pelo evento "CD RW está liberado", que pode ser causado apenas por um dos outros processos em espera. Esse exemplo ilustra um deadlock envolvendo o mesmo tipo de recurso.

Os deadlocks também podem envolver tipos de recursos diferentes. Por exemplo, considere um sistema com uma impressora e um drive de DVD. Suponha que o processo P_i esteja retendo o DVD, e o processo P_j esteja retendo a impressora. Se P_i solicitar a impressora e P_j solicitar o drive de DVD, ocorrerá um deadlock.

Desenvolvedores de aplicações multithreaded devem ficar atentos à possibilidade de ocorrência de deadlocks. As ferramentas de trancamento apresentadas no Capítulo 5 foram projetadas para evitar condições de corrida. No entanto, ao usar essas ferramentas, os desenvolvedores devem dar atenção especial a como os locks são adquiridos e liberados. Caso contrário, podem ocorrer deadlocks, como ilustrado no problema dos filósofos comensais na Seção 5.7.3.

DEADLOCK COM LOCKS MUTEX

Vejamos como o deadlock pode ocorrer em um programa Pthread com vários threads usando locks mutex. A função `pthread_mutex_init ( )` inicializa um mutex destrancado. Os locks mutex são adquiridos e liberados com o uso de `pthread_mutex_lock ( )` e `pthread_mutex-unlock ( )`, respectivamente. Se um thread tentar adquirir um mutex trancado (submetido a um lock), uma chamada a `pthread_mutex_lock ( )` bloqueará o thread até que o proprietário do lock mutex invoque `pthread_mutex_unlock ( )`.

Dois locks mutex são criados no exemplo de código a seguir:

```
/* Cria e inicializa os locks mutex */
pthread_mutex_t first_mutex;
pthread_mutex_t second_mutex;

pthread_mutex_init(&first_mutex,NULL);
pthread_mutex_init(&second_mutex,NULL);
```

Em seguida, dois threads — `thread_one` e `thread_two` — são criados e ambos têm acesso aos dois locks mutex. Os threads `thread_one` e `thread_two` são executados nas funções `do_work_one ( )` e `do_work_two ( )`, respectivamente, como mostrado abaixo:

```
/* thread_one é executado nessa função */
void *do_work_one(void *param)
{
  pthread_mutex_lock(&first_mutex);
  pthread_mutex_lock(&second_mutex);
  /**
   * Executa algum trabalho
   */
  pthread_mutex_unlock(&second_mutex);
  pthread_mutex_unlock(&first_mutex);

  pthread_exit(0);
}

/* thread_two é executado nessa função */
void *do_work_two(void *param)
{
  pthread_mutex_lock(&second_mutex);
  pthread_mutex_lock(&first_mutex);
  /**
   * Executa algum trabalho
   */
  pthread_mutex_unlock(&first_mutex);
  pthread_mutex_unlock(&second_mutex);

  pthread_exit(0);
}
```

Nesse exemplo, `thread_one` tenta adquirir os locks mutex na ordem (1) `first_mutex`, (2) `second_mutex`, enquanto `thread_two` tenta adquiri-los na ordem (1) `second_mutex`, (2) `first_mutex`. O deadlock é possível se `thread_one` adquirir `first_mutex` enquanto `thread_two` adquirir `second_mutex`.

Observe que, mesmo com possibilidade de ocorrer, o deadlock não ocorrerá se `thread_one` puder adquirir e liberar os locks `first_mutex` e `second_mutex` antes de `thread_two` tentar adquiri-los. E, naturalmente, a ordem de execução dos threads depende de como foram incluídos no schedule pelo scheduler da CPU. Esse exemplo ilustra um problema da manipulação de deadlocks: é difícil identificar e verificar deadlocks que possam ocorrer apenas sob certas circunstâncias do scheduling.

7.2 Caracterização do Deadlock

Em um deadlock, os processos nunca terminam sua execução, e os recursos do sistema ficam ocupados, impedindo que outros jobs comecem a ser executados. Antes de discutirmos os diversos métodos que lidam com o problema do deadlock, examinemos mais detalhadamente os aspectos que caracterizam os deadlocks.

7.2.1 Condições Necessárias

Uma situação de deadlock pode surgir se as quatro condições a seguir ocorrerem simultaneamente em um sistema:

1. **Exclusão mútua.** Pelo menos um recurso deve ser mantido em modalidade não compartilhável; isto é, apenas um processo de cada vez pode usar o recurso. Se outro processo solicitar esse recurso, o processo solicitante deve ser atrasado até que o recurso tenha sido liberado.
2. **Retenção e espera.** Um processo deve estar de posse de pelo menos um recurso e esperando para adquirir recursos adicionais que estejam no momento sendo retidos por outros processos.
3. **Inexistência de preempção.** Os recursos não podem ser interceptados; isto é, um recurso pode ser liberado apenas voluntariamente pelo processo que o estiver retendo, após esse processo ter completado sua tarefa.
4. **Espera circular.** Deve haver um conjunto $\{P_0, P_1, ..., P_n\}$ de processos em espera tal que P_0 esteja esperando por um recurso retido por P_1, P_1 esteja esperando por um recurso retido por P_2, ..., P_{n-1} esteja esperando por um recurso retido por P_n, e P_n esteja esperando por um recurso retido por P_0.

Enfatizamos que todas as quatro condições devem estar presentes para que ocorra um deadlock. A condição de espera circular implica a condição de retenção e espera e, portanto, as quatro condições não são totalmente independentes. Veremos na Seção 7.4, no entanto, que é útil considerar cada condição separadamente.

7.2.2 Grafo de Alocação de Recursos

Os deadlocks podem ser descritos com mais precisão em um grafo orientado chamado grafo de alocação de recursos do sistema. Esse grafo é composto por um conjunto de vértices V e um conjunto de arestas A. O conjunto de vértices V é dividido em dois tipos de nós diferentes: $P = \{P_1, P_2, ..., P_n\}$, o conjunto composto por todos os processos ativos no sistema, e $R = \{R_1, R_2, ..., R_m\}$, o conjunto composto por todos os tipos de recursos do sistema.

Uma aresta orientada do processo P_i para o tipo de recurso R_j é representada por $P_i \rightarrow R_j$; isso significa que o processo P_i solicitou uma instância do tipo de recurso R_j e está correntemente esperando por esse recurso. Uma aresta orientada do tipo de recurso R_j para o processo P_i é representada por $R_j \rightarrow P_i$; isso significa que uma instância do tipo de recurso R_j foi alocada ao processo P_i. Uma aresta orientada $P_i \rightarrow R_j$ é chamada de aresta de solicitação; uma aresta orientada $R_j \rightarrow P_i$ é chamada de aresta de atribuição.

Pictoricamente, representamos cada processo P_i como um círculo e cada tipo de recurso R_j como um retângulo. Já que o tipo de recurso R_j pode ter mais de uma instância, representamos cada instância como um ponto dentro do retângulo. Observe que uma aresta de solicitação aponta somente para o retângulo R_j, enquanto uma aresta de atribuição também deve designar um dos pontos no retângulo.

Quando o processo P_i solicita uma instância do tipo de recurso R_j, uma aresta de solicitação é inserida no grafo de alocação de recursos. Quando essa solicitação puder ser atendida, a aresta de solicitação será *instantaneamente* transformada em uma aresta de atribuição. Quando o processo não precisa mais acessar o recurso, ele o libera. Como resultado, a aresta de atribuição é excluída.

O grafo de alocação de recursos mostrado na Figura 7.1 representa a situação a seguir.

- Os conjuntos P, R e E:
  - $P = \{P_1, P_2, P_3\}$
  - $R = \{R_1, R_2, R_3, R_4\}$
  - $E = \{P_1 \rightarrow R_1, P_2 \rightarrow R_3, R_1 \rightarrow P_2, R_2 \rightarrow P_2, R_2 \rightarrow P_1, R_3 \rightarrow P_3\}$
- Instâncias de recursos:
  - Uma instância do tipo de recurso R_1
  - Duas instâncias do tipo de recurso R_2
  - Uma instância do tipo de recurso R_3
  - Três instâncias do tipo de recurso R_4
- Estados dos processos:
  - O processo P_1 está de posse de uma instância do tipo de recurso R_2 e está esperando por uma instância do tipo de recurso R_1.
  - O processo P_2 está de posse de uma instância de R_1 e de uma instância de R_2 e está esperando por uma instância de R_3.
  - O processo P_3 está de posse de uma instância de R_3.

Dada a definição de um grafo de alocação de recursos, pode-se mostrar que, se o grafo não contém ciclos, então nenhum processo do sistema está em deadlock. Se o grafo contém um ciclo, então pode existir um deadlock.

Se cada tipo de recurso tem exatamente uma instância, então um ciclo implica que ocorreu um deadlock. Se o ciclo envolver somente um conjunto de tipos de recurso, cada um com apenas uma instância, então ocorreu um deadlock. Cada processo envolvido no ciclo está em deadlock. Nesse caso, um ciclo no grafo é uma condição necessária e suficiente para a existência do deadlock.

Se cada tipo de recurso tem várias instâncias, então um ciclo não implica necessariamente que ocorreu um deadlock. Nesse caso, um ciclo no grafo é uma condição necessária mas não suficiente para a existência do deadlock.

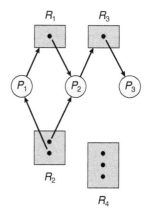

Figura 7.1 Grafo de alocação de recursos.

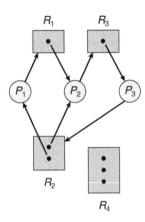

Figura 7.2 Grafo de alocação de recursos com um deadlock.

Para ilustrar esse conceito, voltemos ao grafo de alocação de recursos apresentado na Figura 7.1. Suponha que o processo P_3 solicite uma instância do tipo de recurso R_2. Já que nenhuma instância do recurso está correntemente disponível, adicionamos uma aresta de solicitação $P_3 \rightarrow R_2$ ao grafo (Figura 7.2). Nesse ponto, existem dois ciclos mínimos no sistema:

$$P_1 \rightarrow R_1 \rightarrow P_2 \rightarrow R_3 \rightarrow P_3 \rightarrow R_2 \rightarrow P_1$$
$$P_2 \rightarrow R_3 \rightarrow P_3 \rightarrow R_2 \rightarrow P_2$$

Os processos P_1, P_2 e P_3 estão em deadlock. O processo P_2 está esperando pelo recurso R_3, que está sendo retido pelo processo P_3. O processo P_3 está esperando que o processo P_1 ou o processo P_2 libere o recurso R_2. Além disso, o processo P_1 está esperando que o processo P_2 libere o recurso R_1.

Agora considere o grafo de alocação de recursos na Figura 7.3. Nesse exemplo, também temos um ciclo:

$$P_1 \rightarrow R_1 \rightarrow P_3 \rightarrow R_2 \rightarrow P_1$$

No entanto, não há deadlock. Observe que o processo P_4 pode liberar sua instância do tipo de recurso R_2. Esse recurso pode então ser alocado a P_3, rompendo o ciclo.

Resumindo, se um grafo de alocação de recursos não tiver um ciclo, então o sistema *não* está em estado de deadlock. Se houver um ciclo, então o sistema pode, ou não, estar em estado de deadlock. Essa observação é importante quando lidamos com o problema do deadlock.

7.3 Métodos para a Manipulação de Deadlocks

Falando de modo geral, podemos lidar com o problema do deadlock de uma entre três maneiras:

- Podemos usar um protocolo para impedir ou evitar a ocorrência de deadlocks, assegurando que o sistema *nunca* entrará em estado de deadlock.
- Podemos permitir que o sistema entre em estado de deadlock, detecte-o e se recupere.
- Podemos ignorar o problema completamente e fingir que deadlocks nunca ocorrem no sistema.

A terceira solução é a usada pela maioria dos sistemas operacionais, incluindo o Linux e o Windows. Nesse caso, é responsabilidade do desenvolvedor de aplicações escrever programas que manipulem deadlocks.

A seguir, examinamos brevemente cada um dos três métodos de manipulação de deadlocks. Posteriormente, nas Seções 7.4 a 7.7, apresentamos algoritmos detalhados. Antes de prosseguir, devemos mencionar que alguns pesquisadores argumentam que nenhuma das abordagens básicas individualmente é apropriada para todo o espectro de problemas de alocação de recursos nos sistemas operacionais. As abordagens básicas podem ser combinadas, no entanto, permitindo-nos selecionar uma abordagem ótima para cada classe de recursos em um sistema.

Para assegurar que os deadlocks jamais ocorram, o sistema pode usar um esquema para prevenir ou para evitar a ocorrência de deadlocks. A **prevenção de deadlocks*** fornece um conjunto de métodos para assegurar que pelo menos uma das condições necessárias (Seção 7.2.1) não possa ocorrer. Esses métodos previnem a ocorrência de deadlocks restringindo como as solicitações de recursos podem ser feitas. Discutimos esses métodos na Seção 7.4.

Para **evitar deadlocks**,** o sistema operacional deve receber antecipadamente informações adicionais relacionadas com os recursos que um processo solicitará e usará durante seu tempo de vida. Com esse conhecimento adicional, o sistema operacional pode decidir, para cada solicitação, se o processo deve ou não esperar. Para decidir se a solicitação corrente pode ser atendida ou se ela deve ser adiada, o sistema deve considerar os recursos correntemente disponíveis, os recursos correntemente alocados a cada processo e as futuras solicitações e liberações de cada processo. Discutimos esses esquemas na Seção 7.5.

Se um sistema não empregar um algoritmo que previna ou evite a ocorrência de deadlocks, então uma situação de deadlock pode surgir. Nesse ambiente, o sistema pode fornecer um algoritmo que examine seu estado para determinar se um deadlock ocorreu e um algoritmo para se recuperar do deadlock (se um deadlock realmente ocorreu). Discutimos essas questões nas Seções 7.6 e 7.7.

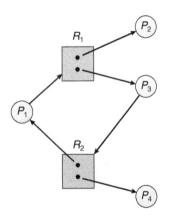

Figura 7.3 Grafo de alocação de recursos com um ciclo, mas sem deadlock.

---

*Os métodos para prevenir deadlocks garantem que um deadlock não tenha a possibilidade de ocorrer, assegurando que nenhuma das condições necessárias possa estar presente. (N.R.T.)
**Os métodos para evitar ou impedir deadlocks não garantem a inexistência de deadlocks, mas oferecem algoritmos para evitá-los. (N.R.T.)

Na ausência de algoritmos para a detecção e recuperação de deadlocks, podemos chegar a uma situação em que o sistema está em estado de deadlock sem ter maneira de reconhecer o que ocorreu. Nesse caso, o deadlock não detectado resultará na deterioração do desempenho do sistema porque os recursos estão sendo mantidos por processos que não podem ser executados e porque mais e mais processos, ao fazerem solicitações de recursos, entrarão em estado de deadlock. Eventualmente, o sistema parará de funcionar e terá que ser reiniciado manualmente.

Embora esse método possa não parecer uma abordagem viável para o problema do deadlock, ele é usado na maioria dos sistemas operacionais, como mencionado anteriormente. O custo é uma consideração importante. Ignorar a possibilidade de ocorrência de deadlocks é mais barato do que as outras abordagens. Já que em muitos sistemas os deadlocks ocorrem com pouca frequência (digamos, uma vez por ano), o custo adicional dos outros métodos pode não valer a pena. Além disso, métodos usados na recuperação de outras condições podem ser colocados em uso para a recuperação de deadlocks. Em algumas circunstâncias, um sistema pode estar em estado de paralisação sem estar em estado de deadlock. Podemos ver essa situação, por exemplo, em um processo de tempo real sendo executado com a prioridade mais alta (ou qualquer processo sendo executado com um scheduler sem preempção) e nunca devolvendo o controle ao sistema operacional. O sistema deve ter métodos manuais para recuperação de tais condições e pode simplesmente usar essas técnicas para a recuperação em caso de deadlock.

7.4 Prevenção de Deadlocks

Como observamos na Seção 7.2.1, para que um deadlock ocorra, cada uma das quatro condições necessárias deve estar presente. Ao assegurar que pelo menos uma dessas condições não possa ocorrer, podemos nos *prevenir* contra a ocorrência de um deadlock. Trabalhamos com essa abordagem examinando cada uma das quatro condições necessárias separadamente.

7.4.1 Exclusão Mútua

A condição de exclusão mútua deve estar presente. Isto é, pelo menos um recurso deve ser não compartilhável. Recursos compartilháveis, por outro lado, não requerem acesso mutuamente exclusivo e, portanto, não podem estar envolvidos em um deadlock. Arquivos somente de leitura são um bom exemplo de recurso compartilhável. Se vários processos tentam abrir um arquivo somente de leitura ao mesmo tempo, podem conseguir acesso simultâneo ao arquivo. Um processo nunca precisa esperar por um recurso compartilhável. Em geral, porém, não podemos prevenir a ocorrência de deadlocks negando a condição de exclusão mútua, porque alguns recursos são intrinsecamente não compartilháveis. Por exemplo, um lock mutex não pode ser compartilhado simultaneamente por vários processos.

7.4.2 Retenção e Espera

Para assegurar que a condição de retenção e espera nunca ocorra no sistema, devemos garantir que, sempre que um processo solicitar um recurso, ele não esteja retendo qualquer outro recurso. Um protocolo que podemos usar requer que cada processo solicite e receba todos os seus recursos antes de começar a ser executado. Podemos implementar essa providência requerendo que as chamadas de sistema que solicitem recursos para um processo precedam todas as outras chamadas de sistema.

Um protocolo alternativo permite que um processo solicite recursos somente quando ele não retenha qualquer recurso. O processo pode solicitar alguns recursos e usá-los. Antes de poder solicitar qualquer recurso adicional, o processo deve liberar todos os recursos que estiver retendo no momento.

Para ilustrar a diferença entre esses dois protocolos, considere um processo que copie dados de um drive de DVD para um arquivo em disco, classifique o arquivo e então imprima os resultados em uma impressora. Se todos os recursos devem ser solicitados no início do processo, então o processo deve requerer inicialmente o drive de DVD, o arquivo em disco e a impressora. Ele manterá a impressora por toda a sua execução, ainda que precise dela apenas no final.

O segundo método permite que o processo solicite inicialmente apenas o drive de DVD e o arquivo em disco. Ele faz a cópia do drive de DVD para o disco e então libera tanto o drive de DVD quanto o arquivo em disco. Em seguida, o processo deve solicitar o arquivo em disco e a impressora. Após copiar o arquivo em disco para a impressora, o processo libera esses dois recursos e é encerrado.

Esses dois protocolos apresentam duas grandes desvantagens. Em primeiro lugar, a utilização dos recursos pode ser baixa, já que os recursos podem ser alocados mas não utilizados por um longo período. No exemplo dado, podemos liberar o drive de DVD e o arquivo em disco e então solicitar o arquivo em disco e a impressora somente se é possível ter certeza de que nossos dados permanecerão no arquivo em disco. Caso contrário, devemos solicitar todos os recursos no início para os dois protocolos.

Em segundo lugar, é possível que haja inanição. Um processo que precise de vários recursos muito requisitados pode ter que esperar indefinidamente porque pelo menos um dos recursos de que ele precisa estará sempre alocado a algum outro processo.

7.4.3 Inexistência de Preempção

A terceira condição necessária para a ocorrência de deadlocks é que não haja preempção de recursos que já tenham sido alocados. Para assegurar que essa condição não ocorra, podemos usar o protocolo a seguir. Se um processo está retendo alguns recursos e solicita outro recurso que não possa ser alocado imediatamente a ele (isto é, o processo deve esperar), então todos os recursos que o processo esteja retendo no momento sofrem preempção. Em outras palavras, esses recursos são implicitamente liberados. Os recursos interceptados são adicionados à lista de recursos pelos quais o processo está esperando. O processo será reiniciado apenas quando puder reaver seus antigos recursos, assim como obter os novos que está solicitando.

Alternativamente, se um processo solicita alguns recursos, verificamos primeiro se eles estão disponíveis. Se eles estão, os alocamos. Se não estão, verificamos se estão alocados a algum outro processo que esteja esperando por recursos adicionais. Se assim for, interceptamos do processo em espera os recursos desejados e os alocamos ao processo solicitante. Se os recursos não estão disponíveis nem retidos por um processo em espera, o processo solicitante deve esperar. Enquanto ele está esperando, alguns de seus recursos podem ser interceptados, mas somente se outro processo os solicitar. Um processo pode ser reiniciado somente quando recebe os novos recursos que está solicitando e recupera quaisquer recursos que tenham sofrido preempção enquanto ele estava esperando.

Esse protocolo costuma ser aplicado a recursos cujo estado pode ser facilmente salvo e restaurado posteriormente, como registradores da CPU e espaço da memória. Ele não pode ser aplicado em geral a recursos como locks mutex e semáforos.

7.4.4 Espera Circular

A quarta e última condição para a ocorrência de deadlocks é a condição de espera circular. Uma forma de assegurar que essa condição jamais ocorra é impor uma ordem absoluta a todos os tipos de recursos e requerer que cada processo solicite recursos em uma ordem de enumeração crescente.

Para ilustrar, suponha que $R = \{R_1, R_2, ..., R_m\}$ seja o conjunto de tipos de recursos. Atribuímos a cada tipo de recurso um número inteiro exclusivo que nos permite comparar dois recursos e determinar se um precede o outro em nossa ordenação. Formalmente, definimos uma função um-para-um $F:R \rightarrow N$, em que N é o conjunto de números naturais. Por exemplo, se o conjunto de tipos de recursos R inclui drives de fita, drives de disco e impressoras, então a função F pode ser definida como descrito a seguir:

$$F \text{ (drive de fita)} = 1$$
$$F \text{ (drive de disco)} = 5$$
$$F \text{ (impressora)} = 12$$

Podemos agora considerar o seguinte protocolo para impedir a ocorrência de deadlocks: cada processo pode solicitar recursos apenas em uma ordem de enumeração crescente. Isto é, inicialmente um processo pode solicitar qualquer número de instâncias de um tipo de recurso — digamos, R_i. Depois disso, o processo pode solicitar instâncias do tipo de recurso R_j se e somente se $F(R_j) > F(R_i)$. Por exemplo, usando a função definida anteriormente, um processo que queira usar o drive de fita e a impressora ao mesmo tempo deve solicitar primeiro o drive de fita e depois a impressora. Alternativamente, podemos requerer que um processo que esteja solicitando uma instância do tipo de recurso R_j, tenha liberado qualquer recurso R_i de tal modo que $F(R_i) \geq F(R_j)$. Observe também que, se várias instâncias do mesmo tipo de recurso forem necessárias, uma *única* solicitação deve ser emitida para todas elas.

Se esses dois protocolos forem usados, então a condição de espera circular não poderá ocorrer. Podemos demonstrar esse fato supondo a existência de uma espera circular (prova por contradição). Suponha que o conjunto de processos envolvidos na espera circular seja $\{P_0, P_1, ..., P_n\}$, em que P_i está esperando por um recurso R_i que está retido pelo processo P_{i+1}. (A aritmética de módulo é usada nos índices, de modo que P_n está esperando por um recurso R_n retido por P_0.) Portanto, já que o processo P_{i+1} está retendo o recurso R_i e solicitando o recurso R_{i+1}, devemos ter $F(R_i) < F(R_{i+1})$ para todo i. Mas essa condição significa que $F(R_0) < F(R_i) < ... < F(R_n) < F(R_0)$. Por transitividade, $F(R_0) < F(R_0)$, o que é impossível. Portanto, não pode haver espera circular.

Podemos implantar esse esquema em um programa de aplicação desenvolvendo uma ordenação entre todos os objetos de sincronização no sistema. Todas as solicitações de objetos de sincronização devem ser feitas em ordem crescente. Por exemplo, se a ordenação de locks no programa Pthread mostrado na Figura 7.4 fosse

$F(\texttt{first\_mutex}) = 1$
$F(\texttt{second\_mutex}) = 5$

então, thread_two não poderia solicitar os locks fora de ordem.

Lembre-se de que o desenvolvimento de uma ordenação, ou hierarquia, não impede, por si próprio, o deadlock. É responsabilidade dos desenvolvedores de aplicações escrever programas que sigam a ordenação. Observe também que a função F deve ser definida de acordo com a ordem normal de uso dos

```
/* thread_one é executado nessa função */
void *do_work_one(void *param)
{
    pthread_mutex_lock(&first_mutex);
    pthread_mutex_lock(&second_mutex);
    /**
     * Executa algum trabalho
     */
    pthread_mutex_unlock(&second_mutex);
    pthread_mutex_unlock(&first_mutex);

    pthread_exit(0);
}

/* thread_two é executado nessa função */
void *do_work_two(void *param)
{
    pthread_mutex_lock(&second_mutex);
    pthread_mutex_lock(&first_mutex);
    /**
     * Executa algum trabalho
     */
    pthread_mutex_unlock(&first_mutex);
    pthread_mutex_unlock(&second_mutex);

    pthread_exit(0);
}
```

Figura 7.4 Exemplo de deadlock.

recursos em um sistema. Por exemplo, já que o drive de fita é usualmente necessário antes da impressora, seria razoável definir $F(\text{drive de fita}) < F(\text{impressora})$.

Embora a garantia de que os recursos sejam adquiridos na ordem apropriada seja responsabilidade dos desenvolvedores de aplicações, podemos usar certos softwares para verificar se os locks estão sendo adquiridos na ordem correta e fornecer avisos apropriados quando eles forem adquiridos fora de ordem e o deadlock seja possível. Um verificador da ordem dos locks que funciona nas versões BSD do UNIX como o FreeBSD é conhecido como **testemunha**. A testemunha usa locks de exclusão mútua para proteger seções críticas, como descrito no Capítulo 5. Ela funciona mantendo dinamicamente o relacionamento de ordem dos locks em um sistema. Usemos o programa mostrado na Figura 7.4 como exemplo. Suponha que thread_one seja o primeiro a adquirir os locks e faça isso na ordem (1) first_mutex, (2) second_mutex. A testemunha registra o relacionamento que first_mutex deve ser adquirido antes de second_mutex. Se posteriormente thread_one adquirir os locks fora de ordem, a testemunha gerará uma mensagem de aviso no console do sistema.

Também é importante observar que a imposição de uma ordenação para os locks não garante a prevenção de deadlocks se os locks podem ser adquiridos dinamicamente. Por exemplo, suponha que tenhamos uma função que transfira fundos entre duas contas. Para prevenir a ocorrência de uma condição de corrida, cada conta tem um lock mutex associado que é obtido a partir de uma função get_lock ( ) como a mostrada na Figura 7.5:

O deadlock é possível se dois threads invocarem simultaneamente a função transaction ( ), invertendo a posição de contas diferentes. Isto é, um thread pode invocar

```
transaction(checking_account, savings_account,25);
```

```
void transaction(Account from, Account to,
double amount)
{
  mutex lock1, lock2;
  lock1 = get_lock(from);
  lock2 = get_lock(to);

  acquire(lock1);
    acquire(lock2);

      withdraw(from, amount);
      deposit(to, amount);

    release(lock2);
  release(lock1);
}
```

Figura 7.5 Exemplo de deadlock com ordenação dos locks.

e outro pode invocar

```
transaction(checking_account, savings_account,25);
```

Deixamos a correção dessa situação como exercício para os estudantes.

7.5 Impedimento de Deadlocks

Os algoritmos de prevenção de deadlocks, como discutido na Seção 7.4, previnem a ocorrência de deadlocks restringindo como as solicitações podem ser feitas. As restrições asseguram que pelo menos uma das condições necessárias para a ocorrência de deadlocks não ocorra. No entanto, os possíveis efeitos colaterais da prevenção de deadlocks por meio desse método são a baixa utilização dos dispositivos e um throughput do sistema reduzido.

Um método alternativo para impedir deadlocks é requerer informações adicionais sobre como os recursos devem ser solicitados. Por exemplo, em um sistema com um drive de fita e uma impressora, o sistema pode precisar saber que o processo P solicitará primeiro o drive de fita e depois a impressora, antes de liberar os dois recursos, enquanto o processo Q solicitará primeiro a impressora e então o drive de fita. Com esse conhecimento da sequência completa de solicitações e liberações de cada processo, o sistema pode decidir, para cada solicitação, se o processo deve ou não esperar para que seja evitado um possível deadlock no futuro. Cada solicitação requer que, ao tomar essa decisão, o sistema considere os recursos correntemente disponíveis, os recursos correntemente alocados a cada processo e as futuras solicitações e liberações de cada processo.

Os diversos algoritmos que usam essa abordagem diferem no montante e no tipo de informações requeridas. O modelo mais simples e mais útil requer que cada processo declare o **número máximo** de recursos de cada tipo de que ele pode precisar. Dadas essas informações *a priori*, é possível construir um algoritmo que assegure que o sistema nunca entrará em estado de deadlock. Um algoritmo que impede ou evita deadlocks examina dinamicamente o estado da alocação de recursos para assegurar que nunca possa haver uma condição de espera circular. O **estado** da alocação de recursos é definido pelo número de recursos disponíveis e alocados e pelas demandas máximas dos processos. Nas seções a seguir, examinamos dois algoritmos que impedem deadlocks.

7.5.1 Estado Seguro

Um estado é *seguro* se o sistema pode alocar recursos a cada processo (até o seu máximo) em alguma ordem e continuar evitando um deadlock. Mais formalmente, um sistema está em um estado seguro somente se existe uma **sequência segura**. Uma sequência de processos $<P_1, P_2, ..., P_n>$ é uma sequência segura para o estado de alocação corrente se, para cada P_i, as solicitações de recursos que P_i ainda pode fazer podem ser atendidas pelos recursos correntemente disponíveis mais os recursos mantidos por todos os P_j, com $j < i$. Nessa situação, se os recursos de que P_i precisa não estiverem disponíveis imediatamente, então P_i poderá esperar até que todos os P_j tenham terminado. Quando eles estiverem encerrados, P_i poderá obter todos os recursos de que precisa, concluir sua tarefa, devolver os recursos alocados e terminar. Quando P_i terminar, P_{i+1} poderá obter os recursos de que precisa, e assim por diante. Se não existe tal sequência, diz-se que o estado do sistema é *inseguro*.

Um estado seguro não é um estado de deadlock. Inversamente, o estado de deadlock é um estado inseguro. Nem todos os estados inseguros são deadlocks, no entanto (Figura 7.6). Um estado inseguro **pode** levar a um deadlock. Enquanto o estado for seguro, o sistema operacional poderá evitar estados inseguros (e deadlocks). Em um estado inseguro, o sistema operacional não pode impedir que os processos solicitem recursos de tal modo que ocorra um deadlock. O comportamento dos processos controla os estados inseguros.

Para ilustrar, consideremos um sistema com doze drives de fita magnética e três processos: P_0, P_1 e P_2. O processo P_0 requer dez drives de fita, o processo P_1 pode precisar de quatro drives de fita e o processo P_2 pode precisar de até nove drives de fita. Suponha que, no tempo t_0, o processo P_0 esteja retendo cinco drives de fita, o processo P_1 esteja mantendo dois drives de fita e o processo P_2 esteja de posse de dois drives de fita. (Assim, há três drives de fita livres.)

	Necessidades Máximas	Necessidades Correntes
P_0	10	5
P_1	4	2
P_2	9	2

No tempo t_0, o sistema está em um estado seguro. A sequência $<P_1, P_0, P_2>$ satisfaz a condição de segurança. O processo P_1 pode receber imediatamente todos os seus drives de fita e, em seguida, devolvê-los (o sistema terá então cinco drives de fita disponíveis); depois, o processo P_0 pode obter todos os seus

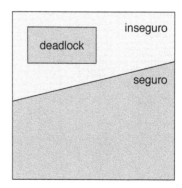

Figura 7.6 Espaços dos estados seguro, inseguro e de deadlock.

drives de fita e devolvê-los (o sistema terá então dez drives de fita disponíveis); e, finalmente, o processo P_2 pode obter todos os seus drives de fita e devolvê-los (o sistema terá então todos os doze drives de fita disponíveis).

Um sistema pode passar de um estado seguro para um estado inseguro. Suponha que, no tempo t_1, o processo P_2 solicite e receba mais um drive de fita. O sistema não está mais em um estado seguro. Nesse momento, apenas o processo P_1 pode receber todos os seus drives de fita. Quando ele os devolver, o sistema terá somente quatro drives de fita disponíveis. Já que o processo P_0 recebeu cinco drives de fita, mas tem um máximo de dez, pode solicitar mais cinco drives de fita. Se o fizer, terá que esperar, porque eles não estão disponíveis. Da mesma forma, o processo P_2 pode solicitar seis drives de fita adicionais e ter de esperar, resultando em um deadlock. Nosso erro foi atender a solicitação do processo P_2 por mais um drive de fita. Se tivéssemos feito P_2 esperar até que um dos outros processos fosse encerrado e liberasse seus recursos, poderíamos ter evitado o deadlock.

Dado o conceito de estado seguro, podemos definir algoritmos de impedimento que assegurem que o sistema nunca entrará em um deadlock. A ideia é simplesmente assegurar que o sistema sempre permaneça em um estado seguro. Inicialmente, o sistema está em estado seguro. Sempre que um processo solicita um recurso correntemente disponível, o sistema deve decidir se o recurso pode ser alocado imediatamente ou se o processo deve esperar. A solicitação é atendida somente se a alocação deixar o sistema em um estado seguro.

Nesse esquema, se um processo solicitar um recurso correntemente disponível, ele ainda pode ter que esperar. Portanto, a utilização de recursos pode ser mais baixa do que seria de outra forma.

7.5.2 Algoritmo do Grafo de Alocação de Recursos

Se contarmos com um sistema de alocação de recursos com apenas uma instância de cada tipo de recurso, podemos usar uma variante do grafo de alocação de recursos definido na Seção 7.2.2 para o impedimento de deadlocks. Além das arestas de solicitação e atribuição já descritas, introduzimos um novo tipo de aresta, chamada **aresta de requisição**. Uma aresta de requisição $P_i \rightarrow R_j$ indica que o processo P_i pode solicitar o recurso R_j em algum momento no futuro. Essa aresta lembra uma aresta de solicitação na direção, mas é representada no grafo por uma linha tracejada. Quando o processo P_i solicita R_j, a aresta de requisição $P_i \rightarrow R_j$ é convertida em uma aresta de solicitação. Da mesma forma, quando um recurso R_j é liberado por P_i, a aresta de atribuição $R_j \rightarrow P_i$ é reconvertida em uma aresta de requisição $P_i \rightarrow R_j$.

Observe que os recursos devem ser requisitados *a priori* no sistema. Isto é, antes de o processo P_i começar a ser executado, todas as suas arestas de requisição já devem aparecer no grafo de alocação de recursos. Podemos abrandar essa condição permitindo que uma aresta de requisição $P_i \rightarrow R_j$ seja adicionada ao grafo somente se todas as arestas associadas ao processo P_i forem arestas de requisição.

Agora suponha que o processo P_i solicite o recurso R_j. A solicitação pode ser atendida somente se a conversão da aresta de solicitação $P_i \rightarrow R_j$ em uma aresta de atribuição $R_j \rightarrow P_i$ não resultar na formação de um ciclo no grafo de alocação de recursos. A segurança é verificada com o uso de um algoritmo de detecção de ciclos. Um algoritmo para a detecção de um ciclo nesse grafo requer uma ordem de n^2 operações, em que n é o número de processos no sistema.

Se não existirem ciclos, então a alocação do recurso deixará o sistema em um estado seguro. Se um ciclo for encontrado, então a alocação colocará o sistema em um estado inseguro. Nesse caso, o processo P_i terá que esperar para que suas solicitações sejam atendidas.

Para ilustrar esse algoritmo, consideremos o grafo de alocação de recursos da Figura 7.7. Suponha que P_2 solicite R_2. Embora R_2 esteja correntemente livre, não podemos alocá-lo a P_2, já que essa ação criará um ciclo no grafo (Figura 7.8). Um ciclo, como mencionado, indica que o sistema está em estado inseguro. Se P_1 solicitar R_2 e P_2 solicitar R_1, então ocorrerá um deadlock.

7.5.3 Algoritmo do Banqueiro

O algoritmo do grafo de alocação de recursos não é aplicável a um sistema de alocação de recursos com múltiplas instâncias de cada tipo de recurso. O algoritmo de impedimento de deadlocks que descrevemos a seguir é aplicável a esse tipo de sistema, mas é menos eficiente do que o esquema do grafo de alocação de recursos. Esse algoritmo é usualmente conhecido como **algoritmo do banqueiro**. O nome foi escolhido porque o algoritmo poderia ser usado em um sistema bancário para assegurar que o banco nunca alocasse seu dinheiro disponível de tal modo que não pudesse mais satisfazer as necessidades de todos os seus clientes.

Quando um novo processo entra no sistema, ele deve declarar o número máximo de instâncias de cada tipo de recurso de que ele pode precisar. Esse número não pode exceder o número total de recursos no sistema. Quando um usuário solicita um conjunto de recursos, o sistema deve determinar se a alocação desses recursos o deixará em um estado seguro. Se deixar, os recursos serão alocados; caso contrário, o processo deve esperar até que algum outro processo libere recursos suficientes.

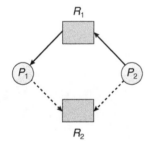

Figura 7.7 Grafo de alocação de recursos do algoritmo para evitar deadlocks.

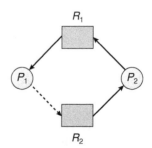

Figura 7.8 Um estado inseguro em um grafo de alocação de recursos.

Várias estruturas de dados devem ser mantidas para implementar o algoritmo do banqueiro. Essas estruturas de dados codificam o estado do sistema de alocação de recursos. Precisamos das estruturas de dados a seguir, em que n é o número de processos no sistema e m é o número de tipos de recursos:

- **Disponível.** Um vetor de tamanho m indica o número de recursos disponíveis de cada tipo. Se *Disponível*[j] é igual a k, então k instâncias do tipo de recurso R_j estão disponíveis.
- **Max.** Uma matriz $n \times m$ define a demanda máxima de cada processo. Se *Max*[i][j] é igual a k, então, o processo P_i pode solicitar, no máximo, k instâncias do tipo de recurso R_j.
- **Alocação.** Uma matriz $n \times m$ define o número de recursos de cada tipo correntemente alocados a cada processo. Se *Alocação*[i][j] é igual a k, então o processo P_i tem correntemente alocadas k instâncias do tipo de recurso R_j.
- **Necessidade.** Uma matriz $n \times m$ indica os recursos remanescentes necessários a cada processo. Se *Necessidade*[i][j] é igual a k, então o processo P_i pode precisar de mais k instâncias do tipo de recurso R_j para completar sua tarefa. Observe que *Necessidade*[i][j] é igual a *Max*[i][j] − *Alocação*[i][j].

Essas estruturas de dados variam com o tempo tanto em tamanho quanto em valor.

Para simplificar a apresentação do algoritmo do banqueiro, estabelecemos, a seguir, algumas notações. Sejam X e Y vetores de tamanho n. Dizemos que $X \leq Y$ se e somente se $X[i] \leq Y[i]$ para todo $i = 1, 2, ..., n$. Por exemplo, se $X = (1,7,3,2)$ e $Y = (0,3,2,1)$, então $Y \leq X$. Além disso, $Y < X$ se $Y \leq X$ e $Y \neq X$.

Podemos tratar cada linha das matrizes *Alocação* e *Necessidade* como vetores e referenciá-los como *Alocação*$_i$ e *Necessidade*$_i$. O vetor *Alocação*$_i$ especifica os recursos correntemente alocados ao processo P_i; o vetor *Necessidade*$_i$ especifica os recursos adicionais que o processo P_i ainda pode solicitar para completar sua tarefa.

7.5.3.1 Algoritmo de Segurança

Agora podemos apresentar o algoritmo que verifica se um sistema está ou não em um estado seguro. Esse algoritmo pode ser descrito da forma a seguir:

1. Sejam *Trabalho* e *Término* vetores de tamanho m e n, respectivamente. Inicialize *Trabalho* = *Disponível* e *Término*[i] = *false* para $i = 0, 1, ..., n − 1$.
2. Encontre um índice i tal que
   a. *Término*[i] == *false*
   b. *Necessidade*$_i$ ≤ *Trabalho*

   Se não existir tal i, vá para o passo 4.
3. *Trabalho* = *Trabalho* + *Alocação*$_i$
   Término[i] = *true*

   Vá para o passo 2.
4. Se *Término*[i] == *true* para todo i, então o sistema está em um estado seguro.

Esse algoritmo pode requerer uma ordem de $m \times n^2$ operações para determinar se o estado é seguro.

7.5.3.2 Algoritmo de Solicitação de Recursos

A seguir, descrevemos o algoritmo que determina se as solicitações podem ser atendidas seguramente.

Seja *Solicitação*$_i$ o vetor de solicitações do processo P_i. Se *Solicitação*[j] == k, então o processo P_i requer k instâncias do tipo de recurso R_j. Quando uma solicitação de recursos é feita pelo processo P_i, as seguintes ações são executadas:

1. Se *Solicitação*$_i$ ≤ *Necessidade*$_i$, vá para o passo 2. Caso contrário, emita uma condição de erro já que o processo excedeu sua requisição máxima.
2. Se *Solicitação*$_i$ ≤ *Disponível*, vá para o passo 3. Caso contrário, P_i deve esperar, já que os recursos não estão disponíveis.
3. Faça o sistema simular ter alocado ao processo P_i os recursos solicitados modificando o estado, como descrito abaixo:

   Disponível = *Disponível* − *Solicitação*$_i$;
   Alocação$_i$ = *Alocação*$_i$ + *Solicitação*$_i$;
   Necessidade$_i$ = *Necessidade*$_i$ − *Solicitação*$_i$.

Se o estado de alocação de recursos resultante é seguro, a transação é concluída e o processo P_i recebe seus recursos. No entanto, se o novo estado é inseguro, então P_i deve esperar por *Solicitação*$_i$, e o estado de alocação de recursos anterior é restaurado.

7.5.3.3 Um Exemplo Ilustrativo

Para ilustrar o uso do algoritmo do banqueiro, considere um sistema com cinco processos de P_0 a P_4 e três tipos de recursos A, B e C. O tipo de recurso A tem dez instâncias, o tipo de recurso B tem cinco instâncias e o tipo de recurso C tem sete instâncias. Suponha que, no tempo T_0, o seguinte instantâneo do sistema tenha sido tirado:

	Alocação A B C	Max A B C	Disponível A B C
P_0	0 1 0	7 5 3	3 3 2
P_1	2 0 0	3 2 2	
P_2	3 0 2	9 0 2	
P_3	2 1 1	2 2 2	
P_4	0 0 2	4 3 3	

O conteúdo da matriz *Necessidade* é definido como *Max* − *Alocação* e tem a seguinte forma:

	Necessidade A B C
P_0	7 4 3
P_1	1 2 2
P_2	6 0 0
P_3	0 1 1
P_4	4 3 1

Afirmamos que o sistema está correntemente em um estado seguro. Na verdade, a sequência $< P_1, P_3, P_4, P_2, P_0 >$ satisfaz os critérios de segurança. Suponha agora que o processo P_1 solicite uma instância adicional do tipo de recurso A e duas instâncias do tipo de recurso C; assim, *Solicitação*$_i$ = (1,0,2). Para decidir se essa solicitação pode ser imediatamente atendida, primeiro verificamos que *Solicitação*$_i$ ≤ *Disponível* — isto é, que $(1,0,2) \leq (3,3,2)$, o que é verdadeiro. Em seguida, simulamos que essa solicitação foi atendida, e chegamos ao novo estado a seguir:

	Alocação A B C	Necessidade A B C	Disponível A B C
P_0	0 1 0	7 4 3	2 3 0
P_1	3 0 2	0 2 0	
P_2	3 0 2	6 0 0	
P_3	2 1 1	0 1 1	
P_4	0 0 2	4 3 1	

Devemos determinar se esse novo estado do sistema é seguro. Para fazê-lo, executamos nosso algoritmo de segurança e descobrimos que a sequência $< P_1, P_3, P_4, P_0, P_2 >$ satisfaz ao requisito de segurança. Portanto, podemos atender imediatamente a solicitação do processo P_1.

Você deve ter percebido, no entanto, que, quando o sistema está nesse estado, uma solicitação na forma (3,3,0) feita por P_4 não pode ser atendida, já que os recursos não estão disponíveis. Além disso, uma solicitação do tipo (0,2,0) feita por P_0 não pode ser atendida, mesmo que os recursos estivessem disponíveis, porque o estado resultante é inseguro.

Deixamos a implementação do algoritmo do banqueiro como exercício de programação para os estudantes.

7.6 Detecção de Deadlocks

Se um sistema não empregar um algoritmo que realize a prevenção de deadlocks ou que evite ou impeça deadlocks, então pode ocorrer uma situação de deadlock. Nesse ambiente, o sistema pode fornecer:

- Um algoritmo que examine o estado do sistema para determinar se ocorreu um deadlock
- Um algoritmo de recuperação do deadlock

Na discussão a seguir, consideramos esses dois requisitos em relação a sistemas com apenas uma instância de cada tipo de recurso e a sistemas com múltiplas instâncias de cada tipo de recurso. Nesse ponto, no entanto, observamos que um esquema de detecção e recuperação requer um overhead que inclui não só os custos de tempo de execução para manter as informações necessárias e para executar o algoritmo de detecção, mas também as perdas potenciais inerentes à recuperação de um deadlock.

7.6.1 Uma Única Instância de Cada Tipo de Recurso

Se todos os recursos têm apenas uma única instância, então podemos definir um algoritmo de detecção de deadlocks que use uma variante do grafo de alocação de recursos, chamado grafo de espera (*wait-for*). Obtemos esse grafo a partir do grafo de alocação de recursos removendo os nós de recursos e retirando as arestas apropriadas.

Mais precisamente, uma aresta de P_i para P_j em um grafo de espera implica que o processo P_i está esperando que o processo P_j libere um recurso de que P_i precisa. Existe uma aresta $P_i \rightarrow P_j$ em um grafo de espera se e somente se o grafo de alocação de recursos correspondente contiver duas arestas $P_i \rightarrow R_q$ e $R_q \rightarrow P_j$ para algum recurso R_q. Na Figura 7.9, apresentamos um grafo de alocação de recursos e o grafo de espera correspondente.

Como antes, existe um deadlock no sistema se e somente se o grafo de espera contiver um ciclo. Para detectar deadlocks, o sistema precisa **manter** o grafo de espera e, periodicamente, ***invocar um algoritmo*** que procure um ciclo no grafo. Um algoritmo para a detecção de um ciclo em um grafo requer uma ordem de n^2 operações, em que n é o número de vértices no grafo.

7.6.2 Múltiplas Instâncias de um Tipo de Recurso

O esquema do grafo de espera não é aplicável a um sistema de alocação de recursos com múltiplas instâncias de cada tipo de recurso. Examinamos agora um algoritmo de detecção de deadlocks aplicável a um sistema desse tipo. O algoritmo emprega diversas estruturas de dados que variam com o passar do tempo, semelhantes às usadas no algoritmo do banqueiro (Seção 7.5.3):

- **Disponível.** Um vetor de tamanho m indica o número de recursos disponíveis de cada tipo.

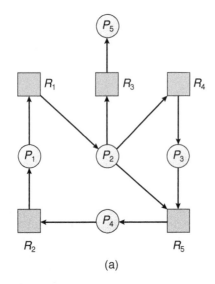
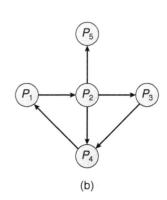

Figura 7.9 (a) Grafo de alocação de recursos. (b) Grafo de espera correspondente.

- **Alocação.** Uma matriz $n \times m$ define o número de recursos de cada tipo correntemente alocados a cada processo.
- **Solicitação.** Uma matriz $n \times m$ indica a solicitação corrente de cada processo. Se *Solicitação*[i][j] é igual a k, então o processo P_i está solicitando mais k instâncias do tipo de recurso R_j.

A relação ≤ entre dois vetores é definida como na Seção 7.5.3. Para simplificar a notação, tratamos novamente as linhas nas matrizes *Alocação* e *Solicitação* como vetores, e as referenciamos como *Alocação*$_i$ e *Solicitação*$_i$. O algoritmo de detecção descrito aqui simplesmente investiga cada sequência de alocação possível para os processos que ainda têm de ser concluídos. Compare esse algoritmo com o algoritmo do banqueiro da Seção 7.5.3.

1. Sejam *Trabalho* e *Término* vetores de tamanho m e n, respectivamente. Inicialize *Trabalho* = *Disponível*. Para i = 0, 1, ..., n − 1, se *Alocação*$_i$ 0, então *Término*[i] = *false*. Caso contrário, *Término*[i] = *true*.
2. Encontre um índice i tal que
   a. *Término*[i] == *false*
   b. *Solicitação*$_i$ ≤ *Trabalho*

   Se não existir tal i, vá para o passo 4.
3. *Trabalho* = *Trabalho* + *Alocação*$_i$
   Término[i] = *true*
   Vá para o passo 2.
4. Se *Término*[i] == *false* para algum i, 0 ≤ i < n, então o sistema está em estado de deadlock. Além disso, se *Término*[i] == *false*, então o processo P_i está em deadlock.

Esse algoritmo requer uma ordem de $m \times n^2$ operações para detectar se o sistema está em estado de deadlock.

Você deve estar se perguntando por que reclamamos os recursos do processo P_i (no passo 3) assim que determinamos que *Solicitação*$_i$ ≤ *Trabalho* (no passo 2b). Sabemos que P_i *não* está correntemente envolvido em um deadlock (já que *Solicitação*$_i$ ≤ *Trabalho*). Assim, adotamos uma atitude otimista e presumimos que P_i não demandará mais recursos para completar sua tarefa; portanto, em breve ele devolverá ao sistema todos os recursos correntemente alocados. Se nossa suposição estiver incorreta, um deadlock pode ocorrer posteriormente. Esse deadlock será detectado na próxima vez em que o algoritmo de detecção de deadlocks for invocado.

Para ilustrar esse algoritmo, consideramos um sistema com cinco processos P_0 a P_4 e três tipos de recurso A, B e C. O tipo de recurso A tem sete instâncias, o tipo de recurso B tem duas instâncias e o tipo de recurso C tem seis instâncias. Suponha que, no tempo T_0, tenhamos o estado de alocação de recursos a seguir:

| | Alocação | Solicitação | Disponível |
	A B C	A B C	A B C
P_0	0 1 0	0 0 0	0 0 0
P_1	2 0 0	2 0 2	
P_2	3 0 3	0 0 0	
P_3	2 1 1	1 0 0	
P_4	0 0 2	0 0 2	

Afirmamos que o sistema não está em estado de deadlock. Na verdade, se executarmos nosso algoritmo, veremos que a sequência < P_0, P_2, P_3, P_1, P_4 > resulta em *Término*[i] == *true* para todo i.

Suponha agora que o processo P_2 faça uma solicitação adicional de uma instância de tipo C. A matriz *Solicitação* será modificada como descrito abaixo:

| | Solicitação |
	A B C
P_0	0 0 0
P_1	2 0 2
P_2	0 0 1
P_3	1 0 0
P_4	0 0 2

Afirmamos que o sistema está agora em deadlock. Embora possamos reclamar os recursos retidos pelo processo P_0, o número de recursos disponíveis não é suficiente para atender as solicitações dos outros processos. Portanto, há um deadlock, envolvendo os processos P_1, P_2, P_3 e P_4.

7.6.3 Uso do Algoritmo de Detecção

Quando devemos invocar o algoritmo de detecção? A resposta depende de dois fatores:

1. Com que *frequência* um deadlock pode ocorrer?
2. *Quantos* processos serão afetados pelo deadlock quando ele ocorrer?

Se deadlocks ocorrem com frequência, então o algoritmo de detecção deve ser invocado regularmente. Os recursos alocados para os processos em deadlock ficarão ociosos até o deadlock ser quebrado. Além disso, o número de processos envolvidos no ciclo do deadlock pode aumentar.

Os deadlocks ocorrem apenas quando algum processo faz uma solicitação que não pode ser atendida imediatamente. Essa solicitação pode ser a solicitação final que completa uma cadeia de processos em espera. Como medida extrema, podemos invocar o algoritmo de detecção de deadlocks sempre que uma solicitação de alocação não puder ser atendida imediatamente. Nesse caso, podemos identificar não somente o conjunto de processos em deadlock, mas também o processo específico que o "causou". (Na verdade, cada um dos processos do deadlock é um elo no ciclo do grafo de recursos e, portanto, todos eles, em conjunto, causaram o deadlock.) Se existem vários tipos de recursos diferentes, uma solicitação pode criar muitos ciclos no grafo de recursos, cada ciclo sendo completado pela solicitação mais recente e "causado" por um processo identificável.

Naturalmente, a invocação do algoritmo de detecção de deadlocks para cada solicitação de recursos incorrerá em um overhead considerável no tempo de computação. Uma alternativa menos dispendiosa é simplesmente invocar o algoritmo em intervalos definidos — por exemplo, uma vez por hora ou sempre que a utilização da CPU cair abaixo de 40%. (Um deadlock pode comprometer o throughput do sistema e causar a queda da utilização da CPU.) Se o algoritmo de detecção for invocado em pontos arbitrários no tempo, o grafo de recursos pode conter muitos ciclos. Nesse caso, geralmente não conseguimos dizer qual dos diversos processos envolvidos "causou" o deadlock.

7.7 Recuperação de Deadlocks

Quando um algoritmo de detecção determina que existe um deadlock, várias alternativas estão disponíveis. Uma possibilidade é informar ao operador que ocorreu um deadlock e deixá-lo lidar com o problema manualmente. Outra possibilidade é permitir que o sistema se recupere do deadlock automaticamente. Há duas opções para a interrupção de um deadlock. Uma é simplesmente abortar um ou mais processos para romper a espera circular. A outra é provocar a preempção de alguns recursos de um ou mais dos processos em deadlock.

7.7.1 Encerramento de Processos

Para eliminar deadlocks abortando um processo, usamos um entre dois métodos. Nos dois métodos, o sistema reclama todos os recursos alocados aos processos encerrados.

- **Abortar todos os processos em deadlock.** Esse método claramente romperá o ciclo do deadlock, mas a um alto custo. Os processos em deadlock podem ter sido executados por muito tempo e os resultados dessas computações parciais devem ser descartados e provavelmente terão que ser refeitos posteriormente.
- **Abortar um processo de cada vez até que o ciclo do deadlock seja eliminado.** Esse método incorre em overhead considerável, já que após cada processo ser abortado, um algoritmo de detecção de deadlocks deve ser invocado para determinar se algum processo ainda está em deadlock.

Pode não ser fácil abortar um processo. Se o processo estava no meio da atualização de um arquivo, seu encerramento deixará esse arquivo em um estado incorreto. Da mesma forma, se o processo estava no meio da impressão de dados em uma impressora, o sistema deve reposicionar a impressora para um estado correto antes de imprimir o próximo job.

Se o método de encerramento parcial for usado, então devemos determinar que processo (ou processos) do deadlock deve ser encerrado. Essa determinação é uma decisão política, semelhante às decisões de scheduling da CPU. A questão é basicamente econômica; devemos abortar os processos cujo encerramento incorrerá no custo mínimo. Infelizmente, o termo *custo mínimo* não é preciso. Muitos fatores podem afetar a decisão de qual processo deve ser selecionado, incluindo:

1. Qual é a prioridade do processo
2. Por quanto tempo o processo foi executado e por quanto tempo o processo terá que ser executado para completar sua tarefa
3. Quantos e que tipos de recursos o processo usou (por exemplo, se os recursos são simples de serem interceptados)
4. De quantos recursos o processo ainda precisa para completar sua tarefa
5. Quantos processos terão que ser encerrados
6. Se o processo é interativo ou batch.

7.7.2 Preempção de Recursos

Para eliminar deadlocks usando a preempção de recursos, provocamos a preempção sucessiva de alguns recursos dos processos e damos esses recursos a outros processos até que o ciclo do deadlock seja rompido.

Se a preempção for necessária para lidarmos com os deadlocks, então três questões devem ser abordadas:

1. **Seleção de uma vítima.** Que recursos e que processos devem sofrer preempção? Como no encerramento de processos, devemos determinar a ordem da preempção para minimizar o custo. Fatores de custo podem incluir parâmetros como o número de recursos que um processo em deadlock está retendo e quanto tempo o processo levou para ser executado até o momento.
2. **Reversão.** Se provocarmos a preempção de um recurso de um processo, o que deve ser feito com esse processo? É claro que ele não pode continuar a ser executado normalmente; algum recurso necessário está faltando. Devemos reverter o processo para algum estado seguro e reiniciá-lo a partir desse estado.

   Já que, em geral, é difícil determinar o que é um estado seguro, a solução mais simples é uma reversão total: abortar o processo e então reiniciá-lo. Embora seja mais eficaz reverter o processo somente até onde for necessário para interromper o deadlock, esse método requer que o sistema mantenha mais informações sobre o estado de todos os processos em execução.
3. **Inanição.** Como assegurar que a inanição não ocorrerá? Isto é, como podemos garantir que os recursos interceptados não serão sempre do mesmo processo?

   Em um sistema em que a seleção da vítima é baseada principalmente em fatores de custo, pode ocorrer que o mesmo processo seja sempre selecionado como vítima. Como resultado, esse processo nunca completará sua tarefa, uma situação de inanição que deve ser resolvida em qualquer sistema. É claro que devemos assegurar que um processo possa ser selecionado como vítima apenas um número finito (pequeno) de vezes. A solução mais comum é incluir o número de reversões no fator de custo.

7.8 Resumo

Um estado de deadlock ocorre quando dois ou mais processos estão esperando indefinidamente por um evento que pode ser causado somente por um dos processos em espera. Há três métodos principais para a manipulação de deadlocks.

- Usar algum protocolo para prevenir ou evitar a ocorrência de deadlocks, assegurando que o sistema nunca entre em estado de deadlock.
- Permitir que o sistema entre em estado de deadlock, detectando-o, e então promovendo a recuperação.
- Ignorar o problema completamente e presumir que nunca ocorrerão deadlocks no sistema.

A terceira solução é a usada pela maioria dos sistemas operacionais, incluindo o Linux e o Windows.

Um deadlock pode ocorrer somente se quatro condições necessárias estiverem presentes simultaneamente no sistema: exclusão mútua, retenção e espera, inexistência de preempção, e espera circular. Para prevenir a ocorrência de deadlocks, podemos assegurar que pelo menos uma das condições necessárias nunca esteja presente.

Um método para evitar deadlocks, em vez de preveni-los, requer que o sistema operacional tenha informações *a priori* sobre como cada processo utilizará os recursos do sistema. O algoritmo do banqueiro, por exemplo, requer informações *a priori* sobre o número máximo de cada classe de recursos que cada processo pode solicitar. Usando essas informações, podemos definir um algoritmo que evite deadlocks.

Se um sistema não empregar um protocolo para assegurar que os deadlocks jamais ocorram, um esquema de detecção e recuperação pode ser usado. Um algoritmo de detecção de deadlocks deve ser invocado para determinar se ocorreu um deadlock. Se um deadlock for detectado, o sistema deve se recuperar encerrando alguns dos processos em deadlock ou provocando a preempção dos recursos de alguns desses processos.

Onde a preempção for usada na manipulação de deadlocks, três questões devem ser consideradas: a seleção de uma vítima, a reversão e a inanição. Em um sistema que selecione vítimas para reversão principalmente com base em fatores de custo, pode ocorrer inanição, e o processo selecionado nunca conseguirá completar sua tarefa.

Pesquisadores argumentam que nenhuma das abordagens básicas é individualmente apropriada para todo o espectro de problemas de alocação de recursos nos sistemas operacionais. As abordagens básicas podem ser combinadas, no entanto, permitindo-nos selecionar uma abordagem ótima para cada classe de recursos em um sistema.

Exercícios Práticos

7.1 Liste três exemplos de deadlocks que não estejam relacionados com um ambiente de sistema de computação.

7.2 Suponha que um sistema esteja em um estado inseguro. Mostre que é possível que os processos completem sua execução sem entrar em estado de deadlock.

7.3 Considere o seguinte instantâneo de um sistema:

	Alocação A B C D	Max A B C D	Disponível A B C D
P_0	0 0 1 2	0 0 1 2	1 5 2 0
P_1	1 0 0 0	1 7 5 0	
P_2	1 3 5 4	2 3 5 6	
P_3	0 6 3 2	0 6 5 2	
P_4	0 0 1 4	0 6 5 6	

Responda as perguntas a seguir usando o algoritmo do banqueiro:

a. Qual é o conteúdo da matriz *Necessidade*?

b. O sistema está em um estado seguro?

c. Se uma solicitação do processo P_1 chega para (0,4,2,0), ela poderá ser atendida imediatamente?

7.4 Um método possível para a prevenção de deadlocks é o uso de um recurso único de ordem superior que deve ser solicitado antes de qualquer outro recurso. Por exemplo, se vários threads tentarem acessar os objetos de sincronização A ... E, pode ocorrer um deadlock. (Esses objetos de sincronização podem incluir mutexes, semáforos, variáveis de condição, e assemelhados.) Podemos prevenir o deadlock adicionando um sexto objeto F. Sempre que um thread quiser adquirir o lock de sincronização de qualquer objeto A ... E, deverá primeiro adquirir o lock para o objeto F. Essa solução é conhecida como contenção: os locks para os objetos A ... E estão contidos dentro do lock para o objeto F. Compare esse esquema com o esquema de espera circular da Seção 7.4.4.

7.5 Prove que o algoritmo de segurança apresentado na Seção 7.5.3 requer uma ordem de $m \times n^2$ operações.

7.6 Considere um sistema de computação que executa 5.000 jobs por mês e não tem esquema que previna ou evite deadlocks. Os deadlocks ocorrem aproximadamente duas vezes por mês e o operador deve encerrar e reexecutar cerca de 10 jobs por deadlock. Cada job custa cerca de 2 dólares (em tempo de CPU) e os jobs encerrados costumam chegar até o meio e então são abortados.

Um programador de sistemas estimou que um algoritmo para evitar deadlocks (como o algoritmo do banqueiro) poderia ser instalado no sistema com um aumento de cerca de 10% no tempo médio de execução por job. Já que no momento a máquina tem 30% do tempo ocioso, todos os 5.000 jobs por mês poderiam ainda estar em execução, embora o tempo de turnaround aumentasse em média cerca de 20%.

a. Quais são os argumentos para a instalação do algoritmo que evita a ocorrência de deadlocks?

b. Quais são os argumentos contra a instalação do algoritmo que evita a ocorrência de deadlocks?

7.7 Um sistema pode detectar que algum de seus processos está sofrendo de inanição? Se você responder "sim", explique como ele pode fazer isso. Se responder "não", explique como o sistema pode lidar com o problema da inanição.

7.8 Considere a política de alocação de recursos a seguir. Solicitações e liberações de recursos são permitidas a qualquer momento. Quando uma solicitação de recursos não pode ser atendida porque os recursos não estão disponíveis, procuramos quaisquer processos que estejam bloqueados esperando por recursos. Se um processo bloqueado obtiver os recursos desejados, esses recursos serão retirados dele e passados ao processo solicitante. O vetor de recursos pelos quais o processo bloqueado está esperando é aumentado para incluir os recursos que foram removidos.

Por exemplo, um sistema tem três tipos de recursos, e o vetor **Disponível** é inicializado com (4,2,2). Se o processo P_0 solicitar (2,2,1), ele os receberá. Se P_1 solicitar (1,0,1), ele os receberá. Em seguida, se P_0 solicitar (0,0,1), ele será bloqueado (recurso não disponível). Agora se P_2 solicitar (2,0,0), ele receberá o recurso disponível (1,0,0), assim como um recurso que foi alocado a P_0 (já que P_0 está bloqueado). O vetor **Alocação** de P_0 diminui para (1,2,1) e seu vetor **Necessidade** aumenta para (1,0,1).

a. Pode ocorrer um deadlock? Se você responder "sim", dê um exemplo. Se responder "não", especifique que condição necessária não pode ocorrer.

b. Pode ocorrer um bloqueio indefinido? Explique sua resposta.

7.9 Suponha que você tenha codificado o algoritmo de segurança que evita deadlocks e agora tenha sido solicitado a implementar o algoritmo de detecção de deadlocks. Você pode fazer isso simplesmente usando o código do algoritmo de segurança e redefinindo $Max_i = Espera_i + Alocação_i$, em que $Espera_i$ é um vetor que especifica os recursos pelos quais o processo i está esperando e $Alocação_i$ segue o definido na Seção 7.5? Explique sua resposta.

7.10 É possível ocorrer um deadlock envolvendo apenas um processo com um único thread? Explique sua resposta.

Exercícios

7.11 Considere o deadlock de tráfego mostrado na Figura 7.10.

a. Mostre que as quatro condições necessárias para a ocorrência do deadlock estão presentes nesse exemplo.
b. Defina uma regra simples para evitar deadlocks nesse sistema.

7.12 Suponha que uma aplicação multithreaded use apenas locks de leitor-gravador para a sincronização. Considerando as quatro condições necessárias para a ocorrência de deadlocks, continua ainda possível ocorrer um deadlock se vários locks de leitor-gravador forem usados?

7.13 O exemplo de programa mostrado na Figura 7.4 nem sempre leva a um deadlock. Descreva que papel o scheduler da CPU desempenha e como ele pode contribuir para a ocorrência de deadlocks nesse programa.

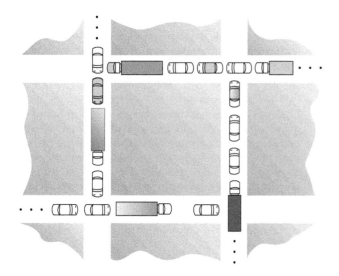

Figura 7.10 Deadlock de tráfego do Exercício 7.11.

7.14 Na Seção 7.4.4, descrevemos uma situação em que prevenimos deadlocks assegurando que todos os locks sejam adquiridos em determinada ordem. No entanto, também ressaltamos que é possível ocorrer um deadlock nessa situação se dois threads invocarem simultaneamente a função transaction ( ). Corrija a função transaction ( ) para prevenir deadlocks.

7.15 Compare o esquema de espera circular com os diversos esquemas para evitar deadlocks (como o algoritmo do banqueiro) com relação às questões a seguir:
a. Overheads no tempo de execução
b. Throughput do sistema

7.16 Em um sistema de computação real, nem os recursos disponíveis nem as demandas dos processos por recursos são consistentes por longos períodos (meses). Os recursos quebram ou são substituídos, novos processos vêm e vão, e novos recursos são comprados e adicionados ao sistema. Se o deadlock é controlado pelo algoritmo do banqueiro, quais das alterações a seguir podem ser feitas com segurança (sem introduzir a possibilidade de ocorrência de deadlocks) e sob que circunstâncias?
a. Aumento de *Disponível* (novos recursos adicionados).
b. Diminuição de *Disponível* (recurso removido permanentemente do sistema).
c. Aumento de *Max* para um processo (o processo quer mais recursos ou precisa de mais recursos do que o permitido).
d. Diminuição de *Max* para um processo (o processo decide que não precisa de tantos recursos).
e. Aumento do número de processos.
f. Diminuição do número de processos.

7.17 Considere um sistema composto por quatro recursos do mesmo tipo que são compartilhados por três processos, cada um precisando de no máximo dois recursos. Mostre que o sistema está livre de deadlocks.

7.18 Considere um sistema composto por m recursos do mesmo tipo sendo compartilhados por n processos. Um processo pode solicitar ou liberar apenas um recurso de cada vez. Mostre que o sistema está livre de deadlocks se ocorrerem as duas condições a seguir:
a. A necessidade máxima de cada processo está entre um recurso e m recursos.
b. A soma de todas as necessidades máximas é menor do que $m + n$.

7.19 Considere a versão do problema dos filósofos comensais em que os chopsticks são colocados no centro da mesa e qualquer par deles pode ser usado por um filósofo. Suponha que as solicitações de chopsticks sejam feitas uma de cada vez. Descreva uma regra simples para determinar se uma solicitação específica pode ser atendida sem causar deadlock, dada a alocação corrente de chopsticks para os filósofos.

7.20 Considere novamente a situação do exercício anterior. Suponha que agora cada filósofo precise de três chopsticks para comer. As solicitações de recursos ainda são emitidas uma de cada vez. Descreva algumas regras simples para determinar se uma solicitação específica pode ser atendida sem causar um deadlock, dada a alocação corrente de chopscticks para os filósofos.

7.21 Podemos obter o algoritmo do banqueiro para um único tipo de recurso a partir do algoritmo do banqueiro geral simplesmente reduzindo de 1 unidade a dimensionalidade dos diversos arrays. Mostre, por meio de um exemplo, que não podemos implementar o esquema do banqueiro para múltiplos tipos de recursos aplicando o esquema do único tipo de recurso, para cada tipo de recurso individualmente.

7.22 Considere o seguinte instantâneo de um sistema:

	Alocação A B C D	Max A B C D
P_0	3 0 1 4	5 1 1 7
P_1	2 2 1 0	3 2 1 1
P_2	3 1 2 1	3 3 2 1
P_3	0 5 1 0	4 6 1 2
P_4	4 2 1 2	6 3 2 5

Usando o algoritmo do banqueiro, determine se cada um dos estados a seguir é ou não é inseguro. Se o estado for seguro, demonstre a ordem em que os processos podem ser concluídos. Caso contrário, demonstre por que o estado é inseguro.

a. *Disponível* = (0, 3, 0, 1)
b. *Disponível* = (1, 0, 0, 2)

7.23 Considere o seguinte instantâneo de um sistema:

	Alocação	Max	Disponível
	A B C D	A B C D	A B C D
P_0	2 0 0 1	4 2 1 2	3 3 2 1
P_1	3 1 2 1	5 2 5 2	
P_2	2 1 0 3	2 3 1 6	
P_3	1 3 1 2	1 4 2 4	
P_4	1 4 3 2	3 6 6 5	

Responda as perguntas a seguir usando o algoritmo do banqueiro:

a. Mostre que o sistema está em um estado seguro demonstrando uma ordem em que os processos podem ser concluídos.
b. Se uma solicitação do processo P_1 chega para (1,1,0,0), ela poderá ser atendida imediatamente?
c. Se uma solicitação do processo P_4 chega para (0,0,2,0), ela poderá ser atendida imediatamente?

7.24 Qual é a suposição otimista feita no algoritmo de detecção de deadlocks? Como essa suposição pode ser violada?

7.25 Uma ponte com uma única pista conecta as duas vilas North Tunbridge e South Tunbridge em Vermont. Os fazendeiros das duas vilas usam essa ponte para distribuir sua produção na cidade vizinha. A ponte pode apresentar um deadlock se um fazendeiro em direção ao norte e um em direção ao sul entrarem na ponte ao mesmo tempo (os fazendeiros de Vermont são teimosos e não concordam em voltar). Usando semáforos e/ou locks mutex, projete um algoritmo em pseudocódigo para prevenir deadlocks. Inicialmente, não se preocupe com a inanição (a situação em que fazendeiros em direção ao norte impedem fazendeiros indo para o sul de usar a ponte, ou vice-versa).

7.26 Modifique sua solução para o Exercício 7.25 para que não ocorra inanição.

Problemas de Programação

7.27 Implemente sua solução para o Exercício 7.25 usando a sincronização POSIX. Especificamente, represente os fazendeiros que vão para o norte e para o sul como threads separados. Uma vez que um fazendeiro esteja na ponte, o thread associado adormecerá por um período de tempo aleatório, representando a passagem pela ponte. Projete seu programa de modo que você possa criar vários threads representando o fazendeiro que vai para o norte e o que vai para o sul.

Projetos de Programação

Algoritmo do Banqueiro

Nesse projeto, você escreverá um programa multithreaded que implemente o algoritmo do banqueiro discutido na Seção 7.5.3. Vários clientes solicitam e liberam recursos do banco. O banqueiro atenderá uma solicitação somente se ela deixar o sistema em um estado seguro. Uma solicitação que deixe o sistema em um estado inseguro será negada. Essa tarefa de programação combina três tópicos diferentes: (1) criar múltiplos threads, (2) prevenir condições de corrida e (3) evitar deadlocks.

O Banqueiro

O banqueiro considerará solicitações de n clientes por m tipos de recursos, como descrito na Seção 7.5.3. O banqueiro controlará os recursos usando as estruturas de dados a seguir:

```
/* estes podem ser quaisquer valores >= 0 */
#define NUMBER_OF_CUSTOMERS 5
#define NUMBER_OF_RESOURCES 3

/* o montante disponível de cada recurso */
int available[NUMBER_OF_RESOURCES];

/* a demanda máxima de cada cliente */
int maximum[NUMBER_OF_CUSTOMERS][NUMBER_OF_
RESOURCES];

/* o montante correntemente alocado a cada
cliente */
int allocation[NUMBER_OF_CUSTOMERS][NUMBER_OF_
RESOURCES];

/* a necessidade remanescente de cada cliente */
int need[NUMBER_OF_CUSTOMERS][NUMBER_OF_
RESOURCES];
```

Os Clientes

Crie n threads de clientes que solicitem e liberem recursos do banco. Os clientes estarão em um loop contínuo, solicitando e depois liberando números aleatórios de recursos. As solicitações dos clientes por recursos serão limitadas por seus respectivos valores no array need. O banqueiro atenderá uma solicitação se ela satisfizer ao algoritmo de segurança descrito na Seção 7.5.3.1. Se uma solicitação não deixa o sistema em um estado seguro, o banqueiro a negará. Os protótipos das funções para a solicitação e liberação de recursos são os seguintes:

```
int request_resources(int customer_num, int
request[]);

int release_resources(int customer_num, int
release[]);
```

Essas duas funções devem retornar 0, se bem-sucedidas, e −1, se não houver êxito. Múltiplos threads (clientes) acessarão concorrentemente dados compartilhados por meio dessas duas funções. Portanto, o acesso deve ser controlado por meio de locks mutex para prevenir condições de corrida. As APIs Pthreads e Windows fornecem locks mutex. O uso de locks mutex do Pthreads é abordado na Seção 5.9.4; os locks mutex dos sistemas Windows são descritos no projeto intitulado "Problema do Produtor-Consumidor" no fim do Capítulo 5.

Implementação

Você deve invocar seu programa passando o número de recursos de cada tipo na linha de comando. Por exemplo, se houver três tipos de recursos, com dez instâncias do primeiro tipo, cinco do segundo tipo e sete do terceiro tipo, você invocaria seu programa assim:

```
./a.out 10 5 7
```

O array available seria inicializado com esses valores. Você pode inicializar o array maximum (que contém a demanda máxima de cada cliente) usando qualquer método que achar conveniente.

Notas Bibliográficas

A maioria das pesquisas envolvendo deadlocks foi conduzida muitos anos atrás. [Dijkstra (1965)] foi um dos primeiros e mais influentes colaboradores na área dos deadlocks. [Holt (1972)] foi a primeira pessoa a formalizar a noção de deadlocks em termos de um modelo de grafo de alocação semelhante ao apresentado neste capítulo. A inanição também foi abordada por [Holt (1972)]. [Hyman (1985)] forneceu o exemplo de deadlock da legislatura do Kansas. Um estudo sobre a manipulação de deadlocks é fornecido em [Levine (2003)].

Os diversos algoritmos de prevenção foram sugeridos por [Havender (1968)], que projetou o esquema de ordenação de recursos para o sistema IBM OS/360. O algoritmo do banqueiro que evita deadlocks foi desenvolvido para um único tipo de recurso por [Dijkstra (1965)] e estendido para múltiplos tipos de recursos por [Habermann (1969)].

O algoritmo de detecção de deadlocks para múltiplas instâncias de um tipo de recurso, que é descrito na Seção 7.6.2, foi apresentado por [Coffman et al. (1971)].

[Bach (1987)] descreve quantos dos algoritmos do kernel tradicional do UNIX manipulam deadlocks. Soluções para problemas de deadlock em redes são discutidas em trabalhos como o de [Culler et al. (1998)] e [Rodeheffer e Schroeder (1991)].

A testemunha verificadora da ordem dos locks é apresentada em [Baldwin (2002)].

Bibliografia

[Bach (1987)] M. J. Bach, *The Design of the UNIX Operating System*, Prentice Hall (1987).

[Baldwin (2002)] J. Baldwin, "Locking in the Multithreaded FreeBSD Kernel", *USENIX BSD* (2002).

[Coffman et al. (1971)] E. G. Coffman, M. J. Elphick e A. Shoshani, "System Deadlocks", *Computing Surveys*, volume 3, número 2 (1971), páginas 67-78.

[Culler et al. (1998)] D. E. Culler, J. P. Singh e A. Gupta, *Parallel Computer Architecture: A Hardware/Software Approach*, Morgan Kaufmann Publishers Inc. (1998).

[Disjkstra (1965)] E. W. Dijkstra, "Cooperating Sequential Processes", Technical Report, Technological University, Eindhoven, Países Baixos (1965).

[Habermann (1969)] A. N. Habermann, "Prevention of System Deadlocks", *Communications of the ACM*, volume 12, número 7 (1969), páginas 373-377, 385.

[Havender (1968)] J. W. Havender, "Avoiding Deadlock in Multitasking Systems", *IBM Systems Journal*, volume 7, número 2 (1968), páginas 74-84.

[Holt (1972)] R. C. Holt, "Some Deadlock Properties of Computer Systems", *Computing Surveys*, volume 4, número 3 (1972), páginas 179-196.

[Hyman (1985)] D. Hyman, *The Columbus Chicken Statute and More Bonehead Legislation*, S. Greene Press (1985).

[Levine (2003)] G. Levine, "Defining Deadlock", *Operating Systems Review*, volume 37, número 1 (2003).

[Rodeheffer e Schroeder (1991)] T. L. Rodeheffer e M. D. Schroeder, "Automatic Reconfiguration in Autonet", *Proceedings of the ACM Symposium on Operating Systems Principles* (1991), páginas 183-97.

Parte Três

Gerenciamento da Memória

A principal finalidade de um sistema de computação é executar programas. Esses programas, junto com os dados que eles acessam, devem estar pelo menos parcialmente na memória principal durante a execução.

Para melhorar tanto a utilização da CPU quanto a velocidade de sua resposta para os usuários, um computador de uso geral deve manter vários processos na memória. Existem muitos esquemas de gerenciamento da memória refletindo diversas abordagens, e a eficácia de cada algoritmo depende da situação. A seleção de um esquema de gerenciamento da memória para um sistema depende de muitos fatores, principalmente do projeto de **hardware** do sistema. A maioria dos algoritmos requer suporte de hardware.

CAPÍTULO 8

Memória Principal

No Capítulo 6, mostramos como a CPU pode ser compartilhada por um conjunto de processos. Como resultado do scheduling da CPU, podemos melhorar tanto a utilização da CPU quanto a velocidade de resposta do computador para seus usuários. Para promover essa melhoria no desempenho, no entanto, devemos manter vários processos na memória; isto é, devemos *compartilhar* a memória.

Neste capítulo, discutimos várias maneiras de gerenciar a memória. Os algoritmos de gerenciamento da memória variam de uma abordagem primitiva de máquina crua a estratégias de paginação e segmentação. Cada abordagem tem suas próprias vantagens e desvantagens. A seleção de um método de gerenciamento da memória para um sistema específico depende de muitos fatores, principalmente do projeto de hardware do sistema. Como veremos, muitos algoritmos requerem suporte de hardware, o que leva muitos sistemas a terem uma forte integração entre o hardware e o gerenciamento de memória do sistema operacional.

OBJETIVOS DO CAPÍTULO

- Fornecer uma descrição detalhada de várias maneiras de organizar o hardware da memória.
- Explorar várias técnicas de alocação de memória aos processos.
- Discutir em detalhes como a paginação funciona nos sistemas de computação contemporâneos.

8.1 Antecedentes

Como vimos no Capítulo 1, a memória é essencial para a operação de um sistema de computação moderno. A memória consiste em um grande array de bytes, cada um com seu próprio endereço. A CPU extrai instruções da memória, de acordo com o valor do contador do programa. Essas instruções podem causar carga adicional a partir de endereços específicos da memória e armazenamento em endereços específicos da memória.

Um ciclo de execução de instruções típico, por exemplo, primeiro extrai uma instrução da memória. A instrução é então decodificada e pode causar a extração de operandos da memória. Após a instrução ter sido executada sobre os operandos, os resultados podem ser armazenados de volta na memória. A unidade de memória vê apenas um fluxo de endereços de memória; ela não sabe como eles são gerados (pelo contador de instruções, por indexação, indiretamente, como endereços literais, e assim por diante) ou para que eles servem (instruções ou dados). Da mesma forma, podemos ignorar *como* um programa gera um endereço de memória. Estamos interessados apenas na sequência de endereços de memória gerados pelo programa em execução.

Começamos nossa discussão abordando várias questões pertinentes ao gerenciamento da memória: o hardware básico, a vinculação de endereços simbólicos da memória a endereços físicos reais e a distinção entre endereços lógicos e físicos. Concluímos a seção com uma discussão sobre vinculação dinâmica e bibliotecas compartilhadas.

8.1.1 Hardware Básico

A memória principal e os registradores embutidos dentro do próprio processador são o único espaço de armazenamento de uso geral que a CPU pode acessar diretamente. Há instruções de máquina que usam endereços da memória como argumentos, mas nenhuma que use endereços de disco. Portanto, quaisquer instruções em execução e quaisquer dados que estiverem sendo usados pelas instruções devem estar em um desses dispositivos de armazenamento de acesso direto. Se os dados não estiverem na memória, devem ser transferidos para lá antes que a CPU possa operar sobre eles.

Os registradores que estão embutidos na CPU são geralmente acessíveis dentro de um ciclo do relógio da CPU. A maioria das CPUs pode decodificar instruções e executar operações simples sobre o conteúdo dos registradores à taxa de uma ou mais operações por tique do relógio. O mesmo não pode ser dito da memória principal que é acessada por uma transação no bus da memória. Para completar um acesso à memória podem ser necessários muitos ciclos do relógio da CPU. Nesses casos, o processador normalmente precisa ser interrompido, já que ele não tem os dados requeridos para completar a instrução que está executando. Essa situação é intolerável por causa da frequência de acessos à memória. A solução é adicionar uma memória rápida entre a CPU e a memória principal, geralmente no chip da CPU para acesso rápido. Esse cache foi descrito na Seção 1.8.3. Para gerenciar um cache embutido na CPU, o hardware acelera automaticamente o acesso à memória sem nenhum controle do sistema operacional.

Além de estarmos preocupados com a velocidade relativa do acesso à memória física, também devemos assegurar a operação correta. Para a operação apropriada do sistema, devemos proteger o sistema operacional contra o acesso de processos de

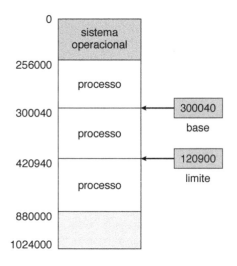

Figura 8.1 Um registrador base e um registrador limite definem um espaço de endereçamento lógico.

usuário. Em sistemas multiusuários, devemos adicionalmente proteger os processos de usuário uns dos outros. Essa proteção deve ser fornecida pelo hardware porque o sistema operacional não costuma intervir entre a CPU e seus acessos à memória (em razão do comprometimento do desempenho). O hardware implementa essa proteção de várias maneiras diferentes, como mostramos no decorrer do capítulo. Aqui, descrevemos uma implementação possível.

Primeiro, precisamos nos certificar de que cada processo tenha um espaço de memória separado. O espaço de memória separado por processo protege os processos uns contra os outros e é fundamental para que existam múltiplos processos carregados na memória para execução concorrente. Para separar os espaços de memória, precisamos ser capazes de determinar o intervalo de endereços legais que o processo pode acessar e assegurar que ele possa acessar somente esses endereços legais. É possível fornecer essa proteção usando dois registradores, usualmente um registrador base e um registrador limite, como ilustrado na Figura 8.1. O registrador base contém o menor endereço físico de memória legal; o registrador limite especifica o tamanho do intervalo. Por exemplo, se o registrador base contém 300040 e o registrador limite é igual a 120900, então o programa pode acessar legalmente todos os endereços de 300040 a 420939 (inclusive).

A proteção do espaço da memória é fornecida pela comparação que o hardware da CPU faz entre cada endereço gerado em modalidade de usuário e os registradores. Qualquer tentativa de um programa, executando em modalidade de usuário, de acessar a memória do sistema operacional ou a memória de outros usuários resulta em uma interceptação para o sistema operacional que trata a tentativa como um erro fatal (Figura 8.2). Esse esquema impede que um programa de usuário modifique (acidental ou deliberadamente) o código ou as estruturas de dados do sistema operacional ou de outros usuários.

Os registradores base e limite podem ser carregados apenas pelo sistema operacional que usa uma instrução privilegiada especial. Já que instruções privilegiadas podem ser executadas apenas em modalidade de kernel, e já que somente o sistema operacional é executado nessa modalidade, somente o sistema operacional pode carregar os registradores base e limite.

Esse esquema permite que o sistema operacional altere o valor dos registradores, mas impede que programas de usuário alterem seus conteúdos.

O sistema operacional, sendo executado em modalidade de kernel, tem acesso irrestrito tanto à sua memória quanto à memória dos usuários. Essa característica permite que o sistema operacional carregue programas de usuário na memória dos usuários, descarregue esses programas em caso de erros, acesse e modifique parâmetros de chamadas de sistema, execute I/O a partir da memória do usuário e para a memória do usuário, e forneça muitos outros serviços. Considere, por exemplo, que o sistema operacional de um sistema com multiprocessamento deve executar mudanças de contexto, transferindo o estado de um processo dos registradores para a memória principal antes de carregar o contexto do próximo processo da memória principal para os registradores.

8.1.2 Vinculação de Endereços

Usualmente, um programa reside em um disco como um arquivo binário executável. Para ser executado, o programa deve ser trazido para a memória e inserido dentro de um processo. Dependendo do esquema de gerenciamento da memória em uso, o processo pode ser movimentado entre o disco e a memória durante sua execução. Os processos em disco que estão esperando para serem trazidos à memória para execução formam a fila de entrada.

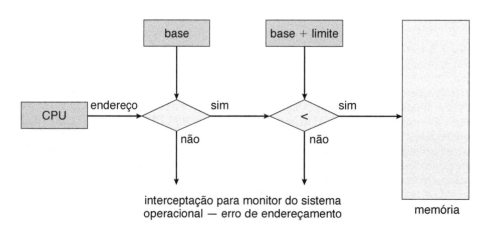

Figura 8.2 Proteção de endereço de hardware com registradores base e limite.

O procedimento normal em ambientes de monotarefa é selecionar um dos processos na fila de entrada e carregar esse processo na memória. Enquanto o processo é executado, ele acessa instruções e dados na memória. Em determinado momento, o processo termina, e seu espaço na memória é declarado disponível.

A maioria dos sistemas permite que os processos de usuário residam em qualquer parte da memória física. Portanto, embora o espaço de endereçamento do computador possa começar em 00000, o primeiro endereço do processo de usuário não precisa ser 00000. Você verá posteriormente como um programa de usuário coloca realmente um processo na memória física.

Na maioria dos casos, um programa de usuário percorre vários passos — alguns dos quais podem ser opcionais — antes de ser executado (Figura 8.3). Os endereços podem ser representados de diferentes maneiras durante esses passos. Os endereços do programa-fonte são, em geral, simbólicos (como a variável count). Normalmente, um compilador vincula esses endereços simbólicos a endereços relocáveis (como "14 bytes a partir do começo desse módulo"). Por sua vez, o linkage editor ou carregador vincula os endereços relocáveis a endereços absolutos (como 74014). Cada vinculação é um mapeamento de um espaço de endereçamento para outro.

Classicamente, a vinculação de instruções e dados a endereços da memória pode ser feita em qualquer passo ao longo do percurso:

- **Tempo de compilação.** Se você souber, em tempo de compilação, onde o processo residirá na memória, um código absoluto pode ser gerado. Por exemplo, se você souber que um processo de usuário residirá a partir da locação R, então o código gerado pelo compilador começará nessa locação e se estenderá a partir daí. Se, em algum momento mais tarde, a locação inicial mudar, então será necessário recompilar esse código. Os programas no formato .COM do MS-DOS são vinculados em tempo de compilação.

- **Tempo de carga.** Se não for conhecido, em tempo de compilação, onde o processo residirá na memória, então o compilador deve gerar código relocável. Nesse caso, a vinculação final é adiada até o tempo de carga. Se o endereço inicial mudar, precisaremos apenas recarregar o código do usuário para incorporar esse valor alterado.

- **Tempo de execução.** Se o processo puder ser movido de um segmento de memória para outro durante sua execução, então a vinculação deverá ser adiada até o tempo de execução. Um hardware especial deve estar disponível para esse esquema funcionar, como será discutido na Seção 8.1.3. A maioria dos sistemas operacionais de uso geral emprega esse método.

Grande parte deste capítulo é dedicada a mostrar como essas diversas vinculações podem ser implementadas efetivamente em um sistema de computação e a discutir o suporte de hardware apropriado.

8.1.3 Espaço de Endereçamento Lógico Versus Espaço de Endereçamento Físico

Um endereço gerado pela CPU é comumente referenciado como endereço lógico, enquanto um endereço visto pela unidade de memória — isto é, aquele que é carregado no registrador de endereços da memória — costuma ser referenciado como endereço físico.

Os métodos de vinculação de endereços em tempo de compilação e em tempo de carga geram endereços lógicos e físicos idênticos. No entanto, o esquema de vinculação de endereços em tempo de execução resulta em endereços lógicos e físicos diferentes. Nesse caso, usualmente referenciamos o endereço lógico como um endereço virtual. Usamos *endereço lógico* e *endereço virtual* de forma intercambiável neste texto. O conjunto de todos os endereços lógicos gerados por um programa é um espaço de endereçamento lógico. O conjunto de todos os endereços físicos correspondentes a esses endereços lógicos é um espaço de endereçamento físico. Portanto, no esquema de vinculação de endereços em tempo de execução, os espaços de endereçamento lógico e físico diferem.

O mapeamento de endereços virtuais para endereços físicos em tempo de execução é feito por um dispositivo de hardware chamado de unidade de gerenciamento da memória (MMU — *memory-management unit*). Podemos selecionar entre vários métodos diferentes para fazer esse mapeamento, como discutimos nas Seções 8.3 a 8.5. Por enquanto, ilustramos esse mapeamento com um esquema MMU simples que é uma generalização do esquema do registrador base descrito na Seção 8.1.1. O registrador base é agora chamado de registrador de relocação. O valor do registrador de relocação é adicionado a cada

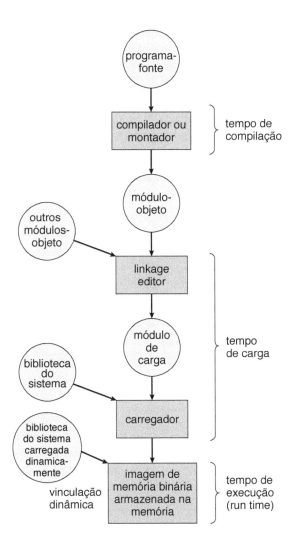

Figura 8.3 Processamento de um programa de usuário em vários passos.

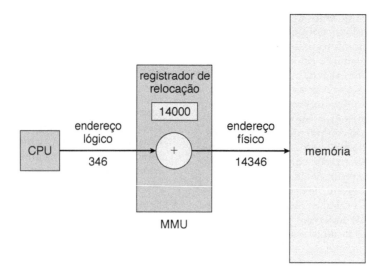

Figura 8.4 Relocação dinâmica usando um registrador de relocação.

endereço gerado por um processo de usuário quando o endereço é enviado para a memória (consulte a Figura 8.4). Por exemplo, se a base for na locação 14000, então uma tentativa do usuário de endereçar a locação 0 será relocada dinamicamente para a locação 14000; um acesso à locação 346 será mapeado para a locação 14346.

O programa do usuário nunca vê os endereços físicos reais. O programa pode criar um ponteiro para a locação 346, armazená-lo na memória, manipulá-lo, e compará-lo com outros endereços — tudo isso usando o número 346. Somente quando é usado como um endereço de memória (em uma carga ou armazenamento indireto, por exemplo) é que o endereço é relocado de acordo com o registrador base. O programa do usuário lida com endereços lógicos. O hardware de mapeamento da memória converte endereços lógicos em endereços físicos. Esse tipo de vinculação em tempo de execução foi discutido na Seção 8.1.2. A locação final de um endereço de memória referenciado não é determinado até que a referência seja feita.

Temos agora dois tipos de endereços diferentes: endereços lógicos (no intervalo de 0 a *max*) e endereços físicos (no intervalo de $R + 0$ a $R + max$ para um valor base R). O programa do usuário gera somente endereços lógicos e para ele o processo é executado nas locações 0 a *max*. No entanto, esses endereços lógicos devem ser mapeados para endereços físicos antes de serem usados. O conceito de um espaço de endereçamento lógico vinculado a um espaço de endereçamento físico separado é essencial para o gerenciamento apropriado da memória.

8.1.4 Carga Dinâmica

Em nossa discussão até o momento, o programa inteiro e todos os dados de um processo tinham de estar na memória física para o processo ser executado. Portanto, o tamanho de um processo ficava limitado ao tamanho da memória física. Para obter uma utilização melhor do espaço da memória, podemos usar a carga dinâmica. Com a carga dinâmica, uma rotina não é carregada até ser chamada. Todas as rotinas são mantidas em disco em um formato de carga relocável. O programa principal é carregado na memória e executado. Quando uma rotina precisa chamar outra rotina, a rotina chamadora verifica, primeiro, se a outra rotina foi carregada. Se não o foi, o carregador de vinculação relocável é chamado para carregar a rotina desejada na memória e atualizar as tabelas de endereços do programa para que reflitam essa alteração. Em seguida, o controle é passado à rotina recém-carregada.

A vantagem da carga dinâmica é que uma rotina é carregada somente quando ela é necessária. Esse método é particularmente útil quando grandes volumes de código são necessários para manipular situações pouco frequentes, como as rotinas de erro. Nesse caso, embora o tamanho total do programa possa ser grande, a parte que é usada (e, portanto, carregada) pode ser muito menor.

A carga dinâmica não requer suporte especial do sistema operacional. Os usuários têm a responsabilidade de projetar seus programas de modo a tirarem vantagem desse método. No entanto, os sistemas operacionais podem ajudar o programador fornecendo rotinas de biblioteca para a implementação da carga dinâmica.

8.1.5 Vinculação Dinâmica e Bibliotecas Compartilhadas

As **bibliotecas vinculadas dinamicamente** são bibliotecas do sistema que são vinculadas a programas de usuário quando os programas são executados (volte à Figura 8.3). Alguns sistemas operacionais suportam apenas a **vinculação estática** em que as bibliotecas do sistema são tratadas como qualquer outro módulo-objeto e incorporadas pelo carregador à imagem binária do programa. A vinculação dinâmica, por outro lado, é semelhante à carga dinâmica. Aqui, no entanto, a vinculação, em vez da carga, é adiada até o tempo de execução. Esse recurso é normalmente usado com bibliotecas do sistema, como as bibliotecas de sub-rotinas de linguagens. Sem essa facilidade, cada programa do sistema deve incluir uma cópia de sua biblioteca de linguagem (ou pelo menos as rotinas referenciadas pelo programa) na imagem executável. Esse requisito desperdiça tanto espaço em disco quanto a memória principal.

Na vinculação dinâmica, um **stub** é incluído na imagem para cada referência a rotinas da biblioteca. O stub é um pequeno fragmento de código que indica como localizar a rotina de biblioteca apropriada residente na memória, ou como carregar a biblioteca se a rotina ainda não estiver presente. Quando o stub é executado, ele verifica se a rotina necessária já está na memória. Se não estiver, o programa carrega a rotina na memória. De qualquer forma, o stub substitui a si próprio pelo endereço da rotina e a executa. Portanto, da próxima vez que um segmento de código específico for alcançado, a rotina da biblioteca será executada diretamente, sem incorrer no custo da vinculação dinâmica. Nesse esquema, todos os processos que usam uma biblioteca de linguagem executam apenas uma cópia do código da biblioteca.

Esse recurso pode ser estendido às atualizações das bibliotecas (como nas correções de bugs). Uma biblioteca pode ser substituída por uma nova versão e todos os programas que a referenciam usarão automaticamente a nova versão. Sem a vinculação dinâmica, todos esses programas teriam de ser vinculados novamente para ter acesso à nova biblioteca. Para que os programas não executem acidentalmente versões novas e incompatíveis das bibliotecas, informações sobre a versão são incluídas tanto no programa quanto na biblioteca. Mais de uma versão da biblioteca pode estar carregada na memória, e cada programa usará suas informações sobre a versão para decidir que cópia da biblioteca deve usar. Versões com poucas alterações retêm o mesmo número de versão, enquanto versões com alterações de maior porte incrementam o número. Portanto, apenas programas que forem compilados com a nova versão da biblioteca serão afetados por alguma alteração incompatível nela incorporada. Outros programas vinculados antes de a nova biblioteca ter sido instalada continuarão a usar a biblioteca anterior. Esse sistema também é conhecido como bibliotecas compartilhadas.

Ao contrário da carga dinâmica, a vinculação dinâmica e as bibliotecas compartilhadas geralmente requerem a ajuda do sistema operacional. Se os processos residentes na memória estiverem protegidos uns dos outros, o sistema operacional será a única entidade que poderá verificar se a rotina necessária está no espaço de memória de outro processo ou que poderá permitir que múltiplos processos acessem os mesmos endereços de memória. Trabalhamos nesse conceito quando discutimos a paginação na Seção 8.5.4.

8.2 Permuta entre Processos (Swapping)

Um processo deve estar na memória para ser executado. No entanto, ele pode ser transferido temporariamente da memória principal para uma memória de retaguarda e, então, trazido de volta à memória principal para continuar a execução (Figura 8.5). A permuta torna possível que o espaço de endereçamento físico de todos os processos exceda a memória física real do sistema, aumentando assim o grau de multiprogramação no sistema.

8.2.1 Permuta-Padrão

A permuta-padrão envolve a transferência de processos entre a memória principal e uma memória de retaguarda. A memória de retaguarda é comumente um disco veloz. Ela deve ser suficientemente grande para acomodar cópias de todas as imagens da memória para todos os usuários, e deve fornecer acesso direto a essas imagens da memória. O sistema mantém uma fila de prontos composta por todos os processos cujas imagens da memória estão na memória de retaguarda ou na memória principal e que estão prontos para serem executados. Sempre que o scheduler da CPU decide executar um processo, ele chama o despachante. O despachante verifica se o próximo processo na fila está em memória. Caso não esteja, e se não houver uma região de memória livre, o despachante remove um processo

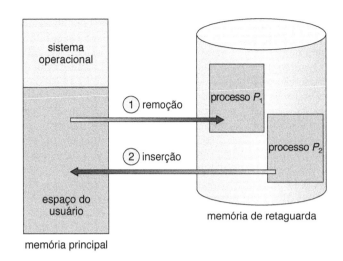

Figura 8.5 Permuta de dois processos usando um disco como memória de retaguarda.

correntemente em memória e o permuta com o processo desejado. Em seguida, ele recarrega os registradores e transfere o controle ao processo selecionado.

O tempo de mudança de contexto nesse sistema de permuta é bem alto. Para termos uma ideia desse tempo, suponha que o processo do usuário tenha um tamanho de 100 MB e a memória de retaguarda seja um disco rígido padrão com taxa de transferência de 50 MB por segundo. A transferência real do processo de 100 MB em uma das transferências (para dentro ou para fora) da memória principal leva:

100 MB / 50 MB por segundo = 2 segundos

O tempo de permuta é de 2.000 milissegundos. Já que precisamos executar operações de remoção e inserção do processo, o tempo total da permuta será de aproximadamente 4.000 milissegundos. (Aqui, estamos ignorando outros aspectos de desempenho do disco que abordamos no Capítulo 10.)

Observe que a maior parte do tempo de permuta é o tempo de transferência. O tempo de transferência total é diretamente proporcional ao montante de memória permutada. Se tivermos um sistema de computação com 4 GB de memória principal e um sistema operacional residente ocupando 1 GB, o tamanho máximo para o processo do usuário será de 3 GB. No entanto, muitos processos de usuário podem ser bem menores do que isso — digamos, 100 MB. Um processo de 100 MB poderia ser removido em 2 segundos, comparados aos 60 segundos requeridos para a permuta de 3 GB. É claro que seria útil saber exatamente quanto de memória um processo de usuário *está* usando e não simplesmente quanto ele *pode estar* usando. Assim teríamos que permutar somente o que estiver sendo realmente usado, reduzindo o tempo de permuta. Para esse método ser eficaz, o usuário deve manter o sistema informado sobre qualquer alteração nos requisitos de memória. Portanto, um processo com requisitos de memória dinâmica terá de emitir chamadas de sistema [request_memory ( ) e release_memory ( )] para informar ao sistema operacional as mudanças em suas necessidades de memória.

A permuta também é restringida por outros fatores. Se quisermos permutar um processo, devemos estar certos de que ele está totalmente ocioso. Qualquer I/O pendente é particularmente importante. Um processo pode estar esperando por uma operação de I/O quando quisermos removê-lo para liberar memória. No entanto, se a operação de I/O estiver acessando assincronamente a memória do usuário em busca de buffers de I/O, então o processo não poderá ser removido. Suponha que a operação de I/O esteja enfileirada porque o dispositivo está ocupado. Se removermos o processo P_1 da memória e inserirmos o processo P_2, a operação de I/O poderia tentar usar a memória que agora pertence ao processo P_2. As duas principais soluções para esse problema são: nunca permutar um processo com I/O pendente, ou executar operações de I/O somente em buffers do sistema operacional. Assim, as transferências entre buffers do sistema operacional e a memória do processo ocorrerão apenas quando o processo for inserido na memória. Observe que esse armazenamento duplo em buffer adiciona overhead por si só. Agora temos de copiar os dados novamente, da memória do kernel para a memória do usuário, antes que o processo do usuário possa acessá-los.

A permuta-padrão não é usada nos sistemas operacionais modernos. Ela requer muito tempo de permuta e fornece muito pouco tempo de execução para ser uma solução razoável para o gerenciamento da memória. Versões modificadas de permuta, no entanto, são encontradas em muitos sistemas, inclusive no UNIX, no Linux e no Windows. Em uma variação comum, a permuta normalmente é desabilitada, sendo iniciada se o montante de memória livre (memória não utilizada disponível para o sistema operacional ou os processos usarem) cai abaixo de um valor limite. A permuta é interrompida quando o montante de memória livre aumenta. Outra variação envolve a permuta de partes de processos — em vez de processos inteiros — para diminuir o tempo de permuta. Geralmente, essas formas modificadas de permuta funcionam em conjunto com a memória virtual que abordamos no Capítulo 9.

8.2.2 Permuta em Sistemas Móveis

Embora a maioria dos sistemas operacionais para PCs e servidores dê suporte a alguma versão modificada de permuta, os sistemas móveis normalmente não suportam forma alguma de permuta. Os dispositivos móveis costumam usar memória flash, em vez dos discos rígidos mais volumosos, como seu espaço de armazenamento persistente. A restrição de espaço resultante é uma razão para os projetistas de sistemas operacionais móveis evitarem a permuta. Outras razões incluem o número limitado de gravações que a memória flash pode tolerar antes de se tornar não confiável e o fraco throughput entre a memória principal e a memória flash nesses dispositivos.

Em vez de usar a permuta, quando a memória livre cai abaixo de determinado limite, o iOS da Apple *solicita* às aplicações que abandonem voluntariamente a memória alocada. Dados somente de leitura (como código) são removidos do sistema e recarregados posteriormente a partir da memória flash, se necessário. Dados que foram modificados (como a pilha) nunca são removidos. No entanto, qualquer aplicação que não consiga liberar memória suficiente pode ser encerrada pelo sistema operacional.

O Android não dá suporte à permuta e adota uma estratégia semelhante à usada pelo iOS. Ele pode encerrar um processo se não houver memória livre suficiente disponível. No entanto, antes de encerrar um processo, o Android grava seu estado da aplicação na memória flash para que ela possa ser rapidamente reiniciada.

Em razão dessas restrições, os desenvolvedores de sistemas móveis devem alocar e liberar memória cuidadosamente para assegurar que suas aplicações não usem memória demais ou sofram de vazamentos de memória. Observe que tanto o iOS quanto o Android dão suporte à paginação; assim, eles têm recursos de gerenciamento da memória. Discutimos a paginação, posteriormente, neste capítulo.

8.3 Alocação de Memória Contígua

A memória principal deve acomodar tanto o sistema operacional quanto os diversos processos de usuário. Portanto, precisamos alocar a memória principal da maneira mais eficiente possível. Esta seção explica um método antigo, a alocação de memória contígua.

A memória é usualmente dividida em duas partições: uma para o sistema operacional residente e outra para os processos de usuário. Podemos alocar o sistema operacional tanto na memória baixa quanto na memória alta. O principal fator que afeta essa decisão é a localização do vetor de interrupções. Já que o vetor de interrupções costuma estar na memória baixa, os programadores também costumam alocar o sistema operacional na memória baixa. Portanto, neste texto, discutimos somente a situação em que o sistema operacional reside na memória baixa. O desenvolvimento da outra opção é semelhante.

É comum esperarmos que vários processos de usuário residam na memória ao mesmo tempo. Logo, precisamos considerar como alocar memória disponível aos processos que estão na fila de entrada esperando para serem trazidos para a memória. Na alocação de memória contígua, cada processo fica contido em uma única seção da memória que é contígua à seção que contém o próximo processo.

8.3.1 Proteção da Memória

Antes de continuar a discutir a alocação da memória, devemos discutir a questão da proteção da memória. Podemos impedir que um processo acesse memória que ele não possui, combinando duas ideias já discutidas. Se tivermos um sistema com um registrador de relocação (Seção 8.1.3), junto com um registrador limite (Seção 8.1.1), podemos atingir nosso objetivo. O registrador de relocação contém o valor do menor endereço físico; o registrador limite contém o intervalo de endereços lógicos (por exemplo, relocação = 100040 e limite = 74600). Cada endereço lógico deve pertencer ao intervalo especificado pelo registrador limite. A MMU mapeia o endereço lógico dinamicamente adicionando o valor ao registrador de relocação. Esse endereço mapeado é enviado à memória (Figura 8.6).

Quando o scheduler da CPU seleciona um processo para execução, o despachante carrega os registradores de relocação e limite com os valores corretos como parte da mudança de contexto. Já que todo endereço gerado por uma CPU é verificado em relação a esses registradores, podemos proteger tanto o sistema operacional quanto os programas e dados de outros usuários para que não sejam modificados pelo processo em execução.

O esquema do registrador de relocação fornece um modo eficaz para permitir que o tamanho do sistema operacional mude dinamicamente. Essa flexibilidade é desejável em muitas situações. Por exemplo, o sistema operacional contém código e espaço em buffer de drivers de dispositivos. Se um driver de dispositivos (ou outro serviço do sistema operacional) não for comumente usado, não queremos manter o código e os dados na memória, já que podemos usar esse espaço para outras finalidades. Esse código é às vezes chamado de código transiente

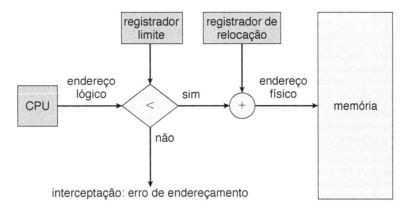

Figura 8.6 Suporte de hardware para registradores de relocação e registradores limite.

do sistema operacional; ele vem e vai conforme necessário. Portanto, seu uso altera o tamanho do sistema operacional durante a execução de programas.

8.3.2 Alocação de Memória

Agora estamos prontos para voltar à alocação da memória. Um dos métodos mais simples para alocação da memória é dividir a memória em várias partições de tamanho fixo. Cada partição pode conter exatamente um processo. Portanto, o grau de multiprogramação é limitado pelo número de partições. Nesse método de partições múltiplas, quando uma partição está livre, um processo é selecionado da fila de entrada e carregado na partição disponível. Quando o processo termina, a partição torna-se disponível para outro processo. Esse método (chamado MFT) foi originalmente usado pelo sistema operacional IBM OS/360, mas não está mais em uso. O método descrito a seguir (chamado MVT) é uma generalização do esquema de partições fixas; ele é usado principalmente em ambientes batch. Muitas das ideias apresentadas aqui também são aplicáveis a um ambiente de tempo compartilhado que use a segmentação pura no gerenciamento da memória (Seção 8.4).

No esquema de partições variáveis, o sistema operacional mantém uma tabela indicando quais partes da memória estão disponíveis e quais estão ocupadas. Inicialmente, toda a memória está disponível para processos de usuário e é considerada um grande bloco de memória disponível, uma brecha. Como você verá, eventualmente a memória contém um conjunto de brechas de vários tamanhos.

Conforme os processos entram no sistema, eles são colocados em uma fila de entrada. O sistema operacional leva em consideração os requisitos de memória de cada processo e o montante de espaço disponível na memória para determinar que processos devem ter memória alocada. Quando um processo recebe espaço, ele é carregado na memória e pode, então, competir por tempo da CPU. Quando um processo termina, libera sua memória que o sistema operacional pode então preencher com outro processo da fila de entrada.

A qualquer tempo, portanto, temos uma lista de tamanhos de blocos disponíveis e uma fila de entrada. O sistema operacional pode ordenar a fila de entrada de acordo com um algoritmo de scheduling. A memória é alocada aos processos até que, finalmente, os requisitos de memória do próximo processo não possam ser atendidos — isto é, nenhum bloco de memória (ou brecha) disponível é suficientemente grande para conter esse processo. O sistema operacional pode então esperar até que um bloco suficientemente grande esteja disponível, ou pode percorrer a fila de entrada para ver se os requisitos menores de memória de algum outro processo podem ser atendidos.

Em geral, como mencionado, os blocos de memória disponíveis compõem um *conjunto* de brechas de vários tamanhos espalhadas pela memória. Quando um processo chega e precisa de memória, o sistema procura no conjunto por uma brecha que seja suficientemente grande para esse processo. Se a brecha for grande demais, ela será dividida em duas partes. Uma parte é alocada ao processo que chegou; a outra é devolvida ao conjunto de brechas. Quando um processo é encerrado, ele libera seu bloco de memória que é, então, colocado novamente no conjunto de brechas. Se a nova brecha for adjacente a outras brechas, essas brechas adjacentes serão mescladas para formar uma brecha maior. Nesse momento, o sistema pode precisar verificar se existem processos esperando por memória e se essa memória recém-liberada e recombinada poderia atender as demandas de algum desses processos em espera.

Esse procedimento é uma instância específica do problema de alocação de memória dinâmica geral que diz respeito a como satisfazer uma solicitação de tamanho *n* a partir de uma lista de brechas livres. Há muitas soluções para esse problema. As estratégias do primeiro-apto (*first-fit*), do mais-apto (*best-fit*) e do menos-apto (*worst-fit*) são as mais usadas para selecionar uma brecha livre no conjunto de brechas disponíveis.

- **Primeiro-apto.** Aloca a primeira brecha que seja suficientemente grande. A busca pode começar tanto no início do conjunto de brechas quanto na locação na qual a busca anterior pelo primeiro-apto terminou. Podemos encerrar a busca, assim que encontrarmos uma brecha livre suficientemente grande.

- **Mais-apto.** Aloca a menor brecha que seja suficientemente grande. Devemos pesquisar a lista inteira, a menos que ela seja ordenada por tamanho. Essa estratégia produz a brecha com menos espaço sobrando.

- **Menos-apto.** Aloca a maior brecha. Novamente, devemos pesquisar a lista inteira, a menos que ela seja classificada por tamanho. Essa estratégia produz a brecha com mais espaço sobrando, que pode ser mais útil do que a brecha com menos espaço sobrando da abordagem do mais-apto.

Simulações têm mostrado que tanto o primeiro-apto quanto o mais-apto são melhores do que o menos-apto em termos de redução de tempo e utilização de memória. Nem o primeiro-apto, nem o mais-apto é claramente melhor do que o outro em termos de utilização de memória, mas o primeiro-apto geralmente é mais rápido.

8.3.3 Fragmentação

Tanto a estratégia do primeiro-apto quanto a do mais-apto para alocação de memória sofrem de fragmentação externa. À medida que processos são carregados na memória e dela removidos, o espaço de memória livre é fragmentado em pequenos pedaços. A fragmentação externa ocorre quando há espaço total na memória suficiente para atender a uma solicitação, mas os espaços disponíveis não são contíguos: a memória está fragmentada em um grande número de pequenas brechas. Esse problema de fragmentação pode ser grave. Na pior das hipóteses, poderíamos ter um bloco de memória livre (ou desperdiçada) entre cada par de processos. Se, em vez disso, todos esses pequenos fragmentos de memória estivessem em um grande bloco livre, poderíamos ser capazes de executar muito mais processos.

A escolha entre usar a estratégia do primeiro-apto ou a estratégia do mais-apto pode afetar o nível de fragmentação. (O primeiro-apto é melhor para alguns sistemas, enquanto o mais-apto é melhor para outros.) Outro fator é qual extremidade de um bloco livre está alocada. (Que parte está sobrando — a inferior ou a superior?) No entanto, independentemente do algoritmo usado, a fragmentação externa é um problema.

Dependendo do montante total de espaço na memória e do tamanho médio do processo, a fragmentação externa pode ser um problema maior ou menor. Análises estatísticas do primeiro-apto, por exemplo, revelam que, mesmo com alguma otimização, dados N blocos alocados, outros $0,5\ N$ blocos serão perdidos por causa da fragmentação. Isto é, um terço da memória pode ficar inutilizável! Essa propriedade é conhecida como a regra dos 50%.

A fragmentação da memória pode ser interna ou externa. Considere um esquema de alocação de partições múltiplas com uma brecha de 18.464 bytes. Suponha que o próximo processo solicite 18.462 bytes. Se alocarmos exatamente o bloco solicitado, ficaremos com uma brecha de 2 bytes. O overhead para administrar o uso dessa brecha será substancialmente maior do que a própria brecha. A abordagem geral para evitar esse problema é particionar a memória física em blocos de tamanho fixo e alocar a memória em unidades com base no tamanho do bloco. Nessa abordagem, a memória alocada a um processo pode ser um pouco maior do que a memória solicitada. A diferença entre esses dois números é a fragmentação interna — memória não utilizada que pertence a uma partição.

Uma solução para o problema da fragmentação externa é a compactação. O objetivo é mesclar os conteúdos da memória para unir toda a memória disponível em um grande bloco. No entanto, a compactação nem sempre é possível. Se a relocação for estática e feita em tempo de montagem ou de carga, a compactação não poderá ser realizada. Ela é possível apenas se a relocação for dinâmica e feita em tempo de execução. Se os endereços são relocados dinamicamente, a relocação requer somente a transferência do programa e dos dados e, depois, a alteração do registrador base para refletir o novo endereço base. Quando a compactação é possível, devemos determinar seu custo. O algoritmo de compactação mais simples move todos os processos para uma extremidade da memória; todas as brechas são movimentadas para a outra extremidade, produzindo uma grande brecha de memória disponível. Esse esquema pode ser dispendioso.

Outra solução possível para o problema da fragmentação externa é permitir que o espaço de endereçamento lógico dos processos seja não contíguo, possibilitando assim que um processo receba memória física onde quer que essa memória esteja disponível. Duas técnicas complementares proporcionam essa solução: a segmentação (Seção 8.4) e a paginação (Seção 8.5). Essas técnicas também podem ser combinadas.

A fragmentação é um problema geral da computação que pode ocorrer em qualquer local em que tenhamos que gerenciar blocos de dados. Discutimos o tópico mais tarde nos capítulos de gerenciamento do armazenamento (Capítulos 10 a 12).

8.4 Segmentação

Como já mencionamos, a visão que o usuário tem da memória não corresponde à memória física real. Isso é igualmente verdadeiro para a visão que o programador tem da memória. Na verdade, lidar com a memória em termos de suas propriedades físicas é inconveniente tanto para o sistema operacional quanto para o programador. Mas e se o hardware pudesse fornecer um mecanismo de memória que mapeasse a visão do programador para a memória física real? O sistema teria mais liberdade para gerenciar a memória enquanto o programador teria um ambiente de programação mais natural. A segmentação fornece esse mecanismo.

8.4.1 Método Básico

Será que os programadores consideram a memória como um array linear de bytes, alguns contendo instruções e outros contendo dados? A maioria dos programadores diria "não". Em vez disso, eles preferem ver a memória como um conjunto de segmentos de tamanho variável, sem que haja necessariamente uma ordem entre eles (Figura 8.7).

Ao escrever um programa, um programador o vê como um programa principal com um conjunto de métodos, procedimentos ou funções. Ele também pode incluir várias estruturas de dados: objetos, arrays, pilhas, variáveis, e assim por diante. Cada um desses módulos ou elementos de dados é referenciado pelo nome. O programador fala sobre "a pilha", "a biblioteca de matemática" e "o programa principal" sem se preocupar com os endereços que esses elementos ocupam na memória. Ele não quer

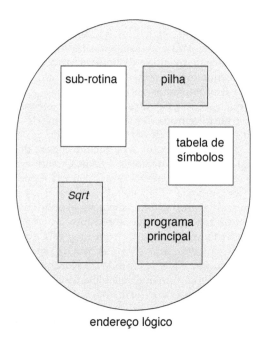

Figura 8.7 Visão que um programador tem de um programa.

saber se a pilha está armazenada antes ou depois da função Sqrt ( ). Os segmentos variam em tamanho, e o tamanho de cada um é definido intrinsecamente por sua finalidade no programa. Os elementos dentro de um segmento são identificados por seu deslocamento a partir do início do segmento: o primeiro comando do programa, a sétima entrada do quadro de pilha na pilha, a quinta instrução de Sqrt ( ), e assim por diante.

A segmentação é um esquema de gerenciamento de memória que dá suporte à visão da memória desse programador. Um espaço de endereçamento lógico é um conjunto de segmentos.

Cada segmento tem um nome e um tamanho. Os endereços especificam tanto o nome do segmento quanto o deslocamento dentro do segmento. O programador, então, especifica cada endereço com dois valores: um nome de segmento e um deslocamento.

Para simplificar a implementação, os segmentos são numerados e referenciados por um número de segmento, e não por um nome. Portanto, um endereço lógico é composto por uma dupla (*dupla de dois elementos*):

<número do segmento, deslocamento>.

Normalmente, quando um programa é compilado, o compilador constrói automaticamente segmentos que refletem o programa de entrada.

Um compilador C pode criar segmentos separados para os elementos a seguir:

1. O código
2. Variáveis globais
3. O heap a partir do qual a memória é alocada
4. As pilhas usadas para cada thread
5. A biblioteca C padrão

As bibliotecas que são vinculadas em tempo de compilação podem ter, atribuídos, segmentos separados. O carregador toma todos esses segmentos e designa a eles números de segmento.

8.4.2 Hardware de Segmentação

Embora o programador possa agora referenciar objetos no programa por um endereço bidimensional, a memória física real continua sendo, naturalmente, uma sequência unidimensional de bytes. Assim, devemos definir uma implementação para mapear endereços bidimensionais definidos pelo programador para endereços físicos unidimensionais. Esse mapeamento é efetuado por uma tabela de segmentos. Cada entrada na tabela de segmentos tem uma base de segmento e um limite de segmento. A base do segmento contém o endereço físico inicial em que o segmento reside na memória, e o limite do segmento especifica o tamanho do segmento.

O uso de uma tabela de segmentos é ilustrado na Figura 8.8. Um endereço lógico é composto por duas partes: um número de segmento, s, e um deslocamento dentro desse segmento, d. O número do segmento é usado como índice para a tabela de segmentos. O deslocamento d do endereço lógico deve estar entre 0 e o limite do segmento. Se não estiver, haverá uma interceptação para o sistema operacional (tentativa de endereçamento lógico além do fim do segmento). Quando um deslocamento é legal, ele é adicionado à base do segmento para produzir o endereço do byte desejado na memória física. A tabela de segmentos, portanto, é essencialmente um array de pares de registradores base-limite.

Como exemplo, considere a situação mostrada na Figura 8.9. Temos cinco segmentos numerados de 0 a 4. Os segmentos estão armazenados na memória física, como mostrado. A tabela de segmentos tem uma entrada separada para cada segmento, fornecendo o endereço inicial do segmento na memória física (ou base) e o tamanho desse segmento (ou limite). Por exemplo, o segmento 2 tem 400 bytes e começa na locação 4300. Portanto, uma referência ao byte 53 do segmento 2 é mapeada para a locação 4300 + 53 = 4353. Uma referência ao segmento 3, byte 852, é mapeada para 3200 (a base do segmento 3) + 852 = 4052. Uma referência ao byte 1222 do segmento 0 resultaria em uma interceptação para o sistema operacional, já que esse segmento tem apenas 1000 bytes.

8.5 Paginação

A segmentação permite que o espaço de endereçamento físico de um processo seja não contíguo. A paginação é outro esquema de gerenciamento da memória que oferece essa vantagem.

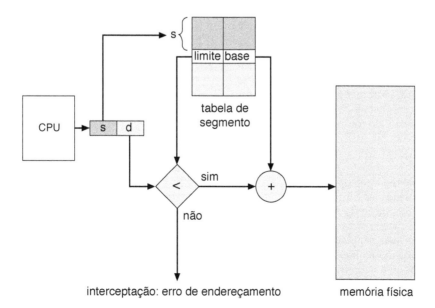

Figura 8.8 Hardware de segmentação.

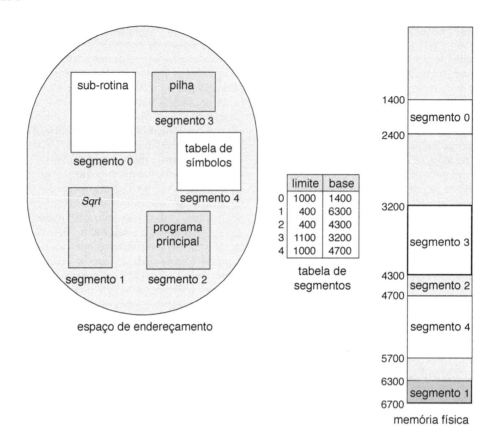

Figura 8.9 Exemplo de segmentação.

No entanto, a paginação evita a fragmentação externa e a necessidade de compactação, enquanto a segmentação não faz isso. Ela também resolve o considerável problema de acomodar trechos de memória de vários tamanhos na memória de retaguarda. A maioria dos esquemas de gerenciamento da memória, usada antes da introdução da paginação, sofria desse problema. O problema surge porque, quando fragmentos de código ou dados que residem na memória principal precisam ser transferidos, um espaço deve ser encontrado na memória de retaguarda. A memória de retaguarda apresenta os mesmos problemas de fragmentação discutidos em relação à memória principal, mas o acesso é muito mais lento e, portanto, a compactação é impossível. Em razão de suas vantagens sobre os métodos anteriores, a paginação em suas várias formas é usada na maioria dos sistemas operacionais, desde os de mainframes aos de smartphones. A paginação é implementada pela cooperação entre o sistema operacional e o hardware do computador.

8.5.1 Método Básico

O método básico para a implementação da paginação envolve a fragmentação da memória física em blocos de tamanho fixo chamados **quadros** e a fragmentação da memória lógica em blocos do mesmo tamanho chamados **páginas**. Quando um processo está para ser executado, suas páginas são carregadas em quaisquer quadros de memória disponíveis a partir de sua origem (um sistema de arquivos ou a memória de retaguarda). A memória de retaguarda é dividida em blocos de tamanho fixo que são do mesmo tamanho dos quadros da memória ou clusters de múltiplos quadros. Essa ideia bastante simples tem grande funcionalidade e amplas ramificações. Por exemplo, o espaço de endereçamento lógico é agora totalmente separado do espaço de endereçamento físico; assim, um processo pode ter um espaço de endereçamento lógico de 64 bits, ainda que o sistema tenha menos de 2^{64} bytes de memória física.

O suporte de hardware à paginação é ilustrado na Figura 8.10. Cada endereço gerado pela CPU é dividido em duas partes: um **número de página (p)** e um **deslocamento de página (d)**. O número de página é usado como índice em uma **tabela de páginas**. A tabela de páginas contém o endereço base de cada página na memória física. Esse endereço base é combinado com o deslocamento de página para definir o endereço de memória física que é enviado à unidade de memória. O modelo de paginação da memória é mostrado na Figura 8.11.

O tamanho da página (assim como o tamanho do quadro) é definido pelo hardware. O tamanho de uma página é uma potência de 2, variando entre 512 bytes e 1 GB por página, dependendo da arquitetura do computador. A seleção de uma potência de 2 como tamanho da página torna particularmente fácil a tradução de um endereço lógico para um número de página e um deslocamento de página. Se o tamanho do espaço de endereçamento lógico é de 2^m e o tamanho da página é de 2^n bytes, então os $m - n$ bits de alta ordem de um endereço lógico designam o número da página, e os n bits de baixa ordem designam o deslocamento da página. Portanto, o endereço lógico é definido como descrito a seguir:

número de página	deslocamento de página
p	d
m − n	n

Memória Principal **197**

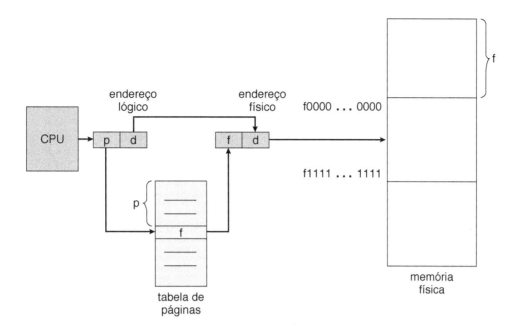

Figura 8.10 Hardware de paginação.

em que *p* é um índice da tabela de páginas e *d* é o deslocamento dentro da página.

Como exemplo concreto (embora minúsculo), considere a memória da Figura 8.12. Nesse caso, no endereço lógico, $n = 2$ e $m = 4$. Usando um tamanho de página de 4 bytes e uma memória física de 32 bytes (8 páginas), mostramos como a visão que o programador tem da memória pode ser mapeada para a memória física. O endereço lógico 0 é a página 0, deslocamento 0. Indexando na tabela de páginas, vemos que a página 0 está no quadro 5. Logo, o endereço lógico 0 é mapeado para o endereço físico 20 [= (5 × 4) + 0]. O endereço lógico 3 (página 0, deslocamento 3) é mapeado para o endereço físico 23 [= (5 × 4) + 3]. O endereço lógico 4 é a página 1, deslocamento 0; de acordo com a tabela de páginas, a página 1 é mapeada para o quadro 6.

Consequentemente, o endereço lógico 4 é mapeado para o endereço físico 24 [= (6 × 4) + 0]. O endereço lógico 13 é mapeado para o endereço físico 9.

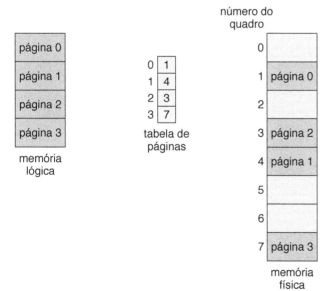

Figura 8.11 Modelo de paginação da memória lógica e física.

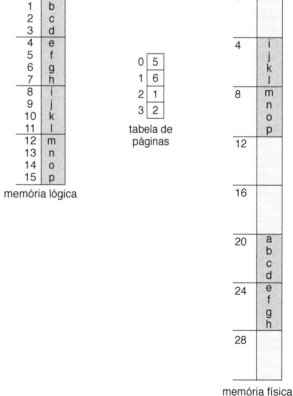

Figura 8.12 Exemplo de paginação para uma memória de 32 bytes com páginas de 4 bytes.

> ### OBTENDO O TAMANHO DA PÁGINA EM SISTEMAS LINUX
>
> Em um sistema Linux, o tamanho da página varia de acordo com a arquitetura, e há várias maneiras de obter seu valor. Uma abordagem é usar a chamada de sistema `getpagesize()`. Outra estratégia é dar entrada no comando a seguir na linha de comando:
>
>   getconf PAGESIZE
>
> Essas duas técnicas retornam o tamanho da página como um número de bytes.

Você deve ter notado que a própria paginação é um tipo de relocação dinâmica. Cada endereço lógico é vinculado pelo hardware de paginação a algum endereço físico. O uso da paginação é semelhante ao uso de uma tabela de registradores base (ou de relocação), um para cada quadro de memória.

Quando usamos um esquema de paginação, não temos fragmentação externa: qualquer quadro livre pode ser alocado a um processo que precise dele. No entanto, podemos ter alguma fragmentação interna. Observe que os quadros são alocados como unidades. Se os requisitos de memória de um processo não coincidirem com os limites da página, o último quadro alocado pode não ficar completamente cheio. Por exemplo, se o tamanho da página for de 2.048 bytes, um processo de 72.766 bytes precisará de 35 páginas mais 1.086 bytes. Ele receberá 36 quadros, resultando em fragmentação interna de 2.048 − 1.086 = 962 bytes. Na pior das hipóteses, um processo precisaria de n páginas mais 1 byte. Ele receberia $n + 1$ quadros, resultando em fragmentação interna de quase um quadro inteiro.

Quando o tamanho do processo é independente do tamanho da página, espera-se que a fragmentação interna seja meia página em média por processo. Essa consideração sugere que tamanhos de página pequenos são desejáveis. No entanto, há um overhead envolvido em cada entrada da tabela de páginas, e esse overhead é reduzido conforme o tamanho das páginas aumenta. Além disso, o I/O de disco é mais eficiente quando o montante de dados que está sendo transferido é maior (Capítulo 10). Em geral, com o passar do tempo, os tamanhos das páginas têm aumentado, assim como os tamanhos dos processos, dos conjuntos de dados e da memória principal têm crescido. Hoje em dia, as páginas têm tipicamente entre 4 KB e 8 KB de tamanho, e alguns sistemas suportam tamanhos de página ainda maiores. Algumas CPUs e kernels suportam até mesmo múltiplos tamanhos de página. Por exemplo, o Solaris usa tamanhos de página de 8 KB e 4 MB, dependendo dos dados armazenados pelas páginas. Atualmente os pesquisadores estão desenvolvendo suporte ao tamanho de página variável dinamicamente.

Frequentemente, em uma CPU de 32 bits, cada entrada da tabela de páginas tem 4 bytes, mas esse tamanho também pode variar. Uma entrada de 32 bits pode apontar para um entre 2^{32} quadros de páginas físicos. Se o tamanho do quadro é de 4 KB (2^{12}), então um sistema com entradas de 4 bytes pode endereçar 2^{44} bytes (ou 16 TB) de memória física. Devemos observar aqui que o tamanho da memória física em um sistema de memória paginada é diferente do tamanho lógico máximo de um processo. À medida que nos aprofundamos no estudo da paginação, introduzimos outras informações que devem ser mantidas nas entradas da tabela de páginas. Essas informações reduzem o número de bits disponíveis para o endereçamento de quadros de páginas. Assim, um sistema com entradas da tabela de páginas de 32 bits pode endereçar menos memória física do que o máximo possível. Uma CPU de 32 bits usa endereços de 32 bits, significando que determinado processo pode ter somente 2^{32} bytes (4 GB). Portanto, a paginação permite-nos usar uma memória física que é maior do que o que pode ser endereçado pelo tamanho do ponteiro de endereçamento da CPU.

Quando um processo chega ao sistema para ser executado, seu tamanho, expresso em páginas, é examinado. Cada página do processo precisa de um quadro. Portanto, se o processo requer n páginas, pelo menos n quadros devem estar disponíveis na memória. Se n quadros estiverem disponíveis, eles serão alo-

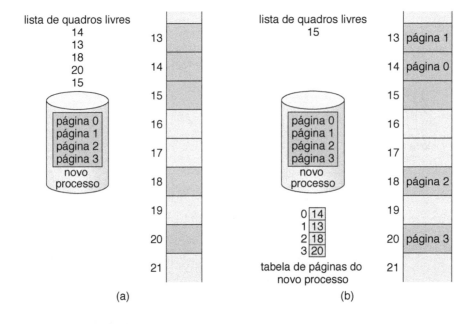

Figura 8.13 Quadros livres (a) antes da alocação e (b) depois da alocação.

cados a esse novo processo. A primeira página do processo é carregada em um dos quadros alocados, e o número do quadro é inserido na tabela de páginas desse processo. A página seguinte é carregada em outro quadro, o número do quadro é inserido na tabela de páginas, e assim por diante (Figura 8.13).

Um aspecto importante da paginação é a separação clara entre a visão que o programador tem da memória e a memória física real. O programador vê a memória como um espaço único contendo apenas o programa corrente. Na verdade, o programa do usuário se estende por toda a memória física que também mantém outros programas. A diferença entre a visão que o programador tem da memória e a memória física real é reconciliada pelo hardware de tradução de endereços. Os endereços lógicos são traduzidos para endereços físicos. Esse mapeamento fica oculto do programador e é controlado pelo sistema operacional. Observe que o processo do usuário, por definição, não pode acessar memória que ele não possui. Ele não tem como endereçar memória que não faz parte de sua tabela de páginas, e a tabela inclui apenas as páginas que o processo possui.

Já que o sistema operacional está gerenciando a memória física, ele tem de conhecer os detalhes de alocação dessa memória física — que quadros estão alocados, que quadros estão disponíveis, quantos quadros há no total, e assim por diante. Essas informações são geralmente mantidas em uma estrutura de dados chamada tabela de quadros. A tabela de quadros tem uma entrada para cada quadro de página físico, indicando se o último quadro está livre ou alocado e, se está alocado, para que página de que processo ou processos ele está alocado.

Além disso, o sistema operacional deve ter conhecimento de que processos de usuário operam no espaço do usuário, e todos os endereços lógicos devem ser mapeados para produzir endereços físicos. Se um usuário faz uma chamada de sistema (para fazer I/O, por exemplo) e fornece um endereço como parâmetro (digamos, um buffer), esse endereço deve ser mapeado para produzir o endereço físico correto. O sistema operacional mantém uma cópia da tabela de páginas de cada processo, assim como mantém uma cópia do contador de instruções e dos conteúdos dos registradores. Essa cópia é usada para traduzir endereços lógicos para endereços físicos sempre que o sistema operacional tem que mapear um endereço lógico para um endereço físico manualmente. Ela também é usada pelo despachante da CPU para definir a tabela de páginas de hardware quando um processo precisa ser alocado à CPU. Portanto, a paginação aumenta o tempo de mudança de contexto.

8.5.2 Suporte de Hardware

Cada sistema operacional tem seus próprios métodos para armazenar tabelas de páginas. Alguns alocam uma tabela de páginas a cada processo. Um ponteiro para a tabela de páginas é armazenado com os outros valores dos registradores (como o contador de instruções) no bloco de controle do processo. Quando o despachante é solicitado a iniciar um processo, ele precisa recarregar os registradores do usuário e definir os valores corretos da tabela de páginas de hardware a partir da tabela de páginas de usuário armazenada. Outros sistemas operacionais fornecem uma ou, no máximo, algumas tabelas de páginas, o que diminui o overhead envolvido quando os processos são submetidos à mudança de contexto.

A implementação da tabela de páginas em hardware pode ser feita de várias maneiras. No caso mais simples, a tabela de páginas é implementada como um conjunto de registradores dedicados. Esses registradores devem ser construídos com lógica de altíssima velocidade para tornar eficiente a tradução página-endereço. Cada acesso à memória deve passar pelo mapa de paginação; portanto, a eficiência é uma consideração importante. O despachante da CPU recarrega esses registradores, da mesma forma que recarrega os demais registradores. As instruções de carga ou modificação dos registradores da tabela de páginas são, naturalmente, privilegiadas, para que somente o sistema operacional possa alterar o mapa da memória. O DEC PDP-11 é um exemplo desse tipo de arquitetura. O endereço é composto por 16 bits, e o tamanho da página é de 8 KB. Portanto, a tabela de páginas é composta por oito entradas que são mantidas em registradores velozes.

O uso de registradores na tabela de páginas é satisfatório se a tabela de páginas for razoavelmente pequena (por exemplo, 256 entradas). No entanto, a maioria dos computadores contemporâneos permite que a tabela de páginas seja muito grande (por exemplo, com 1 milhão de entradas). Nessas máquinas, o uso de registradores rápidos para implementar a tabela de páginas não é viável. Em vez disso, a tabela de páginas é mantida na memória principal, e um registrador base da tabela de páginas (PTBR – *page-table base register*) aponta para ela. A alteração das tabelas de páginas requer apenas a alteração desse registrador, reduzindo substancialmente o tempo de mudança de contexto.

O problema dessa abordagem é o tempo requerido para acessar uma locação de memória do usuário. Se quisermos acessar a locação i, devemos primeiro indexar a tabela de páginas, usando o valor do PTBR deslocado do número de página de i. Essa tarefa requer um acesso à memória. Ele nos fornece o número do quadro que é combinado com o deslocamento da página para produzir o endereço real. Podemos então acessar a locação desejada na memória. Nesse esquema, *dois* acessos à memória são necessários para acessarmos um byte (um para a entrada da tabela de páginas, outro para o byte). Portanto, o acesso à memória é retardado por um fator de 2. Esse retardo seria intolerável na maioria das situações. Podemos também recorrer à permuta!

A solução-padrão para esse problema é usar um cache de hardware especial e pequeno, de pesquisa rápida, chamado buffer de tradução paralelo (TLB – *translation look-aside buffer*). O TLB é uma memória associativa de alta velocidade. Cada entrada do TLB é composta de duas partes: uma chave (ou tag) e um valor. Quando um item é apresentado à memória associativa, ele é comparado com todas as chaves simultaneamente. Se o item for encontrado, o campo de valor correspondente será retornado. A pesquisa é rápida; em um hardware moderno uma pesquisa no TLB faz parte do pipeline de instruções, o que, essencialmente, não compromete o desempenho. Para podermos executar a pesquisa dentro de um passo do pipeline, no entanto, o TLB deve ser mantido pequeno. Ele tem, normalmente, entre 32 e 1.024 entradas de tamanho. Algumas CPUs implementam TLBs separados para endereços de instruções e de dados. Isso pode dobrar o número de entradas disponíveis no TLB porque essas pesquisas ocorrem em diferentes passos do pipeline. Podemos ver nesse desenvolvimento um exemplo da evolução da tecnologia das CPUs: os sistemas evoluíram do ponto em que não tinham TLBs ao ponto em que têm múltiplos níveis de TLBs, da mesma forma que têm múltiplos níveis de caches.

O TLB é usado com as tabelas de páginas como descrito a seguir. Ele contém apenas algumas entradas na tabela de páginas. Quando um endereço lógico é gerado pela CPU, seu número de página é apresentado ao TLB. Se o número de página for encontrado, seu número de quadro fica imediatamente disponível e é

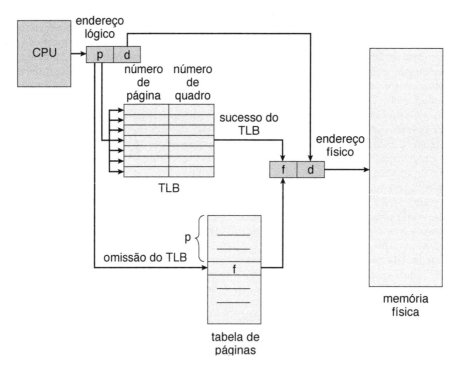

Figura 8.14   Hardware de paginação com TLB.

usado para acessar a memória. Como acabamos de mencionar, esses passos são executados como parte do pipeline de instruções dentro da CPU, não comprometendo o desempenho se comparado a um sistema que não implemente paginação.

Se o número da página não estiver no TLB (o que é conhecido como omissão do TLB), uma referência de memória à tabela de páginas deve ser estabelecida. Dependendo da CPU, isso pode ser feito automaticamente em hardware ou via uma interrupção para o sistema operacional. Quando o número do quadro for obtido, podemos usá-lo para acessar a memória (Figura 8.14). Além disso, adicionamos o número da página e o número do quadro ao TLB, para que eles sejam encontrados rapidamente na próxima referência. Se o TLB já estiver cheio de entradas, uma entrada existente deve ser selecionada para substituição. As políticas de substituição vão da menos recentemente utilizada (LRU — *least recently used*), passando pela escolha por round-robin, até a substituição aleatória. Algumas CPUs permitem que o sistema operacional participe da substituição da entrada LRU, enquanto outras manipulam a questão por elas mesmas. Alguns TLBs também permitem que certas entradas sejam protegidas, significando que elas não podem ser removidas do TLB. Normalmente, as entradas do TLB para códigos de kernel essenciais são protegidas.

Alguns TLBs armazenam identificadores do espaço de endereçamento (ASIDs – *address-space identifiers*) em cada entrada. Um ASID identifica cada processo de maneira exclusiva e é usado para fornecer proteção ao espaço de endereçamento desse processo. Quando o TLB tenta resolver números de página virtuais, ele verifica se o ASID do processo em execução corrente coincide com o ASID associado à página virtual. Se os ASIDs não coincidirem, a tentativa é tratada como uma omissão do TLB. Além de fornecer proteção ao espaço de endereçamento, um ASID permite que o TLB contenha entradas para vários processos diferentes simultaneamente. Se o TLB não der suporte a ASIDs separados, então sempre que uma nova tabela de páginas for selecionada (por exemplo, a cada mudança de contexto), ele terá que ser esvaziado (ou apagado) para assegurar que o próximo processo em execução não use as informações de tradução erradas. Caso contrário, o TLB poderia incluir entradas antigas contendo endereços virtuais válidos, mas armazenar endereços físicos incorretos ou inválidos deixados pelo processo anterior.

O percentual de vezes que um número de página de interesse é encontrado no TLB é chamado taxa de sucesso. Uma taxa de sucesso de 80%, por exemplo, significa que encontramos o número de página desejado no TLB 80% das vezes. Se forem necessários 100 nanossegundos para acessar a memória, então um acesso à memória mapeada levará 100 nanossegundos quando o número da página estiver no TLB. Se não conseguirmos encontrar o número da página no TLB, devemos primeiro acessar a memória em busca da tabela de páginas e do número do quadro (100 nanossegundos) e, então, acessar o byte desejado na memória (100 nanossegundos), perfazendo um total de 200 nanossegundos. (Estamos presumindo que uma pesquisa na tabela de páginas demande apenas um acesso à memória, mas pode demandar mais, como veremos.) Para encontrar o tempo efetivo de acesso à memória, avaliamos o caso por sua probabilidade:

tempo efetivo de acesso = 0,80 × 100 + 0,20 × 200
= 120 nanossegundos

Nesse exemplo, sofremos um retardo de 20% no tempo médio de acesso à memória (de 100 para 120 nanossegundos).

Para uma taxa de sucesso de 99% que é muito mais realista, temos:

tempo efetivo de acesso = 0,99 × 100 + 0,01 × 200
= 101 nanossegundos

Esse aumento na taxa de sucesso produz um retardo de apenas 1% no tempo de acesso.

Como observamos anteriormente, hoje em dia as CPUs podem fornecer múltiplos níveis de TLBs. Portanto, o cálculo dos tempos de acesso à memória nas CPUs modernas é muito mais complicado do que o mostrado no exemplo acima. Por exemplo, a CPU Intel Core i7 tem um TLB de instruções L1 de 128 entradas e um TLB de dados L1 de 64 entradas. No caso de um erro em L1, a CPU levaria seis ciclos para verificar a entrada no TLB L2 de 512 entradas. Um erro em L2 significa que a CPU teria de percorrer as entradas da tabela de páginas na memória para encontrar o endereço do quadro associado, o que poderia levar centenas de ciclos, ou causar uma interrupção para o sistema operacional para que ele execute a tarefa.

Uma análise completa do desempenho do overhead de paginação em tal sistema demandaria informações sobre a taxa de erro em cada camada do TLB. Pelas informações gerais acima, podemos ver, no entanto, que os recursos de hardware podem ter um efeito significativo sobre o desempenho da memória e que melhorias no sistema operacional (como a paginação) podem resultar em alterações no hardware, e, por sua vez, podem ser afetadas por essas alterações (como os TLBs). Exploramos mais detalhadamente o impacto da taxa de sucesso sobre o TLB no Capítulo 9.

Os TLBs são um recurso de hardware e, portanto, podem parecer de pouco interesse para os sistemas operacionais e seus projetistas. Mas o projetista precisa entender a função e os recursos dos TLBs que variam por plataforma de hardware. Para fornecer um nível de operação ótimo, um projeto de sistema operacional para determinada plataforma deve implementar a paginação de acordo com o projeto de TLB da plataforma. Da mesma forma, uma alteração no projeto dos TLBs (por exemplo, entre gerações de CPUs Intel) pode demandar uma alteração na implementação da paginação dos sistemas operacionais que a utilizem.

8.5.3 Proteção

A proteção da memória em um ambiente paginado é executada por bits de proteção associados a cada quadro. Normalmente, esses bits são mantidos na tabela de páginas.

Um bit pode definir se uma página é de leitura-gravação ou somente-de-leitura. Toda referência à memória percorre a tabela de páginas para encontrar o número de quadro correto. Ao mesmo tempo em que o endereço físico está sendo calculado, os bits de proteção podem ser verificados para descobrir se alguma gravação está sendo feita em uma página somente-de-leitura. A tentativa de gravação em uma página somente-de-leitura provoca uma interceptação de hardware para o sistema operacional (ou violação da proteção à memória).

Podemos expandir facilmente essa abordagem para fornecer um nível mais apurado de proteção. Podemos criar um hardware que forneça proteção somente de leitura, de leitura-gravação ou somente-de-execução; ou, fornecendo bits de proteção separados para cada tipo de acesso, podemos permitir qualquer combinação desses acessos. Tentativas ilegais serão interceptadas para o sistema operacional.

Um bit adicional é geralmente anexado a cada entrada da tabela de páginas: um bit *válido-inválido*. Quando esse bit é posicionado como *válido*, a página associada está no espaço de endereçamento lógico do processo e, portanto, é uma página legal (ou válida). Quando o bit é posicionado como *inválido*, a página não está no espaço de endereçamento lógico do processo. Endereços inválidos são interceptados com o uso do bit válido-inválido. O sistema operacional posiciona esse bit para cada página de modo a permitir ou não o acesso à página.

Suponha, por exemplo, que em um sistema com espaço de endereçamento de 14 bits (0 a 16383) tenhamos um programa que use apenas os endereços de 0 a 10468. Dado um tamanho de página de 2 KB, temos a situação mostrada na Figura 8.15. Os endereços nas páginas 0, 1, 2, 3, 4 e 5 são mapeados normalmente pela tabela de páginas. Qualquer tentativa de gerar um endereço nas páginas 6 ou 7, no entanto, encontrará o bit válido-inválido posicionado como inválido, e o computador fará uma interceptação para o sistema operacional (referência de página inválida).

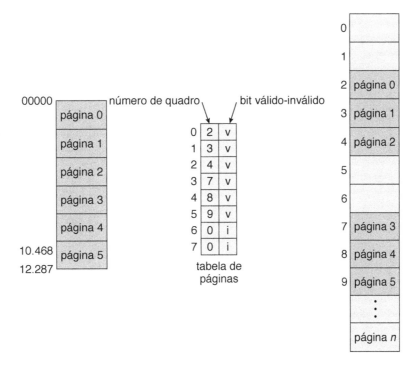

Figura 8.15 Bit válido (v) ou inválido (i) em uma tabela de páginas.

Observe que esse esquema gerou um problema. Já que o programa se estende somente até o endereço 10468, qualquer referência além desse endereço é ilegal. No entanto, referências à página 5 são classificadas como válidas; assim, acessos aos endereços até 12287 são válidos. Somente os endereços de 12288 a 16383 são inválidos. Esse problema é resultado do tamanho da página de 2 KB e reflete a fragmentação interna da paginação.

Raramente um processo usa todo o seu intervalo de endereços. Na verdade, muitos processos usam apenas uma pequena fração do espaço de endereçamento disponível para eles. Seria desperdício, nesses casos, criar uma tabela de páginas com entradas para cada página do intervalo de endereços. Grande parte dessa tabela não seria usada, mas ocuparia um espaço valioso na memória. Alguns sistemas fornecem hardware, na forma de um **registrador do tamanho da tabela de páginas** (PLTR — *page-table length register*), para indicar o tamanho da tabela de páginas. Esse valor é verificado para cada endereço lógico para descobrir se o endereço está no intervalo válido para o processo. Falhas nesse teste causam uma interceptação por erro para o sistema operacional.

8.5.4 Páginas Compartilhadas

Uma vantagem da paginação é a possibilidade de *compartilhamento* de código comum. Esse aspecto é particularmente importante em um ambiente de tempo compartilhado. Considere um sistema que suporte 40 usuários, cada um deles executando um editor de texto. Se o editor de texto consiste em 150 KB de código e 50 KB de espaço de dados, precisamos de 8.000 KB para suportar os 40 usuários. No entanto, se o código for **código reentrante** (ou **código puro**), ele poderá ser compartilhado, como mostrado na Figura 8.16. Aqui, vemos três processos compartilhando um editor com três páginas — cada página com 50 KB de tamanho (o tamanho de página grande é usado para simplificar a figura). Cada processo tem sua própria página de dados.

Código reentrante não é código automodificável: ele nunca muda durante a execução. Portanto, dois ou mais processos podem executar o mesmo código ao mesmo tempo. Cada processo tem sua própria cópia de registradores e armazenamento de dados para manter os dados de sua execução. Os dados de dois processos diferentes são, é claro, diferentes.

Apenas uma cópia do editor precisa ser mantida na memória física. A tabela de páginas de cada usuário é mapeada para a mesma cópia física do editor, mas as páginas de dados são mapeadas para quadros diferentes. Portanto, para suportar 40 usuários, precisamos apenas de uma cópia do editor (150 KB), mais 40 cópias dos 50 KB de espaço de dados por usuário. O espaço total requerido agora é de 2.150 KB em vez de 8.000 KB — uma economia significativa.

Outros programas muito usados também podem ser compartilhados — compiladores, sistemas de janelas, bibliotecas de tempo de execução, sistemas de banco de dados, e assim por diante. Para ser compartilhável, o código deve ser reentrante. A natureza somente-de-leitura do código compartilhado não deve ser confiada à precisão do código; o sistema operacional deve impor essa propriedade.

O compartilhamento de memória entre processos em um sistema é semelhante ao compartilhamento do espaço de endereçamento de uma tarefa por threads, descrito no Capítulo 4. Além disso, lembre-se de que, no Capítulo 3, descrevemos a memória compartilhada como um método de comunicação entre processos. Alguns sistemas operacionais implementam a memória compartilhada usando páginas compartilhadas.

A organização da memória de acordo com páginas fornece numerosos benefícios, além de permitir que vários processos compartilhem as mesmas páginas físicas. Abordamos muitos outros benefícios no Capítulo 9.

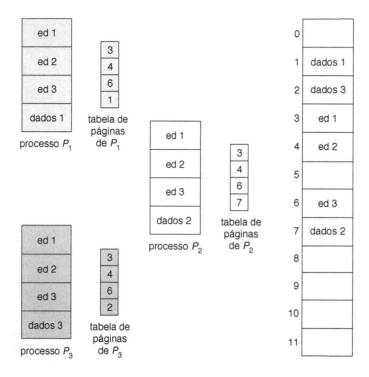

Figura 8.16 Compartilhamento de código em um ambiente de paginação.

8.6 Estrutura da Tabela de Páginas

Nesta seção, exploramos algumas das técnicas mais comuns para estruturação da tabela de páginas, incluindo paginação hierárquica, tabelas de páginas com hash e tabelas de páginas invertidas.

8.6.1 Paginação Hierárquica

A maioria dos sistemas de computação modernos suporta um grande espaço de endereçamento lógico (2^{32} a 2^{64}). Em um ambiente assim, a própria tabela de páginas torna-se excessivamente grande. Por exemplo, considere um sistema com um espaço de endereçamento lógico de 32 bits. Se o tamanho da página nesse sistema for de 4 KB (2^{12}), então uma tabela de páginas pode consistir em até 1 milhão de entradas ($2^{32} / 2^{12}$). Supondo que cada entrada seja composta por 4 bytes, cada processo pode precisar de até 4 MB de espaço de endereçamento físico somente para a tabela de páginas. É claro que não gostaríamos de alocar a tabela de páginas contiguamente na memória principal. Uma solução simples para esse problema é dividir a tabela de páginas em partes menores. Podemos fazer essa divisão de várias formas.

Uma forma é usar um algoritmo de paginação em dois níveis, em que a própria tabela de páginas também seja paginada (Figura 8.17). Por exemplo, considere novamente o sistema com um espaço de endereçamento lógico de 32 bits e um tamanho de página de 4 KB. Um endereço lógico é dividido em um número de página composto por 20 bits e um deslocamento de página composto por 12 bits. Já que paginamos a tabela de páginas, o número da página também é dividido em um número de página de 10 bits e um deslocamento de página de 10 bits. Portanto, um endereço lógico tem a seguinte forma:

número de página		deslocamento de página
p_1	p_2	d
10	10	12

em que p_1 é um índice da tabela de páginas externa e p_2 é o deslocamento dentro da página da tabela de páginas interna. O método de tradução de endereços dessa arquitetura é mostrado na Figura 8.18. Já que a tradução de endereços funciona da tabela de página externa para dentro, esse esquema também é conhecido como tabela de páginas mapeada para adiante.

Considere o gerenciamento de memória de um sistema clássico, o minicomputador **VAX** da Digital Equipment Corporation (DEC). O VAX foi o minicomputador mais popular de sua época, sendo vendido de 1977 a 2000. A arquitetura VAX suportava uma variação da paginação em dois níveis. O VAX é uma máquina de 32 bits com um tamanho de página de 512 bytes. O espaço de endereçamento lógico de um processo é dividido em quatro seções iguais, cada uma com 2^{30} bytes. Cada seção representa uma parte diferente do espaço de endereçamento lógico de um processo. Os primeiros 2 bits de alta ordem do endereço lógico designam a seção apropriada. Os 21 bits seguintes representam o número de página lógico desta seção, e os 9 bits finais representam um deslocamento na página desejada. Particionando a tabela de páginas dessa maneira, o sistema operacional pode deixar as partições sem uso até que um processo precise delas. Com frequência, seções inteiras do espaço de endereçamento virtual não são usadas e as tabelas de páginas multiníveis não têm entradas para esses espaços, o que diminui muito o montante de memória necessário ao armazenamento de estruturas de dados da memória virtual.

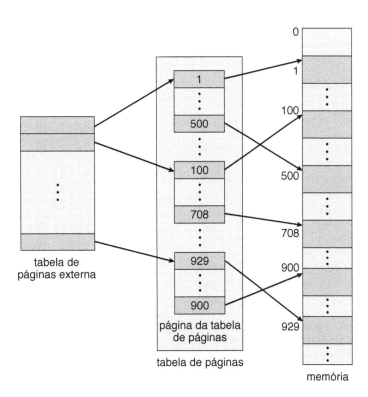

Figura 8.17 Um esquema de tabela de páginas em dois níveis.

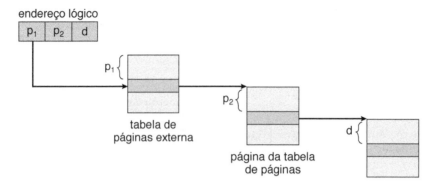

Figura 8.18 Tradução de endereços de uma arquitetura de paginação de 32 bits em dois níveis.

Um endereço na arquitetura VAX tem a forma a seguir:

seção	página	deslocamento
s	p	d
2	21	9

em que s designa o número da seção, p é um índice da tabela de páginas e d é o deslocamento dentro da página. Mesmo quando esse esquema é usado, o tamanho de uma tabela de páginas de um nível, para um processo VAX usando uma seção, é de 2^{21} bits * 4 bytes por entrada = 8 MB. Para reduzir ainda mais o uso da memória principal, o VAX pagina as tabelas de páginas dos processos de usuário.

Em um sistema com espaço de endereçamento lógico de 64 bits, um esquema de paginação em dois níveis não é mais apropriado. Para ilustrar esse ponto, vamos supor que o tamanho da página em tal sistema seja de 4 KB (2^{12}). Nesse caso, a tabela de páginas seria composta por até 2^{52} entradas. Se usarmos um esquema de paginação em dois níveis, as tabelas de páginas internas poderão ter o tamanho conveniente de uma página, ou conter 2^{10} entradas de 4 bytes. Os endereços têm esta aparência:

página externa	página interna	deslocamento
p_1	p_2	d
42	10	12

A tabela de páginas externa é composta por 2^{42} entradas, ou 2^{44} bytes. A maneira óbvia de evitar uma tabela tão grande é dividir a tabela de páginas externa em partes menores. (Essa abordagem também é usada em alguns processadores de 32 bits para aumentar a flexibilidade e a eficiência.)

Podemos dividir a tabela de páginas externa de várias maneiras. Por exemplo, podemos paginá-la, o que nos dá um esquema de paginação em três níveis. Suponha que a tabela de páginas externa seja composta por páginas de tamanho-padrão (2^{10} entradas, ou 2^{12} bytes). Nesse caso, um espaço de endereçamento de 64 bits ainda seria desanimador:

2ª página externa	página externa	página interna	deslocamento
p_1	p_2	p_3	d
32	10	10	12

A tabela de páginas externa ainda tem 2^{34} bytes (16 GB) de tamanho.

O próximo passo seria um esquema de paginação em quatro níveis, em que a própria tabela de páginas externa do segundo nível também fosse paginada, e assim por diante. O UltraSPARC de 64 bits demandaria sete níveis de paginação — um número proibitivo de acessos à memória — para traduzir cada endereço lógico. Você pode ver nesse exemplo por que, para arquiteturas de 64 bits, as tabelas de páginas hierárquicas são geralmente consideradas inapropriadas.

8.6.2 Tabelas de Páginas com Hash

Uma abordagem comum para a manipulação de espaços de endereçamento maiores do que 32 bits é usar uma tabela de páginas com hash, com o valor do hash sendo o número da página virtual. Cada entrada da tabela com hash contém uma lista encadeada de elementos que são mapeados para a mesma locação por uma função hash (para manipular as colisões). Cada elemento é composto por três campos: (1) o número da página virtual, (2) o valor do quadro de página mapeado e (3) um ponteiro para o próximo elemento na lista encadeada.

O algoritmo funciona da seguinte forma: O número de página virtual no endereço virtual é submetido à função hash na tabela. Ele é comparado com o campo 1 no primeiro elemento da lista encadeada. Se houver uma coincidência, o quadro de página correspondente (campo 2) será usado para formar o endereço físico desejado. Se não houver coincidência, entradas subsequentes da lista encadeada serão pesquisadas em busca de um número de página virtual coincidente. Esse esquema é mostrado na Figura 8.19.

Uma variação desse esquema, que é útil para espaços de endereçamento de 64 bits, foi proposta. Essa variação usa tabelas de páginas agrupadas que são semelhantes às tabelas de páginas com hash, exceto pelo fato de cada entrada da tabela com hash referenciar várias páginas (por exemplo, 16) em vez de apenas uma página. Portanto, uma única entrada na tabela de páginas pode armazenar os mapeamentos de múltiplos quadros de páginas físicas. As tabelas de páginas agrupadas são particularmente úteis para espaços de endereçamento esparsos em que as referências à memória não são contíguas e se encontram espalhadas por todo o espaço de endereçamento.

8.6.3 Tabelas de Páginas Invertidas

Usualmente, cada processo tem uma tabela de páginas associada. A tabela de páginas tem uma entrada para cada página que o processo está usando (ou um espaço para cada endereço vir-

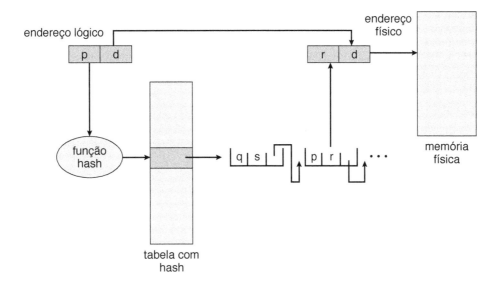

Figura 8.19 Tabela de páginas com hash.

tual, independentemente da validade do último). Essa representação da tabela é natural, já que os processos referenciam páginas pelos endereços virtuais das páginas. Portanto, o sistema operacional deve traduzir essa referência para um endereço de memória física. Já que a tabela é classificada por endereço virtual, o sistema operacional pode calcular em que lugar da tabela a entrada do endereço físico associado está localizada e usar esse valor diretamente. Uma das desvantagens desse método é que cada tabela de páginas pode ser composta de milhões de entradas. Essas tabelas podem consumir grandes montantes de memória física somente para controlar como o resto da memória física está sendo usado.

Para resolver esse problema, podemos usar uma **tabela de páginas invertida**. A tabela de páginas invertida tem uma entrada para cada página (ou quadro) real da memória. Cada entrada é composta do endereço virtual da página armazenada nessa locação real da memória, com informações sobre o processo que possui a página. Portanto, existe somente uma tabela de páginas no sistema e ela tem apenas uma entrada para cada página da memória física. A Figura 8.20 mostra a operação de uma tabela de páginas invertida. Compare-a com a Figura 8.10, que mostra uma tabela de páginas padrão em operação. As tabelas de páginas invertidas requerem com frequência que um identificador de espaço de endereçamento (Seção 8.5.2) seja armazenado em cada entrada da tabela de páginas, já que a tabela usualmente contém vários espaços de endereçamento diferentes mapeando memória física. O armazenamento do identificador do espaço de endereçamento assegura que uma página lógica de um processo específico seja mapeada para o quadro de página físico correspondente. Exemplos de sistemas que usam tabelas de páginas invertidas incluem o UltraSPARC de 64 bits e o PowerPC.

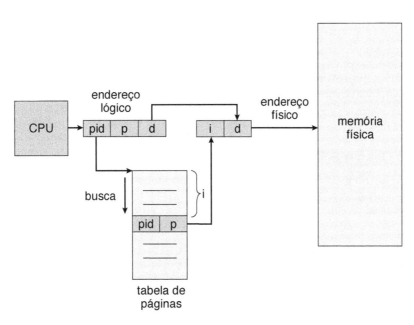

Figura 8.20 Tabela de páginas invertida.

Para ilustrar esse método, descrevemos uma versão simplificada da tabela de páginas invertida usada no **IBM RT**. A IBM foi a primeira grande empresa a usar tabelas de páginas invertidas, começando com o IBM System 38 e continuando no RS/6000 e nas CPUs IBM Power atuais. No IBM RT, cada endereço virtual no sistema é composto de uma tripla:

<id do processo, número da página, deslocamento>.

Cada entrada da tabela de páginas invertida é um par <id do processo, número da página> em que o id do processo assume o papel do identificador do espaço de endereçamento. Quando ocorre uma referência à memória, parte do endereço virtual, composta do par <id do processo, número da página>, é apresentada ao subsistema de memória. A tabela de páginas invertida é então pesquisada em busca de um par coincidente. Se uma ocorrência for encontrada — digamos, na entrada i — o endereço físico <i, deslocamento> será gerado. Se nenhuma ocorrência for encontrada, houve uma tentativa de acesso ilegal a endereço.

Embora esse esquema diminua o montante de memória necessária para armazenar cada tabela de páginas, ele aumenta o período de tempo requerido para pesquisar a tabela quando ocorre uma referência de página. Já que a tabela de páginas invertida é classificada por endereço físico, mas as pesquisas ocorrem sobre endereços virtuais, a tabela inteira pode ter que ser pesquisada antes que uma ocorrência seja encontrada. Essa pesquisa demoraria muito. Para amenizar esse problema, usamos uma tabela com hash, como descrito na Seção 8.6.2, para limitar a pesquisa a uma entrada — ou no máximo a algumas entradas — da tabela de páginas. É claro que cada acesso à tabela com hash adiciona uma referência de memória ao procedimento; assim, uma referência à memória virtual requer pelo menos duas leituras na memória real — uma para a entrada da tabela com hash e outra para a tabela de páginas. (Lembre-se de que o TLB é pesquisado primeiro, antes de a tabela com hash ser consultada, o que fornece alguma melhoria de desempenho.)

Sistemas que usam tabelas de páginas invertidas têm dificuldades para implementar a memória compartilhada. A memória compartilhada é usualmente implementada como múltiplos endereços virtuais (um para cada processo que estiver compartilhando a memória) que são mapeados para um endereço físico. Esse método-padrão não pode ser usado com tabelas de páginas invertidas; já que existe apenas uma entrada de página virtual para cada página física, uma página física não pode ter dois (ou mais) endereços virtuais compartilhados. Uma técnica simples para a solução desse problema é permitir que a tabela de páginas contenha apenas um mapeamento de um endereço virtual para o endereço físico compartilhado. Isso significa que referências a endereços virtuais que não sejam mapeadas resultam em erros de página.

8.6.4 O Solaris e o Oracle SPARC

Considere, como último exemplo, um sistema operacional e uma CPU de 64 bits modernos e totalmente integrados para fornecer memória virtual de baixo overhead. O Solaris, sendo executado na CPU SPARC, é um sistema operacional totalmente de 64 bits e, como tal, tem de resolver o problema da memória virtual sem esgotar toda a sua memória física mantendo múltiplos níveis de tabelas de páginas. Sua abordagem é um pouco complexa, mas resolve o problema eficientemente usando tabelas de páginas com hash. Há duas tabelas com hash — uma para o kernel e outra para todos os processos de usuário. As duas mapeiam endereços de memória da memória virtual para a memória física. Cada entrada da tabela com hash representa uma área contígua de memória virtual mapeada, o que é mais eficiente do que ter uma entrada da tabela com hash separada para cada página. Cada entrada tem um endereço base e um intervalo indicando o número de páginas que a entrada representa.

A tradução virtual-para-físico demoraria muito se cada endereço demandasse uma busca na tabela com hash; assim, a CPU implementa um TLB que contém entradas de uma tabela de tradução (TTEs — *translation table entries*) para pesquisas de hardware rápidas. Um cache com essas TTEs reside em um buffer de armazenamento de tradução (TSB — *translation storage buffer*), que inclui uma entrada por página acessada recentemente. Quando ocorre uma referência a endereço virtual, o hardware pesquisa o TLB em busca de uma tradução. Se nenhuma é encontrada, o hardware percorre o TSB na memória procurando pela TTE que corresponda ao endereço virtual que causou a pesquisa. Essa funcionalidade de percurso do TLB é encontrada em muitas CPUs modernas. Se uma ocorrência for encontrada no TSB, a CPU copiará a entrada do TSB no TLB, e a tradução da memória se completará. Se não for encontrada nenhuma ocorrência no TSB, o kernel será interrompido para pesquisar na tabela com hash. O kernel cria então uma TTE a partir da tabela com hash apropriada e a armazena no TSB para carga automática no TLB pela unidade de gerenciamento de memória da CPU. Para concluir, o manipulador de interrupções devolve o controle para a MMU, que completa a tradução do endereço e recupera o byte ou a palavra solicitada, na memória principal.

8.7 Exemplo: Arquiteturas Intel de 32 e 64 Bits

A arquitetura de chips Intel tem dominado o panorama dos computadores pessoais há vários anos. O Intel 8086 de 16 bits apareceu no fim dos anos 1970 e foi logo seguido por outro chip de 16 bits — o Intel 8088 — que ficou conhecido por ser o chip usado no PC IBM original. Tanto o chip 8086 quanto o chip 8088 foram baseados em uma arquitetura segmentada. Depois, a Intel produziu uma série de chips de 32 bits — o IA-32 — que incluía a família de processadores Pentium de 32 bits. A arquitetura IA-32 dava suporte tanto à paginação quanto à segmentação. Mais recentemente, a Intel produziu uma série de chips de 64 bits baseados na arquitetura x86-64. No momento, todos os sistemas operacionais mais populares para PCs são executados em chips Intel, inclusive o Windows, o Mac OS X e o Linux (embora o Linux, é claro, também seja executado em várias outras arquiteturas). Surpreendentemente, no entanto, a

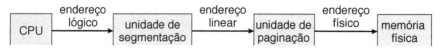

Figura 8.21 Tradução de endereço lógico para físico no IA-32.

predominância da Intel não se estendeu aos sistemas móveis, em que a arquitetura ARM desfruta de considerável sucesso hoje em dia (consulte a Seção 8.8).

Nesta seção, examinamos a tradução de endereços nas arquiteturas IA-32 e x86-64. Antes de prosseguirmos, no entanto, é importante observar que, como a Intel lançou várias versões — assim como variações — de suas arquiteturas com o passar dos anos, não podemos fornecer uma descrição completa da estrutura de gerenciamento da memória de todos os seus chips. Também não podemos fornecer detalhes de todas as CPUs, já que é melhor deixar essas informações para os livros sobre arquiteturas de computadores. Em vez disso, apresentamos os principais conceitos de gerenciamento da memória dessas CPUs Intel.

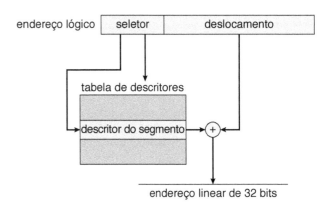

Figura 8.22 Segmentação no IA-32.

8.7.1 Arquitetura IA-32

O gerenciamento da memória em sistemas IA-32 é dividido em dois componentes — segmentação e paginação — e funciona da seguinte forma: A CPU gera endereços lógicos que são fornecidos à unidade de segmentação. A unidade de segmentação produz um endereço linear para cada endereço lógico. O endereço linear é então fornecido à unidade de paginação que, por sua vez, gera o endereço físico na memória principal. Portanto, as unidades de segmentação e paginação formam o equivalente à unidade de gerenciamento da memória (MMU). Esse esquema é mostrado na Figura 8.21.

8.7.1.1 Segmentação no IA-32

A arquitetura IA-32 permite que um segmento tenha, no máximo, 4 GB, e o número máximo de segmentos por processo é 16 K. O espaço de endereçamento lógico de um processo é dividido em duas partições. A primeira partição é composta de até 8 K de segmentos que são exclusivos desse processo. A segunda partição é composta de até 8 K de segmentos que são compartilhados entre todos os processos. Informações sobre a primeira partição são mantidas na tabela de descritores locais (LDT — *local descriptor table*); informações sobre a segunda partição são mantidas na tabela de descritores globais (GDT – *global descriptor table*). Cada entrada da LDT e da GDT é composta de um descritor de segmento de 8 bytes com informações detalhadas sobre um segmento específico, incluindo a locação base e o limite desse segmento.

O endereço lógico é um par (seletor, deslocamento), em que o seletor é um número de 16 bits:

s	g	p
13	1	2

no qual s designa o número do segmento, g indica se o segmento está na GDT ou na LDT e p está relacionado com a proteção. O deslocamento é um número de 32 bits que especifica a locação do byte dentro do segmento em questão.

A máquina tem seis registradores de segmentos, permitindo que seis segmentos sejam endereçados em determinado momento por um processo. Ela também tem seis registradores de microprograma de 8 bytes para armazenar os descritores correspondentes da LDT ou GDT. Esse cache permite que o Pentium não precise ler o descritor na memória para cada referência à memória.

O endereço linear no IA-32 tem 32 bits e é formado como descrito a seguir. O registrador de segmento aponta para a entrada apropriada na LDT ou GDT. As informações de base e de limite do segmento em questão são usadas para gerar um **endereço linear**. Primeiro, o limite é usado na verificação da validade do endereço. Se o endereço não for válido, uma falha de memória é gerada, resultando em uma interceptação para o sistema operacional. Se for válido, o valor do deslocamento é adicionado ao valor da base, resultando em um endereço linear de 32 bits. Isso é mostrado na Figura 8.22. Na seção seguinte, discutimos como a unidade de paginação converte esse endereço linear em um endereço físico.

8.7.1.2 Paginação no IA-32

A arquitetura IA-32 permite um tamanho de página de 4 KB ou 4 MB. Para páginas de 4 KB, o IA-32 usa um esquema de paginação em dois níveis em que a divisão do endereço linear de 32 bits se dá como descrito a seguir:

número de página		deslocamento de página
p_1	p_2	d
10	10	12

O esquema de tradução de endereços dessa arquitetura é semelhante ao esquema mostrado na Figura 8.18. A tradução de endereços do IA-32 é mostrada com mais detalhes na Figura 8.23. Os 10 bits de alta ordem referenciam uma entrada da tabela de páginas externa que o IA-32 chama de **diretório de páginas**. (O registrador CR3 aponta para o diretório de páginas do processo corrente.) A entrada do diretório de páginas aponta para uma tabela de páginas interna que é indexada pelos conteúdos dos 10 bits mais internos do endereço linear. Para concluir, os bits de baixa ordem 0–11 referenciam o deslocamento na página de 4 KB apontada na tabela de páginas.

Uma entrada do diretório de páginas é o flag Page_Size, que — se posicionado — indica que o tamanho do quadro de página tem 4 MB e não os 4 KB padrão. Se esse flag estiver posicionado, o diretório de páginas apontará diretamente para o quadro de página de 4 MB, ignorando a tabela de páginas interna; e os 22 bits de baixa ordem do endereço linear referenciarão o deslocamento no quadro de página de 4 MB.

Para melhorar a eficiência de uso da memória física, as tabelas de páginas do IA-32 podem ser transferidas para disco. Nesse caso, um bit inválido é usado na entrada do diretório de páginas para indicar se a tabela, para a qual a entrada está apontando, está na memória ou em disco. Se a tabela estiver em disco,

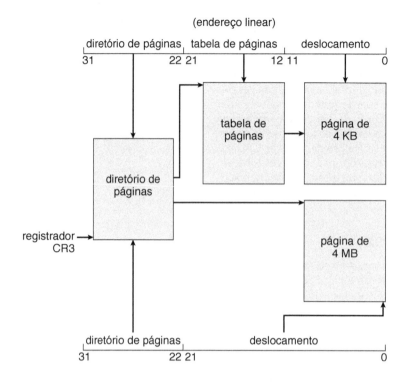

Figura 8.23 Paginação na arquitetura IA-32.

o sistema operacional poderá usar os outros 31 bits para especificar a locação da tabela no disco. Assim, ela poderá ser trazida para a memória sob demanda.

À medida que os desenvolvedores de software começaram a descobrir as limitações da memória de 4 GB das arquiteturas de 32 bits, a Intel adotou uma extensão do endereço de página (PAE — *page address extension*), que permite que processadores de 32 bits acessem um espaço de endereçamento físico maior do que 4 GB. A diferença fundamental introduzida pelo suporte à PAE é que a paginação passou de um esquema de dois níveis (como mostrado na Figura 8.23) para um esquema de três níveis, em que os dois bits superiores referenciam uma tabela de ponteiros do diretório de páginas. A Figura 8.24 ilustra um sistema PAE com páginas de 4 KB. (A PAE também dá suporte a páginas de 2 MB.)

A PAE também aumentou as entradas do diretório de páginas e da tabela de páginas de 32 para 64 bits, o que permitiu que o endereço base das tabelas de páginas e quadros de página se estendesse de 20 para 24 bits. Combinada com o deslocamento de 12 bits, a inclusão do suporte à PAE no IA-32 aumentou o espaço de endereçamento para 36 bits, o que suporta até 64 GB de memória física. É importante observar que o suporte do sistema operacional é requerido no uso da PAE. Tanto o Linux quanto o Mac OS X dão suporte à PAE. No entanto, versões de 32 bits dos sistemas operacionais Windows para desktop continuam suportando 4 GB de memória física, mesmo quando a PAE está habilitada.

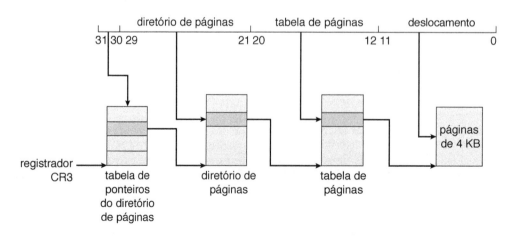

Figura 8.24 Extensões de endereço de página.

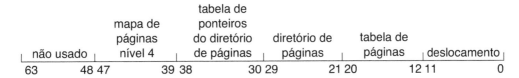

Figura 8.25 Endereço linear no x86-64.

8.7.2 x86-64

A Intel tem uma história interessante de desenvolvimento de arquiteturas de 64 bits. Sua estreia foi com a arquitetura IA-64 (posteriormente chamada Itanium), mas essa arquitetura não foi amplamente adotada. Enquanto isso, outro fabricante de chips — a AMD — começou a desenvolver uma arquitetura de 64 bits conhecida como x86-64 que se baseava na extensão do conjunto de instruções existente no IA-32. O x86-64 suportava espaços de endereçamento lógico e físico muito maiores, assim como vários outros avanços na arquitetura. Historicamente, a AMD tem desenvolvido com frequência chips baseados na arquitetura da Intel, mas agora os papéis se inverteram, já que a Intel adotou a arquitetura x86-64 da AMD. Na discussão dessa arquitetura, em vez de usar os nomes comerciais AMD64 e Intel 64, usaremos o termo mais geral x86-64.

O suporte a um espaço de endereçamento de 64 bits gera surpreendentes 2^{64} bytes de memória endereçável — um número maior do que 16 quintilhões (ou 16 exabytes). No entanto, ainda que sistemas de 64 bits possam endereçar tanta memória, na prática bem menos do que 64 bits são usados para a representação de endereços nos projetos atuais. Atualmente, a arquitetura x86-64 fornece um endereço virtual de 48 bits com suporte a tamanhos de página de 4 KB, 2 MB ou 1 GB usando quatro níveis de hierarquia de paginação. A representação do endereço linear aparece na Figura 8.25. Já que esse esquema de endereçamento pode usar a PAE, os endereços virtuais têm 48 bits, mas suportam endereços físicos de 52 bits (4096 terabytes).

COMPUTAÇÃO DE 64 BITS

A história nos ensinou que, mesmo que capacidades de memória, velocidades de CPU e recursos de computação semelhantes pareçam suficientemente grandes para satisfazer a demanda no futuro próximo, o crescimento da tecnologia acaba absorvendo os recursos disponíveis, e nos encontramos diante da necessidade de memória ou poder de processamento adicional, frequentemente antes do que pensávamos. O que o futuro da tecnologia pode trazer que faria um espaço de endereçamento de 64 bits parecer muito pequeno?

8.8 Exemplo: Arquitetura ARM

Embora os chips da Intel tenham dominado o mercado de computadores pessoais por mais de 30 anos, os chips de dispositivos móveis, como smartphones e computadores tablets, são executados com frequência em processadores ARM de 32 bits. O interessante é que, enquanto a Intel projeta e fabrica os chips, a ARM somente os projeta. Em seguida, ela licencia seus projetos para fabricantes de chips. A Apple obteve licença da ARM para usar seu projeto nos dispositivos móveis iPhone e iPad, e vários smartphones baseados no Android também usam processadores ARM.

A arquitetura ARM de 32 bits suporta os seguintes tamanhos de página:

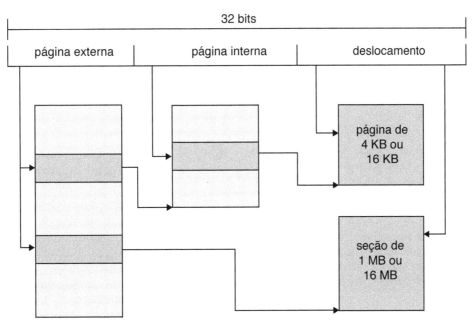

Figura 8.26 Tradução de endereço lógico no ARM.

1. Páginas de 4 KB e 16 KB
2. Páginas de 1 MB e 16 MB (denominadas seções)

O sistema de paginação em uso depende de uma página ou uma seção estar sendo referenciada. A paginação de um nível é usada para seções de 1 MB e 16 MB; a paginação de dois níveis é usada para páginas de 4 KB e 16 KB. A tradução de endereços com a MMU ARM é mostrada na Figura 8.26.

A arquitetura ARM também suporta dois níveis de TLBs. No nível mais externo estão dois micros TLBs — um TLB separado para dados e outro para instruções. O micro TLB também dá suporte a ASIDs. No nível interno fica um único TLB principal. A tradução de endereços começa no nível do micro TLB. Em caso de um erro, o TLB principal é verificado. Se os dois TLBs gerarem erros, uma pesquisa de tabela de páginas deve ser executada em hardware.

8.9 Resumo

Os algoritmos de gerenciamento da memória para sistemas operacionais multiprogramados vão da abordagem simples do sistema monousuário à segmentação e à paginação. O fator determinante mais importante do método usado em um sistema específico é o hardware fornecido. Cada endereço de memória gerado pela CPU deve ser verificado quanto à validade e possivelmente mapeado para um endereço físico. A verificação não pode ser implementada (eficientemente) em software. Portanto, dependemos do hardware disponível.

Os diversos algoritmos de gerenciamento da memória (alocação contígua, paginação, segmentação e combinações de paginação e segmentação) diferem em muitos aspectos. Na comparação das diferentes estratégias de gerenciamento da memória, usamos as considerações a seguir:

- **Suporte de hardware.** Um registrador base simples ou um par de registradores base-limite é suficiente para os esquemas de uma e de múltiplas partições, enquanto a paginação e a segmentação precisam de tabelas de mapeamento para definir o mapa de endereços.
- **Desempenho.** Conforme o algoritmo de gerenciamento da memória se torna mais complexo, o tempo requerido para mapear um endereço lógico para um endereço físico aumenta. Nos sistemas simples, precisamos apenas comparar ou adicionar ao endereço lógico — operações que são rápidas. A paginação e a segmentação também podem ser rápidas se a tabela de mapeamento for implementada em registradores rápidos. Se a tabela estiver na memória, no entanto, os acessos dos usuários à memória podem ser substancialmente degradados. Um TLB pode reduzir a degradação do desempenho a um nível aceitável.
- **Fragmentação.** Um sistema multiprogramado é, geralmente, executado mais eficientemente quando tem um nível mais alto de multiprogramação. Para determinado conjunto de processos, podemos aumentar o nível de multiprogramação apenas alocando mais processos na memória. Para executar essa tarefa, devemos reduzir o desperdício, ou a fragmentação, da memória. Sistemas com unidades de alocação de tamanho fixo, como no esquema de uma única partição e na paginação, sofrem de fragmentação interna. Sistemas com unidades de alocação de tamanho variável, como no esquema de múltiplas partições e na segmentação, sofrem de fragmentação externa.
- **Relocação.** Uma solução para o problema da fragmentação externa é a compactação. A compactação envolve o deslocamento de um programa na memória de tal modo que o programa não perceba a mudança. Essa consideração requer que os endereços lógicos sejam relocados dinamicamente, em tempo de execução. Se os endereços forem relocados apenas em tempo de carga, não poderemos compactar o armazenamento.
- **Permuta.** A permuta pode ser adicionada a qualquer algoritmo. Em intervalos determinados pelo sistema operacional, usualmente impostos pelas políticas de scheduling da CPU, os processos são copiados da memória principal para uma memória de retaguarda e, posteriormente, são copiados de volta para a memória principal. Esse esquema permite que sejam executados mais processos do que a memória poderia conter em determinado momento. Em geral, os sistemas operacionais de PCs dão suporte à paginação, o que não ocorre com os sistemas operacionais para dispositivos móveis.
- **Compartilhamento.** Outro meio de aumentar o nível de multiprogramação é compartilhar código e dados entre diferentes processos. O compartilhamento geralmente requer que tanto a paginação quanto a segmentação sejam usadas para fornecer pequenos pacotes de informações (páginas ou segmentos) que possam ser compartilhados. O compartilhamento é um meio de executar muitos processos com um montante limitado de memória, mas os programas e dados compartilhados devem ser projetados cuidadosamente.
- **Proteção.** Se a paginação ou a segmentação for fornecida, diferentes seções de um programa de usuário poderão ser declaradas como somente-de-execução, somente-de-leitura ou de leitura-gravação. Essa restrição é necessária para código ou dados compartilhados e geralmente é útil em qualquer situação para fornecer verificações simples, em tempo de execução, para encontrar erros comuns de programação.

Exercícios Práticos

8.1 Cite duas diferenças entre endereços lógicos e físicos.

8.2 Considere um sistema em que um programa possa ser separado em duas partes: código e dados. A CPU sabe se deseja uma instrução (busca de instrução) ou dados (busca ou armazenamento de dados). Portanto, dois pares de registradores base-limite são fornecidos: um para instruções e outro para dados. O par de registradores base-limite das instruções é automaticamente somente-de-leitura; assim, os programas podem ser compartilhados entre diferentes usuários. Discuta as vantagens e desvantagens desse esquema.

8.3 Por que os tamanhos de página são sempre potências de 2?

8.4 Considere um espaço de endereçamento lógico de 64 páginas de 1.024 palavras cada uma, mapeado para uma memória física de 32 quadros.

 a. Quantos bits há no endereço lógico?
 b. Quantos bits há no endereço físico?

8.5 Qual é o efeito de permitir que duas entradas em uma tabela de páginas apontem para o mesmo quadro de páginas na memória? Explique como esse efeito poderia ser usado para diminuir o período de tempo necessário à cópia de um grande montante de memória de um lugar para outro. Que efeito a atualização de algum byte em uma página teria na outra página?

8.6 Descreva um mecanismo pelo qual um segmento poderia pertencer ao espaço de endereçamento de dois processos diferentes.

8.7 O compartilhamento de segmentos entre processos, sem a exigência de que eles tenham o mesmo número de segmento, é possível em um sistema de segmentação vinculado dinamicamente.

a. Defina um sistema que permita a vinculação estática e o compartilhamento de segmentos sem demandar que os números dos segmentos sejam iguais.

b. Descreva um esquema de paginação que permita que as páginas sejam compartilhadas sem requerer que os números das páginas sejam iguais.

8.8 No IBM/370, a proteção à memória é fornecida pelo uso de **chaves**. Uma chave é um valor de 4 bits. Cada bloco de memória de 2 K tem uma chave (a chave de armazenamento) associada a ele. A CPU também tem uma chave (a chave de proteção) associada a ela. Uma operação de armazenamento é permitida somente se as duas chaves são iguais ou se seu valor é zero. Quais dos esquemas de gerenciamento da memória a seguir poderiam ser usados com sucesso com esse hardware?

a. Máquina crua
b. Sistema monousuário
c. Multiprogramação com um número fixo de processos
d. Multiprogramação com um número variável de processos
e. Paginação
f. Segmentação

Exercícios

8.9 Explique a diferença entre fragmentação interna e externa.

8.10 Considere o processo a seguir para a geração de binários. Um compilador é usado para gerar o código-objeto dos módulos individuais, e um linkage editor é usado para combinar vários módulos-objeto em um único binário de programa. Como o linkage editor altera a vinculação de instruções e dados a endereços da memória? Que informações precisam ser passadas do compilador ao linkage editor para facilitar as tarefas de vinculação da memória do linkage editor?

8.11 Dadas seis partições de memória de 300 KB, 600 KB, 350 KB, 200 KB, 750 KB e 125 KB (em ordem), como os algoritmos do primeiro-apto, do mais-apto e do menos-apto alocariam processos de tamanhos 115 KB, 500 KB, 358 KB, 200 KB e 375 KB (em ordem)? Classifique os algoritmos em termos da eficiência com que usam a memória.

8.12 A maioria dos sistemas permite que um programa aloque mais memória para o seu espaço de endereçamento durante a execução. A alocação de dados nos segmentos de programas do heap é um exemplo desse tipo de alocação de memória. O que é necessário para suportar a alocação dinâmica de memória nos seguintes esquemas?

a. Alocação de memória contígua
b. Segmentação pura
c. Paginação pura

8.13 Compare os esquemas de alocação contígua, segmentação pura e paginação pura para a organização da memória em relação às questões a seguir:

a. Fragmentação externa
b. Fragmentação interna
c. Possibilidade de compartilhar código entre processos

8.14 Em um sistema com paginação, um processo não pode acessar memória que ele não possui. Por quê? Como o sistema operacional poderia permitir o acesso a outras memórias? Por que ele deveria ou não fazer isso?

8.15 Explique por que sistemas operacionais móveis como o iOS e o Android não suportam permuta.

8.16 Embora o Android não suporte a permuta em seu disco de inicialização, é possível definir um espaço de permuta usando uma placa de memória SD não volátil separada. Por que o Android não permite a permuta em seu disco de inicialização mas a permite em um disco secundário?

8.17 Compare a paginação com a segmentação no que diz respeito a quanto de memória é requerido para que as estruturas de tradução de endereços convertam endereços virtuais em endereços físicos.

8.18 Explique por que os identificadores de espaços de endereçamento (ASIDs) são usados.

8.19 Os programas binários em muitos sistemas são tipicamente estruturados como descrito a seguir. O código é armazenado começando com um pequeno endereço virtual fixo, como 0. O segmento de código é seguido pelo segmento de dados que é usado para armazenar as variáveis do programa. Quando o programa começa a ser executado, a pilha é alocada na outra extremidade do espaço de endereçamento virtual e pode crescer em direção a endereços virtuais menores. Qual é a importância dessa estrutura para os seguintes esquemas?

a. Alocação de memória contígua
b. Segmentação pura
c. Paginação pura

8.20 Supondo um tamanho de página de 1 KB, quais são os números e deslocamentos de página para as referências de endereço a seguir (fornecidas como números decimais):

a. 3085
b. 42095
c. 215201
d. 650000
e. 2000001

8.21 O sistema operacional BVT tem um endereço virtual de 21 bits, mas, em certos dispositivos embutidos, ele tem apenas um endereço físico de 16 bits. Ele também tem um tamanho de página de 2 KB. Quantas entradas existem em cada uma das opções a seguir?

a. Uma tabela de páginas convencional com um único nível
b. Uma tabela de páginas invertida

8.22 Qual é o montante máximo de memória física?

8.23 Considere um espaço de endereçamento lógico de 256 páginas com um tamanho de página de 4 KB, mapeado para uma memória física de 64 quadros.

   a. Quantos bits são requeridos no endereço lógico?

   b. Quantos bits são requeridos no endereço físico?

8.24 Considere um sistema de computação com um endereço lógico de 32 bits e tamanho de página de 4 KB. O sistema suporta até 512 MB de memória física. Quantas entradas haveria em cada um dos itens a seguir?

   a. Uma tabela de páginas convencional com um único nível

   b. Uma tabela de páginas invertida

8.25 Considere um sistema de paginação com a tabela de páginas armazenada na memória.

   a. Se uma referência à memória leva 50 nanossegundos, quanto tempo leva uma referência à memória paginada?

   b. Se adicionarmos TLBs, e 75% de todas as referências à tabela de páginas estiverem nos TLBs, qual será o tempo efetivo de referência à memória? (Suponha que para encontrar uma entrada da tabela de páginas nos TLBs sejam necessários 2 nanossegundos, se a entrada estiver presente.)

8.26 Por que a segmentação e a paginação são, às vezes, combinadas em um esquema?

8.27 Explique por que o compartilhamento de um módulo reentrante é mais fácil quando é usada a segmentação em vez da paginação pura.

8.28 Considere a tabela de segmentos a seguir:

Segmento	Base	Tamanho
0	219	600
1	2300	14
2	90	100
3	1327	580
4	1952	96

Quais são os endereços físicos para os seguintes endereços lógicos?

   a. 0,430
   b. 1,10
   c. 2.500
   d. 3.400
   e. 4.112

8.29 Qual é a finalidade da paginação das tabelas de páginas?

8.30 Considere o esquema de paginação hierárquica usado pela arquitetura VAX. Quantas operações de memória são executadas quando um programa de usuário executa uma operação de carga na memória?

8.31 Compare o esquema de paginação segmentada com o esquema de tabelas de páginas com hash para a manipulação de grandes espaços de endereçamento. Sob que circunstâncias um esquema é preferível ao outro?

8.32 Considere o esquema de tradução de endereços da Intel mostrado na Figura 8.22.

   a. Descreva todos os passos executados pelo Intel Pentium na tradução de um endereço lógico para um endereço físico.

   b. Quais as vantagens, para o sistema operacional, de um hardware que forneça essa complicada tradução de memória?

   c. Existe alguma desvantagem nesse sistema de tradução de endereços? Se houver, quais são elas? Se não houver, por que esse esquema não é usado por todos os fabricantes?

Problemas de Programação

8.33 Suponha que um sistema tenha um endereço virtual de 32 bits com um tamanho de página de 4 KB. Escreva um programa em C que receba um endereço virtual (em decimal) na linha de comando e faça-o exibir o número e o deslocamento de página do endereço dado. Como exemplo, seu programa seria executado assim:

```
./a.out 1998
```

E exibiria:

```
The address 19986 contains:
page number = 4
offset = 3602
```

Escrever esse programa demandará o uso do tipo de dado apropriado para armazenar 32 bits. Encorajamos você a usar tipos de dados `unsigned`.

Notas Bibliográficas

A alocação de memória dinâmica foi discutida por [Knuth (1973)] (Seção 2.5), que descobriu, por simulação, que o primeiro-apto geralmente é superior ao mais-apto. [Knuth (1973)] também discutiu a regra dos 50%.

O conceito de paginação pode ser creditado aos projetistas do sistema Atlas que foi descrito por [Kilburn et al. (1961)] e por [Howarth et al. (1961)]. O conceito de segmentação foi discutido pela primeira vez por [Dennis (1965)]. A segmentação paginada foi suportada pela primeira vez no GE 645, em que o MULTICS foi originalmente implementado ([Organick (1972)] e [Daley e Dennis (1967)]).

As tabelas de páginas invertidas são discutidas em um artigo de [Chang e Mergen (1988)] sobre o gerenciador de memória do IBM RT.

[Hennessy e Patterson (2012)] explicam os aspectos de hardware dos TLBs, caches e MMUs. [Talluri et al. (1995)] discutem as tabelas de páginas para espaços de endereçamento de 64 bits. [Jacob e Mudge (2001)] descrevem técnicas para o gerenciamento do TLB. [Fang et al. (2001)] avaliam o suporte a páginas grandes.

http://msdn.microsoft.com/en-us/library/windows/hardware/gg487512.aspx discute o suporte ao PAE para sistemas Windows.

http://www.intel.com/content/www/us/en/processors/architectures-software-developer-manuals.html fornece vários manuais para as arquiteturas Intel 64 e IA-32.

http://www.arm.com/products/processors/cortex-a/cortex-a9.php fornece uma visão geral da arquitetura ARM.

Bibliografia

[Chang e Mergen (1988)] A. Chang e M. F. Mergen, "801 Storage: Architecture and Programming", *ACM Transactions on Computer Systems*, volume 6, número 1 (1988), páginas 28-50.

[Daley e Dennis (1967)] R. C. Daley e J. B. Dennis, "Virtual Memory, Processes, and Sharing in Multics", *Proceedings of the ACM Symposium on Operating Systems Principles* (1967), páginas 121-128.

[Dennis (1965)] J. B. Dennis, "Segmentation and the Design of Multiprogrammed Computer Systems", *Communications of the ACM*, volume 8, número 4 (1965), páginas 589-602.

[Fang et al. (2001)] Z. Fang, L. Zhang, J. B. Carter, W. C. Hsieh e S. A. McKee, "Reevaluating Online Superpage Promotion with Hardware Support", *Proceedings of the International Symposium on High-Performance Computer Architecture*, volume 50, número 5 (2001).

[Hennessy e Patterson (2012)] J. Hennessy e D. Patterson, *Computer Architecture: A Quantitative Approach*, quinta edição, Morgan Kaufmann (2012).

[Howarth et al. (1961)] D. J. Howarth, R. B. Payne e F. H. Summer, "The Manchester University Atlas Operating System, Part II: User's Description", *Computer Journal*, volume 4, número 3 (1961), páginas 226-229.

[Jabob e Mudge (2001)] B. Jacob e T. Mudge, "Uniprocessor Virtual Memory Without TLBs", *IEEE Transactions on Computers*, volume 50, número 5 (2001).

[Kilburn et al. (1961)] T. Kilburn, D. J. Howarth, R. B. Payne e F. H. Summer, "The Manchester University Atlas Operating System, Part I: Internal Organization", *Computer Journal*, volume 4, número 3 (1961), páginas 222-225.

[Knuth (1973)] D. E. Knuth, *The Art of Computer Programming, Volume 1: Fundamental Algorithms*, segunda edição, Addison-Wesley (1973).

[Organick (1972)] E. I. Organick, *The Multics System: An Examination of Its Structure*, MIT Press (1972).

[Talluri et al. (1995)] M. Talluri, M. D. Hill e Y. A. Khalidi, "A New Page Table for 64-bit Address Spaces", *Proceedings of the ACM Symposium on Operating Systems Principles* (1995), páginas 184-200.

CAPÍTULO 9

Memória Virtual

No Capítulo 8, discutimos várias estratégias de gerenciamento da memória usadas nos sistemas de computação. Todas essas estratégias têm o mesmo objetivo: manter, simultaneamente, muitos processos na memória para permitir a multiprogramação. No entanto, elas tendem a requerer que um processo inteiro esteja na memória antes de poder ser executado.

A memória virtual é uma técnica que permite a execução de processos que não estão totalmente na memória. Uma grande vantagem desse esquema é que os programas podem ser maiores do que a memória física. Além disso, a memória virtual abstrai a memória principal em um array de armazenamento uniforme extremamente grande, separando a memória lógica, conforme vista pelo usuário, da memória física. Essa técnica deixa os programadores livres de preocupações com as limitações de armazenamento da memória. A memória virtual também permite que os processos compartilhem arquivos facilmente e implementem a memória compartilhada. Além disso, ela fornece um mecanismo eficiente para a criação de processos. No entanto, a memória virtual não é fácil de implementar e pode piorar substancialmente o desempenho, se for usada sem cuidado. Neste capítulo, discutimos a memória virtual na forma de paginação por demanda e examinamos sua complexidade e custo.

OBJETIVOS DO CAPÍTULO

- Descrever os benefícios de um sistema de memória virtual.
- Explicar os conceitos de paginação por demanda, algoritmos de substituição de páginas e alocação de quadros de página.
- Discutir os princípios do modelo do conjunto de trabalho (*working-set*).
- Examinar o relacionamento entre a memória compartilhada e os arquivos mapeados para a memória.
- Examinar como a memória do kernel é gerenciada.

9.1 Antecedentes

Os algoritmos de gerenciamento da memória descritos no Capítulo 8 são necessários por causa de um requisito básico: As instruções que estão sendo executadas devem estar na memória física. A primeira abordagem para a satisfação desse requisito é colocar o espaço de endereçamento lógico inteiro na memória física. A carga dinâmica pode ajudar a atenuar essa restrição, mas geralmente ela requer precauções especiais e trabalho adicional do programador.

O requisito de que as instruções devem estar na memória física para serem executadas parece necessário e racional, mas também é inadequado, já que limita o tamanho de um programa ao tamanho da memória física. Na verdade, um exame dos programas reais mostra que, em muitos casos, o programa inteiro não é necessário. Por exemplo, considere o seguinte:

- Os programas, com frequência, têm um código que manipula condições de erro não usuais. Já que raramente esses erros ocorrem na prática, quando ocorrem, esse código quase nunca é executado.
- Arrays, listas e tabelas recebem em geral mais memória do que realmente precisam. Um array pode ser declarado como tendo 100 por 100 elementos, ainda que raramente tenha mais de 10 por 10 elementos. Uma tabela de símbolos de um montador pode ter espaço para 3.000 símbolos, embora o programa médio tenha menos de 200 símbolos.
- Certas opções e recursos de um programa podem ser usados raramente. Por exemplo, as rotinas dos computadores do governo dos Estados Unidos que equilibram o orçamento não são usadas há muitos anos.

Mesmo nos casos em que o programa inteiro é necessário, ele pode não ser necessário em sua totalidade ao mesmo tempo.

A possibilidade de executar um programa que esteja apenas parcialmente na memória traria muitos benefícios:

- O programa não ficaria mais restrito ao montante de memória física disponível. Os usuários poderiam escrever programas para um espaço de endereçamento *virtual* extremamente grande, simplificando a tarefa de programação.
- Já que cada programa de usuário poderia usar menos memória física, mais programas poderiam ser executados ao mesmo tempo, com um aumento correspondente na utilização da CPU e no throughput, mas sem aumento no tempo de resposta ou no tempo de turnaround.
- Menos operações de I/O seriam necessárias para carregar ou permutar programas de usuário na memória; portanto, cada programa de usuário seria executado mais rapidamente.

Assim, a execução de um programa que não esteja inteiramente na memória beneficiaria tanto o sistema quanto o usuário.

214

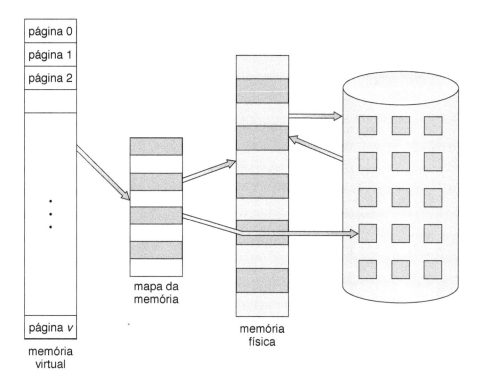

Figura 9.1 Diagrama mostrando memória virtual que é maior do que a memória física.

A **memória virtual** envolve a separação entre a memória lógica como percebida pelos usuários e a memória física. Essa separação permite que uma memória virtual extremamente grande seja fornecida aos programadores quando apenas uma memória física menor está disponível (Figura 9.1). A memória virtual torna a tarefa de programar muito mais fácil porque o programador não precisa mais se preocupar com o montante de memória física disponível; em vez disso, ele pode se concentrar no problema a ser programado.

O **espaço de endereçamento virtual** de um processo diz respeito à visão lógica (ou virtual) de como um processo é armazenado na memória. Normalmente, de acordo com essa visão, um processo começa em determinado endereço lógico — digamos, endereço 0 — e existe em memória contígua, como mostrado na Figura 9.2. Lembre-se, do Capítulo 8, no entanto, de que na verdade a memória física pode ser organizada em quadros de páginas e que os quadros de páginas físicos atribuídos a um processo podem não ser contíguos. É responsabilidade da unidade de gerenciamento da memória (MMU) mapear páginas lógicas para quadros de páginas físicas na memória.

Observe na Figura 9.2 que permitimos ao heap crescer para cima na memória conforme ele é usado na alocação de memória dinâmica. Da mesma forma, permitimos que a pilha cresça para baixo na memória por meio de chamadas de função sucessivas. O grande espaço vazio (ou brecha) entre o heap e a pilha faz parte do espaço de endereçamento virtual, mas precisará de páginas físicas reais somente se o heap ou a pilha crescerem. Os espaços de endereçamento virtuais que incluem brechas são conhecidos como espaços de endereçamento **esparsos**. O uso de um espaço de endereçamento esparso é benéfico porque as brechas podem ser preenchidas conforme os segmentos da pilha ou do heap cresçam, ou se quisermos vincular bibliotecas dinamicamente (ou possivelmente outros objetos compartilhados) durante a execução do programa.

Além de separar a memória lógica da memória física, a memória virtual permite que arquivos e memória sejam comparti-

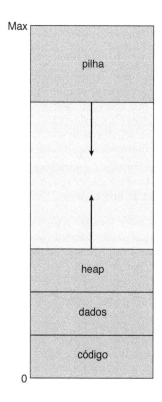

Figura 9.2 Espaço de endereçamento virtual.

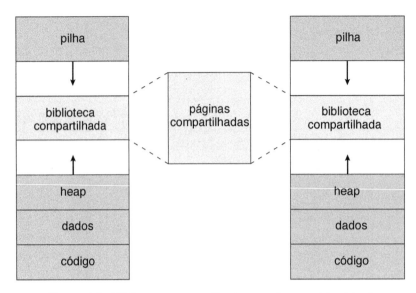

Figura 9.3 Biblioteca compartilhada usando memória virtual.

lhados por dois ou mais processos através do compartilhamento de páginas (Seção 8.5.4). Isso traz os benefícios a seguir:

- As bibliotecas do sistema podem ser compartilhadas por vários processos através do mapeamento do objeto compartilhado para um espaço de endereçamento virtual. Embora cada processo considere as bibliotecas como parte do seu espaço de endereçamento virtual, as páginas reais em que as bibliotecas residem na memória física são compartilhadas por todos os processos (Figura 9.3). Normalmente, uma biblioteca é mapeada como somente-de-leitura para o espaço de cada processo que esteja vinculado a ela.

- Da mesma forma, processos podem compartilhar memória. Lembre-se, do Capítulo 3, de que dois ou mais processos podem se comunicar pelo uso de memória compartilhada. A memória virtual permite que um processo crie uma região de memória que ele possa compartilhar com outro processo. Os processos que compartilham essa região a consideram como parte de seu espaço de endereçamento virtual, mas as páginas de memória físicas reais são compartilhadas, como ilustrado na Figura 9.3.

- As páginas podem ser compartilhadas durante a criação de processos com a chamada de sistema fork( ), acelerando assim a criação de processos.

Exploramos com mais detalhes esses — e outros — benefícios da memória virtual posteriormente neste capítulo. Primeiro, porém, discutimos a implementação da memória virtual através da paginação por demanda.

9.2 Paginação por Demanda

Considere como um programa executável pode ser carregado de disco para a memória. Uma opção é carregar o programa inteiro na memória física em tempo de execução do programa. No entanto, um problema dessa abordagem é que inicialmente podemos não **precisar** do programa inteiro na memória. Suponha que um programa comece com uma lista de opções disponíveis na qual o usuário deve fazer uma seleção. A carga do programa inteiro na memória resultaria na carga do código executável de **todas** as opções, independentemente de uma opção ter sido ou não selecionada pelo usuário. Uma estratégia alternativa é carregar páginas somente à medida que elas sejam necessárias. Essa técnica é conhecida como paginação por demanda e é comumente usada em sistemas de memória virtual. Na memória virtual paginada por demanda, as páginas são carregadas somente quando são necessárias durante a execução do programa. Portanto, páginas que nunca são acessadas nunca são carregadas na memória física.

Um sistema de paginação por demanda é semelhante a um sistema de paginação com permuta (Figura 9.4), em que os processos residem em memória secundária (usualmente um disco). Quando queremos executar um processo, ele é inserido na memória. No entanto, em vez de inserir o processo inteiro na memória, usamos um permutador preguiçoso. Um permutador preguiçoso nunca insere uma página na memória, a menos que ela seja necessária. No contexto de um sistema de paginação por demanda, o uso do termo "permutador" é tecnicamente incorreto. Um permutador manipula processos inteiros, enquanto um paginador se preocupa com as páginas individuais de um processo. Portanto, usamos "paginador", em vez de "permutador", no contexto da paginação por demanda.

9.2.1 Conceitos Básicos

Quando um processo está para ser inserido na memória, o paginador avalia as páginas que serão usadas, antes que o processo seja removido novamente. Em vez de inserir um processo inteiro, o paginador traz apenas essas páginas para a memória. Portanto, ele evita que sejam transferidas para a memória páginas que não serão usadas, diminuindo o tempo de permuta e o montante de memória física necessária.

Nesse esquema, precisamos de algum tipo de suporte de hardware para diferenciar as páginas que estão na memória das páginas que estão em disco. O esquema do bit válido-inválido descrito na Seção 8.5.3 pode ser usado com essa finalidade. Dessa vez, no entanto, quando esse bit é posicionado como "válido", a página associada é válida e está na memória. Se o bit estiver posicionado como "inválido", a página não é válida (isto é, não faz parte do espaço de endereçamento lógico do processo), ou é válida, mas está correntemente em disco. A entrada na tabela de

Memória Virtual **217**

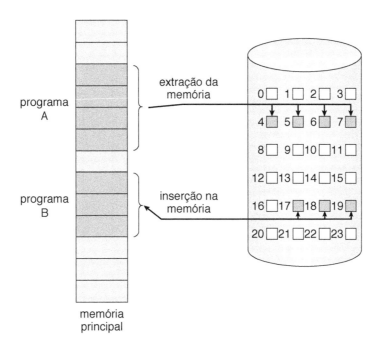

Figura 9.4 Transferência de uma memória paginada para espaço de disco contíguo.

páginas para uma página que é trazida para a memória é definida como sempre, mas a entrada na tabela de páginas para uma página que não está correntemente em memória é simplesmente marcada como inválida ou contém o endereço da página em disco. Essa situação é mostrada na Figura 9.5.

Observe que a marcação de uma página como inválida não terá efeito se o processo nunca tentar acessar essa página. Logo, se avaliarmos direito e paginarmos para a memória todas as páginas que sejam realmente necessárias e somente elas, o processo será executado exatamente como se tivéssemos trazido todas as páginas. Enquanto o processo for executado acessando páginas residentes na memória, a execução prosseguirá normalmente.

Mas o que acontece se o processo tentar acessar uma página que não foi trazida para a memória? O acesso a uma página marcada como inválida causa um erro de página. Ao traduzir o endereço através da tabela de páginas, o hardware de paginação notará que o bit inválido está posicionado, causando uma interceptação para o sistema operacional. Essa interceptação é resultado da falha do sistema operacional em trazer a página desejada para a memória. O procedimento para manipulação desse erro de página é simples (Figura 9.6):

1. Verificamos uma tabela interna (usualmente mantida com o bloco de controle de processo) desse processo para determinar se a referência foi um acesso válido ou inválido à memória.
2. Se a referência foi inválida, encerramos o processo. Se ela foi válida, mas ainda não trouxemos a página para a memória, a traremos agora.
3. Encontramos um quadro livre (usando um da lista de quadros livres, por exemplo).
4. Incluímos uma operação de disco no schedule para ler a página desejada para o quadro recém-alocado.
5. Quando a leitura em disco é concluída, modificamos a tabela interna mantida com o processo e a tabela de páginas para indicar que agora a página está na memória.

6. Reiniciamos a instrução que foi interrompida pela interceptação. Agora o processo pode acessar a página como se ela sempre tivesse estado na memória.

No caso extremo, podemos iniciar a execução de um processo *sem* páginas na memória. Quando o sistema operacional posiciona o ponteiro de instruções para a primeira instrução do processo que está em uma página não residente na memória, o processo é interrompido imediatamente pelo erro de página. Após essa página ser trazida para a memória, o processo continua a ser executado, sendo interrompido, se necessário até que cada página de que ele precise esteja na memória. Nesse ponto, ele pode ser executado sem mais erros. Esse esquema é a paginação por demanda pura: nunca trazer uma página para a memória antes que ela seja necessária.

Teoricamente, alguns programas poderiam acessar várias páginas novas de memória a cada execução de instrução (uma página para a instrução e muitas para dados), possivelmente causando vários erros de página por instrução. Essa situação resultaria em um desempenho inaceitável do sistema. Felizmente, a análise de processos em execução mostra que esse comportamento é bastante improvável. Os programas tendem a ter uma localidade de referência, descrita na Seção 9.6.1, o que resulta em um desempenho razoável da paginação por demanda.

O hardware que suporta a paginação por demanda é o mesmo da paginação e da permuta:

- **Tabela de páginas.** Essa tabela pode marcar uma entrada como inválida por meio de um bit válido-inválido ou de um valor especial de bits de proteção.
- **Memória secundária.** Essa memória mantém as páginas que não estão presentes na memória principal. A memória secundária é, usualmente, um disco de alta velocidade. Ela é conhecida como dispositivo de permuta, e a seção de disco usada para esse fim é conhecida como espaço de permuta. A alocação do espaço de permuta é discutida no Capítulo 10.

218 Capítulo 9

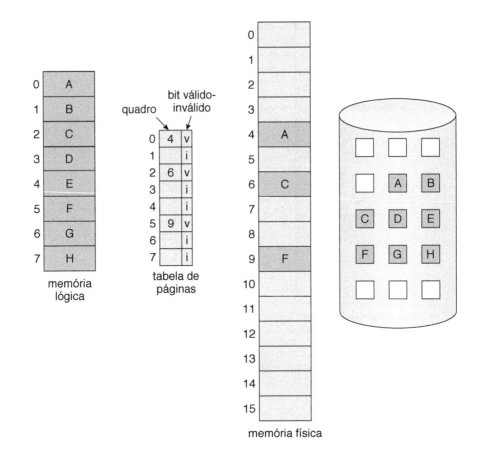

Figura 9.5 Tabela de páginas quando algumas páginas não estão na memória principal.

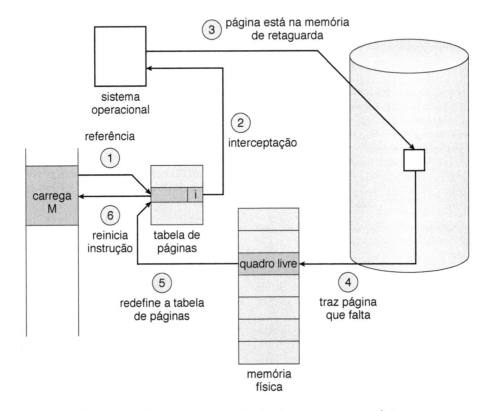

Figura 9.6 Passos para a manipulação de um erro de página.

Um requisito crucial da paginação por demanda é a capacidade de reiniciar qualquer instrução após um erro de página. Já que salvamos o estado (registradores, código de condição, contador de instruções) do processo interrompido quando o erro de página ocorre, devemos ser capazes de reiniciar o processo *exatamente* no mesmo local e estado, exceto pelo fato de a página desejada estar agora na memória e poder ser acessada. Na maioria dos casos, esse requisito é fácil de alcançar. Um erro de página pode ocorrer em qualquer referência à memória. Se o erro de página ocorrer na busca da instrução, poderemos reiniciar buscando a instrução novamente. Se um erro de página ocorrer enquanto estivermos buscando um operando, devemos buscar e decodificar a instrução novamente e, então, buscar o operando.

Como exemplo do pior caso, considere uma instrução de três endereços como ADD (somar) o conteúdo de A e B, colocando o resultado em C. Esses são os passos para executar essa instrução:

1. Buscar e decodificar a instrução (ADD).
2. Buscar A.
3. Buscar B.
4. Somar A e B.
5. Armazenar a soma em C.

Se ocorrer um erro ao tentarmos armazenar em C (porque C está em uma página que não se encontra correntemente em memória), teremos que obter a página desejada, trazê-la para a memória, corrigir a tabela de páginas e reiniciar a instrução. O reinício demandará a busca da instrução novamente, uma nova decodificação, a busca dos dois operandos mais uma vez e, então, uma nova soma. No entanto, não há muito trabalho repetido (menos de uma instrução completa) e a repetição é necessária somente quando ocorre um erro de página.

A maior dificuldade surge quando uma instrução pode modificar várias locações diferentes. Por exemplo, considere a instrução MVC (mover caractere) do sistema IBM 360/370 que pode mover até 256 bytes de uma locação para outra (possivelmente com sobreposição). Se um dos blocos (origem ou destino) ultrapassar um limite de página, um erro de página pode ocorrer após a movimentação ser parcialmente executada. Além disso, se os blocos de origem e destino forem sobrepostos, o bloco de origem pode ter sido modificado, caso em que não podemos simplesmente reiniciar a instrução.

Esse problema pode ser resolvido de duas maneiras diferentes. Em uma solução, o microcódigo calcula e tenta acessar as duas extremidades dos dois blocos. Se um erro de página tiver que ocorrer, ele ocorrerá nesse passo, antes de algo ser modificado. A movimentação pode então ser executada; sabemos que nenhum erro de página pode ocorrer, já que todas as páginas relevantes estão na memória. A outra solução usa registradores temporários para armazenar os valores das locações sobrepostas. Se houver um erro de página, todos os valores anteriores serão gravados de volta na memória antes que a interceptação ocorra. Essa ação restaura a memória ao seu estado anterior ao de início da instrução para que a instrução possa ser repetida.

Esse não é, de forma alguma, o único problema de arquitetura resultante da adição de páginas a uma arquitetura existente para permitir a paginação por demanda, mas ilustra algumas das dificuldades envolvidas. A paginação é adicionada entre a CPU e a memória em um sistema de computação. Ela deve ser totalmente transparente ao processo do usuário. Portanto, as pessoas assumem, com frequência, que a paginação pode ser adicionada a qualquer sistema. Embora essa suposição seja verdadeira em um ambiente de paginação sem demanda, onde um erro de página representa um erro fatal, ela não é verdadeira onde um erro de página significa apenas que uma página adicional deve ser trazida para a memória e o processo reiniciado.

9.2.2 Desempenho da Paginação por Demanda

A paginação por demanda pode afetar significativamente o desempenho de um sistema de computação. Para ver por que, calculemos o **tempo de acesso efetivo** de uma memória paginada por demanda. Na maioria dos sistemas de computação, o tempo de acesso à memória, representado por *ma* (*memory-access*), varia de 10 a 200 nanossegundos. Contanto que não tenhamos erros de página, o tempo de acesso efetivo é igual ao tempo de acesso à memória. Se, no entanto, um erro de página ocorrer, devemos primeiro ler a página relevante do disco e, então, acessar a palavra desejada.

Seja p a probabilidade de ocorrência de um erro de página ($0 \leq p \leq 1$). Espera-se que p se aproxime de zero — isto é, esperamos ter apenas alguns erros de página. O **tempo de acesso efetivo** é, então,

$$\text{tempo de acesso efetivo} = (1 - p) \times ma + p \times \text{tempo do erro de página}.$$

Para calcular o tempo de acesso efetivo, temos que saber quanto tempo é necessário para manipular um erro de página. Um erro de página causa a ocorrência da sequência a seguir:

1. Interceptar para o sistema operacional.
2. Salvar os registradores do usuário e o estado do processo.
3. Determinar se a interrupção foi um erro de página.
4. Verificar se a referência à página era legal e determinar a locação da página no disco.
5. Executar uma leitura do disco para um quadro livre:
    a. Esperar em uma fila por esse dispositivo até que a solicitação de leitura seja atendida.
    b. Esperar pelo tempo de busca e/ou latência do dispositivo.
    c. Começar a transferência da página para um quadro livre.
6. Durante a espera, alocar a CPU a algum outro usuário (scheduling da CPU, opcional).
7. Receber uma interrupção do subsistema de I/O do disco (I/O concluído).
8. Salvar os registradores e o estado do processo do outro usuário (se o passo 6 for executado).
9. Determinar se a interrupção partiu do disco.
10. Corrigir a tabela de páginas e outras tabelas para mostrar que a página desejada está agora na memória.
11. Esperar que a CPU seja alocada novamente a esse processo.
12. Restaurar os registradores do usuário, o estado do processo e a nova tabela de páginas para, então, retomar a instrução interrompida.

Nem todos esses passos são necessários em todos os casos. Por exemplo, estamos supondo que, no passo 6, a CPU tenha sido alocada a outro processo enquanto ocorre o I/O. Esse esquema permite a multiprogramação para mantermos a utilização da CPU, mas requer tempo adicional para a retomada da rotina de serviço do erro de página quando a transferência de I/O for concluída.

De qualquer modo, estamos diante dos três componentes principais do tempo de serviço do erro de página:

1. Manipular a interrupção por erro de página.
2. Ler a página para a memória.
3. Reiniciar o processo.

A primeira e a terceira tarefas podem ser reduzidas a várias centenas de instruções, por meio de uma codificação cuidadosa. Essas tarefas podem levar de 1 a 100 microssegundos cada uma. O tempo de mudança de página, no entanto, provavelmente ficará próximo de 8 milissegundos. (Um disco rígido típico tem uma latência média de 3 milissegundos, busca de 5 milissegundos e um tempo de transferência de 0,05 milissegundo. Portanto, o tempo total de paginação é de cerca de 8 milissegundos, incluindo tempo de hardware e software.) Lembre-se também de que estamos examinando apenas o tempo de manipulação do dispositivo. Se uma fila de processos estiver à espera do dispositivo, teremos que adicionar o tempo na fila de espera enquanto aguardamos o dispositivo de paginação ficar livre para atender a nossa solicitação, aumentando ainda mais o tempo de permuta.

Com um tempo médio de manipulação do erro de página de 8 milissegundos e um tempo de acesso à memória de 200 nanossegundos, o tempo de acesso efetivo em nanossegundos é

$$\text{tempo de acesso efetivo} = (1 - p) \times (200) + p \, (8 \text{ milissegundos})$$
$$= (1 - p) \times (200) + p \times 8.000.000$$
$$= 200 + 7.999.800 \times p.$$

Vemos, então, que o tempo de acesso efetivo é diretamente proporcional à taxa de erros de página. Se um acesso em 1.000 causar um erro de página, o tempo de acesso efetivo será de 8,2 microssegundos. O computador ficará mais lento por um fator de 40 por causa da paginação por demanda! Se quisermos que a degradação do desempenho seja menor do que 10%, teremos que manter a probabilidade de ocorrência de erros de página no seguinte nível:

$$220 > 200 + 7.999.800 \times p,$$
$$20 > 7.999.800 \times p,$$
$$p < 0,0000025.$$

Isto é, para manter a lentidão causada pela paginação em um nível razoável, podemos permitir que menos de um acesso à memória em 399.990 cause erro de página. Resumindo, é importante manter baixa a taxa de erros de página em um sistema de paginação por demanda. Caso contrário, o tempo de acesso efetivo aumenta, retardando dramaticamente a execução de processos.

Um aspecto adicional da paginação por demanda é a manipulação e o uso total do espaço de permuta. O I/O de disco para o espaço de permuta é, em geral, mais rápido do que para o sistema de arquivos. É mais rápido porque o espaço de permuta é alocado em blocos muito maiores e não se usam pesquisas de arquivos e métodos de alocação indireta (Capítulo 10). Portanto, o sistema pode conseguir melhor throughput de paginação copiando uma imagem do arquivo inteiro no espaço de permuta na inicialização do processo e executando a paginação por demanda a partir do espaço de permuta. Outra opção é inicialmente demandar páginas a partir do sistema de arquivos, mas gravar as páginas no espaço de permuta ao serem substituídas. Essa abordagem assegurará que somente páginas necessárias sejam lidas do sistema de arquivos, mas que toda a paginação subsequente seja feita a partir do espaço de permuta.

Alguns sistemas tentam limitar o montante de espaço de permuta usado na paginação por demanda de arquivos binários. As páginas demandadas por esses arquivos são trazidas diretamente do sistema de arquivos. No entanto, quando a substituição de páginas é necessária, esses quadros podem ser simplesmente sobrepostos (porque eles nunca são modificados), e as páginas podem ser lidas a partir do sistema de arquivos novamente, se preciso. Nessa abordagem, o próprio sistema de arquivos serve como memória de retaguarda. Porém, o espaço de permuta deve continuar sendo usado para páginas não associadas a um arquivo (conhecidas como memória anônima); tais páginas incluem a pilha e o heap de um processo. Esse método parece ser uma boa solução e é usado em vários sistemas, incluindo o Solaris e o BSD UNIX.

Normalmente, os sistemas operacionais móveis não dão suporte à permuta. Em vez disso, esses sistemas executam a paginação por demanda a partir do sistema de arquivos e reclamam páginas somente-de-leitura (como código) das aplicações se a memória se tornar limitada. Esses dados podem ser paginados por demanda a partir do sistema de arquivos se, posteriormente, for necessário. No iOS, páginas de memória anônima nunca são reclamadas de uma aplicação, a menos que a aplicação seja encerrada ou libere explicitamente a memória.

9.3 Cópia-Após-Gravação

Na Seção 9.2, ilustramos como um processo pode ser iniciado rapidamente, na página que contém a primeira instrução, através da paginação por demanda. No entanto, a criação de processos com o uso da chamada de sistema fork( ) pode ignorar inicialmente a necessidade da paginação por demanda usando uma técnica semelhante ao compartilhamento de páginas (abordado na Seção 8.5.4). Essa técnica possibilita a criação rápida de processos e minimiza o número de novas páginas que devem ser alocadas ao processo recém-criado.

Lembre-se de que a chamada de sistema fork( ) cria um processo-filho que é uma duplicata do seu pai. Tradicionalmente, fork( ) funcionava criando uma cópia do espaço de endereça-

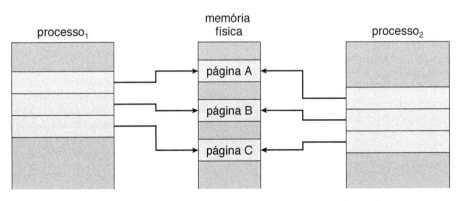

Figura 9.7 Antes que o processo 1 modifique a página C.

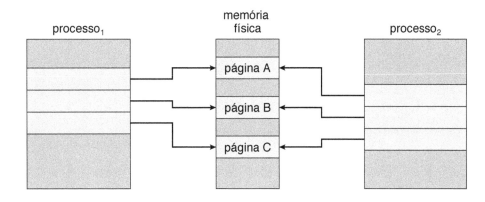

Figura 9.8 Após o processo 1 ter modificado a página C.

mento do pai para o filho, duplicando as páginas pertencentes ao pai. No entanto, considerando-se que muitos processos-filho invocam a chamada de sistema exec ( ) imediatamente após a criação, a cópia do espaço de endereçamento do pai pode ser desnecessária. Em vez disso, podemos usar uma técnica conhecida como cópia-após-gravação, que funciona permitindo que o processo-pai e o processo-filho compartilhem inicialmente as mesmas páginas. Essas páginas compartilhadas são marcadas como páginas de cópia-após-gravação, significando que, se um dos processos grava em uma página compartilhada, é criada uma cópia dessa página. A cópia-após-gravação é ilustrada nas Figuras 9.7 e 9.8, que mostram o conteúdo da memória física antes e depois de o processo 1 modificar a página C.

Por exemplo, suponha que o processo-filho tente modificar uma página contendo partes da pilha, e essas páginas tenham sido definidas como de cópia-após-gravação. O sistema operacional criará uma cópia dessa página, mapeando-a para o espaço de endereçamento do processo-filho. O processo-filho modificará então a página copiada e não a página pertencente ao processo-pai. É claro que, quando a técnica de cópia-após-gravação é usada, somente as páginas que são modificadas por um dos processos são copiadas; todas as páginas não modificadas podem ser compartilhadas pelo processo-pai e pelo processo-filho. Observe, também, que somente páginas que podem ser modificadas precisam ser marcadas como de cópia-após-gravação. Páginas que não podem ser modificadas (páginas contendo código executável) podem ser compartilhadas por pai e filho. A cópia-após-gravação é uma técnica comum usada por vários sistemas operacionais, incluindo o Windows XP, o Linux e o Solaris.

Quando é determinado que uma página deva ser duplicada com a utilização da cópia-após-gravação, é importante observar a locação a partir da qual a página livre será alocada. Muitos sistemas operacionais fornecem um pool de páginas livres para essas solicitações. Essas páginas livres são tipicamente alocadas quando a pilha ou o heap de um processo deve ser expandido ou quando há páginas de cópia-após-gravação a serem gerenciadas. Os sistemas operacionais costumam alocar essas páginas usando uma técnica conhecida como preencher-com-zero-sob-demanda. Páginas do tipo preencher-com-zero-sob-demanda são zeradas antes de serem alocadas, apagando assim o conteúdo anterior.

Várias versões do UNIX (incluindo o Solaris e o Linux) fornecem uma variação da chamada de sistema fork ( ) — vfork ( ) (de virtual memory fork) — que opera diferentemente de fork ( ) com cópia-após-gravação. Com vfork ( ), o processo-pai é suspenso e o processo-filho usa o espaço de endereçamento do pai. Já que vfork ( ) não usa cópia-após-gravação, se o processo-filho alterar alguma página do espaço de endereçamento do pai, as páginas alteradas ficarão visíveis para o pai quando ele for retomado. Portanto, vfork ( ) deve ser usada com cuidado para assegurar que o processo-filho não modifique o espaço de endereçamento do pai. O uso de vfork ( ) é indicado quando o processo-filho chama exec ( ) imediatamente após a criação. Já que não ocorre cópia de páginas, vfork ( ) é um método de criação de processos extremamente eficiente que às vezes é usado na implementação de interfaces de shell de linha de comando do UNIX.

9.4 Substituição de Páginas

Em nossa discussão anterior sobre a taxa de erros de página, consideramos que cada página falha no máximo uma vez, quando é referenciada inicialmente. Essa representação não é muito precisa, no entanto. Se um processo de 10 páginas utiliza realmente apenas metade delas, então a paginação por demanda economiza o I/O necessário à carga das cinco páginas que nunca são usadas. Também poderíamos aumentar nosso nível de multiprogramação executando o dobro de processos. Assim, se tivermos 40 quadros, poderemos executar oito processos, em vez dos quatro que poderiam ser executados se cada um precisasse de 10 quadros (cinco dos quais nunca seriam usados).

Se aumentarmos nosso grau de multiprogramação, estaremos superalocando memória. Se executarmos seis processos, cada um dos quais com 10 páginas, mas realmente usarmos apenas cinco páginas, teremos uma utilização da CPU e um throughput maiores, com 10 quadros de reserva. No entanto, é possível que cada um desses processos tente repentinamente usar todas as suas 10 páginas, para um conjunto de dados específico, resultando na necessidade de 60 quadros quando somente 40 estão disponíveis.

Além disso, considere que a memória do sistema não é usada apenas para armazenar páginas de programas. Buffers de I/O também consomem um montante considerável de memória. Esse uso pode exigir mais dos algoritmos de alocação de memória. A decisão de quanta memória deve ser alocada para I/O e para páginas de programas é um desafio significativo. Alguns sistemas alocam um percentual fixo de memória para buffers de I/O, enquanto outros permitem que tanto processos

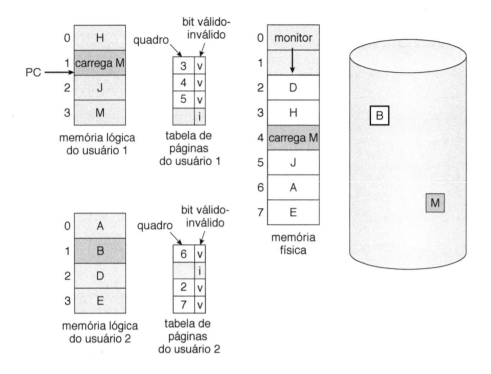

Figura 9.9 Necessidade de substituição de páginas.

de usuário quanto o subsistema de I/O disputem toda a memória do sistema.

A superalocação de memória manifesta-se como descrito a seguir. Enquanto um processo de usuário está em execução, ocorre um erro de página. O sistema operacional determina onde a página desejada está residindo em disco, mas então descobre que *não* há quadros disponíveis na lista de quadros livres; toda a memória está sendo usada (Figura 9.9).

O sistema operacional tem várias opções nesse momento. Ele poderia encerrar o processo do usuário. No entanto, a paginação por demanda é a tentativa do sistema operacional de melhorar a utilização e o throughput do sistema de computação. Os usuários não devem ter conhecimento de que seus processos estão sendo executados em um sistema paginado — a paginação deve ser logicamente transparente para o usuário. Portanto, essa opção não é a melhor escolha.

Em vez disso, o sistema operacional poderia remover um processo da memória, liberando todos os seus quadros e reduzindo o nível de multiprogramação. Essa opção é adequada em certas circunstâncias, e a consideramos com mais detalhes na Seção 9.6. Aqui, discutimos a solução mais comum: a **substituição de páginas**.

9.4.1 Substituição de Páginas Básica

A substituição de páginas usa a abordagem a seguir. Se nenhum quadro estiver livre, encontramos um que não esteja sendo correntemente utilizado e o liberamos. Podemos liberar um quadro gravando seu conteúdo no espaço de permuta e alterando a tabela de páginas (e todas as outras tabelas) para indicar que a página não está mais na memória (Figura 9.10). Agora podemos usar o quadro liberado para armazenar a página que causou a falha do processo. Modificamos a rotina de manipulação de erros de página para incluir a substituição de páginas:

1. Encontre a locação da página desejada no disco.
2. Procure um quadro livre:
   a. Se houver um quadro livre, use-o.
   b. Se não houver um quadro livre, use um algoritmo de substituição de páginas para selecionar um **quadro vítima**.
   c. Grave o quadro vítima no disco e promova as devidas alterações nas tabelas de páginas e de quadros.
3. Transfira a página desejada para o quadro recém-liberado e altere as tabelas de páginas e quadros.
4. Retome o processo do usuário a partir de onde ocorreu o erro de página.

Observe que, se nenhum quadro estiver livre, *duas* transferências de página (uma para fora e uma para dentro da memória) são necessárias. Essa situação duplica efetivamente o tempo de manipulação do erro de página e aumenta o tempo de acesso efetivo na mesma proporção.

Podemos reduzir esse overhead usando um **bit de modificação** (ou **bit sujo**). Quando esse esquema é usado, cada página ou quadro tem um bit de modificação associado a ele no hardware. O bit de modificação de uma página é ligado pelo hardware sempre que algum byte da página sofre uma gravação, indicando que a página foi modificada. Quando selecionamos uma página para substituição, examinamos seu bit de modificação. Se o bit estiver ligado, sabemos que a página foi modificada desde que foi transferida do disco. Nesse caso, devemos gravar a página no disco. Se o bit de modificação não estiver ligado, no entanto, a página *não* foi modificada desde que foi transferida para a memória. Nesse caso, não precisamos gravar a página da memória no disco: ela já está aí. Essa técnica também se aplica a páginas somente-de-leitura (por exemplo, páginas de código binário). Essas páginas não podem ser modificadas; assim, podem ser descartadas quando desejado. Esse esquema pode reduzir significativamente o tempo necessário à manipulação de um erro de página, já que reduz o tempo de I/O pela metade *se* a página não tiver sido modificada.

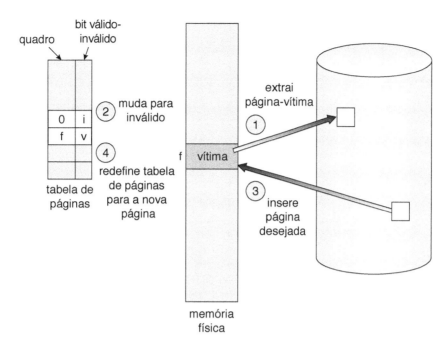

Figura 9.10   Substituição de páginas.

A substituição de páginas é básica para a paginação por demanda. Ela completa a separação entre memória lógica e memória física. Nesse mecanismo, uma memória virtual imensa pode ser fornecida aos programadores em uma memória física menor. Sem a paginação por demanda, os endereços de usuário são mapeados para endereços físicos, e os dois conjuntos de endereços podem ser diferentes. No entanto, todas as páginas de um processo ainda devem estar na memória física. Com a paginação por demanda, o tamanho do espaço de endereçamento lógico não é mais restringido pela memória física. Se tivermos um processo de usuário de vinte páginas, poderemos executá-lo em 10 quadros simplesmente usando a paginação por demanda e usando um algoritmo de substituição para encontrar um quadro livre sempre que necessário. Se uma página que foi modificada tiver de ser substituída, seu conteúdo será copiado no disco. Uma referência posterior a essa página causará um erro de página. Nesse momento, a página será trazida de volta à memória, talvez substituindo alguma outra página do processo.

Devemos resolver dois grandes problemas para implementar a paginação por demanda: devemos desenvolver um algoritmo de alocação de quadros e um algoritmo de substituição de páginas. Isto é, se tivermos múltiplos processos na memória, devemos decidir quantos quadros alocar a cada processo; e, quando a substituição de páginas for requerida, devemos selecionar os quadros que devem ser substituídos. O projeto de algoritmos apropriados para a solução desses problemas é uma tarefa importante porque o I/O de disco é muito caro. Até mesmo pequenas melhorias nos métodos de paginação por demanda geram ganhos significativos no desempenho do sistema.

Existem muitos algoritmos de substituição de páginas diferentes. Cada sistema operacional tem, provavelmente, seu próprio esquema de substituição. Como selecionar um algoritmo de substituição específico? Geralmente, queremos o que tem a taxa de erros de página mais baixa.

Avaliamos um algoritmo, executando-o em determinada sequência de referências à memória e calculando o número de erros de página. A sequência de referências à memória é chamada de sequência de referência. Podemos gerar sequências de referência artificialmente (usando um gerador de números aleatórios, por exemplo), ou podemos rastrear determinado sistema e registrar o endereço de cada referência à memória. A última opção produz uma grande quantidade de dados (na ordem de 1 milhão de endereços por segundo). Para reduzir a quantidade de dados, consideramos dois fatos.

Em primeiro lugar, para determinado tamanho de página (e o tamanho da página é geralmente fixado pelo hardware ou pelo sistema), precisamos considerar apenas o número da página, em vez de o endereço inteiro. Em segundo lugar, se tivermos uma referência a uma página p, qualquer referência à página p que vier *imediatamente* a seguir jamais causará um erro de página. A página p estará na memória após a primeira referência; portanto, as referências imediatamente posteriores não causarão erro.

Por exemplo, se rastrearmos um processo específico, podemos registrar a seguinte sequência de endereços:

0100, 0432, 0101, 0612, 0102, 0103, 0104, 0101, 0611, 0102, 0103, 0104, 0101, 0610, 0102, 0103, 0104, 0101, 0609, 0102, 0105

A 100 bytes por página, essa sequência é reduzida à sequência de referência a seguir:

1, 4, 1, 6, 1, 6, 1, 6, 1, 6, 1

Para determinar o número de erros de página para determinada sequência de referência e um algoritmo de substituição de páginas específico, também precisamos conhecer o número de quadros de páginas disponíveis. É claro que, conforme o número de quadros disponíveis aumenta, o número de erros de página diminui. Para a sequência de referência considerada anteriormente, por exemplo, se tivermos três ou mais quadros, teríamos somente três erros — um erro para a primeira referência a cada página. Por outro lado, com apenas um quadro disponível, teríamos uma substituição a cada referência, resultando em onze erros. Em geral, espera-se uma curva como a da Figura 9.11. Conforme o número de quadros aumenta, o

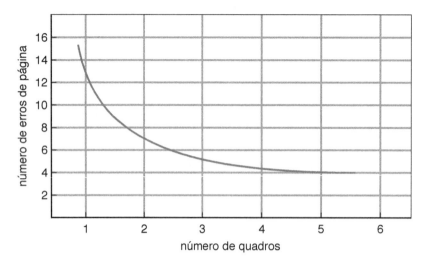

Figura 9.11   Gráfico de erros de página *versus* número de quadros.

número de erros de página cai a algum nível mínimo. Naturalmente, a adição de memória física aumenta o número de quadros.

A seguir ilustramos vários algoritmos de substituição de páginas. Ao fazê-lo, usaremos a sequência de referência

7, 0, 1, 2, 0, 3, 0, 4, 2, 3, 0, 3, 2, 1, 2, 0, 1, 7, 0, 1

para uma memória com três quadros.

9.4.2   Substituição de Páginas FIFO

O algoritmo de substituição de páginas mais simples é um algoritmo primeiro-a-entrar, primeiro-a-sair (FIFO). Um algoritmo de substituição FIFO associa a cada página a hora em que essa página foi trazida para a memória. Quando uma página tem que ser substituída, a página mais antiga é selecionada. Observe que não é estritamente necessário registrar a hora em que uma página é trazida para a memória. Podemos criar uma fila FIFO para armazenar todas as páginas da memória. Substituímos a página da cabeça da fila. Quando uma página é trazida para a memória, ela é inserida na cauda da fila.

Em nosso exemplo de sequência de referência, os três quadros estão inicialmente vazios. As três primeiras referências (7, 0, 1) causam erros de página e são trazidas para esses quadros vazios. A próxima referência (2) substitui a página 7 porque essa página foi trazida primeiro. Como 0 é a próxima referência e já está na memória, não temos erro para essa referência. A primeira referência a 3 resulta na substituição da página 0, já que agora ela é a primeira da fila. Por causa dessa substituição, a próxima referência, a 0, causará erro. A página 1 é então substituída pela página 0. Esse processo continua como mostrado na Figura 9.12. Sempre que ocorrer um erro, mostramos que páginas estão em nossos três quadros. Ocorrem 15 erros ao todo.

O algoritmo de substituição de páginas FIFO é fácil de entender e programar. No entanto, nem sempre seu desempenho é bom. Por um lado, a página substituída pode ser um módulo de inicialização que foi usado há muito tempo, e não é mais necessário. Por outro, ela poderia conter uma variável muito usada que foi inicializada cedo e é constantemente utilizada.

Observe que, mesmo se optarmos pela substituição de uma página que está sendo muito usada, tudo continuará funcionando corretamente. Após substituirmos uma página ativa por uma nova, ocorrerá um erro quase imediatamente para a recuperação da página ativa. Alguma outra página deve ser substituída para trazer a página ativa de volta à memória. Portanto, uma escolha de substituição incorreta aumenta a taxa de erros de página e retarda a execução do processo. Mas, no entanto, não causa execução incorreta.

Para ilustrar os problemas que podem ocorrer com o uso de um algoritmo de substituição de páginas FIFO, considere a sequência de referência a seguir:

1, 2, 3, 4, 1, 2, 5, 1, 2, 3, 4, 5

A Figura 9.13 mostra a curva de erros de página para essa sequência de referência *versus* o número de quadros disponíveis. Observe que o número de erros para quatro quadros (10) é **maior** do que o número de erros para três quadros (nove)! Esse resultado tão inesperado é conhecido como **anomalia de Belady**: em

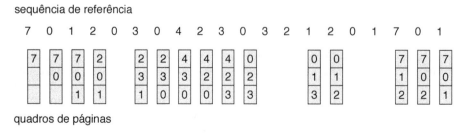

Figura 9.12   Algoritmo de substituição de páginas FIFO.

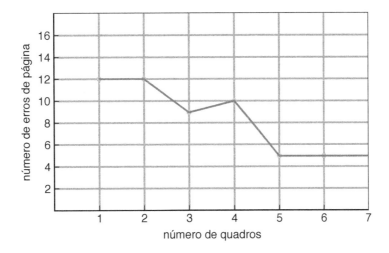

Figura 9.13 Curva de erros de página em uma sequência de referência na substituição FIFO.

alguns algoritmos de substituição de páginas, a taxa de erros de página pode *aumentar* conforme o número de quadros alocados aumenta. O esperado seria que o fornecimento de mais memória para um processo melhorasse seu desempenho. Em algumas pesquisas antigas, investigadores perceberam que essa suposição nem sempre era verdadeira. A anomalia de Belady foi descoberta como resultado.

9.4.3 Substituição de Páginas Ótima

Uma consequência da descoberta da anomalia de Belady foi a procura de um algoritmo ótimo de substituição de páginas — um algoritmo que tivesse a menor taxa de erros de página de todos os algoritmos e nunca sofresse da anomalia de Belady. Esse algoritmo existe e foi chamado de OPT ou MIN. Ele diz simplesmente isto:

> Substituir a página que não será usada pelo período de tempo mais longo.

O uso desse algoritmo de substituição de páginas garante a menor taxa de erros de página possível para um número fixo de quadros.

Por exemplo, na nossa amostra de sequência de referência, o algoritmo ótimo de substituição de páginas geraria nove erros de página, como mostrado na Figura 9.14. As três primeiras referências causam erros que preenchem os três quadros vazios. A referência à página 2 substitui a página 7, porque a página 7 não será usada até a referência 18, enquanto a página 0 será usada na referência 5, e a página 1, na 14. A referência à página 3 substitui a página 1, já que a página 1 será a última das três pá-

ginas na memória a ser referenciada novamente. Com apenas nove erros de página, a substituição ótima é muito melhor do que um algoritmo FIFO que resulta em 15 erros. (Se ignorarmos os três primeiros erros que todos os algoritmos causam, a substituição ótima é duas vezes melhor do que a substituição FIFO.) Na verdade, nenhum algoritmo de substituição consegue processar essa sequência de referência em três quadros com menos de nove erros.

Infelizmente, o algoritmo ótimo de substituição de páginas é difícil de implementar porque requer o conhecimento antecipado da sequência de referência. (Encontramos uma situação semelhante com o algoritmo SJF de scheduling da CPU na Seção 6.3.2.) Como resultado, o algoritmo ótimo é usado principalmente em estudos de comparação. Por exemplo, pode ser útil saber que, embora um novo algoritmo não seja ótimo, ele é até 12,3% ótimo, na pior das hipóteses, e até 4,7% ótimo na média.

9.4.4 Substituição de Páginas LRU

Se o uso do algoritmo ótimo não for viável, talvez seja possível usar uma aproximação do algoritmo ótimo. A principal diferença entre os algoritmos FIFO e OPT (além de olhar para trás *versus* olhar para a frente no tempo) é que o algoritmo FIFO usa a hora em que uma página foi trazida para a memória, enquanto o algoritmo OPT utiliza a hora em que uma página deve ser *usada*. Se usarmos o passado recente como uma aproximação para o futuro próximo, então poderemos substituir a página que *não foi usada* pelo período de tempo mais longo. Essa abordagem é o algoritmo do menos-recentemente-utilizado (LRU — *least-recently-used*).

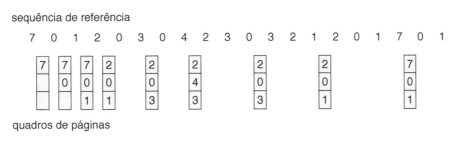

Figura 9.14 Algoritmo ótimo de substituição de páginas.

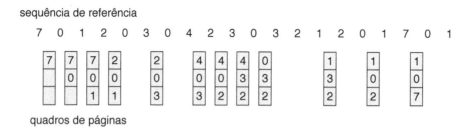

Figura 9.15 Algoritmo de substituição de páginas LRU.

A substituição LRU associa a cada página a hora em que essa página foi usada pela última vez. Quando uma página deve ser substituída, o algoritmo LRU seleciona a página que não foi usada pelo período de tempo mais longo. Podemos considerar essa estratégia como o algoritmo ótimo de substituição de páginas olhando para trás no tempo em vez de olhar para a frente. (O estranho é que, se considerarmos S^R como o inverso de uma sequência de referência S, então a taxa de erros de página para o algoritmo OPT sobre S será igual à taxa de erros de página para o algoritmo OPT sobre S^R. Da mesma forma, a taxa de erros de página para o algoritmo LRU sobre S é igual à taxa de erros de página para o algoritmo LRU sobre S^R.)

O resultado da aplicação da substituição LRU ao nosso exemplo de sequência de referência é mostrado na Figura 9.15. O algoritmo LRU produz doze erros. Observe que os cinco primeiros erros são iguais aos da substituição ótima. Quando a referência à página 4 ocorre, no entanto, a substituição LRU verifica que, dos três quadros em memória, a página 2 foi a menos recentemente utilizada. Assim, o algoritmo LRU substitui a página 2, sem saber que a página 2 está para ser usada. Quando ocorre um erro causado pela página 2, o algoritmo LRU substitui a página 3, já que agora, das três páginas em memória, ela é a menos recentemente utilizada. Apesar desses problemas, a substituição LRU com doze erros é muito melhor do que a substituição FIFO com 15.

A política LRU é usada com frequência como algoritmo de substituição de páginas e é considerada boa. O principal problema é *como* implementar a substituição LRU. Um algoritmo de substituição de páginas LRU pode requerer assistência substancial do hardware. O problema é determinar uma ordem para os quadros definida pela hora em que foram usados pela última vez. Duas implementações são possíveis:

- **Contadores.** No caso mais simples, associamos a cada entrada da tabela de páginas um campo de hora-de-uso e adicionamos à CPU um contador ou relógio lógico. O relógio é incrementado a cada referência à memória. Sempre que é feita uma referência a uma página, os conteúdos do registrador do relógio são copiados para o campo de hora-de-uso na entrada da tabela de páginas para aquela página. Dessa forma, sempre temos a "hora" da última referência a cada página. Substituímos a página com o menor valor de hora. Esse esquema requer uma busca na tabela de páginas, para encontrar a página LRU, e uma gravação na memória (no campo de hora-de-uso na tabela de páginas) para cada acesso à memória. As horas também devem ser mantidas quando as tabelas de páginas são alteradas (por causa do scheduling da CPU). O overflow do relógio deve ser considerado.

- **Pilha.** Outra abordagem para a implementação da substituição LRU é manter uma pilha de números de página. Sempre que uma página for referenciada, ela será removida de seu local na pilha e inserida no topo. Dessa forma, a página mais recentemente utilizada estará sempre no topo da pilha e a menos recentemente utilizada estará sempre na base (Figura 9.16). Já que entradas devem ser removidas do meio da pilha, é melhor implementar essa abordagem usando uma lista duplamente encadeada com um ponteiro na cabeça e um ponteiro na cauda. Assim, remover uma página e inseri-la no topo da pilha demandará a alteração de, no máximo, seis ponteiros. Cada atualização é um pouco mais cara, mas não há busca para a substituição; o ponteiro da cauda aponta para a base da pilha, que é o local da página LRU. Essa abordagem é particularmente apropriada para implementações da substituição LRU em software ou microcódigo.

Como a substituição ótima, a substituição LRU não sofre da anomalia de Belady. As duas pertencem a uma classe de algoritmos de substituição de páginas chamada de **algoritmos de pilha**, que nunca exibem a anomalia de Belady. Um algoritmo de pilha é o algoritmo para o qual é possível demonstrar que o conjunto de páginas na memória para n quadros é sempre um **subconjunto** do conjunto de páginas que estariam na memória com $n + 1$ quadros. Na substituição LRU, o conjunto de páginas na memória seria composto pelas n páginas mais recentemente referenciadas. Se o número de quadros for aumentado, essas n páginas ainda seriam as mais recentemente referenciadas e, portanto, ainda estariam na memória.

Observe que nenhuma das implementações do algoritmo LRU seria concebível sem assistência de hardware além dos registradores-padrão do TLB. A atualização dos campos do relógio ou da pilha deve ser feita para *cada* referência à memória. Se tivéssemos de usar uma interrupção para cada referência, de modo a permitir que o software atualizasse essas estruturas

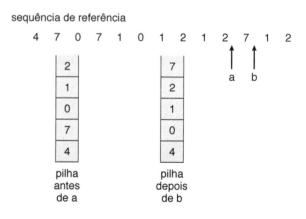

Figura 9.16 Uso de uma pilha para o registro das referências de página mais recentes.

de dados, isso retardaria cada referência à memória em um fator de, pelo menos, 10, retardando assim cada processo de usuário em um fator de 10. Poucos sistemas poderiam tolerar esse nível de overhead no gerenciamento da memória.

9.4.5 Substituição de Páginas por Aproximação ao LRU

Poucos sistemas de computação fornecem suporte de hardware suficiente para a verdadeira substituição de páginas LRU. Na verdade, alguns sistemas não fornecem suporte de hardware, e outros algoritmos de substituição de páginas (como o algoritmo FIFO) devem ser usados. Muitos sistemas fornecem alguma ajuda, no entanto, na forma de um bit de referência. O bit de referência de uma página é ativado pelo hardware sempre que a página é referenciada (em uma leitura ou gravação de qualquer byte na página). Os bits de referência são associados a cada entrada na tabela de páginas.

Inicialmente, todos os bits são desligados (posicionados com 0) pelo sistema operacional. Quando um processo de usuário é executado, o bit associado a cada página referenciada é ligado (com 1) pelo hardware. Após algum tempo, podemos determinar as páginas que têm sido usadas ou não usadas examinando os bits de referência, embora sem saber a *ordem* de uso. Essas informações são a base de muitos algoritmos de substituição de páginas que se aproximam da substituição LRU.

9.4.5.1 Algoritmo dos Bits de Referência Adicionais

Podemos obter informações adicionais sobre a ordem de uso registrando os bits de referência em intervalos regulares. Podemos manter um byte de 8 bits para cada página em uma tabela na memória. Em intervalos regulares (digamos, a cada 100 milissegundos), uma interrupção de timer transfere o controle para o sistema operacional. O sistema operacional desloca o bit de referência de cada página para o bit de alta ordem de seu byte de 8 bits, deslocando os outros bits de 1 bit para a direita e descartando o bit de baixa ordem. Esses registradores de deslocamento de 8 bits contêm o histórico de uso da página para os últimos oito períodos de tempo. Se o registrador de deslocamento contiver 00000000, por exemplo, então a página não foi usada por oito períodos de tempo. Uma página que é usada pelo menos uma vez a cada período tem um valor do registrador de deslocamento de 11111111. Uma página com um valor histórico do registrador de 11000100 foi usada mais recentemente do que uma com o valor de 01110111. Se interpretarmos esses bytes de 8 bits como inteiros sem sinal, a página com o menor número é a página LRU e pode ser substituída. No entanto, observe que não há garantia de que os números sejam exclusivos. Podemos substituir (remover da memória) todas as páginas com o menor valor ou usar o método FIFO para selecionar entre elas.

É claro que o número de bits de histórico, incluído no registrador de deslocamento, pode variar e é selecionado (dependendo do hardware disponível) de modo a tornar a atualização tão rápida quanto possível. No caso extremo, o número pode ser reduzido a zero, deixando apenas o próprio bit de referência. Esse algoritmo é denominado algoritmo de substituição de página da segunda chance.

9.4.5.2 Algoritmo da Segunda Chance

O algoritmo básico de substituição da segunda chance é um algoritmo de substituição FIFO. No entanto, quando uma página

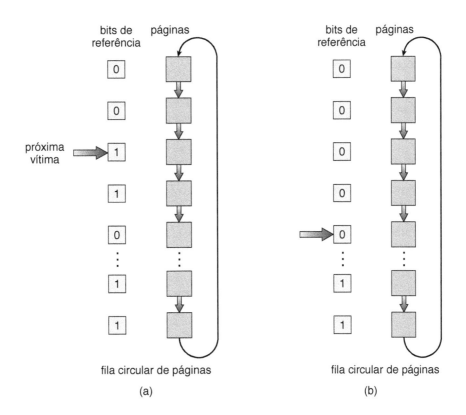

Figura 9.17 Algoritmo de substituição de páginas da segunda chance (algoritmo do relógio).

é selecionada, inspecionamos seu bit de referência. Se o valor for 0, substituímos a página; mas se o bit de referência estiver posicionado com 1, damos à página uma segunda chance, passando à seleção da próxima página FIFO. Quando uma página obtém uma segunda chance, seu bit de referência é zerado, e sua hora de chegada é redefinida para a hora corrente. Assim, uma página que recebe uma segunda chance não será substituída até que todas as outras páginas tenham sido substituídas (ou recebam segundas chances). Além disso, se uma página for usada com frequência suficiente para manter seu bit de referência ligado, ela nunca será substituída.

Uma forma de implementar o algoritmo da segunda chance (às vezes chamado o algoritmo do relógio) é como uma fila circular. Um ponteiro (isto é, um ponteiro do relógio) indica que página deve ser substituída a seguir. Quando um quadro é necessário, o ponteiro avança até encontrar uma página com bit de referência 0. Conforme ele avança, vai zerando os bits de referência (Figura 9.17). Uma vez que uma página vítima seja encontrada, ela é substituída e a nova página é inserida na fila circular nessa posição. Observe que, na pior das hipóteses, quando todos os bits estão ligados, o ponteiro circula a fila inteira, dando a cada página uma segunda chance. Ele zera todos os bits de referência antes de selecionar a próxima página para substituição. A substituição da segunda chance degenera para uma substituição FIFO se todos os bits estiverem ligados.

9.4.5.3 Algoritmo da Segunda Chance Aperfeiçoado

Podemos aperfeiçoar o algoritmo da segunda chance considerando o bit de referência e o bit de modificação (descrito na Seção 9.4.1) como um par ordenado. Com esses dois bits, podemos ter as quatro categorias a seguir:

1. (0, 0) nem recentemente utilizada nem modificada — melhor página para a substituição
2. (0, 1) não recentemente utilizada mas modificada — não é uma opção tão boa porque a página terá que ser gravada em disco antes da substituição
3. (1, 0) recentemente utilizada mas não modificada — provavelmente será usada novamente em breve
4. (1, 1) recentemente utilizada e modificada — provavelmente será usada novamente em breve e terá que ser gravada em disco antes de poder ser substituída

Cada página está em uma dessas quatro classes. Quando a substituição de páginas é chamada, usamos o mesmo esquema do algoritmo do relógio, mas, em vez de verificar se a página para à qual estamos apontando tem o bit de referência posicionado com 1, examinamos a classe a qual essa página pertence. Substituímos a primeira página encontrada na classe não vazia mais baixa. Observe que podemos ter que varrer a fila circular várias vezes antes de encontrar uma página para ser substituída.

A principal diferença entre esse algoritmo e o algoritmo do relógio mais simples é que aqui damos preferência às páginas que foram modificadas para reduzir a número de operações de I/O requeridas.

9.4.6 Substituição de Páginas Baseada em Contagem

Há muitos outros algoritmos que podem ser usados para a substituição de páginas. Por exemplo, podemos manter um contador do número de referências que foram feitas a cada página e desenvolver os dois esquemas a seguir.

- O algoritmo de substituição de páginas menos frequentemente utilizadas (LFU — *least frequently used*) requer que a página com a menor contagem seja substituída. A razão dessa seleção é que uma página ativamente utilizada deve ter uma contagem de referências alta. Um problema surge, no entanto, quando uma página é muito usada durante a fase inicial de um processo e então nunca mais é usada. Já que ela foi muito usada, tem uma contagem alta e permanece na memória, ainda que não seja mais necessária. Uma solução é deslocar as contagens de 1 bit para a direita em intervalos regulares, formando uma contagem de utilização média exponencialmente decrescente.

- O algoritmo de substituição de páginas mais frequentemente utilizadas (MFU — *most frequently used*) é baseado no argumento de que a página com a menor contagem provavelmente acabou de ser trazida à memória e ainda deve ser usada.

Como era de se esperar, nem a substituição MFU nem a LFU são comuns. A implementação desses algoritmos é cara, e eles não são uma boa aproximação da substituição OPT.

9.4.7 Algoritmos de Armazenamento de Páginas em Buffer

Outros procedimentos são usados com frequência além de um algoritmo de substituição de páginas específico. Por exemplo, os sistemas normalmente mantêm um pool de quadros livres. Quando ocorre um erro de página, um quadro vítima é selecionado como antes. No entanto, a página desejada é lida para um quadro livre do pool antes de a vítima ser gravada em disco. Esse procedimento permite que o processo seja reiniciado assim que possível, sem esperar que a página-vítima seja gravada. Quando a vítima é gravada posteriormente, seu quadro é adicionado ao pool de quadros livres.

Uma expansão dessa ideia é manter uma lista de páginas modificadas. Sempre que o dispositivo de paginação está ocioso, uma página modificada é selecionada e gravada no disco. Seu bit de modificação é então redefinido. Esse esquema aumenta a probabilidade de que uma página não tenha modificações quando é selecionada para substituição e ela não precisará ser gravada.

Outra variação é manter um pool de quadros livres, porém lembrar qual página estava em cada quadro. Já que o conteúdo dos quadros não é modificado quando um quadro é gravado em disco, a página anterior pode ser reutilizada diretamente a partir do pool de quadros livres se ela for necessária antes que esse quadro seja reutilizado. Nenhum I/O é necessário nesse caso. Quando ocorre um erro de página, primeiro verificamos se a página desejada está no pool de quadros livres. Se não estiver, devemos selecionar um quadro livre e transferir a página para ele.

Essa técnica é usada no sistema VAX/VMS junto com um algoritmo de substituição FIFO. Quando o algoritmo de substituição FIFO substitui incorretamente uma página que ainda esteja em uso ativo, essa página é recuperada rapidamente do pool de quadros livres, e nenhum I/O é necessário. O buffer de quadros livres fornece proteção contra o relativamente fraco, porém simples, algoritmo de substituição FIFO. Esse método é necessário porque as versões iniciais do VAX não implementavam o bit de referência corretamente.

Algumas versões do sistema UNIX usam esse método em conjunção com o algoritmo da segunda chance. Ele pode ser um acréscimo útil a qualquer algoritmo de substituição de páginas para reduzir a perda sofrida quando a página vítima errada é selecionada.

9.4.8 As Aplicações e a Substituição de Páginas

Em certos casos, as aplicações que acessam dados através da memória virtual do sistema operacional têm execução pior do que se o sistema operacional não fornecesse nenhum armazenamento em buffer. Um exemplo típico é um banco de dados que forneça seu próprio gerenciamento de memória e buffer de I/O. Aplicações como essa conhecem melhor o uso que fazem da memória e do disco do que um sistema operacional que implemente algoritmos de uso geral. No entanto, se o sistema operacional estiver armazenando I/O em buffer e a aplicação também estiver fazendo isso, então a memória estará sendo usada duas vezes para um conjunto de operações de I/O.

Em outro exemplo, data warehouses executam, com frequência, leituras sequenciais volumosas em disco, seguidas por cálculos e gravações. O algoritmo LRU estaria removendo páginas antigas e preservando as novas, embora a aplicação preferisse estar lendo páginas mais antigas e não as mais novas (ao iniciar suas leituras sequenciais novamente). Aqui, o MFU seria mais eficiente do que o LRU.

Por causa desses problemas, alguns sistemas operacionais fornecem a programas especiais o recurso de usar uma partição de disco como um grande array sequencial de blocos lógicos, sem quaisquer estruturas de dados do sistema de arquivos. Esse array é em alguns casos chamado **disco bruto**, e o I/O para esse array é denominado I/O bruto. O I/O bruto ignora todos os serviços do sistema de arquivos, tais como a paginação por demanda do I/O de arquivo, o bloqueio de arquivos, a pré-busca, a alocação de espaço, os nomes de arquivos e os diretórios. Observe que, embora certas aplicações sejam mais eficientes quando implementam seus próprios serviços de armazenamento de uso específico em uma partição bruta, a maioria das aplicações tem execução melhor quando usa os serviços regulares do sistema de arquivos.

9.5 Alocação de Quadros

Passamos agora à questão da alocação. Como alocar o montante fixo de memória livre entre os vários processos? Se tivermos 93 quadros livres e dois processos, quantos quadros cada processo receberá?

O caso mais simples é o sistema monousuário. Considere um sistema monousuário com 128 KB de memória compostos por páginas de 1 KB. Esse sistema tem 128 quadros. O sistema operacional pode usar 35 KB, deixando 93 quadros para o processo do usuário. Sob a paginação por demanda pura, todos os 93 quadros seriam inicialmente inseridos na lista de quadros livres. Quando um processo de usuário começasse a ser executado, geraria uma sequência de erros de página. Todos os 93 primeiros erros de página receberiam quadros livres da lista de quadros livres. Quando a lista de quadros livres ficasse vazia, um algoritmo de substituição de páginas seria usado para selecionar uma das 93 páginas em memória para ser substituída pela 94ª, e assim por diante. Quando o processo terminasse, os 93 quadros seriam inseridos novamente na lista de quadros livres.

Há muitas variações dessa estratégia simples. Podemos determinar que o sistema operacional aloque todo o seu espaço de buffers e tabelas a partir da lista de quadros livres. Quando esse espaço não estiver sendo usado pelo sistema operacional, ele pode ser usado para dar suporte à paginação do usuário. Podemos tentar manter sempre três quadros livres reservados na lista de quadros livres. Assim, quando ocorrer um erro de página, haverá um quadro livre disponível para onde a página poderá ser transferida. Enquanto a permuta de páginas estiver ocorrendo, uma substituição poderá ser selecionada, sendo então gravada em disco enquanto o processo do usuário continua a ser executado. Outras variações também são possíveis, mas a estratégia básica é clara: o processo do usuário recebe qualquer quadro livre.

9.5.1 Número de Quadros Mínimo

Nossas estratégias para a alocação de quadros têm restrições de vários tipos. Não podemos, por exemplo, alocar mais do que o número total de quadros disponíveis (a menos que haja compartilhamento de páginas). Também devemos alocar pelo menos um número de quadros mínimo. Aqui, examinamos o último requisito mais detalhadamente.

Uma razão para a alocação de pelo menos um número de quadros mínimo envolve o desempenho. É claro que, conforme o número de quadros alocados a cada processo diminui, a taxa de erros de página aumenta, retardando a execução dos processos. Além disso, lembre-se de que, quando ocorre um erro de página antes de uma instrução em execução ser concluída, a instrução deve ser reiniciada. Consequentemente, devemos ter quadros suficientes para armazenar todas as páginas diferentes que uma simples instrução possa referenciar.

Por exemplo, considere a máquina em que todas as instruções de referência à memória podem referenciar somente um endereço na memória. Nesse caso, precisamos de, pelo menos, um quadro para a instrução e um quadro para a referência à memória. Além disso, se o endereçamento indireto de um nível for permitido (por exemplo, uma instrução `load` na página 16 pode referenciar um endereço na página 0, que, por sua vez, é uma referência indireta à página 23), a paginação demandará pelo menos três quadros por processo. Pense no que pode acontecer se um processo tiver apenas dois quadros.

O número de quadros mínimo é definido pela arquitetura do computador. Por exemplo, a instrução de movimentação do PDP-11 inclui mais de uma palavra para algumas modalidades de endereçamento e, portanto, a própria instrução pode espalhar-se por duas páginas. Além disso, os seus dois operandos podem ser referências indiretas, perfazendo um total de seis quadros. Outro exemplo é a instrução MVC do IBM 370. Já que a instrução é de uma locação da memória para outra locação da memória, ela usa 6 bytes e pode espalhar-se por duas páginas. O bloco de caracteres a ser movido e a área para a qual ele deve ser movido também podem envolver, cada um, duas páginas. Essa situação demandaria seis quadros. O pior caso ocorre quando a instrução MVC é o operando de uma instrução EXECUTE que ultrapassa um limite de página; nesse caso, precisamos de oito quadros.

O cenário do pior caso ocorre em arquiteturas de computador que permitem múltiplos níveis de endereçamento indireto (por exemplo, cada palavra de 16 bits pode conter um endereço de 15 bits mais um indicador indireto de 1 bit). Teoricamente, uma simples instrução de carga poderia referenciar um endereço indireto que, por sua vez, poderia referenciar um endereço indireto (em outra página) que poderia também referenciar um endereço indireto (também em outra página), e assim por diante, até que todas as páginas na memória virtual tivessem sido referenciadas. Portanto, no pior caso, a memória virtual inteira teria que estar na memória física. Para superar essa dificuldade, devemos impor um limite aos níveis de endereçamento indireto (por exemplo, limitar uma instrução a, no máximo, 16 níveis de endereçamento indireto). Quando o primeiro endereçamento indireto ocorre, um contador é posicionado com 16; o contador é, então, decrementado a cada endereçamento indireto sucessivo para essa instrução. Se o contador for decrementado até 0, ocorrerá uma interceptação (endereçamento indireto excessivo). Essa limitação reduz a 17 o número máximo de referências à memória por instrução, requerendo o mesmo número de quadros.

Enquanto o número de quadros mínimo por processo é definido pela arquitetura, o número máximo é definido pelo montante de memória física disponível. Entre os dois limites, ainda ficamos com um nível de escolha significativo para a alocação de quadros.

9.5.2 Algoritmos de Alocação

A maneira mais fácil de dividir m quadros entre n processos é dar a todos uma parcela igual de m/n quadros (ignorando os quadros requeridos pelo sistema operacional no momento). Por exemplo, se houver 93 quadros e cinco processos, cada processo receberá 18 quadros. Os três quadros restantes podem ser usados como um pool de buffers de quadros livres. Esse esquema é chamado de alocação igual.

Uma alternativa é reconhecer que vários processos precisarão de montantes diferentes de memória. Considere um sistema com um tamanho de quadro de 1 KB. Se um pequeno processo de estudante com 10 KB e um banco de dados interativo com 127 KB forem os dois únicos processos em execução em um sistema com 62 quadros livres, não faria muito sentido dar a cada processo 31 quadros. O processo do estudante não precisa de mais do que 10 quadros; portanto, os outros 21 seriam, literalmente, desperdiçados.

Para resolver esse problema, podemos usar a alocação proporcional, em que a memória disponível é alocada a cada processo de acordo com seu tamanho. Seja s_i o tamanho da memória virtual para o processo p_i, e

$$S = \Sigma\, s_i.$$

Então, se o número total de quadros disponíveis é igual a m, alocamos a_i quadros ao processo p_i, em que a_i é, aproximadamente,

$$a_i = s_i/S \times m.$$

Naturalmente, devemos ajustar cada a_i para que seja igual a um inteiro maior do que o número mínimo de quadros requeridos pelo conjunto de instruções, com a soma não excedendo m.

Com a alocação proporcional, dividiríamos 62 quadros entre dois processos, um de 10 páginas e um de 127 páginas, alocando 4 quadros e 57 quadros, respectivamente, já que

$$10/137 \times 62 \approx 4,\ e$$
$$127/137 \times 62 \approx 57.$$

Dessa forma, os dois processos compartilham os quadros disponíveis de acordo com suas "necessidades", em vez de igualmente.

Naturalmente, essa alocação pode variar de acordo com o grau de multiprogramação, tanto na alocação igual quanto na proporcional. Se o grau de multiprogramação aumentar, cada processo perderá alguns quadros para fornecer a memória requerida pelo novo processo. Inversamente, se o grau de multiprogramação diminuir, os quadros que foram alocados ao processo encerrado poderão ser divididos entre os processos remanescentes.

Observe que, na alocação igual ou na proporcional, um processo de alta prioridade é tratado da mesma forma que um processo de baixa prioridade. Por sua definição, no entanto, podemos querer dar ao processo de alta prioridade mais memória para acelerar sua execução, em detrimento dos processos de baixa prioridade. Uma solução é usar um esquema de alocação proporcional em que a proporção de quadros não dependa dos tamanhos relativos dos processos mas de suas prioridades ou de uma combinação de tamanho e prioridade.

9.5.3 Alocação Global Versus Local

Outro fator importante relacionado com a maneira como os quadros são alocados aos diversos processos é a substituição de páginas. Com múltiplos processos competindo por quadros, podemos classificar os algoritmos de substituição de páginas em duas grandes categorias: substituição global e substituição local. A substituição global permite que um processo selecione um quadro para substituição no conjunto de todos os quadros, mesmo se esse quadro estiver correntemente alocado a algum outro processo; isto é, um processo pode tomar um quadro de outro processo. A substituição local requer que cada processo faça a seleção apenas em seu próprio conjunto de quadros alocados.

Por exemplo, considere um esquema de alocação em que permitimos que processos de alta prioridade selecionem quadros de processos de baixa prioridade para substituição. Um processo pode selecionar uma substituição a partir de seus próprios quadros ou dos quadros de qualquer processo de prioridade mais baixa. Essa abordagem permite que um processo de alta prioridade aumente sua alocação de quadros à custa de um processo de baixa prioridade. Com uma estratégia de substituição local, o número de quadros alocados a um processo não muda. Com a substituição global, um processo pode acabar selecionando apenas quadros alocados a outros processos, aumentando assim o número de quadros alocados a ele (supondo que outros processos não selecionem *seus* quadros para substituição).

Um problema do algoritmo de substituição global é que o processo não consegue controlar sua própria taxa de erros de página. O conjunto de páginas na memória para um processo depende não apenas do comportamento da paginação desse processo, mas também do comportamento da paginação de outros processos. Portanto, o mesmo processo pode ser executado de modo bem diferente (por exemplo, levando 0,5 segundo em uma execução e 10,3 segundos na execução seguinte) por causa de circunstâncias totalmente externas. Não é isso que ocorre com o algoritmo de substituição local. Sob a substituição local, o conjunto de páginas na memória para um processo é afetado apenas pelo comportamento da paginação desse processo. Porém, a substituição local pode retardar um processo não tornando disponíveis para ele outras páginas de memória menos usadas. Assim, a substituição global geralmente resulta em maior throughput no sistema e, portanto, é o método mais comumente utilizado.

9.5.4 Acesso Não Uniforme à Memória

Até agora, em nossa abordagem sobre memória virtual, presumimos que toda a memória principal seja criada igualmente — ou, pelo menos, acessada igualmente. Em muitos sistemas de computação não é isso que ocorre. Com frequência, em sistemas com múltiplas CPUs (Seção 1.3.2), determinada CPU pode acessar algumas seções da memória principal mais rapidamente do que outras. Essas diferenças de desempenho são causadas pela maneira, como as CPUs e a memória estão interconectadas no sistema. Frequentemente, tal sistema é composto por várias placas de sistema, cada uma contendo múltiplas

CPUs e alguma memória. As placas de sistema são interconectadas de várias maneiras que vão dos buses do sistema a conexões de rede de alta velocidade como a InfiniBand. Como era de se esperar, as CPUs de uma placa específica podem acessar a memória dessa placa com menos demora do que podem acessar a memória de outras placas do sistema. Sistemas em que os tempos de acesso à memória variam significativamente são conhecidos coletivamente como sistemas de acesso não uniforme à memória (NUMA) e, sem exceção, são mais lentos do que sistemas em que a memória e as CPUs estão localizadas na mesma placa-mãe.

O gerenciamento de quais quadros de páginas estão armazenados em quais locações pode afetar significativamente o desempenho em sistemas NUMA. Se tratarmos a memória como uniforme em tal sistema, as CPUs podem esperar significativamente mais tempo para acessá-la do que se modificarmos os algoritmos de alocação de memória para levar em consideração o NUMA. Alterações semelhantes devem ser feitas no sistema de scheduling. O objetivo dessas alterações é termos quadros de memória alocados "o mais próximo possível" da CPU em que o processo está sendo executado. Com "próximo" queremos dizer "com latência mínima", o que tipicamente significa na mesma placa de sistema da CPU.

As alterações algorítmicas consistem em ter o scheduler rastreando a última CPU em que cada processo foi executado. Se o scheduler tentar organizar a execução de cada processo na CPU em que ele foi executado anteriormente, e o sistema de gerenciamento da memória tentar alocar, ao processo, quadros próximos da CPU indicada pelo scheduler para execução do processo, isso resultará no aumento de acessos bem-sucedidos ao cache e na diminuição dos tempos de acesso à memória.

O cenário fica mais complicado quando threads são adicionados. Por exemplo, um processo com muitos threads em execução pode acabar com esses threads sendo indicados para execução em várias placas de sistema diferentes. Como a memória deve ser alocada nesse caso? O Solaris resolve o problema criando lgroups (abreviação de "latency groups") no kernel. Cada lgroup reúne proximamente CPUs e memória. Na verdade, há uma hierarquia de lgroups baseada no montante da latência entre os grupos. O Solaris tenta organizar todos os threads de um processo no schedule e procura alocar toda a memória de um processo dentro de um lgroup. Se isso não for possível, ele seleciona lgroups próximos para o restante dos recursos necessários. Essa prática minimiza a latência geral da memória e maximiza as taxas de acessos bem-sucedidos ao cache da CPU.

9.6 Atividade Improdutiva (Thrashing)

Se o número de quadros alocados a um processo de baixa prioridade cair abaixo do número mínimo requerido pela arquitetura do computador, devemos suspender a execução desse processo. Devemos, em seguida, remover da memória suas páginas remanescentes, liberando todos os quadros a ele alocados. Essa providência introduz um nível intermediário de scheduling da CPU com permuta de páginas para dentro e para fora da memória.

Na verdade, examine qualquer processo que não tenha quadros "suficientes". Se o processo não tiver o número de quadros de que precisa para suportar páginas em uso ativo, ocorrerá rapidamente um erro de página. Nesse ponto, ele deve substituir alguma página. No entanto, já que todas as suas páginas estão em uso ativo, ele deve substituir uma página que será necessária novamente logo em seguida. Como consequência, ocorrerá rapidamente um erro de página mais uma vez, e mais uma vez, e mais uma vez, substituindo páginas que devem ser trazidas de volta de imediato.

Essa alta atividade de paginação é chamada de atividade improdutiva. Um processo está em atividade improdutiva se está gastando mais tempo paginando do que em execução.

9.6.1 Causa da Atividade Improdutiva

A atividade improdutiva resulta em sérios problemas de desempenho. Considere o cenário a seguir, baseado no comportamento real dos primeiros sistemas de paginação.

O sistema operacional monitora a utilização da CPU. Quando essa utilização está muita baixa, aumentamos o grau de multiprogramação introduzindo um novo processo no sistema. Um algoritmo global de substituição de páginas é usado; ele substitui páginas sem se preocupar com o processo ao qual elas pertencem. Agora suponha que um processo entre em uma nova fase de sua execução e precise de mais quadros. Ele começa a falhar e a retirar quadros de outros processos. Porém, esses processos precisam dessas páginas e, assim, eles também falham, retirando quadros de outros processos. Esses processos com falhas precisam usar o dispositivo de paginação para inserir páginas na memória e remover páginas da memória. À medida que os processos se enfileiram em espera pelo dispositivo de paginação, a fila de prontos se esvazia. Enquanto os processos esperam pelo dispositivo de paginação, a utilização da CPU diminui.

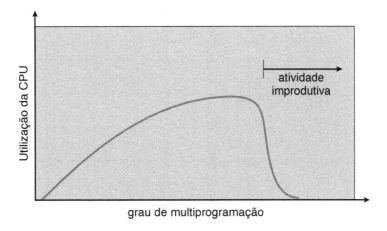

Figura 9.18 Atividade improdutiva.

O scheduler percebe a diminuição na utilização da CPU e *aumenta* o grau de multiprogramação, como consequência. O novo processo tenta ser executado retirando quadros de processos em execução, gerando mais erros de página e uma fila mais longa de espera pelo dispositivo de paginação. Consequentemente, a utilização da CPU cai ainda mais, e o scheduler da CPU tenta aumentar ainda mais o grau de multiprogramação. A atividade improdutiva ocorreu e o throughput do sistema despenca. A taxa de erros de página aumenta enormemente. Como resultado, o tempo de acesso efetivo à memória aumenta. Nenhum trabalho está sendo executado porque os processos estão gastando todo o seu tempo paginando.

Esse fenômeno é ilustrado na Figura 9.18, em que a utilização da CPU é representada graficamente em relação ao grau de multiprogramação. Conforme o grau de multiprogramação aumenta, a utilização da CPU também aumenta, embora mais lentamente, até que um nível máximo seja alcançado. Se o grau de multiprogramação aumentar ainda mais, a atividade improdutiva se instala e a utilização da CPU cai significativamente. Nesse ponto, para aumentar a utilização da CPU e interromper a atividade improdutiva, devemos *diminuir* o grau de multiprogramação.

Podemos limitar os efeitos da atividade improdutiva usando um algoritmo de substituição local (ou algoritmo de substituição por prioridades). Com a substituição local, se um processo começa a sofrer de atividade improdutiva, ele não pode roubar quadros de outro processo, causando também a atividade improdutiva desse outro processo. No entanto, o problema não é totalmente resolvido. Se os processos estão em atividade improdutiva, eles ficam a maior parte do tempo na fila do dispositivo de paginação. O tempo médio de manipulação de um erro de página aumentará em razão do aumento na fila média de espera pelo dispositivo de paginação. Portanto, o tempo de acesso efetivo aumentará até mesmo para um processo que não esteja em atividade improdutiva.

Para impedir a ocorrência de atividade improdutiva, devemos fornecer ao processo quantos quadros ele precisar. Mas como saber de quantos quadros ele "precisa"? Há várias técnicas. A estratégia do conjunto de trabalho (Seção 9.6.2) começa examinando quantos quadros um processo está usando realmente. Essa abordagem define o modelo de localidade de execução de processos.

O modelo de localidade define que, quando um processo é executado, ele se move de uma localidade para outra. Uma loca-

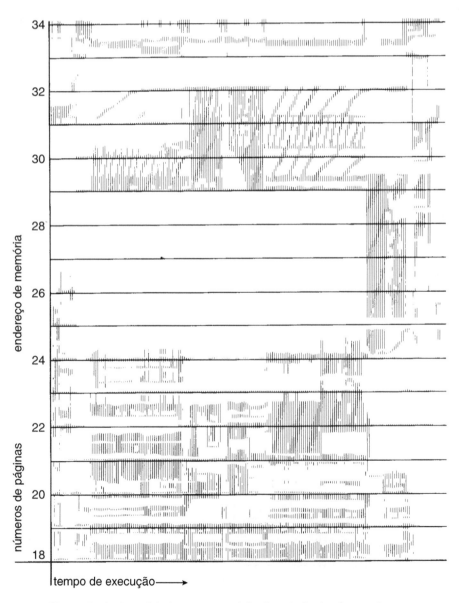

Figura 9.19 Localidade em um padrão de referências à memória.

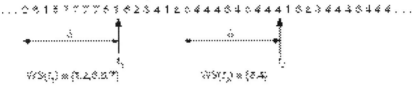

Figura 9.20 Modelo do conjunto de trabalho.

lidade é um conjunto de páginas que são usadas ativamente ao mesmo tempo (Figura 9.19). Geralmente, um programa é composto por várias localidades diferentes que podem se sobrepor.

Por exemplo, quando uma função é chamada, ela define uma nova localidade. Nessa localidade, referências de memória são feitas às instruções da chamada de função, suas variáveis locais e um subconjunto das variáveis globais. Quando saímos da função, o processo deixa essa localidade, já que as variáveis locais e as instruções da função não estão mais em uso ativo. Podemos retornar a essa localidade posteriormente.

Assim, podemos deduzir que as localidades são definidas pela estrutura do programa e suas estruturas de dados. O modelo de localidade define que todos os programas exibirão essa estrutura básica de referência à memória. Observe que o modelo de localidade é o princípio oculto por trás das discussões sobre armazenamento em cache que vimos até agora neste livro. Se os acessos a quaisquer tipos de dados fossem aleatórios em vez de padronizados, o armazenamento em cache seria inútil.

Suponha que alocássemos quadros suficientes a um processo para acomodar sua localidade corrente. Ele falhará pela falta de páginas em sua localidade até que todas essas páginas estejam na memória; então, ele não falhará novamente até mudar de localidade. Se não alocarmos quadros suficientes para acomodar o tamanho da localidade corrente, o processo entrará em atividade improdutiva, já que não pode manter na memória todas as páginas que está usando ativamente.

9.6.2 Modelo do Conjunto de Trabalho

Como mencionado, o modelo do conjunto de trabalho é baseado no pressuposto da localidade. Esse modelo usa um parâmetro, Δ, para definir a janela do conjunto de trabalho. A ideia é examinar as Δ referências de página mais recentes. O conjunto de páginas das Δ referências de página mais recentes é o conjunto de trabalho (Figura 9.20). Se uma página estiver em uso ativo, ela fará parte do conjunto de trabalho. Se não estiver mais sendo usada, sairá do conjunto de trabalho Δ unidades de tempo após sua última referência. Portanto, o conjunto de trabalho é uma aproximação da localidade do programa.

Por exemplo, dada a sequência de referências de memória mostrada na Figura 9.20, se $\Delta = 10$ referências de memória, então o conjunto de trabalho no tempo t_1 é {1, 2, 5, 6, 7}. No tempo t_2, o conjunto de trabalho terá mudado para {3, 4}.

A precisão do conjunto de trabalho depende da seleção de Δ. Se Δ for pequeno demais, não abrangerá a localidade inteira; se Δ for muito grande, poderá sobrepor várias localidades. No caso extremo, se Δ for infinito, o conjunto de trabalho será o conjunto de páginas referenciadas durante a execução do processo.

A propriedade mais importante do conjunto de trabalho é, então, o seu tamanho. Se calcularmos o tamanho do conjunto de trabalho, WSS_i (working-set size), para cada processo no sistema, podemos considerar que

$$D = \Sigma\, WSS_i,$$

em que D é a demanda total de quadros. Cada processo está usando ativamente as páginas de seu conjunto de trabalho. Portanto, o processo i precisa de WSS_i quadros. Se a demanda total for maior do que o número total de quadros disponíveis ($D > m$), ocorrerá atividade improdutiva porque alguns processos não terão quadros suficientes.

Uma vez que Δ tenha sido selecionado, o uso do modelo do conjunto de trabalho é simples. O sistema operacional monitora o conjunto de trabalho de cada processo e aloca, a esse conjunto de trabalho, quadros suficientes de acordo com seu tamanho. Se houver quadros adicionais suficientes, outro processo poderá ser iniciado. Se a soma dos tamanhos dos conjuntos de trabalho aumentar, excedendo o número total de quadros disponíveis, o sistema operacional selecionará um processo para suspensão. As páginas do processo serão gravadas em disco (removidas da memória) e seus quadros serão realocados a outros processos. O processo suspenso poderá ser reiniciado posteriormente.

Essa estratégia do conjunto de trabalho impede a ocorrência de atividade improdutiva enquanto mantém o grau de multiprogramação o mais alto possível. Portanto, ela otimiza a utilização da CPU. A dificuldade com o modelo do conjunto de trabalho é o controle do conjunto de trabalho. A janela do conjunto de trabalho é uma janela móvel. A cada referência à memória, surge uma nova referência em uma extremidade, e a referência mais antiga deixa de existir na outra extremidade. Uma página faz parte do conjunto de trabalho se ela for referenciada em algum ponto na janela do conjunto de trabalho.

Podemos obter uma aproximação do modelo do conjunto de trabalho com uma interrupção por timer em intervalos fixos e um bit de referência. Por exemplo, suponha que Δ seja igual a 10.000 referências e que possamos causar uma interrupção por timer a cada 5.000 referências. Quando obtivermos uma interrupção por timer, copiaremos e apagaremos os valores do bit de referência de cada página. Assim, se ocorrer um erro de página, poderemos examinar o bit de referência corrente e dois bits da memória para determinar se uma página foi usada dentro das últimas 10.000 a 15.000 referências. Se ela foi usada, pelo menos um desses bits estará ligado. Se não foi usada, os bits estarão desligados. As páginas com pelo menos um bit ligado serão consideradas parte do conjunto de trabalho.

Observe que esse esquema não é totalmente preciso porque não temos como saber onde ocorreu uma referência dentro de um intervalo de 5.000 referências. Podemos reduzir a incerteza aumentando o número de bits de histórico e a frequência de interrupções (por exemplo, 10 bits e interrupções a cada 1.000 referências). No entanto, o custo de manipulação dessas interrupções mais frequentes será correspondentemente mais alto.

9.6.3 Frequência de Erros de Página

O modelo do conjunto de trabalho é um modelo de sucesso, e conhecer o conjunto de trabalho pode ser útil na pré-paginação (Seção 9.9.1), mas parece uma forma tosca de controlar a atividade improdutiva. Uma estratégia que usa a frequência de erros de página (PFF — *page-fult frequency*) é uma abordagem mais direta.

O problema específico é como impedir a atividade improdutiva. A atividade improdutiva apresenta uma alta taxa de erros de página. Portanto, queremos controlar essa taxa. Quando ela é muito alta, sabemos que o processo precisa de mais quadros. Inversamente, se a taxa de erros de página for muito baixa, o processo pode ter quadros demais. Podemos estabelecer um limite inferior e um limite superior para a taxa de erros de página desejada (Figura 9.21). Se a taxa de erros de página real exceder o limite superior, alocamos outro quadro ao processo. Se a taxa de erros de página cair abaixo do limite inferior, removemos um quadro do processo. Assim, podemos medir e controlar diretamente a taxa de erros de página para impedir a atividade improdutiva.

Como na estratégia do conjunto de trabalho, podemos ter que remover um processo da memória. Se a taxa de erros de página aumenta e nenhum quadro livre está disponível, devemos selecionar algum processo e removê-lo para a memória de retaguarda. Os quadros liberados são então distribuídos aos processos com altas taxas de erros de página.

9.6.4 Observações Finais

Na prática, a atividade improdutiva e a permuta resultante têm um impacto incomodamente grande sobre o desempenho. Atualmente, o melhor procedimento para a implementação de um recurso de computação é incluir memória física suficiente, sempre que possível, para evitar a atividade improdutiva e a permuta. Seja para smartphones ou mainframes, o fornecimento de memória suficiente para manter todos os conjuntos de trabalho em memória concorrentemente, exceto em condições extremas, proporciona a melhor experiência para o usuário.

9.7 Arquivos Mapeados para a Memória

Considere uma leitura sequencial de um arquivo em disco usando as chamadas de sistema padrão open( ), read( ) e write( ). Cada acesso ao arquivo requer uma chamada de sistema e um acesso ao disco. Alternativamente, podemos usar as técnicas de memória virtual discutidas até agora para tratar o I/O de arquivo como acessos rotineiros à memória. Essa abordagem, conhecida como mapeamento de arquivo para a memória, permite que uma parte do espaço de endereçamento virtual seja associada logicamente ao arquivo. Como veremos, isso pode levar a aumentos significativos de desempenho.

9.7.1 Mecanismo Básico

O mapeamento de um arquivo para a memória é feito através do mapeamento de um bloco de disco para uma página (ou páginas) na memória. O acesso inicial ao arquivo dá-se através da paginação por demanda comum, resultando em um erro de página. No entanto, uma parte do arquivo do tamanho de uma página é lida do sistema de arquivos para uma página física (alguns sistemas podem optar por ler mais de um bloco de memória do tamanho de uma página de cada vez). Subsequentes leituras do arquivo e gravações no arquivo são manipuladas como acessos rotineiros à memória. Manipular arquivos através da memória, em vez de incorrer no overhead do uso das chamadas de sistema read( ) e write( ), simplifica e acelera o acesso a arquivos e o seu uso.

Observe que as gravações no arquivo mapeado para a memória não são necessariamente gravações imediatas (síncronas) no arquivo em disco. Alguns sistemas podem optar por atualizar o arquivo físico quando o sistema operacional verificar periodicamente se a página em memória foi modificada. Quando o arquivo é fechado, todos os dados mapeados para a memória são gravados de volta em disco e removidos da memória virtual do processo.

Alguns sistemas operacionais fornecem mapeamento para a memória somente por meio de uma chamada de sistema específica e usam chamadas de sistema padrão para executar todo o outro I/O de arquivo. No entanto, outros sistemas optam por mapear um arquivo para a memória independentemente de o arquivo ter sido especificado como mapeado para a memória. Tomemos o Solaris como exemplo. Se um arquivo é especificado como mapeado para a memória [com o uso da chamada de sistema mmap( )], o Solaris o mapeia para o espaço de endereçamento do processo. Se um arquivo é aberto e acessado com o uso de chamadas de sistema comuns, como open( ), read( ) e

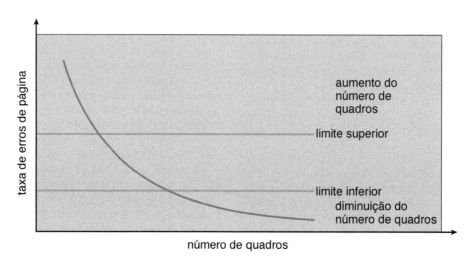

Figura 9.21 Frequência de erros de página.

CONJUNTOS DE TRABALHO E TAXAS DE ERROS DE PÁGINA

Há uma relação direta entre o conjunto de trabalho de um processo e sua taxa de erros de página. Normalmente, como mostrado na Figura 9.20, o conjunto de trabalho de um processo muda com o tempo conforme as referências a dados e seções de código movimentam-se de uma localidade para outra. Supondo que haja memória suficiente para armazenar o conjunto de trabalho de um processo (isto é, o processo não está em atividade improdutiva), a taxa de erros de página do processo passará por picos e vales com o tempo. Esse comportamento geral é mostrado a seguir:

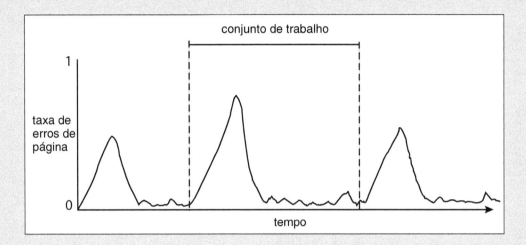

Um pico na taxa de erros de página ocorre quando começamos a paginação por demanda em uma nova localidade. No entanto, uma vez que o conjunto de trabalho dessa nova localidade esteja em memória, a taxa de erros de página cai. Quando o processo passa para um novo conjunto de trabalho, a taxa de erros de página aumenta em direção a um pico novamente, retornando a uma taxa mais baixa, assim que o novo conjunto de trabalho é carregado na memória. O intervalo de tempo entre o início de um pico e o início do próximo pico representa a transição de um conjunto de trabalho para outro.

---

write ( ), o Solaris ainda mapeia o arquivo para a memória; porém, o arquivo é mapeado para o espaço de endereçamento do kernel. Portanto, independentemente de como o arquivo é aberto, o Solaris trata todo o I/O de arquivo como mapeado para a memória, permitindo que o acesso ao arquivo ocorra através do eficiente subsistema de memória.

Vários processos podem ter autorização para mapear o mesmo arquivo concorrentemente, de modo a permitir o compartilhamento de dados. Gravações feitas por qualquer um dos processos modificam os dados na memória virtual e podem ser vistas por todos os outros processos que mapearam a mesma seção do arquivo. De acordo com nossas discussões anteriores sobre memória virtual, deve estar claro como o compartilhamento de seções mapeadas para a memória é implementado: o mapa de memória virtual de cada processo participante do compartilhamento aponta para a mesma página da memória física — a página que contém uma cópia do bloco de disco. Esse compartilhamento de memória é ilustrado na Figura 9.22. As chamadas de sistema de mapeamento para a memória também podem suportar a funcionalidade de cópia-após-gravação, permitindo que os processos compartilhem um arquivo em modalidade somente-de-leitura, mas tendo suas próprias cópias de quaisquer dados que eles modifiquem. Para que o acesso aos dados compartilhados seja coordenado, os processos envolvidos podem usar um dos mecanismos que fornecem a exclusão mútua descritos no Capítulo 5.

Com bastante frequência, a memória compartilhada é de fato implementada por arquivos mapeados para a memória. Nesse cenário, os processos podem se comunicar usando memória compartilhada, desde que esses processos em comunicação mapeiem o mesmo arquivo para a memória, em seus espaços de endereçamento virtual. O arquivo mapeado para a memória serve como a região de memória compartilhada entre os processos em comunicação (Figura 9.23). Já vimos isso na Seção 3.4.1, em que um objeto POSIX de memória compartilhada é criado e cada processo em comunicação mapeia o objeto para a memória em seu espaço de endereçamento. Na seção a seguir, ilustramos o suporte na API Windows à memória compartilhada com o uso de arquivos mapeados para a memória.

9.7.2 Memória Compartilhada na API Windows

A descrição geral da criação de uma região de memória compartilhada com o uso de arquivos mapeados para a memória na API Windows envolve, em primeiro lugar, a criação de um mapeamento de arquivo para o arquivo a ser mapeado e, em seguida, o estabelecimento de uma visão do arquivo mapeado no espaço de endereçamento virtual de um processo. Um segundo processo pode então abrir e criar uma visão do arquivo mapeado em seu espaço de endereçamento virtual. O arquivo mapeado representa o objeto de memória compartilhada que habilitará a comunicação entre os processos.

Ilustramos a seguir esses passos em mais detalhes. Nesse exemplo, um processo produtor cria primeiro um objeto de memória compartilhada usando os recursos de mapeamento para

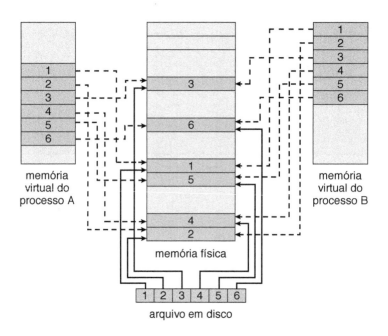

Figura 9.22 Arquivos mapeados para a memória.

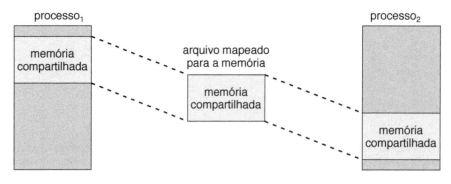

Figura 9.23 Memória compartilhada usando o I/O mapeado para a memória.

a memória disponíveis na API Windows. Em seguida, o produtor grava uma mensagem na memória compartilhada. Depois disso, um processo consumidor abre um mapeamento para o objeto de memória compartilhada e lê a mensagem gravada pelo produtor.

Para estabelecer um arquivo mapeado para a memória, primeiro o processo abre o arquivo a ser mapeado com a função `CreateFile( )`, que retorna um `HANDLE` para o arquivo aberto. Em seguida, o processo cria um mapeamento desse `HANDLE` de arquivo usando a função `CreateFileMapping( )`. Uma vez que o mapeamento do arquivo esteja estabelecido, o processo define uma visão do arquivo mapeado em seu espaço de endereçamento virtual com a função `MapViewOfFile( )`. A visão do arquivo mapeado representa a porção do arquivo que está sendo mapeada no espaço de endereçamento virtual do processo — pode ser mapeado o arquivo inteiro ou apenas uma porção dele. Ilustramos essa sequência no programa mostrado na Figura 9.24. (Eliminamos grande parte da verificação de erros para encurtar o código.)

A chamada a `CreateFileMapping( )` cria um **objeto de memória compartilhada nomeado**, chamado de `SharedOb-` `ject`. O processo consumidor se comunicará usando esse segmento de memória compartilhada através da criação de um mapeamento para o mesmo objeto nomeado. Em seguida, o produtor cria uma visão do arquivo mapeado para a memória em seu espaço de endereçamento virtual. Ao passar o valor 0 para os três últimos parâmetros, ele indica que a visão mapeada diz respeito ao arquivo inteiro. Ele poderia, em vez disso, ter passado valores especificando um deslocamento e um tamanho, criando assim uma visão contendo apenas uma subseção do arquivo. (É importante observar que o mapeamento inteiro pode não ser carregado na memória quando ele é estabelecido. Em vez disso, o arquivo mapeado pode ser paginado por demanda, trazendo assim as páginas para a memória apenas quando elas forem acessadas.) A função `MapViewOfFile( )` retorna um ponteiro para o objeto de memória compartilhada; qualquer acesso a essa locação da memória é, portanto, um acesso ao arquivo mapeado para a memória. Nesse exemplo, o processo produtor grava a mensagem "`Shared memory message`" na memória compartilhada.

Na Figura 9.25, é mostrado um programa ilustrando como o processo consumidor estabelece uma visão do objeto de me-

```
#include <windows.h>
#include <stdio.h>

int main(int argc, char *argv[])
{
   HANDLE hFile, hMapFile;
   LPVOID lpMapAddress;

   hFile = CreateFile("temp.txt", /* nome do arquivo */
      GENERIC_READ | GENERIC_WRITE, /* acesso de leitura/gravação */
      0, /* sem compartilhamento do arquivo */
      NULL, /* segurança default */
      OPEN_ALWAYS, /* abre arquivo novo ou existente */
      FILE_ATTRIBUTE_NORMAL, /* atributos de arquivo rotineiros */
      NULL); /* sem template de arquivo */

   hMapFile = CreateFileMapping(hFile, /* manipulador do arquivo */
      NULL, /* segurança default */
      PAGE_READWRITE, /* acesso de leitura/gravação a páginas mapeadas */
      0, /* mapeia arquivo inteiro */
      0,
      TEXT("SharedObject")); /* objeto de memória compartilhada nomeado */

   lpMapAddress = MapViewOfFile(hMapFile, /* manipulador do objeto mapeado */
      FILE_MAP_ALL_ACCESS, /* acesso de leitura/gravação */
      0, /* visão mapeada do arquivo inteiro */
      0,
      0);

   /* grava na memória compartilhada */
   sprintf(lpMapAddress,"Shared memory message");

   UnmapViewOfFile(lpMapAddress);
   CloseHandle(hFile);
   CloseHandle(hMapFile);
}
```

Figura 9.24 Produtor gravando na memória compartilhada usando a API Windows.

```
#include <windows.h>
#include <stdio.h>

int main(int argc, char *argv[])
{
   HANDLE hMapFile;
   LPVOID lpMapAddress;

   hMapFile = OpenFileMapping(FILE_MAP_ALL_ACCESS, /* acesso de leitura/gravação */
      FALSE, /* sem herança */
      TEXT("SharedObject")); /* nome do objeto de arquivo mapeado */

   lpMapAddress = MapViewOfFile(hMapFile, /* manipulador do objeto mapeado */
      FILE_MAP_ALL_ACCESS, /* acesso de leitura/gravação */
      0, /* visão mapeada do arquivo inteiro */
      0,
      0);

   /* lê a partir da memória compartilhada */
   printf("Read message %s", lpMapAddress);

   UnmapViewOfFile(lpMapAddress);
   CloseHandle(hMapFile);
}
```

Figura 9.25 Consumidor lendo a partir da memória compartilhada usando a API Windows.

mória compartilhada nomeado. Esse programa é um pouco mais simples do que o mostrado na Figura 9.24, já que tudo que o processo precisa fazer é criar um mapeamento para o objeto de memória compartilhada nomeado existente. O processo consumidor também deve criar uma visão do arquivo mapeado, como o processo produtor fez no programa da Figura 9.24. O consumidor então lê, a partir da memória compartilhada, a mensagem "Shared memory message" que foi gravada pelo processo produtor.

Finalmente, os dois processos removem a visão do arquivo mapeado com uma chamada a UnmapViewOfFile ( ). Fornecemos um exercício de programação no fim deste capítulo, que usa memória compartilhada com mapeamento para a memória na API Windows.

9.7.3 I/O Mapeado para a Memória

No caso de I/O, como mencionado na Seção 1.2.1, cada controlador de I/O inclui registradores para armazenar comandos e os dados que estão sendo transferidos. Usualmente, instruções especiais de I/O permitem transferências de dados entre esses registradores e a memória do sistema. Para permitir um acesso mais conveniente aos dispositivos de I/O, muitas arquiteturas de computador fornecem I/O mapeado para a memória. Nesse caso, intervalos de endereços de memória são reservados e mapeados para os registradores dos dispositivos. Leituras e gravações nesses endereços de memória fazem com que os dados sejam transferidos de e para os registradores dos dispositivos. Esse método é apropriado para dispositivos que têm tempos de resposta rápidos, como os controladores de vídeo. No PC da IBM, cada locação na tela é mapeada para uma locação de memória. A exibição de texto na tela é quase tão fácil quanto a gravação do texto nas locações mapeadas para a memória apropriadas.

O I/O mapeado para a memória também é conveniente para outros dispositivos, como as portas seriais e paralelas usadas para conectar modems e impressoras a um computador. A CPU transfere dados, através desses tipos de dispositivos, lendo e gravando em alguns registradores dos dispositivos, chamados portas de I/O. Para enviar uma longa sequência de bytes por meio de uma porta serial mapeada para a memória, a CPU grava um byte de dados no registrador de dados e liga um bit no registrador de controle para sinalizar que o byte está disponível. O dispositivo recebe o byte de dados e em seguida desliga o bit no registrador de controle para sinalizar que está pronto para o próximo byte. Então, a CPU pode transferir o byte seguinte. Se a CPU usar o mecanismo de inquirição (*polling*) para observar o bit de controle, entrando constantemente em loop para ver se o dispositivo está pronto, esse método de operação é chamado de I/O programado (PIO – *programmed I/O*). Se a CPU não usa a inquirição para observar o bit de controle, mas em vez disso sofre uma interrupção quando o dispositivo está pronto para o próximo byte, diz-se que a transferência de dados é dirigida por interrupção.

9.8 Alocando Memória do Kernel

Quando um processo, sendo executado em modalidade de usuário, solicita memória adicional, são alocadas páginas da lista de quadros de páginas livres mantida pelo kernel. Essa lista é normalmente preenchida com o uso de um algoritmo de substituição de páginas como os discutidos na Seção 9.4 e, quase sempre, contém páginas livres espalhadas por toda a memória física, conforme explicado anteriormente. Lembre-se, também, de que, se um processo de usuário solicita um único byte de memória, isso resultará em fragmentação interna, já que o processo receberá um quadro de página inteiro.

A memória do kernel é, com frequência, alocada a partir de um pool de memória livre diferente da lista usada para atender a processos comuns de modalidade de usuário. Há duas razões principais para isso:

1. O kernel solicita memória para estruturas de dados de tamanhos variados, algumas das quais têm menos de uma página de tamanho. Como resultado, o kernel deve usar memória de forma conservadora e tentar minimizar o desperdício causado pela fragmentação. Isso é especialmente importante porque muitos sistemas operacionais não sujeitam dados ou código do kernel ao sistema de paginação.

2. As páginas alocadas a processos em modalidade de usuário não têm necessariamente que estar em memória física contígua. No entanto, certos dispositivos de hardware interagem diretamente com a memória física — sem o benefício de uma interface de memória virtual — e, consequentemente, podem requerer memória que resida em páginas fisicamente contíguas.

Nas seções a seguir, examinamos duas estratégias para o gerenciamento de memória livre atribuída a processos do kernel: o "sistema de pares" e a alocação de slabs.

9.8.1 Sistema de Pares (Sistema Buddy)

O sistema de pares aloca a memória a partir de um segmento de tamanho fixo composto por páginas fisicamente contíguas. A memória é alocada a partir desse segmento usando um alocador de potência de 2, que atende às solicitações em unidades dimensionadas como uma potência de 2 (4 KB, 8 KB, 16 KB, e assim por diante). Uma solicitação em unidades não apropriadamente dimensionadas é arredondada para a próxima potência de 2 mais alta. Por exemplo, uma solicitação de 11 KB é atendida com um segmento de 16 KB.

Consideremos um exemplo simples. Suponha que o tamanho de um segmento de memória seja inicialmente de 256 KB e o kernel solicite 21 KB de memória. Inicialmente, o segmento é dividido em dois pares de potências de 2 (buddies) — que chamaremos A_L e A_R — cada um com 128 KB. Um desses pares é dividido mais uma vez em dois pares de 64 KB — B_L e B_R. No entanto, a próxima potência de 2 mais alta após 21 KB é 32 KB e, assim, B_L ou B_R é dividido novamente em dois pares de 32 KB, C_L e C_R. Um desses pares é usado para atender à solicitação de 21 KB. Esse esquema é ilustrado na Figura 9.26, em que C_L é o segmento alocado à solicitação de 21 KB.

Uma vantagem do sistema de pares é que pares adjacentes podem ser combinados rapidamente para formar segmentos maiores usando uma técnica conhecida como fusão. Na Figura 9.26, por exemplo, quando o kernel liberar a unidade C_L à qual ele foi alocado, o sistema poderá fundir C_L e C_R em um segmento de 64 KB. Por sua vez, esse segmento, B_L, poderá ser fundido com seu par B_R para formar um segmento de 128 KB. No fim das contas, podemos acabar com o segmento original de 256 KB.

A desvantagem óbvia do sistema de pares é que o arredondamento para a próxima potência de 2 mais alta tem grandes chances de causar fragmentação dentro dos segmentos alocados. Por exemplo, uma solicitação de 33 KB pode ser atendida somente com um segmento de 64 KB. Na verdade, não podemos garantir que menos de 50% da unidade alocada serão desperdiçados em razão da fragmentação interna. Na seção a seguir, exploramos um esquema de alocação de memória em que não há espaço perdido em razão da fragmentação.

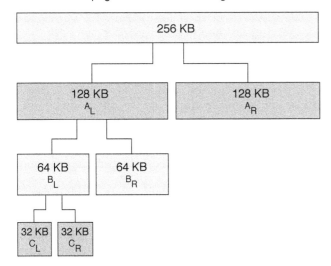

Figura 9.26 Alocação com o sistema de pares.

9.8.2 Alocação de Slabs

Uma segunda estratégia para a alocação de memória do kernel é conhecida como alocação de slabs. Um slab é composto por uma ou mais páginas fisicamente contíguas. Um cache é composto por um ou mais slabs. Há um único cache para cada estrutura de dados individual do kernel — por exemplo, um cache separado para a estrutura de dados representando descritores de processos, um cache separado para objetos de arquivo, um cache separado para semáforos, e assim por diante. Cada cache é preenchido com objetos que são instanciações da estrutura de dados do kernel que o cache representa. Por exemplo, o cache que representa semáforos armazena instâncias de objetos de semáforo, o cache que representa descritores de processos armazena instâncias de objetos descritores de processos, e assim por diante. O relacionamento entre slabs, caches e objetos é mostrado na Figura 9.27. A figura mostra dois objetos do kernel com 3 KB e três objetos de 7 KB, cada um deles armazenado em um cache separado.

O algoritmo de alocação de slabs usa caches para armazenar objetos do kernel. Quando um cache é criado, vários objetos — que inicialmente são marcados como free — são alocados ao cache. O número de objetos no cache depende do tamanho do slab associado. Por exemplo, um slab de 12 KB (composto por três páginas contíguas de 4 KB) poderia armazenar seis objetos de 2 KB. Inicialmente, todos os objetos no cache são marcados como livres. Quando um novo objeto de uma estrutura de dados do kernel é necessário, o alocador pode atribuir qualquer objeto livre do cache para atender à solicitação. O objeto atribuído a partir do cache é marcado como used.

Consideremos um cenário em que o kernel solicita memória ao alocador de slabs para um objeto que representa um descritor de processo. Em sistemas Linux, um descritor de processo é do tipo struct task_struct, que requer aproximadamente 1,7 KB de memória. Quando o kernel do Linux cria uma nova tarefa, ele solicita ao seu cache a memória requerida pelo objeto struct task_struct. O cache atenderá à solicitação usando um objeto struct task_struct que já tenha sido alocado em um slab e esteja marcado como livre.

No Linux, um slab pode estar em um de três estados possíveis:

1. **Cheio.** Todos os objetos no slab estão marcados como usados.
2. **Vazio.** Todos os objetos no slab estão marcados como livres.
3. **Parcial.** O slab é composto por objetos tanto usados quanto livres.

O alocador de slabs tenta, primeiro, atender à solicitação com um objeto livre de um slab parcial. Se nenhum existir, um objeto livre é atribuído a partir de um slab vazio. Se não houver slabs vazios disponíveis, um novo slab é alocado a partir de páginas físicas contíguas e atribuído a um cache; a memória para o objeto é alocada a partir desse slab.

O alocador de slabs oferece dois benefícios principais:

1. Não há memória desperdiçada em razão da fragmentação. A fragmentação não é um problema porque cada estrutura de dados individual do kernel tem um cache associado, e cada cache é composto por um ou mais slabs que são divididos em blocos com o tamanho dos objetos que estão sendo repre-

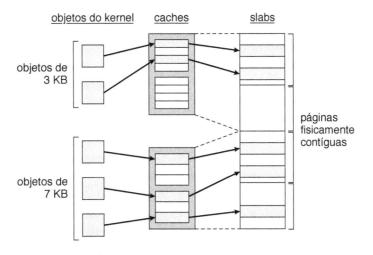

Figura 9.27 Alocação de slabs.

sentados. Portanto, quando o kernel solicita memória para um objeto, o alocador de slabs retorna o montante exato de memória requerida para representar o objeto.

2. As solicitações de memória podem ser atendidas rapidamente. Assim, o esquema de alocação de slabs é particularmente eficaz para o gerenciamento da memória quando objetos são alocados e desalocados com frequência, como costuma ocorrer com solicitações do kernel. O ato de alocar — e liberar — memória pode ser um processo demorado. Porém, os objetos são criados antecipadamente e assim podem ser rapidamente alocados a partir do cache. Além disso, quando o kernel termina com um objeto e o libera, este é marcado como livre e retornado ao seu cache, o que o torna imediatamente disponível para solicitações subsequentes do kernel.

O alocador de slabs apareceu pela primeira vez no kernel do Solaris 2.4. Em razão de sua natureza de uso geral, esse alocador também é usado agora no Solaris para certas solicitações de memória em modalidade de usuário. Originalmente o Linux usava o sistema de pares; no entanto, a partir da versão 2.2, o kernel do Linux adotou o alocador de slabs.

Distribuições recentes do Linux agora incluem dois outros alocadores de memória do kernel — os alocadores SLOB e SLUB. (O Linux refere-se à sua implementação de slabs como SLAB.)

O alocador SLOB foi projetado para sistemas com um montante limitado de memória, como os sistemas embutidos. O SLOB (que é a abreviação para Simple List of Blocks) funciona mantendo três listas de objetos: *pequena* (para objetos com menos de 256 bytes), *média* (para objetos com menos de 1.024 bytes), e *grande* (para objetos com mais de 1.024 bytes). As solicitações de memória são alocadas, a partir de um objeto de uma lista de tamanho apropriado, usando uma política do 'primeiro-apto'.

A partir da versão 2.6.24, o alocador SLUB substituiu o SLAB como o alocador default para o kernel do Linux. O SLUB resolve problemas de desempenho com a alocação de slabs reduzindo grande parte do overhead requerido pelo alocador SLAB. Uma alteração foi a transferência dos metadados que são armazenados com cada slab sob a alocação SLAB, para a estrutura `page` que o kernel do Linux usa para cada página. Além disso, o SLUB remove as filas por CPU que o alocador SLAB mantém para os objetos em cada cache. Para sistemas com grande número de processadores, o montante de memória alocada a essas filas não era insignificante. Assim, o SLUB fornece melhor desempenho à medida que o número de processadores em um sistema aumenta.

9.9 Outras Considerações

As principais decisões que tomamos em um sistema de paginação são as seleções de um algoritmo de substituição e de uma política de alocação que discutimos anteriormente neste capítulo. Mas também há muitas outras considerações, e discutimos várias delas agora.

9.9.1 Pré-Paginação

Uma propriedade óbvia da paginação por demanda pura é o grande número de erros de página que ocorre quando um processo é iniciado. Essa situação resulta da tentativa de obtenção da localidade inicial na memória. A mesma situação pode surgir em outros momentos. Por exemplo, quando um processo removido da memória é reiniciado, todas as suas páginas estão em disco, e cada uma delas deve ser trazida para a memória por seu próprio erro de página. A pré-paginação é uma tentativa de impedir a ocorrência desse alto nível de paginação inicial. A estratégia é trazer para a memória todas as páginas que serão necessárias, ao mesmo tempo. Alguns sistemas operacionais — principalmente o Solaris — executam a pré-paginação dos quadros de páginas de pequenos arquivos.

Em um sistema que usa o modelo do conjunto de trabalho, por exemplo, poderíamos manter, com cada processo, uma lista das páginas em seu conjunto de trabalho. Se precisarmos suspender um processo (em razão de uma espera por I/O ou falta de quadros livres), lembramos de qual é o conjunto de trabalho para o processo. Quando o processo está para ser retomado (porque o I/O terminou ou quadros livres suficientes tornaram-se disponíveis), trazemos automaticamente de volta à memória o conjunto de trabalho inteiro do processo antes de reiniciá-lo.

A pré-paginação pode oferecer uma vantagem em alguns casos. A questão é simplesmente se o custo do uso da pré-paginação é menor do que o custo da manipulação dos erros de página correspondentes. Pode bem ser o caso de que muitas das páginas trazidas de volta à memória pela pré-paginação não sejam usadas.

Suponha que s páginas sejam pré-paginadas e uma fração α dessas s páginas sejam realmente usadas ($0 \leq \alpha \leq 1$). A questão é se o custo dos $s*\alpha$ erros de página evitados é maior ou menor do que o custo de pré-paginar $s*(1 - \alpha)$ páginas desnecessárias. Se α estiver próximo de 0, a pré-paginação não vale a pena; quando α está próximo de 1, a pré-paginação vence.

9.9.2 Tamanho da Página

Os projetistas do sistema operacional para um computador existente raramente podem escolher o tamanho da página. No entanto, quando novas máquinas estão sendo projetadas, uma decisão com relação ao melhor tamanho de página deve ser tomada. Como era de se esperar, não há apenas um único tamanho de página melhor. Em vez disso, há um conjunto de fatores que dão suporte a vários tamanhos. Os tamanhos de página são invariavelmente potências de 2, geralmente variando de 4.096 (2^{12}) a 4.194.304 (2^{22}) bytes.

Como selecionar um tamanho de página? Uma preocupação é o tamanho da tabela de páginas. Para determinado espaço de memória virtual, a diminuição do tamanho da página aumenta o número de páginas e, portanto, o tamanho da tabela de páginas. Para uma memória virtual de 4 MB (2^{22}), por exemplo, haveria 4.096 páginas de 1.024 bytes, mas somente 512 páginas de 8.192 bytes. Já que cada processo ativo deve ter sua própria cópia da tabela de páginas, um tamanho grande de página é desejável.

A memória é utilizada melhor com páginas menores, no entanto. Se um processo tem memória alocada começando na locação 00000 e continuando até que tenha tanto de quanto necessita, provavelmente ele não terminará exatamente em um limite de página. Assim, uma parte da página final deve ser alocada (porque as páginas são as unidades de alocação), mas não será utilizada (gerando fragmentação interna). Supondo a independência entre o tamanho do processo e o tamanho da página, podemos esperar que, em média, metade da página final de cada processo seja desperdiçada. Essa perda é de apenas 256 bytes para uma página de 512 bytes, mas é de 4.096 bytes para uma página de 8.192 bytes. Portanto, para minimizar a fragmentação interna, precisamos de um tamanho de página pequeno.

Outro problema é o tempo requerido para ler ou gravar uma página. O tempo de I/O é composto pelos tempos de busca, latência e transferência. O tempo de transferência é proporcional ao volume transferido (isto é, ao tamanho da página) — um fato que parece pedir um tamanho de página pequeno. No entanto, como veremos na Seção 10.1.1, os tempos de latência e de busca normalmente excedem o tempo de transferência. A uma taxa de transferência de 2 MB por segundo, é necessário apenas 0,2 milissegundo para transferir 512 bytes. Porém, o tempo de latência pode ser de 8 milissegundos, e o do tempo de busca, de 20 milissegundos. Portanto, do tempo total de I/O (28,2 milissegundos), apenas 1% pode ser atribuído à transferência real. A duplicação do tamanho da página aumenta o tempo de I/O para apenas 28,4 milissegundos. São necessários 28,4 milissegundos para ler uma única página de 1.024 bytes, mas 56,4 milissegundos para ler um montante como duas páginas de 512 bytes cada. Assim, a decisão de minimizar o tempo de I/O leva a um tamanho de página maior.

Com um tamanho de página menor, no entanto, o I/O total deve ser reduzido, já que a localidade será melhorada. Um tamanho de página menor permite que cada página corresponda mais precisamente à localidade do programa. Por exemplo, considere um processo de 200 KB, dos quais somente metade (100 KB) seja realmente usada em uma execução. Se tivermos apenas uma página grande, devemos trazer a página inteira, um total de 200 KB transferidos e alocados. Se, em vez disso, tivermos páginas de apenas 1 byte, podemos trazer apenas os 100 KB que são realmente usados, resultando em somente 100 KB transferidos e alocados. Com um tamanho de página menor, temos uma **resolução** melhor, permitindo-nos isolar apenas a memória que é realmente necessária. Com um tamanho de página maior, devemos alocar e transferir não apenas o que é necessário, mas também qualquer outra coisa que por acaso estiver na página, necessária ou não. Portanto, um tamanho de página menor resulta em menos I/O e menos memória total alocada.

Mas você notou que com um tamanho de página de 1 byte teríamos um erro de página para *cada* byte? Um processo de 200 KB que use somente metade dessa memória geraria apenas um erro de página para um tamanho de página de 200 KB, mas 102.400 erros de página para um tamanho de página de 1 byte. Cada erro de página gera o grande volume de overhead necessário ao processamento da interrupção, salvamento de registradores, substituição de uma página, enfileiramento à espera do dispositivo de paginação e atualização de tabelas. Para minimizar o número de erros de página, precisamos de um tamanho de página grande.

Outros fatores também devem ser considerados (como o relacionamento entre o tamanho da página e o tamanho do setor no dispositivo de paginação). O problema não tem uma resposta melhor. Como vimos, alguns fatores (fragmentação interna, localidade) pedem um tamanho de página pequeno, enquanto outros (tamanho da tabela, tempo de I/O) pedem um tamanho de página grande. No entanto, a tendência histórica vai em direção a tamanhos de página maiores, mesmo para sistemas móveis. Na verdade, a primeira edição de *Fundamentos de Sistemas Operacionais* (1983) usou 4.096 bytes como o limite superior para os tamanhos de página, e esse valor era o tamanho de página mais comum em 1990. Sistemas modernos podem usar agora tamanhos de página muito maiores, como veremos na próxima seção.

9.9.3 Alcance do TLB

No Capítulo 8, introduzimos a **taxa de sucesso** do TLB. Lembre-se de que a taxa de sucesso do TLB refere-se ao percentual de traduções de endereços virtuais que são resolvidas no TLB e não na tabela de páginas. É claro que a taxa de sucesso está relacionada com o número de entradas no TLB, e a maneira de aumentar a taxa de sucesso é aumentando o número de entradas no TLB. No entanto, isso tem seu preço, já que a memória associativa usada na construção do TLB não só é cara como também consome muitos recursos.

Existe uma métrica semelhante relacionada com a taxa de sucesso: o **alcance do TLB**. O alcance do TLB refere-se ao montante de memória que pode ser acessada a partir do TLB e é simplesmente o número de entradas multiplicado pelo tamanho da página. O ideal é que o conjunto de trabalho de um processo seja armazenado no TLB. Se não for, o processo gastará um tempo considerável resolvendo referências à memória na tabela de páginas em vez de no TLB. Se duplicarmos o número de entradas no TLB, duplicaremos seu alcance. No entanto, em algumas aplicações de uso intensivo de memória, isso ainda pode se mostrar insuficiente para o armazenamento do conjunto de trabalho.

Outra abordagem para o aumento do alcance do TLB é o aumento do tamanho da página ou o fornecimento de múltiplos tamanhos de página. Se aumentarmos o tamanho da página — digamos, de 8 KB para 32 KB — quadruplicamos o alcance do TLB. No entanto, isso pode levar a um aumento na fragmentação em algumas aplicações que não requeiram uma página de tamanho tão grande. Alternativamente, um sistema operacional pode fornecer vários tamanhos de página diferentes. Por exemplo, o UltraSPARC suporta tamanhos de página de 8 KB, 64 KB, 512 KB e 4 MB. Desses tamanhos de páginas disponíveis, o Solaris usa tanto o de 8 KB quanto o de 4 MB. E com um TLB de 64 entradas, o alcance do TLB no Solaris varia de 512 KB, com páginas de 8 KB, a 256 MB, com páginas de 4 MB. Na maioria das aplicações, o tamanho de página de 8 KB é suficiente, embora o Solaris mapeie os primeiros 4 MB de código e dados do kernel com duas páginas de 4 MB. O Solaris também permite que as aplicações — como os bancos de dados — tirem vantagem do grande tamanho de página de 4 MB.

O suporte a múltiplos tamanhos de página requer que o sistema operacional — e não o hardware — gerencie o TLB. Por exemplo, um dos campos em uma entrada do TLB deve indicar o tamanho do quadro de página correspondente à entrada do TLB. O gerenciamento do TLB em software e não em hardware penaliza o desempenho. No entanto, a taxa de sucesso e o alcance do TLB aumentados compensam os custos de desempenho. Na verdade, tendências recentes indicam uma guinada em direção a TLBs gerenciados por software e ao suporte do sistema operacional a múltiplos tamanhos de página.

9.9.4 Tabelas de Páginas Invertidas

A Seção 8.6.3 introduziu o conceito da tabela de páginas invertidas. A finalidade desse tipo de gerenciamento de páginas é reduzir o montante de memória física necessária para controlar traduções de endereços virtuais para físicos. Podemos conseguir essa economia criando uma tabela com uma entrada por página de memória física, indexada pelo par <id do processo, número da página>.

Já que mantêm informações sobre que página da memória virtual está armazenada em cada quadro físico, as tabelas de páginas invertidas reduzem o montante de memória física necessária para armazenar essas informações. No entanto, as tabelas de páginas invertidas não contêm mais informações completas sobre o espaço de endereçamento lógico de um processo, e essas informações são requeridas se uma página referenciada não está correntemente em memória. A paginação por demanda precisa dessas informações para processar erros de página. Para que as informações estejam disponíveis, uma tabela de páginas externa (uma por processo) deve ser mantida. Cada tabela externa se parece com a tabela de páginas tradicional por processo e contém informações de onde cada página virtual está localizada.

Mas as tabelas de páginas externas invalidam a utilidade das tabelas de páginas invertidas? Já que essas tabelas são referenciadas apenas quando ocorre um erro de página, elas não precisam ficar disponíveis rapidamente. Em vez disso, elas mesmas são paginadas para dentro e para fora da memória conforme necessário. Infelizmente, nesse caso um erro de página pode fazer com que o gerenciador da memória virtual gere outro erro de página à medida que ele faz a paginação na tabela de páginas externa e tem que localizar a página virtual na memória de retaguarda. Essa situação especial requer manipulação cuidadosa no kernel e um atraso no processamento da busca de páginas.

9.9.5 Estrutura do Programa

A paginação por demanda é projetada para ser transparente ao programa do usuário. Em muitos casos, o usuário desconhece completamente a natureza paginada da memória. Em outros casos, no entanto, o desempenho do sistema pode ser melhorado se o usuário (ou o compilador) tiver conhecimento da paginação por demanda subjacente.

Examinemos um exemplo irreal, mas informativo. Suponha que as páginas tenham um tamanho de 128 palavras. Considere um programa em C cuja função seja inicializar com 0 cada elemento de um array de 128 por 128. O código a seguir é típico:

```
int i, j;
int[128][128] data;

for (j = 0; j < 128; j++)
   for (i = 0; i < 128; i++)
      data[i][j] = 0;
```

Observe que o array é armazenado principalmente pelas linhas; isto é, o array é armazenado na forma data[0][0], data[0][1], ..., data[0][127], data[1][0], data[1][1], ..., data[127][127]. Para páginas de 128 palavras, cada linha usa uma página. Portanto, o código precedente zera uma palavra em cada página; em seguida, outra palavra em cada página; e assim por diante. Se o sistema operacional alocar menos de 128 quadros para o programa inteiro, sua execução resultará em 128 × 128 = 16.384 erros de página. Por outro lado, suponha que alteremos o código para

```
int i, j;
int[128][128] data;

for (i = 0; i < 128; i++)
   for (j = 0; j < 128; j++)
      data[i][j] = 0;
```

Esse código zera todas as palavras em uma página antes de iniciar a próxima página, reduzindo o número de erros de página a 128.

A seleção cuidadosa das estruturas de dados e das estruturas de programação pode aumentar a localidade e, portanto, diminuir a taxa de erros de página e o número de páginas no conjunto de trabalho. Por exemplo, uma pilha tem boa localidade, já que o acesso é sempre feito ao topo. Uma tabela com hash, por outro lado, é projetada para dispersar referências, produzindo má localidade. É claro que a localidade de referência é apenas uma medida da eficiência do uso de uma estrutura de dados. Outros fatores que pesam muito incluem a velocidade da busca, o número total de referências à memória e o número total de páginas referenciadas.

Em um estágio posterior, o compilador e o carregador podem ter um efeito significativo sobre a paginação. A separação entre código e dados e a geração de código reentrante significa que páginas de código podem ser somente-de-leitura e, portanto, nunca serão modificadas. Páginas não modificadas não têm que ser removidas da memória para serem substituídas. O carregador pode evitar a inserção de rotinas que se estendam para além dos limites das páginas, mantendo cada rotina inteiramente em uma página. Rotinas que chamam umas às outras muitas vezes podem ser empacotadas na mesma página. Esse empacotamento é uma variação do problema do *bin-packing* da pesquisa operacional: tente empacotar os segmentos de carga de tamanho variável em páginas de tamanho fixo para que as referências entre páginas sejam minimizadas. Essa abordagem é particularmente útil para tamanhos grandes de página.

9.9.6 Interlock de I/O e Trancamento de Páginas

Quando a paginação por demanda é usada, às vezes precisamos permitir que algumas das páginas sejam trancadas (submetidas a um lock) na memória. Essa situação ocorre quando o I/O é executado para a memória (virtual) do usuário ou a partir dela. Com frequência o I/O é implementado por um processador de I/O separado. Por exemplo, o controlador de um dispositivo de armazenamento USB recebe geralmente o número de bytes a serem transferidos e um endereço de memória do buffer (Figura 9.28). Quando a transferência é concluída, a CPU é interrompida.

Devemos nos certificar de que a sequência de eventos a seguir não ocorra: Um processo emite uma solicitação de I/O e é

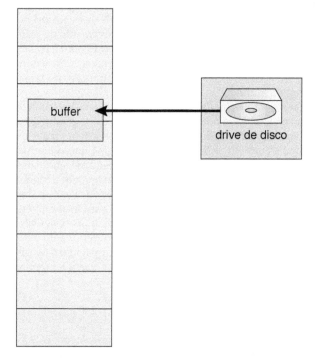

Figura 9.28 A razão pela qual os quadros usados para I/O devem estar na memória.

inserido em uma fila para esse dispositivo de I/O. Enquanto isso, a CPU é alocada a outros processos. Esses processos causam erros de página, e um deles, usando um algoritmo de substituição global, substitui a página contendo o buffer de memória do processo que está esperando. As páginas são removidas da memória. Algum tempo depois, quando a solicitação de I/O avançar para a cabeça da fila do dispositivo, o I/O ocorrerá para o endereço especificado. No entanto, esse quadro estará agora sendo usado para uma página diferente pertencente a outro processo.

Há duas soluções comuns para esse problema. Uma solução é nunca executar I/O para a memória do usuário. Em vez disso, os dados são sempre copiados entre a memória do sistema e a memória do usuário. O I/O tem lugar apenas entre a memória do sistema e o dispositivo de I/O. Para gravar um bloco em fita, primeiro copiamos o bloco na memória do sistema e então o gravamos em fita. Essa cópia adicional pode resultar em overhead inaceitavelmente alto.

Outra solução é permitir que as páginas sejam trancadas na memória. Aqui, um bit de lock é associado a cada quadro. Se o quadro é submetido a um lock, ele não pode ser selecionado para substituição. Sob essa abordagem, para gravar um bloco em fita, trancamos (submetemos a um lock) na memória as páginas que o contêm. O sistema pode então continuar normalmente. Páginas trancadas não podem ser substituídas. Quando o I/O é concluído, as páginas são destrancadas.

Bits de lock são usados em várias situações. Com frequência, parte do kernel do sistema operacional, ou todo ele, é trancado na memória. Muitos sistemas operacionais não podem tolerar um erro de página causado pelo kernel ou por um módulo específico do kernel, incluindo aquele que executa o gerenciamento da memória. Processos de usuário também podem precisar trancar páginas na memória. Um processo de banco de dados pode querer gerenciar uma porção de memória, por exemplo, movendo blocos entre o disco e a própria memória porque tem o melhor conhecimento de como vai usar seus dados. Essa retenção de páginas na memória é muito comum, e a maioria dos sistemas operacionais tem uma chamada de sistema para permitir que uma aplicação solicite que uma região de seu espaço de endereçamento lógico fique retida. Observe que esse recurso poderia ser explorado excessivamente e forçar demais os algoritmos de gerenciamento da memória. Portanto, uma aplicação frequentemente requer privilégios especiais para fazer essa solicitação.

Outro uso para um bit de lock envolve a substituição normal de páginas. Considere a sequência de eventos a seguir. Um processo de baixa prioridade falha. Ao selecionar um quadro para substituição, o sistema de paginação transfere a página necessária para a memória. Pronto para continuar, o processo de baixa prioridade entra na fila de prontos e espera pela CPU. Já que ele é um processo de baixa prioridade, pode não ser selecionado pelo scheduler da CPU por algum tempo. Enquanto o processo de baixa prioridade espera, um processo de alta prioridade falha. Procurando por uma substituição, o sistema de paginação vê uma página que está na memória, mas não foi referenciada ou modificada: é a página que o processo de baixa prioridade acabou de trazer para a memória. Essa página parece uma substituta perfeita: não foi modificada, não precisará ser gravada fora da memória e aparentemente não é usada há muito tempo.

A decisão de se processo de alta prioridade deve substituir o processo de baixa prioridade é uma decisão política. Afinal, estamos simplesmente retardando o processo de baixa prioridade em benefício do processo de alta prioridade. Porém, também estamos desperdiçando o esforço empregado para trazer à memória a página para o processo de baixa prioridade. Se decidirmos evitar a substituição de uma página recém-trazida para a memória até que ela possa ser usada pelo menos uma vez, então podemos usar o bit de lock para implementar esse mecanismo. Quando uma página é selecionada para substituição, seu bit de lock é ligado. Ele permanece ligado até que o processo gerador do erro seja despachado novamente.

O uso de um bit de lock pode ser perigoso: ele pode ser ligado, mas nunca ser desligado. Se essa situação ocorrer (por causa de um bug no sistema operacional, por exemplo), o quadro trancado torna-se inutilizável. Em um sistema monousuário, o uso excessivo de trancamentos prejudica apenas o usuário que os está empregando. Os sistemas multiusuários devem confiar menos nos usuários. Por exemplo, o Solaris permite "dicas" de trancamentos, mas pode desconsiderar essas sugestões se o pool de quadros livres tornar-se muito pequeno ou se um processo individual solicitar que páginas demais sejam trancadas na memória.

9.10 Exemplos de Sistemas Operacionais

Nesta seção, descrevemos como o Windows e o Solaris implementam a memória virtual.

9.10.1 Windows

O Windows implementa a memória virtual usando a paginação por demanda com agrupamento (*cluster*). O agrupamento manipula erros de página trazendo para a memória não apenas a página que falhou, mas também várias páginas posteriores a ela. Quando um processo é criado, ele recebe um conjunto de trabalho mínimo e máximo. O conjunto de trabalho mínimo é o número mínimo de páginas que, com certeza, o processo terá na memória. Se houver memória suficiente disponível, um processo pode receber tantas páginas quanto o seu conjunto de trabalho máximo. (Em algumas circunstâncias, um processo pode ter permissão para exceder seu conjunto de trabalho máximo.) O gerenciador de memória virtual mantém uma lista de quadros de páginas livres. Associado a essa lista há um valor limite que é usado para indicar se existe memória livre suficiente disponível. Se ocorrer um erro de página para um processo que esteja abaixo de seu conjunto de trabalho máximo, o gerenciador de memória virtual alocará uma página dessa lista de páginas livres. Se um processo que está em seu conjunto de trabalho máximo incorrer em um erro de página, ele deve selecionar uma página para substituição usando uma política de substituição de páginas LRU local.

Quando o montante de memória livre cai abaixo do limite, o gerenciador de memória virtual usa uma tática conhecida como corte automático do conjunto de trabalho para restaurar o valor acima do limite. O corte automático do conjunto de trabalho funciona avaliando o número de páginas alocadas aos processos. Se um processo recebeu mais páginas do que seu conjunto de trabalho mínimo, o gerenciador de memória virtual remove páginas até o processo alcançar seu conjunto de trabalho mínimo. Um processo que esteja em seu conjunto de trabalho mínimo pode receber páginas da lista de quadros de páginas livres se houver memória livre suficiente disponível. O Windows executa o corte do conjunto de trabalho tanto em processos de modalidade de usuário quanto em processos do sistema.

A memória virtual é discutida em grandes detalhes no estudo de caso do Windows no Capítulo 19.

9.10.2 Solaris

No Solaris, quando um thread incorre em um erro de página, o kernel atribui uma página a esse thread falho a partir da lista de páginas livres que ele mantém. Portanto, é imperativo que o kernel mantenha um montante suficiente de memória livre disponível. Associado a essa lista de páginas livres há um parâmetro — lotsfree — que representa um limite a partir do qual iniciar a paginação. Normalmente, o parâmetro lotsfree é estabelecido com 1/64 do tamanho da memória física. Quatro vezes por segundo o kernel verifica se o montante de memória livre é menor do que lotsfree. Se o número de páginas livres cai abaixo de lotsfree, um processo conhecido como remoção de páginas da memória é iniciado. O processo de remoção de páginas é semelhante ao algoritmo da segunda chance descrito na Seção 9.4.5.2, exceto por usar dois ponteiros para varrer páginas, em vez de um.

O processo de remoção de páginas funciona como descrito a seguir. O ponteiro frontal do relógio percorre todas as páginas na memória, posicionando o bit de referência com 0. Posteriormente, o ponteiro traseiro do relógio examina o bit de referência das páginas em memória, acrescentando à lista de livres cada página cujo bit de referência ainda esteja posicionado com 0, e gravando em disco seu conteúdo quando modificado. O Solaris mantém em cache uma lista de páginas que foram "liberadas", mas ainda não foram sobrepostas. A lista de livres contém quadros com conteúdos inválidos. As páginas podem ser reclamadas à lista do cache se forem acessadas antes de serem movidas para a lista de livres.

O algoritmo de remoção de páginas usa vários parâmetros para controlar a taxa segundo a qual as páginas são percorridas (conhecida como scanrate). Scanrate (taxa de varredura) é expressa em páginas por segundo e varia de slowscan (varredura lenta) à fastscan (varredura rápida). Quando a memória livre cai abaixo de lotsfree, a varredura ocorre à slowscan páginas por segundo e progride para fastscan, dependendo do montante de memória livre disponível. O valor default de slowscan é de 100 páginas por segundo. Fastscan é tipicamente definida com o valor (total de páginas físicas) / 2 páginas por segundo, com um máximo de 8.192 páginas por segundo. Isso é mostrado na Figura 9.29 (sendo fastscan definida com o valor máximo).

A distância (em páginas) entre os ponteiros do relógio é determinada por um parâmetro do sistema, handspread (amplitude dos ponteiros). O tempo decorrido entre o desligamento de um bit pelo ponteiro dianteiro e a verificação de seu valor pelo ponteiro traseiro depende de scanrate e de handspread. Se scanrate é de 100 páginas por segundo e handspread é de 1.024 páginas, 10 segundos podem se passar entre o momento em que um bit é posicionado pelo ponteiro dianteiro e o momento em que ele é verificado pelo ponteiro traseiro. No entanto, em razão das demandas impostas ao sistema de memória, uma scanrate da ordem de vários milhares não é incomum. Isso significa que, com frequência, o tempo decorrido entre o desligamento e a verificação de um bit é de alguns segundos.

Como mencionado, o processo de remoção de páginas verifica a memória quatro vezes por segundo. No entanto, se a memória livre cair abaixo do valor de desfree (Figura 9.29), a remoção será executada 100 vezes por segundo com a intenção de manter a memória livre disponível, pelo menos no nível de desfree. Se o processo de remoção for incapaz de manter o montante de memória livre no nível de desfree por 30 segundos em média, o kernel começará a permutar processos, liberando assim todas as páginas alocadas aos processos permutados. Em geral, o kernel procura por processos que tenham ficado ociosos por longos períodos de tempo. Se o sistema for incapaz de manter o montante de memória livre no nível de minfree, o processo de remoção será chamado a cada solicitação de uma nova página.

Versões recentes do kernel do Solaris forneceram melhorias no algoritmo de paginação. Uma dessas melhorias envolve o reconhecimento de páginas de bibliotecas compartilhadas. Páginas pertencentes a bibliotecas que estejam sendo compartilhadas por vários processos são ignoradas durante o processo de varredura de páginas — mesmo se elas forem elegíveis a serem reclamadas pela varredura. Outra melhoria diz respeito à diferenciação entre páginas que foram alocadas a processos e páginas alocadas a arquivos comuns. Isso é conhecido como paginação por prioridades, que é abordada na Seção 12.6.2.

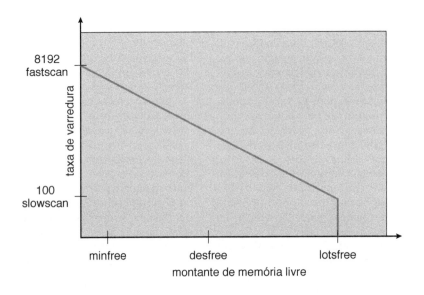

Figura 9.29 Varredura de páginas no Solaris.

9.11 Resumo

É desejável que possamos executar um processo com espaço de endereçamento lógico maior do que o espaço de endereçamento físico disponível. A memória virtual é uma técnica que nos habilita a mapear um grande espaço de endereçamento lógico para uma memória física menor. A memória virtual permite-nos executar processos extremamente grandes e elevar o grau de multiprogramação, aumentando a utilização da CPU. Também libera os programadores de aplicações quanto a preocupações com disponibilidade de memória. Além disso, com a memória virtual, vários processos podem compartilhar as bibliotecas e a memória do sistema. Com a memória virtual podemos também usar um tipo eficiente de criação de processos conhecido como cópia-após-gravação, em que o processo-pai e o processo-filho compartilham páginas reais de memória.

A memória virtual é comumente implementada por meio de paginação por demanda. A paginação por demanda pura nunca traz uma página para a memória até que a página seja referenciada. A primeira referência causa um erro de página para o sistema operacional. O kernel do sistema operacional consulta uma tabela interna para determinar onde a página está localizada na memória de retaguarda. Ele então encontra um quadro livre e transfere a página da memória de retaguarda para esse quadro. A tabela de páginas é atualizada para refletir essa alteração e a instrução que causou o erro de página é reiniciada. Essa abordagem permite que um processo seja executado, ainda que toda a sua imagem de memória não esteja na memória principal de uma só vez. Contanto que a taxa de erros de página seja razoavelmente baixa, o desempenho é aceitável.

Podemos usar a paginação por demanda para reduzir o número de quadros alocados a um processo. Esse esquema pode aumentar o grau de multiprogramação (permitindo que mais processos estejam disponíveis para execução em determinado momento) e — teoricamente, pelo menos — a utilização da CPU do sistema. Também permite que processos sejam executados, mesmo que seus requisitos de memória excedam a memória física total disponível. Esses processos são executados na memória virtual.

Se os requisitos totais de memória excedem a capacidade de memória física, pode ser necessário substituir páginas da memória de modo a liberar quadros para novas páginas. Vários algoritmos de substituição de páginas são usados. A substituição de páginas FIFO é fácil de programar, mas sofre da anomalia de Belady. A substituição ótima de páginas requer conhecimento antecipado. A substituição LRU é uma aproximação da substituição ótima de páginas, mas também pode ser difícil de implementar. A maioria dos algoritmos de substituição de páginas, como o algoritmo da segunda chance, é uma aproximação da substituição LRU.

Além de um algoritmo de substituição de páginas, é necessária uma política de alocação de quadros. A alocação pode ser fixa, sugerindo uma substituição de páginas local, ou dinâmica, sugerindo substituição global. O modelo do conjunto de trabalho assume que os processos são executados em localidades. O conjunto de trabalho é o conjunto de páginas na localidade corrente. Portanto, cada processo deve receber quadros suficientes de acordo com seu conjunto de trabalho corrente. Se um processo não contar com memória suficiente para seu conjunto de trabalho, ele entrará em atividade improdutiva. O fornecimento de quadros suficientes a cada processo para evitar a atividade improdutiva pode requerer a permuta e o scheduling de processos.

A maioria dos sistemas operacionais fornece recursos de mapeamento de arquivos para a memória, permitindo que o I/O de arquivos seja tratado como acesso rotineiro à memória. A API Win32 implementa a memória compartilhada através do mapeamento de arquivos para a memória.

Normalmente, os processos do kernel requerem que a memória seja alocada com o uso de páginas fisicamente contíguas. O sistema de pares aloca memória aos processos do kernel em unidades dimensionadas de acordo com uma potência de 2, o que, com frequência, resulta em fragmentação. Os alocadores de slabs atribuem estruturas de dados do kernel a caches associados a slabs que são compostos por uma ou mais páginas fisicamente contíguas. Com a alocação de slabs, não há desperdício de memória em razão da fragmentação, e as solicitações de memória podem ser atendidas rapidamente.

Além de requerer a solução dos principais problemas de substituição de páginas e alocação de quadros, o projeto apropriado de um sistema de paginação requer que se considerem a pré-paginação, o tamanho da página, o alcance do TLB, as tabelas de páginas invertidas, a estrutura do programa, o interlock de I/O e o trancamento de páginas, além de outras questões.

Exercícios Práticos

9.1 Sob que circunstâncias ocorrem erros de página? Descreva as ações realizadas pelo sistema operacional quando ocorre um erro de página.

9.2 Suponha que você tenha uma sequência de referências de página para um processo com m quadros (todos inicialmente vazios). A sequência de referências de página tem tamanho p, e nela ocorrem n números de página distintos. Responda a essas perguntas para qualquer algoritmo de substituição de páginas:

a. O que é um limite inferior em relação ao número de erros de página?

b. O que é um limite superior em relação ao número de erros de página?

9.3 Considere a tabela de páginas mostrada na Figura 9.30 para um sistema com endereços virtuais e físicos de 12 bits e páginas de 256 bytes. A lista de quadros de páginas livres é D, E e F (isto é, D é a cabeça da lista, E é o segundo quadro e F é o último).

Página	Quadro de Página
0	–
1	2
2	C
3	A
4	–
5	4
6	3
7	–
8	B
9	0

Figura 9.30 Tabela de páginas do Exercício 9.3.

Converta os endereços virtuais, a seguir, nos endereços físicos equivalentes em hexadecimais. Todos os números são dados em hexadecimal. (Um travessão para um quadro de página indica que a página não está em memória.)

- 9EF
- 111
- 700
- 0FF

9.4 Considere os algoritmos de substituição de páginas a seguir. Classifique esses algoritmos em uma escala de cinco pontos que vai de "ruim" a "perfeito" de acordo com sua taxa de erros de página. Separe os algoritmos que sofrem da anomalia de Belady dos que não são afetados por ela.

a. Substituição LRU
b. Substituição FIFO
c. Substituição ótima
d. Substituição da segunda chance

9.5 Discuta o suporte de hardware requerido para suportar a paginação por demanda.

9.6 Um sistema operacional dá suporte a uma memória virtual paginada. O processador central tem um tempo de ciclo de 1 microssegundo. O acesso a uma página que não seja a página corrente tem o custo de 1 microssegundo adicional. As páginas têm 1.000 palavras, e o dispositivo de paginação é um tambor que gira a 3.000 rotações por minuto e transfere 1 milhão de palavras por segundo. As medidas estatísticas a seguir foram obtidas do sistema:

- 1% de todas as instruções executadas acessava uma página diferente da página corrente.
- Das instruções que acessavam outra página, 80% acessavam uma página que já estava na memória.
- Quando uma nova página era requerida, a página substituída tinha sido modificada 50% das vezes.

Calcule o tempo efetivo de instrução nesse sistema, supondo que o sistema esteja executando apenas um processo e que o processador fique ocioso durante as transferências executadas pelo tambor.

9.7 Considere o array bidimensional A:

```
int A[][] = new int[100][100];
```

em que A[0][0] está na locação 200 em um sistema de memória paginada com páginas de tamanho 200. Um processo pequeno que manipula a matriz reside na página 0 (locações 0 a 199). Portanto, cada busca de instrução ocorrerá a partir da página 0.

Para três quadros de páginas, quantos erros de página são gerados pelos seguintes loops de inicialização do array? Use a substituição LRU e suponha que o quadro de página 1 contenha o processo, e os outros dois estejam inicialmente vazios.

a.
```
for (int j = 0; j < 100; j++)
    for (int i = 0; i < 100; i++)
        A[i][j] = 0;
```

b.
```
for (int i = 0; i < 100; i++)
    for (int j = 0; j < 100; j++)
        A[i][j] = 0;
```

9.8 Considere a sequência de referências de página a seguir:

1, 2, 3, 4, 2, 1, 5, 6, 2, 1, 2, 3, 7, 6, 3, 2, 1, 2, 3, 6.

Quantos erros de página ocorreriam para os algoritmos de substituição abaixo, supondo a existência de um, dois, três, quatro, cinco, seis e sete quadros? Lembre-se de que todos os quadros estão inicialmente vazios e, portanto, as primeiras páginas apresentarão um erro cada.

- Substituição LRU
- Substituição FIFO
- Substituição ótima

9.9 Suponha que você queira usar um algoritmo de paginação que exija um bit de referência (como a substituição da segunda chance ou o modelo do conjunto de trabalho), mas o hardware não forneça um. Esquematize como você poderia simular um bit de referência, mesmo se um não fosse fornecido pelo hardware, ou explique por que não é possível fazer isso. Se for possível, calcule qual seria o custo.

9.10 Você inventou um novo algoritmo de substituição de páginas que você acha que pode ser ótimo. Em alguns casos de teste distorcidos, ocorre a anomalia de Belady. O novo algoritmo é ótimo? Explique sua resposta.

9.11 A segmentação é semelhante à paginação, mas usa "páginas" de tamanho variável. Defina dois algoritmos de substituição de segmentos, um baseado no esquema de substituição de páginas FIFO e o outro no esquema de substituição de páginas LRU. Lembre-se de que, como os segmentos não têm o mesmo tamanho, o segmento que for selecionado para ser substituído pode ser muito pequeno para deixar locações consecutivas suficientes para o segmento requerido. Considere estratégias para sistemas em que os segmentos não possam ser relocados e estratégias para sistemas onde isso possa ocorrer.

9.12 Considere um sistema de computação paginado por demanda em que o grau de multiprogramação esteja correntemente fixado em quatro. O sistema foi recentemente medido para determinar a utilização da CPU e do disco de paginação. Três resultados alternativos são mostrados abaixo. O que está ocorrendo em cada caso? O grau de multiprogramação pode ser aumentado para aumentar a utilização da CPU? A paginação está ajudando?

a. 13% de utilização da CPU; 97% de utilização do disco
b. 87% de utilização da CPU; 3% de utilização do disco
c. 13% de utilização da CPU; 3% de utilização do disco

9.13 Temos um sistema operacional para um sistema de computação que usa registradores base e limite, mas modificamos a máquina para fornecer uma tabela de páginas. As tabelas de páginas podem ser definidas para simular registradores base e limite? Como elas podem ser definidas ou por que não podem sê-lo?

Exercícios

9.14 Suponha que um programa tenha acabado de referenciar um endereço na memória virtual. Descreva um cenário em que cada uma das situações abaixo possa ocorrer. (Se esse cenário não puder ocorrer, explique por quê.)

- Omissão do TLB sem erro de página
- Omissão de TLB com erro de página

- Sucesso do TLB sem erro de página
- Sucesso do TLB com erro de página

9.15 Uma visão simplificada de estados dos threads é *Pronto*, *Em Execução* e *Bloqueado*, em que um thread está pronto e esperando para ser incluído no schedule, está sendo executado no processador, ou está bloqueado (por exemplo, está esperando por I/O). Isso é ilustrado na Figura 9.31. Supondo que um thread esteja no estado Em Execução, responda às perguntas a seguir e explique sua resposta:

a. O thread mudará de estado se incorrer em um erro de página? Se mudar, para que estado passará?

b. O thread mudará de estado se gerar uma omissão do TLB que seja resolvida na tabela de páginas? Se mudar, para que estado passará?

c. O thread mudará de estado se uma referência de endereço for resolvida na tabela de páginas? Se mudar, para que estado passará?

9.16 Considere um sistema que use a paginação por demanda pura.

a. Quando um processo inicia a sua execução pela primeira vez, como você caracterizaria a taxa de erros de página?

b. Uma vez que o conjunto de trabalho de um processo seja carregado na memória, como você caracterizaria a taxa de erros de página?

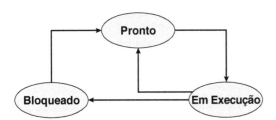

Figura 9.31 Diagrama de estados dos threads do Exercício 9.15.

c. Suponha que um processo altere sua localidade, e o tamanho do novo conjunto de trabalho seja grande demais para ser armazenado na memória livre disponível. Identifique algumas opções que os projetistas de sistemas poderiam selecionar para manipular essa situação.

9.17 O que é o recurso de cópia-após-gravação, e sob que circunstâncias seu uso é benéfico? Que suporte de hardware é requerido para sua implementação?

9.18 Determinado computador fornece a seus usuários um espaço de memória virtual de 2^{32} bytes. O computador tem 2^{22} bytes de memória física. A memória virtual é implementada por paginação, e o tamanho da página é de 4.096 bytes. Um processo de usuário gera o endereço virtual 11123456. Explique como o sistema estabelece a locação física correspondente. Diferencie operações de software e de hardware.

9.19 Suponha que tenhamos uma memória paginada por demanda. A tabela de páginas é mantida em registradores. São necessários 8 milissegundos para manipular um erro de página, se um quadro vazio está disponível ou se a página substituída não foi modificada, e 20 milissegundos, se a página substituída foi modificada. O tempo de acesso à memória é de 100 nanossegundos.

Suponha que a página a ser substituída seja modificada 70% das vezes. Qual é a taxa de erros de página máxima aceitável para um tempo efetivo de acesso de não mais do que 200 nanossegundos?

9.20 Quando ocorre um erro de página, o processo que está solicitando a página deve ser bloqueado enquanto espera que a página seja trazida do disco para a memória física. Suponha que exista um processo com cinco threads de nível de usuário e que o mapeamento de threads de usuário para threads do kernel seja um-para-um. Se um thread de usuário incorre em um erro de página ao acessar sua pilha, os outros threads de usuário pertencentes ao mesmo processo também seriam afetados pelo erro de página — isto é, eles também precisariam esperar que a página que gerou o erro seja trazida para a memória? Explique.

9.21 Considere a sequência de referências de página a seguir:

7, 2, 3, 1, 2, 5, 3, 4, 6, 7, 7, 1, 0, 5, 4, 6, 2, 3, 0, 1.

Supondo uma paginação por demanda com três quadros, quantos erros de página ocorreriam para os algoritmos de substituição a seguir?

- Substituição LRU
- Substituição FIFO
- Substituição ótima

9.22 A tabela de páginas mostrada na Figura 9.32 é para um sistema com endereços virtuais e físicos de 16 bits e páginas de 4.096 bytes. O bit de referência é posicionado em 1 quando a página é referenciada. Periodicamente, um thread zera todos os valores do bit de referência. Um travessão para um quadro de página indica que a página não está em memória. O algoritmo de substituição de páginas é o LRU localizado, e todos os números são fornecidos em decimais.

a. Converta os endereços virtuais a seguir (em hexadecimais) para os endereços físicos equivalentes. Você pode fornecer respostas em hexadecimal ou decimal.

Página	Quadro de Página	Bit de Referência
0	9	0
1	1	0
2	14	0
3	10	0
4	–	0
5	13	0
6	8	0
7	15	0
8	–	0
9	0	0
10	5	0
11	4	0
12	–	0
13	–	0
14	3	0
15	2	0

Figura 9.32 Tabela de páginas do Exercício 9.22.

Posicione também o bit de referência da entrada apropriada na tabela de páginas.
- 0xE12C
- 0x3A9D
- 0xA9D9
- 0x7001
- 0xACA1

b. Usando os endereços acima como ponto de partida, forneça um exemplo de endereço lógico (em hexadecimal) que resulte em erro de página.

c. Em que conjunto de quadros de página o algoritmo de substituição LRU fará uma seleção para resolver um erro de página?

9.23 Suponha que você esteja monitorando a taxa segundo a qual o ponteiro do algoritmo do relógio se move. (O ponteiro indica a página candidata à substituição.) O que você pode dizer sobre o sistema se observar o comportamento a seguir:

a. O ponteiro está se movendo rapidamente.
b. O ponteiro está se movendo lentamente.

9.24 Discuta situações em que o algoritmo de substituição de páginas menos-frequentemente-utilizadas (LFU) gere menos erros de página do que o algoritmo de substituição de páginas menos-recentemente-utilizadas (LRU). Discuta também sob que circunstâncias o oposto acontece.

9.25 Discuta situações em que o algoritmo de substituição de páginas mais-frequentemente-utilizadas (MFU) gere menos erros de página do que o algoritmo de substituição de páginas menos-recentemente-utilizadas (LRU). Discuta também sob que circunstâncias o oposto acontece.

9.26 O sistema VAX/VMS usa um algoritmo de substituição FIFO para páginas residentes e um pool de quadros livres de páginas recentemente utilizadas. Suponha que o pool de quadros livres seja gerenciado com o uso da política de substituição LRU. Responda as perguntas a seguir:

a. Se um erro de página ocorrer e a página não existir no pool de quadros livres, como é gerado espaço livre para a página recém-solicitada?

b. Se um erro de página ocorrer e a página existir no pool de quadros livres, como o conjunto de páginas residentes e o pool de quadros livres são gerenciados de modo a criar espaço para a página solicitada?

c. Para que estado o sistema degenerará se o número de páginas residentes for estabelecido em um?

d. Para que estado o sistema degenerará se o número de páginas no pool de quadros livres for zero?

9.27 Considere um sistema de paginação por demanda com as seguintes medidas de tempo de utilização:

Utilização da CPU	20%
Disco de paginação	97,7%
Outros dispositivos de I/O	5%

Para cada uma das situações a seguir, diga se ela irá (ou poderá vir a) melhorar a utilização da CPU. Explique suas respostas.

a. Instalação de uma CPU mais rápida.
b. Instalação de um disco de paginação maior.
c. Aumento do grau de multiprogramação.
d. Diminuição do grau de multiprogramação.
e. Instalação de mais memória principal.
f. Instalação de um disco rígido mais rápido ou de múltiplos controladores com múltiplos discos rígidos.
g. Adição da pré-paginação aos algoritmos de busca de páginas.
h. Aumento do tamanho da página.

9.28 Suponha que um computador forneça instruções que possam acessar locações de memória usando o esquema de endereçamento indireto de um nível. Que sequência de erros de página ocorre quando todas as páginas de um programa estão correntemente não residentes e a primeira instrução do programa seja uma operação de carga de memória indireta? O que acontece quando o sistema operacional está usando uma técnica de alocação de quadros por processo e somente duas páginas sejam alocadas a esse processo?

9.29 Suponha que sua política de substituição (em um sistema paginado) seja examinar cada página regularmente e descartar a página se ela não tiver sido usada desde a última verificação. O que você ganharia e o que perderia usando essa política em vez da substituição LRU ou da segunda chance?

9.30 Um algoritmo de substituição de páginas deve minimizar o número de erros de página. Podemos obter essa minimização distribuindo páginas muito usadas de modo uniforme por toda a memória, em vez de fazê-las competir por um pequeno número de quadros de páginas. Podemos associar a cada quadro de página um contador do número de páginas associadas a esse quadro. Assim, para substituir uma página, podemos procurar o quadro de página com a menor contagem.

a. Defina um algoritmo de substituição de páginas usando essa ideia básica. Resolva especificamente esses problemas:
  i. Qual é o valor inicial dos contadores?
  ii. Quando os contadores são incrementados?
  iii. Quando os contadores são decrementados?
  iv. Como a página a ser substituída é selecionada?

b. Quantos erros de página ocorrem em seu algoritmo para a sequência de referência, a seguir, com quatro quadros de páginas?

1, 2, 3, 4, 5, 3, 4, 1, 6, 7, 8, 7, 8, 9, 7, 8, 9, 5, 4, 5, 4, 2.

c. Qual é o número mínimo de erros de página de uma estratégia ótima de substituição de páginas, para a sequência de referência da parte b com quatro quadros de páginas?

9.31 Considere um sistema de paginação por demanda com um disco de paginação que tenha um tempo médio de acesso e de transferência de 20 milissegundos. Os endereços são traduzidos por meio de uma tabela de páginas na memória principal, com tempo de acesso de 1 microssegundo por acesso à memória. Portanto, cada referência feita à memória através da tabela de páginas exige dois acessos. Para melhorar esse tempo, adicionamos uma memória associativa que reduz o tempo de acesso a uma referência de memória se a entrada da tabela de páginas estiver na memória associativa.

Suponha que 80% dos acessos sejam feitos na memória associativa e que, do restante, 10% (ou 2% do total) provoquem erros de página. Qual é o tempo de acesso efetivo à memória?

9.32 Qual é a causa da atividade improdutiva? Como o sistema a detecta? Uma vez que ela seja detectada, o que o sistema pode fazer para eliminar esse problema?

9.33 É possível que um processo tenha dois conjuntos de trabalho, um representando dados e outro representando código? Explique.

9.34 Considere o parâmetro Δ usado para definir a janela do conjunto de trabalho no modelo do conjunto de trabalho. Quando Δ é definido com um valor pequeno, qual é o efeito sobre a frequência de erros de página e o número de processos ativos (não suspensos) em execução corrente no sistema? Qual é o efeito quando Δ é definido com um valor muito alto?

9.35 Em um segmento de 1.024 KB, a memória é alocada com o uso do sistema de pares. Usando a Figura 9.26 como guia, desenhe uma árvore ilustrando como as solicitações de memória a seguir são alocadas:

- Solicitação de 6 K
- Solicitação de 250 bytes
- Solicitação de 900 bytes
- Solicitação de 1.500 bytes
- Solicitação de 7 KB

Em seguida, modifique a árvore de acordo com as liberações de memória a seguir. Execute a fusão sempre que possível:

- Liberação de 250 bytes
- Liberação de 900 bytes
- Liberação de 1.500 bytes

9.36 Um sistema suporta threads de nível de usuário e de nível de kernel. O mapeamento nesse sistema é do tipo um-para-um (há um thread do kernel correspondente a cada thread de usuário). Um processo multithreaded é composto por (a) um conjunto de trabalho para o processo inteiro ou (b) um conjunto de trabalho para cada thread? Explique.

9.37 O algoritmo de alocação de slabs usa um cache separado para cada tipo de objeto diferente. Supondo que haja um cache por tipo de objeto, explique por que esse esquema não escala bem com múltiplas CPUs. O que poderia ser feito para resolver esse problema de escalabilidade?

9.38 Considere um sistema que aloque páginas de diferentes tamanhos a seus processos. Quais são as vantagens de um esquema de paginação desse tipo? Que modificações no sistema de memória virtual fornecem essa funcionalidade?

Problemas de Programação

9.39 Escreva um programa que implemente os algoritmos de substituição de páginas FIFO, LRU e ótimo apresentados neste capítulo. Primeiro, gere uma sequência aleatória de referências de página em que os números de página variam de 0 a 9. Aplique a sequência aleatória de referências de página a cada algoritmo e registre o número de erros de página em que cada um deles incorre. Implemente os algoritmos de substituição de modo que o número de quadros de páginas possa variar de 1 a 7. Suponha o uso de paginação por demanda.

9.40 Repita o Exercício 3.22, dessa vez usando a memória compartilhada do Windows. Especificamente, usando a estratégia do produtor-consumidor, projete dois programas que se comuniquem com a memória compartilhada usando a API Windows como descrito na Seção 9.7.2. O produtor gerará os números especificados na conjectura de Collatz e os gravará em um objeto de memória compartilhada. Em seguida, o consumidor lerá e dará saída na sequência de números a partir da memória compartilhada.

Nessa instância do exercício, o produtor receberá um parâmetro inteiro na linha de comando especificando quantos números ele deve produzir (por exemplo, o fornecimento de 5 na linha de comando significa que o processo produtor gerará os cinco primeiros números).

Projetos de Programação

Projetando um Gerenciador de Memória Virtual

Esse projeto consiste em escrever um programa que traduza endereços lógicos para endereços físicos de um espaço de endereçamento virtual de $2^{16} = 65.536$ bytes. Seu programa lerá de um arquivo contendo endereços lógicos e, usando tanto um TLB quanto uma tabela de páginas, traduzirá cada endereço lógico para seu correspondente endereço físico, dando saída no valor do byte armazenado no endereço físico resultante. O objetivo por trás desse projeto é a simulação dos passos envolvidos na tradução de endereços lógicos para endereços físicos.

Especificidades

Seu programa lerá um arquivo contendo vários números inteiros de 32 bits que representam endereços lógicos. No entanto, você precisa se preocupar apenas com endereços de 16 bits; portanto, você deve mascarar os 16 bits da extrema direita de cada endereço lógico. Esses 16 bits são divididos em (1) um número de página de 8 bits e (2) um deslocamento de página de 8 bits. Assim, os endereços estão estruturados como mostrado na Figura 9.33.

Outras especificidades incluem:

- 2^8 entradas na tabela de páginas
- Tamanho de página de 2^8 bytes
- 16 entradas no TLB
- Tamanho de quadro de 2^8 bytes
- 256 quadros
- Memória física de 65.536 bytes (256 quadros × tamanho de quadro de 256 bytes)

Além disso, seu programa precisa se preocupar apenas com a leitura de endereços lógicos e sua tradução para seus endereços físicos correspondentes. Você não precisa dar suporte à gravação no espaço de endereçamento lógico.

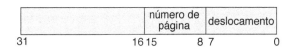

Figura 9.33 Estrutura de endereço.

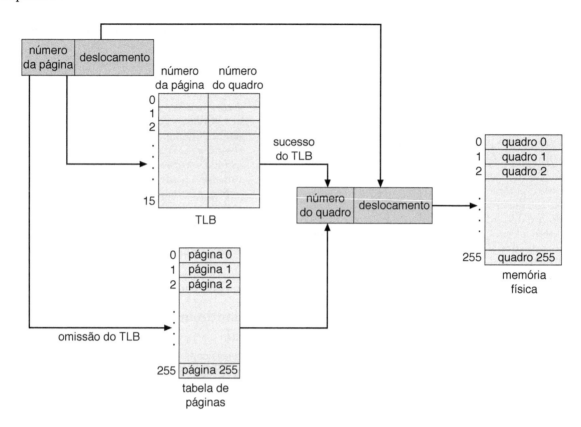

Figura 9.34 Uma representação do processo de tradução de endereços.

Tradução de Endereços

Seu programa traduzirá endereços lógicos para físicos usando um TLB e uma tabela de páginas como descrito na Seção 8.5. Primeiro, o número da página é extraído do endereço lógico, e o TLB é consultado. Em caso de sucesso do TLB, o número do quadro é obtido a partir do TLB. Em caso de omissão do TLB, a tabela de páginas deve ser consultada. No último caso, o número do quadro é obtido na tabela de páginas ou ocorre um erro de página. Uma representação visual do processo de tradução de endereços aparece na Figura 9.34.

Manipulando Erros de Página

Seu programa implementará a paginação por demanda como descrito na Seção 9.2. A memória de retaguarda é representada pelo arquivo BACKING_STORE.bin, um arquivo binário de 65.536 bytes. Quando ocorrer um erro de página, você lerá uma página de 256 bytes a partir do arquivo BACKING_STORE e a armazenará em um quadro de página disponível na memória física. Por exemplo, se um endereço lógico com o número de página 15 resultar em um erro de página, seu programa lerá a página 15 em BACKING_STORE (lembre-se de que as páginas começam em 0 e têm 256 bytes de tamanho) e a armazenará em um quadro de página na memória física. Uma vez que esse quadro seja armazenado (e a tabela de páginas e o TLB forem atualizados), acessos subsequentes à página 15 serão resolvidos pelo TLB ou pela tabela de páginas.

Você deverá tratar BACKING_STORE.bin como um arquivo de acesso aleatório para que possa pesquisar aleatoriamente certas posições do arquivo para leitura. Sugerimos o uso das funções-padrão da biblioteca de C para execução de I/O, incluindo fopen ( ), fread ( ), fseek ( ) e fclose ( ).

O tamanho da memória física é igual ao tamanho do espaço de endereçamento virtual: 65.536 bytes; logo, você não precisa se preocupar com substituições de página durante um erro de página. Posteriormente, descrevemos uma variação desse projeto que usa um montante menor de memória física; então, uma estratégia de substituição de páginas será necessária.

Arquivo de Texto

Fornecemos o arquivo addresses.txt, que contém valores inteiros representando endereços lógicos que variam de 0 a 65535 (o tamanho do espaço de endereçamento virtual). Seu programa abrirá esse arquivo, lerá cada endereço lógico e o traduzirá para seu endereço físico correspondente, e dará saída no valor do byte sinalizado contido no endereço físico.

Como Começar

Primeiro, escreva um programa simples que extraia o número e o deslocamento da página (com base na Figura 9.33) a partir dos números inteiros a seguir:

1, 256, 32768, 32769, 128, 65534, 33153

Talvez a maneira mais fácil de fazer isso seja usando os operadores de mascaramento de bits e de deslocamento de bits. Uma vez que você possa estabelecer corretamente o número e o deslocamento da página a partir do número inteiro, estará pronto para começar.

Inicialmente, sugerimos que você ignore o TLB e use apenas a tabela de páginas. Você pode integrar o TLB, uma vez que sua tabela de páginas esteja funcionando apropriadamente. Lembre-se de que a tradução de endereços pode funcionar sem um TLB; o TLB apenas a torna mais rápida. Quando você estiver pronto para implementar o TLB, não se esqueça de que ele tem somente 16 entradas; assim, você terá que usar uma estratégia de substituição quando atualizar um TLB cheio. Você pode usar uma política FIFO ou LRU para atualizar seu TLB.

Como Executar Seu Programa

Seu programa deve ser executado como descrito a seguir:

```
./a.out addresses.txt
```

Seu programa lerá o arquivo `addresses.txt`, que contém 1.000 endereços lógicos variando de 0 a 65535. Seu programa deve traduzir cada endereço lógico para um endereço físico e determinar o conteúdo do byte sinalizado armazenado no endereço físico correto. (Lembre-se de que, na linguagem C, o tipo de dado `char` ocupa um byte de memória; logo, sugerimos o uso de valores `char`.)

O programa deve dar saída nos seguintes valores:

1. O endereço lógico que está sendo traduzido (o valor inteiro que está sendo lido em `addresses.txt`).
2. O endereço físico correspondente (aquele para o qual seu programa traduziu o endereço lógico).
3. O valor do byte sinalizado armazenado no endereço físico resultante.

Também fornecemos o arquivo `correct.txt`, que contém os valores de saída corretos para o arquivo `addresses.txt`. Você deve usar esse arquivo para determinar se o seu programa está traduzindo corretamente endereços lógicos para físicos.

Estatísticas

Após concluído, seu programa deve relatar as seguintes estatísticas:

1. Taxa de erros de página — O percentual de referências de endereços que resultaram em erros de página.
2. Taxa de sucesso do TLB — O percentual de referências de endereços que foram resolvidas no TLB.

Já que os endereços lógicos em `addresses.txt` foram gerados aleatoriamente e não refletem quaisquer localidades de acesso à memória, não espere obter uma alta taxa de sucesso do TLB.

Modificações

Esse projeto presume que a memória física tenha o mesmo tamanho do espaço de endereçamento virtual. Na prática, a memória física é tipicamente muito menor do que um espaço de endereçamento virtual. Uma sugestão de modificação é usar um espaço de endereçamento físico menor. Recomendamos o uso de 128 quadros de páginas em vez de 256. Essa alteração demandará a modificação do seu programa para que ele controle os quadros de páginas livres, assim como a implementação de uma política de substituição de páginas usando FIFO ou LRU (Seção 9.4).

Notas Bibliográficas

A paginação por demanda foi usada pela primeira vez no sistema Atlas, implementado no computador MUSE da Universidade de Manchester, por volta de 1960 ([Kilburn et al. (1961)]). Outro antigo sistema de paginação por demanda foi o MULTICS, implementado no sistema GE 645 ([Organick (1972)]). A memória virtual foi adicionada ao Unix em 1979 [Babaoglu e Joy (1981)].

[Belady et al. (1969)] foram os primeiros pesquisadores a observarem que a estratégia de substituição FIFO pode produzir a anomalia que carrega o nome de Belady. [Mattson et al. (1970)] demonstraram que os algoritmos de pilha não estão sujeitos à anomalia de Belady.

O algoritmo de substituição ótimo foi apresentado por [Belady (1966)] e comprovado como ótimo por [Mattson et al. (1970)]. O algoritmo ótimo de Belady é para uma alocação fixa; [Prieve e Fabry (1976)] apresentaram um algoritmo ótimo para situações em que a alocação pode variar.

O algoritmo do relógio aprimorado foi discutido por [Carr e Hennessy (1981)].

O modelo do conjunto de trabalho foi desenvolvido por [Denning (1968)]. Discussões relacionadas com o modelo do conjunto de trabalho foram apresentadas por [Denning (1980)].

O esquema para o monitoramento da taxa de erros de página foi desenvolvido por [Wulf (1969)], que aplicou com sucesso essa técnica ao sistema de computação Burroughs B5500.

Os alocadores de memória do sistema de pares foram descritos em [Knowlton (1965)], [Peterson e Norman (1977)] e [Purdom, Jr. e Stigler (1970)]. [Bonwick (1994)] discutiu o alocador de slabs, e [Bonwick e Adams (2001)] estenderam a discussão a múltiplos processadores. Outros algoritmos de alocação de memória podem ser encontrados em [Stephenson (1983)], [Bays (1977)] e [Brent (1989)]. Uma pesquisa sobre estratégias de alocação de memória pode ser encontrada em [Wilson et al. (1995)].

[Solomon e Russinovich (2000)] e [Russinovich e Solomon (2005)] descreveram como o Windows implementa a memória virtual. [McDougall e Mauro (2007)] discutiram a memória virtual no Solaris. Técnicas de memória virtual no Linux e no FreeBSD foram descritas por [Love (2010)] e [McKusick e Neville-Neil (2005)], respectivamente. [Ganapathy e Schimmel (1998)] e [Navarro et al. (2002)] discutiram o suporte do sistema operacional a múltiplos tamanhos de página.

Bibliografia

[Babaoglu e Joy (1981)] O. Babaoglu e W. Joy, "Converting a Swap-Based System to Do Paging in an Architecture Lacking Page-Reference Bits", *Proceedings of the ACM Symposium on Operating Systems Principles* (1981), páginas 78-86.

[Bays (1977)] C. Bays, "A Comparison of Next-Fit, First-Fit and Best-Fit", *Communications of the ACM*, volume 20, número 3 (1977), páginas 191-192.

[Belady (1966)] L. A. Belady, "A Study of Replacement Algorithms for a Virtual-Storage Computer", *IBM Systems Journal*, volume 5, número 2 (1966), páginas 78-101.

[Belady et al. (1969)] L. A. Belady, R. A. Nelson e G. S. Shedler, "An Anomaly in Space-Time Characteristics of Certain Programs Running in a Paging Machine", *Communications of the ACM*, volume 12, número 6 (1969), páginas 349-353.

[Bonwick (1994)] J. Bonwick, "The Slab Allocator: An Object-Caching Kernel Memory Allocator", *USENIX Summer* (1994), páginas 87-98.

[Bonwick e Adams (2001)] J. Bonwick e J. Adams, "Magazines and Vmem: Extending the Slab Allocator to Many CPUs and Arbitrary Resources", *Proceedings of the 2001 USENIX Annual Technical Conference* (2001).

[Brent (1989)] R. Brent, "Efficient Implementation of the First-Fit Strategy for Dynamic Storage Allocation", *ACM Transactions on Programming Languages and Systems*, volume 11, número 3 (1989), páginas 388-403.

[Carr e Hennessy (1981)] W. R. Carr e J. L. Hennessy, "WSClock — A Simple and Effective Algorithm for Virtual Memory Management", *Proceedings of the ACM Symposium on Operating Systems Principles* (1981), páginas 87-95.

[Denning (1968)] P. J. Denning, "The Working Set Model for Program Behavior", *Communications of the ACM*, volume 11, número 5 (1968), páginas 323-333.

[Denning (1980)] P. J. Denning, "Working Sets Past and Present", *IEEE Transactions on Software Engineering*, volume SE-6, número 1 (1980), páginas 64-84.

[Ganapathy e Schimmel (1998)] N. Ganapathy e C. Schimmel, "General Purpose Operating System Support for Multiple Page Sizes", *Proceedings of the USENIX Technical Conference* (1998).

[Kilburn et al. (1961)] T. Kilburn, D. J. Howarth, R. B. Payne e F. H. Sumner, "The Manchester University Atlas Operating System, Part I: Internal Organization", *Computer Journal*, volume 4, número 3 (1961), páginas 222-225.

[Knowlton (1965)] K. C. Knowlton, "A Fast Storage Allocator", *Communications of the ACM*, volume 8, número 10 (1965), páginas 623-624.

[Love (2010)] R. Love, *Linux Kernel Development*, terceira edição, Developer's Library (2010).

[Mattson et al. (1970)] R. L. Mattson, J. Gecsei, D. R. Slutz e I. L. Traiger, "Evaluation Techniques for Storage Hierarchies", *IBM Systems Journal*, volume 9, número 2 (1970), páginas 78-117.

[McDougall e Mauro (2007)] R. McDougall e J. Mauro, *Solaris Internals*, segunda edição, Prentice Hall (2007).

[McKusick e Neville-Neil (2005)] M. K. McKusick e G. V. Neville-Neil, *The Design and Implementation of the FreeBSD UNIX Operating System*, Addison Wesley (2005).

[Navarro et al. (2002)] J. Navarro, S. Lyer, P. Druschel e A. Cox, "Practical, Transparent Operating System Support for Superpages", *Proceedings of the USENIX Symposium on Operating Systems Design and Implementation* (2002).

[Organick (1972)] E. I. Organick, *The Multics System: An Examination of Its Structure*, MIT Press (1972).

[Peterson e Norman (1977)] J. L. Peterson e T. A. Norman, "Buddy Systems", *Communications of the ACM*, volume 20, número 6 (1977), páginas 421-431.

[Prieve e Fabry (1976)] B. G. Prieve e R. S. Fabry, "VMIN — An Optimal Variable Space Page-Replacement Algorithm", *Communications of the ACM*, volume 19, número 5 (1976), páginas 295-297.

[Purdom, Jr. e Stigler (1970)] P. W. Purdom, Jr. e S. M. Stigler, "Statistical Properties of the Buddy System", *J. ACM*, volume 17, número 4 (1970), páginas 683-697.

[Russinovich e Solomon (2005)] M. E. Russinovich e D. A. Solomon, *Microsoft Windows Internals*, quarta edição, Microsoft Press (2005).

[Solomon e Russinovich (2000)] D. A. Solomon e M. E. Russinovich, *Inside Microsoft Windows 2000*, terceira edição, Microsoft Press (2000).

[Stephenson (1983)] C. J. Stephenson, "Fast Fits: A New Method for Dynamic Storage Allocation", *Proceedings of the Ninth Symposium on Operating Systems Principles* (1983), páginas 30-32.

[Wilson et al. (1995)] P. R. Wilson, M. S. Johnstone, M. Neely e D. Boles, "Dynamic Storage Allocation: A Survey and Critical Review", *Proceedings of the International Workshop on Memory Management* (1995), páginas 1-116.

[Wulf (1969)] W. A. Wulf, "Performance Monitors for Multiprogramming Systems", *Proceedings of the ACM Symposium on Operating Systems Principles* (1969), páginas 175-181.

Parte Quatro

Gerenciamento do Armazenamento

Já que a memória principal é usualmente pequena demais para acomodar todos os dados e programas permanentemente, o sistema de computação deve fornecer memória secundária como backup da memória principal. Os sistemas de computação modernos usam discos como a principal mídia de armazenamento de informações on-line (tanto de programas quanto de dados). O sistema de arquivos fornece o mecanismo de armazenamento e acesso on-line tanto para dados quanto para programas residentes em discos. Um arquivo é um conjunto de informações relacionadas, definidas por seu criador. Os arquivos são mapeados para dispositivos físicos pelo sistema operacional. Os arquivos são normalmente organizados em diretórios para facilitar seu uso.

Os dispositivos que são conectados a um computador variam em muitos aspectos. Alguns dispositivos transferem um caractere ou um bloco de caracteres de uma só vez. Alguns podem ser acessados apenas sequencialmente, outros randomicamente. Alguns transferem dados sincronamente, outros assincronamente. Alguns são dedicados, outros compartilhados. Podem ser somente-de-leitura ou de leitura-gravação. Variam muito em velocidade. Em muitos aspectos, também são o componente essencial mais lento do computador.

Por causa de toda essa variação nos dispositivos, o sistema operacional precisa fornecer um amplo espectro de funcionalidades às aplicações, para permitir que elas controlem todos os aspectos dos dispositivos. Um objetivo-chave do subsistema de I/O de um sistema operacional é fornecer a interface mais simples possível para o restante do sistema. Já que os dispositivos são um gargalo para o desempenho, outra questão-chave é otimizar o I/O para permitir concorrência máxima.

Estrutura de Armazenamento de Massa

CAPÍTULO 10

O sistema de arquivos pode ser visto logicamente como consistindo em três partes. No Capítulo 11, examinamos a interface do usuário e do programador com o sistema de arquivos. No Capítulo 12, descrevemos as estruturas de dados e os algoritmos internos usados pelo sistema operacional para implementar essa interface. Neste capítulo, começamos uma discussão sobre o sistema de arquivos no nível mais baixo: a estrutura de armazenamento secundário. Descrevemos, primeiro, a estrutura física dos discos e fitas magnéticas. Em seguida, descrevemos os algoritmos de scheduling de disco que organizam a ordem dos I/Os de disco para maximizar o desempenho. Depois, discutimos a formatação do disco e o gerenciamento dos blocos de inicialização, blocos danificados e espaço de permuta. Concluímos com um exame da estrutura dos sistemas RAID.

OBJETIVOS DO CAPÍTULO

- Descrever a estrutura física dos dispositivos de armazenamento secundário e seus efeitos sobre o uso dos dispositivos.
- Explicar as características de desempenho dos dispositivos de armazenamento de massa.
- Avaliar algoritmos de scheduling de disco.
- Discutir serviços do sistema operacional fornecidos para armazenamento de massa, incluindo o RAID.

10.1 Visão Geral da Estrutura de Armazenamento de Massa

Nesta seção, apresentamos uma visão geral da estrutura física dos dispositivos de armazenamento secundário e terciário.

10.1.1 Discos Magnéticos

Os discos magnéticos fornecem grande parte do armazenamento secundário dos sistemas de computação modernos. Conceitualmente, os discos são relativamente simples (Figura 10.1). Cada prato de disco tem uma forma circular chata, como um CD. Os diâmetros dos pratos comuns variam de 4,6 a 13,3 centímetros. As duas superfícies de um prato são cobertas por um material magnético. Armazenamos informações registrando-as magneticamente nos pratos.

Um cabeçote de leitura-gravação "flutua" imediatamente acima da superfície de cada prato. Os cabeçotes são fixados a um braço de disco que move todos os cabeçotes como uma unidade. A superfície de um prato é dividida logicamente em trilhas circulares, que são subdivididas em setores. O conjunto de trilhas que estão em uma posição do braço compõe um cilindro. Podem existir milhares de cilindros concêntricos em um drive de disco, e cada trilha pode conter centenas de setores. A capacidade de armazenamento dos drives de disco comuns é medida em gigabytes.

Quando o disco está em uso, o motor do drive gira-o em alta velocidade. A maioria dos drives gira de 60 a 250 vezes por segundo, velocidade que é especificada em termos de rotações por minuto (RPM). Os drives comuns giram a 5.400, 7.200, 10.000 e 15.000 RPM. A velocidade do disco tem duas partes. A taxa de transferência é a taxa em que os dados fluem entre o drive e o computador. O tempo de posicionamento, ou tempo de acesso randômico, consiste em duas partes: o tempo necessário para movimentar o braço do disco até o cilindro desejado, chamado tempo de busca, e o tempo necessário para que o setor desejado gire até o cabeçote do disco, chamado latência rotacional. Discos comuns podem transferir vários megabytes de dados por segundo e têm tempos de busca e latências rotacionais de vários milissegundos.

Já que o cabeçote do disco flutua sobre uma camada de ar extremamente fina (medida em mícrons), há o perigo de que o cabeçote entre em contato com a superfície do disco. Embora os pratos do disco sejam cobertos por uma leve camada protetora, o cabeçote algumas vezes danifica a superfície magnética. Esse acidente é chamado choque do cabeçote. Um choque do cabeçote normalmente não pode ser reparado; o disco inteiro deve ser substituído.

Um disco pode ser removível, permitindo que diferentes discos sejam montados, conforme necessário. Os discos magnéticos removíveis geralmente são compostos por um prato, contido em um invólucro plástico que evita danos enquanto ele ainda não está no drive de disco. Outros tipos de discos removíveis incluem CDs, DVDs e discos Blu-ray, assim como os dispositivos de memória flash removíveis conhecidos como drives flash (um tipo de drive de estado sólido).

Um drive de disco é conectado a um computador por um conjunto de fios chamado bus de I/O. Vários tipos de buses estão disponíveis, incluindo os buses de conexão de tecnologia avançada (ATA — *advanced technology attachment*), ATA serial (SATA — *serial ATA*), eSATA, bus serial universal (USB — *universal serial bus*) e canal de fibras (FC — *fibre channel*). As transferên-

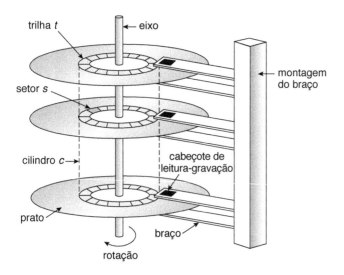

Figura 10.1 Mecanismo de disco com cabeçote móvel.

cias de dados em um bus são executadas por processadores eletrônicos especiais chamados controladores. O controlador hospedeiro é o controlador da extremidade do bus referente ao computador. Um controlador de disco vem embutido em cada drive de disco. Para executar uma operação de I/O de disco, o computador insere um comando no controlador hospedeiro, normalmente usando portas de I/O mapeadas para a memória, como descrito na Seção 9.7.3. O controlador hospedeiro envia então o comando, por meio de mensagens, para o controlador do disco, e esse controlador opera o hardware do drive de disco para executar o comando. Os controladores de disco têm, usualmente, um cache embutido. A transferência de dados no drive de disco ocorre entre o cache e a superfície do disco, e a transferência de dados para o hospedeiro, em velocidades eletrônicas rápidas, ocorre entre o cache e o controlador hospedeiro.

10.1.2 Discos de Estado Sólido

Às vezes, tecnologias antigas são usadas de novas formas à medida que a economia muda ou as tecnologias evoluem. Um exemplo é a crescente importância dos discos de estado sólido, ou SSDs (*solid-state disks*). Em uma descrição simples, um SSD é memória não volátil que é usada como um drive de disco rígido. Existem muitas variações dessa tecnologia, desde a DRAM, com uma bateria que lhe permite manter seu estado em caso de falta de energia, até as tecnologias de memória flash, como as células de um nível (SLC — *single-level cell*) e as células multiníveis (MLC — *multilevel cell*).

Os SSDs têm as mesmas características dos discos rígidos tradicionais, mas podem ser mais confiáveis porque não têm partes móveis, e podem ser mais rápidos porque não têm tempo de busca ou latência. Além disso, consomem menos energia. No entanto, eles são mais caros por megabyte do que os discos rígidos tradicionais, têm menos capacidade do que os discos rígidos maiores e podem ter tempo de vida útil mais curto do que os discos rígidos; assim, seu uso é um pouco limitado. Um uso dos SSDs é em arrays de armazenamento, em que eles mantêm metadados do sistema de arquivos que requerem alto desempenho. Os SSDs também são usados em alguns computadores laptop para torná-los menores, mais rápidos e mais eficientes quanto ao uso de energia.

Como os SSDs podem ser muito mais rápidos do que os drives de discos magnéticos, as interfaces de buses padrão podem impor um limite importante ao throughput. Alguns SSDs são projetados para se conectarem diretamente com o bus do sistema (o bus PCI, por exemplo). Os SSDs também estão mudando outros aspectos tradicionais do projeto dos computadores. Em alguns sistemas eles são usados como um substituto direto dos drives de disco, enquanto outros os utilizam como uma nova camada de cache, movendo dados entre discos magnéticos, SSDs e a memória para otimizar o desempenho.

No restante deste capítulo, algumas seções têm relação com os SSDs, e outras não. Por exemplo, já que os SSDs não têm cabeçote de disco, os algoritmos de scheduling de disco quase sempre não são aplicáveis. O throughput e a formatação, no entanto, são aplicáveis.

10.1.3 Fitas Magnéticas

A fita magnética foi usada como uma das primeiras mídias de armazenamento secundário. Embora ela seja relativamente permanente e possa manter grandes quantidades de dados, seu tempo de acesso é lento comparado com o da memória principal e do disco magnético. Além disso, o acesso randômico à fita magnética é cerca de mil vezes mais lento do que o acesso randômico ao disco magnético; por isso, as fitas não são muito úteis para armazenamento secundário.

> **TAXAS DE TRANSFERÊNCIA DE DISCO**
>
> Como em muitos aspectos da computação, os números de desempenho dos discos publicados não são iguais aos números de desempenho no mundo real. As taxas de transferência declaradas são sempre menores do que as taxas de transferência efetivas, por exemplo. A taxa de transferência pode ser a taxa segundo a qual bits podem ser lidos a partir da mídia magnética pelo cabeçote do disco, mas isso é diferente da taxa segundo a qual os blocos são liberados para o sistema operacional.

As fitas são usadas principalmente para backup, para armazenamento de informações pouco usadas, e como meio de transferência de informações de um sistema para outro.

Uma fita é mantida em uma bobina e pode ser enrolada ou reenrolada ao passar por um cabeçote de leitura-gravação. A movimentação até o local correto em uma fita pode levar minutos; mas, uma vez na posição correta, os drives de fita podem gravar dados em velocidades comparáveis às dos drives de disco. A capacidade das fitas varia muito, dependendo do tipo específico do drive de fita, e as capacidades atuais excedem vários terabytes. Algumas fitas têm compressão embutida que pode mais do que dobrar o armazenamento efetivo. As fitas e seus drives são, usualmente, categorizados pela largura, que inclui 4, 8 e 19 milímetros e 1/4 e 1/2 polegadas. Algumas são nomeadas de acordo com a tecnologia, como LTO-5 e SDLT.

10.2 Estrutura do Disco

Os drives de disco magnético modernos são considerados como grandes arrays unidimensionais de blocos lógicos, em que o bloco lógico é a menor unidade de transferência. O tamanho de um bloco lógico é usualmente de 512 bytes, embora alguns discos possam ter formatação de baixo nível para apresentar um tamanho de bloco lógico diferente, como 1.024 bytes. Essa opção é descrita na Seção 10.5.1. O array unidimensional de blocos lógicos é mapeado para os setores do disco sequencialmente. O setor 0 é o primeiro setor na primeira trilha no cilindro mais externo. O mapeamento prossegue em ordem através dessa trilha, depois através do resto das trilhas nesse cilindro e, então, através do resto dos cilindros, do mais externo ao mais interno.

Usando esse mapeamento, podemos — pelo menos em teoria — converter um número de bloco lógico em um endereço de disco ao estilo antigo que é composto por um número de cilindro, um número de trilha dentro desse cilindro e um número de setor dentro dessa trilha. Na prática, é difícil executar essa conversão, por duas razões. Em primeiro lugar, a maioria dos discos tem alguns setores defeituosos, mas o mapeamento oculta esse fato substituindo-os por setores reserva de qualquer outro local do disco. Em segundo lugar, o número de setores por trilha não é uma constante em alguns drives.

Examinemos mais detalhadamente a segunda razão. Em mídias que utilizam velocidade linear constante (CLV — *constant linear velocity*), a densidade de bits por trilha é uniforme. Quanto mais distante uma trilha estiver do centro do disco, maior seu tamanho e, portanto, mais setores ela pode conter. Conforme nos movimentamos de zonas mais externas para zonas mais internas, o número de setores por trilha diminui. As trilhas na zona mais externa normalmente contêm 40% mais setores do que as trilhas na zona mais interna. O drive aumenta sua velocidade de rotação conforme o cabeçote se movimenta das trilhas mais externas para as mais internas de modo a manter a mesma taxa de dados movimentando-se sob o cabeçote. Esse método é usado em drives de CD-ROM e DVD-ROM. Alternativamente, a velocidade de rotação do disco pode permanecer constante; nesse caso, a densidade de bits diminui das trilhas internas para as trilhas externas de modo a manter a taxa de dados constante. Esse método é usado em discos rígidos e é conhecido como velocidade angular constante (CAV — *constant angular velocity*).

O número de setores por trilha tem sido aumentado conforme a tecnologia dos discos melhora, e a zona mais externa de um disco tem usualmente várias centenas de setores por trilha. Da mesma forma, o número de cilindros por disco tem aumentado; discos grandes têm dezenas de milhares de cilindros.

10.3 Conexão do Disco

Os computadores acessam a memória em disco de duas formas. Uma forma é por meio de portas de I/O (ou armazenamento conectado ao hospedeiro); isso é comum em sistemas pequenos. A outra forma é por meio de um hospedeiro remoto em um sistema de arquivos distribuído; isso é chamado armazenamento conectado à rede.

10.3.1 Armazenamento Conectado ao Hospedeiro

O armazenamento conectado ao hospedeiro é aquele acessado por portas de I/O locais. Essas portas usam várias tecnologias. O PC desktop típico usa uma arquitetura de bus de I/O chamada IDE ou ATA. Essa arquitetura suporta um máximo de dois drives por bus de I/O. Um protocolo semelhante, mais recente, que simplificou o cabeamento, é o SATA.

Estações de trabalho e servidores de ponta usam, em geral, arquiteturas de I/O mais sofisticadas, tal como canal de fibra (FC — *fibre channel*), uma arquitetura serial de alta velocidade que pode operar por fibra ótica ou por um cabo de cobre com quatro condutores. Ele tem duas variantes. Uma delas é uma grande estrutura comutada com um espaço de endereçamento de 24 bits. Espera-se que essa variante predomine no futuro e ela é a base das redes de área de armazenamento (SANs — *storage-area networks*), discutidas na Seção 10.3.3. Em razão do grande espaço de endereçamento e à natureza comutada da comunicação, vários hospedeiros e dispositivos de armazenamento podem se conectar à estrutura, permitindo grande flexibilidade nas comunicações de I/O. A outra variante do FC é um loop arbitrado (FC-AL — *arbitrated loop*) que pode endereçar 126 dispositivos (drives e controladores).

Uma grande variedade de dispositivos de armazenamento é adequada à utilização como armazenamento conectado ao hospedeiro. Entre eles estão os drives de disco rígido, os arrays RAID e os drives de CD, de DVD e de fita. Os comandos de I/O que iniciam transferências de dados para um dispositivo de armazenamento conectado ao hospedeiro são leituras e gravações de blocos de dados lógicos direcionadas a unidades de armazenamento especificamente identificadas (com o ID do bus ou a unidade lógica de destino).

10.3.2 Armazenamento Conectado à Rede

Um dispositivo de armazenamento conectado à rede (NAS — *network-attached storage*) é um sistema de armazenamento de uso específico que é acessado remotamente por meio de uma rede de dados (Figura 10.2). Os clientes acessam o armazenamento conectado à rede por meio de uma interface de chamadas de procedimento remotas, como o NFS em sistemas UNIX ou o CIFS em máquinas Windows. As chamadas de procedimento remotas (RPCs) são transportadas via TCP ou UDP por meio de uma rede IP — usualmente a mesma rede local (LAN) que transporta todo o tráfego de dados para os clientes. Portanto, pode ser mais fácil pensar no NAS simplesmente como outro protocolo de acesso à memória. A unidade de armazenamento conectado à rede costuma ser implementada como um array RAID com um software que implementa a interface de RPCs.

O armazenamento conectado à rede fornece um meio conveniente para que todos os computadores em uma LAN compartilhem um pool de espaços de armazenamento, com a mesma facilidade de nomeação e acesso inerentes ao armazenamento local conectado ao hospedeiro. No entanto, ele tende a ser menos eficiente e apresentar pior desempenho do que algumas opções de armazenamento de conexão direta.

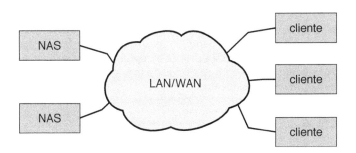

Figura 10.2 Armazenamento conectado à rede.

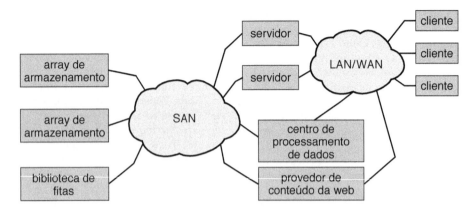

Figura 10.3 Rede de área de armazenamento.

O iSCSI é o protocolo de armazenamento conectado à rede mais recente. Em essência, ele usa o protocolo de rede IP para transportar o protocolo SCSI. Portanto, redes — em vez de cabos SCSI — podem ser usadas como as conexões entre hospedeiros e seus espaços de armazenamento. Como resultado, os hospedeiros podem tratar seus espaços de armazenamento como se estivessem diretamente conectados, mesmo se o espaço de armazenamento estiver distante deles.

10.3.3 Rede de Área de Armazenamento

Uma desvantagem dos sistemas de armazenamento conectado à rede é que as operações de I/O de armazenamento consomem largura de banda da rede de dados, aumentando assim a latência da comunicação de rede. Esse problema pode ser particularmente grave em grandes instalações cliente-servidor — a comunicação entre servidores e clientes compete por largura de banda com a comunicação entre servidores e dispositivos de armazenamento.

A rede de área de armazenamento (SAN) é uma rede privada (usando protocolos de armazenamento em vez de protocolos de rede) que conecta servidores e unidades de armazenamento, como mostrado na Figura 10.3. O poder de uma SAN está em sua flexibilidade. Múltiplos hospedeiros e múltiplos arrays de armazenamento podem ser conectados à mesma SAN, e o espaço de armazenamento pode ser dinamicamente alocado aos hospedeiros. Um comutador da SAN permite ou proíbe o acesso entre os hospedeiros e o espaço de armazenamento. Como exemplo, se um hospedeiro estiver ficando sem espaço em disco, a SAN pode ser configurada para alocar mais espaço de armazenamento para esse hospedeiro. As SANs tornam possível que clusters de servidores compartilhem o mesmo espaço de armazenamento e que arrays de armazenamento incluam múltiplas conexões de hospedeiro diretas. As SANs normalmente têm mais portas — que também são mais caras — do que os arrays de armazenamento.

O FC é a interconexão mais comum da SAN, embora a simplicidade do iSCSI esteja aumentando seu uso. Outra interconexão da SAN é a InfiniBand — uma arquitetura de bus de uso específico que fornece suporte de hardware e de software a redes de interconexão de alta velocidade para servidores e unidades de armazenamento.

10.4 Scheduling de Disco

Uma das responsabilidades do sistema operacional é utilizar o hardware eficientemente. Para os drives de disco, cumprir essa responsabilidade envolve ter tempo de acesso rápido e grande largura de banda de disco. Para discos magnéticos, o tempo de acesso tem dois componentes principais, como mencionado na Seção 10.1.1. O tempo de busca é o tempo que o braço do disco leva para movimentar os cabeçotes para o cilindro que contém o setor desejado. A latência rotacional é o tempo adicional que o disco leva para fazer girar o setor desejado até o cabeçote. A largura de banda do disco é o número total de bytes transferidos, dividido pelo tempo total entre a primeira solicitação do serviço e a conclusão da última transferência. Podemos melhorar tanto o tempo de acesso quanto a largura de banda gerenciando a ordem em que as solicitações de I/O de disco são atendidas.

Sempre que um processo precisa de I/O para o disco ou a partir do disco, ele emite uma chamada de sistema para o sistema operacional. A solicitação especifica várias informações:

- Se essa operação é de entrada ou saída
- Qual é o endereço de disco para a transferência
- Qual é o endereço de memória para a transferência
- Qual é o número de setores a serem transferidos

Se o drive e o controlador de disco que são requeridos estiverem disponíveis, a solicitação poderá ser atendida imediatamente. Se o drive ou o controlador estiver ocupado, qualquer nova solicitação de serviço será inserida na fila de solicitações pendentes para esse drive. Em um sistema multiprogramado com muitos processos, a fila do disco pode ter, em geral, várias solicitações pendentes. Portanto, quando uma solicitação é concluída, o sistema operacional seleciona a solicitação pendente que deve ser atendida em seguida. Como o sistema operacional faz essa seleção? Qualquer um dos vários algoritmos de scheduling de disco pode ser usado, e os discutimos em seguida.

10.4.1 Scheduling FCFS

A forma mais simples de scheduling de disco é, naturalmente, o algoritmo primeiro-a-chegar, primeiro-a-ser-atendido (FCFS). Esse algoritmo é intrinsecamente justo, mas ele geralmente não fornece o serviço mais rápido. Considere, por exemplo, uma fila de disco com solicitações de I/O para blocos nos cilindros

98, 183, 37, 122, 14, 124, 65, 67,

nessa ordem. Se o cabeçote do disco estiver inicialmente no cilindro 53, primeiro ele se movimentará do cilindro 53 para o cilindro 98, depois para o cilindro 183, o 37, o 122, o 14, o 124,

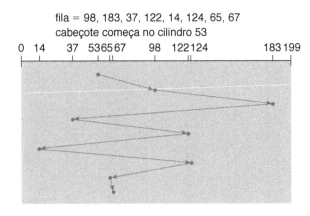

Figura 10.4 Scheduling de disco FCFS.

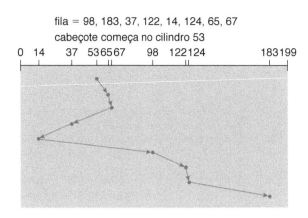

Figura 10.5 Scheduling de disco SSTF.

o 65, e finalmente para o cilindro 67, com um movimento total do cabeçote de 640 cilindros. Esse schedule está diagramado na Figura 10.4.

A brusca mudança do cilindro 122 para o 14 e, então, a volta ao cilindro 124 ilustram o problema desse schedule. Se as solicitações aos cilindros 37 e 14 pudessem ser atendidas em conjunto, antes ou depois das solicitações aos cilindros 122 e 124, o movimento total do cabeçote seria diminuído significativamente e o desempenho melhoraria.

10.4.2 Scheduling SSTF

Parece racional atender a todas as solicitações próximas à posição corrente do cabeçote antes de movê-lo para longe de modo a atender a outras solicitações. Essa suposição é a base do **algoritmo do tempo-de-busca-mais-curto-primeiro** (**SSTF** — *shortest-seek-time-first*). O algoritmo SSTF seleciona a solicitação com o menor tempo de busca a partir da posição corrente do cabeçote. Em outras palavras, o SSTF seleciona a solicitação pendente mais próxima da posição corrente do cabeçote.

Em nosso exemplo de fila de solicitações, a solicitação mais próxima da posição inicial do cabeçote (53) é a do cilindro 65. Uma vez que estivermos no cilindro 65, a próxima solicitação mais próxima será a do cilindro 67. Depois dela, a solicitação do cilindro 37 está mais próxima do que a do cilindro 98 e, portanto, a solicitação do cilindro 37 será atendida em seguida. Continuando, atenderemos a solicitação do cilindro 14, depois a do cilindro 98, a do cilindro 122, a do cilindro 124 e, finalmente, a do cilindro 183 (Figura 10.5). Esse método de scheduling resulta em um movimento total do cabeçote de apenas 236 cilindros — um pouco mais de um terço da distância necessária para a execução do scheduling FCFS nessa fila de solicitações. É claro que esse algoritmo fornece uma melhoria substancial de desempenho.

O scheduling SSTF é essencialmente uma variante do scheduling do job-mais-curto-primeiro (SJF); e, como o scheduling SJF, pode causar inanição em algumas solicitações. Lembre-se de que solicitações podem chegar a qualquer momento. Suponha que tenhamos duas solicitações na fila, para os cilindros 14 e 186, e, enquanto a solicitação do cilindro 14 está sendo atendida, chegue uma nova solicitação próxima ao cilindro 14. Essa nova solicitação será atendida em seguida, fazendo a solicitação do cilindro 186 esperar. Enquanto essa solicitação está sendo atendida, outra solicitação próxima ao cilindro 14 poderia chegar. Teoricamente, um fluxo contínuo de solicitações próximas umas das outras poderia fazer com que a solicitação do cilindro 186 esperasse indefinidamente. Esse cenário torna-se cada vez mais provável, à medida que a fila de solicitações pendentes torna-se mais longa.

Embora o algoritmo SSTF represente uma melhoria significativa em relação ao algoritmo FCFS, ele não é ótimo. No exemplo, podemos fazer melhor movendo o cabeçote do cilindro 53 para o cilindro 37, ainda que esse último não seja o mais próximo, e então para o cilindro 14, antes de retornar e atender aos cilindros 65, 67, 98, 122, 124 e 183. Essa estratégia reduz o movimento total do cabeçote para 208 cilindros.

10.4.3 Scheduling SCAN

No **algoritmo SCAN**, o braço do disco parte de uma extremidade do disco e se movimenta em direção à outra extremidade, atendendo às solicitações conforme alcança cada cilindro, até chegar à extremidade oposta do disco. Na outra extremidade, a direção do movimento do cabeçote é invertida e o atendimento continua. O cabeçote faz varreduras contínuas para trás e para a frente através do disco. O algoritmo SCAN também é chamado o **algoritmo do elevador**, já que o braço do disco se comporta como o elevador de um prédio, atendendo primeiro a todas as solicitações ao subir e voltando, então, para atender a solicitações na outra direção.

Voltemos a nosso exemplo para ilustrar isso. Antes de aplicar o scheduling SCAN para organizar a ordem de atendimento às solicitações aos cilindros 98, 183, 37, 122, 14, 124, 65 e 67, precisamos saber a direção do movimento do cabeçote, além de sua posição corrente. Supondo que o braço do disco esteja se movendo em direção ao 0 e que a posição inicial do cabeçote seja de novo no cilindro 53, o cabeçote atenderá em seguida ao cilindro 37 e, então, ao cilindro 14. No cilindro 0, o braço mudará de direção e se moverá para a outra extremidade do disco, atendendo às solicitações aos cilindros 65, 67, 98, 122, 124 e 183 (Figura 10.6). Se uma solicitação chegar à fila logo à frente do cabeçote, ela será atendida quase imediatamente; uma solicitação chegando para ser atendida logo atrás do cabeçote terá que esperar o braço se mover até o fim do disco, inverter a direção e retornar.

Supondo uma distribuição uniforme de solicitações aos cilindros, considere a densidade de solicitações quando o cabeçote alcança uma extremidade e inverte a direção. Nesse ponto, relativamente poucas solicitações estão imediatamente à frente do cabeçote, já que esses cilindros foram atendidos recentemente. A maior densidade de solicitações fica na outra extremidade

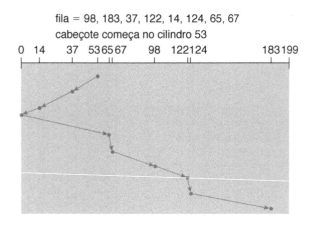

Figura 10.6 Scheduling de disco SCAN.

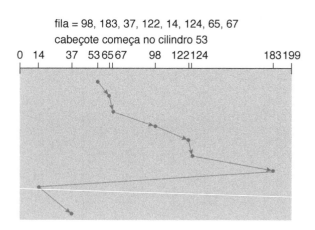

Figura 10.8 Scheduling de disco C-LOOK.

do disco. Essas solicitações também esperaram por mais tempo; portanto, por que não ir até lá antes? Essa é a ideia do próximo algoritmo.

10.4.4 Scheduling C-SCAN

O **scheduling SCAN circular (C-SCAN)** é uma variante do algoritmo SCAN projetada para fornecer um tempo de espera mais uniforme. Como o SCAN, o scheduling C-SCAN move o cabeçote de uma extremidade à outra do disco, atendendo às solicitações ao longo do caminho. No entanto, quando o cabeçote alcança a outra extremidade, ele retorna imediatamente ao começo do disco sem atender a nenhuma solicitação na viagem de volta (Figura 10.7). O algoritmo de scheduling C-SCAN trata os cilindros, essencialmente, como uma lista circular que é percorrida até o último cilindro e retorna ao primeiro.

10.4.5 Scheduling LOOK

Conforme os descrevemos, tanto o scheduling SCAN quanto o scheduling C-SCAN movimentam o braço do disco através da largura total do disco. Mas, na prática, nenhum dos dois algoritmos costuma ser implementado dessa maneira. Com mais frequência, o braço vai apenas até o local da última solicitação, em cada direção. Em seguida, ele inverte a direção imediatamente, sem percorrer todo o caminho até o fim do disco. Versões dos schedulings SCAN e C-SCAN orientadas por esse padrão chamam-se **scheduling LOOK** e **C-LOOK** porque eles procuram por (*look for*) uma solicitação antes de continuar a se mover em determinada direção (Figura 10.8).

10.4.6 Seleção de um Algoritmo de Scheduling de Disco

Dados tantos algoritmos de scheduling de disco, como selecionar o melhor? O SSTF é comum e tem um atrativo natural porque aumenta o desempenho, se comparado ao FCFS. O SCAN e o C-SCAN funcionam melhor em sistemas que impõem uma carga pesada ao disco porque têm menos probabilidades de causar um problema de inanição. Para qualquer lista de solicitações específica, podemos definir uma ordem ótima de recuperação, mas o cálculo necessário para encontrar um schedule ótimo pode não justificar os ganhos em relação aos algoritmos SSTF ou SCAN. Com qualquer algoritmo de scheduling, no entanto, o desempenho depende muito do número e dos tipos de solicitações. Por exemplo, suponha que a fila tenha usualmente apenas uma solicitação pendente. Então, todos os algoritmos de scheduling se comportariam igualmente porque teriam somente uma opção de movimento para o cabeçote do disco: todos se comportariam como o scheduling FCFS.

Solicitações de serviço em disco podem ser muito influenciadas pelo método de alocação de arquivos. Um programa lendo um arquivo alocado contiguamente gerará várias solicitações bem próximas no disco, resultando em um movimento limitado do cabeçote. Um arquivo encadeado ou indexado, por outro lado, pode incluir blocos que estejam amplamente espalhados pelo disco, resultando em maior movimento do cabeçote.

A locação dos diretórios e blocos de índices também é importante. Já que os arquivos devem ser abertos para serem usados e a abertura de um arquivo requer uma busca na estrutura do diretório, os diretórios são frequentemente acessados. Suponha que uma entrada do diretório esteja no primeiro cilindro e os dados de um arquivo estejam no último cilindro. Nesse caso, o cabeçote do disco terá que percorrer a largura total do disco. Se a entrada do diretório estiver no cilindro do meio, o cabeçote terá que se mover apenas por metade da largura. O armazenamento dos diretórios e blocos de índices em cache na memória principal também pode ajudar a reduzir o movimento do braço do disco, principalmente para solicitações de leitura.

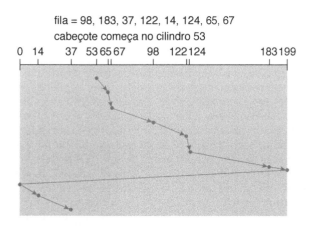

Figura 10.7 Scheduling de disco C-SCAN.

> ### O SCHEDULING DE DISCO E OS SSDS
>
> Os algoritmos de scheduling de disco discutidos nesta seção enfocam principalmente a minimização do número de movimentos do cabeçote em drives de disco magnético. Os SSDs — que não contêm cabeçotes de disco móveis — usam, normalmente, uma simples política FCFS. Por exemplo, o scheduler Noop do Linux usa uma política FCFS, mas a modifica para mesclar solicitações adjacentes. O comportamento observado dos SSDs indica que o tempo requerido para atender a leituras é uniforme; porém, em razão das propriedades da memória flash, o tempo de atendimento a gravações não é uniforme. Alguns schedulers de SSD têm explorado essa propriedade e mesclam somente solicitações de gravação adjacentes, atendendo a todas as solicitações de leitura em ordem FCFS.

Por causa de tais complexidades, o algoritmo de scheduling de disco deveria ser escrito como um módulo separado do sistema operacional de modo a poder ser substituído por um algoritmo diferente, se necessário. Tanto o SSTF quanto o LOOK são opções aceitáveis para o algoritmo default.

Os algoritmos de scheduling descritos aqui consideram apenas as distâncias de busca. Em discos modernos, a latência rotacional pode ser quase tão grande quanto o tempo médio de busca. Porém, é difícil para o sistema operacional criar um schedule com o objetivo de melhorar a latência rotacional porque os discos modernos não revelam a locação física dos blocos lógicos. Os fabricantes de discos têm abrandado esse problema implementando algoritmos de scheduling de disco no hardware do controlador interno do drive de disco. Se o sistema operacional envia um lote de solicitações ao controlador, este pode enfileirá-las e, então, incluí-las no schedule para melhorar tanto o tempo de busca quanto a latência rotacional.

Se o desempenho de I/O fosse a sua única preocupação, o sistema operacional delegaria alegremente a responsabilidade do scheduling do disco ao hardware do disco. Na prática, no entanto, o sistema operacional pode ter outras restrições para a ordem de atendimento das solicitações. Por exemplo, a paginação por demanda pode ter prioridade sobre o I/O das aplicações, e as gravações serão mais urgentes do que as leituras se o cache estiver ficando sem páginas livres. Além disso, pode ser desejável garantir a ordem de um conjunto de gravações em disco para tornar o sistema de arquivos robusto em caso de quedas do sistema. Considere o que ocorreria se o sistema operacional alocasse uma página de disco a um arquivo e a aplicação gravasse dados nessa página antes de o sistema operacional ter a chance de descarregar os metadados do sistema de arquivos novamente em disco. Para acomodar tais requisitos, um sistema operacional pode decidir fazer seu próprio scheduling de disco e enviar por conta própria as solicitações ao controlador do disco, uma a uma, para alguns tipos de I/O.

10.5 Gerenciamento de Disco

O sistema operacional também é responsável por vários outros aspectos do gerenciamento de discos. Aqui discutimos a inicialização de discos, a inicialização do sistema a partir de disco e a recuperação de blocos danificados.

10.5.1 Formatação de Disco

Um disco magnético novo é como uma folha em branco; é apenas um prato de material de gravação magnético. Antes que um disco possa armazenar dados, ele deve ser dividido em setores que o controlador de disco possa ler e gravar. Esse processo é chamado formatação de baixo nível ou formatação física. A formatação de baixo nível preenche o disco com uma estrutura de dados especial para cada setor. A estrutura de dados de um setor consiste, tipicamente, em um cabeçalho, uma área de dados (usualmente com 512 bytes) e um trailer. O cabeçalho e o trailer contêm informações usadas pelo controlador de disco, como um número de setor e um código de correção de erros (ECC — *error-correcting code*). Quando o controlador grava um setor de dados durante o I/O normal, o ECC é atualizado com um valor calculado a partir de todos os bytes da área de dados. Quando o setor é lido, o ECC é recalculado e comparado com o valor armazenado. Se o número calculado for diferente do armazenado, essa discrepância indicará que a área de dados do setor foi corrompida e que o setor do disco pode estar danificado (Seção 10.5.3). O ECC é um código de correção de erros porque contém informações suficientes, se apenas alguns bits de dados foram corrompidos, para habilitar o controlador a identificar que bits mudaram e calcular quais deveriam ser seus valores corretos. Ele então relata um erro leve recuperável. O controlador faz o processamento do ECC automaticamente sempre que um setor é lido ou gravado.

A maioria dos discos rígidos é formatada em baixo nível no fabricante como parte do processo de fabricação. Essa formatação permite que o fabricante teste o disco e inicialize o mapeamento de números de blocos lógicos para setores sem defeitos no disco. Em muitos discos rígidos, quando o controlador do disco é instruído a formatar o disco em baixo nível, ele também pode ser informado sobre quantos bytes de espaço de dados devem ser deixados entre o cabeçalho e o trailer de todos os setores. Usualmente é possível selecionar entre alguns tamanhos, como 256, 512 e 1.024 bytes. A formatação de um disco com um tamanho de setor maior significa que menos setores podem caber em cada trilha; mas também significa que menos cabeçalhos e trailers serão gravados em cada trilha e mais espaço estará disponível para dados do usuário. Alguns sistemas operacionais podem manipular apenas um tamanho de setor de 512 bytes.

Antes de poder usar um disco para armazenar arquivos, o sistema operacional ainda precisa registrar suas próprias estruturas de dados no disco. Ele faz isso em dois passos. O primeiro passo é o particionamento do disco em um ou mais grupos de cilindros. O sistema operacional pode tratar cada partição como se fosse um disco separado. Por exemplo, uma partição pode manter uma cópia do código executável do sistema operacional, enquanto outra mantém arquivos de usuário. O segundo passo é a formatação lógica ou criação de um sistema de arquivos. Nesse passo, o sistema operacional armazena no disco as estruturas de dados iniciais do sistema de arquivos. Essas estruturas de dados podem incluir mapas de espaço livre e alocado e um diretório inicial vazio.

Para aumentar a eficiência, a maioria dos sistemas de arquivos agrupa blocos em porções maiores, frequentemente chamadas clusters. O I/O de disco é feito via blocos, mas o I/O do sistema de arquivos é feito via clusters, o que assegura efetivamente que o I/O tenha mais características de acesso sequencial e menos de acesso randômico.

Alguns sistemas operacionais permitem que programas especiais usem uma partição de disco como um grande array sequencial de blocos lógicos, sem nenhuma estrutura de dados do sistema de arquivos. Esse array é algumas vezes chamado disco bruto, e I/O para esse array é chamado *I/O bruto*. Por exemplo, alguns sistemas de banco de dados preferem o I/O bruto porque ele os habilita a controlar a locação exata no disco em que cada registro do banco de dados está armazenado. O I/O bruto ignora todos os serviços do sistema de arquivos, como o cache de buffer, o trancamento de arquivos, a pré-busca, a alocação de espaço, os nomes de arquivo e os diretórios. Podemos tornar certas aplicações mais eficientes permitindo que elas implementem seus próprios serviços de armazenamento de uso específico em uma partição bruta, mas a maioria das aplicações tem melhor execução quando usa os serviços regulares do sistema de arquivos.

10.5.2 Bloco de Inicialização

Para que um computador comece a funcionar — por exemplo, quando é ligado ou reinicializado — ele deve ter um programa inicial para executar. Esse programa bootstrap inicial tende a ser simples. Ele inicializa todos os aspectos do sistema, dos registradores da CPU aos controladores de dispositivos e conteúdos da memória principal e, então, inicia o sistema operacional. Para realizar sua tarefa, o programa bootstrap encontra o kernel do sistema operacional no disco, carrega o kernel na memória e salta para um endereço inicial de modo a começar a execução do sistema operacional.

Na maioria dos computadores, o bootstrap é armazenado em memória somente-de-leitura (ROM — *read-only memory*). Essa locação é conveniente porque a ROM não precisa de inicialização e está em uma locação fixa em que o processador pode começar a execução quando ligado ou reinicializado. Além disso, já que a ROM é somente-de-leitura, ela não pode ser infectada por um vírus de computador. O problema é que a alteração desse código de bootstrap requer a alteração dos chips de hardware da ROM. Por essa razão, a maioria dos sistemas armazena um minúsculo programa carregador de bootstrap na ROM de inicialização, cuja única tarefa é trazer do disco um programa bootstrap completo. O programa bootstrap completo pode ser alterado facilmente: uma nova versão é simplesmente gravada em disco. O programa bootstrap completo é armazenado nos "blocos de inicialização" em uma locação fixa no disco. Um disco que tem uma partição de inicialização é chamado disco de inicialização ou disco do sistema.

O código na ROM de inicialização instrui o controlador de disco a ler os blocos de inicialização para a memória (nenhum driver de dispositivos é carregado nesse momento) e começa, então, a executar esse código. O programa bootstrap completo é mais sofisticado do que o carregador de bootstrap na ROM de inicialização. Ele é capaz de carregar o sistema operacional inteiro a partir de uma locação não fixa no disco e iniciar a execução do sistema operacional. Mesmo assim, o código de bootstrap completo pode ser pequeno.

Consideremos como exemplo o processo de inicialização no Windows. Primeiro, observe que o Windows permite que um disco rígido seja dividido em partições, e uma partição — identificada como partição de inicialização — contém o sistema operacional e drivers de dispositivos. O sistema Windows insere seu código de inicialização no primeiro setor do disco rígido que ele chama de registro mestre de inicialização, ou MBR. A inicialização começa com a execução do código residente na memória ROM do sistema. Esse código direciona o sistema para ler o código de inicialização no MBR. Além de conter o código de inicialização, o MBR contém uma tabela listando as partições do disco rígido e um flag indicando a partir de que partição o sistema deve ser inicializado, como ilustrado na Figura 10.9. Uma vez que o sistema identifica a partição de inicialização, ele lê o primeiro setor a partir dessa partição (que é chamado setor de inicialização) e continua com o restante do processo de inicialização que inclui a carga dos diversos subsistemas e serviços do sistema.

10.5.3 Blocos Danificados

Como os discos têm partes móveis e tolerâncias pequenas (lembre-se de que o cabeçote do disco flutua imediatamente acima da superfície do disco), eles podem apresentar falhas. Às vezes a falha é completa; nesse caso, o disco precisa ser substituído e seu conteúdo restaurado no novo disco a partir de mídia de backup. O mais comum é que um ou mais setores tornem-se defeituosos. A maioria dos discos vem de fábrica com blocos defeituosos. Dependendo do disco e do controlador em uso, esses blocos são manipulados de várias maneiras.

Em discos simples, como alguns discos com controladores IDE, os blocos danificados são manipulados manualmente. Uma estratégia é varrer o disco para encontrar blocos danificados enquanto o disco está sendo formatado. Quaisquer blocos danificados que forem descobertos são marcados como não utilizáveis para que o sistema de arquivos não os aloque. Se blocos ficarem danificados durante a operação normal, um programa especial (como o comando `badblocks` do Linux) deve ser executado manualmente para procurar pelos blocos danificados e os isolar. Os dados que residem nos blocos danificados são usualmente perdidos.

Discos mais sofisticados são mais inteligentes no que diz respeito à recuperação de blocos danificados. O controlador mantém uma lista de blocos danificados no disco. A lista é inicializada durante a formatação de baixo nível no fabricante e é atualizada durante a vida útil do disco. A formatação de baixo nível também reserva setores avulsos não visíveis para o sistema operacional. O controlador pode ser solicitado a substituir logicamente cada setor danificado por um dos setores avulsos. Esse esquema é conhecido como reserva ou direcionamento de setores.

Uma transação típica envolvendo um setor danificado pode ocorrer como se segue:

- O sistema operacional tenta ler o bloco lógico 87.
- O controlador calcula o ECC e descobre que o setor está danificado. Ele relata essa descoberta ao sistema operacional.
- Da próxima vez que o sistema é reinicializado, um comando especial é executado para solicitar ao controlador que substitua o setor danificado por um reserva.

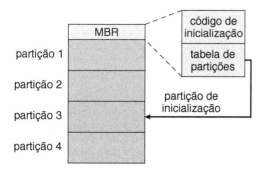

Figura 10.9 Inicialização a partir de disco no Windows.

- Depois disso, sempre que o sistema solicitar o bloco lógico 87, a solicitação é traduzida, pelo controlador, para o endereço do setor substituto.

Observe que esse redirecionamento feito pelo controlador poderia invalidar quaisquer otimizações feitas pelo algoritmo de scheduling de disco do sistema operacional! Por essa razão, a maioria dos discos é formatada para fornecer alguns setores reserva em cada cilindro e também um cilindro reserva. Quando um bloco danificado é remapeado, o controlador usa um setor reserva do mesmo cilindro, se possível.

Como uma alternativa à reserva de setores, alguns controladores podem ser instruídos a substituir um bloco danificado por meio do deslocamento de setores. Vejamos um exemplo: Suponha que o bloco lógico 17 se torne defeituoso e o primeiro setor reserva disponível esteja após o setor 202. O deslocamento de setores remapeia, então, todos os setores, do setor 17 ao setor 202, movendo-os uma posição. Isto é, o setor 202 é copiado no reserva, então o setor 201 é copiado no setor 202, o setor 200 no setor 201, e assim por diante, até que o setor 18 seja copiado no setor 19. O deslocamento dos setores dessa forma libera o espaço do setor 18 para que o setor 17 possa ser mapeado para ele.

A substituição de um bloco danificado não costuma ser totalmente automática porque os dados no bloco danificado tendem a ser perdidos. Erros recuperáveis podem disparar um processo em que é feita uma cópia dos dados do bloco e o bloco é reservado ou deslocado. Um erro grave irrecuperável, no entanto, resulta em perda de dados. Qualquer arquivo que estava usando esse bloco deve ser reparado (por exemplo, com a restauração a partir de fita de backup), e isso requer intervenção manual.

10.6 Gerenciamento do Espaço de Permuta

A permuta foi apresentada, pela primeira vez, na Seção 8.2, em que discutimos a movimentação de processos inteiros entre o disco e a memória principal. A permuta, nesse caso, ocorre quando o montante de memória física alcança um ponto criticamente baixo e os processos são movidos da memória para o espaço de permuta para liberar memória disponível. Na prática, muito poucos sistemas operacionais modernos implementam a permuta dessa forma. Em vez disso, agora os sistemas combinam a permuta com técnicas de memória virtual (Capítulo 9) e permutam páginas, e não necessariamente processos inteiros. Na verdade, atualmente alguns sistemas usam os termos "permuta" e "paginação" de maneira intercambiável, refletindo a fusão desses dois conceitos.

O gerenciamento do espaço de permuta é outra tarefa de baixo nível do sistema operacional. A memória virtual usa espaço em disco como uma extensão da memória principal. Já que o acesso ao disco é muito mais lento do que o acesso à memória, o uso do espaço de permuta piora significativamente o desempenho do sistema. O principal objetivo do projeto e da implementação do espaço de permuta é fornecer o melhor throughput para o sistema de memória virtual. Nesta seção, discutimos como o espaço de permuta é usado, onde é localizado no disco e como é gerenciado.

10.6.1 Uso do Espaço de Permuta

O espaço de permuta é usado de várias maneiras por diferentes sistemas operacionais, dependendo dos algoritmos de gerenciamento da memória em uso. Por exemplo, sistemas que implementam a permuta podem usar o espaço de permuta para armazenar a imagem de um processo inteiro, incluindo os segmentos de código e de dados. Sistemas de paginação podem simplesmente armazenar páginas que foram extraídas da memória principal. O montante de espaço de permuta necessário em um sistema pode, portanto, variar de alguns megabytes de espaço em disco a gigabytes, dependendo do montante de memória física, do montante de memória virtual suportada e da maneira pela qual a memória virtual é usada.

Observe que pode ser mais seguro superestimar do que subestimar o montante de espaço de permuta requerido porque, se um sistema ficar sem espaço de permuta, ele pode ser forçado a abortar processos ou pode cair totalmente. A superestimativa desperdiça espaço em disco que, de outra forma, poderia ser usado para arquivos, mas não causa outros males. Alguns sistemas recomendam o montante a ser reservado para o espaço de permuta. O Solaris, por exemplo, sugere a reserva de um espaço de permuta igual ao montante em que a memória virtual excede a memória física paginável. No passado, o Linux sugeria a reserva de um espaço de permuta equivalente ao dobro do montante de memória física. Atualmente não existe mais essa limitação, e a maioria dos sistemas Linux usa um espaço de permuta consideravelmente menor.

Alguns sistemas operacionais — inclusive o Linux — permitem o uso de múltiplos espaços de permuta, incluindo tanto partições de permuta para arquivos quanto partições dedicadas. Esses espaços de permuta são, usualmente, inseridos em discos separados para que a carga imposta ao sistema de I/O pela paginação e pela permuta possa ser distribuída pela largura de banda do I/O do sistema.

10.6.2 Localização do Espaço de Permuta

O espaço de permuta pode residir em um de dois locais: pode ser obtido a partir do sistema de arquivos normal, ou pode estar em uma partição de disco separada. Se o espaço de permuta é simplesmente um grande arquivo dentro do sistema de arquivos, as rotinas normais do sistema de arquivos podem ser usadas para criá-lo, nomeá-lo e alocar seu espaço. Essa abordagem, embora fácil de implementar, é ineficiente. A navegação na estrutura do diretório e nas estruturas de dados de alocação do disco é demorada e pode demandar acessos adicionais ao disco. A fragmentação externa pode aumentar muito os tempos de permuta por exigir múltiplas buscas durante a leitura ou gravação de uma imagem de processo. Podemos melhorar o desempenho, armazenando em cache as informações de locação de blocos na memória física e usando ferramentas especiais para alocar blocos fisicamente contíguos para o arquivo de permuta, mas o custo de percorrer as estruturas de dados do sistema de arquivos permanece.

Alternativamente, o espaço de permuta pode ser criado em uma partição bruta separada. Nenhuma estrutura do sistema de arquivos ou do diretório é inserida nesse espaço. Em vez disso, um gerenciador separado de armazenamento do espaço de permuta é usado para alocar e desalocar os blocos a partir da partição bruta. Esse gerenciador usa algoritmos otimizados para aumento de velocidade e não para o aumento da eficiência de armazenamento porque o espaço de permuta é acessado com muito mais frequência do que os sistemas de arquivos (quando ele é usado). A fragmentação interna pode aumentar, mas esse custo é aceitável porque a vida dos dados no espaço de permuta geralmente é muito mais curta do que a de arquivos no sistema de arquivos. Já que o espaço de permuta é reinicializado em tempo de inicialização, qualquer fragmentação tem vida curta. A abordagem da partição bruta cria um montante fixo de espaço de permuta durante o particionamento do disco. O aumento do espaço de permuta requer um reparticionamento do disco (que envolve a transferência das outras partições do sistema de arquivos ou sua destruição e restauração a partir de backup) ou a inclusão de mais espaço de permuta em outro local.

Alguns sistemas operacionais são flexíveis e podem fazer a permuta tanto em partições brutas quanto no espaço do sistema de arquivos. O Linux é um exemplo: a política e a implementação são separadas, permitindo que o administrador da máquina decida que tipo de permuta irá usar. A escolha se dá entre a conveniência de alocação e gerenciamento do sistema de arquivos e o desempenho da permuta em partições brutas.

10.6.3 Gerenciamento de Espaços de Permuta: Um Exemplo

Podemos ilustrar como o espaço de permuta é usado acompanhando a evolução da permuta e da paginação em vários sistemas UNIX. O kernel tradicional do UNIX começou com uma implementação de permuta que copiava processos inteiros entre regiões contíguas de disco e a memória. Posteriormente, o UNIX evoluiu para uma combinação de permuta e paginação quando o hardware de paginação se tornou disponível.

No Solaris 1 (SunOS), os projetistas alteraram os métodos-padrão do UNIX para melhorar a eficiência e refletir desenvolvimentos tecnológicos. Quando um processo é executado, páginas de segmento de texto contendo código são trazidas do sistema de arquivos, acessadas na memória principal e descartadas se selecionadas para remoção da memória. É mais eficiente reler uma página a partir do sistema de arquivos do que gravá-la no espaço de permuta e, então, lê-la novamente a partir daí. O espaço de permuta é usado somente como memória de retaguarda para páginas de memória anônima, que inclui memória alocada para a pilha, o heap e os dados não inicializados de um processo.

Mais alterações foram feitas em versões posteriores do Solaris. A maior alteração é que agora o Solaris aloca espaço de permuta somente quando uma página é expulsa da memória física e não quando a página da memória virtual é criada pela primeira vez. Esse esquema fornece melhor desempenho em computadores modernos, que têm mais memória física, do que os sistemas mais antigos e tendem a paginar menos.

O Linux é semelhante ao Solaris pelo fato de o espaço de permuta ser usado apenas para memória anônima — isto é, memória não utilizada como retaguarda por nenhum arquivo. O Linux permite que uma ou mais áreas de permuta sejam estabelecidas. Uma área de permuta pode estar em um arquivo de permuta em um sistema de arquivos regular ou em uma partição de permuta dedicada. Cada área de permuta consiste em uma série de encaixes para páginas de 4 KB, que são usados para armazenar páginas permutadas. Associado a cada área de permuta existe um mapa de permuta — um array de contadores inteiros, cada um correspondendo a um encaixe para páginas na área de permuta. Quando o valor de um contador é 0, o encaixe para páginas correspondente está disponível. Valores maiores do que 0 indicam que o encaixe para páginas está ocupado por uma página permutada. O valor do contador indica o número de mapeamentos feitos para a página permutada. Por exemplo, um valor igual a 3 indica que a página permutada é mapeada para três processos diferentes (o que pode ocorrer se a página permutada estiver armazenando uma região de memória compartilhada por três processos). As estruturas de dados para a permuta em sistemas Linux são mostradas na Figura 10.10.

10.7 Estrutura RAID

Os drives de disco continuam a ficar menores e mais baratos; portanto, atualmente é economicamente viável anexar muitos discos a um sistema de computação. Ter um grande número de discos em um sistema oferece oportunidades para melhoria da taxa segundo a qual os dados podem ser lidos ou gravados, se os discos forem operados em paralelo. Além disso, essa configuração oferece potencial para a melhoria da confiabilidade de armazenamento de dados porque informações redundantes

---

ESTRUTURANDO O RAID

O armazenamento em RAID pode ser estruturado de várias maneiras. Por exemplo, um sistema pode ter discos diretamente anexados a seus buses. Nesse caso, o sistema operacional ou um software do sistema pode implementar a funcionalidade RAID. Alternativamente, um controlador hospedeiro inteligente pode controlar múltiplos discos anexados e implementar em hardware o RAID nesses discos. Finalmente, um array de armazenamento, ou array RAID, pode ser usado. Um array RAID é uma unidade autônoma com seu próprio controlador, seu cache (usualmente) e discos. Ele é anexado ao hospedeiro via um ou mais controladores-padrão (por exemplo, do tipo FC). Essa configuração comum permite que um sistema operacional ou software sem funcionalidade RAID tenha discos protegidos por RAID. Ela é usada até mesmo em sistemas que têm camadas de software de RAID, por causa de sua simplicidade e flexibilidade.

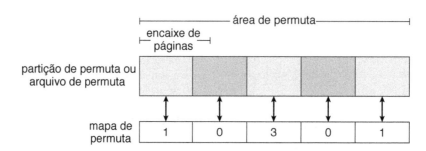

Figura 10.10 As estruturas de dados para permuta em sistemas Linux.

podem ser armazenadas em múltiplos discos. Assim, uma falha em um disco não leva à perda de dados. Uma variedade de técnicas de organização de discos, coletivamente chamadas **arrays redundantes de discos independentes** (**RAIDs** – *redundant arrays of independent disks*), é comumente usada para resolver problemas de desempenho e confiabilidade.

No passado, RAIDs compostos por discos pequenos e baratos eram vistos como uma alternativa de baixo custo aos discos grandes e caros. Atualmente, os RAIDs são usados por sua maior confiabilidade e maior taxa de transferência de dados, e não por questões econômicas. Portanto, a letra *I* em *RAID*, que antes representava "inexpensive" (barato), hoje representa "independente".

10.7.1 Melhoria da Confiabilidade por Meio de Redundância

Vamos considerar primeiro a confiabilidade dos RAIDs. A chance de que algum disco fora de um conjunto de N discos falhe é muito maior do que a chance de que um único disco específico falhe. Suponha que o tempo médio de falha de um único disco seja de 100.000 horas. Então, o tempo médio de falha de algum disco em um array de 100 discos será de 100.000/100 = 1.000 horas, ou 41,66 dias, o que não é muito! Se armazenarmos apenas uma cópia dos dados, então cada falha no disco resultará na perda de um montante de dados significativo — e uma taxa tão alta de perda de dados é inaceitável.

A solução para o problema da confiabilidade é introduzir redundância; armazenamos informações adicionais que normalmente não são necessárias, mas que podem ser usadas em caso de falha de um disco para reconstruir as informações perdidas. Assim, mesmo que um disco falhe, os dados não são perdidos.

A abordagem mais simples (porém mais cara) para a introdução de redundância é duplicar cada disco. Essa técnica é chamada espelhamento. Com o espelhamento, um disco lógico consiste em dois discos físicos, e cada gravação é executada nos dois discos. O resultado chama-se volume espelhado. Se um dos discos no volume falhar, os dados poderão ser lidos do outro disco. Os dados só serão perdidos se o segundo disco falhar antes que o primeiro disco defeituoso seja substituído.

O tempo médio de falha de um disco espelhado — em que falha é a perda de dados — depende de dois fatores. Um é o tempo médio de falha dos discos individuais. O outro é o tempo médio de reparo, que é o tempo necessário (em média) à substituição de um disco defeituoso e à restauração de seus dados. Suponha que as falhas dos dois discos sejam independentes; isto é, a falha de um disco não tem relação com a falha do outro. Então, se o tempo médio de falha de um único disco é de 100.000 horas e o tempo médio de reparo é de 10 horas, o tempo médio de perda de dados de um sistema de discos espelhados é de $100.000^2 / (2 * 10) = 500 * 10^6$ horas, ou 57.000 anos!

É preciso tomar cuidado, já que não podemos assumir realmente que as falhas nos discos sejam independentes. Falta de energia e desastres naturais, como terremotos, incêndios e enchentes, podem resultar em danos para os dois discos ao mesmo tempo. Além disso, defeitos de fabricação em um lote de discos podem causar falhas relacionadas. Conforme os discos envelhecem, a probabilidade de ocorrência de falhas cresce, aumentando a chance de que um segundo disco falhe enquanto o primeiro está sendo reparado. No entanto, apesar de todas essas considerações, sistemas de discos espelhados oferecem confiabilidade muito maior do que sistemas com um único disco.

Falhas de energia são particularmente preocupantes, já que ocorrem com muito mais frequência do que desastres naturais.

Mesmo com o espelhamento de discos, se estiverem ocorrendo gravações no mesmo bloco em ambos os discos e faltar energia antes que os dois blocos sejam totalmente gravados, os dois blocos podem ficar em estado inconsistente. Uma solução para esse problema é gravar uma cópia primeiro, e, depois, gravar a outra. Outra solução é adicionar, ao array RAID, um cache de RAM não volátil (**NVRAM** – *nonvolatile RAM*) de estado sólido. Esse cache de recuperação (cache write-back) é protegido da perda de dados durante falhas de energia; portanto, a gravação pode ser considerada concluída nesse ponto, assumindo que a NVRAM tenha algum tipo de proteção e correção de erros, como o ECC ou o espelhamento.

10.7.2 Melhoria no Desempenho Através do Paralelismo

Agora, vamos considerar como o acesso paralelo a múltiplos discos melhora o desempenho. Com o espelhamento de discos, a taxa segundo a qual solicitações de leitura podem ser manipuladas é dobrada, já que solicitações de leitura podem ser enviadas para qualquer um dos discos (contanto que os dois discos em um par sejam funcionais, como quase sempre ocorre). A taxa de transferência de cada leitura é a mesma de um sistema de disco único, mas o número de leituras por unidade de tempo dobra.

Com múltiplos discos, também (ou alternativamente) podemos melhorar a taxa de transferência distribuindo dados pelos discos. Em sua forma mais simples, a **distribuição de dados** consiste na divisão dos bits de cada byte por meio de vários discos; essa distribuição é chamada **distribuição no nível dos bits**. Por exemplo, se temos um array de oito discos, gravamos o bit i de cada byte no disco i. O array de oito discos pode ser tratado como um único disco com setores que têm oito vezes o tamanho normal, e, o que é mais importante, com oito vezes a taxa de acesso. Todos os discos participam de todos os acessos (leitura ou gravação); portanto, o número de acessos que podem ser processados por segundo é aproximadamente igual ao de um único disco, mas cada acesso pode ler oito vezes mais dados no mesmo período de tempo de um único disco.

A distribuição no nível dos bits pode ser generalizada para incluir um número de discos que é um múltiplo de 8 ou divisor de 8. Por exemplo, se usarmos um array de quatro discos, os bits i e $4 + i$ de cada byte irão para o disco i. Além disso, a distribuição não precisa ocorrer no nível dos bits. Na **distribuição no nível de bloco**, por exemplo, os blocos de um arquivo são distribuídos por vários discos; com n discos, o bloco i de um arquivo irá para o disco $(i \bmod n) + 1$. Outros níveis de distribuição, como os bytes de um setor ou os setores de um bloco, também são possíveis. A distribuição no nível de bloco é a mais comum.

O paralelismo em um sistema de discos, como o obtido através da distribuição, tem dois objetivos principais:

1. Aumentar o throughput de vários pequenos acessos (isto é, acessos a páginas) por balanceamento de carga.
2. Reduzir o tempo de resposta de grandes acessos.

10.7.3 Níveis de RAID

O espelhamento fornece alta confiabilidade, mas é caro. A distribuição fornece altas taxas de transferência de dados, mas não aumenta a confiabilidade. Numerosos esquemas que fornecem redundância a custo baixo com o uso da distribuição em discos combinada com bits de "paridade" (que descreveremos em breve) têm sido propostos. Esses esquemas têm diferentes relações custo-desempenho e são classificados de acordo com níveis chamados **níveis de RAID**. Descrevemos os diversos níveis aqui; a Figura 10.11 mostra-os pictoricamente (na figura, P indica os bits de correção de erros e C indica uma segunda cópia dos dados). Em todos os casos mostrados na figura, um volume de dados equivalentes a quatro discos é armazenado, e os discos adicionais são usados para armazenar informações redundantes com a finalidade de recuperar falhas.

- **RAID nível 0.** O RAID nível 0 refere-se a arrays de discos com distribuição no nível de blocos, mas sem nenhuma redundância (como o espelhamento ou bits de paridade), conforme mostrado na Figura 10.11(a).
- **RAID nível 1.** O RAID nível 1 refere-se ao espelhamento de discos. A Figura 10.11(b) mostra uma organização espelhada.
- **RAID nível 2.** O RAID nível 2 também é conhecido como organização do código de correção de erros (ECC) ao estilo da memória. Há muito tempo os sistemas de memória detectam certos erros usando bits de paridade. Cada byte em um sistema de memória pode ter um bit de paridade a ele associado, que registra se o número de bits do byte posicionados em 1 é par (paridade = 0) ou ímpar (paridade = 1). Se um dos bits do byte estiver danificado (1 torna-se 0, ou 0 torna-se 1), a paridade do byte mudará e, portanto, não coincidirá com a paridade armazenada. Da mesma forma, se o bit de paridade armazenado estiver danificado, ele não coincidirá com a paridade calculada. Assim, todos os erros em um único bit são detectados pelo sistema de memória. Esquemas de correção de erros armazenam dois ou mais bits adicionais e podem reconstruir os dados se um único bit estiver danificado.

  A ideia do ECC pode ser usada diretamente em arrays de discos através da distribuição de bytes pelos discos. Por exemplo, o primeiro bit de cada byte pode ser armazenado no disco 1, o segundo bit no disco 2, e assim por diante, até que o oitavo bit seja armazenado no disco 8; os bits de correção de erros são armazenados em discos adicionais. Esse esquema é mostrado na Figura 10.11(c), em que os discos rotulados com P armazenam os bits de correção de erros. Se um dos discos falha, os bits restantes do byte e os bits de correção de erros associados podem ser lidos a partir de outros discos e usados na reconstrução dos dados danificados. Observe que o RAID nível 2 requer apenas três discos adicionais para quatro discos de dados, diferente do RAID nível 1 que requer quatro discos adicionais.

- **Raid nível 3.** O RAID nível 3, ou organização de paridade por bits intercalados, aprimora o nível 2 levando em consideração o fato de que, diferente dos sistemas de memória, os controladores de disco podem detectar se um setor foi lido corretamente; portanto, um único bit de paridade pode ser usado na correção e na detecção de erros. A ideia é a seguinte: Se um dos setores estiver danificado, saberemos exatamente qual é o setor e poderemos descobrir se algum bit do setor é 1 ou 0 calculando a paridade dos bits correspondentes de setores nos outros discos. Se a paridade dos bits remanescentes for igual à paridade armazenada, o bit que falta será 0; caso contrário, será 1. O RAID nível 3 é tão bom quanto o nível 2, mas é menos caro no que se refere ao número de discos adicionais requeridos (ele tem apenas um disco adicional); portanto, o nível 2 não é usado na prática. O nível 3 é mostrado pictoricamente na Figura 10.11(d).

  O RAID nível 3 apresenta duas vantagens sobre o nível 1. Em primeiro lugar, o overhead no armazenamento é reduzido porque apenas um disco de paridade é necessário para vários discos comuns, enquanto um disco espelhado é necessário para cada disco no nível 1. Em segundo lugar, já que as leituras e gravações de um byte são espalhadas por vários discos com N formas de distribuição dos dados, a taxa de transferência de leitura ou gravação de um único bloco é N vezes mais rápida do que com o RAID nível 1. O lado negativo é que o RAID nível 3 suporta menos I/Os por segundo, já que cada um dos discos tem que participar de cada solicitação de I/O.

  Outro problema de desempenho com o RAID 3 — e com todos os níveis de RAID baseados em paridade — é o custo do cálculo e da gravação da paridade. Esse overhead resulta em gravações significativamente mais lentas do que com os arrays RAID sem paridade. Para reduzir essa perda de desempenho, muitos arrays de armazenamento RAID incluem um controlador de hardware com hardware de paridade dedicado. Esse controlador transfere o cálculo da paridade da CPU para o array. O array também tem um cache NVRAM para armazenar os blocos enquanto a paridade é calculada, e para armazenar em buffer as gravações do controlador para os eixos (spindles). Essa combinação pode tornar o RAID com paridade quase tão rápido quanto o sem paridade. Na verdade, um array RAID com armazenamento em cache e com paridade pode superar um RAID sem armazenamento em cache e sem paridade.

(a) RAID 0: distribuição sem redundância.

(b) RAID 1: discos espelhados.

(c) RAID 2: códigos de correção de erro ao estilo da memória.

(d) RAID 3: paridade com bits intercalados.

(e) RAID 4: paridade com blocos intercalados.

(f) RAID 5: paridade distribuída com blocos intercalados.

(g) RAID 6: redundância P + Q.

Figura 10.11 Níveis de RAID.

- **RAID nível 4.** O RAID nível 4, ou organização de paridade por blocos intercalados, usa a distribuição no nível de bloco, como no RAID 0, e, além disso, mantém um bloco de paridade em um disco separado para blocos correspondentes dos N outros discos. Esse esquema está diagramado na Figura 10.11(e). Se um dos discos falha, o bloco de paridade pode ser usado com os blocos correspondentes dos outros discos para restaurar os blocos do disco defeituoso.

  A leitura de um bloco acessa apenas um disco, permitindo que outras solicitações sejam processadas pelos outros discos. Portanto, a taxa de transferência de dados de cada acesso é mais lenta, mas vários acessos de leitura podem prosseguir em paralelo, levando a uma taxa global de I/O mais alta. As taxas de transferência de leituras volumosas são altas, já que todos os discos podem ser lidos em paralelo. Gravações volumosas também têm altas taxas de transferência, uma vez que os dados e a paridade podem ser gravados em paralelo.

  Pequenas gravações independentes não podem ser executadas em paralelo. Uma gravação de dados do sistema operacional menor do que um bloco requer que o bloco seja lido, modificado com os novos dados e gravado de volta. O bloco de paridade também tem que ser atualizado. Isso é conhecido como *ciclo leitura-modificação-gravação*. Portanto, uma única gravação requer quatro acessos ao disco: dois para a leitura dos dois blocos anteriores e dois para a gravação dos dois novos blocos.

  O WAFL (que abordamos no Capítulo 12) usa o RAID nível 4 porque esse nível de RAID permite que discos sejam adicionados a um array RAID sem interrupção. Se os discos adicionados forem inicializados com blocos contendo somente zeros, então o valor da paridade não mudará e o array RAID continuará correto.

- **RAID nível 5.** O RAID nível 5, ou paridade distribuída com blocos intercalados, difere do nível 4 por espalhar dados e paridade entre todos os $N + 1$ discos, em vez de armazenar os dados em N discos e a paridade em um disco. Para cada bloco, um dos discos armazena a paridade e os outros armazenam dados. Por exemplo, com um array de cinco discos, a paridade do e-nésimo bloco é armazenada no disco (n mod 5) + 1. Os e-nésimos blocos dos outros quatro discos armazenam os dados reais daquele bloco. Essa configuração é mostrada na Figura 10.11(f), em que os Ps estão distribuídos por todos os discos. Um bloco de paridade não pode armazenar a paridade de blocos no mesmo disco porque uma falha no disco resultaria em perda dos dados e da paridade e, portanto, a perda não seria recuperável. Ao espalhar a paridade por todos os discos do conjunto, o RAID 5 evita o potencial uso excessivo de um único disco de paridade que pode ocorrer com o RAID 4. O RAID 5 é o sistema RAID com paridade mais comum.

- **RAID nível 6.** O RAID nível 6, também chamado *esquema de redundância P + Q*, é muito semelhante ao RAID nível 5, mas armazena informações redundantes adicionais para se proteger contra falhas em vários discos. Em vez de paridade, são usados códigos de correção de erros como os *códigos Reed-Solomon*. No esquema mostrado na Figura 10.11(g), 2 bits de dados redundantes são armazenados para cada 4 bits de dados — em vez de 1 bit de paridade como no nível 5 — e o sistema pode tolerar falhas em dois discos.

- **RAID níveis 0 + 1 e 1 + 0.** O RAID nível 0 + 1 refere-se a uma combinação dos níveis de RAID 0 e 1. O RAID 0 fornece o desempenho, enquanto o RAID 1 fornece a confiabilidade.

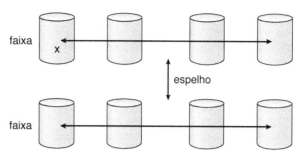

a) RAID 0 + 1 com falha em um único disco.

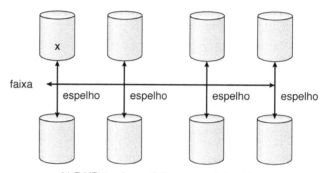

b) RAID 1 + 0 com falha em um único disco.

Figura 10.12 RAID 0 + 1 e 1 + 0.

Geralmente, esse nível oferece melhor desempenho do que o RAID 5. É comum em ambientes em que tanto o desempenho quanto a confiabilidade são importantes. Infelizmente, como o RAID 1, ele duplica o número de discos necessários para armazenamento; portanto, também é relativamente caro. No RAID 0 + 1, um conjunto de discos é distribuído, e a distribuição é espelhada em outra distribuição equivalente.

Outra opção de RAID que está se tornando disponível comercialmente é o RAID nível 1 + 0, em que os discos são espelhados em pares e, então, os pares espelhados resultantes são distribuídos. Esse esquema apresenta algumas vantagens teóricas sobre o RAID 0 + 1. Por exemplo, se um disco falha no RAID 0 + 1, uma distribuição inteira fica inacessível, deixando apenas a outra distribuição disponível. Quando ocorre uma falha no RAID 1 + 0, apenas um disco fica indisponível, mas o disco que o espelha continua disponível, assim como todos os outros discos (Figura 10.12).

Diversas variações têm sido propostas para os esquemas básicos de RAID descritos aqui. Como resultado, pode haver alguma confusão sobre as definições exatas dos diferentes níveis de RAID.

A implementação do RAID é outra área que apresenta variações. Considere as camadas a seguir, em que o RAID pode ser implementado.

- Um software de gerenciamento de volumes pode implementar o RAID dentro do kernel ou na camada de software do sistema. Nesse caso, o hardware de armazenamento pode fornecer um nível mínimo de recursos e ainda fazer parte de uma solução RAID completa. O RAID com paridade é bem lento quando implementado em software e, portanto, normalmente o RAID 0, 1 ou 0 + 1 é usado.

- O RAID pode ser implementado no hardware do adaptador de bus do hospedeiro (HBA — *host bus-adapter*). Somente os discos conectados diretamente ao HBA poderão fazer parte de determinado array RAID. Essa solução tem baixo custo, mas não é muito flexível.
- O RAID pode ser implementado no hardware do array de armazenamento. O array de armazenamento pode criar conjuntos de vários níveis e até mesmo dividir esses conjuntos em volumes menores, que são então apresentados ao sistema operacional. O sistema operacional precisa apenas implementar o sistema de arquivos em cada um dos volumes. Os arrays podem ter múltiplas conexões disponíveis ou podem fazer parte de uma SAN, permitindo que vários hospedeiros se beneficiem dos recursos do array.
- O RAID pode ser implementado na camada de interconexão da SAN por dispositivos de virtualização de disco. Nesse caso, um dispositivo situa-se entre os hospedeiros e o armazenamento. Ele aceita comandos dos servidores e gerencia o acesso ao armazenamento. Poderia fornecer espelhamento, por exemplo, gravando cada bloco em dois dispositivos de armazenamento separados.

Outros recursos, tais como instantâneos e replicação, também podem ser implementados em cada um desses níveis. Um **instantâneo** é um retrato do sistema de arquivos antes que a última atualização tenha lugar. (Os instantâneos são abordados com mais detalhes no Capítulo 12.) A **replicação** envolve a duplicação automática de gravações em sítios separados para fornecimento de redundância e recuperação de desastres. A replicação pode ser síncrona ou assíncrona. Na replicação síncrona, cada bloco deve ser gravado local e remotamente antes que a gravação seja considerada concluída, enquanto na replicação assíncrona, as gravações são agrupadas e gravadas periodicamente. A replicação assíncrona pode resultar em perda de dados se o sítio principal falhar, mas é mais rápida e não tem limitações de distância.

A implementação desses recursos difere, dependendo da camada em que o RAID é implementado. Por exemplo, se o RAID for implementado em software, cada hospedeiro pode precisar executar e gerenciar sua própria replicação. Se a replicação for implementada no array de armazenamento ou na interconexão da SAN, no entanto, independentemente do sistema operacional do hospedeiro ou de seus recursos, os dados do hospedeiro poderão ser replicados.

Outro aspecto da maioria das implementações RAID é a existência de um ou mais discos de segurança (*hot-spare*). Um **disco de segurança** não é usado para dados e sim configurado para ser usado como substituto em caso de falha de disco. Por exemplo, um disco de segurança pode ser usado na reconstrução de um par espelhado quando um dos discos do par falha. Dessa forma, o nível de RAID pode ser restabelecido automaticamente, sem esperar que o disco defeituoso seja substituído. A alocação de mais de um disco de segurança permite que mais de uma falha seja reparada sem intervenção humana.

10.7.4 Selecionando um Nível de RAID

Dadas as muitas opções disponíveis, como os projetistas de sistemas selecionam um nível de RAID? Uma consideração é o desempenho da reconstrução. Se um disco falha, o tempo necessário para reconstruir seus dados pode ser significativo. Isso pode ser um fator importante se for requerido um suprimento contínuo de dados, como ocorre em sistemas de banco de dados interativos ou de alto desempenho. Além disso, o desempenho da reconstrução influencia o tempo médio de falha.

O desempenho da reconstrução varia com o nível de RAID usado. A reconstrução é mais fácil no RAID nível 1, já que os dados podem ser copiados de outro disco. Nos outros níveis, precisamos acessar todos os outros discos no array para reconstruir dados de um disco defeituoso. Os tempos de reconstrução podem ser de horas nas reconstruções de grandes conjuntos de discos do RAID 5.

O RAID nível 0 é usado em aplicações de alto desempenho em que a perda de dados não é crítica. O RAID nível 1 é popular em aplicações que requerem alta confiabilidade com rápida recuperação. Os níveis de RAID 0 + 1 e 1 + 0 são usados onde tanto o desempenho quanto a confiabilidade são importantes — por exemplo, em bancos de dados pequenos. Em razão do alto overhead de espaço do RAID 1, o RAID 5 é preferido, com frequência, para o armazenamento de grandes volumes de dados. O nível 6 não é suportado atualmente por muitas implementações de RAID, mas deve oferecer melhor confiabilidade do que o nível 5.

Os projetistas de sistemas e administradores de armazenamento RAID também precisam tomar diversas outras decisões. Por exemplo, quantos discos devem existir em determinado array RAID? Quantos bits devem ser protegidos por um bit de paridade? Se existirem mais discos em um array, as taxas de transferência de dados serão mais altas, mas o sistema será mais caro. Se mais bits forem protegidos por um bit de paridade, o overhead de espaço em razão dos bits de paridade será menor, mas a chance de que um segundo disco falhe antes que o primeiro disco defeituoso seja reparado será maior, e isso resultará em perda de dados.

10.7.5 Extensões

Os conceitos de RAID têm sido generalizados para outros dispositivos de armazenamento, incluindo arrays de fitas e até mesmo a transmissão de dados por meio de sistemas sem fio. Quando aplicadas a arrays de fitas, as estruturas RAID podem recuperar dados, mesmo se uma das fitas de um array estiver danificada. Quando aplicadas à transmissão de dados, um bloco de dados é dividido em pequenas unidades e é transmitido junto com uma unidade de paridade. Se uma das unidades não for recebida por alguma razão, ela poderá ser reconstruída a partir das outras unidades. Normalmente, robôs de drives de fita contendo múltiplos drives de fita distribuem dados por todos os drives para aumentar o throughput e diminuir o tempo de backup.

10.7.6 Problemas do RAID

Infelizmente, nem sempre o RAID assegura a disponibilidade dos dados para o sistema operacional e seus usuários. Um ponteiro para um arquivo pode estar errado, por exemplo, ou ponteiros dentro da estrutura de arquivos podem estar incorretos. Gravações incompletas, quando não apropriadamente recuperadas, podem resultar em dados corrompidos. Algum outro processo também poderia gravar acidentalmente sobre as estruturas de um sistema de arquivos. O RAID protege contra erros da mídia física, mas não contra outros erros de hardware e software. Da mesma forma que há muitos bugs de hardware e software, também são numerosos os perigos potenciais a que os dados de um sistema estão sujeitos.

O sistema de arquivos **ZFS** do **Solaris** adota uma abordagem inovadora para resolver esses problemas usando **somas de verificação** — uma técnica que é usada na verificação da integridade dos dados. O ZFS mantém somas de verificação internas de todos os blocos, incluindo dados e metadados. Essas somas de verificação não são mantidas com o bloco que está sendo verificado. Em vez disso, elas são armazenadas com o ponteiro

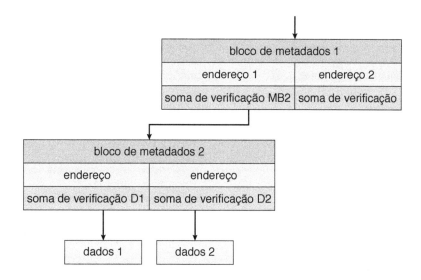

Figura 10.13 Somas de verificação de todos os metadados e dados no ZFS.

para esse bloco. (Consulte a Figura 10.13.) Considere um inode — uma estrutura de dados para o armazenamento de metadados do sistema de arquivos — com ponteiros para seus dados. Dentro do inode encontra-se a soma de verificação de cada bloco de dados. Se houver um problema com os dados, a soma de verificação estará incorreta e o sistema de arquivos saberá disso. Se os dados forem espelhados e se houver um bloco com uma soma de verificação correta e um com uma soma de verificação incorreta, o ZFS atualizará automaticamente o bloco danificado com o bloco correto. Da mesma forma, a entrada do diretório que aponta para o inode tem uma soma de verificação para o inode. Qualquer problema no inode é detectado quando o diretório é acessado. Essas somas de verificação ocorrem em todas as estruturas do ZFS, fornecendo um nível muito mais alto de consistência e de detecção e correção de erros do que o encontrado nos arrays de discos RAID ou sistemas de arquivos padrão. O overhead adicional que é gerado pelo cálculo da soma de verificação e pelos ciclos adicionais de leitura-modificação-gravação de blocos não é perceptível porque o desempenho geral do ZFS é muito rápido.

Outro problema da maioria das implementações de RAID é a falta de flexibilidade. Considere um array de armazenamento com vinte discos divididos em quatro conjuntos de cinco discos. Cada conjunto de cinco discos é um conjunto RAID nível 5. Como resultado, há quatro volumes separados, cada um contendo um sistema de arquivos. Mas e se um sistema de arquivos é grande demais para caber em um conjunto RAID nível 5 com cinco discos? E se outro sistema de arquivos precisa de muito pouco espaço? Se esses fatores forem conhecidos antecipadamente, então os discos e os volumes poderão ser alocados apropriadamente. Com muita frequência, no entanto, o uso e os requisitos dos discos mudam com o tempo.

Mesmo se o array de armazenamento permitir que o grupo inteiro de vinte discos seja criado como um grande conjunto

O ARRAY DE ARMAZENAMENTO INSERV

Ao se esforçar para fornecer soluções melhores, mais rápidas e menos caras, a inovação frequentemente torna tênues as linhas que separavam tecnologias anteriores. Considere o array de armazenamento InServ da 3Par. Diferente da maioria dos outros arrays de armazenamento, o InServ não requer que um conjunto de discos seja configurado em um nível de RAID específico. Em vez disso, cada disco é dividido em "chunklets" de 256 MB. O RAID é, então, aplicado no nível do chunklet. Assim, um disco pode participar de múltiplos e variados níveis de RAID, já que seus chunklets são usados por múltiplos volumes.

O InServ também fornece instantâneos semelhantes aos criados pelo sistema de arquivos WAFL. O formato dos instantâneos do InServ pode ser de leitura-gravação como também somente-de-leitura, permitindo que múltiplos hospedeiros montem cópias de determinado sistema de arquivos sem precisar de suas próprias cópias do sistema de arquivos inteiro. Qualquer alteração que um hospedeiro faça em sua própria cópia é de cópia-após-gravação e, portanto, não tem reflexo sobre as outras cópias.

Outra inovação é o armazenamento utilitário. Alguns sistemas de arquivos não aumentam ou diminuem. Nesses sistemas, o tamanho original é o único fornecido, e qualquer alteração requer cópia dos dados. Um administrador pode configurar o InServ para fornecer um hospedeiro com um grande espaço de armazenamento lógico que ocupe, inicialmente, apenas um pequeno montante de espaço de armazenamento físico. Conforme o hospedeiro começa a usar o armazenamento, discos não usados são alocados a ele, até o nível lógico original. O hospedeiro pode então achar que tem um grande espaço de armazenamento fixo, criar seu sistema de arquivos aí e assim por diante. Discos podem ser adicionados ao sistema de arquivos, ou podem ser dele removidos pelo InServ sem que o sistema de arquivos perceba a alteração. Esse recurso pode reduzir o número de drives requeridos pelos hospedeiros, ou pelo menos retardar a compra de discos até que eles sejam realmente necessários.

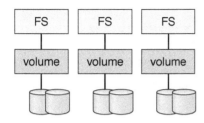

(a) Volumes e sistemas de arquivos tradicionais.

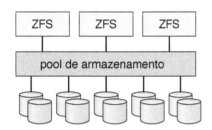

(b) O ZFS e o armazenamento em pool.

Figura 10.14 (a) Volumes e sistemas de arquivos tradicionais. (b) Pool ZFS e sistemas de arquivos.

RAID, outros problemas poderiam surgir. Vários volumes de vários tamanhos poderiam ser construídos no conjunto. Mas alguns gerenciadores de volume não nos permitem alterar o tamanho de um volume. Nesse caso, teríamos o mesmo problema descrito acima — tamanhos de sistemas de arquivos não coincidentes. Alguns gerenciadores de volumes permitem alterações no tamanho, mas alguns sistemas de arquivos não podem crescer ou diminuir. Os volumes poderiam mudar de tamanho, mas os sistemas de arquivos teriam que ser recriados para se beneficiarem dessas alterações.

O ZFS combina o gerenciamento do sistema de arquivos com o gerenciamento de volumes em uma unidade, fornecendo maior flexibilidade do que a obtida com a tradicional separação dessas funções. Discos, ou partições de discos, são reunidos via arrays RAID em **pools** de armazenamento. Um pool pode conter um ou mais sistemas de arquivos ZFS. O espaço livre do pool inteiro fica disponível para todos os sistemas de arquivos desse pool. O ZFS usa o modelo de memória `malloc ( )` e `free ( )` para alocar e liberar espaço de armazenamento para cada sistema de arquivos conforme os blocos são usados e liberados dentro do sistema de arquivos. Como resultado, não há limites artificiais para o uso do armazenamento e não há a necessidade de realocar sistemas de arquivos entre volumes ou redimensionar volumes. O ZFS fornece cotas para limitar o tamanho de um sistema de arquivos e reservas para assegurar que um sistema de arquivos possa crescer de acordo com um montante especificado, mas essas variáveis podem ser alteradas pelo proprietário do sistema de arquivos a qualquer momento. A Figura 10.14(a) mostra volumes e sistemas de arquivos tradicionais, e a Figura 10.14(b) mostra o modelo ZFS.

10.8 Implementação de Espaço de Armazenamento Estável

No Capítulo 5, introduzimos o log de gravação antecipada, que requer a disponibilidade de um espaço de armazenamento estável. Por definição, as informações residentes em armazenamento estável nunca são perdidas. Para implementar esse tipo de armazenamento, precisamos replicar as informações requeridas em múltiplos dispositivos de armazenamento (usualmente discos) com modalidades de falha independentes. Também precisamos coordenar a gravação de atualizações de uma forma que garanta que uma falha, durante uma atualização, não deixe todas as cópias em estado danificado e que, quando estivermos nos recuperando de uma falha, possamos impor a todas as cópias um valor consistente e correto, mesmo se outra falha ocorrer durante a recuperação. Nesta seção, discutimos como atender a esses requisitos.

Uma gravação em disco resulta em uma de três situações:

1. **Conclusão bem-sucedida.** Os dados foram gravados corretamente em disco.
2. **Falha parcial.** Uma falha ocorreu no meio da transferência; portanto, apenas alguns dos setores foram gravados com os novos dados, e o setor que estava sendo gravado durante a falha pode ter sido corrompido.
3. **Falha total.** A falha ocorreu antes que a gravação em disco começasse; assim, os valores anteriores dos dados no disco permanecem intactos.

Sempre que uma falha ocorre durante a gravação de um bloco, o sistema precisa detectá-la e invocar um procedimento de recuperação para restaurar o bloco a um estado consistente. Para fazer isso, o sistema deve manter dois blocos físicos para cada bloco lógico. Uma operação de saída é executada como descrito a seguir:

1. Grava as informações no primeiro bloco físico.
2. Quando a primeira gravação é concluída com sucesso, grava as mesmas informações no segundo bloco físico.
3. Declara a operação como concluída somente após a segunda gravação se completar com sucesso.

Durante a recuperação de uma falha, cada par de blocos físicos é examinado. Se os dois estiverem iguais e não existir nenhum erro detectável, nenhuma ação adicional será necessária. Se um bloco contiver um erro detectável, então substituiremos seu conteúdo pelo valor do outro bloco. Se nenhum dos blocos contiver um erro detectável, mas tiverem conteúdos diferentes, substituiremos o conteúdo do primeiro bloco pelo do segundo. Esse procedimento de recuperação assegura que uma gravação em um espaço de armazenamento estável seja totalmente bem-sucedida ou não resulte em alterações.

Podemos estender esse procedimento facilmente para permitir o uso de um número arbitrariamente grande de cópias de cada bloco de armazenamento estável. Embora a existência de um grande número de cópias reduza ainda mais a probabilidade de uma falha, é usualmente aceitável a simulação de um armazenamento estável com apenas duas cópias. Os dados em armazenamento estável têm segurança garantida, a menos que uma falha destrua todas as cópias.

Como a espera pela conclusão de gravações em disco (I/O síncrono) é demorada, muitos arrays de armazenamento adicionam uma NVRAM como cache. Como a memória é não volátil (usualmente tem energia proveniente de bateria como back up para a energia da unidade), podemos confiar no armazenamento dos dados a serem enviados aos discos. Portanto, ela é considerada parte do armazenamento estável. As gravações feitas na memória são muito mais rápidas do que em disco; assim, o desempenho melhora muito.

10.9 Resumo

Os drives de disco são os principais dispositivos de I/O de armazenamento secundário na maioria dos computadores. Grande parte dos dispositivos de armazenamento secundário é composta por discos magnéticos ou fitas magnéticas, embora os discos de estado sólido estejam crescendo em importância. Os drives de disco modernos são estruturados como grandes arrays unidimensionais de blocos de disco lógicos. Geralmente, esses blocos lógicos têm 512 bytes de tamanho. Os discos podem ser anexados a um sistema de computação de duas maneiras: (1) através das portas de I/O locais no computador hospedeiro ou (2) por meio de uma conexão de rede.

As solicitações de I/O de disco são geradas pelo sistema de arquivos e pelo sistema de memória virtual. Cada solicitação especifica o endereço a ser referenciado no disco, na forma de um número de bloco lógico. Os algoritmos de scheduling de disco podem melhorar a largura de banda efetiva, o tempo de resposta médio e a variância no tempo de resposta. Algoritmos como o SSTF, SCAN, C-SCAN, LOOK e C-LOOK foram projetados para implementar essas melhorias por meio de estratégias de ordenação das filas de disco. O desempenho dos algoritmos de scheduling de disco pode variar muito em discos magnéticos. Por outro lado, já que os discos de estado sólido não têm partes móveis, o desempenho varia pouco entre os algoritmos, e com muita frequência uma simples estratégia FCFS é utilizada.

O desempenho pode ser prejudicado pela fragmentação externa. Alguns sistemas têm utilitários que varrem o sistema de arquivos para identificar arquivos fragmentados; em seguida, eles mudam blocos de lugar para diminuir a fragmentação. A desfragmentação de um sistema de arquivos muito fragmentado pode melhorar significativamente o desempenho, mas o sistema pode ter o desempenho reduzido enquanto a desfragmentação está ocorrendo. Sistemas de arquivos sofisticados, como o Fast File System do UNIX, incorporam muitas estratégias para o controle da fragmentação durante a alocação de espaço de modo que a reorganização do disco não seja necessária.

O sistema operacional gerencia os blocos do disco. Primeiro, o disco deve ser formatado em baixo nível para a criação dos setores no hardware bruto — discos novos usualmente vêm pré-formatados. Em seguida, o disco é particionado, sistemas de arquivos são criados e blocos de inicialização são alocados para armazenar o programa bootstrap do sistema. Finalmente, quando um bloco é corrompido, o sistema deve ter uma forma de submetê-lo a um lock ou de substituí-lo logicamente por um reserva.

Já que um espaço de permuta eficiente é essencial a um bom desempenho, os sistemas usualmente ignoram o sistema de arquivos e usam o acesso ao disco bruto na paginação de I/O. Alguns sistemas dedicam uma partição de disco bruta para o espaço de permuta, e outros usam um arquivo dentro do sistema de arquivos. Outros sistemas permitem que o usuário ou o administrador do sistema tomem a decisão fornecendo as duas opções.

Em razão do espaço de armazenamento requerido em sistemas grandes, a redundância dos discos é introduzida, com frequência, por meio de algoritmos RAID. Esses algoritmos permitem que mais de um disco seja usado em determinada operação e permitem a operação continuada e até mesmo a recuperação automática em caso de uma falha no disco. Os algoritmos RAID são organizados em diferentes níveis; cada nível fornece alguma combinação de confiabilidade e altas taxas de transferência.

Exercícios Práticos

10.1 O scheduling de disco, com exceção do scheduling FCFS, é útil em um ambiente monousuário? Explique sua resposta.

10.2 Explique por que o scheduling SSTF tende a favorecer cilindros do meio em vez dos cilindros mais internos e externos.

10.3 Por que a latência rotacional não é usualmente considerada no scheduling de disco? Como você modificaria os algoritmos SSTF, SCAN e C-SCAN para incluir a otimização da latência?

10.4 Por que é importante balancear o I/O do sistema de arquivos entre os discos e os controladores de um sistema em um ambiente multitarefa?

10.5 Quais são as vantagens e desvantagens envolvidas na releitura de páginas de código no sistema de arquivos *versus* o uso de espaço de permuta para armazená-las?

10.6 Há alguma forma de implementar um armazenamento realmente estável? Explique sua resposta.

10.7 Algumas vezes se diz que a fita é uma mídia de acesso sequencial, enquanto o disco magnético é uma mídia de acesso randômico. Na verdade, a adequação de um dispositivo de armazenamento ao acesso randômico depende do tamanho da transferência. O termo "taxa de transferência do fluxo" representa a taxa de uma transferência de dados que está em curso, excluindo o efeito da latência de acesso. Por outro lado, a "taxa de transferência efetiva" é a razão entre o total de bytes e o total de segundos, incluindo o tempo de overhead, tal como a latência de acesso.

Suponha que tenhamos um computador com as seguintes características: o cache de nível 2 tem uma latência de acesso de 8 nanossegundos e uma taxa de transferência de fluxo de 800 megabytes por segundo, a memória principal tem uma latência de acesso de 60 nanossegundos e uma taxa de transferência de fluxo de 80 megabytes por segundo, o disco magnético tem uma latência de acesso de 15 milissegundos e uma taxa de transferência de fluxo de 5 megabytes por segundo, e um drive de fita tem uma latência de acesso de 60 segundos e uma taxa de transferência de fluxo de 2 megabytes por segundo.

a. O acesso randômico faz decrescer a taxa de transferência efetiva de um dispositivo porque nenhum dado é transferido durante o tempo de acesso. Para o disco descrito, qual é a taxa de transferência efetiva se um acesso médio for seguido por uma transferência de fluxo de (1) 512 bytes, (2) 8 quilobytes, (3) 1 megabyte e (4) 16 megabytes?

b. O nível de utilização de um dispositivo é a razão entre a taxa de transferência efetiva e a taxa de transferência de fluxo. Calcule o nível de utilização do drive de disco para cada um dos quatro montantes de transferência de fluxo fornecidos na parte a.

c. Suponha que um nível de utilização de 25% (ou maior) seja considerado aceitável. Usando os números de desempenho fornecidos, calcule o menor tamanho de transferência de disco que oferece um nível de utilização aceitável.

d. Complete a frase a seguir: Um disco é um dispositivo de acesso randômico para transferências maiores do que _____ bytes e é um dispositivo de acesso sequencial para transferências menores.

e. Calcule os tamanhos de transferência mínimos que forneçam um nível de utilização aceitável para o cache, a memória e a fita.

f. Quando uma fita é um dispositivo de acesso randômico e quando ela é um dispositivo de acesso sequencial?

10.8 Uma organização RAID nível 1 poderia alcançar um desempenho melhor para solicitações de leitura do que uma organização RAID nível 0 (com distribuição de dados sem redundância)? Em caso afirmativo, como?

Exercícios

10.9 Nenhum dos algoritmos de scheduling de disco, exceto o FCFS, é realmente justo (pode ocorrer inanição).

a. Explique por que essa afirmação é verdadeira.

b. Descreva uma forma de modificar algoritmos como o SCAN para assegurar a equidade.

c. Explique por que a equidade é um objetivo importante em um sistema de tempo compartilhado.

d. Dê três ou mais exemplos de circunstâncias em que é importante que o sistema operacional seja injusto ao atender a solicitações de I/O.

10.10 Explique por que os SSDs usam com frequência um algoritmo de scheduling de disco FCFS.

10.11 Suponha que um drive de disco tenha 5.000 cilindros, numerados de 0 a 4.999. O drive está correntemente atendendo a uma solicitação no cilindro 2.150, e a solicitação anterior foi atendida no cilindro 1.805. A fila de solicitações pendentes, em ordem FIFO, é:

2.069, 1.212, 2.296, 2.800, 544, 1.618, 356, 1.523, 4.965, 3681

A partir da posição corrente do cabeçote, qual é a distância total (em cilindros) que o braço do disco tem que percorrer para atender a todas as solicitações pendentes para cada um dos algoritmos de scheduling de disco a seguir?

a. FCFS
b. SSTF
c. SCAN
d. LOOK
e. C-SCAN
f. C-LOOK

10.12 A física elementar determina que, quando um objeto é submetido a uma aceleração constante a, o relacionamento entre a distância d e o tempo t é dado por $d = \frac{1}{2}at^2$. Suponha que, durante uma busca, o disco do Exercício 10.11 acelere o braço a uma taxa constante na primeira metade da busca, e depois desacelere o braço à mesma taxa na segunda metade da busca. Presuma que o disco possa executar uma busca em um cilindro adjacente em 1 milissegundo e uma busca completa em todos os 5.000 cilindros em 18 milissegundos.

a. A distância de uma busca é igual ao número de cilindros sobre os quais o cabeçote se movimenta. Explique por que o tempo de busca é proporcional à raiz quadrada da distância da busca.

b. Escreva uma equação para o tempo de busca em função da distância da busca. Essa equação deve ser da forma $t = x + y\sqrt{L}$, em que t é o tempo em milissegundos e L é a distância da busca em cilindros.

c. Calcule o tempo total de busca para cada um dos schedules do Exercício 10.11. Determine que schedule é o mais rápido (tem o menor tempo total de busca).

d. A aceleração percentual é o tempo economizado dividido pelo tempo original. Qual é a aceleração percentual do schedule mais rápido em relação ao FCFS?

10.13 Suponha que o disco do Exercício 10.12 gire a 7.200 RPM.

a. Qual é a latência rotacional média desse drive de disco?

b. Que distância de busca pode ser percorrida no tempo que você encontrou para a parte a?

10.14 Descreva algumas vantagens e desvantagens do uso de SSDs como camada de armazenamento em cache e como substituto do drive de disco em comparação com o uso de discos magnéticos apenas.

10.15 Compare o desempenho dos algoritmos de scheduling C-SCAN e SCAN, supondo uma distribuição de solicitações uniforme. Considere o tempo médio de resposta (o tempo entre a chegada de uma solicitação e a conclusão do serviço solicitado), a variação no tempo de resposta e a largura de banda efetiva. De que forma o desempenho depende dos tamanhos relativos do tempo de busca e da latência rotacional?

10.16 As solicitações não são usualmente distribuídas de modo uniforme. Por exemplo, podemos esperar que um cilindro contendo os metadados do sistema de arquivos seja acessado com mais frequência do que um cilindro contendo apenas arquivos. Suponha que você saiba que 50% das solicitações são para um pequeno número fixo de cilindros.

a. Algum dos algoritmos de scheduling discutidos neste capítulo seria particularmente bom para esse caso? Explique sua resposta.

b. Proponha um algoritmo de scheduling de disco que forneça um desempenho ainda melhor ao tirar partido dessa "área de tensão" no disco.

10.17 Considere uma organização RAID nível 5 composta por cinco discos, com a paridade para conjuntos de quatro blocos em quatro discos armazenada no quinto disco. Quantos blocos são acessados para a execução das operações a seguir?

a. Uma gravação de um bloco de dados.
b. Uma gravação de sete blocos contínuos de dados.

10.18 Compare o throughput obtido por uma organização RAID nível 5 com o obtido por uma organização RAID nível 1 para o seguinte:

a. Operações de leitura em blocos únicos.
b. Operações de leitura em múltiplos blocos contíguos.

10.19 Compare o desempenho de operações de gravação obtido por uma organização RAID nível 5 com o obtido por uma organização RAID nível 1.

10.20 Suponha que você tenha uma configuração mista composta por discos organizados como RAID nível 1 e RAID nível 5. Suponha também que o sistema tenha flexibilidade para decidir que organização de discos deve ser usada para o armazenamento de um arquivo específico.

Que arquivos devem ser armazenados nos discos RAID nível 1 e quais devem ser armazenados nos discos RAID nível 5 visando à otimização do desempenho?

10.21 A confiabilidade de um drive de disco rígido é tipicamente descrita em termos de um valor chamado tempo médio entre falhas (MTBF — *mean time between failures*). Embora esse valor seja chamado de "tempo", na verdade o MTBF é medido em horas de drive por falha.

   a. Se um sistema contiver 1.000 drives de disco, cada um deles com um MTBF de 750.000 horas, qual das opções a seguir descreve melhor a frequência com que uma falha de drive ocorrerá nesse farm de discos: uma vez a cada mil anos, uma vez a cada século, uma vez a cada década, uma vez por ano, uma vez por mês, uma vez por semana, uma vez por dia, uma vez por hora, uma vez por minuto, ou uma vez por segundo?

   b. Estatísticas de mortalidade indicam que, em média, um habitante dos Estados Unidos tem cerca de 1 chance em 1.000 de morrer entre 20 e 21 anos. Deduza o MTBF em horas das pessoas de 20 anos. Converta esse número de horas para anos. O que esse MTBF informa sobre a expectativa de vida de uma pessoa de 20 anos?

   c. O fabricante garante um MTBF de 1 milhão de horas para determinado modelo de drive de disco. O que você pode concluir sobre o número de anos durante os quais um desses drives estará sob garantia?

10.22 Discuta as vantagens e desvantagens relativas da reserva de setores e do deslocamento de setores.

10.23 Discuta as razões pelas quais o sistema operacional deve requerer informações precisas sobre como os blocos estão armazenados em um disco. Como o sistema operacional poderia melhorar o desempenho do sistema de arquivos com esse conhecimento?

Problemas de Programação

10.24 Escreva um programa que implemente os algoritmos de scheduling de disco a seguir:

   a. FCFS
   b. SSTF
   c. SCAN
   d. C-SCAN
   e. LOOK
   f. C-LOOK

Seu programa manipulará um disco com 5.000 cilindros numerados de 0 a 4.999. O programa gerará uma série aleatória de 1.000 solicitações de cilindros e as atenderá de acordo com cada um dos algoritmos listados acima. O programa receberá a posição inicial do cabeçote do disco (como um parâmetro na linha de comando) e relatará o montante total de movimentos do cabeçote necessários a cada um dos algoritmos.

Notas Bibliográficas

[Services (2012)] fornece uma visão geral do armazenamento de dados em uma variedade de ambientes de computação modernos. [Teorey e Pinkerton (1972)] apresentam uma análise comparativa inicial dos algoritmos de scheduling de disco usando simulações que modelam um disco no qual o tempo de busca é linear quanto ao número de cilindros percorridos. Otimizações de scheduling que exploram tempos ociosos de disco são discutidas em [Lumb et al. (2000)]. [Kim et al. (2009)] discutem algoritmos de scheduling de disco para SSDs.

Discussões sobre arrays redundantes de discos independentes (RAIDs) são apresentadas por [Patterson et al. (1988)].

[Russinovich e Solomon (2009)], [McDougall e Mauro (2007)] e [Love (2010)] discutem detalhes do sistema de arquivos no Windows, no Solaris e no Linux, respectivamente.

O tamanho do I/O e a aleatoriedade da carga de trabalho influenciam consideravelmente o desempenho do disco. [Ousterhout et al. (1985)] e [Ruemmler e Wilkes (1993)] relatam numerosas características de carga de trabalho interessantes — por exemplo, a maioria dos arquivos é pequena, a maioria dos arquivos recém-criados é excluída logo depois, a maioria dos arquivos que é aberta para leitura é lida sequencialmente em sua totalidade, e a maioria das buscas é curta.

O conceito de uma hierarquia de armazenamento tem sido estudado por mais de quarenta anos. Por exemplo, um artigo de 1970 de [Mattson et al.(1970)] descreve uma abordagem matemática para predizer o desempenho de uma hierarquia de armazenamento.

Bibliografia

[Kim et al. (2009)] J. Kim, Y. Oh, E. Kim, J. C. D. Lee e S. Noh, "Disk schedulers for solid state drives" (2009), páginas 295-304.

[Love (2010)] R. Love, *Linux Kernel Development*, terceira edição, Developer's Library (2010).

[Lumb et al. (2000)] C. Lumb, J. Schindler, G. R. Ganger, D. F. Nagle e E. Riedel, "Towards Higher Disk Head Utilization: Extracting Free Bandwidth From Busy Disk Drives", *Symposium on Operating Systems Design and Implementation* (2000).

[Mattson et al. (1970)] R. L. Mattson, J. Gecsei, D. R. Slutz e I. L. Traiger, "Evaluation Techniques for Storage Hierarchies", *IBM Systems Journal*, volume 9, número 2 (1970), páginas 78-117.

[McDougall e Mauro (2007)] R. McDougall e J. Mauro, *Solaris Internals*, segunda edição, Prentice Hall (2007).

[Ousterhout et al. (1985)] J. K. Ousterhout, H. D. Costa, D. Harrison, J. A. Kunze, M. Kupfer e J. G. Thompson, "A Trace-Driven Analysis of the UNIX 4.2 BSD File System", *Proceedings of the ACM Symposium on Operating Systems Principles* (1985), páginas 15-24.

[Patterson et al. (1988)] D. A. Patterson, G. Gibson e R. H. Katz, "A Case for Redundant Arrays of Inexpensive Disks (RAID)", *Proceedings of the ACM SIGMOD International Conference on the Management of Data* (1988), páginas 109-116.

[Ruemmler e Wilkes (1993)] C. Ruemmler e J. Wilkes, "Unix Disk Access Patterns", *Proceedings of the Winter USENIX Conference* (1993), páginas 405-420.

[Russinovich e Solomon (2009)] M. E. Russinovich e D. A. Solomon, *Windows Internals: Including Windows Server 2008 and Windows Vista*, quinta edição, Microsoft Press (2009).

[Services (2012)] E. E. Services, *Information Storage and Management: Storing, Managing, and Protecting Digital Information in Classic, Virtualized, and Cloud Environments*, Wiley (2012).

[Teorey e Pinkerton (1972)] T. J. Teorey e T. B. Pinkerton, "A Comparative Analysis of Disk Scheduling Policies", *Communications of the ACM*, volume 15, número 3 (1972), páginas 177-184.

Interface do Sistema de Arquivos

CAPÍTULO 11

Para a maioria dos usuários, o sistema de arquivos é o aspecto mais visível de um sistema operacional. Ele fornece o mecanismo para armazenamento e acesso on-line tanto em relação a dados quanto em relação a programas do sistema operacional e de todos os usuários do sistema de computação. O sistema de arquivos consiste em duas partes distintas: uma coleção de arquivos, cada um deles armazenando dados relacionados, e uma estrutura de diretórios, que organiza e fornece informações sobre todos os arquivos no sistema. Os sistemas de arquivos residem em dispositivos que descrevemos no capítulo anterior e continuaremos discutindo no capítulo seguinte. Neste capítulo, consideramos os diversos aspectos dos arquivos e as principais estruturas de diretórios. Também discutimos a semântica de compartilhamento de arquivos entre múltiplos processos, usuários e computadores. Finalmente, discutimos formas de manipular a proteção de arquivos, necessária quando temos múltiplos usuários e queremos controlar quem pode acessar arquivos e como os arquivos podem ser acessados.

OBJETIVOS DO CAPÍTULO

- Explicar a função dos sistemas de arquivos.
- Descrever as interfaces dos sistemas de arquivos.
- Discutir alternativas para o projeto do sistema de arquivos, incluindo métodos de acesso, compartilhamento de arquivos, trancamento de arquivos e estruturas de diretórios.
- Explorar a proteção do sistema de arquivos.

11.1 Conceito de Arquivo

Os computadores podem armazenar informações em várias mídias de armazenamento, como discos magnéticos, fitas magnéticas e discos óticos. Para que o sistema de computação possa ser usado convenientemente, o sistema operacional fornece uma visão lógica uniforme das informações armazenadas. O sistema operacional abstrai, das propriedades físicas de seus dispositivos de armazenamento, a definição de uma unidade lógica de armazenamento, o arquivo. Os arquivos são mapeados pelo sistema operacional para dispositivos físicos. Esses dispositivos físicos são usualmente não voláteis; portanto, os conteúdos são persistentes entre reinicializações do sistema.

Um arquivo é uma coleção nomeada de informações relacionadas que são gravadas em memória secundária. Da perspectiva do usuário, um arquivo é a menor unidade de armazenamento lógico secundário; isto é, os dados não podem ser gravados na memória secundária se não estiverem em um arquivo. Normalmente, os arquivos representam programas (nas formas fonte e objeto) e dados. Os arquivos de dados podem ser numéricos, alfabéticos, alfanuméricos ou binários. Os arquivos podem ter forma livre, como os arquivos de texto, ou podem ser formatados rigidamente. Em geral, um arquivo é uma sequência de bits, bytes, linhas ou registros, cujo significado é definido pelo criador e usuário do arquivo. Assim, o conceito de arquivo é extremamente geral.

As informações em um arquivo são definidas por seu criador. Muitos tipos diferentes de informações podem ser armazenados em um arquivo — programas-fonte ou executáveis, dados numéricos ou de texto, fotos, música, vídeo, e assim por diante. Um arquivo tem uma estrutura específica definida, que depende de seu tipo. Um arquivo de texto é uma sequência de caracteres organizada em linhas (e possivelmente páginas). Um arquivo-fonte é uma sequência de funções, todas organizadas como declarações seguidas por comandos executáveis. Um arquivo executável é uma série de seções de código que o carregador pode trazer para a memória e executar.

11.1.1 Atributos dos Arquivos

Um arquivo é nomeado, para a conveniência de seus usuários humanos, e referenciado por seu nome. Um nome é, usualmente, uma sequência de caracteres, como em example.c. Alguns sistemas diferenciam caracteres maiúsculos e minúsculos nos nomes, e outros não. Quando um arquivo é nomeado, ele se torna independente do processo, do usuário e até mesmo do sistema que o criou. Por exemplo, um usuário poderia criar o arquivo example.c, e outro poderia editar esse arquivo especificando seu nome. O proprietário do arquivo poderia gravá-lo em um disco USB, enviá-lo como um anexo de e-mail ou copiá-lo por meio de uma rede, e, mesmo assim, ele continuaria sendo chamado example.c no sistema de destino.

Os atributos de um arquivo variam de um sistema operacional para outro, mas normalmente são os seguintes:

- **Nome.** O nome simbólico do arquivo é a única informação mantida em forma legível por humanos.
- **Identificador.** Esse rótulo exclusivo, usualmente um número, identifica o arquivo dentro do sistema de arquivos; é o nome do arquivo não legível por humanos.

- **Tipo.** Essa informação é necessária para sistemas que suportam diferentes tipos de arquivos.
- **Locação.** Essa informação é um ponteiro para um dispositivo e para a locação do arquivo nesse dispositivo.
- **Tamanho.** O tamanho corrente do arquivo (em bytes, palavras ou blocos) e possivelmente o tamanho máximo permitido são incluídos nesse atributo.
- **Proteção.** As informações de controle de acesso determinam quem pode ler, gravar, executar o arquivo, e assim por diante.
- **Hora, data e identificação do usuário.** Essas informações podem ser mantidas para criação, última modificação e última utilização. Esses dados podem ser úteis para proteção, segurança e monitoramento do uso.

Alguns sistemas de arquivos mais novos também suportam **atributos de arquivo estendidos**, que incluem a codificação de caracteres do arquivo e recursos de segurança, como a soma de verificação de um arquivo. A Figura 11.1 ilustra uma janela de informações de arquivo no Mac OS X, que exibe os atributos de um arquivo.

As informações sobre todos os arquivos são mantidas na estrutura de diretório, que também reside na memória secundária. Normalmente, uma entrada no diretório é composta pelo nome do arquivo e seu identificador exclusivo. Por sua vez, o identificador localiza os outros atributos do arquivo. O registro dessas informações para cada arquivo pode ocupar mais de um kilobyte. Em um sistema com muitos arquivos, o tamanho do próprio diretório pode chegar a megabytes. Já que os diretórios, tais como os arquivos, devem ser não voláteis, eles devem ser armazenados no dispositivo e trazidos para a memória gradativamente, conforme necessário.

11.1.2 Operações de Arquivo

Um arquivo é um tipo de dado abstrato. Para definir um arquivo apropriadamente, precisamos considerar as operações que podem ser executadas sobre arquivos. O sistema operacional pode fornecer chamadas de sistema para criar, gravar, ler, reposicionar, excluir e truncar arquivos. Vamos examinar o que o sistema operacional deve fazer para executar cada uma dessas seis operações básicas de arquivo. Assim, deve ficar fácil ver como outras operações semelhantes, como a renomeação de um arquivo, podem ser implementadas.

- **Criação de um arquivo.** Dois passos são necessários para a criação de um arquivo. Em primeiro lugar, deve ser encontrado espaço para o arquivo no sistema de arquivos. Discutimos como alocar espaço para o arquivo no Capítulo 12. Em segundo lugar, deve ser criada uma entrada para o novo arquivo no diretório.
- **Gravação em um arquivo.** Para gravar em um arquivo, fazemos uma chamada de sistema especificando tanto o nome do arquivo quanto as informações a serem gravadas no arquivo. Dado o nome do arquivo, o sistema pesquisa o diretório para determinar a locação do arquivo. O sistema deve manter um **ponteiro de gravação** para a locação no arquivo em que a próxima gravação deve ocorrer. O ponteiro de gravação deve ser atualizado sempre que ocorrer uma gravação.
- **Leitura de um arquivo.** Para ler a partir de um arquivo, usamos uma chamada de sistema que especifica o nome do arquivo e onde (na memória) o próximo bloco do arquivo deve ser inserido. Novamente, o diretório é pesquisado em busca da entrada associada, e o sistema precisa manter um **ponteiro de leitura** para a locação no arquivo em que a próxima leitura deve ocorrer. Uma vez que a leitura tenha ocorrido, o ponteiro de leitura é atualizado. Já que um processo usualmente tanto faz leituras de um arquivo quanto gravações em um arquivo, a locação da operação corrente pode ser mantida como um **ponteiro da posição corrente do arquivo** por processo. Tanto as operações de leitura quanto as de gravação usam esse mesmo ponteiro, economizando espaço e reduzindo a complexidade do sistema.
- **Reposicionamento dentro de um arquivo.** O diretório é pesquisado em busca da entrada apropriada, e o ponteiro da posição corrente do arquivo é reposicionado para determinado valor. O reposicionamento dentro de um arquivo não precisa envolver nenhum I/O real. Essa operação de arquivo também é conhecida como **busca** em arquivo.
- **Exclusão de um arquivo.** Para excluir um arquivo, pesquisamos o diretório em busca do arquivo nomeado. Tendo encontrado a entrada associada no diretório, liberamos todo o espaço do arquivo, para que ele possa ser reutilizado por outros arquivos, e apagamos a entrada no diretório.
- **Truncamento de um arquivo.** O usuário pode querer apagar o conteúdo de um arquivo, mas manter seus atributos. Em vez de forçar o usuário a excluir o arquivo e então recriá-lo, essa

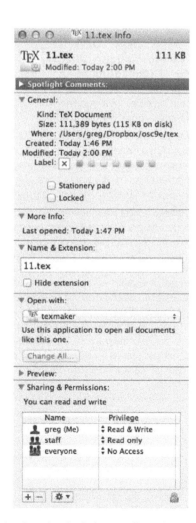

Figura 11.1 Janela de informações de um arquivo no Mac OS X.

função permite que todos os atributos permaneçam inalterados — exceto o tamanho — mas deixa que o arquivo seja redefinido com o tamanho zero e seu espaço seja liberado.

Essas seis operações básicas compõem o conjunto mínimo de operações de arquivo requeridas. Outras operações comuns incluem o acréscimo de novas informações ao fim de um arquivo existente e a renomeação de um arquivo existente. Essas operações primitivas podem então ser combinadas para executar outras operações de arquivo. Por exemplo, podemos criar uma cópia de um arquivo — ou copiar o arquivo em outro dispositivo de I/O, como uma impressora ou um vídeo — criando um novo arquivo e, em seguida, lendo a partir do antigo e gravando no novo. Também queremos contar com operações que permitam a um usuário obter e definir os diversos atributos de um arquivo. Por exemplo, podemos querer contar com operações que permitam a um usuário determinar o *status* de um arquivo, tal como seu tamanho, e definir atributos do arquivo, tal como seu proprietário.

A maioria das operações de arquivo mencionadas envolve uma pesquisa no diretório em busca da entrada associada ao arquivo nomeado. Para evitar essa busca constante, muitos sistemas requerem que uma chamada de sistema open ( ) seja feita antes que um arquivo seja usado pela primeira vez. O sistema operacional mantém uma tabela, chamada tabela de arquivos abertos, contendo informações sobre todos os arquivos abertos. Quando uma operação de arquivo é solicitada, o arquivo é especificado por meio de um índice nessa tabela; portanto, nenhuma busca é necessária. Quando o arquivo não está mais sendo ativamente usado, ele é fechado pelo processo, e o sistema operacional remove sua entrada da tabela de arquivos abertos. As chamadas de sistema create ( ) e delete ( ) operam com arquivos fechados em vez de abertos.

Alguns sistemas abrem implicitamente um arquivo quando é feita a primeira referência a ele. O arquivo é fechado automaticamente quando o job ou o programa que o abriu, termina. A maioria dos sistemas, no entanto, requer que o programador abra um arquivo explicitamente com a chamada de sistema open ( ) antes que esse arquivo possa ser usado. A operação open ( ) recebe um nome de arquivo e pesquisa o diretório, copiando a entrada do diretório na tabela de arquivos abertos. A chamada open ( ) também pode aceitar informações sobre a modalidade de acesso — criação, somente-de-leitura, leitura-gravação, somente-de-acréscimo, e assim por diante. Essa modalidade é verificada em relação às permissões do arquivo. Se a modalidade solicitada for permitida, o arquivo será aberto para o processo. A chamada de sistema open ( ) retorna tipicamente um ponteiro para a entrada na tabela de arquivos abertos. Esse ponteiro, e não o nome real do arquivo, é usado em todas as operações de I/O, evitando qualquer busca adicional e simplificando a interface de chamadas do sistema.

A implementação das operações open ( ) e close ( ) é mais complicada em um ambiente no qual vários processos podem abrir o arquivo simultaneamente. Isso pode ocorrer em um sistema em que várias aplicações diferentes abrem o mesmo arquivo ao mesmo tempo. Normalmente, o sistema operacional usa dois níveis de tabelas internas: uma tabela por processo e uma tabela para todo o sistema. A tabela por processo controla todos os arquivos que um processo abriu. Essa tabela armazena informações relacionadas com o uso do arquivo pelo processo. Por exemplo, o ponteiro corrente para cada arquivo é encontrado aqui. Direitos de acesso ao arquivo e informações de contabilidade também podem ser incluídos.

Por sua vez, cada entrada na tabela por processo aponta para uma tabela de arquivos abertos em todo o sistema. A tabela para todo o sistema contém informações independentes do processo, tais como locação do arquivo em disco, datas de acesso e tamanho do arquivo. Uma vez que um arquivo tenha sido aberto por um processo, a tabela para todo o sistema incluirá uma entrada para o arquivo. Quando outro processo executar uma chamada open ( ), uma nova entrada será simplesmente adicionada à tabela de arquivos abertos do processo apontando para a entrada apropriada na tabela para todo o sistema. Normalmente, a tabela de arquivos abertos também tem uma contagem de aberturas associada a cada arquivo para indicar quantos processos abriram o arquivo. Cada close ( ) diminui essa contagem de aberturas, e, quando a contagem alcança zero, o arquivo não está mais em uso, e sua entrada é removida da tabela de arquivos abertos.

Em resumo, várias informações são associadas a um arquivo aberto.

- **Ponteiro do arquivo.** Em sistemas que não incluem um deslocamento de arquivo como parte das chamadas de sistema read ( ) e write ( ), o sistema deve controlar a última locação de leitura-gravação como um ponteiro para a posição corrente do arquivo. Esse ponteiro é exclusivo para cada processo que operar sobre o arquivo e, portanto, deve ser mantido separado dos atributos do arquivo em disco.

- **Contagem de arquivos abertos.** Conforme os arquivos são fechados, o sistema operacional deve reutilizar suas entradas na tabela de arquivos abertos ou pode ficar sem espaço na tabela. Vários processos podem ter aberto um arquivo, e o sistema deve esperar que o último arquivo seja fechado antes de remover a entrada na tabela de arquivos abertos. A contagem de arquivos abertos controla o número de aberturas e fechamentos e chega a zero no último fechamento. O sistema pode então remover a entrada.

- **Locação do arquivo em disco.** A maioria das operações de arquivo requer que o sistema modifique dados dentro do arquivo. As informações necessárias à localização do arquivo em disco são mantidas na memória para que o sistema não tenha que lê-las a partir do disco a cada operação.

- **Direitos de acesso.** Cada processo abre um arquivo em uma modalidade de acesso. Essa informação é armazenada na tabela por processo para que o sistema operacional possa permitir ou negar solicitações de I/O subsequentes.

Alguns sistemas operacionais fornecem recursos para trancamento de um arquivo aberto (ou de seções de um arquivo). Os locks de arquivo permitem que um processo tranque um arquivo impedindo que outros processos obtenham acesso a ele. Os locks de arquivo são úteis para arquivos que sejam compartilhados por vários processos — por exemplo, um arquivo de log do sistema que possa ser acessado e modificado por vários processos no sistema.

Os locks de arquivo fornecem funcionalidade semelhante à dos locks de leitor-gravador, abordados na Seção 5.7.2. Um **lock compartilhado** é parecido com um lock de leitor, já que vários processos podem adquirir o lock concorrentemente. Um **lock exclusivo** comporta-se como um lock de gravador; apenas um processo de cada vez pode adquirir esse tipo de lock. É importante observar que nem todos os sistemas operacionais fornecem os dois tipos de locks; alguns sistemas fornecem somente o lock de arquivos exclusivo.

Os sistemas operacionais também podem fornecer mecanismos de trancamento de arquivos obrigatórios ou aconselháveis.

TRANCAMENTO DE ARQUIVOS EM JAVA

Na API Java, a aquisição de um lock requer primeiro a obtenção do objeto `FileChannel` do arquivo a ser trancado. O método `lock ( )` do objeto `FileChannel` é usado para adquirir o lock. A API do método `lock ( )` é

    [FileLock lock(long begin, long end,
    boolean shared)],

em que `begin` e `end` são as posições inicial e final da região que está sendo trancada. O posicionamento de `shared` como `true` é para locks compartilhados; o posicionamento de `shared` como `false` adquire o lock de maneira exclusiva. O lock é liberado pela invocação do método `release ( )` do objeto `FileLock` retornado pela operação `lock ( )`.

O programa na Figura 11.2 ilustra o trancamento de arquivos em Java. Esse programa adquire dois locks sobre o arquivo `file.txt`. A primeira metade do arquivo é adquirida como um lock exclusivo; o lock para a segunda metade é um lock compartilhado.

```java
import java.io.*;
import java.nio.channels.*;

public class LockingExample {
   public static final boolean EXCLUSIVE = false;
   public static final boolean SHARED = true;

   public static void main(String args[]) throws IOException {
      FileLock sharedLock = null;
      FileLock exclusiveLock = null;

      try {
        RandomAccessFile raf = new RandomAccessFile("file.txt","rw");

        // obtém o canal para o arquivo
        FileChannel ch = raf.getChannel();

        // isso tranca a primeira metade do arquivo — exclusivo
        exclusiveLock = ch.lock(0, raf.length()/2, EXCLUSIVE);

        /** Agora modifica os dados. . . */

        // libera o lock
        exclusiveLock.release();

        // isso tranca a segunda metade do arquivo — compartilhado
        sharedLock = ch.lock(raf.length()/2+1,raf.length(),SHARED);

        /** Agora lê os dados . . . */

        // libera o lock
        sharedLock.release();
      } catch (java.io.IOException ioe) {
        System.err.println(ioe);
      }
      finally {
        if (exclusiveLock != null)
           exclusiveLock.release();
        if (sharedLock != null)
           sharedLock.release();
      }
   }
}
```

Figura 11.2 Exemplo de trancamento de arquivos em Java.

Se um lock é obrigatório, uma vez que um processo adquira um lock exclusivo, o sistema operacional impedirá que outro processo acesse o arquivo trancado. Por exemplo, suponha que um processo adquira um lock exclusivo para o arquivo `system.log`. Se tentarmos abrir `system.log` a partir de outro processo — por exemplo, um editor de texto — o sistema operacional impedirá o acesso até que o lock exclusivo seja liberado. Isso ocorre, mesmo que o editor de texto não tenha sido escrito explicitamente para adquirir o lock. Alternativamente, se o lock é aconselhável, o sistema operacional não impedirá que o editor de texto obtenha acesso a `system.log`. Em vez disso, o editor deve ser escrito para adquirir manualmente o lock antes de acessar o arquivo. Em outras palavras, se o esquema de trancamento é obrigatório, o sistema operacional assegura a integridade do trancamento. No trancamento aconselhável, é responsabilidade dos desenvolvedores do software assegurar que os locks sejam apropriadamente adquiridos e liberados. Como regra geral, o sistema operacional Windows adota o trancamento obrigatório, e os sistemas UNIX empregam locks aconselháveis.

O uso de locks de arquivo requer as mesmas precauções da sincronização comum de processos. Por exemplo, os programadores, ao desenvolverem sistemas com trancamento obrigatório, devem ter o cuidado de manter os locks de arquivos exclusivos somente enquanto estão acessando o arquivo. Caso contrário, eles impedirão que outros processos também o acessem. Além disso, algumas medidas devem ser tomadas para assegurar que dois ou mais processos não se envolvam em um deadlock ao tentar adquirir locks de arquivo.

11.1.3 Tipos de Arquivo

Ao projetar um sistema de arquivos — na verdade, um sistema operacional inteiro — sempre consideramos se o sistema operacional deve reconhecer e suportar tipos de arquivo. Se um sistema operacional reconhece o tipo de um arquivo, pode então operar sobre o arquivo de formas racionais. Por exemplo, um erro comum ocorre quando um usuário tenta dar saída na forma objeto binária de um programa. Normalmente essa tentativa produz lixo; no entanto, a tentativa pode ser bem-sucedida se o sistema operacional tiver sido informado de que o arquivo é um programa-objeto binário.

Uma técnica comum para a implementação dos tipos de arquivo é incluir o tipo como parte do nome do arquivo. O nome é dividido em duas partes — um nome e uma extensão, usualmente separados por um ponto (Figura 11.3). Dessa forma, o usuário e o sistema operacional podem identificar, somente pelo nome, qual é o tipo de um arquivo. A maioria dos sistemas operacionais permite que os usuários especifiquem um nome de arquivo como uma sequência de caracteres seguida por um ponto e encerrada por uma extensão composta por caracteres adicionais. Exemplos incluem `resume.docx`, `server.c` e `ReaderThread.cpp`.

O sistema usa a extensão para indicar o tipo do arquivo e o tipo de operações que podem ser executadas sobre o arquivo. Somente um arquivo com uma extensão `.com`, `.exe` ou `.sh` pode ser executado, por exemplo. Os arquivos `.com` e `.exe` são dois tipos de arquivos binários executáveis, enquanto o arquivo `.sh` é de um **script de shell** contendo comandos para o sistema operacional em formato ASCII. Programas de aplicação também usam extensões para indicar os tipos de arquivos nos quais estão interessados. Por exemplo, os compiladores Java esperam que os arquivos-fonte tenham uma extensão `.java`, e o processador de textos Microsoft Word espera que seus arquivos terminem com uma extensão `.doc` ou `.docx`. Nem sempre essas extensões são exigidas; portanto, um usuário pode especificar um arquivo sem a extensão (para economizar digitação), e a aplicação procurará por um arquivo com o nome dado e a extensão esperada. Como essas extensões não são suportadas

tipo de arquivo	extensão usada	função
executável	exe, com, bin ou nenhuma	programa em linguagem de máquina pronto para ser executado
objeto	obj, o	compilado, linguagem de máquina, não vinculado
código-fonte	c, cc, java, perl, asm	código-fonte em várias linguagens
batch	bat, sh	comandos para o interpretador de comandos
marcação	xml, html, tex	dados textuais, documentos
processador de textos	xml, rtf, docx	vários formatos de processador de texto
biblioteca	lib, a, so, dll	bibliotecas de rotinas para programadores
impressão ou visualização	gif, pdf, jpg	arquivo ASCII ou binário em um formato para impressão ou visualização
arquivamento	rar, zip, tar	arquivos relacionados agrupados em um único arquivo, algumas vezes comprimidos, para arquivamento ou armazenamento
multimídia	mpeg, mov, mp3 mp4, avi	arquivo binário contendo informações de áudio ou A/V

Figura 11.3 Tipos de arquivos comuns.

pelo sistema operacional, elas podem ser consideradas como "dicas" para as aplicações que as manipulam.

Considere também o sistema operacional Mac OS X. Nesse sistema, cada arquivo tem um tipo, tal como .app (de aplicação). Cada arquivo também tem um atributo de criação contendo o nome do programa que o criou. Esse atributo é estabelecido pelo sistema operacional durante a chamada create( ); portanto, seu uso é imposto e suportado pelo sistema. Por exemplo, um arquivo produzido por um processador de textos tem o nome do processador como seu criador. Quando o usuário abre esse arquivo, clicando duas vezes com o mouse no ícone que o representa, o processador de textos é invocado automaticamente e o arquivo é carregado, pronto para ser editado.

O sistema UNIX usa um **número mágico** simples armazenado no começo de alguns arquivos para indicar grosseiramente o tipo do arquivo — programa executável, script de shell, arquivo PDF, e assim por diante. Nem todos os arquivos têm números mágicos. Consequentemente, portanto, os recursos do sistema não podem se basear apenas nessa informação. O UNIX também não registra o nome do programa criador. O UNIX permite o uso de dicas para extensões de nomes de arquivos, mas não as impõe nem depende delas; sua principal finalidade é ajudar os usuários a determinar o tipo de conteúdo que o arquivo contém. As extensões podem ser usadas ou ignoradas por determinada aplicação, mas quem decide isso é o programador da aplicação.

11.1.4 Estrutura dos Arquivos

Os tipos de arquivo também podem ser usados para indicar a estrutura interna do arquivo. Como mencionado na Seção 11.1.3, os arquivos fonte e objeto têm estruturas que correspondem à expectativa dos programas que os leem. Além disso, certos arquivos devem estar de acordo com uma estrutura requerida que é entendida pelo sistema operacional. Por exemplo, o sistema operacional requer que um arquivo executável tenha uma estrutura específica para que ele possa determinar onde na memória deve carregar o arquivo e qual é a locação da primeira instrução. Alguns sistemas operacionais estendem essa ideia a um conjunto de estruturas de arquivo suportadas pelo sistema, com conjuntos de operações especiais para a manipulação de arquivos com essas estruturas.

Esse ponto nos leva a uma das desvantagens de o sistema operacional suportar múltiplas estruturas de arquivo: o tamanho resultante do sistema operacional o torna muito pesado. Se o sistema operacional define cinco estruturas de arquivo diferentes, precisa conter o código para suportar essas estruturas. Além disso, pode ser necessário definir cada arquivo como um dos tipos suportados pelo sistema operacional. Quando novas aplicações demandarem informações estruturadas de formas não suportadas pelo sistema operacional, isso pode gerar problemas graves.

Por exemplo, suponha que um sistema suporte dois tipos de arquivos: arquivos de texto (compostos por caracteres ASCII separados por marcas de mudança de linha) e arquivos binários executáveis. Se quisermos (como usuários) definir um arquivo criptografado para que o conteúdo não seja lido por pessoas não autorizadas, nenhum dos dois tipos será apropriado. O arquivo criptografado não tem linhas de texto ASCII e sim bits (aparentemente) aleatórios. Embora possa parecer ser um arquivo binário, ele não é executável. Como resultado, podemos ter que burlar ou usar incorretamente o mecanismo de tipo de arquivo do sistema operacional ou então abandonar nosso esquema de criptografia.

Alguns sistemas operacionais impõem (e suportam) um número mínimo de estruturas de arquivo. Essa abordagem foi adotada no UNIX, no Windows e em outros sistemas. O UNIX considera cada arquivo como uma sequência de bytes de 8 bits; nenhuma interpretação desses bits é feita pelo sistema operacional. Esse esquema fornece flexibilidade máxima, mas pouco suporte. Cada programa de aplicação deve incluir seu próprio código para interpretar um arquivo de entrada conforme a estrutura apropriada. No entanto, todos os sistemas operacionais devem suportar pelo menos uma estrutura — a de um arquivo executável — para que o sistema seja capaz de carregar e executar programas.

11.1.5 Estrutura Interna dos Arquivos

Internamente, pode ser complicado para o sistema operacional localizar um deslocamento dentro de um arquivo. Normalmente, os sistemas de disco têm um tamanho de bloco bem definido determinado pelo tamanho de um setor. Todo o I/O de disco é executado em unidades de um bloco (registro físico) e todos os blocos têm o mesmo tamanho. É improvável que o tamanho do registro físico seja exatamente igual ao tamanho do registro lógico desejado. E os registros lógicos podem variar de tamanho. O empacotamento de vários registros lógicos em blocos físicos é uma solução comum para esse problema.

Por exemplo, o sistema operacional UNIX define todos os arquivos simplesmente como fluxos de bytes. Cada byte é endereçável individualmente por meio de seu deslocamento a partir do começo (ou fim) do arquivo. Nesse caso, o tamanho do registro lógico é de 1 byte. O sistema de arquivos empacota e desempacota bytes automaticamente em blocos de disco físicos — digamos, 512 bytes por bloco — quando necessário.

O tamanho do registro lógico, o tamanho do bloco físico e a técnica de empacotamento determinam quantos registros lógicos cabem em cada bloco físico. O empacotamento pode ser feito pelo programa de aplicação do usuário ou pelo sistema operacional. De qualquer forma, o arquivo pode ser considerado como uma sequência de blocos. Todas as funções básicas de I/O operam em termos de blocos. A conversão de registros lógicos em blocos físicos é um problema de software relativamente simples.

Como o espaço em disco é sempre alocado em blocos, alguma porção do último bloco de cada arquivo é geralmente perdida. Se cada bloco tem 512 bytes, por exemplo, um arquivo de 1.949 bytes recebe quatro blocos (2.048 bytes); os últimos 99 bytes são desperdiçados. O desperdício causado para que tudo seja mantido em unidades de blocos (em vez de bytes) é a **fragmentação interna**. Todos os sistemas de arquivos sofrem de fragmentação interna; quanto maior o tamanho do bloco, maior a fragmentação interna.

11.2 Métodos de Acesso

Arquivos armazenam informações. Para serem usadas, essas informações devem ser acessadas e lidas para a memória do

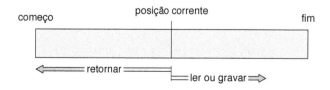

Figura 11.4 Arquivo de acesso sequencial.

computador. As informações no arquivo podem ser acessadas de várias maneiras. Alguns sistemas fornecem apenas um método de acesso a arquivos, enquanto outros suportam muitos métodos de acesso, e a seleção do método correto para uma aplicação específica é um grande problema de projeto.

11.2.1 Acesso Sequencial

O método de acesso mais simples é o acesso sequencial. As informações no arquivo são processadas em ordem, um registro após o outro. Essa modalidade de acesso é sem dúvida a mais comum; por exemplo, editores e compiladores usualmente acessam arquivos dessa forma.

As leituras e gravações compõem grande parte das operações efetuadas sobre um arquivo. Uma operação de leitura — read_next ( ) — lê a próxima porção do arquivo e automaticamente avança um ponteiro do arquivo, que controla a locação do I/O. Da mesma forma, a operação de gravação — write_next ( ) — acrescenta algo ao fim do arquivo e avança para o fim do material recém-gravado (o novo fim do arquivo). Esse arquivo pode ser reposicionado no seu início e, em alguns sistemas, um programa pode saltar para a frente ou para trás n registros segundo algum inteiro n — talvez somente para n = 1. O acesso sequencial, que é mostrado na Figura 11.4, é baseado em um modelo de arquivo em fita e funciona tanto em dispositivos de acesso sequencial quanto nos de acesso randômico.

11.2.2 Acesso Direto

Outro método é o acesso direto (ou acesso relativo). Aqui, o arquivo é composto por registros lógicos de tamanho fixo que permitem que os programas leiam e gravem registros rapidamente sem uma ordem específica. O método de acesso direto é baseado em um modelo de arquivo em disco, já que os discos permitem acesso randômico a qualquer bloco do arquivo. No acesso direto, o arquivo é considerado como uma sequência numerada de blocos ou registros. Portanto, podemos ler o bloco 14, depois ler o bloco 53, e então gravar o bloco 7. Não há restrições para a ordem de leitura ou gravação em um arquivo de acesso direto.

Os arquivos de acesso direto são muito úteis para acesso imediato a grandes volumes de informações. Os bancos de dados são frequentemente desse tipo. Quando chega uma consulta relacionada com um assunto específico, calculamos em que bloco se encontra a resposta e, então, lemos esse bloco diretamente para fornecer a informação desejada.

Considerando um exemplo simples, em um sistema de reservas aéreas, podemos armazenar todas as informações sobre um voo específico (por exemplo, o voo 713) no bloco identificado pelo número do voo. Portanto, o número de assentos disponíveis no voo 713 é armazenado no bloco 713 do arquivo de reservas. Para armazenar informações sobre um conjunto maior, como pessoas, podemos aplicar uma função hash aos nomes das pessoas ou pesquisar um pequeno índice em memória para determinar um bloco a ser lido e pesquisado.

No método de acesso direto, as operações de arquivo devem ser modificadas para incluir o número do bloco como parâmetro. Assim, temos read (n), em que n é o número do bloco, em vez de read_next ( ), e write (n), em vez de write_next ( ). Uma abordagem alternativa é reter read_next ( ) e write_next ( ), como no acesso sequencial, e adicionar uma operação position_file (n), em que n é o número do bloco. Assim, para efetuar um read (n), posicionamos o arquivo em n [position_file (n)] e, então, executamos read_next ( ).

O número de bloco fornecido pelo usuário ao sistema operacional é, normalmente, um número de bloco relativo. Um número de bloco relativo é um índice relativo ao começo do arquivo. Assim, o primeiro bloco relativo do arquivo é 0, o seguinte é 1, e assim por diante, ainda que o endereço de disco absoluto possa ser 14703 para o primeiro bloco e 3192 para o segundo. O uso de números de bloco relativos permite que o sistema operacional decida onde o arquivo deve ser inserido (chamado problema de alocação, como discutimos no Capítulo 12) e ajuda a impedir que o usuário acesse porções do sistema de arquivos que podem não fazer parte de seu arquivo. Alguns sistemas iniciam seus números de blocos relativos em 0; outros iniciam em 1.

Como, então, o sistema atenderia a uma solicitação de acesso ao registro N em um arquivo? Supondo que tenhamos um tamanho de registro lógico L, a solicitação do registro N é transformada em uma solicitação de I/O envolvendo L bytes começando na locação L * (N) dentro do arquivo (presumindo que o primeiro registro seja N = 0). Já que os registros lógicos têm tamanho fixo, também é fácil de ler, gravar ou excluir um registro.

Nem todos os sistemas operacionais suportam o acesso sequencial e o acesso direto a arquivos. Alguns sistemas permitem apenas acesso sequencial; outros permitem apenas acesso direto. Alguns sistemas requerem que um arquivo seja definido como sequencial ou direto quando ele é criado. Esse arquivo poderá ser acessado somente de maneira consistente com sua declaração. Podemos simular facilmente o acesso sequencial em um arquivo de acesso direto simplesmente mantendo uma variável pc que defina nossa posição corrente, como mostrado na Figura 11.5. A simulação de um arquivo de acesso direto em um arquivo de acesso sequencial, no entanto, é extremamente ineficiente e deselegante.

11.2.3 Outros Métodos de Acesso

Outros métodos de acesso podem ser construídos no topo de um método de acesso direto. Esses métodos envolvem, em geral, a construção de um índice para o arquivo. O índice, semelhante a um índice da parte final de um livro, contém ponteiros para os vários blocos. Para encontrar um registro em um arquivo, primeiro pesquisamos o índice e, então, usamos o ponteiro para acessar o arquivo diretamente e encontrar o registro desejado.

Por exemplo, um arquivo de preços de varejo poderia listar os códigos universais de produtos (UPCs — *universal product codes*) dos itens, com os preços associados. Cada registro seria composto por um UPC de 10 dígitos e um preço de 6 dígitos, para um registro de 16 bytes. Se nosso disco tiver 1.024 bytes por bloco, poderemos armazenar 64 registros por bloco. Um arquivo de 120.000 registros ocuparia cerca de 2.000 blocos (2 milhões de bytes). Mantendo o arquivo classificado por UPC, podemos definir um índice composto pelo primeiro UPC em

acesso sequencial	implementação do acesso direto
reset	pc = 0;
read_next	ler pc; pc = pc + 1;
write_next	gravar pc; pc = pc + 1;

Figura 11.5 Simulação de acesso sequencial em um arquivo de acesso direto.

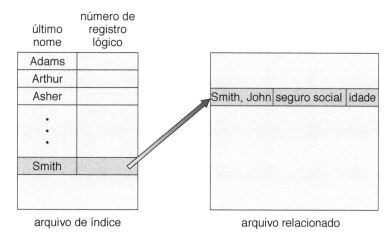

Figura 11.6 Exemplo de arquivo de índices e arquivo relacionado.

cada bloco. Esse índice teria 2.000 entradas de 10 dígitos cada uma, ou 20.000 bytes e, assim, poderia ser mantido na memória. Para encontrar o preço de um item específico, podemos fazer uma busca binária do índice. A partir dessa busca, saberíamos exatamente que bloco contém o registro desejado e acessaríamos esse bloco. Essa estrutura nos permitiria pesquisar um arquivo grande com poucos I/Os.

Com arquivos grandes, o próprio arquivo de índice pode se tornar grande demais para ser mantido na memória. Uma solução é criar um índice para o arquivo de índices. O arquivo de índice primário conteria ponteiros para arquivos de índices secundários que apontariam para os itens de dados reais.

Por exemplo, o método de acesso sequencial indexado (ISAM — *indexed sequential-access method*) da IBM usa um pequeno índice mestre que aponta para blocos de disco de um índice secundário. Os blocos de índices secundários apontam para os blocos reais do arquivo. O arquivo é mantido classificado por uma chave definida. Para encontrar um item específico, primeiro fazemos uma busca binária no índice mestre que fornece o número de bloco do índice secundário. Esse bloco é lido, e novamente uma busca binária é usada para encontrar o bloco que contém o registro desejado. Finalmente, esse bloco é pesquisado sequencialmente. Dessa forma, qualquer registro pode ser localizado a partir de sua chave com, no máximo, duas leituras de acesso direto. A Figura 11.6 mostra uma situação semelhante conforme implementada pelo arquivo de índices e o arquivo correspondente no VMS.

11.3 Estrutura de Diretórios e Discos

A seguir, consideramos como armazenar arquivos. Certamente, nenhum computador de uso geral armazena apenas um arquivo. Existem, normalmente, milhares, milhões e até bilhões de arquivos dentro de um computador. Os arquivos são armazenados em dispositivos de armazenamento de acesso randômico, incluindo discos rígidos, discos óticos e discos de estado sólido (baseados em memória).

Um dispositivo de armazenamento pode ser usado em sua totalidade para um sistema de arquivos ou pode ser subdividido para fornecer um controle de granularidade mais fina. Por exemplo, um disco pode ser particionado em quartos e cada quarto pode manter um sistema de arquivos separado. Além disso, os dispositivos de armazenamento podem ser reunidos em conjuntos RAID para fornecer proteção contra a falha em um único disco (como descrito na Seção 10.7). Às vezes, os discos são subdivididos e também reunidos em conjuntos RAID.

O particionamento é útil para limitar os tamanhos de sistemas de arquivos individuais, para inserir múltiplos tipos de sistemas de arquivos no mesmo dispositivo, ou deixar parte do dispositivo disponível para outras finalidades, como espaço de permuta ou espaço de disco não formatado (disco bruto). Um sistema de arquivos pode ser criado em cada uma dessas partes do disco. Qualquer entidade que contém um sistema de arquivos é, em geral, denominada volume. O volume pode ser composto por um subconjunto de um dispositivo, por um dispositivo inteiro ou, ainda, por múltiplos dispositivos reunidos em um conjunto RAID. Cada volume pode ser considerado como um disco virtual. Os volumes também podem armazenar múltiplos sistemas operacionais, permitindo que um sistema inicialize e execute mais de um sistema operacional.

Cada volume que contém um sistema de arquivos, também deve conter informações sobre os arquivos no sistema. Essas informações são mantidas em entradas em um diretório de dispositivos ou índice de volumes. O diretório de dispositivos (mais conhecido simplesmente como diretório) registra informações — como o nome, a locação, o tamanho e o tipo — de todos os arquivos desse volume. A Figura 11.7 mostra uma organização de sistema de arquivos típica.

11.3.1 Estrutura de Armazenamento

Como acabamos de ver, um sistema de computação de uso geral tem múltiplos dispositivos de armazenamento, e esses dispositivos podem ser fatiados em volumes que mantêm sistemas de arquivos. Os sistemas de computação podem ter zero ou mais sistemas de arquivos, e os sistemas de arquivos podem ser de vários tipos. Por exemplo, um sistema Solaris típico pode ter diversos sistemas de arquivos de vários tipos diferentes, como mostrado na lista de sistemas de arquivos na Figura 11.8.

Neste livro, consideramos apenas sistemas de arquivos de uso geral. Devemos lembrar, no entanto, que existem muitos sistemas de arquivos de uso específico. Considere os tipos de sistemas de arquivos no exemplo do Solaris mencionado acima:

- **tmpfs** — um sistema de arquivos "temporário" que é criado em memória principal volátil e tem seu conteúdo apagado quando o sistema é reinicializado ou cai

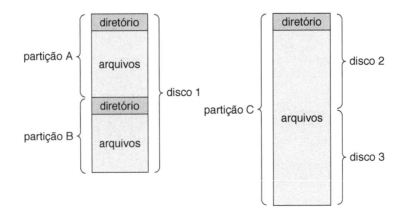

Figura 11.7 Uma organização de sistema de arquivos típica.

- **objfs** — um sistema de arquivos "virtual" (essencialmente uma interface para o kernel que se parece com um sistema de arquivos) que fornece aos depuradores acesso a símbolos do kernel
- **ctfs** — um sistema de arquivos virtual que mantém informações de "contrato" para gerenciar que processos são iniciados quando o sistema é inicializado e devem continuar a ser executados durante a operação
- **lofs** — um sistema de arquivos de "autorretorno" que permite que um sistema de arquivos seja acessado em lugar de outro
- **procfs** — um sistema de arquivos virtual que apresenta informações sobre todos os processos como um sistema de arquivos
- **ufs, zfs** — sistemas de arquivos de uso geral

/	ufs
/devices	devfs
/dev	dev
/system/contract	ctfs
/proc	proc
/etc/mnttab	mntfs
/etc/svc/volatile	tmpfs
/system/object	objfs
/lib/libc.so.1	lofs
/dev/fd	fd
/var	ufs
/tmp	tmpfs
/var/run	tmpfs
/opt	ufs
/zpbge	zfs
/zpbge/backup	zfs
/export/home	zfs
/var/mail	zfs
/var/spool/mqueue	zfs
/zpbg	zfs
/zpbg/zones	zfs

Figura 11.8 Sistemas de arquivos no Solaris.

Os sistemas de arquivos dos computadores podem, então, ser extensivos. Mesmo dentro de um sistema de arquivos, é útil segregar arquivos em grupos e gerenciar e manipular esses grupos. Essa organização envolve o uso de diretórios. No resto desta seção, exploramos o tópico da estrutura dos diretórios.

11.3.2 Visão Geral do Diretório

O diretório pode ser considerado como uma tabela de símbolos que traduz nomes de arquivos para suas entradas no diretório. Se considerarmos essa perspectiva, veremos que o próprio diretório pode ser organizado de muitas maneiras. A organização deve permitir inserir entradas, excluir entradas, procurar por uma entrada nomeada e listar todas as entradas no diretório. Nesta seção, examinamos vários esquemas para a definição da estrutura lógica do sistema de diretório.

Ao considerar uma estrutura de diretório específica, precisamos manter em mente as operações que são executadas em um diretório:

- **Busca de um arquivo.** Precisamos ser capazes de pesquisar uma estrutura de diretório para encontrar a entrada relacionada com um arquivo específico. Já que os arquivos têm nomes simbólicos, e nomes semelhantes podem indicar um relacionamento entre arquivos, podemos querer encontrar todos os arquivos cujos nomes correspondam a um padrão específico.
- **Criação de um arquivo.** Novos arquivos precisam ser criados e adicionados ao diretório.
- **Exclusão de um arquivo.** Quando um arquivo não é mais necessário, queremos ser capazes de removê-lo do diretório.
- **Listagem de um diretório.** Precisamos ser capazes de listar os arquivos em um diretório e o conteúdo da entrada no diretório relacionada com cada arquivo na lista.
- **Renomeação de um arquivo.** Como o nome de um arquivo representa seu conteúdo para seus usuários, devemos ser capazes de alterar o nome quando o conteúdo ou o uso do arquivo mudar. A renomeação de um arquivo também pode permitir que sua posição dentro da estrutura do diretório seja alterada.
- **Varredura no sistema de arquivos.** Podemos querer acessar cada diretório e cada arquivo dentro de uma estrutura de diretório. A título de confiabilidade, é uma boa ideia salvar o conteúdo e a estrutura do sistema de arquivos inteiro em

intervalos regulares. Geralmente, fazemos isso copiando todos os arquivos em fita magnética. Essa técnica fornece uma cópia de backup para o caso de falha do sistema. Além disso, se um arquivo não está mais em uso, ele pode ser copiado em fita, e o espaço desse arquivo em disco pode ser liberado e reutilizado por outro arquivo.

Nas seções a seguir, descrevemos os esquemas mais comuns para a definição da estrutura lógica de um diretório.

11.3.3 Diretório de Um Nível

A estrutura de diretório mais simples é o diretório de um nível. Todos os arquivos são contidos no mesmo diretório, o que é fácil de suportar e entender (Figura 11.9).

No entanto, o diretório de um nível apresenta limitações significativas quando o número de arquivos aumenta ou quando o sistema tem mais de um usuário. Já que todos os arquivos estão no mesmo diretório, eles devem ter nomes exclusivos. Se dois usuários derem o nome test.txt a seu arquivo de dados, então a regra do nome exclusivo será violada. Por exemplo, em uma turma de programação, 23 estudantes chamaram de prog2.c o programa de seu segundo exercício; outros 11 o chamaram de assign2.c. Felizmente, a maioria dos sistemas de arquivos suporta nomes de arquivos com até 255 caracteres; assim, é relativamente fácil selecionar nomes de arquivos exclusivos.

Até mesmo um único usuário em um diretório de um nível pode achar difícil lembrar os nomes de todos os arquivos à medida que o número de arquivos aumenta. Não é incomum que um usuário tenha centenas de arquivos em um sistema de computação e um número igual de arquivos adicionais em outro sistema. Controlar tantos arquivos é uma tarefa assustadora.

11.3.4 Diretório de Dois Níveis

Como vimos, um diretório de um nível leva, com frequência, à confusão de nomes de arquivo entre diferentes usuários. A solução-padrão é criar um diretório separado para cada usuário.

Na estrutura de diretório de dois níveis, cada usuário tem seu próprio **diretório de arquivos do usuário** (**UFD** — *user file directory*). Os UFDs têm estruturas semelhantes, mas cada um deles lista somente os arquivos de um único usuário. Quando um job de usuário é iniciado ou um usuário faz login, o **diretório de arquivos mestres** (**MFD** — *master file directory*) do sistema é pesquisado. O MFD é indexado por nome de usuário ou número de conta, e cada entrada aponta para o UFD desse usuário (Figura 11.10).

Quando um usuário referencia um arquivo específico, somente seu próprio UFD é pesquisado. Portanto, diferentes usuários podem ter arquivos com o mesmo nome contanto que todos os nomes de arquivos, dentro de cada UFD, sejam exclusivos. Para criar um arquivo para um usuário, o sistema operacional pesquisa apenas o UFD desse usuário para verificar se existe outro arquivo com esse nome. Para excluir um arquivo, o sistema operacional limita sua pesquisa ao UFD local; assim, ele não pode excluir acidentalmente o arquivo de outro usuário que tenha o mesmo nome.

Os próprios diretórios de usuário também devem ser criados e excluídos quando necessário. Um programa de sistema especial é executado com as informações apropriadas de nome e conta de usuário. O programa cria um novo UFD e adiciona uma entrada para ele no MFD. A execução desse programa pode estar restrita aos administradores do sistema. A alocação de espaço em disco para diretórios de usuário pode ser manipulada com as técnicas discutidas no Capítulo 12 para os próprios arquivos.

Embora a estrutura do diretório de dois níveis resolva o problema da colisão de nomes, ela ainda apresenta desvantagens. Essa estrutura isola efetivamente um usuário do outro. O isolamento é uma vantagem quando os usuários são completamente independentes, mas é uma desvantagem quando eles querem cooperar em alguma tarefa e acessar arquivos uns dos outros. Alguns sistemas simplesmente não permitem que arquivos locais de usuários sejam acessados por outros usuários.

Se o acesso for permitido, um usuário deve possuir a capacidade de nomear um arquivo no diretório de outro usuário. Para nomear um arquivo específico de maneira exclusiva em um diretório de dois níveis, devemos fornecer tanto o nome do usuário quanto o nome do arquivo. Um diretório de dois níveis pode ser considerado como uma árvore, ou uma árvore invertida, de altura 2. A raiz da árvore é o MFD. Seus descendentes diretos são os UFDs. Os descendentes dos UFDs são os arquivos propriamente ditos. Os arquivos são as folhas da árvore. A especificação de um nome de usuário e um nome de arquivo define um caminho na árvore que vai da raiz (o MFD) até uma folha (o arquivo especificado). Portanto, um nome de usuário e um nome de arquivo definem um nome de caminho. Todo arquivo no sistema tem um nome de caminho. Para nomear um arquivo de maneira exclusiva, o usuário deve saber o nome de caminho do arquivo desejado.

Por exemplo, se o usuário A quer acessar seu arquivo de teste chamado test.txt, ele pode simplesmente referenciar test.txt. Para acessar o arquivo chamado test.txt do usuário B (com o nome da entrada no diretório userb), no entanto, ele pode ter que referenciar /userb/test.txt. Cada sistema tem sua própria sintaxe para a nomeação de arquivos nos diretórios que é diferente da sintaxe do usuário.

Uma sintaxe adicional é necessária para especificar o volume de um arquivo. Por exemplo, no Windows, um volume é especificado por uma letra seguida por dois pontos. Assim, a especificação de um arquivo poderia ser C:\userb\test. Alguns sistemas vão além e separam as partes da especificação referentes ao volume, ao nome do diretório e ao nome do arquivo. No VMS, por exemplo, o arquivo login.com pode ser especificado como: u:[sst.jdeck] login.com;1, em que u é o nome do volume, sst é o nome do diretório, jdeck é o nome do subdiretório e 1 é o número de versão. Outros sistemas — como o UNIX e o Linux — simplesmente tratam o nome do volume co-

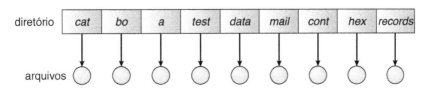

Figura 11.9   Diretório de um nível.

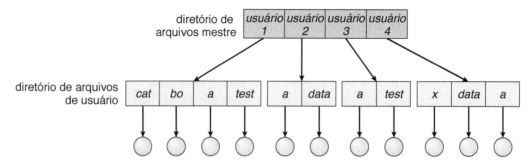

Figura 11.10 Estrutura de diretório de dois níveis.

mo parte do nome do diretório. O primeiro nome fornecido é o do volume, e o resto é o diretório e o arquivo. Por exemplo, /u/pbg/test poderia especificar o volume u, o diretório pbg e o arquivo test.

Uma instância especial dessa situação ocorre com os arquivos do sistema. Programas fornecidos como parte do sistema — carregadores, montadores, compiladores, rotinas utilitárias, bibliotecas, e assim por diante — são geralmente definidos como arquivos. Quando os comandos apropriados são fornecidos ao sistema operacional, esses arquivos são lidos pelo carregador e executados. Muitos interpretadores de comandos simplesmente tratam esse tipo de comando como o nome de um arquivo a ser carregado e executado. Em um sistema de diretórios como o que definimos acima, esse nome de arquivo seria procurado no UFD corrente. Uma solução seria copiar os arquivos do sistema em cada UFD. No entanto, a cópia de todos os arquivos do sistema desperdiçaria um enorme montante de espaço. (Se os arquivos do sistema demandarem 5 MB, o suporte a 12 usuários irá requerer 5 × 12 = 60 MB apenas para as cópias desses arquivos.)

A solução-padrão é complicar um pouco o procedimento de busca. Um diretório de usuário especial é definido para conter os arquivos do sistema (por exemplo, usuário 0). Sempre que um nome de arquivo é fornecido para carga, primeiro o sistema operacional pesquisa o UFD local. Se o arquivo for encontrado, ele será usado. Se não for encontrado, o sistema pesquisará automaticamente o diretório de usuário especial que contém os arquivos do sistema. A sequência de diretórios pesquisados quando um arquivo é nomeado é chamada caminho de busca. O caminho de busca pode ser estendido para conter uma lista ilimitada de diretórios a serem pesquisados quando um nome de comando é fornecido. Esse método é o mais usado no UNIX e no Windows. Os sistemas também podem ser projetados para que cada usuário tenha seu próprio caminho de busca.

11.3.5 Diretórios Estruturados em Árvore

A partir da visualização de um diretório de dois níveis como uma árvore de dois níveis, a generalização natural é estender a estrutura de diretórios para uma árvore de altura arbitrária (Figura 11.11). Essa generalização permite que os usuários criem seus próprios subdiretórios e organizem seus arquivos de acordo. Uma árvore é a estrutura de diretório mais comum. A árvore tem um diretório raiz, e cada arquivo no sistema tem um nome de caminho exclusivo.

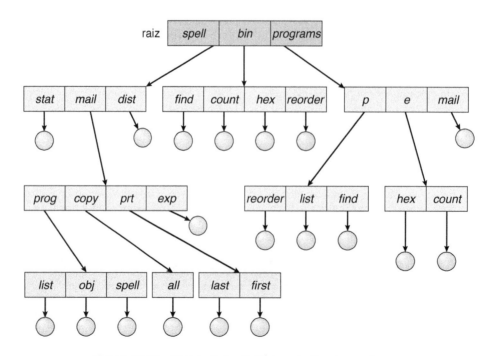

Figura 11.11 Estrutura de diretório estruturado em árvore.

Um diretório (ou subdiretório) contém um conjunto de arquivos ou subdiretórios. Um diretório é simplesmente outro arquivo, porém tratado de maneira especial. Todos os diretórios têm o mesmo formato interno. Um bit em cada entrada no diretório define a entrada como um arquivo (0) ou como um subdiretório (1). Chamadas de sistema especiais são usadas para criar e excluir diretórios.

Em circunstâncias normais, cada processo tem um diretório corrente. O **diretório corrente** deve conter a maioria dos arquivos que são de interesse corrente do processo. Quando é feita uma referência a um arquivo, o diretório corrente é pesquisado. Se um arquivo requerido não estiver no diretório corrente, então o usuário deve especificar um nome de caminho ou passar do diretório corrente para o diretório que mantém esse arquivo. Para mudar de diretório, é fornecida uma chamada de sistema que recebe um nome de diretório como parâmetro e o utiliza para redefinir o diretório corrente. Portanto, o usuário pode mudar seu diretório corrente sempre que quiser. De uma chamada `change_directory( )` para outra, todas as chamadas de sistema `open( )` pesquisam o diretório corrente em busca do arquivo especificado. Observe que o caminho de busca pode, ou não, conter uma entrada especial que represente "o diretório corrente".

O diretório corrente inicial do shell de login de um usuário é designado quando o job do usuário é iniciado ou quando o usuário faz login. O sistema operacional pesquisa o arquivo de contabilidade (ou alguma outra locação predefinida) de modo a encontrar uma entrada para esse usuário (para fins de contabilidade). No arquivo de contabilidade, há um ponteiro para o (ou o nome do) diretório inicial do usuário. Esse ponteiro é copiado para uma variável local do usuário que especifica seu diretório corrente inicial. Outros processos podem ser gerados a partir desse shell. O diretório corrente de qualquer subprocesso é usualmente o diretório corrente do pai quando ele foi gerado.

Os nomes de caminho podem ser de dois tipos: absoluto e relativo. Um **nome de caminho absoluto** começa na raiz e segue um caminho descendente até o arquivo especificado, fornecendo os nomes de diretório no caminho. Um **nome de caminho relativo** define um caminho a partir do diretório corrente. Por exemplo, no sistema de arquivos estruturado em árvore da Figura 11.11, se o diretório corrente for `root/spell/mail`, então o nome de caminho relativo `prt/first` referenciará o mesmo arquivo referenciado pelo nome de caminho absoluto `root/spell/mail/prt/first`.

Ao permitir que um usuário defina seus próprios subdiretórios, essa organização de diretórios possibilita que o usuário imponha uma estrutura aos seus arquivos. Essa estrutura pode resultar em diretórios separados para arquivos associados a tópicos diferentes (por exemplo, um subdiretório foi criado para conter o texto deste livro) ou tipos de informação diferentes (por exemplo, o diretório `programs` poderia conter programas-fonte; o diretório `bin` poderia armazenar todos os binários).

Uma decisão interessante de política, em um diretório estruturado em árvore, diz respeito a como manipular a exclusão de um diretório. Se um diretório estiver vazio, sua entrada no diretório que o contém pode simplesmente ser excluída. No entanto, suponha que o diretório a ser excluído não esteja vazio e contenha vários arquivos ou subdiretórios. Uma entre duas abordagens pode ser adotada. Alguns sistemas não excluirão um diretório, a menos que ele esteja vazio. Portanto, para excluir um diretório, primeiro o usuário deve excluir todos os arquivos desse diretório. Se existirem subdiretórios, esse procedimento deve ser aplicado a eles recursivamente, para que também possam ser excluídos. Essa abordagem pode resultar em um grande volume de trabalho. Uma abordagem alternativa, como a adotada pelo comando `rm` do UNIX, é fornecer uma opção: quando é feita uma solicitação de exclusão de diretório, todos os arquivos e subdiretórios do diretório também devem ser excluídos. As duas abordagens são bem fáceis de implementar; a escolha é uma questão de política. A última política é mais conveniente, mas também mais perigosa porque uma estrutura de diretório inteira pode ser removida com um comando. Se esse comando for emitido incorretamente, um grande número de arquivos e diretórios precisará ser restaurado (supondo que exista um backup).

Em um sistema de diretórios estruturado em árvore, os usuários podem ser autorizados a acessar, além de seus arquivos, os arquivos de outros usuários. Por exemplo, o usuário B poderia acessar um arquivo do usuário A especificando seus nomes de caminho. O usuário B pode especificar um nome de caminho absoluto ou relativo. Alternativamente, o usuário B pode alterar seu diretório corrente para o diretório do usuário A e acessar o arquivo por seus nomes de arquivo.

11.3.6 Diretórios em Grafo Acíclico

Considere dois programadores trabalhando juntos em um projeto. Os arquivos associados a esse projeto podem ser armazenados em um subdiretório, separando-os de outros projetos e arquivos dos dois programadores. Mas, já que os dois programadores são igualmente responsáveis pelo projeto, ambos querem que o subdiretório esteja em seus próprios diretórios. Nesse caso, o subdiretório comum deve ser *compartilhado*. Um diretório ou arquivo compartilhado existe no sistema de arquivos em dois (ou mais) locais ao mesmo tempo.

Uma estrutura de árvore proíbe o compartilhamento de arquivos ou diretórios. Um **grafo acíclico** — isto é, um grafo sem ciclos — permite que os diretórios compartilhem subdiretórios e arquivos (Figura 11.12). O mesmo arquivo ou subdiretório pode estar em dois diretórios diferentes. O grafo acíclico é uma generalização natural do esquema de diretório estruturado em árvore.

É importante observar que um arquivo (ou diretório) compartilhado não é o mesmo que duas cópias do arquivo. Com duas cópias, cada programador pode visualizar a cópia em vez do original, mas, se um programador alterar o arquivo, as alterações não aparecerão na cópia do outro. Com um arquivo compartilhado, existe

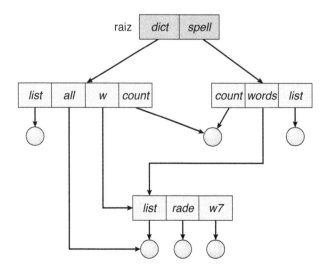

Figura 11.12 Estrutura de diretório em grafo acíclico.

apenas um arquivo real; portanto, qualquer alteração feita por uma pessoa poderá ser imediatamente vista por outra. O compartilhamento é particularmente importante para os subdiretórios; um novo arquivo criado por uma pessoa aparecerá automaticamente em todos os subdiretórios compartilhados.

Quando pessoas estão trabalhando em equipe, todos os arquivos que elas queiram compartilhar podem ser inseridos em um diretório. O UFD de cada membro da equipe conterá esse diretório de arquivos compartilhados como um subdiretório. Mesmo no caso de apenas um usuário, a organização de arquivos do usuário pode requerer que algum arquivo seja inserido em subdiretórios diferentes. Por exemplo, um programa escrito para um projeto específico deve estar tanto no diretório que contém todos os programas quanto no diretório desse projeto.

Arquivos e subdiretórios compartilhados podem ser implementados de várias formas. Uma forma comum, exemplificada por muitos dos sistemas UNIX, é criar uma nova entrada de diretório chamada link. O **link** é efetivamente um ponteiro para outro arquivo ou subdiretório. Por exemplo, um link pode ser implementado como nome de caminho absoluto ou relativo. Quando é feita uma referência a um arquivo, o diretório é pesquisado. Se a entrada no diretório estiver marcada como um link, então o nome do arquivo real estará incluído nas informações do link. **Resolvemos** o link usando esse nome de caminho para localizar o arquivo real. Os links são facilmente identificados por seu formato na entrada do diretório (ou por possuírem um tipo especial em sistemas que dão suporte a tipos) e são, efetivamente, ponteiros indiretos. O sistema operacional ignora esses links ao percorrer árvores de diretórios de modo a preservar a estrutura acíclica do sistema.

Outra abordagem comum para a implementação de arquivos compartilhados é simplesmente duplicar todas as informações sobre eles nos dois diretórios compartilhados. Assim, as duas entradas serão idênticas. Considere a diferença entre essa abordagem e a criação de um link. O link é claramente diferente da entrada de diretório original; logo, os dois não são iguais. A duplicação de entradas de diretório, no entanto, torna indistintos o original e a cópia. Um grande problema da duplicação de entradas de diretório é manter a consistência quando um arquivo é modificado.

Uma estrutura de diretório em grafo acíclico é mais flexível do que uma estrutura de árvore comum, mas também é mais complexa. Vários problemas devem ser considerados com cuidado. Um arquivo pode ter agora vários nomes de caminho absolutos. Consequentemente, nomes de arquivo distintos podem referenciar o mesmo arquivo. Essa situação é semelhante ao problema da criação de aliases nas linguagens de programação. Se estivermos tentando percorrer o sistema de arquivos inteiro — para encontrar um arquivo, coletar estatísticas sobre todos os arquivos ou copiar todos os arquivos em memória de backup — esse problema torna-se significativo, já que não queremos percorrer estruturas compartilhadas mais de uma vez.

Outro problema envolve a exclusão. Quando o espaço alocado a um arquivo compartilhado pode ser desalocado e reutilizado? Uma possibilidade é remover o arquivo sempre que alguém o excluir, mas essa ação pode deixar ponteiros pendentes para o arquivo agora inexistente. Pior, se os ponteiros remanescentes contiverem endereços de disco reais, e o espaço for subsequentemente reutilizado para outros arquivos, esses ponteiros pendentes podem apontar para o meio dos outros arquivos.

Em um sistema em que o compartilhamento é implementado por links simbólicos, essa situação é um pouco mais fácil de manipular. A exclusão de um link não precisa afetar o arquivo original; somente o link é removido. Se a própria entrada do arquivo for excluída, o espaço reservado para o arquivo será desalocado, deixando os links pendentes. Também podemos procurar por esses links e removê-los, mas, a menos que uma lista dos links associados seja mantida com cada arquivo, essa busca pode ser dispendiosa. Alternativamente, podemos deixar os links até que seja feita uma tentativa de usá-los. Nesse momento, saberemos que o arquivo com o nome fornecido pelo link não existe e não conseguiremos resolver o nome do link; o acesso será tratado como no caso de qualquer outro nome de arquivo ilegal. (Nesse caso, o projetista do sistema deve considerar com cuidado o que fazer quando um arquivo é excluído e outro arquivo com o mesmo nome é criado, antes que o link simbólico do arquivo original seja utilizado.) No caso do UNIX, os links simbólicos são abandonados quando um arquivo é excluído, e cabe ao usuário perceber se o arquivo original não existe mais ou foi substituído. O Microsoft Windows usa a mesma abordagem.

Outra abordagem para a exclusão é preservar o arquivo até que todas as referências a ele sejam excluídas. Para implementar essa abordagem, precisamos de algum mecanismo para determinar se a última referência ao arquivo foi excluída. Poderíamos manter uma lista de todas as referências a um arquivo (entradas de diretório ou links simbólicos). Quando é estabelecido um link ou uma cópia da entrada do diretório, uma nova entrada é adicionada à lista de referências ao arquivo. Quando é excluído um link ou entrada do diretório, removemos sua entrada da lista. O arquivo será excluído quando sua lista de referências estiver vazia.

O problema dessa abordagem é o tamanho variável e potencialmente grande da lista de referências ao arquivo. No entanto, não precisamos manter realmente a lista inteira — precisamos manter apenas uma contagem do número de referências. A inclusão de um novo link ou entrada de diretório incrementa a contagem de referências. A exclusão de um link ou entrada decrementa a contagem. Quando a contagem chega a 0, o arquivo pode ser excluído; não existem mais referências remanescentes ao arquivo. O sistema operacional UNIX usa essa abordagem para links não simbólicos (ou **links rígidos**), mantendo uma contagem de referências no bloco de informações do arquivo (ou inode; consulte no Apêndice A a Seção A.7.2, no site da LTC Editora). Ao proibir efetivamente múltiplas referências a diretórios, mantemos uma estrutura de grafo acíclico.

Para evitar problemas como os que acabamos de discutir, alguns sistemas simplesmente não permitem diretórios ou links compartilhados.

11.3.7 Diretório em Grafo Geral

Um problema sério ao usar uma estrutura de grafo acíclico é assegurar que não existam ciclos. Se começarmos com um diretório de dois níveis e permitirmos que os usuários criem subdiretórios, teremos um diretório estruturado em árvore. É fácil perceber que a simples inclusão de novos arquivos e subdiretórios, em um diretório estruturado em árvore existente, preserva a natureza da estrutura em árvore. No entanto, ao adicionarmos links, a estrutura em árvore é destruída, resultando em uma estrutura de grafo simples (Figura 11.13).

A principal vantagem de um grafo acíclico é a relativa simplicidade dos algoritmos que percorrem o grafo e determinam quando não há mais referências a um arquivo. Queremos evitar percorrer duas vezes as seções compartilhadas de um grafo acíclico, principalmente por questões de desempenho. Se tivermos acabado de pesquisar um grande subdiretório compartilhado em busca de um arquivo específico, sem encontrá-lo, queremos evitar a pesquisa desse subdiretório novamente; a segunda busca seria um desperdício de tempo.

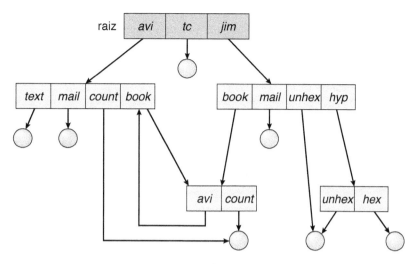

Figura 11.13   Diretório em grafo geral.

Se for permitida a existência de ciclos no diretório, também queremos evitar a pesquisa de qualquer componente duas vezes, por motivos de precisão e desempenho. Um algoritmo mal projetado pode resultar em um loop infinito continuamente percorrendo o ciclo e nunca terminando. Uma solução é limitar arbitrariamente o número de diretórios que serão acessados durante uma busca.

Ocorre um problema semelhante quando tentamos determinar quando um arquivo pode ser excluído. Nas estruturas de diretório em grafo acíclico, um valor igual a 0 na contagem de referências significa que não há mais referências ao arquivo ou diretório, e o arquivo pode ser excluído. No entanto, quando existem ciclos, a contagem de referências pode não ser igual a 0, mesmo se não for mais possível referenciar um diretório ou arquivo. Essa anomalia resulta da possibilidade de autorreferência (ou um ciclo) na estrutura de diretório. Nesse caso, geralmente precisamos usar um esquema de coleta de lixo para determinar quando a última referência foi excluída e o espaço em disco pode ser realocado. A coleta de lixo envolve uma varredura no sistema de arquivos inteiro, marcando tudo que possa ser acessado. Em seguida, uma segunda passagem reúne, em uma lista de espaço livre, tudo que não esteja marcado. (Um procedimento de marcação semelhante pode ser usado para assegurar que uma varredura ou pesquisa englobe tudo que existe no sistema de arquivos uma vez e apenas uma vez.) A coleta de lixo em um sistema de arquivos baseado em disco é, no entanto, extremamente demorada e, portanto, raramente executada.

A coleta de lixo é necessária apenas em razão da possibilidade de existência de ciclos no grafo. Assim, é muito mais fácil trabalhar com uma estrutura de grafo acíclico. A dificuldade é evitar ciclos conforme novos links são adicionados à estrutura. Como saber quando um novo link completará um ciclo? Há algoritmos que detectam ciclos em grafos; no entanto, eles são computacionalmente dispendiosos, especialmente quando o grafo está armazenado em disco. No caso especial de diretórios e links, um algoritmo mais simples ignoraria os links durante a varredura do diretório. Ciclos são evitados e não há overhead adicional.

11.4 Montagem do Sistema de Arquivos

Da mesma forma que um arquivo deve ser aberto antes de ser usado, um sistema de arquivos deve ser montado antes que possa ficar disponível para processos no sistema. Mais especificamente, a estrutura de diretórios pode ser construída em vários volumes que devem ser montados para torná-los disponíveis dentro do espaço de nomes do sistema de arquivos.

O procedimento de montagem é simples. O sistema operacional recebe o nome do dispositivo e o ponto de montagem — a locação dentro da estrutura de arquivos onde o sistema de arquivos deve ser anexado. Alguns sistemas operacionais requerem que o tipo do sistema de arquivos seja fornecido, enquanto outros verificam as estruturas do dispositivo e determinam o tipo do sistema de arquivos. Normalmente, um ponto de montagem é um diretório vazio. Por exemplo, em um sistema UNIX, um sistema de arquivos contendo os diretórios de um usuário (diretório home) poderia ser montado como /home; assim, para acessar a estrutura do diretório dentro desse sistema de arquivos, poderíamos usar /home antes dos nomes dos diretórios, como em /home/jane. A montagem deste sistema de arquivos sob /users resultaria no nome de caminho /users/jane que poderíamos usar para chegar ao mesmo diretório.

Em seguida, o sistema operacional verifica se o dispositivo contém um sistema de arquivos válido. Ele faz isso solicitando ao driver do dispositivo que leia o diretório do dispositivo e verificando se o diretório tem o formato esperado. Para concluir, o sistema operacional registra em sua estrutura de diretórios que um sistema de arquivos está montado no ponto de montagem especificado. Esse esquema habilita o sistema operacional a percorrer sua estrutura de diretórios, alternando-se entre os sistemas de arquivos, até mesmo entre sistemas de arquivos de tipos diferentes, quando apropriado.

Para ilustrar a montagem de arquivos, considere o sistema de arquivos mostrado na Figura 11.14 em que os triângulos representam subárvores dos diretórios de interesse. A Figura 11.14(a) mostra um sistema de arquivos existente, enquanto a Figura 11.14(b) mostra um volume não montado residindo em /device/dsk. Nesse ponto, apenas os arquivos do sistema de arquivos existente podem ser acessados. A Figura 11.15 mostra os efeitos da montagem do volume que reside em device/dsk sobre /users. Se o volume for desmontado, o sistema de arquivos será restaurado à situação mostrada na Figura 11.14.

Os sistemas impõem uma semântica para tornar clara a funcionalidade. Por exemplo, um sistema pode não permitir montagens sobre um diretório que contenha arquivos; ou pode tornar o sistema de arquivos montado disponível nesse diretó-

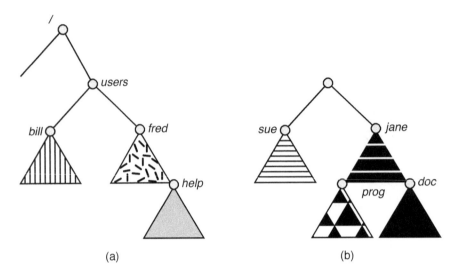

Figura 11.14 Sistema de arquivos. (a) Sistema existente. (b) Volume desmontado.

rio e ocultar os arquivos existentes no diretório até que o sistema de arquivos seja desmontado, encerrando o uso do sistema de arquivos e permitindo o acesso aos arquivos originais no diretório. Como outro exemplo, um sistema pode permitir que o mesmo sistema de arquivos seja montado repetidamente, em pontos de montagem diferentes, ou pode permitir apenas uma montagem por sistema de arquivos.

Considere as ações do sistema operacional Mac OS X. Sempre que o sistema encontra um disco pela primeira vez (em tempo de inicialização ou enquanto o sistema está sendo executado), o sistema operacional Mac OS X procura por um sistema de arquivos no dispositivo. Quando encontra um, ele monta automaticamente o sistema de arquivos sob o diretório /Volumes, adicionando um ícone de pasta rotulado com o nome do sistema de arquivos (como armazenado no diretório do dispositivo). O usuário pode então clicar no ícone e exibir o sistema de arquivos recém-montado.

A família de sistemas operacionais Microsoft Windows mantém uma estrutura de diretórios estendida de dois níveis, designando letras de drives a dispositivos e volumes. Os volumes têm uma estrutura de diretório em grafo geral associada à letra do drive. O caminho para um arquivo específico assume a forma `letra-do-drive:\caminho\para\arquivo`. As versões mais recentes do Windows permitem que um sistema de arquivos seja montado em qualquer local da árvore do diretório, como faz o UNIX. Os sistemas operacionais Windows descobrem automaticamente todos os dispositivos e montam todos os sistemas de arquivos localizados, em tempo de inicialização. Em alguns sistemas, como o UNIX, os comandos de montagem são explícitos. Um arquivo de configuração do sistema contém uma lista de dispositivos e pontos de montagem para a montagem automática em tempo de inicialização, mas outras montagens podem ser executadas manualmente.

Questões relacionadas com a montagem de sistemas de arquivos são discutidas com mais detalhes na Seção 12.2.2 e no Apêndice, na Seção A.7.5.

11.5 Compartilhamento de Arquivos

Nas seções anteriores, exploramos a motivação para o compartilhamento de arquivos e algumas das dificuldades envolvidas quando usuários têm permissão para compartilhar arquivos. O compartilhamento de arquivos é bastante desejável para usuários que querem colaborar e reduzir o esforço requerido para alcançar um objetivo computacional. Portanto, sistemas operacionais orientados ao usuário devem acomodar a necessidade de compartilhar arquivos, apesar das dificuldades inerentes.

Nesta seção, examinamos mais aspectos do compartilhamento de arquivos. Começamos discutindo questões gerais que surgem quando múltiplos usuários compartilham arquivos. Uma vez que múltiplos usuários tenham permissão para compartilhar arquivos, o desafio é estender o compartilhamento a múltiplos sistemas de arquivos, incluindo sistemas de arquivos remotos; também discutimos esse desafio. Finalmente, consideramos o que deve ser feito em relação às ações conflitantes que ocorrem em arquivos compartilhados. Por exemplo, se múltiplos usuários estão gravando em um arquivo, todas as gravações devem ser permitidas, ou o sistema operacional deve proteger os usuários das ações uns dos outros?

11.5.1 Múltiplos Usuários

Quando um sistema operacional acomoda múltiplos usuários, as questões de compartilhamento, nomeação e proteção de ar-

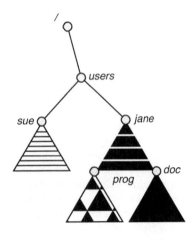

Figura 11.15 Ponto de montagem.

quivos tornam-se proeminentes. Dada uma estrutura de diretório que permita o compartilhamento de arquivos pelos usuários, o sistema deve mediar esse compartilhamento. O sistema pode permitir que um usuário acesse os arquivos de outros usuários por default, ou pode requerer que um usuário conceda especificamente acesso aos arquivos. Essas são as questões de controle de acesso e proteção que são abordadas na Seção 11.6.

Para implementar o compartilhamento e a proteção, o sistema deve manter mais atributos de arquivo e diretório do que os necessários em um sistema monousuário. Embora muitas abordagens tenham sido adotadas para atender a esse requisito, a maioria dos sistemas evoluiu para o uso dos conceitos de proprietário (ou usuário) e grupo de arquivos (ou diretórios). O proprietário é o usuário que pode alterar atributos e conceder acesso e é quem tem mais controle sobre o arquivo. O atributo de grupo define um subconjunto de usuários que podem compartilhar o acesso ao arquivo. Por exemplo, o proprietário de um arquivo em um sistema UNIX pode executar todas as operações sobre o arquivo, enquanto os membros do grupo do arquivo podem executar um subconjunto dessas operações e todos os outros usuários podem executar outro subconjunto de operações. O proprietário do arquivo é quem define exatamente que operações podem ser executadas por membros do grupo e outros usuários. Mais detalhes sobre atributos de permissão fazem parte da próxima seção.

Os IDs de proprietário e de grupo de determinado arquivo (ou diretório) são armazenados com os outros atributos do arquivo. Quando um usuário solicita uma operação sobre um arquivo, seu ID é comparado com o atributo de proprietário para determinar se o usuário solicitante é o proprietário do arquivo. Da mesma forma, os IDs de grupo podem ser comparados. O resultado indica que permissões são aplicáveis. O sistema aplica então essas permissões à operação solicitada e ela é autorizada ou negada.

Muitos sistemas têm vários sistemas de arquivos locais, incluindo volumes em um único disco ou múltiplos volumes em múltiplos discos. Nesses casos, a verificação do ID e das permissões é simples, contanto que os sistemas de arquivos estejam montados.

11.5.2 Sistemas de Arquivos Remotos

Com o advento das redes (Capítulo 17), a comunicação entre computadores remotos tornou-se possível. A comunicação em rede permite o compartilhamento de recursos espalhados por um campus ou até mesmo ao redor do globo. Um recurso óbvio a ser compartilhado são os dados em forma de arquivos.

Com a evolução da tecnologia de redes e arquivos, os métodos de compartilhamento remoto de arquivos mudaram. O primeiro método implementado envolve a transferência manual de arquivos entre máquinas por meio de programas como o ftp. O segundo grande método usa um sistema de arquivos distribuído (DFS — *distributed file system*) em que diretórios remotos são visíveis a partir de um computador local. Em alguns aspectos, o terceiro método, a World Wide Web, é uma volta ao primeiro. É necessário um navegador para a obtenção de acesso aos arquivos remotos e são usadas operações separadas (essencialmente um encapsulador do ftp) para transferir arquivos. Cada vez mais, a computação em nuvem (Seção 1.11.7) também está sendo usada para o compartilhamento de arquivos.

O ftp é usado tanto para acesso anônimo quanto para acesso autenticado. O acesso anônimo permite que um usuário transfira arquivos sem possuir uma conta no sistema remoto. A World Wide Web usa, quase exclusivamente, a troca anônima de arquivos. O DFS envolve uma integração muito maior entre a máquina que está acessando os arquivos remotos e a máquina que os fornece. Essa integração adiciona complexidade, como descrevemos nesta seção.

11.5.2.1 O Modelo Cliente-Servidor

Os sistemas de arquivos remotos permitem que um computador monte um ou mais sistemas de arquivos a partir de um ou mais computadores remotos. Nesse caso, a máquina que contém os arquivos é o servidor, e a máquina que busca o acesso a eles é o cliente. O relacionamento cliente-servidor é comum entre máquinas em rede. Geralmente, o servidor declara que um recurso está disponível para os clientes e especifica exatamente que recurso (nesse caso, que arquivos) e para que clientes. Um servidor pode atender a múltiplos clientes, e um cliente pode usar múltiplos servidores, dependendo dos detalhes de implementação de determinada instalação cliente-servidor.

O servidor usualmente especifica os arquivos disponíveis no nível de volume ou diretório. A identificação do cliente é mais difícil. Um cliente pode ser especificado por um nome de rede ou por outro identificador, como um endereço IP, mas esses podem ser fraudados ou plagiados. Como resultado da falsificação, um cliente não autorizado poderia obter permissão para acessar o servidor. Soluções mais confiáveis incluem a autenticação segura do cliente por meio de chaves criptografadas. Infelizmente, com a segurança vêm muitos desafios, incluindo a garantia de compatibilidade entre cliente e servidor (eles devem usar os mesmos algoritmos de criptografia) e a segurança nas trocas de chaves (chaves interceptadas poderiam permitir acesso não autorizado). Por causa da dificuldade de resolver esses problemas, métodos de autenticação inseguros são os mais comumente usados.

No caso do UNIX e seu sistema de arquivos de rede (NFS — *network file system*), a autenticação ocorre através das informações de rede do cliente, por default. Nesse esquema, os IDs do usuário devem coincidir no cliente e no servidor. Se não coincidirem, o servidor será incapaz de determinar direitos de acesso aos arquivos. Considere o exemplo de um usuário com um ID 1000 no cliente e 2000 no servidor. Uma solicitação de um arquivo específico do cliente ao servidor não será manipulada apropriadamente, já que o servidor determinará se o usuário 1000 tem acesso ao arquivo em vez de basear a determinação no ID real do usuário que é 2000. O acesso seria então concedido ou negado com base em informações de autenticação incorretas. O servidor deve confiar em que o cliente apresentará o ID de usuário correto. Observe que os protocolos NFS permitem relacionamentos muitos-para-muitos. Isto é, muitos servidores podem fornecer arquivos a muitos clientes. Na verdade, determinada máquina pode ser tanto um servidor para alguns clientes NFS quanto um cliente para outros servidores NFS.

Uma vez que o sistema de arquivos remoto esteja montado, são enviadas solicitações de operação de arquivo para o servidor, em nome do usuário e através da rede, via o protocolo DFS. Normalmente, uma solicitação de abertura de arquivo é enviada junto com o ID do usuário solicitante. O servidor então aplica as verificações de acesso-padrão para determinar se o usuário tem credenciais para acessar o arquivo na modalidade solicitada. A solicitação é permitida ou negada. Se for permitida, um manipulador de arquivo será retornado para a aplicação cliente, e a aplicação poderá então executar leituras, gravações e outras operações sobre o arquivo. O cliente fechará o arquivo quando o acesso estiver concluído. O sistema operacional pode aplicar semântica semelhante à da montagem de um sistema de arquivos local ou pode usar uma semântica diferente.

11.5.2.2 Sistemas de Informação Distribuídos

Para tornar os sistemas cliente-servidor mais fáceis de gerenciar, os sistemas de informação distribuídos, também conhecidos como serviços de nomeação distribuídos, fornecem acesso unificado às informações requeridas pela computação remota. O sistema de nomes de domínio (DNS — *domain name system*) fornece traduções nome-de-hospedeiro para endereço-de-rede em toda a Internet. Antes de o DNS se tornar comum, arquivos contendo as mesmas informações eram enviados, por e-mail ou ftp, a todos os hospedeiros da rede. Obviamente, essa metodologia não era escalável! O DNS é discutido com detalhes na Seção 17.4.1.

Outros sistemas de informação distribuídos fornecem um espaço de *nome de usuário/senha/ID de usuário/ID de grupo* para um recurso distribuído. Os sistemas UNIX têm empregado uma grande variedade de métodos de informações distribuídas. A Sun Microsystems (agora parte da Oracle Corporation) introduziu as páginas amarelas (depois renomeadas como serviço de informações de rede, ou NIS), e a maior parte da indústria adotou seu uso. O NIS centraliza o armazenamento de nomes de usuário, nomes de hospedeiro, informações de impressora, e assim por diante. Infelizmente, ele usa métodos de autenticação inseguros, incluindo o envio de senhas de usuário não criptografadas (em texto literal) e a identificação de hospedeiros por endereços IP. O NIS+ da Sun é um substituto muito mais seguro do NIS, mas é muito mais complicado e não foi amplamente adotado.

No caso do common Internet file system (CIFS) da Microsoft, informações de rede são usadas em conjunção com a autenticação do usuário (nome de usuário e senha) para criar um login de rede que o servidor usa para decidir se deve permitir ou negar acesso ao sistema de arquivos solicitado. Para que essa autenticação seja válida, os nomes de usuário devem coincidir com os nomes de um computador para outro (como no NFS). A Microsoft usa o diretório ativo como uma estrutura de nomeação distribuída para fornecer um único espaço de nomes para os usuários. Uma vez estabelecido, o recurso de nomeação distribuída é usado por todos os clientes e servidores para autenticar usuários.

A indústria está se movendo em direção ao protocolo peso-leve de acesso a diretórios (LDAP — *lightweight directory-access protocol*) como um mecanismo seguro de nomeação distribuída. Na verdade, o diretório ativo é baseado no LDAP. O Solaris da Oracle e a maioria dos outros grandes sistemas operacionais incluem o LDAP e permitem que ele seja empregado para autenticação de usuários assim como para recuperação de informações em todo o sistema, como na verificação da disponibilidade de impressoras. Compreensivelmente, um diretório LDAP distribuído poderia ser usado por uma empresa para armazenar todas as informações sobre usuários e recursos de todos os computadores da organização. O resultado seria a assinatura única segura para os usuários que inseririam suas informações de autenticação apenas uma vez para acessar todos os computadores da empresa. Também facilitaria os esforços de administração do sistema ao combinar, na mesma locação, informações correntemente espalhadas em vários arquivos em cada sistema ou em diferentes serviços de informações distribuídos.

11.5.2.3 Modalidades de Falha

Os sistemas de arquivos locais podem falhar por várias razões, inclusive por falha no disco que contém o sistema de arquivos, corrupção da estrutura de diretórios ou de outras informações de gerenciamento de discos (coletivamente chamadas metadados), falha no controlador de disco, nos cabos e no adaptador do hospedeiro. Uma falha do usuário ou do administrador do sistema também pode fazer com que arquivos sejam perdidos ou diretórios ou volumes inteiros sejam excluídos. Muitas dessas falhas causarão a queda de um hospedeiro e a exibição de uma condição de erro, sendo requerida a intervenção humana para reparar o dano.

Sistemas de arquivos remotos têm ainda mais modalidades de falha. Por causa da complexidade dos sistemas de rede e das interações requeridas entre máquinas remotas, um número muito maior de problemas pode interferir na operação apropriada de sistemas de arquivos remotos. No caso das redes, a conexão pode ser interrompida entre dois hospedeiros. Essas interrupções podem ser resultantes de falha de hardware, configuração inadequada de hardware ou problemas de implementação da rede. Embora algumas redes tenham resiliência interna, incluindo caminhos múltiplos entre hospedeiros, muitas não a têm. Assim, qualquer falha simples pode interromper o fluxo de comandos DFS.

Considere um cliente no meio da utilização de um sistema de arquivos remoto. Ele tem arquivos abertos no hospedeiro remoto; entre outras atividades, ele pode estar executando buscas no diretório para abrir arquivos, lendo ou gravando dados em arquivos e fechando arquivos. Agora, considere um particionamento da rede, uma queda do servidor ou até mesmo um encerramento do servidor previsto em schedule. Repentinamente, o sistema de arquivos remoto não pode mais ser alcançado. Esse cenário é muito comum e, portanto, não seria apropriado que o sistema cliente aja como agiria se um sistema de arquivos local fosse perdido. Em vez disso, o sistema pode encerrar todas as operações no servidor perdido ou retardar as operações até que o servidor seja novamente alcançável. Essas semânticas de falha são definidas e implementadas como parte do protocolo do sistema de arquivos remoto. O encerramento de todas as operações pode resultar na perda dos dados — e da paciência — dos usuários. Assim, a maioria dos protocolos DFS impõe ou permite o retardo de operações do sistema de arquivos em hospedeiros remotos, com a esperança de que o hospedeiro remoto se torne disponível novamente.

Para implementar esse tipo de recuperação de falhas, alguns tipos de informações de estado devem ser mantidos tanto no cliente quanto no servidor. Se tanto o servidor quanto o cliente detêm o conhecimento de suas atividades e arquivos abertos correntes, então eles poderão se recuperar de uma falha sem interrupção. Na situação em que o servidor cai, mas deve reconhecer que montou sistemas de arquivos exportados e abriu arquivos remotamente, o NFS usa uma abordagem simples, implementando um DFS sem estado (stateless). Essencialmente, ele assume que uma solicitação de cliente para leitura ou gravação de um arquivo não ocorreria, a menos que o sistema de arquivos tenha sido montado remotamente e o arquivo tenha sido aberto previamente. O protocolo NFS traz todas as informações necessárias à localização do arquivo apropriado e à execução da operação solicitada. Da mesma forma, ele não rastreia clientes que estão com os volumes exportados montados, assumindo novamente que, se uma solicitação chega, ela deve ser legítima. Ao mesmo tempo em que essa abordagem sem estado torna o NFS resiliente e muito fácil de implementar, ela também o torna inseguro. Por exemplo, solicitações de leitura ou gravação forjadas poderiam ser permitidas por um servidor NFS. Esses problemas foram resolvidos no padrão da indústria NFS versão 4 em que o NFS passou a ter estado para melhorar sua segurança, desempenho e funcionalidade.

11.5.3 Semânticas de Consistência

As **semânticas de consistência** representam um critério importante na avaliação de qualquer sistema de arquivos que suporte o compartilhamento de arquivos. Essas semânticas especificam como múltiplos usuários de um sistema devem acessar um arquivo compartilhado simultaneamente. Especificamente, elas definem quando as modificações nos dados feitas por um usuário poderão ser observadas por outros usuários. Essas semânticas são, tipicamente, implementadas como código com o sistema de arquivos.

As semânticas de consistência estão diretamente relacionadas com os algoritmos de sincronização de processos do Capítulo 5. No entanto, os algoritmos complexos daquele capítulo tendem a não ser implementados no caso de I/O de arquivo, por causa das grandes latências e baixas taxas de transferência de discos e redes. Por exemplo, a execução de uma transação atômica para um disco remoto poderia envolver várias comunicações de rede, várias leituras e gravações em disco, ou ambas. Sistemas que tentam executar um conjunto tão completo de funcionalidades tendem a apresentar um fraco desempenho. Uma implementação bem-sucedida de semânticas de compartilhamento complexas pode ser encontrada no sistema de arquivos Andrew.

Na discussão abaixo, presumimos que uma série de acessos a arquivo (isto é, leituras e gravações), tentada por um usuário em relação ao mesmo arquivo, é sempre realizada entre operações open ( ) e close ( ). A série de acessos entre as operações open ( ) e close ( ) compõe uma **sessão de arquivo**. Para ilustrar o conceito, esboçamos vários exemplos proeminentes de semânticas de consistência.

11.5.3.1 Semânticas do UNIX

O sistema de arquivos no UNIX (Capítulo 17) usa as semânticas de consistência a seguir:

- Gravações feitas por um usuário em um arquivo aberto podem ser vistas imediatamente por outros usuários que estiverem com esse arquivo aberto.
- Uma modalidade de compartilhamento permite que os usuários compartilhem o ponteiro da locação corrente no arquivo. Portanto, o avanço do ponteiro, feito por um usuário, afeta todos os usuários do compartilhamento. Aqui, um arquivo tem uma única imagem que intercala todos os acessos, independentemente de sua origem.

Nas semânticas do UNIX, um arquivo é associado a uma única imagem física que é acessada como um recurso exclusivo. A disputa por essa imagem única provoca atrasos aos processos de usuário.

11.5.3.2 Semânticas de Sessão

O sistema de arquivos Andrew (OpenAFS) usa as semânticas de consistência a seguir:

- Gravações em um arquivo aberto feitas por um usuário não são visíveis imediatamente por outros usuários que estiverem com o mesmo arquivo aberto.
- Uma vez que um arquivo seja fechado, as alterações nele executadas são visíveis apenas em sessões iniciadas posteriormente. Instâncias já abertas do arquivo não refletem essas alterações.

Segundo essas semânticas, um arquivo pode ser associado temporariamente a várias imagens (possivelmente diferentes) ao mesmo tempo. Consequentemente, múltiplos usuários são autorizados a executar acessos, tanto de leitura quanto de gravação, em suas imagens do arquivo, concorrentemente e sem atraso. Quase nenhuma restrição é imposta ao scheduling de acessos.

11.5.3.3 Semânticas de Arquivos Compartilhados Imutáveis

Uma abordagem singular é a dos **arquivos compartilhados imutáveis**. Uma vez que um arquivo seja declarado como compartilhado por seu criador, ele não pode ser modificado. Um arquivo imutável tem duas propriedades-chave: seu nome não pode ser reutilizado e seu conteúdo não pode ser alterado. Portanto, o nome de um arquivo imutável indica que o conteúdo do arquivo é fixo. A implementação dessas semânticas em um sistema distribuído (Capítulo 17) é simples porque o compartilhamento é disciplinado (somente-de-leitura).

11.6 Proteção

Quando informações são armazenadas em um sistema de computação, queremos mantê-las protegidas contra danos físicos (a questão da confiabilidade) e acesso indevido (a questão da proteção).

A confiabilidade geralmente é fornecida por cópias duplicadas dos arquivos. Muitos computadores têm programas de sistema que copiam automaticamente (ou através da intervenção do operador do computador) arquivos de disco para fita em intervalos regulares (uma vez por dia, semana ou mês) para manter uma cópia, caso um sistema de arquivos seja destruído acidentalmente. Os sistemas de arquivos podem ser danificados por problemas de hardware (como erros de leitura ou gravação), picos ou falhas de energia, choques do cabeçote, sujeira, picos de temperatura e vandalismo. Arquivos podem ser excluídos acidentalmente. Bugs no software do sistema de arquivos também podem fazer com que o conteúdo dos arquivos seja perdido. A confiabilidade é abordada, de maneira mais detalhada, no Capítulo 10.

A proteção pode ser fornecida de muitas maneiras. Para o sistema monousuário de um laptop, podemos fornecer proteção trancando o computador na gaveta de uma mesa ou em um armário de arquivos. Em um sistema multiusuário maior, no entanto, outros mecanismos são necessários.

11.6.1 Tipos de Acesso

A necessidade de proteger arquivos é resultado direto da capacidade de acessar arquivos. Sistemas que não permitem o acesso aos arquivos de outros usuários não precisam de proteção. Assim, poderíamos fornecer proteção plena proibindo o acesso. Alternativamente, poderíamos fornecer livre acesso sem proteção. As duas abordagens são muito extremas para uso geral. Precisamos é de acesso controlado.

Os mecanismos de proteção fornecem acesso controlado limitando os tipos de acesso a arquivos que podem ser feitos. O acesso é permitido ou negado, dependendo de vários fatores, um dos quais é o tipo de acesso solicitado. Vários tipos de operações diferentes podem ser controlados:

- **Leitura.** Ler o arquivo.
- **Gravação.** Gravar ou regravar o arquivo.
- **Execução.** Carregar o arquivo na memória e executá-lo.

- **Acréscimo.** Gravar novas informações no fim do arquivo.
- **Exclusão.** Excluir o arquivo e liberar seu espaço para possível reutilização.
- **Listagem.** Listar o nome e os atributos do arquivo.

Outras operações, como renomeação, cópia e edição do arquivo, também podem ser controladas. Em muitos sistemas, no entanto, essas funções de mais alto nível podem ser implementadas por um programa de sistema que faz chamadas de sistema de mais baixo nível. A proteção é fornecida apenas no nível mais baixo. Por exemplo, a cópia de um arquivo pode ser implementada simplesmente por uma sequência de solicitações de leitura. Nesse caso, um usuário com acesso de leitura também pode fazer com que o arquivo seja copiado, impresso, e assim por diante.

Muitos mecanismos de proteção têm sido propostos. Todos têm vantagens e desvantagens e devem ser apropriados para a aplicação pretendida. Um pequeno sistema de computação usado apenas por alguns membros de um grupo de pesquisa, por exemplo, pode não precisar dos mesmos tipos de proteção de um grande computador corporativo usado para operações de pesquisa, de finanças e de pessoal. Discutimos algumas abordagens relacionadas com a proteção nas seções a seguir e apresentamos um tratamento mais completo no Capítulo 14.

11.6.2 Controle de Acesso

A abordagem mais comum relacionada com o problema da proteção é tornar o acesso dependente da identidade do usuário. Diferentes usuários podem precisar de diferentes tipos de acesso a um arquivo ou diretório. O esquema mais geral para a implementação do acesso dependente da identidade é associar a cada arquivo e diretório uma lista de controle de acesso (ACL — *access-control list*) especificando nomes de usuários e os tipos de acesso permitidos a cada usuário. Quando um usuário solicita acesso a um arquivo específico, o sistema operacional verifica a lista de acesso associada a esse arquivo. Se esse usuário está listado para o acesso solicitado, o acesso é permitido. Caso contrário, ocorre uma violação de proteção, e ao job do usuário é negado o acesso ao arquivo.

Essa abordagem tem a vantagem de permitir o uso de metodologias de acesso complexas. O principal problema das listas de acesso é seu tamanho. Se quisermos permitir que todos leiam um arquivo, teremos que listar todos os usuários com acesso de leitura. Essa técnica tem duas consequências indesejáveis:

- A construção desse tipo de lista pode ser uma tarefa tediosa e pouco compensadora, principalmente se não conhecermos antecipadamente a lista de usuários no sistema.
- A entrada do diretório, anteriormente de tamanho fixo, agora deve ser de tamanho variável, resultando em gerenciamento de espaço mais complicado.

Esses problemas podem ser resolvidos com o uso de uma versão condensada da lista de acesso.

Para condensar o tamanho da lista de controle de acesso, muitos sistemas reconhecem três classificações de usuários associadas a cada arquivo:

- **Proprietário.** O usuário que criou o arquivo é o proprietário.
- **Grupo.** Um conjunto de usuários que estão compartilhando o arquivo e precisam de acesso semelhante é um grupo, ou grupo de trabalho.
- **Universo.** Todos os outros usuários no sistema constituem o universo.

A abordagem recente mais comum é combinar listas de controle de acesso com o esquema de controle de acesso mais geral (e mais fácil de implementar) do proprietário, do grupo e do universo que acabamos de descrever. Por exemplo, o Solaris usa as três categorias de acesso por default, mas permite que listas de controle de acesso sejam adicionadas a arquivos e diretórios específicos quando um controle de acesso de granularidade mais fina é desejado.

Para ilustrar, considere uma pessoa, Sara, que está escrevendo um novo livro. Ela contratou três estudantes de graduação (Jim, Dawn e Jill) para ajudar no projeto. O texto do livro é mantido em um arquivo chamado book.tex. A proteção associada a esse arquivo é a seguinte:

- Sara deve ser capaz de invocar todas as operações sobre o arquivo.
- Jim, Dawn e Jill devem ser capazes somente de ler e gravar o arquivo; eles não têm permissão para excluir o arquivo.
- Todos os outros usuários devem ser capazes de ler, mas não gravar, o arquivo. (Sara está interessada em deixar que o maior número de pessoas possível leia o texto para obter feedback.)

Para alcançar tal proteção, devemos criar um novo grupo — digamos, text — com os membros Jim, Dawn e Jill. O nome do grupo, text, deve então ser associado ao arquivo book.tex e os direitos de acesso devem ser estabelecidos de acordo com a política que descrevemos.

Agora, considere um visitante a quem Sara gostaria de conceder acesso temporário ao Capítulo 1. O visitante não pode ser adicionado ao grupo text porque isso lhe daria acesso a todos os capítulos. Já que um arquivo pode estar em apenas um grupo, Sara não pode adicionar outro grupo ao Capítulo 1. Com a inclusão da funcionalidade da lista de controle de acesso, no entanto, o visitante pode ser adicionado à lista de controle de acesso do Capítulo 1.

Para que esse esquema funcione apropriadamente, as permissões e listas de acesso devem ser controladas rigidamente. Esse controle pode ser realizado de várias maneiras. Por exemplo, no sistema UNIX, os grupos podem ser criados e modificados somente pelo gerenciador do recurso (ou por qualquer superusuário). Portanto, o controle é obtido por interação humana. As listas de acesso são discutidas com mais detalhes na Seção 14.5.2.

Com a classificação de proteção mais limitada, apenas três campos são necessários para definir a proteção. Geralmente, cada campo é um conjunto de bits e cada bit permite ou impede o acesso associado a ele. Por exemplo, o sistema UNIX define três campos de três bits cada um — rwx, em que r controla o acesso de leitura, w controla o acesso de gravação e x controla a execução. Um campo separado é mantido para o proprietário do arquivo, para o grupo do arquivo e para todos os outros usuários. Nesse esquema, nove bits por arquivo são necessários para o registro das informações de proteção. Assim, em nosso exemplo, os campos de proteção do arquivo book.tex são os seguintes: para a proprietária Sara, todos os bits estão ligados; para o grupo text, os bits r e w estão ativados; e para o universo, apenas o bit r está ativado.

Uma dificuldade da combinação de abordagens surge na interface de usuário. Os usuários devem ser capazes de dizer quando as permissões opcionais da ACL estão ativadas em um

PERMISSÕES EM UM SISTEMA UNIX

No sistema UNIX, a proteção de diretórios e a proteção de arquivos são manipuladas de maneira semelhante. Três campos são associados a cada subdiretório — proprietário, grupo e universo — cada um deles consistindo nos três bits rwx. Assim, um usuário pode listar o conteúdo de um subdiretório apenas se o bit r estiver posicionado no campo apropriado. Da mesma forma, um usuário pode mudar seu diretório corrente para outro diretório corrente (digamos, foo) apenas se o bit x associado ao subdiretório foo estiver posicionado no campo apropriado.

Uma amostra de listagem de diretório proveniente de um ambiente UNIX é mostrada a seguir:

-rw-rw-r--	1 pbg	staff	31200	Sep 3 08:30	intro.ps
drwx------	5 pbg	staff	512	Jul 8 09:33	private/
drwxrwxr-x	2 pbg	staff	512	Jul 8 09:35	doc/
drwxrwx---	2 jwg	student	512	Aug 3 14:13	student-proj/
-rw-r--r--	1 pbg	staff	9423	Feb 24 2012	program.c
-rwxr-xr-x	1 pbg	staff	20471	Feb 24 2012	program
drwx--x--x	4 tag	faculty	512	Jul 31 10:31	lib/
drwx------	3 pbg	staff	1024	Aug 29 06:52	mail/
drwxrwxrwx	3 pbg	staff	512	Jul 8 09:35	test/

O primeiro campo descreve a proteção do arquivo ou diretório. Um d como primeiro caractere indica um subdiretório. Também são exibidos o número de links para o arquivo, o nome do proprietário, o nome do grupo, o tamanho do arquivo em bytes, a data da última modificação e, finalmente, o nome do arquivo (com extensão opcional).

arquivo. No exemplo do Solaris, um "+" é adicionado às permissões regulares, como em:

```
19 -rw-r--r--+ 1 jim staff 130 May 25 22:13 file1
```

É usado um conjunto de comandos separado, setfacl e getfacl, para gerenciar as ACLs.

Os usuários do Windows gerenciam, tipicamente, listas de controle de acesso através da GUI. A Figura 11.16 mostra uma janela de permissões de arquivo no sistema de arquivos NTFS do Windows 7. Nesse exemplo, o usuário "guest" tem acesso ao arquivo ListPanel.java especificamente negado.

Outra dificuldade é atribuir precedência quando as permissões e ACLs estão em conflito. Por exemplo, se Joe está em um grupo de arquivo que tem permissão de leitura, mas o arquivo tem uma ACL concedendo a Joe permissão de leitura e gravação, uma gravação feita por Joe deve ser permitida ou negada? O Solaris dá precedência às ACLs (já que elas têm granularidade mais fina e não são atribuídas por default). Isso obedece à regra geral de que a especificidade deve ter prioridade.

11.6.3 Outras Abordagens de Proteção

Outra abordagem relacionada com o problema da proteção é associar uma senha a cada arquivo. Da mesma forma que o acesso ao sistema de computação costuma ser controlado por uma senha, o acesso a cada arquivo pode ser controlado da mesma maneira. Se as senhas forem selecionadas aleatoriamente e alteradas com frequência, esse esquema pode ser eficaz para limitar o acesso a um arquivo. O uso de senhas apresenta algumas desvantagens, no entanto. Em primeiro lugar, o número de senhas que o usuário terá de memorizar pode crescer, tornando o esquema impraticável. Em segundo lugar, se apenas uma senha for usada para todos os arquivos, e ela for descoberta, todos os arquivos poderão ser acessados; a proteção é realizada na base do tudo ou nada. Alguns sistemas permitem que um usuário associe uma senha a um subdiretório, em vez de a um arquivo individual, para resolver esse problema.

Em uma estrutura de diretórios multiníveis, precisamos proteger não apenas arquivos individuais, mas também conjuntos de arquivos em subdiretórios; isto é, precisamos fornecer um mecanismo para a proteção de diretórios. As operações de diretório que devem ser protegidas são um pouco diferentes das operações de arquivo. Temos de controlar a criação e a exclusão de arquivos em um diretório. Além disso, provavelmente queremos controlar se um usuário pode determinar a existência de um arquivo em um diretório. Às vezes, o conhecimento da existência e do nome de um arquivo já é relevante. Portanto, a listagem do conteúdo de um diretório deve ser uma operação protegida. Da mesma forma, se um nome de caminho referencia um arquivo em um diretório, o usuário deve ser autorizado a acessar tanto o diretório quanto o arquivo. Em sistemas nos quais os arquivos podem ter vários nomes de caminho (como nos grafos acíclicos e nos grafos gerais), determinado usuário pode ter diferentes direitos de acesso a um arquivo específico, dependendo do nome de caminho usado.

11.7 Resumo

Um arquivo é um tipo de dado abstrato definido e implementado pelo sistema operacional. É uma sequência de registros lógicos. Um registro lógico pode ser um byte, uma linha (de tamanho fixo ou variável) ou um item de dados mais complexo. O sistema operacional pode suportar especificamente vários tipos de registro ou pode deixar esse suporte para o programa de aplicação.

A principal tarefa do sistema operacional é mapear o conceito de arquivo lógico para dispositivos de armazenamento físicos como as fitas ou discos magnéticos. Já que o tamanho do registro fí-

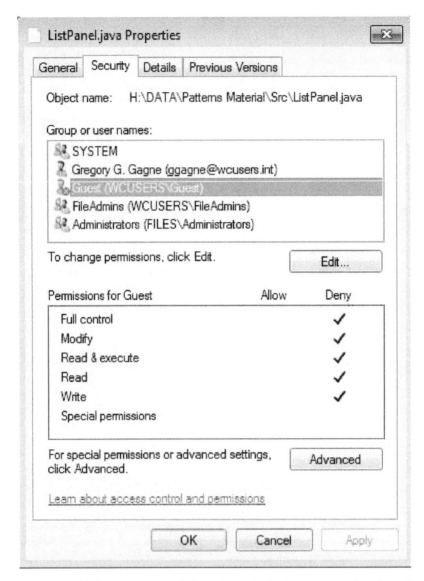

Figura 11.16 Gerenciamento de lista de controle de acesso no Windows 7.

sico do dispositivo pode não ser igual ao tamanho do registro lógico, é necessário ordenar os registros lógicos nos registros físicos. Novamente, essa tarefa pode ser suportada pelo sistema operacional, ou pode ser deixada para o programa de aplicação.

Cada dispositivo em um sistema de arquivos mantém um índice de volumes ou um diretório de dispositivos que lista a locação dos arquivos no dispositivo. Além disso, é útil criar diretórios para permitir a organização dos arquivos. Um diretório de um nível em um sistema multiusuário causa problemas de nomeação, já que cada arquivo deve ter um nome exclusivo. Um diretório de dois níveis resolve esse problema criando um diretório separado para os arquivos de cada usuário. O diretório lista os arquivos por nome e inclui a locação do arquivo no disco, seu tamanho, tipo, proprietário, a hora de criação, a hora em que foi usado pela última vez, e assim por diante.

A generalização natural de um diretório de dois níveis é um diretório estruturado em árvore. Um diretório estruturado em árvore permite que um usuário crie subdiretórios para organizar arquivos. As estruturas de diretório em grafo acíclico permitem que os usuários compartilhem subdiretórios e arquivos, mas complicam a busca e a exclusão. Uma estrutura de grafo geral fornece flexibilidade ilimitada ao compartilhamento de arquivos e diretórios, mas às vezes requer que a coleta de lixo recupere espaço não utilizado em disco.

Os discos são segmentados em um ou mais volumes, cada um contendo um sistema de arquivos ou deixado "bruto". Os sistemas de arquivos podem ser montados nas estruturas de nomeação do sistema para torná-los disponíveis. O esquema de nomeação varia por sistema operacional. Uma vez montados, os arquivos do volume ficam disponíveis para uso. Os sistemas de arquivos podem ser desmontados para desabilitar o acesso ou para manutenção.

O compartilhamento de arquivos depende das semânticas fornecidas pelo sistema. Os arquivos podem ter múltiplos leitores, múltiplos gravadores, ou limites para o compartilhamento. Os sistemas de arquivos distribuídos permitem que hospedeiros clientes montem volumes ou diretórios a partir de servidores, contanto que possam acessar um ao outro por uma rede. Os sistemas de arquivos remotos apresentam desafios quanto à confiabilidade, ao desempenho e à segurança. Os sistemas de informação distribuídos mantêm informações de usuário, hospedeiro e acesso, de modo que clientes e servidores possam compartilhar informações de estado para gerenciar o uso e o acesso.

Como os arquivos são o principal mecanismo de armazenamento de informações na maioria dos sistemas de computação, faz-se necessária a proteção de arquivos. O acesso a arquivos pode ser controlado separadamente para cada tipo de acesso — leitura, gravação, execução, acréscimo, exclusão, listagem de diretório, e assim por diante. A proteção de arquivos pode ser fornecida por listas de acesso, senhas ou outras técnicas.

Exercícios Práticos

11.1 Alguns sistemas excluem automaticamente todos os arquivos do usuário quando ele faz logoff ou um job termina, a não ser que o usuário solicite explicitamente que eles sejam mantidos. Outros sistemas mantêm todos os arquivos, a não ser que o usuário os exclua explicitamente. Discuta os méritos relativos de cada abordagem.

11.2 Por que alguns sistemas administram o tipo de um arquivo, enquanto outros deixam isso para o usuário, e outros simplesmente não implementam múltiplos tipos de arquivo? Que sistema é "melhor"?

11.3 Da mesma forma, alguns sistemas suportam muitos tipos de estruturas para os dados de um arquivo, enquanto outros suportam simplesmente um fluxo de bytes. Quais são as vantagens e desvantagens de cada abordagem?

11.4 Você conseguiria simular uma estrutura de diretórios multiníveis com uma estrutura de diretórios de um único nível em que nomes arbitrariamente longos possam ser usados? Se sua reposta for sim, explique como pode fazer isso e compare esse esquema com o esquema do diretório multiníveis. Se sua resposta for não, explique o que impede o sucesso de sua simulação. Como sua resposta mudaria se os nomes de arquivo forem limitados a sete caracteres?

11.5 Explique a finalidade das operações `open ( )` e `close ( )`.

11.6 Em alguns sistemas, um subdiretório pode ser lido e gravado por um usuário autorizado, da mesma forma que arquivos comuns.
  a. Descreva os problemas de proteção que podem surgir.
  b. Sugira um esquema para a manipulação de cada um desses problemas de proteção.

11.7 Considere um sistema que suporte 5.000 usuários. Suponha que você queira permitir que 4.990 desses usuários sejam capazes de acessar um arquivo.
  a. Como você especificaria esse esquema de proteção no UNIX?
  b. Você pode sugerir outro esquema de proteção que possa ser usado mais eficazmente para esse propósito do que o esquema fornecido pelo UNIX?

11.8 Pesquisadores sugeriram que, em vez de termos uma lista de controle de acesso associada a cada arquivo (especificando quais usuários podem acessar o arquivo e como), deveríamos ter uma lista de controle de usuários associada a cada usuário (especificando quais arquivos um usuário pode acessar e como). Discuta os méritos relativos desses dois esquemas.

Exercícios

11.9 Considere um sistema de arquivos em que um arquivo possa ser excluído e seu espaço em disco reclamado, mesmo que ainda existam links para esse arquivo. Que problemas podem ocorrer se um novo arquivo for criado na mesma área de armazenamento ou com o mesmo nome de caminho absoluto? Como esses problemas podem ser evitados?

11.10 A tabela de arquivos abertos é usada para manter informações sobre os arquivos que estão correntemente abertos. O sistema operacional deve manter uma tabela separada para cada usuário, ou manter apenas uma tabela contendo referências aos arquivos que estão sendo acessados correntemente por todos os usuários? Se o mesmo arquivo estiver sendo acessado por dois programas ou usuários diferentes, deve haver entradas separadas na tabela de arquivos abertos? Explique.

11.11 Quais são as vantagens e desvantagens do fornecimento de locks obrigatórios em vez de locks aconselháveis cujo uso é deixado a critério dos usuários?

11.12 Dê exemplos de aplicações que normalmente acessam arquivos de acordo com os métodos a seguir:
  - Sequencial
  - Randômico

11.13 Alguns sistemas abrem automaticamente um arquivo quando ele é referenciado pela primeira vez e fecham o arquivo quando o job termina. Discuta as vantagens e desvantagens desse esquema comparado ao esquema mais tradicional em que o usuário tem de abrir e fechar o arquivo explicitamente.

11.14 Se o sistema operacional souber que determinada aplicação irá acessar dados de arquivo de modo sequencial, como ele poderia usar essa informação para melhorar o desempenho?

11.15 Dê um exemplo de uma aplicação que possa se beneficiar do suporte do sistema operacional ao acesso randômico a arquivos indexados.

11.16 Discuta as vantagens e desvantagens do suporte a links para arquivos que fazem o cruzamento entre pontos de montagem (isto é, o link do arquivo referencia um arquivo que está armazenado em um volume diferente).

11.17 Alguns sistemas fornecem compartilhamento de arquivos mantendo uma única cópia de um arquivo. Outros mantêm várias cópias, uma para cada usuário que está compartilhando o arquivo. Discuta os méritos relativos de cada abordagem.

11.18 Discuta as vantagens e desvantagens de associar a sistemas de arquivos remotos (armazenados em servidores de arquivo) um conjunto de semânticas de falha diferente do associado a sistemas de arquivos locais.

11.19 Quais são as implicações do suporte às semânticas de consistência do UNIX no acesso compartilhado a arquivos armazenados em sistemas de arquivos remotos?

Notas Bibliográficas

Os sistemas de banco de dados e suas estruturas de arquivo são descritos com detalhes em [Silberschatz et al. (2010)].

Uma estrutura de diretório multinível foi implementada pela primeira vez no sistema MULTICS ([Organick (1972)]). Atualmente a maioria dos sistemas operacionais implementa estruturas de diretório multiníveis. Entre eles estão o Linux ([Love (2010)]), o Mac OS X ([Singh (2007)]), o Solaris ([McDougall e Mauro (2007)]) e todas as versões do Windows ([Russinovich e Solomon (2005)]).

O sistema de arquivos de rede (NFS), projetado pela Sun Microsystems, permite que estruturas de diretório sejam distribuídas entre sistemas de computação em rede. O NFS versão 4 é descrito em RFC3505 (http://www.ietf.org/rfc/rfc3530.txt). Uma discussão geral sobre os sistemas de arquivos do Solaris é encontrada no *Guia de Administração de Sistemas: Dispositivos e Sistemas de Arquivos* da Sun (http://docs.sun.com/app/docs/doc/817-5093).

O DNS foi proposto primeiramente por [Su (1982)] e passou por várias revisões desde então. O LDAP, também conhecido como X.509, é um subconjunto derivado do protocolo de diretórios distribuídos X.500. Ele foi definido por [Yeong et al. (1995)] e implementado em muitos sistemas operacionais.

Bibliografia

[Love (2010)] R. Love, *Linux Kernel Development*, terceira edição, Developer's Library (2010).

[McDougall e Mauro (2007)] R. McDougall e J. Mauro, *Solaris Internals*, segunda edição, Prentice Hall (2007).

[Organick (1972)] E. I. Organick, *The Multics System: An Examination of Its Structure*, MIT Press (1972).

[Russinovich e Solomon (2005)] M. E. Russinovich e D. A. Solomon, *Microsoft Windows Internals*, quarta edição, Microsoft Press (2005).

[Silberschatz et al. (2010)] A. Silberschatz, H. F. Korth e S. Sudarshan, *Database System Concepts*, sexta edição, McGraw-Hill (2010).

[Singh (2007)] A. Singh, *Mac OS X Internals: A System Approach*, Addison-Wesley (2007).

[Su (1982)] Z. Su, "A Distributed System for Internet Name Service", *Network Working Group, Request for Comments*: 830 (1982).

[Yeong et al. (1995)] W. Yeong, T. Howes e S. Kille, "Lightweight Directory Access Protocol", *Network Working Group, Request for Comments*: 1777 (1995).

CAPÍTULO 12

Implementação do Sistema de Arquivos

Como vimos no Capítulo 11, o sistema de arquivos fornece o mecanismo para o armazenamento e acesso on-line relacionados com o conteúdo dos arquivos, incluindo dados e programas. O sistema de arquivos reside permanentemente em memória secundária que é projetada para armazenar um grande volume de dados de forma permanente. Este capítulo aborda principalmente questões relacionadas com o armazenamento de arquivos e com seu acesso no meio mais comum de armazenamento secundário, o disco. Exploramos maneiras de estruturar o uso de arquivos, de alocar espaço em disco, de recuperar espaço liberado, de rastrear as locações dos dados e de interligar outras partes do sistema operacional à memória secundária. Questões relacionadas com o desempenho são consideradas no decorrer do capítulo.

OBJETIVOS DO CAPÍTULO

- Descrever os detalhes de implementação de estruturas de diretórios e sistemas de arquivos locais.
- Descrever a implementação de sistemas de arquivos remotos.
- Discutir algoritmos de alocação de blocos e controle de blocos livres e suas vantagens e desvantagens.

12.1 Estrutura do Sistema de Arquivos

Os discos fornecem a maior parte da memória secundária em que os sistemas de arquivos são mantidos. Duas características tornam os discos convenientes para esse fim:

1. Um disco pode ser regravado *in loco*; é possível ler um bloco do disco, modificar o bloco e gravá-lo de volta no mesmo local.
2. Um disco pode acessar diretamente qualquer bloco de informações que ele contém. Portanto, é simples acessar qualquer arquivo sequencial ou randomicamente, e a permutação de um arquivo para outro requer apenas a movimentação dos cabeçotes de leitura-gravação e a espera pela rotação do disco.

Discutimos a estrutura dos discos com mais detalhes no Capítulo 10.

Para melhorar a eficiência do I/O, as transferências de I/O entre memória e disco são executadas em unidades de **blocos**.

Cada bloco tem um ou mais setores. Dependendo do drive de disco, o tamanho do setor varia de 32 a 4.096 bytes; o tamanho usual é de 512 bytes.

Os **sistemas de arquivos** fornecem acesso eficiente e conveniente ao disco permitindo que dados sejam armazenados, localizados e recuperados facilmente. Um sistema de arquivos apresenta dois problemas de projeto bem diferentes. O primeiro problema é a definição da aparência que o sistema de arquivos deve ter para o usuário. Essa tarefa envolve a definição de um arquivo e seus atributos, as operações permitidas sobre um arquivo e a estrutura de diretórios para a organização de arquivos. O segundo problema é a criação de algoritmos e estruturas de dados para mapear o sistema de arquivos lógico para os dispositivos físicos de memória secundária.

O próprio sistema de arquivos é, geralmente, composto por vários níveis diferentes. A estrutura mostrada na Figura 12.1 é exemplo de um projeto em camadas. Cada nível do projeto usa os recursos dos níveis mais baixos para criar novos recursos a serem usados pelos níveis mais altos.

O nível de **controle de I/O** é composto por drivers de dispositivos e manipuladores de interrupções para transferir informações entre a memória principal e o sistema de discos. Um driver de dispositivos pode ser considerado como um tradutor. Sua entrada é composta por comandos de alto nível como "recuperar o bloco 123". A saída é composta por instruções de baixo nível específicas de hardware que são usadas pelo controlador de hardware que interliga o dispositivo de I/O ao resto do sistema. O driver de dispositivos usualmente grava padrões de bits específicos em locações especiais na memória do controlador de I/O para informar ao controlador em que locação do dispositivo ele deve agir e que ações deve executar. Os detalhes relacionados com os drivers de dispositivos e a infraestrutura de I/O são abordados no Capítulo 13.

O **sistema de arquivos básico** precisa apenas emitir comandos genéricos para o driver de dispositivo apropriado para ler e gravar blocos físicos em disco. Cada bloco físico é identificado por seu endereço de disco numérico (por exemplo, drive 1, cilindro 73, trilha 2, setor 10). Essa camada também gerencia os buffers e caches da memória que contêm vários sistemas de arquivos, diretórios e blocos de dados. Um bloco no buffer é alocado antes que possa ocorrer a transferência de um bloco de disco. Quando o buffer está cheio, o seu gerenciador tem que encontrar mais memória no buffer ou liberar espaço no buffer para permitir que o I/O solicitado seja concluído. Os caches são usados para armazenar metadados do sistema de arquivos que são frequentemente utilizados, a fim de melhorar o desempenho;

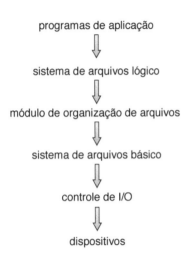

Figura 12.1 Sistema de arquivos em camadas.

portanto, o gerenciamento do seu conteúdo é crítico para o desempenho ótimo do sistema.

O **módulo de organização de arquivos** conhece os arquivos e seus blocos lógicos, assim como os blocos físicos. Conhecendo o tipo de alocação do arquivo utilizado e sua locação, o módulo de organização de arquivos pode traduzir endereços de blocos lógicos para endereços de blocos físicos de modo que o sistema de arquivos básico faça a transferência. Os blocos lógicos de cada arquivo são numerados de 0 (ou 1) a N. Já que os blocos físicos que contêm os dados, usualmente não coincidem com os números lógicos, é necessária uma tradução para localizar cada bloco. O módulo de organização de arquivos também inclui um gerenciador do espaço livre que rastreia blocos não alocados e fornece esses blocos ao módulo de organização de arquivos quando solicitado.

Finalmente, o **sistema de arquivos lógico** gerencia informações de metadados. Os metadados incluem toda a estrutura do sistema de arquivos, exceto os dados reais (ou o conteúdo dos arquivos). O sistema de arquivos lógico gerencia a estrutura do diretório para fornecer ao módulo de organização de arquivos as informações de que este precisa, dado um nome de arquivo simbólico. Ele mantém a estrutura de arquivos por meio de blocos de controle de arquivo. Um **bloco de controle de arquivo** (FCB — *file-control block*) (um **inode** em sistemas de arquivos UNIX) contém informações sobre o arquivo, incluindo o proprietário, as permissões e a locação do conteúdo do arquivo. O sistema de arquivos lógico também é responsável pela proteção, como discutido nos Capítulos 11 e 14.

Quando uma estrutura em camadas é usada na implementação do sistema de arquivos, a duplicação de código é minimizada. O código do controle de I/O e, algumas vezes, o código do sistema de arquivos básico podem ser usados por múltiplos sistemas de arquivos. Cada sistema de arquivos pode ter, então, seu próprio sistema de arquivos lógico e seus próprios módulos de organização de arquivos. Infelizmente, a disposição em camadas pode introduzir mais overhead no sistema operacional, o que pode resultar em decréscimo do desempenho. O uso de camadas, incluindo a decisão sobre quantas camadas usar e sobre o que cada camada deve fazer, é um grande desafio enfrentado pelo projeto de novos sistemas.

Muitos sistemas de arquivos estão em uso atualmente e a maioria dos sistemas operacionais suporta mais de um. Por exemplo, a maior parte dos CD-Roms é gravada no formato ISO 9660, um formato-padrão acordado por fabricantes de CD-Roms. Além de sistemas de arquivos de mídia removível, cada sistema operacional tem um ou mais sistemas de arquivos baseados em disco. O UNIX usa o **sistema de arquivos UNIX** (UFS — *UNIX file system*), baseado no Fast File System (FFS) de Berkeley. O Windows suporta os formatos de sistemas de arquivos de disco FAT, FAT32 e NTFS (ou Windows NT File System), assim como formatos de sistemas de arquivos em CD-Rom e DVD. Embora o Linux suporte mais de quarenta sistemas de arquivos diferentes, seu sistema de arquivos padrão é conhecido como **sistema de arquivos estendido**, sendo ext3 e ext4 as versões mais comuns. Existem também os sistemas de arquivos distribuídos em que um sistema de arquivos em um servidor é montado por um ou mais computadores clientes por meio de uma rede.

A pesquisa de sistemas de arquivos continua a ser uma área ativa do projeto e implementação de sistemas operacionais. O Google criou seu próprio sistema de arquivos para atender às necessidades específicas de armazenamento e recuperação da empresa que incluem acesso de alto desempenho para muitos clientes por meio de um grande número de discos. Outro projeto interessante é o sistema de arquivos FUSE que oferece flexibilidade ao desenvolvimento e uso de sistemas de arquivos implementando e executando esses sistemas como código de nível de usuário e não como código de nível de kernel. Utilizando o FUSE, um usuário pode adicionar um novo sistema de arquivos a vários sistemas operacionais e usá-lo para gerenciar seus arquivos.

12.2 Implementação do Sistema de Arquivos

Como descrito na Seção 11.1.2, os sistemas operacionais implementam as chamadas de sistema open ( ) e close ( ) para que os processos solicitem acesso ao conteúdo de arquivos. Nesta seção, aprofundamo-nos nas estruturas e operações usadas para implementar operações de sistemas de arquivos.

12.2.1 Visão Geral

Várias estruturas em disco e em memória são usadas para implementar um sistema de arquivos. Essas estruturas variam, dependendo do sistema operacional e do sistema de arquivos, mas alguns princípios gerais são aplicáveis.

Em disco, o sistema de arquivos pode conter informações sobre como inicializar um sistema operacional armazenado nesse local, o número total de blocos, o número e a locação de blocos livres, a estrutura do diretório e arquivos individuais. Muitas dessas estruturas são detalhadas no restante deste capítulo. Aqui, elas são descritas resumidamente:

- Um **bloco de controle de inicialização** (por volume) pode conter as informações requeridas pelo sistema para inicializar um sistema operacional a partir desse volume. Se o disco não contiver um sistema operacional, esse bloco pode estar vazio. Ele é normalmente o primeiro bloco de um volume. No UFS, ele é chamado de **bloco de inicialização**. No NTFS, é o **setor de inicialização de partição**.

- Um **bloco de controle de volume** (por volume) contém detalhes do volume (ou partição), tais como o número de blocos na partição, o tamanho dos blocos, uma contagem de blocos livres e ponteiros para blocos livres, e uma contagem de FCBs livres e ponteiros para FCBs. No UFS, esse bloco é chamado de **superbloco**. No NTFS, ele é armazenado na **tabela de arquivos mestre**.

- Uma estrutura de diretório (por sistema de arquivos) é usada para organizar arquivos. No UFS, ela inclui os nomes de arquivo e os números de inode associados. No NTFS, a estrutura é armazenada na tabela de arquivos mestre.
- Um FCB por arquivo contém muitos detalhes sobre o arquivo. O FCB possui um número identificador exclusivo para permitir a associação a uma entrada do diretório. No NTFS, essas informações são realmente armazenadas dentro da tabela de arquivos mestre que usa uma estrutura de banco de dados relacional, com uma linha por arquivo.

As informações em memória são usadas tanto no gerenciamento do sistema de arquivos quanto na melhoria do desempenho por meio do armazenamento em cache. Os dados são carregados em tempo de montagem, atualizados durante operações sobre o sistema de arquivos e descartados na desmontagem. Vários tipos de estruturas podem ser incluídos:

- Uma tabela de montagens em memória contém informações sobre cada volume montado.
- Um cache em memória da estrutura de diretórios mantém as informações referentes aos diretórios acessados recentemente. (Para diretórios nos quais há volumes montados, ele pode conter um ponteiro para a tabela de volumes.)
- A tabela de arquivos abertos em todo o sistema contém uma cópia do FCB de cada arquivo aberto, assim como outras informações.
- A tabela de arquivos abertos por processo contém um ponteiro para a entrada apropriada na tabela de arquivos abertos em todo o sistema, assim como outras informações.
- Buffers mantêm blocos do sistema de arquivos quando eles estão sendo lidos de disco ou gravados em disco.

Para criar um novo arquivo, um programa de aplicação chama o sistema de arquivos lógico. O sistema de arquivos lógico conhece o formato das estruturas de diretório. Para criar um novo arquivo, ele aloca um novo FCB. (Alternativamente, se a implementação do sistema de arquivos gera todos os FBCs em tempo de criação do sistema de arquivos, um FCB é alocado a partir do conjunto de FCBs livres.) O sistema, então, lê o diretório apropriado para a memória, atualiza-o com o nome e o FCB do novo arquivo e grava-o de volta em disco. Um FCB típico é mostrado na Figura 12.2.

Alguns sistemas operacionais, inclusive o UNIX, tratam um diretório exatamente como um arquivo — com um campo "tipo" indicando que é um diretório. Outros sistemas operacionais, como o Windows, implementam chamadas de sistema separadas para arquivos e diretórios e tratam diretórios como entidades separadas dos arquivos. Independentemente das questões estruturais de maior abrangência, o sistema de arquivos lógico pode chamar o módulo de organização de arquivos para mapear o I/O de diretório para números de blocos de disco que são passados ao sistema de arquivos básico e ao sistema de controle de I/O.

Agora que um arquivo foi criado, ele pode ser usado para I/O. Primeiro, no entanto, ele deve ser aberto. A chamada open ( ) passa um nome de arquivo para o sistema de arquivos lógico. A chamada de sistema open ( ) pesquisa, em primeiro lugar, a tabela de arquivos abertos em todo o sistema para ver se o arquivo já está sendo usado por outro processo. Se estiver, é criada uma entrada na tabela de arquivos abertos por processo apontando para a tabela de arquivos abertos em todo o sistema existente. Esse algoritmo pode evitar um overhead significativo. Se o arquivo ainda não estiver aberto, a estrutura do diretório será pesquisada em busca do nome de arquivo fornecido. Partes da estrutura do diretório são usualmente armazenadas no cache em memória para acelerar as operações de diretório. Uma vez que o arquivo seja encontrado, o FCB é copiado em uma tabela de arquivos abertos em todo o sistema, em memória. Essa tabela não apenas armazena o FCB, mas também registra o número de processos que estão com o arquivo aberto.

Em seguida, é criada uma entrada na tabela de arquivos abertos por processo, com um ponteiro para a entrada na tabela de arquivos abertos em todo o sistema e alguns outros campos. Esses outros campos podem incluir um ponteiro para a locação corrente no arquivo [para a próxima operação read ( ) ou write ( )] e a modalidade de acesso para a qual o arquivo foi aberto. A chamada open ( ) retorna um ponteiro para a entrada apropriada na tabela de sistemas de arquivos por processo. Todas as operações de arquivo são, então, executadas através desse ponteiro. O nome do arquivo pode não fazer parte da tabela de arquivos abertos, já que o sistema não precisa usá-lo, uma vez que o FCB apropriado seja localizado em disco. Ele poderia ser armazenado em cache, no entanto, para economizar tempo em aberturas subsequentes do mesmo arquivo. O nome dado à entrada varia. Sistemas UNIX referem-se a ela como descritor de arquivos; o Windows a chama de manipulador de arquivos.

Quando um processo fecha o arquivo, a entrada na tabela por processo é removida e a contagem de aberturas da entrada na tabela em todo o sistema é decrementada. Quando todos os usuários que tenham aberto o arquivo o fecharem, qualquer metadado atualizado será copiado de volta na estrutura do diretório baseada em disco, e a entrada na tabela de arquivos abertos em todo o sistema será removida.

Alguns sistemas complicam ainda mais esse esquema usando o sistema de arquivos como uma interface para outros aspectos do sistema, tal como a conexão em rede. Por exemplo, no UFS, a tabela de arquivos abertos em todo o sistema mantém os inodes e outras informações de arquivos e diretórios. Também mantém informações semelhantes sobre conexões e dispositivos de rede. Dessa forma, um mecanismo pode ser usado para múltiplas finalidades.

Os aspectos do armazenamento em cache das estruturas dos sistemas de arquivos não devem ser ignorados. A maioria dos sistemas mantém em memória todas as informações sobre um arquivo aberto, exceto seus blocos de dados reais. O sistema BSD UNIX é típico em seu uso de caches onde quer que o I/O de disco possa ser reduzido. Sua taxa média de acessos ao cache, da ordem de 85%, mostra que vale a pena implementar essas técnicas. O sistema BSD UNIX é descrito em detalhes no Apêndice A.

permissões do arquivo
datas do arquivo (criação, acesso, gravação)
proprietário do arquivo, grupo, ACL
tamanho do arquivo
blocos de dados do arquivo ou ponteiros para os blocos de dados do arquivo

Figura 12.2 Um bloco de controle de arquivo típico.

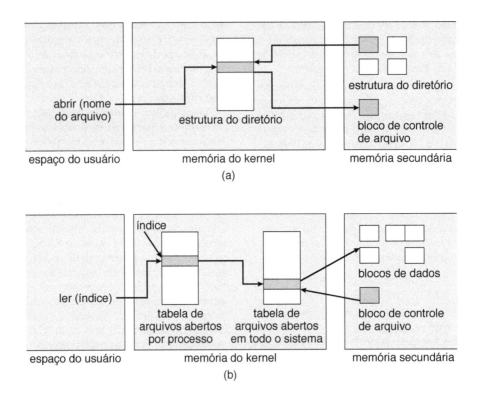

Figura 12.3 Estruturas de sistemas de arquivos em memória. (a) Abertura de arquivo. (b) Leitura de arquivo.

As estruturas operacionais da implementação de um sistema de arquivos estão resumidas na Figura 12.3.

12.2.2 Partições e Montagem

O layout de um disco pode ter muitas variações, dependendo do sistema operacional. Um disco pode ser dividido em múltiplas partições, ou um volume pode se estender por múltiplas partições em múltiplos discos. O primeiro layout é discutido aqui, enquanto o último, que é mais apropriadamente considerado uma forma de RAID, é abordado na Seção 10.7.

Cada partição pode ser "bruta", não contendo sistema de arquivos, ou "acabada", contendo um sistema de arquivos. O disco bruto é utilizado onde um sistema de arquivos não é apropriado. O espaço de permuta do UNIX pode utilizar uma partição bruta, por exemplo, já que ele usa seu próprio formato em disco e não utiliza um sistema de arquivos. Da mesma forma, alguns bancos de dados usam um disco bruto e formatam os dados conforme suas necessidades. O disco bruto também pode manter informações requeridas por sistemas RAID de disco, tais como mapas de bits indicando os blocos que são espelhados e os que sofreram alterações e precisam ser espelhados. Do mesmo modo, o disco bruto pode conter um banco de dados em miniatura armazenando informações de configuração de RAID, tais como os discos que são membros de cada conjunto RAID. O uso do disco bruto é discutido na Seção 10.5.1.

Informações de inicialização podem ser armazenadas em uma partição separada, como descrito na Seção 10.5.2. Novamente, elas terão seu próprio formato porque, em tempo de inicialização, o sistema não tem o código do sistema de arquivos carregado e, portanto, não consegue interpretar seu formato. Em vez disso, as informações de inicialização são, usualmente, uma série sequencial de blocos, carregada como uma imagem na memória. A execução da imagem começa em uma locação predefinida, tal como o primeiro byte. Por sua vez, esse carregador de inicialização conhece suficientemente a estrutura do sistema de arquivos para ser capaz de encontrar e carregar o kernel, bem como iniciar sua execução. Ele pode conter mais do que as instruções de como inicializar um sistema operacional específico. Por exemplo, muitos sistemas podem ter inicialização dual, permitindo que instalemos múltiplos sistemas operacionais em um único sistema. Como o sistema sabe qual deles deve ser inicializado? Um carregador de inicialização que entenda múltiplos sistemas de arquivos e múltiplos sistemas operacionais pode ocupar o espaço de inicialização. Uma vez carregado, ele poderá inicializar um dos sistemas operacionais disponíveis em disco. O disco pode ter múltiplas partições, cada uma contendo um tipo de sistema de arquivos diferente e um sistema operacional diferente.

A partição raiz, que contém o kernel do sistema operacional e às vezes outros arquivos do sistema, é montada em tempo de inicialização. Outros volumes podem ser montados automaticamente na inicialização ou montados manualmente mais tarde, dependendo do sistema operacional. Como parte de uma operação de montagem bem-sucedida, o sistema operacional verifica se o dispositivo contém um sistema de arquivos válido. Ele faz isso solicitando ao driver do dispositivo para ler o diretório do dispositivo e verificando se o diretório tem o formato esperado. Se o formato for inválido, a partição deve ter sua consistência verificada e possivelmente corrigida, com ou sem intervenção do usuário. Finalmente, o sistema operacional registra em sua tabela de montagem em memória que um sistema de arquivos está montado, junto com o tipo do sistema de arquivos. Os detalhes dessa função dependem do sistema operacional.

Sistemas baseados no Microsoft Windows montam cada volume em um espaço de nome separado, representado por uma letra e dois-pontos. Para registrar que um sistema de arquivos está montado em F:, por exemplo, o sistema operacional insere um ponteiro para o sistema de arquivos em um campo da estrutura do dispositivo correspondente a F:. Quando um processo especifica a letra do driver, o sistema operacional encontra o ponteiro para o sistema de arquivos apropriado e percorre as estruturas dos diretórios desse dispositivo para encontrar o arquivo ou diretório especificado. Versões mais recentes do Windows podem montar um sistema de arquivos em qualquer ponto da estrutura de diretórios existente.

No UNIX, os sistemas de arquivos podem ser montados em qualquer diretório. A montagem é implementada posicionando um flag na cópia do inode em memória para esse diretório. O flag indica que o diretório é um ponto de montagem. Um campo aponta, então, para uma entrada na tabela de montagem, indicando o dispositivo que está montado aí. A entrada na tabela de montagem contém um ponteiro para o superbloco do sistema de arquivos nesse dispositivo. Esse esquema habilita o sistema operacional a percorrer sua estrutura de diretórios permutando, sem interrupções, entre sistemas de arquivos de vários tipos.

12.2.3 Sistemas de Arquivos Virtuais

A seção anterior deixou claro que os sistemas operacionais modernos devem suportar concorrentemente múltiplos tipos de sistemas de arquivos. Mas como um sistema operacional permite que múltiplos tipos de sistemas de arquivos sejam integrados em uma estrutura de diretório? E como os usuários podem se movimentar sem interrupção entre os vários tipos de sistemas de arquivos ao navegarem no espaço de sistemas de arquivos? Discutimos agora alguns desses detalhes de implementação.

Um método óbvio, mas subotimizado, para a implementação de múltiplos tipos de sistemas de arquivos, é escrever rotinas de diretório e de arquivo para cada tipo. Em vez disso, no entanto, a maioria dos sistemas operacionais, inclusive o UNIX, usa técnicas orientadas a objetos para simplificar, organizar e modularizar a implementação. O uso desses métodos permite que vários tipos de sistemas de arquivos diferentes sejam implementados dentro da mesma estrutura, incluindo sistemas de arquivos em rede, como o NFS. Os usuários podem acessar arquivos contidos em múltiplos sistemas de arquivos no disco local ou até mesmo em sistemas de arquivos disponíveis através da rede.

Estruturas de dados e procedimentos são usados para isolar a funcionalidade básica das chamadas de sistema dos detalhes da implementação. Assim, a implementação do sistema de arquivos consiste em três camadas principais, conforme mostrado esquematicamente na Figura 12.4. A primeira camada é a interface do sistema de arquivos, baseada nas chamadas open ( ), read ( ), write ( ) e close ( ) e em descritores de arquivos.

A segunda camada é denominada camada do **sistema de arquivos virtual** (**VFS** — *virtual file system*). A camada VFS tem duas funções importantes:

1. Ela separa operações genéricas do sistema de arquivos de sua implementação definindo uma interface VFS limpa. Várias implementações da interface VFS podem coexistir no mesmo computador, permitindo o acesso transparente a diferentes tipos de sistemas de arquivos montados localmente.
2. Ela fornece um mecanismo para a representação exclusiva de um arquivo em toda a rede. O VFS baseia-se em uma estrutura de representação de arquivos, chamada **vnode**, que contém um designador numérico para um único arquivo em toda a rede. (Os inodes do UNIX são exclusivos apenas dentro de um único sistema de arquivos.) Essa exclusividade em toda a rede é necessária para o suporte a sistemas de arquivos em rede. O kernel mantém uma estrutura vnode para cada nó ativo (arquivo ou diretório).

Assim, o VFS distingue arquivos locais de arquivos remotos, e os arquivos locais são diferenciados em um nível ainda maior de acordo com seus tipos de sistema de arquivos.

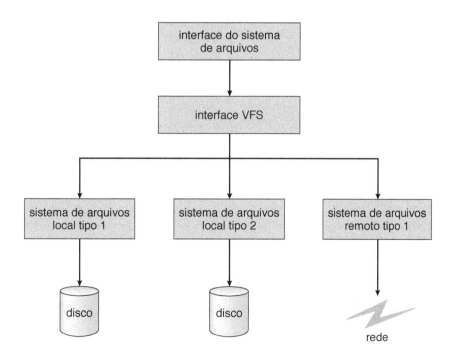

Figura 12.4 Visão esquemática de um sistema de arquivos virtual.

O VFS ativa operações específicas dos sistemas de arquivos para manipular solicitações locais de acordo com seus tipos de sistema de arquivos e chama os procedimentos do protocolo NFS para solicitações remotas. Manipuladores de arquivo são construídos a partir dos vnodes relevantes e são passados como argumentos a esses procedimentos. A camada que implementa o tipo de sistema de arquivos ou o protocolo de sistemas de arquivos remotos é a terceira camada da arquitetura.

Vamos examinar brevemente a arquitetura VFS no Linux. Os quatro tipos de objetos principais definidos pelo VFS no Linux são:

- O objeto inode, que representa um arquivo individual
- O objeto arquivo, que representa um arquivo aberto
- O objeto superbloco, que representa um sistema de arquivos inteiro
- O objeto dentry, que representa uma entrada de diretório individual

Para cada um desses quatro tipos de objetos, o VFS define um conjunto de operações que podem ser implementadas. Todo objeto de um desses tipos contém um ponteiro para uma tabela de funções. A tabela de funções lista os endereços das funções reais que implementam as operações definidas para esse objeto específico. Por exemplo, uma API abreviada, com algumas das operações do objeto arquivo, inclui:

- `int open (...)` — Abre um arquivo.
- `int close (...)` — Fecha um arquivo já aberto.
- `ssize_t read (...)` — Lê de um arquivo.
- `ssize_t write (...)` — Grava em um arquivo.
- `int mmap (...)` — Mapeia um arquivo para a memória.

Uma implementação do objeto arquivo para um tipo de arquivo específico é requerida para implementar cada função especificada na definição desse objeto. (A definição completa do objeto arquivo é especificada em `struct file_operations`, que está localizada no arquivo `/usr/include/linux/fs.h`.)

Portanto, a camada de software VFS pode executar uma operação sobre um desses objetos chamando a função apropriada a partir da tabela de funções do objeto, sem precisar saber antecipadamente com que tipo de objeto está lidando exatamente. O VFS não sabe, nem se preocupa em saber, se um inode representa um arquivo em disco, um arquivo de diretório, ou um arquivo remoto. A função apropriada da operação `read ()` desse arquivo sempre estará no mesmo local em sua tabela de funções, e a camada de software VFS chamará essa função sem se preocupar com a forma como os dados são realmente lidos.

12.3 Implementação de Diretórios

A seleção dos algoritmos de alocação e de gerenciamento de diretórios afeta significativamente a eficiência, o desempenho e a confiabilidade do sistema de arquivos. Nesta seção, discutimos as vantagens e desvantagens envolvidas na escolha de um desses algoritmos.

12.3.1 Lista Linear

O método mais simples de implementação de um diretório é utilizar uma lista linear de nomes de arquivos com ponteiros para os blocos de dados. Esse método é simples de programar, mas de execução demorada. Para criar um novo arquivo, primeiro devemos pesquisar o diretório para termos certeza de que nenhum arquivo existente tenha o mesmo nome. Em seguida, adicionamos uma nova entrada ao final do diretório. Para excluir um arquivo, pesquisamos o diretório em busca do arquivo nomeado e, então, liberamos o espaço a ele alocado. Para reutilizar a entrada no diretório, podemos fazer uma de diversas coisas. Podemos marcar a entrada como não utilizada (atribuindo a ela um nome especial, tal como um nome em branco, ou incluindo um bit "usada-não usada" em cada entrada), ou podemos anexá-la a uma lista de entradas de diretório livres. Uma terceira alternativa é copiar a última entrada no diretório para a locação liberada e diminuir o tamanho do diretório. Uma lista encadeada também pode ser usada para diminuir o tempo necessário à exclusão de um arquivo.

A desvantagem real de uma lista linear de entradas de diretório é que o encontro de um arquivo exige uma busca linear. Informações de diretório são usadas com frequência, e os usuários notarão que o acesso a elas é lento. Na verdade, muitos sistemas operacionais implementam um cache de software para armazenar as informações de diretório utilizadas mais recentemente. Um acesso ao cache evita a necessidade de releitura constante das informações em disco. Uma lista classificada permite uma busca binária e diminui o tempo médio de busca. No entanto, o requisito de que a lista seja mantida classificada pode complicar a criação e exclusão de arquivos, já que podemos ter que mover montantes significativos de informações de diretório para mantê-lo classificado. Uma estrutura de dados em árvore mais sofisticada, tal como uma árvore balanceada, pode ajudar aqui. Uma vantagem da lista classificada é que uma listagem de diretório classificada pode ser produzida sem um passo de classificação separado.

12.3.2 Tabela de Dispersão (Tabela Hash)

Outra estrutura de dados usada para um diretório de arquivos é a tabela de dispersão ou tabela hash. Nesse caso, uma lista linear armazena as entradas do diretório, mas uma estrutura de dados de dispersão (ou estrutura de dados hash) também é usada. A tabela de dispersão toma um valor calculado a partir do nome do arquivo e retorna um ponteiro para o nome do arquivo na lista linear. Portanto, ela pode diminuir muito o tempo de busca no diretório. As operações de inserção e exclusão também são muito simples, embora tenhamos que administrar as colisões — situações em que a aplicação da função hash a dois nomes de arquivos leva à mesma locação.

As principais dificuldades de uma tabela de dispersão são seu tamanho geralmente fixo e a dependência que a função hash tem desse tamanho. Por exemplo, suponha que façamos uma tabela de dispersão de sondagem linear com 64 entradas. A função hash converte nomes de arquivo em inteiros de 0 a 63 (por exemplo, usando o resto de uma divisão por 64). Se, posteriormente, tentarmos criar um 65º arquivo, será necessário aumentar a tabela de dispersão do diretório — digamos, para 128 entradas. Como resultado, precisaremos de uma nova função hash que mapeie nomes de arquivo para o intervalo de 0 a 127 e teremos que reorganizar as entradas de diretório existentes para que reflitam seus novos valores gerados pela função hash.

Alternativamente, podemos usar uma tabela de dispersão de estouro encadeado. Cada entrada na tabela pode ser uma lista encadeada em vez de um valor individual, e podemos resolver colisões adicionando a nova entrada à lista encadeada. As pesquisas podem demorar um pouco porque a busca de um nome pode requerer uma varredura em uma lista encadeada de entradas em colisão. Mesmo assim, esse método tende a ser muito mais rápido do que uma busca linear no diretório inteiro.

12.4 Métodos de Alocação

A natureza de acesso direto dos discos oferece-nos flexibilidade na implementação de arquivos. Em quase todos os casos, muitos arquivos são armazenados no mesmo disco. O principal problema é como alocar espaço para esses arquivos de modo que o espaço em disco seja eficientemente utilizado e os arquivos possam ser rapidamente acessados. Três métodos principais de alocação de espaço em disco estão sendo muito usados: contíguo, encadeado e indexado. Cada método apresenta vantagens e desvantagens. Embora alguns sistemas suportem todos os três, o mais comum é que um sistema utilize um método para todos os arquivos de um tipo de sistema de arquivos.

12.4.1 Alocação Contígua

A alocação contígua requer que cada arquivo ocupe um conjunto de blocos contíguos em disco. Os endereços de disco definem uma ordenação linear no disco. Com essa ordenação, supondo que apenas um job esteja acessando o disco, o acesso ao bloco $b + 1$ após o bloco b normalmente não requer movimentação do cabeçote. Quando a movimentação do cabeçote é necessária (do último setor de um cilindro para o primeiro setor do próximo cilindro), o cabeçote precisa apenas mover-se de uma trilha para a seguinte. Portanto, o número de buscas em disco requeridas para acessar arquivos alocados contiguamente é mínimo, assim como o tempo de busca quando uma busca é finalmente necessária.

A alocação contígua de um arquivo é definida pelo endereço de disco do primeiro bloco e tamanho do arquivo (em unidades do bloco). Se o arquivo tem n blocos de tamanho e começa na locação b, então ele ocupa os blocos $b, b + 1, b + 2, ..., b + n - 1$. A entrada no diretório para cada arquivo indica o endereço do bloco inicial e o tamanho da área alocada para esse arquivo (Figura 12.5).

É fácil acessar um arquivo que tenha sido alocado contiguamente. No acesso sequencial, o sistema de arquivos lembra o endereço em disco do último bloco referenciado e, quando necessário, lê o próximo bloco. No acesso direto ao bloco i de um arquivo que começa no bloco b, podemos acessar imediatamente o bloco $b + i$. Assim, tanto o acesso sequencial quanto o acesso direto podem ser suportados na alocação contígua.

No entanto, a alocação contígua apresenta alguns problemas. Uma das dificuldades é encontrar espaço para um novo arquivo. O sistema selecionado para gerenciar o espaço livre determina como essa tarefa é executada; esses sistemas de gerenciamento são discutidos na Seção 12.5. Qualquer sistema de gerenciamento pode ser usado, mas alguns são mais lentos que outros.

O problema da alocação contígua pode ser visto como uma aplicação particular do problema geral de alocação de memória dinâmica discutido na Seção 8.3, que diz respeito a como atender a uma solicitação de tamanho n a partir de uma lista de brechas livres. O primeiro-apto e o mais-apto são as estratégias mais comuns usadas para selecionar uma brecha livre no conjunto de brechas disponíveis. Simulações têm mostrado que tanto o primeiro-apto quanto o mais-apto são mais eficientes do que o menos-apto em termos de tempo e utilização da memória. Nem o primeiro-apto, nem o mais-apto é claramente melhor em termos de utilização da memória, mas o primeiro-apto é geralmente mais rápido.

Todos esses algoritmos sofrem do problema de fragmentação externa. Conforme arquivos são alocados e excluídos, o espaço livre em disco é quebrado em pequenas partes. A fragmentação externa ocorre sempre que o espaço livre é quebrado em porções. Ela se torna um problema quando a maior porção contígua é insuficiente para uma solicitação; o armazenamento é fragmentado em várias brechas, nenhuma delas suficientemente grande para armazenar os dados. Dependendo do montante total de memória em disco e do tamanho médio do arquivo, a fragmentação externa pode ser um problema maior ou menor.

Uma estratégia para evitar a perda de montantes significativos de espaço em disco, em razão da fragmentação externa, é copiar um sistema de arquivos inteiro em outro disco. Assim, o disco original é totalmente liberado, criando um grande espaço livre contíguo. Copiamos, então, os arquivos de volta no disco original alocando espaço contíguo a partir dessa grande brecha. Esse esquema compacta efetivamente todo o espaço livre em um espaço contíguo, resolvendo o problema de fragmentação. No entanto, o custo dessa compactação é refletido no tempo e pode ser particularmente alto para grandes discos rígidos. A compactação desses discos pode levar horas e pode ser necessária semanalmente. Alguns sistemas requerem que essa função seja executada off-line, com o sistema de arquivos desmontado. Durante esse tempo de baixa, a operação normal do sistema geralmente não pode ser permitida e, portanto, tal compactação é evitada a todo custo em máquinas de produção. A maioria dos sistemas modernos que precisa de desfragmentação pode executá-la on-line durante as operações normais do sistema, mas a perda de desempenho pode ser significativa.

Outro problema da alocação contígua é determinar quanto espaço é necessário para um arquivo. Quando o arquivo é criado, o montante total de espaço de que ele precisará deve ser encontrado e alocado. Como o criador (programa ou pessoa) sabe o tamanho do arquivo a ser criado? Em alguns casos, essa determinação pode ser bem simples (ao copiar um arquivo existente, por exemplo). Em geral, no entanto, pode ser difícil estimar o tamanho de um arquivo de saída.

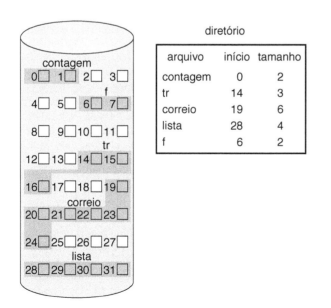

Figura 12.5 Alocação contígua de espaço em disco.

Se alocarmos um espaço muito pequeno para um arquivo, podemos acabar descobrindo que o arquivo não pode ser estendido. Principalmente em uma estratégia de alocação do mais-apto, o espaço nos dois lados do arquivo pode estar em uso. Portanto, não podemos tornar o arquivo maior, *in loco*. Pode haver duas possibilidades. Na primeira, o programa do usuário pode ser encerrado, apresentando uma mensagem de erro apropriada. O usuário deve então alocar mais espaço e executar o programa novamente. Essas execuções repetidas podem ser dispendiosas. Para evitá-las, o usuário normalmente superestima o montante de espaço necessário, o que resulta em considerável desperdício de espaço. A outra possibilidade é encontrar uma brecha maior, copiar o conteúdo do arquivo para o novo espaço e liberar o espaço anterior. Essa série de ações pode ser repetida enquanto houver espaço, mas pode ser demorada. No entanto, o usuário nunca precisa ser informado explicitamente sobre o que está ocorrendo; a execução do sistema continua apesar do problema, embora cada vez mais lenta.

Mesmo se o montante total de espaço necessário para um arquivo for conhecido antecipadamente, a pré-alocação pode ser ineficiente. Um arquivo que crescerá lentamente durante um longo período (meses ou anos) deve receber espaço suficiente para seu tamanho final, ainda que grande parte desse espaço não seja usada por um longo tempo. O arquivo terá então um grande montante de fragmentação interna.

Para minimizar essas inconveniências, alguns sistemas operacionais usam um esquema modificado de alocação contígua. Aqui, uma porção de espaço contíguo é alocada inicialmente. Então, se esse montante de espaço não se mostrar suficientemente grande, outra porção de espaço contíguo, conhecida como **extensão**, é adicionada. A locação dos blocos de um arquivo é então registrada como uma locação e uma contagem de blocos, mais um link para o primeiro bloco da próxima extensão. Em alguns sistemas, o proprietário do arquivo pode definir o tamanho da extensão, mas essa definição resulta em ineficiências se o proprietário estiver errado. A fragmentação interna ainda pode ser um problema se as extensões forem grandes demais, e a fragmentação externa pode se tornar um problema à medida que extensões de vários tamanhos sejam alocadas e desalocadas. O sistema de arquivos comercial Veritas usa extensões para otimizar o desempenho. O Veritas é um substituto de alto desempenho para o UFS padrão do UNIX.

12.4.2 Alocação Encadeada

A **alocação encadeada** resolve todos os problemas da alocação contígua. Na alocação encadeada, cada arquivo é uma lista encadeada de blocos de disco; os blocos de disco podem estar espalhados em qualquer local no disco. O diretório contém um ponteiro para o primeiro e o último blocos do arquivo. Por exemplo, um arquivo de cinco blocos pode começar no bloco 9 e continuar no bloco 16, passar ao bloco 1, depois ao bloco 10 e, finalmente ao bloco 25 (Figura 12.6). Cada bloco contém um ponteiro para o próximo bloco. Esses ponteiros não se tornam disponíveis para o usuário. Assim, se cada bloco tem 512 bytes e um endereço de disco (o ponteiro) requer 4 bytes, então o usuário enxerga blocos de 508 bytes.

Para criar um novo arquivo, simplesmente criamos uma nova entrada no diretório. Na alocação encadeada, cada entrada no diretório tem um ponteiro para o primeiro bloco de disco do arquivo. Esse ponteiro é inicializado com null (o valor do ponteiro para o fim da lista) para indicar um arquivo vazio. O campo de tamanho também é posicionado com 0. Uma gravação no arquivo obriga o sistema de gerenciamento de espaços livres a

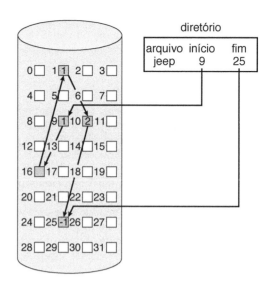

Figura 12.6 Alocação encadeada de espaço em disco.

encontrar um bloco livre, e esse novo bloco recebe a gravação e é encadeado ao fim do arquivo. Para ler um arquivo, simplesmente lemos os blocos seguindo os ponteiros de um bloco a outro. Não há fragmentação externa na alocação encadeada, e qualquer bloco livre na lista de espaços livres pode ser usado para atender a uma solicitação. O tamanho de um arquivo não precisa ser declarado quando o arquivo é criado. O arquivo pode continuar a crescer enquanto existam blocos livres disponíveis. Consequentemente, nunca é necessário compactar espaço em disco.

No entanto, a alocação encadeada também apresenta desvantagens. O principal problema é que ela pode ser usada efetivamente apenas para arquivos de acesso sequencial. Para encontrar o *i*-ésimo bloco de um arquivo, devemos partir do início desse arquivo e seguir os ponteiros até chegarmos ao *i*-ésimo bloco. Cada um dos acessos a um ponteiro requer uma leitura em disco, e alguns requerem uma busca em disco. Consequentemente, é ineficiente dar suporte a um recurso de acesso direto para arquivos de alocação encadeada.

Outra desvantagem é o espaço requerido para os ponteiros. Se um ponteiro requer 4 bytes em um bloco de 512 bytes, então 0,78% do disco está sendo usado para os ponteiros, em vez de informações. Cada arquivo vai precisar de um pouco mais de espaço do que precisaria de outro modo.

A solução usual para esse problema é reunir blocos em múltiplos, chamados **clusters**, e alocar clusters em vez de blocos. Por exemplo, o sistema de arquivos pode definir um cluster como quatro blocos e operar sobre o disco apenas em unidades de cluster. Assim, os ponteiros usarão um percentual muito menor do espaço do arquivo em disco. Esse método permite que o mapeamento de blocos lógicos para físicos permaneça simples, além de melhorar o throughput do disco (porque são requeridas menos buscas do cabeçote do disco) e diminuir o espaço necessário para a alocação de blocos e o gerenciamento da lista de blocos livres. O custo dessa abordagem é um aumento na fragmentação interna porque mais espaço é desperdiçado quando um cluster está parcialmente cheio do que quando um bloco está parcialmente cheio. Os clusters também podem ser usados para melhorar o tempo de acesso ao disco em muitos outros algoritmos; portanto, eles são usados na maioria dos sistemas de arquivos.

Ainda outro problema da alocação encadeada é a confiabilidade. Lembre-se de que os arquivos são encadeados por ponteiros espalhados por todo o disco e considere o que ocorreria se um ponteiro fosse perdido ou danificado. Um bug no software do sistema operacional ou uma falha no hardware do disco podem resultar na seleção do ponteiro errado. Por sua vez, esse erro poderia resultar no encadeamento à lista de espaços livres ou a outro arquivo. Uma solução parcial é usar listas duplamente encadeadas, e outra é armazenar o nome do arquivo e o número de bloco relativo em cada bloco. No entanto, esses esquemas requerem ainda mais overhead para cada arquivo.

Uma variação importante da alocação encadeada é o uso de uma tabela de alocação de arquivos (FAT — *file-allocation table*). Esse método simples, mas eficiente, de alocação de espaço em disco foi utilizado pelo sistema operacional MS-DOS. Uma seção de disco no começo de cada volume é reservada para conter a tabela. A tabela tem uma entrada para cada bloco do disco e é indexada pelo número do bloco. A FAT é usada de maneira semelhante a uma lista encadeada. A entrada no diretório contém o número do primeiro bloco do arquivo. A entrada na tabela indexada por esse número de bloco contém o número de bloco do próximo bloco do arquivo. Essa cadeia continua até alcançar o último bloco que tem um valor especial de fim de arquivo como entrada na tabela. Um bloco não usado é indicado por um valor de tabela igual a 0. A alocação de um novo bloco a um arquivo é uma simples questão de encontrar a primeira entrada na tabela com valor 0 e substituir o valor anterior de fim de arquivo pelo endereço do novo bloco. O 0 é então substituído pelo valor de fim de arquivo. Um exemplo ilustrativo é a estrutura da FAT mostrada na Figura 12.7 para um arquivo composto pelos blocos de disco 217, 618 e 339.

O esquema de alocação por FAT pode resultar em um número significativo de buscas do cabeçote do disco, a menos que a FAT seja armazenada em cache. O cabeçote do disco deve movimentar-se até o início do volume para ler a FAT, encontrar a locação do bloco em questão e, então, movimentar-se para a locação do próprio bloco. No pior caso, as duas movimentações ocorrerão para cada um dos blocos. Uma vantagem é que o tempo de acesso randômico é melhorado porque o cabeçote do disco pode encontrar a locação de qualquer bloco lendo as informações na FAT.

12.4.3 Alocação Indexada

A alocação encadeada resolve os problemas de fragmentação externa e declaração de tamanho da alocação contígua. No entanto, na ausência de uma FAT, a alocação encadeada não pode suportar um acesso direto eficiente, já que os ponteiros para os blocos são espalhados com os próprios blocos por todo o disco e devem ser recuperados em ordem. A alocação indexada resolve esse problema colocando todos os ponteiros juntos em uma locação: o bloco de índices.

Cada arquivo tem seu próprio bloco de índices, que é um array de endereços de blocos de disco. A *i*-ésima entrada no bloco de índices aponta para o *i*-ésimo bloco no arquivo. O diretório contém o endereço do bloco de índices (Figura 12.8). Para encontrar e ler o *i*-ésimo bloco, usamos o ponteiro na *i*-ésima entrada do bloco de índices. Esse esquema é semelhante ao esquema de paginação descrito na Seção 8.5.

Quando o arquivo é criado, todos os ponteiros no bloco de índices são posicionados com null. Quando o *i*-ésimo bloco é gravado pela primeira vez, um bloco é obtido a partir do gerenciador de espaços livres e seu endereço é inserido na *i*-ésima entrada do bloco de índices.

A alocação indexada suporta o acesso direto sem sofrer fragmentação externa porque qualquer bloco livre no disco pode atender a uma solicitação de mais espaço. No entanto, a alocação indexada sofre de desperdício de espaço. O overhead causado pelos ponteiros do bloco de índices é geralmente maior do que o overhead dos ponteiros da alocação encadeada. Considere um caso comum em que temos um arquivo com apenas um ou dois blocos. Na alocação encadeada, perdemos o espaço de um ponteiro por bloco apenas. Na alocação indexada, um bloco de índices inteiro deve ser alocado, mesmo se apenas um ou dois ponteiros forem não null.

Esse ponto levanta a questão de quanto o bloco de índices deve ser grande. Todo arquivo deve ter um bloco de índices; por-

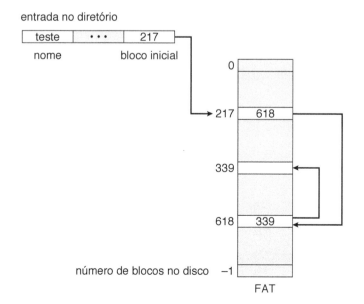

Figura 12.7 Tabela de alocação de arquivos.

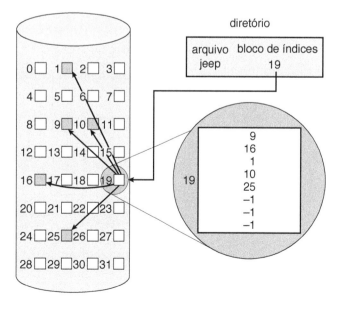

Figura 12.8 Alocação indexada de espaço em disco.

tanto, queremos que o bloco de índices seja o menor possível. Se o bloco de índices for pequeno demais, no entanto, não será capaz de conter ponteiros suficientes para um grande arquivo, e deverá estar disponível um mecanismo para lidar com esse aspecto. Os mecanismos para essa finalidade incluem os seguintes:

- **Esquema encadeado.** Um bloco de índices é, normalmente, um bloco de disco. Portanto, ele pode ser lido e gravado diretamente por si próprio. Para permitir arquivos grandes, podemos encadear vários blocos de índices. Por exemplo, um bloco de índices pode conter um pequeno cabeçalho fornecendo o nome do arquivo e um conjunto dos 100 primeiros endereços de blocos de disco. O próximo endereço (a última palavra no bloco de índices) é null (se um arquivo é pequeno) ou é um ponteiro para outro bloco de índices (se um arquivo é grande).

- **Índices multiníveis.** Uma variante da representação encadeada usa um bloco de índices de primeiro nível para apontar para um conjunto de blocos de índices de segundo nível que, por sua vez, apontam para os blocos do arquivo. Para acessar um bloco, o sistema operacional usa o índice de primeiro nível para encontrar um bloco de índices de segundo nível para, então, usar esse bloco para encontrar o bloco de dados desejado. Essa abordagem poderia ter continuação em um terceiro ou quarto nível, dependendo do tamanho máximo desejado para o arquivo. Com blocos de 4.096 bytes, poderíamos armazenar 1.024 ponteiros de quatro bytes em um bloco de índices. Dois níveis de índices permitem 1.048.576 blocos de dados e um tamanho de arquivo de até 4 GB.

- **Esquema combinado.** Outra opção, usada em sistemas de arquivos baseados no UNIX, é manter os primeiros, digamos, 15 ponteiros do bloco de índices no inode do arquivo. Os 12 primeiros desses ponteiros apontam para blocos diretos; isto é, eles contêm endereços de blocos que contêm dados do arquivo. Portanto, os dados de arquivos pequenos (com não mais do que 12 blocos) não precisam de um bloco de índices separado. Se o tamanho do bloco é de 4 KB, então até 48 KB de dados podem ser acessados diretamente. Os próximos três ponteiros apontam para blocos indiretos. O primeiro aponta para um bloco indireto único, que é um bloco de índices que não contém dados e, sim, os endereços dos blocos que contêm dados. O segundo aponta para um bloco indireto duplo, que contém o endereço de um bloco que, por sua vez, contém os endereços dos blocos que contêm ponteiros para os blocos de dados reais. O último ponteiro contém o endereço de um bloco indireto triplo. (Um inode UNIX é mostrado na Figura 12.9.)

Sob esse método, o número de blocos que podem ser alocados a um arquivo excede o montante de espaço endereçável pelos ponteiros de arquivo de 4 bytes usado por muitos sistemas operacionais. Um ponteiro de arquivo de 32 bits alcança apenas 2^{32} bytes, ou 4 GB. Muitas implementações do UNIX e do Linux suportam agora ponteiros de arquivo de 64 bits, que permitem aos arquivos e sistemas de arquivos terem vários exbibytes de tamanho. O sistema de arquivos ZFS suporta ponteiros de arquivo de 128 bits.

Os esquemas de alocação indexada sofrem de alguns dos mesmos problemas de desempenho da alocação encadeada. Especificamente, os blocos de índices podem ser armazenados em cache na memória, mas os blocos de dados podem ficar espalhados por todo um volume.

12.4.4 Desempenho

Os métodos de alocação que discutimos variam em sua eficiência de armazenamento e nos tempos de acesso aos blocos de dados. Os dois são critérios importantes na seleção do método ou dos métodos apropriados para serem implementados por um sistema operacional.

Antes de selecionar um método de alocação, precisamos determinar como os sistemas serão usados. Um sistema com acesso principalmente sequencial não deve usar o mesmo método de um sistema com acesso predominantemente randômico.

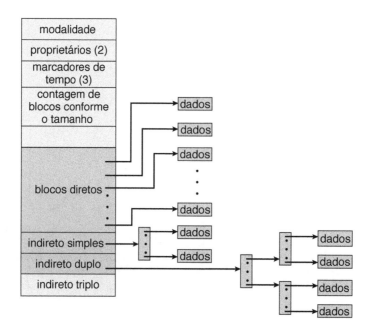

Figura 12.9 O inode do UNIX.

Para qualquer tipo de acesso, a alocação contígua requer apenas um acesso para alcançar um bloco de disco. Já que podemos manter facilmente o endereço inicial do arquivo na memória, podemos calcular imediatamente o endereço de disco do i-ésimo bloco (ou do próximo bloco) e lê-lo diretamente.

Na alocação encadeada, também podemos manter o endereço do próximo bloco na memória e lê-lo diretamente. Esse método é adequado ao acesso sequencial; para o acesso direto, no entanto, um acesso ao i-ésimo bloco pode requerer i leituras em disco. Esse problema mostra por que a alocação encadeada não deve ser usada para uma aplicação que requeira acesso direto.

Como resultado, alguns sistemas suportam arquivos de acesso direto usando a alocação contígua e arquivos de acesso sequencial usando a alocação encadeada. Nesses sistemas, o tipo de acesso a ser feito deve ser declarado quando o arquivo é criado. Um arquivo criado para acesso sequencial será encadeado e não poderá ser usado para acesso direto. Um arquivo criado para acesso direto será contíguo e poderá suportar tanto acesso direto quanto acesso sequencial, mas seu tamanho máximo deve ser declarado quando ele é criado. Nesse caso, o sistema operacional deve ter estruturas de dados e algoritmos apropriados para suportar os dois métodos de alocação. Os arquivos podem ser convertidos de um tipo para outro por meio da criação de um novo arquivo do tipo desejado, para o qual o conteúdo do arquivo antigo é copiado. O arquivo antigo pode, então, ser excluído e o novo arquivo renomeado.

A alocação indexada é mais complexa. Se o bloco de índices já estiver na memória, então o acesso poderá ser feito diretamente. No entanto, manter o bloco de índices na memória requer um espaço considerável. Se esse espaço de memória não estiver disponível, podemos precisar ler primeiro o bloco de índices e, então, o bloco de dados desejado. Em um índice de dois níveis, podem ser necessárias duas leituras no bloco de índices. Em um arquivo extremamente grande, o acesso a um bloco perto do fim do arquivo demandará a leitura de todos os blocos de índices antes que o bloco de dados requerido possa finalmente ser lido. Assim, o desempenho da alocação indexada depende da estrutura do índice, do tamanho do arquivo e da posição do bloco desejado.

Alguns sistemas combinam a alocação contígua com a alocação indexada usando a alocação contígua para arquivos pequenos (até três ou quatro blocos) e permutando automaticamente para uma alocação indexada se o arquivo ficar maior. Como a maior parte dos arquivos é pequena e a alocação contígua é eficiente para arquivos pequenos, o desempenho médio pode ser bastante adequado.

Muitas outras otimizações estão em uso. Dada a disparidade entre a velocidade da CPU e a velocidade do disco, não é irracional adicionar milhares de instruções extras ao sistema operacional para economizar apenas alguns movimentos do cabeçote do disco. Além disso, essa disparidade está aumentando com o tempo, ao ponto de centenas de milhares de instruções poderem ser racionalmente usadas para otimizar movimentos do cabeçote.

12.5 Gerenciamento do Espaço Livre

Como o espaço em disco é limitado, precisamos reutilizar para novos arquivos o espaço decorrente de arquivos excluídos, se possível. (Discos óticos de gravação única permitem apenas uma gravação em qualquer setor determinado; portanto, essa reutilização não é fisicamente possível.) Para controlar o espaço livre em disco, o sistema mantém uma lista de espaços livres. A lista de espaços livres registra todos os blocos de disco livres — aqueles não alocados a algum arquivo ou diretório. Para criar um arquivo, pesquisamos a lista de espaços livres em busca do montante de espaço requerido e alocamos esse espaço ao novo arquivo. Esse espaço é, então, removido da lista de espaços livres. Quando um arquivo é excluído, seu espaço em disco é adicionado à lista de espaços livres. A lista de espaços livres, apesar do seu nome, pode não ser implementada como uma lista, conforme discutimos a seguir.

12.5.1 Vetor de Bits

Frequentemente, a lista de espaços livres é implementada como um mapa de bits ou vetor de bits. Cada bloco é representado por 1 bit. Se o bloco está livre, o bit é 1; se o bloco está alocado, o bit é 0.

Por exemplo, considere um disco em que os blocos 2, 3, 4, 5, 8, 9, 10, 11, 12, 13, 17, 18, 25, 26 e 27 estejam livres e o resto dos blocos esteja alocado. O mapa de bits de espaços livres seria

001111001111110001100000011100000...

A principal vantagem dessa abordagem é sua relativa simplicidade e sua eficiência em encontrar o primeiro bloco livre ou n blocos livres consecutivos em disco. Na verdade, muitos computadores fornecem instruções de manipulação de bits que podem ser usadas efetivamente para essa finalidade. Uma técnica para encontrar o primeiro bloco livre em um sistema que use um vetor de bits para alocar espaço em disco é verificar sequencialmente cada palavra do mapa de bits para ver se esse valor não é 0, já que uma palavra com valor 0 contém somente bits 0 e representa um conjunto de blocos alocados. A primeira palavra diferente de 0 é varrida em busca do primeiro bit 1, que é a locação do primeiro bloco livre. O cálculo do número do bloco é

(número de bits por palavra) × (número de palavras de valor 0)
+ deslocamento do primeiro bit 1.

Novamente, vemos recursos de hardware dirigindo funcionalidade de software. Infelizmente, os vetores de bits são ineficientes, a menos que o vetor inteiro seja mantido na memória principal (e seja gravado em disco ocasionalmente para fins de recuperação). É possível mantê-lo na memória principal para discos menores, mas não necessariamente para os maiores. Um disco de 1.3 GB com blocos de 512 bytes precisaria de um mapa de bits de mais de 332 KB para rastrear seus blocos livres, embora o agrupamento dos blocos em clusters de quatro reduza esse número para cerca de 83 KB por disco. Um disco de 1 TB com blocos de 4 KB requer 32 MB para armazenar seu mapa de bits. Dado que o tamanho dos discos aumenta constantemente, o problema dos vetores de bits também continuará a aumentar.

12.5.2 Lista Encadeada

Outra abordagem para o gerenciamento do espaço livre é encadear todos os blocos livres no disco, mantendo um ponteiro para o primeiro bloco livre em uma locação especial no disco e armazenando-o em cache na memória. Esse primeiro bloco contém um ponteiro para o próximo bloco livre no disco, e assim por diante. Lembre-se de nosso exemplo anterior (Seção 12.5.1) em que os blocos 2, 3, 4, 5, 8, 9, 10, 11, 12, 13, 17, 18, 25, 26 e 27 estavam livres e o resto dos blocos estava alocado. Nessa situação, manteríamos um ponteiro para o bloco 2 como o primeiro

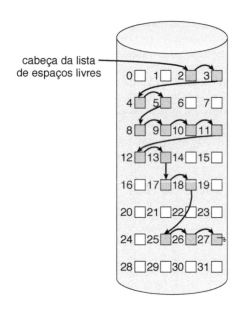

Figura 12.10 Lista encadeada de espaços livres em disco.

bloco livre. O bloco 2 conteria um ponteiro para o bloco 3, que apontaria para o bloco 4 que apontaria para o bloco 5, que apontaria para o bloco 8, e assim por diante (Figura 12.10). Esse esquema não é eficiente; para percorrer a lista, devemos ler cada bloco, o que requer um tempo de I/O significativo. Felizmente, no entanto, a varredura da lista de blocos livres não é uma ação frequente. Usualmente, o sistema operacional precisa simplesmente de um bloco livre para poder alocar esse bloco a um arquivo; assim, é usado o primeiro bloco na lista de blocos livres. O método da FAT incorpora a contabilidade de blocos livres à estrutura de dados de alocação. Nenhum método separado é necessário.

12.5.3 Agrupamento

Uma modificação da abordagem da lista de blocos livres armazena os endereços de n blocos livres no primeiro bloco livre. Os $n - 1$ primeiros desses blocos são realmente livres. O último bloco contém os endereços de outros n blocos livres, e assim por diante. Os endereços de um grande número de blocos livres podem agora ser encontrados rapidamente, o que não ocorre na situação em que é usada a abordagem da lista encadeada padrão.

12.5.4 Contagem

Outra abordagem tira proveito do fato de que, geralmente, vários blocos contíguos podem ser alocados ou liberados simultaneamente, sobretudo quando o espaço é alocado por meio do algoritmo de alocação contígua ou por meio de clusters. Assim, em vez de manter uma lista de n endereços de disco livres, podemos manter o endereço do primeiro bloco livre e o número (n) de blocos contíguos livres que vêm após o primeiro bloco. Cada entrada na lista de espaços livres consiste, então, em um endereço de disco e uma contagem. Embora cada entrada requeira mais espaço do que um simples endereço de disco exigiria, a lista inteira é mais curta na medida em que a contagem é geralmente maior do que 1. Observe que esse método de rastreamento do espaço livre é semelhante ao método de alocação de blocos com extensão. Essas entradas podem ser armazenadas em uma árvore balanceada, em vez de uma lista encadeada, para que a pesquisa, a inserção e a exclusão sejam eficientes.

12.5.5 Mapas de Espaços

O sistema de arquivos ZFS da Oracle (encontrado no Solaris e em outros sistemas operacionais) foi projetado para abranger quantidades imensas de arquivos, diretórios, e até mesmo sistemas de arquivos (no ZFS, podemos criar hierarquias de sistemas de arquivos). Nessas escalas, o I/O de metadados pode causar um grande impacto ao desempenho. Considere, por exemplo, que, se a lista de espaços livres for implementada como um mapa de bits, esses mapas de bits devem ser modificados quando os blocos são alocados tanto quanto no momento em que eles são liberados. A liberação de 1 GB de dados em um disco de 1TB poderia provocar a atualização de milhares de blocos de mapas de bits porque esses blocos de dados poderiam estar espalhados pelo disco inteiro. É claro que as estruturas de dados de tal sistema poderiam ser grandes e ineficientes.

Em seu gerenciamento de espaços livres, o ZFS usa uma combinação de técnicas para controlar o tamanho das estruturas de dados e minimizar o I/O necessário ao gerenciamento dessas estruturas. Primeiro, o ZFS cria metaslabs para dividir o espaço do dispositivo em porções de tamanho gerenciável. Determinado volume pode conter centenas de metaslabs. Cada metaslab tem um mapa de espaços associado. O ZFS usa o algoritmo de contagem para armazenar informações sobre blocos livres. Em vez de gravar estruturas de contagem em disco, ele usa técnicas de sistemas de arquivos estruturados em log para registrá-las. O mapa de espaços é um log de toda a atividade dos blocos (alocação e liberação), em ordem cronológica e em formato de contagem. Quando o ZFS decide alocar ou liberar espaço em um metaslab, ele carrega o mapa de espaços associado na memória, em uma estrutura de árvore balanceada (para uma operação mais eficiente), indexada por deslocamento, e reexecuta o log nessa estrutura. O mapa de espaços em memória é, então, uma representação acurada, no metaslab, do espaço alocado e do espaço livre. O ZFS também condensa o mapa o máximo possível combinando blocos livres contíguos em uma única entrada. Finalmente, a lista de espaços livres é atualizada em disco como parte das operações orientadas a transações do ZFS. Durante a fase de coleta e classificação, solicitações de blocos ainda podem ocorrer, e o ZFS atende a essas solicitações a partir do log. Em essência, o log mais a árvore balanceada *são* a lista de blocos livres.

12.6 Eficiência e Desempenho

Agora que discutimos várias opções de alocação de blocos e gerenciamento de diretórios, podemos considerar seus efeitos sobre o desempenho e o uso eficiente do disco. Os discos tendem a representar um grande gargalo para o desempenho do sistema, já que eles são os componentes principais mais lentos do computador. Nesta seção, discutimos uma variedade de técnicas usadas para melhorar a eficiência e o desempenho da memória secundária.

12.6.1 Eficiência

O uso eficiente do espaço em disco depende muito dos algoritmos de alocação de disco e de diretório em uso. Por exemplo, os inodes do UNIX são pré-alocados em um volume. Até mesmo um disco vazio tem um percentual de seu espaço perdido para os inodes. No entanto, pré-alocando os inodes e espalhando-os pelo volume, melhoramos o desempenho do sistema de arquivos. Essa melhora no desempenho resulta dos algoritmos de alocação e de espaço livre do UNIX que tentam manter os blocos de dados de um arquivo próximos ao bloco de inodes desse arquivo para reduzir o tempo de busca.

Como outro exemplo, vamos reconsiderar o esquema de agrupamento discutido na Seção 12.4, que melhora o desempenho da busca e da transferência de arquivos ao custo de fragmentação interna. Para reduzir essa fragmentação, o BSD UNIX varia o tamanho do cluster, à medida que um arquivo cresce. Clusters grandes são usados quando eles podem ser preenchidos, e clusters pequenos são usados para arquivos pequenos e como o último cluster de um arquivo. Esse sistema está descrito no Apêndice A.

Os tipos de dados normalmente mantidos na entrada de diretório (ou inode) de um arquivo também merecem consideração. É comum a "data da última gravação" ser registrada para fornecer informações ao usuário e determinar se é necessário gerar backup do arquivo. Alguns sistemas também mantêm uma "data do último acesso" para que um usuário possa determinar quando o arquivo foi lido pela última vez. O resultado da manutenção dessas informações é que, sempre que o arquivo é lido, um campo na estrutura do diretório deve ser gravado. Isso significa que o bloco deve ser lido para a memória, uma seção alterada, e o bloco gravado de volta em disco porque operações em discos ocorrem somente em grupos de blocos (ou clusters). Portanto, sempre que um arquivo é aberto para leitura, sua entrada no diretório também deve ser lida e gravada. Esse requisito pode ser ineficiente para arquivos acessados com frequência e, assim, devemos avaliar seu custo/benefício em relação ao desempenho ao projetar um sistema de arquivos. Geralmente, cada item de dados associados a um arquivo precisa ser considerado quanto ao seu efeito sobre a eficiência e o desempenho.

Considere, por exemplo, como a eficiência é afetada pelo tamanho dos ponteiros usados no acesso aos dados. A maioria dos sistemas usa ponteiros de 32 bits ou de 64 bits em todo o sistema operacional. O uso de ponteiros de 32 bits limita o tamanho de um arquivo a 2^{32} bytes, ou 4 GB. O uso de ponteiros de 64 bits permite tamanhos de arquivo muito maiores, mas os ponteiros de 64 bits requerem mais espaço de armazenamento. Como resultado, os métodos de alocação e de gerenciamento do espaço livre (listas encadeadas, índices, e assim por diante) usam mais espaço em disco.

Uma das dificuldades para a seleção de um tamanho de ponteiro — ou, na verdade, de qualquer tamanho fixo de alocação dentro de um sistema operacional — é planejar considerando os efeitos de mudanças na tecnologia. Considere que o PC XT da IBM tinha um drive de disco rígido de 10 MB em um sistema de arquivos do MS-DOS que podia suportar apenas 32 MB. (Cada entrada da FAT tinha 12 bits apontando para um cluster de 8 KB.) Conforme a capacidade dos discos aumentava, discos maiores tinham que ser divididos em partições de 32 MB porque o sistema de arquivos não conseguia rastrear blocos acima de 32 MB. À medida que discos rígidos com capacidades de mais de 100 MB tornaram-se comuns, as estruturas de dados e algoritmos dos discos no MS-DOS tiveram que ser modificados para permitir sistemas de arquivos maiores. (Cada entrada da FAT foi expandida para 16 bits e, posteriormente, para 32 bits.) As decisões iniciais referentes ao sistema de arquivos foram tomadas por questões de eficiência; no entanto, com o advento do MS-DOS versão 4, milhões de usuários de computador foram afetados ao serem obrigados a mudar para um sistema de arquivos novo e maior. O sistema de arquivos ZFS do Solaris usa ponteiros de 128 bits que, teoricamente, nunca precisarão ser estendidos. (A massa mínima de um dispositivo capaz de armazenar 2^{128} bytes, usando armazenamento de nível atômico, seria de cerca de 272 trilhões de quilogramas.)

Como outro exemplo, considere a evolução do sistema operacional Solaris. Originalmente, muitas estruturas de dados tinham tamanho fixo, alocado na inicialização do sistema. Essas estruturas incluíam a tabela de processos e a tabela de arquivos abertos. Quando a tabela de processos ficava cheia, nenhum outro processo podia ser criado. Quando a tabela de arquivos ficava cheia, nenhum outro arquivo podia ser aberto. O sistema falhava no fornecimento de serviços aos usuários. Os tamanhos das tabelas podiam ser aumentados somente com a recompilação do kernel e a reinicialização do sistema. Em versões posteriores do Solaris, quase todas as estruturas do kernel eram alocadas dinamicamente, eliminando essas restrições artificiais ao desempenho do sistema. É claro que os algoritmos que manipulam essas tabelas são mais complicados e o sistema operacional é um pouco mais lento porque deve alocar e desalocar dinamicamente entradas de tabelas; mas esse é o preço normal para obtenção de funcionalidades mais gerais.

12.6.2 Desempenho

Mesmo após os algoritmos básicos do sistema de arquivos terem sido selecionados, ainda podemos melhorar o desempenho de várias maneiras. Como é discutido no Capítulo 13, a maioria dos controladores de discos inclui memória local para formar um cache on-board suficientemente grande para armazenar trilhas inteiras de uma só vez. Quando uma busca é executada, a trilha é lida para o cache do disco começando no setor que está sob o cabeçote (o que reduz o tempo de latência). O controlador do disco transfere, então, qualquer solicitação de setor ao sistema operacional. Quando os blocos são transferidos do controlador do disco para a memória principal, o sistema operacional pode armazená-los em cache nesse local.

Alguns sistemas mantêm uma seção de memória principal separada para um cache de buffer, em que são mantidos blocos supondo que logo eles serão usados novamente. Outros sistemas armazenam dados de arquivo em cache usando um cache de páginas. O cache de páginas usa técnicas de memória virtual para armazenar dados de arquivos como páginas em vez de blocos orientados ao sistema de arquivos. O armazenamento de dados de arquivos em cache usando endereços virtuais é muito mais eficiente do que o armazenamento em cache por meio de blocos físicos de disco, já que os acessos interagem com a memória virtual e não com o sistema de arquivos. Vários sistemas — incluindo o Solaris, o Linux e o Windows — usam o cache de páginas para armazenar tanto páginas de processos quanto dados de arquivos. Isso é conhecido como memória virtual unificada.

Algumas versões do UNIX e do Linux fornecem um cache de buffer unificado. Para ilustrar os benefícios do cache de buffer unificado, considere as duas alternativas para abertura de um arquivo e acesso a ele. Uma abordagem é usar o mapeamento da memória (Seção 9.7); a segunda é usar as chamadas de sistema padrão read() e write(). Sem um cache de buffer unificado, temos uma situação semelhante à da Figura 12.11. Aqui, as chamadas de sistema read() e write() passam pelo cache de buffer. A chamada de mapeamento da memória, no entanto, requer o uso de dois caches — o cache de páginas e o cache de buffer. Um mapeamento de memória ocorre por meio da leitura de blocos de disco a partir do sistema de arquivos

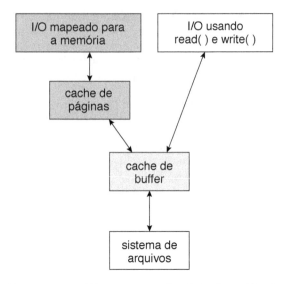

Figura 12.11 I/O sem um cache de buffer unificado.

e seu armazenamento no cache de buffer. Já que o sistema de memória virtual não interage com o cache de buffer, o conteúdo do arquivo no cache de buffer deve ser copiado para o cache de páginas. Essa situação, conhecida como armazenamento em cache duplo, requer que os dados do sistema de arquivos sejam armazenados em cache duas vezes. Além de desperdiçar memória, esse esquema também desperdiça ciclos significativos de CPU e de I/O em razão do movimento extra dos dados dentro da memória do sistema. Além disso, inconsistências entre os dois caches podem resultar em arquivos corrompidos. Por outro lado, quando é fornecido um cache de buffer unificado, tanto o mapeamento da memória quanto as chamadas de sistema read( ) e write( ) usam o mesmo cache de páginas. Essa abordagem tem a vantagem de evitar o armazenamento em cache duplo e permite que o sistema de memória virtual gerencie dados do sistema de arquivos. O cache de buffer unificado é mostrado na Figura 12.12.

Independentemente de estarmos armazenando em cache blocos de disco ou páginas (ou ambos), a política LRU (Seção 9.4.4) parece ser um algoritmo de uso geral razoável para a substituição de blocos ou páginas. No entanto, a evolução dos algoritmos de armazenamento de páginas em cache do Solaris revela a dificuldade de escolher um algoritmo. O Solaris permite que os processos e o cache de páginas compartilhem memória não utilizada. Versões anteriores ao Solaris 2.5.1 não faziam distinção entre a alocação de páginas a um processo e sua alocação ao cache de páginas. Como resultado, um sistema, ao executar muitas operações de I/O, usava a maior parte da memória disponível para o armazenamento de páginas em cache. Em razão das altas taxas de I/O, a varredura de páginas (Seção 9.10.2) reclamava páginas dos processos — e não do cache de páginas — quando a memória livre ficava baixa. O Solaris 2.6 e o Solaris 7 implementaram opcionalmente a paginação por prioridades, em que a varredura de páginas dá prioridade a páginas de processos sobre o cache de páginas. O Solaris 8 aplicou um limite fixo às páginas dos processos e ao cache de páginas do sistema de arquivos, impedindo que um expulse o outro da memória. Os sistemas Solaris 9 e 10 mudaram novamente os algoritmos para maximizar o uso da memória e minimizar a atividade improdutiva.

Outra questão que pode afetar o desempenho de I/O é se as gravações no sistema de arquivos ocorrem síncrona ou assincronamente. As gravações síncronas ocorrem na ordem em que o subsistema de disco as recebe, e as gravações não são armazenadas em buffer. Assim, a rotina chamadora deve esperar que os dados alcancem o drive de disco antes que possam prosseguir. Em uma gravação assíncrona, os dados são armazenados no cache e o controle retorna ao chamador. A maioria das gravações é assíncrona. No entanto, gravações de metadados, entre outras, podem ser síncronas. Os sistemas operacionais incluem, com frequência, um flag na chamada de sistema open para permitir que um processo solicite que as gravações sejam executadas sincronamente. Por exemplo, os bancos de dados usam esse recurso em transações atômicas, para assegurar que os dados alcancem a memória estável na ordem requerida.

Alguns sistemas otimizam seu cache de páginas usando algoritmos de substituição diferentes, dependendo do tipo de acesso do arquivo. Um arquivo sendo lido ou gravado sequencialmente não deve ter suas páginas substituídas em ordem LRU porque a página mais recentemente utilizada será usada por último, ou talvez nunca seja usada novamente. Em vez disso, o acesso sequencial pode ser otimizado por técnicas conhecidas como free-behind e read-ahead. A técnica free-behind remove uma página do buffer assim que a próxima página é solicitada. As páginas anteriores não devem ser usadas novamente e desperdiçam espaço no buffer. Na técnica read-ahead, uma página solicitada e várias páginas subsequentes são lidas e armazenadas em cache. É provável que essas páginas sejam solicitadas após a página corrente ter sido processada. A recuperação desses dados a partir do disco em uma transferência e seu armazenamento em cache economiza um tempo considerável. Alguém poderia alegar que um cache de rastreamento no controlador eliminaria a necessidade da técnica read-ahead em um sistema multiprogramado. No entanto, em razão da alta latência e overhead envolvidos na realização de muitas transferências pequenas do cache de rastreamento para a memória principal, a execução da técnica read-ahead continua sendo benéfica.

O cache de páginas, o sistema de arquivos e os drivers de disco têm algumas interações interessantes. Quando dados são gravados em um arquivo em disco, as páginas são armazenadas no buffer do cache, e o driver do disco classifica sua fila de saída de acordo com o endereço no disco. Essas duas ações permitem que o driver do disco minimize as buscas do cabeçote e grave dados em tempos otimizados para a rotação do disco. A menos que sejam requeridas gravações síncronas, um processo gravando em disco simplesmente grava no cache, e o sistema grava assincronamente os dados no disco quando conveniente. O processo do usuário enxerga gravações muito rápidas. Quan-

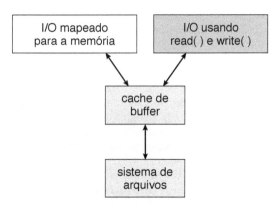

Figura 12.12 I/O usando um cache de buffer unificado.

do dados são lidos de um arquivo em disco, o sistema de I/O de bloco executa algumas operações de read-ahead; no entanto, as gravações têm mais probabilidades de serem assíncronas do que as leituras. Assim, em grandes transferências, a saída para o disco através do sistema de arquivos é, com frequência, mais rápida do que a entrada, contrariando a intuição.

12.7 Recuperação

Arquivos e diretórios são mantidos na memória principal e em disco, e devemos tomar cuidado para assegurar que uma falha no sistema não resulte em perda ou inconsistência dos dados. Lidamos com essas questões nesta seção. Também consideramos como um sistema pode se recuperar de tal falha.

Uma queda do sistema pode causar inconsistências entre estruturas de dados do sistema de arquivos em disco, tais como estruturas de diretório, ponteiros de blocos livres e ponteiros de FCBs livres. Muitos sistemas de arquivos impõem alterações a essas estruturas, *in loco*. Uma operação comum, como a criação de um arquivo, pode envolver muitas alterações estruturais dentro do sistema de arquivos em disco. Estruturas de diretórios são modificadas, FCBs são alocados, blocos de dados são alocados e as contagens de blocos livres referentes a todos esses blocos são decrementadas. Essas alterações podem ser interrompidas por uma queda, e isso pode resultar em inconsistências entre as estruturas. Por exemplo, a contagem de FCBs livres pode indicar que um FCB foi alocado, mas a estrutura do diretório pode não apontar para o FCB. Combinado a isso, existe o armazenamento em cache que os sistemas operacionais executam para otimizar o desempenho de I/O. Algumas alterações podem ser feitas diretamente em disco, enquanto outras podem ser armazenadas em cache. Se as alterações armazenadas em cache não alcançarem o disco antes que ocorra uma queda, mais corrupção é possível.

Além de quedas, bugs nas implementações de sistemas de arquivos, em controladores de discos e até mesmo em aplicações de usuário, podem corromper um sistema de arquivos. Os sistemas de arquivos têm vários métodos para lidar com a corrupção, dependendo de suas estruturas de dados e algoritmos. Lidamos com essas questões a seguir.

12.7.1 Verificação de Consistência

Qualquer que seja a causa da corrupção, um sistema de arquivos deve primeiro detectar os problemas e, então, corrigi-los. Para detecção, uma varredura de todos os metadados em cada sistema de arquivos pode confirmar ou negar a consistência do sistema. Infelizmente, essa varredura pode levar minutos ou horas e deve ocorrer sempre que o sistema for inicializado. Alternativamente, um sistema de arquivos pode registrar seu estado dentro de seus metadados. No início de qualquer alteração de metadado, um bit de *status* é ativado para indicar que o metadado está instável. Se todas as atualizações no metadado forem concluídas com sucesso, o sistema de arquivos pode desativar esse bit. Se, no entanto, o bit de *status* permanecer ativado, um verificador de consistência é executado.

O verificador de consistência — um programa de sistema como o `fsck` no UNIX — compara os dados na estrutura de diretórios com os blocos de dados em disco e tenta corrigir qualquer inconsistência encontrada. Os algoritmos de alocação e de gerenciamento do espaço livre definem que tipos de problemas o verificador pode encontrar e o nível de sucesso que ele terá ao corrigi-los. Por exemplo, se a alocação encadeada for usada e houver um link entre qualquer bloco e o bloco seguinte, então o arquivo inteiro poderá ser reconstruído a partir dos blocos de dados, e a estrutura do diretório poderá ser recriada. Por outro lado, a perda de uma entrada de diretório em um sistema de alocação indexada pode ser desastrosa porque os blocos de dados não têm conhecimento uns dos outros. Por essa razão, o UNIX armazena em cache entradas de diretório para leituras; mas qualquer gravação que resulte em alocação de espaço, ou outras alterações de metadados, é feita sincronamente, antes que os blocos de dados correspondentes sejam gravados. É claro que ainda podem ocorrer problemas se uma gravação síncrona for interrompida por uma queda.

12.7.2 Sistemas de Arquivos Estruturados em Log

Os cientistas da computação costumam achar que algoritmos e tecnologias usados originalmente em uma área são igualmente úteis em outras áreas. Esse é o caso dos algoritmos de recuperação baseados em log dos bancos de dados. Esses algoritmos baseados em log têm sido aplicados, com sucesso, ao problema da verificação de consistência. As implementações resultantes são conhecidas como sistemas de arquivos orientados a transações baseados em log (ou baseados em diário).

Observe que, na abordagem de verificação de consistência discutida na seção anterior, permitimos essencialmente que as estruturas fossem danificadas e as reparamos na recuperação. No entanto, há vários problemas com essa abordagem. Um deles é que a inconsistência pode ser irreparável. A verificação de consistência pode não ser capaz de recuperar as estruturas, resultando em perda de arquivos e até de diretórios inteiros. A verificação de consistência pode requerer intervenção humana para resolver conflitos, e isso é inconveniente se nenhuma pessoa estiver disponível. O sistema pode permanecer indisponível até que a pessoa diga a ele como proceder. A verificação de consistência também consome tempo do relógio e do sistema. Para verificar terabytes de dados, horas de tempo de relógio podem ser necessárias.

A solução para esse problema é aplicar técnicas de recuperação baseadas em log às atualizações de metadados do sistema de arquivos. Tanto o NTFS quanto o sistema de arquivos Veritas usam esse método, e ele foi incluído nas versões recentes do UFS no Solaris. Na verdade, ele está se tornando comum em muitos sistemas operacionais.

Basicamente, todas as alterações de metadados são gravadas sequencialmente em um log. Cada conjunto de operações para execução de uma tarefa específica é uma transação. Uma vez que as alterações sejam gravadas nesse log, elas são consideradas como confirmadas, e a chamada de sistema pode retornar ao processo do usuário, permitindo que ele continue a ser executado. Enquanto isso, essas entradas de log são reexecutadas nas estruturas reais do sistema de arquivos. Conforme as atualizações são feitas, um ponteiro é atualizado para indicar que ações foram concluídas e quais ainda estão incompletas. Quando uma transação confirmada é concluída, ela é removida do arquivo de log que é, na verdade, um buffer circular. Um buffer circular faz gravações até o fim do seu espaço e, então, continua a partir do início, sobrepondo valores mais antigos. Não queremos que o buffer sobreponha dados que ainda não foram salvos; portanto, esse cenário é evitado. O log pode ficar em uma seção separada do sistema de arquivos ou até mesmo em um eixo de disco separado. É mais eficiente, porém mais complexo, colocá-lo sob cabeçotes de leitura e gravação separados, diminuindo assim os tempos de disputa e busca do cabeçote.

Se o sistema cair, o arquivo de log conterá zero ou mais transações. Quaisquer transações nele contidas não estarão concluídas para o sistema de arquivos, ainda que tenham sido confirmadas pelo sistema operacional e, portanto, elas devem ser completadas agora. As transações podem ser executadas a partir do ponteiro até que o trabalho esteja completo para que as estruturas do sistema de arquivos permaneçam consistentes. O único problema ocorre quando uma transação foi abortada — isto é, não foi confirmada antes que o sistema caísse. Qualquer alteração proveniente de tal transação que tenha sido aplicada ao sistema de arquivos deve ser desfeita, preservando-se novamente a consistência do sistema de arquivos. Essa recuperação é tudo que é necessário após uma queda, eliminando qualquer problema da verificação de consistência.

Um benefício paralelo da utilização do registro em log nas atualizações de metadados em disco é que essas atualizações são executadas muito mais rapidamente do que quando são aplicadas diretamente às estruturas de dados em disco. A razão provém dos ganhos de desempenho do I/O sequencial sobre o I/O randômico. As dispendiosas gravações de metadados randômicas síncronas são convertidas nas muito menos custosas gravações sequenciais síncronas na área de log do sistema de arquivos estruturado em log. Por sua vez, essas alterações são reexecutadas assincronamente por meio de gravações randômicas nas estruturas apropriadas. O resultado geral é um ganho significativo no desempenho de operações orientadas a metadados, tais como a criação e exclusão de arquivos.

12.7.3 Outras Soluções

Outra opção para a verificação de consistência é empregada pelo sistema de arquivos WAFL da Network Appliance e pelo sistema de arquivos ZFS do Solaris. Esses sistemas nunca sobrepõem blocos com novos dados. Em vez disso, uma transação grava todas as alterações de dados e metadados em blocos novos. Quando a transação é concluída, as estruturas de metadados que apontavam para as versões anteriores desses blocos são atualizadas para apontar para os novos blocos. O sistema de arquivos pode, então, remover os ponteiros e blocos antigos e torná-los disponíveis para reutilização. Se os ponteiros e blocos antigos forem mantidos, será criado um instantâneo; o instantâneo é um retrato do sistema de arquivos antes da ocorrência da última atualização. Essa solução não deve requerer verificação de consistência se a atualização de ponteiros for feita automaticamente. No entanto, o WAFL tem um verificador de consistência e, assim, alguns cenários de falhas ainda podem causar corrupção dos metadados. (Consulte a Seção 12.9 para ver detalhes do sistema de arquivos WAFL.)

O ZFS adota uma abordagem ainda mais inovadora para a consistência de discos. Ele nunca sobrepõe blocos, da mesma forma que o WAFL. No entanto, o ZFS vai além e fornece uma soma de verificação de todos os blocos de dados e metadados. Essa solução (quando combinada com RAID) assegura que os dados estejam sempre corretos. Portanto, o ZFS não tem verificador de consistência. (Mais detalhes sobre o ZFS são encontrados na Seção 10.7.6.)

12.7.4 Backup e Restauração

Discos magnéticos às vezes falham e devemos nos assegurar de que os dados perdidos em tais falhas não sejam perdidos para sempre. Para esse fim, podem ser usados programas de sistema que fazem o backup de dados do disco para outro dispositivo de armazenamento, como uma fita magnética ou outro disco rígido. A recuperação da perda de um arquivo individual, ou de um disco inteiro, pode ser então uma questão de restauração dos dados a partir do backup.

Para minimizar o volume de cópias necessárias, podemos usar informações da entrada de cada arquivo no diretório. Por exemplo, se o programa de backup souber quando o último backup de um arquivo foi feito, e a data da última gravação do arquivo, no diretório, indicar que ele não mudou desde aquela data, então o arquivo não precisará ser copiado novamente. Um schedule de backup típico poderia ser como o descrito a seguir:

- **Dia 1.** Copiar em uma mídia de backup todos os arquivos a partir do disco. Isso é chamado de backup completo.
- **Dia 2.** Copiar em outra mídia todos os arquivos alterados desde o dia 1. Esse é um backup incremental.
- **Dia 3.** Copiar em outra mídia todos os arquivos alterados desde o dia 2.

 .
 .
 .

- **Dia N.** Copiar em outra mídia todos os arquivos alterados desde o dia $N-1$. Então, voltar ao dia 1.

O novo ciclo pode ter seu backup gravado sobre o conjunto anterior ou em um novo conjunto de mídias de backup.

Usando esse método, podemos restaurar um disco inteiro iniciando as restaurações com o backup completo e continuando com cada um dos backups incrementais. Naturalmente, quanto maior o valor de N, maior o número de mídias que devem ser lidas para uma restauração completa. Uma vantagem adicional desse ciclo de backup é que podemos restaurar qualquer arquivo excluído acidentalmente durante o ciclo recuperando-o a partir do backup do dia anterior.

O tamanho do ciclo é uma combinação entre o número de mídias de backup necessárias e o número de dias cobertos por uma restauração. Para diminuir o número de fitas que devem ser lidas para que uma restauração seja feita, uma opção é executar um backup completo e, então, a cada dia fazer o backup de todos os arquivos que mudaram desde o backup completo. Dessa forma, uma restauração pode ser feita através do backup incremental mais recente e do backup completo, sem a necessidade de outros backups incrementais. A desvantagem é que mais arquivos serão modificados todo dia e, portanto, cada backup incremental sucessivo envolverá mais arquivos e mais mídias de backup.

Um usuário pode perceber que um arquivo específico está faltando ou foi corrompido muito depois da ocorrência do dano. Por essa razão, usualmente planejamos fazer, periodicamente, um backup completo que será salvo "para sempre". É uma boa ideia armazenar esses backups permanentes em um local bem distante dos backups regulares para protegê-los contra danos, como um incêndio que destrua o computador e todos os backups. E, se o ciclo de backup reutilizar mídias, é preciso tomar cuidado para não reutilizar as mídias excessivamente — se a mídia se desgastar, pode não ser possível restaurar qualquer dado a partir dos backups.

12.8 NFS

Os sistemas de arquivo em rede são comuns. Normalmente, eles são integrados à estrutura geral de diretórios e à interface do sistema cliente. O NFS é um bom exemplo de sistema de arquivos em rede cliente-servidor amplamente usado e bem implementado. Aqui, o utilizamos como exemplo para explorar os detalhes de implementação dos sistemas de arquivo em rede.

O NFS é tanto uma implementação quanto uma especificação de um sistema de software para acesso a arquivos remotos por meio de LANs (ou até mesmo de WANs). O NFS é parte do ONC+ que a maioria dos fornecedores UNIX e alguns sistemas operacionais de PC suportam. A implementação descrita aqui faz parte do sistema operacional Solaris que é uma versão modificada do UNIX SVR4. Ela usa o protocolo TCP ou UDP/IP (dependendo da rede de interconexão). A especificação e a implementação estão interligadas em nossa descrição do NFS. Sempre que detalhes são necessários, referimo-nos à implementação do Solaris; sempre que a descrição é geral, ela também se aplica à especificação.

Há várias versões do NFS, sendo a mais recente a versão 4. Aqui, descrevemos a versão 3 porque é a mais comumente distribuída.

12.8.1 Visão Geral

O NFS considera um conjunto de estações de trabalho interconectadas como um conjunto de máquinas independentes com sistemas de arquivos independentes. O objetivo é permitir algum grau de compartilhamento entre esses sistemas de arquivos (por solicitação explícita) de maneira transparente. O compartilhamento é baseado em um relacionamento cliente-servidor. Um computador pode ser, e geralmente é, tanto um cliente quanto um servidor. O compartilhamento é permitido entre qualquer par de máquinas. Para assegurar a independência das máquinas, o compartilhamento de um sistema de arquivos remoto afeta apenas o computador cliente e nenhum outro.

Para que um diretório remoto possa ser acessado de maneira transparente a partir de um computador específico — digamos, C1 — um cliente desse computador deve primeiro executar uma operação de montagem. A semântica da operação envolve a montagem de um diretório remoto sobre um diretório de um sistema de arquivos local. Uma vez que a operação de montagem esteja concluída, o diretório montado assemelha-se a uma subárvore integral do sistema de arquivos local, substituindo a subárvore descendente do diretório local. O diretório local torna-se o nome da raiz do diretório recém-montado. A especificação do diretório remoto, como um argumento para a operação de montagem, não é feita de modo transparente; é preciso fornecer a locação (ou nome do hospedeiro) do diretório. No entanto, daí em diante, os usuários do computador C1 podem acessar arquivos no diretório remoto de modo totalmente transparente.

Para ilustrar a montagem de arquivos, considere o sistema de arquivos mostrado na Figura 12.13, em que os triângulos representam subárvores de diretórios de interesse. A figura mostra três sistemas de arquivos independentes em computadores chamados *U*, *S1* e *S2*. Nesse ponto, em cada máquina, apenas os arquivos locais podem ser acessados. A Figura 12.14(a) mostra os efeitos da montagem de S1:/usr/shared sobre U:/usr/local. Essa figura mostra a visão que os usuários de *U* têm de seu sistema de arquivos. Após a montagem estar concluída, qualquer arquivo do diretório dir1 pode ser acessado usando o prefixo /usr/local/dir1. O diretório original /usr/local nessa máquina não é mais visível.

Sujeito à confirmação dos direitos de acesso, qualquer sistema de arquivos, ou qualquer diretório de um sistema de arquivos, pode ser montado remotamente no topo de qualquer diretório local. Estações de trabalho sem disco podem até mesmo montar suas próprias raízes a partir de servidores. Montagens em cascata também são permitidas em algumas implementações do NFS. Isto é, um sistema de arquivos pode ser montado sobre outro sistema de arquivos montado remotamente, não localmente. Um computador é afetado apenas pelas montagens que ele próprio invocou. A montagem de um sistema de arquivos remoto não dá ao cliente acesso a outros sistemas de arquivos que, por acaso, forem montados sobre o sistema de arquivos anterior. Portanto, o mecanismo de montagem não exibe propriedade de transitividade.

Na Figura 12.14(b), ilustramos montagens em cascata. A figura mostra o resultado da montagem de S2:/usr/dir2 sobre U:/usr/local/dir1 que já foi montado remotamente a partir de *S1*. Os usuários podem acessar arquivos de dir2 em *U* usando o prefixo /usr/local/dir1. Se um sistema de arquivos compartilhado for montado sobre os diretórios home de um usuário em todas as máquinas de uma rede, o usuário poderá se conectar em qualquer estação de trabalho e acessar seu ambiente home. Essa propriedade permite a mobilidade do usuário.

Um dos objetivos de projeto do NFS é operar em um ambiente heterogêneo com diferentes computadores, sistemas operacionais e arquiteturas de rede. A especificação do NFS é independente dessas mídias. Essa independência é obtida através do uso de primitivos RPC construídos no topo de um protocolo de representação externa de dados (XDR), usado entre duas interfaces independentes de implementação. Assim, se as máquinas e sistemas de arquivos heterogêneos do sistema tiverem uma interface apropriada para o NFS, sistemas de arquivos de diferentes tipos poderão ser montados tanto local quanto remotamente.

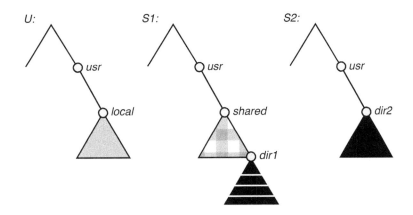

Figura 12.13 Três sistemas de arquivos independentes.

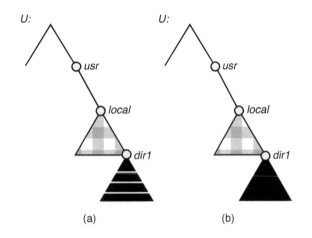

Figura 12.14 Montagem no NFS. (a) Montagens. (b) Montagens em cascata.

A especificação do NFS faz distinção entre os serviços fornecidos por um mecanismo de montagem e os serviços reais de acesso a arquivos remotos. Consequentemente, dois protocolos separados são especificados para esses serviços: um protocolo de montagem e um protocolo para acessos a arquivos remotos, o **protocolo NFS**. Os protocolos são especificados como conjuntos de RPCs. Essas RPCs são os blocos de construção usados para implementar o acesso transparente a arquivos remotos.

12.8.2 O Protocolo de Montagem

O **protocolo de montagem** estabelece a conexão lógica inicial entre um servidor e um cliente. No Solaris, cada computador tem um processo servidor, fora do kernel, executando as funções do protocolo.

Uma operação de montagem inclui o nome do diretório remoto a ser montado e o nome do computador servidor que o armazena. A solicitação de montagem é mapeada para a RPC correspondente e é encaminhada ao servidor de montagem em execução no computador servidor específico. O servidor mantém uma **lista de exportação** que especifica os sistemas de arquivos locais que ele exporta para montagem, junto com os nomes das máquinas que são autorizadas a montá-los. (No Solaris, essa lista fica em /etc/dfs/dfstab e pode ser editada somente por um superusuário.) A especificação também pode incluir direitos de acesso, tal como somente-leitura. Para simplificar a manutenção de listas de exportação e tabelas de montagem, podemos usar um esquema de nomeação distribuída para manter essas informações e torná-las disponíveis aos clientes apropriados.

Lembre-se de que qualquer diretório de um sistema de arquivos exportado pode ser montado remotamente por um computador credenciado. Uma unidade componente é um exemplo desse tipo de diretório. Quando o servidor recebe uma solicitação de montagem que está de acordo com sua lista de exportação, ele retorna ao cliente um manipulador de arquivo que serve como chave para futuros acessos a arquivos do sistema de arquivos montado. O manipulador do arquivo contém todas as informações de que o servidor precisa para diferenciar um arquivo individual que ele está armazenando. No caso do UNIX, o manipulador de arquivo é composto por um identificador do sistema de arquivos e um número de inode para a identificação exata do diretório montado dentro do sistema de arquivos exportado.

O servidor também mantém uma lista das máquinas clientes e dos diretórios correspondentes montados correntemente. Essa lista é usada principalmente para fins administrativos — por exemplo, para notificar todos os clientes de que o servidor vai ser interrompido. Apenas através da inclusão e exclusão de entradas nessa lista é que o estado do servidor pode ser afetado pelo protocolo de montagem.

Usualmente, um sistema tem uma pré-configuração de montagem estática que é estabelecida em tempo de inicialização (/etc/vfstab no Solaris); no entanto, esse layout pode ser modificado. Além do procedimento de montagem real, o protocolo de montagem inclui vários outros procedimentos, tais como o de desmontagem e o de retorno da lista de exportação.

12.8.3 O Protocolo NFS

O protocolo NFS fornece um conjunto de RPCs para operações remotas de arquivos. Os procedimentos suportam as operações a seguir:

- Busca de um arquivo dentro de um diretório
- Leitura de um conjunto de entradas de diretório
- Manipulação de links e diretórios
- Acesso a atributos de arquivo
- Leitura e gravação de arquivos

Esses procedimentos podem ser invocados somente após ter sido estabelecido um manipulador de arquivo para o diretório montado remotamente.

A omissão de operações de abertura e fechamento de arquivos é intencional. Um recurso de destaque dos servidores NFS é que eles não têm estado. Os servidores não mantêm informações sobre seus clientes entre um acesso e outro. Não existe paralelo, no lado do servidor, à tabela de arquivos abertos ou às estruturas de arquivo do UNIX. Consequentemente, cada solicitação precisa fornecer um conjunto de argumentos completo, incluindo um identificador de arquivo exclusivo e um deslocamento absoluto dentro do arquivo para as operações apropriadas. O projeto resultante é robusto; nenhuma medida especial precisa ser tomada para a recuperação de um servidor após uma queda. Portanto, as operações de arquivo devem ser idempotentes para essa finalidade, isto é, a mesma operação executada múltiplas vezes tem o mesmo efeito do que se tivesse sido executada apenas uma vez. Para ser idempotente, cada solicitação NFS tem um número de sequência, permitindo que o servidor determine se uma solicitação foi duplicada ou se alguma está faltando.

A manutenção da lista de clientes que mencionamos parece violar a condição de falta de estado do servidor. Porém, essa lista não é essencial para a operação correta do cliente ou do servidor e, portanto, não precisa ser restaurada após uma queda do servidor. Consequentemente, ela pode incluir dados inconsistentes e é tratada apenas como uma dica.

Uma implicação extra da filosofia do servidor sem estado e uma consequência da sincronia de uma RPC é que dados modificados (incluindo blocos de *status* e endereçamento indireto) devem ser confirmados para o disco do servidor antes que os resultados sejam retornados ao cliente. Isto é, um cliente pode armazenar blocos de gravação em cache, mas, ao descarregá-los para o servidor, assume que eles tenham alcançado os discos do servidor. O servidor deve gravar todos os dados do NFS sincronamente. Assim, a queda e a recuperação de um servidor serão invisíveis para o cliente; todos os blocos que o servidor está gerenciando para o cliente estarão intactos. A perda de desempenho resultante pode ser grande porque as vantagens do armazenamento em cache são perdidas. O desempenho pode ser melhorado com o uso de um armazenamento com seu próprio cache não volátil (usualmente memória com bateria reserva). O controlador do disco confirma a gravação em disco quando esta é armazenada no cache não volátil. Na verdade, o hospedeiro enxerga uma gravação síncrona muito rápida. Esses blocos permanecem intactos, mesmo após uma queda do sistema, e são gravados, periodicamente, dessa memória estável para o disco.

Uma única chamada de procedimento de gravação NFS é seguramente atômica e não é misturada a outras chamadas de gravação para o mesmo arquivo. No entanto, o protocolo NFS não fornece mecanismos de controle de concorrência. Uma chamada de sistema `write ( )` pode ser quebrada em várias gravações RPC porque cada chamada de leitura ou gravação NFS pode conter até 8 KB de dados e os pacotes UDP são limitados a 1.500 bytes. Como resultado, dois usuários ao gravarem no mesmo arquivo remoto podem ter seus dados misturados. O esperado é que, como o gerenciamento de locks tem, inerentemente, um estado, um serviço externo ao NFS deve fornecer trancamento (e o Solaris o faz). Os usuários são aconselhados a coordenar o acesso a arquivos compartilhados usando mecanismos não pertencentes ao escopo do NFS.

O NFS é integrado ao sistema operacional por meio de um VFS. Para ilustrar a arquitetura, vamos rastrear como é manipulada uma operação em um arquivo remoto já aberto (siga o exemplo da Figura 12.15). O cliente inicia a operação com uma chamada de sistema regular. A camada do sistema operacional mapeia essa chamada para uma operação VFS no vnode apropriado. A camada VFS identifica o arquivo como remoto e invoca o procedimento NFS apropriado. Uma chamada RPC é feita para a camada de serviço NFS no servidor remoto. Essa chamada é reinjetada na camada VFS no sistema remoto que a percebe como local e invoca a operação de sistema de arquivos apropriada. Esse caminho é refeito para retornar o resultado. Uma vantagem dessa arquitetura é que o cliente e o servidor são idênticos; assim, um computador pode ser um cliente, um servidor, ou ambos. O serviço real é executado em cada servidor por threads do kernel.

12.8.4 Tradução do Nome de Caminho

A tradução do nome de caminho no NFS envolve a análise de um nome de caminho como `/usr/local/dir1/file.txt` em entradas de diretório separadas, ou componentes: (1) `usr`, (2) `local` e (3) `dir1`. A tradução do nome de caminho é feita quebrando o caminho em nomes de componentes e executando uma `lookup call` (chamada de pesquisa) do NFS, separada para cada par formado por nome de componente e vnode do diretório. Quando um ponto de montagem é transposto, cada busca de componente gera uma RPC separada para o servidor. Esse esquema dispendioso de varredura do nome de caminho é necessário, já que o layout de cada espaço de nome lógico do cliente é exclusivo, imposto pelas montagens que o cliente executou. Seria muito mais eficiente fornecer um nome de caminho a um servidor e receber um vnode-alvo quando um ponto de montagem fosse encontrado. Em qualquer lugar, no entanto, pode haver outro ponto de montagem para o cliente específico de cuja existência o servidor sem informações de estado não tenha conhecimento.

Para que a pesquisa seja rápida, um cache de pesquisa de nomes de diretório no lado do cliente mantém os vnodes para nomes de diretórios remotos. Esse cache acelera as referências a arquivos com o mesmo nome de caminho inicial. O cache de diretórios é descartado quando os atributos retornados pelo servidor não coincidem com os atributos do vnode armazenado em cache.

Lembre-se de que algumas implementações do NFS permitem a montagem de um sistema de arquivos remoto no topo de outro sistema de arquivos remoto já montado (montagem em cascata). Quando um cliente tem uma montagem em cascata, mais de um servidor pode estar envolvido em uma varredura de nome de caminho. Porém, quando um cliente faz uma busca em um diretório no qual o servidor montou um sistema de arquivos, o cliente enxerga o diretório subjacente em vez de o diretório montado.

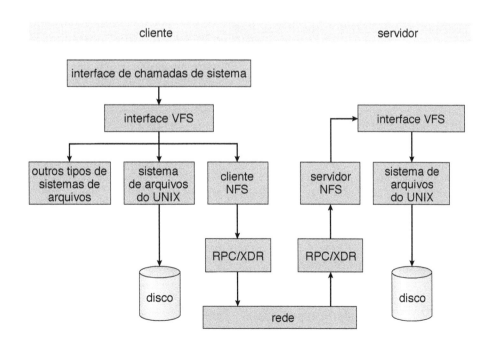

Figura 12.15 Visão esquemática da arquitetura NFS.

12.8.5 Operações Remotas

Com exceção da abertura e do fechamento de arquivos, há quase uma correspondência um-para-um entre chamadas de sistema regulares do UNIX para operações de arquivo e RPCs do protocolo NFS. Assim, uma operação de arquivo remota pode ser traduzida diretamente para a RPC correspondente. Conceitualmente, o NFS adere ao paradigma de serviço remoto; mas, na prática, técnicas de armazenamento em buffer e em cache são empregadas visando ao desempenho. Não existe correspondência direta entre uma operação remota e uma RPC. Em vez disso, blocos e atributos de arquivo são buscados pelas RPCs e armazenados em cache localmente. Futuras operações remotas usarão os dados do cache, sujeitos a restrições de consistência.

Há dois caches: o cache de atributos de arquivo (informações de inodes) e o cache de blocos de arquivo. Quando um arquivo é aberto, o kernel verifica, com o servidor remoto, se deve buscar ou revalidar os atributos armazenados em cache. Os blocos do arquivo armazenados em cache são usados, apenas se os atributos correspondentes armazenados em cache estiverem atualizados. O cache de atributos é atualizado sempre que novos atributos chegam do servidor. Os atributos do cache são, por default, descartados após 60 segundos. Tanto a técnica de leitura-antecipada (read-ahead) quanto a técnica de gravação-atrasada (delayed-write) são usadas entre o servidor e o cliente. Os clientes não liberam blocos de gravação-atrasada até que o servidor confirme que os dados foram gravados em disco. A gravação-atrasada é retida até mesmo quando um arquivo é aberto concorrentemente, em modalidades conflitantes. Portanto, as semânticas do UNIX (Seção 11.5.3.1) não são preservadas.

O ajuste do sistema para fins de desempenho torna difícil a caracterização da semântica de consistência do NFS. Novos arquivos criados em um computador podem não ser visíveis em outro local por 30 segundos. Além disso, as gravações em um arquivo num sítio podem, ou não, ser visíveis em outros sítios que estejam com esse arquivo aberto para leitura. Novas aberturas de um arquivo enxergam apenas as alterações que já foram descarregadas para o servidor. Assim, o NFS nem fornece uma emulação rigorosa da semântica do UNIX, nem a semântica de sessão do Andrew (Seção 11.5.3.2). Apesar dessas desvantagens, a utilidade e o bom desempenho do mecanismo o tornam o sistema em operação, distribuído por vários fornecedores, mais amplamente usado.

12.9 Exemplo: o Sistema de Arquivos WAFL

Como o I/O de disco tem um impacto muito grande sobre o desempenho do sistema, o projeto e a implementação do sistema de arquivos demandam muita atenção dos projetistas de sistemas. Alguns sistemas de arquivos são de uso geral, no sentido de que podem fornecer desempenho e funcionalidade razoáveis para uma grande variedade de tamanhos de arquivos, tipos de arquivos e cargas de I/O. Outros são otimizados para tarefas específicas em uma tentativa de fornecer melhor desempenho nessas áreas do que os sistemas de arquivo de uso geral. O **write-anywhere file layout (WAFL)** da Network Appliance é um exemplo desse tipo de otimização. O WAFL é um sistema de arquivos poderoso e elegante, otimizado para gravações randômicas.

O WAFL é usado exclusivamente em servidores de arquivos de rede produzidos pela Network Appliance e foi projetado para ser usado como um sistema de arquivos distribuído. Ele pode fornecer arquivos para clientes através dos protocolos NFS, CIFS, ftp e http, embora tenha sido projetado apenas para o NFS e o CIFS. Quando muitos clientes usam esses protocolos para conversar com um servidor de arquivos, o servidor pode enxergar uma demanda muito grande por leituras randômicas e uma demanda ainda maior por gravações randômicas. Os protocolos NFS e CIFS armazenam em cache dados de operações de leitura. Assim, as gravações são a maior preocupação dos criadores de servidores de arquivos.

O WAFL é usado em servidores de arquivos que incluem um cache NVRAM para gravações. Os projetistas do WAFL aproveitaram-se da execução em uma arquitetura específica, para otimizar o sistema de arquivos com relação ao I/O randômico, com um cache de armazenamento estável. A facilidade de uso é um dos princípios que orientam o WAFL. Seus criadores também o projetaram para incluir uma nova funcionalidade de instantâneo que cria múltiplas cópias somente-de-leitura do sistema de arquivos em pontos diferentes no tempo, como veremos.

O sistema de arquivos é semelhante ao Berkeley Fast File System, com muitas modificações. Ele é baseado em blocos e usa inodes para descrever arquivos. Cada inode contém 16 ponteiros para blocos (ou blocos indiretos) pertencentes ao arquivo descrito pelo inode. Cada sistema de arquivos tem um inode raiz. Todos os metadados residem em arquivos. Todos os inodes ficam em um arquivo, o mapa de blocos livres em outro e o mapa de inodes livres em um terceiro, como mostrado na Figura 12.16. Como esses são arquivos-padrão, os blocos de dados não têm restrição quanto à locação e podem ser inseridos em qualquer local. Se um sistema de arquivos é expandido pelo acréscimo de discos, os tamanhos dos arquivos de metadados são automaticamente expandidos pelo sistema de arquivos.

Assim, um sistema de arquivos WAFL é uma árvore de blocos com o inode raiz como sua base. Para gerar um instantâneo, o WAFL cria uma cópia do inode raiz. Qualquer atualização de arquivo ou de metadado executada depois disso vai para blo-

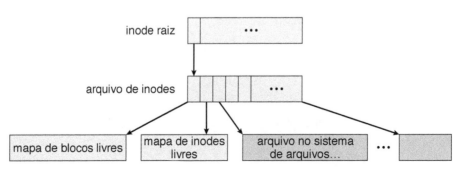

Figura 12.16 O layout dos arquivos no WAFL.

cos novos em vez de sobrepor blocos existentes. O novo inode raiz aponta para metadados e dados alterados como resultado dessas gravações. Enquanto isso, o instantâneo (o antigo inode raiz) ainda aponta para os blocos antigos que não tenham sido atualizados. Portanto, ele fornece acesso ao sistema de arquivos como ele estava no momento em que o instantâneo foi gerado — e usa muito pouco espaço em disco para fazer isso. Em essência, o espaço em disco adicional ocupado por um instantâneo consiste apenas nos blocos que foram modificados desde que o instantâneo foi gerado.

Uma mudança importante em relação aos sistemas de arquivos mais convencionais é que o mapa de blocos livres tem mais de um bit por bloco. Ele é um mapa de bits com um bit ativado para cada instantâneo que está usando o bloco. Quando todos os instantâneos que usaram o bloco são excluídos, o mapa de bits para esse bloco fica apenas com zeros, e o bloco está livre para ser reutilizado. Blocos usados nunca são sobrepostos; portanto, as gravações são muito rápidas porque uma gravação pode ocorrer no bloco livre mais próximo da locação corrente do cabeçote. O WAFL ainda oferece muitas outras otimizações de desempenho.

Muitos instantâneos podem existir simultaneamente. Assim, pode ser gerado um instantâneo a cada hora do dia e a cada dia do mês. Um usuário com acesso a esses instantâneos pode acessar arquivos como eles estavam em qualquer um dos momentos em que os instantâneos foram tirados. O recurso do instantâneo também é útil para backups, teste, criação de versões, e assim por diante. O recurso do instantâneo no WAFL é muito eficiente no sentido de que nem mesmo requer que sejam feitas cópias-após-gravação de cada bloco de dados antes que o bloco seja modificado. Outros sistemas de arquivos fornecem instantâneos, mas geralmente com menos eficiência. Os instantâneos do WAFL são mostrados na Figura 12.17.

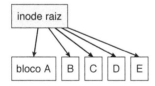

(a) Antes de um instantâneo.

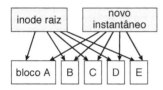

(b) Após um instantâneo, antes de qualquer alteração nos blocos.

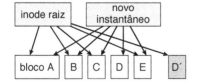

(c) Após o bloco D ter sido alterado para D'.

Figura 12.17 Instantâneos no WAFL.

Versões mais recentes do WAFL permitem instantâneos de leitura-gravação, conhecidos como **clones**. Os clones também são eficientes, utilizando as mesmas técnicas dos instantâneos. Nesse caso, um instantâneo somente-de-leitura captura o estado do sistema de arquivos, e um clone referencia esse instantâneo somente-de-leitura. Quaisquer gravações para o clone são armazenadas em novos blocos, e os ponteiros do clone são atualizados para referenciar esses novos blocos. O instantâneo original permanece inalterado, continuando a fornecer uma visão do sistema de arquivos em seu estado anterior à atualização do clone. Os clones também podem ser promovidos para substituir o sistema de arquivos original; isso envolve o descarte de todos os ponteiros antigos e quaisquer blocos antigos associados. Clones são úteis em testes e atualizações, já que a versão original é deixada intocada e o clone é excluído após o teste ser feito ou quando a atualização falha.

Outro recurso que resulta naturalmente da implementação do sistema de arquivos WAFL é a **replicação** — a duplicação e sincronização de um conjunto de dados em outro sistema por meio de uma rede. Primeiro, um instantâneo de um sistema de arquivos WAFL é duplicado em outro sistema. Quando outro instantâneo é tirado no sistema de origem, é relativamente fácil atualizar o sistema remoto pelo simples envio de todos os blocos contidos no novo instantâneo. Esses blocos são os que foram alterados entre os momentos em que os dois instantâneos foram tirados. O sistema remoto adiciona esses blocos ao sistema de arquivos e atualiza seus ponteiros, e o novo sistema passa a ser então uma duplicata do sistema de origem no momento do segundo instantâneo. A repetição desse processo mantém o sistema remoto como uma cópia quase atualizada do primeiro sistema. Essa replicação é usada na recuperação de desastres. Se o primeiro sistema for destruído, a maioria de seus dados estará disponível para uso no sistema remoto.

Finalmente, devemos observar que o sistema de arquivos ZFS suporta instantâneos, clones e replicação igualmente eficientes.

12.10 Resumo

O sistema de arquivos reside permanentemente em memória secundária que é projetada para manter um grande volume de dados de forma definitiva. A mídia de memória secundária mais comum é o disco.

Os discos físicos podem ser segmentados em partições para controlar o uso da mídia e permitir múltiplos sistemas de arquivos, possivelmente diferentes, no mesmo eixo. Esses sistemas de arquivos são montados em uma arquitetura de sistema de arquivos lógico que os torna disponíveis para uso. Sistemas de arquivos costumam ser implementados em uma estrutura em camadas ou modular. Os níveis inferiores lidam com as propriedades físicas dos dispositivos de armazenamento. Os níveis superiores lidam com nomes de arquivos simbólicos e propriedades lógicas dos arquivos. Os níveis intermediários mapeiam os conceitos dos arquivos lógicos para propriedades dos dispositivos físicos.

Qualquer tipo de sistema de arquivos pode ter diferentes estruturas e algoritmos. Uma camada VFS permite que camadas superiores lidem uniformemente com cada tipo de sistema de arquivos. Até mesmo sistemas de arquivos remotos podem ser integrados à estrutura de diretórios do sistema e manipulados por chamadas de sistema padrão por meio da interface VFS.

Os diversos arquivos podem ter espaço alocado em disco de três maneiras: por meio de alocação contígua, encadeada ou indexada. A alocação contígua pode sofrer de fragmentação externa. O acesso direto é muito ineficiente na alocação encadeada. A alocação indexada pode requerer um overhead significativo para seu bloco de índices. Esses algoritmos podem ser otimizados de muitas maneiras. O espaço contíguo pode ser ampliado por meio de extensões para aumentar a flexibilidade e diminuir a fragmentação externa. A alocação indexada pode ser feita em clusters de múltiplos blocos para aumentar o throughput e reduzir o número de entradas de índices necessárias. A indexação em grandes clusters é semelhante à alocação contígua com extensões.

Métodos de alocação do espaço livre também influenciam a eficiência do uso do espaço em disco, o desempenho do sistema de arquivos e a confiabilidade da memória secundária. Os métodos usados incluem vetores de bits e listas encadeadas. As otimizações incluem o agrupamento, a contagem e a FAT que insere a lista encadeada em uma área contígua.

As rotinas de gerenciamento de diretórios devem considerar a eficiência, o desempenho e a confiabilidade. Uma tabela de dispersão (tabela hash) é um método comumente usado, já que é rápido e eficiente. Infelizmente, um dano na tabela ou uma queda do sistema pode resultar em inconsistência entre as informações do diretório e o conteúdo do disco. Um verificador de consistência pode ser usado no reparo do dano. Ferramentas de backup do sistema operacional permitem que dados em disco sejam copiados em fita habilitando o usuário a se recuperar da perda de dados ou até mesmo da perda do disco por causa de falhas no hardware, bugs no sistema operacional ou erros do usuário.

Sistemas de arquivos em rede, como o NFS, utilizam a metodologia cliente-servidor para permitir que os usuários acessem arquivos e diretórios a partir de máquinas remotas como se estivessem em sistemas de arquivos locais. Chamadas de sistema no cliente são traduzidas para protocolos de rede e reconvertidas para operações de sistemas de arquivos no servidor. A conexão em rede e o acesso de múltiplos clientes geram desafios nas áreas de consistência de dados e desempenho.

Por causa do papel fundamental que os sistemas de arquivos desempenham na operação dos sistemas, seu desempenho e confiabilidade são cruciais. Técnicas como estruturas de log e armazenamento em cache ajudam a melhorar o desempenho, enquanto estruturas de log e esquemas RAID melhoram a confiabilidade. O sistema de arquivos WAFL é um exemplo de otimização de desempenho para atender a uma carga de I/O específica.

Exercícios Práticos

12.1 Considere um arquivo correntemente composto por 100 blocos. Suponha que o bloco de controle do arquivo (e o bloco de índices, em caso de alocação indexada) já esteja em memória. Calcule quantas operações de I/O de disco são necessárias para as estratégias de alocação contígua, encadeada e indexada (de nível único) se, para um bloco, as condições a seguir estiverem presentes. No caso da alocação contígua, assuma que não exista espaço para crescimento no começo do arquivo, mas exista no fim. Assuma também que as informações do bloco a serem adicionadas estão armazenadas na memória.

a. O bloco é adicionado ao início.
b. O bloco é adicionado no meio.
c. O bloco é adicionado ao fim.
d. O bloco é removido do início.
e. O bloco é removido do meio.
f. O bloco é removido do fim.

12.2 Que problemas poderiam ocorrer se um sistema permitisse que um sistema de arquivos fosse montado simultaneamente em mais de uma locação?

12.3 Por que o mapa de bits para alocação de arquivos deve ser mantido em memória de massa em vez de na memória principal?

12.4 Considere um sistema que suporte as estratégias de alocação contígua, encadeada e indexada. Que critérios devem ser usados para decidir qual estratégia é a melhor para um arquivo específico?

12.5 Um problema da alocação contígua é que o usuário deve pré-alocar espaço suficiente para cada arquivo. Se o arquivo crescer e ficar maior do que o espaço alocado para ele, devem ser tomadas medidas especiais. Uma solução para esse problema é definir uma estrutura de arquivo composta por uma área contígua inicial (de tamanho especificado). Se essa área for preenchida, o sistema operacional definirá automaticamente uma área de estouro que será encadeada à área contígua inicial. Se a área de estouro for preenchida, outra área de estouro será alocada. Compare essa implementação de um arquivo com as implementações-padrão contígua e encadeada.

12.6 Como os caches ajudam a melhorar o desempenho? Por que os sistemas não usam caches maiores ou em maior número se eles são tão úteis?

12.7 Por que é vantajoso para o usuário que um sistema operacional aloque dinamicamente suas tabelas internas? Que desvantagens isso traz para o sistema operacional?

12.8 Explique como a camada VFS permite que um sistema operacional suporte facilmente múltiplos tipos de sistemas de arquivos.

Exercícios

12.9 Considere um sistema de arquivos que use um esquema de alocação contígua modificado com suporte a extensões. Um arquivo é um conjunto de extensões, sendo cada extensão correspondente a um conjunto de blocos contíguos. Uma questão-chave nesses sistemas é o grau de variabilidade no tamanho das extensões. Quais são as vantagens e desvantagens dos esquemas a seguir?

a. Todas as extensões têm o mesmo tamanho, e o tamanho é predeterminado.
b. As extensões podem ter qualquer tamanho e são alocadas dinamicamente.
c. As extensões podem ter alguns tamanhos fixos, e esses tamanhos são predeterminados.

12.10 Compare o desempenho das três técnicas para alocação de blocos de disco (contígua, encadeada e indexada) tanto no acesso sequencial de arquivos quanto no acesso randômico.

12.11 Quais são as vantagens da variante da alocação encadeada que usa uma FAT para encadear juntos os blocos de um arquivo?

12.12 Considere um sistema em que o espaço livre seja mantido em uma lista de espaços livres.

a. Suponha que o ponteiro para a lista de espaços livres seja perdido. O sistema pode reconstruir a lista de espaços livres? Explique sua resposta.

b. Considere um sistema de arquivos semelhante ao usado pelo UNIX com alocação indexada. Quantas operações de I/O de disco podem ser necessárias para a leitura do conteúdo de um pequeno arquivo local em /a/b/c? Presuma que não haja blocos do disco correntemente armazenados em cache.

c. Sugira um esquema para assegurar que o ponteiro nunca seja perdido como resultado de falha na memória.

12.13 Alguns sistemas de arquivos permitem que a memória em disco seja alocada em diferentes níveis de granularidade. Por exemplo, um sistema de arquivos poderia alocar 4 KB de espaço em disco como um único bloco de 4 KB ou como oito blocos de 512 bytes. Como poderíamos tirar vantagem dessa flexibilidade para melhorar o desempenho? Que modificações teriam que ser feitas no esquema de gerenciamento do espaço livre para suportar esse recurso?

12.14 Discuta como otimizações de desempenho dos sistemas de arquivos podem resultar em dificuldades na manutenção da consistência dos sistemas em caso de quedas do computador.

12.15 Considere um sistema de arquivos em um disco com blocos lógicos e físicos de 512 bytes. Suponha que as informações sobre cada arquivo já estejam em memória. Para cada uma das três estratégias de alocação (contígua, encadeada e indexada), responda a estas perguntas:

a. Como o mapeamento de endereço lógico para físico é feito nesse sistema? (Para a alocação indexada, suponha que um arquivo terá sempre menos de 512 blocos.)

b. Se estamos correntemente no bloco lógico 10 (o último bloco acessado foi o bloco 10) e queremos acessar o bloco lógico 4, quantos blocos físicos devem ser lidos do disco?

12.16 Considere um sistema de arquivos que use inodes para representar arquivos. Os blocos de disco tem 8 KB e um ponteiro para um bloco de disco requer 4 bytes. Esse sistema de arquivos tem 12 blocos de disco diretos, assim como blocos de disco indiretos simples, duplos e triplos. Qual é o tamanho máximo de arquivo que pode ser armazenado nesse sistema de arquivos?

12.17 A fragmentação em um dispositivo de armazenamento pode ser eliminada pela recompactação das informações. Dispositivos de disco típicos não têm registradores base ou de relocação (como os usados quando a memória deve ser compactada). Desse modo, como podemos relocar arquivos? Cite três razões pelas quais a recompactação e a relocação de arquivos costumam ser evitadas.

12.18 Suponha que, em uma extensão específica de um protocolo de acesso a arquivos remotos, cada cliente mantenha um cache de nomes que armazene traduções de nomes de arquivos para os manipuladores de arquivos correspondentes. Que aspectos devemos levar em consideração na implementação do cache de nomes?

12.19 Explique por que o registro de atualizações de metadados em log assegura a recuperação de um sistema de arquivos após a sua queda.

12.20 Considere o esquema de backup a seguir:
- **Dia 1.** Copiar todos os arquivos do disco para uma mídia de backup.
- **Dia 2.** Copiar para outra mídia todos os arquivos alterados desde o dia 1.
- **Dia 3.** Copiar para outra mídia todos os arquivos alterados desde o dia 1.

Esse esquema difere do schedule fornecido na Seção 12.7.4 por fazer todos os backups subsequentes copiarem todos os arquivos modificados desde o primeiro backup completo. Quais são os benefícios desse sistema sobre o da Seção 12.7.4? Quais são as desvantagens? As operações de restauração tornam-se mais fáceis ou mais difíceis? Explique sua resposta.

Problemas de Programação

O exercício a seguir examina o relacionamento entre arquivos e inodes em um sistema UNIX ou Linux. Nesses sistemas, arquivos são representados com inodes. Isto é, um inode é um arquivo (e vice-versa). Você pode completar esse exercício na máquina virtual Linux que é fornecida com esse texto. Também pode completá-lo em qualquer sistema Linux, UNIX ou Mac OS X, mas será necessária a criação de dois arquivos de texto simples chamados file1.txt e file3.txt cujos conteúdos são frases exclusivas.

12.21 No código-fonte disponível com este texto, abra file1.txt e examine seu conteúdo. Em seguida, obtenha o número de inode desse arquivo com o comando

```
ls -li file1.txt
```

Isso produzirá uma saída semelhante à seguinte:

```
16980 -rw-r--r-- 2 os os 22 Sep 14
16:13 file1.txt
```

em que o número do inode está em negrito. (O número do inode de file1.txt pode ser diferente em seu sistema.)

O comando ln do UNIX cria um link entre um arquivo de origem e um arquivo-alvo. Esse comando funciona assim:

```
ln [-s] <source file> <target file>
```

O UNIX fornece dois tipos de links: (1) **links diretos** e (2) **links indiretos**. Um link direto cria um arquivo-alvo separado com o mesmo inode do arquivo de origem. Digite o comando a seguir para criar um link direto entre file1.txt e file2.txt:

```
ln file1.txt file2.txt
```

Quais são os valores de inode de file1.txt e file2.txt? Eles são iguais ou diferentes? Os dois arquivos têm conteúdos iguais ou diferentes?

Em seguida, edite file2.txt e altere seu conteúdo. Após fazê-lo, examine o conteúdo de file1.txt. Os conteúdos de file1.txt e file2.txt são iguais ou diferentes?

Agora, dê entrada no comando a seguir que remove file1.txt:

```
rm file1.txt
```

O arquivo `file2.txt` continua existindo?

Examine agora as páginas do manual (man pages) para os comandos `rm` e `unlink`. Depois, remova `file2.txt` dando entrada no comando

```
strace rm file2.txt
```

O comando `strace` rastreia a execução de chamadas de sistema enquanto o comando `rm file2.txt` é executado. Que chamada de sistema é usada para a remoção de `file2.txt`?

Um link indireto (ou link simbólico) cria um novo arquivo que "aponta" para o nome do arquivo ao qual ele está vinculado. No código-fonte disponível com este texto, crie um link indireto para `file3.txt` dando entrada no comando a seguir:

```
ln -s file3.txt file4.txt
```

Após fazê-lo, obtenha os números de inode de `file3.txt` e `file4.txt` usando o comando

```
ls -li file*.txt
```

Os inodes são iguais ou cada um deles é exclusivo? Agora, edite o conteúdo de `file4.txt`. O conteúdo de `file3.txt` também foi alterado? Finalmente, exclua `file3.txt`. Após fazê-lo, explique o que acontece quando você tenta editar `file4.txt`.

Notas Bibliográficas

O sistema FAT do MS-DOS é explicado em [Norton e Wilton (1988)]. Os mecanismos internos do sistema BSD UNIX são abordados com detalhes em [McKusick e Neville-Neil (2005)]. Detalhes referentes a sistemas de arquivos para o Linux podem ser encontrados em [Love (2010)]. O sistema de arquivos do Google é descrito em [Ghemawat et al. (2003)]. O FUSE pode ser encontrado em http://fuse.sourceforge.net.

Organizações de arquivos estruturadas em log para a melhoria tanto do desempenho quanto da consistência são discutidas em [Rosenblum e Ousterhout (1991)], [Seltzer et al. (1993)] e [Seltzer et al. (1995)]. Algoritmos como as árvores balanceadas (e muitos outros) são abordados por [Knuth (1998)] e [Cormen et al. (2009)]. [Silvers (2000)] discute a implementação do cache de páginas no sistema operacional NetBSD. O código-fonte do ZFS para mapas de espaço pode ser encontrado em http://src.opensolaris.org/source/xref/onnv/onnv-gate/usr/src/uts/common/fs/zfs/space_map.c.

O sistema de arquivos em rede (NFS) é discutido em [Callaghan (2000)]. O NFS versão 4 é um padrão descrito em http://www.ietf.org/rfc/rfc3530.txt. [Ousterhout (1991)] discute o papel do estado distribuído de sistemas de arquivos em rede. Projetos estruturados em log para sistemas de arquivos em rede são propostos em [Hartman e Ousterhout (1995)] e [Thekkath et al. (1997)]. O NFS e o sistema de arquivos do UNIX (UFS) são descritos em [Vahalia (1996)] e [Mauro e McDougall (2007)]. O sistema de arquivos NTFS é explicado em [Solomon (1998)]. O sistema de arquivos Ext3 usado no Linux é descrito em [Mauerer (2008)] e o sistema de arquivos WAFL é abordado em [Hitz et al. (1995)]. A documentação do ZFS pode ser encontrada em http://www.opensolaris.org/os/community/ZFS/docs.

Bibliografia

[Callaghan (2000)] B. Callaghan, *NFS Illustrated*, Addison-Wesley (2000).

[Cormen et al. (2009)] T. H. Cormen, C. E. Leiserson, R. L. Rivest e C. Stein, *Introduction to Algorithms*, terceira edição, MIT Press (2009).

[Ghemawat et al. (2003)] S. Ghemawat, H. Gobioff e S.-T. Leung, "The Google File System", *Proceedings of the ACM Symposium on Operating Systems Principles* (2003).

[Hartman e Ousterhout (1995)] J. H. Hartman e J. K. Ousterhout, "The Zebra Striped Network File System", *ACM Transactions on Computer Systems*, Volume 13, número 3 (1995), páginas 274-310.

[Hitz et al. (1995)] D. Hitz, J. Lau e M. Malcolm, "File System Design for an NFS File Server Appliance", relatório técnico, Net App (1995).

[Knuth (1998)] D. E. Knuth, *The Art of Computer Programming, Volume 3: Sorting and Searching*, segunda edição, Addison-Wesley (1998).

[Love (2010)] R. Love, *Linux Kernel Development*, terceira edição, Developer's Library (2010).

[Mauerer (2008)] W. Mauerer, *Professional Linux Kernel Architecture*, John Wiley and Sons (2008).

[Mauro e McDougall (2007)] J. Mauro e R. McDougall, *Solaris Internals: Core Kernel Architecture*, Prentice Hall (2007).

[McKusick e Neville-Neil (2005)] M. K. McKusick e G. V. Neville-Neil, *The Design and Implementation of the FreeBSD UNIX Operating System*, Addison Wesley (2005).

[Norton e Wilton (1988)] P. Norton e R. Wilton, *The New Peter Norton Programmer's Guide to the IBM PC & PS/2*, Microsoft Press (1988).

[Ousterhout (1991)] J. Ousterhout. "The Role of Distributed State". *In CMU Computer Science: a 25th Anniversary Commemorative*, R. F. Rashid, Ed., Addison-Wesley (1991).

[Rosenblum e Ousterhout (1991)] M. Rosenblum e J. K. Ousterhout, "The Design and Implementation of a Log-Structured File System", *Proceedings of the ACM Symposium on Operating Systems Principles* (1991), páginas 1-15.

[Seltzer et al. (1993)] M. I. Seltzer, K. Bostic, M. K. McKusick e C. Staelin, "An Implementation of a Log-Structured File System for UNIX", *USENIX Winter* (1993), páginas 307-326.

[Seltzer et al. (1995)] M. I. Seltzer, K. A. Smith, H. Balakrishnan, J. Chang, S. McMains e V. N. Padmanabhan, "File System Logging Versus Clustering: A Performance Comparison", *USENIX Winter* (1995), páginas 249-264.

[Silvers (2000)] C. Silvers, "UBC: An Efficient Unified I/O and Memory Caching Subsystem for NetBSD", *USENIX Annual Technical Conference — FREENIX Track* (2000).

[Solomon (1998)] D. A. Solomon, *Inside Windows NT*, segunda edição, Microsoft Press (1998).

[Thekkath et al. (1997)] C. A. Thekkath, T. Mann e E. K. Lee, "Frangipani: A Scalable Distributed File System", *Symposium on Operating Systems Principles* (1997), páginas 224-237.

[Vahalia (1996)] U. Vahalia, *Unix Internals: The New Frontiers*, Prentice Hall (1996).

CAPÍTULO 13

Sistemas de I/O

As duas tarefas principais de um computador são I/O e processamento. Em muitos casos, a principal tarefa é o I/O, e o processamento é meramente incidental. Por exemplo, quando navegamos em uma página da web ou editamos um arquivo, nosso interesse imediato é ler ou dar entrada em alguma informação, e não computar uma resposta.

O papel do sistema operacional no I/O do computador é gerenciar e controlar operações e dispositivos de I/O. Embora tópicos relacionados apareçam em outros capítulos, aqui juntamos as peças para pintar um quadro completo do I/O. Em primeiro lugar, descrevemos os aspectos básicos do hardware de I/O, já que a natureza da interface de hardware impõe restrições aos recursos internos do sistema operacional. Em seguida, discutimos os serviços de I/O fornecidos pelo sistema operacional e a incorporação desses serviços na interface de I/O das aplicações. Então, explicamos como o sistema operacional faz a ponte entre a interface de hardware e a interface das aplicações. Também discutimos o mecanismo STREAMS do UNIX System V, que habilita uma aplicação a montar pipelines de código de drivers dinamicamente. Finalmente, discutimos os aspectos do desempenho de I/O e os princípios de projeto do sistema operacional que melhoram o desempenho de I/O.

> ### OBJETIVOS DO CAPÍTULO
>
> - Explorar a estrutura do subsistema de I/O de um sistema operacional.
> - Discutir os princípios e as complexidades do hardware de I/O.
> - Explicar os aspectos de desempenho do hardware e do software de I/O.

13.1 Visão Geral

O controle de dispositivos conectados ao computador é uma grande preocupação dos projetistas de sistemas operacionais. Já que os dispositivos de I/O variam tanto em sua função e velocidade (considere um mouse, um disco rígido e um robô de fita), são necessários métodos variados para controlá-los. Esses métodos formam o subsistema de I/O do kernel que separa o resto do kernel das complexidades de gerenciamento dos dispositivos de I/O.

A tecnologia de dispositivos de I/O exibe duas tendências conflitantes. Por um lado, vemos a crescente padronização de interfaces de software e hardware. Essa tendência ajuda-nos a incorporar gerações de dispositivos aperfeiçoados em computadores e sistemas operacionais existentes. Por outro lado, vemos uma variedade cada vez maior de dispositivos de I/O. Alguns dispositivos novos são tão diferentes dos dispositivos anteriores, que é um desafio a sua incorporação aos nossos computadores e sistemas operacionais. Esse desafio é superado por uma combinação de técnicas de hardware e software. Os elementos básicos do hardware de I/O, como portas, buses e controladores de dispositivos, acomodam uma grande variedade de dispositivos de I/O. Para encapsular os detalhes e peculiaridades de diferentes dispositivos, o kernel de um sistema operacional é estruturado para usar módulos de drivers de dispositivos. Os **drivers de dispositivos** apresentam uma interface uniforme de acesso aos dispositivos para o subsistema de I/O, semelhante a como as chamadas de sistema fornecem uma interface-padrão entre a aplicação e o sistema operacional.

13.2 Hardware de I/O

Os computadores operam muitos tipos de dispositivos. A maioria enquadra-se nas categorias gerais de dispositivos de armazenamento (discos, fitas), dispositivos de transmissão (conexões de rede, Bluetooth) e dispositivos de interface humana (tela, teclado, mouse, entrada e saída de áudio). Outros dispositivos são mais especializados, como os envolvidos na pilotagem de um jato. Nessas aeronaves, uma pessoa fornece entradas para o computador de voo por meio de um joystick e de pedais, e o computador envia comandos de saída que fazem os motores acionarem os lemes, os flaps e o combustível para as máquinas. Apesar da incrível variedade de dispositivos de I/O, no entanto, precisamos apenas de alguns conceitos para entender como eles são conectados e como o software pode controlar o hardware.

Um dispositivo comunica-se com um sistema de computação enviando sinais por um cabo ou até mesmo através do ar. O dispositivo se comunica com a máquina por um ponto de conexão, ou **porta** — por exemplo, uma porta serial. Quando os dispositivos compartilham um conjunto de fios, a conexão é chamada de bus. Um **bus** é um conjunto de fios e um protocolo rigidamente definido que especifica um conjunto de mensagens que podem ser enviadas nos fios. Em termos de eletrônica, as mensagens são transmitidas por padrões de voltagens elétricas aplicados aos fios em intervalos de tempo definidos. Quando o dispositivo *A* tem um cabo que se conecta ao dispositivo *B*, o dispositivo *B* tem um cabo que se conecta ao dispositivo *C*, e o dispositivo *C* se conecta a uma porta no computador, essa configuração é chamada de cadeia margarida. Uma cadeia margarida opera usualmente como um bus.

Os buses são amplamente usados na arquitetura de computadores e variam em seus métodos de sinalização, em velocidade, no throughput e nos métodos de conexão. Uma estrutura típica de bus de PC é mostrada na Figura 13.1. Na figura, um bus PCI (o bus comum em um sistema PC) conecta o subsistema processador-memória aos dispositivos rápidos, e um bus de expansão conecta dispositivos relativamente lentos, como o teclado e as portas serial e USB. Na parte superior direita da figura, quatro discos estão conectados, juntos, em um bus Small Computer System Interface (SCSI) conectado a um controlador SCSI. Outros buses comuns usados para interconectar as partes principais de um computador incluem o PCI Express (PCIe), com throughput de até 16 GB por segundo, e o Hyper-Transport, com throughput de até 25 GB por segundo.

Um controlador é um conjunto de componentes eletrônicos que podem operar uma porta, um bus ou um dispositivo. Um controlador de porta serial é um controlador de dispositivo simples. Trata-se de um chip individual (ou parte de um chip) no computador que controla os sinais nos fios de uma porta serial. Por outro lado, um controlador de bus SCSI não é simples. Como o protocolo SCSI é complexo, o controlador de bus SCSI costuma ser implementado como uma placa de circuito separada (ou um adaptador hospedeiro) que é conectada ao computador. Ele contém, tipicamente, um processador, microcódigo e alguma memória privada para habilitá-lo a processar as mensagens do protocolo SCSI. Alguns dispositivos têm seus próprios controladores embutidos. Se você examinar um drive de disco, verá uma placa de circuito anexada a um dos lados. Essa placa é o controlador de disco, que implementa a parte do protocolo referente ao disco para algum tipo de conexão — SCSI ou Serial Advanced Technology Attachment (SATA), por exemplo. Possui microcódigo e um processador para executar várias tarefas, como o mapeamento de setores danificados, a pré-busca, o armazenamento em buffer e o armazenamento em cache.

Como o processador pode fornecer comandos e dados a um controlador para realizar uma transferência de I/O? Uma resposta resumida é que o controlador tem um ou mais registradores para dados e sinais de controle. O processador comunica-se com o controlador lendo e gravando padrões de bits nesses registradores. Uma forma pela qual essa comunicação pode ocorrer é através do uso de instruções de I/O especiais que determinam a transferência de um byte ou palavra para um endereço de porta de I/O. A instrução de I/O dispara linhas de bus para selecionar o dispositivo apropriado e mover bits para dentro e para fora de um registrador de dispositivo. Alternativamente, o controlador do dispositivo pode suportar I/O mapeado para a memória. Nesse caso, os registradores de controle do dispositivo são mapeados para o espaço de endereçamento do processador. A CPU executa solicitações de I/O usando as instruções-padrão de transferência de dados para ler e gravar os registradores de controle de dispositivos em suas locações mapeadas na memória física.

Alguns sistemas usam as duas técnicas. Por exemplo, os PCs usam instruções de I/O para controlar alguns dispositivos, e o I/O mapeado para a memória para controlar outros. A Figura 13.2 mostra os endereços usuais de portas de I/O para PCs. O controlador gráfico tem portas de I/O para operações básicas de controle, mas possui uma grande região mapeada na memória para armazenar conteúdos de tela. O processo envia a saída para a tela gravando dados na região mapeada na memória. O controlador gera a imagem da tela com base nos conteúdos dessa memória. Essa técnica é simples de usar. Além disso, a gravação de milhões de bytes na memória gráfica é mais rápida do que a emissão de milhões de instruções de I/O. Mas a facilidade de gravar em um controlador de I/O mapeado para a memória apresenta uma desvantagem. Já que um tipo comum de falha de software é a gravação em uma região não desejada de memória por um ponteiro incorreto, um registrador de dispositivo mapeado para a memória está sujeito a uma modificação acidental. Naturalmente, a memória protegida ajuda a reduzir esse risco.

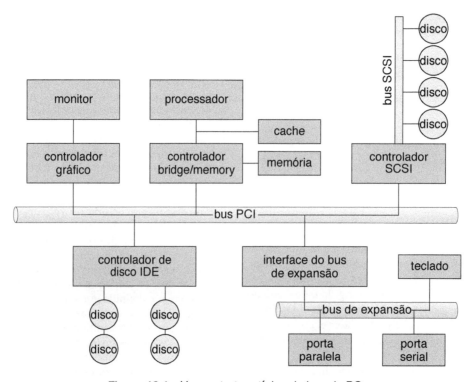

Figura 13.1 Uma estrutura típica de bus de PC.

intervalo de endereços de I/O (hexadecimal)	dispositivo
000–00F	controlador de DMA
020–021	controlador de interrupções
040–043	timer
200–20F	controlador de jogos
2F8–2FF	porta serial (secundária)
320–32F	controlador de disco rígido
378–37F	porta paralela
3D0–3DF	controlador gráfico
3F0–3F7	controlador de drive de disquete
3F8–3FF	porta serial (primária)

Figura 13.2 Locações de portas de I/O de dispositivos nos PCs (parcial).

Uma porta de I/O consiste, tipicamente, em quatro registradores, chamados de registradores de *status*, controle, dados de entrada e dados de saída.

- O registrador de dados de entrada é lido pelo hospedeiro para a obtenção de entradas.
- O registrador de dados de saída é gravado pelo hospedeiro para o envio de saídas.
- O registrador de *status* contém bits que podem ser lidos pelo hospedeiro. Esses bits indicam estados, tais como se o comando corrente foi concluído, se um byte está disponível para ser lido a partir do registrador de dados de entrada, e se ocorreu um erro de dispositivo.
- O registrador de controle pode ser gravado pelo hospedeiro para iniciar um comando ou alterar a modalidade de um dispositivo. Por exemplo, determinado bit no registrador de controle de uma porta serial seleciona entre a comunicação full-duplex e half-duplex, outro bit habilita a verificação de paridade, um terceiro bit estabelece o tamanho da palavra como 7 ou 8 bits, e outros bits selecionam uma das velocidades suportadas pela porta serial.

Os registradores de dados têm, tipicamente, de 1 a 4 bytes de tamanho. Alguns controladores têm chips FIFO que podem manter vários bytes de dados de entrada ou de saída para expandir a capacidade do controlador para além do tamanho do registrador de dados. Um chip FIFO pode manter um pequeno pico de dados até que o dispositivo ou hospedeiro seja capaz de receber tais dados.

13.2.1 Sondagem (Polling)

O protocolo completo para interação entre o hospedeiro e um controlador pode ser intricado, mas a noção básica do aperto de mãos é simples. Explicamos o aperto de mãos com um exemplo. Suponha que 2 bits sejam usados para coordenar o relacionamento produtor-consumidor entre o controlador e o hospedeiro. O controlador indica seu estado através do bit `busy` no registrador `status`. (Lembre que *ligar* um bit significa gravar um 1 no bit, e *desligar* um bit significa gravar um 0 no bit). O controlador liga o bit `busy` quando está ocupado trabalhando e desliga o bit `busy` quando está pronto para aceitar o próximo comando. O hospedeiro sinaliza o que deseja através do bit `command-ready` no registrador `command`. O hospedeiro liga o bit `command-ready` quando um comando está disponível para a execução pelo controlador. Nesse exemplo, o hospedeiro grava a saída por meio de uma porta, coordenando-se com o controlador por meio do aperto de mãos, como descrito a seguir:

1. O hospedeiro lê repetidamente o bit `busy` até que ele seja desligado.
2. O hospedeiro liga o bit `write` no registrador `command` e grava um byte no registrador `data-out`.
3. O hospedeiro liga o bit `command-ready`.
4. Quando o controlador nota que o bit `command-ready` está ligado, ele liga o bit `busy`.
5. O controlador lê o registrador `command` e vê o comando `write`. Ele lê o registrador `data-out` para obter o byte e executa o I/O para o dispositivo.
6. O controlador desliga o bit `command-ready`, desliga o bit `error` no registrador de *status* para indicar que o I/O do dispositivo foi bem-sucedido, e desliga o bit `busy` para indicar que terminou.

Esse loop é repetido para cada byte.

No passo 1, o hospedeiro está esperando em ação ou sondando: ele está em um loop, lendo o registrador `status` repetidamente até que o bit `busy` seja desligado. Quando o controlador e o dispositivo são rápidos, esse método é aceitável. Mas, se a espera for longa, pode ser melhor o hospedeiro passar para outra tarefa. Como, então, o hospedeiro saberá quando o controlador se tornou ocioso? Para alguns dispositivos, o hospedeiro deve atender ao dispositivo rapidamente, ou os dados serão perdidos. Por exemplo, quando os dados estão fluindo por uma porta serial ou a partir de um teclado, o pequeno buffer do controlador estourará e os dados serão perdidos se o hospedeiro esperar demais antes de voltar a ler os bytes.

Em muitas arquiteturas de computador, três ciclos de instruções de CPU são suficientes para a sondagem de um dispositivo: executar `read` em um registrador de dispositivo, executar `logical--and` para extrair um bit de *status*, e executar `branch` se não for zero. Obviamente, a operação básica de sondagem é

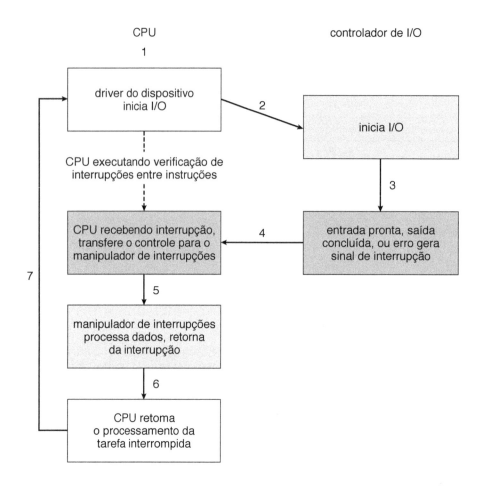

Figura 13.3 Ciclo de I/O dirigido por interrupções.

eficiente. Mas a sondagem torna-se ineficiente quando é tentada repetidamente; mesmo assim, raramente encontra um dispositivo pronto para o serviço, enquanto outros processamentos úteis da CPU permanecem não executados. Nesses casos, pode ser mais eficiente fazer com que o controlador de hardware notifique a CPU no momento em que o dispositivo se tornar pronto para o serviço, em vez de exigir que a CPU sonde repetidamente a conclusão de um I/O. O mecanismo de hardware que habilita um dispositivo para notificar a CPU é chamado de interrupção.

13.2.2 Interrupções

O mecanismo básico de interrupção funciona como descrito a seguir. O hardware da CPU tem um fio chamado linha de solicitação de interrupção que a CPU examina após executar cada instrução. Quando a CPU detecta que um controlador confirmou um sinal na linha de solicitação de interrupção, ela executa um salvamento de estado e salta para a rotina de manipulação de interrupções em um endereço fixo na memória. O manipulador de interrupções determina a causa da interrupção, executa o processamento necessário, realiza uma restauração de estado e executa uma instrução `return from interrupt` para retornar a CPU ao estado de execução anterior à interrupção. Dizemos que o controlador do dispositivo *lança* uma interrupção ao confirmar um sinal na linha de solicitação de interrupção, a CPU *captura* a interrupção e a *despacha* para o manipulador de interrupções, e o manipulador

desativa a interrupção ao atender ao dispositivo. A Figura 13.3 resume o ciclo de I/O dirigido por interrupções. Estamos dando ênfase ao gerenciamento de interrupções neste capítulo porque até mesmo os sistemas monousuários modernos gerenciam centenas de interrupções por segundo e os servidores manipulam centenas de milhares por segundo.

O mecanismo básico de interrupção que acabamos de descrever habilita a CPU a responder a um evento assíncrono, como quando um controlador de dispositivo está pronto para o serviço. Em um sistema operacional moderno, no entanto, precisamos de recursos de manipulação de interrupções mais sofisticados.

1. Precisamos da capacidade de retardar a manipulação de interrupções durante processamento crítico.
2. Precisamos de uma forma eficiente de despachar para o manipulador de interrupções apropriado de um dispositivo, sem antes sondar todos os dispositivos para saber qual deles lançou a interrupção.
3. Precisamos de interrupções multiníveis para que o sistema operacional possa diferenciar interrupções de alta e baixa prioridade e possa responder com o grau apropriado de urgência.

No hardware dos computadores modernos, esses três recursos são fornecidos pela CPU e pelo hardware controlador de interrupções.

A maioria das CPUs tem duas linhas de solicitação de interrupção. Uma é a interrupção não mascarável que é reservada para eventos tais como erros de memória irrecuperáveis. A outra linha de interrupção é mascarável: ela pode ser desativada pela CPU antes da execução de sequências de instruções críticas que não devem ser interrompidas. A interrupção mascarável é usada pelos controladores de dispositivos para solicitar serviço.

O mecanismo de interrupção aceita um endereço — um número que seleciona uma rotina de manipulação de interrupções específica em um pequeno conjunto. Na maioria das arquiteturas, esse endereço é um deslocamento em uma tabela chamada de vetor de interrupções. Esse vetor contém os endereços de memória de manipuladores de interrupções especializados. A finalidade de um mecanismo de interrupções vetorizado é reduzir a necessidade de um manipulador de interrupções único que pesquise todas as fontes de interrupções possíveis para determinar qual delas precisa ser atendida. Na prática, no entanto, os computadores têm mais dispositivos (e, portanto, mais manipuladores de interrupções) do que elementos de endereço no vetor de interrupções. Uma forma comum de resolver esse problema é usar o encadeamento de interrupções, em que cada elemento no vetor de interrupções aponta para a cabeça de uma lista de manipuladores de interrupções. Quando uma interrupção é lançada, os manipuladores na lista correspondente são chamados um a um, até ser encontrado um que possa atender à solicitação. Essa estrutura é uma solução conciliatória entre o overhead de uma enorme tabela de interrupções e a ineficiência do despacho para um único manipulador de interrupções.

A Figura 13.4 ilustra o projeto do vetor de interrupções para o processador Pentium da Intel. Os eventos de 0 a 31, que são não mascaráveis, são usados para sinalizar várias condições de erro. Os eventos de 32 a 255, que são mascaráveis, são usados para finalidades como interrupções geradas por dispositivos.

O mecanismo de interrupção também implementa um sistema de níveis de prioridades de interrupções. Esses níveis habilitam a CPU a retardar a manipulação de interrupções de baixa prioridade sem mascarar todas as interrupções e torna possível que uma interrupção de alta prioridade intercepte a execução de uma interrupção de baixa prioridade.

Um sistema operacional moderno interage com o mecanismo de interrupção de várias maneiras. Em tempo de inicialização, o sistema operacional sonda os buses de hardware para determinar quais dispositivos estão presentes e instala os manipuladores de interrupção correspondentes no vetor de interrupções. Durante o I/O, os diversos controladores de dispositivos lançam interrupções quando estão prontos para serviço. Essas interrupções significam que a saída foi concluída, que dados de entrada estão disponíveis, ou que uma falha foi detectada. O mecanismo de interrupção também é usado para manipular uma grande variedade de exceções, como a divisão por zero, o acesso a um endereço de memória protegido ou inexistente ou a tentativa de executar uma instrução privilegiada em modalidade de usuário. Os eventos que disparam interrupções têm uma propriedade em comum: são ocorrências que induzem o sistema operacional a executar uma rotina autocontida urgente.

Um sistema operacional tem outras boas aplicações para um mecanismo de hardware e software eficiente que salve um pequeno montante de estados do processador e, então, chame uma rotina privilegiada no kernel. Por exemplo, muitos sistemas operacionais usam o mecanismo de interrupção para a paginação da memória virtual. Um erro de página é uma exceção que lança uma interrupção. A interrupção suspende o processo corrente e salta para o manipulador de erros de página no kernel. Esse manipulador salva o estado do processo, move o processo para a fila de espera, executa o gerenciamento do cache de pá-

número do vetor	descrição
00	erro de divisão
01	exceção de depuração
02	interrupção nula
03	ponto de interrupção
04	estouro INTO detectado
05	exceção de intervalo limite
06	código de operação inválido
07	dispositivo não disponível
08	erro duplo
09	sobrecarga do segmento do coprocessador (reservado)
10	segmento de estado de tarefa inválido
11	segmento não presente
12	erro de pilha
13	proteção geral
14	erro de página
15	(reservado para a Intel, não use)
16	erro de ponto flutuante
17	verificação de alinhamento
18	verificação de máquina
19–31	(reservado para a Intel, não use)
32–255	interrupções mascaráveis

Figura 13.4 Tabela de vetores de eventos do processador Pentium da Intel.

ginas, inclui no schedule uma operação de I/O para buscar a página, inclui no schedule outro processo para retomar a execução e, então, retorna da interrupção.

Outro exemplo é encontrado na implementação de chamadas de sistema. Usualmente, um programa usa chamadas de bibliotecas para emitir chamadas de sistema. As rotinas de biblioteca verificam os argumentos fornecidos pela aplicação, constroem uma estrutura de dados para transportar os argumentos para o kernel e, então, executam uma instrução especial chamada **interrupção de software**, ou **interceptação**. Essa instrução tem um operando que identifica o serviço de kernel desejado. Quando um processo executa a instrução de interceptação, o hardware de interrupções salva o estado do código do usuário, passa para a modalidade de kernel e despacha para a rotina do kernel que implementa o serviço solicitado. A interceptação recebe uma prioridade de interrupção relativamente baixa comparada às atribuídas a interrupções de dispositivos — a execução de uma chamada de sistema em nome de uma aplicação é menos urgente do que atender a um controlador de dispositivos antes que sua fila FIFO estoure e perca dados.

As interrupções também podem ser usadas para gerenciar o fluxo de controle dentro do kernel. Por exemplo, considere o caso de o processamento requerido completar uma leitura em disco. Um passo é copiar dados do espaço do kernel para o buffer do usuário. Essa cópia é demorada, mas não urgente — ela não deve bloquear a manipulação de outras interrupções de alta prioridade. Outro passo é iniciar o próximo I/O pendente para esse drive de disco. Esse passo tem prioridade mais alta. Se quisermos usar os discos eficientemente, precisamos iniciar o próximo I/O assim que o anterior se completar. Consequentemente, um par de manipuladores de interrupções implementa o código do kernel que completa uma leitura em disco. O manipulador de alta prioridade registra o *status* do I/O, desativa a interrupção do dispositivo, inicia o próximo I/O pendente e lança uma interrupção de baixa prioridade para concluir o trabalho. Posteriormente, quando a CPU não estiver ocupada com trabalho de alta prioridade, a interrupção de baixa prioridade será despachada. O manipulador correspondente completa o I/O de nível de usuário copiando dados dos buffers do kernel para o espaço da aplicação e chamando, depois, o scheduler para inserir a aplicação na fila de prontos.

Uma arquitetura de kernel com threads é bem adequada à implementação de múltiplas prioridades de interrupções e à imposição da precedência da manipulação de interrupções sobre o processamento de background, em rotinas do kernel e de aplicações. Ilustramos esse ponto com o kernel do Solaris. No Solaris, os manipuladores de interrupções são executados como threads do kernel. Um intervalo de prioridades altas é reservado para esses threads. Essas prioridades dão aos manipuladores de interrupções precedência sobre códigos de aplicações e a manutenção do kernel e implementam os relacionamentos de prioridade entre manipuladores de interrupções. As prioridades fazem com que o scheduler de threads do Solaris intercepte manipuladores de interrupções de baixa prioridade em favor dos de alta prioridade, e a implementação com threads habilita o hardware multiprocessador a executar vários manipuladores de interrupções concorrentemente. Descrevemos a arquitetura de interrupções do Windows XP e do UNIX no Capítulo 19 e no Apêndice A, respectivamente.

Resumindo, as interrupções são usadas em todos os sistemas operacionais modernos para manipular eventos assíncronos e fazer interceptações para rotinas de modalidade de supervisor no kernel. Para permitir que o trabalho mais urgente seja executado primeiro, os computadores modernos usam um sistema de prioridades de interrupções. Os controladores de dispositivos, as falhas de hardware e as chamadas de sistema lançam interrupções para disparar rotinas do kernel. Já que as interrupções são tão usadas em processamento de tempo crítico, a manipulação de interrupções eficiente é necessária para o bom desempenho do sistema.

13.2.3 Acesso Direto à Memória

Para um dispositivo que faz grandes transferências, como, por exemplo, um drive de disco, parece desperdício usar um caro processador de uso geral na verificação de bits de *status* e na alimentação de dados, byte a byte, em um registrador de controlador — um processo chamado **I/O programado** (PIO — *programmed I/O*). Muitos computadores evitam sobrecarregar a CPU principal com PIO, descarregando parte desse trabalho para um processador de uso específico chamado controlador de **acesso direto à memória** (DMA — *direct-memory-access*). Para iniciar uma transferência DMA, o hospedeiro grava um bloco de comando DMA na memória. Esse bloco contém um ponteiro para a origem da transferência, um ponteiro para o destino da transferência, e uma contagem do número de bytes a serem transferidos. A CPU grava o endereço desse bloco de comando no controlador de DMA e, então, continua com outra tarefa. O controlador de DMA passa a operar o bus da memória diretamente, inserindo endereços no bus para executar transferências sem a ajuda da CPU principal. Um controlador de DMA simples é um componente-padrão em todos os computadores modernos, dos smartphones aos mainframes.

O aperto de mãos entre o controlador de DMA e o controlador do dispositivo é executado por um par de fios chamados **solicitação de DMA** (*DMA — request*) e **reconhecimento de DMA** (*DMA — acknowledge*). O controlador do dispositivo insere um sinal no fio de solicitação de DMA quando uma palavra de dados está disponível para transferência. Esse sinal faz com que o controlador de DMA se aproprie do bus da memória, insira o endereço desejado nos fios de endereços da memória e insira um sinal no fio de reconhecimento de DMA. Quando o controlador do dispositivo recebe o sinal no fio de reconhecimento de DMA, ele transfere a palavra de dados para a memória e remove o sinal do fio de solicitação de DMA.

Quando a transferência inteira termina, o controlador de DMA interrompe a CPU. Esse processo é mostrado na Figura 13.5. Quando o controlador de DMA se apropria do bus da memória, a CPU é momentaneamente impedida de acessar a memória principal, mas ainda pode acessar itens de dados em seus caches primário e secundário. Embora esse **roubo de ciclos** possa retardar a computação da CPU, a descarga do trabalho de transferência de dados para um controlador de DMA geralmente melhora o desempenho total do sistema. Algumas arquiteturas de computadores usam endereços de memória física para o DMA, mas outras executam o **acesso direto à memória virtual** (*DVMA — direct virtual memory access*), usando endereços virtuais que passam por uma tradução para endereços físicos. O DVMA pode executar uma transferência entre dois dispositivos mapeados para a memória sem a intervenção da CPU ou o uso da memória principal.

Em kernels de modalidade protegida, o sistema operacional geralmente impede que os processos emitam comandos de dispositivos diretamente. Essa disciplina protege os dados contra violações de controle de acesso e também protege o sistema contra o uso incorreto de controladores de dispositivos que poderia causar uma queda do sistema. Em vez disso, o sistema operacional exporta funções que um processo suficientemente

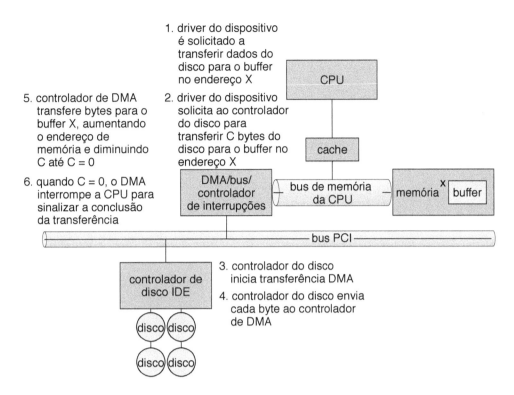

Figura 13.5 Passos em uma transferência DMA.

privilegiado possa usar para acessar operações de baixo nível no hardware subjacente. Em kernels sem proteção de memória, os processos podem acessar os controladores de dispositivos diretamente. Esse acesso direto pode ser usado para alcançar alto desempenho, já que ele pode evitar a comunicação com o kernel, mudanças de contexto e camadas de software no kernel. Infelizmente, ele interfere na segurança e estabilidade do sistema. A tendência em sistemas operacionais de uso geral é proteger a memória e os dispositivos para que o sistema possa tentar se resguardar de aplicações incorretas ou maliciosas.

13.2.4 Resumo do Hardware de I/O

Embora os aspectos do hardware de I/O sejam complexos quando considerados no nível de detalhe do projeto de componentes eletrônicos, os conceitos que acabamos de descrever são suficientes para nos habilitar a entender muitos recursos de I/O dos sistemas operacionais. Vamos revisar os conceitos principais:

- Um bus
- Um controlador
- Uma porta de I/O e seus registradores
- O relacionamento de aperto de mãos entre o hospedeiro e um controlador de dispositivos
- A execução desse aperto de mãos em um loop de sondagem ou por meio de interrupções
- A delegação desse trabalho a um controlador de DMA para grandes transferências

Anteriormente, nesta seção, fornecemos um exemplo básico do aperto de mãos que tem lugar entre um controlador de dispositivos e o hospedeiro. Na verdade, a ampla variedade de dispositivos disponíveis impõe um problema aos implementadores de sistemas operacionais. Cada tipo de dispositivo tem seu próprio conjunto de recursos, definições de bits de controle e protocolos para interação com o hospedeiro — e são todos diferentes. Como projetar o sistema operacional de modo a podermos anexar novos dispositivos ao computador sem ter que reescrever o sistema operacional? E, quando os dispositivos variam tanto, como o sistema operacional pode fornecer uma interface de I/O conveniente e uniforme para as aplicações? A seguir, abordamos essas questões.

13.3 Interface de I/O da Aplicação

Nesta seção, discutimos técnicas de estruturação e interfaces para o sistema operacional que habilitam os dispositivos de I/O a serem tratados de modo-padrão e uniforme. Explicamos, por exemplo, como uma aplicação pode abrir um arquivo em um disco sem saber o tipo de disco e como novos discos e outros dispositivos podem ser adicionados a um computador sem comprometer o sistema operacional.

Como em outros problemas complexos de engenharia de software, a abordagem aqui envolve abstração, encapsulamento e disposição de softwares em camadas. Especificamente, podemos abstrair as diferenças detalhadas dos dispositivos de I/O identificando alguns tipos gerais. Cada tipo geral é acessado por um conjunto padronizado de funções — uma **interface**. As diferenças são encapsuladas em módulos do kernel chamados drivers de dispositivos que internamente são personalizados para dispositivos específicos, mas que exportam uma das interfaces-padrão. A Figura 13.6 ilustra como as partes do kernel relacionadas com o I/O são estruturadas em camadas de software.

A finalidade da camada do driver de dispositivos é ocultar, do subsistema de I/O do kernel, as diferenças entre controladores de dispositivos, de modo semelhante a como as chama-

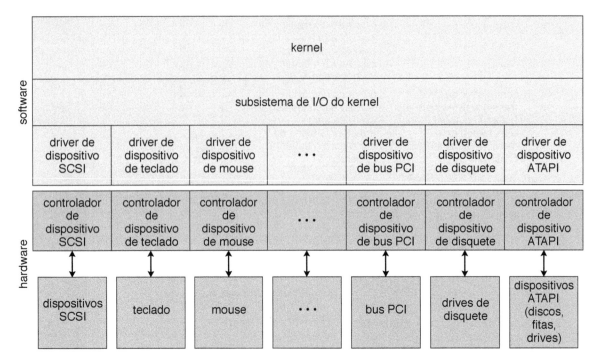

Figura 13.6 Uma estrutura de I/O do kernel.

das de sistema de I/O encapsulam o comportamento de dispositivos em algumas classes genéricas que ocultam, dos aplicativos, as diferenças de hardware. Tornar o subsistema de I/O independente do hardware simplifica o trabalho do desenvolvedor do sistema operacional. Isso também beneficia os fabricantes de hardware. Eles projetam novos dispositivos para serem compatíveis com uma interface de controlador de hospedeiro existente (como a SATA) ou escrevem drivers de dispositivos para criar a interface entre o novo hardware e sistemas operacionais populares. Assim, podemos anexar novos periféricos a um computador sem esperar que o fornecedor do sistema operacional desenvolva código de suporte.

Infelizmente para os fabricantes de hardware de dispositivos, cada tipo de sistema operacional tem seus próprios padrões para a interface dos drivers de dispositivos. Determinado dispositivo pode vir com múltiplos drivers de dispositivos — por exemplo, drivers para Windows, Linux, AIX e Mac OS X. Os dispositivos variam em muitos aspectos, como ilustrado na Figura 13.7.

- **Fluxo de caracteres ou bloco.** Um dispositivo de fluxo de caracteres transfere bytes um a um, enquanto um dispositivo de bloco transfere um bloco de bytes como uma unidade.
- **Acesso sequencial ou randômico.** Um dispositivo sequencial transfere dados segundo uma ordem fixa, determinada

aspecto	variação	exemplo
modalidade de transferência de dados	caractere bloco	terminal disco
método de acesso	sequencial randômico	modem CD-Rom
schedule de transferência	síncrono assíncrono	fita teclado
compartilhamento	dedicado compartilhável	fita teclado
velocidade do dispositivo	latência tempo de busca taxa de transferência demora entre operações	
direção de I/O	somente leitura somente gravação leitura-gravação	CD-Rom controlador gráfico disco

Figura 13.7 Características de dispositivos de I/O.

pelo dispositivo, enquanto o usuário de um dispositivo de acesso randômico pode instruir o dispositivo a buscar por qualquer locação de armazenamento de dados disponível.

- **Síncrono ou assíncrono.** Um dispositivo síncrono executa transferências de dados com tempos de resposta previsíveis coordenados com outros aspectos do sistema. Um dispositivo assíncrono exibe tempos de resposta irregulares ou imprevisíveis não coordenados com outros eventos do computador.
- **Compartilhável ou dedicado.** Um dispositivo compartilhável pode ser usado concorrentemente por vários processos ou threads; um dispositivo dedicado não pode.
- **Velocidade de operação.** As velocidades dos dispositivos variam de alguns bytes por segundo a alguns gigabytes por segundo.
- **Leitura-gravação, somente leitura ou somente gravação.** Alguns dispositivos executam tanto entrada quanto saída, mas outros suportam apenas uma direção de transferência de dados.

Para fins de acesso à aplicação, muitas dessas diferenças são ocultadas pelo sistema operacional, e os dispositivos são agrupados em alguns tipos convencionais. Os estilos resultantes de acesso a dispositivos têm se mostrado úteis e amplamente aplicáveis. Embora as chamadas de sistema exatas possam diferir entre sistemas operacionais, as categorias de dispositivos são bem padronizadas. As principais convenções de acesso incluem I/O de bloco, I/O de fluxo de caracteres, acesso a arquivos mapeados para a memória, e sockets de rede. Os sistemas operacionais também fornecem chamadas de sistema especiais para acesso a alguns dispositivos adicionais, como o relógio da hora do dia e um timer. Alguns sistemas operacionais fornecem um conjunto de chamadas de sistema para exibição gráfica, vídeo e dispositivos de áudio.

A maioria dos sistemas operacionais também tem um escape (ou porta de trás) que passa, de modo transparente, comandos arbitrários de uma aplicação para um driver de dispositivos. No UNIX, essa chamada de sistema é ioctl ( ) (de "I/O control"). A chamada de sistema ioctl ( ) habilita uma aplicação a acessar qualquer funcionalidade que possa ser implementada por qualquer driver de dispositivos, sem que uma nova chamada de sistema tenha que ser inventada. A chamada de sistema ioctl ( ) tem três argumentos. O primeiro é um descritor de arquivo que conecta a aplicação ao driver referenciando um dispositivo de hardware gerenciado pelo driver. O segundo é um inteiro que seleciona um dos comandos implementados no driver. O terceiro é um ponteiro para uma estrutura de dados arbitrária em memória que habilita a aplicação e o driver a comunicarem qualquer informação ou dado de controle necessário.

13.3.1 Dispositivos de Blocos e de Caracteres

A interface de dispositivo de bloco captura todos os aspectos necessários para o acesso a drives de disco e outros dispositivos orientados a blocos. O esperado é que o dispositivo entenda comandos como read ( ) e write ( ). Se for um dispositivo de acesso randômico, também é esperado que ele tenha um comando seek ( ) para especificar que bloco deve ser transferido em seguida. Normalmente, as aplicações acessam tal dispositivo por uma interface do sistema de arquivos. Observe que read ( ), write ( ) e seek ( ) capturam os comportamentos essenciais dos dispositivos de armazenamento de blo-

cos para que as aplicações sejam isoladas das diferenças de baixo nível entre esses dispositivos.

O próprio sistema operacional, assim como aplicações especiais como os sistemas de gerenciamento de bancos de dados, pode preferir acessar um dispositivo de bloco como um simples array de blocos linear. Essa modalidade de acesso é, às vezes, chamada de I/O bruto. Se a aplicação executar seu próprio armazenamento em buffer, então o uso de um sistema de arquivos causará um armazenamento em buffer adicional desnecessário. Da mesma forma, se uma aplicação fornecer seu próprio trancamento de regiões ou blocos de arquivo, então qualquer serviço de trancamento do sistema operacional será, no mínimo, redundante e, no máximo, contraditório. Para evitar esses conflitos, o acesso a dispositivos brutos passa o controle do dispositivo diretamente para a aplicação, deixando o sistema operacional de fora. Infelizmente, nenhum serviço do sistema operacional é, então, executado nesse dispositivo. Uma solução conciliatória que está se tornando comum, é o sistema operacional permitir uma modalidade de operação sobre um arquivo que desabilita o armazenamento em buffer e o trancamento. No universo do UNIX, isso é chamado I/O direto.

O acesso a arquivos mapeados para a memória pode ser alocado em uma camada no topo dos drivers de dispositivos de bloco. Em vez de oferecer operações de leitura e gravação, uma interface mapeada para a memória fornece acesso ao armazenamento em disco por meio de um array de bytes na memória principal. A chamada de sistema que mapeia um arquivo para a memória retorna o endereço de memória virtual que contém uma cópia do arquivo. As transferências de dados reais são executadas apenas quando necessário para dar acesso à imagem da memória. Já que as transferências são manipuladas pelo mesmo mecanismo usado no acesso à memória virtual paginada por demanda, o I/O mapeado para a memória é eficiente. O mapeamento para a memória também é conveniente para os programadores — o acesso a um arquivo mapeado para a memória é tão simples quanto ler da memória e gravar na memória. Sistemas operacionais que oferecem memória virtual usam, normalmente, a interface de mapeamento em serviços do kernel. Por exemplo, para executar um programa, o sistema operacional mapeia o executável para a memória e, então, transfere o controle para o endereço de entrada do executável. A interface de mapeamento também costuma ser usada para o acesso do kernel ao espaço de permuta em disco.

Um teclado é um exemplo de dispositivo que é acessado por uma interface de fluxo de caracteres. As chamadas de sistema básicas nessa interface habilitam uma aplicação a executar get ( ) — obter, ou put ( ) — inserir um caractere. No topo dessa interface, podem ser construídas bibliotecas que ofereçam acesso a uma linha de cada vez, com serviços de armazenamento em buffer e edição (por exemplo, quando um usuário pressiona o backspace, o caractere anterior é removido do fluxo de entrada). Esse estilo de acesso é conveniente para dispositivos de entrada, tais como teclados, mouses e modems que produzem dados de entrada "espontaneamente" — isto é, em momentos que não podem necessariamente ser previstos pela aplicação. Esse estilo de acesso também é bom para dispositivos de saída tais como impressoras e placas de áudio que naturalmente se enquadram no conceito de um fluxo linear de bytes.

13.3.2 Dispositivos de Rede

Como as características de desempenho e endereçamento do I/O de rede diferem significativamente das características do I/O de disco, a maioria dos sistemas operacionais fornece uma interface de I/O de rede que é diferente da interface `read( )`–`write( )`–`seek( )` usada para discos. Uma interface disponível em muitos sistemas operacionais, incluindo o UNIX e o Windows, é a interface de socket de rede.

Pense em uma tomada de eletricidade na parede: qualquer aparelho elétrico pode ser conectado nela. Por analogia, as chamadas de sistema na interface de socket habilitam uma aplicação a criar um socket, a conectar um socket local a um endereço remoto (que conecta essa aplicação a um socket criado por outra aplicação), a escutar qualquer aplicação remota para se conectar ao socket local e a enviar e receber pacotes através da conexão. Para suportar a implementação de servidores, a interface de socket também fornece uma função chamada `select ( )` que gerencia um conjunto de sockets. Uma chamada a `select ( )` retorna informações sobre que sockets têm um pacote esperando para ser recebido e que sockets têm espaço para aceitar um pacote a ser enviado. O uso de `select ( )` elimina a sondagem e a espera em ação que, de outro modo, seriam necessárias para o I/O de rede. Essas funções encapsulam os comportamentos essenciais das redes, facilitando muito a criação de aplicações distribuídas que possam usar qualquer hardware de rede e pilha de protocolos subjacentes.

Muitas outras abordagens para a comunicação entre processos e a comunicação em rede têm sido implementadas. Por exemplo, o Windows fornece uma interface para a placa de interface de rede e uma segunda interface para os protocolos de rede. No UNIX, que tem um longo histórico como campo de provas para a tecnologia de redes, encontramos pipes half-duplex, FIFOs full-duplex, STREAMS full-duplex, filas de mensagens, e sockets. Informações sobre a conexão em rede no UNIX são fornecidas na Seção A.9, no Apêndice A, no site da LTC Editora.

13.3.3 Relógios e Timers

A maioria dos computadores tem relógios e timers em hardware que fornecem três funções básicas:

- Informam a hora corrente
- Informam o tempo decorrido
- Configuram um timer para disparar a operação *X* no tempo *T*.

Essas funções são muito usadas pelo sistema operacional, assim como por aplicações de tempo crítico. Infelizmente, as chamadas de sistema que as implementam não são padronizadas entre os sistemas operacionais.

O hardware que mensura o tempo decorrido e dispara operações é chamado de timer de intervalo programável. Ele pode ser definido para esperar por determinado período de tempo e, então, gerar uma interrupção, e pode ser solicitado a fazer isso uma vez ou repetir o processo para gerar interrupções periódicas. O scheduler usa esse mecanismo para gerar uma interrupção que causará a preempção de um processo no fim de seu intervalo de tempo. O subsistema de I/O de disco usa-o para invocar a descarga periódica para disco de buffers de cache ocupados, e o subsistema de rede usa-o para cancelar operações que estejam sendo executadas muito lentamente por causa de congestão ou falhas da rede. O sistema operacional também pode fornecer uma interface para que processos de usuário utilizem timers. O sistema operacional pode suportar mais solicitações de timer do que o número de canais de hardware de timer, simulando relógios virtuais. Para fazer isso, o kernel (ou o driver do dispositivo de timer) mantém uma lista de interrupções requeridas por suas próprias rotinas e por solicitações de usuário, classificadas em ordem temporal crescente. Ele posiciona o timer com a hora mais cedo. Quando o timer gera uma interrupção, o kernel notifica o solicitante e recarrega o timer com a próxima hora mais cedo.

Em muitos computadores, a taxa de interrupções geradas pelo relógio de hardware fica entre 18 e 60 tiques por segundo. Essa resolução é baixa, uma vez que um computador moderno pode executar centenas de milhões de instruções por segundo. A precisão dos disparos é limitada pela baixa resolução do timer em conjunção com o overhead da manutenção de relógios virtuais. Além disso, se os tiques do timer forem usados para manter o relógio da hora-do-dia do sistema, o relógio do sistema pode oscilar. Na maioria dos computadores, o relógio de hardware é construído a partir de um contador de alta frequência. Em alguns computadores, o valor desse contador pode ser lido em um registrador de dispositivo, caso em que o contador pode ser considerado um relógio de alta resolução. Embora esse relógio não gere interrupções, ele oferece medidas precisas de intervalos de tempo.

13.3.4 I/O sem Bloqueio e Assíncrono

Outro aspecto da interface de chamadas de sistema está relacionado com a escolha entre I/O com e sem bloqueio. Quando uma aplicação emite uma chamada de sistema com bloqueio, a execução da aplicação é suspensa. A aplicação é transferida da fila de execução do sistema operacional para uma fila de espera. Após a chamada de sistema ser concluída, a aplicação é transferida de volta para a fila de execução, onde se torna elegível para retomar a execução. Quando ela retomar a execução, receberá os valores retornados pela chamada de sistema. As ações físicas executadas por dispositivos de I/O são, geralmente, assíncronas — elas levam um período de tempo variado ou imprevisível. Mesmo assim, a maioria dos sistemas operacionais usa chamadas de sistema com bloqueio na interface de aplicações porque o código de aplicações com bloqueio é mais fácil de entender do que o código de aplicações sem bloqueio.

Alguns processos de nível de usuário precisam de I/O sem bloqueio. Um exemplo é uma interface de usuário que recebe entradas do teclado e do mouse enquanto processa e exibe dados na tela. Outro exemplo é uma aplicação de vídeo que lê quadros de um arquivo em disco enquanto, simultaneamente, descomprime e exibe a saída na tela.

Uma forma pela qual um desenvolvedor de aplicações pode sobrepor execução com I/O é escrever uma aplicação com vários threads. Alguns threads podem executar chamadas de sistema com bloqueio, enquanto outros continuam a ser executados. Alguns sistemas operacionais fornecem chamadas de sistema de I/O sem bloqueio. Uma chamada sem bloqueio não interrompe a execução da aplicação por um tempo longo. Em vez disso, ela retorna rapidamente, com um valor de retorno que indica quantos bytes foram transferidos.

Uma alternativa a uma chamada de sistema sem bloqueio é uma chamada de sistema assíncrona. Uma chamada de sistema assíncrona retorna imediatamente, sem esperar que o I/O seja concluído. A aplicação continua a executar seu código. A conclusão do I/O em algum momento futuro é comunicada à aplicação, através do posicionamento de alguma variável no espaço de endereçamento da aplicação ou através do disparo de um sinal, de uma interrupção de software ou de uma rotina de autorretorno executada fora do fluxo de controle linear da aplicação. A diferença entre chamadas de sistema sem bloqueio e assíncronas é que um `read ( )` sem bloqueio retorna imediatamente com os dados que estiverem disponíveis — todos os bytes solicitados,

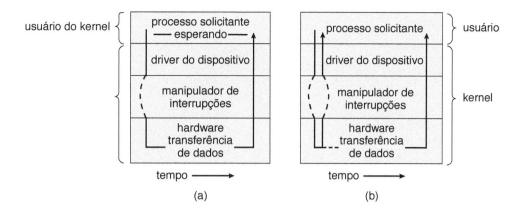

Figura 13.8 Dois métodos de I/O: (a) síncrono e (b) assíncrono.

menos do que isso ou absolutamente nenhum dado. Um read ( ) assíncrono solicita uma transferência que é executada em sua totalidade, mas será concluída em algum momento futuro. Esses dois métodos de I/O são mostrados na Figura 13.8.

Atividades assíncronas ocorrem em todos os sistemas operacionais modernos. Frequentemente, elas não são expostas aos usuários ou às aplicações, mas, em vez disso, ficam contidas dentro da operação do sistema operacional. O I/O de disco e de rede são exemplos úteis. Por default, quando uma aplicação emite uma solicitação de envio pela rede ou uma solicitação de gravação em disco, o sistema operacional registra a solicitação, armazena o I/O em buffer e retorna à aplicação. Quando possível, o sistema operacional conclui a solicitação para otimizar o desempenho geral do sistema. Se ocorrer uma falha no sistema, nesse ínterim, a aplicação perderá qualquer solicitação que estiver "em trânsito". Portanto, os sistemas operacionais usualmente impõem um limite para o tempo durante o qual armazenarão uma solicitação em buffer. Algumas versões do UNIX descarregam seus buffers de disco a cada 30 segundos, por exemplo, ou cada solicitação é descarregada dentro de 30 segundos a partir de sua ocorrência. A consistência dos dados dentro das aplicações é mantida pelo kernel que lê dados de seus buffers antes de emitir solicitações de I/O para dispositivos, assegurando que mesmo dados ainda não gravados sejam retornados para um leitor solicitante. Observe que múltiplos threads executando I/O no mesmo arquivo podem não receber dados consistentes, dependendo de como o kernel implementa seu I/O. Nessa situação, os threads podem precisar usar protocolos de trancamento. Algumas solicitações de I/O devem ser executadas imediatamente e, portanto, as chamadas de sistema de I/O usualmente têm uma forma de indicar que determinada solicitação, ou I/O para um dispositivo específico, deve ser executada sincronamente.

Um bom exemplo do comportamento sem bloqueio é a chamada de sistema select ( ) para sockets de rede. Essa chamada de sistema usa um argumento que especifica um tempo máximo de espera. Posicionando-o como 0, uma aplicação pode sondar a atividade na rede, sem bloqueio. Mas o uso de select ( ) introduz overhead adicional porque a chamada select ( ) verifica apenas se o I/O é possível. Para uma transferência de dados, select ( ) deve ser seguida por algum tipo de comando read ( ) ou write ( ). Uma variação dessa abordagem, encontrada no Mach, é uma chamada de leitura múltipla com bloqueio. Ela especifica, em uma chamada de sistema, as leituras desejadas para vários dispositivos e retorna assim que qualquer uma delas é concluída.

13.3.5 I/O Vetorizado

Alguns sistemas operacionais fornecem outra variação importante de I/O, por meio de suas interfaces de aplicações. O I/O vetorizado (também conhecido como scatter-gather, ou espalhar-reunir) permite que uma única chamada de sistema execute múltiplas operações de I/O envolvendo múltiplas locações. Por exemplo, a chamada de sistema readv do UNIX aceita um vetor de múltiplos buffers e lê a partir de uma origem para esse vetor (espalhar) ou grava desse vetor para um destino (reunir). A mesma transferência poderia ser causada por diversas invocações individuais de chamadas de sistema, mas esse método scatter-gather é útil por várias razões.

Múltiplos buffers separados podem ter seus conteúdos transferidos por meio de uma única chamada de sistema, evitando o overhead de mudanças de contexto e de chamadas de sistema. Sem o I/O vetorizado, os dados teriam primeiro que ser transferidos para um buffer maior na ordem certa e, então, transmitidos, o que é ineficiente. Além disso, algumas versões de scatter-gather fornecem atomicidade, assegurando que todo o I/O seja executado sem interrupção (e evitando a corrupção de dados se outros threads também estiverem executando I/O envolvendo esses buffers). Quando possível, os programadores utilizam recursos de I/O scatter-gather para aumentar o throughput e diminuir o overhead do sistema.

13.4 Subsistema de I/O do Kernel

Os kernels fornecem muitos serviços relacionados com o I/O. Vários serviços — scheduling, armazenamento em buffer, armazenamento em cache, spooling, reserva de dispositivos e manipulação de erros — são fornecidos pelo subsistema de I/O do kernel e embutidos na infraestrutura de hardware e de drivers de dispositivos. O subsistema de I/O também é responsável pela sua própria proteção contra processos incorretos e usuários maliciosos.

13.4.1 Scheduling de I/O

Organizar num schedule um conjunto de solicitações de I/O significa determinar uma boa ordem para sua execução. A ordem em que as aplicações emitem chamadas de sistema raramente é a melhor. O scheduling pode melhorar o desempenho geral do sistema, compartilhar o acesso aos dispositivos de maneira justa entre processos e reduzir o tempo médio de espera para conclusão do I/O. Vejamos um exemplo ilustrativo simples. Suponha

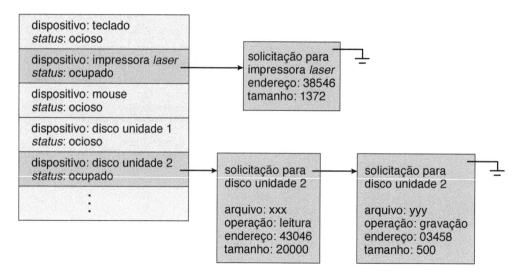

Figura 13.9 Tabela de *status* dos dispositivos.

que um braço de disco esteja próximo do começo de um disco e que três aplicações emitam chamadas de leitura com bloqueio para esse disco. A aplicação 1 solicita um bloco próximo ao fim do disco, a aplicação 2 solicita um bloco próximo ao começo, e a aplicação 3 solicita um bloco no meio do disco. O sistema operacional pode reduzir a distância que o braço percorre para atender às aplicações na ordem 2, 3, 1. A reorganização da ordem de atendimento dessa forma é a essência do scheduling de I/O.

Os desenvolvedores de sistemas operacionais implementam o scheduling mantendo uma fila de espera de solicitações para cada dispositivo. Quando uma aplicação emite uma chamada de sistema de I/O com bloqueio, a solicitação é inserida na fila para esse dispositivo. O scheduler de I/O reorganiza a ordem da fila para melhorar a eficiência geral do sistema e o tempo médio de resposta experimentado pelas aplicações. O sistema operacional também pode tentar ser justo para que nenhuma aplicação receba um serviço particularmente insatisfatório, ou pode dar prioridade de atendimento às solicitações que não possam sofrer atrasos. Por exemplo, solicitações do subsistema de memória virtual podem ter prioridade sobre solicitações de aplicações. Vários algoritmos de scheduling para I/O de disco são detalhados na Seção 10.4.

Quando um kernel suporta I/O assíncrono, ele deve ser capaz de controlar muitas solicitações de I/O ao mesmo tempo. Para que isso ocorra, o sistema operacional pode anexar a fila de espera a uma tabela de *status* de dispositivos. O kernel gerencia essa tabela que contém uma entrada para cada dispositivo de I/O, como mostrado na Figura 13.9. Cada entrada na tabela indica o tipo, o endereço e o estado do dispositivo (sem funcionamento, ocioso ou ocupado). Se o dispositivo estiver ocupado com uma solicitação, o tipo da solicitação e outros parâmetros serão armazenados na entrada da tabela para esse dispositivo.

O scheduling de operações de I/O é uma forma pela qual o subsistema de I/O melhora a eficiência do computador. Outra forma é usando espaço de armazenamento na memória principal ou em disco por meio de armazenamento em buffer, armazenamento em cache e spooling.

13.4.2 Armazenamento em Buffer

Como sabemos, um buffer é uma área da memória que armazena os dados que estão sendo transferidos entre dois dispositivos ou entre um dispositivo e uma aplicação. O armazenamento em buffer é feito por três razões. Uma razão é lidar com uma discrepância de velocidade entre o produtor e o consumidor de um fluxo de dados. Suponha, por exemplo, que um arquivo esteja sendo recebido via modem para armazenamento em disco rígido. O modem é cerca de milhares de vezes mais lento do que o disco rígido. Portanto, um buffer é criado na memória principal para acumular os bytes recebidos do modem. Quando um buffer inteiro de dados tiver chegado, o buffer poderá ser gravado em disco em uma única operação. Já que a gravação em disco não é instantânea e o modem ainda precisa de um local para armazenar dados de entrada adicionais, dois buffers são usados. Após o modem preencher o primeiro buffer, a gravação em disco é solicitada. O modem, então, começa a preencher o segundo buffer enquanto o primeiro é gravado em disco. Quando o modem tiver preenchido o segundo buffer, a gravação em disco a partir do primeiro buffer deve ter sido concluída e, assim, o modem poderá voltar ao primeiro buffer enquanto o disco grava o segundo. Esse armazenamento em buffer duplo desassocia o produtor de dados do consumidor, diminuindo assim os requisitos de tempo entre eles. A necessidade dessa separação é ilustrada na Figura 13.10, que lista as enormes diferenças nas velocidades dos dispositivos para o hardware típico dos computadores.

Uma segunda utilidade do armazenamento em buffer é fornecer adaptações para dispositivos que tenham diferentes tamanhos de transferências de dados. Tais disparidades são particularmente comuns em redes de computadores, em que os buffers são amplamente usados na fragmentação e remontagem de mensagens. No lado do emissor, uma mensagem extensa é fragmentada em pequenos pacotes de rede. Os pacotes são enviados através da rede, e o lado receptor os insere em um buffer de remontagem para formar uma imagem dos dados de origem.

Um terceiro uso do armazenamento em buffers é suportar a semântica de cópia para o I/O de aplicações. Um exemplo esclarecerá o significado de "semântica de cópia". Suponha que uma aplicação tenha um buffer de dados que ela queira gravar em disco. Ela invoca a chamada de sistema write( ), fornecendo um ponteiro para o buffer e um inteiro especificando o número de bytes a serem gravados. Após a chamada de sistema retornar, o que acontece se a aplicação alterar o conteúdo do buffer? A semântica de cópia garante que a versão dos dados

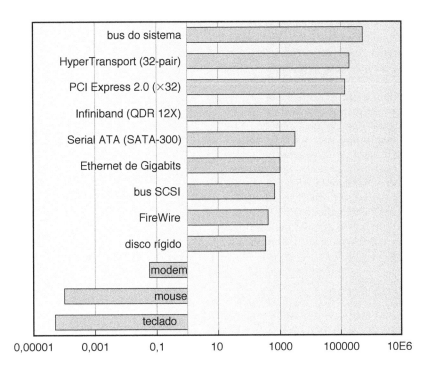

Figura 13.10 Taxas de transferência (logarítmicas) dos dispositivos no Enterprise 6000 da Sun.

gravada em disco seja a versão do momento em que a aplicação fez a chamada de sistema, independentemente de qualquer alteração subsequente no buffer da aplicação. Uma forma simples pela qual o sistema operacional pode garantir a semântica de cópia é a chamada de sistema write( ) para copiar os dados da aplicação em um buffer do kernel antes de retornar o controle para a aplicação. A gravação em disco é executada a partir do buffer do kernel para que alterações subsequentes no buffer da aplicação não tenham efeito. A cópia de dados entre buffers do kernel e o espaço de dados das aplicações é comum nos sistemas operacionais por causa da semântica inteligente, apesar do overhead que essa operação introduz. O mesmo efeito pode ser obtido mais eficientemente pelo uso inteligente do mapeamento de memória virtual e da proteção de páginas por cópia-após-gravação.

13.4.3 Armazenamento em Cache

Um cache é uma região de memória rápida que mantém cópias de dados. O acesso à cópia armazenada em cache é mais eficiente do que o acesso ao original. Por exemplo, as instruções do processo em execução corrente são armazenadas em disco, armazenadas em cache na memória física e copiadas novamente nos caches secundário e primário da CPU. A diferença entre um buffer e um cache é que um buffer pode manter a única cópia existente de um item de dados, enquanto um cache, por definição, mantém uma cópia, em memória mais rápida, de um item de dados que reside em outro local.

O armazenamento em cache e em buffer são funções distintas, mas há situações em que uma região de memória pode ser usada para as duas finalidades. Por exemplo, para preservar a semântica de cópia e habilitar o scheduling eficiente do I/O de disco, o sistema operacional usa buffers na memória principal para armazenar dados de disco. Esses buffers também são usados como um cache, para melhorar a eficiência do I/O de arquivos que estejam sendo compartilhados por aplicações ou que estejam sendo gravados e relidos rapidamente. Quando o kernel recebe uma solicitação de I/O de arquivo, primeiro ele acessa o cache de buffer para ver se essa região do arquivo já está disponível na memória principal. Se estiver, um I/O de disco físico poderá ser evitado ou adiado. Além disso, as gravações em disco são acumuladas no cache de buffer por vários segundos para que grandes transferências sejam reunidas permitindo schedules de gravação eficientes. Essa estratégia de retardamento de gravações para melhorar a eficiência do I/O é discutida na Seção 17.9.2, no contexto do acesso remoto a arquivos.

13.4.4 Spooling e Reserva de Dispositivos

Um spool é um buffer que mantém a saída para um dispositivo, tal como uma impressora que não pode aceitar fluxos de dados intercalados. Embora uma impressora só possa servir um job de cada vez, várias aplicações podem querer imprimir suas saídas concorrentemente, sem deixar que sejam misturadas. O sistema operacional resolve esse problema interceptando todas as saídas enviadas para a impressora. A saída de cada aplicação é armazenada no spool de um arquivo de disco separado. Quando uma aplicação termina a impressão, o sistema de spooling enfileira o arquivo de spool correspondente para ser emitido pela impressora. O sistema de spooling copia um a um os arquivos de spool enfileirados, para a impressora. Em alguns sistemas operacionais, o spooling é gerenciado por um processo daemon do sistema. Em outros, é manipulado por um thread do kernel. Nos dois casos, o sistema operacional fornece uma interface de controle que habilita usuários e administradores do sistema a exibirem a fila, a removerem jobs indesejados antes que esses jobs imprimam, a suspenderem a impressão enquanto a impressora está sendo usada, e assim por diante.

Alguns dispositivos, tais como drives de fita e impressoras, não podem multiplexar beneficamente as solicitações de I/O de várias aplicações concorrentes. O spooling é uma forma de os sistemas operacionais poderem coordenar saídas concorrentes. Outra maneira de lidar com o acesso concorrente a dispositivos é fornecer recursos de coordenação explícitos. Alguns sistemas operacionais (inclusive o VMS) suportam o acesso exclusivo aos dispositivos habilitando um processo a alocar um dispositivo ocioso e a desalocar esse dispositivo quando ele não é mais necessário. Outros sistemas operacionais impõem, a tal dispositivo, o limite de um manipulador de arquivo aberto. Muitos sistemas operacionais fornecem funções que habilitam processos a coordenarem o acesso exclusivo entre eles próprios. Por exemplo, o Windows fornece chamadas de sistema para esperar até que um objeto dispositivo se torne disponível. Ele também tem um parâmetro para a chamada de sistema Open-File( ) que declara os tipos de acesso a serem permitidos a outros threads concorrentes. Nesses sistemas, é responsabilidade das aplicações evitar deadlock.

13.4.5 Manipulação de Erros

Um sistema operacional que usa memória protegida pode se resguardar de muitos tipos de erros de hardware e de aplicações, de modo que uma falha total no sistema não seja o resultado usual de cada defeito mecânico menor. Dispositivos e transferências de I/O podem falhar de muitas maneiras, por questões temporárias; por exemplo, quando uma rede fica sobrecarregada, ou por questões "permanentes", e quando um controlador de disco apresenta defeito. Os sistemas operacionais conseguem, com frequência, resolver efetivamente falhas temporárias. Por exemplo, uma falha de um read( ) em disco resulta em nova tentativa do read( ), e um erro de um send( ) na rede resulta em um resend( ) se o protocolo assim o especificar. Infelizmente, se um componente importante experimentar uma falha permanente, o sistema operacional não conseguirá fazer a recuperação.

Como regra geral, uma chamada de sistema de I/O retorna um bit de informação sobre o *status* da chamada, indicando sucesso ou falha. Nos sistemas operacionais UNIX, uma variável inteira adicional chamada errno é usada para retornar um código de erro — um de cerca de centenas de valores — indicando a natureza geral da falha (por exemplo, argumento fora do intervalo, ponteiro inválido ou arquivo não aberto). Por outro lado, alguns hardwares podem fornecer informações de erro altamente detalhadas, embora muitos sistemas operacionais atuais não tenham sido projetados para transmitir essas informações à aplicação. Por exemplo, uma falha em um dispositivo SCSI é reportada pelo protocolo SCSI em três níveis de detalhe: uma chave sensora que identifica a natureza geral da falha, tal como um erro de hardware ou uma solicitação ilegal; um código sensor adicional que define a categoria da falha, tal como um parâmetro de comando inválido ou uma falha de autoteste; e um qualificador de código sensor adicional que fornece ainda mais detalhes, tal como o parâmetro do comando que não era válido ou o subsistema de hardware que falhou em seu autoteste. Além disso, muitos dispositivos SCSI mantêm páginas internas de informações em log de erros que podem ser solicitadas pelo hospedeiro — mas raramente o são.

13.4.6 Proteção de I/O

Os erros estão intimamente relacionados com a questão da proteção. Um processo de usuário pode tentar, acidental ou intencionalmente, corromper a operação normal de um sistema procurando emitir instruções de I/O ilegais. Podemos usar

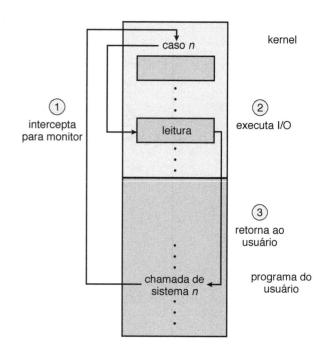

Figura 13.11 Uso de uma chamada de sistema para execução de I/O.

vários mecanismos para assegurar que tais corrupções não possam ocorrer no sistema.

Para impedir que os usuários executem I/O ilegal, definimos todas as instruções de I/O como instruções privilegiadas. Assim, os usuários não podem emitir instruções de I/O diretamente; eles devem fazê-lo através do sistema operacional. Para fazer I/O, um programa de usuário executa uma chamada de sistema para solicitar que o sistema operacional execute I/O em seu nome (Figura 13.11). O sistema operacional, executando em modalidade de monitor, verifica se a solicitação é válida e, se for, faz o I/O solicitado. Em seguida, o sistema operacional retorna ao usuário.

Além disso, quaisquer locações de memória para mapeamento de memória e porta de I/O devem ser protegidas do acesso do usuário, pelo sistema de proteção da memória. Observe que um kernel não pode simplesmente negar acesso a todos os usuários. A maioria dos jogos gráficos e dos softwares de edição e reprodução de vídeo precisa de acesso direto à memória do controlador gráfico mapeada para a memória de modo a acelerar o desempenho dos elementos gráficos, por exemplo. Nesse caso, o kernel pode fornecer um mecanismo de trancamento para permitir que uma seção de memória gráfica (representando uma janela na tela) seja alocada a um processo de cada vez.

13.4.7 Estruturas de Dados do Kernel

O kernel precisa manter informações de estado sobre o uso dos componentes de I/O. Ele faz isso por meio de uma variedade de suas estruturas de dados internas, tal como a estrutura da tabela de arquivos abertos da Seção 12.1. O kernel usa muitas estruturas semelhantes para rastrear conexões de rede, comunicações de dispositivos de caracteres e outras atividades de I/O.

O UNIX fornece acesso do sistema de arquivos a uma variedade de entidades, tais como arquivos de usuário, dispositivos

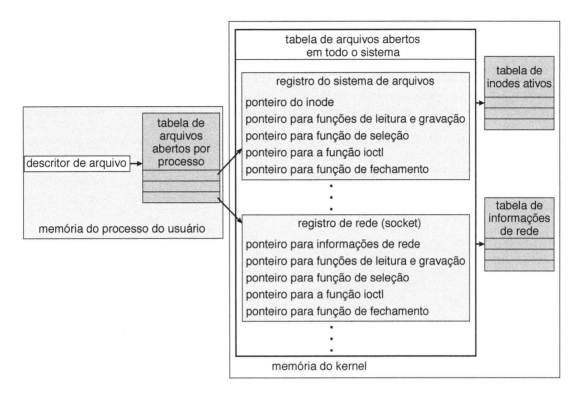

Figura 13.12 Estrutura do kernel para I/O no UNIX.

brutos e os espaços de endereçamento dos processos. Embora cada uma dessas entidades suporte uma operação read ( ), a semântica difere. Por exemplo, para ler um arquivo de usuário, o kernel precisa sondar o cache de buffer antes de decidir se vai executar um I/O de disco. Para ler um disco bruto, o kernel precisa garantir que o tamanho solicitado é um múltiplo do tamanho do setor do disco e que está alinhado em um limite do setor. Para ler uma imagem de processo, é meramente necessário copiar dados da memória. O UNIX encapsula essas diferenças dentro de uma estrutura uniforme usando uma técnica orientada a objetos. O registro de arquivos abertos, mostrado na Figura 13.12, contém uma tabela de despachos que armazena ponteiros para as rotinas apropriadas, dependendo do tipo de arquivo.

Alguns sistemas operacionais usam métodos orientados a objetos ainda mais extensivamente. Por exemplo, o Windows usa uma implementação de transmissão de mensagens para I/O. Uma solicitação de I/O é convertida em uma mensagem que é enviada através do kernel para o gerenciador de I/O e, então, para o driver do dispositivo, cada um deles podendo alterar o conteúdo da mensagem. Na saída, a mensagem contém os dados a serem gravados. Na entrada, a mensagem contém um buffer para receber os dados. A abordagem de transmissão de mensagens pode adicionar overhead, em comparação com técnicas procedimentais que usam estruturas de dados compartilhadas, mas ela simplifica a estrutura e o projeto do sistema de I/O e adiciona flexibilidade.

13.4.8 Resumo do Subsistema de I/O do Kernel

Resumindo, o subsistema de I/O coordena um extenso conjunto de serviços que está disponível às aplicações e a outras partes do kernel. O subsistema de I/O supervisiona esses procedimentos:

- Gerenciamento do espaço de nomes para arquivos e dispositivos
- Controle de acesso a arquivos e dispositivos
- Controle de operações [por exemplo, um modem não pode executar um seek ( )]
- Alocação de espaço para o sistema de arquivos
- Alocação de dispositivos
- Armazenamento em buffer, armazenamento em cachê, e spooling
- Scheduling de I/O
- Monitoramento do *status* dos dispositivos, manipulação de erros e recuperação de falhas
- Configuração e inicialização de drivers de dispositivos

Os níveis superiores do subsistema de I/O acessam os dispositivos através da interface uniforme fornecida pelos drivers de dispositivos.

13.5 Transformando Solicitações de I/O em Operações de Hardware

Anteriormente, descrevemos o aperto de mãos entre um driver de dispositivo e um controlador de dispositivo, mas não explicamos como o sistema operacional conecta a solicitação de uma aplicação a um conjunto de fios de rede ou a um setor de disco específico. Considere, por exemplo, a leitura de um arquivo em disco. A aplicação referencia os dados por um nome de arquivo. Dentro de um disco, o sistema de arquivos faz o mapeamento do nome do arquivo por meio de seus diretórios para obter a alocação de espaço do arquivo. Por exemplo, no MS-DOS, o nome é mapeado para um número que indica uma entrada na tabela de acesso aos arquivos, e essa entrada na tabela informa que blocos do disco estão alocados ao arquivo. No UNIX, o nome é mapeado para um número de inode, e o inode correspondente contém as informações de alocação de espaço. Mas como é feita a conexão do nome do arquivo ao controlador de disco (o endereço de porta do hardware ou os registradores do controlador mapeados para a memória)?

Um dos métodos é o usado pelo MS-DOS, um sistema operacional relativamente simples. A primeira parte de um nome de arquivo no MS-DOS, precedendo os dois pontos, é uma string que identifica um dispositivo de hardware específico. Por exemplo, C: é a primeira parte de qualquer nome de arquivo no disco rígido primário. O fato de que C: representa o disco rígido primário é definido no sistema operacional; C: é mapeado para um endereço de porta específico por meio de uma tabela de dispositivos. Por causa do separador representado pelos dois pontos, o espaço de nomes do dispositivo fica separado do espaço de nomes do sistema de arquivos. Essa separação torna fácil, para o sistema operacional, associar funcionalidades adicionais a cada dispositivo. Por exemplo, é fácil invocar o spooling de quaisquer arquivos gravados, para a impressora.

Se, em vez disso, o espaço de nomes do dispositivo é incorporado ao espaço de nomes regular do sistema de arquivos, como no UNIX, os serviços de nomes normais do sistema de arquivos são fornecidos automaticamente. Se o sistema de ar-

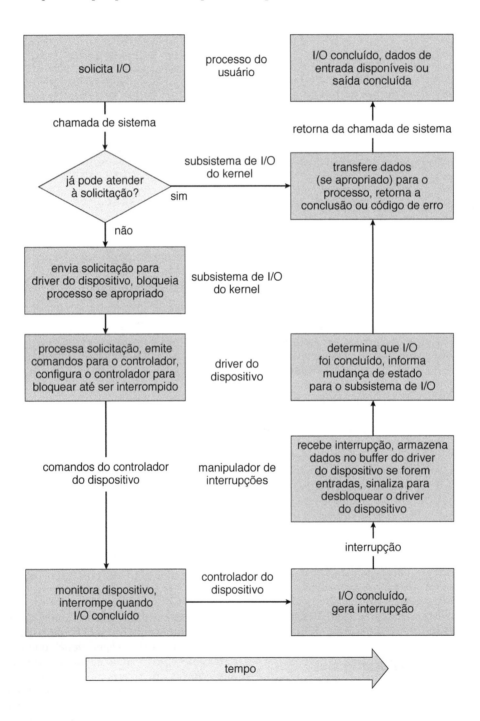

Figura 13.13 O ciclo de vida de uma solicitação de I/O.

quivos oferece propriedade e controle de acesso a todos os nomes de arquivos, então os dispositivos têm proprietários e controle de acesso. Já que os arquivos são armazenados em dispositivos, uma interface desse tipo fornece acesso ao sistema de I/O em dois níveis. Nomes podem ser usados para acesso aos dispositivos propriamente ditos ou para acesso aos arquivos armazenados nos dispositivos.

O UNIX representa nomes de dispositivos no espaço de nomes regular do sistema de arquivos. Diferente de um nome de arquivo no MS-DOS que tem um separador representado por dois pontos, um nome de caminho no UNIX não tem uma separação clara da porção do dispositivo. Na verdade, nenhuma parte do nome de caminho é o nome de um dispositivo. O UNIX tem uma tabela de montagem que associa prefixos de nomes de caminho a nomes de dispositivos específicos. Para resolver um nome de caminho, o UNIX procura pelo nome na tabela de montagem buscando encontrar o prefixo coincidente mais longo; a entrada correspondente na tabela de montagem fornece o nome do dispositivo. Esse nome de dispositivo também tem a forma de um nome no espaço de nomes do sistema de arquivos. Quando o UNIX procura por esse nome nas estruturas de diretório do sistema de arquivos, ele não encontra um número de inode e sim um número de dispositivo <principal, secundário>. O nome de dispositivo principal identifica um driver de dispositivos que deve ser chamado para manipular o I/O desse dispositivo. O nome de dispositivo secundário é passado ao driver de dispositivos para indexar em uma tabela de dispositivos. A entrada correspondente na tabela de dispositivos fornece o endereço de porta ou o endereço mapeado para a memória do controlador do dispositivo.

Os sistemas operacionais modernos obtêm flexibilidade significativa dos múltiplos estágios de consulta em tabelas de pesquisa no caminho entre uma solicitação e um controlador de dispositivo físico. Os mecanismos que passam solicitações entre aplicações e drivers são genéricos. Portanto, podemos introduzir novos dispositivos e drivers em um computador sem recompilar o kernel. Na verdade, alguns sistemas operacionais possuem a capacidade de carregar drivers de dispositivos sob demanda. Em tempo de inicialização, primeiro o sistema sonda os buses de hardware para determinar os dispositivos que estão presentes. Em seguida, ele carrega os drivers necessários, imediatamente ou quando requerido pela primeira vez por uma solicitação de I/O.

Descrevemos, a seguir, o ciclo de vida típico de uma solicitação de leitura com bloqueio, como mostrado na Figura 13.13. A figura sugere que uma operação de I/O requer muitos passos que, juntos, consomem um número muito grande de ciclos da CPU.

1. Um processo emite uma chamada de sistema read( ) com bloqueio para o descritor de um arquivo que foi aberto previamente.
2. O código da chamada de sistema no kernel verifica a precisão dos parâmetros. No caso de entrada, se os dados já estão disponíveis no cache de buffer, eles são retornados ao processo, e a solicitação de I/O é concluída.
3. Caso contrário, um I/O físico deve ser executado. O processo é removido da fila de execução e inserido na fila de espera para o dispositivo, e a solicitação de I/O é incluída no schedule. Eventualmente, o subsistema de I/O envia a solicitação ao driver do dispositivo. Dependendo do sistema operacional, a solicitação é enviada por uma chamada de sub-rotina ou de uma mensagem interna do kernel.
4. O driver do dispositivo aloca espaço no buffer do kernel para receber os dados e inclui o I/O no schedule. Eventualmente, o driver envia comandos ao controlador do dispositivo gravando nos registradores de controle do dispositivo.
5. O controlador do dispositivo opera o hardware do dispositivo para executar a transferência de dados.
6. O driver pode sondar o *status* e os dados, ou pode ter estabelecido uma transferência DMA para a memória do kernel. Vamos supor que a transferência seja gerenciada por um controlador de DMA que gera uma interrupção quando a transferência é concluída.
7. O manipulador de interrupções correto recebe a interrupção por meio da tabela de vetores de interrupções, armazena quaisquer dados necessários, sinaliza para o driver do dispositivo e retorna da interrupção.
8. O driver do dispositivo recebe o sinal, determina que solicitação de I/O foi concluída, determina o *status* da solicitação e sinaliza para o subsistema de I/O do kernel que a solicitação foi concluída.
9. O kernel transfere os dados ou retorna códigos para o espaço de endereçamento do processo solicitante e transfere o processo da fila de espera de volta para a fila de prontos.
10. A transferência do processo para a fila de prontos o desbloqueia. Quando o scheduler atribui o processo à CPU, ele retoma a sua execução quando se completa a chamada de sistema.

13.6 STREAMS

O UNIX System V tem um mecanismo interessante, chamado STREAMS, que habilita uma aplicação a montar pipelines de código de driver dinamicamente. Um fluxo (stream) é uma conexão full-duplex entre um driver de dispositivos e um processo de nível de usuário. Ele consiste em uma cabeça de fluxo que se interliga com o processo do usuário, uma extremidade de driver que controla o dispositivo, e zero ou mais módulos de fluxo entre a cabeça do fluxo e a extremidade do driver. Cada um desses componentes contém um par de filas — uma fila de leitura e uma fila de gravação. A transmissão de mensagens é usada para transferir dados entre as filas. A estrutura STREAMS é mostrada na Figura 13.14.

Os módulos fornecem a funcionalidade de processamento do STREAMS; eles são *impulsionados* para um fluxo por meio da chamada de sistema ioctl( ). Por exemplo, um processo pode abrir um dispositivo de porta serial por um fluxo e impulsionar um módulo para manipular a edição de entradas. Já que mensagens são trocadas entre filas em módulos adjacentes, a fila em um módulo pode estourar uma fila adjacente. Para impedir que isso ocorra, uma fila pode suportar controle de fluxo. Sem controle de fluxo, uma fila aceita todas as mensagens e as envia imediatamente à fila no módulo adjacente sem armazená-las em buffer. Uma fila que suporta controle de fluxo armazena as mensagens em buffer e não as aceita sem o espaço suficiente no buffer. Esse processo envolve trocas de mensagens de controle entre filas em módulos adjacentes.

Um processo de usuário grava dados em um dispositivo usando as chamadas de sistema write( ) ou putmsg( ). A chamada de sistema write( ) grava dados brutos no fluxo, enquanto putmsg( ) permite que o processo de usuário especifique uma mensagem. Independentemente da chamada de sistema usada pelo processo de usuário, a cabeça do fluxo copia os dados em uma mensagem e os distribui para a fila do próximo módulo da sequência. Essa cópia de mensagens continua até que a mensagem seja copiada na extremidade do driver e, então, no dispositivo. Da mesma forma, o processo de

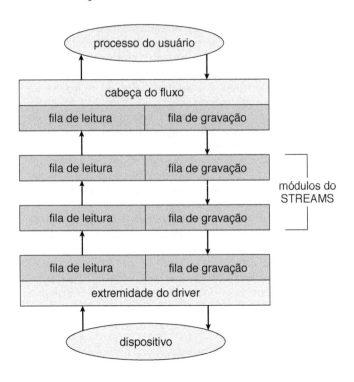

Figura 13.14 A estrutura do STREAMS.

usuário lê dados a partir da cabeça do fluxo usando as chamadas de sistema read( ) ou getmsg( ). Se read( ) for usada, a cabeça do fluxo obtém a mensagem na fila adjacente e retorna dados comuns (um fluxo de bytes desestruturado) para o processo. Se getmsg( ) for usada, uma mensagem é retornada para o processo.

O I/O do STREAMS é assíncrono (ou sem bloqueio), exceto quando o processo de usuário se comunica com a cabeça do fluxo. Ao gravar no fluxo, o processo de usuário é bloqueado, supondo que a próxima fila esteja usando controle de fluxo, até que haja espaço para a cópia da mensagem. Da mesma forma, o processo de usuário será bloqueado ao ler a partir do fluxo até que os dados estejam disponíveis.

Como mencionado, a extremidade do driver — como a cabeça e os módulos do fluxo — tem uma fila de leitura e gravação. No entanto, a extremidade do driver deve responder a interrupções, como no caso em que uma interrupção é disparada quando um quadro está pronto para ser lido de uma rede. Diferente da cabeça do fluxo, que pode ser bloqueado se não conseguir copiar uma mensagem na próxima fila da sequência, a extremidade do driver deve manipular todos os dados que entrem. Os drivers também devem suportar controle de fluxo. Porém, se o buffer de um dispositivo está cheio, o dispositivo normalmente passa a ignorar mensagens de entrada. Considere uma placa de rede cujo buffer de entrada está cheio. A placa de rede deve simplesmente ignorar mensagens adicionais até haver espaço suficiente no buffer para o armazenamento de mensagens recebidas.

O benefício do uso do STREAMS é que ele oferece, à programação de drivers de dispositivos e protocolos de rede, uma base estrutural para uma abordagem modular e incremental. Os módulos podem ser usados por diferentes fluxos e, portanto, por diferentes dispositivos. Por exemplo, um módulo de rede pode ser usado tanto por uma placa de rede Ethernet quanto por uma placa de rede sem fio 802.11. Além disso, em vez de tratar o I/O de dispositivos de caracteres como um fluxo de bytes desestruturado, o STREAMS permite o suporte a limites de mensagem e informações de controle na comunicação entre módulos. A maioria das variantes do UNIX suporta o STREAMS, e ele é o método preferido para a programação de protocolos e drivers de dispositivos. Por exemplo, o System V UNIX e o Solaris implementam o mecanismo de socket usando o STREAMS.

13.7 Desempenho

O I/O é um fator importante no desempenho do sistema. Ele impõe pesadas demandas sobre a CPU para a execução de código de drivers de dispositivos e para a organização de processos no schedule, de maneira justa e eficiente, ao serem bloqueados e desbloqueados. As mudanças de contexto resultantes sobrecarregam a CPU e seus caches de hardware. O I/O também expõe quaisquer ineficiências existentes nos mecanismos de manipulação de interrupções no kernel. Além disso, o I/O sobrecarrega o bus da memória durante cópias de dados entre controladores e a memória física e também durante cópias entre buffers do kernel e o espaço de dados das aplicações. A execução eficiente de uma cópia, apesar de todas essas demandas, é uma das maiores preocupações de um arquiteto de computadores.

Embora os computadores modernos possam manipular muitos milhares de interrupções por segundo, a manipulação de interrupções é uma tarefa relativamente dispendiosa. Cada interrupção faz o sistema realizar uma mudança de estado, executar o manipulador de interrupções e, então, restaurar o estado. O I/O programado pode ser mais eficiente do que o I/O dirigido por interrupções, se o número de ciclos gastos na espera em ação não for excessivo. A conclusão de um I/O normalmente desbloqueia um processo, levando a todo o overhead de uma mudança de contexto.

O tráfego de rede também pode causar uma alta taxa de mudanças de contexto. Considere, por exemplo, um login remoto de um computador para outro. Cada caractere digitado na máquina local deve ser transportado para a máquina remota. Na máquina local, o caractere é digitado; uma interrupção de teclado é gerada; e o caractere é passado, através do manipulador de interrupções, ao driver do dispositivo, ao kernel e, então, ao processo do usuário. O processo do usuário emite uma chamada de sistema de I/O de rede para enviar o caractere para a máquina remota. O caractere flui então para o kernel local, através das camadas de rede que constroem um pacote de rede, e para o driver de dispositivo da rede. O driver de dispositivo da rede transfere o pacote ao controlador da rede que envia o caractere e gera uma interrupção. A interrupção é transmitida de volta através do kernel para provocar o término da chamada de sistema do I/O de rede.

Agora, o hardware de rede do sistema remoto recebe o pacote, e é gerada uma interrupção. O caractere é desempacotado a partir dos protocolos de rede e fornecido ao daemon de rede apropriado. O daemon de rede identifica a sessão de login remoto que está envolvida e passa o pacote ao subdaemon apropriado para essa sessão. No decorrer desse fluxo, há mudanças de contexto e mudanças de estado (Figura 13.15). Usualmente, o receptor ecoa o caractere de volta para o emissor; essa abordagem duplica o trabalho.

Para eliminar as mudanças de contexto envolvidas na transferência de cada caractere entre daemons e o kernel, os desenvolvedores do Solaris reimplementaram o daemon telnet usando threads internos do kernel. A Sun estima que essa melhoria tenha aumentado o número máximo de logins de rede, de algumas centenas para alguns milhares, em um grande servidor.

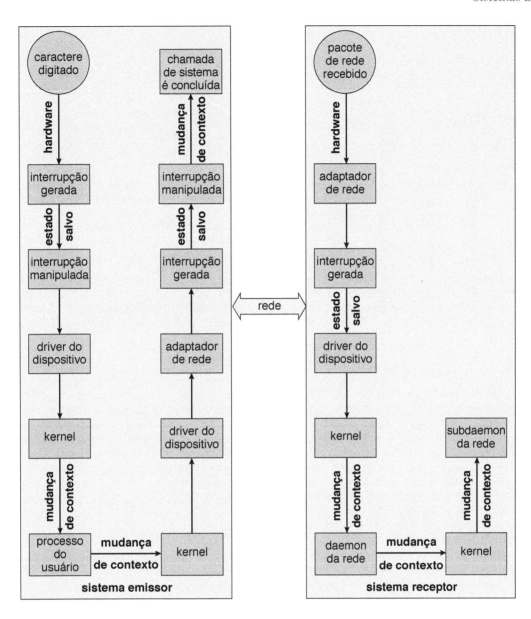

Figura 13.15   Comunicações entre computadores.

Outros sistemas usam **processadores front-end** separados para o I/O de terminais visando à redução da carga de interrupções na CPU principal. Por exemplo, um **concentrador de terminais** pode multiplexar o tráfego proveniente de centenas de terminais remotos em uma porta de um grande computador. Um **canal de I/O** é uma CPU dedicada, de uso específico, encontrada em mainframes e em outros sistemas de ponta. A tarefa de um canal é liberar a CPU principal do trabalho de I/O. A ideia é que os canais mantenham os dados fluindo sem problemas, enquanto a CPU principal permanece livre para processá-los. Como os controladores de dispositivos e os controladores de DMA encontrados em computadores menores, um canal pode processar programas mais gerais e sofisticados; portanto, os canais podem ser ajustados para cargas de trabalho específicas.

Podemos empregar vários princípios para melhorar a eficiência de I/O:

- Reduzir o número de mudanças de contexto.
- Reduzir o número de vezes em que os dados devem ser copiados em memória ao serem transferidos entre dispositivo e aplicação.
- Reduzir a frequência de interrupções pelo uso de transferências grandes, controladores inteligentes e sondagens (se a espera em ação puder ser minimizada).
- Aumentar a concorrência usando canais ou controladores habilitados para o DMA de modo a liberar a CPU da simples cópia de dados.
- Transferir primitivos de processamento para o hardware, para permitir que sua operação nos controladores de dispositivos seja concorrente com a operação da CPU e do bus.
- Balancear o desempenho da CPU, do subsistema de memória, do bus e do I/O, pois uma sobrecarga em qualquer dessas áreas causará ociosidade nas outras.

Os dispositivos de I/O variam muito em complexidade. Por exemplo, um mouse é simples. Os movimentos do mouse e os

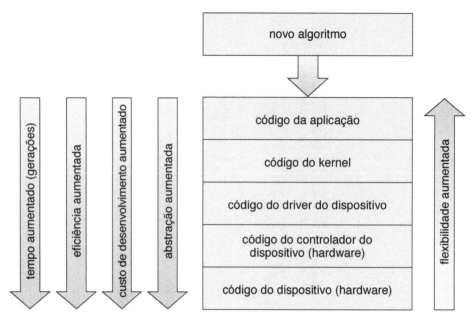

Figura 13.16 Progressão da funcionalidade do dispositivo.

cliques nos botões são convertidos em valores numéricos que são passados do hardware para a aplicação, através do driver de dispositivo do mouse. Por outro lado, a funcionalidade fornecida pelo driver de dispositivo de disco do Windows é complexa. Ela não só gerencia discos individuais como também implementa arrays RAID (Seção 10.7). Para fazer isso, ela converte uma solicitação de leitura ou gravação de uma aplicação em um conjunto coordenado de operações de I/O de disco. Além disso, ela implementa sofisticados algoritmos de manipulação de erros e recuperação de dados e passa por muitas etapas para otimizar o desempenho do disco.

Onde a funcionalidade de I/O deve ser implementada — no hardware do dispositivo, no driver do dispositivo ou no software da aplicação? Em alguns casos, observamos a progressão mostrada na Figura 13.16.

- Inicialmente, implementamos algoritmos de I/O experimentais no nível da aplicação porque o código da aplicação é flexível e bugs na aplicação não devem causar quedas do sistema. Além do mais, ao desenvolver código no nível da aplicação, evitamos a necessidade de reinicializar ou recarregar drivers de dispositivos após cada alteração no código. No entanto, uma implementação no nível da aplicação pode ser ineficiente, por causa do overhead das mudanças de contexto e porque a aplicação não pode se beneficiar das estruturas de dados internas do kernel e da funcionalidade do kernel (tais como operações eficientes de troca de mensagens, criação de threads e trancamento internos ao kernel).

- Quando um algoritmo no nível da aplicação demonstra que funciona, podemos reimplementá-lo no kernel. Isso pode melhorar o desempenho, mas o esforço de desenvolvimento é mais desafiador porque o kernel de um sistema operacional é um sistema de software grande e complexo. Além disso, uma implementação no kernel deve ser totalmente depurada para evitar corrupção de dados e quedas do sistema.

- O melhor desempenho pode ser obtido por uma implementação especializada em hardware, no dispositivo ou no controlador. As desvantagens de uma implementação em hardware incluem a dificuldade e o custo de fazer melhorias adicionais ou corrigir bugs, o maior tempo de desenvolvimento (meses em vez de dias) e a menor flexibilidade. Por exemplo, um controlador de RAID em hardware pode não fornecer quaisquer meios para o kernel influenciar a ordem ou a locação de leituras e gravações de blocos individuais, mesmo que o kernel tenha informações especiais sobre a carga de trabalho que o habilitem a melhorar o desempenho de I/O.

13.8 Resumo

Os elementos básicos de hardware envolvidos no I/O são buses, controladores de dispositivos e os próprios dispositivos. O trabalho de movimentar dados entre dispositivos e a memória principal é executado pela CPU como I/O programado ou é descarregado para um controlador de DMA. O módulo do kernel que controla um dispositivo é um driver de dispositivos. A interface de chamadas de sistema fornecida para aplicações é projetada para manipular várias categorias básicas de hardware, incluindo dispositivos de blocos, dispositivos de caracteres, arquivos mapeados para a memória, sockets de rede e timers de intervalos programados. As chamadas de sistema usualmente bloqueiam os processos que as emitem, mas chamadas sem bloqueio e assíncronas são usadas pelo próprio kernel e por aplicações que não devem ser suspensas enquanto esperam que uma operação de I/O seja concluída.

O subsistema de I/O do kernel fornece numerosos serviços. Entre eles estão o scheduling de I/O, o armazenamento em buffer, o armazenamento em cache, o spooling, a reserva de dispositivos e a manipulação de erros. Outro serviço, a tradução de nomes, faz a conexão entre dispositivos de hardware e nomes de arquivo simbólicos usados pelas aplicações. Ele envolve vários níveis de mapeamento que traduzem nomes formados por cadeias de caracteres para drivers de dispositivos e endereços de dispositivos específicos e, então, para endereços físicos de portas de I/O ou controladores de bus. Esse mapeamento pode ocorrer dentro do espaço de nomes do sistema de arquivos, como no UNIX, ou em um espaço de nomes de dispositivos separado, como no MS-DOS.

O STREAMS é uma implementação e uma metodologia que fornece uma base estrutural para a programação de drivers de dispositivos e protocolos de rede usando abordagem modular e incremental. Por meio de fluxos (streams), drivers podem ser empilhados, com dados passando por eles para processamento, de maneira sequencial e bidirecional.

As chamadas de sistema de I/O são caras em termos de consumo da CPU por causa das muitas camadas de software existentes entre um dispositivo físico e uma aplicação. Essas camadas geram overhead proveniente de várias fontes: mudanças de contexto para atravessar o limite de proteção do kernel, manipulação de sinais e de interrupções para servir os dispositivos de I/O, e a carga sobre a CPU e o sistema de memória para copiar dados entre os buffers do kernel e o espaço da aplicação.

Exercícios Práticos

13.1 Cite três vantagens da inserção de funcionalidade em um controlador de dispositivo, em vez de no kernel. Cite também três desvantagens.

13.2 O exemplo de aperto de mãos na Seção 13.2 usa dois bits: um bit ocupado e um bit de comando pronto. É possível implementar esse aperto de mãos com apenas um bit? Se for, descreva o protocolo. Se não for, explique por que um bit é insuficiente.

13.3 Por que um sistema pode usar I/O dirigido por interrupções para gerenciar uma porta serial individual e I/O com sondagem para gerenciar um processador front-end, como um concentrador de terminais?

13.4 A sondagem de conclusão de I/O pode desperdiçar um grande número de ciclos de CPU se o processador iterar por um loop de espera em ação muitas vezes antes que o I/O se complete. Mas, se o dispositivo de I/O estiver pronto para o serviço, a sondagem pode ser muito mais eficiente do que a captura e o despacho de uma interrupção. Descreva uma estratégia híbrida que combine sondagem, suspensão e interrupções, para o serviço do dispositivo de I/O. Para cada uma dessas três estratégias (sondagem pura, interrupções puras e estratégia híbrida), descreva um ambiente de computação no qual a estratégia em questão seja mais eficiente do que as outras duas.

13.5 Como o DMA aumenta a concorrência no sistema? Como ele complica o projeto de hardware?

13.6 Por que é importante aumentar as velocidades do bus do sistema e dos dispositivos à medida que a velocidade da CPU aumenta?

13.7 Diferencie um driver do STREAMS de um módulo do STREAMS.

Exercícios

13.8 Quando múltiplas interrupções provenientes de diferentes dispositivos surgem quase ao mesmo tempo, um esquema de prioridades pode ser usado para determinar a ordem em que as interrupções serão atendidas. Discuta que aspectos precisam ser considerados na atribuição de prioridades a diferentes interrupções.

13.9 Quais são as vantagens e desvantagens do suporte ao I/O mapeado para a memória para registradores de controle de dispositivos?

13.10 Considere os seguintes cenários de I/O em um PC monousuário:

a. Um mouse usado com uma interface gráfica de usuário

b. Um drive de fita em um sistema operacional multitarefas (sem pré-alocação de dispositivos disponível)

c. Um drive de disco contendo arquivos de usuário

d. Uma placa gráfica com conexão de bus direta, acessível por I/O mapeado para a memória

Para cada um desses cenários, você projetaria o sistema operacional para usar armazenamento em buffer, spooling, armazenamento em cache ou uma combinação deles? Você usaria I/O com sondagem ou I/O dirigido por interrupções? Forneça motivos para suas escolhas.

13.11 Na maioria dos sistemas multiprogramados, os programas de usuário acessam a memória por endereços virtuais, enquanto o sistema operacional usa endereços físicos brutos para acessá-la. Quais são as implicações desse projeto para o acionamento de operações de I/O pelo programa do usuário e sua execução pelo sistema operacional?

13.12 Quais são os vários tipos de overheads de desempenho associados ao atendimento de uma interrupção?

13.13 Descreva três circunstâncias sob as quais deve ser usado I/O com bloqueio. Descreva três circunstâncias sob as quais deve ser usado I/O sem bloqueio. Por que não implementar apenas I/O sem bloqueio e deixar os processos na espera em ação até que seus dispositivos estejam prontos?

13.14 Normalmente, na conclusão do I/O de um dispositivo, uma única interrupção é lançada e apropriadamente manipulada pelo processador hospedeiro. Em certas configurações, no entanto, o código a ser executado na conclusão do I/O pode ser dividido em duas partes separadas. A primeira parte é executada imediatamente após o I/O ser concluído e inclui no schedule uma segunda interrupção para que o trecho de código restante seja executado em um momento posterior. Qual é a finalidade do uso dessa estratégia no projeto de manipuladores de interrupções?

13.15 Alguns controladores de DMA suportam acesso direto à memória virtual, em que os alvos das operações de I/O são especificados como endereços virtuais e uma tradução de endereço virtual para físico é executada durante o DMA. Em que esse projeto complica o projeto do controlador de DMA? Quais são as vantagens e desvantagens do fornecimento dessa funcionalidade?

13.16 O UNIX coordena as atividades dos componentes de I/O do kernel manipulando as estruturas de dados compartilhadas internas ao kernel, enquanto o Windows usa a transmissão de mensagens orientada a objetos entre componentes de I/O do kernel. Discuta três vantagens e três desvantagens de cada abordagem.

13.17 Escreva (em pseudocódigo) uma implementação de relógios virtuais que inclua o enfileiramento e o gerenciamento de solicitações de timer para o kernel e para aplicações. Suponha que o hardware forneça três canais de timer.

13.18 Discuta as vantagens e desvantagens da garantia de transferência confiável de dados entre módulos na abstração STREAMS.

Notas Bibliográficas

[Vahalia (1996)] fornece uma boa visão geral do I/O e da conexão de rede no UNIX. [McKusick e Neville-Neil (2005)] detalham as estruturas e os métodos de I/O empregados no FreeBSD. O uso e a programação dos vários protocolos de comunicação entre processos e de rede no UNIX são explorados em [Stevens (1992)]. [Hart (2005)] aborda a programação no Windows.

[Intel (2011)] fornece uma boa fonte sobre os processadores Intel. [Rago (1993)] oferece uma boa discussão do STREAMS. [Hennessy e Patterson (2012)] descrevem sistemas multiprocessadores e aspectos sobre a consistência dos caches.

Bibliografia

[Hart (2005)] J. M. Hart, *Windows System Programming*, terceira edição, Addison-Wesley (2005).

[Hennessy e Patterson (2012)] J. Hennessy e D. Paterson, *Computer Architecture: A Quantitative Approach*, quinta edição, Morgan Kaufmann (2012).

[Intel (2011)] *Intel 64 and IA-32 Architectures Software Developer's Manual, Combined Volumes: 1, 2A, 2B, 3A and 3B*. Intel Corporation (2011).

[McKusick e Neville-Neil (2005)] M. K. McKusick e G. V. Neville-Neil, *The Design and Implementation of the FreeBSD UNIX Operating System*, Addison Wesley (2005).

[Rago (1993)] S. Rago, *UNIX System V Network Programming*, Addison-Wesley (1993).

[Stevens (1992)] R. Stevens, *Advanced Programming in the UNIX Environment*, Addison-Wesley (1992).

[Vahalia (1996)] U. Vahalia, *Unix Internals: The New Frontiers*, Prentice Hall (1996).

Parte Cinco

Proteção e Segurança

Os mecanismos de proteção controlam o acesso a um sistema limitando os tipos de acesso a arquivos permitidos aos usuários. Além disso, a proteção deve assegurar que somente processos que tenham recebido autorização apropriada do sistema operacional possam operar sobre segmentos de memória, a CPU e outros recursos.

Proteção é fornecida por um mecanismo que controla o acesso de programas, processos ou usuários aos recursos definidos por um sistema de computação. Esse mecanismo deve fornecer um meio para especificar os controles a serem impostos juntamente com um meio de exigi-los.

Segurança garante a autenticação de usuários dos sistemas para proteger tanto a integridade das informações armazenadas no sistema (dados e código) quanto os recursos físicos do sistema de computação. O sistema de segurança impede o acesso não autorizado, a destruição ou alteração maliciosa de dados e a introdução acidental de inconsistências.

CAPÍTULO 14

Proteção

Os processos em um sistema operacional devem ser protegidos das atividades uns dos outros. Para fornecer tal proteção, podemos usar vários mecanismos a fim de assegurar que somente processos que tenham recebido autorização apropriada do sistema operacional possam operar sobre arquivos, segmentos de memória, CPU e outros recursos de um sistema.

Proteção refere-se a um mecanismo para o controle do acesso de programas, processos ou usuários aos recursos definidos por um sistema de computação. Esse mecanismo deve fornecer um meio para especificar os controles a serem impostos, juntamente com um meio de exigi-los. Fazemos a distinção entre proteção e segurança, uma medida de confiança na preservação da integridade de um sistema e de seus dados. Neste capítulo, enfocamos a proteção. A garantia de segurança é um tópico muito mais abrangente, e o abordamos no Capítulo 15.

OBJETIVOS DO CAPÍTULO

- Discutir os objetivos e princípios de proteção em um sistema de computação moderno.
- Explicar como os domínios de proteção, combinados com uma matriz de acesso, são usados para especificar os recursos que um processo pode acessar.
- Examinar sistemas de proteção baseados em competências e em linguagens.

14.1 Objetivos de Proteção

À medida que os sistemas de computação têm se tornando mais sofisticados e difusos em suas aplicações, a necessidade de proteger sua integridade também tem aumentado. A proteção foi concebida originalmente como um complemento dos sistemas operacionais com multiprogramação para que usuários não confiáveis pudessem compartilhar seguramente um espaço lógico de nomes comum, tal como um diretório de arquivos, ou um espaço físico de nomes comum, tal como a memória. Os conceitos modernos de proteção evoluíram para aumentar a confiabilidade de qualquer sistema complexo que faça uso de recursos compartilhados.

Precisamos fornecer proteção por várias razões. A mais óbvia é a necessidade de impedir a violação maldosa e intencional de uma restrição de acesso por um usuário. De importância mais geral, no entanto, é a necessidade de assegurar que cada componente de programa ativo em um sistema use os recursos do sistema somente de forma consistente com as políticas estabelecidas. Esse requisito é fundamental para um sistema confiável.

A proteção pode melhorar a confiabilidade detectando erros latentes nas interfaces entre subsistemas componentes. A detecção precoce de erros de interface pode, com frequência, impedir a contaminação de um subsistema saudável por um subsistema defeituoso. Além disso, um recurso desprotegido não pode se defender contra a utilização (ou má utilização) por um usuário não autorizado ou incompetente. Um sistema orientado à proteção fornece meios para diferenciar o uso autorizado do não autorizado.

O papel da proteção em um sistema de computação é fornecer um mecanismo para a imposição das políticas que governam o uso de recursos. Essas políticas podem ser estabelecidas de várias maneiras. Algumas são fixadas no projeto do sistema, enquanto outras são formuladas pelo gerenciamento de um sistema. Ainda outras são definidas pelos usuários individuais para a proteção de seus próprios arquivos e programas. Um sistema de proteção deve ter flexibilidade para impor uma variedade de políticas.

As políticas de uso de recursos podem variar por aplicação e podem mudar com o tempo. Por essa razão, proteção não é mais preocupação apenas do projetista de um sistema operacional. O programador de aplicações também precisa usar mecanismos de proteção para proteger os recursos criados e suportados por um subsistema de aplicação contra a má utilização. Neste capítulo, descrevemos os mecanismos de proteção que o sistema operacional deve fornecer, mas os projetistas de aplicações também podem usá-los no projeto de seu próprio software de proteção.

Lembre-se de que *mecanismos* são diferentes de *políticas*. Os mecanismos determinam *como* algo será feito; as políticas decidem *o que* será feito. A separação entre política e mecanismo é importante para a flexibilidade. As políticas podem mudar de um local para outro ou de tempos em tempos. No pior caso, cada mudança na política demandaria uma mudança no mecanismo subjacente. O uso de mecanismos gerais habilita-nos a evitar tal situação.

14.2 Princípios de Proteção

Frequentemente, um princípio geral pode ser usado em todo um projeto, como o projeto de um sistema operacional. Seguir esse princípio simplifica decisões de projeto e mantém o sistema consistente e fácil de entender. Um princípio geral testado pelo tempo e essencial para a proteção é o **princípio do privi-**

légio mínimo. Ele determina que programas, usuários e até sistemas recebam privilégios apenas suficientes para a execução de suas tarefas.

Considere a analogia entre um guarda de segurança e uma chave mestra. Se essa chave permitir que o guarda entre apenas nas áreas públicas que ele protege, então a má utilização da chave resultará em um dano mínimo. Se, no entanto, a chave mestra permitir o acesso a todas as áreas, o prejuízo decorrente de sua perda, roubo, má utilização, cópia, ou outro tipo de comprometimento será muito maior.

Um sistema operacional que siga o princípio do privilégio mínimo implementa seus recursos, programas, chamadas de sistema e estruturas de dados de modo que uma falha ou comprometimento de um componente cause um dano mínimo e permita que um dano mínimo seja causado. O estouro de um buffer em um daemon do sistema pode causar a falha do processo, por exemplo, mas não deve permitir a execução do código da pilha do processo daemon que habilitaria um usuário remoto a obter privilégios máximos e acessar o sistema inteiro (como acontece com muita frequência, atualmente).

Um sistema operacional também fornece chamadas de sistema e serviços que permitem a programação de aplicações com controles de acesso refinados. Fornece mecanismos para habilitar privilégios, quando esses são necessários, e desabilitá-los quando não são mais necessários. Também é benéfica a criação de trilhas de auditoria para todo acesso a funções privilegiadas. A trilha de auditoria permite que o programador, o administrador do sistema, ou o oficial responsável pelo cumprimento da lei rastreiem todas as atividades de proteção e segurança no sistema.

O gerenciamento de usuários com o princípio do privilégio mínimo requer a criação de uma conta separada para cada usuário, apenas com os privilégios de que o usuário precisa. Um operador que precise montar fitas e fazer backup de arquivos no sistema tem acesso apenas aos comandos e arquivos necessários para executar a tarefa. Alguns sistemas implementam o controle de acesso baseado em papéis (RBAC — *role-based access control*) para fornecer essa funcionalidade.

Computadores implementados em uma instalação de computação sob o princípio do privilégio mínimo podem ser limitados à execução de serviços específicos, ao acesso a determinados hospedeiros remotos por meio de serviços específicos e à realização dessas tarefas durante períodos de tempo específicos. Normalmente, essas restrições são implementadas por meio da habilitação ou desabilitação de cada serviço e por meio do uso de listas de controle de acesso, como descrito nas Seções 11.6.2 e 14.6.

O princípio do privilégio mínimo pode ajudar a produzir um ambiente de computação mais seguro. Infelizmente, isso não costuma ocorrer. Por exemplo, o Windows 2000 tem um esquema de proteção complexo em seu núcleo; mesmo assim, apresenta muitas falhas de segurança. Em comparação, o Solaris é considerado relativamente seguro, mesmo sendo uma variante do UNIX que historicamente foi projetado com pouca atenção à proteção. Uma razão para a diferença pode ser o fato de que o Windows 2000 tem mais linhas de código e mais serviços do que o Solaris e, portanto, tem mais a guardar e proteger. Outra razão poderia ser que o esquema de proteção no Windows 2000 é incompleto ou protege os aspectos errados do sistema operacional, deixando outras áreas vulneráveis.

14.3 Domínio de Proteção

Um sistema de computação é uma coleção de processos e objetos. Com **objetos** queremos nos referir tanto a **objetos de hardware** (tais como a CPU, segmentos de memória, impressoras, discos e drives de fita) quanto a **objetos de software** (tais como arquivos, programas e semáforos). Cada objeto tem um nome exclusivo que o diferencia de todos os outros objetos no sistema e pode ser acessado somente por meio de operações bem definidas e significativas. Objetos são, essencialmente, tipos abstratos de dados.

As operações possíveis podem depender do objeto. Por exemplo, em uma CPU, podemos apenas executar. Segmentos de memória podem ser lidos e gravados, enquanto um CD-ROM ou DVD-ROM pode apenas ser lido. Drives de fita podem ser lidos, gravados e rebobinados. Arquivos de dados podem ser criados, abertos, lidos, gravados, fechados e excluídos; arquivos de programas podem ser lidos, gravados, executados e excluídos.

Um processo deve ter permissão para acessar apenas os recursos para os quais ele tenha autorização. Além disso, a qualquer momento, um processo deve ser capaz de acessar somente os recursos de que precisa para executar sua tarefa. Esse segundo requisito, normalmente referenciado como **princípio conhecer-o-necessário**, é útil ao limitar o nível de dano que um processo incorreto pode causar ao sistema. Por exemplo, quando o processo p invoca o procedimento A( ), o procedimento deve ser autorizado a acessar somente suas próprias variáveis e os parâmetros formais passados a ele; ele não deve ser capaz de acessar todas as variáveis do processo p. Da mesma forma, considere o caso em que o processo p invoca um compilador para compilar um arquivo específico. O compilador não deve ser capaz de acessar arquivos arbitrariamente, mas deve ter acesso apenas a um subconjunto bem definido de arquivos (tais como o arquivo-fonte, o arquivo de listagem, e assim por diante) relacionado com o arquivo a ser compilado. Inversamente, o compilador pode ter arquivos privados usados para fins de contabilização ou otimização que o processo p não deve ser capaz de acessar. O princípio conhecer-o-necessário é semelhante ao princípio do privilégio mínimo discutido na Seção 14.2 porque os objetivos de proteção destinam-se a minimizar os riscos de possíveis violações da segurança.

14.3.1 Estrutura de Domínio

Para facilitar o esquema que acabamos de descrever, um processo opera dentro de um **domínio de proteção**, que especifica os recursos que ele pode acessar. Cada domínio define um conjunto de objetos e os tipos de operações que podem ser invocadas sobre cada objeto. A capacidade de executar uma operação sobre um objeto é o **direito de acesso**. Um domínio é um conjunto de direitos de acesso, cada um deles sendo um par ordenado <nome-do-objeto, conjunto-de-direitos>. Por exemplo, se o domínio D tem o direito de acesso <arquivo F, {leitura, gravação}>, então um processo, sendo executado no domínio D, tanto pode ler quanto gravar o arquivo F. Ele não pode, no entanto, executar qualquer outra operação sobre esse objeto.

Domínios podem compartilhar direitos de acesso. Por exemplo, na Figura 14.1, temos três domínios: D_1, D_2 e D_3. O direito de acesso <O_4, {impressão}> é compartilhado por D_2 e D_3 implicando que um processo em execução em um desses dois domínios pode imprimir o objeto O_4. Observe que um processo deve estar sendo executado no domínio D_1 para ler e gravar o objeto O_1, enquanto apenas processos no domínio D_3 podem executar o objeto O_1.

A associação entre um processo e um domínio pode ser **estática**, se o conjunto de recursos disponíveis para o processo for fixo durante todo o tempo de vida do processo, ou **dinâmica**.

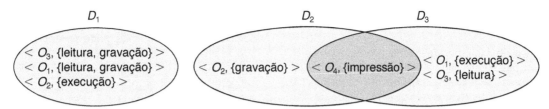

Figura 14.1 Sistema com três domínios de proteção.

Como era de se esperar, o estabelecimento de domínios de proteção dinâmicos é mais complicado do que o estabelecimento de domínios de proteção estáticos.

Se a associação entre processos e domínios é fixa e queremos aderir ao princípio conhecer-o-necessário, então deve estar disponível um mecanismo para alterar o conteúdo de um domínio. Isso provém do fato de que um processo pode ser executado em duas fases diferentes e pode, por exemplo, precisar de acesso de leitura em uma fase e de acesso de gravação em outra. Se um domínio for estático, devemos defini-lo para que inclua tanto acesso de leitura quanto de gravação. No entanto, esse esquema fornece mais direitos do que o necessário em cada uma das duas fases, já que temos acesso de leitura na fase em que precisamos apenas de acesso de gravação, e vice-versa.

Assim, o princípio conhecer-o-necessário é violado. Devemos permitir que o conteúdo de um domínio seja modificado para que o domínio sempre reflita os direitos de acesso mínimos necessários.

Se a associação é dinâmica, está disponível um mecanismo para permitir a permuta de domínio, habilitando o processo a permutar de um domínio para outro. Também podemos querer permitir que o conteúdo de um domínio seja alterado. Se não pudermos alterar o conteúdo de um domínio, temos como obter o mesmo efeito criando um novo domínio com o conteúdo alterado e permutando para esse novo domínio quando quisermos mudar o conteúdo do domínio.

Um domínio pode ser definido de várias maneiras:

- Cada *usuário* pode ser um domínio. Nesse caso, o conjunto de objetos que podem ser acessados depende da identidade do usuário. A permuta de domínio ocorre quando o usuário muda — geralmente quando um usuário faz logoff, e outro faz login.
- Cada *processo* pode ser um domínio. Nesse caso, o conjunto de objetos que podem ser acessados depende da identidade do processo. A permuta de domínio ocorre quando um processo envia uma mensagem a outro processo e, então, espera por uma resposta.
- Cada *procedimento* pode ser um domínio. Nesse caso, o conjunto de objetos que podem ser acessados corresponde às variáveis locais definidas dentro do procedimento. A permuta de domínio ocorre quando é feita uma chamada de procedimento.

Discutimos a permuta de domínio, com mais detalhes, na Seção 14.4.

Considere o modelo-padrão de execução do sistema operacional de modalidade dual (modalidade monitor-usuário). Quando um processo é executado em modalidade de monitor, ele pode executar instruções privilegiadas e, assim, obter o controle completo do sistema de computação. Por outro lado, quando um processo é executado em modalidade de usuário, ele pode invocar apenas instruções não privilegiadas. Consequentemente, ele pode ser executado somente dentro do seu espaço de memória predefinido. Essas duas modalidades protegem o sistema operacional (executando em domínio de monitor) dos processos de usuário (executando em domínio de usuário). Em um sistema operacional multiprogramado, dois domínios de proteção são insuficientes, já que os usuários também querem se proteger uns dos outros. Portanto, é necessário um esquema mais elaborado. Ilustramos tal esquema examinando dois sistemas operacionais influentes — o UNIX e o MULTICS — para ver como eles implementam esses conceitos.

14.3.2 Um Exemplo: UNIX

No sistema operacional UNIX, um domínio é associado ao usuário. A permuta de domínio corresponde à mudança temporária da identificação do usuário. Essa mudança é feita através do sistema de arquivos, como descrito a seguir. Uma identificação de proprietário e um bit de domínio (conhecido como **bit setuid**) são associados a cada arquivo. Quando o bit setuid está `on` (ligado) e um usuário executa esse arquivo, o `userID` é posicionado como o do proprietário do arquivo. Quando o bit está `off` (desligado), no entanto, o `userID` não se altera. Por exemplo, quando um usuário A (isto é, um usuário com `userID` = A) começa a executar um arquivo de propriedade de B, cujo bit de domínio associado está `off`, o `userID` do processo é posicionado como A. Quando o bit `setuid` está `on`, o `userID` é posicionado como o do proprietário do arquivo: B. Quando o processo é encerrado, essa mudança temporária do `userID` termina.

Outros métodos são empregados para alterar domínios em sistemas operacionais em que `userIDs` são usados na definição de domínios porque quase todos os sistemas precisam fornecer um mecanismo assim. Esse mecanismo é usado quando um recurso, de outra forma, privilegiado, precisa ser disponibilizado para a população geral de usuários. Por exemplo, pode ser desejável permitir que os usuários acessem uma rede sem deixá-los escrever seus próprios programas de rede. Nesse caso, em um sistema UNIX, o bit setuid em um programa de rede seria posicionado, fazendo com que o `userID` seja alterado quando o programa for executado. O `userID` seria alterado para o de um usuário com privilégio de acesso à rede (tal como `root`, o `userID` mais poderoso). Um problema desse método é que se um usuário conseguir criar um arquivo com `userID` igual a `root` e com seu bit setuid `on`, esse usuário pode se tornar o usuário `root` e fazer o que quiser no sistema. O mecanismo setuid é discutido, com detalhes, no Apêndice A.

Uma alternativa a esse método, usada em alguns sistemas operacionais, é a inserção de programas privilegiados em um diretório especial. O sistema operacional é projetado para alterar o `userID` de qualquer programa executado a partir desse diretório, para o equivalente a `root` ou para o `userID` do proprietário do diretório. Isso elimina um problema de segurança que ocorre quando intrusos criam programas para manipular o recurso `setuid` e ocultam tais programas no sistema para uso posterior (utilizando nomes obscuros de arquivos ou diretórios). Esse método é menos flexível do que o usado no UNIX, no entanto.

Ainda mais restritivos, e portanto mais protegidos, são os sistemas que simplesmente não permitem uma mudança do userID. Nesses casos, técnicas especiais devem ser usadas para permitir que os usuários acessem recursos privilegiados. Por exemplo, um processo daemon pode ser iniciado em tempo de inicialização e executado com um userID especial. Os usuários executam, então, um programa separado que envia solicitações a esse processo sempre que eles precisem usar o recurso. Esse método é usado pelo sistema operacional TOPS-20.

Em todos esses sistemas, deve-se ter muito cuidado ao se escreverem programas privilegiados. Qualquer descuido pode resultar em uma falta total de proteção no sistema. Geralmente, esses programas são os primeiros a serem atacados por pessoas que tentam invadir um sistema. Infelizmente, os invasores costumam ter sucesso. Por exemplo, a segurança tem sido violada em muitos sistemas UNIX por causa do recurso setuid. Discutimos segurança no Capítulo 15.

14.3.3 Um Exemplo: MULTICS

No sistema MULTICS, os domínios de proteção são organizados hierarquicamente em uma estrutura de anel. Cada anel corresponde a um único domínio (Figura 14.2). Os anéis são numerados de 0 a 7. Sejam D_i e D_j dois anéis de domínio. Se $j < i$, então D_i é um subconjunto de D_j. Isto é, um processo sendo executado no domínio D_j tem mais privilégios do que um processo sendo executado no domínio D_i. Um processo sendo executado no domínio D_0 tem a maior parte dos privilégios. Se houver apenas dois anéis, esse esquema será equivalente à modalidade de execução monitor-usuário, em que a modalidade de monitor corresponde a D_0, e a modalidade de usuário corresponde a D_1.

O MULTICS tem um espaço de endereçamento segmentado; cada segmento é um arquivo e está associado a um dos anéis. Uma descrição de segmento inclui uma entrada que identifica o número do anel. Além disso, inclui três bits de acesso para controle de leitura, gravação e execução. A associação entre segmentos e anéis é uma decisão política com a qual não estamos preocupados aqui.

Um contador do número do anel corrente é associado a cada processo, identificando o anel em que o processo está sendo executado correntemente. Quando um processo está sendo executado no anel i, não pode acessar um segmento associado ao anel j ($j < i$). Ele pode acessar um segmento associado ao anel k ($k \geq i$). O tipo de acesso, no entanto, é restrito de acordo com os bits de acesso associados a esse segmento.

A permuta de domínio no MULTICS ocorre quando um processo atravessa de um anel para outro chamando um procedimento em um anel diferente. É claro que essa mudança deve ser feita de maneira controlada; caso contrário, um processo poderia começar a ser executado no anel 0 e nenhuma proteção seria fornecida. Para permitir a permuta de domínio controlada, modificamos o campo do anel no descritor de segmento para que inclua o seguinte:

- **Chave de acesso.** Um par de inteiros, b_1 e b_2, tal que $b_1 \leq b_2$.
- **Limite.** Um inteiro b_3 tal que $b_3 > b_2$.
- **Lista de portas.** Identifica os pontos de entrada (ou portas) nos quais os segmentos podem ser chamados.

Se um processo sendo executado no anel i chama um procedimento (ou segmento) com chave de acesso (b_1, b_2), então a chamada é permitida se $b_1 \leq i \leq b_2$, e o número do anel corrente do processo permanece i. Caso contrário, ocorre uma interceptação para o sistema operacional e a situação é manipulada como descrito a seguir:

- Se $i < b_1$, então a chamada é autorizada a ocorrer porque temos uma transferência para um anel (ou domínio) com menos privilégios. No entanto, se são passados parâmetros que referenciem segmentos em um anel inferior (isto é, segmentos não acessíveis ao procedimento chamado), então esses segmentos devem ser copiados em uma área que possa ser acessada pelo procedimento chamado.
- Se $i > b_2$, então a chamada é autorizada a ocorrer somente se b_3 for maior do que ou igual a i e a chamada tiver sido direcionada para um dos pontos de entrada designados na lista de portas. Esse esquema permite que processos com direitos de acesso limitados chamem procedimentos em anéis inferiores que tenham mais direitos de acesso, mas apenas de maneira cuidadosamente controlada.

A principal desvantagem da estrutura de anel (ou hierárquica) é que ela não nos permite impor o princípio conhecer-o-necessário. Especificamente, se um objeto deve ser acessível no domínio D_j mas não no domínio D_i, então a condição $j < i$ deve estar presente. Mas esse requisito significa que todo segmento acessível em D_i também é acessível em D_j.

O sistema de proteção do MULTICS é geralmente mais complexo e menos eficiente do que os utilizados nos sistemas operacionais atuais. Se a proteção interferir na facilidade de uso do sistema ou piorar significativamente o desempenho, então seu uso deve ser avaliado com cuidado em relação à finalidade do sistema. Por exemplo, gostaríamos de contar com um sistema de proteção complexo em um computador usado por uma universidade para processar as notas dos estudantes e também usado pelos estudantes para trabalhos em sala de aula. Um sistema de proteção semelhante não seria adequado para um computador sendo usado para processamento numérico, em que o desempenho é de suma importância. Iríamos preferir separar o mecanismo da política de proteção, permitindo que o mesmo sistema tenha proteção complexa ou simples, dependendo das necessidades de seus usuários. Para separar o mecanismo da política, precisamos de um modelo de proteção mais geral.

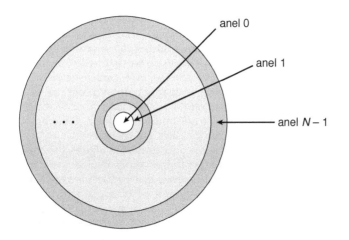

Figura 14.2 Estrutura em anel do MULTICS.

domínio \ objeto	F_1	F_2	F_3	impressora
D_1	leitura		leitura	
D_2				impressão
D_3		leitura	execução	
D_4	leitura gravação		leitura gravação	

Figura 14.3 Matriz de acesso.

14.4 Matriz de Acesso

Nosso modelo de proteção geral pode ser visto abstratamente como uma matriz, chamada **matriz de acesso**. As linhas da matriz de acesso representam domínios, e as colunas representam objetos. Cada entrada na matriz consiste em um conjunto de direitos de acesso. Já que a coluna define objetos explicitamente, podemos omitir o nome do objeto no direito de acesso. A entrada `access` (i, j) define o conjunto de operações que um processo, sendo executado no domínio D_i, pode invocar sobre o objeto O_j.

Para ilustrar esses conceitos, consideremos a matriz de acesso mostrada na Figura 14.3. Há quatro domínios e quatro objetos — três arquivos (F_1, F_2, F_3) e uma impressora a *laser*. Um processo em execução no domínio D_1 pode ler os arquivos F_1 e F_3. Um processo em execução no domínio D_4 tem os mesmos privilégios do que um processo que está em execução no domínio D_1; mas, além disso, ele também pode gravar nos arquivos F_1 e F_3. A impressora a *laser* pode ser acessada somente por um processo em execução no domínio D_2.

O esquema da matriz de acesso fornece-nos o mecanismo para a especificação de uma variedade de políticas. O mecanismo consiste na implementação da matriz de acesso e na garantia de que as propriedades semânticas que descrevemos são mantidas. Mais especificamente, devemos assegurar que um processo em execução no domínio D_i possa acessar somente os objetos especificados na linha i, e somente conforme permitido pelas entradas da matriz de acesso.

A matriz de acesso pode implementar decisões políticas relacionadas com a proteção. As decisões políticas envolvem os direitos que devem ser incluídos na (i, j)-ésima entrada. Também devemos decidir o domínio em que cada processo é executado. Essa última política é usualmente decidida pelo sistema operacional.

Os usuários normalmente definem o conteúdo das entradas da matriz de acesso. Quando um usuário cria um novo objeto O_j, a coluna O_j é adicionada à matriz de acesso com as entradas de inicialização apropriadas, como definido pelo criador. O usuário pode decidir inserir alguns direitos em algumas entradas da coluna j e outros direitos em outras entradas, conforme necessário.

A matriz de acesso fornece um mecanismo apropriado para a definição e implementação de um controle rígido para a associação tanto estática quanto dinâmica entre processos e domínios. Quando permutamos um processo de um domínio para outro, estamos executando uma operação (`switch`) sobre um objeto (o domínio). Podemos controlar a permuta de domínio incluindo domínios entre os objetos da matriz de acesso. Da mesma forma, quando alteramos o conteúdo da matriz de acesso, estamos executando uma operação sobre um objeto: a matriz de acesso. Novamente, podemos controlar essas alterações incluindo a própria matriz de acesso como um objeto. Na verdade, já que cada entrada na matriz de acesso pode ser modificada individualmente, devemos considerar cada entrada como um objeto a ser protegido. Agora, precisamos considerar apenas as operações que podem ser executadas sobre esses novos objetos (domínios e a matriz de acesso) e decidir como queremos que os processos as executem.

Processos devem ser capazes de permutar de um domínio para outro. A passagem do domínio D_i para o domínio D_j é permitida se e somente se o direito de acesso `switch` ∈ `access` (i, j). Portanto, na Figura 14.4, um processo em execução no do-

domínio \ objeto	F_1	F_2	F_3	impressora a *laser*	D_1	D_2	D_3	D_4
D_1	leitura		leitura			permuta		
D_2				impressão			permuta	permuta
D_3		leitura	execução					
D_4	leitura gravação		leitura gravação		permuta			

Figura 14.4 Matriz de acesso da Figura 14.3 com domínios como objetos.

Figura 14.5(a)

domínio \ objeto	F_1	F_2	F_3
D_1	execução		gravação*
D_2	execução	leitura*	execução
D_3	execução		

(a)

Figura 14.5(b)

domínio \ objeto	F_1	F_2	F_3
D_1	execução		gravação*
D_2	execução	leitura*	execução
D_3	execução	leitura	

(b)

Figura 14.5 Matriz de acesso com direitos *copy*.

Figura 14.6(a)

domínio \ objeto	F_1	F_2	F_3
D_1	proprietário execução		gravação
D_2		leitura* proprietário	leitura* proprietário gravação
D_3	execução		

(a)

Figura 14.6(b)

domínio \ objeto	F_1	F_2	F_3
D_1	proprietário execução		gravação
D_2		proprietário leitura* gravação*	leitura* proprietário gravação
D_3		gravação	gravação

(b)

Figura 14.6 Matriz de acesso com direitos *owner*.

mínio D_2 pode permutar para o domínio D_3 ou para o domínio D_4. Um processo no domínio D_4 pode permutar para o domínio D_1 e um processo no domínio D_1 pode permutar para D_2.

A permissão da alteração controlada do conteúdo das entradas da matriz de acesso requer três operações adicionais: copy, owner e control. Examinamos essas operações a seguir.

A capacidade de copiar um direito de acesso de um domínio (ou linha) da matriz de acesso para outro é representada por um asterisco (*) acrescentado ao direito de acesso. O direito de cópia permite que o direito de acesso seja copiado apenas dentro da coluna (isto é, para o objeto) para a qual o direito foi definido. Por exemplo, na Figura 14.5(a), um processo em execução no domínio D_2 pode copiar a operação de leitura em qualquer entrada associada ao arquivo F_2. Portanto, a matriz de acesso da Figura 14.5(a) pode ser modificada para a matriz de acesso mostrada na Figura 14.5(b).

Esse esquema tem duas variantes adicionais:

1. Um direito é copiado de access (i, j) para access (k, j); então, ele é removido de access (i, j). Essa ação é a transferência de um direito, em vez de uma cópia.

2. A propagação do direito copy pode ser limitada. Isto é, quando o direito R^* é copiado de access (i, j) para access (k, j), apenas o direito R (e não R^*) é criado. Um processo em execução no domínio D_k não poderá copiar o direito R mais tarde.

Um sistema pode selecionar apenas um desses três direitos copy ou pode fornecer todos os três identificando-os como direitos separados: copy, transfer e limited copy.

Também precisamos de um mecanismo que permita a adição de novos direitos e a remoção de alguns direitos. O direito owner controla essas operações. Se access (i, j) inclui o direito owner, então um processo em execução no domínio D_i pode adicionar e remover qualquer direito em qualquer entrada na coluna j. Por exemplo, na Figura 14.6(a), o domínio D_1 é o proprietário de F_1 e, portanto, pode adicionar e excluir qualquer direito válido na coluna F_1. Da mesma forma, o domínio D_2 é o

domínio \ objeto	F_1	F_2	F_3	impressora a laser	D_1	D_2	D_3	D_4
D_1	leitura		leitura			permuta		
D_2				impressão			permuta	permuta controle
D_3		leitura	execução					
D_4	gravação		gravação		permuta			

Figura 14.7 Matriz de acesso da Figura 14.4 modificada.

proprietário de F_2 e F_3 e, portanto, pode adicionar e remover qualquer direito válido dentro dessas duas colunas. Assim, a matriz de acesso da Figura 14.6(a) pode ser modificada para a matriz de acesso mostrada na Figura 14.6(b).

Os direitos `copy` e `owner` permitem que um processo altere as entradas em uma coluna. Também precisamos de um mecanismo para alterar as entradas em uma linha. O direito `control` é aplicável somente a objetos do domínio. Se `access` (i, j) inclui o direito `control`, então um processo em execução no domínio D_i pode remover qualquer direito de acesso da linha j. Por exemplo, suponha que, na Figura 14.4, incluímos o direito `control` em `access` (D_2, D_4). Então, um processo em execução no domínio D_2 poderia modificar o domínio D_4, como mostrado na Figura 14.7.

Os direitos `copy` e `owner` fornecem-nos um mecanismo para limitar a propagação de direitos de acesso. No entanto, eles não nos fornecem as ferramentas apropriadas para impedir a propagação (ou a divulgação) de informações. O problema de garantir que nenhuma informação mantida inicialmente em um objeto possa migrar para fora de seu ambiente de execução é chamado problema do confinamento. Em geral esse problema não tem solução (consulte as Notas Bibliográficas no fim do capítulo).

Essas operações sobre os domínios e sobre a matriz de acesso não são, por si sós, importantes, mas ilustram a capacidade de o modelo da matriz de acesso permitir a implementação e o controle de requisitos de proteção dinâmicos. Novos objetos e novos domínios podem ser criados dinamicamente e incluídos no modelo da matriz de acesso. No entanto, mostramos apenas que o mecanismo básico existe. Os projetistas e os usuários dos sistemas devem tomar as decisões políticas relacionadas com quais domínios devem ter acesso a que objetos e de que maneira.

14.5 Implementação da Matriz de Acesso

Como a matriz de acesso pode ser implementada efetivamente? Em geral, a matriz é esparsa; isto é, a maioria das entradas estará vazia. Embora técnicas de estruturas de dados estejam disponíveis para representar matrizes esparsas, elas não são particularmente úteis para essa aplicação por causa da maneira com que o recurso de proteção é usado. Aqui, primeiro descrevemos vários métodos de implementação da matriz de acesso e, então, comparamos os métodos.

14.5.1 Tabela Global

A implementação mais simples da matriz de acesso é uma tabela global composta por um conjunto de triplas ordenadas <domínio, objeto, conjunto de direitos>. Sempre que uma operação M é executada sobre um objeto O_j dentro do domínio D_i, a tabela global é pesquisada em busca de uma tripla <D_i, O_j, R_k>, com $M \in R_k$. Se essa tripla for encontrada, a operação terá permissão para continuar; caso contrário, uma condição de exceção (ou erro) será lançada.

Essa implementação apresenta várias desvantagens. A tabela é usualmente grande e, portanto, não pode ser mantida na memória principal; assim, é necessário I/O adicional. Técnicas de memória virtual costumam ser usadas para o gerenciamento dessa tabela. Além disso, é difícil tirar vantagem de agrupamentos especiais de objetos ou domínios. Por exemplo, se todos puderem ler um objeto específico, esse objeto deve ter uma entrada separada em cada domínio.

14.5.2 Listas de Acesso para Objetos

Cada coluna na matriz de acesso pode ser implementada como uma lista de acesso para um objeto, como descrito na Seção 11.6.2. É claro que entradas vazias podem ser descartadas. A lista resultante para cada objeto consiste em pares ordenados <domínio, conjunto de direitos> definindo todos os domínios com um conjunto não vazio de direitos de acesso para esse objeto.

Essa abordagem pode ser facilmente estendida para definir uma lista mais um conjunto *default* de direitos de acesso. Quando uma operação M sobre um objeto O_j é tentada no domínio D_i, pesquisamos a lista de acesso do objeto O_j, procurando por uma entrada <D_i, R_k> com $M \in R_k$. Se a entrada for encontrada, permitiremos a operação; se não for, verificaremos o conjunto default. Se M estiver no conjunto default, permitiremos o acesso. Caso contrário, o acesso será negado, e uma condição de exceção ocorrerá. A título de eficiência, podemos verificar o conjunto default primeiro e, então, pesquisar a lista de acesso.

14.5.3 Listas de Competências para Domínios

Em vez de associar as colunas da matriz de acesso aos objetos como listas de acesso, podemos associar cada linha ao seu domínio. Uma lista de competências de um domínio é uma lista de objetos junto com as operações permitidas sobre esses objetos. Um objeto é, com frequência, representado por seu nome ou endereço físico, chamado de competência. Para executar a operação M sobre o objeto O_j, o processo a executa especificando a competência (ou ponteiro) para o objeto O_j como parâmetro. A simples posse da competência significa que o acesso é permitido.

A lista de competências é associada a um domínio, mas nunca é diretamente acessível para um processo em execução nesse domínio. Em vez disso, a própria lista de competências é um objeto protegido, mantido pelo sistema operacional e acessado pelo usuário apenas indiretamente. A proteção baseada em competências fundamenta-se no fato de que as competências nunca são autorizadas a migrar para qualquer espaço de endereçamento diretamente acessível por um processo de usuário (onde elas poderiam ser modificadas). Se todas as competências estiverem protegidas, o objeto que elas protegem também estará protegido contra acesso não autorizado.

As competências foram propostas originalmente como um tipo de ponteiro seguro para atender à necessidade de proteção de recursos prevista, à medida que os sistemas de computação multiprogramados amadureceram. A ideia de um ponteiro inerentemente protegido fornece uma base de proteção que pode ser estendida até o nível das aplicações.

Para fornecer proteção inerente, devemos distinguir as competências de outros tipos de objetos, e elas devem ser interpretadas por uma máquina abstrata nas quais programas de mais alto nível sejam executados. As competências são, usualmente, diferenciadas de outros dados de uma entre duas maneiras:

- Cada objeto tem uma etiqueta que denota se ele é uma competência ou um dado acessível. As próprias etiquetas não devem ser diretamente acessíveis por um programa de aplicação. Suporte de hardware ou firmware pode ser usado para impor essa restrição. Embora apenas um bit seja suficiente para distinguir entre competências e outros objetos, mais bits costumam ser usados. Essa extensão permite que todos os objetos sejam etiquetados com seus tipos pelo hardware. Assim, o hardware pode distinguir inteiros, números de ponto flutuante, ponteiros, boolianos, caracteres, instruções, competências, e valores não inicializados, apenas por suas etiquetas.

- Alternativamente, o espaço de endereçamento associado a um programa pode ser dividido em duas partes. Uma parte é acessível ao programa e contém seus dados e instruções normais. A outra parte, contendo a lista de competências, é acessível apenas pelo sistema operacional. Um espaço de memória segmentado (Seção 8.4) é útil para suportar essa abordagem.

Vários sistemas de proteção baseados em competências têm sido desenvolvidos; eles são descritos brevemente na Seção 14.8. O sistema operacional Mach também usa uma versão de proteção baseada em competências, que é descrita no Apêndice B.

14.5.4 Um Mecanismo de Chave-Tranca

O esquema de chave-tranca é uma solução conciliatória entre as listas de acesso e as listas de competências. Cada objeto tem uma lista de padrões de bit exclusivos chamados trancas. Da mesma forma, cada domínio tem uma lista de padrões de bit exclusivos chamados chaves. Um processo em execução em um domínio pode acessar um objeto apenas se esse domínio tiver uma chave que corresponda a uma das trancas do objeto.

Como as listas de competências, a lista de chaves de um domínio deve ser gerenciada pelo sistema operacional em nome do domínio. Os usuários não são autorizados a examinar ou modificar a lista de chaves (ou trancas) diretamente.

14.5.5 Comparação

Como você pode esperar, a seleção de uma técnica para a implementação de uma matriz de acesso envolve diversas vantagens e desvantagens. O uso de uma tabela global é simples; no entanto, a tabela pode ser muito grande e geralmente não consegue se beneficiar de agrupamentos especiais de objetos ou domínios. As listas de acesso correspondem diretamente às necessidades dos usuários. Quando um usuário cria um objeto, ele pode especificar os domínios que podem acessar o objeto, assim como as operações que são permitidas. Porém, já que as informações de direitos de acesso de um domínio específico não são localizadas, a determinação do conjunto de direitos de acesso de cada domínio é difícil. Além disso, cada acesso ao objeto deve ser verificado, o que requer uma pesquisa na lista de acesso. Em um sistema grande com longas listas de acesso, essa pesquisa pode ser demorada.

As listas de competências não correspondem diretamente às necessidades dos usuários, mas são úteis para a localização de informações de determinado processo. O processo que estiver tentando o acesso deve apresentar uma competência para esse acesso. Em seguida, o sistema de proteção precisa apenas verificar se a competência é válida. A revogação de competências, no entanto, pode ser ineficiente (Seção 14.7).

O mecanismo de chave-tranca, como mencionado, é uma conciliação entre as listas de acesso e as listas de competências. O mecanismo pode ser tanto efetivo quanto flexível, dependendo do tamanho das chaves. As chaves podem ser passadas livremente de um domínio para outro. Além disso, privilégios de acesso podem ser revogados efetivamente pela simples técnica de alteração de algumas das trancas associadas ao objeto (Seção 14.7).

A maioria dos sistemas usa uma combinação de listas de acesso e competências. Quando um processo tenta pela primeira vez acessar um objeto, a lista de acesso é pesquisada. Se o acesso é negado, ocorre uma condição de exceção. Caso contrário, uma competência é criada e anexada ao processo. Referências adicionais usam a competência para demonstrar rapidamente que o acesso é permitido. Após o último acesso, a competência é destruída. Essa estratégia é usada no sistema MULTICS e no sistema CAL.

Como exemplo de como tal estratégia funciona, considere um sistema de arquivos em que cada arquivo tenha uma lista de acesso associada. Quando um processo abre um arquivo, a estrutura do diretório é pesquisada em busca do arquivo, a permissão de acesso é verificada e buffers são alocados. Todas essas informações são registradas em uma nova entrada em uma tabela de arquivos associada ao processo. A operação retorna um índice dessa tabela para o arquivo recém-aberto. Todas as operações sobre o arquivo são executadas por meio da especificação do índice da tabela de arquivos. A entrada na tabela de arquivos aponta então para o arquivo e seus buffers. Quando o arquivo é fechado, a entrada na tabela de arquivos é excluída. Já que a tabela de arquivos é mantida pelo sistema operacional, o usuário não pode corrompê-la acidentalmente. Assim, o usuário pode acessar apenas os arquivos que foram abertos. Como o acesso é verificado quando o arquivo é aberto, a proteção é assegurada. Essa estratégia é usada no sistema UNIX.

O direito de acessar ainda deve ser verificado em cada acesso, e a entrada na tabela de arquivos tem uma competência apenas para as operações permitidas. Se um arquivo é aberto para leitura, então uma competência de acesso de leitura é inserida na entrada da tabela de arquivos. Se for feita uma tentativa de gravar no arquivo, o sistema identifica essa violação de proteção comparando a operação solicitada com a competência na entrada da tabela de arquivos.

14.6 Controle de Acesso

Na Seção 11.6.2, descrevemos como os controles de acesso podem ser usados em arquivos dentro de um sistema de arquivos. É atribuído a cada arquivo e diretório um proprietário, um grupo, ou possivelmente uma lista de usuários, e para cada uma dessas entidades são atribuídas informações de controle de acesso. Uma função semelhante pode ser adicionada a outros aspectos de um sistema de computação. Um bom exemplo disso é encontrado no Solaris 10.

O Solaris 10 moderniza a proteção disponível no sistema operacional adicionando explicitamente o princípio do privilégio mínimo por meio do controle de acesso baseado em papéis (RBAC). Esse recurso envolve a concessão de privilégios. Um privilégio é o direito de executar uma chamada de sistema ou de usar uma opção dentro dessa chamada de sistema (tal como abrir um arquivo com acesso de gravação). Os privilégios podem ser atribuídos a processos, limitando-os ao acesso estritamente necessário à execução de seu trabalho. Privilégios e programas também podem ser atribuídos a papéis. Os usuários podem ter papéis a eles atribuídos ou podem assumir papéis com base em senhas para os papéis. Dessa forma, um usuário pode assumir um papel que conceda um privilégio, permitindo que ele execute um programa para cumprir uma tarefa específica, como mostrado na Figura 14.8. Essa implementação de privilégios diminui o risco à segurança associado a superusuários e programas setuid.

Observe que esse recurso é semelhante à matriz de acesso descrita na Seção 14.4. Esse relacionamento é explorado com mais detalhes nos Exercícios do fim do capítulo.

Figura 14.8 Controle de acesso baseado em papéis no Solaris 10.

14.7 Revogação de Direitos de Acesso

Em um sistema de proteção dinâmico, algumas vezes pode ser necessário revogar direitos de acesso a objetos compartilhados por diferentes usuários. Várias dúvidas sobre a revogação podem surgir:

- **Imediata *versus* adiada.** A revogação ocorre imediatamente ou é adiada? Se a revogação for adiada, temos como saber quando ela ocorrerá?
- **Seletiva *versus* geral.** Quando um direito de acesso a um objeto é revogado, isso afeta todos os usuários que têm direito de acesso a esse objeto ou podemos especificar um grupo de usuários selecionado cujos direitos de acesso devem ser revogados?
- **Parcial *versus* total.** Um subconjunto dos direitos associados a um objeto pode ser revogado ou devemos revogar todos os direitos de acesso para esse objeto?
- **Temporária *versus* permanente.** O acesso pode ser revogado permanentemente (isto é, o direito de acesso revogado nunca mais estará disponível), ou pode ser revogado e obtido novamente?

Em um esquema de lista de acesso, a revogação é fácil. A lista de acesso é pesquisada em busca de quaisquer direitos de acesso a serem revogados e eles são excluídos da lista. A revogação é imediata e pode ser geral ou seletiva, total ou parcial, e permanente ou temporária.

As competências, no entanto, apresentam um problema de revogação muito mais difícil, como mencionado anteriormente. Já que as competências são distribuídas por todo o sistema, devemos encontrá-las antes de poder revogá-las. Alguns esquemas que implementam a revogação para competências incluem os seguintes:

- **Reaquisição.** Periodicamente, competências são excluídas de cada domínio. Se um processo quer usar uma competência, ele pode descobrir que ela foi excluída. O processo pode, então, tentar readquirir a competência. Se o acesso tiver sido revogado, o processo não será capaz de readquirir a competência.
- **Ponteiros de retaguarda.** Uma lista de ponteiros é mantida com cada objeto, apontando para todas as competências associadas ao objeto. Quando a revogação é requerida, podemos seguir esses ponteiros, alterando as competências conforme necessário. Esse esquema foi adotado no sistema MULTICS. Ele é bem geral, mas sua implementação é onerosa.
- **Endereçamento indireto.** As competências apontam indiretamente, não diretamente, para os objetos. Cada competência aponta para uma entrada exclusiva em uma tabela global que, por sua vez, aponta para o objeto. Implementamos a revogação procurando a entrada desejada na tabela global e a excluindo. Assim, quando um acesso for tentado, a competência estará apontando para uma entrada ilegal na tabela. As entradas na tabela podem ser reutilizadas para outras competências, sem dificuldade, já que tanto a competência quanto a entrada na tabela contêm o nome exclusivo do objeto. O objeto de uma competência deve corresponder à sua entrada na tabela. Esse esquema foi adotado no sistema CAL. Ele não permite a revogação seletiva.
- **Chaves.** Uma chave é um padrão de bit exclusivo que pode ser associado a uma competência. Essa chave é definida quando a competência é criada e não pode ser modificada nem examinada pelo processo que possui a competência. Uma chave mestra é associada a cada objeto; ela pode ser definida ou substituída com a operação set-key. Quando uma competência é criada, o valor corrente da chave mestra é associado a ela. Quando a competência é usada, sua chave é comparada com a chave mestra. Se as chaves coincidem, a operação é autorizada a continuar; caso contrário, uma condição de exceção é lançada. A revogação substitui a chave mestra por um novo valor por meio da operação set-key, invalidando todas as competências anteriores desse objeto.

Esse esquema não permite a revogação seletiva, já que somente uma chave mestra é associada a cada objeto. Se associamos uma lista de chaves a cada objeto, então a revogação seletiva pode ser implementada. Para concluir, podemos agrupar todas as chaves em uma tabela global de chaves. Uma competência é válida somente se sua chave coincide com alguma chave na tabela global. Implementamos a revogação removendo a chave correspondente da tabela. Nesse esquema, uma chave pode ser associada a vários objetos e várias chaves podem ser associadas a cada objeto, fornecendo flexibilidade máxima.

Em esquemas baseados em chaves, as operações de definição de chaves, de sua inserção em listas e de sua exclusão das listas não devem estar disponíveis a todos os usuários. Especificamente, seria razoável permitir que apenas o proprietário de um objeto estabeleça as chaves para esse objeto. Essa opção, no entanto, é uma decisão política que o sistema de proteção pode implementar mas não deve definir.

14.8 Sistemas Baseados em Competências

Nesta seção, examinamos dois sistemas de proteção baseados em competências. Esses sistemas diferem em sua complexidade e nos tipos de políticas que podem ser implementados sobre eles. Nenhum dos dois sistemas é amplamente usado, mas ambos fornecem campos de prova interessantes para as teorias de proteção.

14.8.1 Um Exemplo: Hydra

Hydra é um sistema de proteção, baseado em competências, que oferece considerável flexibilidade. O sistema implementa um conjunto fixo de direitos de acesso possíveis, incluindo formas básicas de acesso, tais como o direito de ler, gravar ou executar um segmento de memória. Além disso, um usuário (do sistema de proteção) pode declarar outros direitos. A interpretação de direitos definidos pelo usuário é executada apenas pelo programa do usuário, mas o sistema fornece proteção de acesso para o uso desses direitos, assim como para o uso de direitos definidos pelo sistema. Esses recursos constituem um desenvolvimento significativo na tecnologia de proteção.

As operações sobre os objetos são definidas de forma procedimental. Os procedimentos que implementam tais operações são, eles próprios, uma forma de objeto, e são acessados indiretamente por meio de competências. Os nomes de procedimentos definidos pelo usuário devem ser identificados para o sistema de proteção se ele tiver que lidar com objetos do tipo definido pelo usuário. Quando a definição de um objeto é informada ao Hydra, os nomes das operações sobre o tipo tornam-se *direitos auxiliares*. Os direitos auxiliares podem ser descritos em uma competência de uma instância do tipo. Para que um processo execute uma operação sobre um objeto tipificado, a competência que ele mantém para esse objeto deve conter o nome da operação que está sendo invocada, entre seus direitos auxiliares. Essa restrição permite que a discriminação dos direitos de acesso seja feita em uma base instância a instância e processo a processo.

O Hydra também fornece a *amplificação de direitos*. Esse esquema permite que um procedimento seja certificado como *confiável* para atuar sobre um parâmetro formal de um tipo especificado em nome de qualquer processo que mantenha um direito para executar o procedimento. Os direitos mantidos por um procedimento confiável são independentes, e podem ir além dos direitos mantidos pelo processo chamador. No entanto, tal procedimento não deve ser considerado como universalmente confiável (o procedimento não é autorizado a atuar sobre outros tipos, por exemplo), e a confiança não deve ser estendida a nenhum outro procedimento ou segmento de programa que possa ser executado por um processo.

A amplificação permite que procedimentos de implementação acessem as variáveis de representação de um tipo abstrato de dados. Se um processo mantém uma competência para um objeto tipificado A, por exemplo, essa competência pode incluir um direito auxiliar para invocar alguma operação P, mas não incluir nenhum dos assim chamados direitos do kernel, tais como leitura, gravação ou execução, sobre o segmento que representa A. Tal competência dá a um processo um meio de acesso indireto (através da operação P) à representação de A, mas apenas para fins específicos.

Quando um processo invoca a operação P sobre um objeto A, no entanto, a competência para o acesso a A pode ser amplificada à medida que o controle passa para o corpo do código de P. Essa amplificação pode ser necessária para permitir a P o direito de acessar o segmento de memória que representa A bem como para implementar a operação que P define sobre o tipo abstrato de dado. O corpo do código de P pode ser autorizado a ler ou gravar no segmento de A diretamente, ainda que o processo chamador não possa fazer isso. No retorno de P, a competência de A é restaurada ao seu estado original não amplificado. Esse é um caso típico em que os direitos mantidos por um processo para acesso a um segmento protegido devem mudar dinamicamente, dependendo da tarefa a ser executada. O ajuste dinâmico de direitos é realizado para garantir a consistência de uma abstração definida pelo programador. A amplificação de direitos pode ser definida explicitamente na declaração de um tipo abstrato para o sistema operacional Hydra.

Quando um usuário passa um objeto como argumento a um procedimento, podemos ter que assegurar que o procedimento não possa modificar o objeto. Podemos implementar prontamente essa restrição passando um direito de acesso que não inclua o direito de modificação (gravação). No entanto, se a amplificação puder ocorrer, o direito de modificar pode ser restabelecido. Assim, o requisito de proteção do usuário poderá ser burlado. Em geral, é claro que um usuário pode ter certeza de que um procedimento executará sua tarefa corretamente. Porém, essa suposição nem sempre é correta, por causa de erros de hardware ou software. O Hydra resolve esse problema restringindo as amplificações.

O mecanismo de chamada de procedimentos do Hydra foi projetado como uma solução direta para o **problema dos subsistemas mutuamente suspeitos**. Esse problema é definido como descrito a seguir. Suponha que um programa possa ser invocado como um serviço por vários usuários diferentes (por exemplo, uma rotina de classificação, um compilador, um jogo). Quando os usuários invocam esse programa de serviço, eles assumem o risco de que o programa não funcione corretamente e danifique os dados fornecidos ou retenha algum direito de acesso para que os dados sejam usados (sem autorização) posteriormente. Da mesma forma, o programa de serviço pode ter alguns arquivos privados (para fins de contabilidade, por exemplo) que não possam ser acessados diretamente pelo programa de usuário solicitante. O Hydra fornece mecanismos para a manipulação direta desse problema.

Um subsistema do Hydra pode ser construído no topo de seu kernel de proteção e pode requerer proteção para seus próprios componentes. Um subsistema interage com o kernel por meio de chamadas de um conjunto de primitivos definidos pelo kernel que estabelecem direitos de acesso aos recursos definidos pelo subsistema. O projetista do subsistema pode definir políticas para o uso desses recursos por processos de usuário, mas as políticas são impostas pelo uso de proteção de acesso padrão, fornecida pelo sistema de competências.

Os programadores podem fazer uso direto do sistema de proteção após se familiarizarem com seus recursos no manual de referências apropriado. O Hydra fornece uma grande biblioteca de procedimentos definidos pelo sistema que podem ser chamados por programas de usuário. Os programadores podem incorporar explicitamente as chamadas desses procedimentos do sistema ao código do seu programa ou podem usar um tradutor de programas conectado ao Hydra.

14.8.2 Um Exemplo: O Sistema CAP de Cambridge

Uma abordagem diferente para a proteção baseada em competências foi adotada no projeto do sistema CAP de Cambridge. O sistema de competências do CAP é mais simples e superficialmente menos poderoso do que o do Hydra. No entanto, um exame mais cuidadoso mostra que ele, também, pode ser usado para fornecer proteção segura de objetos definidos pelo usuário. O CAP tem dois tipos de competências. O tipo comum é chamado *competência de dados*. Ele pode ser usado para fornecer acesso a objetos, mas os únicos direitos fornecidos são leitura, gravação e execução-padrão dos segmentos de memória individuais associados ao objeto. As competências de dados são interpretadas por microcódigo na máquina CAP.

O segundo tipo de competência é a chamada **competência de software**, que é protegida, mas não interpretada, pelo microcódigo do CAP. Ela é interpretada por um procedimento *protegido* (isto é, privilegiado) que pode ser escrito por um programador de aplicações como parte de um subsistema. Um tipo específico de amplificação de direitos está associado a um procedimento protegido. Ao executar o corpo do código de tal procedimento, um processo adquire temporariamente o direito de ler ou gravar o conteúdo da própria competência de software. Esse tipo específico de amplificação de direitos corresponde a uma implementação dos primitivos seal e unseal sobre as competências. É claro que esse privilégio ainda está sujeito à verificação do tipo para assegurar que somente competências de software de um tipo abstrato especificado sejam passadas a qualquer desses procedimentos. A confiança universal não é conferida a qualquer código, a não ser o microcódigo da máquina CAP. (Consulte as Notas Bibliográficas no fim do capítulo para referências.)

A interpretação de uma competência de software é deixada inteiramente para o subsistema, por intermédio dos procedimentos protegidos que ele contém. Esse esquema permite que uma variedade de políticas de proteção sejam implementadas. Embora os programadores possam definir seus próprios procedimentos protegidos (que podem ser incorretos), a segurança do sistema como um todo não pode ser comprometida. O sistema básico de proteção não permitirá que um procedimento protegido, definido pelo usuário e não verificado, acesse quaisquer segmentos de memória (ou competências) que não pertençam ao ambiente de proteção em que ele reside. A consequência mais séria de um procedimento protegido inseguro é uma violação de proteção do subsistema pelo qual esse procedimento é responsável.

Os projetistas do sistema CAP notaram que o uso de competências de software permitia que eles obtivessem economias consideráveis na formulação e implementação de políticas de proteção proporcionais aos requisitos dos recursos abstratos. No entanto, projetistas de subsistemas que queiram fazer uso desse recurso não podem simplesmente estudar um manual de referências, como no caso do Hydra. Em vez disso, eles devem aprender os princípios e as técnicas de proteção, já que o sistema não fornece uma biblioteca de procedimentos.

14.9 Proteção Baseada em Linguagens

Considerando-se o nível em que a proteção é fornecida nos sistemas de computação existentes, ela é usualmente obtida através do kernel do sistema operacional que atua como agente de segurança para inspecionar e validar cada tentativa de acesso a um recurso protegido. Já que uma validação de acesso abrangente pode ser fonte de um overhead considerável, devemos dar a ela suporte de hardware para reduzir o custo de cada validação, ou permitir que o projetista do sistema comprometa os objetivos de proteção. É difícil satisfazer a todos esses objetivos se a flexibilidade para implementação de políticas de proteção é restringida pelos mecanismos de suporte fornecidos, ou se os ambientes de proteção são maiores do que o necessário para garantir maior eficiência operacional.

À medida que os sistemas operacionais se tornaram mais complexos, e, particularmente, ao tentarem fornecer interfaces de usuário de mais alto nível, os objetivos de proteção passaram a ser muito mais refinados. Os projetistas de sistemas de proteção têm trabalhado muito em ideias originadas nas linguagens de programação e principalmente nos conceitos de tipos abstratos de dados e objetos. Os sistemas de proteção preocupam-se agora não apenas com a identidade de um recurso ao qual um acesso está sendo tentado, mas também com a natureza funcional desse acesso. Nos sistemas de proteção mais recentes, a preocupação com a função a ser invocada estende-se para além de um conjunto de funções definidas pelo sistema, tais como os métodos-padrão de acesso a arquivos, para também incluir funções que podem ser definidas pelo usuário.

As políticas de uso de recursos também podem variar, dependendo da aplicação, e podem estar sujeitas à mudança com o tempo. Por essas razões, proteção não pode ser mais considerada tema de preocupação apenas para o projetista de um sistema operacional. Também deve estar disponível como uma ferramenta a ser usada pelo projetista da aplicação para que os recursos de um subsistema da aplicação possam ser protegidos contra adulteração ou influência de um erro.

14.9.1 Imposição Baseada no Compilador

Nesse ponto, as linguagens de programação entram em cena. A especificação do controle de acesso desejado, para um recurso compartilhado em um sistema, é feita por meio de um comando declarativo sobre o recurso. Esse tipo de comando pode ser integrado a uma linguagem como uma extensão de seu recurso de tipificação. Quando a proteção é declarada junto com a tipificação de dados, o projetista de cada subsistema pode especificar seus requisitos de proteção, assim como sua necessidade de uso de outros recursos de um sistema. Tal especificação deve ser fornecida diretamente quando um programa é composto, e na linguagem em que o próprio programa é definido. Essa abordagem apresenta várias vantagens significativas:

1. As necessidades de proteção são simplesmente declaradas, em vez de programadas como uma sequência de chamadas de procedimentos de um sistema operacional.
2. Os requisitos de proteção podem ser declarados independentemente dos recursos fornecidos por um sistema operacional específico.
3. Os meios de imposição não precisam ser fornecidos pelo projetista de um subsistema.
4. Uma notação declarativa é natural porque os privilégios de acesso estão intimamente relacionados com o conceito linguístico de tipo de dado.

Uma variedade de técnicas podem ser fornecidas por uma implementação de linguagem de programação para impor proteção, mas todas elas devem depender de algum nível de suporte de um computador subjacente e seu sistema operacional. Por exemplo, suponha que uma linguagem seja usada na geração de código a ser executado no sistema CAP de Cambridge. Nesse sistema, toda referência de armazenamento feita no hardware subjacente ocorre indiretamente por meio de uma competência. Essa restrição impede que algum processo acesse um recurso fora do seu ambiente de proteção. No entanto, um programa pode impor restrições arbitrárias sobre como um recurso pode ser usado durante a execução de um segmento de código específico. Podemos implementar tais restrições mais rapidamente usando as competências de software fornecidas pelo CAP. Uma implementação de linguagem pode fornecer procedimentos protegidos padrão para a interpretação de competências de software que definiriam as políticas de proteção a serem especificadas na linguagem. Esse esquema põe a especificação de políticas à disposição dos programadores, ao mesmo tempo em que os libera da implementação de sua imposição.

Mesmo se um sistema não fornecer um kernel de proteção tão poderoso como os do Hydra ou do CAP, mecanismos ainda estarão disponíveis para a implementação das especificações de proteção fornecidas em uma linguagem de programação. A principal diferença é que a *segurança* dessa proteção não será tão grande como a suportada por um kernel de proteção porque o mecanismo deverá se basear em mais suposições sobre o estado operacional do sistema. Um compilador pode separar as referências para as quais ele possa garantir que não ocorrerá violação de proteção daquelas em que uma violação é possível, e tratá-las diferentemente. A segurança fornecida por essa forma de proteção reside na suposição de que o código gerado pelo compilador não será modificado antes ou no momento de sua execução.

Quais são, então, os méritos relativos da imposição baseada somente em um kernel, em contraste à imposição amplamente fornecida por um compilador?

- **Segurança.** A imposição realizada por um kernel fornece um nível maior de segurança ao próprio sistema de proteção do que a geração de código de verificação de proteção por um compilador. Em um esquema suportado por compilador, a segurança reside na precisão do tradutor, em algum mecanismo subjacente de gerenciamento de memória que proteja os segmentos a partir dos quais o código compilado é executado, e, por fim, na segurança dos arquivos a partir dos quais um programa é carregado. Algumas dessas considerações também se aplicam a um kernel de proteção suportado por software, mas em menor grau, já que o kernel pode residir em segmentos fixos de memória física e pode ser carregado apenas a partir de um arquivo designado. Em um sistema de competências etiquetadas em que toda a computação de endereços é executada por hardware ou por um microprograma fixo, uma segurança ainda maior é possível. A proteção suportada por hardware também é relativamente imune a violações de proteção que possam ocorrer como resultado de mau funcionamento do hardware ou do software do sistema.

- **Flexibilidade.** Há limites para a flexibilidade de um kernel de proteção na implementação de uma política definida pelo usuário, embora ele possa oferecer recursos adequados para que o sistema forneça a imposição de suas próprias políticas. Com uma linguagem de programação, a política de proteção pode ser declarada e a imposição fornecida conforme requerido por uma implementação. Se uma linguagem não fornecer flexibilidade suficiente, ela poderá ser estendida ou substituída com menos distúrbios do que os causados pela modificação de um kernel do sistema operacional.

- **Eficiência.** Maior eficiência é obtida quando a imposição de proteção é suportada diretamente por hardware (ou microcódigo). No que diz respeito ao suporte de software, a imposição baseada em linguagens tem a vantagem de que imposição de acesso estática pode ser verificada off-line em tempo de compilação. Além disso, já que um compilador inteligente pode ajustar o mecanismo de imposição de acordo com a necessidade especificada, o overhead fixo das chamadas do kernel frequentemente pode ser evitado.

Resumindo, a especificação de proteção em uma linguagem de programação permite a descrição de políticas de alto nível para a alocação e uso de recursos. Uma implementação de linguagem pode fornecer software para a imposição de proteção quando a verificação automática suportada por hardware não está disponível. Além disso, ela pode interpretar especificações de proteção para gerar chamadas em qualquer sistema de proteção fornecido pelo hardware e pelo sistema operacional.

Uma forma de tornar a proteção disponível ao programa de aplicação é por intermédio do uso de uma competência de software que possa ser usada como um objeto de computação. Inerente a esse conceito é a ideia de que certos componentes de programa podem ter o privilégio de criar ou examinar essas competências de software. Um programa de criação de competências seria capaz de executar uma operação primitiva que lacraria uma estrutura de dados, tornando seu último conteúdo inacessível a quaisquer componentes de programa que não detenham o lacre ou o privilégio de quebrá-lo. Tais componentes podem copiar a estrutura de dados ou passar seu endereço a outros componentes do programa, mas não poderiam obter acesso ao seu conteúdo. A razão para a introdução de tais competências de software é incorporar um mecanismo de proteção na linguagem de programação. O único problema do conceito como proposto é que o uso das operações `seal` e `unseal` adota uma abordagem procedimental para a especificação de proteção. Uma notação não procedimental ou declarativa parece ser uma forma preferível de tornar a proteção disponível ao programador da aplicação.

O que é necessário é um mecanismo de controle de acesso seguro e dinâmico para a distribuição, entre processos de usuário, de competências para recursos do sistema. Para contribuir com a confiabilidade geral de um sistema, o mecanismo de controle de acesso deve ser de utilização segura. Para ser útil na prática, ele também deve ser razoavelmente eficiente. Esse requisito levou ao desenvolvimento de muitos construtores de linguagem que permitem ao programador declarar várias restrições ao uso de um recurso gerenciado específico. (Consulte as Notas Bibliográficas para ver referências apropriadas.) Esses construtores fornecem mecanismos para três funções:

1. A distribuição de competências segura e eficientemente entre processos clientes. Especificamente, mecanismos asseguram que um processo de usuário usará o recurso gerenciado apenas se receber uma competência para esse recurso.

2. A especificação dos tipos de operações que determinado processo pode invocar sobre um recurso alocado (por exemplo, um leitor de arquivo deve ter permissão somente para ler o arquivo, enquanto um gravador deve ser capaz tanto de ler quanto de gravar). Não deve ser necessário conceder o mesmo conjunto de direitos a cada processo de usuário, e deve ser impossível para um processo aumentar seu conjunto de direitos de acesso, exceto com a autorização do mecanismo de controle de acesso.

3. A especificação da ordem em que determinado processo pode invocar as diversas operações de um recurso (por exemplo, um arquivo deve ser aberto antes de poder ser lido). Deve ser possível impor a dois processos restrições diferentes quanto à ordem em que eles podem invocar as operações do recurso alocado.

A incorporação de conceitos de proteção às linguagens de programação, como uma ferramenta prática para o projeto do sistema, está em seus primórdios. Provavelmente, a proteção se tornará uma questão de maior preocupação para os projetistas de novos sistemas com arquiteturas distribuídas e requisitos cada vez mais rigorosos quanto à segurança de dados. Então, a importância de notações adequadas de linguagens para expressar requisitos de proteção será reconhecida de forma mais ampla.

14.9.2 Proteção em Java

Como Java foi projetada para ser executada em um ambiente distribuído, a máquina virtual Java — ou JVM — tem muitos mecanismos internos de proteção. Programas em Java são compostos por classes, cada uma sendo um conjunto de campos de dados e funções (chamadas de métodos) que operam sobre esses campos. A JVM carrega uma classe em resposta a uma solicitação para criar instâncias (ou objetos) dessa classe. Um dos mais novos e úteis recursos de Java é seu suporte à carga dinâmica de classes não confiáveis por meio de uma rede e à execução de classes mutuamente suspeitas dentro da mesma JVM.

Por causa desses recursos, proteção é uma preocupação fundamental. Classes executadas na mesma JVM podem vir de diferentes fontes e podem não ser igualmente confiáveis. Como resultado, a imposição de proteção à granularidade de um processo na JVM é insuficiente. Intuitivamente, a permissão para que uma solicitação abra um arquivo depende geralmente da classe que solicitou a abertura. O sistema operacional não tem esse conhecimento.

Portanto, tais decisões de proteção são manipuladas dentro da JVM. Quando a JVM carrega uma classe, ela a atribui a um domínio de proteção que fornece as permissões dessa classe. O domínio de proteção ao qual a classe é atribuída depende do URL a partir do qual a classe foi carregada e de quaisquer assinaturas digitais sobre o arquivo da classe. (Assinaturas digitais são abordadas na Seção 15.4.1.3.) Um arquivo de política configurável determina as permissões concedidas ao domínio (e suas classes). Por exemplo, classes carregadas a partir de um servidor confiável podem ser inseridas em um domínio de proteção que permita a elas acessar arquivos no diretório home do usuário, enquanto classes carregadas a partir de um servidor não confiável podem não ter qualquer permissão de acesso a arquivos.

Pode ser complicado para a JVM determinar a classe que é responsável por uma solicitação de acesso a um recurso protegido. Acessos são, com frequência, executados indiretamente, por meio de bibliotecas do sistema ou outras classes. Por exemplo, considere uma classe que não tenha permissão para abrir conexões de rede. Ela poderia chamar uma biblioteca do sistema para solicitar a carga do conteúdo de um URL. A JVM deve decidir se abre ou não uma conexão de rede para essa solicitação. Mas qual classe deve ser usada para determinar se a conexão deve ser permitida, a aplicação ou a biblioteca do sistema?

A filosofia adotada em Java é requerer que a classe da biblioteca permita explicitamente uma conexão de rede. De modo mais geral, para acessar um recurso protegido, algum método na sequência chamadora que resultou na solicitação deve declarar explicitamente o privilégio para acessar o recurso. Ao fazê-lo, esse método *assume a responsabilidade* pela solicitação. Presumivelmente, ele também executará qualquer verificação necessária para garantir a segurança da solicitação. É claro que nem todo método tem permissão para declarar um privilégio; um método pode declarar um privilégio somente se sua classe estiver em um domínio de proteção que tenha, ele próprio, permissão para usar o privilégio.

Essa abordagem de implementação é chamada de inspeção de pilha. Cada thread na JVM tem, associada a ele, uma pilha de suas invocações de métodos em progresso. Quando um chamador pode não ser confiável, um método executa uma solicitação de acesso dentro de um bloco doPrivileged para efetuar o acesso a um recurso protegido direta ou indiretamente. O método doPrivileged() é um método estático da classe AccessController ao qual é passada uma classe com um método run() a ser invocado. Quando o bloco doPrivileged entra, o quadro de pilha para esse método é anotado indicando esse fato. Em seguida, o conteúdo do bloco é executado. Quando um acesso a um recurso protegido é subsequentemente solicitado, por esse método ou por um método que ele invoque, uma chamada a checkPermissions() é usada para invocar a inspeção da pilha de modo a determinar se a solicitação deve ser permitida. A inspeção examina os quadros de pilha da pilha do thread chamador, começando pelo quadro adicionado mais recentemente e prosseguindo em direção ao mais antigo. Se é encontrado primeiro um quadro de pilha com a anotação doPrivileged(), então checkPermissions() retorna imediata e silenciosamente, permitindo o acesso. Se é encontrado primeiro um quadro de pilha para o qual o acesso não é permitido segundo o domínio de proteção da classe do método, checkPermissions() lança uma AccessControlException. Se a inspeção exaurir a pilha sem encontrar nenhum dos tipos de quadro, então a permissão de acesso vai depender da implementação (por exemplo, algumas implementações da JVM podem permitir o acesso, e outras não).

A inspeção de pilha é ilustrada na Figura 14.9. Aqui, o método gui() de uma classe no domínio de proteção de *applets não confiáveis* executa duas operações, primeiro um get() e, então, um open(). A primeira é uma invocação do método get() de uma classe no domínio de proteção de *carregadores de URL* que tem permissão para abrir – open() – sessões para sites no domínio lucent.com, especificamente para o servidor proxy.lucent.com para recuperação de URLs. Por essa razão, a invocação de get() de applet não confiável será bem-sucedida: a chamada checkPermissions() na biblioteca de rede encontra o quadro de pilha do método get() que executou sua operação open() em um bloco doPrivileged. No entanto, a invocação de open() de applet não confiável resultará em uma exceção porque a chamada checkPermissions()

domínio de proteção:	applet não confiável	carregador de URL	rede
permissão de socket:	nenhuma	*.lucent.com:80, connect	qualquer uma

classe:	gui:
	...
	get(url);
	open(addr);
	...
		get(URL u):
		...
		doPrivileged {
		  open('proxy.lucent.com:80');
		}
		<solicita u a partir de proxy>
		...
			open(Addr a):
			...
			checkPermission
			(a, connect);
			connect (a);
			...

Figura 14.9 Inspeção de pilha.

não encontra anotação `doPrivileged` antes de encontrar o quadro de pilha do método `gui( )`.

Naturalmente, para que a inspeção de pilha funcione, um programa deve ser incapaz de modificar as anotações em seu próprio quadro de pilha ou, por outro lado, manipular a inspeção de pilha. Essa é uma das diferenças mais importantes entre Java e muitas outras linguagens (incluindo C++). Um programa Java não pode acessar a memória diretamente; ele pode manipular apenas um objeto para o qual tenha uma referência. Referências não podem ser forjadas e as manipulações são feitas somente por meio de interfaces bem definidas. A compatibilidade é imposta por meio de um conjunto sofisticado de verificações de tempo de carga e tempo de execução. Como resultado, um objeto não pode manipular sua pilha de tempo de execução porque não pode obter uma referência à pilha ou a outros componentes do sistema de proteção.

Geralmente, as verificações de tempo de carga e de tempo de execução de Java impõem a *segurança de tipos* das classes Java. A segurança de tipos assegura que as classes não possam tratar inteiros como ponteiros, gravar após o fim de um array ou acessar a memória de maneiras arbitrárias. Em vez disso, um programa pode acessar um objeto somente por intermédio dos métodos definidos nesse objeto por sua classe. Essa é a base da proteção Java, uma vez que ela habilita uma classe a *encapsular* e proteger efetivamente seus dados e métodos de outras classes carregadas na mesma JVM. Por exemplo, uma variável pode ser definida como `private` para que apenas a classe que a contém possa acessá-la, ou como `protected` para que ela possa ser acessada apenas pela classe que a contém, por subclasses dessa classe ou por classes no mesmo pacote. A segurança de tipos assegura que essas restrições possam ser impostas.

14.10 Resumo

Os sistemas de computação contêm muitos objetos, e eles precisam ser protegidos contra a má utilização. Os objetos podem ser de hardware (tais como memória, tempo de CPU e dispositivos de I/O) ou de software (tais como arquivos, programas e semáforos). Um direito de acesso é a permissão para executar uma operação sobre um objeto. Um domínio é um conjunto de direitos de acesso. Os processos são executados em domínios e podem usar qualquer um dos direitos de acesso do domínio para acessar e manipular objetos. Durante seu tempo de vida, um processo pode ficar limitado a um domínio de proteção ou ter permissão para permutar de um domínio para outro.

A matriz de acesso é um modelo geral de proteção que fornece um mecanismo de proteção sem impor uma política de proteção específica ao sistema ou aos seus usuários. A separação entre política e mecanismo é uma propriedade de projeto importante.

A matriz de acesso é esparsa. Ela é, normalmente, implementada como listas de acesso associadas a cada objeto, ou como listas de competências associadas a cada domínio. Podemos incluir a proteção dinâmica no modelo da matriz de acesso considerando os domínios e a própria matriz de acesso como objetos. A revogação de direitos de acesso em um modelo de proteção dinâmica costuma ser mais fácil de implementar com um esquema de lista de acesso do que com uma lista de competências.

Os sistemas reais são muito mais limitados do que o modelo geral e tendem a fornecer proteção apenas para arquivos. O UNIX é representativo, fornecendo proteção de leitura, gravação e execução separadamente para o proprietário, o grupo e o público geral de cada arquivo. O MULTICS usa uma estrutura de anel além do acesso a arquivos. O Hydra, o sistema CAP de Cambridge, e o Mach são sistemas de competências que estendem a proteção a objetos de software definidos pelo usuário. O Solaris 10 implementa o princípio do privilégio mínimo por meio do controle de acesso baseado em papéis, um tipo de matriz de acesso.

A proteção baseada em linguagens fornece uma arbitragem mais refinada de solicitações e privilégios do que o sistema operacional é capaz de fornecer. Por exemplo, uma única JVM Java pode executar vários threads, cada um em uma classe de proteção diferente. Ela impõe as solicitações de recursos por intermédio de uma sofisticada inspeção de pilha e da segurança de tipos da linguagem.

Exercícios Práticos

14.1 Quais são as principais diferenças entre listas de competências e listas de acesso?

14.2 Um arquivo MCP do Burroughs B7000/B6000 pode ser marcado como dados sigilosos. Quando tal arquivo é excluído, sua área de armazenamento é sobreposta por alguns bits aleatórios. Para que finalidade tal esquema seria útil?

14.3 Em um sistema de proteção em anel, o nível 0 tem o maior acesso aos objetos, e o nível n (em que $n > 0$) tem o menor número de direitos de acesso. Os direitos de acesso de um programa em um nível específico da estrutura de anel são considerados um conjunto de competências. Qual é o relacionamento entre as competências de um domínio no nível j e de um domínio no nível i para um objeto (para $j > i$)?

14.4 O sistema RC 4000, entre outros, definiu uma hierarquia de processos (chamada árvore de processos) de tal modo que todos os descendentes de um processo possam receber recursos (objetos) e direitos de acesso somente de seus ancestrais. Assim, um descendente jamais pode fazer algo que seus ancestrais não possam fazer. A raiz da árvore é o sistema operacional que pode fazer qualquer coisa. Suponha que o conjunto de direitos de acesso seja representado por uma matriz de acesso, A. $A(x,y)$ define os direitos de acesso do processo x para o objeto y. Se x for um descendente de z, qual será o relacionamento entre $A(x,y)$ e $A(z,y)$ para um objeto arbitrário y?

14.5 Que problemas de proteção podem surgir se uma pilha compartilhada for usada para transmissão de parâmetros?

14.6 Considere um ambiente de computação em que um número exclusivo seja associado a cada processo e a cada objeto no sistema. Suponha que permitíssemos que um processo com número n acessasse um objeto com número m somente se $n > m$. Que tipo de estrutura de proteção teríamos?

14.7 Considere um ambiente de computação em que um processo receba o privilégio de acessar um objeto somente n vezes. Sugira um esquema para implementar essa política.

14.8 Se todos os direitos de acesso a um objeto forem excluídos, o objeto não poderá mais ser acessado. Nesse caso, o objeto também deve ser excluído, e o espaço que ele ocupa deve ser retornado ao sistema. Sugira uma implementação eficiente desse esquema.

14.9 Por que é difícil proteger um sistema em que os usuários têm permissão para fazer seu próprio I/O?

14.10 As listas de competências são usualmente mantidas dentro do espaço de endereçamento do usuário. Como o sistema assegura que o usuário não possa modificar o conteúdo da lista?

Exercícios

14.11 Considere o esquema de proteção em anel do MULTICS. Se fôssemos implementar as chamadas de um sistema operacional típico e armazená-las em um segmento associado ao anel 0, quais seriam os valores armazenados no campo do anel do descritor do segmento? O que aconteceria durante uma chamada de sistema quando um processo, sendo executado em um anel de numeração mais alta, invocasse um procedimento no anel 0?

14.12 A matriz de controle de acesso pode ser usada para determinar se um processo pode permutar, digamos, do domínio A para o domínio B e usufruir dos privilégios de acesso do domínio B. Essa abordagem é equivalente à inclusão dos privilégios de acesso do domínio B entre os do domínio A?

14.13 Considere um sistema de computação em que jogos de computador possam ser jogados pelos estudantes somente entre as 10 da noite e 6 da manhã, por membros da faculdade entre 5 da tarde e 8 da manhã, e pela equipe do centro de computação a qualquer momento. Sugira um esquema para a implementação eficiente dessa política.

14.14 De que recursos de hardware um sistema de computação precisa para a manipulação eficiente de competências? Esses recursos podem ser usados para proteção da memória?

14.15 Discuta as fortalezas e fraquezas da implementação de uma matriz de acesso com o uso de listas de acesso que sejam associadas a objetos.

14.16 Discuta as fortalezas e fraquezas da implementação de uma matriz de acesso com o uso de competências que sejam associadas a domínios.

14.17 Explique por que um sistema baseado em competências como o Hydra fornece maior flexibilidade do que o esquema de proteção em anel para a imposição de políticas de proteção.

14.18 Discuta a necessidade da amplificação de direitos no Hydra. Em que essa prática se compara às chamadas entre anéis de um esquema de proteção em anel?

14.19 O que é o princípio conhecer-o-necessário? Por que é importante para um sistema de proteção aderir a esse princípio?

14.20 Discuta qual dos sistemas a seguir permite que projetistas de módulos imponham o princípio conhecer-o-necessário.

   a. O esquema de proteção em anel do MULTICS
   b. As competências do Hydra
   c. O esquema de inspeção de pilha da JVM

14.21 Descreva como o modelo de proteção de Java ficaria comprometido se um programa em Java tivesse permissão para alterar diretamente as anotações de seu quadro de pilha.

14.22 Em que o recurso da matriz de acesso e o recurso do controle de acesso baseado em papéis são semelhantes? Em que eles diferem?

14.23 Como o princípio do privilégio mínimo ajuda na criação de sistemas de proteção?

14.24 Como os sistemas que implementam o princípio do privilégio mínimo ainda podem ter falhas de proteção que levem a violações de segurança?

Notas Bibliográficas

O modelo da matriz de acesso para proteção entre domínios e objetos foi desenvolvido por [Lampson (1969)] e [Lampson (1971)]. [Popek (1974)] e [Saltzer e Schroeder (1975)] forneceram excelentes pesquisas sobre o tema de proteção. [Harrison et al. (1976)] usaram uma versão formal do modelo de matriz de acesso para habilitá-los a provar matematicamente as propriedades de um sistema de proteção.

O conceito de competência evoluiu a partir das *codewords*, de Iliffe e Jodeit, que foram implementadas no computador da Universidade Rice ([Iliffe e Jodeit (1962)]). O termo *competência* foi introduzido por [Dennis e Horn (1966)].

O sistema Hydra foi descrito por [Wulf et al. (1981)]. O sistema CAP foi descrito por [Needham e Walker (1977)]. [Organick (1972)] discutiu o sistema de proteção em anel do MULTICS.

A revogação foi discutida por [Redell e Fabry (1974)], [Cohen e Jefferson (1975)] e [Ekanadham e Bernstein (1979)]. O princípio da separação entre política e mecanismo foi defendido pelo projetista do Hydra [Levin et al. (1975)]. O problema do confinamento foi discutido pela primeira vez por [Lampson (1973)] e examinado posteriormente por [Lipner (1975)].

O uso de linguagens de mais alto nível para a especificação do controle de acesso foi sugerido primeiro por [Morris (1973)], que propôs o uso das operações `seal` e `unseal` discutidas na Seção 14.9. [Kieburtz e Silberschatz (1978)], [Kieburtz e Silberschatz (1983)] e [McGraw e Andrews (1979)] propuseram vários construtores de linguagem para a manipulação de esquemas gerais de gerenciamento dinâmico de recursos. [Jones e Liskov (1978)] consideraram como um esquema de controle de acesso estático pode ser incorporado em uma linguagem de programação que suporte tipos abstratos de dados. O uso de suporte mínimo do sistema operacional à imposição de proteção foi defendido pelo Projeto Exokernel ([Ganger et al. (2002)], [Kaashoek et al. (1997)]). A extensibilidade do código do sistema por intermédio de mecanismos de proteção baseados em linguagens foi discutida em [Bershad et al. (1995)]. Outras técnicas para imposição de proteção incluem sandboxing [Goldberg et al. (1996)] e o isolamento de erros de software [Wahbe et al. (1993)]. As questões de diminuição do overhead associado aos custos de proteção e à habilitação do acesso de nível de usuário para dispositivos de rede foram discutidas em [McCanne e Jacobson (1993)] e [Basu et al. (1995)].

Análises mais detalhadas da inspeção de pilha, incluindo comparações com outras abordagens de segurança em Java, podem ser encontradas em [Wallach et al. (1997)] e [Gong et al. (1997)].

Bibliografia

[Basu et al. (1995)] A. Basu, V. Buch, W. Vogels, e T. Von Eicken, "U-Net: A User-Level Network Interface for Parallel and Distributed Computing", *Proceedings of the ACM Symposium on Operating Systems Principles* (1995).

[Bershad et al. (1995)] B. N. Bershad, S. Savage, P. Pardyak, E. G. Sirer, M. Fiuczynski, D. Becker, S. Eggers e C. Chambers,

"Extensibility, Safety and Performance in the SPIN Operating System", *Proceedings of the ACM Symposium on Operating Systems Principles* (1995), páginas 267-284.

[**Cohen e Jefferson (1975)**] E. S. Cohen e D. Jefferson, "Protection in the Hydra Operating System", *Proceedings of the ACM Symposium on Operating Systems Principles* (1975), páginas 141-160.

[**Dennis e Horn (1966)**] J. B. Dennis e E. C. V. Horn, "Programming Semantics for Multiprogrammed Computations", *Communications of the ACM*, volume 9, número 3 (1966), páginas 143-155.

[**Ekanadham e Bernstein(1979)**] K. Ekanadham e A. J. Bernstein, "Conditional Capabilities", *IEEE Transactions on Software Engineering*, volume SE-5, número 5 (1979), páginas 458-464.

[**Ganger et al. (2002)**] G. R. Ganger, D. R. Engler, M. F. Kaashoek, H. M. Briceno, R. Hunt e T. Pinckney, "Fast and Flexible Application-Level Networking on ExokernelSystems", *ACM Transactions on Computer Systems*, volume 20, número 1 (2002), páginas 49-83.

[**Goldberg et al. (1996)**] I. Goldberg, D. Wagner, R. Thomas e E. A. Brewer, "A Secure Environment for Untrusted Helper Applications", *Proceedings of the 6th Usenix Security Symposium* (1996).

[**Gong et al. (1997)**] L. Gong, M. Mueller, H. Prafullchandra e R. Schemers, "Going Beyond the Sandbox: An Overview of the New Security Architecture in the Java Development Kit 1.2", *Proceedings of the USENIX Symposium on Internet Technologies and Systems* (1997).

[**Harrison et al. (1976)**] M. A. Harrison, W. L. Ruzzo e J. D. Ullman, "Protection in Operating Systems", *Communications of the ACM*, volume 19, número 8 (1976), páginas 461-471.

[**Iliffe e Jodeit (1962)**] J. K. Iliffe e J. G. Jodeit, "A Dynamic Storage Allocation System", *Computer Journal*, volume 5, número 3 (1962), páginas 200-209.

[**Jones e Liskov (1978)**] A. K. Jones e B. H. Liskov, "A Language Extension for Expressing Constraints on Data Access", *Communications of the ACM*, volume 21, número 5 (1978), páginas 358-367.

[**Kaashoek et al. (1997)**] M. F. Kaashoek, D. R. Engler, G. R. Ganger, H. M. Briceno, R. Hunt, D. Mazieres, T. Pinckney, R. Grimm, J. Jannotti e K. Mackenzie, "Application Performance and Flexibility on Exokernel Systems", *Proceedings of the ACM Symposium on Operating Systems Principles* (1997), páginas 52-65.

[**Kieburtz e Silberschatz (1978)**] R. B. Kieburtz e A. Silberschatz, "Capability Managers", *IEEE Transactions on Software Engineering*, volume SE-4, número 6 (1978), páginas 467-477.

[**Kieburtz e Silberschatz (1983)**] R. B. Kieburtz e A. Silberschatz, "Access Right Expressions", *ACM Transactions on Programming Languages and Systems*, volume 5, número 1 (1983), páginas 78-96.

[**Lampson (1969)**] B. W. Lampson, "Dynamic Protection Structures", *Proceedings of the AFIPS Fall Joint Computer Conference* (1969), páginas 27-38.

[**Lampson (1971)**] B. W. Lampson, "Protection", *Proceedings of the Fifth Annual Princeton Conference on Information Systems Science* (1971), páginas 437-443.

[**Lampson (1973)**] B. W. Lampson, "A Note on the Confinement Problem", *Communications of the ACM*, volume 10, número 16 (1973), páginas 613-615.

[**Levin et al. (1975)**] R. Levin, E. S. Cohen, W. M. Corwin, F. J. Pollack e W. A. Wulf, "Policy/Mechanism Separation in Hydra", *Proceedings of the ACM Symposium on Operating Systems Principles* (1975), páginas 132-140.

[**Lipner (1975)**] S. Lipner, "A Comment on the Confinement Problem", *Operating System Review*, volume 9, número 5 (1975), páginas 192-196.

[**McCanne e Jacobson (1993)**] S. McCanne e V. Jacobson, "The BSD Packet Filter: A New Architecture for User-level Packet Capture", *USENIX Winter* (1993), páginas 259-270.

[**McGraw e Andrews (1979)**] J. R. McGraw e G. R. Andrews, "Access Control in Parallel Programs", *IEE Transactions on Software Engineering*, volume SE-5, número 1 (1979), páginas 1-9.

[**Morris (1973)**] J. H. Morris, "Protection in Programming Languages", *Communications of the ACM*, volume 16, número 1 (1973), páginas 15-21.

[**Needham e Walker (1977)**] R. M. Needham e R. D. H. Walker, "The Cambridge CAP Computer and Its Protection System", *Proceedings of the Sixth Symposium on Operating System Principles* (1977), páginas 1-10.

[**Organick (1972)**] E. I. Organick, *The Multics System: An Examination of Its Structure*, MIT Press (1972).

[**Popek (1974)**] G. J. Popek, "Protection Structures", *Computer*, volume 7, número 6 (1974), páginas 22-33.

[**Redell e Fabry (1974)**] D. D. Redell e R. S. Fabry, "Selective Revocation of Capabilities", *Proceedings of the IRIA International Workshop on Protection in Operating Systems* (1974), páginas 197-210.

[**Saltzer e Schroeder (1975)**] J. H. Saltzer e M. D. Schroeder, "The Protection of Information in Computer Systems", *Proceedings of the IEEE* (1975), páginas 1278-1308.

[**Wahbe et al. (1993)**] R. Wahbe, S. Lucco, T. E. Anderson e S. L. Graham, "Efficient Software-Based Fault Isolation", *ACM SIGOPS Operating Systems Review*, volume 27, número 5 (1993), páginas 203-216.

[**Wallach et al. (1997)**] D. S. Wallach, D. Balfanz, D. Dean e E. W. Felten, "Extensible Security Architectures for Java", *Proceedings of the ACM Symposium on Operating Systems Principles* (1997), páginas 116-128.

[**Wulf et al. (1981)**] W. A. Wulf, R. Levin e S. P. Harbison, *Hydra/C.mmp: An Experimental Computer System*, McGraw-Hill (1981).

Segurança

Como discutimos no Capítulo 14, proteção é um problema estritamente *interno*: Como fornecer acesso controlado a programas e dados armazenados em um sistema de computação? Segurança, por outro lado, requer não apenas um sistema de proteção adequado, mas também a consideração do ambiente *externo* dentro do qual o sistema opera. Um sistema de proteção é ineficaz se a autenticação do usuário é comprometida ou se um programa é executado por usuário não autorizado.

Os recursos do computador devem ser protegidos contra acesso não autorizado, destruição ou alteração maliciosa e introdução acidental de inconsistências. Tais recursos incluem as informações armazenadas no sistema (tanto dados quanto código), assim como a CPU, memória, discos, fitas e rede que constituem o computador. Neste capítulo, começamos examinando maneiras pelas quais os recursos podem ser mal utilizados, acidental ou propositalmente. Em seguida, exploramos um facilitador de segurança fundamental — a criptografia. Para concluir, examinamos mecanismos para evitar ou detectar ataques.

OBJETIVOS DO CAPÍTULO

- Discutir ameaças e ataques à segurança.
- Explicar os aspectos fundamentais da criptografia, da autenticação e do hashing.
- Examinar as aplicações da criptografia na computação.
- Descrever várias medidas defensivas contra ataques à segurança.

15.1 O Problema da Segurança

Em muitas aplicações, garantir a segurança do sistema de computação vale um esforço considerável. Grandes sistemas comerciais contendo folha de pagamentos ou outros dados financeiros são os alvos preferidos dos ladrões. Sistemas que contêm dados relacionados com operações empresariais podem ser do interesse de competidores inescrupulosos. Além disso, a perda de tais dados, acidental ou forjada, pode prejudicar seriamente a capacidade de funcionamento da empresa.

No Capítulo 14, discutimos mecanismos que o sistema operacional pode fornecer (com ajuda apropriada do hardware) para permitir que os usuários protejam seus recursos, incluindo programas e dados. Esses mecanismos funcionam bem somente na medida em que os usuários se adaptem ao uso e ao acesso pretendidos para eles. Dizemos que um sistema é seguro quando seus recursos são usados e acessados como esperado sob todas as circunstâncias. Infelizmente, a segurança total não pode ser atingida. Mesmo assim, devemos possuir mecanismos que tornem as brechas de segurança uma ocorrência rara e não a norma.

Violações (ou a má utilização) da segurança do sistema podem ser categorizadas como intencionais (maliciosas) ou acidentais. É mais fácil se proteger contra a má utilização acidental do que contra a maliciosa. Geralmente, os mecanismos de proteção são a base da proteção contra acidentes. A lista a seguir inclui vários tipos de violações acidentais e maliciosas da segurança. Devemos observar que, em nossa discussão sobre segurança, usamos os termos invasor e cracker para quem tenta violar a segurança. Além disso, ameaça é a possibilidade de uma violação de segurança, tal como a descoberta de uma vulnerabilidade, enquanto ataque é a tentativa de violar a segurança.

- **Brecha de sigilo.** Esse tipo de violação envolve a leitura não autorizada de dados (ou roubo de informações). Normalmente, uma brecha de sigilo é o objetivo de um invasor. A captura de dados secretos de um sistema ou fluxo de dados, tais como informações de cartões de crédito ou informações de credenciais para roubo de identidades, pode resultar diretamente em dinheiro para o intruso.

- **Brecha de integridade.** Essa violação envolve a modificação não autorizada de dados. Esses ataques podem, por exemplo, resultar na transferência de responsabilidade para terceiros inocentes ou na modificação do código-fonte de uma aplicação comercial importante.

- **Brecha de disponibilidade.** Essa violação envolve a destruição não autorizada de dados. Alguns crackers preferem provocar destruição e ganhar *status* ou se vangloriar de direitos a obter ganhos financeiros. A desfiguração de websites é um exemplo comum desse tipo de brecha de segurança.

- **Roubo de serviço.** Essa violação envolve o uso não autorizado de recursos. Por exemplo, um invasor (ou programa invasor) pode instalar um daemon em um sistema que atue como servidor de arquivos.

- **Recusa de serviço.** Essa violação envolve o impedimento do uso legítimo do sistema. Ataques de recusa de serviço (DOS — *denial-of-service*) são, algumas vezes, acidentais. O verme original da Internet transformou-se em um ataque DOS quando um bug não conseguiu retardar sua rápida disseminação. Discutimos os ataques DOS, posteriormente, na Seção 15.3.3.

361

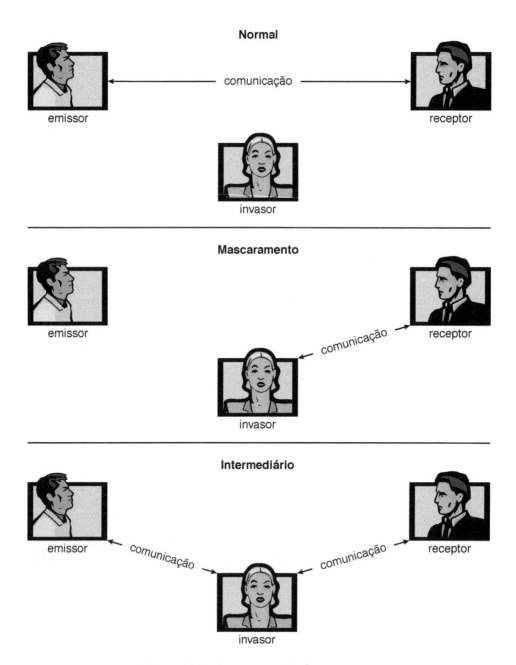

Figura 15.1 Ataques-padrão à segurança.

Os agressores usam vários métodos-padrão em suas tentativas de violar a segurança. O mais comum é o mascaramento, em que um participante de uma comunicação finge ser alguém que não é (outro hospedeiro ou outra pessoa). Por meio do mascaramento, os agressores violam a autenticação, a precisão da identidade; eles podem então obter acesso que, normalmente, não receberiam, ou aumentar seus privilégios — obter privilégios que, normalmente, não lhes seriam atribuídos. Outro ataque comum é a reexecução de uma troca de dados capturada. Um ataque de reexecução consiste na repetição maliciosa ou fraudulenta de uma transmissão de dados válida. Às vezes, a reexecução compõe o ataque inteiro — por exemplo, na repetição de uma solicitação para transferência de dinheiro. Mas, frequentemente, ela é feita junto com a modificação de mensagens, novamente para aumentar privilégios. Considere o dano que poderia ser feito se uma solicitação de autenticação tivesse as informações de um usuário legítimo substituídas pelas de um usuário não autorizado. Outro tipo de ataque é o ataque do intermediário, em que um invasor se instala no fluxo de dados de uma comunicação, mascarando-se como o emissor para o receptor, e vice-versa. Em uma comunicação de rede, um ataque do intermediário pode ser precedido de um sequestro de sessão, em que uma sessão de comunicação ativa é interceptada. Vários métodos de ataque são mostrados na Figura 15.1.

Como já mencionado, a proteção absoluta do sistema contra abuso malicioso não é possível, mas o custo para o infrator pode se tornar suficientemente alto para deter a maioria dos invasores. Em alguns casos, tal como em um ataque de recusa de serviço, é preferível impedir o ataque, mas já é suficiente detectá-lo para que medidas defensivas possam ser tomadas.

Para proteger um sistema, devemos tomar medidas de segurança em quatro níveis:

1. **Físico.** O sítio ou os sítios que contêm os sistemas de computação devem ser fisicamente protegidos contra a entrada forçada ou furtiva de intrusos. Tanto as salas das máquinas quanto os terminais ou estações de trabalho que têm acesso às máquinas devem ser protegidos.
2. **Humano.** A autorização deve ser feita cuidadosamente para assegurar que apenas usuários apropriados tenham acesso ao sistema. Até mesmo usuários autorizados, no entanto, podem ser "encorajados" a deixar outras pessoas utilizarem seu acesso (mediante suborno, por exemplo). Eles também podem ser levados a permitir o acesso pela engenharia social. Um tipo de ataque de engenharia social é o phishing. Nesse caso, um e-mail ou página da web de aparência legítima engana um usuário levando-o a inserir informações confidenciais. Outra técnica é o dumpster diving, um termo geral para a tentativa de coletar informações de modo a obter acesso não autorizado ao computador (examinando o conteúdo de lixeiras, bisbilhotando agendas telefônicas ou examinando lembretes contendo senhas, por exemplo). Esses problemas de segurança são questões pessoais e de gerenciamento, e não problemas relacionados com os sistemas operacionais.
3. **Sistema operacional.** O sistema deve proteger a si próprio contra brechas de segurança acidentais ou propositais. Um processo fora de controle poderia constituir um ataque acidental de recusa de serviço. Uma consulta a um serviço poderia revelar senhas. Um estouro de pilha poderia permitir o acionamento de um processo não autorizado. A lista de brechas possíveis é quase infinita.
4. **Rede.** Muitos dados nos sistemas modernos viajam por linhas privadas dedicadas, linhas compartilhadas como a Internet, conexões sem fio ou linhas dial-up. A interceptação desses dados poderia ser tão danosa quanto uma invasão em um computador, e a interrupção de comunicações poderia constituir um ataque remoto de recusa de serviço, diminuindo o uso do sistema e a confiança dos usuários.

A segurança nos dois primeiros níveis deve ser mantida para que a segurança do sistema operacional seja assegurada. Uma vulnerabilidade em um nível alto de segurança (físico ou humano) permite que medidas de segurança estritamente de baixo nível (sistema operacional) sejam burladas. Portanto, o antigo adágio de que uma corrente é tão forte quanto seu elo mais fraco é particularmente verdadeiro quando se trata da segurança de sistemas. Todos esses aspectos devem ser abordados para que a segurança seja mantida.

Além disso, o sistema deve fornecer proteção (Capítulo 14) para permitir a implementação de recursos de segurança. Sem a capacidade de autorizar usuários e processos, controlar seu acesso e registrar suas atividades, seria impossível para um sistema operacional implementar medidas de segurança, ou ser executado de forma segura. Recursos de proteção de hardware são necessários para suportar um esquema geral de proteção. Por exemplo, um sistema sem proteção de memória não pode ser seguro. Novos recursos de hardware estão permitindo que os sistemas sejam mais seguros, como veremos em nossa discussão.

Infelizmente, pouca coisa em segurança é direta. À medida que invasores exploram vulnerabilidades de segurança, medidas defensivas são criadas e implantadas. Isso faz com que os invasores se tornem mais sofisticados em seus ataques. Por exemplo, incidentes recentes de segurança incluem o uso de spyware para fornecer um canal de introdução de spam por intermédio de sistemas inocentes (discutimos essa prática na Seção 15.2). Esse jogo de gato e rato deve continuar, sendo necessárias mais ferramentas de segurança para bloquear o número cada vez maior de técnicas e atividades de invasores.

Ao longo deste capítulo, abordamos a segurança nos níveis de rede e sistema operacional. A segurança nos níveis físico e humano, embora importante, está em sua maior parte fora do escopo deste texto. A segurança dentro do sistema operacional e entre sistemas operacionais é implementada de várias maneiras, que vão desde o uso de senhas de autenticação até a proteção contra vírus e a detecção de invasões. Começamos explorando as ameaças à segurança.

15.2 Ameaças de Programas

Os processos, junto com o kernel, são o único meio de execução de tarefas em um computador. Portanto, escrever um programa que crie uma brecha de segurança, ou faça um processo normal mudar seu comportamento e criar uma brecha, é um objetivo comum dos crackers. Na verdade, até mesmo a maioria dos eventos de segurança não relacionados com programas têm como seu objetivo causar uma ameaça de programa. Por exemplo, embora seja útil fazer login em um sistema sem autorização, é muito mais útil deixar para trás um daemon de porta dos fundos que forneça informações ou permita o acesso fácil, mesmo se o ataque original for bloqueado. Nesta seção, descrevemos métodos comuns pelos quais programas causam brechas de segurança. Observe que há uma variação considerável nas convenções de nomeação das brechas de segurança e usamos os termos mais comuns ou mais descritivos.

15.2.1 Cavalo de Troia

Muitos sistemas têm mecanismos para permitir que programas escritos por usuários sejam executados por outros usuários. Se esses programas forem executados em um domínio que forneça os direitos de acesso do usuário executante, os outros usuários poderão fazer uso impróprio desses direitos. Um programa editor de texto, por exemplo, pode incluir código para a busca de determinadas palavras-chave em arquivo a ser editado. Se alguma for encontrada, o arquivo inteiro pode ser copiado para uma área especial acessível ao criador do editor de texto. Um segmento de código que utiliza seu ambiente de forma imprópria é chamado de cavalo de troia. Longos caminhos de busca, comuns nos sistemas UNIX, exacerbam o problema do cavalo de troia. O caminho de busca lista o conjunto de diretórios a ser pesquisado quando um nome de programa ambíguo é fornecido. O caminho é pesquisado em busca de um arquivo com esse nome, e o arquivo é executado. Todos os diretórios nesse caminho de busca devem ser seguros, ou um cavalo de troia pode ser introduzido no caminho do usuário e executado acidentalmente.

Por exemplo, considere o uso do caractere "." em um caminho de busca. O "." solicita ao shell que inclua o diretório corrente na busca. Assim, se um usuário tem o caractere "." em seu caminho de busca, posicionou seu diretório corrente como o diretório de um amigo e inseriu o nome de um comando normal do sistema, então o comando pode ser executado a partir do diretório do amigo. O programa será executado dentro do domínio do usuário, podendo fazer qualquer coisa que o usuário seja autorizado a fazer, inclusive excluir seus arquivos, por exemplo.

Uma variação do cavalo de troia é um programa que emula um programa de login. Um usuário insuspeito começa a fazer login em um terminal e nota que aparentemente digitou errado sua senha. Ele tenta novamente e é bem-sucedido. O que ocorreu é que sua chave e senha de autenticação foram capturadas pelo emulador de login que foi deixado em execução, no terminal, pelo ladrão. O emulador armazenou a senha, exibiu uma mensagem de erro de login e saiu; o usuário recebeu então um prompt de login genuíno. Esse tipo de ataque poderá ser evitado se o sistema operacional exibir uma mensagem de uso ao final de uma sessão interativa ou por uma sequência chave não interceptável, como, por exemplo, a combinação control-alt--delete usada por todos os sistemas operacionais Windows modernos.

Outra variação do cavalo de troia é o spyware. Em algumas situações, o spyware acompanha um programa que o usuário decidiu instalar. O mais comum é que venha junto com programas freeware ou shareware, mas ele também é incluído em softwares comerciais. O objetivo do spyware é fazer o download de anúncios para exibição no sistema do usuário, criar janelas pop-up quando certos sites são visitados, ou capturar informações do sistema do usuário e retorná-las a um sítio central. Esta última prática é exemplo de uma categoria geral de ataques conhecida como canais ocultos, em que ocorre uma comunicação clandestina. Por exemplo, a instalação de um programa de aparência inocente em um sistema Windows poderia resultar na carga de um daemon spyware. O spyware poderia entrar em contato com um sítio central, receber uma mensagem e uma lista de endereços receptores e distribuir a mensagem de spam para esses usuários a partir da máquina Windows. Esse processo continuaria até o usuário descobrir o spyware. Frequentemente, o spyware não é descoberto. Em 2010, estimou-se que 90 por cento das mensagens de spam estavam sendo distribuídos por esse método. Esse roubo de serviço nem mesmo é considerado crime na maioria dos países!

O spyware é um pequeno exemplo de um grande problema: a violação do princípio do privilégio mínimo. Na maioria das situações, o usuário de um sistema operacional não precisa instalar daemons de rede. Esses daemons são instalados por intermédio de dois erros. Em primeiro lugar, um usuário pode operar com mais privilégios do que o necessário (por exemplo, como administrador), permitindo que os programas executados por ele tenham mais acesso ao sistema operacional do que o necessário. Esse é um caso de erro humano — uma vulnerabilidade comum de segurança. Em segundo lugar, um sistema operacional pode permitir, por default, mais privilégios do que um usuário normal precisa. Esse é um caso de decisões inadequadas de projeto do sistema operacional. Um sistema operacional (e, na verdade, os softwares em geral) deve permitir controle de acesso e segurança mais refinados, mas também deve ser fácil de gerenciar e entender. Medidas de segurança inconvenientes ou inadequadas estão sujeitas à violação, causando uma vulnerabilidade geral da segurança que elas foram projetadas para implementar.

15.2.2 Alçapão

O projetista de um programa ou sistema pode deixar uma brecha no software que somente ele seja capaz de usar. Esse tipo de brecha de segurança (ou alçapão) foi mostrado no filme *Jogos de Guerra*. Por exemplo, o código pode procurar por um ID ou senha de usuário específica e burlar os procedimentos normais de segurança. Programadores foram presos por desfalcar bancos incluindo erros de arredondamento em seu código e fazendo o meio centavo ocasional ser creditado em suas contas. Esse crédito em conta pode chegar a uma grande quantia de dinheiro, considerando-se o número de transações que um grande banco executa.

Um alçapão inteligente poderia ser incluído em um compilador. O compilador poderia gerar um código-objeto padrão assim como um alçapão, independentemente do código-fonte que estivesse sendo compilado. Essa atividade é particularmente ardilosa, já que uma busca no código-fonte do programa não revelará nenhum problema. Apenas o código-fonte do compilador conteria as informações.

O alçapão constitui um problema difícil porque, para detectar as informações, temos que analisar todo o código-fonte de todos os componentes de um sistema. Dado que os sistemas de software podem consistir em milhões de linhas de código, essa análise não é feita com frequência e, simplesmente, não costuma ser feita!

15.2.3 Bomba Lógica

Considere um programa que inicie um incidente de segurança apenas sob certas circunstâncias. Seria difícil de detectar porque, em operação normal, não haveria brecha de segurança. No entanto, quando um conjunto predefinido de parâmetros fosse encontrado, a brecha de segurança seria criada. Esse cenário é conhecido como bomba lógica. Um programador, por exemplo, pode escrever um código para detectar se ele ainda está empregado; se essa verificação fornecer resposta negativa, poderia ser gerado um daemon para permitir acesso remoto, ou poderia ser lançado um código para causar danos ao sítio.

15.2.4 Estouro de Pilha e de Buffer

O ataque de estouro de pilha ou buffer é a maneira mais comum de um invasor fora do sistema, em uma rede ou conexão dial-up, ganhar acesso não autorizado ao sistema-alvo. Um usuário autorizado do sistema também pode usar essa invasão para aumentar privilégios.

Essencialmente, o ataque explora um bug em um programa. O bug pode ser um simples caso de programação incorreta em que o programador não codificou a verificação de limites em um campo de entrada. Nesse caso, o invasor envia mais dados do que o programa estava esperando. Usando tentativa e erro ou examinando o código-fonte do programa atacado se ele estiver disponível, o invasor determina a vulnerabilidade e escreve um programa para fazer o seguinte:

1. Estourar um campo de entrada, um argumento de linha de comando ou um buffer de entrada — por exemplo, em um daemon de rede — até que seja gravado na pilha.
2. Substituir o endereço de retorno corrente da pilha pelo endereço do código de invasão no passo 3.
3. Escrever um segmento simples de código, para o próximo espaço na pilha, que inclua os comandos que o invasor deseja executar — por exemplo, para gerar um shell.

O resultado da execução desse programa de ataque será a execução de um shell root ou de outro comando privilegiado.

Por exemplo, se um formulário de página da web espera a entrada de um nome de usuário em um campo, o invasor pode enviar o nome de usuário, mais caracteres adicionais para estourar o buffer e alcançar a pilha, mais um novo endereço de retorno para carregar na pilha, mais o código que deseja executar. Quando a sub-rotina de leitura do buffer retornar da execução, o endereço de retorno será o código de invasão e ele será executado.

Vamos examinar uma invasão de estouro de buffer com mais detalhes. Considere o programa em C simples mostrado na Figura 15.2. Esse programa cria um array de caracteres de tamanho BUFFER_SIZE e copia o conteúdo do parâmetro fornecido na linha de comando – argv[1]. Enquanto o tamanho desse

```c
#include <stdio.h>
#define BUFFER_SIZE 256

int main(int argc, char *argv[])
{
    char buffer[BUFFER SIZE];

    if (argc < 2)
        return -1;
    else {
        strcpy(buffer,argv[1]);
        return 0;
    }
}
```

Figura 15.2 Programa em C com condição de estouro de buffer.

parâmetro for menor do que BUFFER_SIZE (precisamos de um byte para armazenar o terminador nulo), esse programa funcionará apropriadamente. Mas considere o que acontecerá se o parâmetro fornecido na linha de comando for maior do que BUFFER_SIZE. Nesse cenário, a função strcpy( ) começará a copiar o conteúdo de argv[1] até encontrar um terminador nulo (\0) ou até o programa cair. Assim, esse programa sofre de um problema potencial de estouro de buffer em que os dados copiados estouram o array buffer.

Observe que um programador cuidadoso poderia ter executado a verificação de limites sobre o tamanho de argv[1] usando a função strncpy( ) em vez de strcpy( ), substituindo a linha "strcpy(buffer, argv[1]);" por "strncpy(buffer, argv[1], sizeof(buffer) -1);". Infelizmente, uma boa verificação de limites é a exceção e não a regra.

Além disso, a falta de verificação de limites não é a única causa possível para o comportamento do programa da Figura 15.2. O programa poderia ter sido projetado cuidadosamente para comprometer a integridade do sistema. Consideramos agora as vulnerabilidades de segurança que podem ocorrer em razão de um estouro de buffer.

Quando uma função é invocada em uma arquitetura de computador típica, as variáveis definidas localmente para a função (às vezes conhecidas como **variáveis automáticas**), os parâmetros passados para a função e o endereço para o qual o controle retorna quando a função termina são armazenados em um *quadro de pilha*. O layout de um quadro de pilha típico é mostrado na Figura 15.3. Examinando o quadro de pilha do topo para a base, vemos primeiro os parâmetros passados para a função, seguidos por quaisquer variáveis automáticas declaradas na função. Em seguida, vemos o ***ponteiro do quadro*** que é o endereço do início do quadro de pilha. Finalmente, temos o endereço de retorno que especifica para onde retornar o controle quando a função for encerrada. O ponteiro do quadro deve ser salvo na pilha, já que o valor do ponteiro da pilha pode variar durante a chamada da função. O ponteiro do quadro salvo permite acesso relativo a parâmetros e a variáveis automáticas.

Dado esse layout de memória padrão, um cracker poderia executar um ataque de estouro de buffer. Seu objetivo é substituir o endereço de retorno no quadro de pilha de modo que ele aponte agora para o segmento de código contendo o programa de ataque.

Primeiro, o programador escreve um curto segmento de código como o mostrado a seguir:

```c
#include <stdio.h>

int main(int argc, char *argv[])
{
    execvp(''\bin\sh'',''\bin \sh'', NULL);
    return 0;
}
```

Usando a chamada de sistema execvp( ), esse segmento de código cria um processo shell. Se o programa sendo atacado for executado com permissões de abrangência em todo o sistema, esse shell recém-criado ganhará acesso total ao sistema. É claro que o segmento de código poderia fazer qualquer coisa permitida pelos privilégios do processo atacado. Esse segmento de código é, então, compilado para que as instruções em linguagem de montagem possam ser modificadas. A principal modificação é a remoção de recursos desnecessários do código, reduzindo assim seu tamanho para que ele possa caber em um quadro de pilha. Agora, esse fragmento de código montado é uma sequência binária que será o coração do ataque.

Refira-se novamente ao programa mostrado na Figura 15.2. Vamos assumir que, quando a função main( ) é chamada nesse programa, o quadro de pilha aparece como mostrado na Figura 15.4(a). Usando um depurador, o programador encontra então o endereço de buffer[0] na pilha. Esse endereço é a locação do código que o invasor quer que seja executado. À sequência binária é anexado o montante necessário de instruções NO-OP (de NO-OPeration) para preencher o quadro de pilha até a locação do endereço de retorno, e a locação de buffer[0], o novo endereço de retorno, é adicionada. O ataque é concluído quando o invasor fornece essa sequência binária construída como entrada para o processo. O processo, então, copia a sequência binária de argv[1] para a posição buffer[0] no quadro de pilha. Agora, quando o controle retornar de main( ), em vez de retornar para a locação especificada pelo valor anterior do endereço de retorno, retornará para o código de shell modificado que será executado com os direitos de acesso do processo atacado! A Figura 15.4(b) contém o código de shell modificado.

Há muitas maneiras de explorar problemas potenciais de estouro de buffer. Nesse exemplo, consideramos a possibilidade de que o programa sendo atacado — o código mostrado na Figura 15.2 — seja executado com permissões de abrangência em todo o sistema. No entanto, o segmento de código que é executado depois que o valor do endereço de retorno é modificado pode executar qualquer tipo de ato malicioso, como excluir arquivos, abrir portas de rede para invasão posterior, e assim por diante.

Esse exemplo de ataque de estouro de buffer revela que um conhecimento considerável e habilidades de programação são

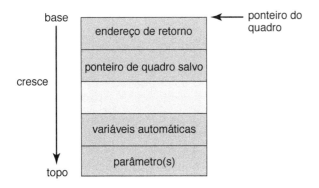

Figura 15.3 O layout de um quadro de pilha típico.

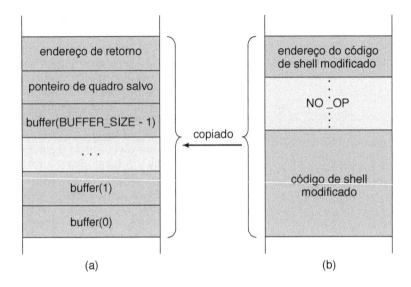

Figura 15.4 Quadro de pilha hipotético da Figura 15.2, (a) antes e (b) depois.

necessários para reconhecer códigos exploráveis e, então, explorá-los. Infelizmente, não são necessários grandes programadores para lançar ataques à segurança. Em vez disso, um cracker pode determinar o bug e, então, escrever uma invasão. Qualquer pessoa com habilidades rudimentares em computação e acesso ao código invasor — a assim chamada garotada dos scripts — pode tentar lançar o ataque a sistemas-alvo.

O ataque de estouro de buffer é particularmente pernicioso porque pode ser executado entre sistemas e pode viajar por canais de comunicação autorizados. Esses ataques podem ocorrer dentro de protocolos destinados a serem utilizados para comunicação com a máquina-alvo e, portanto, podem ser difíceis de detectar e evitar. Eles podem até mesmo burlar a segurança adicionada por firewalls (Seção 15.7).

Uma solução para esse problema é a CPU ter um recurso que desabilite a execução de códigos em uma seção de memória da pilha. Versões recentes do chip SPARC da Sun incluem essa definição, e versões recentes do Solaris a habilitam. O endereço de retorno da rotina de estouro ainda pode ser modificado, mas, quando o endereço de retorno está dentro da pilha e o código nesse local tenta ser executado, é gerada uma exceção, e o programa é interrompido com um erro.

Versões recentes dos chips AMD e Intel x86 incluem o recurso NX para impedir esse tipo de ataque. O uso do recurso é suportado em vários sistemas operacionais x86, incluindo o Linux e o Windows XP SP2. A implementação de hardware envolve o uso de um novo bit nas tabelas de páginas das CPUs. Esse bit marca a página associada como não executável para que instruções não possam ser lidas a partir dela e executadas. À medida que esse recurso for prevalecendo, os ataques de estouro de buffer devem diminuir bastante.

15.2.5 Vírus

Outro tipo de ameaça de programa é o vírus. Um vírus é um fragmento de código embutido em um programa legítimo. Vírus são autorreplicáveis e projetados para "infectar" outros programas. Eles podem provocar devastação em um sistema modificando ou destruindo arquivos e causando quedas do sistema e o funcionamento incorreto dos programas. Como a maioria dos ataques de penetração, os vírus são muito específicos em relação a arquiteturas, sistemas operacionais e aplicações. Eles são um grande problema para usuários de PCs. O UNIX e outros sistemas operacionais multiusuário geralmente não são suscetíveis aos vírus porque o sistema operacional protege os programas executáveis contra gravações. Mesmo se um vírus infectar um programa, seus poderes costumam ser limitados porque outros aspectos do sistema são protegidos.

Os vírus são usualmente transmitidos via e-mail, sendo as mensagens de spam o vetor mais comum. Eles também podem se espalhar quando os usuários fazem o download de programas virais provenientes de serviços de compartilhamento de arquivos da Internet ou quando trocam discos infectados.

Outro tipo comum de transmissão de vírus usa arquivos do Microsoft Office, tais como documentos do Microsoft Word. Esses documentos podem conter *macros* (ou programas em Visual Basic) que os programas na suíte Office (Word, PowerPoint e Excel) executam automaticamente. Já que esses programas são executados sob responsabilidade exclusiva do usuário, as macros podem ser executadas praticamente sem restrições (por exemplo, excluindo arquivos do usuário à vontade). Normalmente, o vírus também envia a si próprio, por e-mail, para outras pessoas na lista de contatos do usuário. Aqui está um exemplo de código que mostra como é simples escrever uma macro em Visual Basic que um vírus poderia usar para formatar o drive de disco rígido de um computador Windows assim que o arquivo contendo a macro for aberto.

```
Sub AutoOpen()
Dim oFS
    Set oFS = CreateObject(''Scripting.
    FileSystemObject'')
    vs = Shell(''c: command.com /k format
    c:'',vbHide)
End Sub
```

Como os vírus funcionam? Uma vez que um vírus alcança a máquina-alvo, um programa conhecido como transmissor de vírus o insere no sistema. O transmissor de vírus é, usualmente, um cavalo de troia, executado por outras razões, mas tendo a instalação do vírus como sua atividade principal. Uma vez instalado, o vírus pode fazer inúmeras coisas. Há literalmente milhares de vírus, mas eles se encaixam em algumas categorias principais. Observe que muitos vírus pertencem a mais de uma categoria.

- **Arquivo.** Um vírus de arquivo padrão infecta um sistema anexando-se a um arquivo. Ele altera o início do programa de modo que a execução salte para seu código. Após ser executado, ele retorna o controle para o programa de modo que sua execução não seja notada. Os vírus de arquivo também são conhecidos como vírus parasitas, já que não deixam arquivos infectados para trás e deixam o programa hospedeiro ainda funcionando.
- **Inicialização.** Um vírus de inicialização infecta o setor de inicialização do sistema, sendo executado sempre que o sistema é inicializado e antes que o sistema operacional seja carregado. Ele procura por outras mídias inicializáveis e as infecta. Esses vírus também são conhecidos como vírus de memória, porque não aparecem no sistema de arquivos. A Figura 15.5 mostra como um vírus de inicialização funciona.
- **Macro.** A maioria dos vírus é escrita em uma linguagem de baixo nível, tal como linguagem de montagem ou C. Os vírus de macro são escritos em uma linguagem de alto nível, como Visual Basic. Esses vírus são acionados quando é executado um programa capaz de executar a macro. Por exemplo, um vírus de macro poderia estar contido em um arquivo de planilha.
- **Código-fonte.** Um vírus de código-fonte procura pelo código-fonte e o modifica para que ele inclua o vírus e ajude a espalhá-lo.
- **Polimórfico.** Um vírus polimórfico muda sempre que é instalado, para evitar a detecção por software antivírus. As mudanças não afetam a funcionalidade do vírus, mas mudam sua assinatura. A assinatura do vírus é um padrão que pode ser usado para identificar um vírus, normalmente uma série de bytes que compõem seu código.
- **Criptografado.** Um vírus criptografado inclui código de descriptografia, novamente para evitar a detecção. Primeiro, o vírus é descriptografado e, então, é executado.
- **Furtivo.** Esse vírus astuto tenta evitar a detecção modificando partes do sistema que poderiam ser usadas para detectá-lo. Por exemplo, ele poderia alterar a chamada de sistema read e, assim, se o arquivo que ele modificou for lido, será retornada a forma original do código em vez do código infectado.
- **Entocado.** Esse vírus tenta superar a detecção por uma varredura antivírus, instalando a si próprio na cadeia de manipuladores de interrupção. Vírus semelhantes instalam a si próprios em drivers de dispositivos.
- **Multipartido.** Um vírus desse tipo é capaz de infectar várias partes de um sistema, incluindo setores de inicialização, memória e arquivos. Isso o torna difícil de detectar e conter.

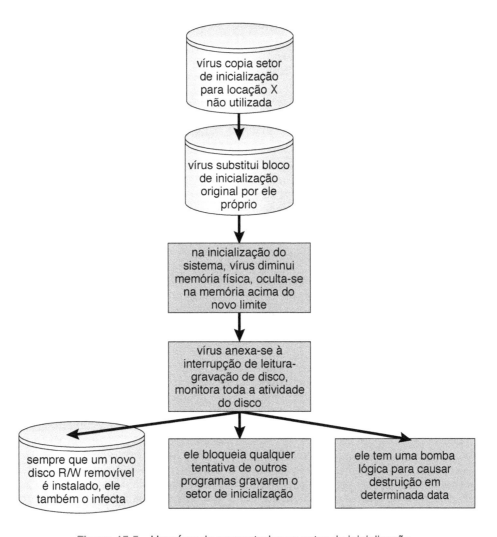

Figura 15.5 Um vírus de computador no setor de inicialização.

- **Blindado.** Um vírus blindado é codificado para tornar difícil que pesquisadores de antivírus o decifrem e o entendam. Ele também pode ser comprimido para evitar a detecção e a desinfecção. Além disso, transmissores de vírus e outros arquivos infectados que fazem parte de uma infestação por vírus costumam ser ocultos por atributos de arquivo ou nomes de arquivo não visualizáveis.

Essa ampla variedade de vírus continua crescendo. Por exemplo, em 2004 um vírus novo e muito disseminado foi detectado. Para operar, ele explorava três bugs diferentes. Esse vírus começou infectando centenas de servidores Windows (incluindo muitos sítios confiáveis) que estavam executando o Microsoft Internet Information Server (IIS). Qualquer navegador web vulnerável do Microsoft Explorer que visitasse esses sítios recebia um vírus de navegador em qualquer download. O vírus de navegador instalava vários programas de porta dos fundos, incluindo um registrador de pressionamento de teclas, que registra tudo que é inserido por meio do teclado (incluindo senhas e números de cartões de crédito). Ele também instalava um daemon para permitir, a um invasor, acesso remoto ilimitado e outro que permitia o roteamento de mensagens de spam por um invasor por intermédio do computador desktop infectado.

Geralmente, os vírus são os ataques à segurança mais danosos e, já que são eficazes, continuarão a ser escritos e disseminados. Um debate ativo relacionado com a segurança, dentro da comunidade de computação, refere-se à existência de uma monocultura, em que muitos sistemas executam o mesmo hardware, sistema operacional e software de aplicação. Essa monocultura supostamente consiste em produtos Microsoft. Uma questão é se tal monocultura ainda existe atualmente. Caso exista, outra questão é se ela aumenta a ameaça de um dano causado por vírus e outros ataques à segurança.

15.3 Ameaças de Sistemas e Redes

Ameaças de programas usam, tipicamente, uma falha nos mecanismos de proteção de um sistema para atacar programas. Por outro lado, as ameaças de sistemas e redes envolvem o abuso de serviços e de conexões de rede. Ameaças de sistemas e redes criam uma situação em que os recursos do sistema operacional e arquivos de usuário são usados impropriamente. Às vezes, um ataque de sistemas e redes é usado para lançar um ataque de programa, e vice-versa.

Quanto mais *aberto* um sistema operacional é — quanto mais serviços ele tem habilitados e mais funções ele oferece — maior é a probabilidade de haver um bug disponível para exploração. Cada vez mais, os sistemas operacionais esforçam-se para serem seguros por default. Por exemplo, o Solaris 10 passou de um modelo em que muitos serviços (FTP, telnet e outros) eram habilitados por default quando o sistema era instalado para um modelo em que quase todos os serviços estão desabilitados em tempo de instalação e devem ser habilitados especificamente pelos administradores do sistema. Essas alterações reduzem a superfície de ataque do sistema — o conjunto de maneiras pelas quais um invasor pode tentar violar o sistema.

No restante desta seção, vamos discutir alguns exemplos de ameaças de sistemas e redes, incluindo vermes, varredura de portas e ataques de recusa de serviço. É importante observar que os ataques de mascaramento e reexecução também são, comumente, lançados por redes entre sistemas. Na verdade, esses ataques são mais eficazes e difíceis de combater quando múltiplos sistemas estão envolvidos. Por exemplo, dentro de um computador, o sistema operacional usualmente pode determinar o emissor e o receptor de uma mensagem. Mesmo se o emissor migrar para o ID de outra pessoa, pode haver um registro dessa mudança de identificação. Quando múltiplos sistemas estão envolvidos, principalmente sistemas controlados por invasores, esse rastreamento é muito mais difícil.

Em geral, podemos dizer que o compartilhamento de dados secretos (para comprovar identidade e como chaves de criptografia) é requerido para autenticação e criptografia, e é mais fácil em ambientes (tal como um único sistema operacional) em que existem métodos de compartilhamento seguros. Esses métodos incluem memória compartilhada e comunicação entre processos. A criação de uma comunicação e de uma autenticação seguras é discutida nas Seções 15.4 e 15.5.

15.3.1 Vermes

Um verme é um processo que usa o mecanismo de reprodução para duplicar a si mesmo. Ele reproduz cópias de si mesmo, consumindo recursos do sistema e às vezes trancando todos os outros processos. Em redes de computadores, os vermes são particularmente potentes, já que podem se reproduzir entre sistemas e, assim, paralisar uma rede inteira. Um evento desse tipo ocorreu em 1988 em sistemas UNIX na Internet, causando o desperdício do tempo dos sistemas e de administradores de sistemas estimado em milhões de dólares.

No fim do expediente em 2 de novembro de 1988, Robert Tappan Morris Jr., um estudante do primeiro ano de graduação da Cornell, liberou um programa do tipo verme em um ou mais hospedeiros conectados à Internet. Destinado a estações de trabalho Sun 3 da Sun Microsystems e computadores VAX executando variantes do BSD UNIX versão 4, o verme espalhou-se rapidamente por grandes distâncias. Dentro de algumas horas de sua liberação, ele tinha consumido recursos dos sistemas a ponto de paralisar as máquinas infectadas.

Embora Morris tenha projetado o programa de autorreplicação para reprodução e distribuição rápidas, alguns dos recursos do ambiente de rede do UNIX forneceram os meios de propagação do verme em todo o sistema. É provável que Morris tenha selecionado, para a infecção inicial, um hospedeiro da Internet deixado aberto e acessível a usuários externos. Daí em diante, o verme explorou falhas nas rotinas de segurança do sistema operacional UNIX e tirou vantagem de utilitários do UNIX que simplificam o compartilhamento de recursos em redes locais para obter acesso não autorizado a milhares de outros sítios conectados. Os métodos de ataque de Morris são descritos a seguir.

O verme era composto por dois programas, um programa gancho de fixação (também chamado bootstrap ou vetor) e o programa principal. Chamado `l1.c`, o gancho de fixação consistia em 99 linhas de código em C compilado e executado em cada máquina que ele acessava. Uma vez estabelecido no sistema de computação sob ataque, o gancho de fixação conectava-se à máquina que lhe deu origem e carregava uma cópia do verme principal no sistema *fisgado* (Figura 15.6). O programa principal continuava a procurar por outras máquinas às quais o sistema recém-infectado pudesse se conectar facilmente. Nessas ações, Morris explorou o utilitário de rede `rsh` do UNIX para facilitar a execução de tarefas remotas. Definindo arquivos especiais que listam pares 'hospedeiro-nome de login', os usuários podem deixar de dar entrada em uma senha, sempre que acessam uma conta remota na lista de pares. O verme pesquisava esses arquivos especiais em busca de nomes de sítios que permitiriam a execução remota sem uma senha. Onde eram es-

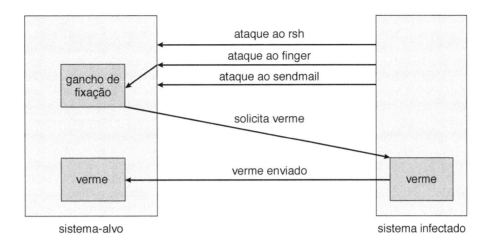

Figura 15.6 O verme de Internet de Morris.

tabelecidos shells remotos, o verme era carregado e começava uma nova execução.

O ataque via acesso remoto era um dos três métodos de infecção embutidos no verme. Os outros dois métodos envolviam bugs do sistema operacional nos programas `finger` e `sendmail` do UNIX.

O utilitário `finger` funciona como uma lista telefônica eletrônica. O comando

```
finger user-name@hostname
```

retorna os nomes real e de login de uma pessoa junto com outras informações que o usuário pode ter fornecido, tais como o endereço e o número de telefone do escritório e de casa, um plano de pesquisa ou uma citação inteligente. O `finger` é executado como um processo (ou daemon) de background em cada sítio BSD e responde a consultas pela Internet. O verme executava um ataque de estouro de buffer no `finger`. O programa consultava o `finger` com uma cadeia de 536 bytes construída para exceder o buffer alocado para entrada e sobrepor o quadro de pilha. Em vez de retornar para a rotina `main` na qual residia antes da chamada de Morris, o daemon `finger` era direcionado para um procedimento dentro da cadeia invasora de 536 bytes agora residindo na pilha. O novo procedimento executava `/bin/sh` que, se bem-sucedido, dava ao verme um shell remoto na máquina sob ataque.

O bug explorado em `sendmail` também envolvia o uso de um processo daemon para entrada maliciosa. O `sendmail` envia, recebe e direciona correspondência eletrônica. O código de depuração no utilitário permite que testadores verifiquem e exibam o estado do sistema de correio. A opção de depuração era útil para os administradores de sistemas e, com frequência, era deixada ativada. Morris incluiu em seu arsenal de ataque uma chamada a `debug` que — em vez de especificar um endereço de usuário, como seria normal em um teste — emitia um conjunto de comandos que enviava e executava uma cópia do programa gancho de fixação.

Uma vez instalado, o verme principal tentava sistematicamente descobrir senhas de usuários. Ele começava tentando casos simples sem senha, ou com senhas construídas como combinações de conta-nome de usuário, depois usava comparações com um dicionário interno de 432 opções de senhas favoritas e, então, ia para o estágio final tentando cada palavra no dicionário on-line padrão do UNIX como uma possível senha. Esse eficiente e elaborado algoritmo de quebra de senhas em três estágios habilitava o verme a obter acesso a outras contas de usuários no sistema infectado. O verme, então, procurava por arquivos de dados `rsh` nessas contas recém-quebradas e os usava como descrito anteriormente para obter acesso a contas de usuários em sistemas remotos.

A cada novo acesso, o verme procurava por cópias já ativas de si mesmo. Quando encontrava uma, a nova cópia era encerrada, exceto em cada sétima ocorrência. Se o verme tivesse sido encerrado sempre que encontrasse uma cópia, poderia não ter sido detectado. Permitir que cada sétima duplicata prosseguisse (possivelmente para confundir os esforços destinados a interromper sua disseminação enganando com vermes "falsos") provocou uma infestação em massa de sistemas Sun e VAX na Internet.

Os mesmos recursos do ambiente de rede do UNIX que ajudaram na propagação do verme também ajudaram a conter seu avanço. A facilidade de comunicação eletrônica, mecanismos de cópia de arquivos-fonte e binários para máquinas remotas e o acesso tanto ao código-fonte quanto a especialistas permitiram que esforços cooperativos desenvolvessem soluções rapidamente. Na noite do dia seguinte, 3 de novembro, métodos de interrupção do programa invasor foram distribuídos para administradores de sistemas pela Internet. Em dias, estavam disponíveis patches de software específicos para as falhas de segurança exploradas.

Por que Morris liberou o verme? A ação foi caracterizada tanto como uma brincadeira inofensiva que deu errado quanto como uma ofensa criminal séria. Com base na complexidade do ataque, é improvável que a liberação do verme ou o escopo de sua infestação não fosse intencional. O verme tomou medidas elaboradas para ocultar suas pistas e repelir esforços para interromper sua disseminação. Mesmo assim, o programa não continha código destinado a prejudicar ou destruir os sistemas em que era executado. O autor tinha claramente a *expertise* para incluir esses comandos; na verdade, estruturas de dados estavam presentes no código de bootstrap que poderia ter sido usado para transferir cavalos de troia ou vírus. O comportamento do programa pode levar a observações interessantes, mas não fornece uma base sólida para inferir o motivo. O que não está aberto à especulação, no entanto, é o resultado legal: uma corte federal condenou Morris e decretou uma sentença de três anos de condicional, 400 horas de serviço comunitário e 10.000 dólares de multa. As despesas processuais de Morris provavelmente excederam 100.000 dólares.

Especialistas em segurança continuam a avaliar métodos para diminuir ou eliminar vermes. Um evento mais recente, no entanto, mostra que os vermes ainda são um fato da vida na Internet. Também mostra que, à medida que a Internet cresce, o dano que vermes, mesmo "inofensivos", podem causar, também cresce e pode ser significativo. Esse exemplo ocorreu durante o mês de agosto de 2003. A quinta versão do verme "Sobig", mais apropriadamente conhecido como "W32.Sobig.F@mm", foi liberada por pessoas até então desconhecidas. Foi o verme de disseminação mais rápida liberado até aquela data, infectando em seu pico de atuação centenas de milhares de computadores e um a cada dezessete mensagens de e-mails na Internet. Ele encheu caixas de entrada de e-mail, tornou lentas as redes e demorou muitas horas para ser eliminado.

O Sobig.F foi lançado por meio de sua carga em um grupo pornográfico de notícias por intermédio de uma conta criada com um cartão de crédito roubado. Ele foi disfarçado como uma foto. O vírus tinha como alvo sistemas Microsoft Windows e usava seu próprio mecanismo SMTP para enviar a si mesmo por e-mail a todos os endereços encontrados em um sistema infectado. Ele usava uma variedade de linhas de assunto que ajudaram a evitar a detecção, incluindo "Thank You!", "Your details" e "Re: Approved". Também usava um endereço aleatório no hospedeiro como o endereço "From:", tornando difícil determinar, a partir da mensagem, a máquina que era a fonte infectada. O Sobig.F incluía um anexo para que o leitor do e-mail-alvo abrisse, novamente com uma variedade de nomes. Se essa carga era executada, ele armazenava um programa chamado WINPPR32.EXE no diretório default do Windows, junto com um arquivo de texto. Também modificava o registro do Windows.

O código incluído no anexo também foi programado para tentar se conectar periodicamente com um entre vinte servidores, baixando e executando um programa a partir deles. Felizmente, os servidores foram desabilitados antes que o código pudesse ser baixado. O conteúdo do programa desses servidores ainda não foi determinado. Se o código fosse malicioso, isso poderia ter resultado em dano incalculável para um grande número de máquinas.

15.3.2 Varredura de Portas

A varredura de portas não é um ataque e sim um meio de um cracker detectar as vulnerabilidades de um sistema para atacar. A varredura de portas é tipicamente automatizada, envolvendo uma ferramenta que tenta criar uma conexão TCP/IP para uma porta específica ou um conjunto de portas. Por exemplo, suponha que exista uma vulnerabilidade (ou bug) conhecida no sendmail. Um cracker poderia lançar uma varredura de portas para tentar se conectar, digamos, à porta 25 de um sistema específico ou a um conjunto de sistemas. Se a conexão for bem-sucedida, o cracker (ou ferramenta) poderia tentar se comunicar com o serviço que respondeu para determinar se é realmente o sendmail e, se o for, se é a versão com o bug.

Agora, imagine uma ferramenta em que cada bug de todos os serviços de todos os sistemas operacionais fosse codificado. A ferramenta poderia tentar se conectar a cada porta de um ou mais sistemas. Para cada serviço que respondesse, ela poderia tentar usar cada bug conhecido. Com frequência, os bugs são estouros de buffer, permitindo a criação de um shell de comando privilegiado no sistema. A partir daí, naturalmente, o cracker poderia instalar cavalos de troia, programas de portas dos fundos, e assim por diante.

Não existe tal ferramenta, mas existem ferramentas que executam subconjuntos dessa funcionalidade. Por exemplo, nmap (de http://www.insecure.org/nmap/) é um utilitário de código-fonte aberto muito versátil para exploração de redes e auditoria de segurança. Quando apontado para um alvo, ele determina os serviços que estão em execução, inclusive nomes e versões das aplicações. Ele pode identificar o sistema operacional hospedeiro. Também pode fornecer informações sobre defesas, tais como os firewalls que estão protegendo o alvo. Ele não explora quaisquer bugs conhecidos.

Como as varreduras de portas são detectáveis (Seção 15.6.3), elas costumam ser lançadas a partir de sistemas zumbis. Tais sistemas independentes são previamente comprometidos e atendem a seus proprietários enquanto são usados para fins condenáveis, incluindo ataques de recusa de serviço e retransmissão de spam. Os zumbis tornam os crackers particularmente difíceis de processar porque é um desafio determinar a origem do ataque e a pessoa que o lançou. Essa é uma das muitas razões para impor segurança a sistemas "inconsequentes" e não apenas a sistemas contendo informações ou serviços "valiosos".

15.3.3 Recusa de Serviço

Como mencionado anteriormente, os ataques de recusa de serviço não visam à obtenção de informações ou ao roubo de recursos, e sim à interrupção do uso legítimo de um sistema ou instalação. A maioria desses ataques envolve sistemas em que o invasor não penetrou. O lançamento de um ataque que impede o uso legítimo é frequentemente mais fácil do que invadir um computador ou instalação.

Os ataques de recusa de serviço geralmente são baseados em redes. Eles são classificados em duas categorias. Os ataques da primeira categoria consomem tantos recursos da instalação que, em essência, nenhum trabalho útil pode ser realizado. Por exemplo, um clique em um website pode baixar uma applet Java que use continuamente todo o tempo de CPU disponível ou que abra janelas infinitamente. A segunda categoria envolve a paralisação da rede da instalação. Tem havido vários ataques de recusa de serviço desse tipo bem-sucedidos contra websites importantes. Esses ataques resultam do abuso de algumas das funcionalidades básicas do TCP/IP. Por exemplo, se o invasor envia a parte do protocolo que diz "Quero iniciar uma conexão TCP", mas nunca dá continuidade com o padrão "A conexão foi concluída", o resultado pode ser sessões TCP parcialmente iniciadas. Se um número suficiente dessas sessões for lançado, elas podem consumir todos os recursos de rede do sistema, desabilitando quaisquer conexões TCP legítimas. Tais ataques, que podem durar horas ou dias, têm causado a falha parcial ou total de tentativas de uso da instalação-alvo. Os ataques costumam ser interrompidos no nível da rede até que os sistemas operacionais possam ser atualizados para reduzir sua vulnerabilidade.

Geralmente, é impossível evitar ataques de recusa de serviço. Os ataques usam os mesmos mecanismos da operação normal. Ainda mais difíceis de evitar e resolver são os **ataques distribuídos de recusa de serviço** (DDOS — *distributed denial-of-service*). Esses ataques são lançados a partir de múltiplos sítios ao mesmo tempo, em direção a um alvo comum, normalmente por zumbis. Os ataques DDOS vêm se tornando mais comuns e, algumas vezes, são associados a tentativas de extorsão. Um sítio é alvo de ataque, e os invasores se oferecem para interrompê-lo em troca de dinheiro.

Em algumas situações, um sítio nem mesmo sabe que está sob ataque. Pode ser difícil determinar se a lentidão de um sistema é um ataque ou apenas um amento no uso do sistema. Note que uma campanha de marketing bem-sucedida, que aumente muito o tráfego em um sítio, poderia ser considerada um DDOS.

Há outros aspectos interessantes dos ataques DDOS. Por exemplo, se um algoritmo de autenticação tranca uma conta por algum tempo após várias tentativas incorretas de acesso, então um invasor poderia fazer com que todas as autenticações fossem bloqueadas propositalmente, tornando incorretas as tentativas de acesso a todas as contas. Da mesma forma, um firewall que bloqueie automaticamente certos tipos de tráfego poderia ser induzido a bloquear esse tráfego quando não deveria. Esses exemplos sugerem que programadores e gerentes de sistemas precisam conhecer profundamente os algoritmos e tecnologias que estão implantando. Para concluir, classes de ciência da computação são notórias fontes de ataques DDOS acidentais a sistemas. Considere os primeiros exercícios de programação em que os estudantes aprendem a criar subprocessos ou threads. Um bug comum envolve a geração de subprocessos infinitamente. Os recursos de memória livre e de CPU do sistema não têm como escapar.

15.4 Criptografia como uma Ferramenta de Segurança

Há muitas defesas contra ataques a computadores abrangendo da metodologia à tecnologia. A ferramenta mais abrangente disponível para projetistas e usuários de sistemas é a criptografia. Nesta seção, discutimos a criptografia e seu uso na segurança de computadores. Observe que a criptografia discutida aqui foi simplificada para fins educacionais; os leitores devem evitar a utilização, no mundo real, de qualquer um dos esquemas descritos aqui. Boas bibliotecas de criptografia estão amplamente disponíveis e constituem boa base para aplicações de produção.

Em um computador isolado, o sistema operacional pode determinar de forma confiável o emissor e o receptor de toda a comunicação entre processos, já que controla todos os canais de comunicação no computador. Em uma rede de computadores, a situação é bem diferente. Um computador em rede recebe bits "a partir do fio" sem uma forma imediata e confiável de determinar qual máquina ou aplicação enviou esses bits. Da mesma forma, o computador envia bits para a rede sem uma forma de saber quem eventualmente os receberá. Além disso, ao enviar ou receber, o sistema não tem como saber se um bisbilhoteiro escutou a comunicação.

Normalmente, endereços de rede são usados para inferir os potenciais emissores e receptores de mensagens na rede. Os pacotes de rede chegam com um endereço de origem, tal como um endereço IP. E quando um computador envia uma mensagem, ele nomeia o receptor desejado especificando um endereço de destino. No entanto, para aplicações em que a segurança é importante, estaremos procurando problemas se assumirmos que o endereço de origem ou destino de um pacote determina de modo confiável o emissor ou receptor desse pacote. Um computador trapaceiro pode enviar uma mensagem com um endereço de origem falsificado, e vários computadores diferentes daquele especificado pelo endereço de destino podem receber um pacote (e normalmente isso ocorre). Por exemplo, todos os roteadores do percurso até o destino também receberão o pacote. Como então um sistema operacional deve decidir se atende a uma solicitação quando não pode confiar na identificação da sua origem? E como se espera que ele forneça proteção para solicitações ou dados quando não pode determinar quem receberá o conteúdo da resposta ou mensagem que enviar pela rede?

Geralmente, é considerada inviável a construção de uma rede de qualquer escala na qual os endereços de origem e destino dos pacotes possam ser *confiáveis* nesse sentido. Portanto, a única alternativa é eliminar de alguma forma a necessidade de confiar na rede. Essa é a tarefa da criptografia. Abstratamente, a criptografia é usada para restringir os emissores e/ou receptores potenciais de uma mensagem. A criptografia moderna baseia-se em dados secretos chamados chaves que são distribuídos seletivamente aos computadores em uma rede e usados para processar mensagens. A criptografia habilita o receptor de uma mensagem a verificar se a mensagem foi criada por algum computador que possua determinada chave. Da mesma forma, um emissor pode codificar sua mensagem para que somente um computador com determinada chave possa decodificá-la. Diferente dos endereços de rede, no entanto, as chaves são projetadas para que não seja computacionalmente factível derivá-las a partir das mensagens geradas com o seu uso ou a partir de qualquer outra informação pública. Assim, elas fornecem um meio muito mais confiável de restringir os emissores e receptores de mensagens. Observe que a criptografia é, em si mesma, um campo de estudo com grandes e pequenas complexidades e sutilezas. Aqui, exploramos os aspectos mais importantes das partes da criptografia relacionadas com os sistemas operacionais.

15.4.1 Codificação Criptográfica

Como resolve uma ampla variedade de problemas de segurança da comunicação, a criptografia é usada com frequência em muitos aspectos da computação moderna. Ela é usada para enviar mensagens seguramente por uma rede, assim como para proteger dados de bancos de dados, arquivos e até discos inteiros contra a leitura do seu conteúdo por entidades não autorizadas. Um algoritmo criptográfico habilita o emissor de uma mensagem a garantir que somente um computador de posse de determinada chave possa ler a mensagem, ou a garantir que o gravador dos dados seja o único leitor desses dados. A criptografia de mensagens é uma prática antiga, naturalmente, e tem havido muitos algoritmos criptográficos que datam de tempos remotos. Nesta seção, descrevemos importantes princípios e algoritmos modernos de criptografia.

Um algoritmo criptográfico consiste nos seguintes componentes:

- Um conjunto K de chaves.
- Um conjunto M de mensagens.
- Um conjunto C de textos cifrados.
- Uma função de criptografia $E : K \to (M \to C)$. Isto é, para cada $k \in K$, E_k é uma função de geração de textos cifrados a partir de mensagens. Tanto E quanto E_k para qualquer k devem ser funções eficientemente computáveis. Geralmente, E_k é um mapeamento randomizado de mensagens para textos cifrados.
- Uma função de descriptografia $D : K \to (C \to M)$. Isto é, para cada $k \in K$, D_k é uma função para a geração de mensagens a partir de textos cifrados. Tanto D quanto D_k para qualquer k, devem ser funções eficientemente computáveis.

Um algoritmo criptográfico deve fornecer essa propriedade essencial: dado um texto cifrado $c \in C$, um computador pode computar m tal que $E_k(m) = c$, somente se possuir k. Portanto, um computador que contenha k pode descriptografar textos cifrados para textos plenos usados em sua produção, mas um computador que não contenha k não pode descriptografar textos cifrados. Já que textos cifrados são, em geral, expostos (por exemplo, enviados em uma rede), é importante que seja impossível derivar k a partir deles.

Há dois tipos principais de algoritmos criptográficos: simétrico e assimétrico. Discutimos ambos nas seções a seguir.

15.4.1.1 Criptografia Simétrica

Em um algoritmo criptográfico simétrico, a mesma chave é usada para criptografar e descriptografar. Portanto, o sigilo de k deve ser protegido. A Figura 15.7 mostra um exemplo de dois usuários comunicando-se de forma segura via criptografia simétrica por um canal inseguro. Observe que a troca de chaves pode ocorrer diretamente entre os dois participantes ou por um terceiro confiável (isto é, uma autoridade de certificação), como discutido na Seção 15.4.1.4.

Nas últimas décadas, o algoritmo criptográfico simétrico mais usado nos Estados Unidos para aplicações civis tem sido o criptograma-padrão de criptografia de dados (DES — *data-encryption standard*), adotado pelo Instituto Nacional de Padrões e Tecnologia (NIST — *National Institute of Standard and Technology*). O DES funciona usando um valor de 64 bits e uma chave de 56 bits e executando uma série de transformações que se baseiam em operações de substituição e permutação. Já que o DES opera sobre um bloco de bits de cada vez, ele é conhecido como criptograma de bloco, e suas transformações são típicas dos criptogramas de bloco. Nesses criptogramas, se a mesma chave for usada para criptografar um montante extenso de dados, ela se tornará vulnerável a ataques.

Atualmente, o DES é considerado inseguro para muitas aplicações porque suas chaves podem ser exaustivamente pesquisadas com recursos moderados de computação (porém ele ainda é usado com frequência). Em vez de desistir do DES, o NIST criou uma modificação chamada DES triplo, em que o algoritmo DES é repetido três vezes (duas criptografias e uma descriptografia) sobre o mesmo texto pleno usando duas ou três chaves — por exemplo, $c = E_{k3}(D_{k2}(E_{k1}(m)))$. Quando três chaves são usadas, o tamanho eficaz para a chave é de 168 bits. O DES triplo está sendo amplamente usado hoje em dia.

Em 2001, o NIST adotou um novo criptograma de bloco, chamado padrão avançado de criptografia (AES — *advanced encryption standard*), para substituir o DES. O AES é outro criptograma de bloco. Ele pode usar tamanhos de chave de 128, 192 ou 256 bits e opera sobre blocos de 128 bits. Geralmente, o algoritmo é compacto e eficiente.

Criptogramas de bloco não são, em si mesmos, esquemas seguros de criptografia. Especificamente, eles não manipulam diretamente mensagens mais longas do que seus tamanhos de bloco requeridos. No entanto, há muitas modalidades de criptografia baseadas em criptogramas de fluxo que podem ser usadas para criptografar mensagens mais longas de forma segura.

O RC4 talvez seja o criptograma de fluxo mais comum. Um criptograma de fluxo é projetado para criptografar e descriptografar um fluxo de bytes ou bits, em vez de um bloco. Isso é útil quando o tamanho de uma comunicação tornaria um criptograma de bloco muito lento. A chave é inserida em um gerador de bits pseudoaleatórios, um algoritmo que tenta produzir bits aleatórios. Quando alimentado por uma chave, o gerador produz como saída um fluxo de chaves. Um fluxo de chaves é

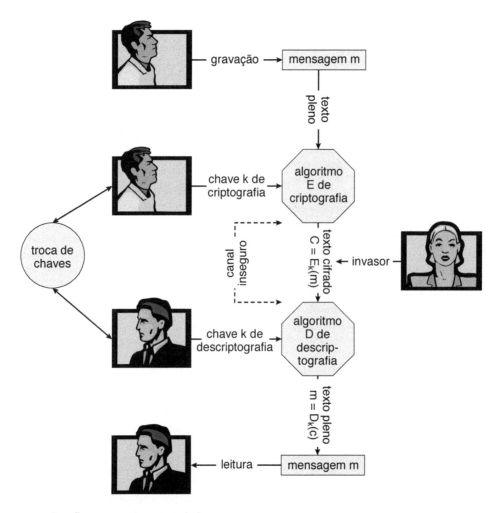

Figura 15.7 Uma comunicação segura por um meio inseguro.

um conjunto infinito de bits que pode ser usado para criptografar um fluxo de texto pleno simplesmente aplicando XOR aos bits e ao texto pleno. (XOR, abreviação de "eXclusive OR", é uma operação que compara dois bits de entrada e gera um bit de saída. Se os bits forem iguais, o resultado será 0. Se os bits forem diferentes, o resultado será 1.) O RC4 é usado na criptografia de fluxos de dados, como no WEP, o protocolo de LAN sem fio. Infelizmente, o RC4, conforme usado no WEP (padrão IEEE 802.11), mostrou-se decifrável em um montante de tempo razoável do computador. Na verdade, o próprio RC4 tem vulnerabilidades.

15.4.1.2 Criptografia Assimétrica

Em um algoritmo criptográfico assimétrico, há chaves diferentes para criptografia e descriptografia. Uma entidade preparando-se para receber comunicação criptografada cria duas chaves e torna uma delas (chamada chave pública) disponível para qualquer pessoa que a quiser. Qualquer emissor pode usar essa chave para criptografar uma comunicação, mas somente o criador da chave pode descriptografar a comunicação. Esse esquema, conhecido como criptografia de chave pública, foi um divisor de águas em criptografia. A chave não precisa mais ser mantida em segredo e ser distribuída seguramente. Em vez disso, qualquer pessoa pode criptografar uma mensagem para a entidade receptora e, independentemente de quem mais esteja escutando, somente essa entidade pode descriptografar a mensagem.

Como exemplo de como a criptografia de chave pública funciona, descrevemos um algoritmo conhecido como RSA, abreviatura que vem dos nomes de seus inventores, Rivest, Shamir e Adleman. RSA é o algoritmo criptográfico assimétrico mais amplamente usado. (No entanto, os algoritmos assimétricos baseados em curvas elípticas estão ganhando terreno, porque o tamanho de sua chave pode ser menor para o mesmo nível de poder criptográfico.)

No RSA, k_e é a chave pública e k_d é a chave privada. N é o produto de dois grandes números primos p e q selecionados aleatoriamente (por exemplo, p e q têm cada um 512 bits). Deve ser computacionalmente impossível derivar $k_{d,N}$ de $k_{e,N}$, e, portanto, k_e não precisa ser mantido em sigilo, e pode ser amplamente disseminado. O algoritmo criptográfico é $E_{k_e,N}(m) = m^{k_e}$ mod N, em que k_e satisfaz a $k_e k_d$ mod $(p-1)(q-1) = 1$. O algoritmo de descriptografia, então, é $D_{k_d,N}(c) = c^{k_d}$ mod N.

Um exemplo utilizando pequenos valores é mostrado na Figura 15.8. Nesse exemplo, fazemos $p = 7$ e $q = 13$. Então calculamos $N = 7*13 = 91$ e $(p-1)(q-1) = 72$. Depois, selecionamos k_e, relativamente primo de 72 e < 72, obtendo 5. Para concluir, calculamos k_d tal que $k_e k_d$ mod $72 = 1$, obtendo 29. Agora temos nossas chaves: a chave pública, $k_{e,N} = 5, 91$, e a chave privada, $k_{d,N} = 29, 91$. A criptografia da mensagem 69 com a chave pública resulta na mensagem 62, que é, então, decodificada pelo receptor por meio da chave privada.

O uso da criptografia assimétrica começa com a publicação da chave pública do destino. Em comunicações bidirecionais, a origem também deve publicar sua chave pública. A "publicação" pode ser tão simples quanto a transmissão de uma cópia eletrônica da chave, ou pode ser mais complexa. A chave privada (ou "chave secreta") deve ser cuidadosamente guardada, já que qualquer pessoa que detenha essa chave poderá descriptografar qualquer mensagem criada pela chave pública correspondente.

Devemos observar que a pequena diferença aparente no uso de chaves entre a criptografia simétrica e assimétrica é bem maior na prática. A execução da criptografia assimétrica é compu-

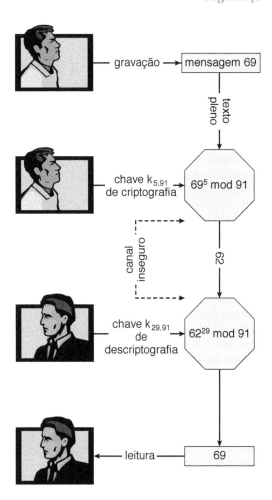

Figura 15.8 Criptografia e descriptografia usando o algoritmo assimétrico RSA.

tacionalmente bem mais cara. É muito mais rápido para um computador codificar e decodificar textos cifrados usando os algoritmos simétricos usuais do que usando algoritmos assimétricos. Por que, então, usar um algoritmo assimétrico? Na verdade, esses algoritmos não são empregados na criptografia de uso geral de grandes montantes de dados. No entanto, eles são usados não apenas para a criptografia de pequenos montantes de dados, mas também para autenticação, confidencialidade e distribuição de chaves, como mostramos nas seções a seguir.

15.4.1.3 Autenticação

Vimos que a criptografia oferece uma forma de restringir o conjunto de possíveis receptores de uma mensagem. A restrição do conjunto de possíveis emissores de uma mensagem chama-se autenticação. Portanto, a autenticação complementa a criptografia. A autenticação também é útil para comprovar que uma mensagem não foi modificada. Nesta seção, discutimos a autenticação como uma restrição dos possíveis receptores de uma mensagem. Observe que esse tipo de autenticação é semelhante, mas não igual à autenticação de usuário que discutimos na Seção 15.5.

Um algoritmo de autenticação usando chaves simétricas consiste nos seguintes elementos:

- Um conjunto K de chaves.

- Um conjunto M de mensagens.
- Um conjunto A de autenticadores.
- Uma função $S : K \to (M \to A)$. Isto é, para cada $k \in K$, S_k é uma função de geração de autenticadores a partir de mensagens. Tanto S quanto S_k para qualquer k devem ser funções eficientemente computáveis.
- Uma função $V : K \to (M \times A \to \{\text{true, false}\})$. Isto é, para cada $k \in K$, V_k é uma função de verificação de autenticadores sobre mensagens. Tanto V quanto V_k para qualquer k devem ser funções eficientemente computáveis.

A propriedade crítica que um algoritmo de autenticação deve possuir é esta: para uma mensagem m, um computador pode gerar um autenticador $a \in A$, tal que $V_k(m, a) = \text{true}$, somente se ele possuir k. Portanto, um computador contendo k pode gerar autenticadores de mensagens para que qualquer computador que possua k possa verificá-los. No entanto, um computador que não contenha k não pode gerar autenticadores de mensagens que possam ser verificados usando V_k. Já que os autenticadores são, geralmente, expostos (por exemplo, enviados em uma rede com as próprias mensagens), a derivação de k a partir deles não deve ser factível. Praticamente, se $V_k(m, a) = \text{true}$, então sabemos que m não foi modificado e que o emissor da mensagem possui k. Se compartilharmos k com apenas uma entidade, então sabemos que a mensagem teve origem em k.

Assim como há dois tipos de algoritmos criptográficos, há duas variedades principais de algoritmos de autenticação. O primeiro passo para entender esses algoritmos é explorar as funções hash. Uma função hash $H(m)$ cria um pequeno bloco de dados de tamanho fixo, conhecido como síntese da mensagem ou valor hash, a partir da mensagem m. As funções hash funcionam tomando uma mensagem, dividindo-a em blocos e processando os blocos para produzir um hash de n bits. H deve ser resistente a colisões — isto é, deve ser impossível encontrar um $m' \neq m$ tal que $H(m) = H(m')$. Mas, se $H(m) = H(m')$, sabemos que $m = m'$ — isto é, sabemos que a mensagem não foi modificada. Funções comuns de síntese de mensagens incluem o MD5, que produz um hash de 128 bits, mas atualmente é considerado inseguro, e o SHA-1, que gera um hash de 160 bits. As sínteses de mensagens são úteis para a detecção de mensagens alteradas, mas não são úteis como autenticadores. Por exemplo, $H(m)$ pode ser enviado junto com uma mensagem; mas, se H for conhecido, então alguém poderia modificar m para m' e recalcular $H(m')$, e a modificação da mensagem não seria detectada. Portanto, devemos autenticar $H(m)$.

O primeiro tipo principal de algoritmo de autenticação usa a criptografia simétrica. Em um código de autenticação de mensagens (MAC — *message-authentication code*), uma soma de verificação criptográfica é gerada a partir da mensagem usando uma chave secreta. Um MAC fornece um modo para autenticar seguramente pequenos valores. Se o usarmos para autenticar $H(m)$ para um H resistente a colisões, obteremos então uma forma de autenticar com segurança longas mensagens aplicando primeiro um hashing às mensagens. Observe que k é necessário para computar tanto S_k quanto V_k e, portanto, qualquer pessoa capaz de computar um pode computar o outro.

O segundo tipo principal de algoritmo de autenticação é um algoritmo de assinatura digital, e os autenticadores produzidos por ele são chamados assinaturas digitais. As assinaturas digitais são muito úteis porque habilitam *qualquer pessoa* a verificar a autenticidade da mensagem. Em um algoritmo de assinatura digital, é computacionalmente impossível derivar k_s a partir de k_v. Portanto, k_v é a chave pública e k_s é a chave privada.

Considere, como exemplo, o algoritmo de assinatura digital RSA. Ele é semelhante ao algoritmo criptográfico RSA, mas o uso da chave é invertido. A assinatura digital de uma mensagem é derivada computando $S_{ks}(m) = H(m)^{ks} \mod N$. A chave k_s é novamente um par $\langle d, N \rangle$, em que N é o produto de dois números primos grandes p e q selecionados aleatoriamente. O algoritmo de verificação é então $V_{kv}(m, a) = a^{kv} \mod N = H(m)$, em que k_v satisfaz a $k_v k_s \mod (p-1)(q-1) = 1$.

Observe que a criptografia e a autenticação podem ser usadas juntas ou separadas. Algumas vezes queremos autenticação, mas não confidencialidade. Por exemplo, uma empresa poderia fornecer um patch de software e poderia "assinar" esse patch para comprovar que ele veio da empresa e que não foi modificado.

A autenticação é um componente de muitos aspectos da segurança. Por exemplo, as assinaturas digitais são o cerne do não repúdio, que fornece provas de que uma entidade executou uma ação. Um exemplo típico de não repúdio envolve o preenchimento de formulários eletrônicos como uma alternativa à assinatura de contratos em papel. O não repúdio assegura que uma pessoa que preencha um formulário eletrônico não pode negar que o fez.

15.4.1.4 Distribuição de Chaves

Certamente, uma boa parte da batalha entre criptografadores (aqueles que inventam criptogramas) e criptoanalistas (aqueles que tentam quebrá-los) envolve chaves. Em algoritmos simétricos, as duas partes precisam da chave, e ninguém mais deve tê-la. A distribuição da chave simétrica é um grande desafio. Às vezes ela é executada fora da rede — digamos, por meio de um documento em papel ou de uma conversa. Esses métodos não têm um bom alcance, no entanto. Considere também o desafio do gerenciamento de chaves. Suponha que um usuário queira se comunicar com N outros usuários privadamente. Esse usuário precisaria de N chaves e, para mais segurança, teria que alterar essas chaves frequentemente.

Essas são razões importantes para os esforços de criação de algoritmos de chaves assimétricas. Além de podermos trocar as chaves em público, determinado usuário precisa apenas de uma chave privada, independentemente do número de pessoas com quem ele queira se comunicar. Há também a questão do gerenciamento de uma chave pública para cada receptor da comunicação, mas, já que as chaves públicas não precisam ser protegidas, um armazenamento simples pode ser usado para esse anel de chaves.

Infelizmente, mesmo a distribuição de chaves públicas requer algum cuidado. Considere o ataque do intermediário mostrado na Figura 15.9. Aqui, a pessoa que quer receber uma mensagem criptografada envia sua chave pública, mas um invasor também envia sua chave pública "inválida" (que corresponde a sua chave privada). A pessoa que deseja enviar a mensagem criptografada não sabe o que está fazendo e, assim, usa a chave inválida para criptografar a mensagem. O invasor então a descriptografa satisfeito.

O problema é de autenticação — o que precisamos é de provas de quem (ou o que) possui uma chave pública. Uma forma de resolver esse problema envolve o uso de certificados digitais. Um certificado digital é uma chave pública assinada digitalmente por um terceiro confiável. O terceiro confiável recebe prova da identificação de alguma entidade e certifica que a chave pública pertence a essa entidade. Mas como saber se podemos confiar no certificador? Essas autoridades de certificação têm suas chaves públicas incluídas dentro de navegadores da web (e outros consumidores de certificados) antes de serem distribuídas. As autoridades de certificação podem então responsabilizar-se por outras autoridades (assinando digitalmente as chaves públicas dessas outras autoridades), e assim por diante, criando uma rede de confiança. Os certificados podem ser distribuídos em um formato digital X.509 padrão que possa ser analisado por um computador. Esse esquema é usado para a comunicação segura na web, como discutimos na Seção 15.4.3.

15.4.2 Implementação da Criptografia

Os protocolos de rede são, tipicamente, organizados em camadas, como uma cebola ou um "parfait", com cada camada atuando como cliente da camada abaixo dela. Isto é, quando um protocolo gera uma mensagem para enviar ao protocolo que constitui seu par em outra máquina, ele envia sua mensagem ao protocolo abaixo dele na pilha de protocolos de rede para distribuição ao seu par naquela máquina. Por exemplo, em uma rede IP, o TCP (um protocolo da *camada de transporte*) age como cliente do IP (um protocolo da *camada de rede*): os pacotes TCP são passados ao IP na camada de baixo para distribuição ao par IP na outra extremidade da conexão. O IP encapsula o pacote TCP em um pacote IP, que também é passado para baixo, à *camada de link de dados*, para ser transmitido pela rede ao seu par no computador de destino. Esse par IP distribui então o pacote TCP para cima, ao par TCP nessa máquina.

A criptografia pode ser inserida em quase todas as camadas no modelo OSI. O SSL (Seção 15.4.3), por exemplo, fornece segurança na camada de transporte. A segurança da camada de rede geralmente tem sido padronizada no IPSec, que define formatos de pacotes IP que permitem a inserção de autenticadores e a criptografia do conteúdo dos pacotes. O IPSec usa a criptografia simétrica e emprega o protocolo Internet Key Exchange (IKE) para a troca de chaves. O IKE é baseado na criptografia de chave pública. O IPSec está se tornando amplamente usado como base para as redes virtuais privadas (VPNs – *virtual private networks*), em que todo o tráfego entre duas extremidades IPSec é criptografado para tornar privada uma rede que, de outra forma, poderia ser pública. Numerosos protocolos também têm sido desenvolvidos para serem usados por aplicações, tal como o PGP para a criptografia de e-mails, mas nesse caso as próprias aplicações devem ser codificadas para implementar segurança.

Qual o melhor local para a inserção da proteção criptográfica em uma pilha de protocolos? Em geral, não há uma resposta definitiva. Por um lado, mais protocolos se beneficiam de proteções inseridas em um nível mais baixo na pilha. Por exemplo, já que pacotes IP encapsulam pacotes TCP, a criptografia de pa-

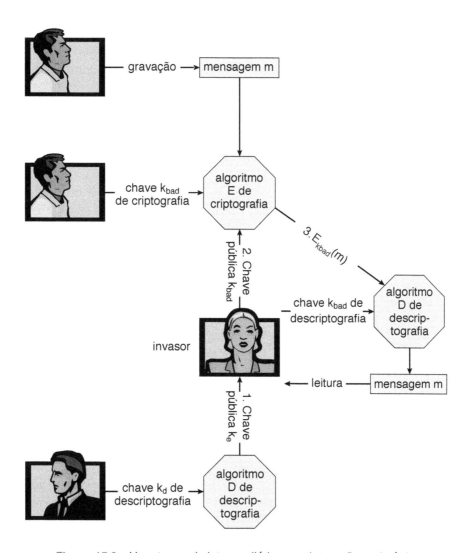

Figura 15.9 Um ataque de intermediário em criptografia assimétrica.

cotes IP (usando o IPSec, por exemplo) também oculta o conteúdo dos pacotes TCP encapsulados. Da mesma forma, os autenticadores dos pacotes IP detectam modificações das informações de cabeçalho TCP neles contidas.

Por outro lado, a proteção em camadas mais baixas da pilha de protocolos pode fornecer proteção insuficiente aos protocolos de camadas mais altas. Por exemplo, um servidor de aplicações que aceita conexões criptografadas com o IPSec pode ser capaz de autenticar os computadores clientes dos quais recebe solicitações. No entanto, para autenticar um usuário em um computador cliente, o servidor pode ter que usar um protocolo no nível da aplicação — o usuário pode ser solicitado a digitar uma senha. Considere também o problema do e-mail. Um e-mail distribuído pelo protocolo SMTP que é padrão na indústria é armazenado e encaminhado, frequentemente várias vezes, antes de ser distribuído. Cada uma dessas transmissões pode passar por uma rede segura ou insegura. Para que o e-mail seja seguro, a mensagem tem de ser criptografada para que sua segurança não dependa dos meios que a transportam.

15.4.3 Um Exemplo: SSL

O SSL 3.0 é um protocolo criptográfico que habilita dois computadores a se comunicarem de modo seguro — isto é, de modo que cada um possa limitar o emissor e o receptor de mensagens para o outro. Talvez seja o protocolo criptográfico mais usado na Internet atualmente, já que é o protocolo-padrão pelo qual navegadores web comunicam-se seguramente com servidores web. Para complementar, devemos observar que o SSL foi projetado pela Netscape e que evoluiu para o protocolo TLS que é padrão na indústria. Nesta discussão, usamos SSL significando tanto o SSL quanto o TLS.

O SSL é um protocolo complexo com muitas opções. Aqui, apresentamos somente uma única variação do SSL. Mesmo assim, o descrevemos em uma forma muito simplificada e abstrata, para manter o foco no seu uso de primitivos criptográficos. O que estamos para ver é uma dança complexa em que a criptografia assimétrica é usada para que um cliente e um servidor possam estabelecer uma **chave de sessão** segura que possa ser usada na criptografia simétrica da sessão entre os dois — ao mesmo tempo em que são evitados ataques do intermediário e de reexecução. Para adicionar força à criptografia, as chaves de sessão são esquecidas, assim que uma sessão é concluída. Outra comunicação entre os dois demandará a geração de novas chaves de sessão.

O protocolo SSL é iniciado por um cliente c para se comunicar seguramente com um servidor. Antes da utilização do protocolo, presume-se que o servidor s tenha obtido um certificado, representado por cert_s, junto à autoridade de certificação AC. Esse certificado é uma estrutura contendo o seguinte:

- Vários atributos (attrs) do servidor, tais como seu nome **distinto** exclusivo e seu nome **comum** (DNS)
- A identidade de um algoritmo criptográfico assimétrico $E(\ )$ para o servidor
- A chave pública k_e desse servidor
- O intervalo de validade (interval) durante o qual o certificado deve ser considerado válido
- Uma assinatura digital a criada por AC para as informações acima — isto é, $a = S_{kAC}(\langle\text{attrs}, E_{ke}, \text{interval}\rangle)$

Além disso, antes da utilização do protocolo, presume-se que o cliente tenha obtido o algoritmo público de verificação V_{kAC} da autoridade de certificação AC. No caso da web, o navegador do usuário vem do fornecedor contendo os algoritmos de verificação e as chaves públicas de certas autoridades de certificação. O usuário pode adicionar ou excluir esses itens como quiser.

Quando c se conecta com s, ele envia um valor aleatório n_c de 28 bytes ao servidor que responde com um valor aleatório n_s, mais seu certificado cert_s. O cliente verifica se $V_{kAC}(\langle\text{attrs}, E_{ke}, \text{interval}\rangle), a) = \text{true}$ e se a hora corrente está no intervalo de validade interval. Se esses dois testes forem satisfeitos, o servidor terá provado sua identidade. O cliente gerará então uma **premaster secret** pms aleatória de 46 bytes e enviará cpms = E_{ke}(pms) para o servidor. O servidor recuperará pms = D_{kd}(cpms). Agora, tanto o cliente quanto o servidor estão de posse de n_c, n_s e pms, e os dois podem computar uma **master secret** compartilhada de 48 bytes ms = $H(n_c, n_s, \text{pms})$. Apenas o servidor e o cliente podem computar ms, já que somente eles conhecem pms. Além disso, a dependência de ms de n_c e n_s assegura que ms seja um valor **novo** — isto é, uma chave de sessão que não tenha sido usada em uma comunicação anterior. Nesse ponto, tanto o cliente quanto o servidor computam as seguintes chaves a partir de ms:

- Uma chave criptográfica simétrica k_{cs}^{crypt} para a criptografia de mensagens do cliente para o servidor
- Uma chave criptográfica simétrica k_{sc}^{crypt} para a criptografia de mensagens do servidor para o cliente
- Uma chave de geração MAC k_{cs}^{mac} para a geração de autenticadores de mensagens do cliente para o servidor
- Uma chave de geração MAC k_{sc}^{mac} para a geração de autenticadores de mensagens do servidor para o cliente

Para enviar uma mensagem m ao servidor, o cliente envia

$$c = E_{k_{cs}^{\text{crypt}}}(\langle m, S_{k_{cs}^{\text{mac}}}(m)\rangle).$$

Ao receber c, o servidor recupera

$$\langle m, a \rangle = D_{k_{cs}^{\text{crypt}}}(c)$$

e aceita m se $V_{k_{cs}^{\text{mac}}}(m, a) = \text{true}$. Da mesma forma, para enviar uma mensagem m ao cliente, o servidor envia

$$c = E_{k_{sc}^{\text{crypt}}}(\langle m, S_{k_{sc}^{\text{mac}}}(m)\rangle)$$

e o cliente recupera

$$\langle m, a \rangle = D_{k_{sc}^{\text{crypt}}}(c)$$

e aceita m se $V_{k_{sc}^{\text{mac}}}(m, a) = \text{true}$.

Esse protocolo habilita o servidor a limitar os receptores de suas mensagens ao cliente que gerou a pms e a limitar os emissores das mensagens que ele aceita a esse mesmo cliente. Da mesma forma, o cliente pode limitar os receptores das mensagens que ele envia e os emissores das mensagens que ele aceita ao interlocutor que conhece k_d (isto é, o interlocutor que pode descriptografar as cpms). Em muitas aplicações, tais como transações web, o cliente precisa verificar a identidade do interlocutor que conhece k_d. Essa é uma das finalidades do certificado cert_s. Especificamente, o campo attrs contém informações que o cliente pode usar para determinar a identidade — por exemplo, o nome de domínio — do servidor com o qual ele está se comunicando. Para aplicações em que o servidor também precisa de informações sobre o cliente, o SSL suporta uma opção pela qual um cliente pode enviar um certificado ao servidor.

Além de seu uso na Internet, o SSL está sendo usado para uma grande variedade de tarefas. Por exemplo, agora as VPNs IPSec têm uma rival nas VPNs SSL. O IPSec é adequado para a criptografia de tráfego ponto a ponto — digamos, entre dois escritórios de uma empresa. As VPNs SSL são mais flexíveis, mas não tão eficientes e, portanto, elas podem ser usadas entre um empregado individual trabalhando remotamente e o escritório da empresa.

15.5 Autenticação de Usuários

Nossa discussão anterior sobre autenticação envolveu mensagens e sessões. Mas e os usuários? Se um sistema não puder autenticar um usuário, a autenticação de que uma mensagem veio desse usuário será inócua. Portanto, um grande problema de segurança dos sistemas operacionais é a autenticação de usuários. O sistema de proteção depende da capacidade de identificação dos programas e processos em execução corrente que, por sua vez, depende da capacidade de identificação de cada usuário do sistema. Normalmente os usuários identificam a si próprios. Como determinar se uma identidade de usuário é autêntica? Geralmente, a autenticação do usuário baseia-se em um ou mais dos três aspectos a seguir: a posse de algo (uma chave ou cartão) por parte do usuário, o conhecimento de algo (um identificador e uma senha) pelo usuário, ou um atributo do usuário (impressão digital, padrão de retina ou assinatura).

15.5.1 Senhas

A abordagem mais comum para a autenticação de uma identidade de usuário é o uso de senhas. Quando o usuário se identifica pelo ID de usuário ou nome da conta, uma senha é solicitada. Se a senha fornecida pelo usuário coincidir com a senha armazenada no sistema, este assumirá que a conta está sendo acessada pelo seu proprietário.

Senhas são usadas com frequência para proteger objetos no sistema de computação, na ausência de esquemas de proteção mais completos. Elas podem ser consideradas um caso especial das chaves ou competências. Por exemplo, uma senha pode ser associada a cada recurso (como um arquivo). Sempre que uma solicitação de uso do recurso é feita, a senha deve ser fornecida. Se a senha estiver correta, o acesso será concedido. Diferentes senhas podem ser associadas a diferentes direitos de acesso. Por exemplo, diferentes senhas podem ser usadas para a leitura, o aumento e a atualização de arquivos.

Na prática, a maioria dos sistemas exige apenas uma senha para que um usuário obtenha direitos totais. Embora, teoricamente, seja mais seguro o uso de mais senhas, tais sistemas tendem a não ser implementados em razão da clássica escolha entre segurança e conveniência. Se a segurança torna algo inconveniente, então a segurança é frequentemente ignorada ou então evitada.

15.5.2 Vulnerabilidades das Senhas

Senhas são extremamente comuns porque são fáceis de entender e usar. Infelizmente, elas podem ser adivinhadas, acidentalmente expostas, rastreadas (lidas por um bisbilhoteiro) ou ilegalmente transferidas de um usuário autorizado para um usuário não autorizado, como mostramos a seguir.

Há duas maneiras comuns de adivinhar uma senha. Uma delas é o intruso (humano ou programa) conhecer o usuário ou ter informações sobre ele. Quase sempre, as pessoas usam informações óbvias (como os nomes de seus gatos ou cônjuges) como senhas. A outra maneira é o uso de força bruta, com tentativas de enumeração — ou uso de todas as combinações possíveis de caracteres de senha válidos (letras, números e pontuação em alguns sistemas) — até que a senha seja descoberta. Senhas curtas são particularmente vulneráveis a esse método. Por exemplo, uma senha de quatro caracteres fornece apenas 10.000 variações. Em média, 5.000 tentativas produziriam um acerto. Um programa que pudesse testar uma senha a cada milissegundo levaria apenas cerca de 5 segundos para adivinhar uma senha de quatro caracteres. A enumeração é menos bem-sucedida onde os sistemas permitem senhas mais longas que incluam letras maiúsculas e minúsculas, junto a números e todos os caracteres de pontuação. Naturalmente, os usuários devem tirar partido do espaço de senha maior e não devem usar, por exemplo, apenas letras minúsculas.

Além de adivinhadas, as senhas podem ser expostas como resultado de monitoramento visual ou eletrônico. Um intruso pode olhar por cima dos ombros de um usuário (surfista de ombros) quando este estiver fazendo login e descobrir facilmente a senha, observando o teclado. Alternativamente, qualquer pessoa com acesso à rede em que um computador resida pode adicionar, sem deixar vestígios, um monitor de rede que lhe permita rastrear, ou observar, todos os dados que estão sendo transferidos na rede, inclusive identificações e senhas de usuário. A criptografia do fluxo de dados que contém a senha resolve esse problema. No entanto, tal sistema ainda pode ter as senhas roubadas. Por exemplo, se é usado um arquivo para armazenar as senhas, ele poderia ser copiado para análise fora do sistema. Ou considere um programa cavalo de troia instalado no sistema que capture cada pressionamento de tecla antes de enviá-lo à aplicação.

A exposição é um problema particularmente grave se a senha é anotada onde possa ser lida ou perdida. Alguns sistemas forçam os usuários a selecionar senhas longas ou difíceis de lembrar, ou a alterar sua senha com frequência, o que pode fazer com que o usuário anote a senha ou a reutilize. Como resultado, tais sistemas fornecem muito menos segurança do que sistemas que permitam aos usuários a seleção de senhas fáceis!

O último tipo de comprometimento da senha, a transferência ilegal, é resultado da natureza humana. A maioria das instalações de computador tem uma regra que proíbe os usuários de compartilhar contas. Às vezes essa regra é implementada por questões de contabilidade, mas frequentemente objetiva melhorar a segurança. Por exemplo, suponha que um ID de usuário seja compartilhado por vários usuários e ocorra uma brecha de segurança a partir desse ID. É impossível saber quem estava usando o ID na hora em que a invasão ocorreu ou mesmo se o usuário era autorizado. Com um usuário por ID, qualquer usuário pode ser questionado diretamente sobre o uso da conta; além disso, o usuário pode notar algo diferente na conta e detectar a invasão. Em algumas situações, os usuários violam regras de compartilhamento de contas para ajudar amigos ou burlar a contabilidade, e esse comportamento pode resultar em um sistema sendo acessado por usuários não autorizados — possivelmente maliciosos.

As senhas podem ser geradas pelo sistema ou selecionadas por um usuário. Senhas geradas pelo sistema podem ser difíceis de lembrar e, portanto, os usuários acabam por anotá-las. Como mencionado, no entanto, senhas selecionadas pelo usuário costumam ser fáceis de adivinhar (o aniversário do usuário ou seu carro favorito, por exemplo). Alguns sistemas verificam se uma senha proposta é fácil de adivinhar ou quebrar antes de aceitá-la. Outros sistemas também têm *prazo de validade* para as senhas, forçando os usuários a mudá-las em intervalos regulares (a cada três meses, por exemplo). Porém, esse método não é infalível porque os usuários podem facilmente se alternar entre duas senhas. A solução, conforme implementada em alguns sistemas, é registrar um histórico de senhas para cada usuário. Por exemplo, o sistema poderia registrar as últimas N senhas e não permitir sua reutilização.

Diversas variantes desses esquemas simples de senhas podem ser usadas. Por exemplo, a senha pode ser alterada com mais frequência. Em um caso extremo, a senha é alterada de uma sessão para a outra. Uma nova senha é selecionada (pelo sistema ou pelo usuário) no fim de cada sessão, e essa senha deve ser usada na próxima sessão. Nesse caso, mesmo se uma senha for usada por uma pessoa não autorizada, essa pessoa poderá usá-la apenas uma vez. Quando o usuário legítimo tentar usar, na próxima sessão, uma senha agora inválida, ele descobrirá a violação de segurança. Medidas poderão então ser tomadas para reparar a segurança violada.

15.5.3 Protegendo Senhas

Um problema de todas essas abordagens é a dificuldade de manter a senha secreta dentro do computador. Como o sistema pode armazenar uma senha seguramente e ainda permitir o seu uso na autenticação quando o usuário apresentar sua senha? O sistema UNIX usa o hashing seguro para evitar a necessidade de manter secreta sua lista de senhas. Já que a lista é submetida a um hashing em vez de ser criptografada, é impossível para o sistema descriptografar o valor armazenado e determinar a senha original.

Vejamos como esse sistema funciona. Cada usuário tem uma senha. O sistema contém uma função que é extremamente difícil — os projetistas esperam que seja impossível — de inverter, mas é simples de computar. Isto é, dado um valor x, é fácil computar o valor da função hash $f(x)$. Dado um valor de função $f(x)$, no entanto, é impossível computar x. Essa função é usada na codificação de todas as senhas. Apenas senhas codificadas são armazenadas. Quando um usuário apresenta uma senha, ela é submetida ao hashing e comparada com a senha codificada armazenada. Mesmo quando a senha codificada armazenada é vista, ela não pode ser decodificada; portanto, a senha não pode ser descoberta. Assim, o arquivo de senhas não precisa ser secreto.

A falha desse método é que o sistema não tem mais controle sobre as senhas. Embora as senhas sejam submetidas ao hashing, qualquer pessoa com uma cópia do arquivo de senhas pode executar rotinas rápidas de hashing sobre ele — submetendo cada palavra de um dicionário ao hashing, por exemplo, e comparando os resultados com as senhas. Se o usuário tiver selecionado uma senha que também seja uma palavra do dicionário, a senha será quebrada. Em computadores suficientemente rápidos, ou até mesmo em clusters de computadores lentos, tal comparação pode levar apenas algumas horas. Além disso, já que os sistemas UNIX usam um algoritmo de hashing conhecido, um invasor pode manter um cache de senhas que tenham sido quebradas anteriormente. É por essas razões que os sistemas incluem um "salt", ou número registrado aleatoriamente, no algoritmo de hashing. O valor salt é adicionado à senha para assegurar que, se duas senhas sem criptografia forem iguais, elas resultem em valores de hash diferentes. Além disso, o valor salt torna ineficaz o uso de hashing em um dicionário porque cada termo do dicionário precisaria ser combinado com cada valor salt para ser feita a comparação com as senhas armazenadas. Versões mais recentes do UNIX também armazenam as entradas de senhas submetidas ao hashing em um arquivo legível apenas pelo superusuário. Os programas que comparam o hash com o valor armazenado executam `setuid` como root para que eles possam ler esse arquivo, mas outros usuários não.

Outro ponto fraco dos métodos de senha no UNIX é que muitos sistemas UNIX tratam apenas os oito primeiros caracteres como significativos. Portanto, é extremamente importante que os usuários tirem partido do espaço de senha disponível. O que complica ainda mais a questão é o fato de alguns sistemas não permitirem o uso de palavras de dicionário como senhas. Uma boa técnica é gerar sua senha usando a primeira letra de cada palavra de uma frase fácil de lembrar empregando caracteres maiúsculos e minúsculos com um número ou marca de pontuação inserida no meio, por precaução. Por exemplo, a frase "O nome de minha mãe é Catarina" poderia gerar a senha "Ondmm. eC!". A senha é difícil de decifrar, porém fácil para o usuário lembrar. Um sistema mais seguro permitiria mais caracteres em suas senhas. Na verdade, um sistema poderia permitir também que as senhas incluíssem o caractere de espaço para que um usuário pudesse criar uma frase-senha (passphrase).

15.5.4 Senhas Descartáveis

Para evitar os problemas de rastreamento de senhas e do surfista de ombros, um sistema pode usar um conjunto de senhas emparelhadas. Quando uma sessão começa, o sistema seleciona aleatoriamente e apresenta uma parte de um par de senhas; o usuário deve fornecer a outra parte. Nesse sistema, o usuário é desafiado e deve responder adequadamente ao desafio.

Essa abordagem pode ser generalizada para o uso de um algoritmo como senha. As senhas algorítmicas não são suscetíveis à reutilização. Isto é, um usuário pode digitar uma senha, e nenhuma entidade que a intercepte será capaz de reutilizá-la. Nesse esquema, o sistema e o usuário compartilham uma senha simétrica. A senha pw nunca é transmitida por um meio que permita exposição. Em vez disso, é usada como entrada da função, junto com um desafio ch apresentado pelo sistema. O usuário então computa a função $H(pw, ch)$. O resultado dessa função é transmitido como autenticador para o computador. Já que o computador também conhece pw e ch, ele pode executar o mesmo cálculo. Se os resultados coincidirem, o usuário será autenticado. Na próxima vez em que o usuário precisar ser autenticado, outro ch será gerado e os mesmos passos ocorrerão. Dessa vez, o autenticador será diferente. Esse sistema de senhas descartáveis é uma de apenas algumas formas de impedir a autenticação inadequada em razão da exposição da senha.

Sistemas de senhas descartáveis são implementados de várias maneiras. Implementações comerciais usam calculadoras em hardware com uma tela ou uma tela e um teclado numérico. Essas calculadoras geralmente assumem a forma de um cartão de crédito, um porta-chaves ou um dispositivo USB. Softwares sendo executados em computadores ou smartphones fornecem ao usuário a função $H(pw, ch)$; pw pode ser inserida pelo usuário ou gerada pela calculadora em sincronização com o computador. Às vezes, pw é apenas um número de identificação pessoal (PIN — *personal identification number*). A saída de qualquer um desses sistemas exibe a senha descartável. Um gerador de senha descartável que requeira entrada do usuário envolve a autenticação com dois fatores. Dois tipos de componentes diferentes são necessários nesse caso — por exemplo, um gerador de senha descartável que gera a resposta correta apenas se o PIN for válido. A autenticação com dois fatores oferece proteção por autenticação muito melhor do que a autenticação com um fator, porque requer "algo que você tem" e "algo que você sabe".

Outra variação das senhas descartáveis usa um livro de códigos, ou bloco descartável, que é uma lista de senhas de uso exclusivo. Cada senha na lista é usada uma vez e, então, é cancelada ou apagada. O sistema S/Key de uso comum emprega uma calculadora em software ou um livro de códigos baseado nesses cálculos como fonte de senhas descartáveis. Naturalmente, o usuário deve proteger seu livro de códigos, e é útil que o livro de códigos não identifique o sistema para o qual os códigos são autenticadores.

15.5.5 Biometria

Mais uma variação no uso de senhas para autenticação envolve a utilização de medidas biométricas. Leitores da mão ou da palma da mão são comumente usados para acesso físico seguro — por exemplo, acesso a um centro de dados. Esses leitores comparam parâmetros armazenados com o que está sendo lido nos equipamentos de leitura das mãos. Os parâmetros podem incluir um mapa de temperaturas, assim como o tamanho dos dedos, a largura dos dedos e padrões de linhas. Atualmente, esses dispositivos são muito grandes e caros para serem usados na autenticação normal dos computadores.

Os leitores de impressões digitais tornaram-se precisos e baratos e devem ser mais comuns no futuro. Esses dispositivos leem padrões de sulcos dos dedos e os convertem em uma sequência de números. Com o tempo, eles podem armazenar um conjunto de sequências de acordo com a localização do dedo no equipamento de leitura e outros fatores. O software poderá então examinar um dedo no equipamento e comparar suas características com as sequências armazenadas para determinar se elas coincidem. Naturalmente, múltiplos usuários podem ter perfis armazenados, mas a varredura consegue diferenciá-los. Um esquema de autenticação com dois fatores muito preciso pode resultar da solicitação de uma senha, assim como de um nome de usuário e da varredura da impressão digital. Se essas informações forem criptografadas em trânsito, o sistema poderá ser muito resistente à falsificação ou ao ataque de reexecução.

A autenticação com múltiplos fatores é ainda melhor. Considere o nível de confiabilidade da autenticação com um dispositivo USB que precise ser conectado ao sistema, além de um PIN e uma varredura de impressão digital. Exceto pelo fato de ser preciso inserir o dedo em um suporte e conectar o USB ao sistema, esse método de autenticação não é menos conveniente do que o uso de senhas normais. Porém, lembre-se de que esse alto nível de confiança da autenticação por si só não é suficiente para garantir a identificação do usuário. Uma sessão autenticada ainda pode ser sequestrada se não for criptografada.

15.6 Implementando Defesas de Segurança

Assim como existem inúmeras ameaças à segurança de sistemas e redes, há muitas soluções de segurança. As soluções vão da melhoria da educação do usuário ao uso de tecnologias e à criação de softwares sem bugs. A maioria dos profissionais de segurança é adepta da teoria da defesa em profundidade, que declara que mais camadas de defesa são melhores do que menos camadas. Naturalmente, essa teoria se aplica a qualquer tipo de segurança. Considere a segurança de uma casa sem uma fechadura, com uma fechadura e com uma tranca e um alarme. Nesta seção, examinamos os principais métodos, ferramentas e técnicas que podem ser usados para melhorar a resistência a ameaças.

15.6.1 Política de Segurança

O primeiro passo em direção à melhoria da segurança de qualquer aspecto da computação é a existência de uma política de segurança. As políticas variam muito, mas geralmente incluem uma definição do que está sendo protegido. Por exemplo, uma política pode definir que todas as aplicações acessíveis no ambiente externo devem ter uma revisão do código antes de serem implantadas, que os usuários não devem compartilhar suas senhas ou que todos os pontos de conexão entre uma empresa e o ambiente externo devem ter varreduras de portas executadas a cada seis meses. Sem uma política definida, é impossível que usuários e administradores saibam o que é aceitável, o que é requerido e o que não é permitido. A política é um roteiro para a segurança; se um sítio está tentando deixar de ser menos seguro para ser mais seguro, ele precisa de um roteiro para saber como chegar lá.

Uma vez que a política de segurança esteja definida, as pessoas que ela afeta devem conhecê-la bem. Ela deve ser seu guia. A política também deve ser um documento vivo, revisado e atualizado periodicamente, para assegurar que continue sendo pertinente e seguido.

15.6.2 Avaliação de Vulnerabilidades

Como podemos determinar se uma política de segurança foi implementada corretamente? A melhor maneira é executar uma avaliação de vulnerabilidades. Essa avaliação pode abranger uma ampla área, da engenharia social à avaliação de riscos e às varreduras de portas. A avaliação de riscos, por exemplo, tenta estimar os bens da entidade em questão (um programa, uma equipe de gerenciamento, um sistema ou uma instalação) e determinar as chances de um incidente de segurança afetar a entidade e diminuir seu valor. Quando as chances de ocorrer uma perda e o montante da perda potencial são conhecidos, pode ser investido um valor na tentativa de segurar a entidade.

A atividade fundamental da maioria das avaliações de vulnerabilidades é um teste de penetração, em que a entidade é vasculhada em busca de vulnerabilidades conhecidas. Já que este livro refere-se aos sistemas operacionais e aos softwares que são executados sobre eles, concentramo-nos nesses aspectos da avaliação de vulnerabilidades.

Varreduras de vulnerabilidades são feitas em momentos em que o uso do computador é relativamente baixo, para minimizar seu impacto. Quando apropriado, elas são feitas em sistemas de teste, em vez de em sistemas de produção, porque podem provocar um comportamento indesejado nos sistemas-alvo ou dispositivos de rede.

Uma varredura dentro de um sistema individual pode verificar uma variedade de aspectos do sistema:

- Senhas curtas ou fáceis de adivinhar
- Programas privilegiados não autorizados, como os programas setuid
- Programas não autorizados em diretórios do sistema
- Processos de execução inesperadamente longa
- Proteções de diretório inapropriadas em diretórios do sistema e dos usuários
- Proteções inapropriadas em arquivos de dados do sistema, tais como o arquivo de senhas, drivers de dispositivos, ou o próprio kernel do sistema operacional
- Entradas perigosas no caminho de busca dos programas (por exemplo, o cavalo de troia discutido na Seção 15.2.1)

- Alterações em programas do sistema detectadas com valores de somas de verificação
- Daemons de rede inesperados ou ocultos

Quaisquer problemas encontrados por uma varredura de segurança podem ser corrigidos automaticamente ou relatados aos gerenciadores do sistema.

Computadores em rede são muito mais suscetíveis aos ataques à segurança do que sistemas autônomos. Em vez de ataques provenientes de um conjunto conhecido de pontos de acesso, tais como terminais diretamente conectados, deparamo-nos com ataques provenientes de um conjunto de pontos de acesso desconhecido e amplo — um problema de segurança potencialmente grave. Em um nível menor, sistemas conectados a linhas telefônicas por intermédio de modems também ficam mais expostos.

Na verdade, o governo dos Estados Unidos considera que um sistema é tão seguro quanto é segura a sua conexão mais longínqua. Por exemplo, um sistema altamente secreto pode ser acessado somente do interior de um prédio também considerado altamente secreto. O sistema perde sua classificação de altamente secreto se algum tipo de comunicação puder ocorrer fora desse ambiente. Algumas instalações do governo tomam medidas de segurança extremas. Os conectores que ligam um terminal ao computador seguro são trancados em um cofre no escritório quando o terminal não está em uso. Uma pessoa deve ter identificação apropriada para obter acesso ao prédio e ao seu escritório, deve conhecer uma combinação de tranca física e deve conhecer informações de autenticação do próprio computador para obter acesso a ele — um exemplo de autenticação com múltiplos fatores.

Infelizmente para os administradores de sistemas e profissionais de segurança de computadores, quase sempre é impossível trancar um computador em uma sala e desautorizar todo o acesso remoto. Por exemplo, atualmente a Internet conecta milhões de computadores e se tornou um recurso indispensável de missão crítica para muitas empresas e indivíduos. Se você considerar a Internet como um clube, então, como em qualquer clube com milhões de membros, há muitos membros bons e alguns membros ruins. Os membros ruins têm muitas ferramentas que eles podem usar para tentar ganhar acesso a computadores interconectados, como Morris fez com seu verme.

As varreduras de vulnerabilidades podem ser aplicadas às redes para resolver alguns dos problemas da segurança de redes. As varreduras procuram na rede portas que responderam a uma solicitação. Se houver serviços habilitados que não deveriam estar, o acesso a eles pode ser bloqueado, ou eles podem ser desabilitados. As varreduras determinam então os detalhes da aplicação que está escutando nessa porta e tentam determinar se ela tem alguma vulnerabilidade conhecida. O teste dessas vulnerabilidades pode determinar se o sistema está mal configurado ou se não tem os patches necessários.

Finalmente, no entanto, considere o uso de scanners de porta nas mãos de um cracker em vez de alguém que esteja tentando melhorar a segurança. Essas ferramentas poderiam ajudar os crackers a encontrar vulnerabilidades para atacar. (Felizmente, é possível detectar varreduras de porta pela detecção de anomalias, como discutimos a seguir.) É um desafio geral à segurança que as mesmas ferramentas possam ser usadas para o bem e para o mal. Na verdade, algumas pessoas defendem a segurança por meio da obscuridade, dizendo que nenhuma ferramenta deve ser criada para testar a segurança porque essas ferramentas podem ser usadas para encontrar (e explorar) brechas de segurança. Outros acham que essa abordagem da segurança não é válida, ressaltando, por exemplo, que os crackers poderiam criar suas próprias ferramentas. Parece razoável que a segurança por meio da obscuridade seja considerada uma das camadas de segurança, contanto que não seja a única camada. Por exemplo, uma empresa poderia publicar sua configuração de rede inteira, mas manter essas informações secretas torna mais difícil para os intrusos saberem o que atacar ou determinarem o que pode ser detectado. Mesmo nesse caso, no entanto, uma empresa, ao assumir que essas informações permanecerão secretas, obtém uma falsa sensação de segurança.

15.6.3 Detecção de Invasões

A segurança de sistemas e instalações está intimamente ligada à detecção de invasões. A detecção de invasões, como seu nome sugere, empenha-se em detectar invasões tentadas ou bem-sucedidas nos sistemas de computação e em iniciar respostas apropriadas aos intrusos. A detenção de invasão engloba um amplo conjunto de técnicas que variam em muitos aspectos, incluindo os seguintes:

- O momento em que a detecção ocorre. A detecção pode ocorrer em tempo real (enquanto a invasão está ocorrendo) ou após o fato.
- Os tipos de entradas examinadas para a detecção de atividade intrusiva. Eles podem incluir comandos de shell de usuário, chamadas de sistema de processos e cabeçalhos ou conteúdos de pacotes de rede. Alguns tipos de invasão podem ser detectados somente pela comparação de informações de várias dessas fontes.
- O conjunto de recursos de resposta. Tipos simples de resposta incluem alertar um administrador para a possível invasão ou interromper de alguma forma a atividade potencialmente invasora — por exemplo, encerrando um processo empenhado nessa atividade. Em um tipo sofisticado de resposta, um sistema pode desviar transparentemente a atividade de um intruso para um pote de mel — um recurso falso exposto ao invasor. O recurso parece real ao invasor e habilita o sistema a monitorar e obter informações sobre o ataque.

Esses graus de liberdade no espaço de projetos para detecção de invasões têm gerado uma extensa gama de soluções conhecidas como sistemas de detecção de invasões (IDSs — intrusion-detection systems) e sistemas de prevenção de invasões (IDPs — intrusion-prevention systems). Os sistemas IDS acionam um alarme quando uma invasão é detectada, enquanto os sistemas IDP atuam como roteadores, direcionando o tráfego, exceto quando uma invasão é detectada (momento em que esse tráfego é bloqueado).

Mas o que constitui exatamente uma invasão? Definir uma especificação adequada de invasão acaba sendo muito difícil, e portanto os IDSs e IDPs automáticos de hoje aceitam, tipicamente, uma entre duas abordagens menos ambiciosas. Na primeira, chamada detecção baseada em assinatura, as entradas do sistema ou o tráfego de rede são examinados em busca de padrões de comportamento específicos conhecidos (ou assinaturas) que indiquem ataques. Um exemplo simples de detecção baseada em assinatura é a varredura de pacotes de rede em busca da string /etc/passwd/ destinada a um sistema UNIX. Outro exemplo é um software de detecção de vírus que promova varreduras em binários ou pacotes de rede em busca de vírus conhecidos.

A segunda abordagem, normalmente chamada detecção de anomalias, tenta detectar por meio de várias técnicas um comportamento anômalo dentro dos sistemas de computação. É claro que nem toda atividade anômala no sistema indica uma invasão, mas a presunção é de que as invasões costumem provocar comportamento anômalo. Um exemplo de detecção de anomalias é o monitoramento de chamadas de sistema de um processo daemon para detectar se o comportamento da chamada de sistema desvia-se dos padrões normais, possivelmente indicando que um estouro de buffer foi explorado no daemon para corromper seu comportamento. Outro exemplo é o monitoramento de comandos do shell para a detecção de comandos anômalos de determinado usuário, ou a detecção de uma hora de login anômala de um usuário, os dois podendo indicar que um invasor foi bem-sucedido em obter acesso à conta desse usuário.

A detecção baseada em assinatura e a detecção de anomalias podem ser consideradas como dois lados da mesma moeda. A detecção baseada em assinatura tenta caracterizar comportamentos perigosos e detectar quando um desses comportamentos ocorre, enquanto a detecção de anomalias tenta caracterizar comportamentos normais (ou inofensivos) e detectar quando algo diferente desses comportamentos ocorre.

No entanto, essas diferentes abordagens geram IDSs e IDPs com propriedades muito diferentes. Especificamente, a detecção de anomalias pode encontrar métodos de invasão desconhecidos anteriormente (os chamados ataques do dia zero). A detecção baseada em assinaturas, por outro lado, identificará somente ataques conhecidos que possam ser codificados em um padrão reconhecível. Portanto, novos ataques que não foram contemplados quando as assinaturas foram geradas escaparão da detecção baseada em assinaturas. Esse problema é bem conhecido pelos fornecedores de softwares de detecção de vírus que precisam liberar novas assinaturas com grande frequência, à medida que novos vírus são detectados manualmente.

A detecção de anomalias não é necessariamente superior à detecção baseada em assinaturas, no entanto. Na verdade, um desafio significativo para sistemas que tentam detectar anomalias é classificar um comportamento do sistema como "normal" de maneira precisa. Se o sistema já tiver sido invadido quando for avaliado, a atividade invasora pode ser incluída na classificação "normal". Mesmo se o sistema for avaliado como limpo, sem influência de comportamento intrusivo, a avaliação deve fornecer um quadro bem completo do comportamento normal. Caso contrário, o número de falsos positivos (alarmes falsos) ou, pior, falsos negativos (invasões não detectadas) será excessivo.

Para ilustrar o impacto até mesmo de uma taxa marginalmente alta de alarmes falsos, considere uma instalação composta por uma centena de estações de trabalho UNIX a partir das quais eventos relevantes de segurança são registrados para fins de detecção de invasões. Uma pequena instalação como essa poderia facilmente gerar um milhão de registros de auditoria por dia. Talvez somente um ou dois sejam dignos de investigação por um administrador. Se presumirmos, de modo otimista, que cada ataque real seja refletido em dez registros da auditoria, poderemos calcular aproximadamente a taxa de ocorrência de registros de auditoria que refletem atividade realmente intrusiva como descrito a seguir:

$$\frac{2\frac{\text{invasões}}{\text{dia}} \cdot 10 \frac{\text{registros}}{\text{invasão}}}{10^6 \frac{\text{registros}}{\text{dia}}} = 0,00002.$$

Interpretando esse índice como uma "probabilidade de ocorrência de registros intrusivos", o representamos como $P(I)$; isto é, o evento I é a ocorrência de um registro que reflete comportamento realmente intrusivo. Como $P(I) = 0,00002$, também sabemos que $P(\neg I) = 1 - P(I) = 0,99998$. Agora, digamos que A represente o acionamento de um alarme por um IDS. Um IDS acurado deve maximizar tanto $P(I|A)$ quanto $P(\neg I|\neg A)$, isto é, as probabilidades de que um alarme indique invasão e de que a ausência de alarme indique que não houve invasão. Concentrando-nos em $P(I|A)$ por enquanto, podemos calculá-lo usando o teorema de Bayes:

$$P(I|A) = \frac{P(I) \cdot P(A|I)}{P(I) \cdot P(A|I) + P(\neg I) \cdot P(A|\neg I)}$$
$$= \frac{0,00002 \cdot P(A|I)}{0,00002 \cdot P(A|I) + 0,99998 \cdot P(A|\neg I)}$$

Agora, considere o impacto da taxa de alarmes falsos $P(A|\neg I)$ sobre $P(I|A)$. Mesmo com uma taxa muito boa de alarmes reais de $P(A|I) = 0,8$, uma taxa aparentemente boa de alarmes falsos de $P(A|\neg I) = 0,0001$ gera $P(I|A) \approx 0,14$. Isto é, menos de um em cada sete alarmes indica uma invasão real! Em sistemas em que um administrador de segurança investiga cada alarme, uma alta taxa de alarmes falsos — chamada "efeito árvore de natal" — é excessivamente dispendiosa e ensinará rapidamente ao administrador a ignorar alarmes.

Esse exemplo ilustra um princípio geral dos IDSs e IDPs: a título de usabilidade, eles devem oferecer uma taxa extremamente baixa de alarmes falsos. A obtenção de uma taxa suficientemente baixa de alarmes falsos é um desafio particularmente sério para sistemas de detecção de anomalias, como mencionado, por causa das dificuldades de avaliar adequadamente um comportamento normal do sistema. No entanto, pesquisas continuam a melhorar as técnicas de detecção de anomalias. Os softwares de detecção de invasões estão evoluindo para implementar assinaturas, algoritmos de anomalias e outros algoritmos e combinar os resultados para chegar a uma taxa de detecção de anomalias mais precisa.

15.6.4 Proteção contra Vírus

Como vimos, os vírus podem causar e causam destruição nos sistemas. Portanto, a proteção contra vírus é uma preocupação de segurança importante. Programas antivírus costumam ser usados para fornecer essa proteção. Alguns desses programas são eficazes apenas contra vírus específicos conhecidos. Eles funcionam inspecionando todos os programas em um sistema em busca do padrão específico de instruções conhecido por compor o vírus. Quando encontram um padrão conhecido, removem as instruções, desinfectando o programa. Os programas antivírus podem ter catálogos com os milhares de vírus pelos quais eles procuram.

Tanto os vírus quanto os softwares antivírus continuam a se tornar mais sofisticados. Alguns vírus modificam a si mesmos à medida que infectam outros softwares para evitar a abordagem básica da comparação de padrões dos programas antivírus. Os programas antivírus por sua vez agora procuram por famílias de padrões em vez de um único padrão para identificar um vírus. Na verdade, alguns programas antivírus implementam uma variedade de algoritmos de detecção. Eles podem descomprimir vírus comprimidos antes de procurar por uma assinatura. Alguns também procuram por anomalias em processos. Um processo abrindo um arquivo executável para gravação é suspeito, por exemplo, a menos que seja um compilador. Outra técnica popular é a execução de um programa em uma caixa de areia, que é uma seção do sistema controlada ou emulada. O software antivírus analisa o comportamento do código na caixa de areia antes de deixá-lo ser executado sem monitoramento. Alguns programas antivírus também erguem um escudo completo em vez de apenas varrer arquivos dentro de um sistema de arquivos. Eles pesquisam setores de inicialização, memória, e-mails recebidos e enviados, arquivos quando são baixados, arquivos em dispositivos ou mídias removíveis, e assim por diante.

A melhor proteção contra os vírus de computador é a prevenção ou a prática da computação segura. Comprar softwares de código-fonte fechado com os fornecedores e evitar cópias livres ou piratas provenientes de fontes públicas ou troca de discos oferece a rota mais segura para evitar a infecção. No entanto, até mesmo cópias novas de aplicações de software legítimas não estão imunes à infecção por vírus: em algumas situações, funcionários descontentes de uma empresa de software infectaram as cópias mestras de programas de software para causar danos econômicos à empresa. Para os vírus de macros, uma defesa é trocar documentos do Microsoft Word para um formato alternativo de arquivo chamado rich text format (RTF). Diferente do formato nativo do Word, o RTF não inclui o recurso de anexação de macros.

Outra defesa é evitar a abertura de qualquer anexo de e-mail enviado por usuários desconhecidos. Infelizmente, a história tem mostrado que vulnerabilidades em e-mails aparecem tão rápido quanto são corrigidas. Por exemplo, em 2000, o vírus *love bug* foi amplamente propagado viajando em mensagens de e-mails que fingiam ser frases carinhosas enviadas por amigos dos receptores. Quando um receptor abria o script em Visual Basic anexado, o vírus se propagava enviando a si mesmo aos primeiros endereços da lista de contatos de e-mail do receptor. Felizmente, exceto pela obstrução de sistemas de e-mail e caixas de entrada dos usuários, ele era relativamente inofensivo. No entanto, desacreditou efetivamente a estratégia defensiva de abrir anexos apenas de pessoas conhecidas do receptor. Um método de defesa mais eficaz é evitar abrir qualquer anexo de e-mail que contenha código executável. Algumas empresas já impõem isso como política removendo todos os anexos recebidos em mensagens de e-mail.

Outra salvaguarda permite a detecção precoce, embora não impeça a infecção. Um usuário deve começar reformatando completamente o disco rígido, principalmente o setor de inicialização que, com frequência, é alvo de ataque viral. Apenas softwares seguros são carregados, e uma assinatura de cada programa é obtida por meio da computação segura de sínteses

O SISTEMA DE ARQUIVOS TRIPWIRE

Um exemplo de ferramenta de detecção de anomalias é a ferramenta de verificação de integridade do sistema de arquivos Tripwire para UNIX, desenvolvido na Purdue University. O Tripwire opera com a premissa de que muitas invasões resultam em modificação de diretórios e arquivos do sistema. Por exemplo, um invasor pode modificar os programas do sistema, talvez inserindo cópias com cavalos de troia, ou pode inserir novos programas em diretórios normalmente encontrados em caminhos de busca do shell do usuário. Ou o invasor pode remover arquivos de log do sistema para encobrir suas trilhas. O Tripwire é uma ferramenta para monitorar sistemas de arquivos em busca de arquivos adicionados, excluídos ou alterados e para alertar os administradores de sistemas para essas modificações.

A operação do Tripwire é controlada por um arquivo de configuração tw.config que enumera os diretórios e arquivos a serem monitorados em busca de alterações, exclusões ou inclusões. Cada entrada nesse arquivo de configuração inclui uma máscara de seleção que especifica os atributos de arquivos (atributos de inode) que serão monitorados em busca de alterações. Por exemplo, a máscara de seleção pode especificar que as permissões de um arquivo sejam monitoradas, mas seu tempo de acesso seja ignorado. Além disso, a máscara de seleção pode instruir que o arquivo seja monitorado em busca de alterações. O monitoramento do hash de um arquivo em busca de alterações é tão bom quanto o monitoramento do próprio arquivo, e o armazenamento de hashes de arquivos requer bem menos espaço do que a cópia dos arquivos propriamente ditos.

Quando executado inicialmente, o Tripwire toma como entrada o arquivo tw.config e computa uma assinatura para cada arquivo ou diretório, composta por seus atributos monitorados (atributos de inode e valores hash). Essas assinaturas são armazenadas em um banco de dados. Quando executado subsequentemente, o Tripwire acessa tanto tw.config quanto o banco de dados com as assinaturas previamente armazenadas, recomputa a assinatura de cada arquivo ou diretório nomeado em tw.config, e compara essas assinaturas com as assinaturas anteriormente computadas (se houver alguma) no banco de dados. Os eventos relatados a um administrador incluem qualquer arquivo ou diretório monitorado cuja assinatura seja diferente da existente no banco de dados (um arquivo alterado), qualquer arquivo ou diretório em um diretório monitorado para o qual não exista uma assinatura no banco de dados (um arquivo adicionado) e qualquer assinatura no banco de dados para a qual o arquivo ou diretório correspondente não mais exista (um arquivo excluído).

Embora eficaz contra uma ampla classe de ataques, o Tripwire têm limitações. Talvez a mais óbvia seja a necessidade de proteger o programa Tripwire e os arquivos associados a ele, principalmente o arquivo do banco de dados, contra modificações não autorizadas. Portanto, o Tripwire e seus arquivos associados devem ser armazenados em alguma mídia à prova de adulteração, tais como um disco protegido contra gravação ou um servidor seguro em que os logins possam ser rigidamente controlados. Infelizmente, isso torna menos conveniente a atualização do banco de dados após atualizações autorizadas em diretórios e arquivos monitorados. Uma segunda limitação é que alguns arquivos relevantes para a segurança — por exemplo, arquivos de log do sistema — *devem* mudar com o tempo, e o Tripwire não fornece um meio de diferenciar uma alteração autorizada de uma não autorizada. Assim, por exemplo, um ataque que modifique (sem excluir) um log do sistema que mudaria de qualquer forma escaparia dos recursos de detecção do Tripwire. O melhor que o Tripwire pode fazer nesse caso é detectar certas inconsistências óbvias (por exemplo, um arquivo de log reduzido). Versões gratuitas e comerciais do Tripwire estão disponíveis em http://tripwire.org e http://tripwire.com.

de mensagens. O nome de arquivo e a lista associada de sínteses de mensagens resultantes devem então ser mantidos livres de acesso não autorizado. Periodicamente, ou sempre que um programa é executado, o sistema operacional computa novamente a assinatura e a compara com a assinatura na lista original; qualquer diferença serve como aviso de possível infecção. Essa técnica pode ser combinada com outras. Por exemplo, pode ser utilizada uma varredura antivírus de overhead alto, tal como uma caixa de areia; e, se um programa passar no teste, uma assinatura será criada para ele. Se as assinaturas coincidirem na próxima vez que o programa for executado, ele não precisará passar por uma varredura antivírus novamente.

15.6.5 Auditoria, Contabilização e Registro em Log

A auditoria, a contabilização e o registro em log podem piorar o desempenho do sistema, mas eles são úteis em várias áreas, incluindo segurança. O registro em log pode ser geral ou específico. Todas as execuções de chamadas de sistema podem ser registradas em log para análise do comportamento (ou mau comportamento) do programa. O mais comum é que eventos suspeitos sejam registrados em log. Falhas de autenticação e falhas de autorização podem nos dizer muita coisa sobre tentativas de invasão.

A contabilização é outra ferramenta que pode ser encontrada no kit de um administrador de segurança. Ela pode ser usada para encontrar alterações no desempenho que, por sua vez, podem revelar problemas de segurança. Uma das primeiras invasões em computadores UNIX foi detectada por Cliff Stoll quando ele estava examinando logs de contabilização e identificou uma anomalia.

15.7 Usando um Firewall para Proteger Sistemas e Redes

Enfocamos, a seguir, a questão de como um computador confiável pode ser conectado seguramente a uma rede não confiável. Uma solução é o uso de um firewall para separar sistemas confiáveis e não confiáveis. Um firewall é um computador, equipamento ou roteador que se posiciona entre o que é confiável e o que não é confiável. Um firewall de rede limita o acesso à rede entre os dois domínios de segurança e monitora e registra todas as conexões em log. Ele também pode limitar conexões com base no endereço de origem ou destino, na porta de origem ou destino ou na direção da conexão. Por exemplo, servidores web usam o HTTP para se comunicar com navegadores web. Portanto, um firewall pode permitir que somente o HTTP passe de todos os hospedeiros externos ao firewall para o servidor web dentro do firewall. O verme da Internet de Morris usou o protocolo `finger` para invadir computadores; portanto, o `finger` não teria permissão para passar.

Na verdade, um firewall de rede pode separar uma rede em múltiplos domínios. Uma implementação comum tem a Internet como domínio não confiável; uma rede semiconfiável e semissegura, chamada zona desmilitarizada (DMZ — *demilitarized zone*), como outro domínio; e os computadores de uma empresa como um terceiro domínio (Figura 15.10). Conexões são permitidas da Internet para os computadores da DMZ e dos computadores da empresa para a Internet, mas não são permitidas da Internet ou de computadores da DMZ para os computadores da empresa. Opcionalmente, comunicações controladas podem ser permitidas entre a DMZ e um ou mais computadores da empresa. Por exemplo, um servidor web na DMZ pode precisar consultar um servidor de banco de dados na rede da empresa. Com um firewall, no entanto, o acesso é contido, e qualquer sistema da DMZ que tenha sido invadido será incapaz de acessar os computadores da empresa.

É claro que o próprio firewall deve ser seguro e à prova de ataques. Caso contrário, sua capacidade de proteger conexões pode ficar comprometida. Além disso, os firewalls não impedem ataques que sejam encapsulados ou viajem dentro de protocolos ou conexões que eles permitam. Um ataque de estouro de buffer a um servidor web não será interrompido pelo firewall, por exemplo, porque a conexão HTTP é permitida; é o conteúdo da conexão HTTP que abriga o ataque. Da mesma forma, ataques de recusa de serviço podem afetar os firewalls tanto quanto quaisquer outras máquinas. Outra vulnerabilidade dos firewalls é a falsificação em que um hospedeiro não autorizado

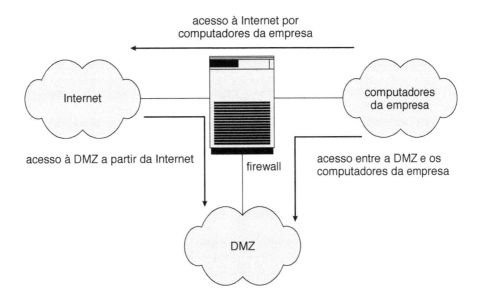

Figura 15.10 Separação de domínios via firewall.

finge ser um hospedeiro autorizado atendendo a alguns critérios de autorização. Por exemplo, se uma regra do firewall permitir uma conexão proveniente de um hospedeiro e identificar esse hospedeiro por seu endereço IP, outro hospedeiro poderá enviar pacotes usando esse mesmo endereço e ser autorizado a passar pelo firewall.

Além dos firewalls de rede mais comuns, há outros tipos de firewalls mais novos, todos com suas vantagens e desvantagens. Um firewall pessoal é uma camada de software incluída no sistema operacional ou adicionada como uma aplicação. Em vez de limitar a comunicação entre domínios de segurança, ele limita a comunicação para (e possivelmente de) determinado hospedeiro. Um usuário poderia adicionar um firewall pessoal a seu PC para que um cavalo de troia tivesse acesso negado à rede à qual o PC está conectado, por exemplo. Um firewall agente de aplicação entende os protocolos que as aplicações usam na rede. Por exemplo, o SMTP é usado para transferência de e-mails. Um agente de aplicação aceita uma conexão da mesma forma que um servidor SMTP aceitaria e então inicia uma conexão com o servidor SMTP de destino original. Ele pode monitorar o tráfego enquanto encaminha a mensagem, procurando por comandos ilegais e os desabilitando, buscando tentativas de exploração de bugs, e assim por diante. Alguns firewalls são projetados para um protocolo específico. Um firewall XML, por exemplo, tem a finalidade específica de analisar tráfego XML e bloquear códigos XML não autorizados ou malformados. Os firewalls de chamadas de sistema posicionam-se entre as aplicações e o kernel, monitorando a execução de chamadas de sistema. Por exemplo, no Solaris 10, o recurso do "privilégio mínimo" implementa uma lista de mais de cinquenta chamadas de sistema que os processos podem ou não ser autorizados a executar. Um processo que não precise gerar outros processos pode ter essa capacidade removida, por exemplo.

15.8 Classificações de Segurança de Computadores

Os Critérios de Avaliação de Sistemas de Computação Confiáveis do Departamento de Defesa dos Estados Unidos especificam quatro classificações de segurança de sistemas: A, B, C e D. Essa especificação é amplamente usada para determinar a segurança de uma instalação e para modelar soluções de segurança; portanto, nós a exploramos aqui. A classificação de nível mais baixo é a divisão D ou proteção mínima. A divisão D inclui apenas uma classe e é usada para sistemas que não conseguiram atender a nenhum dos requisitos das outras classes de segurança. Por exemplo, o MS-DOS e o Windows 3.1 estão na divisão D.

A divisão C, o próximo nível de segurança, fornece proteção e contabilização arbitrárias de usuários e suas ações por meio do uso de recursos de auditoria. A divisão C tem dois níveis: C1 e C2. Um sistema da classe C1 incorpora algum tipo de controle que permite que os usuários protejam informações privadas e evitem que outros usuários leiam ou destruam acidentalmente seus dados. Um ambiente C1 é aquele em que usuários cooperativos acessam dados nos mesmos níveis de sigilo. A maioria das versões do UNIX é da classe C1.

O total de todos os sistemas de proteção de um sistema de computação (hardware, software, firmware) que impõe corretamente uma política de segurança é conhecido como base de computação confiável (TCB – *trusted computer base*). A TCB de um sistema C1 controla o acesso entre usuários e arquivos permitindo que o usuário especifique e controle o compartilhamento de objetos por indivíduos nomeados ou grupos definidos. Além disso, a TCB requer que os usuários se identifiquem antes de iniciar qualquer atividade que a TCB deva mediar. Essa identificação é feita por um mecanismo protegido ou uma senha. A TCB protege os dados da autenticação para que eles sejam inacessíveis a usuários não autorizados.

Um sistema da classe C2 adiciona um controle de acesso de nível individual aos requisitos de um sistema C1. Por exemplo, os direitos de acesso de um arquivo podem ser especificados no nível de um único indivíduo. Além disso, o administrador do sistema pode auditar seletivamente as ações de um ou mais usuários com base na identidade individual. A TCB também protege a si mesma da modificação de seu código ou estruturas de dados. E também nenhuma informação produzida por um usuário anterior fica disponível a outro usuário que acesse um objeto de armazenamento que tenha sido liberado de volta para o sistema. Algumas versões seguras e especiais do UNIX têm sido certificadas no nível C2.

Os sistemas de proteção obrigatória da divisão B têm todas as propriedades de um sistema da classe C2. Além disso, eles anexam um rótulo de sigilo a cada objeto no sistema. A TCB da classe B1 armazena esses rótulos que são usados em decisões relacionadas com o controle de acesso obrigatório. Por exemplo, um usuário no nível confidencial não poderia acessar um arquivo do nível secreto que é mais sigiloso. A TCB também indica o nível de sigilo nas partes superior e inferior de cada página de qualquer saída legível por humanos. Além das informações de autenticação normais nome de usuário-senha, a TCB também mantém o passe e as autorizações de usuários individuais e suporta pelo menos dois níveis de segurança. Esses níveis são hierárquicos para que um usuário possa acessar quaisquer objetos que carreguem rótulos de sigilo iguais ou inferiores a seu passe de segurança. Por exemplo, um usuário do nível secreto poderia acessar um arquivo no nível confidencial na ausência de outros controles de acesso. Os processos também são isolados por meio do uso de espaços de endereçamento distintos.

Um sistema da classe B2 estende os rótulos de sigilo a cada recurso do sistema, tais como objetos de armazenamento. Dispositivos físicos recebem níveis de segurança mínimo e máximo que o sistema usa para garantir as restrições impostas pelos ambientes físicos em que os dispositivos estão localizados. Além disso, um sistema B2 suporta canais ocultos e a auditoria dos eventos que poderiam levar à exploração de um canal oculto.

Um sistema da classe B3 permite a criação de listas de controle de acesso que indiquem usuários ou grupos que não têm acesso a determinado objeto nomeado. A TCB também contém um mecanismo para monitorar eventos que possam indicar uma violação da política de segurança. O mecanismo notifica o administrador de segurança e, se necessário, encerra o evento da forma menos destrutiva.

A classificação de nível mais alto é a divisão A. No que diz respeito à arquitetura, um sistema da classe A1 é funcionalmente equivalente a um sistema B3, mas usa especificações formais de projeto e técnicas de verificação, fornecendo um alto grau de garantia de que a TCB foi implementada corretamente. Um sistema superior à classe A1 deve ser projetado e desenvolvido em uma instalação confiável por uma equipe confiável.

O uso de uma TCB assegura simplesmente que o sistema pode impor aspectos de uma política de segurança; a TCB não especifica qual deve ser a política. Normalmente, um ambiente de computação específico desenvolve uma política de segurança para certificação e tem o plano reconhecido por uma agência de segurança, como o National Computer Security Center. Certos ambientes de computação podem requerer outra certificação, como a fornecida pelo TEMPEST que protege contra espionagem eletrônica. Por exemplo, um sistema certificado pelo TEMPEST tem terminais que são blindados para impedir que campos eletromagnéticos escapem. Essa blindagem assegura que um equipamento fora da sala ou do prédio em que o terminal está instalado não consiga detectar as informações que estão sendo exibidas pelo terminal.

15.9 Um Exemplo: Windows 7

O Microsoft Windows 7 é um sistema operacional de uso geral projetado para suportar uma variedade de recursos e métodos de segurança. Nesta seção, examinamos recursos que o Windows 7 utiliza para executar funções de segurança. Para mais informações e detalhes sobre o Windows 7, consulte o Capítulo 19.

O modelo de segurança do Windows 7 baseia-se na noção de contas de usuário. O Windows 7 permite a criação de qualquer número de contas de usuário que podem ser agrupadas de qualquer maneira. O acesso a objetos do sistema pode então ser permitido ou negado conforme desejado. Os usuários são identificados para o sistema por um ID de segurança *exclusivo*. Quando um usuário faz login, o Windows 7 cria um token de acesso de segurança que inclui o ID de segurança do usuário, IDs de segurança de quaisquer grupos dos quais o usuário seja membro, e uma lista de quaisquer privilégios especiais que o usuário detenha. Exemplos de privilégios especiais incluem fazer backup de arquivos e diretórios, desligar o computador, fazer login interativamente e alterar o relógio do sistema. Todo processo que o Windows 7 executa em nome de um usuário recebe uma cópia do token de acesso. O sistema usa os IDs de segurança no token de acesso para permitir ou negar acesso a objetos do sistema sempre que o usuário, ou um processo em nome do usuário, tenta acessar o objeto. A autenticação de uma conta de usuário é normalmente feita por intermédio de um nome de usuário e uma senha, embora o projeto modular do Windows 7 permita o desenvolvimento de pacotes de autenticação personalizados. Por exemplo, um scanner de retina (ou olho) pode ser usado para verificar se o usuário é quem diz que é.

O Windows 7 usa a ideia de sujeito para assegurar que os programas executados por um usuário não obtenham acesso maior ao sistema do que o usuário está autorizado a ter. O sujeito é usado para rastrear e gerenciar permissões de cada programa que um usuário executa. Ele é composto pelo token de acesso do usuário e pelo programa que está atuando em nome do usuário. Como o Windows 7 opera com um modelo cliente-servidor, duas classes de sujeitos são usadas para controlar o acesso: sujeitos simples e sujeitos de servidor. Um exemplo de sujeito simples é o programa de aplicação típico que um usuário executa após fazer login. Um contexto de segurança é atribuído ao sujeito simples, com base no token de acesso de segurança do usuário. O sujeito de servidor é um processo implementado como um servidor protegido que usa o contexto de segurança do cliente quando atua em nome dele.

Como mencionado na Seção 15.7, a auditoria é uma técnica de segurança útil. O Windows 7 tem uma auditoria interna que permite o monitoramento de muitas ameaças comuns à segurança. Exemplos incluem a auditoria de falhas em eventos de login e logoff para detectar quebras de senhas aleatórias, a auditoria de sucessos em eventos de login e logoff para detectar atividade de login em horas estranhas, a auditoria de sucessos e falhas em acessos de gravação de arquivos executáveis para rastrear uma deflagração de vírus, e a auditoria de sucessos e falhas no acesso a arquivos para detectar acesso a arquivos sigilosos.

O Windows adicionou um controle de integridade obrigatório que funciona atribuindo um rótulo de integridade a cada objeto e sujeito passível de proteção. Para que determinado sujeito tenha acesso a um objeto, ele deve ter o acesso solicitado na lista de controle de acesso arbitrário, e seu rótulo de integridade deve ser igual ou maior ao pertencente ao objeto protegido (para a operação dada). Os rótulos de integridade no Windows 7 são (em ordem crescente): não confiável, baixa, média, alta e do sistema. Além disso, três bits de máscara de acesso são permitidos para rótulos de integridade: NoReadpUp, NoWriteUp e NoExecuteUp. NoWriteUp é imposto automaticamente, e, assim, um sujeito de integridade mais baixa não pode executar uma operação de gravação em um objeto de integridade mais alta. No entanto, a menos que seja bloqueado explicitamente pelo descritor de segurança, ele pode executar operações de leitura ou execução.

Para objetos passíveis de proteção sem um rótulo de integridade explícito, é atribuído um rótulo default médio. O rótulo de determinado sujeito é atribuído durante o login. Por exemplo, um usuário não administrativo terá um rótulo de integridade média. Além dos rótulos de integridade, o Windows Vista também adicionou o Controle de Conta de Usuário (UAC — *user account control*), que representa uma conta administrativa (mas não a conta interna Administradores) com dois tokens separados. Um, para uso normal, tem o grupo Administradores interno desabilitado e tem um rótulo de integridade média. O outro, para uso elevado, tem o grupo interno Administradores habilitado e o rótulo de integridade alta.

Os atributos de segurança de um objeto no Windows 7 são descritos por um descritor de segurança. O descritor de segurança contém o ID de segurança do proprietário do objeto (que pode alterar as permissões de acesso), um ID de segurança de grupo usado apenas pelo subsistema POSIX, uma lista de controle de acesso arbitrário que identifica os usuários ou grupos que têm acesso permitido (e quais têm o acesso explicitamente negado) e uma lista de controle de acesso do sistema que controla as mensagens de auditoria que o sistema gerará. Opcionalmente, a lista de controle de acesso do sistema pode definir a integridade do objeto e identificar quais operações bloquear a partir de sujeitos de integridade mais baixa: leitura, gravação (sempre imposta) ou execução. Por exemplo, o descritor de segurança do arquivo foo.bar poderia ter o proprietário avi e essa lista de controle de acesso arbitrário:

- avi — todos os acessos
- grupo cs — acesso de leitura-gravação
- usuário cliff — nenhum acesso

Além disso, ele pode ter uma lista de controle de acesso do sistema que solicite ao sistema para auditar gravações executadas por todos, além de um rótulo de integridade média que negue a leitura, a gravação e a execução a sujeitos de integridade mais baixa.

Uma lista de controle de acesso é composta pelas entradas de controle de acesso que contêm o ID de segurança do indivíduo e uma máscara de acesso que define todas as ações possíveis sobre o objeto, com um valor AcessoPermitido ou AcessoNegado para cada ação. Os arquivos no Windows 7 podem ter os tipos de acesso a seguir: ReadData, WriteData, AppendData, Execute, ReadExtendedAttribute, WriteExtendedAttribute, ReadAttributes e WriteAttributes. Podemos ver como isso permite um nível refinado de controle sobre o acesso a objetos.

O Windows 7 classifica os objetos como objetos recipientes ou não recipientes. Os objetos recipientes, como os diretórios, podem conter logicamente outros objetos. Por default, quando um objeto é criado dentro de um objeto recipiente, o novo objeto herda permissões do objeto-pai. Da mesma forma, se o usuário copia um arquivo de um diretório em um novo diretório, o arquivo herdará as permissões do diretório de destino. Os **objetos não recipientes** não herdam outras permissões. Além disso, se uma permissão for alterada em um diretório, as novas permissões não serão aplicadas automaticamente a arquivos e subdiretórios existentes; o usuário pode aplicá-las explicitamente se quiser.

O administrador do sistema pode proibir a impressão em uma impressora do sistema durante um dia inteiro ou parte dele e pode usar o Monitor de Desempenho do Windows 7 para ajudá-lo a detectar possíveis problemas. Em geral, o Windows 7 faz um bom trabalho de fornecimento de recursos para ajudar a garantir um ambiente de computação seguro. No entanto, muitos desses recursos não são habilitados por default, o que pode ser uma razão para as inúmeras brechas de segurança em sistemas Windows 7. Outra razão é o grande número de serviços que o Windows 7 inicia em tempo de inicialização do sistema, bem como as diversas aplicações que normalmente são instaladas em um sistema Windows 7. Em um ambiente multiusuário, o administrador do sistema deve formular um plano de segurança e implementá-lo, usando os recursos que o Windows 7 fornece e outras ferramentas de segurança.

15.10 Resumo

Proteção é um problema interno. Segurança, por outro lado, deve considerar tanto o sistema de computação quanto o ambiente — pessoas, prédios, empresas, objetos de valor e ameaças — dentro do qual o sistema é usado.

Os dados armazenados no sistema de computação devem ser protegidos contra acesso não autorizado, destruição ou alteração maliciosa e introdução acidental de inconsistências. É mais fácil se proteger contra a perda acidental da consistência dos dados do que se proteger contra o acesso malicioso aos dados. A proteção absoluta das informações armazenadas em um sistema de computação contra abuso malicioso não é possível; mas o custo para o infrator pode ser suficientemente alto para deter quase todas (quando não todas) as tentativas de acesso a essas informações sem autorização apropriada.

Vários tipos de ataques podem ser lançados contra programas e contra computadores individuais ou coletivos. Técnicas de estouro de pilha e de buffer permitem que invasores bem-sucedidos alterem seu nível de acesso ao sistema. Vírus e vermes são autoperpetuáveis e às vezes infectam milhares de computadores. Ataques de recusa de serviço impedem o uso legítimo de sistemas-alvo.

A criptografia limita o domínio de receptores de dados enquanto a autenticação limita o domínio de emissores. A criptografia é usada para fornecer sigilo aos dados que estão sendo armazenados ou transferidos. A criptografia simétrica requer uma chave compartilhada, enquanto a criptografia assimétrica fornece uma chave pública e uma chave privada. A autenticação, quando combinada com o hashing, pode comprovar que os dados não foram alterados.

Os métodos de autenticação de usuários são usados para identificar os usuários legítimos de um sistema. Além da proteção-padrão com nome de usuário e senha, vários métodos de autenticação são usados. As senhas descartáveis, por exemplo, mudam de uma sessão para outra para evitar ataques de reexecução. A autenticação com dois fatores requer dois tipos de autenticação, tal como uma calculadora em hardware junto com um PIN de ativação. A autenticação com múltiplos fatores usa três tipos ou mais. Esses métodos diminuem muito a chance de falsificação da autenticação.

Os métodos de prevenção ou detecção de incidentes de segurança incluem os sistemas de detecção de invasões, os softwares antivírus, a auditoria e o registro em log de eventos do sistema, o monitoramento de alterações em softwares do sistema, o monitoramento de chamadas de sistema e firewalls.

Exercícios

15.1 Ataques de estouro de buffer podem ser evitados adotando-se uma metodologia de programação melhor ou usando-se suporte de hardware especial. Discuta essas soluções.

15.2 Uma senha pode se tornar conhecida por outros usuários de várias maneiras. Há um método simples para a detecção de que esse tipo de evento ocorreu? Explique sua resposta.

15.3 Qual é a finalidade do uso de um "salt" junto com a senha fornecida pelo usuário? Onde o "salt" deve ser armazenado e como ele deve ser usado?

15.4 A lista de todas as senhas é mantida dentro do sistema operacional. Assim, se um usuário consegue ler essa lista, a proteção de senha não é mais fornecida. Sugira um esquema que evite esse problema. (*Dica*: Use representações interna e externa diferentes).

15.5 Uma adição experimental ao UNIX permite que um usuário conecte um programa **cão de guarda** a um arquivo. O cão de guarda é invocado sempre que um programa solicita acesso ao arquivo. Em seguida, ele concede ou nega acesso ao arquivo. Discuta duas vantagens e duas desvantagens do uso de cães de guarda para segurança.

15.6 O programa COPS do UNIX varre determinado sistema em busca de possíveis brechas de segurança e alerta o usuário quanto a possíveis problemas. Cite dois perigos potenciais que o uso desse sistema pode causar à segurança. Como esses problemas podem ser minimizados ou eliminados?

15.7 Discuta um meio pelo qual gerentes de sistemas conectados à Internet poderiam projetar seus sistemas de modo a limitar ou eliminar o dano causado por vermes. Quais são as desvantagens de fazer a alteração que você sugerir?

15.8 Argumente a favor ou contra a sentença judicial decretada contra Robert Morris Jr., por ter criado e executado o verme de Internet discutido na Seção 15.3.1.

15.9 Faça uma lista de seis preocupações de segurança para um sistema de computação de um banco. Para cada item de sua lista, defina se essa preocupação está relacionada com a segurança física, humana ou do sistema operacional.

15.10 Cite duas vantagens da criptografia de dados armazenados no sistema de computação.

15.11 Que programas de computador de uso comum são propensos a ataques do intermediário? Discuta soluções que impeçam esse tipo de ataque.

15.12 Compare os esquemas de criptografia simétrica e assimétrica e discuta sob que circunstâncias um sistema distribuído usaria um ou outro.

15.13 Por que $D_{kd, N}\,[E_{ke, N}\,(m)]$ não fornece autenticação do emissor? Para que finalidades essa criptografia pode ser aplicada?

15.14 Discuta como o algoritmo de criptografia assimétrica pode ser usado para atender os objetivos a seguir:

  a. Autenticação: o receptor sabe que somente o emissor poderia ter gerado a mensagem.
  b. Sigilo: somente o receptor pode descriptografar a mensagem.
  c. Autenticação e sigilo: somente o receptor pode descriptografar a mensagem e ele sabe que somente o emissor poderia tê-la gerado.

15.15 Considere um sistema que gere 10 milhões de registros de auditoria por dia. Suponha que haja, em média, 10 ataques por dia nesse sistema e que cada ataque se reflita em 20 registros. Se o sistema de detecção de invasões tem uma taxa de alarmes reais de 0,6 e uma taxa de alarmes falsos de 0,0005, que percentual de alarmes gerados pelo sistema corresponde a invasões reais?

Notas Bibliográficas

Discussões gerais relacionadas com a segurança são fornecidas por [Denning (1982)], [Pfleeger e Pfleeger (2006)] e [Tanenbaum (2010)]. A rede de computadores é discutida em [Kurose e Ross (2013)].

Questões relacionadas com o projeto e a verificação de sistemas seguros são discutidas por [Rushby (1981)] e por [Silverman (1983)]. Um kernel de segurança para um microcomputador com multiprocessamento é descrito por [Schell (1983)]. Um sistema distribuído seguro é descrito por [Rushby e Randell (1983)].

[Morris e Thompson (1979)] discutem a segurança com senhas. [Morshedian (1986)] apresenta métodos para combater piratas de senhas. A autenticação de senhas em comunicações inseguras é considerada por [Lamport (1981)]. A questão da quebra de senhas é examinada por [Seely (1989)]. Invasões de computadores são discutidas por [Lehmann (1987)] e por [Reid (1987)]. Questões relacionadas com programas de computador confiáveis são discutidas em [Thompson (1984)].

Discussões relacionadas com a segurança no UNIX são oferecidas por [Grampp e Morris (1984)], [Wood e Kochan (1985)], [Farrow (1986)], [Filipski e Hanko (1986)], [Hecht et al. (1988)], [Kramer (1988)] e [Garfinkel et al. (2003)]. [Bershad e Pinkerton (1988)] apresentam a extensão do cão de guarda ao BSD UNIX.

[Spafford (1989)] apresenta uma discussão técnica, detalhada, do verme de Internet. O artigo de Spafford aparece com três outros em uma seção especial sobre o verme de Internet de Morris em *Communications of the ACM* (volume 32, número 6, junho de 1989).

Problemas de segurança associados à suíte de protocolos TCP/IP são descritos em [Bellovin (1989)]. Os mecanismos normalmente usados na prevenção contra esses ataques são discutidos em [Cheswick et al. (2003)]. Outra abordagem para a proteção de redes contra ataques internos é proteger a topologia ou o descobrimento de rotas. [Kent et al. (2000)], [Hu et al. (2002)], [Zapata e Asokan (2002)] e [Hu e Perrig (2004)] apresentam soluções para roteamento seguro. [Savage et al. (2000)] examinam o ataque distribuído de recusa de serviço e propõem soluções de rastreamento regressivo do IP para resolver o problema. [Perlman (1988)] propõe uma abordagem para o diagnóstico de erros quando a rede contém roteadores maliciosos.

Informações sobre vírus e vermes podem ser encontradas em http://www.securelist.com, assim como em [Ludwig (1998)] e [Ludwig (2002)]. Outro website que contém informações de segurança atualizadas é http://www.eeye.com/resources/security-center/research. Um artigo sobre os perigos de uma monocultura de computadores pode ser encontrado em http://cryptome.org/cyberinsecurity.htm.

[Diffie e Hellman (1976)] e [Diffie e Hellman (1979)] foram os primeiros pesquisadores a propor o uso do esquema de criptografia de chave pública. O algoritmo apresentado na Seção 15.4.1 é baseado no esquema de criptografia de chave pública; ele foi desenvolvido por [Rivest et al. (1978)]. [C. Kaufman (2002)] e [Stallings (2011)] exploram o uso da criptografia em sistemas de computação. Discussões relacionadas com a proteção de assinaturas digitais são oferecidas por [Akl (1983)], [Davies (1983)], [Denning (1983)] e [Denning (1984)]. Informações completas sobre criptografia são apresentadas em [Schneier (1996)] e [Katz e Lindell (2008)].

O algoritmo RSA é apresentado em [Rivest et al. (1978)]. Informações sobre atividades AES do NIST podem ser encontradas em http://www.nist.gov/aes/; informações sobre outros padrões criptográficos dos Estados Unidos também podem ser encontradas nesse site. Em 1999, o SSL 3.0 foi ligeiramente modificado e apresentado em um Request for Comments (RFC) da IETF sob o nome de TLS.

O exemplo na Seção 15.6.3 que ilustra o impacto da taxa de alarmes falsos sobre a eficácia dos IDSs é baseado em [Axelsson (1999)]. A descrição do Tripwire na Seção 15.6.5 é baseada em [Kim e Spafford (1993)]. A pesquisa da detecção de anomalias baseada em chamadas de sistema é descrita em [Forrest et al. (1996)].

O governo dos Estados Unidos preocupa-se, naturalmente, com segurança. Os Critérios de Avaliação de Sistemas de Computação Confiáveis do Departamento de Defesa ([DoD (1985)]), também conhecidos como Livro Laranja, descrevem um conjunto de níveis de segurança e os recursos que um sistema operacional deve ter para se qualificar em cada uma das classificações de segurança. Sua leitura é um bom ponto de partida para o entendimento das preocupações de segurança. O Microsoft Windows NT Workstation Resource Kit ([Microsoft (1996)]) descreve o modelo de segurança do NT e como usar esse modelo.

Bibliografia

[Akl (1983)] S. G. Akl, "Digital Signatures: A Tutorial Survey", *Computer*, volume 16, número 2 (1983), páginas 15-24.

[Axelsson (1999)] S. Axelsson, "The Base-Rate Fallacy and Its Implications for Intrusion Detection", *Proceedings of the ACM Conference on Computer and Communications Security* (1999), páginas 1-7.

[Bellovin (1989)] S. M. Bellovin, "Security Problems in the TCP/IP Protocol Suite", *Computer Communications Review*, volume 19:2 (1989), páginas 32-48.

[Bershad e Pinkerton (1988)] B. N. Bershad e C. B. Pinkerton, "Watchdogs: Extending the Unix File System", *Proceedings of the Winter USENIX Conference* (1988).

[C. Kaufman (2002)] M. S. C. Kaufman, R. Perlman, *Network Security: Private Communication in a Public World*, segunda edição, Prentice Hall (2002).

[Cheswick et al. (2003)] W. Cheswick, S. Bellovin e A. Rubin, *Firewalls and Internet Security: Repelling the Wily Hacker*, segunda edição, Addison-Wesley (2003).

[Davies (1983)] D. W. Davies, "Applying the RSA Digital Signature to Electronic Mail", *Computer*, volume 16, número 2 (1983), páginas 55-62.

[Denning (1982)] D. E. Denning, *Cryptography and Data Security*, Addison-Wesley (1982).

[Denning (1983)] D. E. Denning, "Protecting Public Keys and Signature Keys", *Computer*, volume 16, número 2 (1983), páginas 27-35.

[Denning (1984)] D. E. Denning, "Digital Signatures with RSA and Other Public-Key Cryptosystems", *Communications of the ACM*, volume 27, número 4 (1984), páginas 388-392.

[Diffie e Hellman (1976)] W. Diffie e M. E. Hellman, "New Directions in Cryptography", *IEEE Transactions on Information Theory*, volume 22, número 6 (1976), páginas 644-654.

[Diffie e Hellman (1979)] W. Diffie e M. E. Hellman, "Privacy and Authentication", *Proceedings of the IEEE* (1979), páginas 397-427.

[DoD (1985)] *Trusted Computer System Evaluation Criteria*. Departamento de Defesa (1985).

[Farrow (1986)] R. Farrow, "Security Issues and Strategies for Users", *UNIX World* (abril de 1986), páginas 65-71.

[Filipski e Hanko (1986)] A. Filipski e J. Hanko, "Making UNIX Secure", *Byte* (abril de 1986), páginas 113-128.

[Forrest et al. (1996)] S. Forrest, S. A. Hofmeyr e T. A. Longstaff, "A Sense of Self for UNIX Processes", *Proceedings of the IEEE Symposium on Security and Privacy* (1996), páginas 120-128.

[Garfinkel et al. (2003)] S. Garfinkel, G. Spafford e A. Schwartz, *Practical UNIX & Internet Security*, O'Reilly & Associates (2003).

[Grampp e Morris (1984)] F. T. Grampp e R. H. Morris, "UNIX Operating-System Security", *AT&T Bell Laboratories Technical Journal*, volume 63, número 8 (1984), páginas 1649-1672.

[Hecht et al. (1988)] M. S. Hecht, A. Johri, R. Aditham e T. J. Wei, "Experience Adding C2 Security Features to UNIX", *Proceedings of the Summer USENIX Conference* (1988), páginas 133-146.

[Hu e Perrig (2004)] Y.-C. Hu e A. Perrig, "SPV: A Secure Path Vector Routing Scheme for Securing BGP", *Proceedings of ACM SIGCOMM Conference on Data Communication* (2004).

[Hu et al. (2002)] Y.-C. Hu, A. Perrig e D. Johnson, "Ariadne: A Secure On-Demand Routing Protocol for Ad Hoc Networks", *Proceedings of the Annual International Conference on Mobile Computing and Networking* (2002).

[Katz e Lindell (2008)] J. Katz e Y. Lindell, *Introduction to Modern Cryptography*, Chapman & Hall/CRC Press (2008).

[Kent et al. (2000)] S. Kent, C. Lynn e K. Seo, "Secure Border Gateway Protocol (Secure-BGP)", *IEEE Journal on Selected Areas in Communications*, volume 18, número 4 (2000), páginas 582-592.

[Kim e Spafford (1993)] G. H. Kim e E. H. Spafford, "The Design and Implementation of Tripwire: A File System Integrity Checker", relatório técnico, Purdue University (1993).

[Kramer (1988)] S. M. Kramer, "Retaining SUID Programs in a Secure UNIX", *Proceedings of the Summer USENIX Conference* (1988), páginas 107-118.

[Kurose e Ross (2013)] J. Kurose e K. Ross, *Computer Networking — A Top-Down Approach*, sexta edição, Addison-Wesley (2013).

[Lamport (1981)] L. Lamport, "Password Authentication with Insecure Communications", *Communications of the ACM*, volume 24, número 11 (1981), páginas 770-772.

[Lehmann (1987)] F. Lehmann, "Computer Break-Ins", *Communications of the ACM*, volume 30, número 7 (1987), páginas 584-585.

[Ludwig (1998)] M. Ludwig, *The Giant Black Book of Computer Viruses*, segunda edição, American Eagle Publications (1998).

[Ludwig (2002)] M. Ludwig, *The Little Black Book of Email Viruses*, American Eagle Publications (2002).

[Microsoft (1996)] *Microsoft Windows NT Workstation Resource Kit*. Microsoft Press (1996).

[Morris e Thompson (1979)] R. Morris e K. Thompson, "Password Security: A Case History", *Communications of the ACM*, volume 22, número 11 (1979), páginas 594-597.

[Morshedian (1986)] D. Morshedian, "How to Fight Password Pirates", *Computer*, volume 19, número 1 (1986).

[Perlman (1988)] R. Perlman, *Network Layer Protocols with Byzantine Robustness*. Tese de PhD, Massachusetts Institute of Technology (1988).

[Pfleeger e Pfleeger (2006)] C. Pfleeger e S. Pfleeger, *Security in Computing*, quarta edição, Prentice Hall (2006).

[Reid (1987)] B. Reid, "Reflections on Some Recent Widespread Computer Break-Ins", *Communications of the ACM*, volume 30, número 2 (1987), páginas 103-105.

[Rivest et al. (1978)] R. L. Rivest, A. Shamir e L. Adleman, "On Digital Signatures and Public Key Cryptosystems", *Communications of the ACM*, volume 21, número 2 (1978), páginas 120-126.

[Rushby (1981)] J. M. Rushby, "Design and Verification of Secure Systems", *Proceedings of the ACM Symposium on Operating Systems Principles* (1981), páginas 12-21.

[Rushby e Randell (1983)] J. Rushby e B. Randell, "A Distributed Secure System", *Computer*, volume 16, número 7 (1983), páginas 55-67.

[Savage et al. (2000)] S. Savage, D. Wetherall, A. R. Karlin e T. Anderson, "Practical Network Support for IP Traceback", *Proceedings of ACM SIGCOMM Conference on Data Communication* (2000), páginas 295-306.

[Schell (1983)] R. R. Schell, "A Security Kernel for a Multiprocessor Microcomputer", *Computer* (1983), páginas 47-53.

[Schneier (1996)] B. Schneier, *Applied Cryptography*, segunda edição, John Wiley and Sons (1996).

[Seely (1989)] D. Seely, "Password Cracking: A Game of Wits", *Communications of the ACM*, volume 32, número 6 (1989), páginas 700-704.

[Silverman (1983)] J. M. Silverman, "Reflections on the Verification of the Security of an Operating System Kernel", *Proceedings of the ACM Symposium on Operating Systems Principles* (1983), páginas 143-154.

[Spafford (1989)] E. H. Spafford, "The Internet Worm: Crisis and Aftermath", *Communications of the ACM*, volume 32, número 6 (1989), páginas 678-687.

[Stallings (2011)] W. Stallings, *Operating Systems*, sétima edição, Prentice Hall (2011).

[Tanenbaum (2010)] A. S. Tanenbaum, *Computer Networks*, quinta edição, Prentice Hall (2010).

[Thompson (1984)] K. Thompson, "Reflections on Trusting Trust", *Communications of ACM*, volume 27, número 8 (1984), páginas 761-763.

[Wood e Kochan (1985)] P. Wood e S. Kochan, *UNIX System Security*, Hayden (1985).

[Zapata e Asokan (2002)] M. Zapata e N. Asokan, "Securing Ad Hoc Routing Protocols", *Proc. 2002 ACM Workshop on Wireless Security* (2002), páginas 1-10.

Parte Seis

Tópicos Avançados

A virtualização permeia todos os aspectos da computação. As máquinas virtuais são um exemplo dessa tendência. Geralmente, com a máquina virtual, aplicações e sistemas operacionais convidados são executados em um ambiente que, para eles, parece ser hardware nativo. Esse ambiente comporta-se em relação a eles como hardware nativo, mas também os protege, gerencia e limita.

Um sistema distribuído é um conjunto de processadores que não compartilham memória ou relógio. Em vez disso, cada processador tem sua própria memória local, e os processadores comunicam-se uns com os outros por meio de linhas de comunicação, tais como redes locais ou de longa distância. Os sistemas distribuídos oferecem vários benefícios: dão aos usuários acesso a outros recursos mantidos pelo sistema, aceleram a computação e melhoram a disponibilidade e a confiabilidade dos dados.

CAPÍTULO 16

Máquinas Virtuais

O termo *virtualização* tem muitos significados, e os aspectos da virtualização permeiam todos os aspectos da computação. As máquinas virtuais são um exemplo dessa tendência. Geralmente, com a máquina virtual, aplicações e sistemas operacionais convidados são executados em um ambiente que, para eles, parece ser hardware nativo e que se comporta em relação a eles como hardware nativo, mas que, além disso, os protege, gerencia e limita.

Este capítulo aprofunda-se nos usos, recursos e implementação de máquinas virtuais. As máquinas virtuais podem ser implementadas de várias maneiras, e este capítulo descreve estas opções. Uma opção é adicionar o suporte a máquinas virtuais ao kernel. Já que esse método de implementação é o mais pertinente a este livro, nós o exploramos com mais detalhes. Adicionalmente, recursos de hardware fornecidos pela CPU e até por dispositivos de I/O podem suportar a implementação de máquinas virtuais; assim, discutimos como esses recursos são usados pelos módulos apropriados do kernel.

OBJETIVOS DO CAPÍTULO

- Explorar a história e os benefícios das máquinas virtuais.
- Discutir as diversas tecnologias de máquinas virtuais.
- Descrever os métodos usados na implementação da virtualização.
- Mostrar os recursos de hardware mais comuns que suportam a virtualização e explicar como eles são usados por módulos do sistema operacional.

16.1 Visão Geral

A ideia fundamental por trás da máquina virtual é abstrair o hardware de um único computador (CPU, memória, drives de disco, placas de interface de rede, e assim por diante) em vários ambientes de execução diferentes, dando a impressão de que cada ambiente está sendo executado em seu próprio computador privado. Esse conceito pode parecer semelhante à abordagem em camadas de implementação do sistema operacional (consulte a Seção 2.7.2) e, em alguns aspectos, é. No caso da virtualização, há uma camada que cria um sistema virtual no qual sistemas operacionais ou aplicações podem ser executados.

As implementações de máquinas virtuais envolvem vários componentes. Na base está o hospedeiro, o sistema de hardware subjacente que executa as máquinas virtuais. O gerenciador de máquina virtual (VMM — *virtual machine manager*, também conhecido como hipervisor) cria e executa máquinas virtuais fornecendo uma interface que é *idêntica* ao hospedeiro (exceto no caso da paravirtualização, discutida mais tarde). Cada processo convidado recebe uma cópia virtual do hospedeiro (Figura 16.1). Usualmente, o processo convidado é de fato um sistema operacional. Uma única máquina física pode, assim, executar múltiplos sistemas operacionais concorrentemente, cada um em sua própria máquina virtual.

Pare um momento para observar que, com a virtualização, a definição de "sistema operacional" perde novamente a clareza. Por exemplo, considere um software VMM como o VMware ESX. Esse software de virtualização é instalado no hardware, é executado quando o hardware é inicializado e fornece serviços às aplicações. Os serviços incluem os tradicionais, como scheduling e gerenciamento de memória, junto a novos tipos, como a migração de aplicações entre sistemas. Além disso, as aplicações são de fato sistemas operacionais convidados. O VMM VMware ESX é um sistema operacional que, por sua vez, executa outros sistemas operacionais? Certamente ele age como um sistema operacional. Para clareza, no entanto, chamaremos VMM ao componente que fornece ambientes virtuais.

A implementação de VMMs varia muito. Algumas opções incluem as seguintes:

- Soluções baseadas em hardware que fornecem suporte à criação e ao gerenciamento de máquinas virtuais via firmware. Esses VMMs, que normalmente são encontrados em mainframes e servidores de grande a médio porte, costumam ser chamados de hipervisores tipo 0. Os LPARs da IBM e os LDOMs da Oracle são exemplos.
- Softwares semelhantes a sistemas operacionais construídos para fornecer virtualização, incluindo o VMware ESX (mencionado acima), o Joyent SmartOS e o Citrix XenServer. Es-

> **PROCEDIMENTO INDIRETO**
>
> "Todos os problemas na ciência da computação podem ser resolvidos por outro nível de procedimento indireto" — David Wheeler "...exceto o problema de camadas demais de procedimentos indiretos" — Kevlin Henney.

391

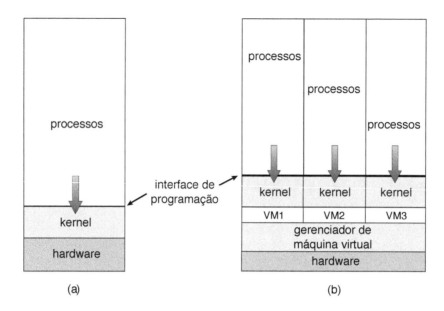

Figura 16.1 Modelos de sistemas. (a) Máquina não virtual. (b) Máquina virtual.

- Sistemas operacionais de uso geral que fornecem funções-padrão, assim como funções de VMM, tais como o Microsoft Windows Server com HyperV e o Red Hat do Linux com o recurso KVM. Já que esses sistemas têm um conjunto de recursos semelhante aos dos hipervisores tipo 1, eles também são conhecidos como tipo 1.
- Aplicações que são executadas sobre sistemas operacionais padrão, mas fornecem recursos de VMM a sistemas operacionais convidados. Essas aplicações, que incluem o VMware Workstation e o Fusion, o Desktop Parallels e o Oracle VirtualBox, são hipervisores tipo 2.
- A paravirtualização, uma técnica em que o sistema operacional convidado é modificado para funcionar em cooperação com o VMM visando à otimização de desempenho.
- A virtualização do ambiente de programação, em que os VMMs não virtualizam o hardware real, mas em vez disso criam um sistema virtual otimizado. Essa técnica é usada pelo Java da Oracle e o Microsoft.NET.
- Emuladores que permitem que aplicações escritas para um ambiente de hardware sejam executadas em um ambiente de hardware muito diferente, como, por exemplo, um tipo de CPU diferente.
- O confinamento de aplicações, que não é virtualização de todo, mas fornece recursos semelhantes à virtualização segregando as aplicações do sistema operacional. As Zonas do Solaris da Oracle, as Jaulas do BSD e os WPARs do AIX da IBM "confinam" aplicações, tornando-as mais seguras e gerenciáveis.

A variedade de técnicas de virtualização em uso atualmente é um testemunho da amplitude, profundidade e importância da virtualização na computação moderna. A virtualização é inestimável para operações de centros de dados, desenvolvimento eficiente de aplicações e teste de softwares, entre muitos outros usos.

16.2 História

As máquinas virtuais surgiram pela primeira vez, comercialmente, em mainframes IBM em 1972. A virtualização era fornecida pelo sistema operacional VM da IBM. Esse sistema evoluiu e ainda está disponível. Além disso, muitos de seus conceitos originais são encontrados em outros sistemas, o que torna válido o seu estudo.

O VM/370 da IBM dividia um mainframe em múltiplas máquinas virtuais, cada uma executando seu próprio sistema operacional. Um grande problema da abordagem do VM envolvia os sistemas de disco. Suponha que a máquina física tivesse três drives de disco, mas quisesse suportar sete máquinas virtuais. É claro que ela não poderia alocar um drive de disco a cada máquina virtual. A solução era fornecer discos virtuais — chamados minidiscos no sistema operacional VM da IBM. Os minidiscos são idênticos aos discos rígidos do sistema em todos os aspectos, com exceção do tamanho. O sistema implementava cada minidisco alocando nos discos físicos tantas trilhas quanto o minidisco precisasse.

Uma vez que as máquinas virtuais eram criadas, os usuários podiam executar qualquer um dos sistemas operacionais ou pacotes de software que estavam disponíveis na máquina subjacente. Para o sistema VM da IBM, normalmente o usuário executava o CMS — um sistema operacional monousuário interativo.

Por muitos anos após a IBM introduzir essa tecnologia, a virtualização permaneceu em seu domínio. A maioria dos sistemas não podia suportar virtualização. No entanto, uma definição formal de virtualização ajudou a estabelecer requisitos de sistema e um direcionamento para a funcionalidade. Os requisitos da virtualização preconizavam que:

1. Um VMM fornece um ambiente para programas que sejam essencialmente idênticos à máquina original.
2. Programas em execução dentro desse ambiente exibem somente pequenas perdas de desempenho.
3. O VMM tem pleno controle dos recursos do sistema.

Esses requisitos de fidelidade, desempenho e segurança ainda guiam os esforços atuais de virtualização.

No fim dos anos 1990, as CPUs Intel 80x86 tinham se tornado comuns, rápidas e ricas em recursos. Consequentemente, os desenvolvedores iniciaram vários esforços para implementar a virtualização nessa plataforma. Tanto o **Xen** quanto o **VMware** criaram tecnologias, ainda hoje usadas, para permitir que sistemas operacionais convidados fossem executados no 80x86. Desde então, a virtualização se expandiu para incluir todas as CPUs comuns, muitas ferramentas comerciais e de código-fonte aberto e muitos sistemas operacionais. Por exemplo, o projeto de código-fonte aberto **VirtualBox** (http://www.virtualbox.org) fornece um programa que é executado em CPUs Intel x86 e AMD64 e em sistemas operacionais hospedeiros Windows, Linux, Mac OS X e Solaris. Possíveis sistemas operacionais convidados contêm muitas versões do Windows, Linux, Solaris e BSD, incluindo até mesmo o MS-DOS e o OS/2 da IBM.

16.3 Benefícios e Recursos

Diversas vantagens tornam a virtualização atraente. A maioria delas está fundamentalmente relacionada com a capacidade de compartilhar o mesmo hardware e ainda assim executar vários ambientes de execução diferentes (isto é, diferentes sistemas operacionais) concorrentemente.

Uma vantagem importante da virtualização é que o sistema hospedeiro é protegido das máquinas virtuais, da mesma forma que as máquinas virtuais são protegidas umas das outras. Um vírus dentro de um sistema operacional convidado poderia danificar esse sistema operacional, mas provavelmente não afetará o hospedeiro ou os outros convidados. Já que cada máquina virtual fica quase totalmente isolada de todas as outras máquinas virtuais, praticamente não há problemas de proteção.

Uma possível desvantagem do isolamento é que ele pode impedir o compartilhamento de recursos. Duas abordagens para fornecer compartilhamento têm sido implementadas. Na primeira, é possível compartilhar um volume do sistema de arquivos e, portanto, compartilhar arquivos. Na segunda, é possível definir uma rede de máquinas virtuais, todas podendo enviar informações por meio da rede de comunicações virtual. A rede é modelada de acordo com as redes de comunicação físicas, mas é implementada em software. É claro que o VMM tem liberdade para permitir que vários de seus convidados usem recursos físicos, como uma conexão de rede física (com o compartilhamento fornecido pelo VMM), caso em que os convidados autorizados poderiam se comunicar uns com os outros por meio da rede física.

Um recurso comum à maioria das implementações de virtualização é a capacidade de congelar, ou **suspender**, a máquina virtual em execução. Muitos sistemas operacionais fornecem esse recurso básico para processos, mas os VMMs vão além e permitem a criação de cópias e **instantâneos** do convidado. A cópia pode ser usada para criar uma nova VM ou para movimentar uma VM de uma máquina para outra com seu estado corrente intacto. O convidado pode então ser **retomado** de onde estava, como se estivesse em sua máquina original, criando um **clone**. O instantâneo registra um momento no tempo, e o convidado pode ser reconduzido a esse momento, se necessário (por exemplo, se foi feita uma alteração, mas não é mais desejada). Com frequência, os VMMs permitem que muitos instantâneos sejam criados. Por exemplo, os instantâneos poderiam registrar o estado de um convidado todos os dias durante um mês, tornando possível a restauração a qualquer um desses estados. Esses recursos são usados, com bons resultados, em ambientes virtuais.

Um sistema de máquina virtual é um veículo perfeito para pesquisa e desenvolvimento de sistemas operacionais. Normalmente, mudar um sistema operacional é uma tarefa difícil. Os sistemas operacionais são programas grandes e complexos, e uma alteração em uma parte pode causar o aparecimento de bugs obscuros em alguma outra parte. O poder do sistema operacional torna sua alteração particularmente perigosa. Já que o sistema operacional é executado em modalidade de kernel, uma alteração errada em um ponteiro poderia causar um erro que destruiria o sistema de arquivos inteiro. Portanto, é necessário testar cuidadosamente todas as alterações feitas no sistema operacional.

Além disso, o sistema operacional é executado na máquina inteira e a controla, ou seja, o sistema deve ser interrompido e deixar de ser usado enquanto alterações estiverem sendo feitas e testadas. Esse período é, comumente, chamado **tempo de desenvolvimento do sistema**. Já que torna o sistema indisponível aos usuários, o tempo de desenvolvimento do sistema em sistemas compartilhados costuma ser incluído no schedule para tarde da noite ou em fins de semana, quando a carga no sistema é baixa.

Um sistema de máquina virtual pode eliminar grande parte desse último problema. Os programadores de sistemas recebem sua própria máquina virtual, e o desenvolvimento do sistema é feito na máquina virtual em vez de na máquina física. A operação normal do sistema é interrompida somente quando uma alteração concluída e testada está pronta para ser colocada em produção.

Outra vantagem das máquinas virtuais para os desenvolvedores é que múltiplos sistemas operacionais podem ser executados concorrentemente na estação de trabalho do desenvolvedor. Essa estação de trabalho virtualizada permite a transferência e o teste rápido de programas em vários ambientes. Além disso, múltiplas versões de um programa podem ser executadas, cada uma em seu próprio sistema operacional isolado, dentro do mesmo sistema. Da mesma forma, engenheiros de garantia de qualidade podem testar suas aplicações em múltiplos ambientes sem comprar, ligar e manter um computador para cada ambiente.

Uma grande vantagem das máquinas virtuais em centros de dados de produção é a **consolidação** do sistema, que envolve tomar dois ou mais sistemas separados e executá-los em máquinas virtuais em um único sistema. Essas conversões de físico para virtual resultam na otimização dos recursos, já que muitos sistemas pouco usados podem ser combinados para criar um único sistema muito usado.

Considere, também, que as ferramentas de gerenciamento que fazem parte do VMM permitem que os administradores do sistema gerenciem muito mais sistemas do que de outra forma poderiam. Um ambiente virtual pode incluir 100 servidores físicos, cada um executando 20 servidores virtuais. Sem virtualização, 2.000 servidores demandariam vários administradores de sistema. Com a virtualização e suas ferramentas, o mesmo trabalho pode ser gerenciado por um ou dois administradores. Uma das ferramentas que tornam isso possível é a **moldagem**, em que uma imagem de máquina virtual padrão, incluindo um sistema operacional convidado instalado e configurado e as aplicações, é salva e usada como fonte para múltiplas VMs em execução. Outros recursos incluem o gerenciamento da interligação de todos os convidados, o backup e a restauração dos convidados e o monitoramento de seu uso de recursos.

A virtualização pode melhorar não apenas a utilização de recursos, mas também seu gerenciamento. Alguns VMMs incluem um recurso de **migração dinâmica** que move um convidado em execução, de um servidor físico para outro, sem interromper sua operação ou conexões de rede ativas. Se um servidor está sobrecarregado, a migração dinâmica pode liberar recursos no hospedeiro de origem sem interromper o convidado. Da mesma forma, quando o hardware hospedeiro precisa ser reparado ou atualizado, os convidados podem ser transferidos para outros servidores, o hospedeiro esvaziado pode entrar em manutenção e, então, os convidados podem ser transferidos de volta. Essa operação ocorre sem tempo de paralisação e sem interrupção para os usuários.

Considere os possíveis efeitos da virtualização sobre como as aplicações são instaladas. Se um sistema pode adicionar, remover e mover facilmente uma máquina virtual, por que instalar aplicações nesse sistema diretamente? Em vez disso, a aplicação poderia ser pré-instalada em um sistema operacional ajustado e personalizado para uma máquina virtual. Esse método ofereceria vários benefícios aos desenvolvedores de aplicações. O gerenciamento de aplicações tornar-se-ia mais fácil, menos ajustes seriam requeridos e o suporte técnico à aplicação seria mais direto. Os administradores de sistemas também achariam o ambiente mais fácil de gerenciar. A instalação seria simples e a reimplantação da aplicação em outro sistema seria muito mais fácil do que adotar os passos usuais de desinstalação e reinstalação. No entanto, para a ampla adoção dessa metodologia, o formato das máquinas virtuais deve ser padronizado de modo que qualquer máquina virtual possa ser executada em qualquer plataforma de virtualização. O "Open Virtual Machine Format" é uma tentativa de fornecer tal padronização e poderia ser bem-sucedido na unificação dos formatos de máquinas virtuais.

A virtualização estabeleceu a base para vários outros avanços em implementação, gerenciamento e monitoramento de recursos de computação. A computação em nuvem, por exemplo, é viabilizada pela virtualização em que recursos como CPU, memória e I/O são fornecidos como serviços para clientes usando tecnologias da Internet. Com o uso de APIs, um programa pode solicitar a um recurso de computação em nuvem que crie milhares de VMs, todas executando uma aplicação e um sistema operacional convidado específico que outros usuários possam acessar pela Internet. Muitos jogos multiusuários, sites de compartilhamento de fotos e outros serviços da web usam essa funcionalidade.

Na área da computação desktop, a virtualização está habilitando usuários de computadores desktop e laptop a se conectarem remotamente a máquinas virtuais localizadas em centros de dados remotos e a acessarem suas aplicações como se estivessem no local. Essa prática pode aumentar a segurança, porque nenhum dado é armazenado em discos locais no sítio em que o usuário está. O custo do recurso de computação do usuário também pode cair. O usuário deve ter conexão de rede, CPU e alguma memória, mas tudo que esses componentes do sistema precisam fazer é exibir uma imagem do convidado como ele é executado remotamente (por meio de um protocolo como o RDP). Assim, eles não precisam ser componentes caros de alto desempenho. Outros usos para a virtualização certamente se seguirão, à medida que ela se torne mais comum e o suporte de hardware continue a melhorar.

16.4 Blocos de Construção

Embora o conceito de máquina virtual seja útil, ele é difícil de implementar. Muito trabalho é requerido para fornecer uma duplicada *exata* da máquina subjacente. Isso é um desafio especialmente em sistemas de modalidade dual em que a máquina subjacente tem apenas modalidade de usuário e modalidade de kernel. Nesta seção, examinamos os blocos de construção que são necessários para uma virtualização eficiente. Observe que esses blocos de construção não são requeridos por hipervisores tipo 0, como discutido na Seção 16.5.2.

A capacidade de virtualizar depende dos recursos fornecidos pela CPU. Se os recursos são suficientes, então é possível criar um VMM que forneça um ambiente convidado. Caso contrário, a virtualização é impossível. Os VMMs usam várias técnicas para implementar a virtualização, incluindo interceptação-e-emulação e tradução binária. Discutimos cada uma dessas técnicas nesta seção, junto com o suporte de hardware necessário para apoiar a virtualização.

Um conceito importante encontrado na maioria das opções de virtualização é a implementação de uma CPU virtual (VCPU — *virtual CPU*). A VCPU não executa código. Em vez disso, ela representa o estado da CPU como a máquina convidada acredita que ele seja. Para cada convidado, o VMM mantém uma VCPU representando o estado corrente da CPU do convidado. Quando o convidado tem seu contexto permutado em uma CPU pelo VMM, informações da VCPU são usadas para carregar o contexto correto, de forma semelhante a como um sistema operacional de uso geral usaria o PCB.

16.4.1 Interceptação-e-Emulação

Em um sistema de modalidade dual típico, o convidado na máquina virtual pode ser executado somente em modalidade de usuário (a menos que seja fornecido suporte de hardware extra). O kernel, naturalmente, é executado em modalidade de kernel e não é seguro permitir que código de nível de usuário seja executado em modalidade de kernel. No entanto, assim como a máquina física tem duas modalidades, a máquina virtual também deve ter. Consequentemente, devemos ter uma modalidade de usuário virtual e uma modalidade de kernel virtual, ambas sendo executadas em modalidade de usuário físico. As ações que causam uma transferência da modalidade de usuário para a modalidade de kernel em uma máquina real (tais como uma chamada de sistema, uma interrupção ou uma tentativa de executar uma instrução privilegiada) também devem causar uma transferência da modalidade de usuário virtual para a modalidade de kernel virtual na máquina virtual.

Como essa transferência pode ser feita? O procedimento é o seguinte: Quando o kernel no convidado tenta executar uma instrução privilegiada, isso é um erro (porque o sistema está em modalidade de usuário) e causa uma interceptação para o VMM na máquina real. O VMM assume o controle e executa (ou "emula") a ação que foi tentada pelo kernel do convidado em nome do convidado. A seguir, retorna o controle para a máquina virtual. Isso se chama método de interceptação-e-emulação e é mostrado na Figura 16.2. A maioria dos produtos de virtualização usa esse método em algum grau.

No caso de instruções privilegiadas, o tempo torna-se um problema. Todas as instruções não privilegiadas são executadas nativamente no hardware, fornecendo o mesmo desempenho para os convidados que as aplicações nativas. No entanto, instruções privilegiadas geram overhead adicional, fazendo com que o convidado seja executado mais lentamente do que o seria nativamente. Além disso, a CPU está sendo multiprogramada entre muitas máquinas virtuais, o que pode retardar ainda mais as máquinas virtuais de maneiras imprevisíveis.

Esse problema tem sido abordado de várias maneiras. A VM da IBM, por exemplo, permite que instruções normais de máquinas virtuais sejam executadas diretamente no hardware. Apenas as instruções privilegiadas (necessárias principalmente para I/O) devem ser emuladas e, portanto, são executadas mais

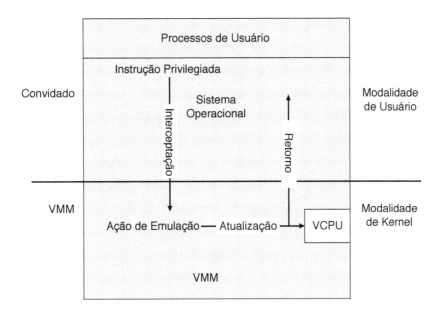

Figura 16.2   Implementação da virtualização por interceptação-e-emulação.

lentamente. Em geral, com a evolução do hardware, o desempenho da funcionalidade interceptação-e-emulação tem melhorado, e casos em que ela é necessária têm diminuído. Por exemplo, atualmente muitas CPUs têm modalidades extras adicionadas à sua operação-padrão de modalidade dual. A VCPU não precisa controlar em que modalidade o sistema operacional convidado está, porque a CPU física executa essa função. Na verdade, algumas CPUs fornecem gerenciamento em hardware do estado da CPU convidada e, assim, o VMM não precisa fornecer essa funcionalidade, removendo o overhead adicional.

16.4.2   Tradução Binária

Algumas CPUs não têm uma separação clara entre instruções privilegiadas e não privilegiadas. Infelizmente para os implementadores da virtualização, a linha de CPUs Intel x86 está entre elas. Não se deu atenção à execução da virtualização no x86 quando ele foi projetado. (Na verdade, a primeira CPU da família — a Intel 4004, lançada em 1971 — foi projetada para ser o núcleo de uma calculadora.) O chip manteve a compatibilidade regressiva em todo o seu tempo de vida, impedindo alterações que teriam tornado a virtualização mais fácil por meio de muitas gerações. Vamos considerar um exemplo do problema. O comando `popf` carrega o registrador flag a partir do conteúdo da pilha. Se a CPU estiver em modalidade privilegiada, todos os flags serão substituídos na pilha. Se a CPU estiver em modalidade de usuário, então somente alguns flags serão substituídos e os outros serão ignorados. Já que nenhuma interceptação é gerada quando `popf` é executado em modalidade de usuário, o procedimento interceptação-e-emulação torna-se inútil. Outras instruções do x86 causam problemas semelhantes. Para fins dessa discussão, chamaremos esse conjunto de instruções de *instruções especiais*. Ainda que date de 1998, não parece que o uso recente do método interceptação-e-emulação para implementar a virtualização no x86 tenha sido considerado impossível por causa dessas instruções especiais.

Esse problema anteriormente insuperável foi resolvido com a implementação da técnica de **tradução binária**. A tradução binária tem um conceito bem simples, mas é complexa na implementação. Os passos básicos são os seguintes:

1. Se a VCPU convidada estiver em modalidade de usuário, o convidado poderá executar suas instruções nativamente em uma CPU física.
2. Se a VCPU convidada estiver em modalidade de kernel, então o convidado acredita que ele estará sendo executado em modalidade de kernel. O VMM examina cada instrução que o convidado executa em modalidade de kernel virtual lendo as próximas instruções que o convidado está para executar, baseando-se no contador de programa do convidado. Instruções que não forem instruções especiais são executadas nativamente. Instruções especiais são traduzidas para um novo conjunto de instruções que executam tarefa equivalente — por exemplo, a alteração dos flags na VCPU.

A tradução binária é mostrada na Figura 16.3. Ela é implementada por um código de tradução dentro do VMM. O código lê dinamicamente, sob demanda, instruções binárias nativas a partir do convidado e gera código binário nativo que é executado no lugar do código original.

O método básico de tradução binária que acabamos de descrever seria executado corretamente, mas tem desempenho fraco. Felizmente, a grande maioria das instruções seria executada nativamente. Porém, como o desempenho poderia ser melhorado para as outras instruções? Podemos usar uma implementação específica da tradução binária, o método VMware, para ver uma forma de melhorar o desempenho. Aqui, o armazenamento em cache fornece a solução. O código de substituição de cada instrução que precisa ser traduzida é armazenado em cache. Todas as execuções posteriores dessa instrução serão realizadas a partir do cache de tradução e não precisarão ser traduzidas novamente. Se o cache for suficientemente grande, esse método pode melhorar muito o desempenho.

Vamos considerar outro aspecto da virtualização: o gerenciamento de memória, especificamente as tabelas de páginas. Como o VMM pode manter o estado da tabela de páginas tanto para convidados que acreditam que estão gerenciando as ta-

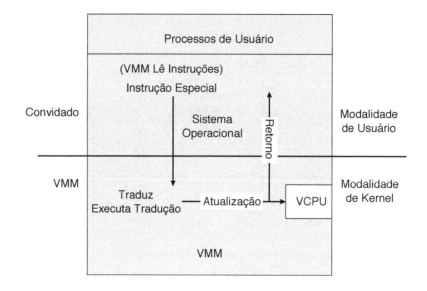

Figura 16.3 Implementação da virtualização por tradução binária.

belas de páginas quanto para o próprio VMM? Um método comum, usado tanto com a interceptação-e-emulação quanto com a tradução binária, é o uso de tabelas de páginas aninhadas (NPTs — *nested page tables*). Cada sistema operacional convidado mantém uma ou mais tabelas de páginas para traduzir de memória virtual para física. O VMM mantém NPTs para representar o estado da tabela de páginas do convidado, da mesma forma que cria uma VCPU para representar o estado da CPU do convidado. O VMM sabe quando o convidado tenta alterar sua tabela de páginas, e faz a alteração equivalente na NPT. Quando o convidado está na CPU, o VMM insere o ponteiro para a NPT apropriada no registrador de CPU apropriado para tornar essa tabela a tabela de páginas ativa. Se o convidado precisar modificar a tabela de páginas (por exemplo, para correção de um erro de página), então essa operação deve ser interceptada pelo VMM e alterações apropriadas devem ser feitas nas tabelas de páginas aninhadas e do sistema. Infelizmente, o uso de NPTs pode aumentar os erros de TLB, e muitas outras complexidades precisam ser resolvidas para que seja alcançado um desempenho aceitável.

Embora possa parecer que o método de tradução binária gere grandes níveis de overhead, ele teve um desempenho suficientemente bom para lançar um novo segmento da indústria focado na virtualização de sistemas baseados na Intel x86. A VMware testou o impacto da tradução binária sobre o desempenho inicializando um desses sistemas, o Windows XP, e encerrando-o imediatamente enquanto monitorava o tempo decorrido e o número de traduções produzidas pelo método de tradução binária. O resultado foram 950.000 traduções, levando 3 microssegundos cada uma, para um aumento total de 3 segundos (cerca de 5%) sobre a execução nativa do Windows XP. Para atingir esse resultado, os desenvolvedores usaram muitas melhorias de desempenho que não discutimos aqui. Para obter mais informações, consulte as Notas Bibliográficas no fim deste capítulo.

16.4.3 Assistência de Hardware

Sem algum nível de suporte de hardware, a virtualização seria impossível. Quanto mais suporte de hardware estiver disponível dentro de um sistema, mais ricas em recursos e estáveis as máquinas virtuais poderão ser e melhor será seu desempenho. Na família de CPUs Intel x86, a Intel adicionou um novo suporte à virtualização em gerações sucessivas (as instruções VT-x) começando em 2005. Agora, a tradução binária não é mais necessária.

Na verdade, todas as principais CPUs de uso geral estão fornecendo níveis estendidos de suporte de hardware para a virtualização. Por exemplo, a tecnologia de virtualização da AMD (AMD-V) apareceu em vários processadores AMD a partir de 2006. Ela define duas novas modalidades de operação — hospedeiro e convidado — passando de um processador de modalidade dual para um multimodalidade. O VMM pode habilitar a modalidade de hospedeiro, definir as características de cada máquina virtual convidada e então permutar o sistema para a modalidade de convidado, passando o controle do sistema para um sistema operacional convidado em execução na máquina virtual. Em modalidade de convidado, o sistema operacional virtualizado pensa que está em execução em hardware nativo e vê quaisquer dispositivos incluídos na definição de hospedeiro do convidado. Se o convidado tentar acessar um recurso virtualizado, o controle é passado para que o VMM gerencie essa interação. A funcionalidade no Intel VT-x é semelhante, fornecendo modalidades raiz e não raiz, equivalentes às modalidades de hospedeiro e convidado. Ambos fornecem estruturas de dados de estado da VCPU do convidado para carregar e salvar o estado da CPU do convidado automaticamente durante mudanças de contexto do convidado. Além disso, estruturas de controle de máquinas virtuais (VMCSs — *virtual machine control structures*) são fornecidas para gerenciar o estado do convidado e do hospedeiro, assim como os vários controles de execução do convidado, controles de saída, e informações de por que os convidados retornaram ao hospedeiro. No último caso, por exemplo, uma violação das tabelas de páginas aninhadas causada por uma tentativa de acessar memória indisponível pode resultar no encerramento do convidado.

A AMD e a Intel também trataram do gerenciamento de memória no ambiente virtual. Com as melhorias no gerenciamento de memória no RVI da AMD e na EPT da Intel, os VMMs não precisam mais implementar NPTs em software. Em essência, essas CPUs implementam tabelas de páginas aninhadas em hardware para permitir que o VMM controle totalmente a paginação enquanto as CPUs aceleram a tradução de endereços virtuais para físicos. As NPTs adicionam uma nova camada, representando a visão que o convidado tem da tradução de endereços lógicos para físicos. A função de varredura de tabela de páginas da CPU inclui essa nova camada quando necessário, percorrendo da tabela do convidado à tabela do VMM para encontrar o endereço físico desejado. Um erro de TLB resulta em uma piora de desempenho porque mais tabelas devem ser percorridas (as tabelas de páginas do convidado e do hospedeiro) para a conclusão da pesquisa. A Figura 16.4 mostra o trabalho de tradução adicional executado pelo hardware para traduzir um endereço virtual do convidado para um endereço físico final.

O I/O é outra área melhorada pela assistência de hardware. Considere que o controlador-padrão de acesso direto à memória (DMA) aceita um endereço de memória de destino e um dispositivo de I/O de origem e transfere dados entre os dois sem qualquer ação do sistema operacional. Sem assistência de hardware, um convidado poderia tentar executar uma transferência DMA que afetasse a memória do VMM ou de outros convidados. Em CPUs que fornecem DMA assistido por hardware (como as CPUs Intel com VT-d), até mesmo o DMA tem um nível de endereçamento indireto. Primeiro, o VMM define **domínios de proteção** para informar à CPU a memória física que pertence a cada convidado. Em seguida, ele atribui os dispositivos de I/O aos domínios de proteção, permitindo a eles acesso direto a essas regiões de memória e somente a essas regiões. O hardware então transforma o endereço em uma solicitação DMA emitida por um dispositivo de I/O para o endereço físico de memória do hospedeiro associado ao I/O. Dessa forma, as transferências DMA são passadas entre um convidado e um dispositivo sem interferência do VMM.

De forma semelhante, as interrupções devem ser distribuídas ao convidado apropriado e não devem ser visíveis a outros convidados. Fornecendo um recurso de remapeamento de interrupções, as CPUs com assistência de hardware de virtualização distribuem automaticamente uma interrupção destinada a um convidado para um núcleo que está correntemente executando um thread desse convidado. Assim, o convidado recebe interrupções sem a necessidade de o VMM interceder em sua distribuição. Sem o remapeamento de interrupções, convidados maliciosos podem gerar interrupções e usá-las para assumir o controle do sistema hospedeiro. (Consulte as Notas Bibliográficas no fim deste capítulo, para mais detalhes.)

16.5 Tipos de Máquinas Virtuais e Suas Implementações

Acabamos de examinar algumas das técnicas usadas para implementar a virtualização. A seguir, consideramos os principais tipos de máquinas virtuais, sua implementação, sua funcionalidade e como usam os blocos de construção já descritos para criar um ambiente virtual. Naturalmente, o hardware em que as máquinas virtuais estão sendo executadas pode causar grande variação nos métodos de implementação. Aqui, discutimos as implementações em geral, sabendo que os VMMs tiram vantagem da assistência de hardware em que ela está disponível.

16.5.1 O Ciclo de Vida da Máquina Virtual

Vamos começar com o ciclo de vida da máquina virtual. Não importando o tipo de hipervisor, no momento em que a máquina virtual é criada, seu criador fornece certos parâmetros ao VMM. Esses parâmetros incluem, usualmente, o número de CPUs, o montante de memória, detalhes da conexão de rede e detalhes de armazenamento que o VMM levará em consideração ao criar o convidado. Por exemplo, um usuário poderia querer criar um novo convidado com duas CPUs virtuais, 4 GB de memória, 10 GB de espaço em disco, uma interface de rede que obtivesse seu endereço IP via DHCP, e acesso ao drive de DVD.

O VMM cria então a máquina virtual com esses parâmetros. No caso de um hipervisor tipo 0, os recursos são, usualmente, dedicados. Nessa situação, se não houver duas CPUs virtuais disponíveis e não alocadas, a solicitação de criação em nosso exemplo falhará. Para outros tipos de hipervisor, os recursos são dedicados ou virtualizados, dependendo do tipo. Certamente, um endereço IP não pode ser compartilhado, mas as CPUs virtuais costumam ser multiplexadas nas CPUs físicas como discutido na Seção 16.6.1. Da mesma forma, o gerenciamento de memória envolve, usualmente, a alocação de mais memória para convidados do que existe realmente na memória física. Isso é mais complicado e é descrito na Seção 16.6.2.

Para concluir, quando a máquina virtual não é mais necessária, ela pode ser excluída. Quando isso ocorre, o VMM primeiro libera qualquer espaço em disco utilizado e remove, então, a configuração associada à máquina virtual, esquecendo essencialmente a máquina virtual.

Esses passos são muito simples em comparação com a construção, configuração, execução e remoção de máquinas físicas. A criação de uma máquina virtual a partir de uma existente pode ser tão fácil quanto clicar no botão "clone" e fornecer um novo nome e endereço IP. Essa facilidade de criação pode levar ao **alastramento de máquinas virtuais**, que ocorre quando há tantas máquinas virtuais em um sistema que seu uso, histórico e estado se tornam confusos e difíceis de rastrear.

16.5.2 Hipervisor Tipo 0

Os hipervisores tipo 0 existem há muitos anos sob muitos nomes, incluindo "partições" e "domínios". Eles são um recurso de hardware e isso tem suas vantagens e desvantagens. Os sistemas operacionais não precisam fazer coisa alguma de especial para tirarem vantagem de seus recursos. O próprio VMM é codificado no firmware e carregado em tempo de inicialização. Por sua vez, ele carrega as imagens de convidados para execução em cada partição. O conjunto de recursos de um hipervisor tipo 0 tende a ser menor do que os de outros tipos porque ele é implementado em hardware. Por exemplo, um sistema poderia ser dividido em quatro sistemas virtuais, cada um deles com CPUs dedicadas, memória e dispositivos de I/O. Cada convidado acredita que tem hardware dedicado porque realmente tem, simplificando muitos detalhes de implementação.

O I/O apresenta alguma dificuldade porque não é fácil dedicar dispositivos de I/O a convidados se eles não existirem em número suficiente. E se um sistema tiver duas portas de Ethernet e mais de dois convidados, por exemplo? Todos os convidados devem obter seus próprios dispositivos de I/O, ou o sistema deve fornecer o compartilhamento de dispositivos de I/O. Nesses casos, o hipervisor gerencia o acesso compartilhado ou concede todos os dispositivos a uma **partição de controle**. Na partição de controle, um sistema operacional convidado fornece serviços (como conexão de rede) via daemons para outros convidados, e o hipervisor roteia as solicitações de I/O apropriadamente. Alguns hipervisores tipo 0 são ainda mais sofisticados e podem alternar CPUs e memória físicas entre convidados em execução. Nesses casos, os convidados são paravirtualizados, conscientes da virtualização e ajudam em sua execução. Por exemplo, um convidado deve observar, a partir do hardware ou

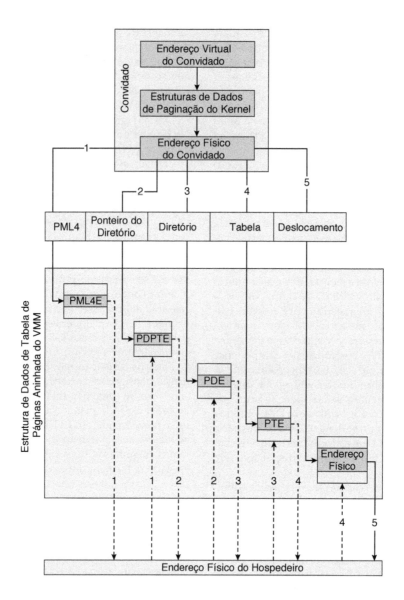

Figura 16.4 Tabelas de páginas aninhadas.

do VMM, sinais de que ocorreu uma alteração de hardware, sondar seus dispositivos de hardware para detectar a alteração e adicionar a seus recursos disponíveis, ou deles subtrair, CPUs ou memória.

Já que a virtualização tipo 0 é muito semelhante à execução em hardware bruto, ela deve ser considerada separadamente dos outros métodos discutidos aqui. Um hipervisor tipo 0 pode executar múltiplos sistemas operacionais convidados (um em cada partição de hardware). Todos esses convidados podem, por sua vez, ser VMMs, uma vez que estão sendo executados em hardware bruto. Essencialmente, os sistemas operacionais convidados em um hipervisor tipo 0 são sistemas operacionais nativos com um subconjunto de hardware disponibilizado para eles. Por causa disso, todos podem ter seus próprios sistemas operacionais convidados (Figura 16.5). Outros tipos de hipervisores usualmente não podem fornecer essa funcionalidade de virtualização-dentro-da-virtualização.

16.5.3 Hipervisor Tipo 1

Os hipervisores tipo 1 são comumente encontrados em centros de dados empresariais e, em certo sentido, estão se tornando "o sistema operacional dos centros de dados". São sistemas operacionais de uso específico que são executados nativamente no hardware, mas, em vez de fornecer chamadas de sistema e outras interfaces para programas em execução, eles criam, executam e gerenciam sistemas operacionais convidados. Além de serem executados em hardware-padrão, podem ser executados em hipervisores tipo 0, mas não em outros hipervisores tipo 1. Independentemente da plataforma, geralmente os convidados não sabem que estão sendo executados em algo que não seja hardware nativo.

Os hipervisores tipo 1 são executados em modalidade de kernel, tirando partido da proteção de hardware. Onde a CPU hospedeira permite, eles usam múltiplas modalidades para dar aos sistemas operacionais convidados seu próprio controle e desempenho aperfeiçoado. Eles implementam drivers de dispositivos para o hardware em que são executados porque ne-

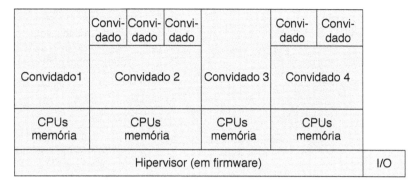

Figura 16.5 Hipervisor tipo 0.

nhum outro componente poderia fazer isso. Já que são sistemas operacionais, também devem fornecer scheduling de CPU, gerenciamento de memória, gerenciamento de I/O, proteção e até segurança. Com frequência, eles fornecem APIs, mas essas APIs suportam aplicações em convidados ou aplicações externas que fornecem recursos como backups, monitoramento e segurança. Muitos hipervisores tipo 1 são produtos comerciais de código-fonte fechado, tal como o VMware ESX, enquanto outros são de código-fonte aberto ou híbridos de código-fonte aberto e fechado, tal como o Citrix XenServer e sua contrapartida Xen de código-fonte aberto.

Usando hipervisores tipo 1, os gerentes de centros de dados podem controlar e gerenciar os sistemas operacionais e aplicações de maneiras novas e sofisticadas. Um benefício importante é a capacidade de consolidar mais sistemas operacionais e aplicações em menos sistemas. Por exemplo, em vez de ter 10 sistemas sendo executados a 10% de utilização cada, um centro de dados poderia ter um servidor gerenciando a carga inteira. Se a utilização aumentar, os convidados e suas aplicações podem ser movidos para sistemas menos carregados dinamicamente, sem interrupção do serviço. Usando instantâneos e clonagem, o sistema pode salvar os estados dos convidados e duplicar esses estados — uma tarefa muito mais fácil do que fazer a restauração a partir de backups, ou instalar manualmente ou via scripts e ferramentas. O preço dessa capacidade de gerenciamento aumentada é o custo do VMM (se for um produto comercial), a necessidade de aprender novas ferramentas e métodos de gerenciamento e o aumento da complexidade.

Outro tipo de hipervisor tipo 1 inclui vários sistemas operacionais de uso geral com funcionalidade de VMM. Nesse caso, um sistema operacional, como o Linux Red Hat Enterprise, o Windows ou o Oracle Solaris, executa suas tarefas normais e também fornece uma VMM que permite que outros sistemas operacionais sejam executados como convidados. Por causa de suas tarefas adicionais, esses hipervisores fornecem tipicamente menos recursos de virtualização do que outros hipervisores tipo 1. Em muitos aspectos, eles tratam um sistema operacional convidado simplesmente como outro processo, porém fornecendo manipulação especial quando o convidado tentar executar instruções especiais.

16.5.4 Hipervisor Tipo 2

Os hipervisores tipo 2 são menos interessantes para nós como exploradores de sistemas operacionais porque há muito pouco envolvimento do sistema operacional nesses gerenciadores de máquinas virtuais no nível da aplicação. Esse tipo de VMM é simplesmente outro processo executado e gerenciado pelo hospedeiro, e nem mesmo o hospedeiro sabe que a virtualização está ocorrendo dentro do VMM.

Os hipervisores tipo 2 têm limites não associados a alguns dos outros tipos. Por exemplo, um usuário precisa de privilégios administrativos para acessar muitos dos recursos de assistência de hardware das CPUs modernas. Se o VMM estiver sendo executado por um usuário-padrão sem privilégios adicionais, ele não poderá tirar vantagem desses recursos. Por causa dessa limitação, assim como do overhead adicional de execução de um sistema operacional de uso geral e sistemas operacionais convidados, os hipervisores tipo 2 tendem a ter um desempenho geral mais fraco do que o tipo 0 ou 1.

Como geralmente ocorre, as limitações dos hipervisores tipo 2 também fornecem alguns benefícios. Eles são executados em uma variedade de sistemas operacionais de uso geral, e sua execução não requer alterações no sistema operacional hospedeiro. Um estudante pode usar um hipervisor tipo 2, por exemplo, para testar um sistema operacional não nativo sem substituir o sistema operacional nativo. Na verdade, em um laptop da Apple, um estudante poderia ter versões do Windows, do Linux, do Unix e sistemas operacionais menos comuns, todos disponíveis para aprendizado e experimentação.

16.5.5 Paravirtualização

Como vimos, a paravirtualização adota uma abordagem diferente dos outros tipos de virtualização. Em vez de tentar fazer com que um sistema operacional convidado acredite que ele tem um sistema para si próprio, a paravirtualização apresenta o convidado a um sistema que é semelhante, mas não idêntico, ao sistema que ele prefere. O convidado deve ser modificado para ser executado no hardware virtual paravirtualizado. A vantagem desse trabalho adicional é o uso mais eficiente dos recursos e uma camada de virtualização menor.

O VMM Xen, que é o líder da paravirtualização, implementou várias técnicas para a otimização do desempenho de convidados e do sistema hospedeiro. Por exemplo, como vimos, alguns VMMs apresentam dispositivos virtuais aos convidados que parecem ser dispositivos reais. Em vez de usar essa abordagem, o VMM Xen apresenta simples e claras abstrações de dispositivos que permitem I/O eficiente, assim como boa comunicação entre o convidado e o VMM sobre o I/O do dispositivo. Para cada dispositivo usado por cada convidado, há um buffer circular compartilhado pelo convidado e pelo VMM via memória compartilhada. Dados lidos e gravados são inseridos nesse buffer, como mostrado na Figura 16.6.

Para o gerenciamento de memória, o Xen não implementa tabelas de páginas aninhadas. Em vez disso, cada convidado

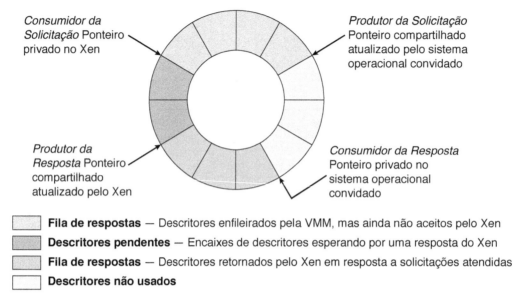

Figura 16.6 I/O do Xen via buffer circular compartilhado.

tem seu próprio conjunto de tabelas de páginas, definidas como somente-de-leitura. O Xen requer que o convidado use um mecanismo específico, uma hiperchamada do convidado para o VMM hipervisor, quando uma alteração na tabela de páginas é necessária. Isso significa que o código de kernel do sistema operacional convidado deve ser alterado do código default para esses métodos específicos do Xen. Para otimizar o desempenho, o Xen permite que o convidado enfileire múltiplas alterações na tabela de páginas assincronamente via hiperchamadas e então verifique se as alterações foram concluídas antes de dar continuidade à operação.

O Xen permitiu a virtualização de CPUs x86 sem o uso de tradução binária; em vez disso, requereu modificações nos sistemas operacionais convidados como a descrita acima. Através do tempo, o Xen tem se beneficiado de recursos de hardware que suportam virtualização. Como resultado, não requer mais convidados modificados e essencialmente não precisa do método de paravirtualização. A paravirtualização ainda é usada em outras soluções, no entanto, como os hipervisores tipo 0.

16.5.6 Virtualização do Ambiente de Programação

Outro tipo de virtualização, baseado em um modelo de execução diferente, é a virtualização de *ambientes* de programação. Aqui, uma linguagem de programação é projetada para ser executada dentro de um ambiente virtualizado personalizado. Por exemplo, o Java da Oracle tem muitos recursos que dependem de sua execução na máquina virtual Java (JVM), incluindo métodos específicos para o gerenciamento de segurança e da memória.

Se definirmos virtualização como incluindo apenas a duplicação de hardware, não será realmente virtualização. Mas não precisamos nos limitar a essa definição. Em vez disso, podemos definir um ambiente de virtualização baseado em APIs que forneça um conjunto de recursos a serem disponibilizados para uma linguagem específica e programas escritos nessa linguagem. Os programas em Java são executados dentro do ambiente da JVM, e a JVM é compilada para ser um programa nativo nos sistemas em que é executada. Esse esquema significa que os programas em Java são escritos uma vez e, então, podem ser executados em qualquer sistema (incluindo todos os principais sistemas operacionais) em que uma JVM está disponível. O mesmo pode ser dito das linguagens interpretadas que são executadas dentro de programas que leem cada instrução e a interpretam no âmbito de operações nativas.

16.5.7 Emulação

A virtualização é provavelmente o método mais comum para a execução de aplicações projetadas para um sistema operacional em um sistema operacional diferente, porém na mesma CPU. Esse método funciona com relativa eficiência porque as aplicações foram compiladas para o mesmo conjunto de instruções que o sistema-alvo utiliza.

Mas e se uma aplicação ou sistema operacional precisarem ser executados em uma CPU diferente? Nesse caso, é necessário traduzir todas as instruções da CPU de origem para que elas sejam transformadas nas instruções equivalentes da CPU-alvo. Tal ambiente não é mais virtualizado e sim totalmente emulado.

A emulação é útil quando o sistema hospedeiro tem uma arquitetura e o sistema convidado foi compilado para uma arquitetura diferente. Por exemplo, suponha que uma empresa tenha substituído seu sistema de computação desatualizado por um novo sistema, mas gostaria de continuar a executar certos programas importantes que foram compilados para o sistema antigo. Os programas poderiam ser executados em um emulador que traduza cada uma das instruções do sistema desatualizado para o conjunto de instruções nativas do novo sistema. A emulação pode aumentar a vida dos programas e permitir a exploração de arquiteturas antigas sem possuir uma máquina velha real.

Como é de se esperar, o principal desafio da emulação é o desempenho. A emulação do conjunto de instruções pode ser executada em uma ordem de grandeza mais lenta do que as instruções nativas, porque podem ser necessárias 10 instruções no novo sistema para a leitura, análise e simulação de uma instrução do sistema antigo. Portanto, a menos que a nova máquina seja 10 vezes mais rápida do que a antiga, o programa em execução na nova máquina será executado mais lentamente do que seria em seu hardware nativo. Outro desafio para os criadores de emuladores é que é difícil criar um emulador correto porque, em essência, essa tarefa envolve a criação de uma CPU inteira em software.

Apesar desses desafios, a emulação é muito popular, principalmente nos círculos de criação de jogos. Muitos videogames populares foram escritos para plataformas que não estão mais em produção. Usuários que queiram executar esses jogos podem com frequência encontrar um emulador dessa plataforma e então executar o jogo não modificado dentro do emulador. Os sistemas modernos são tão mais rápidos do que os consoles de jogos antigos, que até mesmo o iPhone da Apple tem emuladores de jogos e jogos disponíveis para serem executados dentro deles.

16.5.8 Confinamento de Aplicações

O objetivo da virtualização em alguns casos é fornecer um método para segregar aplicações, gerenciar seu desempenho e uso de recursos e criar uma forma fácil de iniciar, interromper, mover e gerenciar essas aplicações. Nesses casos, talvez a virtualização total não seja necessária. Se as aplicações forem todas compiladas para o mesmo sistema operacional, então não precisamos da virtualização completa para fornecer esses recursos. Em vez disso, podemos usar o confinamento de aplicações.

Considere um exemplo de confinamento de aplicações. A partir da versão 10, o Solaris da Oracle incluiu contêineres, ou zonas, que criam uma camada virtual entre o sistema operacional e as aplicações. Nesse sistema, apenas um kernel é instalado, e o hardware não é virtualizado. Em vez disso, o sistema operacional e seus dispositivos são virtualizados, dando aos processos de uma zona a impressão de que são os únicos processos no sistema. Um ou mais contêineres podem ser criados, e cada um deles pode ter suas próprias aplicações, pilhas de rede, endereço e portas de rede, contas de usuário, e assim por diante. Os recursos de CPU e memória podem ser divididos entre as zonas e os processos com abrangência em todo o sistema. Na verdade, cada zona pode executar seu próprio scheduler para otimizar o desempenho de suas aplicações sobre os recursos alocados. A Figura 16.7 mostra um sistema Solaris 10 com dois contêineres e o espaço de usuário "global" padrão.

16.6 A virtualização e os Componentes do Sistema Operacional

Até agora, exploramos os blocos de construção de virtualização e os diversos tipos de virtualização. Nesta seção, mergulhamos mais profundamente nos aspectos de virtualização do sistema operacional, incluindo como o VMM fornece funções básicas do sistema operacional como o scheduling, o I/O e o gerenciamento de memória. Aqui, respondemos a perguntas como estas: Como os VMMs organizam a utilização da CPU quando sistemas operacionais convidados acreditam que têm CPUs dedicadas? Como o gerenciamento de memória pode funcionar quando muitos convidados requerem grandes montantes de memória?

16.6.1 Scheduling da CPU

Um sistema com virtualização, até mesmo um sistema com uma única CPU, com frequência age como um sistema multiprocessador. O software de virtualização apresenta uma ou mais CPUs virtuais para cada uma das máquinas virtuais em execução no sistema e, então, organiza o schedule de uso das CPUs físicas entre as máquinas virtuais.

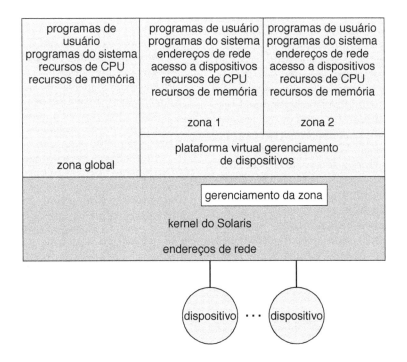

Figura 16.7 Solaris 10 com duas zonas.

As variações significativas entre as tecnologias de virtualização tornam difícil resumir o efeito da virtualização sobre o scheduling. Primeiro, consideremos o caso geral do scheduling do VMM. O VMM tem várias CPUs físicas disponíveis e vários threads a serem executados nessas CPUs. Os threads podem ser threads do VMM ou threads do convidado. Os convidados são configurados com determinado número de CPUs virtuais em tempo de criação e esse número pode ser ajustado durante a vida da VM. Quando há CPUs suficientes para alocar o número solicitado a cada convidado, o VMM pode tratar as CPUs como dedicadas e incluir no schedule apenas os threads de um convidado específico nas CPUs desse convidado. Nessa situação, os convidados agem de maneira muito semelhante a sistemas operacionais nativos em execução em CPUs nativas.

Naturalmente, em outras situações, podem não existir CPUs suficientes. O próprio VMM precisa de alguns ciclos de CPU para o gerenciamento de convidados e o gerenciamento de I/O e pode roubar ciclos dos convidados organizando seus threads no schedule em todas as CPUs do sistema, mas o impacto dessa ação é relativamente baixo. Mais difícil é o caso do **supercomprometimento**, em que os convidados são configurados para mais CPUs do que as que existem no sistema. Nesse caso, um VMM pode usar algoritmos de scheduling padrão para conseguir o progresso de cada thread, mas também pode adicionar um aspecto justo a esses algoritmos. Por exemplo, se houver seis CPUs de hardware e 12 CPUs alocadas a convidados, o VMM poderá alocar recursos de CPU proporcionalmente, dando a cada convidado metade dos recursos de CPU que ele acredita ter. O VMM também pode apresentar todas as 12 CPUs virtuais aos convidados, mas, ao mapeá-las para CPUs físicas, o VMM pode usar seu scheduler para compartilhá-las apropriadamente.

Mesmo havendo um scheduler justo, qualquer algoritmo de scheduling de sistema operacional convidado que assuma algum progresso em determinado período de tempo será afetado negativamente pela virtualização. Considere um sistema operacional de tempo compartilhado que tente alocar 100 milissegundos a cada fatia de tempo para dar aos usuários um tempo de resposta razoável. Dentro de uma máquina virtual, esse sistema operacional fica à mercê do sistema de virtualização no que diz respeito a que recursos da CPU ele recebe realmente. Determinada fatia de tempo de 100 milissegundos pode consumir muito mais do que 100 milissegundos de tempo de CPU virtual. Dependendo de quanto o sistema estiver ocupado, a fatia de tempo pode consumir um segundo ou mais, resultando em tempos de resposta muito insatisfatórios para os usuários conectados a essa máquina virtual. O efeito sobre um sistema operacional de tempo real pode ser ainda mais grave.

O resultado final desse scheduling em camadas é que sistemas operacionais individuais virtualizados recebem apenas uma parte dos ciclos de CPU disponíveis, ainda que acreditem estar recebendo todos os ciclos e que, realmente, estão incluindo no schedule todos esses ciclos. Normalmente, os relógios de horas do dia em máquinas virtuais estão incorretos porque os timers demoram mais para disparar do que ocorreria em CPUs dedicadas. Assim, a virtualização pode invalidar os bons esforços dos algoritmos de scheduling dos sistemas operacionais dentro de máquinas virtuais.

Para corrigir isso, um VMM terá uma aplicação disponível para cada tipo de sistema operacional que os administradores de sistema instalarem nos convidados. Essa aplicação corrige a oscilação do relógio e pode ter outras funções tal como o gerenciamento de dispositivos virtuais.

16.6.2 Gerenciamento de Memória

O uso eficiente da memória em sistemas operacionais de uso geral é um dos principais fatores que contribuem para o desempenho. Em ambientes virtualizados, há mais usuários da memória (os convidados e suas aplicações, além do VMM), o que leva a mais pressão sobre o seu uso. O que aumenta ainda mais essa pressão é que os VMMs tipicamente comprometem em excesso a memória, de modo que a memória total com a qual os convidados são configurados excede o montante de memória que existe fisicamente no sistema. A necessidade extra de uso eficiente da memória não é perdida nos implementadores de VMMs que tomam ótimas medidas para assegurar o uso ótimo da memória.

Por exemplo, o VMware ESX usa pelo menos três métodos de gerenciamento de memória. Antes que a otimização da memória possa ocorrer, o VMM deve estabelecer quanta memória real cada convidado deve usar. Para fazê-lo, o VMM primeiro avalia o tamanho máximo de memória de cada convidado conforme definido quando ele foi configurado. Sistemas operacionais de uso geral não esperam que o montante de memória do sistema mude e, assim, os VMMs devem manter a impressão de que o convidado tem esse montante de memória. Em seguida, o VMM computa uma alocação de memória real desejada para cada convidado com base na memória configurada para o convidado e outros fatores, tais como o supercomprometimento e a carga do sistema. Então, ele usa os três mecanismos de baixo nível descritos a seguir para reclamar memória dos convidados. O objetivo geral é habilitar os convidados a se comportarem e terem um desempenho como se tivessem o montante total de memória solicitada, embora na realidade tenham menos.

1. Lembre-se de que um convidado acredita que controla a alocação de memória por meio do gerenciamento de sua tabela de páginas quando, na verdade, o VMM mantém uma tabela de páginas aninhada que reconverte a tabela de páginas do convidado para a tabela de páginas real. O VMM pode usar esse nível extra de endereçamento indireto para otimizar o uso de memória do convidado sem o conhecimento ou ajuda do convidado. Uma abordagem é fornecer paginação dupla, em que o VMM tem seus próprios algoritmos de substituição de páginas e faz a paginação para páginas da memória de retaguarda que o convidado acredita estarem na memória física. Naturalmente, o VMM sabe menos sobre os padrões de acesso à memória do convidado do que o próprio convidado e, assim, sua paginação é menos eficiente, criando problemas de desempenho. Os VMMs usam esse método quando outros métodos não estão disponíveis ou não estão fornecendo memória livre suficiente. No entanto, não é a melhor abordagem.

2. A instalação, pelo VMM, em cada convidado, de um pseudodriver de dispositivos, ou de módulo do kernel que ele controle, é uma solução comum. (O **pseudodriver de dispositivos** usa interfaces de driver de dispositivos, parecendo para o kernel ser um driver de dispositivos, mas que não controla realmente o dispositivo. Mas é uma forma fácil de adicionar código de modalidade de kernel sem modificar diretamente o kernel.) Esse gerenciador de memória **balloon** comunica-se com o VMM e é solicitado a alocar ou desalocar memória. Se solicitado a alocar, ele aloca memória e solicita ao sistema operacional que fixe as páginas alocadas na memória física. Lembre-se de que a fixação tranca uma página na memória física para que ela não possa ser movida ou extraída. O convidado vê a pressão causada na

memória em razão dessas páginas fixadas, essencialmente diminuindo o montante de memória física que ele tem disponível para usar. O convidado, então, pode liberar outros segmentos de memória física para se certificar de que tenha um pool suficiente de memória livre. Enquanto isso, o VMM, sabendo que as páginas fixadas pelo processo de balloon nunca serão usadas, remove essas páginas físicas do convidado e as aloca a outro convidado. Ao mesmo tempo, o convidado está usando seus próprios algoritmos de paginação e gerenciamento de memória para gerenciar a memória disponível, o que é a opção mais eficiente. Se a pressão sobre a memória diminuir dentro do sistema inteiro, o VMM solicitará ao processo de balloon dentro do convidado que desprenda e libere parte da memória ou toda ela, dando ao convidado mais páginas para usar.

3. Outro método comum para a redução da pressão sobre a memória é a determinação pelo VMM de se a mesma página foi carregada mais de uma vez. Se for esse o caso, o VMM deve reduzir o número de cópias da página para uma e mapear os outros usuários da página para essa cópia. Por exemplo, o VMware seleciona aleatoriamente amostras da memória do convidado e cria um hash para cada página selecionada. Esse valor hash é uma "impressão digital" da página. O hash de cada página examinada é comparado com outros hashes já armazenados em uma tabela de hashes. Se houver uma correspondência, as páginas são comparadas byte a byte para que seja determinado se elas são realmente idênticas. Se forem, uma página é liberada e seu endereço lógico é mapeado para o endereço físico da outra. À primeira vista, essa técnica pode parecer ineficaz, mas considere que os convidados executam sistemas operacionais. Se múltiplos convidados executarem o mesmo sistema operacional, então apenas uma cópia das páginas ativas do sistema operacional precisa estar em memória. Da mesma forma, múltiplos convidados poderiam estar executando o mesmo conjunto de aplicações, o que também seria fonte de compartilhamento de memória.

16.6.3 I/O

Na área de I/O, os hipervisores têm alguma tolerância e podem estar menos preocupados em representar exatamente o hardware subjacente para seus convidados. Por causa de toda a variação existente entre os dispositivos de I/O, os sistemas operacionais são usados para lidar com mecanismos de I/O variados e flexíveis. Por exemplo, os sistemas operacionais têm um mecanismo de driver de dispositivos que fornece uma interface uniforme para o sistema operacional independentemente do dispositivo de I/O. As interfaces dos drivers de dispositivos são projetadas para permitir que fabricantes de hardware de terceiros forneçam drivers de dispositivos conectando seus dispositivos ao sistema operacional. Usualmente, os drivers de dispositivos podem ser carregados e descarregados dinamicamente. A virtualização tira partido dessa flexibilidade interna fornecendo dispositivos virtualizados específicos para sistemas operacionais convidados.

Como descrito na Seção 16.5, os VMMs variam muito em como fornecem I/O para seus convidados. Os dispositivos de I/O podem ser dedicados aos convidados, por exemplo, ou o VMM pode ter drivers de dispositivos para os quais mapeia o I/O dos convidados. O VMM também pode fornecer drivers de dispositivos idealizados para os convidados, o que permite o fácil fornecimento e gerenciamento do I/O do convidado. Nesse caso, o convidado vê um dispositivo fácil de controlar, mas na verdade esse driver de dispositivos simples comunica-se com o VMM que envia as solicitações para um dispositivo real mais complicado por meio de um driver de dispositivos real mais complexo. O I/O em ambientes virtuais é complicado e requer projeto e implementação cuidadosos do VMM.

Considere o caso de uma combinação de hipervisor e hardware que permita que os dispositivos sejam dedicados a um convidado e que o convidado acesse esses dispositivos diretamente. Naturalmente, um dispositivo dedicado a um convidado não estará disponível para qualquer outro convidado, mas esse acesso direto ainda pode ser útil em algumas circunstâncias. A razão para permitir o acesso direto é melhorar o desempenho de I/O. Quanto menos o hipervisor tiver de fazer para habilitar o I/O para seus convidados, mais rápido o I/O poderá ocorrer. Com hipervisores tipo 0 que forneçam acesso direto aos dispositivos, os convidados podem com frequência ser executados na mesma velocidade dos sistemas operacionais nativos. Quando, em vez disso, os hipervisores tipo 0 fornecem dispositivos compartilhados, o desempenho pode sofrer em comparação.

Com o acesso direto aos dispositivos em hipervisores tipo 1 e 2, o desempenho pode ser semelhante ao dos sistemas operacionais nativos se certo suporte de hardware estiver presente. O hardware precisa fornecer passagem por DMA com recursos como o VT-d, assim como a distribuição direta de interrupções para convidados específicos. Dada a frequência com que as interrupções ocorrem, não deve surpreender que convidados em hardware sem esses recursos tenham um desempenho pior do que se estivessem sendo executados nativamente.

Além do acesso direto, os VMMs fornecem acesso compartilhado aos dispositivos. Considere um drive de disco ao qual múltiplos convidados tenham acesso. O VMM deve fornecer proteção ao compartilhar o dispositivo, assegurando que um convidado possa acessar apenas os blocos especificados em sua configuração. Nesses casos, o VMM deve ser parte de cada I/O, verificando sua correção assim como roteando os dados de e para os dispositivos e convidados apropriados.

Na área de rede, os VMMs também têm trabalho a fazer. Os sistemas operacionais de uso geral têm, tipicamente, um endereço de protocolo de Internet (IP), embora às vezes tenham mais de um — por exemplo, para se conectar com uma rede de gerenciamento, uma rede de backup e uma rede de produção. Com a virtualização, cada convidado precisa de pelo menos um endereço IP porque essa é sua principal modalidade de comunicação. Portanto, um servidor executando um VMM pode ter vários endereços, e o VMM age como um switch virtual para rotear os pacotes de rede para o convidado endereçado.

Os convidados podem ser conectados "diretamente" à rede por um endereço IP que seja visto pela rede mais ampla (isso é conhecido como conexão em ponte). Alternativamente, o VMM pode fornecer um endereço de tradução de endereços de rede (NAT — *network address translation*). O endereço NAT é local ao servidor em que o convidado está em execução e o VMM fornece roteamento entre a rede mais ampla e o convidado. O VMM também fornece firewall, mediando conexões entre convidados dentro do sistema e entre convidados e sistemas externos.

16.6.4 Gerenciamento do Armazenamento

Uma pergunta importante para determinar como a virtualização funciona é esta: Se múltiplos sistemas operacionais tiverem sido instalados, qual é e onde fica o disco de inicialização? É claro que os ambientes virtualizados precisam considerar a área de gerenciamento de armazenamento diferentemente dos sistemas operacionais nativos. Até mesmo o método-padrão de multi-inicialização que fatia o disco raiz em partições, instalando um gerenciador de inicialização em uma partição e instalando cada um dos sistemas operacionais em outra partição, não é suficiente porque o particionamento tem limites que o impediriam de funcionar para dezenas ou centenas de máquinas virtuais.

Novamente, a solução para esse problema depende do tipo de hipervisor. Hipervisores tipo 0 tendem a permitir o particionamento do disco raiz, em parte porque esses sistemas tendem a executar menos convidados do que outros sistemas. Alternativamente, eles podem ter um gerenciador de disco como parte da partição de controle e esse gerenciador fornece espaço em disco (inclusive discos de inicialização) para as outras partições.

Hipervisores tipo 1 armazenam o disco raiz (e informações de configuração) do convidado em um ou mais arquivos dentro dos sistemas de arquivos fornecidos pelo VMM. Hipervisores tipo 2 armazenam as mesmas informações dentro dos sistemas de arquivos do sistema operacional hospedeiro. Em essência, uma imagem de disco, contendo todo o conteúdo do disco raiz do convidado, fica contida dentro de um arquivo no VMM. Apesar dos possíveis problemas de desempenho que causa, essa é uma solução inteligente porque simplifica a cópia e a transferência dos convidados. Se o administrador quiser uma duplicata do convidado (para teste, por exemplo), ele simplesmente copia a imagem de disco associada do convidado e informa ao VMM sobre a nova cópia. A inicialização dessa nova VM faz surgir um convidado idêntico. A movimentação de uma máquina virtual de um sistema para outro que execute o mesmo VMM é tão simples quanto interromper o convidado, copiar a imagem para o outro sistema e iniciar o convidado nesse local.

Às vezes, os convidados precisam de mais espaço em disco do que o disponível em sua imagem do disco raiz. Por exemplo, um servidor de banco de dados não virtualizado poderia usar vários sistemas de arquivos espalhados por muitos discos para armazenar diversas partes do banco de dados. A virtualização de tal banco de dados normalmente envolve a criação de vários arquivos, e o VMM precisa apresentá-los ao convidado como discos. O convidado é então executado da forma usual, com o VMM traduzindo as solicitações de I/O de disco vindas do convidado para comandos de I/O de arquivo para os arquivos corretos.

Com frequência, os VMMs fornecem um mecanismo para a captura de um sistema físico, como ele está correntemente configurado, e sua conversão de modo que um convidado que o VMM possa gerenciar e executar. De conformidade com a discussão acima, deve estar claro que esta conversão de físico para virtual (P-to-V — *physical-to-virtual*) lê os blocos dos discos do sistema físico e os armazena dentro de arquivos no sistema do VMM, ou em armazenamento compartilhado de maneira que o VMM possa acessar. Talvez não tão óbvia seja a necessidade de um procedimento virtual-para-físico (V-to-P — *virtual-to-physical*) para a conversão de um convidado para um sistema físico. Esse passo é às vezes necessário para a depuração: um problema pode ser causado pelo VMM ou por componentes associados, e o administrador poderia tentar resolvê-lo removendo a virtualização das variáveis do problema. A conversão V-to-P pode tomar os arquivos que contêm todos os dados do convidado e gerar blocos de disco em um disco do sistema, recriando o convidado como um sistema operacional nativo e suas aplicações. Uma vez que o teste seja concluído, o sistema nativo pode ser reutilizado para outros fins quando a máquina virtual voltar a funcionar, ou a máquina virtual pode ser excluída e o sistema nativo pode continuar a ser executado.

16.6.5 Migração Dinâmica

Um recurso não encontrado em sistemas operacionais de uso geral, mas encontrado em hipervisores tipo 0 e tipo 1, é a migração dinâmica de um convidado em execução de um sistema para outro. Mencionamos esse recurso anteriormente. Aqui, exploramos os detalhes de como a migração dinâmica funciona e por que os VMMs não têm muitos problemas para implementá-la enquanto os sistemas operacionais de uso geral têm, apesar de algumas tentativas de pesquisa.

Primeiro, considere como a migração dinâmica funciona. Um convidado em execução em um sistema é copiado para outro sistema executando o mesmo VMM. A cópia ocorre com tão pouca interrupção de serviço que os usuários conectados ao convidado, e as conexões de rede com o convidado, continuam sem impacto perceptível. Essa habilidade surpreendente é muito poderosa no gerenciamento de recursos a na administração de hardware. Compare-a com os passos necessários sem virtualização: aviso aos usuários, encerramento dos processos, possível movimentação de binários e reinicialização dos processos no novo sistema para, só então, os usuários serem capazes de usar os serviços novamente. Com a migração dinâmica, um sistema sobrecarregado pode ter sua carga diminuída dinamicamente sem interrupção perceptível. Da mesma forma, um sistema que precise de alterações de hardware ou de sistema (por exemplo, uma atualização de firmware, adição ou remoção de hardware, ou reparo de hardware) pode ter os convidados transferidos, o trabalho feito e os convidados trazidos de volta sem impacto perceptível para os usuários ou conexões remotas.

A migração dinâmica é possível em razão das interfaces bem definidas entre convidados e VMMs e o estado limitado que os VMMs mantêm para o convidado. O VMM migra um convidado por meio dos seguintes passos:

1. O VMM de origem estabelece uma conexão com o VMM-alvo e confirma se tem permissão para enviar um convidado.
2. O alvo cria um novo convidado gerando uma nova VCPU, uma nova tabela de páginas aninhada e outro armazenamento de estados.
3. A origem envia todas as páginas de memória somente-de-leitura ao alvo.
4. A origem envia todas as páginas de leitura-gravação ao alvo, marcando-as como não alteradas.
5. A origem repete o passo 4, já que durante esse passo algumas páginas foram provavelmente modificadas pelo convidado e agora estão sujas. Essas páginas precisam ser enviadas novamente e marcadas novamente como não modificadas.
6. Quando o ciclo de passos 4 e 5 torna-se muito curto, a origem congela o convidado, envia o estado final da VCPU, envia outros detalhes de estado, envia as páginas modificadas finais e solicita ao alvo para iniciar a execução do convidado. Uma vez que o alvo saiba que o convidado está em execução, a origem encerra o convidado.

Essa sequência é mostrada na Figura 16.8.

Concluímos esta discussão com alguns detalhes e limitações interessantes relativos à migração dinâmica. Primeiro, para que as conexões de rede continuem sem interrupção, a infraestrutura de rede precisa entender que um endereço MAC — o endereço de rede do hardware — pode migrar entre sistemas. Antes da virtualização, isso não ocorria, pois o endereço MAC estava associado ao hardware físico. Com a virtualização, o endereço MAC tem que ser transferível para que as conexões de rede existentes continuem sem precisar de redefinição. Os

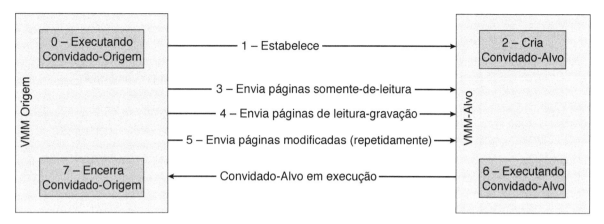

Figura 16.8   Migração dinâmica de um convidado entre dois servidores.

switches de rede modernos entendem isso e roteiam o tráfego para onde quer que o endereço MAC esteja, valendo-se até mesmo de uma transferência.

Uma limitação da migração dinâmica é que nenhum estado do disco é transferido. Uma razão para a migração dinâmica ser possível é que grande parte do estado do convidado é mantido dentro do convidado — por exemplo, tabelas de arquivos abertos, o estado de chamadas de sistema, o estado do kernel, e assim por diante. Já que o I/O de disco é muito mais lento do que o acesso à memória, e o espaço utilizado em disco é, usualmente, muito maior do que a memória utilizada, os discos associados ao convidado não podem ser movidos como parte de uma migração dinâmica. Em vez disso, o disco deve ser remoto para o convidado, acessado pela rede. Nesse caso, o estado de acesso ao disco é mantido dentro do convidado, e as conexões de rede são tudo o que interessa ao VMM. As conexões de rede são mantidas durante a migração e, assim, o acesso remoto ao disco continua. Normalmente, o NFS, o CIFS ou o iSCSI são usados para armazenar imagens de máquina virtual e qualquer outro tipo de armazenamento que um convidado precise acessar. Esses acessos a armazenamento baseado em rede simplesmente continuam quando as conexões de rede são continuadas, uma vez que o convidado tenha sido transferido.

A migração dinâmica habilita formas inteiramente novas de gerenciamento de centros de dados. Por exemplo, ferramentas de gerenciamento da virtualização podem monitorar todos os VMMs em um ambiente e balancear automaticamente o uso de recursos por convidados em movimentação entre os VMMs. Também podem otimizar o uso de eletricidade e resfriamento migrando todos os convidados para fora de servidores selecionados, se outros servidores puderem manipular a carga, e desligando totalmente os servidores selecionados. Se a carga aumentar, essas ferramentas podem ligar os servidores e migrar os convidados de volta para eles.

16.7 Exemplos

Apesar das vantagens das máquinas virtuais, elas receberam pouca atenção por vários anos após terem sido desenvolvidas. Atualmente, no entanto, as máquinas virtuais estão se tornando populares como um meio de resolver problemas de compatibilidade de sistemas. Nesta seção, exploramos duas máquinas virtuais contemporâneas populares: o VMware Workstation e a máquina virtual Java. Como você verá, essas máquinas virtuais podem ser executadas tipicamente no topo dos sistemas operacionais de qualquer um dos tipos de projeto discutidos anteriormente. Portanto, os métodos de projeto de sistemas operacionais — camadas simples, microkernels, módulos e máquinas virtuais — não são mutuamente exclusivos.

16.7.1 VMware

O **VMware Workstation** é uma aplicação comercial popular que abstrai o Intel x86 e hardware compatível em máquinas virtuais isoladas. O VMware Workstation é um exemplo ideal de hipervisor tipo 2. Ele é executado como uma aplicação em um sistema operacional hospedeiro como Windows ou Linux e permite que esse sistema hospedeiro execute concorrentemente vários sistemas operacionais convidados diferentes como máquinas virtuais independentes.

A arquitetura de tal sistema é mostrada na Figura 16.9. Nesse cenário, o Linux está sendo executado como o sistema operacional hospedeiro, e o FreeBSD, o Windows NT e o Windows XP estão sendo executados como sistemas operacionais convidados. No coração do VMware está a camada de virtualização, que abstrai o hardware físico em máquinas virtuais isoladas sendo executadas como sistemas operacionais convidados. Cada máquina virtual tem sua própria CPU, memória, drives de disco, interfaces de rede virtuais, e assim por diante.

O disco físico que o convidado possui e gerencia é na verdade apenas um arquivo dentro do sistema de arquivos do sistema operacional hospedeiro. Para criar um convidado idêntico, podemos simplesmente copiar o arquivo. A cópia do arquivo para outra locação protege o convidado contra um desastre no sítio original. A movimentação do arquivo para outra locação transfere o sistema convidado. Esses cenários mostram como a virtualização pode melhorar a eficiência da administração e o uso de recursos do sistema.

16.7.2 A Máquina Virtual Java

Java é uma linguagem de programação popular orientada a objetos, introduzida pela Sun Microsystems em 1995. Além de uma especificação de linguagem e uma extensa biblioteca de APIs, o ambiente Java fornece uma especificação da máquina virtual Java, ou JVM. Portanto, Java é um exemplo de virtualização do ambiente de programação, como discutido na Seção 16.5.6.

Os objetos Java são especificados com o construtor `class`; um programa em Java consiste em uma ou mais classes. Para

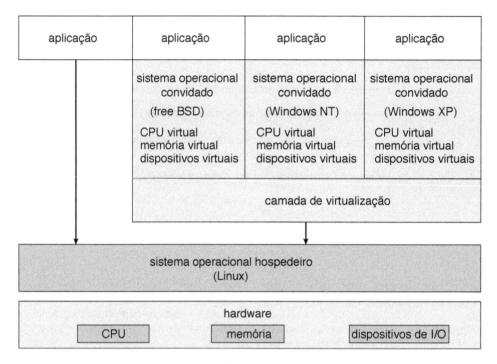

Figura 16.9 Arquitetura do VMware Workstation.

cada classe Java, o compilador produz um arquivo (.class) de saída com bytecode independente de arquitetura que será executado em qualquer implementação da JVM.

A JVM é uma especificação de um computador abstrato. Ela consiste em um carregador de classes e um interpretador de Java que executa os bytecodes independentes de arquitetura, como diagramado na Figura 16.10. O carregador de classes carrega os arquivos .class compilados, a partir tanto do programa em Java quanto da API Java para execução pelo interpretador de Java. Após uma classe ser carregada, o verificador analisa se o arquivo .class tem bytecodes Java válidos e não estoura a pilha positiva ou negativamente. Ele também assegura que o bytecode não execute a aritmética de ponteiros que poderia fornecer acesso ilegal à memória. Se a classe passar na verificação, ela será executada pelo intepretador de Java. A JVM também gerencia a memória automaticamente executando coleta de lixo — a prática de reclamar a memória de objetos que não estão mais em uso e devolvê-la ao sistema. Muitas pesquisas focalizam algoritmos de coleta de lixo para a melhoria do desempenho de programas em Java na máquina virtual.

A JVM pode ser implementada em software no topo de um sistema operacional hospedeiro, como o Windows, o Linux ou o Mac OS X, ou como parte de um navegador da web. Alternativamente, a JVM pode ser implementada em hardware em um chip especificamente projetado para executar programas em Java. Se a JVM for implementada em software, o interpretador Java interpretará as operações de bytecodes uma de cada vez. Uma técnica mais rápida em software é o uso de um compilador just-in-time (JIT). Aqui, na primeira vez que um método Java é invocado, os bytecodes do método são convertidos em linguagem de máquina nativa do sistema hospedeiro. Essas operações são então armazenadas em cache para que invocações subsequentes de um método sejam executadas usando as instruções de máquina nativas, e as operações de bytecodes não precisem ser interpretadas novamente. Executar a JVM em hardware é potencialmente ainda mais rápido. Nesse caso, um chip Java especial executa as operações de bytecodes Java como código nativo, eliminando assim a necessidade de um interpretador em software ou de um compilador just-in-time.

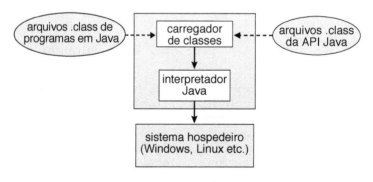

Figura 16.10 A máquina virtual Java.

16.8 Resumo

A virtualização é um método que fornece a um convidado uma duplicata do hardware subjacente de um sistema. Múltiplos convidados podem ser executados em determinado sistema, cada um deles acreditando que é o sistema operacional nativo com controle total do sistema. A virtualização começou como um método para permitir que a IBM segregasse usuários e fornecesse a eles seus próprios ambientes de execução em mainframes IBM. Desde então, com as melhorias de desempenho em sistemas e CPUs e por meio de técnicas de software inovadoras, a virtualização tornou-se um recurso comum em centros de dados e até em computadores pessoais. Em razão da popularidade da virtualização, os projetistas de CPUs adicionaram recursos para lhe dar suporte. Esse efeito bola de neve deve continuar, com a virtualização e seu suporte de hardware aumentando com o tempo.

A virtualização tipo 0 é implementada no hardware e requer modificações no sistema operacional para garantir operação apropriada. Essas modificações oferecem um exemplo de paravirtualização, em que o sistema operacional não desconhece a virtualização, mas, em vez disso, tem recursos adicionados e algoritmos alterados para melhorar as funções e o desempenho da virtualização. Na virtualização tipo 1, um monitor de máquina virtual (VMM) do hospedeiro fornece o ambiente e os recursos necessários à criação, execução e destruição de máquinas virtuais convidadas. Cada convidado inclui todos os softwares tipicamente associados a um sistema nativo completo, inclusive o sistema operacional, drivers de dispositivos, aplicações, contas de usuário, e assim por diante.

Os hipervisores tipo 2 são simplesmente aplicações executadas em outros sistemas operacionais, que não sabem que a virtualização está ocorrendo. Esses hipervisores não se beneficiam de suporte de hardware ou do hospedeiro e, assim, devem executar todas as atividades de virtualização no contexto de um processo.

Outros recursos que são semelhantes à virtualização, mas não atendem à definição completa de replicação exata do hardware, também são comuns. A virtualização de ambientes de programação faz parte do projeto de uma linguagem de programação. A linguagem especifica uma aplicação container em que programas são executados, e essa aplicação fornece serviços aos programas. A emulação é usada quando um sistema hospedeiro tem uma arquitetura e o convidado foi compilado para uma arquitetura diferente. Todas as instruções que o convidado quiser executar devem ser traduzidas de seu conjunto de instruções para o do hardware nativo. Embora esse método envolva alguma queda de desempenho, ele é compensado pela utilidade de poder executar programas antigos em hardware incompatível mais recente ou executar jogos projetados para consoles antigos em hardware moderno.

A implementação da virtualização é desafiadora, principalmente quando o suporte de hardware é mínimo. Algum suporte de hardware deve existir para a virtualização, mas quanto mais recursos são fornecidos pelo sistema, mais fácil é implementar a virtualização e melhor é o desempenho dos convidados. Os VMMs tiram partido de qualquer suporte de hardware que esteja disponível quando da otimização do scheduling da CPU, do gerenciamento de memória e dos módulos de I/O para fornecer aos convidados um uso de recursos ótimo enquanto se protegem dos convidados e protegem os convidados uns dos outros.

Exercícios

16.1 Descreva os três tipos de virtualização tradicional.

16.2 Descreva os quatro ambientes de execução semelhantes à virtualização e diga por que eles não são a virtualização "real".

16.3 Descreva quatro benefícios da virtualização.

16.4 Por que os VMMs não podem implementar a virtualização baseada em interceptação-e-emulação em algumas CPUs? Não havendo a possibilidade de interceptação-e-emulação, que método um VMM pode usar para implementar a virtualização?

16.5 Que assistência de hardware à virtualização pode ser fornecida por CPUs modernas?

16.6 Por que a migração dinâmica é possível em ambientes virtuais, mas muito menos possível para um sistema operacional nativo?

Notas Bibliográficas

O sistema VM original da IBM foi descrito em [Meyer e Seawright (1970)]. [Popek e Goldberg (1974)] estabeleceram as características que ajudam a definir os VMMs. Métodos de implementação de máquinas virtuais são discutidos em [Agesen et al. (2010)].

A virtualização tem sido uma área de pesquisa ativa por muitos anos. O disco foi uma das primeiras tentativas de uso da virtualização para a imposição de isolamento lógico e fornecimento de escalabilidade em sistemas multicore ([[(Bugnion et al. (1997)]). Com base neste e em outros trabalhos, o Quest-V usou a virtualização para criar um sistema operacional distribuído inteiro dentro de um sistema multicore ([Li et al. (2011)]).

O suporte à virtualização de hardware do Intel x86 é descrito em [Neiger et al. (2006)]. O suporte à virtualização de hardware do AMD é descrito em um artigo (http://developer.amd.com/assets/NPT-WP-1%201-final-TM.pdf).

O KVM é descrito em [Kivity et al. (2007)]. O XEN é descrito em [Barham et al. (2003)]. Os contêineres do Solaris da Oracle são semelhantes às jaulas do BSD, como descrito em [Poul-henning Kamp (2000)].

[Agesen et al. (2010)] discutem o desempenho da tradução binária. O gerenciamento de memória no VMware é descrito em [Waldspurger (2002)]. O problema do overhead de I/O em ambientes virtualizados tem uma solução proposta em [Gordon et al. (2012)]. Alguns desafios e ataques à proteção em ambientes virtuais são discutidos em [Wojtczuk e Ruthkowska (2011)].

A pesquisa sobre migração dinâmica de processos ocorreu nos anos 1980 e foi discutida pela primeira vez em [Powell e Miller (1983)]. Problemas identificados nesta pesquisa deixaram a migração em um estado funcionalmente limitado, como descrito em [Milojicic et al. (2000)]. A VMware percebeu que a virtualização poderia permitir uma migração dinâmica funcional e descreveu o protótipo em [Chandra et al. (2002)]. VMware incluiu o recurso de migração dinâmica vMotion como parte do VMware vCenter, como descrito no Manual do Usuário do VMware VirtualCenter Versão 1.0 (http://www.vmware.com/pdf/VirtualCenter_Users_Manual.pdf). Os detalhes da implementação de um recurso semelhante no VMM Xen são encontrados em [Clark et al. (2005)].

Uma pesquisa mostrando que, sem o remapeamento de interrupções, convidados maliciosos podem gerar interrupções que podem ser usadas para obter controle do sistema hospedeiro é discutida em [Wojtczuk e Ruthkowska (2011)].

Bibliografia

[**Agesen et al. (2010)**] O. Agesen, A. Garthwaite, J. Sheldon e P. Subrahmanyam, "The Evolution of an x86 Virtual Machine Monitor", *Proceedings of the ACM Symposium on Operating Systems Principles* (2010), páginas 3-18.

[**Barham et al. (2003)**] P. Barham, B. Dragovic, K. Fraser, S. Hand, T. Harris, A. Ho, R. Neugebauer, I. Pratt e A. Warfield, "Xen and the Art of Virtualization", *Proceedings of the ACM Symposium on Operating Systems Principles* (2003), páginas 164-177.

[**Bugnion et al. (1997)**] E. Bugnion, S. Devine e M. Rosenblum, "Disco: Running Commodity Operating Systems on Scalable Multiprocessors", *Proceedings of the ACM Symposium on Operating Systems Principles* (1997), páginas 143-156.

[**Chandra et al. (2002)**] R. Chandra, B. Pfaff, J. Chow, M. Lam e M. Rosenblum, "Optimizing the Migration of Virtual Computers" (2002), páginas 377-390.

[**Clark et al. (2005)**] C. Clark, K. Fraser, S. Hand, J. G. Hansen, E. Jul, C. Limpach, I. Pratt e A. Warfield, "Live Migration of Virtual Machines", *Proceedings of the 2nd Conference on Symposium on Networked Systems Design & Implementation* (2005), páginas 273-286.

[**Gordon et al. (2012)**] A. Gordon, N. A. N. Har'El, M. Ben-Yehuda, A. Landau e A. S. andDan Tsafrir, "ELI: Bare-metal Performance for I/O Virtualization", *Proceedings of the International Conference on Architectural Support for Programming Languages and Operating Systems* (2012), páginas 411-422.

[**Kivity et al. (2007)**] A. Kivity, Y. Kamay, D. Laor, U. Lublin e A. Liguori, "kvm: the Linux Virtual Machine Monitor", *Proceedings of the Linux Symposium* (2007).

[**Li et al. (2011)**] Y. Li, M. Danish e R. West, "Quest-V: A Virtualized Multikernel for High-Confidence Systems", relatório técnico, Boston University (2011).

[**Meyer e Seawright (1970)**] R. A. Meyer e L. H. Seawright, "A Virtual Machine Time-Sharing System", *IBM Systems Journal*, volume 9, número 3 (1970), páginas 199-218.

[**Milojicic et al. (2000)**] D. S. Milojicic, F. Douglis, Y. Paindaveine, R. Wheeler e S. Zhou, "Process Migration", *ACM Computing Surveys*, volume 32, número 3 (2000), páginas 241-299.

[**Neiger et al. (2006)**] G. Neiger, A. Santoni, F. Leung, D. Rodgers e R. Uhlig, "Intel Virtualization Technology: Hardware Support for Efficient Processor Virtualization", *Intel Technology Journal*, volume 10 (2006).

[**Popek e Goldberg (1974)**] G. J. Popek e R. P. Goldberg, "Formal Requirements for Virtualizable Third Generation Architectures", *Communications of the ACM*, volume 17, número 7 (1974), páginas 412-421.

[**Poul-henning Kamp (2000)**] R. N. M. W. Poul-henning Kamp, "Jails: Confining the Omnipotent Root", *Proceedings of the 2nd International System Administration and Networking Conference* (2000).

[**Powell e Miller (1983)**] M. Powell e B. Miller, "Process Migration in DEMOS/MP", *Proceedings of the ACM Symposium on Operating Systems Principles* (1983).

[**Waldspurger (2002)**] C. Waldspurger, "Memory Resource Management in VMware ESX Server", *Operating Systems Review*, volume 36, número 4 (2002), páginas 181-194.

[**Wojtczuk e Ruthkowska (2011)**] R. Wojtczuk e J. Ruthkowska, "Following the White Rabbit: Software Attacks Against Intel VT-d Technology", *The Invisible Things Lab's blog* (2011).

CAPÍTULO 17

Sistemas Distribuídos

Um sistema distribuído é um conjunto de processadores que não compartilham memória ou relógio. Em vez disso, cada nó tem sua própria memória local. Os nós se comunicam uns com os outros por meio de várias redes, como os buses de alta velocidade e a Internet. Neste capítulo, discutiremos a estrutura geral dos sistemas distribuídos e as redes que os interconectam. Também compararemos as principais diferenças no projeto do sistema operacional desses sistemas e dos sistemas centralizados.

OBJETIVOS DO CAPÍTULO

- Fornecer uma visão geral de alto nível dos sistemas distribuídos e das redes que os interconectam.
- Descrever a estrutura geral dos sistemas operacionais distribuídos.
- Explicar a estrutura geral de comunicação e os protocolos de comunicação.
- Discutir questões relacionadas com o projeto de sistemas distribuídos.

17.1 Vantagens dos Sistemas Distribuídos

Um sistema distribuído é um conjunto de nós fracamente acoplados interconectados por uma rede de comunicação. Do ponto de vista de um nó específico de um sistema distribuído, o resto dos nós e seus respectivos recursos são remotos, enquanto seus próprios recursos são locais.

Os nós de um sistema distribuído podem variar em tamanho e função. Eles podem incluir pequenos microprocessadores, computadores pessoais e grandes sistemas de computação de uso geral. Esses processadores recebem vários nomes, como *processadores*, *sítios*, *máquinas* e *hospedeiros*, dependendo do contexto em que são mencionados. Usaremos principalmente *sítio*, para indicar a localização de uma máquina, e *nó*, para nos referir a um sistema específico de um sítio. Geralmente, um nó em um sítio, o *servidor*, tem um recurso que outro nó em outro sítio, o *cliente* (ou usuário), gostaria de usar. Uma estrutura geral de um sistema distribuído é mostrada na Figura 17.1.

Há quatro razões principais para a construção de sistemas distribuídos: compartilhamento de recursos, aceleração do processamento, confiabilidade e comunicação, que discutiremos brevemente nesta seção.

17.1.1 Compartilhamento de Recursos

Se vários sítios diferentes (com diferentes recursos) estiverem conectados uns aos outros, o usuário de um sítio poderá usar os recursos disponíveis em outro sítio. Por exemplo, um usuário do sítio A poderia usar uma impressora *laser* localizada no sítio B. Enquanto isso, um usuário do sítio B poderia acessar um arquivo residente em A. Em geral, o compartilhamento de recursos em um sistema distribuído fornece mecanismos para o compartilhamento de arquivos de sítios remotos, o processamento de informações em um banco de dados distribuído, a impressão de arquivos em sítios remotos, o uso de dispositivos de hardware remotos especializados (como um supercomputador) e a execução de outras operações.

17.1.2 Aceleração do Processamento

Quando um processamento específico pode ser dividido em subprocessamentos que possam ser executados concorrentemente, um sistema distribuído nos permite distribuir os subprocessamentos entre os diversos sítios. Os subprocessamentos podem ser executados concorrentemente e, portanto, fornecem aceleração do processamento. Além disso, se um sítio específico estiver sobrecarregado com jobs, alguns deles podem ser transferidos para outros sítios menos carregados. Essa transferência de jobs se chama compartilhamento de carga ou migração de jobs. O compartilhamento de carga automatizado, em que o sistema operacional distribuído transfere jobs automaticamente, ainda não é comum em sistemas comerciais.

17.1.3 Confiabilidade

Quando um sítio falha em um sistema distribuído, os sítios restantes podem continuar operando, dando ao sistema melhor confiabilidade. Se o sistema for composto por várias instalações autônomas grandes (isto é, computadores de uso geral), uma falha em uma delas não deve afetar as outras. Se, no entanto, o sistema for composto por máquinas pequenas, cada uma responsável por alguma função crucial do sistema (como o servidor web ou o sistema de arquivos), uma única falha pode interromper a operação do sistema inteiro. Em geral, com redundância suficiente (tanto de hardware quanto de dados), o sistema pode continuar operando, mesmo se algum de seus sítios tiver falhado.

A falha em um sítio deve ser detectada pelo sistema, e uma ação apropriada pode ser necessária para a recuperação. O sis-

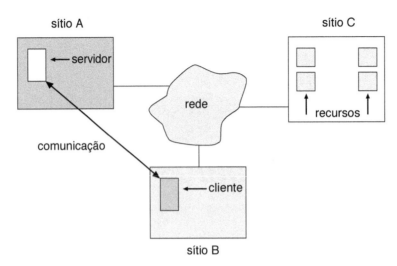

Figura 17.1 Um sistema distribuído.

tema não deve mais usar os serviços desse sítio. Além disso, se a função do sítio defeituoso puder ser assumida por outro sítio, o sistema deve assegurar que a transferência da função ocorra corretamente. Para concluir, quando o sítio defeituoso for recuperado ou reparado, mecanismos devem estar disponíveis para integrá-lo novamente ao sistema sem problemas.

17.1.4 Comunicação

Quando vários sítios estão conectados por uma rede de comunicação, seus usuários têm a oportunidade de trocar informações. Em baixo nível, mensagens são passadas entre os sistemas, do mesmo modo como mensagens são passadas entre processos no sistema de mensagens de um único computador, e como discutido na Seção 3.4. Graças à transmissão de mensagens, toda a funcionalidade de alto nível encontrada nos sistemas autônomos pode ser expandida para englobar o sistema distribuído. Essas funções incluem transferência de arquivos, login, correio e chamadas de procedimento remotas (RPCs).

A vantagem de um sistema distribuído é que essas funções podem ser executadas a grandes distâncias. Duas pessoas em sítios geograficamente distantes podem colaborar em um projeto, por exemplo. Transferindo os arquivos do projeto, fazendo login nos sistemas remotos uns dos outros para executar programas, e trocando e-mails para coordenar o trabalho, os usuários reduzem as limitações inerentes ao trabalho a longas distâncias. Escrevemos este livro em uma colaboração desse tipo.

As vantagens dos sistemas distribuídos têm resultado em uma tendência que abrange toda a indústria e ruma para o downsizing. Muitas empresas estão substituindo seus mainframes por redes de estações de trabalho ou computadores pessoais. As empresas obtêm melhor relação custo-benefício (isto é, melhor funcionalidade pelo custo), mais flexibilidade na localização de recursos e expansão de instalações, interfaces de usuário melhores e manutenção mais fácil.

17.2 Tipos de Sistemas Operacionais Baseados em Redes

Nesta seção, descreveremos as duas categorias gerais de sistemas operacionais orientados a redes: sistemas operacionais de rede e sistemas operacionais distribuídos. Os sistemas operacionais de rede são mais simples de implementar, mas geralmente mais difíceis para os usuários acessarem e utilizarem do que os sistemas operacionais distribuídos, que fornecem mais recursos.

17.2.1 Sistemas Operacionais de Rede

Um sistema operacional de rede fornece um ambiente em que os usuários, que têm consciência da multiplicidade de máquinas, podem acessar recursos remotos fazendo login na máquina remota apropriada ou transferindo dados da máquina remota para suas próprias máquinas. Atualmente, todos os sistemas operacionais de uso geral, e até sistemas operacionais embutidos como o Android e o iOS, são sistemas operacionais de rede.

17.2.1.1 Login Remoto

Uma função importante de um sistema operacional de rede é permitir que os usuários façam login remotamente. A Internet fornece o recurso ssh para esse fim. Para ilustrar, suponhamos que um usuário do Westminster College quisesse executar um processamento em cs.yale.edu, um computador que está localizado na Universidade de Yale. Para fazê-lo, o usuário deve ter uma conta válida nessa máquina. Para fazer login remotamente, o usuário emite o comando

    ssh cs.yale.edu

Esse comando resulta na formação de uma conexão de socket criptografada entre a máquina local do Westminster College e o computador "cs.yale.edu". Após essa conexão ter sido estabelecida, o software de rede cria um link bidirecional transparente para que todos os caracteres inseridos pelo usuário sejam enviados para um processo em "cs.yale.edu" e todas as saídas desse processo sejam retornadas para o usuário. O processo na máquina remota solicita ao usuário um nome de login e uma senha. Uma vez que as informações corretas tiverem sido recebidas, o processo atuará como um representante do usuário, que poderá executar processamentos na máquina remota como qualquer usuário local.

17.2.1.2 Transferência de Arquivos Remota

Outra função importante de um sistema operacional de rede é fornecer um mecanismo para a transferência de arquivos remota de uma máquina para outra. Em um ambiente assim, cada computador mantém seu próprio sistema de arquivos local. Se o usuário de um sítio (digamos, cs.uvm.edu) quiser acessar um arquivo localizado em outro computador (por exemplo, cs.yale.edu), o arquivo deve ser copiado explicitamente do computador de Yale para o computador da Universidade de Vermont.

A Internet fornece um mecanismo para esse tipo de transferência com o programa de protocolo de transferência de arquivos (FTP) e o programa mais privado de protocolo de transferência de arquivos seguro (SFTP). Suponhamos que um usuário do computador "cs.uvm.edu" quisesse copiar um programa Java Server.java residente em "cs.yale.edu". Primeiro o usuário deve chamar o programa sftp executando

```
sftp cs.yale.edu
```

O programa solicita então ao usuário um nome de login e uma senha. Uma vez que as informações corretas tiverem sido recebidas, o usuário deve se conectar com o subdiretório em que o arquivo Server.java reside e copiá-lo executando

```
get Server.java
```

Nesse esquema, o local do arquivo não é transparente para o usuário; os usuários têm de saber exatamente onde cada arquivo se encontra. Além disso, não há um compartilhamento de arquivos real, porque um usuário só pode *copiar* um arquivo de um sítio para outro. Portanto, podem existir várias cópias do mesmo arquivo, resultando em desperdício de espaço. E, se essas cópias forem modificadas, as diversas cópias serão inconsistentes.

Observe que, em nosso exemplo, o usuário da Universidade de Vermont precisa ter permissão de login em "cs.yale.edu". O FTP também fornece uma maneira de permitir que um usuário sem conta no computador de Yale copie arquivos remotamente. Essa cópia remota é feita por meio do método "FTP anônimo", que funciona como descrito a seguir. O arquivo a ser copiado (isto é, Server.java) deve ser inserido em um subdiretório especial (digamos, *ftp*), com a proteção configurada, para permitir a leitura pública do arquivo. Um usuário que quiser copiar o arquivo usará o comando ftp. Quando lhe for solicitado o nome de login, ele fornecerá o nome "anônimo" e uma senha arbitrária.

Uma vez que o login anônimo for concluído, o sistema deve assegurar que esse usuário parcialmente autorizado não acesse arquivos inapropriados. Geralmente, o usuário só tem permissão para acessar os arquivos que estão na árvore de diretório de usuário "anônimo". Todos os arquivos inseridos aqui podem ser acessados por qualquer usuário anônimo, sujeitos ao esquema comum de proteção de arquivos usado nessa máquina. No entanto, os usuários anônimos não podem acessar arquivos fora dessa árvore de diretório.

A implementação do mecanismo FTP é semelhante à implementação do ssh. Um daemon no sítio remoto procura solicitações de conexão com a porta FTP do sistema. A autenticação do login é concluída e o usuário recebe permissão para executar comandos de transferência remotamente. Diferente do daemon ssh, que executa qualquer comando para o usuário, o daemon FTP só responde a um conjunto predefinido de comandos relacionados com arquivos. Eles incluem os descritos a seguir:

- get — Transfere um arquivo da máquina remota para a máquina local.
- put — Transfere da máquina local para a máquina remota.
- ls ou dir — Lista arquivos do diretório atual da máquina remota.
- cd — Muda o diretório atual da máquina remota.

Também há vários comandos para a mudança de modos de transferência (para arquivos binários ou ASCII) e a determinação do *status* das conexões.

Um ponto importante sobre o ssh e o FTP é que eles requerem que o usuário mude de paradigma. O FTP requer que o usuário conheça um conjunto de comandos inteiramente diferentes dos comandos comuns do sistema operacional. Com o ssh, o usuário deve conhecer comandos apropriados no sistema remoto. Por exemplo, um usuário em uma máquina Windows que se conectar remotamente com uma máquina UNIX deve passar a usar comandos UNIX durante a sessão ssh. (No ambiente de rede, uma sessão é uma rodada completa de comunicações, com frequência começando com um login para a autenticação e terminando com o logoff que encerra a comunicação.) É claro que os usuários achariam mais conveniente que não lhes fosse exigido usar um conjunto de comandos diferente. Os sistemas operacionais distribuídos são projetados para resolver esse problema.

17.2.2 Sistemas Operacionais Distribuídos

Em um sistema operacional distribuído, os usuários acessam recursos remotos da mesma maneira que acessam recursos locais. A migração de processos e dados de um sítio para outro é controlada pelo sistema operacional distribuído.

17.2.2.1 Migração de Dados

Suponhamos que um usuário do sítio A quisesse acessar dados (por exemplo, um arquivo) que residissem no sítio B. O sistema pode transferir os dados usando um entre dois métodos básicos. Uma abordagem da migração de dados é a transferência do arquivo inteiro para o sítio. Daí em diante, todos os acessos ao arquivo são locais. Quando o usuário não precisar mais acessá-lo, uma cópia do arquivo (se ele tiver sido modificado) será retornada para o sítio B. Mesmo se só uma modesta alteração tiver sido feita em um arquivo grande, todos os dados devem ser transferidos. Esse mecanismo pode ser considerado como um sistema FTP automatizado. Essa abordagem foi usada no sistema de arquivos Andrew, mas foi considerada muito ineficiente.

A outra abordagem transfere para o sítio A apenas as partes do arquivo que são realmente *necessárias* para a tarefa imediata. Se outra parte for necessária posteriormente, outra transferência ocorrerá. Quando o usuário não quiser mais acessar o arquivo, qualquer parte dele que tiver sido modificada deve ser retornada para o sítio B. (Observe a semelhança com a paginação por demanda.) O protocolo de sistema de arquivos de rede (NFS) da Sun Microsystems usa esse método (Seção 12.8), assim como versões mais recentes do Andrew. O protocolo SMB da Microsoft (às vezes chamado de Common Internet File System, ou CIFS) também permite o compartilhamento de arquivos por uma rede. O SMB é descrito na Seção 19.6.2.1.

É claro que quando só uma pequena parte de um arquivo grande está sendo acessada, a última abordagem é preferível. Se partes significativas do arquivo estiverem sendo acessadas, no entanto, será mais eficiente copiar o arquivo inteiro. Não importando o método usado, a migração de dados inclui mais do que a simples transferência de dados de um sítio para outro. O sistema também deve executar várias conversões de dados se os dois sítios envolvidos não forem diretamente compatíveis (por exemplo, se usarem representações de códigos de caracteres diferentes ou representarem inteiros com uma quantidade ou ordem de bits diferente).

17.2.2.2 Migração de Processamento

Em algumas circunstâncias, podemos querer transferir o processamento, em vez dos dados, para outra parte do sistema; esse processo é chamado de migração de processamento. Por exemplo, considere um job que precisa acessar vários arquivos grandes que residem em sítios diferentes, para obter uma síntese desses arquivos. Seria mais eficiente acessar os arquivos nos sítios em que eles residem e retornar os resultados desejados para o sítio que iniciou o processamento. Geralmente, quando o tempo de transferência dos dados é mais longo do que o tempo de execução do comando remoto, o comando remoto deve ser usado.

Esse tipo de processamento pode ser executado de diferentes maneiras. Suponhamos que o processo P quisesse acessar um arquivo no sítio A. O acesso ao arquivo é realizado no sítio A e poderia ser iniciado por uma RPC. Uma RPC usa protocolos de rede para executar uma rotina em um sistema remoto (Seção 3.6.2). O processo P chama um procedimento predefinido no sítio A. O procedimento é executado apropriadamente e então retorna os resultados para P.

Alternativamente, o processo P pode enviar uma mensagem para o sítio A. O sistema operacional do sítio A cria então um novo processo Q cuja função é executar a tarefa designada. Quando o processo Q conclui sua execução, ele retorna o resultado necessário para P por meio do sistema de mensagem. Nesse esquema, o processo P pode ser executado concorrentemente com o processo Q. Na verdade, podem existir vários processos sendo executados concorrentemente em vários sítios.

Os dois métodos poderiam ser usados para acessar vários arquivos residentes em vários sítios. Uma RCP poderia resultar na chamada de outra RPC ou até mesmo na transferência de mensagens para outro sítio. Da mesma forma, o processo Q poderia, durante o curso de sua execução, enviar uma mensagem para outro sítio, que por sua vez criaria outro processo. Esse processo poderia retornar uma mensagem para Q ou repetir o ciclo.

17.2.2.3 Migração de Processos

Uma extensão lógica da migração de processamento é a migração de processos. Quando um processo é submetido à execução, nem sempre ele é executado no sítio em que é iniciado. O processo inteiro, ou partes dele, pode ser executado em diferentes sítios. Esse esquema pode ser usado por várias razões:

- **Balanceamento de carga.** Os processos (ou subprocessos) podem ser distribuídos por toda a rede para a uniformização da carga de trabalho.
- **Aceleração do processamento.** Se um único processo puder ser dividido em vários subprocessos executados concorrentemente em diferentes sítios, o tempo total de turnaround do processo pode ser reduzido.
- **Preferência de hardware.** O processo pode ter características que o tornem mais adequado para execução em algum processador especializado (como a inversão de matrizes em um processador de array) em vez de em um microprocessador.
- **Preferência de software.** O processo pode requerer um software que só esteja disponível em um sítio específico, e talvez o software não possa ser transferido, ou pode ser menos caro transferir o processo.
- **Acesso a dados.** Como na migração de processamento, se os dados usados no processamento forem numerosos, pode ser mais eficiente executar um processo remotamente do que transferir todos os dados.

Usamos duas técnicas complementares para transferir processos em uma rede de computadores. Na primeira, o sistema pode tentar ocultar o fato de que o processo migrou do cliente. O cliente então não precisa codificar seu programa explicitamente para fazer a migração. Geralmente esse método é empregado para a obtenção de balanceamento de carga e aceleração do processamento entre sistemas homogêneos, já que eles não precisam de entradas do usuário para ajudá-los a executar programas remotamente.

A outra abordagem é permitir (ou exigir) que o usuário especifique explicitamente como o processo deve migrar. Geralmente esse método é empregado quando o processo deve ser transferido para satisfazer uma preferência de hardware ou software.

Você deve ter percebido que a World Wide Web tem muitas características de um ambiente de processamento distribuído. Certamente ela fornece migração de dados (entre um servidor web e um cliente web). Também fornece migração de processamento. Por exemplo, um cliente web poderia acionar uma operação de banco de dados em um servidor web. Para concluir, com Java, JavaScript e linguagens semelhantes, ela fornece um tipo de migração de processos: applets Java e scripts JavaScript são enviados do servidor para o cliente, onde são executados. Um sistema operacional de rede fornece a maioria desses recursos, mas um sistema operacional distribuído os torna integrados e facilmente acessíveis. O resultado é uma instalação poderosa e fácil de usar — uma das razões para o imenso crescimento da World Wide web.

17.3 Estrutura da Rede

Há basicamente dois tipos de redes: redes locais (LANs) e redes de longa distância (WANs). A principal diferença entre as duas é a maneira como são distribuídas geograficamente. As redes locais são compostas por hospedeiros distribuídos por áreas pequenas (como um único prédio ou vários prédios adjacentes), enquanto as redes de longa distância são compostas por sistemas distribuídos por uma grande área (como os Estados Unidos). Essas diferenças sugerem grandes variações na velocidade e confiabilidade das redes de comunicações e são refletidas no projeto de sistemas operacionais distribuídos.

17.3.1 Redes Locais

As redes locais surgiram no início dos anos 70 para substituir os grandes sistemas de computação mainframe. Em muitas empresas, é mais econômico ter vários computadores pequenos, cada um com suas próprias aplicações autossuficientes, do que ter um único sistema grande. Já que provavelmente cada computador pequeno vai precisar de todos os dispositivos periféricos complementares (como discos e impressoras) e já que algum tipo de compartilhamento de dados deve ocorrer em uma mesma empresa, foi uma etapa natural conectar esses sistemas pequenos em uma rede.

As LANs, como mencionado, costumam ser projetadas para cobrir uma pequena área geográfica, e geralmente são usadas em um ambiente de escritório. Todos os sítios desses sistemas ficam próximos uns dos outros; portanto, os links de comunicação tendem a ter uma velocidade mais alta e taxas de erro mais baixas do que seus equivalentes em redes de longa distância.

Os links mais comuns em uma rede local são os cabeamentos de par trançado e fibra ótica. A configuração mais comum é a rede em estrela. Em uma rede em estrela, os nós se conectam a um ou mais switches, e os switches se conectam uns aos outros,

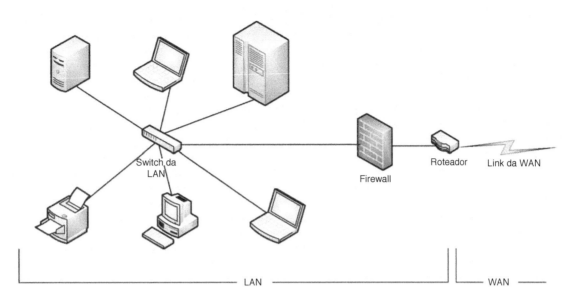

Figura 17.2 Rede local.

permitindo que qualquer par de nós se comunique. As velocidades de comunicação variam de 1 megabit por segundo, para redes como a AppleTalk, a infravermelha e a rede de rádio local Bluetooth, a 40 gigabits por segundo para a Ethernet mais rápida. Dez megabits por segundo é a velocidade da 10BaseT Ethernet. A 100BaseT Ethernet e a 1000BaseT Ethernet fornecem throughputs de 100 megabits e 1 gigabit por segundo por meio de cabo de cobre de par trançado. O uso de cabeamento de fibra ótica está crescendo; ele fornece taxas de comunicação mais altas por distâncias mais longas do que são possíveis com cobre.

Uma LAN típica pode ser composta por vários computadores diferentes (de mainframes a laptops ou outros dispositivos móveis), vários dispositivos periféricos compartilhados (como impressoras a *laser* e conjuntos de armazenamento) e um ou mais roteadores (processadores de comunicação de rede especializados) que fornecem acesso a outras redes (Figura 17.2). Normalmente a Ethernet é usada na construção de LANs. Uma rede Ethernet não tem controlador central, já que é um bus multiacesso; portanto, novos hospedeiros podem ser adicionados facilmente à rede. O protocolo Ethernet é definido pelo padrão IEEE 802.3.

O espectro sem fio está sendo cada vez mais usado no projeto de redes locais. A tecnologia sem fio (ou WiFi) nos permite construir uma rede apenas com o uso de um roteador sem fio para a transmissão de sinais entre hospedeiros. Cada hospedeiro tem um transmissor e um receptor sem fio que ele usa para participar da rede. Uma desvantagem das redes sem fio está relacionada com sua velocidade. Enquanto geralmente os sistemas Ethernet são executados a 1 gigabit por segundo, as redes WiFi costumam ser executadas bem mais lentamente. Há vários padrões IEEE para as redes sem fio. O padrão 802.11g teoricamente pode ser executado a 54 megabits por segundo, mas, na prática, as taxas de dados quase sempre são menores do que metade disso. O recente padrão 802.11n teoricamente fornece taxas de dados muito mais altas. Na prática, no entanto, essas redes têm taxas de dados de cerca de 75 megabits por segundo. As taxas de dados das redes sem fio são muito influenciadas pela distância entre o roteador sem fio e o hospedeiro, assim como pela interferência no espectro sem fio. O

lado positivo é que as redes sem fio costumam apresentar uma vantagem física sobre as redes Ethernet com fio porque não requerem cabeamento para conectar hospedeiros em comunicação. Como resultado, as redes sem fio são populares nas residências e nas empresas, assim como em áreas públicas, como bibliotecas e cibercafés, arenas esportivas, e até em ônibus e aviões.

17.3.2 Redes de Longa Distância

As redes de longa distância surgiram no fim dos anos 60, principalmente como um projeto de pesquisa acadêmica para fornecer comunicação eficiente entre sítios, permitindo que hardware e software fossem compartilhados conveniente e economicamente por uma ampla comunidade de usuários. A primeira WAN a ser projetada e desenvolvida foi a *Arpanet*. Começada em 1968, a Arpanet cresceu de uma rede experimental de quatro sítios para uma rede mundial de redes, a Internet, composta por milhões de sistemas de computação.

Já que os sítios de uma WAN estão fisicamente distribuídos por uma grande área geográfica, os links de comunicação são, por padrão, relativamente lentos e não confiáveis. Os links típicos são as linhas telefônicas, linhas concedidas (dados dedicados), cabo ótico, links de micro-ondas, ondas de rádio e canais de satélite. Esses links de comunicação são controlados por processadores de comunicação especiais (Figura 17.3), normalmente conhecidos como roteadores de gateway, ou simplesmente *roteadores*, que são responsáveis pela definição da interface por meio da qual os sítios se comunicarão pela rede, e pela transferência de informações entre os vários sítios.

Por exemplo, a WAN da Internet permite que hospedeiros em sítios geograficamente separados se comuniquem uns com os outros. Normalmente os computadores hospedeiros diferem um do outro na velocidade, tipo da CPU, sistema operacional, e assim por diante. Os hospedeiros costumam estar em LANs, que por sua vez são conectadas à Internet por redes regionais. As redes regionais, como a NFSnet no nordeste dos Estados Unidos, são interligadas com roteadores (Seção 17.4.2) para formar a rede mundial. Conexões entre redes às vezes usam um serviço de sistema telefônico chamado T1, que fornece uma ta-

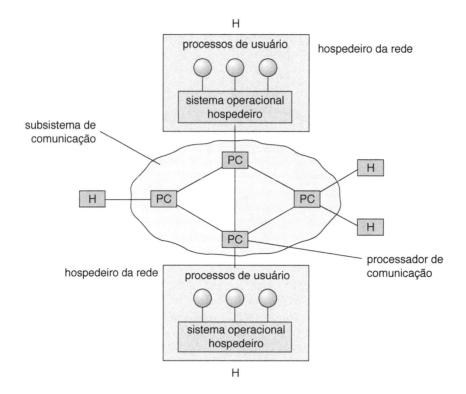

Figura 17.3 Processadores de comunicação em uma rede de longa distância.

xa de transferência de 1,544 megabits por segundo por uma linha dedicada. Para sítios que requerem acesso mais rápido à Internet, os T1s são reunidos em unidades com vários T1s que funcionam em paralelo para fornecer maior throughput. Por exemplo, um T3 é composto por 28 conexões T1 e tem uma taxa de transferência de 45 megabits por segundo. Conexões como a OC-12 são comuns e fornecem 622 megabits por segundo. As residências podem se conectar com a Internet por telefone, cabo ou provedores de serviços de Internet especializados que instalam roteadores para conectá-las a serviços centrais. É claro que há outras WANs além da Internet. Uma empresa pode criar sua própria WAN privada para melhorar a segurança, o desempenho ou a confiabilidade.

Como mencionado, geralmente as WANs são mais lentas do que as LANs, embora conexões de WAN por backbone que conectam grandes cidades possam ter taxas de transferência de mais de 40 gigabits por segundo. Com frequência, WANs e LANs se interconectam e é difícil dizer onde uma termina e a outra começa. Considere a rede de dados de telefones celulares. Os telefones celulares são usados para comunicações tanto de voz quanto de dados. Os celulares de determinada área se conectam via ondas de rádio com uma torre de celular que contém receptores e transmissores. Essa parte da rede é semelhante a uma LAN, exceto pelos celulares não se comunicarem uns com os outros (a menos que duas pessoas conversando ou trocando dados estejam conectadas à mesma torre). Em vez disso, as torres são conectadas a outras torres e a hubs, que conectam as comunicações a linhas terrestres ou outras mídias de comunicação e roteiam os pacotes para seus destinos. Essa parte da rede é mais como uma WAN. Uma vez que a torre apropriada recebe os pacotes, ela usará seus transmissores para enviá-los ao destinatário correto.

17.4 Estrutura de Comunicação

Agora que discutimos os aspectos físicos da rede, vamos voltar para os mecanismos internos. O projetista de uma rede de comunicação deve considerar cinco questões básicas:

- **Nomeação e resolução de nomes.** Como dois processos localizarão um ao outro para se comunicar?
- **Estratégias de roteamento.** Como as mensagens serão enviadas pela rede?
- **Estratégias de pacotes.** Os pacotes serão enviados individualmente ou como uma sequência?
- **Estratégias de conexão.** Como dois processos enviarão uma sequência de mensagens?

Nas seções a seguir, desenvolveremos cada uma dessas questões.

17.4.1 Nomeação e Resolução de Nomes

O primeiro problema da comunicação de rede envolve a nomeação dos sistemas da rede. Para um processo no sítio A trocar informações com um processo no sítio B, um tem de poder especificar o outro. Dentro de um sistema de computação, cada processo tem um identificador de processo, e as mensagens podem ser endereçadas com esse identificador. No entanto, já que sistemas em rede não compartilham memória, inicialmente um hospedeiro pertencente ao sistema não tem conhecimento dos processos de outros hospedeiros.

Para resolver esse problema, geralmente os processos de sistemas remotos são identificados pelo par <nome de hospedeiro, identificador>, em que nome de hospedeiro é um nome exclusivo dentro da rede, e identificador é um identificador de processo ou outro número exclusivo dentro desse hospedeiro. Um nome de hospedeiro costuma ser um identificador alfanumérico, em vez de um número, para tornar mais fácil para os usuários especificarem. Por exemplo, o sítio A poderia ter hospedeiros chamados *homer*, *marge*, *bart* e *lisa*. É claro que *bart* é mais fácil de lembrar do que *12814831100*.

Nomes são convenientes para humanos, mas computadores preferem números pela velocidade e simplicidade. Portanto, deve haver um mecanismo para a **resolução** do nome do hospedeiro em uma **identificação de hospedeiro** que descreva o sistema de destino para o hardware de rede. Esse mecanismo é semelhante à vinculação nome-endereço que ocorre durante a compilação, vinculação, carga e execução de programas (Capítulo 8). No caso de nomes de hospedeiro, existem duas possibilidades. Na primeira, cada hospedeiro pode ter um arquivo de dados contendo os nomes e endereços de todos os outros hospedeiros alcançáveis na rede (semelhante à vinculação no tempo de compilação). O problema desse modelo é que a inclusão ou remoção de um hospedeiro na rede requer a atualização dos arquivos de dados em todos os hospedeiros. A alternativa é distribuir as informações entre sistemas da rede. A rede deve então usar um protocolo para distribuir e recuperar as informações. Esse esquema é como a vinculação no tempo de execução. O primeiro método foi o usado originalmente na Internet. À medida que a Internet cresceu, no entanto, ele se tornou insustentável. O segundo método, o **sistema de nome de domínio** (**DNS**), é que está em uso atualmente.

O DNS especifica a estrutura de nomeação dos hospedeiros, assim como a resolução de nome para endereço. Os hospedeiros na Internet são endereçados logicamente com nomes de várias partes conhecidos como endereços IP. As partes de um endereço IP começam com a parte mais específica e passam para a mais genérica, com pontos separando os campos. Por exemplo, *bob.cs.brown.edu* se refere ao hospedeiro *bob* do Departamento de Ciência da Computação da Brown University dentro do domínio de nível superior *edu*. (Outros domínios de nível superior são *com* para sites comerciais e *org* para organizações, assim como um domínio para cada país conectado à rede, em sistemas especificados por país em vez de por tipo de organização.) Geralmente, o sistema resolve endereços examinando os componentes do nome do hospedeiro em ordem inversa. Cada componente tem um **servidor de nomes** — simplesmente um processo em um sistema — que aceita um nome e retorna o endereço do servidor de nomes responsável por esse nome. Como etapa final, o servidor de nomes do hospedeiro em questão é contatado, e uma identificação de hospedeiro é retornada. Por exemplo, uma solicitação feita por um processo do sistema A para se comunicar com *bob.cs.brown.edu* resultaria nas etapas a seguir:

1. A biblioteca ou o kernel do sistema A emite uma solicitação para o servidor de nomes do domínio edu, pedindo o endereço do servidor de nomes de brown.edu. O servidor de nomes do domínio *edu* tem de estar em um endereço conhecido, para que possa ser consultado.
2. O servidor de nomes do domínio edu retorna o endereço do hospedeiro em que o servidor de nomes de brown.edu reside.
3. O sistema A consulta então o servidor de nomes desse endereço e indaga sobre cs.brown.edu.
4. Um endereço é retornado. Agora, finalmente, uma solicitação para esse endereço em busca de bob.cs.brown.edu retorna a identificação desse hospedeiro na forma de **endereço de Internet** (por exemplo, 128.148.31.100).

Esse protocolo pode parecer ineficiente, mas hosts individuais armazenam em cache os endereços IP que já resolveram para acelerar o processo. (É claro que o conteúdo desses caches deve ser atualizado com o tempo, caso o servidor de nomes seja transferido ou seu endereço mude.) Na verdade, o protocolo é tão importante que ele foi otimizado muitas vezes e teve muitos mecanismos de proteção adicionados. Considere o que aconteceria se o servidor de nomes primário de edu fosse interrompido. É possível que nenhum hospedeiro do domínio edu conseguisse ter seus endereços resolvidos, o que os tornaria inalcançáveis! A solução é usar servidores de nomes secundários de backup que dupliquem o conteúdo dos servidores primários.

Antes que o serviço de nome de domínio fosse introduzido, todos os hospedeiros na Internet precisavam ter cópias de um arquivo com os nomes e endereços de cada hospedeiro da rede. Todas as alterações feitas nesse arquivo tinham de ser registradas em um sítio (hospedeiro SRI-NIC) e periodicamente todos os hospedeiros tinham de copiar o arquivo atualizado a partir de SRI-NIC para poder contatar novos sistemas ou encontrar hospedeiros cujos endereços tinham mudado. Com o serviço de nome de domínio, cada sítio de servidor de nomes é responsável pela atualização das informações de hospedeiro desse domínio. Por exemplo, qualquer alteração de hospedeiro na Brown University é responsabilidade do servidor de nomes do domínio *brown.edu* e não precisa ser relatada para mais ninguém. As pesquisas de DNS recuperarão automaticamente as informações atualizadas porque entrarão em contato com *brown.edu* diretamente. Os domínios podem conter subdomínios autônomos para uma melhor distribuição da responsabilidade pelas mudanças de nome e identificação de hospedeiro.

A linguagem Java fornece a API necessária para o projeto de um programa que mapeie nomes IP para endereços IP. O programa mostrado na Figura 17.4 recebe um nome IP (como *bob.cs.brown.edu*) na linha de comando e exibe o endereço IP do hospedeiro ou retorna uma mensagem informando que o nome do hospedeiro não pôde ser resolvido. InetAddress é uma classe Java que representa um nome ou endereço IP. O método estático getByName() pertencente à classe InetAddress recebe a representação de um nome IP na forma de uma string

```
/**
 * Usage: java DNSLookUp <IP name>
 * i.e. java DNSLookUp www.wiley.com
 */
public class DNSLookUp
   public static void main(String[] args)
      InetAddress hostAddress;

      try {
         hostAddress = InetAddress.
         getByName(args[0]);
         System.out.println(hostAddress.
         getHostAddress());
      }
      catch (UnknownHostException uhe) {
         System.err.println("Unknown host: " +
         args[0]);
      }
   }
}
```

Figura 17.4 Programa Java que ilustra uma pesquisa de DNS.

e retorna o `InetAddress` correspondente. O programa chama então o método `getHostAddress()`, que usa o DNS internamente para procurar o endereço IP do hospedeiro designado.

Geralmente, o sistema operacional é responsável por aceitar de seus processos uma mensagem destinada a <nome do hospedeiro, identificador>, e por transferir essa mensagem ao hospedeiro apropriado. O kernel do hospedeiro de destino é então responsável pela transferência da mensagem para o processo nomeado pelo identificador. Essa troca não é, de forma alguma, trivial; é discutida na Seção 17.4.4.

17.4.2 Estratégias de Roteamento

Quando um processo no sítio A quer se comunicar com um processo no sítio B, como a mensagem é enviada? Se só houver um caminho físico de A a B, a mensagem deve ser enviada por meio desse caminho. No entanto, se houver vários caminhos físicos de A a B, haverá várias opções de roteamento. Cada sítio tem uma tabela de roteamento indicando os caminhos alternativos que podem ser usados no envio de uma mensagem para outros sítios. A tabela pode incluir informações sobre a velocidade e o custo dos diversos caminhos de comunicação e pode ser atualizada quando necessário, manualmente ou por meio de programas que troquem informações de roteamento. Os três esquemas de roteamento mais comuns são roteamento fixo, roteamento virtual e roteamento dinâmico.

- **Roteamento fixo.** Um caminho de A a B é especificado antecipadamente e não muda, a menos que uma falha de hardware o desative. Geralmente, o caminho mais curto é selecionado, para que os custos de comunicação sejam reduzidos.
- **Roteamento virtual.** Um caminho de A a B é fixo pela duração de uma sessão. Diferentes sessões envolvendo mensagens de A a B podem usar diferentes caminhos. Uma sessão pode ser tão curta quanto uma transferência de arquivo ou tão longa quanto um período de login remoto.
- **Roteamento dinâmico.** O caminho usado no envio de uma mensagem do sítio A para o sítio B só é selecionado quando a mensagem é enviada. Já que a decisão é tomada dinamicamente, mensagens separadas podem ter caminhos diferentes atribuídos. O sítio A tomará uma decisão para enviar a mensagem para o sítio C; C, por sua vez, decidirá enviá-la ao sítio D, e assim por diante. Eventualmente, um sítio distribuirá a mensagem para B. Em geral, um sítio envia uma mensagem a outro sítio usando o link menos usado nesse momento específico.

Há vantagens e desvantagens nesses três esquemas. O roteamento fixo não consegue se adaptar a falhas no link ou mudanças de carga. Em outras palavras, se um caminho tiver sido estabelecido entre A e B, as mensagens devem ser enviadas ao longo desse caminho, mesmo se o caminho estiver desativado ou estiver sendo mais usado do que outro caminho possível. Podemos remediar parcialmente esse problema usando o roteamento virtual e podemos evitá-lo completamente usando o roteamento dinâmico. O roteamento fixo e o roteamento virtual asseguram que as mensagens de A a B sejam distribuídas na ordem em que foram enviadas. No roteamento dinâmico, as mensagens podem chegar fora de ordem. Podemos remediar esse problema acrescentando um número sequencial a cada mensagem.

O roteamento dinâmico é o mais complicado de configurar e executar; no entanto, é a melhor maneira de gerenciar o roteamento em ambientes complicados. O UNIX fornece tanto o roteamento fixo para uso em hospedeiros dentro de redes simples quanto o roteamento dinâmico para ambientes de rede complicados. Também é possível combinar os dois. Dentro de um sítio, os hospedeiros podem precisar saber apenas como alcançar o sistema que conecta a rede local a outras redes (como redes com abrangência em toda a empresa ou a Internet). Esse tipo de nó é conhecido como gateway. Cada hospedeiro individual tem uma rota estática para o gateway, mas o gateway usa o roteamento dinâmico para alcançar qualquer hospedeiro no resto da rede.

Um roteador é o processador de comunicações dentro da rede de computadores responsável por rotear mensagens. O roteador pode ser um computador hospedeiro com software de roteamento ou um dispositivo de uso específico. De qualquer forma, deve ter pelo menos duas conexões de rede, ou não teria para onde rotear mensagens. O roteador decide se uma mensagem específica deve ser passada da rede em que foi recebida para qualquer outra rede conectada a ele. Essa decisão é tomada com base no endereço de destino da mensagem na Internet. O roteador verifica suas tabelas para determinar o local do hospedeiro de destino, ou pelo menos da rede para a qual ele enviará a mensagem no caminho até o hospedeiro de destino. No caso do roteamento estático, essa tabela só é alterada por atualização manual (um novo arquivo é carregado no roteador). No roteamento dinâmico, um protocolo de roteamento é usado entre os roteadores para informá-los de alterações na rede e permitir que eles atualizem suas tabelas de roteamento automaticamente.

Normalmente gateways e roteadores são dispositivos de hardware dedicados que executam códigos fora do firmware. Mais recentemente, o roteamento tem sido gerenciado por um software que direciona vários dispositivos de rede mais inteligentemente do que o faria um único roteador. O software é independente do dispositivo, o que permite que dispositivos de rede de vários fornecedores cooperem mais facilmente. Por exemplo, o padrão OpenFlow permite que os desenvolvedores introduzam novas capacidades e recursos de rede desassociando as decisões de roteamento de dados dos dispositivos de rede subjacente.

17.4.3 Estratégias de Pacotes

Geralmente as mensagens variam em tamanho. Para simplificar o projeto do sistema, normalmente implementamos a comunicação com mensagens de tamanho fixo chamadas pacotes, quadros ou datagramas. Uma comunicação implementada em um pacote pode ser enviada para seu destino em uma mensagem sem conexão. Uma mensagem sem conexão pode ser não confiável, caso em que o emitente não tem garantia de que, e não tem como saber se, o pacote alcançou seu destino. Alternativamente, o pacote pode ser confiável. Geralmente, nesse caso, um pacote de confirmação é retornado do destino indicando que o pacote original chegou. (É claro que o pacote de retorno pode ser perdido no caminho.) Quando uma mensagem é muito longa para caber dentro de um pacote, ou quando os pacotes têm de fluir de um lado para outro entre os dois comunicadores, uma conexão é estabelecida para permitir a troca confiável de vários pacotes.

17.4.4 Estratégias de Conexão

Quando as mensagens conseguem alcançar seus destinos, os processos podem instituir sessões de comunicação para trocar informações. Pares de processos querendo se comunicar pela rede podem ser conectados de várias maneiras. Os três esquemas mais comuns são a comutação de circuitos, a comutação de mensagens e a comutação de pacotes.

- **Comutação de circuitos.** Quando dois processos querem se comunicar, um link físico permanente é estabelecido entre eles. Esse link é alocado pelo tempo de duração da sessão de comunicação, e nenhum outro processo pode usá-lo durante esse período (mesmo se os dois processos não se comunicarem ativamente durante algum tempo). Esse esquema é semelhante ao usado no sistema telefônico. Uma vez que uma linha de comunicação foi aberta entre duas partes (isto é, a parte A chama a parte B), ninguém mais pode usar esse circuito até a comunicação ser encerrada explicitamente (por exemplo, quando as partes desligam).

- **Comutação de mensagens.** Quando dois processos querem se comunicar, um link temporário é estabelecido pelo tempo de duração de uma transferência de mensagem. Quando necessário, links físicos são alocados dinamicamente entre os correspondentes apenas por períodos curtos. Cada mensagem é um bloco de dados com informações do sistema — como a origem, o destino e códigos de correção de erros (ECC) — que permitem que a rede de comunicação a distribua para o destino corretamente. Esse esquema é semelhante ao sistema de envio de correspondências pelo correio. Cada carta é uma mensagem que contém tanto o endereço de destino quanto o endereço de origem (retorno). Muitas mensagens (de diferentes usuários) podem ser enviadas pelo mesmo link.

- **Comutação de pacotes.** Uma mensagem lógica pode precisar ser dividida em vários pacotes. Cada pacote pode ser enviado para seu destino separadamente e, portanto, todos devem incluir um endereço de origem e destino com seus dados. Além disso, os diversos pacotes podem tomar caminhos diferentes através da rede. Os pacotes devem ser reagrupados em mensagens ao chegar. É bom ressaltar que não é perigoso os dados serem divididos em pacotes, possivelmente roteados separadamente e reagrupados no destino. A divisão de um sinal de áudio (digamos, uma comunicação telefônica), por outro lado, poderia causar grande confusão se não fosse realizada cuidadosamente.

Há vantagens e desvantagens óbvias nesses esquemas. A comutação de circuitos requer um tempo de configuração significativo e pode desperdiçar largura de banda da rede, mas gera menos overhead para enviar cada mensagem. Inversamente, a comutação de mensagens e de pacotes requer menos tempo de configuração, mas gera mais overhead por mensagem. Além disso, na comutação de pacotes, cada mensagem deve ser dividida em pacotes e posteriormente reagrupada. A comutação de pacotes é o método mais comum usado em redes de dados porque usa melhor a largura de banda da rede.

17.5 Protocolos de Comunicação

Ao projetar uma rede de comunicação, devemos lidar com a complexidade inerente à coordenação de operações assíncronas se comunicando em um ambiente potencialmente lento e propenso a erros. Além disso, os sistemas da rede devem estar de acordo quanto a um protocolo ou um conjunto de protocolos para a determinação de nomes de hospedeiro, a localização de hospedeiros na rede, o estabelecimento de conexões, e assim por diante. Podemos simplificar o problema do projeto (e da implementação relacionada) dividindo-o em várias camadas. Cada camada de um sistema se comunica com a camada equivalente de outros sistemas. Normalmente, cada camada tem seus próprios protocolos, e a comunicação ocorre entre camadas correspondentes com o uso de um protocolo específico. Os protocolos podem ser implementados em hardware ou software. Por exemplo, a Figura 17.5 mostra as comunicações lógicas entre dois computadores, com as três camadas de nível mais baixo implementadas em hardware.

A Organização Internacional de Padrões criou o modelo OSI para a descrição das várias camadas de rede. Embora essas camadas não sejam implementadas na prática, elas são úteis para entendermos como a rede funciona logicamente, e as descrevemos abaixo:

1. **Camada 1: Camada física.** A camada física é responsável pela manipulação dos detalhes mecânicos e elétricos da transmissão física de um fluxo de bits. Na camada física, os sistemas em comunicação devem entrar em um consenso quanto à representação elétrica de um binário 0 e 1, para que, quando os dados forem enviados como um fluxo de sinais elétricos, o destinatário possa interpretar os dados

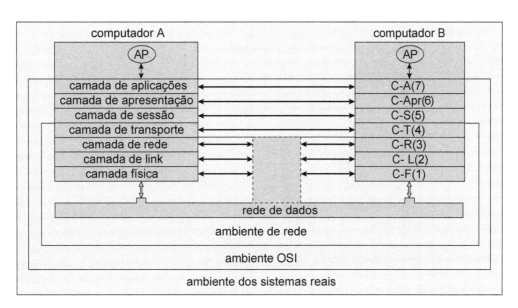

Figura 17.5 Dois computadores se comunicando pelo modelo de rede OSI.

apropriadamente como dados binários. Essa camada é implementada no hardware do dispositivo de rede. Ela é responsável por distribuir bits.

2. **Camada 2: Camada de link de dados.** A camada de link de dados é responsável pela manipulação de *quadros*, ou partes de tamanho fixo dos pacotes, incluindo qualquer detecção e recuperação de erro que ocorrer na camada física. Ela envia quadros entre endereços físicos.

3. **Camada 3: Camada da rede.** A camada da rede é responsável pela divisão de mensagens em pacotes, pelo fornecimento de conexões entre endereços lógicos e pelo roteamento de pacotes na rede de comunicação, incluindo a manipulação dos endereços de pacotes enviados, a decodificação de endereços de pacotes recebidos e a manutenção de informações de roteamento para responder apropriadamente a alterações nos níveis de carga. Os roteadores funcionam nessa camada.

4. **Camada 4: Camada de transporte.** A camada de transporte é responsável pela transferência de mensagens entre os nós, incluindo a divisão de mensagens em pacotes, a manutenção da ordem dos pacotes e o controle do fluxo para evitar congestionamentos.

5. **Camada 5: Camada de sessão.** A camada de sessão é responsável pela implementação de sessões, ou protocolos de comunicação entre processos.

6. **Camada 6: Camada de apresentação.** A camada de apresentação é responsável por resolver as diferenças de formatos entre os diversos sítios da rede, incluindo conversões de caracteres e modos half duplex-full duplex (repetição de caracteres).

7. **Camada 7: Camada da aplicação.** A camada da aplicação é responsável pela interação direta com os usuários. Essa camada lida com a transferência de arquivos, os protocolos de login remoto e o correio eletrônico, além de esquemas para bancos de dados distribuídos.

A Figura 17.6 resume a pilha de protocolos OSI — um conjunto de protocolos em cooperação — mostrando o fluxo físico de dados. Como mencionado, logicamente cada camada de uma pilha de protocolos se comunica com a camada equivalente de outros sistemas. Mas, fisicamente, uma mensagem começa dentro ou acima da camada da aplicação e passa por meio de cada um dos níveis mais baixos. Cada camada pode modificar a mensagem e incluir dados de cabeçalho da camada equivalente no

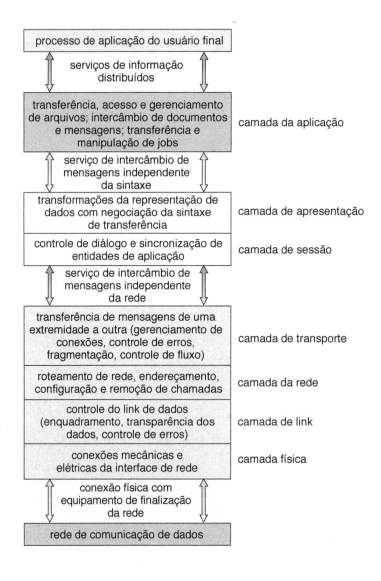

Figura 17.6 A pilha de protocolos OSI.

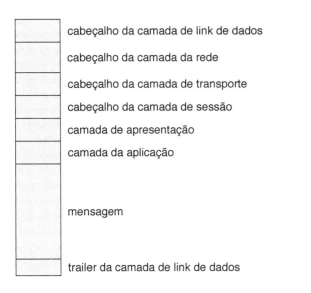

Figura 17.7 Uma mensagem de rede OSI.

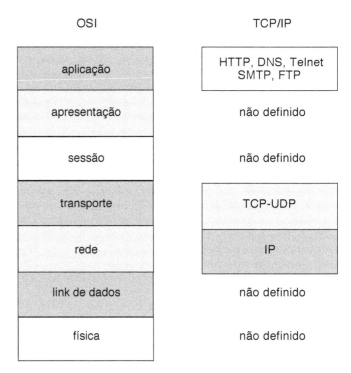

Figura 17.8 As pilhas de protocolos OSI e TCP/IP.

lado destinatário. Por fim, a mensagem alcança a camada da rede de dados e é transferida como um ou mais pacotes (Figura 17.7). A camada de link de dados do sistema de destino recebe esses dados, e a mensagem é transferida para cima por meio da pilha de protocolos. Ela é analisada, modificada e perde os cabeçalhos ao avançar. Finalmente alcança a camada da aplicação para ser usada pelo processo destinatário.

O modelo OSI formalizou alguns dos primeiros trabalhos executados em protocolos de rede, mas foi desenvolvido no fim dos anos 70 e atualmente não é muito usado. Talvez a pilha de protocolos mais amplamente usada seja o modelo TCP/IP, que foi adotado praticamente por todos os sites da Internet. A pilha de protocolos TCP/IP tem menos camadas do que o modelo OSI. Teoricamente, já que combina várias funções em cada camada, é mais difícil de implementar, porém é mais eficiente do que a rede OSI. O relacionamento entre os modelos OSI e TCP/IP é mostrado na Figura 17.8.

A camada de aplicações do TCP/IP identifica vários protocolos amplamente usados na Internet, inclusive o HTTP, FTP, Telnet, ssh, DNS e SMTP. A camada de transporte identifica o protocolo de datagramas de usuário (UDP — *user datagram protocol*), que não é confiável e não tem conexões, e o protocolo de controle de transmissão (TCP — *transmission control protocol*), que é confiável e orientado a conexões. O protocolo de Internet (**IP** — *Internet protocol*) é responsável pelo roteamento de datagramas IP através da Internet. O modelo TCP/IP não identifica formalmente uma camada física ou de link, permitindo que o tráfego TCP/IP percorra qualquer rede física. Na Seção 17.6, vamos considerar o modelo TCP/IP sendo executado por uma rede Ethernet.

A segurança deve ser uma preocupação do projeto e implementação de qualquer protocolo de comunicação moderno. Uma autenticação e uma criptografia fortes são necessárias na proteção das comunicações. A autenticação forte assegura que o emitente e o destinatário de uma comunicação sejam quem ou o que deveriam ser. A criptografia protege o conteúdo da comunicação contra a espionagem. Uma autenticação fraca e uma comunicação não criptografada ainda são muito comuns, no entanto, por várias razões. Quando a maioria dos protocolos comuns foi projetada, quase sempre a segurança era menos importante do que o desempenho, a simplicidade e a eficiência. Esse legado ainda está em vigor hoje, uma vez que está sendo difícil e complexo incluir segurança em infraestruturas existentes.

A autenticação forte requer dispositivos de autenticação ou um protocolo de handshake com várias etapas, o que adiciona complexidade ao protocolo. As CPUs modernas podem executar eficientemente a criptografia, com frequência incluindo instruções de aceleração criptográfica; portanto, o desempenho do sistema não é comprometido. Comunicações de longa distância podem tornar-se seguras pela autenticação das extremidades e criptografia do fluxo de pacotes em uma rede virtual privada, como discutido na Seção 15.4.2. A comunicação por LAN permanece sendo não criptografada na maioria dos sítios, mas protocolos como o NFS versão 4, que inclui autenticação e criptografia nativas fortes, devem ajudar a melhorar a segurança até mesmo nas LANs.

17.6 Um Exemplo: TCP/IP

Agora vamos voltar à questão da resolução de nomes, mencionada na Seção 17.4.1, e examinar sua operação no que diz respeito à pilha de protocolos TCP/IP na Internet. Em seguida, consideraremos o processamento necessário à transferência de um pacote entre hospedeiros de diferentes redes Ethernet. Baseamos nossa descrição nos protocolos IPV4, que são o tipo mais usado atualmente.

Em uma rede TCP/IP, todo hospedeiro tem um nome e um endereço IP (ou identificação de hospedeiro) associado. Essas duas strings devem ser exclusivas; e, para que o espaço de nome possa ser gerenciado, elas são segmentadas. O nome é hierárquico (como explicado na Seção 17.4.1), descrevendo o nome do hospedeiro e depois a organização com a qual o hospedeiro está associado. A identificação de hospedeiro é dividida em um número de rede e um número de hospedeiro. A proporção da divisão varia, dependendo do tamanho da rede. Quando os administradores da Internet atribuem um número de rede, o sítio com esse número fica livre para atribuir identificações de hospedeiro.

O sistema emitente verifica suas tabelas de roteamento para localizar um roteador para enviar o quadro. Os roteadores usam a parte da rede referente à identificação de hospedeiro para transferir o pacote de sua rede de origem para a rede de destino. O sistema de destino recebe então o pacote. O pacote pode ser uma mensagem completa ou apenas um componente de uma mensagem, com mais pacotes sendo necessários antes de a mensagem poder ser reagrupada e passada para a camada TCP/UDP para transmissão para o processo de destino.

Dentro de uma rede, como um pacote se move do emitente (hospedeiro ou roteador) para o destinatário? Todo dispositivo de Ethernet tem um número de byte exclusivo, chamado endereço de controle médio de acesso (MAC — *medium access control*), atribuído a ele para endereçamento. Dois dispositivos em uma LAN só se comunicam um com o outro com esse número. Se um sistema precisar enviar dados para outro sistema, o software de rede gerará um pacote do protocolo de resolução de endereços (ARP — *address resolution protocol*) contendo o endereço IP do sistema de destino. Esse pacote será transmitido para todos os outros sistemas dessa rede Ethernet.

Uma transmissão (broadcast) usa um endereço de rede especial (geralmente, o endereço máximo) para sinalizar que todos os hospedeiros devem receber e processar o pacote. A transmissão não é reenviada por gateways; logo, só sistemas da rede local a recebem. Só os sistemas cujo endereço IP coincidir com o endereço IP da solicitação ARP responderão e retornarão seu endereço MAC para o sistema que iniciou a consulta. A título de eficiência, o hospedeiro armazena em uma tabela interna em cache o par de endereços IP-MAC. As entradas do cache perdem a validade, para que uma entrada acabe sendo removida se um acesso a esse sistema não for solicitado dentro de determinado período. Dessa forma, os hospedeiros que são removidos de uma rede são eventualmente esquecidos. Para melhorar o desempenho, as entradas ARP de hospedeiros muitos usados podem ser mantidas no cache ARP.

Uma vez que um dispositivo de Ethernet tenha anunciado sua identificação de hospedeiro e seu endereço, a comunicação pode começar. Um processo pode especificar o nome do hospedeiro com o qual deseja se comunicar. O software de rede pega esse nome e determina o endereço IP do destino, usando uma pesquisa de DNS. A mensagem é enviada da camada de aplicações, percorre as camadas de softwares e chegar à camada de hardware. Na camada de hardware, o pacote (ou pacotes) começa com seu endereço de Ethernet; um finalizador indica o fim do pacote e contém uma soma de verificação para a detecção de danos (Figura 17.9). O pacote é inserido na rede pelo dispositivo de Ethernet. A seção de dados do pacote pode conter alguns dos dados da mensagem original ou todos eles, mas também pode conter os cabeçalhos de nível mais alto que compõem a mensagem. Em outras palavras, todas as partes da mensagem original devem ser enviadas da origem ao destino; e todos os cabeçalhos acima da camada 802.3 (camada de link de dados) são incluídos como dados nos pacotes de Ethernet.

Se o destino estiver na mesma rede da origem, o sistema pesquisará seu cache ARP, encontrará o endereço de Ethernet do hospedeiro e inserirá o pacote na conexão. O dispositivo de Ethernet de destino verá então seu endereço e lerá o pacote, passando-o para cima na pilha de protocolos.

Se o sistema de destino estiver em uma rede diferente da do sistema de origem, esse encontrará um roteador apropriado em sua rede e enviará o pacote por meio dele. Os roteadores passarão então o pacote ao longo da WAN até que alcance sua rede de destino. O roteador conectado à rede de destino verificará seu cache ARP, encontrará o número de Ethernet do destino e enviará o pacote para esse hospedeiro. Por causa de todas essas transferências, o cabeçalho da camada de dados pode mudar quando o endereço de Ethernet do próximo roteador da cadeia for usado, mas os outros cabeçalhos do pacote permanecerão os mesmos até ele ser recebido e processado pela pilha de protocolos e finalmente passado para o processo destinatário pelo kernel.

17.7 Robustez

Um sistema distribuído pode sofrer de vários tipos de falha de hardware. A falha de um link, a falha de um sítio ou a perda de uma mensagem são os tipos mais comuns. Para assegurar que o sistema seja robusto, devemos detectar qualquer uma dessas falhas, reconfigurar o sistema a fim de que o processamento possa continuar, e recuperá-lo quando um sítio ou link for reparado.

17.7.1 Detecção de Falhas

Em um ambiente sem memória compartilhada, geralmente não conseguimos diferenciar entre falhas de links, falhas de sítios e

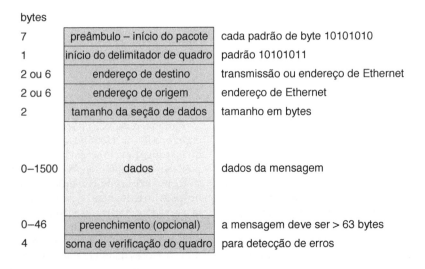

Figura 17.9 Um pacote de Ethernet.

perda de mensagens. Quase sempre podemos detectar apenas que uma dessas falhas ocorreu. Uma vez que uma falha tiver sido detectada, uma medida apropriada deve ser tomada. Que medida é apropriada vai depender da aplicação específica.

Para detectar falhas de link e de sítio, usamos um procedimento de heartbeat. Suponhamos que os sítios A e B tivessem um link físico direto entre eles. Em intervalos fixos, os sítios enviam um para o outro uma mensagem *estou ativo*. Se o sítio A não receber essa mensagem dentro de um período de tempo predeterminado, ele presumirá que o sítio B falhou, que o link entre A e B falhou ou que a mensagem de B foi perdida. Nesse momento, o sítio A tem duas opções. Pode esperar outro período de tempo para receber uma mensagem *estou ativo* enviada por B, ou pode enviar uma mensagem *você está ativo?* para B.

Se o tempo passar e o sítio A ainda não tiver recebido uma mensagem *estou ativo*, ou se o sítio A tiver enviado uma mensagem *você está ativo?* e não tiver recebido uma resposta, o procedimento poderá ser repetido. Novamente, a única conclusão a que o sítio A pode chegar seguramente é que algum tipo de falha ocorreu.

O sítio A pode tentar diferenciar uma falha de link e de sítio enviando uma mensagem *você está ativo?* para B por outra rota (se existir uma). Se e quando B receber essa mensagem, ele responderá imediatamente de maneira positiva. Essa resposta positiva informará a A que B está ativo e que a falha ocorreu no link direto entre eles. Já que não sabemos antecipadamente quanto tempo a mensagem levará para viajar de A a B e voltar, devemos usar um esquema de tempo limite. No momento em que A enviar a mensagem *você está ativo?*, especificará um intervalo de tempo durante o qual irá esperar a resposta de B. Se A receber a mensagem de resposta dentro desse intervalo de tempo, poderá concluir seguramente que B está ativo. No entanto, se isso não ocorrer (isto é, se o tempo limite for excedido), A só poderá concluir que uma ou mais das situações a seguir ocorreram:

- O sítio B está inativo.
- O link direto (se existir um) de A a B está inativo.
- O caminho alternativo de A a B está inativo.
- A mensagem foi perdida.

O sítio A não pode, no entanto, determinar qual desses eventos ocorreu.

17.7.2 Reconfiguração

Suponhamos que o sítio A tivesse descoberto, por meio do mecanismo que acabamos de descrever, que uma falha ocorreu. Ele deve então iniciar um procedimento que permita que o sistema seja reconfigurado e retome seu modo normal de operação.

- Se um link direto de A a B tiver falhado, essa informação deve ser transmitida para cada sítio do sistema, para que as diversas tabelas de roteamento possam ser atualizadas de acordo.
- Se o sistema concluir que um sítio falhou (porque esse sítio não pode mais ser alcançado), todos os sítios do sistema devem ser notificados, para que não tentem mais usar os serviços do sítio defeituoso. A falha de um sítio que servia como coordenador central de alguma atividade (como a detecção de deadlocks) requer a eleição de um novo coordenador. Da mesma forma, se o sítio defeituoso fizer parte de um anel lógico, um novo anel lógico deve ser construído. Observe que, se o sítio não tiver falhado (isto é, se estiver ativo, mas não puder ser alcançado), podemos ter a situação indesejável em que dois sítios sirvam como coordenador. Se a rede for particionada, os dois coordenadores (cada um para sua própria partição) podem iniciar ações conflitantes. Por exemplo, se os coordenadores forem responsáveis por implementar a exclusão mútua, podemos ter uma situação em que dois processos sejam executados simultaneamente em suas seções críticas.

17.7.3 Recuperação da Falha

Quando um link ou sítio defeituoso for reparado, ele deve ser integrado ao sistema normalmente e sem problemas.

- Suponhamos que um link entre A e B tenha falhado. Quando ele for reparado, tanto A quanto B deverão ser notificados. Podemos fazer essa notificação repetindo continuamente o procedimento de heartbeat descrito na Seção 17.7.1.
- Suponhamos que o sítio B tenha falhado. Quando for recuperado, ele deverá notificar a todos os outros sítios que ele está ativo novamente. O sítio B pode então ter de receber informações dos outros sítios para atualizar suas tabelas locais. Por exemplo, ele pode precisar de informações da tabela de roteamento, uma lista dos sítios que estão inativos, informações sobre mensagens não distribuídas, um log de transações não executadas e informações sobre o correio. Se o sítio não falhou e simplesmente não pôde ser alcançado, essas informações ainda serão necessárias.

17.7.4 Tolerância a Falhas

Um sistema distribuído deve tolerar certo nível de falha e continuar a funcionar normalmente quando confrontado com vários tipos de falhas. Para tornar uma instalação tolerante a falhas devemos começar no nível do protocolo, como descrito acima, mas dar continuidade abordando todos os aspectos do sistema. Usaremos o termo *tolerância a falhas* em um sentido amplo. Erros de comunicação, determinadas falhas na máquina, paralisações em dispositivos de armazenamento e deterioração da mídia de armazenamento devem ser tolerados até certo ponto. Um sistema tolerante a falhas deve continuar funcionando, mesmo que de forma degradada, quando confrontado com essas falhas. A degradação pode afetar o desempenho, a funcionalidade, ou ambos. Ela deve ser proporcional, no entanto, às falhas que a causaram. Um sistema que chegar a parar porque apenas um de seus componentes falhou certamente não é tolerante a falhas.

Infelizmente, a implementação da tolerância a falhas pode ser difícil e cara. Na camada da rede, vários caminhos de comunicação e dispositivos de rede redundantes como os switches e roteadores serão necessários para evitar uma falha na comunicação. Uma falha no armazenamento pode causar a perda do sistema operacional, das aplicações ou dos dados. As unidades de armazenamento podem incluir componentes de hardware redundantes que tomem automaticamente o lugar uns dos outros em caso de falha. Além disso, sistemas RAID podem assegurar o acesso continuado aos dados até mesmo no caso de falha de um ou mais discos (Seção 10.7).

Uma falha em um sistema sem redundância pode fazer com que uma aplicação, ou uma instalação inteira, pare de funcionar. A falha de sistema mais simples envolve um sistema executando apenas aplicações sem informações de estado. Essas aplicações podem ser reiniciadas sem comprometer a operação; contanto que as aplicações possam ser executadas em mais de um computador (nó), a operação poderá continuar. Normalmente uma instalação assim é chamada de cluster de processamento porque é centrada no processamento.

Por outro lado, os sistemas centrados em dados envolvem a execução de aplicações que acessam e modificam dados compartilhados. Como resultado, é mais difícil tornar tolerantes a falhas instalações de processamento centradas em dados. Elas requerem um software de monitoramento de falhas e uma infraestrutura especial. Por exemplo, clusters de alta disponibilidade incluem dois ou mais computadores e um conjunto de discos compartilhados. Qualquer aplicação pode ser armazenada nos computadores ou no disco compartilhado, mas os dados devem ser armazenados no disco compartilhado. O nó da aplicação que estiver sendo executada terá acesso exclusivo aos dados da aplicação residentes no disco. A aplicação é monitorada pelo software do cluster, e se falhar será reiniciada automaticamente. Se não puder ser reiniciada, ou se o computador inteiro falhar, o acesso exclusivo do nó aos dados da aplicação será encerrado e concedido a outro nó do cluster. A aplicação será reiniciada nesse novo nó. Ela perderá as informações de estado que se encontravam na memória do sistema defeituoso, mas poderá continuar a funcionar com base no estado que gravou pela última vez no disco compartilhado. Do ponto de vista do usuário, um serviço terá sido interrompido e então reiniciado, possivelmente com alguma perda de dados.

Aplicações específicas podem melhorar essa funcionalidade implementando o gerenciamento de locks junto ao cluster. No gerenciamento de locks, a aplicação pode ser executada em vários nós e pode usar os mesmos dados dos discos compartilhados concorrentemente. Bancos de dados em cluster costumam implementar essa funcionalidade. Quando um nó falha, as transações podem continuar em outros nós, e os usuários não notam uma interrupção no serviço, contanto que o cliente possa localizar automaticamente os outros nós do cluster. Qualquer transação não confirmada no nó defeituoso será perdida, mas, novamente, aplicações clientes podem ser designadas para recuperar transações não confirmadas se detectarem uma falha em seu nó do banco de dados.

17.8 Aspectos de Projeto

Tornar os diversos processadores e dispositivos de armazenamento transparentes para os usuários tem sido um grande desafio para muitos projetistas. Idealmente, um sistema distribuído deve aparecer para seus usuários como um sistema convencional centralizado. A interface de usuário de um sistema distribuído transparente não deve distinguir recursos locais e remotos. Isto é, os usuários têm de poder acessar os recursos remotos como se esses recursos fossem locais, e o sistema distribuído deve ser responsável pela localização dos recursos e pelo fornecimento da interação apropriada.

Outro aspecto da transparência é a mobilidade do usuário. Seria conveniente permitir que os usuários se conectassem com qualquer máquina do sistema em vez de forçá-los a usar uma máquina específica. Um sistema distribuído transparente facilita a mobilidade do usuário trazendo seu ambiente (por exemplo, o diretório base) para onde ele se conectar. Protocolos como o LDAP fornecem um sistema de autenticação para usuários locais, remotos e móveis. Uma vez que a autenticação é concluída, recursos como a virtualização da área de trabalho permitem que os usuários vejam suas sessões de área de trabalho em instalações remotas.

Ainda outro aspecto é a escalabilidade — a capacidade de um sistema se adaptar a um aumento na carga de serviço. Os sistemas têm recursos limitados e podem ficar totalmente saturados quando a carga aumenta. Por exemplo, no que diz respeito a um sistema de arquivos, a saturação ocorre quando a CPU de um servidor é executada com uma alta taxa de utilização ou quando solicitações de I/O dos discos sobrecarregam o subsistema de I/O. A escalabilidade é uma propriedade relativa, mas pode ser medida precisamente. Um sistema escalável reage com mais normalidade ao aumento de carga do que um não escalável. Em primeiro lugar, seu desempenho degrada mais moderadamente; em segundo lugar, seus recursos levam mais tempo para alcançar um estado saturado. Até mesmo um projeto perfeito não consegue acomodar uma carga sempre crescente. A inclusão de novos recursos pode resolver o problema, mas pode gerar carga indireta adicional sobre outros recursos (por exemplo, a inclusão de máquinas em um sistema distribuído pode obstruir a rede e aumentar as cargas de serviço). E o que é ainda pior, a expansão do sistema pode demandar modificações caras no projeto. Um sistema escalável deve ter potencial para crescer sem esses problemas. Em um sistema distribuído, a capacidade de crescer normalmente é de grande importância, já que é comum a expansão da rede pela inclusão de novas máquinas, ou a interconexão de duas redes. Resumindo, um projeto escalável deve suportar uma alta carga de serviço, acomodar o crescimento da comunidade de usuários e permitir uma integração fácil dos recursos adicionados.

A escalabilidade está relacionada com a tolerância a falhas, discutida anteriormente. Um componente pesadamente carregado pode ficar paralisado e se comportar como um componente defeituoso. Além disso, o deslocamento da carga de um componente defeituoso para um substituto pode saturar este último. Geralmente, ter recursos de reserva é essencial para assegurarmos a confiabilidade, assim como para manipularmos os picos de carga normalmente. Logo, os diversos recursos de um sistema distribuído representam uma vantagem, fornecendo ao sistema um potencial maior de tolerância a falhas e escalabilidade. No entanto, um projeto inapropriado pode obscurecer esse potencial. Considerações de tolerância a falhas e escalabilidade demandam um projeto que demonstre distribuição de controle e de dados.

Recursos como o sistema de arquivos distribuído Hadoop foram criados levando em consideração esse problema. O Hadoop foi baseado nos projetos MapReduce e Google File System, do Google, que criaram um recurso para facilitar o rastreamento de cada página da web na Internet. O Hadoop é uma estrutura de programação de código-fonte aberto que dá suporte ao processamento de grandes conjuntos de dados em ambientes de computação distribuídos. Sistemas tradicionais com bancos de dados convencionais não podem crescer até a capacidade e o desempenho requeridos por projetos "big data" (pelo menos não a preços razoáveis). Exemplos de projetos "big data" incluem pesquisar o Twitter em busca de informações pertinentes a uma empresa e analisar dados financeiros para procurar tendências nos preços das ações. Com o Hadoop e suas ferramentas, milhares de sistemas podem trabalhar em conjunto para gerenciar um banco de dados distribuído com petabytes de informações.

17.9 Sistemas de Arquivos Distribuídos

Embora a World Wide Web seja o sistema distribuído predominante em uso atualmente, ela não é o único. Outro uso importante e popular da computação distribuída é o sistema de arquivos distribuído, ou DFS (*distributed file system*). Nesta seção, vamos discutir os sistemas de arquivos distribuídos. Ao fazê-lo, usaremos dois exemplos correntes — o OpenAFS, um sistema de arquivos distribuído de código-fonte aberto, e o NFS, o DFS mais comum baseado no UNIX. O NFS tem várias versões, e aqui usaremos o NFS Versão 3, a não ser quando informado diferentemente.

Para explicar a estrutura de um DFS, temos de definir os termos *serviço*, *servidor* e *cliente* no contexto do DFS. Um serviço é uma entidade de software sendo executada em uma ou mais máquinas e fornecendo um tipo específico de função para os clientes. Um servidor é o software de serviço sendo executado em uma única máquina. Um cliente é um processo que pode chamar um serviço usando um conjunto de operações que formam sua interface de cliente. Às vezes uma interface de baixo nível é definida para a interação real entre as máquinas; trata-se da interface entre máquinas.

Usando essa terminologia, podemos dizer que um sistema de arquivos fornece serviços de arquivo para clientes. A interface de cliente de um serviço de arquivo é formada por um conjunto de operações primitivas de arquivo, como criação, exclusão, leitura e gravação de um arquivo. O principal componente de hardware que um servidor de arquivos controla é um conjunto de dispositivos locais de armazenamento secundário (geralmente, discos magnéticos) em que os arquivos são armazenados e a partir dos quais eles são recuperados de acordo com as solicitações dos clientes.

Um DFS é um sistema de arquivos cujos clientes, servidores e dispositivos de armazenamento ficam dispersos entre as máquinas de um sistema distribuído. Portanto, a atividade dos serviços tem de ser executada pela rede. Em vez de um único repositório de dados centralizado, geralmente o sistema tem vários dispositivos de armazenamento independentes. Como você verá, a configuração e a implementação concretas de um DFS podem variar de um sistema para outro. Em algumas configurações, os servidores são executados em máquinas dedicadas. Em outras, uma máquina pode ser tanto um servidor quanto um cliente. Um DFS pode ser implementado como parte de um sistema operacional distribuído ou, alternativamente, por uma camada de software cuja tarefa seja gerenciar a comunicação entre sistemas de arquivos e sistemas operacionais convencionais.

Os recursos que diferenciam um DFS são a multiplicidade e a autonomia de clientes e servidores do sistema. Idealmente, no entanto, um DFS deve aparecer para seus clientes como um sistema de arquivos convencional centralizado. Isto é, a interface de cliente de um DFS não deve distinguir arquivos locais e remotos. É responsabilidade do DFS localizar os arquivos e providenciar o transporte dos dados. Um DFS *transparente* — como os sistemas distribuídos transparentes mencionados anteriormente — facilita a mobilidade do usuário, trazendo o ambiente desse (isto é, o diretório base) para onde ele fizer login.

A medida de desempenho mais importante de um DFS é o período de tempo necessário ao atendimento de solicitações de serviço. Em sistemas convencionais, esse tempo é composto pelo tempo de acesso ao disco e um pequeno intervalo de tempo de processamento da CPU. Em um DFS, no entanto, um acesso remoto tem o overhead adicional associado à estrutura distribuída. Esse overhead inclui o tempo de distribuição da solicitação para um servidor, assim como o tempo de retorno da resposta por meio da rede para o cliente. Em cada direção, além da transferência das informações, há o overhead da CPU de ter de executar o software do protocolo de comunicação. O desempenho de um DFS pode ser considerado como outra dimensão da transparência do DFS. Isto é, o desempenho de um DFS ideal seria comparável ao de um sistema de arquivos convencional.

O fato de um DFS gerenciar um conjunto de dispositivos de armazenamento dispersos é a principal característica que o distingue. O espaço de armazenamento total gerenciado por um DFS é composto por espaços de armazenamento menores diferentes e localizados remotamente. Geralmente, esses espaços de armazenamento constituintes correspondem a conjuntos de arquivos. Uma unidade componente é o menor conjunto de arquivos que pode ser armazenado em uma única máquina, independentemente de outras unidades. Todos os arquivos pertencentes à mesma unidade componente devem residir no mesmo local.

17.9.1 Nomeação e Transparência

A nomeação é um mapeamento entre objetos lógicos e físicos. Por exemplo, os usuários lidam com objetos de dados lógicos representados por nomes de arquivos, enquanto o sistema manipula blocos de dados físicos armazenados em trilhas do disco. Geralmente, um usuário referencia um arquivo por um nome textual. Esse é mapeado para um identificador numérico de baixo nível que, por sua vez, é mapeado para blocos do disco. Esse mapeamento em vários níveis fornece aos usuários uma abstração de arquivo que oculta os detalhes de como e onde o arquivo está armazenado no disco.

Em um DFS transparente, uma nova dimensão é adicionada à abstração: a ocultação de onde o arquivo está localizado na rede. Em um sistema de arquivos convencional, o intervalo de mapeamento da nomeação é composto por um endereço em um disco. Em um DFS, esse intervalo é expandido para incluir a máquina específica em cujo disco o arquivo está armazenado. Se avançarmos um pouco no conceito que trata arquivos como abstrações, isso nos conduzirá à possibilidade da replicação de arquivos. Dado um nome de arquivo, o mapeamento retorna um conjunto de locais onde estão as réplicas desse arquivo. Nessa abstração, tanto a existência de várias cópias quanto sua localização ficam ocultas.

17.9.1.1 Estruturas de Nomeação

Precisamos diferenciar duas noções relacionadas que fazem parte dos mapeamentos de nomes em um DFS:

1. Transparência de localização. O nome de um arquivo não revela nenhuma pista do local de armazenamento físico do arquivo.
2. Independência de localização. O nome de um arquivo não precisa ser alterado quando seu local de armazenamento físico muda.

As duas definições estão relacionadas com o nível de nomeação discutido anteriormente, já que os arquivos têm nomes diferentes em níveis diferentes (isto é, nomes textuais no nível do usuário e identificadores numéricos no nível do sistema). Um esquema de nomeação independente de localização é um mapeamento dinâmico, uma vez que pode mapear o mesmo nome de arquivo para diferentes locais em dois momentos diferentes. Portanto, a independência de localização é uma propriedade mais poderosa do que a transparência de localização.

Na prática, a maioria dos DFSs atuais fornece um mapeamento estático e com transparência de localização para nomes no nível do usuário. Alguns dão suporte à migração de arquivos — isto é, a alteração automática do local de um arquivo, fornecendo independência de localização. O OpenAFS dá suporte à independência de localização e à mobilidade de arquivos, por exemplo. O sistema de arquivos distribuído Hadoop (HDFS) — um sistema de arquivos especial escrito para a estrutura Hadoop — é uma criação mais recente. Ele inclui a migração de arquivos, mas faz isso sem seguir padrões POSIX, fornecendo mais flexibilidade na implementação e na interface. O HDFS registra o local dos dados, mas oculta essa informação dos clientes. Essa transparência de localização dinâmica permite que o mecanismo subjacente se autoajuste. Em outro exemplo, o recurso de armazenamento em nuvem §3 da Amazon fornece blocos de armazenamento sob demanda via APIs, inserindo o armazenamento onde for adequado e movendo os dados quando necessário para atender requisitos de desempenho, confiabilidade e capacidade.

Alguns aspectos ajudam a diferenciar ainda mais a independência de localização da transparência de localização estática:

- A separação entre dados e localização, como exibida pela independência de localização, fornece uma abstração melhor para os arquivos. Um nome de arquivo deve representar os atributos mais significativos do arquivo, que são seus conteúdos e não sua localização. Arquivos independentes de localização podem ser considerados como contêineres de dados lógicos que não estão associados a um local de armazenamento específico. Se apenas a transparência de localização estática tiver suporte, o nome de arquivo continuará representando um conjunto de blocos de disco físicos específico, porém oculto.

- A transparência de localização estática fornece aos usuários uma maneira conveniente de compartilhar dados. Os usuários podem compartilhar arquivos remotos simplesmente nomeando-os de uma maneira segundo a qual a localização fique transparente, como se os arquivos fossem locais. O Dropbox e outras soluções de armazenamento baseadas em nuvem funcionam dessa forma. A independência de localização promove o compartilhamento do próprio espaço de armazenamento, assim como dos objetos de dados. Quando os arquivos podem ser movidos, o espaço de armazenamento total com abrangência em todo o sistema parece um único recurso virtual. Um possível benefício dessa abordagem é a capacidade de balanceamento da utilização do armazenamento no sistema.

- A independência de localização separa a hierarquia de nomeação da hierarquia de dispositivos de armazenamento e da estrutura existente entre os computadores. Por outro lado, se a transparência de localização estática for usada (embora os nomes sejam transparentes), poderemos facilmente expor a correspondência entre as unidades componentes e as máquinas. As máquinas são configuradas com um padrão semelhante à estrutura de nomeação. Essa configuração pode restringir a arquitetura do sistema desnecessariamente e entrar em conflito com outras considerações. Um servidor responsável por um diretório raiz é exemplo de uma estrutura que é imposta pela hierarquia de nomeação e contradiz as diretrizes de descentralização.

Uma vez que a separação entre nome e local tiver sido atingida, os clientes poderão acessar arquivos residentes em sistemas de servidores remotos. Na verdade, esses clientes podem ser não ter disco e precisar que os servidores forneçam todos os arquivos, inclusive o kernel do sistema operacional. No entanto, protocolos especiais serão necessários para a sequência de inicialização. Considere o problema de obtenção do kernel para uma estação de trabalho sem disco. A estação de trabalho sem disco não tem kernel e, portanto, não pode usar o código do DFS para recuperá-lo. Em vez disso, um protocolo especial de inicialização, armazenado em memória somente de leitura (ROM) no cliente, é chamado. Ele permite o trabalho em rede e recupera apenas um arquivo especial (o código do kernel ou de inicialização) a partir de um local fixo. Uma vez que o kernel é copiado por meio da rede e carregado, seu DFS torna disponíveis todos os outros arquivos do sistema operacional. As vantagens de clientes sem disco são muitas, inclusive o custo mais baixo (porque as máquinas clientes não requerem discos) e maior conveniência (quando ocorre uma atualização do sistema operacional, só o servidor precisa ser modificado). As desvantagens são o aumento da complexidade dos protocolos de inicialização e uma piora no desempenho resultante do uso de uma rede em vez de um disco local.

17.9.1.2 Esquemas de Nomeação

Há três abordagens principais para os esquemas de nomeação de um DFS. Na abordagem mais simples, um arquivo é identificado por alguma combinação de seu nome de hospedeiro e nome local, o que garante um nome exclusivo em todo o sistema. No Ibis, por exemplo, um arquivo é identificado de maneira exclusiva pelo nome *hospedeiro: nome local*, em que *nome local* é um caminho como no UNIX. Esse esquema de nomeação não tem localização transparente nem é independente da localização. O DFS é estruturado como um conjunto de unidades componentes isoladas, cada uma sendo um sistema de arquivos convencional inteiro. As unidades componentes permanecem isoladas, embora sejam fornecidos meios de referenciar arquivos remotos. Não consideraremos esse esquema com mais detalhes aqui.

A segunda abordagem foi popularizada pelo sistema de arquivos de rede da Sun, o NFS. O NFS é encontrado em muitos sistemas, inclusive em distribuições do UNIX e Linux. Ele fornece um meio de diretórios remotos serem anexados a diretórios locais, dando assim a impressão de uma árvore de diretório coerente. As primeiras versões do NFS só permitiam que diretórios remotos montados anteriormente fossem acessados de modo transparente. O advento do recurso de automontagem permitiu que as montagens fossem executadas sob demanda com base em uma tabela de pontos de montagem e nomes de estruturas de arquivos. Componentes são integrados para dar suporte ao compartilhamento transparente, mas essa integração é limitada e não é uniforme, porque cada máquina pode anexar diferentes diretórios remotos à sua árvore. A estrutura resultante é versátil.

Podemos obter uma integração total dos sistemas de arquivos componentes usando a terceira abordagem. Aqui, uma única estrutura de nomes global abrange todos os arquivos do sistema. O ideal é que a estrutura de sistema de arquivos composta seja igual à de um sistema de arquivos convencional. Na prática, no entanto, os diversos arquivos especiais (por exemplo, arquivos de dispositivos do UNIX e diretórios binários específicos de máquinas) tornam esse objetivo difícil de atingir. Para avaliar as estruturas de nomeação, podemos examinar sua complexidade administrativa. A estrutura mais complexa e mais difícil de manter é a do NFS. Já que qualquer diretório remoto pode ser anexado a qualquer lugar na árvore de diretório local, a hierarquia resultante pode ficar altamente desestruturada. Se um servidor ficar indisponível, algum conjunto arbitrário de diretórios de diferentes máquinas ficará indisponível. Além disso, um mecanismo separado de autorização controla que máquina tem permissão para anexar que diretório à sua árvore. Portanto, um usuário pode conseguir acessar uma árvore de diretório remota em um cliente, mas ter acesso negado em outro cliente.

17.9.1.3 Técnicas de Implementação

A implementação da nomeação transparente requer o fornecimento do mapeamento de um nome de arquivo para o local associado. Para manter esse mapeamento gerenciável, devemos agregar conjuntos de arquivos em unidades componentes e fornecer o mapeamento por unidade componente em vez de por arquivo individual. Essa agregação também serve para fins administrativos. Sistemas como o UNIX usam a árvore de diretório hierárquica para fornecer o mapeamento de nome para local e agregar arquivos recursivamente em diretórios.

Para aumentar a disponibilidade das informações cruciais de mapeamento, podemos usar a replicação, o armazenamento em cache local, ou ambos. Como mencionamos, independência de localização significa que o mapeamento pode mudar com o tempo. Portanto, a replicação do mapeamento torna impossível uma atualização simples, porém consistente, dessas informações. Para superar esse obstáculo, podemos introduzir identificadores de arquivo independentes de localização de baixo nível. (O OpenAFS usa essa abordagem.) Nomes de arquivo textuais são mapeados para identificadores de arquivo de baixo nível que indicam a que unidade componente o arquivo pertence. Esses identificadores continuam sendo independentes de localização. Eles podem ser replicados e armazenados em cache livremente sem ser invalidados pela migração de unidades componentes. O preço a ser pago é a necessidade de um segundo nível de mapeamento, que mapearia as unidades componentes para as localizações e precisaria de um mecanismo de atualização simples, porém consistente. A implementação de árvores de diretório de tipo UNIX com o uso desses identificadores independentes de localização de baixo nível torna a hierarquia inteira invariável no caso de migração de unidades componentes. O único aspecto que muda é o mapeamento da localização da unidade componente.

Uma maneira comum de implementar identificadores de baixo nível é usar nomes estruturados. Esses nomes são cadeias de bits que geralmente têm duas partes. A primeira parte identifica a unidade componente à qual o arquivo pertence; a segunda parte identifica o arquivo específico dentro da unidade. Variantes com mais partes são possíveis. O que é constante nos nomes estruturados, no entanto, é que partes individuais do nome são sempre exclusivas somente dentro do contexto do resto das partes. Podemos obter uma exclusividade constante tomando cuidado para não reutilizar um nome que ainda esteja em uso, adicionando bits adicionais suficientes (esse método é usado no OpenAFS), ou usando um carimbo de hora como parte do nome (como foi feito no Apollo Domain). Outra maneira de vermos esse processo é considerar o fato de que estamos pegando um sistema de localização transparente, como o Ibis, e adicionando outro nível de abstração para produzir um esquema de nomeação independente de localização.

17.9.2 Acesso a Arquivos Remotos

Consideremos um usuário que solicitasse acesso a um arquivo remoto. O servidor que está armazenando o arquivo foi localizado pelo esquema de nomeação, e agora a transferência de dados deve ocorrer.

Uma maneira de executar essa transferência é por meio de um mecanismo de serviço remoto, em que as solicitações de acesso são distribuídas para o servidor, a máquina do servidor executa os acessos, e seus resultados são retornados para o usuário. Uma das maneiras mais comuns de implementar um serviço remoto é por meio do paradigma RPC, que discutimos no Capítulo 3. Existe uma analogia direta entre os métodos de acesso a disco de sistemas de arquivos convencionais e o método de serviço remoto de um DFS: o uso do método de serviço remoto é análogo à execução de um acesso a disco para cada solicitação de acesso.

Para assegurar um desempenho aceitável em um mecanismo de serviço remoto, podemos usar um tipo de cache. Em sistemas de arquivos convencionais, os caches são usados para reduzir o I/O de disco (melhorando assim o desempenho), enquanto nos DFSs, o objetivo é reduzir tanto o tráfego de rede quanto o I/O de disco. Na discussão a seguir, descrevemos a implementação do cache em um DFS e a comparamos com o paradigma básico do serviço remoto.

17.9.2.1 Esquema Básico de Armazenamento em Cache

O conceito de armazenamento em cache é simples. Se os dados necessários ao atendimento da solicitação de acesso ainda não estiverem em cache, uma cópia desses dados será trazida do servidor para o sistema cliente. Os acessos são executados na cópia armazenada em cache. A ideia é reter no cache blocos de disco acessados recentemente, para que acessos repetidos às mesmas informações possam ser manipulados localmente, sem tráfego de rede adicional. Uma política de substituição (por exemplo, o algoritmo do menos recentemente usado) mantém o tamanho do cache limitado. Não existe nenhuma correspondência direta entre os acessos e o tráfego para o servidor. Os arquivos continuam sendo identificados por uma cópia mestra residindo na máquina do servidor, mas cópias (ou partes) do arquivo são distribuídas em diferentes caches. Quando uma cópia armazenada em cache é modificada, as alterações têm de ser refletidas na cópia mestra para a preservação da semântica de consistência relevante. O problema de manter as cópias do cache consistentes em relação ao arquivo mestre é chamado de problema de consistência do cache, que discutiremos na Seção 17.9.2.4. O cache do DFS poderia facilmente ser chamado de memória virtual de rede. Ele age de forma semelhante à memória virtual paginada por demanda, exceto pela memória de retaguarda geralmente ser um servidor remoto em vez de um disco local. O NFS permite que o espaço de permuta seja montado remotamente; portanto, na verdade ele pode implementar a memória virtual por meio de uma rede, porém com queda no desempenho.

A granularidade dos dados do cache de um DFS pode variar de blocos de um arquivo a um arquivo inteiro. Geralmente, mais dados são armazenados em cache do que o necessário para o atendimento de um acesso individual, para que muitos acessos possam ser atendidos pelos dados do cache. Esse procedimento é parecido com a operação read-ahead executada em disco (Seção 12.6.2). O OpenAFS armazena arquivos em grandes blocos (64 KB) no cache. Os outros sistemas discutidos aqui dão suporte ao cache de blocos individuais com base na demanda do cliente. O aumento da unidade de armazenamento em cache aumenta a taxa de sucesso, mas também aumenta o prejuízo causado por um insucesso, porque cada insucesso requer que mais dados sejam transferidos. Isso também aumenta o potencial para problemas de consistência. A seleção da unidade de armazenamento em cache envolve a consideração de parâmetros como a unidade de transferência da rede e a unidade de serviço do protocolo RPC (se um protocolo RPC for usado). A unidade de transferência da rede (para a Ethernet, um pacote) é igual a cerca de 1,5 KB; portanto, unidades de dados maiores armazenadas em cache têm de ser desagrupadas para distribuição e reagrupadas na recepção.

É claro que o tamanho do bloco e o tamanho total do cache são importantes nos esquemas de cache de blocos. Em sistemas como o UNIX, os tamanhos de bloco comuns têm 4 e 8 KB. Para caches grandes (mais de 1 MB), tamanhos de bloco grandes (mais de 8 KB) são benéficos. Para caches menores, tamanhos de bloco grandes são menos benéficos porque resultam em menos blocos no cache e em uma taxa de sucesso menor.

17.9.2.2 Localização do Cache

Onde os dados do cache devem ser armazenados — em disco ou na memória principal? Caches de disco têm uma vantagem óbvia sobre os caches da memória principal: eles são confiáveis. Modificações nos dados do cache são perdidas em uma paralisação quando o cache é mantido em memória volátil. Além disso, se os dados do cache forem mantidos em disco, eles ainda estarão nesse local durante a recuperação e não será preciso buscá-los novamente. Porém, caches na memória principal apresentam várias vantagens:

- Caches na memória principal permitem que as estações de trabalho não tenham discos.
- Os dados podem ser acessados mais rapidamente em um cache na memória principal do que em um cache em disco.
- A tecnologia está tendendo para uma memória maior e mais barata. As previsões são de que a velocidade obtida no desempenho superaria as vantagens dos caches de disco.
- Os caches do servidor (usados para acelerar o I/O de disco) estarão na memória principal independentemente de onde os caches do usuário estiverem localizados; se também usarmos caches na memória principal da máquina do usuário, poderemos construir um único mecanismo de cache para ser usado tanto por servidores quanto por usuários.

Muitas implementações de acesso remoto podem ser consideradas como híbridos do armazenamento em cache e do serviço remoto. No NFS, por exemplo, a implementação é baseada no serviço remoto, mas é ampliada com o armazenamento em cache na memória do lado do cliente e do servidor para melhoria do desempenho. Da mesma forma, a implementação do Sprite é baseada em cache; mas, sob certas circunstâncias, um método de serviço remoto é adotado. Portanto, para avaliar os dois métodos, devemos avaliar o grau de ênfase dado a cada um. O protocolo NFS e a maioria das implementações não fornecem o cache de disco.

17.9.2.3 Política de Atualização de Cache

A política usada para a gravação de blocos de dados modificados na cópia mestra do servidor tem um efeito crítico sobre o desempenho e a confiabilidade do sistema. A política mais simples é a gravação de dados direto no disco (write-through) assim que eles são inseridos em algum cache. A vantagem de uma **política write-through** é a confiabilidade: poucas informações são perdidas quando um sistema cliente falha. No entanto, essa política requer que cada acesso de gravação espere até as informações serem enviadas para o servidor; logo, ela gera um desempenho de gravação fraco. O cache com write-through é equivalente ao uso do serviço remoto para acessos de gravação e a exploração do cache só em acessos de leitura.

Uma alternativa é a **política de gravação adiada**, também conhecida como **cache de write-back**, em que as atualizações na cópia mestra são proteladas. As modificações são gravadas no cache para então serem gravadas no servidor em um momento posterior. Essa política apresenta duas vantagens sobre o write-through. Em primeiro lugar, já que as gravações são feitas no cache, os acessos de gravação são concluídos muito mais rapidamente. Em segundo lugar, os dados podem ser sobrepostos antes de ocorrer a gravação posterior, caso em que só a última atualização precisa ser gravada. Infelizmente, os esquemas de gravação adiada introduzem problemas de confiabilidade, já que dados não gravados são perdidos sempre que uma máquina de usuário falha.

Variações da política de gravação adiada diferem em relação ao momento em que os blocos de dados modificados são enviados para o servidor. Uma alternativa é enviar um bloco quando ele estiver para ser ejetado do cache do cliente. Essa opção pode resultar em um bom desempenho, mas alguns blocos podem ficar no cache do cliente muito tempo até serem gravados posteriormente no servidor. Uma solução conciliatória entre essa alternativa e a política write-through é a verificação do cache em intervalos regulares e o envio de blocos que tiverem sido modificados desde a última verificação, da mesma forma que o UNIX verifica seu cache local. O Sprite usa essa política com um intervalo de 30 segundos. O NFS a usa para dados de arquivo, mas, uma vez que uma gravação é emitida para o servidor durante uma descarga do cache, ela deve alcançar o disco do servidor antes de ser considerada concluída. O NFS trata os metadados (dados de diretório e dados de atributos de arquivos) diferentemente. Qualquer alteração nos metadados é emitida sincronicamente para o servidor. Assim, a perda da estrutura dos arquivos e uma adulteração na estrutura de diretório são evitadas quando há uma falha no cliente ou no servidor.

Mais uma variação da gravação adiada é a que grava dados no servidor quando o arquivo é fechado. Essa **política de gravação após fechamento** é usada no OpenAFS. No caso de arquivos abertos por períodos curtos ou modificados raramente, essa política não reduz significativamente o tráfego de rede. Além disso, a política de gravação após fechamento requer que o processo de fechamento aguarde enquanto a operação de write-through é executada no arquivo, o que reduz as vantagens que as gravações adiadas trazem ao desempenho. Para arquivos abertos por longos períodos e modificados com frequência, no entanto, são evidentes as vantagens que essa política traz para o desempenho sobre a gravação adiada com descargas mais frequentes.

17.9.2.4 Consistência

Há situações em que uma máquina cliente deve enfrentar o problema de decidir se uma cópia dos dados armazenada em cache local está consistente com a cópia mestra (e, portanto, pode ser usada). Se a máquina cliente determinar que seus dados em cache estão desatualizados, ela deve armazenar em cache uma cópia atualizada dos dados antes de permitir acessos adicionais. Há duas abordagens para a verificação da validade de dados do cache:

1. **Abordagem iniciada pelo cliente.** O cliente inicia uma verificação de validade, em que ele contata o servidor e verifica se os dados locais estão consistentes com a cópia mestra. A frequência da verificação de validade é o ponto crucial

dessa abordagem e determina a semântica de consistência resultante. Ela pode variar de uma verificação antes de cada acesso a uma verificação apenas no primeiro acesso a um arquivo (na abertura do arquivo, basicamente). Cada acesso associado a uma verificação de validade apresentará um atraso, se comparado com um acesso atendido imediatamente pelo cache. Alternativamente, as verificações podem ser iniciadas em intervalos de tempo fixos. Dependendo de sua frequência, a verificação de validade pode carregar tanto a rede quanto o servidor.

2. **Abordagem iniciada pelo servidor.** O servidor registrará, para cada cliente, os arquivos (ou partes de arquivos) que ele armazenar em cache. Quando detectar uma possível inconsistência, ele deve reagir. Uma possibilidade de inconsistência ocorre quando dois clientes diferentes em modos conflitantes armazenam um arquivo em cache. Se a semântica do UNIX (Seção 11.5.3) for implementada, podemos resolver a possível inconsistência fazendo o servidor desempenhar um papel ativo. O servidor deve ser notificado sempre que um arquivo for aberto, e o modo pretendido (leitura ou gravação) deve ser indicado para cada abertura. O servidor poderá então agir quando detectar que um arquivo foi aberto simultaneamente em modos conflitantes desativando o cache para esse arquivo específico. Na verdade, a desativação do cache resulta na mudança para um modo de operação de serviço remoto.

Os sistemas de arquivos distribuídos são lugar-comum hoje, fornecendo compartilhamento de arquivos dentro de LANs e também por meio de WANs. A complexidade da implementação de um sistema assim não deve ser subestimada, principalmente considerando-se que ela deve ser independente do sistema operacional para ser amplamente adotada e fornecer disponibilidade e um bom desempenho na presença de longas distâncias e de redes às vezes frágeis.

17.10 Resumo

Um sistema distribuído é um conjunto de processadores que não compartilham memória ou relógio. Em vez disso, cada processador tem sua própria memória local, e os processadores se comunicam uns com os outros por meio de várias linhas de comunicação, como os buses de alta velocidade e a Internet. Os processadores de um sistema distribuído variam em tamanho e função. Eles podem ser pequenos microprocessadores, computadores pessoais e grandes sistemas de computação de uso geral. Os processadores do sistema são conectados por uma rede de comunicação.

O sistema distribuído fornece ao usuário acesso a todos os seus recursos. O acesso a um recurso compartilhado pode ser fornecido pela migração de dados, migração do processamento ou migração de processos. O acesso pode ser especificado pelo usuário ou fornecido implicitamente pelo sistema operacional e pelas aplicações.

As comunicações dentro de um sistema distribuído podem ocorrer via comutação de circuitos, comutação de mensagens ou comutação de pacotes. A comutação de pacotes é o método mais usado em redes de dados. Por meio desses métodos, as mensagens podem ser trocadas pelos nós do sistema.

As pilhas de protocolos, como especificado pelos modelos de rede em camadas, adicionam informações a uma mensagem para assegurar que ela alcance seu destino. Um sistema de nomeação (como o DNS) deve ser usado para converter um nome de hospedeiro em um endereço de rede, e outro protocolo (como o ARP) pode ser necessário para converter o número de rede em um endereço de dispositivo de rede (um endereço de Ethernet, por exemplo). Se os sistemas estiverem localizados em redes separadas, precisaremos de roteadores para passar os pacotes da rede de origem para a rede de destino.

Muitos desafios precisam ser superados para um sistema distribuído funcionar corretamente. Os problemas são a nomeação de nós e processos do sistema, a tolerância a falhas, a recuperação em caso de erro e a escalabilidade.

Um DFS é um sistema de serviço de arquivos cujos clientes, servidores e dispositivos de armazenamento ficam dispersos entre os sítios de um sistema distribuído. Portanto, a atividade de serviço tem de ser executada pela rede; em vez de um único repositório de dados centralizado, há vários dispositivos de armazenamento independentes.

Idealmente, um DFS deve considerar seus clientes como um sistema de arquivos convencional centralizado. A multiplicidade e a dispersão de seus servidores e dispositivos de armazenamento devem ser transparentes. Um DFS transparente facilita a mobilidade do cliente trazendo o ambiente desse para o sítio em que o cliente fizer login.

Há várias abordagens para os esquemas de nomeação de um DFS. Na abordagem mais simples, os arquivos são nomeados por alguma combinação de seu nome de hospedeiro e nome local, o que garante um nome exclusivo em todo o sistema. Outra abordagem, popularizada pelo NFS, fornece um meio de anexar diretórios remotos a diretórios locais, dando assim a aparência de uma árvore de diretórios coerente.

Geralmente as solicitações de acesso a um arquivo remoto são manipuladas por dois métodos complementares. No serviço remoto, as solicitações de acesso são distribuídas para o servidor. A máquina do servidor executa os acessos e os resultados são retornados para o cliente. No armazenamento em cache, se os dados necessários ao atendimento da solicitação de acesso ainda não estiverem no cache, uma cópia dos dados será trazida do servidor para o cliente. Os acessos são executados na cópia em cache. O problema de manter as cópias do cache consistentes com o arquivo mestre é chamado de problema de consistência do cache.

Exercícios Práticos

17.1 Por que seria uma má ideia os gateways passarem pacotes de transmissão entre redes? Que vantagens isso traria?

17.2 Discuta as vantagens e desvantagens de armazenar em cache conversões de nomes de computadores localizados em domínios remotos.

17.3 Quais são as vantagens e desvantagens do uso da comutação de circuitos? Para que tipos de aplicações a comutação de circuitos é uma estratégia viável?

17.4 Cite dois grandes problemas que os projetistas devem resolver para implementar um sistema de rede que tenha a qualidade da transparência.

17.5 Geralmente a migração de processos dentro de uma rede heterogênea é impossível, dadas as diferenças nas arquiteturas e nos sistemas operacionais. Descreva um método para a migração de processos em diferentes arquiteturas executando:

   a.   O mesmo sistema operacional

   b.   Sistemas operacionais diferentes

17.6 Para construir um sistema distribuído robusto, você deve saber que tipos de falhas podem ocorrer.

a. Liste três tipos de falha possíveis em um sistema distribuído.

b. Especifique quais das entradas de sua lista também são aplicáveis a um sistema centralizado.

17.7 É sempre crucial saber se a mensagem que você enviou chegou em seu destino seguramente? Se sua resposta foi "sim", explique por quê. Se sua resposta foi "não", forneça exemplos apropriados.

17.8 Um sistema distribuído tem dois sítios, A e B. Considere se o sítio A consegue distinguir os eventos a seguir:

a. B está inativo.

b. O link entre A e B está inativo.

c. B está extremamente sobrecarregado, e seu tempo de resposta é 100 vezes mais longo do que o normal.

Que implicações sua resposta terá na recuperação de sistemas distribuídos?

Exercícios

17.9 Qual é a diferença entre migração de processamento e migração de processos? Qual é mais fácil de implementar e por quê?

17.10 Ainda que o modelo OSI de rede especifique sete camadas de funcionalidade, a maioria dos sistemas de computação usa menos camadas para implementar uma rede. Por que eles usam menos camadas? Que problemas o uso de menos camadas poderia causar?

17.11 Explique por que dobrar a velocidade do sistema em um segmento de Ethernet pode resultar em piora no desempenho da rede. Que alterações poderiam ajudar a resolver esse problema?

17.12 Quais são as vantagens e desvantagens do uso de dispositivos de hardware dedicados para roteadores e gateways? Quais são as desvantagens do uso desses dispositivos em comparação com o uso de computadores de uso geral?

17.13 Em que aspectos o uso de um servidor de nomes é melhor do que o uso de tabelas de hospedeiros estáticas? Que problemas ou complicações estão associados aos servidores de nomes? Que métodos você poderia usar para diminuir o volume de tráfego que os servidores de nomes geram para atender solicitações de conversão?

17.14 Os servidores de nomes são organizados de maneira hierárquica. Qual é a finalidade do uso de uma organização hierárquica?

17.15 As camadas inferiores do modelo de rede OSI fornecem serviço de datagrama, sem garantias de distribuição de mensagens. Um protocolo da camada de transporte como o TCP é usado para fornecer confiabilidade. Discuta as vantagens e desvantagens do suporte a uma distribuição de mensagens confiável na camada mais baixa possível.

17.16 Como o uso de uma estratégia de roteamento dinâmico afeta o comportamento das aplicações? Para que tipo de aplicações é benéfico usar roteamento virtual em vez de roteamento dinâmico?

17.17 Execute o programa mostrado na Figura 17.4 e determine os endereços IP dos nomes de hospedeiro a seguir:

- www.wiley.com
- www.cs.yale.edu
- www.apple.com
- www.westminstercollege.edu
- www.ietf.org

17.18 O protocolo HTTP original usava o TCP/IP como protocolo de rede subjacente. Para cada página, elemento gráfico ou applet, uma sessão TCP separada era construída, usada e descartada. Por causa do overhead da construção e destruição de conexões TCP/IP, problemas de desempenho surgiram nesse método de implementação. O uso do UDP em vez do TCP seria uma boa alternativa? Que outras alterações você poderia fazer para melhorar o desempenho do HTTP?

17.19 Quais são as vantagens e desvantagens de tornar a rede de computadores transparente para o usuário?

17.20 Quais são os benefícios de um DFS em comparação com o sistema de arquivos de um sistema centralizado?

17.21 Qual dos exemplos de DFS discutidos neste capítulo manipularia uma grande aplicação de banco de dados com vários clientes mais eficientemente? Explique sua resposta.

17.22 Discuta se o OpenAFS e o NFS fornecem o seguinte: (a) transparência de localização e (b) independência de localização.

17.23 Em que circunstâncias um cliente preferiria um DFS com localização transparente? E em que circunstâncias ele preferiria um DFS independente de localização? Discuta as razões dessas preferências.

17.24 Que aspectos de um sistema distribuído você selecionaria para um sistema sendo executado em uma rede totalmente confiável?

17.25 Considere o OpenAFS, que é um sistema de arquivos distribuído com informações de estado. Que ações têm de ser executadas para a recuperação de um servidor defeituoso a fim de que seja preservada a consistência garantida pelo sistema?

17.26 Compare as técnicas de armazenamento de blocos de disco em cache localmente, em um sistema cliente, e, remotamente, em um servidor.

17.27 O OpenAFS foi projetado para dar suporte a uma grande quantidade de clientes. Discuta três técnicas usadas para tornar o OpenAFS um sistema escalável.

17.28 Quais são os benefícios do mapeamento de objetos para a memória virtual, como o Apollo Domain faz? Quais são as desvantagens?

17.29 Descreva algumas das diferenças básicas entre o OpenAFS e o NFS (consulte o Capítulo 12).

Notas Bibliográficas

[Tanenbaum (2010)] e [Kurose e Ross (2013)] fornecem visões gerais das redes de computadores. A Internet e seus protocolos são descritos em [Comer (1999)] e [Comer (2000)]. A abordagem do TCP/IP pode ser encontrada em [Fall e Stevens (2011)] e [Stevens (1995)]. A programação de rede UNIX é descrita detalhadamente em [Steven et al. ()] e [Stevens (1998)].

O balanceamento e o compartilhamento de carga são discutidos por [Harchol-Balter e Downey (1997)] e [Vee e Hsu (2000)].

[Harish e Owens (1999)] descrevem servidores DNS de balanceamento de carga.

O sistema de arquivos de rede da Sun (NFS) é descrito por [Callaghan (2000)] e [Sandberg et al. (1985)]. O sistema OpenAFS é discutido por [Morris et al. (1986)], [Howard et al. (1988)] e Satyanarayanan (1990)]. Informações sobre o OpenAFS estão disponíveis em `http://www.openafs.org`. O sistema de arquivos Andrews é discutido em [Howard et al. (1988)]. O método MapReduce, do Google, é descrito em `http://research.google.com/archive/mapreduce.html`.

Bibliografia

[Callaghan (2000)] B. Callagham, *NFS Illustrated*, Addison-Wesley (2000).

[Comer (1999)] D. Comer, *Internetworking with TCP/IP, Volume II*, terceira edição, Prentice Hall (1999).

[Comer (2000)] D. Comer, *Internetworking with TCP/IP, Volume I*, quarta edição, Prentice Hall (2000).

[Fall e Stevens (2011)] K. Fall e R. Stevens, *TCP/IP Illustrated, Volume 1: The Protocols*, segunda edição, John Wiley and Sons (2011).

[Harchol-Balter e Downey (1997)] M. Harchol-Balter e A. B. Downey, "Exploiting Process Lifetime Distributions for Dynamic Load Balancing", *ACM Transactions on Computer Systems*, volume 15, número 3 (1997), páginas 253-285.

[Harish e Owens (1999)] V. C. Harish e B. Owens, "Dynamic Load Balancing DNS", *Linux Journal*, volume 1999, número 64 (1999).

[Howard et al. (1988)] J. H. Howard, M. L. Kazar, S. G. Menees, D. A. Nichols, M. Satyanarayanan e R. N. Sidebotham, "Scale and Performance in a Distributed File System", *ACM Transactions on Computer Systems*, volume 6, número 1 (1988), páginas 55-81.

[Kurose e Ross (2013)] J. Kurose e K. Ross, *Computer Networking — A Top-Down Approach*, sexta edição, Addison-Wesley (2013).

[Morris et al. (1986)] J. H. Morris, M. Satyanarayanan, M. H. Conner, J. H. Howard, D. S. H. Rosenthal e F. D. Smith, "Andrew: A Distributed Personal Computing Environment", *Communications of the ACM*, volume 29, número 3 (1986), páginas 184-201.

[Sandberg et al. (1985)] R. Sandberg, D. Goldberg, S. Kleiman, D. Walsh e B. Lyon, "Design and Implementation of the Sun Network Filesystem", *Proceedings of the Summer USENIX Conference* (1985), páginas 119-130.

[Satyanarayanan (1990)] M. Satyanarayanan, "Scalable, Secure and Highly Available Distributed File Access", *Computer*, volume 23, número 5 (1990), páginas 9-21.

[Steven et al. ()] R. Steven, B. Fenner e A. Rudoff, *Unix Network Programming, Volume 1: The Sockets Networking API*, terceira edição, editor = wiley, ano = 2003.

[Stevens (1995)] R. Stevens, *TCP/IP Illustrated, Volume 2: The Implemementation*, Addison-Wesley (1995).

[Stevens (1998)] W. R. Stevens, *UNIX Networking Programming, Volume II*, Prentice Hall (1998).

[Tanenbaum (2010)] A. S. Tanenbaum, *Computer Networks*, quinta edição, Prentice Hall (2010).

[Vee e Hsu (2000)] V. Vee e W. Hsu, "Locality-Preserving Load-Balancing Mechanisms for Synchronous Simulations on Shared-Memory Multiprocessors", *Proceedings of the Fourteenth Workshop on Parallel and Distributed Simulation* (2000), páginas 131-138.

Parte Sete

Estudos de Caso

Na parte final do livro, integramos os conceitos descritos anteriormente examinando sistemas operacionais reais. Abordamos dois desses sistemas em detalhes — o Linux e o Windows 7. Selecionamos o Linux por várias razões: ele é popular, está disponível gratuitamente e representa um sistema UNIX completo. Essas características dão ao estudante de sistemas operacionais a oportunidade de ler — e modificar — o código-fonte de um sistema operacional **real**.

Também abordamos o Windows 7 em detalhes. Esse sistema operacional recente da Microsoft está ganhando popularidade não apenas no mercado de máquinas autônomas, mas também no mercado de servidores de grupos de trabalho. Selecionamos o Windows 7 porque ele nos dá a oportunidade de estudar um sistema operacional moderno que tem projeto e implementação drasticamente diferentes do UNIX.

Outros sistemas operacionais altamente influentes também são discutidos brevemente. Para concluir, fornecemos um estudo on-line de mais dois sistemas: o FreeBSD e o Mach. O sistema FreeBSD é outro sistema UNIX. No entanto, enquanto o Linux combina recursos de vários sistemas UNIX, o FreeBSD é baseado no modelo BSD. O código-fonte do FreeBSD, como o código-fonte do UNIX, está disponível gratuitamente. O Mach é um sistema operacional moderno que oferece compatibilidade com o BSD UNIX.

CAPÍTULO 18

O Sistema Linux

Atualizado por Robert Love

Este capítulo apresenta um estudo em profundidade do sistema operacional Linux. Examinando um sistema real completo, podemos ver como os conceitos que temos discutido estão relacionados entre si e com a prática.

O Linux é uma variante do UNIX que ganhou popularidade nas últimas décadas, capacitando dispositivos tão pequenos quanto os telefones móveis e tão grandes quanto supercomputadores que ocupam salas inteiras. Neste capítulo, examinamos a história e o desenvolvimento do Linux e abordamos as interfaces de usuário e de programador que ele apresenta — interfaces que devem muito à tradição do UNIX. Também discutimos o projeto e a implementação dessas interfaces. O Linux é um sistema operacional em rápida evolução. Este capítulo descreve desenvolvimentos no kernel do Linux 3.2 que foi lançado em 2012.

OBJETIVOS DO CAPÍTULO

- Explorar a história do sistema operacional UNIX do qual o Linux se originou e os princípios nos quais o projeto do Linux é baseado.
- Examinar o modelo de processos do Linux e ilustrar como o Linux organiza processos no schedule e fornece comunicação entre processos.
- Examinar o gerenciamento da memória no Linux.
- Explorar como o Linux implementa sistemas de arquivos e gerencia dispositivos de I/O.

18.1 História do Linux

O Linux parece-se muito com qualquer outro sistema UNIX; na verdade, a compatibilidade com o UNIX era um objetivo importante do projeto do Linux. No entanto, o Linux é muito mais jovem do que a maioria dos sistemas UNIX. Seu desenvolvimento começou em 1991, quando um estudante universitário finlandês, Linus Torvalds, começou a desenvolver um kernel pequeno, mas autossuficiente, para o processador 80386, o primeiro processador verdadeiro de 32 bits no conjunto de CPUs da Intel compatíveis com PCs.

No início de seu desenvolvimento, o código-fonte do Linux foi disponibilizado livremente — sem custo e com restrições mínimas de distribuição — na Internet. Como resultado, a história do Linux tem sido a história da colaboração de muitos desenvolvedores de todo o mundo, correspondendo-se quase exclusivamente pela Internet. A partir de um kernel inicial que implementava parcialmente um pequeno subconjunto de serviços do sistema UNIX, o sistema Linux cresceu para incluir toda a funcionalidade esperada de um sistema UNIX moderno.

Em seus primórdios, o desenvolvimento do Linux evoluiu em grande parte em torno do kernel central do sistema operacional — o núcleo, executivo privilegiado que gerencia todos os recursos do sistema e que interage diretamente com o hardware do computador. Precisamos, naturalmente, de muito mais do que esse kernel para produzir um sistema operacional completo. Assim, temos que diferenciar o kernel do Linux de um sistema Linux completo. O **kernel do Linux** é um componente de software original desenvolvido a partir do zero pela comunidade Linux. O **sistema Linux**, conforme o conhecemos hoje, inclui vários componentes, alguns escritos do zero, outros emprestados de outros projetos de desenvolvimento, e ainda outros criados em colaboração com outras equipes.

O sistema Linux básico é um ambiente-padrão para aplicações e programação de usuários, mas não impõe nenhum meio-padrão de gerenciamento da funcionalidade disponível como um todo. À medida que o Linux amadurecia, surgiu a necessidade de outra camada de funcionalidade no topo do sistema. Essa necessidade tem sido atendida por várias distribuições do Linux. Uma **distribuição do Linux** inclui todos os componentes-padrão do sistema Linux, mais um conjunto de ferramentas administrativas para simplificar a instalação inicial e a atualização subsequente do Linux e para gerenciar a instalação e a remoção de outros pacotes do sistema. Uma distribuição moderna também inclui, tipicamente, ferramentas para o gerenciamento de sistemas de arquivos, criação e gerenciamento de contas de usuário, administração de redes, navegadores da web, editores de texto, e assim por diante.

18.1.1 O Kernel do Linux

O primeiro kernel do Linux lançado para o público foi a versão 0.01, com data de 14 de maio de 1991. Ele não tinha conexão de rede, era executado apenas em hardware de processadores Intel compatíveis com o 80386 e de PC, e oferecia suporte a drivers de dispositivos extremamente limitado. O subsistema de memória virtual também era bem básico e não incluía suporte a arquivos mapeados para a memória; entretanto, até mesmo essa versão inicial suportava páginas compartilhadas com cópia-após-gravação e espaços de endereçamento protegidos. O único sistema de arquivos suportado era o sistema de arquivos

Minix, já que os primeiros kernels do Linux foram criados, por desenvolvimento cruzado,* em uma plataforma Minix.

A versão seguinte digna de nota, o Linux 1.0, foi lançada em 14 de março de 1994. Essa versão resultou de três anos de rápido desenvolvimento do kernel do Linux. Talvez o único grande recurso novo tenha sido a conexão de rede: a versão 1.0 incluía o suporte a protocolos de rede TCP/IP padrão do UNIX, assim como a uma interface de socket compatível com o BSD para programação de rede. O suporte a drivers de dispositivos foi adicionado para a execução do IP pela Ethernet ou (por via dos protocolos PPP ou SLIP) por linhas seriais ou modems.

O kernel 1.0 também incluía um sistema de arquivos novo e muito melhor, sem as limitações do sistema de arquivos Minix original, e suportava vários controladores SCSI para acesso de alto desempenho a discos. Os desenvolvedores estenderam o subsistema de memória virtual de modo a suportar paginação para arquivos de permuta e mapeamento de arquivos arbitrários para a memória (mas apenas o mapeamento de memória somente-de-leitura foi implementado na versão 1.0).

Um conjunto de suportes adicionais de hardware foi incluído nessa versão. Embora ainda restrito à plataforma Intel, o suporte de hardware cresceu para incluir dispositivos de disquetes e de CD-ROM, assim como placas de som, vários mouses e teclados internacionais. A emulação de ponto flutuante foi fornecida no kernel para usuários do 80386 que não tinham o coprocessador matemático 80387. A comunicação entre processos (IPC — *interprocess communication*) ao estilo do System V UNIX, incluindo memória compartilhada, semáforos e filas de mensagens, foi implementada.

Nesse ponto, começou o desenvolvimento do kernel 1.1, mas numerosos patches de correção de erros foram lançados subsequentemente para a versão 1.0. Um padrão foi adotado como a convenção de numeração padrão para kernels do Linux. Kernels com o segundo número de versão ímpar, como em 1.1 ou 2.5, são kernels de desenvolvimento; números de versão com o segundo dígito par são de kernels de produção estáveis. As atualizações nos kernels estáveis são projetadas apenas como versões corretivas, enquanto os kernels de desenvolvimento podem incluir funcionalidades mais novas e relativamente não testadas. Como veremos, esse padrão permaneceu em vigor até a versão 3.

Em março de 1995, o kernel 1.2 foi lançado. Essa versão não ofereceu o mesmo nível de melhoria da funcionalidade apresentada na versão 1.0, mas suportava uma variedade muito maior de hardware, incluindo a nova arquitetura de bus de hardware PCI. Os desenvolvedores adicionaram outro recurso específico de PCs — o suporte à modalidade virtual 8086 da CPU 80386 — para permitir a emulação do sistema operacional DOS para computadores PC. Eles também atualizaram a implementação do IP com o suporte à contabilidade e firewall. Um suporte simples a módulos do kernel dinamicamente carregáveis e descarregáveis também foi fornecido.

O kernel 1.2 foi o último kernel do Linux somente para PCs. A distribuição original do Linux 1.2 incluiu o suporte, parcialmente implementado, às CPUs SPARC, Alpha e MIPS, mas a integração total dessas outras arquiteturas não começou antes de o kernel 1.2 estável ser lançado.

A versão 1.2 do Linux concentrou um suporte maior de hardware e implementações mais completas de funcionalidades existentes. Muitas funcionalidades novas estavam em desenvolvimento na época, mas a integração do novo código ao código-fonte principal do kernel foi adiada para depois que o kernel 1.2 estável fosse lançado. Como resultado, o fluxo de desenvolvimento da versão 1.3 presenciou muitas funcionalidades novas adicionadas ao kernel.

Esse trabalho foi lançado em junho de 1996 como Linux versão 2.0. O lançamento recebeu um incremento maior no número da versão por causa de dois importantes recursos novos: o suporte a múltiplas arquiteturas, incluindo uma porta nativa do Alpha de 64 bits, e o suporte ao multiprocessamento simétrico (SMP). Além disso, o código de gerenciamento da memória melhorou substancialmente fornecendo um cache unificado para dados do sistema de arquivos independente do armazenamento em cache de dispositivos de blocos. Como resultado dessa alteração, o kernel ofereceu um desempenho muito melhor do sistema de arquivos e da memória virtual. Pela primeira vez, o armazenamento em cache do sistema de arquivos foi estendido a sistemas de arquivos de rede e também foram suportadas regiões graváveis mapeadas para a memória. Outras melhorias importantes incluíram a adição de threads internos do kernel, um mecanismo de exposição de dependências entre módulos carregáveis, o suporte à carga automática de módulos sob demanda, as cotas do sistema de arquivos e as classes de scheduling de processos de tempo real compatíveis com o POSIX.

As melhorias continuaram com o lançamento do Linux 2.2 em 1999. Uma porta para sistemas UltraSPARC foi adicionada. A conexão de rede foi melhorada com um firewall mais flexível, melhor roteamento e gerenciamento de tráfego e o suporte a uma janela ampla para o TCP e a confirmações seletivas. Agora, discos Acorn, Apple e NT podiam ser lidos, e o NFS foi melhorado com um novo daemon NFS de modalidade de kernel. A manipulação de sinais, as interrupções e algum I/O foram isolados em um nível mais refinado do que antes para melhorar o desempenho do multiprocessador simétrico (SMP).

Melhorias nas versões 2.4 e 2.6 do kernel incluíram suporte estendido a sistemas SMP, sistemas de arquivos baseados em diário e aperfeiçoamentos nos sistemas de gerenciamento da memória e de I/O de blocos. O scheduler de processos foi modificado na versão 2.6, fornecendo um algoritmo de scheduling $O(1)$ eficiente. Além disso, o kernel 2.6 era preemptivo, permitindo que um processo sofresse preempção, mesmo enquanto estivesse em execução em modalidade de kernel.

A versão 3.0 do kernel do Linux foi lançada em julho de 2011. O salto maior de 2 para 3 ocorreu em comemoração ao vigésimo aniversário do Linux. Alguns dos novos recursos incluem suporte melhor à virtualização, um novo recurso de gravação posterior de páginas, melhorias no sistema de gerenciamento da memória e ainda um novo scheduler de processos — o Completely Fair Scheduler (CFS). Focalizamos esse kernel mais novo no restante deste capítulo.

18.1.2 O Sistema Linux

Como mencionamos anteriormente, o kernel do Linux forma a base do projeto Linux, mas outros componentes fazem parte de um sistema operacional Linux completo. Enquanto o kernel do Linux é composto inteiramente por código escrito a partir do zero especificamente para o projeto Linux, grande parte do software de suporte que compõe o sistema Linux não é exclusiva do Linux, sendo comum a vários sistemas operacionais da linha UNIX. Particularmente, o Linux usa muitas ferramentas desenvolvidas como parte do sistema operacional BSD de Berkeley, do X Window System do MIT e do projeto GNU da Free Software Foundation.

---

*Desenvolvimento cruzado refere-se ao processo de desenvolvimento de software que produz uma aplicação ou um sistema completo executando em uma plataforma diferente da plataforma de desenvolvimento. (N.R.T.)

Esse compartilhamento de ferramentas funcionou nas duas direções. As principais bibliotecas do sistema Linux vieram do projeto GNU, mas a comunidade Linux melhorou-as substancialmente corrigindo omissões, ineficiências e bugs. Outros componentes, como o **compilador de C do GNU** (gcc — *GNU C compiler*), já tinham qualidade suficientemente alta para serem usados diretamente no Linux. As ferramentas de administração de rede do Linux derivaram de um código desenvolvido para o BSD 4.3, mas derivados mais recentes do BSD, como o FreeBSD, tomaram emprestados códigos do Linux. Exemplos desse compartilhamento incluem a biblioteca matemática de emulação de ponto flutuante da Intel e os drivers de dispositivos do hardware de áudio dos PCs.

O sistema Linux como um todo é mantido por uma rede de desenvolvedores livres que colaboram pela Internet, com pequenos grupos de indivíduos tendo a responsabilidade de manter a integridade de componentes específicos. Um pequeno número de sites de arquivos públicos do protocolo de transferência de arquivos (FTP) na Internet atua como repositório padrão de fato para esses componentes. O documento **Padrão de Hierarquia do Sistema de Arquivos** (*File System Hierarchy Standard*) também é mantido pela comunidade Linux como um meio de assegurar a compatibilidade entre os vários componentes do sistema. Esse padrão especifica o layout geral de um sistema de arquivos padrão do Linux; ele determina sob que nomes de diretório os arquivos de configuração, as bibliotecas, os binários do sistema e os arquivos de dados de tempo de execução devem ser armazenados.

18.1.3 Distribuições do Linux

Em teoria, qualquer pessoa pode instalar um sistema Linux acessando as últimas revisões dos componentes necessários do sistema nos sites FTP e compilando-as. Nos primórdios do Linux, isso era exatamente o que um usuário do Linux tinha que fazer. À medida que o Linux foi amadurecendo, no entanto, vários indivíduos e grupos tentaram tornar essa tarefa menos complicada fornecendo conjuntos de pacotes pré-compilados padrão para facilitar a instalação.

Esses conjuntos, ou distribuições, incluem muito mais do que apenas o sistema Linux básico. Eles incluem, tipicamente, utilitários adicionais de instalação e gerenciamento do sistema, assim como pacotes pré-compilados, prontos para instalar com muitas das ferramentas comuns do UNIX, tais como servidores de notícias, navegadores da web, ferramentas de processamento e edição de textos, e até jogos.

As primeiras distribuições gerenciavam esses pacotes simplesmente fornecendo um meio de desempacotar todos os arquivos nos locais apropriados. Uma das contribuições importantes das distribuições modernas, no entanto, é o gerenciamento avançado de pacotes. As distribuições atuais do Linux incluem um banco de dados de rastreamento de pacotes que permite que pacotes sejam instalados, atualizados ou removidos facilmente.

A distribuição SLS, dos primórdios do Linux, foi o primeiro conjunto de pacotes Linux reconhecido como uma distribuição completa. Embora pudesse ser instalado como uma entidade individual, o SLS não tinha as ferramentas de gerenciamento de pacotes esperadas nas distribuições atuais do Linux. A distribuição **Slackware** representou um grande avanço na qualidade geral, ainda que também tivesse gerenciamento de pacotes insatisfatório. Na verdade, ela ainda é uma das distribuições mais amplamente instaladas na comunidade Linux.

Desde o lançamento do Slackware, muitas distribuições comerciais e não comerciais do Linux foram disponibilizadas. O **Red Hat** e o **Debian** são distribuições particularmente populares; o primeiro vem de uma empresa de suporte comercial ao Linux, e o segundo, da comunidade Linux de software livre. Outras versões do Linux comercialmente suportadas incluem as distribuições da **Canonical** e da **SuSE**, e outras muito numerosas para listarmos aqui. Há distribuições demais do Linux em circulação para listarmos todas. No entanto, a variedade de distribuições não impede a compatibilidade entre elas. O formato de arquivo do pacote RPM é usado, ou pelo menos entendido, pela maioria das distribuições, e as aplicações comerciais distribuídas nesse formato podem ser instaladas e executadas em qualquer distribuição que aceite arquivos RPM.

18.1.4 Licenciamento do Linux

O kernel do Linux é distribuído sob a versão 2.0 da Licença Pública Geral (GPL — *General Public License*) do GNU, cujos termos são definidos pela Free Software Foundation. O Linux não é software de domínio público. **Domínio público** significa que os autores abriram mão dos direitos autorais do software, mas os direitos autorais do código do Linux ainda são mantidos pelos diversos autores do código. O Linux é software *livre*, no entanto, no sentido de que as pessoas podem copiá-lo, modificá-lo, usá-lo da maneira que quiserem e distribuir (ou vender) suas próprias cópias.

A principal implicação dos termos de licenciamento do Linux é que ninguém que estiver usando o Linux, ou criando um derivado do Linux (uma prática legítima), pode distribuir o derivado sem incluir o código-fonte. Softwares lançados nos termos da GPL não podem ser redistribuídos como um produto somente binário. Se você lançar um software contendo qualquer componente protegido pela GPL, então, nos termos da GPL, você deve tornar o código-fonte disponível junto com quaisquer distribuições binárias. (Essa restrição não proíbe a criação — ou até mesmo a venda — de distribuições de software binárias, contanto que qualquer pessoa que receba os binários também tenha a oportunidade de obter o código-fonte que os originou por uma taxa de distribuição razoável.)

18.2 Princípios de Projeto

Em seu projeto geral, o Linux lembra outras implementações tradicionais do UNIX sem microkernel. Ele é um sistema multiusuário e multitarefa preemptivo com um conjunto completo de ferramentas compatíveis com o UNIX. O sistema de arquivos do Linux usa a semântica tradicional do UNIX, e o modelo de rede padrão do UNIX é implementado integralmente. Os detalhes internos do projeto do Linux foram muito influenciados pela história de desenvolvimento desse sistema operacional.

Embora o Linux seja executado em uma ampla variedade de plataformas, ele foi originalmente desenvolvido em arquitetura de PC. Grande parte desse desenvolvimento inicial foi executada por entusiastas individuais, em vez de por entidades de desenvolvimento ou pesquisa estabelecidas; portanto, desde o início, o Linux tentou extrair o máximo de funcionalidade possível de recursos limitados. Atualmente, o Linux pode ser executado tranquilamente em máquina multiprocessadora com muitos gigabytes de memória principal e muitos terabytes de espaço em disco, mas também é capaz de operar de forma útil em menos de 16 MB de RAM.

À medida que os PCs se tornavam mais poderosos e à medida que a memória e os discos rígidos se tornavam mais baratos, os kernels minimalistas originais do Linux cresciam para implementar mais funcionalidades do UNIX. Velocidade e eficiência ainda são importantes objetivos de projeto, mas grande parte do trabalho recente e atual no Linux tem se concentrado em um terceiro e importante objetivo de projeto: a padronização. Um dos preços pagos pela diversidade de implementações do UNIX atualmente disponíveis é que o código-fonte escrito para uma pode não ser necessariamente compilado ou executado corretamente em outra. Até mesmo quando as mesmas chamadas de sistema estão presentes em dois sistemas UNIX diferentes, elas não se comportam necessariamente da mesma forma. Os padrões POSIX compreendem um conjunto de especificações para diferentes aspectos do comportamento do sistema operacional. Há documentos do POSIX para a funcionalidade comum dos sistemas operacionais e para extensões, tais como threads de processos e operações de tempo real. O Linux foi projetado para ser compatível com os documentos relevantes do POSIX, e pelo menos duas de suas distribuições obtiveram certificação oficial POSIX.

Como fornece interfaces-padrão tanto para o programador quanto para o usuário, o Linux apresenta poucas surpresas para qualquer pessoa familiarizada com o UNIX. Não detalhamos essas interfaces aqui. As seções sobre a interface do programador (Seção A.3, disponível no site da LTC Editora) e sobre a interface do usuário (Seção A.4, disponível no site da LTC Editora) do BSD se aplicam igualmente bem ao Linux. Por default, no entanto, a interface de programação do Linux adota a semântica do UNIX SVR4 em vez do comportamento do BSD. Um conjunto separado de bibliotecas está disponível para a implementação da semântica do BSD em locais em que os dois comportamentos são significativamente diferentes.

Existem muitos outros padrões no universo UNIX, mas a certificação plena do Linux no que diz respeito a esses padrões é, algumas vezes, retardada porque a certificação costuma ser disponível mediante uma taxa, e a despesa envolvida na certificação da compatibilidade de um sistema operacional com a maioria dos padrões é significativa. No entanto, o suporte a uma ampla base de aplicações é importante para qualquer sistema operacional e, assim, a implementação de padrões é um objetivo importante do desenvolvimento do Linux, até mesmo se a implementação não for formalmente certificada. Além do padrão POSIX básico, o Linux suporta atualmente as extensões de criação de threads do POSIX — o Pthreads — e um subconjunto das extensões do POSIX para controle de processos de tempo real.

18.2.1 Componentes de um Sistema Linux

O sistema Linux é composto por três corpos de código principais, como a maioria das implementações tradicionais do UNIX:

1. **Kernel.** O kernel é responsável por manter todas as abstrações importantes do sistema operacional, incluindo itens como memória virtual e processos.

2. **Bibliotecas do sistema.** As bibliotecas do sistema definem um conjunto-padrão de funções por meio das quais as aplicações podem interagir com o kernel. Essas funções implementam grande parte da funcionalidade do sistema operacional que não precisa de todos os privilégios do código do kernel. A biblioteca mais importante do sistema é a biblioteca C, conhecida como libc. Além de fornecer a biblioteca C padrão, libc implementa o lado da modalidade de usuário da interface de chamadas de sistema do Linux, assim como outras interfaces críticas de nível de sistema.

3. **Utilitários do sistema.** Os utilitários do sistema são programas que executam tarefas de gerenciamento individuais especializadas. Alguns utilitários do sistema são invocados apenas uma vez para inicializar e configurar certos aspectos do sistema. Outros — conhecidos como daemons na terminologia do UNIX — são executados permanentemente, manipulando tarefas, como responder a conexões de rede recebidas, aceitar solicitações de login provenientes de terminais e atualizar arquivos de log.

A Figura 18.1 ilustra os diversos componentes que compõem um sistema Linux completo. A diferença mais importante aqui é a que existe entre o kernel e todo o resto. Todo o código do kernel é executado em modalidade privilegiada de processador com acesso integral a todos os recursos físicos do computador. O Linux refere-se a essa modalidade privilegiada como modalidade de kernel. No Linux, não há código de usuário embutido no kernel. Qualquer código de suporte do sistema operacional que não precise ser executado em modalidade de kernel é inserido nas bibliotecas do sistema e executado em modalidade de usuário. Diferente da modalidade de kernel, a modalidade de usuário tem acesso apenas a um subconjunto controlado dos recursos do sistema.

Embora vários sistemas operacionais modernos tenham adotado uma arquitetura de transmissão de mensagens para seus mecanismos internos do kernel, o Linux mantém o modelo histórico do UNIX: o kernel é criado como um binário único, monolítico. A principal razão é o desempenho. Já que todo o código e as estruturas de dados do kernel são mantidos em um único espaço de endereçamento, nenhuma mudança de contexto é necessária quando um processo chama uma função do sistema operacional ou quando uma interrupção de hardware é acionada. Além disso, o kernel pode passar dados e fazer solicitações entre vários subsistemas usando invocações de função em C relativamente barata e uma comunicação entre processos (IPC) igualmente pouco complicada. Esse espaço de endereçamento único contém não apenas o código básico de scheduling e a memória virtual, mas todo o código do kernel, incluindo todo o código de drivers de dispositivos, sistemas de arquivos e conexão de rede.

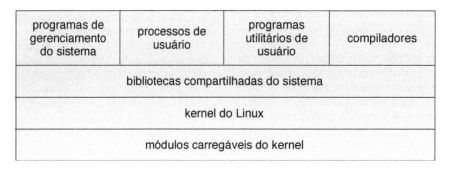

Figura 18.1 Componentes do sistema Linux.

Mesmo com todos os componentes do kernel compartilhando esse ambiente, ainda há espaço para modularidade. Da mesma forma que as aplicações de usuário podem carregar bibliotecas compartilhadas em tempo de execução para extrair um trecho de código necessário, o kernel do Linux também pode carregar (e descarregar) módulos dinamicamente em tempo de execução. O kernel não precisa saber de antemão que módulos podem ser carregados — eles são componentes carregáveis totalmente independentes.

O kernel do Linux forma a base do sistema operacional Linux. Ele fornece toda a funcionalidade necessária para a execução de processos e fornece serviços do sistema que concedem acesso arbitrado e protegido a recursos de hardware. O kernel implementa todos os recursos necessários à sua qualificação como um sistema operacional. No entanto, por si só, o sistema operacional fornecido pelo kernel do Linux não é um sistema UNIX completo. Faltam muitas das funcionalidades e comportamentos do UNIX, e os recursos que ele fornece não estão necessariamente no formato em que uma aplicação UNIX esperaria. A interface do sistema operacional visível às aplicações em execução não é mantida diretamente pelo kernel. Em vez disso, as aplicações fazem chamadas às bibliotecas do sistema que, por sua vez, chamam os serviços do sistema operacional quando necessário.

As bibliotecas do sistema fornecem muitos tipos de funcionalidades. No nível mais simples, elas permitem que as aplicações façam chamadas de sistema para o kernel do Linux. Fazer uma chamada de sistema envolve a transferência de controle da modalidade de usuário não privilegiada para a modalidade privilegiada do kernel; os detalhes dessa transferência variam de uma arquitetura para outra. As bibliotecas encarregam-se de coletar os argumentos da chamada de sistema e, se preciso, de organizar esses argumentos na forma especial necessária para que a chamada de sistema seja feita.

As bibliotecas também podem fornecer versões mais complexas das chamadas de sistema básicas. Por exemplo, as funções de manipulação de arquivos armazenadas em buffer da linguagem C são todas implementadas nas bibliotecas do sistema, fornecendo controle mais avançado de I/O de arquivo do que as chamadas de sistema básicas do kernel. As bibliotecas também fornecem rotinas que não correspondem, de forma alguma, às chamadas de sistema, tais como algoritmos de classificação, funções matemáticas e rotinas de manipulação de cadeias de caracteres. Todas as funções necessárias para suportar a execução de aplicações UNIX ou POSIX são implementadas nas bibliotecas do sistema.

O sistema Linux inclui uma ampla variedade de programas de modalidade de usuário — tanto utilitários do sistema quanto utilitários de usuário. Os utilitários do sistema incluem todos os programas necessários à inicialização e administração do sistema, tais como os que definem interfaces de conexão de rede e adicionam usuários ao sistema e os removem. Os utilitários de usuário também são necessários à operação básica do sistema, mas sua execução não requer privilégios elevados. Entre eles estão simples utilitários de gerenciamento de arquivos, tais como os que copiam arquivos, criam diretórios e editam arquivos de texto. Um dos utilitários de usuário mais importantes é o shell, a interface-padrão de linha de comando dos sistemas UNIX. O Linux suporta muitos shells; o mais comum é o shell bourne-Again (bash — *bourne-Again shell*).

18.3 Módulos do Kernel

O kernel do Linux pode carregar e descarregar seções arbitrárias de código do kernel, sob demanda. Esses módulos carregáveis do kernel são executados em modalidade privilegiada de kernel e, como consequência, têm acesso irrestrito a todos os recursos de hardware da máquina em que são executados. Em teoria, não há restrição sobre o que um módulo do kernel pode fazer. Entre outras coisas, um módulo do kernel pode implementar um driver de dispositivos, um sistema de arquivos ou um protocolo de rede.

Os módulos do kernel são convenientes por várias razões. O código-fonte do Linux é livre e, portanto, qualquer pessoa que queira escrever código do kernel é capaz de compilar um kernel modificado e reinicializar com essa nova funcionalidade. No entanto, a recompilação, a revinculação e a recarga do kernel inteiro são um ciclo complicado de percorrer quando você estiver desenvolvendo um novo driver. Se você usar módulos do kernel, não terá que criar um novo kernel para testar um novo driver — o driver pode ser compilado por sua conta e carregado no kernel já em execução. Naturalmente que, uma vez criado um novo driver, ele poderá ser distribuído como módulo para que outros usuários se beneficiem sem ter que reconstruir seus kernels.

Este último ponto tem outra implicação. Já que é protegido pela licença GPL, o kernel do Linux não pode ser lançado com componentes proprietários adicionados a ele, a menos que esses novos componentes também sejam lançados nos termos da GPL e seu código-fonte seja disponibilizado sob demanda. A interface de módulos do kernel permite que terceiros escrevam e distribuam, em seus próprios termos, drivers de dispositivos ou sistemas de arquivos que não poderiam ser distribuídos nos termos da GPL.

Os módulos do kernel permitem que um sistema Linux seja configurado com um kernel mínimo padrão, sem quaisquer drivers de dispositivos adicionais embutidos. Qualquer driver de dispositivos de que o usuário precise pode ser carregado explicitamente pelo sistema na inicialização ou carregado automaticamente pelo sistema sob demanda e descarregado quando não estiver mais em uso. Por exemplo, um driver de mouse pode ser carregado quando um mouse USB é conectado ao sistema e descarregado quando o mouse é desconectado.

O suporte a módulos no Linux tem quatro componentes:

1. O sistema de gerenciamento de módulos permite que os módulos sejam carregados na memória e se comuniquem com o resto do kernel.
2. O carregador e o descarregador de módulos, que são utilitários de modalidade de usuário, funcionam com o sistema de gerenciamento de módulos para carregar um módulo na memória.
3. O sistema de registro de drivers permite que os módulos informem ao resto do kernel que um novo driver está disponível.
4. Um mecanismo de resolução de conflitos permite que diferentes drivers de dispositivos reservem recursos de hardware e protejam esses recursos do uso acidental por outro driver.

18.3.1 Gerenciamento de Módulos

A carga de um módulo requer mais do que apenas a carga de seu conteúdo binário na memória do kernel. O sistema também deve se certificar de que qualquer referência que o módulo faça a pontos de entrada ou símbolos do kernel seja atualizada para apontar para as locações corretas no espaço de endereçamento do kernel. O Linux lida com essa atualização de referências dividindo o job de carga do módulo em duas seções separadas: o gerenciamento de seções de código do módulo na memória do kernel e a manipulação de símbolos que os módulos sejam autorizados a referenciar.

O Linux mantém uma tabela de símbolos interna no kernel. Essa tabela de símbolos não contém o conjunto completo de símbolos definidos no kernel durante a compilação deste último; em vez disso, um símbolo deve ser exportado explicitamente. O conjunto de símbolos exportados constitui uma interface bem definida por meio da qual um módulo pode interagir com o kernel.

Embora a exportação de símbolos de uma função do kernel requeira uma solicitação explícita do programador, nenhum esforço especial é necessário para a importação desses símbolos para um módulo. O criador de um módulo usa apenas a vinculação externa padrão da linguagem C. Qualquer símbolo externo referenciado pelo módulo, mas não declarado por ele, é simplesmente marcado como não resolvido no binário final do módulo produzido pelo compilador. Quando um módulo está para ser carregado no kernel, um utilitário do sistema primeiro examina o módulo em busca dessas referências não resolvidas. Todos os símbolos que ainda tenham que ser resolvidos são procurados na tabela de símbolos do kernel, e os endereços corretos desses símbolos no kernel em execução corrente são substituídos no código do módulo. Somente então é que o módulo é passado ao kernel para ser carregado. Se o utilitário do sistema não puder resolver todas as referências do módulo procurando-as na tabela de símbolos do kernel, então o módulo será rejeitado.

A carga do módulo é executada em dois estágios. Primeiro, o utilitário carregador do módulo solicita ao kernel que reserve uma área contínua de sua memória virtual para o módulo. O kernel retorna o endereço da memória alocada, e o utilitário carregador pode usar esse endereço para relocar o código de máquina do módulo para o endereço de carga correto. Uma segunda chamada de sistema passa então o módulo, mais qualquer tabela de símbolos que o novo módulo queira exportar, para o kernel. Agora, o próprio módulo é copiado literalmente para o espaço previamente alocado e a tabela de símbolos do kernel é atualizada com os novos símbolos para possível uso por outros módulos ainda não carregados.

O último componente de gerenciamento de módulos é o solicitante do módulo. O kernel define uma interface de comunicação com a qual um programa de gerenciamento de módulos pode se conectar. Com essa conexão estabelecida, o kernel informará ao processo de gerenciamento sempre que um processo solicitar um driver de dispositivos, um sistema de arquivos ou um serviço de rede que não esteja carregado correntemente e dará ao gerenciador a oportunidade de carregar esse serviço. A solicitação de serviço original será concluída, uma vez que o módulo seja carregado. O processo gerenciador consulta regularmente o kernel para ver se um módulo carregado dinamicamente ainda está em uso e descarrega esse módulo quando ele não for mais necessário ativamente.

18.3.2 Registro de Drivers

Uma vez que um módulo seja carregado, ele ocupa não mais do que uma região isolada da memória até que o resto do kernel saiba que nova funcionalidade ele fornece. O kernel mantém tabelas dinâmicas de todos os drivers conhecidos e fornece um conjunto de rotinas para permitir que drivers sejam adicionados a essas tabelas ou delas removidos a qualquer momento. O kernel certifica-se de chamar uma rotina de inicialização do módulo quando esse módulo é carregado e de chamar a rotina de limpeza do módulo antes que esse módulo seja descarregado. Essas rotinas são responsáveis pelo registro da funcionalidade do módulo.

Um módulo pode registrar muitos tipos de funcionalidades; ele não fica restrito a apenas um tipo. Por exemplo, um driver de dispositivos pode querer registrar dois mecanismos separados para acesso aos dispositivos. As tabelas de registro incluem, entre outros, os itens a seguir:

- **Drivers de dispositivos.** Esses drivers incluem dispositivos de caracteres (tais como impressoras, terminais e mouses), dispositivos de bloco (incluindo todos os drives de disco) e dispositivos de interface de rede.
- **Sistemas de arquivos.** O sistema de arquivos pode ser qualquer coisa que implemente rotinas de chamada do sistema de arquivos virtual do Linux. Ele pode implementar um formato para o armazenamento de arquivos em um disco, mas também pode ser um sistema de arquivos de rede, como o NFS, ou um sistema de arquivos virtual cujo conteúdo seja gerado sob demanda, como o sistema de arquivos /proc do Linux.
- **Protocolos de rede.** Um módulo pode implementar um protocolo de rede inteiro, como o TCP, ou simplesmente um novo conjunto de regras de filtragem de pacotes para um firewall de rede.
- **Formato binário.** Esse formato especifica um modo de reconhecer, carregar e executar um novo tipo de arquivo executável.

Além disso, um módulo pode registrar um novo conjunto de entradas nas tabelas sysctl e /proc para permitir que seja configurado dinamicamente (Seção 18.7.4).

18.3.3 Resolução de Conflitos

As implementações comerciais do UNIX são usualmente vendidas para execução em hardware do próprio fornecedor. Uma vantagem de uma solução de fornecedor único é que o fornecedor do software tem uma boa ideia das configurações de hardware possíveis. O hardware de PC, no entanto, vem em uma ampla variedade de configurações, com um grande número de drivers de dispositivos possíveis, tais como placas de rede e adaptadores de display de vídeo. O problema do gerenciamento da configuração de hardware torna-se mais complicado quando drivers de dispositivos modulares são suportados, já que o conjunto de dispositivos correntemente ativos passa a ser dinamicamente variável.

O Linux fornece um mecanismo central de resolução de conflitos que ajuda a arbitrar o acesso a certos recursos de hardware. Seus objetivos são os seguintes:

- Impedir que os módulos entrem em conflito para acessar recursos de hardware
- Impedir que autossondagens — sondagens de drivers de dispositivos que autodetectam configuração de dispositivos — afetem os drivers de dispositivos existentes
- Resolver conflitos entre múltiplos drivers que estão tentando acessar o mesmo hardware — como, por exemplo, quando tanto o driver da impressora paralela quanto o driver da rede IP de linha paralela (PLIP — *parallel line IP*) tentam se comunicar com a porta paralela

Para atingir esses objetivos, o kernel mantém listas de recursos de hardware alocados. O PC tem um número limitado de possíveis portas de I/O (endereços em seu espaço de endereçamento de I/O de hardware), linhas de interrupção e canais DMA. Quando algum driver de dispositivos quer acessar um desses recursos, é esperado que primeiro ele reserve o recurso no banco de dados do kernel. Esse requisito permite incidentalmente que o administrador do sistema determine exatamente que recursos foram alocados por qual driver a qualquer momento.

Espera-se que um módulo use esse mecanismo para reservar antecipadamente qualquer recurso de hardware que ele queira usar. Se a reserva for rejeitada porque o recurso não está presente ou já está em uso, então fica a cargo do módulo decidir como proceder. Ele pode falhar em sua tentativa de inicialização e solicitar que seja descarregado se não puder continuar, ou pode prosseguir usando recursos de hardware alternativos.

18.4 Gerenciamento de Processos

Um processo é o contexto básico dentro do qual toda a atividade solicitada por usuários é atendida dentro do sistema operacional. Para ser compatível com outros sistemas UNIX, o Linux deve usar um modelo de processo semelhante ao de outras versões do UNIX. O Linux opera diferentemente do UNIX em alguns aspectos chave, no entanto. Nesta seção, revisamos o modelo de processos tradicional do UNIX (Seção A.3.2, disponível no site da LTC Editora) e introduzimos o modelo de criação de threads do Linux.

18.4.1 O Modelo de Processos com fork( ) e exec( )

O princípio básico do gerenciamento de processos no UNIX é separar em dois passos duas operações que são usualmente combinadas em uma: a criação de um novo processo e a execução de um novo programa. Um novo processo é criado pela chamada de sistema fork( ) e um novo programa é executado após uma chamada a exec( ). São duas funções totalmente distintas. Podemos criar um novo processo com fork( ) sem executar um novo programa — o novo subprocesso simplesmente continua a executar exatamente o mesmo programa que o primeiro processo (pai) estava executando, precisamente no mesmo ponto. Da mesma forma, a execução de um novo programa não requer que um novo processo seja criado primeiro. Qualquer processo pode chamar exec( ) a qualquer momento. Um novo objeto binário é carregado no espaço de endereçamento do processo e o novo executável começa a sua execução no contexto do processo existente.

Esse modelo tem a vantagem de ser muito simples. Não é necessário especificar cada detalhe do ambiente de um novo programa na chamada de sistema que o executa. Simplesmente, o novo programa é executado no ambiente existente. Se um processo-pai quer modificar o ambiente em que um novo programa deve ser executado, ele pode criar uma ramificação e, então, ainda executando o executável original em um processo-filho, fazer quaisquer chamadas de sistema necessárias à modificação desse processo-filho antes de finalmente executar o novo programa.

Portanto, no UNIX, um processo inclui todas as informações que o sistema operacional deve manter para rastrear o contexto de execução individual de um único programa. No Linux, podemos dividir esse contexto em várias seções específicas. De modo geral, as propriedades dos processos classificam-se em três grupos: a identidade, o ambiente e o contexto do processo.

18.4.1.1 Identidade do Processo

A identidade de um processo consiste principalmente nos itens a seguir:

- **ID do processo** (PID — *process ID*). Cada processo tem um identificador exclusivo. O PID é usado para especificar o processo para o sistema operacional quando uma aplicação faz uma chamada de sistema para notificar o processo, modificá-lo ou esperar por ele. Identificadores adicionais associam o processo a um grupo de processos (tipicamente, uma árvore de processos criados por um único comando de usuário) e a uma sessão de login.

- **Credenciais.** Cada processo deve ter um ID de usuário associado e um ou mais IDs de grupo (os grupos de usuários são discutidos na Seção 11.6.2) que determinem seus direitos de acesso a recursos e arquivos do sistema.

- **Personalidade.** As personalidades de processos não são tradicionalmente encontradas em sistemas UNIX, mas no Linux cada processo tem um identificador de personalidade associado que pode modificar ligeiramente a semântica de certas chamadas de sistema. As personalidades são usadas principalmente por bibliotecas de emulação para solicitar que as chamadas de sistema sejam compatíveis com certas versões do UNIX.

- **Espaço de nomes.** Cada processo é associado a uma visão específica da hierarquia do sistema de arquivos, chamada seu espaço de nomes. A maioria dos processos compartilha um espaço de nomes comum e, portanto, opera em uma hierarquia de sistema de arquivos compartilhada. Os processos e seus filhos podem, no entanto, ter espaços de nomes diferentes, cada um com uma hierarquia de sistema de arquivos exclusiva — seu próprio diretório raiz e conjunto de sistemas de arquivos montados.

A maioria desses identificadores fica sob o controle limitado do próprio processo. Os identificadores de grupo de processos e de sessão podem ser alterados se o processo quiser iniciar um novo grupo ou sessão. Suas credenciais podem ser alteradas, estando sujeitas às verificações de segurança apropriadas. No entanto, o PID primário de um processo é inalterável e identifica de maneira exclusiva esse processo até o seu encerramento.

18.4.1.2 Ambiente do Processo

O ambiente de um processo é herdado de seu pai e é composto por dois vetores terminados em nulo: o vetor de argumentos e o vetor de ambiente. O vetor de argumentos simplesmente lista os argumentos da linha de comando usados para invocar o programa em execução; por convenção, ele começa com o nome do próprio programa. O vetor de ambiente é uma lista de pares "NOME=VALOR" que associam variáveis de ambiente nomeadas a valores textuais arbitrários. O ambiente não é mantido na memória do kernel, mas, sim, armazenado no próprio espaço de endereçamento de modalidade de usuário do processo, como o primeiro dado no topo da pilha do processo.

Os vetores de argumentos e de ambiente não são alterados quando um novo processo é criado. O novo processo-filho herdará o ambiente de seu pai. No entanto, um ambiente completamente novo é estabelecido quando um novo programa é invocado. Ao chamar exec( ), um processo deve fornecer o ambiente para o novo programa. O kernel passa essas variáveis de ambiente para o próximo programa, substituindo o ambiente corrente do processo. Alternativamente, o kernel deixa inalterados os vetores de ambiente e linha de comando — sua interpretação é deixada inteiramente a cargo das bibliotecas e aplicações de modalidade de usuário.

A passagem de variáveis de ambiente de um processo para o próximo e a herança dessas variáveis pelos filhos de um processo fornecem maneiras flexíveis de passar informações para componentes de software do sistema de modalidade de usuário. Diversas variáveis de ambiente importantes têm significados convencionais para partes relacionadas do software do sistema. Por exemplo, a variável TERM é posicionada para nomear o tipo de terminal conectado a uma sessão de login de usuário. Muitos programas usam essa variável para determinar como executar operações na tela do usuário, tais como mover o cursor e rolar uma região de texto. Programas com suporte multilíngue usam a variável LANG para determinar em que idioma devem exibir mensagens do sistema para programas que também incluam esse suporte.

O mecanismo de variáveis de ambiente personaliza o sistema operacional por processo. Os usuários podem selecionar seus próprios idiomas ou seus próprios editores independentemente uns dos outros.

18.4.1.3 Contexto do Processo

As propriedades de identidade e de ambiente do processo são usualmente estabelecidas quando um processo é criado e não são alteradas durante a existência do processo. Um processo pode optar por alterar alguns aspectos de sua identidade se precisar fazê-lo ou pode alterar seu ambiente. Por outro lado, o contexto do processo é o estado do programa em execução em determinado momento; ele muda constantemente. O contexto do processo inclui as seguintes partes:

- **Contexto de scheduling.** A parte mais importante do contexto do processo é seu contexto de scheduling — as informações de que o scheduler precisa para suspender e reiniciar o processo. Essas informações incluem as cópias salvas de todos os registradores do processo. Registradores de ponto flutuante são armazenados separadamente e são restaurados apenas quando necessário. Assim, processos que não usam aritmética de ponto flutuante não incorrem no overhead de salvar esse estado. O contexto de scheculing também inclui informações sobre a prioridade do scheduling e sobre quaisquer sinais pendentes em espera para serem distribuídos ao processo. Uma parte chave do contexto de scheduling é a pilha do kernel do processo, uma área separada da memória do kernel reservada para uso pelo código em modalidade de kernel. Tanto as chamadas de sistema quanto as interrupções que ocorrem enquanto o processo está em execução usarão essa pilha.
- **Contabilidade.** O kernel mantém informações de contabilidade sobre os recursos que estão sendo correntemente consumidos pelos processos e o total de recursos consumidos pelos processos, em todo o seu tempo de vida, até o momento.
- **Tabela de arquivos.** A tabela de arquivos é um array de ponteiros para estruturas de arquivos do kernel representando arquivos abertos. Ao fazer chamadas de sistema de I/O de arquivo, os processos referenciam os arquivos por um inteiro, conhecido como descrito de arquivo (fd — *file descriptor*) que o kernel usa como índice nessa tabela.
- **Contexto do sistema de arquivos.** Enquanto a tabela de arquivos lista os arquivos abertos existentes, o contexto do sistema de arquivos é aplicado a solicitações de abertura de novos arquivos. O contexto do sistema de arquivos inclui o diretório raiz, o diretório de trabalho corrente e o espaço de nomes do processo.
- **Tabela de manipuladores de sinais.** Os sistemas UNIX podem distribuir sinais assíncronos para um processo em res-

posta a vários eventos externos. A tabela de manipuladores de sinais define a ação a ser tomada em resposta a um sinal específico. Ações válidas incluem ignorar o sinal, encerrar o processo e invocar uma rotina no espaço de endereçamento do processo.
- **Contexto da memória virtual.** O contexto da memória virtual descreve o conteúdo completo do espaço de endereçamento privado de um processo; ele é discutido na Seção 18.6.

18.4.2 Processos e Threads

O Linux fornece a chamada de sistema fork( ) que duplica um processo sem carregar uma nova imagem executável. O Linux também fornece o recurso de criação de threads por meio da chamada de sistema clone( ). No entanto, o Linux não faz a distinção entre processos e threads. Na verdade, o Linux geralmente usa o termo *tarefa* — em vez de *processo* ou *thread* — quando se refere a um fluxo de controle dentro de um programa. A chamada de sistema clone( ) comporta-se de forma idêntica a fork( ), exceto por aceitar como argumentos um conjunto de flags que definem os recursos que são compartilhados entre pai e filho (enquanto um processo criado com fork( ) não compartilha recursos com seu pai). Os flags incluem:

flag	significado
CLONE_FS	Informações do sistema de arquivos são compartilhadas.
CLONE_VM	O mesmo espaço de memória é compartilhado.
CLONE_SIGHAND	Manipuladores de sinais são compartilhados.
CLONE_FILES	O conjunto de arquivos abertos é compartilhado.

Portanto, se clone( ) receber os flags CLONE_FS, CLONE_VM, CLONE_SIGHAND e CLONE_FILES, a tarefa-pai e a tarefa-filha compartilharão as mesmas informações do sistema de arquivos (tal como o diretório de trabalho corrente), o mesmo espaço de memória, os mesmos manipuladores de sinais e o mesmo conjunto de arquivos abertos. O uso de clone( ) dessa forma é equivalente à criação de um thread em outros sistemas, já que a tarefa-pai compartilha a maioria de seus recursos com sua tarefa filha. No entanto, se nenhum desses flags estiver posicionado quando clone( ) for invocada, os recursos associados não serão compartilhados, resultando em funcionalidade semelhante à da chamada de sistema fork( ).

A falta de diferenciação entre processos e threads é possível porque o Linux não mantém o contexto inteiro de um processo dentro da estrutura de dados do processo principal. Em vez disso, ele mantém o contexto dentro de subcontextos independentes. Assim, o contexto do sistema de arquivos, a tabela de descritores de arquivos, a tabela de manipuladores de sinais e o contexto de memória virtual de um processo são mantidos em estruturas de dados separadas. A estrutura de dados do processo contém simplesmente ponteiros para essas outras estruturas; portanto, qualquer número de processos pode facilmente compartilhar um subcontexto apontando para o mesmo subcontexto e incrementando uma contagem de referência.

Os argumentos da chamada de sistema clone( ) informam quais subcontextos ela deve copiar e quais ela deve compartilhar. O novo processo recebe sempre uma nova identidade e um novo contexto de scheduling — essas são as bases de um processo no Linux. Dependendo dos argumentos passados, no entanto, o kernel pode criar novas estruturas de dados de subcontexto inicializadas para serem cópias da estrutura do pai ou configurar o novo processo para usar as mesmas estruturas de dados de subcontexto sendo usadas pelo pai. A chamada de sistema `fork( )` não é nada mais do que um caso especial de `clone( )` que copia todos os subcontextos sem compartilhar qualquer um deles.

18.5 Scheduling

O scheduling é a atividade de alocação de tempo da CPU a diferentes tarefas dentro de um sistema operacional. O Linux, como todos os sistemas UNIX, suporta **multitarefa preemptiva**. Em tal sistema, o scheduler de processos decide que processo deve ser executado e quando. Tomar essas decisões de modo que mantenha o equilíbrio entre justiça e desempenho para muitas cargas de trabalho diferentes é um dos desafios mais complicados dos sistemas operacionais modernos.

Normalmente, consideramos o scheduling como a execução e a interrupção de processos de usuário, mas outro aspecto do scheduling também é importante para o Linux: a execução das diversas tarefas do kernel. As tarefas do kernel incluem tanto as tarefas que são solicitadas por um processo em execução quanto as tarefas que são executadas internamente em nome do próprio kernel, tais como as tarefas geradas pelo subsistema de I/O do Linux.

18.5.1 Scheduling de Processos

O Linux tem dois algoritmos diferentes de scheduling de processos. Um deles é o algoritmo de compartilhamento de tempo para a obtenção de scheduling justo e preemptivo entre múltiplos processos. O outro foi projetado para tarefas de tempo real em que prioridades absolutas são mais importantes do que justiça.

O algoritmo de scheduling usado para tarefas rotineiras de compartilhamento de tempo recebeu uma revisão maior na versão 2.6 do kernel. Versões anteriores executavam uma variação do algoritmo de scheduling tradicional do UNIX. Esse algoritmo não fornece suporte adequado a sistemas SMP, não escala bem à medida que o número de tarefas no sistema cresce e não mantém a justiça entre tarefas interativas, principalmente em sistemas como computadores desktop e dispositivos móveis. O scheduler de processos foi revisado, pela primeira vez, na versão 2.5 do kernel. A versão 2.5 implementou um algoritmo de scheduling que seleciona a tarefa a ser executada em tempo constante — conhecido como $O(1)$ — independentemente do número de tarefas ou processadores no sistema. O novo scheduler também fornecia um suporte maior ao SMP, incluindo a afinidade com o processador e o balanceamento de carga. Mesmo melhorando a escalabilidade, essas alterações não melhoraram o desempenho ou a justiça em ambiente interativo — e, na verdade, pioraram esses problemas para certas cargas de trabalho. Consequentemente, o scheduler de processos foi revisado uma segunda vez, na versão 2.6 do kernel do Linux. Essa versão introduziu o **Completely Fair Scheduler** (CFS).

O scheduler do Linux é um algoritmo preemptivo baseado em prioridades com dois intervalos de prioridades separados: um intervalo de **tempo real** de 0 a 99 e um **valor de ajuste** (*nice value*) variando de –20 a 19. Valores de ajuste menores indicam prioridades mais altas. Assim, aumentando o valor de ajuste, você estará diminuindo sua prioridade e sendo "bom" para o resto do sistema.

O CFS é um afastamento significativo do scheduler de processos tradicional do UNIX. Neste último, as principais variáveis do algoritmo de scheduling são a prioridade e a fatia de tempo. A *fatia de tempo* é o período de tempo — a *fatia* do processador — que pode ser dado a um processo. Sistemas UNIX tradicionais dão aos processos uma fatia de tempo fixa, podendo haver um aumento ou uma queda para processos de alta ou baixa prioridade, respectivamente. Um processo pode ser executado pelo período de sua fatia de tempo, e processos de prioridade mais alta são executados antes de processos de prioridade mais baixa. É um algoritmo simples que muitos sistemas não UNIX empregam. Essa simplicidade funcionava bem para os primeiros sistemas de tempo compartilhado, mas mostrou-se incapaz de fornecer bom desempenho e justiça em ambientes interativos dos desktops modernos e dispositivos móveis atuais.

O CFS introduziu um novo algoritmo de scheduling chamado **scheduling justo** que elimina as fatias de tempo no sentido tradicional. Em vez de fatias de tempo, todos os processos recebem uma proporção do tempo do processador. O CFS calcula por quanto tempo um processo deve ser executado em função do número total de processos executáveis. Para começar, o CFS diz que, se houver N processos executáveis, cada um deve receber $1/N$ do tempo do processador. O CFS ajusta então essa divisão avaliando a alocação atribuída a cada processo por seu valor de ajuste. Processos com o valor de ajuste default têm peso 1 — sua prioridade não é alterada. Processos com um valor de ajuste menor (prioridade mais alta) recebem um peso maior, enquanto processos com um valor de ajuste maior (prioridade mais baixa) recebem um peso menor. Em seguida, o CFS executa cada processo durante uma "fatia de tempo" proporcional ao peso do processo dividido pelo peso total de todos os processos executáveis.

Para calcular o período de tempo real durante o qual um processo é executado, o CFS conta com uma variável configurável chamada **latência-alvo**, que é o intervalo de tempo durante o qual cada tarefa executável deve ser executada pelo menos uma vez. Por exemplo, suponha que a latência-alvo seja de 10 milissegundos. Suponha, também, que existam dois processos executáveis com a mesma prioridade. Os dois processos têm o mesmo peso e, portanto, recebem a mesma proporção de tempo do processador. Nesse caso, com uma latência-alvo de 10 milissegundos, o primeiro processo é executado por 5 milissegundos; então o outro processo é executado por 5 milissegundos, depois o primeiro processo é executado por 5 milissegundos novamente, e assim por diante. Se tivermos 10 processos executáveis, o CFS executará cada um deles por um milissegundo antes de repetir o procedimento.

Mas e se tivermos, digamos, 1.000 processos? Cada processo seria executado por 1 microssegundo se seguirmos o procedimento que acaba de ser descrito. Em razão dos custos das mudanças de um processo para outro, o scheduling de processos por períodos de tempo tão curtos é ineficiente. Consequentemente, o CFS conta com uma segunda variável configurável, a **granularidade mínima**, que é um período de tempo mínimo durante o qual um processo recebe o processador. Todos os processos, independentemente da latência-alvo, serão executados durante pelo menos a granularidade mínima. Dessa forma, o CFS assegura que os custos das mudanças não fiquem inaceitavelmente altos quando o número de processos executáveis aumenta muito. Ao fazê-lo, ele viola suas tentativas de ser justo. Normalmente, no entanto, o número de processos executáveis permanece razoável, e tanto a justiça quanto os custos das mudanças são maximizados.

Com a mudança para o scheduling justo, o CFS comporta-se diferentemente dos shedulers de processos tradicionais do UNIX de vários modos. Como vimos, o mais evidente é que o CFS elimina o conceito de uma fatia de tempo estática. Em vez disso, cada processo recebe uma proporção do tempo do processador. A duração dessa alocação vai depender de quantos processos mais são executáveis. Essa abordagem resolve vários problemas de mapeamento de prioridades para fatias de tempo inerentes a algoritmos de scheduling preemptivos baseados em prioridades. É claro que é possível resolver esses problemas de outras formas sem ser preciso abandonar o scheduler clássico do UNIX. No entanto, o CFS resolve os problemas com um algoritmo simples que tem bom desempenho com cargas de trabalho interativas, como as dos dispositivos móveis, sem comprometer o desempenho do throughput, mesmo no maior dos servidores.

18.5.2 Scheduling de Tempo Real

O algoritmo de scheduling de tempo real do Linux é significativamente mais simples do que o scheduling justo empregado para processos de tempo compartilhado padrão. O Linux implementa as duas classes de scheduling de tempo real requeridas pelo POSIX.1b: primeiro-a-chegar, primeiro-a-ser-atendido (FCFS) e round-robin (Seções 6.3.1 e 6.3.4, respectivamente). Nos dois casos, cada processo tem uma prioridade além de sua classe de scheduling. O scheduler sempre executa o processo com a prioridade mais alta. Entre processos de prioridade igual, ele executa o processo que esteja esperando há mais tempo. A única diferença entre os schedulings FCFS e round-robin é que os processos no scheduling FCFS continuam sendo executados até que saiam ou sejam bloqueados, enquanto um processo no scheduling round-robin sofre preempção depois de algum tempo e é transferido para o fim da fila de scheduling; assim, processos do scheduling round-robin com prioridades iguais compartilham o tempo entre eles automaticamente.

O scheduling de tempo real do Linux é não crítico — em vez de crítico. O scheduler oferece garantias rigorosas em relação às prioridades relativas dos processos de tempo real, mas o kernel não oferece nenhuma garantia relativa à rapidez com que um processo de tempo real será incluído no schedule, uma vez que o processo se torne executável. Por outro lado, um sistema de tempo compartilhado crítico pode garantir uma latência mínima entre o momento em que um processo se torna executável e o momento em que ele é realmente executado.

18.5.3 Sincronização do Kernel

A maneira como o kernel organiza o schedule de suas próprias operações é fundamentalmente diferente da maneira como ele organiza o schedule de processos. Uma solicitação de execução em modalidade de kernel pode ocorrer de duas formas. Um programa em execução pode solicitar um serviço do sistema operacional explicitamente por meio de uma chamada de sistema ou implicitamente — por exemplo, quando ocorre um erro de página. Alternativamente, um controlador de dispositivos pode distribuir uma interrupção de hardware que faça a CPU começar a executar um manipulador definido pelo kernel para essa interrupção.

O problema que se apresenta para o kernel é que todas essas tarefas podem tentar acessar as mesmas estruturas de dados internas. Se uma tarefa do kernel estiver no meio do acesso a alguma estrutura de dados quando uma rotina de serviço de interrupção for executada, então essa rotina de serviço não poderá acessar ou modificar os mesmos dados sem correr o risco de corrompê-los. Esse fato está relacionado com a ideia das seções críticas — partes do código que acessam dados compartilhados e, portanto, não devem ter permissão para serem executadas concorrentemente. Como resultado, a sincronização do kernel envolve muito mais do que apenas o scheduling de processos. É necessária uma estrutura que permita que tarefas do kernel sejam executadas sem violar a integridade dos dados compartilhados.

Antes da versão 2.6, o Linux era um kernel não preemptivo, significando que um processo em execução em modalidade de kernel não podia sofrer preempção — mesmo se um processo de prioridade mais alta ficasse disponível para execução. Na versão 2.6, o kernel do Linux tornou-se totalmente preemptivo. Agora, uma tarefa pode sofrer preempção quando está sendo executada no kernel.

O kernel do Linux fornece spinlocks e semáforos (assim como versões de leitor-gravador desses dois locks) para trancamento no kernel. Em máquinas SMP, o mecanismo básico de trancamento é um spinlock, e o kernel é projetado de modo que os spinlocks sejam mantidos apenas por períodos curtos. Em máquinas com um único processador, os spinlocks não são apropriados para uso e são substituídos pela habilitação e desabilitação da preempção do kernel. Isto é, em vez de manter um spinlock, a tarefa desabilita a preempção do kernel. No momento em que a tarefa liberaria o spinlock, ela habilita a preempção do kernel. Esse padrão é resumido abaixo:

um processador	múltiplos processadores
Desabilita a preempção do kernel.	Adquirem spinlock.
Habilita a preempção do kernel.	Liberam spinlock.

O Linux usa uma abordagem interessante para desabilitar e habilitar a preempção do kernel. Ele fornece duas interfaces simples para o kernel — `preempt_disable ( )` e `preempt_enable ( )`. Além disso, o kernel não pode sofrer preempção se uma tarefa em modalidade de kernel estiver mantendo um spinlock. Para que essa regra seja imposta, cada tarefa no sistema tem uma estrutura `thread-info` que inclui o campo `preempt_count` que é um contador indicando o número de locks sendo mantidos pela tarefa. O contador é incrementado quando um lock é adquirido, e decrementado quando um lock é liberado. Se o valor de `preempt_count` para a tarefa em execução corrente for maior do que zero, não será seguro causar a preempção do kernel, já que essa tarefa mantém correntemente um lock. Se a contagem for igual a zero, o kernel poderá ser interrompido com segurança, supondo que não haja chamadas pendentes a `preempt_disable ( )`.

Os spinlocks — e a habilitação e desabilitação da preempção do kernel — são usados no kernel somente quando o lock é mantido por curtos períodos. Quando um lock deve ser mantido por períodos mais longos, são usados os semáforos.

A segunda técnica de proteção usada pelo Linux aplica-se às seções críticas que ocorrem em rotinas de serviço de interrupção. A ferramenta básica é o hardware de controle de interrupções do processador. Desabilitando interrupções (ou usando spinlocks) durante uma seção crítica, o kernel garante que poderá prosseguir sem o risco de acesso concorrente às estruturas de dados compartilhadas.

No entanto, há desvantagens na desabilitação de interrupções. Na maioria das arquiteturas de hardware, instruções de habilitação e desabilitação de interrupções não são baratas. E o mais importante é que, enquanto as interrupções permanecerem desabilitadas, todo o I/O será suspenso e qualquer dispositivo em espera por atendimento terá que esperar até que as interrupções sejam reabilitadas; assim, o desempenho é degradado. Para resolver esse problema, o kernel do Linux usa uma arquitetura de sincronização que permite que seções críticas longas sejam executadas por toda a sua duração sem que as interrupções sejam desabilitadas. Esse recurso é particularmente útil para o código de conexão de rede. Uma interrupção em um driver de dispositivo de rede pode sinalizar a chegada de um pacote de rede inteiro, o que pode resultar em um grande volume de código sendo executado para desmontagem, roteamento e encaminhamento desse pacote dentro da rotina de serviço de interrupção.

O Linux implementa essa arquitetura separando as rotinas de serviço de interrupção em duas seções: a metade do topo e a metade da base. Na *metade do topo* está uma rotina de serviço de interrupção padrão que é executada com as interrupções recursivas desabilitadas. As interrupções de mesmo número (ou nível) são desabilitadas, mas outras interrupções podem ser executadas. Uma rotina de serviço da *metade da base* é executada, com todas as interrupções habilitadas, por um scheduler miniatura que assegura que as rotinas da metade da base nunca interrompam a si mesmas. O scheduler da metade da base é invocado automaticamente sempre que uma rotina de serviço de interrupção é encerrada.

Essa separação significa que o kernel pode concluir qualquer processamento complexo que tenha que ser executado em resposta a uma interrupção, sem preocupações quanto a ser interrompido. Se outra interrupção ocorrer enquanto uma rotina da metade da base estiver em execução, então essa interrupção poderá solicitar que a mesma rotina seja executada, mas a execução será adiada até que a rotina em execução corrente seja concluída. Cada execução de uma rotina da metade da base pode ser interrompida por uma rotina da metade do topo, mas nunca por uma rotina semelhante da metade da base.

A arquitetura da metade do topo/metade da base é complementada por um mecanismo para desabilitação de rotinas da metade da base selecionadas enquanto o código de foreground normal do kernel está em execução. O kernel pode codificar as seções críticas facilmente usando esse sistema. Os manipuladores de interrupções podem codificar suas seções críticas como metades da base; e, quando o kernel de foreground quiser entrar em uma seção crítica, ele poderá desabilitar qualquer rotina relevante da metade da base para impedir que alguma outra seção crítica o interrompa. No fim da seção crítica, o kernel pode reabilitar as rotinas da metade da base e executar qualquer tarefa da metade da base que tenha sido enfileirada por rotinas de serviço de interrupção da metade do topo durante a seção crítica.

A Figura 18.2 resume os diversos níveis de proteção de interrupções dentro do kernel. Cada nível pode ser interrompido por código em execução em um nível mais alto, mas nunca será interrompido por código em execução no mesmo nível ou em um nível inferior. Exceto para códigos de modalidade de usuário, os processos de usuário sempre poderão sofrer preempção por outro processo quando ocorrer uma interrupção de scheduling de compartilhamento de tempo.

18.5.4 Multiprocessamento Simétrico

O kernel 2.0 do Linux foi o primeiro kernel estável do Linux a dar suporte ao hardware **multiprocessador simétrico** (**SMP**), permitindo que processos separados sejam executados em paralelo em processadores separados. A implementação original do SMP impunha a restrição de que apenas um processador de cada vez poderia executar código do kernel.

Na versão 2.2 do kernel, um único spinlock (também chamado **BKL**, abreviação de "big kernel lock") foi criado para permitir que múltiplos processos (sendo executados em diferentes processadores) estivessem ativos no kernel concorrentemente. No entanto, o BKL fornecia um nível muito baixo de granularidade de trancamento, resultando em escalabilidade pobre para máquinas com muitos processadores e processos. Versões posteriores do kernel tornaram a implementação do SMP mais escalável dividindo esse spinlock único em múltiplos locks, cada um protegendo apenas um pequeno subconjunto das estruturas de dados do kernel. Esses spinlocks são descritos na Seção 18.5.3. O kernel 3.0 fornece melhorias adicionais ao SMP, incluindo trancamento mais refinado, afinidade de processadores e algoritmos de balanceamento de carga.

18.6 Gerenciamento de Memória

O gerenciamento da memória no Linux tem dois componentes. O primeiro lida com a alocação e a liberação de memória física — páginas, grupos de páginas e pequenos blocos de RAM. O segundo manipula a memória virtual, que é a memória mapeada para o espaço de endereçamento de processos em execução. Nesta seção, descrevemos esses dois componentes e, em seguida, examinamos os mecanismos pelos quais os componentes carregáveis de um novo programa são trazidos para a memória virtual de um processo em resposta a uma chamada de sistema exec( ).

18.6.1 Gerenciamento da Memória Física

Em razão de restrições específicas de hardware, o Linux separa a memória física em quatro zonas, ou regiões, diferentes:

- ZONE_DMA
- ZONE_DMA32
- ZONE_NORMAL
- ZONE_HIGHMEM

| manipuladores de interrupções da metade de topo |
| manipuladores de interrupções da metade da base |
| rotinas de serviço do sistema do kernel (com preempção) |
| programas em modalidade de usuário (com preempção) |

prioridade crescente

Figura 18.2 Níveis de proteção de interrupções.

Essas zonas são específicas da arquitetura. Por exemplo, na arquitetura Intel x86-32, certos dispositivos ISA (industry standard architecture) podem acessar somente os 16 MB inferiores de memória física usando o DMA. Nesses sistemas, os primeiros 16 MB de memória física compõem a `ZONE_DMA`. Em outros sistemas, certos dispositivos podem acessar apenas os primeiros 4 GB de memória física, apesar de suportarem endereços de 64 bits. Em tais sistemas, os primeiros 4 GB de memória física compõem a `ZONE_DMA32`. A `ZONE_HIGHMEM` (de "high memory") refere-se à memória física que não é mapeada para o espaço de endereçamento do kernel. Por exemplo, na arquitetura Intel de 32 bits (em que 2^{32} fornecem um espaço de endereçamento de 4 GB), o kernel é mapeado para os primeiros 896 MB do espaço de endereçamento; a memória restante é chamada **memória alta** e é alocada a partir da `ZONE_HIGHMEM`. Para concluir, a `ZONE_NORMAL` compreende todo o resto — as páginas normais mapeadas regularmente. As restrições de uma arquitetura é que definem se ela tem determinada zona. Uma arquitetura moderna de 64 bits, tal como a do Intel x86-64, tem uma pequena `ZONE_DMA` de 16 MB (para dispositivos legados) e todo o resto de sua memória fica na `ZONE_NORMAL`, sem "memória alta".

O relacionamento entre zonas e endereços físicos na arquitetura do Intel x86-32 é mostrado na Figura 18.3. O kernel mantém uma lista de páginas livres para cada zona. Quando chega uma solicitação de memória física, o kernel atende à solicitação usando a zona apropriada.

O principal gerenciador de memória física no kernel do Linux é o **alocador de páginas**. Cada zona tem seu próprio alocador que é responsável por alocar e liberar todas as páginas físicas para a zona e pode alocar intervalos de páginas fisicamente contíguas, sob demanda. O alocador usa um sistema de pares (buddy system) (Seção 9.8.1) para rastrear páginas físicas disponíveis. Nesse esquema, unidades adjacentes de memória alocável são reunidas em pares (daí seu nome). Cada região de memória alocável tem um parceiro adjacente (ou buddy). Sempre que duas regiões parceiras alocadas são liberadas, elas são combinadas para formar uma região maior — um **heap de pares** (*buddy heap*). Essa região maior também tem um parceiro com o qual ela pode se unir para formar uma região livre ainda maior. Inversamente, se uma solicitação de pouca memória não puder ser atendida pela alocação de uma pequena região livre existente, então uma região livre maior será subdividida em dois parceiros para atender a solicitação. Listas encadeadas separadas são usadas para registrar as regiões de memória livres de cada tamanho permitido. No Linux, o menor tamanho alocável por meio desse mecanismo é uma única página física. A Figura 18.4 mostra um exemplo de alocação de buddy-heaps. Uma região de 4 KB está sendo alocada, mas a menor região disponível tem 16 KB. A região é dividida recursivamente até que um bloco do tamanho desejado esteja disponível.

No fim das contas, todas as alocações de memória no kernel do Linux são feitas estaticamente, por drivers que reservam uma área contígua de memória durante o tempo de inicialização do sistema, ou dinamicamente, pelo alocador de páginas. No entanto, as funções do kernel não precisam usar o alocador básico para reservar memória. Vários subsistemas especializados de gerenciamento da memória usam o alocador de páginas subjacente para gerenciar seus próprios pools de memória. Os mais importantes são o sistema de memória virtual, descrito na Seção 18.6.2; o alocador de tamanho variável `kmalloc( )`; o alocador de slabs, usado na alocação de memória para estruturas de dados do kernel; e o cache de páginas, usado para armazenar em cache páginas pertencentes a arquivos.

Muitos componentes do sistema operacional Linux precisam alocar páginas inteiras sob demanda, mas com frequência são requeridos blocos de memória menores. O kernel fornece um alocador adicional para solicitações de tamanho arbitrário, em que o tamanho de uma solicitação não é conhecido antecipadamente e pode ter apenas alguns bytes. Semelhante à função `malloc( )` da linguagem C, o serviço `kmalloc( )` aloca páginas físicas inteiras sob demanda, mas depois as divide em partes menores. O kernel mantém listas das páginas que estão em uso pelo serviço `kmalloc( )`. A alocação de memória envolve a determinação da lista apropriada e o uso do primeiro bloco livre disponível na lista ou a alocação e a divisão de uma nova página. Regiões de memória reclamadas pelo sistema `kmalloc( )` são alocadas de modo permanente até serem liberadas explicitamente com uma chamada correspondente a `kfree( )`; o sistema `kmalloc( )` não pode realocar ou reclamar essas regiões em resposta à falta de memória.

Outra estratégia adotada pelo Linux para a alocação de memória do kernel é conhecida como alocação de slabs. Um **slab** é usado para a alocação de memória para estruturas de dados do kernel e é composto por uma ou mais páginas fisicamente contíguas. Um **cache** consiste em um ou mais slabs. Há um único cache para cada estrutura de dados individual do kernel — por exemplo, um cache para a estrutura de dados que representa descritores de processos, um cache para objetos de arquivo, um cache para inodes, e assim por diante.

Cada cache é preenchido com **objetos** que são instanciações da estrutura de dados do kernel que o cache representa. Por exemplo, o cache que representa inodes armazena instâncias de estruturas de inode, e o cache que representa descritores de processos armazena instâncias de estruturas de descritores de processos. O relacionamento entre slabs, caches e objetos é mostrado na Figura 18.5. A figura mostra dois objetos do kernel com 3 KB e três objetos de 7 KB. Esses objetos são armazenados nos respectivos caches para objetos de 3 KB e 7 KB.

O algoritmo de alocação de slabs usa caches para armazenar objetos do kernel. Quando um cache é criado, vários objetos são

zona	memória física
ZONE_DMA	< 16 MB
ZONE_NORMAL	16 .. 896 MB
ZONE_HIGHMEM	> 896 MB

Figura 18.3 Relacionamento entre zonas e endereços físicos no Intel x86-32.

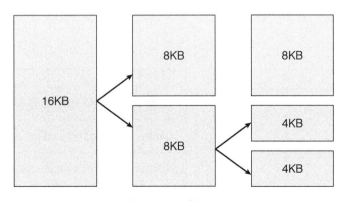

Figura 18.4 Divisão de memória no sistema de pares.

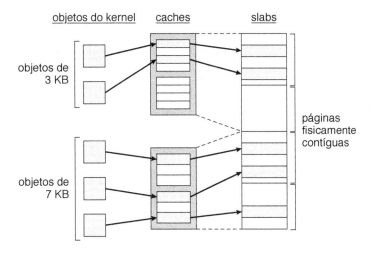

Figura 18.5 Alocador de slabs no Linux.

alocados a ele. O número de objetos no cache depende do tamanho do slab associado. Por exemplo, um slab de 12 KB (composto por três páginas contíguas de 4 KB) poderia armazenar seis objetos de 2 KB. Inicialmente, todos os objetos no cache são marcados como livres. Quando um novo objeto de uma estrutura de dados do kernel é necessário, o alocador pode designar qualquer objeto livre do cache para atender a solicitação. O objeto designado a partir do cache é marcado como usado.

Consideremos um cenário em que o kernel solicita memória ao alocador de slabs para um objeto que representa um descritor de processo. Em sistemas Linux, um descritor de processo é do tipo struct task_struct que requer aproximadamente 1.7 KB de memória. Quando o kernel do Linux cria uma nova tarefa, ele solicita a memória necessária para o objeto struct task_struct a partir do seu cache. O cache atenderá a solicitação usando um objeto struct task_struct que já tenha sido alocado em um slab e esteja marcado como livre.

No Linux, um slab pode estar em um dos três estados possíveis:

1. **Cheio.** Todos os objetos no slab estão marcados como usados.
2. **Vazio.** Todos os objetos no slab estão marcados como livres.
3. **Parcial.** O slab consiste tanto de objetos usados quanto de objetos livres.

O alocador de slabs tenta primeiro atender à solicitação com um objeto livre em um slab parcial. Se nenhum existir, um objeto livre será atribuído a partir de um slab vazio. Se nenhum slab vazio estiver disponível, um novo slab será alocado a partir de páginas físicas contíguas e atribuído a um cache; a memória para o objeto será alocada a partir desse slab.

Dois outros subsistemas principais do Linux fazem seu próprio gerenciamento de páginas físicas: o cache de páginas e o sistema de memória virtual. Esses sistemas são intimamente ligados. O cache de páginas é o cache principal do kernel para arquivos e é o principal mecanismo por meio do qual o I/O de dispositivos de bloco (Seção 18.8.1) é executado. Sistemas de arquivos de todos os tipos, incluindo os sistemas de arquivos nativos do Linux baseados em disco e o sistema de arquivos de rede NFS, executam seu I/O por meio do cache de páginas. O cache de páginas armazena páginas inteiras de conteúdo de arquivos e não se limita aos dispositivos de bloco. Ele também pode armazenar dados de rede em cache. O sistema de memória virtual gerencia o conteúdo do espaço de endereçamento virtual de cada processo. Esses dois sistemas interagem intimamente um com o outro porque a leitura de uma página de dados no cache de páginas requer o mapeamento das páginas do cache com o uso do sistema de memória virtual. Na seção a seguir, examinamos o sistema de memória virtual com mais detalhes.

18.6.2 Memória Virtual

O sistema de memória virtual do Linux é responsável por manter o espaço de endereçamento acessível a cada processo. Ele cria páginas de memória virtual sob demanda e gerencia a carga dessas páginas a partir de disco e seu armazenamento novamente em disco conforme necessário. No Linux, o gerenciador de memória virtual mantém duas visões separadas do espaço de endereçamento de um processo: como um conjunto de regiões separadas e como um conjunto de páginas.

A primeira visão de um espaço de endereçamento é a visão lógica que descreve as instruções que o sistema de memória virtual recebeu relacionadas com o layout do espaço de endereçamento. Nessa visão, o espaço de endereçamento consiste em um conjunto de regiões não sobrepostas, cada uma representando um subconjunto alinhado e contínuo de páginas do espaço de endereçamento. Cada região é descrita internamente por uma estrutura vm_area_struct exclusiva que define suas propriedades, incluindo as permissões de leitura, gravação e execução do processo na região, assim como informações sobre qualquer arquivo associado à região. As regiões de cada espaço de endereçamento são vinculadas em uma árvore binária balanceada para permitir a busca rápida da região correspondente a qualquer endereço virtual.

O kernel também mantém uma segunda visão física de cada espaço de endereçamento. Essa visão é armazenada nas tabelas de páginas de hardware do processo. As entradas da tabela de páginas identificam a locação corrente exata de cada página de memória virtual, esteja ela em disco ou na memória física. A visão física é gerenciada por um conjunto de rotinas que são invocadas a partir dos manipuladores de interrupções de software do kernel sempre que um processo tenta acessar uma página que não esteja correntemente presente nas tabelas de páginas. Cada vm_area_struct na descrição do espaço de endereçamento contém um campo que aponta para uma tabela de funções que implementam a funcionalidade chave de gerenciamento de páginas para qualquer região de memória virtual específica. Todas as solicitações de leitura ou gravação de uma página indisponível acabam sendo despachadas para o manipulador apropriado na tabela de funções da vm_area_sctruct para que as rotinas centrais de gerenciamento de memória não precisem conhecer os detalhes de gerenciamento de cada tipo possível de região da memória.

18.6.2.1 Regiões de Memória Virtual

O Linux implementa vários tipos de regiões de memória virtual. Uma propriedade que caracteriza a memória virtual é a memória de retaguarda da região que descreve de onde vêm as páginas da região. A maioria das regiões da memória tem por trás um arquivo ou absolutamente nada. Uma região sem suporte é o tipo mais simples de região de memória virtual. Tal região representa a memória de demanda zero: quando um processo tenta ler uma página nessa região, ele recebe simplesmente como retorno uma página de memória preenchida com zeros.

Uma região suportada por um arquivo age como uma porta de entrada para uma seção desse arquivo. Sempre que o processo tenta acessar uma página dentro dessa região, a tabela de páginas é preenchida com o endereço de uma página do cache de páginas do kernel correspondente ao deslocamento apropriado no arquivo. A mesma página de memória física é usada tanto pelo cache de páginas quanto pelas tabelas de páginas do processo; portanto, quaisquer alterações feitas no arquivo pelo sistema de arquivos são imediatamente visíveis por quaisquer processos que tenham mapeado esse arquivo para seu espaço de endereçamento. Qualquer número de processos pode mapear a mesma região do mesmo arquivo, e todos acabarão usando a mesma página de memória física.

Uma região de memória virtual também é definida por sua reação a gravações. O mapeamento de uma região para o espaço de endereçamento do processo pode ser *privado* ou *compartilhado*. Se um processo gravar em uma região mapeada privadamente, então o paginador detectará que uma cópia-após-gravação é necessária para manter as alterações locais ao processo. Por outro lado, gravações em uma região compartilhada resultam na atualização do objeto mapeado para essa região, de modo que a alteração seja imediatamente visível por qualquer outro processo que esteja mapeando esse objeto.

18.6.2.2 Tempo de Vida de um Espaço de Endereçamento Virtual

O kernel cria um novo espaço de endereçamento virtual em duas situações: quando um processo executa um novo programa com a chamada de sistema exec ( ) e quando um novo processo é criado pela chamada de sistema fork ( ). O primeiro caso é fácil. Quando um novo programa é executado, o processo recebe um novo espaço de endereçamento virtual totalmente vazio. É função das rotinas de carga do programa preencher o espaço de endereçamento com regiões de memória virtual.

O segundo caso, a criação de um novo processo com fork ( ), envolve a criação de uma cópia completa do espaço de endereçamento virtual do processo existente. O kernel copia os descritores vm_area_struct do processo-pai e, então, cria um novo conjunto de tabelas de páginas para o filho. As tabelas de páginas do pai são copiadas diretamente nas tabelas do filho e a contagem de referências de cada página é incrementada. Portanto, após a ramificação, o pai e o filho compartilham as mesmas páginas físicas de memória em seus espaços de endereçamento.

Um caso especial ocorre quando a operação de cópia alcança uma região de memória virtual que é mapeada privadamente. Quaisquer páginas nas quais o processo-pai tenha gravado dentro dessa região são privadas, e alterações subsequentes feitas nessas páginas pelo pai ou pelo filho não devem atualizar a página no espaço de endereçamento de outros processos. Quando as entradas das tabelas de páginas dessas regiões são copiadas, elas são definidas para serem somente-de-leitura e são marcadas para cópia-após-gravação. Contanto que nenhum dos processos modifique essas páginas, os dois processos compartilharão a mesma página de memória física. Entretanto, no caso de um processo tentar modificar uma página de cópia-após-gravação, a contagem de referências da página será verificada. Se a página ainda estiver sendo compartilhada, então o processo copiará o conteúdo da página em uma página totalmente nova de memória física e usará sua própria cópia. Esse mecanismo assegura que páginas de dados privadas sejam compartilhadas entre processos sempre que possível e cópias sejam feitas apenas quando absolutamente necessário.

18.6.2.3 Permuta e Paginação

Uma tarefa importante de um sistema de memória virtual é a relocação de páginas de memória da memória física para disco quando essa memória é necessária. Os primeiros sistemas UNIX executavam essa relocação extraindo o conteúdo de processos inteiros de uma só vez, mas versões modernas do UNIX baseiam-se mais na paginação — a transferência de páginas individuais de memória virtual entre a memória física e o disco. O Linux não implementa a permuta do processo inteiro; ele usa exclusivamente o mecanismo de paginação mais novo.

O sistema de paginação pode ser dividido em duas seções. Em primeiro lugar, o algoritmo de política decide quais páginas devem ser gravadas em disco e quando elas devem ser gravadas. Em segundo lugar, o mecanismo de paginação executa a transferência e pagina os dados de volta para a memória física quando eles são necessários novamente.

A política de extração de páginas do Linux usa uma versão modificada do algoritmo do relógio-padrão (ou da segunda chance) descrito na Seção 9.4.5.2. No Linux, é usado um relógio de múltiplos ciclos, e cada página tem uma *idade* que é ajustada a cada ciclo do relógio. A idade é mais precisamente uma medida da juventude da página, ou do nível de atividade que a página experimentou recentemente. Páginas acessadas com frequência recebem um valor de idade mais alto, mas a idade de páginas acessadas raramente cairá em direção a zero a cada ciclo. Essa quantificação da idade permite que o paginador selecione as páginas a serem extraídas com base na política da menos-frequentemente-utilizada (LFU).

O mecanismo de paginação suporta a paginação tanto para partições e dispositivos de permuta dedicados quanto para arquivos normais, embora a permuta para um arquivo seja significativamente mais lenta, em razão do overhead adicional gerado pelo sistema de arquivos. Blocos são alocados a partir dos dispositivos de permuta, de acordo com um mapa de bits de blocos usados o qual é sempre mantido na memória física. O alocador usa um algoritmo do próximo-apto para tentar gravar páginas em execuções contínuas de blocos de disco e melhorar o desempenho. O alocador registra o fato de uma página ser transferida para o disco usando um recurso das tabelas de páginas em processadores modernos: o bit de página-não-presente na entrada da tabela de páginas é ligado, permitindo que o resto da entrada na tabela de páginas seja preenchido com um índice que identifique onde a página foi gravada.

18.6.2.4 Memória Virtual do Kernel

O Linux reserva para seu próprio uso interno uma região dependente da arquitetura e constante do espaço de endereçamento virtual de cada processo. As entradas da tabela de páginas que são mapeadas para essas páginas do kernel são marcadas como protegidas, para que as páginas não sejam visíveis ou modificáveis quando o processador estiver sendo executado em modalidade de usuário. Essa área de memória virtual do kernel contém duas regiões. A primeira é uma área estática que contém referências da tabela de páginas a cada página de memória física disponível no sistema, para que uma simples tradução de endereços físicos para virtuais ocorra quando o código do kernel for executado. O núcleo do kernel, junto com todas as páginas alocadas pelo alocador de páginas normal, reside nessa região.

O restante da seção reservada do espaço de endereçamento do kernel não é reservado para qualquer fim específico. As entradas da tabela de páginas nesse intervalo de endereços podem ser modificadas pelo kernel para apontar para qualquer outra área da memória. O kernel fornece um par de recursos que permitem que o código do kernel use essa memória virtual. A função vmalloc( ) aloca um número arbitrário de páginas de memória física que podem não ser fisicamente contíguas em uma única região de memória do kernel virtualmente contígua. A função vremap( ) mapeia uma sequência de endereços virtuais de modo que apontem para uma área de memória usada por um driver de dispositivos de I/O mapeado para a memória.

18.6.3 Execução e Carga de Programas de Usuário

A execução de programas de usuário pelo kernel do Linux é disparada pela chamada de sistema exec( ). A chamada exec( ) instrui o kernel a executar um novo programa dentro do processo corrente, substituindo completamente o contexto de execução corrente pelo contexto inicial do novo programa. A primeira tarefa desse serviço do sistema é verificar se o processo chamador tem direitos de permissão para o arquivo que está sendo executado. Uma vez que esse aspecto tenha sido verificado, o kernel invoca uma rotina de carga para começar a executar o programa. O carregador não carrega necessariamente o conteúdo do arquivo do programa na memória física, mas estabelece, pelo menos, o mapeamento do programa para a memória virtual.

Não há uma rotina única no Linux para a carga de um novo programa. Em vez disso, o Linux mantém uma tabela de possíveis funções carregadoras e dá a cada uma dessas funções a oportunidade de tentar carregar o arquivo específico quando é feita uma chamada de sistema exec( ). A razão inicial para essa tabela de carregadores foi que, entre os lançamentos dos kernels 1.0 e 1.2, o formato-padrão dos arquivos binários do Linux foi alterado. Kernels mais antigos do Linux entendiam o formato a.out dos arquivos binários — um formato relativamente simples, comum em sistemas UNIX mais antigos. Sistemas Linux mais recentes usam o formato ELF mais moderno, agora suportado pela maioria das implementações atuais do UNIX. O ELF apresenta várias vantagens sobre o a.out, incluindo flexibilidade e extensibilidade. Novas seções podem ser adicionadas a um binário ELF (por exemplo, para adicionar informações extras de depuração) sem que as rotinas carregadoras se tornem confusas.

Ao permitir o registro de múltiplas rotinas carregadoras, o Linux pode facilmente suportar os formatos binários ELF e a.out em um único sistema em execução.

Nas Seções 18.6.3.1 e 18.6.3.2, concentramo-nos exclusivamente na carga e execução de binários no formato ELF. O procedimento de carga de binários a.out é mais simples, mas tem operação semelhante.

18.6.3.1 Mapeamento de Programas para a Memória

No Linux, o carregador binário não carrega um arquivo binário na memória física. Em vez disso, as páginas do arquivo binário são mapeadas para regiões de memória virtual. Somente quando o programa tenta acessar uma página específica é que um erro de página resulta na carga dessa página na memória física com o uso da paginação por demanda.

É responsabilidade do carregador binário do kernel estabelecer o mapeamento inicial da memória. Um arquivo binário no formato ELF consiste em um cabeçalho seguido por várias seções de páginas alinhadas. O carregador ELF funciona lendo o cabeçalho e mapeando as seções do arquivo para regiões separadas da memória virtual.

A Figura 18.6 mostra o layout típico de regiões de memória estabelecidas pelo carregador ELF. Em uma região reservada em uma extremidade do espaço de endereçamento reside o kernel, em sua própria região privilegiada de memória virtual inacessível a programas normais de modalidade de usuário. O resto da memória virtual fica disponível para aplicações que podem usar as funções de mapeamento da memória do kernel para criar regiões que mapeiem uma parte de um arquivo ou que estejam disponíveis para dados de aplicações.

A função do carregador é estabelecer o mapeamento inicial da memória para permitir que a execução do programa comece. As regiões que precisam ser inicializadas incluem a pilha e as regiões de texto e dados do programa.

A pilha é criada no topo da memória virtual de modalidade de usuário; ela cresce para baixo em direção a endereços de numeração menor e inclui cópias dos argumentos e variáveis de

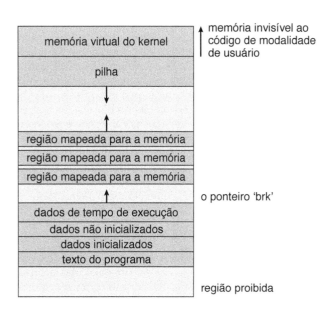

Figura 18.6 Layout de memória para programas ELF.

ambiente fornecidas ao programa na chamada de sistema exec ( ). As outras regiões são criadas perto da extremidade inferior da memória virtual. As seções do arquivo binário que contêm texto de programas ou dados somente-de-leitura são mapeadas para a memória como uma região protegida contra gravação. Dados graváveis inicializados são mapeados em seguida; depois, quaisquer dados não inicializados são mapeados como uma região privada de demanda zero.

Imediatamente após essas regiões de tamanho fixo, encontra-se uma região de tamanho variável que os programas podem expandir, quando necessário, para manter dados alocados em tempo de execução. Cada processo tem um ponteiro, brk, que aponta para a extensão corrente dessa região de dados, e os processos podem estender ou contrair sua região brk com uma simples chamada de sistema — sbrk ( ).

Uma vez que esses mapeamentos tenham sido estabelecidos, o carregador inicializa o registrador de contagem de programas do processo com o ponto inicial registrado no cabeçalho ELF, e o processo pode ser incluído no schedule.

18.6.3.2 Vinculação Estática e Dinâmica

Uma vez que o programa tenha sido carregado e sua execução tenha começado, todos os conteúdos necessários do arquivo binário estarão no espaço de endereçamento virtual do processo. No entanto, a maioria dos programas também precisa executar funções das bibliotecas do sistema, e essas funções de biblioteca também devem ser carregadas. No caso mais simples, as funções de biblioteca necessárias são embutidas diretamente no arquivo binário executável do programa. Tal programa é vinculado estaticamente às suas bibliotecas, e executáveis vinculados estaticamente podem começar a ser executados assim que são carregados.

A principal desvantagem da vinculação estática é que cada programa gerado deve conter cópias exatas das mesmas funções comuns das bibliotecas do sistema. É muito mais eficiente, em termos de memória física como também de uso de espaço em disco, carregar as bibliotecas do sistema na memória apenas uma vez. A vinculação dinâmica permite que isso ocorra.

O Linux implementa a vinculação dinâmica em modalidade de usuário por meio de uma biblioteca vinculadora especial. Cada programa vinculado dinamicamente contém uma pequena função vinculada estaticamente que é chamada quando o programa é iniciado. Essa função estática apenas mapeia a biblioteca de vinculação para a memória e executa o código contido na função. A biblioteca de vinculação determina as bibliotecas dinâmicas requeridas pelo programa e os nomes das variáveis e funções necessárias dessas bibliotecas por meio da leitura das informações contidas em seções do binário ELF. Ela mapeia, então, as bibliotecas para o meio da memória virtual e resolve as referências para os símbolos contidos nessas bibliotecas. Não importa para que local exato da memória essas bibliotecas compartilhadas são mapeadas: elas são compiladas em código independente da posição (PIC — *position-independent code*), que pode ser executado em qualquer endereço da memória.

18.7 Sistemas de Arquivos

O Linux retém o modelo de sistema de arquivos padrão do UNIX. No UNIX, um arquivo não precisa ser um objeto armazenado em disco ou procurado em uma rede a partir de um servidor de arquivos remoto. Em vez disso, os arquivos do UNIX podem ser qualquer coisa capaz de manipular a entrada ou saída de um fluxo de dados. Drivers de dispositivos podem aparecer como arquivos, e canais de comunicação entre processos ou conexões de rede também parecem arquivos para o usuário.

O kernel do Linux manipula todos esses tipos de arquivos ocultando os detalhes de implementação de qualquer tipo de arquivo individual por trás de uma camada de software, o sistema de arquivos virtual (VFS). Aqui, abordamos primeiro o sistema de arquivos virtual e, depois, discutimos o sistema de arquivos padrão do Linux — o ext3.

18.7.1 O Sistema de Arquivos Virtual

O VFS do Linux é projetado em torno de princípios orientados a objetos. Ele tem dois componentes: um conjunto de definições que especificam que aparência os objetos do sistema de arquivos podem ter e uma camada de software para a manipulação dos objetos. O VFS define quatro tipos de objetos principais:

- Um **objeto inode** representa um arquivo individual.
- Um **objeto arquivo** representa um arquivo aberto.
- Um **objeto superbloco** representa um sistema de arquivos inteiro.
- Um **objeto dentry** representa uma entrada de diretório individual.

Para cada um desses quatro tipos de objeto, o VFS define um conjunto de operações. Cada objeto de um desses tipos contém um ponteiro para uma tabela de funções. A tabela de funções lista os endereços das funções reais que implementam as operações definidas para esse objeto. Por exemplo, uma API resumida para algumas das operações do objeto arquivo inclui:

- int open (. . .) — Abre um arquivo.
- ssize_t read (. . .) — Lê um arquivo.
- ssize_t write (. . .) — Grava em um arquivo.
- int mmap (. . .) — Mapeia um arquivo para a memória.

A definição completa do objeto arquivo é especificada em struct file_operations que está localizada no arquivo /usr/include/linux/fs.h. Uma implementação do objeto arquivo (para um tipo de arquivo específico) é necessária para implementar cada função especificada na definição desse objeto.

A camada de software VFS pode executar uma operação sobre um dos objetos do sistema de arquivos chamando a função apropriada na tabela de funções do objeto, sem precisar saber de antemão exatamente com que tipo de objeto está lidando. O VFS não sabe, nem se preocupa em saber, se um inode representa um arquivo de rede, um arquivo de disco, um socket de rede, ou um arquivo de diretório. A função apropriada para a operação read ( ) desse arquivo sempre estará no mesmo local em sua tabela de funções, e a camada de software VFS chamará essa função sem se preocupar com a forma pela qual os dados estão sendo realmente lidos.

Os objetos arquivo e inode são os mecanismos usados para acessar arquivos. Um objeto inode é uma estrutura de dados contendo ponteiros para os blocos de disco que contêm os conteúdos reais do arquivo; um objeto arquivo representa um ponto de acesso aos dados de um arquivo aberto. Um processo não pode acessar o conteúdo de um inode sem antes obter um objeto arquivo apontando para o inode. O objeto arquivo rastreia o local no arquivo em que o processo está lendo ou gravando correntemente, para acompanhar o I/O sequencial do arquivo. Ele também registra as permissões (por exemplo, leitura ou gravação) solicitadas quando o arquivo foi aberto e, se necessário, rastreia a atividade do processo para executar uma leitura antecipada adaptativa, buscando dados do arquivo na memória antes que o processo os solicite, para melhorar o desempenho.

Os objetos arquivo pertencem, tipicamente, a um único processo, mas os objetos inode não. Há um objeto arquivo para cada instância de um arquivo aberto, mas sempre um único objeto inode apenas. Mesmo quando um arquivo não está mais sendo usado por qualquer processo, seu objeto inode ainda pode ser armazenado em cache pelo VFS para melhoria do desempenho se o arquivo for usado novamente em futuro próximo. Todos os dados do arquivo armazenados em cache são encadeados em uma lista no objeto inode do arquivo. O inode também mantém informações-padrão sobre cada arquivo, tais como o proprietário, o tamanho e a hora da última modificação.

Arquivos de diretório são manipulados de maneira um pouco diferente de outros arquivos. A interface de programação do UNIX define várias operações sobre diretórios, tais como criação, exclusão e renomeação de um arquivo em um diretório. As chamadas de sistema para essas operações de diretório não requerem que o usuário abra os arquivos relacionados, diferente do que ocorre no caso de leitura ou gravação de dados. Portanto, o VFS define essas operações de diretório no objeto inode, em vez de no objeto arquivo.

O objeto superbloco representa um conjunto conectado de arquivos que formam um sistema de arquivos autocontido. O kernel do sistema operacional mantém um único objeto superbloco para cada dispositivo de disco montado como um sistema de arquivos e para cada sistema de arquivos de rede correntemente conectado. A principal responsabilidade do objeto superbloco é dar acesso a inodes. O VFS identifica cada inode por um par exclusivo sistema de arquivos/número do inode e encontra o inode correspondente a um número de inode específico solicitando ao objeto superbloco que retorne o inode com esse número.

Para concluir, um objeto dentry representa uma entrada de diretório que pode incluir o nome de um diretório no nome de caminho de um arquivo (tal como /usr) ou o arquivo real (tal como stdio.h). Por exemplo, o arquivo /usr/include/stdio.h contém as entradas de diretório (1) /, (2) usr, (3) include e (4) stdio.h. Cada um desses valores é representado por um objeto dentry separado.

Como exemplo do modo como os objetos dentry são usados, considere a situação em que um processo deseja abrir o arquivo com o nome de caminho /usr/include/stdio.h usando um editor. Já que o Linux trata nomes de diretório como arquivos, a tradução desse caminho requer, primeiro, a obtenção do inode da raiz –/. O sistema operacional deve então continuar a ler esse arquivo para obter o inode do arquivo include e prosseguir com o processo até obter o inode do arquivo stdio.h. Uma vez que a tradução do nome de caminho pode ser uma tarefa demorada, o Linux mantém um cache de objetos dentry que é consultado durante a tradução do nome de caminho. A obtenção do inode no cache de objetos dentry é consideravelmente mais rápida do que a leitura do arquivo em disco.

18.7.2 O Sistema de Arquivos ext3 do Linux

O sistema de arquivos padrão em disco usado pelo Linux é chamado ext3, por questões históricas. O Linux foi originalmente programado com um sistema de arquivos compatível com o Minix, para facilitar a troca de dados com o sistema de desenvolvimento Minix, mas esse sistema de arquivos tinha restrições severas de limites de nome de arquivo de 14 caracteres e tamanho máximo do sistema de arquivos de 64 MB. O sistema de arquivos Minix foi superado por um novo sistema de arquivos que foi batizado como sistema de arquivos estendido (extfs — *extended file system*). Um reprojeto posterior, para melhorar o desempenho e a escalabilidade e adicionar alguns recursos ausentes, levou ao segundo sistema de arquivos estendido (ext2). Um novo desenvolvimento adicionou recursos de diário e o sistema foi renomeado como terceiro sistema de arquivos estendido (ext3). Os desenvolvedores do kernel do Linux estão trabalhando na ampliação do ext3 com recursos de sistemas de arquivos modernos, tais como as extensões. Esse novo sistema de arquivos é chamado quarto sistema de arquivos estendido (ext4). O restante desta seção, no entanto, discute o ext3, já que ele permanece sendo o sistema de arquivos mais implantado do Linux. Grande parte da discussão aplica-se igualmente ao ext4.

O ext3 do Linux tem muito em comum com o Fast File System (FFS) do BSD (Seção A.7.7, no Apêndice A, disponível no site da LTC Editora). Ele usa um mecanismo semelhante para a localização dos blocos de dados pertencentes a um arquivo específico, armazenando ponteiros de blocos de dados em blocos indiretos em todo o sistema de arquivos com até três níveis de endereçamento indireto. Como no FFS, os arquivos de diretório são armazenados em disco como arquivos normais, embora seu conteúdo seja interpretado diferentemente. Cada bloco em um arquivo de diretório consiste em uma lista encadeada de entradas. Por sua vez, cada entrada contém o tamanho da entrada, o nome de um arquivo e o número de inode do inode ao qual essa entrada se refere.

As principais diferenças entre o ext3 e o FFS estão em suas políticas de alocação de disco. No FFS, o disco é alocado a arquivos em blocos de 8 KB. Esses blocos são subdivididos em fragmentos de 1 KB para armazenamento de pequenos arquivos ou blocos parcialmente preenchidos nos fins dos arquivos. Por outro lado, o ext3 não usa nenhum fragmento, mas executa todas as suas alocações em unidades menores. O tamanho de bloco default no ext3 varia em função do tamanho total do sistema de arquivos. Os tamanhos de bloco suportados são 1, 2, 4 e 8 KB.

Para manter um alto desempenho, sempre que possível o sistema operacional deve tentar executar operações de I/O em grandes blocos agrupando solicitações de I/O fisicamente adjacentes. O agrupamento reduz o overhead por solicitação em que incorrem os drivers de dispositivos, discos e hardware do controlador de discos. Um tamanho de solicitação de I/O correspondente a um bloco é pequeno demais para manter um bom desempenho e, assim, o ext3 usa políticas de alocação projetadas para inserir blocos logicamente adjacentes de um arquivo em blocos fisicamente adjacentes em disco, para que ele possa submeter uma solicitação de I/O para vários blocos de disco como uma única operação.

A política de alocação do ext3 funciona da forma a seguir: Como no FFS, um sistema de arquivos ext3 é particionado em múltiplos segmentos. No ext3, eles são chamados grupos de blocos. O FFS usa o conceito semelhante de grupos de cilindros, em que cada grupo corresponde a um único cilindro de um disco físico. (Observe que a moderna tecnologia de drives de disco compacta setores no disco em diferentes densidades e, portanto, com diferentes tamanhos de cilindro, dependendo da distância do cabeçote ao centro do disco. Portanto, grupos de cilindros de tamanho fixo não correspondem necessariamente à geometria do disco.)

Ao alocar um arquivo, o ext3 deve primeiro selecionar o grupo de blocos desse arquivo. Para blocos de dados, ele tenta alocar o arquivo ao grupo de blocos em que o inode do arquivo foi alocado. Para alocações de inodes, ele seleciona o grupo de blocos em que o diretório-pai do arquivo reside, no caso de arquivos que não sejam de diretório. Arquivos de diretório não são mantidos juntos, mas, em vez disso, ficam dispersos em todos os grupos de blocos disponíveis. Essas políticas são projetadas não apenas para manter informações relacionadas dentro do mesmo grupo de blocos, mas também para distribuir a carga do disco entre os grupos de blocos reduzindo a fragmentação de quaisquer áreas do disco.

Dentro de um grupo de blocos, o ext3 tenta manter, se possível, as alocações fisicamente contíguas reduzindo a fragmentação. Ele mantém um mapa de bits de todos os blocos livres em um grupo de blocos. Ao alocar os primeiros blocos a um novo arquivo, ele começa procurando por um bloco livre a partir do início do grupo de blocos. Ao estender um arquivo, ele continua a busca a partir do bloco alocado mais recentemente ao arquivo. A busca é executada em dois estágios. Primeiro, o ext3 procura por um byte totalmente livre no mapa de bits; se não conseguir encontrar um, ele procurará qualquer bit livre. A busca por bytes livres visa a alocar espaço em disco em porções de, pelo menos, oito blocos onde possível.

Uma vez que um bloco livre tenha sido identificado, a busca retrocede até que um bloco alocado seja encontrado. Quando um byte livre é encontrado no mapa de bits, essa busca na direção inversa impede que o ext3 deixe uma lacuna entre o bloco alocado mais recentemente no byte anterior diferente de zero e o byte zero encontrado. Uma vez que o próximo bloco a ser alocado tenha sido encontrado pela busca do bit ou do byte, o ext3 estende a alocação para até oito blocos à frente e pré-aloca esses blocos adicionais ao arquivo. Essa pré-alocação ajuda a reduzir a fragmentação durante gravações intercaladas em arquivos separados e também reduz o custo da CPU referente à alocação de disco por meio da alocação de múltiplos blocos simultaneamente. Os blocos pré-alocados são devolvidos ao mapa de bits de espaço livre quando o arquivo é fechado.

A Figura 18.7 ilustra as políticas de alocação. Cada linha representa uma sequência de bits ligados e desligados em um mapa de bits de alocação, indicando blocos usados e livres no disco.

No primeiro caso, se pudermos encontrar blocos livres suficientemente próximos ao começo da busca, então eles serão alocados independentemente de quanto possam estar fragmentados. A fragmentação é parcialmente compensada pelo fato de que os blocos estão próximos e é provável que possam ser lidos em conjunto sem nenhuma busca no disco. Além disso, alocar todos os blocos a um arquivo é melhor, a longo prazo, do que alocar blocos isolados a arquivos separados, uma vez que grandes áreas livres se tornam raras no disco. No segundo caso, não encontramos imediatamente um bloco livre próximo e, assim, procuramos, mais à frente, por um byte inteiro livre no mapa de bits. Se alocássemos esse byte como um todo, acabaríamos criando uma área fragmentada de espaço livre entre ele e a alocação que o precede. Portanto, antes de alocar, retornamos para fazer com que essa alocação flua com a alocação precedente e, então, alocamos o espaço à frente para atender à alocação default de oito blocos.

18.7.3 Journaling

O sistema de arquivos ext3 suporta um recurso popular chamado journaling, em que modificações no sistema de arquivos são gravadas sequencialmente em um diário. Um conjunto de operações que executam uma tarefa específica é uma transação. Quando uma transação é gravada no diário, ela é considerada confirmada. Enquanto isso, as entradas do diário relacionadas com a transação são reexecutadas nas estruturas reais do sistema de arquivos. À medida que as alterações são feitas, um ponteiro é atualizado para indicar quais ações foram concluídas e quais ainda estão incompletas. Quando uma transação confirmada em sua totalidade é concluída, ela é removida do diário. O diário que é, na verdade, um buffer circular, pode estar em uma seção separada do sistema de arquivos ou, até mesmo, em um eixo separado do disco. É mais eficiente, porém mais complexo, tê-lo sob cabeçotes de leitura-gravação separados, diminuindo assim os tempos de disputa e busca do cabeçote.

Se o sistema cair, algumas transações poderão permanecer no diário. Essas transações nunca serão concluídas no sistema

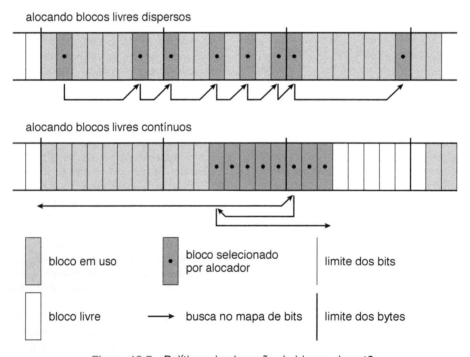

Figura 18.7 Políticas de alocação de blocos do ext3.

de arquivos, ainda que tenham sido confirmadas pelo sistema operacional e, portanto, devem ser concluídas quando o sistema se recuperar. As transações podem ser executadas a partir do ponteiro até que o trabalho seja concluído para que as estruturas do sistema de arquivos permaneçam consistentes. O único problema ocorre quando uma transação foi abortada — isto é, não foi confirmada antes de o sistema cair. Quaisquer alterações provenientes dessas transações aplicadas ao sistema de arquivos devem ser desfeitas, preservando-se novamente a consistência do sistema de arquivos. Essa recuperação é tudo que é necessário após uma queda, eliminando qualquer problema da verificação de consistência.

Os sistemas de arquivos com diário podem executar algumas operações mais rapidamente do que os sistemas sem diário, já que as atualizações são executadas com muito mais rapidez quando aplicadas ao diário em memória e não diretamente às estruturas de dados em disco. A razão dessa melhoria provém dos ganhos de desempenho do I/O sequencial sobre o I/O randômico. As dispendiosas gravações síncronas randômicas no sistema de arquivos são convertidas nas muito menos custosas gravações sequenciais síncronas no diário do sistema de arquivos. Por sua vez, essas alterações são reexecutadas assincronamente por meio de gravações randômicas nas estruturas apropriadas. O resultado geral é um ganho significativo de desempenho das operações orientadas a metadados do sistema de arquivos, tais como a criação e exclusão de arquivos. Em razão dessa melhoria de desempenho, o ext3 pode ser configurado para manter no diário apenas metadados e não arquivos de dados.

18.7.4 O Sistema de Arquivos de Processos do Linux

A flexibilidade do VFS do Linux habilita-nos a implementar um sistema de arquivos que não armazene nenhum dado persistentemente, mas, em vez disso, forneça uma interface para alguma outra funcionalidade. O sistema de arquivos de processos do Linux, conhecido como sistema de arquivos /proc, é um exemplo de sistema de arquivos cujo conteúdo não é realmente armazenado em lugar algum e, sim, computado sob demanda de acordo com solicitações de I/O de arquivo dos usuários.

Um sistema de arquivos /proc não é exclusividade do Linux. O UNIX SVR4 introduziu um sistema de arquivos /proc como uma interface eficiente para suporte à depuração de processos do kernel. Cada subdiretório do sistema de arquivos correspondia não a um diretório em algum disco e, sim, a um processo ativo no sistema corrente. Uma listagem do sistema de arquivos revela um diretório por processo, com o nome do diretório sendo a representação decimal ASCII do identificador de processo exclusivo do processo (PID).

O Linux implementa um sistema de arquivos /proc mas o estende muito adicionando alguns diretórios e arquivos de texto extras sob o diretório raiz do sistema de arquivos. Essas novas entradas referenciam várias estatísticas sobre o kernel e os drivers carregados associados. O sistema de arquivos /proc fornece um modo para que os programas acessem essas informações como arquivos de texto plenos; o ambiente de usuário padrão do UNIX fornece ferramentas poderosas para processar esses arquivos. Por exemplo, no passado, o comando ps tradicional do UNIX para a listagem dos estados de todos os processos em execução foi implementado como um processo privilegiado que lia o estado do processo diretamente na memória virtual do kernel. No Linux, esse comando é implementado como um programa inteiramente desprivilegiado que simplesmente analisa e formata as informações a partir de /proc.

O sistema de arquivos /proc deve implementar duas coisas: uma estrutura de diretórios e o conteúdo dos arquivos nela contidos. Já que um sistema de arquivos UNIX é definido como um conjunto de inodes de arquivos e diretórios identificados por seus números de inode, o sistema de arquivos /proc deve definir um número de inode exclusivo e persistente para cada diretório e para os arquivos associados. Uma vez que tal mapeamento esteja definido, o sistema de arquivos pode usar esse número de inode para identificar qual operação é requerida quando um usuário tenta ler um inode de arquivo específico ou executa uma busca em um inode de diretório específico. Quando dados são lidos em um desses arquivos, o sistema de arquivos /proc coleta as informações apropriadas, formatando-as em forma textual e inserindo-as no buffer de leitura do processo solicitante.

O mapeamento do número do inode para o tipo de informação divide o número do inode em dois campos. No Linux, um PID tem 16 bits, mas um número de inode tem 32 bits. Os 16 bits superiores do número do inode são interpretados como um PID, e os bits restantes definem que tipo de informação está sendo solicitada sobre esse processo.

Um PID igual a zero não é válido e, portanto, um campo de PID zero no número do inode é usado para indicar que esse inode contém informações globais — em vez de específicas do processo. Existem arquivos globais separados em /proc para reportar informações, tais como a versão do kernel, a memória livre, estatísticas de desempenho e os drivers correntemente em execução.

Nem todos os números de inode nesse intervalo são reservados. O kernel pode alocar novos mapeamentos de inodes de /proc dinamicamente, mantendo um mapa de bits de números de inode alocados. Ele também mantém uma estrutura de dados em árvore com as entradas globais registradas no sistema de arquivos /proc. Cada entrada contém o número de inode do arquivo, o nome do arquivo, e permissões de acesso, junto com as funções especiais usadas para gerar o conteúdo do arquivo. Drivers podem registrar e remover o registro de entradas nessa árvore a qualquer momento, e uma seção especial da árvore — que aparece sob o diretório /proc/sys — é reservada para variáveis do kernel. Os arquivos nessa árvore são gerenciados por um conjunto de manipuladores comuns que permitem tanto a leitura quanto a gravação dessas variáveis; portanto, um administrador de sistema pode ajustar o valor de parâmetros do kernel simplesmente gravando os novos valores desejados em decimal ASCII no arquivo apropriado.

Para permitir o acesso eficiente a essas variáveis a partir das aplicações, a subárvore proc/sys é disponibilizada por meio de uma chamada de sistema especial, sysctl( ), que lê e grava as mesmas variáveis em binário, em vez de em texto, sem o overhead do sistema de arquivos. A chamada sysctl( ) não é um recurso adicional; ela simplesmente lê a árvore de entradas dinâmicas de /proc para identificar as variáveis que a aplicação está referenciando.

18.8 Entrada e Saída

Para o usuário, o sistema de I/O do Linux parece-se muito com o de qualquer sistema UNIX. Isto é, todos os drivers de dispositivos aparecem como arquivos normais sempre que possível. Os usuários podem abrir um canal de acesso para um dispositivo, da mesma forma que abrem qualquer outro arquivo — os dispositivos podem aparecer como objetos do sistema de arquivos. O administrador do sistema pode criar arquivos especiais dentro de um sistema de arquivos contendo referências a um driver de dispositivos específico, e o usuário, ao abrir esse arquivo, poderá ler a partir do dispositivo referenciado e gravar nesse dispositivo. Usando o sistema normal de proteção de arquivos que determina quem pode acessar qual arquivo, o administrador pode definir permissões de acesso para cada dispositivo.

O Linux divide todos os dispositivos em três classes: dispositivos de blocos, dispositivos de caracteres e dispositivos de rede. A Figura 18.8 ilustra a estrutura geral do sistema de drivers de dispositivos.

Os dispositivos de blocos incluem todos os dispositivos que permitem o acesso randômico a blocos de dados de tamanho fixo, completamente independentes, incluindo discos rígidos e disquetes, CD-Roms e discos Blu-ray, e memória flash. Os dispositivos de blocos são, tipicamente, usados para armazenar sistemas de arquivos, mas o acesso direto a um dispositivo de blocos também é permitido para que os programas possam criar e reparar o sistema de arquivos que o dispositivo contém. As aplicações também podem acessar esses dispositivos de blocos, diretamente, se quiserem. Por exemplo, uma aplicação de banco de dados pode preferir executar seu próprio layout de dados de ajuste fino em disco em vez de utilizar o sistema de arquivos de uso geral.

Os dispositivos de caracteres incluem a maioria dos outros dispositivos, tais como mouses e teclados. A diferença fundamental entre dispositivos de blocos e de caracteres é o acesso randômico — os dispositivos de blocos são acessados randomicamente, enquanto os dispositivos de caracteres são acessados serialmente. Por exemplo, a busca de determinada posição em um arquivo pode ser suportada em um DVD, mas não faz sentido em um dispositivo apontador, como um mouse.

Os dispositivos de rede são manipulados diferentemente dos dispositivos de blocos e caracteres. Os usuários não podem transferir dados diretamente para dispositivos de rede. Em vez disso, eles devem comunicar-se indiretamente abrindo uma conexão com o subsistema de rede do kernel. Discutimos a interface para dispositivos de rede, separadamente, na Seção 18.10.

18.8.1 Dispositivos de Blocos

Os dispositivos de blocos fornecem a interface principal para todos os dispositivos de disco em um sistema. O desempenho é particularmente importante nos discos e o sistema de dispositivos de blocos deve fornecer funcionalidade que assegure que o acesso ao disco seja o mais rápido possível. Essa funcionalidade é obtida por intermédio do scheduling de operações de I/O.

No contexto dos dispositivos de blocos, um bloco representa a unidade com a qual o kernel executa I/O. Quando um bloco é lido para a memória, ele é armazenado em um buffer. O gerenciador de solicitações é a camada de software que gerencia a leitura e gravação de conteúdos do buffer para um driver de dispositivo de blocos e a partir dele.

Uma lista de solicitações separada é mantida para cada driver de dispositivo de blocos. Tradicionalmente, essas solicitações têm sido organizadas no schedule de acordo com um algoritmo elevador unidirecional (C-SCAN) que examina a ordem em que as solicitações são inseridas nas listas e delas removidas. As listas de solicitações são mantidas classificadas em ordem crescente pelo número do setor inicial. Quando uma solicitação é aceita para processamento por um driver de dispositivo de blocos, ela não é removida da lista. Ela é removida somente após o I/O ser concluído, momento em que o driver continua com a próxima solicitação na lista, mesmo que novas solicitações tenham sido inseridas na lista antes da solicitação ativa. À medida que novas solicitações de I/O são feitas, o gerenciador de solicitações tenta intercalar as solicitações nas listas.

A versão 2.6 do kernel do Linux introduziu um novo algoritmo de scheduling de I/O. Embora um algoritmo elevador simples permaneça disponível, o scheduler de I/O default é agora o scheduler Completely Fair Queueing (CFQ). O scheduler de I/O CFQ é basicamente diferente dos algoritmos baseados em elevador. Em vez de classificar solicitações em uma lista, o CFQ mantém um conjunto de listas — por default, uma para cada processo. As solicitações originadas por um processo entram na lista desse processo. Por exemplo, se dois processos estiverem emitindo solicitações de I/O, o CFQ manterá duas listas de solicitações separadas, uma para cada processo. As listas são mantidas de acordo com o algoritmo C-SCAN.

O CFQ também manipula as listas diferentemente. Em uma situação em que um algoritmo C-SCAN tradicional ficaria indiferente a um processo específico, o CFQ manipularia a lista de cada processo usando o esquema round-robin. Ele extrai um número configurável de solicitações (por default, quatro) de cada lista antes de repetir o procedimento. Esse método resulta em justiça no nível do processo — cada processo recebe uma fração igual da largura de banda de disco. O resultado é benéfico com cargas de trabalho interativas em que a latência de I/O é importante. Na prática, no entanto, o CFQ tem bom desempenho com a maioria das cargas de trabalho.

18.8.2 Dispositivos de Caracteres

Um driver de dispositivos de caracteres pode ser quase como qualquer driver de dispositivos que não ofereça acesso randômico a blocos de dados fixos. Quaisquer drivers de dispositivos

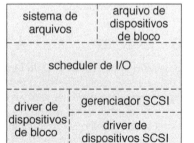
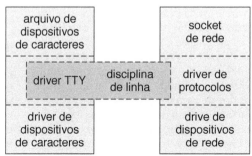

Figura 18.8 Estrutura de bloco do driver de dispositivos.

de caracteres registrados no kernel do Linux também devem registrar um conjunto de funções que implementem as operações de I/O de arquivo que os drivers podem manipular. O kernel executa quase nenhum pré-processamento de uma solicitação de leitura ou gravação de um arquivo para um dispositivo de caracteres. Ele simplesmente passa a solicitação ao dispositivo em questão e deixa o dispositivo lidar com ela.

A principal exceção a essa regra é o subconjunto especial de drivers de dispositivos de caracteres que implementam dispositivos de terminais. O kernel mantém uma interface-padrão para esses drivers por meio de um conjunto de estruturas `tty_struct`. Cada uma dessas estruturas fornece armazenamento em buffer e controle de fluxo para as cadeias de dados do dispositivo de terminais e alimenta esses dados em uma disciplina de linha.

Uma disciplina de linha é um interpretador das informações do dispositivo de terminais. A disciplina de linha mais comum é a disciplina `tty` que une o fluxo de dados do terminal aos fluxos de entrada e saída padrão dos processos em execução de um usuário, permitindo que esses processos se comuniquem diretamente com o terminal do usuário. Essa tarefa é complicada porque vários desses processos podem estar em execução simultaneamente, e a disciplina de linha `tty` é responsável por anexar e desanexar a entrada e a saída do terminal dos diversos processos conectados a ele à medida que esses processos são suspensos ou ativados pelo usuário.

Também são implementadas outras disciplinas de linha que não têm nenhuma relação com o I/O de um processo de usuário. Os protocolos de rede PPP e SLIP são maneiras de codificar uma conexão de rede por um dispositivo de terminal, tal como uma linha serial. Esses protocolos são implementados no Linux como drivers que, em uma extremidade, aparecem para o sistema de terminais como disciplinas de linha e, na outra extremidade, aparecem para o sistema de rede como drivers de dispositivos de rede. Após uma dessas disciplinas de linha ter sido habilitada em um dispositivo de terminais, qualquer dado que apareça nesse terminal será roteado diretamente para o driver de dispositivo de rede apropriado.

18.9 Comunicação entre Processos

O Linux fornece um rico ambiente para que os processos estabeleçam comunicação uns com os outros. A comunicação pode ser apenas uma questão de deixar outro processo saber que algum evento ocorreu, ou pode envolver a transferência de dados de um processo para outro.

18.9.1 Sincronização e Sinais

O mecanismo-padrão do Linux, que informa a um processo que um evento ocorreu, é o sinal. Os sinais podem ser enviados de qualquer processo para qualquer outro processo, com restrições quanto a sinais enviados a processos de propriedade de outro usuário. No entanto, há um número limitado de sinais disponíveis e eles não podem transportar informações. Apenas o fato de que um sinal ocorreu fica disponível para o processo. Os sinais não são gerados apenas por processos. O kernel também gera sinais internamente. Por exemplo, ele pode enviar um sinal a um processo de servidor quando dados chegam a um canal de rede, a um processo-pai quando um filho é encerrado, ou a um processo em espera quando um timer expira.

Internamente, o kernel do Linux não usa sinais para se comunicar com processos em execução em modalidade de kernel. Se um processo em modalidade de kernel está esperando pela ocorrência de um evento, ele não usa sinais para receber a notificação desse evento. Em vez disso, a comunicação sobre eventos assíncronos recebidos no kernel tem lugar por meio do uso de estados de scheduling e de estruturas `wait_queue`. Esses mecanismos permitem que processos de modalidade de kernel informem uns aos outros sobre eventos relevantes e também permitem que eventos sejam gerados por drivers de dispositivos ou pelo sistema de rede. Sempre que um processo quer esperar pela conclusão de algum evento, ele insere a si próprio em uma fila de espera associada a esse evento e informa ao scheduler que não é mais elegível para execução. Uma vez que o evento tenha terminado, cada processo na fila de espera é ativado. Esse procedimento permite que múltiplos processos esperem pelo mesmo evento. Por exemplo, se vários processos estiverem tentando ler um arquivo em um disco, então todos serão ativados quando os dados tiverem sido transferidos para a memória, com sucesso.

Embora os sinais sempre tenham sido o principal mecanismo para a comunicação de eventos assíncronos entre processos, o Linux também implementa o mecanismo de semáforo do System V UNIX. Um processo pode esperar em um semáforo tão facilmente quanto pode esperar por um sinal, mas os semáforos apresentam duas vantagens: um grande número de semáforos pode ser compartilhado entre múltiplos processos independentes, e operações podem ser executadas atomicamente sobre múltiplos semáforos. Internamente, o mecanismo de fila de espera padrão do Linux sincroniza processos que estão se comunicando com semáforos.

18.9.2 Transmissão de Dados entre Processos

O Linux oferece vários mecanismos para a transmissão de dados entre processos. O mecanismo de pipe padrão do UNIX permite que um processo-filho herde um canal de comunicação de seu pai; dados gravados em uma extremidade do pipe podem ser lidos na outra extremidade. No Linux, os pipes aparecem apenas como outro tipo de inode para o software do sistema de arquivos virtual, e cada pipe tem um par de filas de espera para sincronizar o leitor e o gravador. O UNIX também define um conjunto de recursos de rede que podem enviar fluxos de dados a processos locais e remotos. A conexão de rede é abordada na Seção 18.10.

Outro método de comunicação entre processos, a memória compartilhada, oferece uma forma extremamente rápida de comunicar grandes ou pequenos volumes de dados. Qualquer dado gravado por um processo em uma região de memória compartilhada pode ser lido imediatamente por qualquer outro processo que tenha mapeado essa região para seu espaço de endereçamento. A principal desvantagem da memória compartilhada é que, por si só, ela não oferece sincronização. Um processo não pode perguntar ao sistema operacional se uma parte da memória compartilhada foi gravada, nem suspender a execução até que tal gravação ocorra. A memória compartilhada torna-se particularmente poderosa quando usada em conjunção com outro mecanismo de comunicação entre processos que forneça a sincronização que falta.

Uma região de memória compartilhada no Linux é um objeto persistente que pode ser criado ou excluído por processos. Tal objeto é tratado como se fosse um pequeno espaço de endereçamento independente. Os algoritmos de paginação do Linux podem eleger páginas de memória compartilhada a serem transferidas para disco, da mesma forma que podem transferir páginas de dados de um processo. O objeto memória compartilhada age como uma memória de retaguarda para regiões de memória compartilhada, assim como um arquivo pode agir como memória de retaguarda de uma região mapeada para a memória. Quando um arquivo é mapeado para uma região do espaço de endereçamento virtual, a ocorrência de qualquer erro de página faz com que a página apropriada do arquivo seja mapeada para a memória virtual. Da mesma forma, mapeamentos de memória compartilhada direcionam erros de página a mapearem páginas, a partir de um objeto memória compartilhada persistente. Também, como o que ocorre com arquivos, os objetos memória compartilhada retêm seu conteúdo, mesmo quando nenhum processo os está mapeando correntemente para a memória virtual.

18.10 Estrutura de Rede

Conexão de rede é uma área chave da funcionalidade do Linux. O Linux não suporta apenas os protocolos-padrão da Internet usados na maioria das comunicações de UNIX para UNIX como também implementa vários protocolos nativos para outros sistemas operacionais não UNIX. Especificamente, já que o Linux foi originalmente implementado principalmente em PCs em vez de em grandes estações de trabalho ou em sistemas da classe dos servidores, ele suporta muitos dos protocolos normalmente utilizados em redes de PCs, tais como AppleTalk e IPX.

Internamente, a conexão de rede no kernel do Linux é implementada por três camadas de software:

1. A interface de socket
2. Drivers de protocolos
3. Drivers de dispositivos de rede-padrão

Aplicações de usuário executam todas as solicitações de conexão de rede pela interface de socket. Essa interface é projetada para se parecer com a camada de socket do BSD 4.3 de modo que qualquer programa projetado para fazer uso dos sockets de Berkeley seja executado no Linux sem quaisquer mudanças no código-fonte. Essa interface é descrita na Seção A.9.1, disponível no site da LTC Editora. A interface de socket do BSD é suficientemente genérica para representar endereços de rede de uma ampla variedade de protocolos de rede. Essa interface exclusiva é usada no Linux para acesso não apenas aos protocolos implementados em sistemas BSD padrão, mas também a todos os protocolos suportados pelo sistema.

A próxima camada de software é a pilha de protocolos que é semelhante em organização à própria estrutura do BSD. Sempre que algum dado da rede chega a essa camada, a partir do socket de uma aplicação ou a partir de um driver de dispositivo de rede, espera-se que tenha sido marcado com um identificador especificando que protocolo de rede ele contém. Os protocolos podem comunicar-se uns com os outros se desejarem; por exemplo, dentro do conjunto de protocolos da Internet, protocolos separados gerenciam o roteamento, o relato de erros e a retransmissão confiável de dados perdidos.

A camada de protocolos pode regravar pacotes, criar novos pacotes, dividir ou remontar pacotes em fragmentos, ou simplesmente descartar dados recebidos. No fim das contas, uma vez que a camada de protocolos tenha terminado o processamento de um conjunto de pacotes, ela os passará adiante, para cima até a interface de socket se os dados forem destinados a uma conexão local, ou para baixo até um driver de dispositivos se os dados precisarem ser transmitidos remotamente. A camada de protocolos decide para qual socket ou dispositivo ela enviará o pacote.

Toda a comunicação entre as camadas da pilha de rede é executada pela transmissão de estruturas exclusivas chamadas skbuff (socket buffer). Cada uma dessas estruturas contém um conjunto de ponteiros em uma única área contínua de memória, representando um buffer dentro do qual podem ser construídos pacotes de rede. Os dados válidos em um skbuff não precisam começar no início do buffer do skbuff e não precisam ser executados até o fim. O código de rede pode adicionar dados em, ou remover dados de cada uma das extremidades do pacote, contanto que o resultado caiba no skbuff. Esse recurso é particularmente importante em microprocessadores modernos, em que melhorias na velocidade da CPU têm superado em muito o desempenho da memória principal. A arquitetura do skbuff permite flexibilidade na manipulação de cabeçalhos e somas de verificação de pacotes ao mesmo tempo em que evita cópias de dados desnecessárias.

O conjunto de protocolos mais importante no sistema de rede do Linux é a suíte de protocolos TCP/IP. Essa suíte compreende vários protocolos separados. O protocolo IP implementa o roteamento entre diferentes hospedeiros em qualquer local na rede. No topo do protocolo de roteamento, estão os protocolos UDP, TCP e ICMP. O protocolo UDP transporta datagramas individuais arbitrários entre hospedeiros. O protocolo TCP implementa conexões confiáveis entre hospedeiros com garantia de distribuição de pacotes ordenada e retransmissão automática de dados perdidos. O protocolo ICMP transporta várias mensagens de erro e de *status* entre hospedeiros.

Espera-se que cada pacote (skbuff) recebido pelo software do protocolo da pilha de rede já esteja marcado com um identificador interno indicando o protocolo para o qual o pacote é relevante. Diferentes drivers de dispositivos de rede codificam o tipo de protocolo de diferentes maneiras; portanto, o protocolo de dados recebidos deve ser identificado no driver do dispositivo. O driver do dispositivo usa uma tabela de hashes de identificadores de protocolo de rede conhecidos para procurar pelo protocolo apropriado e passar o pacote a esse protocolo. Novos protocolos podem ser adicionados à tabela de hashes como módulos carregáveis do kernel.

Pacotes IP recebidos são distribuídos ao driver IP. A função dessa camada é executar o roteamento. Após decidir para onde o pacote deve ser enviado, o driver IP o encaminha ao driver de protocolo interno apropriado, para ser distribuído localmente, ou o insere de volta na fila de drivers de dispositivos de rede selecionados, para ser encaminhado a outro hospedeiro. Ele toma a decisão de roteamento usando duas tabelas: a base de informações de encaminhamento (FIB — *forwarding information base*) persistente e um cache de decisões de roteamento recentes. A FIB mantém informações de configuração de roteamento e pode especificar rotas com base em um endereço de destino específico ou em um curinga representando múltiplos destinos. A FIB é organizada como um conjunto de tabelas de hashes indexadas por endereço de destino; as tabelas que representam as rotas mais específicas são sempre pesquisadas primeiro. Buscas bem-sucedidas nessa tabela são adicionadas à tabela de cache de rotas que armazena rotas em cache somente por destino específico. Nenhum curinga é armazenado no cache e, portanto, as buscas podem ser feitas rapidamente. Uma entrada no cache de rotas expira após um período fixo sem acessos.

Em vários estágios, o software IP passa pacotes a uma seção separada de código de gerenciamento do firewall — filtragem seletiva de pacotes segundo critérios arbitrários, usualmente para fins de segurança. O gerenciador do firewall mantém várias cadeias de firewall separadas e permite que um skbuff seja verificado em relação às cadeias. As cadeias são reservadas para fins distintos: uma é usada para pacotes encaminhados, outra para pacotes de entrada nesse hospedeiro, e ainda outra para dados gerados no hospedeiro. Cada cadeia é mantida como uma lista ordenada de regras, em que uma regra especifica uma entre várias funções de decisões de firewall possíveis mais alguns dados arbitrários para fins de comparação.

Duas outras funções executadas pelo driver IP são a desmontagem e a remontagem de pacotes grandes. Se um pacote enviado for grande demais para entrar na fila de um dispositivo, ele é simplesmente dividido em fragmentos menores, todos enfileirados para o driver. No hospedeiro receptor, esses fragmentos devem ser remontados. O driver IP mantém um objeto `ipfrag` para cada fragmento que esteja esperando pela remontagem e uma `ipq` para cada datagrama que esteja sendo montado. Fragmentos recebidos são comparados com cada `ipq` conhecida. Se uma correspondência for encontrada, o fragmento será adicionado a ela; caso contrário, uma nova `ipq` será criada. Uma vez que o último fragmento tenha chegado para uma `ipq`, um `skbuff` totalmente novo é construído para manter o novo pacote, e esse pacote é devolvido ao driver IP.

Pacotes identificados pelo IP, como destinados a esse hospedeiro, são passados a um dos outros drivers de protocolos. Os protocolos UDP e TCP compartilham um meio de associar pacotes a sockets de origem e destino: cada par de sockets conectado é identificado de maneira exclusiva por seus endereços de origem e destino e pelos números de porta de origem e destino. As listas de sockets são encadeadas às tabelas de hashes cujas chaves, para a pesquisa de sockets de pacotes recebidos, são esses quatro valores de endereços e portas. O protocolo TCP tem que lidar com conexões não confiáveis; portanto, ele mantém listas ordenadas de pacotes enviados não confirmados para serem retransmitidos após um tempo limite e de pacotes recebidos fora de ordem para serem apresentados ao socket quando os dados ausentes tiverem chegado.

18.11 Segurança

O modelo de segurança do Linux está intimamente relacionado com os mecanismos de segurança típicos do UNIX. As preocupações de segurança podem ser classificadas em dois grupos:

1. **Autenticação.** Garantia de que ninguém possa acessar o sistema sem primeiro provar que tem direitos de entrada
2. **Controle de acesso.** Fornecimento de um mecanismo que verifique se um usuário tem o direito para acessar determinado objeto e impedir o acesso a objetos quando necessário

18.11.1 Autenticação

A autenticação no UNIX tem sido tipicamente executada por meio do uso de um arquivo de senhas publicamente legível. Uma senha de usuário é combinada com um valor "salt" aleatório, e o resultado é codificado com uma função de transformação unidirecional e armazenado no arquivo de senhas. O uso da função unidirecional significa que a senha original não pode ser deduzida do arquivo de senhas, exceto por tentativa e erro. Quando um usuário apresenta uma senha ao sistema, ela é recombinada com o valor salt armazenado no arquivo de senhas e passa pela mesma transformação unidirecional. Se o resultado coincidir com o conteúdo do arquivo de senhas, a senha será aceita.

Historicamente, as implementações desse mecanismo no UNIX têm apresentado vários problemas. As senhas eram, com frequência, limitadas a oito caracteres, e o número de valores salt possíveis era tão baixo que um invasor poderia facilmente combinar um dicionário de senhas comumente utilizadas com cada valor salt possível e ter uma boa chance de obter uma ou mais senhas no arquivo de senhas, ganhando acesso não autorizado a quaisquer contas, que ficariam então comprometidas. Extensões ao mecanismo de senhas têm sido introduzidas de modo a manterem a senha criptografada secreta em um arquivo que não seja legível publicamente, que permita senhas mais longas ou que use métodos mais seguros de codificação da senha. Outros mecanismos de autenticação têm sido introduzidos para limitar os períodos durante os quais um usuário é autorizado a se conectar ao sistema. Além disso, existem mecanismos para distribuir informações de autenticação a todos os sistemas relacionados em uma rede.

Um novo mecanismo de segurança foi desenvolvido por fornecedores do UNIX para resolver problemas de autenticação. O sistema de **módulos de autenticação conectáveis** (PAM — *pluggable authentication modules*) é baseado em uma biblioteca compartilhada que pode ser usada por qualquer componente do sistema que precise autenticar usuários. Uma implementação desse sistema está disponível no Linux. O PAM permite que módulos de autenticação sejam carregados sob demanda como especificado em um arquivo de configurações com abrangência em todo o sistema. Se um novo mecanismo de autenticação for adicionado em uma data posterior, ele poderá ser adicionado ao arquivo de configurações, e todos os componentes do sistema poderão usá-lo imediatamente. Os módulos do PAM podem especificar métodos de autenticação, restrições de contas, funções de configuração de sessões e funções de mudança de senhas (de modo que, quando os usuários mudarem suas senhas, todos os mecanismos de autenticação necessários possam ser atualizados imediatamente).

18.11.2 Controle de Acesso

O controle de acesso em sistemas UNIX, inclusive no Linux, é executado por meio do uso de identificadores numéricos exclusivos. Um identificador de usuário (UID) identifica um único usuário ou um único conjunto de direitos de acesso. Um identificador de grupo (GID) é um identificador adicional que pode ser usado para identificar direitos pertencentes a mais de um usuário.

O controle de acesso é aplicado a vários objetos no sistema. Cada arquivo disponível no sistema é protegido pelo mecanismo de controle de acesso padrão. Além disso, outros objetos compartilhados, tais como seções de memória compartilhada e semáforos, empregam o mesmo sistema de acesso.

Cada objeto em um sistema UNIX, sob controle de acesso de usuários e grupos, tem um UID exclusivo e um GID exclusivo associados a ele. Processos de usuário também têm um UID exclusivo, mas podem ter mais de um GID. Se o UID de um processo coincidir com o UID de um objeto, então o processo tem direitos de usuário **ou** direitos de proprietário sobre esse objeto. Se os UIDs não coincidirem mas algum GID do processo coincidir com o GID do objeto, então direitos de grupo serão conferidos; caso contrário, o processo terá direitos universais sobre o objeto.

O Linux executa o controle de acesso atribuindo aos objetos uma máscara de proteção que especifica as modalidades de acesso — leitura, gravação ou execução — que devem ser concedidas a processos com acesso de proprietário, de grupo ou universal. Assim, o proprietário de um objeto pode ter acesso total de leitura, gravação e execução para um arquivo; outros usuários de determinado grupo podem receber acesso de leitura, mas ter negado o acesso de gravação; e o restante das pessoas pode não receber nenhum tipo de acesso.

A única exceção é o UID raiz privilegiado. Um processo com esse UID especial recebe acesso automático a qualquer objeto no sistema, ignorando verificações de acesso normais. Tais processos também recebem permissão para executar operações privilegiadas, tais como a leitura de qualquer memória física ou a abertura de sockets de rede reservados. Esse mecanismo permite que o kernel impeça usuários comuns de acessarem esses recursos: a maioria dos recursos internos importantes do kernel é implicitamente de propriedade do UID raiz.

O Linux implementa o mecanismo setuid padrão do UNIX descrito na Seção A.3.2, disponível no site da LTC Editora. Esse mecanismo permite que um programa seja executado com privilégios diferentes daqueles referentes ao usuário que está executando o programa. Por exemplo, o programa lpr (que submete um job a uma fila de impressão) tem acesso às filas de impressão do sistema, mesmo se o usuário que o estiver executando não tenha. A implementação do setuid no UNIX diferencia os UIDs real e efetivo de um processo. O UID real é o do usuário que está executando o programa; o UID efetivo é o do proprietário do arquivo.

No Linux, esse mecanismo é ampliado de duas maneiras. Em primeiro lugar, o Linux implementa o mecanismo saved user-id da especificação POSIX, que permite que um processo abandone e readquira seu UID efetivo repetidamente. Por motivos de segurança, um programa pode querer executar a maioria de suas operações de modo seguro, abandonando os privilégios concedidos por seu *status* setuid; mas ele pode querer executar operações selecionadas com todos os seus privilégios. As implementações-padrão do UNIX disponibilizam esse recurso somente por permuta entre os UIDs real e efetivo. Quando isso é feito, o UID efetivo anterior é lembrado, mas o UID real do programa nem sempre corresponde ao UID do usuário que está executando o programa. UIDs salvos permitem que um processo defina seu UID efetivo como seu UID real e, então, retorne ao valor anterior de seu UID efetivo sem ter que modificar o UID real em momento algum.

A segunda melhoria fornecida pelo Linux é a incorporação de uma característica dos processos que concede apenas um subconjunto dos direitos do UID efetivo. As propriedades de processos fsuid e fsgid são usadas quando são concedidos direitos de acesso a arquivos. A propriedade adequada é estabelecida sempre que o UID ou GID efetivo é definido. No entanto, o fsuid e o fsgid podem ser definidos independentemente dos ids efetivos, permitindo que um processo acesse arquivos em nome de outro usuário sem, de forma alguma, assumir a identidade desse outro usuário. Especificamente, processos de servidor podem usar esse mecanismo para servir arquivos para determinado usuário sem ficarem vulneráveis ao encerramento ou suspensão por esse usuário.

Para concluir, o Linux fornece um mecanismo para a transmissão flexível de direitos de um programa para outro — um mecanismo que se tornou comum em versões modernas do UNIX. Quando um socket de rede local é estabelecido entre dois processos no sistema, um desses processos pode enviar ao outro processo o descritor de arquivo de um de seus arquivos abertos; o outro processo recebe um descritor de arquivo duplicata do mesmo arquivo. Esse mecanismo permite que um cliente passe, seletivamente, o acesso a um único arquivo para algum processo de servidor sem conceder a esse processo nenhum outro privilégio. Por exemplo, não é mais necessário que um servidor de impressão tenha que ler todos os arquivos de um usuário que submeta um novo job de impressão. O cliente da impressão pode simplesmente passar ao servidor os descritores de arquivo de quaisquer arquivos a serem impressos, negando ao servidor acesso a qualquer dos outros arquivos do usuário.

18.12 Resumo

O Linux é um sistema operacional moderno e livre baseado em padrões do UNIX. Foi projetado para ser executado de maneira eficiente e confiável no hardware comum dos PCs; ele também é executado em uma variedade de outras plataformas, tais como telefones móveis. Fornece interfaces de programação e de usuário compatíveis com os sistemas UNIX padrão e pode executar um grande número de aplicações UNIX, incluindo um número crescente de aplicações suportadas comercialmente.

O Linux não evoluiu isoladamente. Um sistema Linux completo inclui muitos componentes que foram desenvolvidos independentemente do Linux. O kernel central do sistema operacional Linux é inteiramente original, mas permite que muitos softwares livres UNIX existentes sejam executados, resultando em um sistema operacional totalmente compatível com o UNIX e sem código proprietário.

O kernel do Linux é implementado como um kernel monolítico tradicional por questões de desempenho, mas seu projeto é suficientemente modular para permitir que a maioria dos drivers seja carregada e descarregada dinamicamente em tempo de execução.

O Linux é um sistema multiusuário, fornecendo proteção entre processos e executando múltiplos processos de acordo com um scheduler de compartilhamento de tempo. Processos recémcriados podem compartilhar partes seletivas de seu ambiente de execução com seus processos-pai, permitindo a programação multithreaded. A comunicação entre processos é suportada tanto por mecanismos do System V — filas de mensagens, semáforos e memória compartilhada — quanto pela interface de sockets do BSD. Múltiplos protocolos de rede podem ser acessados simultaneamente por meio da interface de sockets.

O sistema de gerenciamento de memória usa compartilhamento de páginas e cópia-após-gravação para minimizar a duplicação de dados compartilhados por diferentes processos. As páginas são carregadas sob demanda quando referenciadas pela primeira vez e são devolvidas à memória de retaguarda de acordo com um algoritmo LFU se a memória física precisar ser reclamada.

Para o usuário, o sistema de arquivos aparece como uma árvore hierárquica de diretórios que obedece à semântica do UNIX. Internamente, o Linux usa uma camada de abstração para gerenciar múltiplos sistemas de arquivos. Sistemas de arquivos orientados a dispositivos, de rede e virtuais são suportados. Os sistemas de arquivos orientados a dispositivos acessam o armazenamento em disco por meio de um cache de páginas que é unificado com o sistema de memória virtual.

Exercícios Práticos

18.1 Módulos do kernel carregáveis dinamicamente fornecem flexibilidade quando são adicionados drivers a um sistema, mas eles também apresentam desvantagens? Em que circunstâncias um kernel seria compilado em um único arquivo binário e quando seria melhor mantê-lo dividido em módulos? Explique sua resposta.

18.2 A criação de vários threads é uma técnica de programação comumente usada. Descreva três maneiras diferentes de implementar threads e compare esses três métodos com o mecanismo clone ( ) do Linux. Quando o uso de cada mecanismo alternativo pode ser melhor ou pior do que o uso de clones?

18.3 O kernel do Linux não permite a extração de páginas da memória do kernel. Que efeito essa restrição tem sobre o projeto do kernel? Cite duas vantagens e duas desvantagens dessa decisão de projeto.

18.4 Discuta três vantagens da vinculação dinâmica (compartilhada) de bibliotecas comparada à vinculação estática. Descreva dois casos em que a vinculação estática é preferível.

18.5 Compare o uso de sockets de rede com o uso de memória compartilhada como mecanismo de comunicação de dados entre processos no mesmo computador. Quais são as vantagens de cada método? Quando cada um deles é preferível?

18.6 Antigamente, os sistemas UNIX usavam otimizações de layout de disco baseadas na posição de rotação dos dados no disco, mas implementações modernas, incluindo o Linux, simplesmente otimizam o acesso sequencial aos dados. Por que elas fazem isso? De que características de hardware o acesso sequencial tira partido? Por que a otimização rotacional não é mais tão útil?

Exercícios

18.7 Quais são as vantagens e desvantagens de escrever um sistema operacional em uma linguagem de alto nível, tal como C?

18.8 Em que circunstâncias a sequência de chamadas de sistema fork( ) exec( ) é mais apropriada? Quando vfork( ) é preferível?

18.9 Que tipo de socket deve ser usado para implementar um programa de transferência de arquivos entre computadores? Que tipo deve ser usado para um programa que verifique periodicamente se outro computador está ativo na rede? Explique sua resposta.

18.10 O Linux é executado em uma variedade de plataformas de hardware. Que passos os desenvolvedores do Linux devem executar para assegurar que o sistema seja portável para diferentes processadores e arquiteturas de gerenciamento de memória e para minimizar o montante de código do kernel específico de arquitetura?

18.11 Quais são as vantagens e desvantagens de tornarmos apenas alguns dos símbolos definidos dentro de um kernel acessíveis a um módulo carregável do kernel?

18.12 Quais são os principais objetivos do mecanismo de resolução de conflitos usado pelo kernel do Linux para a carga de módulos do kernel?

18.13 Discuta como a operação clone( ) suportada pelo Linux é usada para suportar tanto processos quanto threads.

18.14 Você classificaria os threads do Linux como threads de nível de usuário ou como threads de nível de kernel? Justifique sua resposta com os argumentos apropriados.

18.15 Que custos adicionais são gerados na criação e no scheduling de um processo, em comparação com o custo de um thread clonado?

18.16 Como o Completely Fair Scheduler (CFS) do Linux fornece mais justiça do que um scheduler de processos tradicional do UNIX? Quando a justiça é garantida?

18.17 Quais são as duas variáveis configuráveis do Completely Fair Scheduler (CFS)? Quais são as vantagens e desvantagens de configurar cada uma delas com valores muito baixos ou muito altos?

18.18 O scheduler do Linux implementa o scheduling de tempo real "não crítico". Que recursos requeridos por certas tarefas de programação de tempo real estão faltando? Como eles podem ser adicionados ao kernel? Qual é o custo (desvantagens) desses recursos?

18.19 Em que circunstâncias um processo de usuário solicitaria uma operação que resultasse na alocação de uma região de memória de demanda zero?

18.20 Que cenários fariam com que uma página de memória fosse mapeada para o espaço de endereçamento de um programa de usuário com o atributo de cópia-após-gravação habilitado?

18.21 No Linux, bibliotecas compartilhadas executam muitas operações essenciais ao sistema operacional. Qual é a vantagem de manter essa funcionalidade fora do kernel? Há alguma desvantagem? Explique sua resposta.

18.22 Quais são os benefícios de um sistema de arquivos baseado em diário como o ext3 do Linux? Quais são os custos? Por que o ext3 fornece a opção de registrar somente metadados em diário?

18.23 A estrutura de diretórios de um sistema operacional Linux poderia incluir arquivos correspondentes a vários sistemas de arquivos diferentes, incluindo o sistema de arquivos /proc do Linux. Como a necessidade de suportar diferentes tipos de sistemas de arquivo pode afetar a estrutura do kernel do Linux?

18.24 Em que aspectos o recurso setuid do Linux difere do recurso setuid do SVR4?

18.25 O código-fonte do Linux está ampla e livremente disponível pela Internet e de fornecedores de CD-ROM. Cite três implicações dessa disponibilidade para a segurança do sistema Linux.

Notas Bibliográficas

O sistema Linux é um produto da Internet; como resultado, grande parte da documentação existente sobre o Linux está disponível de algum modo na Internet. Os sites-chave a seguir referenciam a maioria das informações úteis disponíveis:

- A *Página de Referências Cruzadas do Linux (LXR — Linux Cross-Reference Page)* (http://lxr.linux.no) mantém listagens atuais do kernel do Linux navegáveis pela web e estão cheias de referências cruzadas.

- O *Kernel Hacker's Guide* fornece uma visão geral útil dos componentes e mecanismos internos do kernel do Linux e está localizado em http://tldp.org/LDP/tlk/tlk.html.

- O *Linux Weekly News (LWN)* (http://lwn.net) fornece notícias semanais relacionadas com o Linux, incluindo uma subseção muito bem embasada com notícias sobre o kernel do Linux.

Muitas listas de correio dedicadas ao Linux também estão disponíveis. As mais importantes são mantidas por um gerenciador de listas de correio que pode ser acessado no endereço de e-mail majordomo@vger.rutgers.edu. Envie um e-mail para esse endereço com uma única linha "help" no corpo da mensagem para obter informações sobre como acessar o servidor de listas e para subscrever quaisquer das listas.

Para concluir, o próprio sistema Linux pode ser obtido pela Internet. Distribuições completas do Linux estão disponíveis, nos home sites das respectivas empresas, e a comunidade Linux também mantém arquivos de componentes atuais do sistema em vários locais na Internet. O mais importante é `ftp://ftp.kernel.org/pub/linux`.

Além de investigar recursos da Internet, você pode ler sobre os mecanismos internos do kernel do Linux em [Mauerer (2008)] e [Love (2010)].

Bibliografia

[Love (2010)] R. Love, *Linux Kernel Development*, terceira edição, Developer's Library (2010).

[Mauerer (2008)] W. Mauerer, *Professional Linux Kernel Architecture*, John Wiley and Sons (2008).

Windows 7

Atualizado por Dave Probert

O sistema operacional Microsoft Windows 7 é um sistema operacional cliente, multitarefa e preemptivo de 32/64 bits para microprocessadores que implementam as arquiteturas do conjunto de instruções (ISAs — *instruction set architectures*) do Intel IA-32 e do AMD64. O sistema operacional servidor correspondente da Microsoft, o Windows Server 2008 R2, baseia-se no mesmo código do Windows 7, mas suporta apenas as ISAs AMD64 e IA64 (Itanium) de 64 bits. O Windows 7 é o último de uma série de sistemas operacionais da Microsoft baseados no código do NT que substituiu os sistemas anteriores baseados no Windows 95/98. Neste capítulo, discutimos os principais objetivos do Windows 7, sua arquitetura em camadas que o tornou tão fácil de usar, o sistema de arquivos, os recursos de rede e a interface de programação.

OBJETIVOS DO CAPÍTULO

- Explorar os princípios subjacentes do projeto do Windows 7 e os componentes específicos do sistema.
- Fornecer uma discussão detalhada do sistema de arquivos do Windows 7.
- Ilustrar os protocolos de rede suportados no Windows 7.
- Descrever a interface disponível no Windows 7 para programadores de sistemas e aplicações.
- Descrever os algoritmos importantes implementados com o Windows 7.

19.1 História

Em meados dos anos 1980, a Microsoft e a IBM cooperaram para desenvolver o sistema operacional OS/2, que foi escrito em linguagem de montagem para sistemas Intel 80286 com um único processador. Em 1988, a Microsoft decidiu encerrar o esforço conjunto com a IBM e desenvolver seu próprio sistema operacional portável com "nova tecnologia" (ou NT) para suportar as interfaces de programação de aplicações (APIs) tanto do OS/2 quanto do POSIX. Em outubro de 1988, Dave Cutler, o arquiteto do sistema operacional DEC VAX/VMS, foi contratado e ficou encarregado da construção do novo sistema operacional da Microsoft.

Originalmente, a equipe planejava usar a API do OS/2 como ambiente nativo do NT, mas, durante o desenvolvimento, o NT foi alterado para usar uma nova API do Windows de 32 bits (chamada Win32), baseada na popular API de 16 bits usada no Windows 3.0. As primeiras versões do NT foram o Windows NT 3.1 e o Windows NT 3.1 Advanced Server. (Na época, o Windows de 16 bits estava na versão 3.1.) O Windows NT versão 4.0 adotou a interface de usuário do Windows 95 e incorporou o software de servidor web e de navegador web. Além disso, rotinas da interface de usuário e todo o código gráfico foram transferidos para o kernel para melhorar o desempenho, com o efeito colateral de diminuir a confiabilidade do sistema. Embora versões anteriores do NT tenham sido portadas para outras arquiteturas de microprocessadores, a versão do Windows 2000, lançada em fevereiro de 2000, suportava apenas processadores Intel (e compatíveis) por causa de fatores de mercado. O Windows 2000 incorporou mudanças significativas. Ele adicionou o Active Directory (um serviço de diretório baseado no X.500), suporte melhor à rede e a laptops, suporte a dispositivos plug-and-play, um sistema de arquivo distribuído, e suporte a mais processadores e mais memória.

Em outubro de 2001, o Windows XP foi lançado tanto como uma atualização do sistema operacional Windows 2000 para desktop quanto como um substituto do Windows 95/98. Em 2002, a edição de servidor do Windows XP tornou-se disponível (chamada Windows.Net Server). O Windows XP atualizou a interface gráfica de usuário (GUI) com um projeto visual que tirava partido de avanços mais recentes de hardware e muitos novos *recursos fáceis de usar*. Vários recursos foram adicionados para o reparo automático de problemas em aplicações e no próprio sistema operacional. Como resultado dessas alterações, o Windows XP ofereceu melhor experiência no uso de redes e dispositivos (incluindo rede wireless de configuração zero, troca de mensagens instantânea, mídia streaming* e fotografia/vídeo digital), melhorias dramáticas de desempenho, tanto para desktops quanto para grandes multiprocessadores, e melhor confiabilidade e melhor segurança do que os sistemas operacionais Windows anteriores.

A tão esperada atualização do Windows XP, chamada Windows Vista, foi lançada em novembro de 2006, mas não foi bem recebida. Embora o Windows Vista incluísse muitas melhorias

---

* Mídia streaming — mídia que é constantemente recebida pelo usuário final e apresentada a ele enquanto está sendo liberada por um provedor; mídia que *flui* constantemente. (N.R.T.)

que, posteriormente, apareceram no Windows 7, elas foram ofuscadas pelos problemas de lentidão e compatibilidade observados no sistema. A Microsoft respondeu às críticas ao Windows Vista melhorando seus processos de engenharia e trabalhando mais de perto com os criadores de hardware e de aplicações Windows. O resultado foi o Windows 7, que foi lançado em outubro de 2009, junto com edições de servidor correspondentes do Windows. Entre as alterações de engenharia significativas está o maior uso do rastreamento de execução em vez do uso de contadores ou perfis para analisar o comportamento do sistema. O rastreamento funciona constantemente no sistema, observando a execução de centenas de cenários. Quando um desses cenários falha, ou quando é bem-sucedido mas tem desempenho ruim, os rastreamentos podem ser analisados para determinação da causa.

O Windows 7 usa uma arquitetura cliente-servidor (como o Mach) para implementar duas personalidades do sistema operacional, o Win32 e o POSIX, com processos de nível de usuário chamados subsistemas. (No passado, o Windows também suportava um subsistema OS/2, mas ele foi removido no Windows XP por causa do fim do OS/2.) A arquitetura de subsistemas permite que melhorias sejam feitas em uma personalidade do sistema operacional sem afetar a compatibilidade de aplicações da outra personalidade. Embora o subsistema POSIX continue a estar disponível para o Windows 7, a API Win32 tornou-se muito popular, e as APIs POSIX são usadas apenas em alguns sítios. Continua sendo interessante estudar a abordagem de subsistemas do ponto de vista de um sistema operacional, mas as tecnologias de virtualização de máquinas estão se tornando, no momento, a forma predominante de execução de múltiplos sistemas operacionais em uma única máquina.

O Windows 7 é um sistema operacional multiusuário que suporta acesso simultâneo por meio de serviços distribuídos ou por meio de múltiplas instâncias da GUI via servidor de terminais Windows. As edições de servidor do Windows 7 suportam sessões de servidor de terminais simultâneas a partir de sistemas Windows para desktop. As edições para desktop do servidor de terminais multiplexam o teclado, o mouse e o monitor entre sessões de terminais virtuais para cada usuário conectado. Esse recurso, chamado *permuta rápida de usuário*, permite que os usuários se revezem no console de um PC sem ter que fazer logoff e login.

Mencionamos anteriormente que parte da implementação da GUI migrou para a modalidade de kernel no Windows NT 4.0. Ela começou a migrar novamente para a modalidade de usuário no Windows Vista, que incluiu o gerenciador de janelas de desktop (DWM — *desktop window manager*) como um processo de modalidade de usuário. O DWM implementa a composição do desktop do Windows, fornecendo a aparência da interface *Aero* do Windows no topo do software gráfico Windows DirectX. O DirectX continua sendo executado no kernel, assim como o código que implementa os modelos anteriores de geração de janelas e elementos gráficos (Win32k e GDI) do Windows. O Windows 7 fez alterações substanciais no DWM, reduzindo significativamente seu footprint de memória e melhorando seu desempenho.

O Windows XP foi a primeira edição do Windows a disponibilizar uma versão de 64 bits (para o IA64 em 2001 e o AMD64 em 2005). Internamente, o sistema de arquivos nativo do NT (NTFS) e muitas das APIs Win32 sempre usaram inteiros de 64 bits, onde apropriado — portanto, a extensão em maior escala para 64 bits no Windows XP era suportada para grandes endereços virtuais. Mas as edições de 64 bits do Windows também suportam memórias físicas muito maiores. Na época em que o Windows 7 foi lançado, a ISA AMD64 estava disponível em quase todas as CPUs tanto da Intel quanto da AMD. Além disso, naquela época, as memórias físicas de sistemas clientes excediam, com frequência, o limite de 4 GB do IA32. Como resultado, a versão de 64 bits do Windows 7 é agora instalada, comumente, em sistemas clientes maiores. Já que a arquitetura AMD64 suporta compatibilidade de alta fidelidade com o IA32 no nível de processos individuais, aplicações de 32 e 64 bits podem ser livremente mescladas em um único sistema.

No restante de nossa descrição do Windows 7, não diferenciaremos as edições clientes das edições de servidor correspondentes. Elas são baseadas nos mesmos componentes nucleares e executam os mesmos arquivos binários para o kernel e a maioria dos drivers. Da mesma forma, embora a Microsoft promova uma variedade de edições diferentes a cada lançamento para oferecer diferentes preços de mercado, poucas diferenças entre as edições refletem-se no núcleo do sistema. Neste capítulo, enfocamos principalmente os componentes nucleares do Windows 7.

19.2 Princípios de Projeto

Os objetivos de projeto da Microsoft para o Windows incluíam segurança, confiabilidade, compatibilidade entre aplicações Windows e POSIX, alto desempenho, extensibilidade, portabilidade e suporte internacional. Alguns objetivos adicionais, eficiência no uso de energia e suporte dinâmico a dispositivos, foram recentemente incluídos nessa lista. A seguir, discutimos cada um desses objetivos e como eles são alcançados no Windows 7.

19.2.1 Segurança

Os objetivos de segurança do Windows 7 demandaram mais do que apenas aderência aos padrões de projeto que habilitaram o Windows NT 4.0 a receber uma classificação de segurança C2 do governo dos Estados Unidos (uma classificação C2 significa um nível moderado de proteção contra softwares defeituosos e ataques maliciosos. As classificações foram definidas pelos Critérios de Avaliação de Sistemas de Computação Confiáveis do Departamento de Defesa, também conhecidos como Livro Laranja, como descrito na Seção 15.8). Revisões e testes extensos no código foram combinados com sofisticadas ferramentas de análise automática para identificação e investigação de possíveis defeitos que possam representar vulnerabilidades de segurança.

O Windows baseia a segurança em controles de acesso discricionários. Objetos do sistema, incluindo arquivos, definições do registro e objetos do kernel, são protegidos por listas de controle de acesso (ACLs) (consulte a Seção 11.6.2). No entanto, as ACLs são vulneráveis a erros de usuários e programadores, assim como aos ataques mais comuns em sistemas de gerenciamento do relacionamento com os clientes, em que o usuário é levado, com frequência, a executar código enquanto navega na web. O Windows 7 inclui um mecanismo chamado nível de integridade que atua como um sistema de *competência* rudimentar para controle de acesso. Objetos e processos são marcados como tendo integridade baixa, média ou alta. O Windows não permite que um processo modifique um objeto com um nível de integridade mais alto, independentemente da configuração da ACL.

Outras medidas de segurança incluem a randomização do layout dos espaços de endereçamento (ASLR — *address-space layout randomization*), pilhas e heaps não executáveis e recursos de criptografia e assinatura digital. A ASLR combate muitas formas de ataque impedindo que pequenos montantes de código infiltrado saltem facilmente para um código que já tenha sido carregado em um processo como parte da operação normal. Essa salvaguarda torna provável que um sistema sob ataque falhe ou caia em vez de permitir que o código invasor assuma o controle.

Chips recentes, tanto da Intel quanto da AMD, baseiam-se na arquitetura AMD64, que permite a marcação de páginas de memória de modo que não possam conter código executável de instruções. O Windows tenta marcar pilhas e heaps de memória de modo que não possam ser usados para executar código, impedindo assim ataques em que um bug de programa permite o estouro de um buffer induzindo à execução maliciosa do conteúdo do buffer. Essa técnica não pode ser aplicada a todos os programas porque alguns dependem de modificação dos dados e de sua execução. Uma coluna rotulada "prevenção de execução de dados" no gerenciador de tarefas do Windows mostra os processos que são marcados para impedir esses ataques.

O Windows usa a criptografia como parte de protocolos comuns, tais como os usados na comunicação segura com sites da web. A criptografia também é usada para proteger arquivos de usuário armazenados em disco, de olhos curiosos. O Windows 7 permite que os usuários criptografem com facilidade virtualmente um disco inteiro, além de dispositivos de armazenamento removíveis, tais como drives flash USB, com um recurso chamado BitLocker. Se um computador com um disco criptografado for roubado, os ladrões precisarão de tecnologia muito sofisticada (tal como um microscópio eletrônico) para ganhar acesso a qualquer dos arquivos do computador. O Windows usa assinaturas digitais para *assinar* binários do sistema operacional de modo a poder verificar se os arquivos foram produzidos pela Microsoft ou por outra empresa conhecida. Em algumas edições do Windows, um módulo de integridade de código é ativado na inicialização para assegurar que todos os módulos carregados no kernel têm assinaturas válidas, garantindo que não foram adulterados por um ataque off-line.

19.2.2 Confiabilidade

O Windows amadureceu muito como sistema operacional em seus primeiros 10 anos, levando ao Windows 2000. Ao mesmo tempo, sua confiabilidade aumentou por causa de fatores como maturidade do código-fonte, testes extensivos de resistência do sistema, melhores arquiteturas de CPU e detecção automática de muitos erros graves em drivers tanto da Microsoft quanto de terceiros. Subsequentemente, o Windows estendeu as ferramentas de obtenção de confiabilidade para incluir análise automática do código-fonte em busca de erros, testes que incluem o fornecimento de parâmetros de entrada inválidos ou inesperados (conhecidos como **fuzzing**) para detectar falhas de validação, e uma versão de aplicação do verificador de drivers que aplica a verificação dinâmica de um conjunto extensivo de erros comuns de programação de modalidade de usuário. Outras melhorias na confiabilidade resultaram da migração de mais código para fora do kernel e para dentro de serviços de modalidade de usuário. O Windows fornece suporte extensivo à criação de drivers de modalidade de usuário. Os recursos do sistema que antes estavam no kernel e agora estão em modalidade de usuário incluem o Gerenciador de Janelas de Desktop e grande parte da pilha de softwares de áudio.

Uma das melhorias mais significativas na experiência do Windows veio da adição de diagnósticos de memória como uma opção em tempo de inicialização. Essa adição é especialmente valiosa porque muito poucos PCs dedicados a entretenimento (*consumer PCs*) têm memória de correção de erros. Quando uma RAM inválida começa a descarregar bits aqui e ali, o resultado é, lamentavelmente, o comportamento errático do sistema. A disponibilidade de diagnósticos de memória reduziu muito os níveis de frustração dos usuários com uma RAM defeituosa.

O Windows 7 introduziu um heap de memória tolerante a falhas. O heap aprende com as quedas das aplicações e insere automaticamente lenitivos na execução futura de uma aplicação que caiu. Isso torna a aplicação mais confiável, mesmo que ela contenha bugs comuns, tais como o uso de memória após sua liberação ou o acesso após o término da alocação.

A obtenção de alta confiabilidade no Windows é particularmente desafiadora porque quase um bilhão de computadores o executam. Até mesmo problemas de confiabilidade que afetam apenas um pequeno percentual de usuários ainda impactam um número enorme de seres humanos. A complexidade do ecossistema Windows também aumenta os desafios. Milhões de instâncias de aplicações, drivers e outros softwares estão sendo constantemente baixados e executados em sistemas Windows. Naturalmente, também há um fluxo constante de ataques de malware. Já que o Windows propriamente dito tornou-se mais difícil de atacar diretamente, cada vez mais as invasões visam às aplicações populares.

Para lidar com esses desafios, a Microsoft vem se baseando progressivamente em comunicações provenientes de máquinas de clientes para coletar grandes montantes de dados do ecossistema. Máquinas podem ser testadas para ver como está seu desempenho, que softwares elas estão executando e que problemas estão encontrando. Clientes podem enviar dados à Microsoft quando sistemas ou softwares caem ou travam. Esse fluxo constante de dados provenientes de máquinas de clientes é coletado com muito cuidado, com o consentimento dos usuários e sem invasão de privacidade. O resultado é que a Microsoft está construindo um quadro cada vez melhor do que está ocorrendo no ecossistema Windows, o que permite melhorias contínuas por meio de atualizações de software, assim como o fornecimento de dados para guiar futuras versões do sistema.

19.2.3 Compatibilidade de Aplicações Windows e POSIX

Como mencionado, o Windows XP era tanto uma atualização do Windows 2000 quanto um substituto do Windows 95/98. O Windows 2000 enfocava principalmente a compatibilidade com aplicações comerciais. Os requisitos do Windows XP incluíam uma compatibilidade muito mais alta com aplicações dirigidas ao público em geral (*consumer applications*) que eram executadas no Windows 95/98. A compatibilidade com aplicações é difícil de atingir porque muitas aplicações requerem uma versão específica do Windows, podem depender até certo ponto das peculiaridades da implementação de APIs, podem ter bugs latentes que foram mascarados no sistema anterior, e assim por diante. As aplicações também podem ter sido compiladas para um conjunto de instruções diferentes. O Windows 7 implementa várias estratégias de execução de aplicações apesar das incompatibilidades.

Como o Windows XP, o Windows 7 tem uma camada de compatibilidade que se situa entre as aplicações e as APIS Win32. Essa camada faz o Windows 7 (quase) parecer compatível bug-a-bug com versões anteriores do Windows. O Windows 7, como versões anteriores do NT, mantém suporte à execução de muitas aplicações de 16 bits usando uma camada de *thunking*, ou conversão, que traduz chamadas de API de 16 bits para as chamadas equivalentes de 32 bits. Da mesma forma, a versão de 64 bits do Windows 7 fornece uma camada de thunking que traduz chamadas de API de 32 bits para chamadas nativas de 64 bits.

O modelo de subsistemas do Windows permite que múltiplas personalidades do sistema operacional sejam suportadas. Como já mencionado, embora a API mais comumente usada com o Windows seja a API Win32, algumas edições do Windows 7 suportam um subsistema POSIX. O POSIX é uma especificação-padrão para UNIX que permite que a maioria dos softwares disponíveis compatíveis com o UNIX seja compilada e executada sem modificação.

Como última medida de compatibilidade, várias edições do Windows 7 proveem uma máquina virtual que executa o Windows XP dentro do Windows 7. Isso permite que as aplicações adquiram compatibilidade bug-a-bug com o Windows XP.

19.2.4 Alto Desempenho

O Windows foi projetado para oferecer alto desempenho em sistemas desktops (que sofrem grandes restrições causadas pelo desempenho de I/O), sistemas servidores (em que a CPU é, com frequência, o gargalo) e grandes ambientes multithreadeds e multiprocessadores (em que o desempenho dos trancamentos e o gerenciamento de linhas de cache são essenciais à escalabilidade). Para atender a requisitos de desempenho, o NT usava uma variedade de técnicas, tais como I/O assíncrono, protocolos de redes otimizados, geração de elementos gráficos baseados no kernel e armazenamento em cache sofisticado de dados do sistema de arquivos. Os algoritmos de gerenciamento de memória e de sincronização foram projetados levando em consideração questões de desempenho relacionadas com as linhas de cache e os multiprocessadores.

O Windows NT foi projetado para multiprocessamento simétrico (SMP); em um computador multiprocessador, vários threads podem ser executados ao mesmo tempo, até mesmo no kernel. Em cada CPU, o Windows NT usa o scheduling de threads preemptivo baseado em prioridades. Exceto quando em execução no despachante do kernel ou no nível de interrupções, os threads de qualquer processo em execução no Windows podem sofrer preempção por threads de prioridade mais alta. Portanto, o sistema responde rapidamente (consulte o Capítulo 6).

Os subsistemas que constituem o Windows NT comunicam-se eficientemente uns com os outros por meio de um recurso de chamada de procedimento local (LPC) que fornece transmissão de mensagens de alto desempenho. Quando um thread solicita um serviço síncrono a outro processo por intermédio de uma LPC, o thread que o atenderá é marcado como **pronto**, e sua prioridade é temporariamente aumentada para evitar os atrasos de scheduling que ocorreriam se ele tivesse que esperar por threads que já estão na fila.

O Windows XP melhorou ainda mais o desempenho, reduzindo o tamanho do caminho do código em funções críticas, usando algoritmos melhores e estruturas de dados por processador, usando memory coloring* para acesso não uniforme à memória (NUMA) e implementando protocolos de trancamento mais escaláveis, tais como spinlocks enfileirados. Os novos protocolos de trancamento ajudaram a reduzir os ciclos de bus do sistema e incluíram listas e filas sem locks, operações atômicas de leitura-modificação-gravação (como o interlocked increment) e outras técnicas de sincronização avançadas.

Quando o Windows 7 foi desenvolvido, várias mudanças importantes surgiram na computação. A computação cliente/servidor tinha se tornado mais influente, e, portanto, um recurso de chamada de procedimento local avançada (ALPC — *advanced local procedure call*) foi introduzido para fornecer maior desempenho e mais confiabilidade do que a LPC. O número de CPUs e o montante de memória física disponível nos multiprocessadores maiores tinham crescido substancialmente e, assim, um grande esforço foi dedicado à melhoria da escalabilidade do sistema operacional.

A implementação do SMP no Windows NT usava máscaras de bits para representar conjuntos de processadores e identificar, por exemplo, o conjunto de processadores em cujos schedules um thread específico poderia ser organizado. Essas máscaras de bits foram definidas para caber dentro de uma única palavra de memória, limitando a 64 o número de processadores suportados dentro de um sistema. O Windows 7 adicionou o conceito de grupos de processadores para representar números de CPUs arbitrários, acomodando assim mais núcleos de CPU. O número de núcleos de CPU dentro de sistemas individuais continuou a crescer, não apenas em razão do maior número de núcleos, mas também em razão de núcleos que suportavam mais de um thread lógico de execução de cada vez.

Todas essas CPUs adicionais geravam muita disputa pelos locks usados no scheduling de CPUs e de memória. O Windows 7 distribuiu esses locks. Por exemplo, antes do Windows 7, um único lock era usado pelo scheduler do Windows para sincronizar o acesso às filas que continham threads em espera por eventos. No Windows 7, cada objeto tem seu próprio lock, permitindo que as filas sejam acessadas concorrentemente. Além disso, muitos caminhos de execução no scheduler foram reescritos para se tornarem livres de locks. Essa alteração resultou em bom desempenho da escalabilidade do Windows até mesmo em sistemas com 256 threads de hardware.

Outras alterações devem-se à importância crescente do suporte à computação paralela. Durante anos, a indústria de computadores foi dominada pela Lei de Moore, levando a densidades de transistores mais altas que se manifestam como taxas de relógio mais rápidas para cada CPU. A Lei de Moore continua prevalecendo, mas foram atingidos limites que impedem que as taxas do relógio da CPU aumentem ainda mais. Em vez disso, os transistores estão sendo usados para construir cada vez mais CPUs em cada chip. Novos modelos de programação para favorecer a execução paralela, tais como o Concurrency Run-Time (ConcRT) da Microsoft e os Threading Building Blocks (TBB) da Intel, estão sendo usados para expressar paralelismo em programas C++. Onde a Lei de Moore dominou a computação por quarenta anos, agora parece que a Lei de Amdahl, que governa a computação paralela, guiará o futuro.

Para suportar o paralelismo baseado em tarefas, o Windows 7 fornece um novo tipo de scheduling de modalidade de usuário (UMS — *user-mode scheduling*). Esse UMS permite que os programas sejam decompostos em tarefas, e as tarefas sejam então organizadas no schedule, para as CPUs disponíveis, por um scheduler que opera em modalidade de usuário e não de kernel.

O advento de múltiplas CPUs nos computadores menores é apenas parte da migração que está ocorrendo para a computação paralela. Unidades de processamento gráfico (GPUs — *graphics processing units*) aceleram os algoritmos computacionais requeridos pelos elementos gráficos, usando arquiteturas SIMD para a execução de uma única instrução para múltiplos dados ao mesmo tempo. Isso fez surgir o uso de GPUs para a computação geral e não apenas gráfica. O suporte do sistema operacional a

---

*Memory coloring ou page coloring — é o processo de tentar alocar páginas livres que estão contíguas, do ponto de vista do cache da CPU, para maximizar o número total de páginas armazenadas em cache pelo processador. (N.R.T.)

softwares como o OpenCL e o CUDA está permitindo que os programas tirem partido das GPUs. O Windows suporta o uso de GPUs por meio de software em seu suporte a elementos gráficos DirectX. Esse software, chamado DirectCompute, permite que os programas especifiquem kernels computacionais usando o mesmo modelo de programação HLSL (*high-level shader language*) usado na programação do hardware SIMD para sombreadores gráficos. Os kernels computacionais são executados muito rapidamente na GPU e retornam seus resultados para a computação principal em execução na CPU.

19.2.5 Extensibilidade

Extensibilidade refere-se à capacidade de um sistema operacional acompanhar os avanços na tecnologia de computação. Para facilitar a mudança com o tempo, os desenvolvedores implementaram o Windows usando uma arquitetura em camadas. O executivo do Windows é realizado em modalidade de kernel e fornece os serviços e abstrações básicos do sistema que suportam o seu uso compartilhado. No topo do executivo, vários subsistemas servidores operam em modalidade de usuário. Entre eles, estão os subsistemas ambientais que emulam diferentes sistemas operacionais. Assim, programas escritos para as APIs Win32 e para o POSIX são executados no Windows no ambiente apropriado. Por causa da estrutura modular, subsistemas ambientais adicionais podem ser incluídos sem afetar o executivo. Além disso, o Windows usa drivers carregáveis no sistema de I/O; portanto, novos sistemas de arquivos, novos tipos de dispositivos de I/O e novos tipos de rede podem ser adicionados enquanto o sistema está em execução. O Windows usa um modelo cliente-servidor como o sistema operacional Mach e suporta processamento distribuído por chamadas de procedimento remotas (RPCs), como definido pela Open Software Foundation.

19.2.6 Portabilidade

Um sistema operacional é portável se ele pode migrar de uma arquitetura de CPU para outra com relativamente poucas alterações. O Windows foi projetado para ser portável. Como o sistema operacional UNIX, o Windows é escrito principalmente em C e C++. O código-fonte específico de arquitetura é relativamente pequeno e há muito pouco uso de código de montagem. A migração do Windows para uma nova arquitetura afeta mais o kernel, já que o código de modalidade de usuário é quase exclusivamente escrito para ser independente de arquitetura. Para portar o Windows, o código específico de arquitetura do kernel deve ser portado, e às vezes uma compilação condicional é necessária em outras partes do kernel em razão de alterações em estruturas de dados importantes, tal como o formato da tabela de páginas. O sistema Windows inteiro deve então ser recompilado para o novo conjunto de instruções da CPU.

Os sistemas operacionais são sensíveis não apenas à arquitetura da CPU, mas também aos chips de suporte da CPU e aos programas de inicialização do hardware. A CPU e os chips de suporte são coletivamente conhecidos como conjunto de chips. Esses conjuntos de chips e o código de inicialização associado determinam como as interrupções são distribuídas, descrevem as características físicas de cada sistema e fornecem interfaces para aspectos mais profundos da arquitetura da CPU, tais como a recuperação de erros e o gerenciamento de energia. Seria incômodo ter que portar o Windows para cada tipo de chip de suporte assim como para cada arquitetura de CPU. Portanto, o Windows isola grande parte do código dependente do conjunto de chips em uma biblioteca de links dinâmicos (DLL) chamada camada de abstração de hardware (HAL — *hardware-abstraction layer*) que é carregada com o kernel. O kernel do Windows depende das interfaces da HAL e não dos detalhes do conjunto de chips subjacente. Isso permite que o conjunto único de binários de kernel e de drivers para uma CPU específica seja usado com diferentes conjuntos de chips simplesmente pela carga de uma versão diferente da HAL.

Com o passar dos anos, o Windows foi sendo portado para várias arquiteturas de CPU diferentes: CPUs de 32 bits compatíveis com a Intel IA32, CPUs de 64 bits IA64 e compatíveis com o AMD64, o DEC Alpha, e as CPUs MIPS e PowerPC. A maioria dessas arquiteturas de CPU não agradou ao mercado. Quando o Windows 7 foi lançado, apenas as arquiteturas IA32 e AMD64 eram suportadas em computadores clientes, além do AMD64 e o IA64 em servidores.

19.2.7 Suporte Internacional

O Windows foi projetado para uso internacional e multinacional. Ele fornece suporte a diferentes configurações regionais por meio da API de suporte a idioma nacional (NLS — *national-language-support*). A API NLS fornece rotinas especializadas para a formatação de datas, horas e moedas de acordo com costumes nacionais. Comparações de cadeias de caracteres são especializadas para dar conta de diferentes conjuntos de caracteres. O UNICODE é o código de caracteres nativo do Windows. O Windows suporta caracteres ANSI convertendo-os em caracteres UNICODE antes de manipulá-los (conversão de 8 para 16 bits). Cadeias de texto do sistema são mantidas em arquivos de recursos e podem ser substituídas para adaptar o sistema a diferentes idiomas. Múltiplas características regionais podem ser usadas concorrentemente, o que é importante para indivíduos e empresas multilíngues.

19.2.8 Eficiência no Uso de Energia

O aumento da eficiência no uso de energia nos computadores faz com que as baterias durem mais para laptops e netbooks, economiza custos operacionais significativos relativos à energia e ao resfriamento de centros de dados e contribui para iniciativas ecológicas que visem à diminuição do consumo de energia por empresas e consumidores. Por algum tempo, o Windows vem implementando várias estratégias para a diminuição do uso de energia. As CPUs são passadas para estados de energia mais baixos — por exemplo, com a diminuição da frequência do relógio — sempre que possível. Além disso, quando um computador não está sendo usado ativamente, o Windows pode colocá-lo em um estado de baixo consumo de energia (suspensão) ou até mesmo salvar toda a memória em disco e desligar o computador (hibernação). Quando o usuário retorna, o computador é religado continuando a partir de seu estado anterior, e, assim, o usuário não precisa reinicializar e reiniciar as aplicações.

O Windows 7 adicionou algumas estratégias novas para economizar energia. Quanto mais a CPU puder ficar sem utilização, mais energia pode ser economizada. Já que os computadores são muito mais rápidos do que os seres humanos, uma grande quantidade de energia pode ser economizada simplesmente enquanto as pessoas estão pensando. O problema é que programas demais estão sempre sondando para ver o que está ocorrendo no sistema. Vários timers de softwares são acionados, impedindo que a CPU permaneça ociosa durante tempo suficiente para economizar muita energia. O Windows 7 estende o tempo ocioso da CPU ignorando pulsos do relógio, agrupando

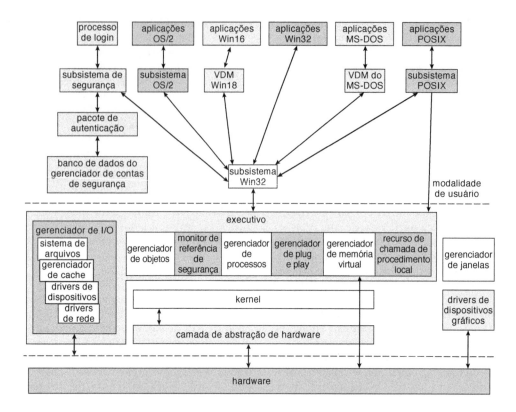

Figura 19.1 Diagrama de blocos do Windows.

os timers de softwares em números menores de eventos e deixando CPUs inteiras "estacionárias" quando os sistemas não estão pesadamente carregados.

19.2.9 Suporte a Dispositivos Dinâmicos

Nos primórdios da história da indústria de PCs, as configurações dos computadores eram razoavelmente estáticas. Ocasionalmente, novos dispositivos podiam ser conectados a portas seriais, de impressoras ou de jogos na parte de trás de um computador, mas não passava disso. Os passos seguintes em direção à configuração dinâmica de PCs foram os docks* de laptops e placas PCMIA. Um PC podia ser subitamente conectado a, ou desconectado de, todo um conjunto de periféricos. Em um PC moderno, a situação mudou totalmente. Os PCs são projetados para habilitar os usuários a se conectarem e desconectarem a um grande conjunto de periféricos o tempo todo; discos externos, thumb drives, câmeras e coisas desse tipo estão constantemente indo e vindo.

O suporte à configuração dinâmica de dispositivos vem evoluindo continuamente no Windows. O sistema pode reconhecer automaticamente os dispositivos quando eles são conectados e encontrar, instalar e carregar os drivers apropriados — geralmente sem intervenção do usuário. Quando os dispositivos são desconectados, os drivers são descarregados automaticamente e a execução do sistema continua sem corromper outros softwares.

---

*Laptop dock ou notebook dock — acessório ao qual o computador pode ser ancorado e que multiplica as portas de conexão USB disponíveis no sistema, permitindo até mesmo a conexão a um display externo e ampliando a portabilidade geral da máquina. (N.R.T.)

19.3 Componentes do Sistema

A arquitetura do Windows é um sistema de módulos em camadas, como mostrado na Figura 19.1. As camadas principais são a HAL, o kernel e o executivo, todas executadas em modalidade de kernel, e um conjunto de subsistemas e serviços que são executados em modalidade de usuário. Os subsistemas de modalidade de usuário são classificados em duas categorias: os subsistemas ambientais, que emulam diferentes sistemas operacionais, e os subsistemas de proteção, que fornecem funções de segurança. Uma das principais vantagens desse tipo de arquitetura é que as interações entre os módulos são mantidas simples. O restante desta seção descreve essas camadas e subsistemas.

19.3.1 Camada de Abstração de Hardware

A HAL é a camada de software que oculta, dos níveis superiores do sistema operacional, as diferenças entre os conjuntos de chips de hardware. A HAL exporta uma interface de hardware virtual que é usada pelo despachante do kernel, pelo executivo e pelos drivers de dispositivos. Apenas uma única versão de cada driver de dispositivos é requerida para cada arquitetura de CPU, não importando que chips de suporte estejam presentes. Os drivers de dispositivos mapeiam os dispositivos e os acessam diretamente, mas os detalhes específicos dos conjuntos de chips referentes a mapeamento da memória, configuração de buses de I/O, estabelecimento do DMA e suporte a recursos específicos da placa-mãe são todos fornecidos pelas interfaces da HAL.

19.3.2 Kernel

A camada do kernel do Windows tem quatro responsabilidades principais: scheduling de threads, sincronização de processadores de baixo nível, manipulação de interrupções e exceções, e alternância entre modalidade de usuário e modalidade de kernel. O kernel é implementado em linguagem C, usando linguagem de montagem apenas onde é absolutamente necessário para interagir com o nível mais baixo da arquitetura de hardware.

O kernel é organizado de acordo com princípios de projeto orientados a objetos. Um tipo de objeto no Windows é um tipo de dado definido pelo sistema que tem um conjunto de atributos (valores de dados) e um conjunto de métodos (por exemplo, funções ou operações). Um objeto é uma instância de um tipo de objeto. O kernel executa seu trabalho usando um conjunto de objetos do kernel cujos atributos armazenam os dados do kernel e cujos métodos executam as atividades do kernel.

19.3.2.1 Despachante do Kernel

O despachante do kernel fornece a base para o executivo e os subsistemas. Grande parte do despachante nunca é transferida para fora da memória, e sua execução nunca sofre preempção. Suas principais responsabilidades são o scheduling de threads e a mudança de contexto, a implementação de primitivos de sincronização, o gerenciamento do timer, interrupções de software (chamadas de procedimento assíncronas e adiadas) e o despacho de exceções.

19.3.2.2 Threads e Scheduling

Como muitos outros sistemas operacionais modernos, o Windows usa processos e threads como código executável. Cada processo tem um ou mais threads, e cada thread tem seu próprio estado de scheduling, incluindo a prioridade real, a afinidade com o processador e informações de uso da CPU.

Há seis estados possíveis para os threads: pronto, disponível, em execução, em espera, em transição e encerrado. O estado pronto indica que o thread está esperando para ser executado. O thread pronto de prioridade mais alta é passado para o estado disponível, o que significa que ele é o próximo thread a ser executado. Em um sistema multiprocessador, cada processador mantém um thread em estado disponível. Um thread está em execução quando está sendo executado em um processador. Ele é executado até sofrer preempção por um thread de prioridade mais alta, até terminar, até seu tempo alocado para execução (quantum) terminar ou até entrar em espera em um objeto despachante, tal como um evento sinalizando o encerramento de I/O. Um thread está no estado em espera quando está aguardando que um objeto despachante seja sinalizado. Ele está no estado em transição enquanto espera por recursos necessários para execução; por exemplo, ele pode estar esperando que sua pilha do kernel seja transferida de disco. O thread entra no estado encerrado quando termina a execução.

O despachante usa um esquema de prioridades de 32 níveis para determinar a ordem de execução dos threads. As prioridades são divididas em duas classes: classe variável e classe de tempo real. A classe variável contém threads que têm prioridades de 1 a 15, e a classe de tempo real contém threads com prioridades variando de 16 a 31. O despachante usa uma fila para cada prioridade do scheduling e percorre o conjunto de filas, da mais alta para a mais baixa, até encontrar um thread que esteja pronto para ser executado. Se um thread tem afinidade com um processador específico, mas esse processador não está disponível, o despachante o ignora e continua procurando por um thread pronto que possa ser executado no processador disponível. Se nenhum thread pronto for encontrado, o despachante executará um thread especial chamado **thread ocioso**. A classe de prioridade 0 é reservada para o thread ocioso.

Quando o quantum de tempo de um thread expira, a interrupção do relógio enfileira, para o processador, uma chamada de procedimento adiada (DPC — *deferred procedure call*) de fim de quantum. O enfileiramento da DPC resulta em uma interrupção de software quando o processador retorna à prioridade de interrupção normal. A interrupção de software faz o despachante designar novamente o processador para execução do próximo thread disponível no nível de prioridade do thread que sofreu preempção.

A prioridade do thread que sofreu preempção pode ser modificada antes que ele seja devolvido às filas do despachante. Se o thread que sofreu preempção estiver na classe de prioridade variável, sua prioridade será reduzida. A prioridade nunca é reduzida para um valor menor que o da prioridade base. A redução da prioridade do thread tende a restringir o uso da CPU para threads limitados por computação comparados aos threads limitados por I/O. Quando um thread de prioridade variável é liberado de uma operação de espera, o despachante aumenta a prioridade. O nível do aumento depende do dispositivo pelo qual o thread estava esperando. Por exemplo, um thread em espera por I/O de teclado receberia um grande aumento de prioridade, enquanto um thread em espera por uma operação de disco receberia um aumento moderado. Essa estratégia tende a fornecer bons tempos de resposta a threads interativos que estão usando mouse e janelas. Ela também habilita threads limitados por I/O a manterem os dispositivos de I/O ocupados, enquanto permitem que threads limitados por computação usem ciclos avulsos da CPU em background. Além disso, o thread associado à janela ativa da GUI do usuário recebe um aumento de prioridade para melhorar seu tempo de resposta.

O scheduling ocorre quando um thread entra no estado pronto ou em espera, quando um thread é encerrado ou quando uma aplicação muda a prioridade de um thread ou a afinidade de um thread com o processador. Se um thread de prioridade mais alta torna-se pronto enquanto um thread de prioridade mais baixa está em execução, o thread de prioridade mais baixa sofre preempção. Essa preempção fornece ao thread de prioridade mais alta acesso preferencial à CPU. No entanto, o Windows não é um sistema operacional de tempo real crítico porque ele não garante que um thread de tempo real comece a ser executado dentro de um limite de tempo específico; os threads são bloqueados indefinidamente enquanto as DPCs e as rotinas de serviço de interrupção (ISRs) estão sendo executadas (como discutimos em detalhes adiante).

Tradicionalmente, os schedulers dos sistemas operacionais usavam amostragens para medir a utilização da CPU pelos threads. O timer do sistema era acionado periodicamente, e o manipulador de interrupções do timer registrava o thread que estava correntemente designado para execução e se ele estava sendo executado em modalidade de usuário ou de kernel quando a interrupção ocorreu. Essa técnica de amostragem era necessária porque a CPU não tinha um relógio de alta resolução ou o relógio era muito dispendioso ou pouco confiável para ser acessado com frequência. Embora eficiente, a amostragem era imprecisa e levava a anomalias tais como a incorporação do tempo de atendimento a interrupções como tempo de execução de threads e o despacho de threads executados por apenas uma fração do quantum. A partir do Windows Vista, o tempo de CPU no Windows está sendo rastreado com o uso do contador do marcador de tempo (TSC — *timestamp counter*) de hardware incluído nos processadores recentes. O uso do TSC resulta em uma contabilidade mais precisa do uso da CPU, e o scheduler não intercepta threads antes que eles tenham sido executados durante um quantum inteiro.

19.3.2.3 Implementação de Primitivos de Sincronização

Estruturas de dados essenciais do sistema operacional são gerenciadas como objetos utilizando recursos comuns de alocação, contagem de referências e segurança. Objetos despachantes controlam o despacho e a sincronização no sistema. Exemplos desses objetos incluem os seguintes:

- O **objeto evento** é usado para registrar a ocorrência de um evento e sincronizar essa ocorrência com alguma ação. Eventos de notificação sinalizam todos os threads em espera, e eventos de sincronização sinalizam um único thread em espera.
- O **mutant** fornece exclusão mútua em modalidade de kernel ou em modalidade de usuário com a noção de propriedade.
- O **mutex**, disponível apenas em modalidade de kernel, fornece exclusão mútua sem deadlock.
- O **objeto semáforo** age como um contador ou porta de controle do número de threads que acessam um recurso.
- O **objeto thread** é a entidade que é incluída no schedule pelo despachante do kernel. Ele é associado a um objeto processo que encapsula um espaço de endereçamento virtual. O objeto thread é sinalizado quando o thread termina, e o objeto processo, quando o processo termina.
- O **objeto timer** é usado para controlar o tempo e para sinalizar tempo limite quando operações demoram demais e têm que ser interrompidas ou quando uma atividade periódica precisa ser incluída no schedule.

Muitos dos objetos despachantes são acessados a partir da modalidade de usuário por meio de uma operação de abertura que retorna um manipulador. O código de modalidade de usuário sonda ou espera por manipuladores para se sincronizar com outros threads e com o sistema operacional (consulte a Seção 19.7.1).

19.3.2.4 Interrupções de Software: Chamadas de Procedimento Assíncronas e Adiadas

O despachante implementa dois tipos de interrupções de software: chamadas de procedimento assíncronas (APCs) e chamadas de procedimento adiadas (DPCs, mencionadas anteriormente). Uma chamada de procedimento assíncrona interrompe um thread em execução e chama um procedimento. As APCs são usadas para iniciar a execução de novos threads, suspender ou retomar threads existentes, encerrar threads ou processos, distribuir a notificação de que um I/O assíncrono foi concluído, e extrair o conteúdo dos registradores da CPU pertencentes a um thread em execução. As APCs são enfileiradas para threads específicos e permitem que o sistema execute tanto código do sistema quanto código de usuário dentro do contexto de um processo. A execução de uma APC em modalidade de usuário não pode ocorrer em momentos arbitrários; apenas quando o thread está esperando no kernel e marcado como **notificável**.

As DPCs são usadas para adiar o processamento de interrupções. Após a manipulação de todo o processamento urgente de interrupções de dispositivos, a ISR inclui no schedule o processamento restante enfileirando uma DPC. A interrupção de software associada não ocorrerá até que a CPU esteja próxima de uma prioridade mais baixa do que a prioridade de todas as interrupções de dispositivos de I/O e mais alta do que a prioridade com que os threads são executados. Assim, as DPCs não bloqueiam as ISRs de outros dispositivos. Além de adiar o processamento de interrupções de dispositivos, o despachante usa DPCs para processar expirações de timer e provocar a preempção da execução de threads no final do quantum do scheduling.

A execução de DPCs evita que os threads sejam incluídos no schedule para o processador corrente e também impede que as APCs sinalizem a conclusão de I/O. Isso é feito de tal modo que a conclusão de rotinas DPC não leve muito tempo. Como alternativa, o despachante mantém um pool de threads de trabalho. As ISRs e DPCs podem enfileirar itens de trabalho para esses threads onde eles serão executados com o uso do scheduling de threads normal. As rotinas DPC são restritas para que não possam assumir erros de página (sejam removidas da memória), chamar serviços do sistema ou executar qualquer outra ação que possa resultar em tentativa de esperar que um objeto despachante seja sinalizado. Diferente das APCs, as rotinas DPC não fazem suposições sobre que contexto de processo o processador está executando.

19.3.2.5 Exceções e Interrupções

O despachante do kernel também fornece a manipulação de interceptações para exceções e interrupções geradas por hardware ou software. O Windows define várias exceções independentes de arquitetura, incluindo:

- Violação de acesso à memória
- Estouro de inteiros
- Estouro positivo ou negativo de ponto flutuante
- Divisão de inteiros por zero
- Divisão de ponto flutuante por zero
- Instrução ilegal
- Desalinhamento de dados
- Instrução privilegiada
- Erro de leitura de página
- Violação de acesso
- Cota de arquivo de paginação excedida
- Ponto de interrupção do depurador
- Execução passo a passo do depurador

Os manipuladores de interceptações lidam com exceções simples. A manipulação elaborada de exceções é executada pelo despachante de exceções do kernel. O despachante de exceções cria um registro da exceção contendo a razão da exceção e encontra um manipulador de exceções para lidar com ela.

Quando ocorre uma exceção em modalidade de kernel, o despachante de exceções simplesmente chama uma rotina para localizar o manipulador da exceção. Se nenhum manipulador for encontrado, ocorrerá um erro fatal de sistema e o usuário será deixado com a infame "tela azul da morte" que significa falha no sistema.

A manipulação de exceções é mais complexa para processos em modalidade de usuário porque um subsistema ambiental (tal como o sistema POSIX) define uma porta de depuradores e uma porta de exceções para cada processo que ele cria. (Para detalhes sobre portas, consulte a Seção 19.3.3.4.) Se uma porta de depuradores for registrada, o manipulador de exceções enviará a exceção para a porta. Se a porta de depuradores não for encontrada ou não manipular essa exceção, o despachante tentará encontrar um manipulador de exceções apropriado. Se nenhum manipulador for encontrado, o depurador será chamado novamente para capturar o erro para depuração. Se nenhum depurador estiver em execução, uma mensagem será enviada à porta de exceções do processo para dar ao subsistema ambiental uma chance de traduzir a exceção. Por exemplo, o ambiente POSIX traduz mensagens de exceção do Windows para sinais POSIX antes de enviá-las ao thread que causou a exceção. Para concluir, se nada mais funcionar, o kernel simplesmente encerrará o processo que contém o thread causador da exceção.

Quando o Windows não consegue manipular uma exceção, ele pode construir uma descrição do erro que ocorreu e solicitar permissão do usuário para enviar a informação à Microsoft para análise mais aprofundada. Em alguns casos, a análise automatizada da Microsoft pode ser capaz de reconhecer o erro imediatamente e sugerir uma correção ou paliativo.

O despachante de interrupções no kernel manipula interrupções chamando uma rotina de serviço de interrupções (ISR) fornecida por um driver de dispositivos ou uma rotina do manipulador de interceptações do kernel. A interrupção é representada por um objeto interrupção que contém todas as informações necessárias à manipulação da interrupção. O uso de um objeto interrupção torna fácil associar rotinas de serviço de interrupção a uma interrupção sem ser preciso acessar diretamente o hardware de interrupções.

Diferentes arquiteturas de processadores têm diferentes tipos e números de interrupções. A título de portabilidade, o despachante de interrupções mapeia as interrupções de hardware para um conjunto-padrão. As interrupções são priorizadas e manipuladas em ordem de prioridade. Há 32 níveis de solicitações de interrupções (IRQLs — *interrupt request levels*) no Windows. Oito são reservados para uso do kernel; os outros 24 representam interrupções de hardware por meio da HAL (embora a maioria dos sistemas IA32 use apenas 16). As interrupções do Windows estão definidas na Figura 19.2.

O kernel usa uma tabela de despacho de interrupções para vincular cada nível de interrupção a uma rotina de serviço. Em um computador multiprocessador, o Windows mantém uma tabela de despacho de interrupções (IDT — *interrupt-dispatch table*) separada para cada processador, e o IRQL de cada processador pode ser definido independentemente para mascarar interrupções. Todas as interrupções que ocorrem em um nível igual ao IRQL de um processador ou menor do que ele são bloqueadas até que o IRQL seja diminuído por um thread de nível do kernel ou por uma ISR retornando do processamento da interrupção. O Windows tira partido dessa propriedade e usa interrupções de software para distribuir APCs e DPCs, para executar funções do sistema, tal como a sincronização de threads com a conclusão de I/O, para iniciar a execução de threads e para manipular timers.

19.3.2.6 Permutando entre Threads de Modalidade de Usuário e de Modalidade de Kernel

O que o programador considera como um thread no Windows tradicional são na verdade dois threads: um thread de modalidade de usuário (UT — *user-mode thread*) e um thread de modalidade de kernel (KT — *kernel-mode thread*). Cada um deles tem sua própria pilha, valores de registradores e contexto de execução. Um UT solicita um serviço do sistema executando uma instrução que causa uma interceptação para a modalidade de kernel. A camada do kernel executa um manipulador de interceptações que se alterna entre o UT e o KT correspondente. Quando um KT conclui sua execução no kernel e está pronto para voltar ao UT correspondente, a camada do kernel é chamada para fazer a permuta para o UT que continua sua execução em modalidade de usuário.

O Windows 7 modifica o comportamento da camada do kernel para suportar o scheduling dos UTs em modalidade de usuário. Os schedulers de modalidade de usuário do Windows 7 suportam o scheduling cooperativo. Um UT pode dar lugar explicitamente a outro UT chamando o scheduler de modalidade de usuário; não é necessário entrar no kernel. O scheduling de modalidade de usuário é explicado com mais detalhes na Seção 19.7.3.7.

19.3.3 Executivo

O executivo do Windows fornece um conjunto de serviços que todos os subsistemas ambientais utilizam. Os serviços estão agrupados como descrito a seguir: gerenciador de objetos, gerenciador de memória virtual, gerenciador de processos, recurso de chamada de procedimento local avançada, gerenciador de I/O, gerenciador de cache, monitor de referência de segurança, gerenciadores plug-and-play e de energia, registro e inicialização.

níveis de interrupções	tipos de interrupções
31	verificação de máquina ou erro de bus
30	falta de energia
29	notificação entre processadores (solicita que outro processador atue; por exemplo, despacho de um processo ou atualização do TLB)
28	relógio (usado para rastrear o tempo)
27	perfil
3–26	interrupções de hardware IRQ tradicionais de PCs
2	despacho e chamada de procedimento adiada (DPC) (kernel)
1	chamada de procedimento assíncrona (APC)
0	passiva

Figura 19.2 Níveis de solicitação de interrupções do Windows.

19.3.3.1 Gerenciador de Objetos

Para gerenciar entidades de modalidade de kernel, o Windows usa um conjunto genérico de interfaces que são manipuladas por programas em modalidade de usuário. O Windows chama essas entidades de *objetos*, e o componente do executivo que as manipula é o gerenciador de objetos. Exemplos de objetos são semáforos, mutexes, eventos, processos e threads; todos são *objetos despachantes*. Os threads podem ficar bloqueados no despachante do kernel esperando que um desses objetos seja sinalizado. As APIs de processos, threads e memória virtual usam manipuladores de processos e threads para identificar o processo ou thread a ser manipulado. Outros exemplos de objetos incluem arquivos, seções, portas e vários objetos de I/O internos. Os objetos arquivos são usados para manter o estado aberto de arquivos e dispositivos. As seções são usadas para mapear arquivos. Extremidades finais de comunicações locais são implementadas como objetos portas.

Códigos de modalidade de usuário acessam esses objetos usando um valor fictício chamado manipulador, que é retornado por muitas APIs. Cada processo tem uma tabela de manipuladores contendo entradas que registram os objetos usados pelo processo. O processo do sistema, que contém o kernel, tem sua própria tabela de manipuladores, que é protegida do código do usuário. As tabelas de manipuladores no Windows são representadas por uma estrutura de árvore que pode armazenar desde 1.024 manipuladores até mais de 16 milhões. Código de modalidade de kernel pode acessar um objeto usando um manipulador ou um ponteiro referenciado.

Um processo obtém um manipulador criando um objeto, abrindo um objeto existente, recebendo um manipulador duplicata de outro processo ou herdando um manipulador do processo-pai. Quando um processo é encerrado, todos os seus manipuladores abertos são implicitamente fechados. Já que o gerenciador de objetos é a única entidade que gera manipuladores de objetos, esse é o lugar natural para a verificação de segurança. O gerenciador de objetos verifica se um processo tem o direito para acessar um objeto quando o processo tenta abrir o objeto. O gerenciador de objetos também impõe cotas, tal como o montante máximo de memória que um processo pode utilizar, cobrando do processo a memória ocupada por todos os seus objetos referenciados e recusando-se a alocar mais memória quando as cobranças acumuladas excedem a cota do processo.

O gerenciador de objetos registra duas contagens para cada objeto: o número de manipuladores do objeto e o número de ponteiros referenciados. A contagem de manipuladores é o número de manipuladores que referenciam o objeto nas tabelas de manipuladores de todos os processos, incluindo o processo do sistema que contém o kernel. A contagem de ponteiros referenciados é incrementada sempre que um novo ponteiro é requerido pelo kernel, e é decrementada quando o kernel termina de usar o ponteiro. A finalidade dessas contagens de referências é assegurar que um objeto não seja liberado enquanto ainda estiver sendo referenciado por um manipulador ou por um ponteiro interno do kernel.

O gerenciador de objetos mantém o espaço de nomes interno do Windows. Ao contrário do UNIX que fixa o espaço de nomes do sistema no sistema de arquivos, o Windows usa um espaço de nomes abstrato e conecta os sistemas de arquivos como dispositivos. Quem decide se um objeto do Windows terá um nome é seu criador. Processos e threads são criados sem nomes e referenciados pelo manipulador ou por meio de um identificador numérico separado. Eventos de sincronização usualmente têm nomes para que possam ser abertos por processos não relacionados. Um nome pode ser permanente ou temporário. Um nome permanente representa uma entidade, tal como um drive de disco que continua existindo, mesmo que nenhum processo o esteja acessando. Um nome temporário existe apenas enquanto um processo está de posse de um manipulador do objeto. O gerenciador de objetos suporta diretórios e links simbólicos no espaço de nomes. Como exemplo, as letras de drives do MS-DOS são implementadas com o uso de links simbólicos; `\Global??\C:` é um link simbólico para o objeto dispositivo `\Device\HarddiskVolume2`, que representa um volume do sistema de arquivos montado no `Device directory`.

Cada objeto, como mencionado anteriormente, é uma instância de um *tipo de objeto*. O tipo de objeto especifica como as instâncias devem ser alocadas, como os campos de dados devem ser definidos e como o conjunto-padrão de funções virtuais usadas para todos os objetos deve ser implementado. As funções-padrão implementam operações tais como o mapeamento de nomes para objetos, o fechamento e a exclusão, e a aplicação de verificações de segurança. Funções que são específicas de determinado tipo de objeto são implementadas por serviços do sistema projetados para operar sobre esse tipo específico de objeto e não pelos métodos especificados no tipo de objeto.

A função `parse ( )` é a mais interessante das funções-padrão de objetos. Ela permite a implementação de um objeto. Os sistemas de arquivos, o depósito de configurações do registro e os objetos de GUI são os usuários mais frequentes das funções de análise para estender o espaço de nomes do Windows.

Voltando ao nosso exemplo de nomeação do Windows, os objetos dispositivos usados para representar volumes do sistema de arquivos fornecem uma função de análise. Isso permite que um nome como `\Global??\C:\foo\bar.doc` seja interpretado como o arquivo `\foo\bar.doc` no volume representado pelo objeto dispositivo `HarddiskVolume2`. Podemos ilustrar como a nomeação, as funções de análise, os objetos e os manipuladores funcionam em conjunto, examinando os passos para abertura do arquivo no Windows:

1. Uma aplicação solicita que um arquivo de nome `C:\foo\bar.doc` seja aberto.
2. O gerenciador de objetos encontra o objeto dispositivo `HarddiskVolume2`, procura pelo procedimento de análise `IopParseDevice` a partir do tipo de objeto e o invoca com o nome do arquivo correspondente à raiz do sistema de arquivos.
3. `IopParseDevice ( )` aloca um objeto arquivo e o passa ao sistema de arquivos que entra com os detalhes de como acessar `C:\foo.bar.doc` no volume.
4. Quando o sistema de arquivos retorna, `IopParseDevice ( )` aloca uma entrada ao objeto arquivo na tabela de manipuladores do processo corrente e retorna o manipulador para a aplicação.

Se a abertura do arquivo não for bem-sucedida, `IopParseDevice ( )` excluirá o objeto arquivo alocado e retornará uma indicação de erro para a aplicação.

19.3.3.2 Gerenciador de Memória Virtual

O componente do executivo que gerencia o espaço de endereçamento virtual, a alocação de memória física e a paginação é o gerenciador de memória virtual (VM — *virtual memory*). O projeto do gerenciador de VM assume que o hardware subjacente suporte mapeamento virtual-para-físico, um mecanismo de paginação e a coerência transparente de caches em sistemas multiprocessadores, assim como permite que múltiplas entradas da tabela de páginas sejam mapeadas para o mesmo quadro de página físico. O gerenciador de VM no Windows usa um esquema de gerenciamento baseado em páginas, com tamanhos de página de 4 KB e 2 MB, em processadores compatíveis com o AMD64 e o IA32 e de 8 KB no IA64. Páginas de dados alocadas a um processo que não esteja na memória física são armazenadas nos arquivos de paginação em disco ou mapeadas diretamente para um arquivo regular em um sistema de arquivos local ou remoto. Uma página também pode ser marcada como de preenchimento com zeros sob demanda, o que inicializa a página com zeros antes que ela seja alocada, removendo assim o conteúdo anterior.

Em processadores IA32, cada processo tem um espaço de endereçamento virtual de 4 GB. Os 2 GB superiores são em grande parte idênticos para todos os processos e são usados pelo Windows, em modalidade de kernel, para acessar o código e as estruturas de dados do sistema operacional. Na arquitetura AMD64, o Windows fornece um espaço de endereçamento virtual de 8 TB para a modalidade de usuário, extraídos dos 16 EB suportados pelo hardware existente para cada processo.

As áreas-chave da região de modalidade de kernel que não são idênticas para todos os processos são o mapeamento automático, o hiperespaço e o espaço de sessão. O hardware referencia a tabela de páginas de um processo usando números de quadros de página físicos, e o mapeamento automático da tabela de páginas torna o conteúdo da tabela de páginas do processo acessível com o uso de endereços virtuais. O hiperespaço mapeia as informações do conjunto de trabalho do processo corrente para o espaço de endereçamento de modalidade de kernel. O espaço de sessão é usado para compartilhar uma instância do Win32 e outros drivers específicos de sessão, entre todos os processos na mesma sessão do servidor de terminais (TS — *terminal-server*). Diferentes sessões de TS compartilham diferentes instâncias desses drivers, mas são mapeadas para os mesmos endereços virtuais. A região inferior de modalidade de usuário do espaço de endereçamento virtual é específica para cada processo e acessível tanto por threads de modalidade de usuário quanto de modalidade de kernel.

O gerenciador de VM do Windows usa um procedimento de dois passos para alocar memória virtual. O primeiro passo *reserva* uma ou mais páginas de endereços virtuais no espaço de endereçamento virtual do processo. O segundo passo *confirma* a alocação atribuindo espaço de memória virtual (memória ou espaço físico nos arquivos de paginação). O Windows limita o montante de espaço de memória virtual que um processo pode consumir impondo uma cota à memória alocada confirmada. Um processo descompromete a memória que não está mais usando para liberar o espaço de memória virtual para uso por outros processos. As APIs usadas para reservar endereços virtuais e confirmar memória virtual usam, como parâmetro, um manipulador de um objeto processo. Isso permite que um processo controle a memória virtual de outro processo. Subsistemas ambientais gerenciam a memória de seus processos clientes dessa forma.

O Windows implementa a memória compartilhada definindo um objeto seção. Após obter um manipulador para um objeto seção, um processo mapeia a memória da seção para um conjunto de endereços chamado visão. Um processo pode estabelecer uma visão da seção inteira ou somente da parte de que ele precisa. O Windows permite que seções sejam mapeadas não apenas para o processo corrente, mas para qualquer processo para o qual o chamador tenha um manipulador.

As seções podem ser usadas de muitas maneiras. Uma seção pode usar, como reserva, espaço em disco no arquivo de paginação do sistema ou em um arquivo regular (um arquivo mapeado para a memória). A seção pode ser *baseada*, significando que ela aparece no mesmo endereço virtual para todos os processos que tentem acessá-la. As seções também podem representar memória física, permitindo que um processo de 32 bits acesse mais memória física do que caberia em seu espaço de endereçamento virtual. Enfim, a proteção de páginas da memória na seção pode ser definida como somente-de-leitura, leitura-gravação, leitura-gravação-execução, somente-de-execução, acesso proibido ou cópia-após-gravação.

Examinemos mais detalhadamente as duas últimas dessas definições de proteção:

- Uma *página de acesso proibido* lança uma exceção se é acessada. A exceção pode ser usada, por exemplo, para verificar se um programa defeituoso está iterando para além do final de um array ou simplesmente para detectar se o programa tentou acessar endereços virtuais que não foram confirmados para a memória. Pilhas de modalidade de usuário e de kernel usam páginas de acesso proibido como páginas de proteção para detectar estouros de pilha. Outra utilização é para a busca de ultrapassagens em buffers do heap. Tanto o alocador de memória de modalidade de usuário quanto o alocador especial do kernel, usados pelo verificador de dispositivos, podem ser configurados para mapear cada alocação para o fim de uma página, seguida por uma página de acesso proibido para detectar erros de programação que ultrapassem o fim de uma alocação.

- O *mecanismo de cópia-após-gravação* habilita o gerenciador de VM a usar memória física mais eficientemente. Quando dois processos querem cópias independentes de dados a partir do mesmo objeto seção, o gerenciador de VM insere uma única cópia compartilhada na memória virtual e ativa a propriedade de cópia-após-gravação para essa região de memória. Se um dos processos tenta modificar dados em uma página de cópia-após-gravação, o gerenciador de VM faz uma cópia privada da página para o processo.

A tradução de endereços virtuais no Windows usa uma tabela de páginas multinível. Para processadores IA32 e AMD64, cada processo tem um diretório de páginas que contém 512 entradas no diretório de páginas (PDEs — *page-directory entries*) com 8 bytes de tamanho. Cada PDE aponta para uma tabela de PTEs que contém 512 entradas na tabela de páginas (PTEs — *page-table entries*) com 8 bytes de tamanho. Cada PTE aponta para um quadro de página de 4 KB na memória física. Por várias razões, o hardware requer que os diretórios de páginas ou tabelas de PTEs em cada nível de uma tabela de páginas multiníveis ocupem uma única página. Portanto, o número de PDEs ou PTEs que cabem em uma página determina quantos endereços virtuais são traduzidos por essa página. Consulte a Figura 19.3 para ver um diagrama dessa estrutura.

A estrutura descrita até agora pode ser usada para representar apenas 1 GB de traduções de endereços virtuais. Para o IA32, um segundo nível de diretório de páginas é necessário, contendo somente quatro entradas, como mostrado no diagrama. Em processadores de 64 bits, mais níveis são necessários. Para o AMD64, o Windows usa um total de quatro níveis completos. O tamanho total de todas as páginas da tabela de páginas, necessário para representar integralmente até mesmo um espaço de endereçamento virtual de 32 bits para um processo, é de 8 MB. O gerenciador de VM aloca páginas de PDEs e PTEs quando necessário e move páginas da tabela de páginas para disco quando elas não estão em uso. As páginas da tabela de páginas são trazidas de volta para a memória quando referenciadas.

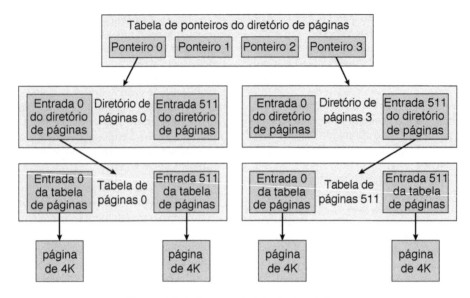

Figura 19.3 Layout da tabela de páginas.

Consideramos em seguida como os endereços virtuais são traduzidos para endereços físicos em processadores compatíveis com o IA32. Um valor de 2 bits pode representar os valores 0, 1, 2, 3. Um valor de 9 bits pode representar valores de 0 a 511; um valor de 12 bits, valores de 0 a 4.095. Assim, um valor de 12 bits pode selecionar qualquer byte dentro de uma página de memória de 4 KB. Um valor de 9 bits pode representar qualquer uma das 512 PDEs ou PTEs em um diretório de páginas ou página da tabela de PTEs. Como mostrado na Figura 19.4, a tradução de um ponteiro de endereço virtual para um endereço de byte na memória física envolve a divisão do ponteiro de 32 bits em quatro valores, a partir dos bits mais significativos:

- Dois bits são usados para indexar as quatro PDEs do nível de topo da tabela de páginas. A PDE selecionada conterá o número de página física de cada uma das quatro páginas do diretório de páginas que mapeiam 1 GB do espaço de endereçamento.
- Nove bits são usados para selecionar outra PDE, dessa vez de um diretório de páginas de segundo nível. Essa PDE conterá os números de páginas físicas de até 512 páginas da tabela de PTEs.
- Nove bits são usados para selecionar uma das 512 PTEs da página da tabela de PTEs selecionada. A PTE selecionada conterá o número de página física do byte que estamos acessando.
- Doze bits são usados como o deslocamento do byte na página. O endereço físico do byte que estamos acessando é construído pelo acréscimo dos 12 bits inferiores do endereço virtual no fim do número de página físico que encontramos na PTE selecionada.

O número de bits em um endereço físico pode ser diferente do número de bits em um endereço virtual. Na arquitetura IA32 original, a PTE e a PDE eram estruturas de 32 bits que tinham espaço para apenas 20 bits de número de página física; portanto, o tamanho do endereço físico e o tamanho do endereço virtual eram iguais. Tais sistemas podiam endereçar somente 4 GB de memória física. Posteriormente, o IA32 foi estendido para o tamanho maior da PTE de 64 bits usado hoje e o hardware suportava endereços físicos de 24 bits. Esses sistemas podiam suportar 64 GB e eram usados em sistemas servidores. Atualmente, todos os servidores Windows baseiam-se no AMD64 ou no IA64 e suportam endereços físicos realmente muito grandes — mais do que é possível usar. (É claro que houve uma época em que 4 GB pareciam satisfatoriamente grandes para a memória física.)

Para melhorar o desempenho, o gerenciador de VM mapeia o diretório de páginas e as páginas da tabela de PTEs para a mesma região contígua de endereços virtuais de todos os processos. Esse mapeamento automático permite que o gerenciador de VM use o mesmo ponteiro para acessar a PDE ou a PTE corrente correspondente a um endereço virtual específico, independentemente do processo que está em execução. O mapeamento automático do IA32 usa uma região contígua de 8 MB do espaço de endereçamento virtual do kernel; o mapeamento automático do AMD64 ocupa 512 GB. Embora o mapeamento automático ocupe um espaço de endereçamento significativo, ele não requer quaisquer páginas de memória virtual adicionais. Ele também permite que as páginas da tabela de páginas sejam paginadas automaticamente para dentro e para fora da memória física.

Na criação de um mapeamento automático, uma das PDEs no diretório de páginas do nível de topo referencia a própria

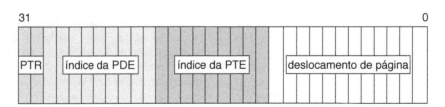

Figura 19.4 Tradução de endereço virtual para físico no IA32.

página do diretório de páginas, formando um "loop" nas traduções da tabela de páginas. As páginas virtuais são acessadas se o loop não é executado, as páginas da tabela de PTEs são acessadas se o loop é executado uma vez, as páginas do diretório de páginas do nível mais baixo são acessadas se o loop é executado duas vezes, e assim por diante.

Os níveis adicionais de diretórios de páginas usados para a memória virtual de 64 bits são traduzidos da mesma forma, exceto pelo fato de o ponteiro do endereço virtual ser dividido em ainda mais valores. Para o AMD64, o Windows usa quatro níveis completos, cada um mapeando 512 páginas, ou 9 + 9 + 9 + 9 + 12 = 48 bits de endereço virtual.

Para evitar o overhead da tradução de cada endereço virtual causado pela pesquisa da PDE e da PTE, os processadores usam hardware de buffer paralelo de tradução (TLB), que contém um cache de memória associativa para o mapeamento de páginas virtuais para PTEs. O TLB faz parte da unidade de gerenciamento de memória (MMU) de cada processador. A MMU precisa "percorrer" (navegar nas estruturas de dados) a tabela de páginas em memória somente quando uma tradução necessária está faltando no TLB.

As PDEs e PTEs contêm mais do que apenas números de páginas físicas. Elas também têm bits reservados para uso do sistema operacional e bits que controlam como o hardware usa a memória, tal como o controle de se o armazenamento em cache de hardware deve ser usado para cada página. Além disso, as entradas especificam que tipos de acesso são permitidos para as modalidades tanto de usuário quanto de kernel.

Uma PDE também pode ser marcada para funcionar como uma PTE. Em um IA32, os primeiros 11 bits do ponteiro de endereço virtual selecionam uma PDE nos dois primeiros níveis de tradução. Se a PDE selecionada estiver marcada para agir como uma PTE, então os 21 bits restantes do ponteiro serão usados como o deslocamento do byte. Isso resulta em um tamanho de 2 MB para a página. É fácil para o sistema operacional misturar e comparar tamanhos de página de 4 KB e 2 MB dentro da tabela de páginas e pode melhorar significativamente o desempenho de alguns programas reduzindo a frequência com que a MMU precisa recarregar entradas no TLB, já que uma PDE mapeando 2 MB substitui 512 PTEs, cada uma mapeando 4 KB.

No entanto, é difícil gerenciar a memória física de modo que páginas de 2 MB estejam disponíveis quando necessário, já que elas podem ser continuamente divididas em páginas de 4 KB, causando fragmentação externa da memória. Além disso, as páginas grandes podem resultar em fragmentação interna muito significativa. Por causa desses problemas, normalmente apenas o próprio Windows, além de aplicações de servidor extensas, é que usam páginas grandes para melhorar o desempenho do TLB. Eles estão mais aptos a fazer isso porque o sistema operacional e as aplicações de servidores começam sua execução quando o sistema é inicializado, antes de a memória tornar-se fragmentada.

O Windows gerencia a memória física associando cada página física a um entre seis estados: livre, zerado, modificado, disponível, inválido, em transição ou válido.

- Uma página *livre* é aquela que não tem conteúdo específico.
- Uma página *zerada* é uma página livre que foi zerada e está pronta para uso imediato para atender a erros de preenchimento com zeros sob demanda.
- Uma página *modificada* foi gravada por um processo e deve ser enviada ao disco antes de ser alocada a outro processo.
- Uma página *disponível* é uma cópia de informações já armazenadas em disco. As páginas disponíveis podem ser páginas que não foram modificadas, páginas modificadas que já foram gravadas em disco, ou páginas que foram buscadas antecipadamente porque devem ser usadas em breve.
- Uma página *inválida* não pode ser utilizada porque um erro de hardware foi detectado.
- Uma página *em transição* está no percurso entre o disco e um quadro de página alocado na memória física.
- Uma página *válida* faz parte do conjunto de trabalho de um ou mais processos e fica contida dentro das tabelas de páginas desses processos.

Enquanto páginas válidas ficam contidas nas tabelas de páginas dos processos, páginas em outros estados são mantidas em listas separadas, de acordo com o tipo de estado. As listas são construídas vinculando as entradas correspondentes ao banco de dados de números de quadros de página (PFN — *page frame number*), que inclui uma entrada para cada página de memória física. As entradas dos PFNs também incluem informações tais como contagens de referências, locks e informações NUMA. Observe que o banco de dados de PFNs representa páginas de memória física, e as PTEs representam páginas de memória virtual.

Quando o bit válido em uma PTE é zero, o hardware ignora todos os outros bits, e o gerenciador de VM pode defini-los para seu próprio uso. Páginas inválidas podem ter vários estados

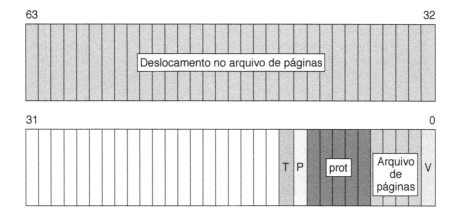

Figura 19.5 Entrada da tabela de páginas do arquivo de páginas. O bit válido é zero.

representados por bits na PTE. Páginas do arquivo de páginas que nunca sofreram erros são marcadas com zero sob demanda. Páginas mapeadas por meio de objetos seção codificam um ponteiro para o objeto seção apropriado. PTEs de páginas que foram gravadas no arquivo de páginas contêm informações suficientes para localizar a página em disco, e assim por diante. A estrutura da PTE do arquivo de páginas é mostrada na Figura 19.5. Os bits T, P e V são todos iguais a zero para esse tipo de PTE. A PTE inclui 5 bits para a proteção da página, 32 bits para o deslocamento no arquivo de páginas e 4 bits para a seleção do arquivo de paginação. Também há 20 bits reservados para contabilização adicional.

O Windows usa uma política de substituição do menos-recentemente-utilizado (LRU) por conjunto de trabalho para tomar páginas de processos quando apropriado. Quando um processo é iniciado, ele recebe um tamanho de conjunto de trabalho default mínimo. O conjunto de trabalho de cada processo pode crescer até que o montante de memória física remanescente comece a ficar baixo, ponto em que o gerenciador de VM passa a rastrear a idade das páginas em cada conjunto de trabalho. Eventualmente, quando a memória disponível fica criticamente baixa, o gerenciador de VM reduz o conjunto de trabalho para remover páginas mais antigas.

A idade de uma página não depende do tempo durante o qual ela está em memória e, sim, de quando ela foi referenciada pela última vez. Isso é determinado por uma passagem periódica pelo conjunto de trabalho de cada processo e o incremento da idade de páginas que não foram marcadas na PTE como referenciadas desde a última passagem. Quando se torna necessário reduzir os conjuntos de trabalho, o gerenciador de VM usa heurísticas para decidir qual deve ser o nível de redução em cada processo e, então, remove primeiro as páginas mais antigas.

Um processo pode ter seu conjunto de trabalho reduzido até mesmo quando há muita memória disponível, se ele receber um *limite fixo* de quanta memória física pode usar. No Windows 7, o gerenciador de VM também reduz processos que estão crescendo rapidamente, mesmo quando há memória plena. Essa mudança de política melhora significativamente a capacidade de resposta do sistema para outros processos.

O Windows rastreia conjuntos de trabalho não apenas de processos de modalidade de usuário, mas também do processo do sistema, o que inclui todas as estruturas de dados e códigos pagináveis que são executados em modalidade de kernel. O Windows 7 criou conjuntos de trabalho adicionais para o processo do sistema e os associou a categorias específicas de memória do kernel; o cache de arquivos, o heap do kernel e o código do kernel agora têm seus próprios conjuntos de trabalho. Conjuntos de trabalho distintos permitem que o gerenciador de VM use diferentes políticas para fazer a redução nas diferentes categorias de memória do kernel.

O gerenciador de VM não provoca erro apenas na página imediatamente necessária. Pesquisas mostram que a referência de memória de um thread tende a ter uma propriedade de localidade. Isto é, quando uma página é usada, é provável que páginas adjacentes sejam referenciadas em futuro próximo. (Considere a iteração em um array ou a busca de instruções sequenciais que formam o código executável de um thread.) Por causa da localidade, quando o gerenciador de VM provoca erro em uma página, ele também faz o mesmo com algumas páginas adjacentes. Essa pré-busca tende a reduzir o número total de erros de página e permite que leituras sejam agrupadas para melhorar o desempenho de I/O.

Além de gerenciar a memória comprometida, o gerenciador de VM gerencia a memória reservada, ou o espaço de endereçamento virtual, de cada processo. Cada processo tem uma árvore associada que descreve os intervalos de endereços virtuais em uso e quais são os usos. Isso permite que o gerenciador de VM provoque erros em páginas da tabela de páginas quando necessário. Se a PTE de um endereço inválido não foi inicializada, o gerenciador de VM procura pelo endereço na árvore de descritores de endereços virtuais (VADs — *virtual address decriptors*) do processo e usa essa informação para preencher a PTE e recuperar a página. Em alguns casos, a própria página de uma tabela de PTEs pode não existir; essa página deve ser transparentemente alocada e inicializada pelo gerenciador de VM. Em outros casos, a página pode estar sendo compartilhada como parte de um objeto seção, e o VAD conterá um ponteiro para esse objeto seção. O objeto seção contém informações sobre como encontrar a página virtual compartilhada para que a PTE possa ser inicializada de modo a apontar para ela diretamente.

19.3.3.3 Gerenciador de Processos

O gerenciador de processos do Windows fornece serviços para criação, exclusão e uso de processos, threads e jobs. Ele não tem conhecimento dos relacionamentos pai-filho ou das hierarquias de processos; esses detalhes são deixados para o subsistema ambiental específico que possui o processo. O gerenciador de processos também não é envolvido no scheduling de processos, a não ser no estabelecimento das prioridades e afinidades de processos e threads quando eles são criados. O scheduling de threads tem lugar no despachante do kernel.

Cada processo contém um ou mais threads. Os próprios processos podem ser reunidos em unidades maiores chamadas objetos de trabalho. O uso de objetos de trabalho permite que sejam colocados limites ao uso da CPU, ao tamanho do conjunto de trabalho e às afinidades do processador que controlam múltiplos processos ao mesmo tempo. Objetos de trabalho são usados para gerenciar grandes máquinas de centros de dados.

Um exemplo de criação de processos no ambiente Win32 é descrito a seguir:

1. Uma aplicação Win32 chama `CreateProcess ( )`.
2. Uma mensagem é enviada ao subsistema Win32 para notificá-lo de que o processo está sendo criado.
3. `CreateProcess ( )` no processo original chama então uma API no gerenciador de processos do executivo do NT para criar realmente o processo.
4. O gerenciador de processos chama o gerenciador de objetos para criar um objeto processo e retorna o manipulador do objeto para o Win32.
5. O Win32 chama o gerenciador de processos novamente para criar um thread para o processo e retorna manipuladores para o novo processo e o novo thread.

As APIs do Windows para manipulação de memória virtual e threads e para duplicação de manipuladores usam um manipulador de processo; portanto, os subsistemas podem executar operações em nome de um novo processo sem terem que ser executados diretamente no contexto do novo processo. Uma vez que um novo processo seja criado, o thread inicial é gerado, e uma chamada de procedimento assíncrona é distribuída ao thread para solicitar o início da execução no carregador de imagens de modalidade de usuário. O carregador está em `ntdll.dll`, que é uma biblioteca de vínculo automaticamente mapeada para cada processo recém-criado. O Windows também suporta a criação de processos ao estilo do `fork ( )` do UNIX para suportar o subsistema ambiental POSIX. Embora o ambiente Win32 chame o gerenciador de processos diretamente a partir do processo cliente, o POSIX usa a natureza de processo cruzado das APIs do Windows para criar o novo processo a partir do processo do subsistema.

O gerenciador de processos usa as chamadas de procedimento assíncronas (APCs) implementadas pela camada do kernel. As APCs são usadas para iniciar a execução de threads, suspender e retomar threads, acessar registradores de threads, encerrar threads e processos, e suportar depuradores.

O suporte aos depuradores no gerenciador de processos inclui as APIs de suspensão e retomada de threads e de criação de threads que iniciem em modalidade suspensa. Também há APIs do gerenciador de processos que obtêm e definem o contexto de registradores de um thread e acessam a memória virtual de outro processo. Os threads podem ser criados no processo corrente; eles também podem ser injetados em outro processo. O depurador faz uso da injeção de threads para executar código dentro de um processo que está sendo depurado.

Enquanto em execução no executivo, um thread pode ser anexado temporariamente a um processo diferente. A **anexação de threads** é usada pelos threads de trabalho do kernel que precisam ser executadas no contexto do processo que originou uma solicitação de trabalho. Por exemplo, o gerenciador de VM pode usar a anexação de threads quando precisa de acesso ao conjunto de trabalho ou às tabelas de páginas de um processo, e o gerenciador de I/O pode usá-la na atualização da variável de *status* em um processo para operações de I/O assíncronas.

O gerenciador de processos também suporta **personificação**. Cada thread tem um **token de segurança** associado. Quando o processo de login autentica um usuário, o token de segurança é anexado ao processo do usuário e é herdado por seus processos-filho. O token contém a **identidade de segurança** (SID) do usuário, as SIDs dos grupos aos quais o usuário pertence, os privilégios que o usuário tem e o nível de integridade do processo. Por default, todos os threads de um processo compartilham um mesmo token, representando o usuário e a aplicação que iniciou o processo. No entanto, um thread em execução em um processo com token de segurança pertencente a um usuário pode definir um token de thread específico pertencente a outro usuário para personificá-lo.

O recurso de personificação é essencial ao modelo cliente-servidor das RPCs em que os serviços devem agir em nome de vários clientes com diferentes IDs de segurança. O direito de personificar um usuário é quase sempre distribuído como parte de uma conexão RPC, de um processo cliente a um processo servidor. A personificação permite que o servidor acesse serviços do sistema como se fosse o cliente de modo a acessar ou criar objetos e arquivos em nome do cliente. O processo servidor deve ser confiável e cuidadosamente escrito para resistir a ataques. Caso contrário, um cliente poderia assumir um processo servidor e, então, personificar qualquer usuário que faça uma solicitação subsequente de um cliente.

19.3.3.4 Recursos para a Computação Cliente-Servidor

A implementação do Windows usa um modelo totalmente cliente-servidor. Os subsistemas ambientais são servidores que implementam personalidades específicas do sistema operacional. Muitos outros serviços, tais como autenticação de usuários, recursos de rede, spooling de impressoras, serviços da web, sistemas de arquivos de rede e plug-and-play, também são implementados com o uso desse modelo. Para reduzir o footprint de memória, múltiplos serviços são frequentemente reunidos em alguns processos que executam o programa `svchost.exe`. Cada serviço é carregado como uma biblioteca de vínculo dinâmico (DLL), que implementa o serviço baseando-se em recursos de pool de threads de modalidade de usuário para compartilhar threads e esperar por mensagens (consulte a Seção 19.3.3.3).

O paradigma de implementação normal da computação cliente-servidor é o uso de RPCs para comunicar solicitações. A API Win32 suporta um protocolo RPC padrão, como descrito na Seção 19.6.2.7. O protocolo RPC emprega múltiplos transportes (por exemplo, pipes nomeados e TCP/IP) e pode ser usado para implementar RPCs entre sistemas. Quando uma RPC sempre ocorre entre um cliente e o servidor no sistema local, o recurso de chamada de procedimento local avançada (ALPC) pode ser usado como transporte. No nível mais baixo do sistema, na implementação de sistemas ambientais e para serviços que devem estar disponíveis nos estágios iniciais de inicialização, a RPC não é utilizável. Em vez disso, serviços nativos do Windows usam a ALPC diretamente.

A ALPC é um mecanismo de transmissão de mensagens. O processo servidor publica um objeto porta de conexão globalmente visível. Quando um cliente quer ser atendido por um subsistema ou serviço, ele abre um manipulador para o objeto porta de conexão do servidor e envia uma solicitação de conexão para a porta. O servidor cria um canal e retorna um manipulador para o cliente. O canal consiste em um par de portas de comunicação privadas: uma para mensagens do cliente para o servidor e a outra para mensagens do servidor para o cliente. Os canais de comunicação suportam um mecanismo de retorno de chamada e, assim, o cliente e o servidor podem aceitar solicitações quando normalmente eles estariam esperando por uma resposta.

Quando um canal ALPC é criado, uma entre três técnicas de transmissão de mensagens é selecionada.

1. A primeira técnica é adequada para mensagens pequenas a médias (até 63 KB). Nesse caso, a fila de mensagens da porta é usada como memória intermediária, e as mensagens são copiadas de um processo para o outro.
2. A segunda técnica é para mensagens maiores. Nesse caso, um objeto seção de memória compartilhada é criado para o canal. As mensagens enviadas por meio da fila de mensagens da porta contêm um ponteiro e informações de tamanho referentes ao objeto seção. Isso evita a necessidade de copiar mensagens grandes. O emissor insere dados na seção compartilhada, e o receptor visualiza-os diretamente.
3. A terceira técnica usa APIs que leem e gravam diretamente no espaço de endereçamento de um processo. A ALPC fornece funções e sincronização para que um servidor possa acessar os dados em um cliente. Essa técnica é, normalmente, usada pela RPC para obter desempenho melhor em cenários específicos.

O gerenciador de janelas Win32 usa seu próprio tipo de transmissão de mensagens, que é independente dos recursos de ALPC do executivo. Quando um cliente solicita uma conexão que use a transmissão de mensagens do gerenciador de janelas, o servidor define três objetos: (1) um thread de servidor dedicado para manipular solicitações, (2) um objeto seção compartilhado de 64 KB, e (3) um objeto par de eventos. Um *objeto par de eventos* é um objeto de sincronização usado pelo subsistema Win32 para fornecer notificação quando o thread do cliente tiver copiado uma mensagem para o servidor Win32, ou vice-versa. O objeto seção é usado para passar as mensagens, e o objeto par de eventos fornece a sincronização.

A transmissão de mensagens do gerenciador de janelas apresenta diversas vantagens:

- O objeto seção elimina a cópia de mensagens, já que representa uma região de memória compartilhada.
- O objeto par de eventos elimina o overhead do uso do objeto porta para passar mensagens contendo ponteiros e tamanhos.
- O thread de servidor dedicado elimina o overhead da determinação de qual thread de cliente está chamando o servidor, já que há um thread de servidor por thread de cliente.
- O kernel dá preferência, no scheduling, aos threads de servidor dedicados para melhorar o desempenho.

19.3.3.5 Gerenciador de I/O

O gerenciador de I/O é responsável pelo gerenciamento de sistemas de arquivos, drivers de dispositivos e drivers de rede. Ele registra os drivers de dispositivos, drivers de filtro e sistemas de arquivos que estão carregados e também gerencia buffers para solicitações de I/O. Ele funciona com o gerenciador de VM para fornecer I/O de arquivo mapeado para a memória e controla o gerenciador de cache do Windows, que manipula o armazenamento em cache de todo o sistema de I/O. O gerenciador de I/O é fundamentalmente assíncrono, fornecendo I/O síncrono pela espera explícita da conclusão de uma operação de I/O. O gerenciador de I/O fornece vários modelos de conclusão de I/O assíncrono, incluindo definição de eventos, atualização de uma variável de *status* no processo chamador, distribuição de APCs a threads iniciantes e uso de portas de conclusão de I/O, permitindo que um único thread processe conclusões de I/O de muitos outros threads.

Os drivers de dispositivos são organizados em uma lista para cada dispositivo (chamada pilha de drivers ou de I/O). Um driver é representado no sistema como um objeto driver. Já que um único driver pode operar sobre múltiplos dispositivos, os drivers são representados na pilha de I/O por um objeto dispositivo que contém um link para o objeto driver. O gerenciador de I/O converte as solicitações que recebe em uma forma-padrão chamada pacote de solicitação de I/O (IRP — *I/O request packet*). Em seguida, ele encaminha o IRP ao primeiro driver na pilha de I/O-alvo de processamento. Após um driver processar o IRP, ele chama o gerenciador de I/O para encaminhar o IRP ao próximo driver na pilha ou, se todo o processamento tiver terminado, para concluir a operação representada pelo IRP.

A solicitação de I/O pode ser concluída em um contexto diferente daquele no qual foi feita. Por exemplo, se um driver está executando sua parte de uma operação de I/O e é forçado a ficar bloqueado por um tempo extenso, ele pode enfileirar o IRP para que um thread de trabalho continue o processamento no contexto do sistema. No thread original, o driver retorna um *status* indicando que a solicitação de I/O está pendente para que o thread possa continuar a ser executado em paralelo com a operação de I/O. Um IRP também pode ser processado em rotinas de serviço de interrupção e concluído em um contexto de processo arbitrário. Já que algum processamento final pode ser necessário no contexto que iniciou o I/O, o gerenciador de I/O usa uma APC para executar o processamento final de conclusão de I/O no contexto do processo do thread original.

O modelo de pilha de I/O é muito flexível. À medida que uma pilha de drivers é construída, vários drivers têm a chance de inserir a si próprios na pilha, como drivers de filtro. Os drivers de filtro podem examinar e, potencialmente, modificar cada operação de I/O. O gerenciamento de montagens, o gerenciamento de partições e a distribuição (*striping*) e o espelhamento (*mirroring*) de discos são todos exemplos de funcionalidades implementadas com o uso de drivers de filtro que são executados abaixo do sistema de arquivos na pilha. Os drivers de filtro do sistema de arquivos são executados acima do sistema de arquivos e têm sido usados para implementar funcionalidades, tais como gerenciamento do armazenamento hierárquico, instanciação única de arquivos para inicialização remota, e conversão dinâmica de formatos. Terceiros também usam drivers de filtro do sistema de arquivos para implementar a detecção de vírus.

Os drivers de dispositivos do Windows são escritos conforme a especificação Windows Driver Model (WDM). Esse modelo descreve todos os requisitos dos drivers de dispositivos, incluindo como dispor os drivers de filtro em camadas, como compartilhar código comum para a manipulação de solicitações de energia e plug-and-play, como construir lógica de cancelamento correta, e assim por diante.

Por causa da riqueza do WDM, escrever um driver de dispositivos WDM completo, para cada novo dispositivo de hardware, pode envolver muito trabalho. Felizmente, o modelo de porta/miniporta torna desnecessário fazer isso. Dentro de uma classe de dispositivos semelhantes, tais como drivers de áudio, dispositivos SATA ou controladores de Ethernet, cada instância de um dispositivo compartilha um driver comum dessa classe, chamado driver de porta. O driver de porta implementa as operações-padrão da classe e, então, chama rotinas específicas de dispositivos no driver de miniporta do dispositivo para implementar a funcionalidade específica do dispositivo. A pilha de rede TCP/IP é implementada dessa forma, com o driver da classe ndis.sys implementando grande parte da funcionalidade do driver de rede e chamando os drivers de miniporta de rede, referentes ao hardware específico.

Versões recentes do Windows, inclusive o Windows 7, fornecem simplificações adicionais para escrever drivers de dispositivos para dispositivos de hardware. Drivers de modalidade de kernel podem ser escritos agora com o uso da Estrutura de Drivers de Modalidade de Kernel (KMDF — *Kernel-Mode Driver Framework*), que fornece um modelo de programação simplificado para drivers, no topo do WDM. Outra opção é a Estrutura de Drivers de Modalidade de Usuário (UMDF — *User-Mode Driver Framework*). Muitos drivers não precisam operar em modalidade de kernel, e é mais fácil desenvolver e implantar drivers em modalidade de usuário. Isso também torna o sistema mais confiável, já que uma falha em um driver de modalidade de usuário não causa uma queda da modalidade de kernel.

19.3.3.6 Gerenciador de Cache

Em muitos sistemas operacionais, o armazenamento em cache é feito pelo sistema de arquivos. Já o Windows fornece um recurso de armazenamento em cache centralizado. O gerenciador de cache funciona em interação próxima com o gerenciador de VM para fornecer serviços de cache a todos os componentes sob controle do gerenciador de I/O. O armazenamento em cache no Windows é baseado em arquivos em vez de em blocos brutos. O tamanho do cache muda dinamicamente de acordo com o montante de memória livre disponível no sistema. O gerenciador de cache mantém um conjunto de trabalho privado em vez de compartilhar o conjunto de trabalho do processo do sistema. O gerenciador de cache mapeia arquivos para a memória do kernel e, então, usa interfaces especiais para o gerenciador de VM de modo a provocar erros em páginas ou torná-las em boas condições, nesse conjunto de trabalho privado.

O cache é dividido em blocos de 256 KB. Cada bloco do cache pode manter uma visão (isto é, uma região mapeada para a memória) de um arquivo. Cada bloco do cache é descrito por um **bloco de controle de endereços virtuais** (VACB — *virtual address control block*) que armazena o endereço virtual da visão e seu deslocamento no arquivo, assim como o número de processos que a estão usando. Os VACBs residem em um único array mantido pelo gerenciador do cache.

Quando o gerenciador de I/O recebe uma solicitação de leitura de um arquivo no nível do usuário, ele envia um IRP à pilha de I/O do volume em que o arquivo reside. Para arquivos que estejam marcados como armazenáveis em cache, o sistema de arquivos chama o gerenciador de cache para pesquisar os dados solicitados em suas visões de arquivo no cache. O gerenciador de cache calcula a entrada do array de índices de VACB desse arquivo que corresponde ao deslocamento de bytes da solicitação. A entrada aponta para a visão no cachê, ou é inválida. Se for inválida, o gerenciador de cache aloca um bloco do cache (e a entrada correspondente no array de VACBs) e mapeia a visão para esse bloco. O gerenciador de cache, então, tenta copiar dados do arquivo mapeado para o buffer do chamador. Se a cópia for bem-sucedida, a operação será concluída.

Se a cópia falhar, isso é causado por um erro de página, o que faz com que o gerenciador de VM envie, ao gerenciador de I/O, uma solicitação de leitura fora do cache. O gerenciador de I/O envia outra solicitação em direção à base da pilha de drivers, dessa vez solicitando uma operação de paginação que ignora o gerenciador de I/O, e lê os dados do arquivo diretamente na página alocada para o gerenciador de cache. Após a conclusão, o VACB é posicionado de modo a apontar para a página. Os dados, agora no cache, são copiados para o buffer do chamador, e a solicitação de I/O original é concluída. A Figura 19.6 mostra uma visão geral dessas operações.

Uma operação de leitura no nível do kernel é semelhante, exceto pelos dados poderem ser acessados diretamente no cache em vez de serem copiados para um buffer no espaço do usuário. Para usar metadados do sistema de arquivos (estruturas de dados que descrevem o sistema de arquivos), o kernel usa a interface de mapeamento do gerenciador de cache para ler os metadados. Para modificar os metadados, o sistema de arquivos usa a interface de fixação do gerenciador de cache. A **fixação** de uma página a tranca em um quadro de página da memória física para que o gerenciador de VM não possa transferi-la ou removê-la. Após atualizar os metadados, o sistema de arquivos solicita ao gerenciador de cache que libere a página. Uma página modificada é marcada como suja e, portanto, o gerenciador de VM a descarrega em disco.

Para melhorar o desempenho, o gerenciador de cache mantém um pequeno histórico de solicitações de leitura e, a partir desse histórico, tenta prever solicitações futuras. Se o gerenciador de cache encontra um padrão nas três solicitações anteriores, como, por exemplo, um acesso sequencial para diante ou para trás, ele realiza a pré-busca dos dados no cache antes que a próxima solicitação seja enviada pela aplicação. Dessa forma, a aplicação pode encontrar seus dados já armazenados em cache e não tem que esperar por I/O de disco.

O gerenciador de cache também é responsável por solicitar ao gerenciador de VM que descarregue o conteúdo do cache. O comportamento default do gerenciador de cache é o armazenamento em cache de gravação posterior: ele acumula gravações por 4 a 5 segundos e, então, desperta o thread gravador do cache. Quando o cache de gravação direta é necessário, um processo pode definir um flag ao abrir o arquivo, ou pode chamar uma função explícita de descarga do cache.

Um processo de gravação rápida teria o potencial de preencher todas as páginas livres do cache antes que o thread gravador do cache tenha uma chance de despertar e descarregar as páginas em disco. O gravador do cache impede que um processo inunde o sistema da seguinte forma: Quando o montante de memória livre no cache torna-se baixo, o gerenciador de cache bloqueia temporariamente processos que tentem gravar dados, e desperta o thread gravador do cache para descarregar páginas em disco. Se o processo de gravação rápida é, na verdade, um redirecionador de rede de um sistema de arquivos de rede, seu bloqueio por muito tempo pode fazer com que transferências da rede expirem e sejam retransmitidas. Essa retransmissão desperdiçaria largura de banda da rede. Para evitar tal desperdício, os redirecionadores da rede podem instruir o gerenciador de cache a limitar o backlog de gravações no cache.

Como um sistema de arquivos de rede precisa transferir dados entre um disco e a interface de rede, o gerenciador de cache também fornece uma interface DMA para transferir os dados diretamente. A transferência direta de dados evita a necessidade de copiar dados via um buffer intermediário.

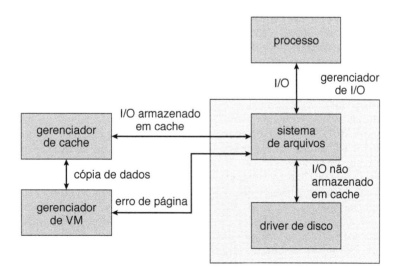

Figura 19.6 I/O de arquivo.

19.3.3.7 Monitor de Referência de Segurança

A centralização do gerenciamento de entidades do sistema no gerenciador de objetos habilita o Windows a usar um mecanismo uniforme para executar validações de acesso e verificações de auditoria, em tempo de execução, para cada entidade no sistema acessível ao usuário. Sempre que um processo abre um manipulador para um objeto, o monitor de referência de segurança (SEM — *security reference monitor*) verifica o token de segurança do processo e a lista de controle de acesso do objeto para ver se o processo tem os direitos de acesso necessários.

O SRM também é responsável por manipular os privilégios nos tokens de segurança. Privilégios especiais são requeridos para que os usuários executem operações de backup ou restauração em sistemas de arquivos, depurem processos, e assim por diante. Os tokens também podem ser marcados como tendo privilégios restritos para que não possam acessar objetos disponíveis à maioria dos usuários. Tokens restritos são usados principalmente para limitar o dano que pode ser causado pela execução de código não confiável.

O nível de integridade do código que está em execução em um processo também é representado por um token. Os níveis de integridade são um tipo de mecanismo de competência, como mencionado anteriormente. Um processo não pode modificar um objeto com nível de integridade maior do que o do código em execução no processo, independentemente de outras permissões que tenham sido concedidas. Os níveis de integridade foram introduzidos para tornar mais difícil o domínio do sistema por códigos que ataquem, com sucesso, softwares que interajam com o ambiente externo, como o Internet Explorer.

Outra responsabilidade do SRM é o registro em log de eventos de auditoria de segurança. Os Critérios Comuns do Departamento de Defesa (os sucessores do Livro Laranja, lançados em 2005) requerem que um sistema seguro tenha a capacidade de detectar e registrar em log todas as tentativas de acesso aos seus recursos de modo a poder rastrear mais facilmente tentativas de acesso não autorizado. Já que o SRM é responsável por fazer verificações de acesso, ele gera a maioria dos registros de auditoria no log de eventos de segurança.

19.3.3.8 Gerenciador de Plug-and-Play

O sistema operacional usa o gerenciador de plug-and-play (PnP) para reconhecer e adaptar-se a mudanças na configuração de hardware. Os dispositivos PnP usam protocolos-padrão para se identificar no sistema. O gerenciador de PnP reconhece automaticamente dispositivos instalados e detecta alterações em dispositivos durante a operação do sistema. O gerenciador também controla os recursos de hardware usados por um dispositivo, assim como recursos potenciais, passíveis de serem utilizados, e é responsável pela carga dos drivers apropriados. Esse gerenciamento de recursos de hardware — principalmente interrupções e intervalos de memória de I/O — tem o objetivo de determinar uma configuração de hardware em que todos os dispositivos sejam capazes de operar com sucesso.

O gerenciador de PnP manipula a reconfiguração dinâmica como descrito a seguir. Primeiro, ele obtém uma lista de dispositivos de cada driver de bus (por exemplo, PCI ou USB). Ele carrega o driver instalado (após encontrar um, se necessário) e envia uma solicitação `add-device` ao driver apropriado de cada dispositivo. O gerenciador de PnP, então, descobre a atribuição ótima de recursos e envia uma solicitação `start-device` a cada driver, especificando a atribuição de recursos para o dispositivo. Se um dispositivo precisa ser reconfigurado, o gerenciador de PnP envia uma solicitação `query-stop`, que pergunta ao driver se o dispositivo pode ser temporariamente desabilitado. Se o driver puder desabilitar o dispositivo, então todas as operações pendentes serão concluídas, e novas operações serão impedidas de começar. Por fim, o gerenciador de PnP envia uma solicitação `stop` e pode, então, reconfigurar o dispositivo com uma nova solicitação `start-device`.

O gerenciador de PnP também suporta outras solicitações. Por exemplo, `query-remove`, que opera de modo semelhante à `query-stop`, é empregada quando um usuário está se preparando para ejetar um dispositivo removível, tal como um dispositivo de armazenamento USB. A solicitação `surprise-remove` é usada quando um dispositivo falha ou, o que é mais provável, quando um usuário remove um dispositivo sem primeiro solicitar ao sistema que o interrompa. Para concluir, a solicitação `remove` solicita ao driver para interromper o uso de um dispositivo permanentemente.

Muitos programas no sistema são interessados na inclusão ou remoção de dispositivos e, portanto, o gerenciador de PnP suporta notificações. Essas notificações, por exemplo, fornecem aos menus de arquivos da GUI as informações de que eles precisam para atualizar suas listas de volumes de disco quando um novo dispositivo de armazenamento é conectado ou removido. A instalação de dispositivos costuma resultar na adição de novos serviços aos processos `svchost.exe` no sistema. Esses serviços frequentemente aprontam-se para execução sempre que o sistema é inicializado e continuam sendo executados, mesmo se o dispositivo original nunca for conectado ao sistema. O Windows 7 introduziu um mecanismo disparador de serviços no gerenciador de controle de serviço (SCM — *service control manager*), que gerencia os serviços do sistema. Com esse mecanismo, os serviços podem registrar a si mesmos para iniciarem somente quando o SCM receber uma notificação do gerenciador de PnP informando que o dispositivo de interesse foi adicionado ao sistema.

19.3.3.9 Gerenciador de Energia

O Windows funciona com o hardware para implementar estratégias sofisticadas de eficiência no uso de energia, como descrito na Seção 19.2.8. As políticas que guiam essas estratégias são implementadas pelo gerenciador de energia. O gerenciador de energia detecta as condições correntes do sistema, tal como a carga nas CPUs ou em dispositivos de I/O, e melhora a eficiência do uso de energia reduzindo o desempenho e a capacidade de resposta do sistema quando a necessidade é baixa. O gerenciador de energia também pode colocar o sistema inteiro em uma modalidade de *suspensão* muito eficiente e até mesmo gravar todo o conteúdo da memória em disco e desligar a energia para permitir que o sistema entre em *hibernação*.

A principal vantagem da suspensão é que o sistema pode entrar nesse estado rapidamente, talvez apenas alguns segundos após a tampa fechar o laptop. O retorno da suspensão também é rápido. A energia é reduzida nas CPUs e dispositivos de I/O, mas a memória continua com energia suficiente para que seu conteúdo não seja perdido.

A hibernação demora consideravelmente mais porque todo o conteúdo da memória deve ser transferido para disco antes de o sistema ser desligado. No entanto, o fato de que o sistema esteja realmente desligado é uma vantagem significativa. Se o sistema perder energia, como no caso da troca da bateria em um laptop ou do desligamento da tomada de um sistema desktop, os dados salvos não serão perdidos. Diferentemente do encerramento, a hibernação salva o sistema em execução corrente de modo que um usuário possa retomar de onde parou e, como a hibernação não requer energia, um sistema pode permanecer hibernando indefinidamente.

Como o gerenciador de PnP, o gerenciador de energia fornece notificações ao resto do sistema sobre alterações no estado da energia. Algumas aplicações precisam saber quando o sistema está para ser desligado de modo a poderem começar a salvar seus estados em disco.

19.3.3.10 Registro

O Windows mantém grande parte de suas informações de configuração em bancos de dados internos, chamados hives, que são gerenciados pelo seu gerenciador de configurações, comumente conhecido como registro. Há hives separados para informações do sistema, preferências default do usuário, instalação de softwares, segurança e opções de inicialização. Já que as informações no hive do sistema são necessárias para que o sistema seja inicializado, o gerenciador do registro é implementado como um componente do executivo.

O registro representa o estado da configuração de cada hive como um espaço hierárquico de nomes de chaves (diretórios), cada uma podendo conter um conjunto de valores tipificados, tais como strings UNICODE, strings ANSI, inteiros, ou dados binários não tipificados. Teoricamente, novas chaves e valores são criados e inicializados à medida que novos softwares são instalados; então, eles são modificados para refletir alterações na configuração desse software. Na prática, o registro costuma ser usado como um banco de dados de uso geral, como um mecanismo de comunicação entre processos, e para muitos outros fins igualmente engenhosos.

Seria um incômodo reiniciar aplicações, ou até mesmo o sistema, sempre que uma alteração fosse feita na configuração. Em vez disso, os programas têm o auxílio de vários tipos de notificações, tais como as fornecidas pelos gerenciadores de PnP e de energia, para ficarem informados sobre alterações na configuração do sistema. O registro também fornece notificações; ele permite que os threads se registrem para serem notificados quando alguma parte do próprio registro é alterada. Assim, os threads podem detectar alterações de configuração gravadas no próprio registro e se adaptarem a elas.

Sempre que alterações significativas são feitas no sistema, tais como ao serem instaladas atualizações no sistema operacional ou nos drivers, há o perigo de que os dados de configuração sejam corrompidos (por exemplo, se um driver funcional for substituído por um não funcional ou uma aplicação não puder ser instalada corretamente, deixando informações parciais no registro). O Windows cria um ponto de restauração do sistema antes de fazer tais alterações. O ponto de restauração contém uma cópia dos hives antes da alteração e pode ser usado para trazer de volta essa versão dos hives, tornando um sistema corrompido capaz de funcionar novamente.

Para melhorar a estabilidade da configuração do registro, o Windows adicionou um mecanismo de transações, a partir do Windows Vista, que pode ser usado para impedir que o registro seja parcialmente atualizado com um conjunto de alterações de configuração relacionadas. As transações do registro podem fazer parte de transações mais gerais administradas pelo gerenciador de transações do kernel (KTM — *kernel transaction manager*), que também pode incluir transações do sistema de arquivos. As transações do KTM não têm a semântica completa encontrada nas transações normais dos bancos de dados e não substituíram o recurso de restauração do sistema para a recuperação de danos causados à configuração do registro pela instalação de softwares.

19.3.3.11 Inicialização

A inicialização de um PC Windows começa quando o hardware é ligado e o firmware passa a ser executado a partir da ROM. Em máquinas mais antigas, esse firmware era conhecido como BIOS, mas sistemas mais modernos usam a UEFI (Unified Extensible Firmware Interface), que é mais rápida, mais geral e faz melhor uso dos recursos em processadores contemporâneos. O firmware executa diagnósticos de autoteste de ativação (POST — *power-on self-test*), identifica muitos dos dispositivos conectados ao sistema e os inicializa em estado de aceleração introdutório, e, então, constrói a descrição usada pela interface de energia e configuração avançada (ACPI — *advanced configuration and power interface*). Em seguida, o firmware encontra o disco do sistema, carrega o programa `bootmgr` do Windows e começa a executá-lo.

Em uma máquina que estava hibernando, o programa `winresume` é carregado a seguir. Ele restaura o sistema em execução do disco, e o sistema continua a execução do ponto a que tinha chegado imediatamente antes da hibernação. Em uma máquina que foi desligada, `bootmgr` executa uma nova inicialização do sistema e, então, carrega `winload`. Esse programa carrega `hal.dll`, o kernel (`ntoskrnl.exe`), quaisquer drivers necessários à inicialização e o hive do sistema. Em seguida, `winload` transfere a execução para o kernel.

O kernel inicializa a si próprio e cria dois processos. O processo do sistema contém todos os threads de trabalho internos do kernel e nunca é executado em modalidade de usuário. O primeiro processo de modalidade de usuário criado é o SMSS, de *session manager subsystem*, que é semelhante ao processo INIT (de inicialização) no UNIX. O SMSS executa uma inicialização adicional do sistema, incluindo o estabelecimento dos arquivos de paginação, a carga de mais drivers de dispositivos e o gerenciamento das sessões do Windows. Cada sessão é usada para representar um usuário conectado, exceto no caso da *sessão 0*, que é usada para executar serviços de background com abrangência em todo o sistema, tais como LSASS e SERVICES. Uma sessão é ancorada por uma instância do processo CSRSS. Cada sessão que não seja a 0 executa inicialmente o processo WINLOGON. Esse processo conecta um usuário e, então, inicia o processo EXPLORER, que implementa a experiência de GUI do Windows. A lista a seguir descreve alguns desses aspectos da inicialização:

- O SMSS conclui a inicialização do sistema e, então, inicia a sessão 0 e a primeira sessão de login.

- O WININIT é executado na sessão 0 para inicializar a modalidade de usuário e iniciar LSASS, SERVICES e o gerenciador de sessão local, LSM.

- O LSASS, o subsistema de segurança, implementa recursos, tais como a autenticação de usuários.

- O SERVICES contém o gerenciador de controle de serviços, ou SCM (*service control manager*), que supervisiona todas as atividades de background no sistema, incluindo os serviços de modalidade de usuário. Vários serviços são registrados para serem iniciados quando o sistema é inicializado. Outros são iniciados apenas sob demanda ou quando são disparados por um evento, como a chegada de um dispositivo.

- O CSRSS é o processo do subsistema ambiental Win32. Ele é iniciado a cada sessão — diferente do subsistema POSIX que é iniciado somente sob demanda quando um processo POSIX é criado.

- O WINLOGON é executado em cada sessão do Windows, menos na sessão 0, para conectar um usuário.

O sistema otimiza o processo de inicialização fazendo a pré-paginação de arquivos em disco com base em inicializações anteriores. Padrões de acesso a disco também são usados durante a inicialização para organizar arquivos do sistema em disco reduzindo o número de operações de I/O requeridas. Os processos necessários para iniciar o sistema são reduzidos pelo agrupamento de serviços em menos processos. Todas essas abordagens contribuem para uma redução dramática do tempo de inicialização do sistema. É claro que o tempo de inicialização é menos importante do que já foi, por causa dos recursos de suspensão e hibernação do Windows.

19.4 Serviços de Terminal e Permuta Rápida de Usuários

O Windows suporta um console baseado em GUI que interage com o usuário por meio do teclado, do mouse e da tela. A maioria dos sistemas também suporta áudio e vídeo. A entrada de áudio é usada pelo software de reconhecimento de voz do Windows; o reconhecimento de voz torna o sistema mais conveniente e aumenta sua acessibilidade a usuários com deficiências. O Windows 7 adicionou suporte para hardware multitoque, permitindo que os usuários deem entrada em dados tocando na tela e fazendo gestos com um ou mais dedos. Eventualmente, o recurso de entrada de vídeo, que atualmente é usado para aplicações de comunicação, vai ser usado para interpretação visual de gestos, como a Microsoft demonstrou para seu produto Xbox 360 Kinect. Outras experiências de entrada futuras podem envolver o computador de superfície da Microsoft. Quase sempre instalado em locais públicos, como hotéis e centros de conferências, o computador de superfície é uma superfície de mesa com câmeras especiais por baixo. Ele pode rastrear as ações de múltiplos usuários ao mesmo tempo e reconhecer objetos colocados em sua superfície.

O PC foi imaginado, naturalmente, como um *computador pessoal* — um computador inerentemente monousuário. O Windows moderno, no entanto, suporta o compartilhamento de um PC entre múltiplos usuários. Cada usuário que está conectado usando a GUI tem uma sessão criada para representar o ambiente de GUI que ele usará e para conter todos os processos criados para a execução de suas aplicações. O Windows permite que existam múltiplas sessões ao mesmo tempo em uma única máquina. Porém, o Windows suporta apenas um único console, consistindo em todos os monitores, teclados e mouses conectados ao PC. Apenas uma sessão pode ser conectada ao console de cada vez. Na tela de login exibida no console, os usuários podem criar novas sessões, ou se conectar a uma sessão existente criada anteriormente. Isso permite que múltiplos usuários compartilhem um único PC sem necessidade de haver logoff e login entre eles. A Microsoft chama esse uso de sessões de *permuta rápida de usuários*.

Os usuários também podem criar novas sessões ou conectar-se a sessões existentes em um PC a partir de uma sessão em execução em outro PC Windows. O servidor de terminais (TS) conecta uma das janelas da GUI da sessão local de um usuário à sessão nova ou existente, chamada desktop remoto, no computador remoto. O uso mais comum das áreas de trabalho remotas é para conectar usuários a uma sessão em seus PCs de trabalho a partir dos seus PCs domésticos.

Muitas empresas usam sistemas servidores de terminais corporativos mantidos em centros de dados para executar todas as sessões de usuário que acessam recursos da empresa em vez de permitir que os usuários os acessem a partir dos PCs em cada uma de suas salas. Cada computador servidor pode manipular várias sessões de desktop remoto. Esse é um tipo de computação de cliente magro, em que computadores individuais dependem de um servidor para muitas funções. O uso de servidores de terminais em centros de dados melhora a confiabilidade, a capacidade de gerenciamento e a segurança dos recursos de computação corporativos.

O TS também é usado pelo Windows para implementar assistência remota. Um usuário remoto pode ser convidado a compartilhar uma sessão com o usuário conectado à sessão no console. O usuário remoto pode observar as ações do outro usuário e até mesmo assumir o controle do desktop para ajudar a resolver problemas de computação.

19.5 Sistema de Arquivos

O sistema de arquivos nativo do Windows é o NTFS. Ele é usado para todos os volumes locais. No entanto, pen drives USB, memória flash em câmeras e discos externos associados podem ser formatados com o sistema de arquivos FAT de 32 bits por questões de portabilidade. O FAT é um formato de sistema de arquivos muito mais antigo que é entendido por vários sistemas além do Windows, tais como o software executado em câmeras. Uma desvantagem é que o sistema de arquivos FAT não restringe o acesso aos arquivos a usuários autorizados. A única solução para proteger dados com o FAT é executar uma aplicação que criptografe esses dados antes de armazená-los no sistema de arquivos.

Por outro lado, o NTFS usa ACLs para controlar o acesso a arquivos individuais e suporta criptografia implícita de arquivos individuais ou de volumes inteiros (usando o recurso BitLocker do Windows). O NTFS também implementa muitos outros recursos, incluindo recuperação de dados, tolerância a falhas, arquivos e sistemas de arquivos muito grandes, múltiplos fluxos de dados, nomes UNICODE, arquivos dispersos, journaling, cópias de sombras de volumes e compressão de arquivos.

19.5.1 Layout Interno do NTFS

A entidade básica no NTFS é o volume. Um volume é criado pelo utilitário de gerenciamento de discos lógicos do Windows e é baseado em uma partição de disco lógico. O volume pode ocupar uma parte de um disco, um disco inteiro, ou se estender por vários discos.

O NTFS não lida com setores individuais de um disco; em vez disso, usa clusters como as unidades de alocação de discos. Um cluster é um grupo de setores de disco que corresponde a uma potência de 2. O tamanho default do cluster é configurado quando um sistema de arquivos NTFS é formatado. O tamanho do cluster é baseado no tamanho do volume — 4 KB para volumes maiores do que 2 GB. Dado o tamanho dos discos atuais, pode fazer sentido usar tamanhos de cluster maiores do que os defaults do Windows para obtenção de melhor desempenho, embora esses ganhos de desempenho sejam obtidos à custa de mais fragmentação interna.

O NTFS usa números de cluster lógicos (LCNs — *logical cluster numbers*) como endereços de disco. Ele os atribui numerando clusters do início ao fim do disco. Usando esse esquema, o sistema pode calcular um deslocamento no disco físico (em bytes) multiplicando o LCN pelo tamanho do cluster.

Um arquivo no NTFS não é um simples fluxo de bytes, como no UNIX, mas sim um objeto estruturado consistindo em atributos tipificados. Cada atributo de um arquivo é um fluxo de bytes independente que pode ser criado, excluído, lido e gravado.

Alguns tipos de atributos são padrão para todos os arquivos, incluindo o nome do arquivo (ou nomes, se o arquivo tiver aliases, tais como uma abreviação no MS-DOS), a hora de criação e o descritor de segurança que especifica a lista de controle de acesso. Dados de usuário são armazenados em *atributos de dados*.

A maioria dos arquivos de dados tradicionais tem um atributo de dados *não nomeado* que contém todos os dados do arquivo. No entanto, fluxos de dados adicionais podem ser criados com nomes explícitos. Por exemplo, em arquivos do Macintosh armazenados em um servidor Windows, o recurso fork* é um fluxo de dados nomeado. As interfaces IProp do Component Object Model (COM) usam um fluxo de dados nomeado para armazenar propriedades em arquivos comuns, incluindo reduções de imagens. Em geral, atributos podem ser adicionados conforme necessário e são acessados com o uso de uma sintaxe *nome do arquivo:atributo*. O NTFS retorna apenas o tamanho do atributo não nomeado, em resposta a operações de consulta a arquivos, como, por exemplo, ao executar o comando dir.

Cada arquivo no NTFS é descrito por um ou mais registros em um array armazenado em um arquivo especial chamado tabela mestra de arquivos (MFT — *master file table*). O tamanho de um registro é determinado quando o sistema de arquivos é criado; ele varia de 1 a 4 KB. Atributos pequenos são armazenados no próprio registro da MTF e são chamados *atributos residentes*. Atributos grandes, tais como os dados de massa não nomeados, são chamados *atributos não residentes* e são armazenados em uma ou mais extensões contíguas no disco. Um ponteiro para cada extensão é armazenado no registro da MFT. Para um arquivo pequeno, até mesmo o atributo de dados pode caber dentro do registro da MFT. Se um arquivo tem muitos atributos — ou se é altamente fragmentado, de modo que muitos ponteiros sejam necessários para apontar para todos os fragmentos — um registro da MFT pode não ser suficientemente grande. Nesse caso, o arquivo é descrito por um registro chamado registro base do arquivo, que contém ponteiros para registros de estouro que mantêm os ponteiros e atributos adicionais.

Cada arquivo, em um volume NTFS, tem um ID exclusivo chamado referência de arquivo. A referência de arquivo é um valor de 64 bits que consiste em um número de arquivo de 48 bits e um número de sequência de 16 bits. O número do arquivo é o número do registro (isto é, a posição no array) na MFT que descreve o arquivo. O número de sequência é incrementado cada vez que uma entrada da MFT é reutilizada. O número de sequência habilita o NTFS a executar verificações de consistência interna, tais como a busca de uma referência antiga a um arquivo excluído, após a entrada da MFT ter sido reutilizada para um novo arquivo.

19.5.1.1 Árvore B+ do NTFS

Como no UNIX, o espaço de nomes do NTFS é organizado como uma hierarquia de diretórios. Cada diretório usa uma estrutura de dados chamada árvore B+ para armazenar um índice dos nomes de arquivos nesse diretório. Em uma árvore B+, o ta-

---

*O recurso fork é um construtor do Mac OS usado para armazenar dados estruturados em um arquivo, lado a lado com dados desestruturados. Um recurso fork armazena informações em uma forma específica, contendo detalhes como mapas de bits de ícones, formas de janelas, definições de menus e seus conteúdos e código de aplicações (código de máquina). Por exemplo, um arquivo de processamento de palavras pode armazenar seu texto em um *data fork*, ao mesmo tempo em que armazena qualquer imagem embutida no mesmo recurso fork do arquivo. (N.R.T.)

manho de cada caminho, da raiz da árvore a uma folha, é o mesmo, e o custo de reorganização da árvore é eliminado. A raiz índice de um diretório contém o nível de topo da árvore B+. Em um diretório grande, esse nível de topo contém ponteiros para extensões de disco que mantêm o resto da árvore. Cada entrada no diretório contém o nome e a referência de arquivo do arquivo, assim como uma cópia do marcador de tempo de atualizações e do tamanho do arquivo, extraídos dos atributos do arquivo residentes na MFT. Cópias dessas informações são armazenadas no diretório para que uma listagem de diretório possa ser gerada eficientemente. Já que todos os nomes, tamanhos e horas de atualizações dos arquivos estão disponíveis no próprio diretório, não há necessidade de coletar esses atributos nas entradas da MFT para cada um dos arquivos.

19.5.1.2 Metadados do NTFS

Os metadados de volume no NTFS são todos armazenados em arquivos. O primeiro arquivo é a MFT. O segundo arquivo, que é usado durante a recuperação se a MFT estiver danificada, contém uma cópia das primeiras 16 entradas da MFT. Os outros arquivos também são especiais quanto à finalidade. Eles incluem os arquivos descritos a seguir.

- O arquivo de log registra todas as atualizações de metadados feitas no sistema de arquivos.
- O **arquivo de volume** contém o nome do volume, a versão do NTFS que formatou o volume, e um bit que informa se o volume pode ter sido corrompido e precisa de uma verificação de consistência com o uso do programa chkdsk.
- A **tabela de definição de atributos** indica que tipos de atributos são usados no volume e que operações podem ser executadas sobre cada um deles.
- O **diretório raiz** é o diretório de nível de topo na hierarquia do sistema de arquivos.
- O **arquivo de mapa de bits** indica quais clusters em um volume estão alocados para arquivos e quais estão livres.
- O **arquivo de inicialização** contém o código de inicialização do Windows e deve ficar localizado em um endereço de disco específico para poder ser encontrado facilmente por um carregador de bootstrap simples da ROM. O arquivo de inicialização também contém o endereço físico da MFT.
- O **arquivo de clusters inválidos** registra qualquer área inválida no volume; o NTFS usa esse registro para recuperação de erros.

A manutenção de todos os metadados do NTFS em arquivos reais tem uma vantagem. Como discutido na Seção 19.3.3.6, o gerenciador de cache armazena dados de arquivos em cache. Já que todos os metadados do NTFS residem em arquivos, esses dados podem ser armazenados em cache com o uso dos mesmos mecanismos empregados para dados comuns.

19.5.2 Recuperação

Em muitos sistemas de arquivos simples, a falta de energia na hora errada pode danificar tão gravemente as estruturas de dados desse sistema de arquivos que o volume inteiro fica desorganizado. Muitos sistemas de arquivos UNIX, incluindo o UFS, mas não o ZFS, armazenam metadados redundantes em disco e se recuperam de quedas usando o programa fsck para verificar todas as estruturas de dados do sistema de arquivos e restaurá-las eficazmente a um estado consistente. A restauração envolve, com frequência, a exclusão de arquivos danificados e a liberação de clusters de dados que foram gravados com dados do usuário, mas não foram apropriadamente registrados nas estruturas de metadados do sistema de arquivos. Essa verificação pode ser um processo lento e causar a perda de montantes de dados significativos.

O NTFS adota uma abordagem diferente para a robustez do sistema de arquivos. No NTFS, todas as atualizações em estruturas de dados do sistema de arquivos são executadas dentro de transações. Antes de uma estrutura de dados ser alterada, a transação grava um registro de log que contém informações para refazer e desfazer. Após a estrutura de dados ter sido alterada, a transação grava um registro de confirmação no log para indicar que foi bem-sucedida.

Após uma queda, o sistema pode restaurar as estruturas de dados do sistema de arquivos a um estado consistente processando os registros do log, refazendo primeiro as operações de transações confirmadas e, então, desfazendo as operações de transações que não foram confirmadas como bem-sucedidas antes da queda. Periodicamente (usualmente a cada 5 segundos), um registro de ponto de verificação é gravado no log. O sistema não precisa de registros de log anteriores ao ponto de verificação para se recuperar de uma queda. Eles podem ser descartados para que o arquivo de log não cresça sem limites. Na primeira vez em que um volume NTFS é acessado após a inicialização do sistema, o NTFS executa automaticamente a recuperação do sistema de arquivos.

Esse esquema não garante que todos os conteúdos de arquivos do usuário estão corretos após uma queda. Ele assegura apenas que as estruturas de dados do sistema de arquivos (os arquivos de metadados) não estão danificadas e refletem algum estado consistente que existia antes da queda. Seria possível estender o esquema de transações aos arquivos de usuários, e a Microsoft tomou algumas medidas para fazer isso no Windows Vista.

O log é armazenado no terceiro arquivo de metadados, no começo do volume. Ele é criado com um tamanho fixo máximo quando o sistema de arquivos é formatado. Ele tem duas seções: a *área de log*, que é uma fila circular de registros de log, e a *área de reinicialização*, que mantém informações de contexto, tal como a posição na área de log em que o NTFS deve iniciar a leitura durante uma recuperação. Na verdade, a área de reinicialização mantém duas cópias de suas informações. Portanto, a recuperação é possível, mesmo se uma cópia for danificada durante a queda.

A funcionalidade de log é fornecida pelo *serviço de arquivo de log*. Além de gravar os registros de log e executar ações de recuperação, o serviço de arquivo de log controla o espaço livre no arquivo de log. Se o espaço livre torna-se muito pequeno, o serviço de arquivo de log enfileira transações pendentes, e o NTFS interrompe todas as novas operações de I/O. Após as operações em progresso serem concluídas, o NTFS chama o gerenciador de cache para descarregar todos os dados e, então, reposicionar o arquivo de log e executar as transações enfileiradas.

19.5.3 Segurança

A segurança de um volume NTFS é derivada do modelo de objetos do Windows. Cada arquivo do NTFS referencia um descritor de segurança que especifica o proprietário do arquivo, e uma lista de controle de acesso que contém as permissões de acesso concedidas ou negadas a cada usuário ou grupo listado. Versões iniciais do NTFS usavam um descritor de segurança separado como atributo de cada arquivo. A partir do Windows 2000, o atributo descritor de segurança aponta para uma cópia compartilhada, com economia significativa em espaço de disco e de cache; inúmeros arquivos têm descritores de segurança idênticos.

Em operação normal, o NTFS não exige permissões para a varredura de diretórios em nomes de caminhos de arquivos. No entanto, para compatibilidade com o POSIX, essas verificações podem ser habilitadas. Verificações de varredura são inerentemente mais dispendiosas, já que a análise moderna de nomes de caminhos de arquivos usa a comparação de prefixos em vez da análise de nomes de caminho diretório a diretório. A comparação de prefixos é um algoritmo que procura por strings em um cache e encontra a entrada com a ocorrência mais longa — por exemplo, a entrada \foo\bar\dir seria um encontro para \foo\bar\dir2\dir3\myfile. O cache de comparação de prefixos permite que a varredura de nomes de caminho comece em um nível bem mais profundo na árvore, economizando muitas etapas. A imposição de verificações por varredura significa que o acesso do usuário deve ser verificado em cada nível do diretório. Por exemplo, um usuário pode não ter permissão para varrer foo\bar; portanto, começar no acesso a \foo\bar\dir seria um erro.

19.5.4 Gerenciamento de Volumes e Tolerância a Falhas

FtDisk é o driver de disco tolerante a falhas do Windows. Quando instalado, ele oferece várias formas de combinar múltiplos drives de disco em um volume lógico para melhorar o desempenho, a capacidade ou a confiabilidade.

19.5.4.1 Conjuntos de Volumes e Conjuntos RAID

Uma forma de combinar múltiplos discos é concatená-los logicamente para formar um grande volume lógico, como mostrado na Figura 19.7. No Windows, esse volume lógico, chamado **conjunto de volumes**, pode consistir em até 32 partições físicas. Um conjunto de volumes que contenha um volume NTFS pode ser estendido sem afetar os dados já armazenados no sistema de arquivos. Os metadados do mapa de bits no volume NTFS são simplesmente estendidos para abranger o espaço recém-adicionado. O NTFS continua usando o mesmo mecanismo de LCN que ele usa para um único disco físico, e o driver FtDisk fornece o mapeamento de um deslocamento no volume lógico para o deslocamento em um disco específico.

Outra forma de combinar múltiplas partições físicas é intercalar seus blocos ao estilo round-robin para formar um **conjunto de distribuições**. Esse esquema também é chamado RAID nível 0, ou **distribuição em discos**. [Para obter mais informações sobre RAID (conjuntos redundantes de discos baratos), consulte a Seção 10.7.] O FtDisk usa um tamanho de distribuição de 64 KB. Os primeiros 64 KB do volume lógico são armazenados na primeira partição física, os segundos 64 KB na segunda partição física, e assim por diante, até que cada partição tenha contribuído com 64 KB de espaço. Em seguida, a alocação volta ao primeiro disco, alocando o segundo bloco de 64 KB. Um conjunto de distribuições forma um grande volume lógico, mas o layout físico pode melhorar a largura de banda de I/O porque, para um I/O grande, todos os discos podem transferir dados em paralelo. O Windows também suporta o RAID nível 5, o conjunto de distribuições com paridade, e o RAID nível 1, o espelhamento.

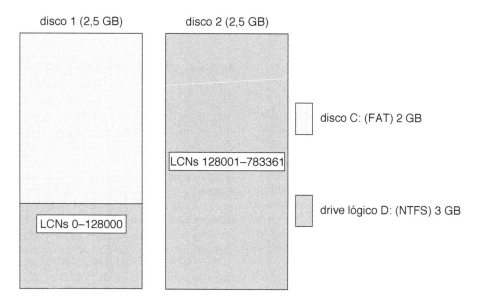

Figura 19.7 Conjunto de volumes em dois drives.

19.5.4.2 Reserva de Setores e Remapeamento de Clusters

Para lidar com setores de disco danificados, o `FtDisk` usa uma técnica de hardware chamada reserva de setores, e o NTFS usa uma técnica de software chamada remapeamento de clusters. A reserva de setores é um recurso de hardware fornecido por muitos drives de disco. Quando um drive de disco é formatado, ele cria um mapeamento entre números de blocos lógicos e setores válidos no disco. Ele também deixa setores extras não mapeados, como reservas. Se um setor falha, o `FtDisk` instrui o drive de disco a substituí-lo por um reserva. O remapeamento de clusters é uma técnica de software executada pelo sistema de arquivos. Se um bloco de disco fica danificado, o NTFS o substitui por um bloco diferente, não alocado, alterando quaisquer ponteiros afetados na MFT. O NTFS também garante que o bloco danificado nunca seja alocado a qualquer arquivo.

Quando um bloco de disco é danificado, costuma ocorrer perda de dados. Mas a reserva de setores ou o remapeamento de clusters pode ser combinado com volumes tolerantes a falhas para mascarar a falha de um bloco de disco. Se uma leitura falha, o sistema reconstrói os dados perdidos lendo o espelho ou calculando a paridade `exclusive or` em um conjunto de distribuições com paridade. Os dados reconstruídos são armazenados em uma nova locação obtida pela reserva de setores ou pelo remapeamento de clusters.

19.5.5 Compressão

O NTFS pode executar a compressão de dados em arquivos individuais ou em todos os arquivos de dados em um diretório. Para comprimir um arquivo, o NTFS divide os dados do arquivo em unidades de compressão, que são blocos de 16 clusters contíguos. Quando uma unidade de compressão é gravada, um algoritmo de compressão de dados é aplicado. Se o resultado couber em menos de 16 clusters, a versão comprimida é armazenada. Em uma leitura, o NTFS pode determinar se os dados foram comprimidos: se o foram, o tamanho da unidade de compressão armazenada é menor do que 16 clusters. Para melhorar o desempenho ao ler unidades de compressão contíguas, o NTFS executa a pré-busca e a descompressão antes que ocorram as solicitações da aplicação.

Para arquivos dispersos ou arquivos que contenham zeros em sua maior parte, o NTFS usa outra técnica para economizar espaço. Clusters contendo apenas zeros porque nunca foram gravados não são realmente alocados ou armazenados em disco. Em vez disso, são deixadas brechas na sequência de números de clusters virtuais armazenados na entrada MFT do arquivo. Ao ler um arquivo, se o NTFS encontra uma brecha nos números de clusters virtuais, ele apenas preenche com zeros essa parte do buffer do chamador. Essa técnica também é usada pelo UNIX.

19.5.6 Pontos de Montagem, Links Simbólicos e Links Físicos

Os pontos de montagem são um tipo de link simbólico específico para diretórios no NTFS que foram introduzidos no Windows 2000. Eles fornecem um mecanismo para a organização de volumes de disco que é mais flexível do que o uso de nomes globais (como as letras de drives). Um ponto de montagem é implementado como um link simbólico com dados associados contendo o nome verdadeiro do volume. Os pontos de montagem acabarão por substituir totalmente as letras de drives, mas haverá uma longa transição, já que muitas aplicações dependem do esquema de letras de drives.

O Windows Vista introduziu o suporte a um tipo mais geral de links simbólicos, semelhantes aos encontrados no UNIX. Os links podem ser absolutos ou relativos, podem apontar para objetos que não existem e podem apontar tanto para arquivos quanto para diretórios até mesmo atravessando volumes. O NTFS também suporta links físicos, em que um único arquivo tem uma entrada em mais de um diretório do mesmo volume.

19.5.7 Diário de Alterações

O NTFS mantém um diário descrevendo todas as alterações que foram feitas no sistema de arquivos. Serviços de modalidade de usuário podem receber notificações de mudanças no diário e, então, identificar os arquivos que foram alterados lendo os registros do diário. O serviço indexador de pesquisa usa o diário de alterações para identificar arquivos que precisam ser reindexados. O serviço de replicação de arquivos usa-o para identificar arquivos que precisam ser replicados ao longo da rede.

19.5.8 Cópias Sombras de Volumes

O Windows implementa o recurso de trazer um volume para um estado conhecido e, então, criar uma cópia sombra que possa ser usada como backup de uma visão consistente do volume. Essa técnica é conhecida como *instantâneo* em outros sistemas de arquivos. A criação de uma cópia sombra de um volume é um tipo de cópia-após-gravação, em que blocos modificados após a criação da cópia sombra são armazenados em sua forma original na cópia. A obtenção de um estado consistente para o volume requer a cooperação das aplicações, já que o sistema não tem como saber quando os dados usados pela aplicação estão em estado estável a partir do qual a aplicação possa ser reiniciada seguramente.

A versão de servidor do Windows usa cópias sombras para manter versões antigas de arquivos eficientemente armazenadas em servidores de arquivos. Isso permite que os usuários vejam documentos armazenados em servidores de arquivos como eles existiam em momentos anteriores no tempo. O usuário pode usar esse recurso para recuperar arquivos que foram excluídos acidentalmente ou simplesmente para examinar uma versão anterior do arquivo, tudo isso sem manipular a mídia de backup.

19.6 Conexão de Rede

O Windows suporta conexões de redes entre pares e cliente-servidor. Ele também tem recursos para o gerenciamento da rede. Os componentes de rede do Windows fornecem transporte de dados, comunicação entre processos, compartilhamento de arquivos na rede e o recurso de enviar jobs de impressão para impressoras remotas.

19.6.1 Interfaces de Rede

Para descrever a rede do Windows, devemos primeiro mencionar duas das interfaces de rede internas: a especificação da interface de dispositivos de rede (NDIS — *network device interface specification*) e a interface do driver de transporte (TDI — *transport driver interface*). A interface NDIS foi desenvolvida em 1989 pela Microsoft e a 3Com para separar os adaptadores de rede dos protocolos de transporte de modo que um pudesse ser alterado sem afetar o outro. A NDIS reside na interface entre a camada de link de dados e a camada de rede no modelo ISO e habilita muitos protocolos a operarem sobre vários adaptadores de rede diferentes. Em termos do modelo ISO, a TDI é a interface entre a camada de transporte (camada 4) e a camada de sessão (camada 5). Essa interface habilita qualquer componente da camada de sessão a usar qualquer mecanismo de transporte disponível. (Raciocínio semelhante levou ao mecanismo streams no UNIX.) A TDI suporta tanto o transporte baseado em conexão como o transporte sem conexão e tem funções para o envio de quaisquer tipos de dados.

19.6.2 Protocolos

O Windows implementa protocolos de transporte como drivers. Esses drivers podem ser carregados e descarregados no sistema dinamicamente, embora na prática o sistema normalmente tenha que ser reinicializado após uma alteração. O Windows vem com vários protocolos de rede. A seguir, discutimos vários desses protocolos.

19.6.2.1 Bloco de Mensagens do Servidor

O protocolo de bloco de mensagens do servidor (SMB — *server-message-block*) foi introduzido pela primeira vez no MS-DOS 3.1. O sistema usa o protocolo para enviar solicitações de I/O por meio da rede. O protocolo SMB tem quatro tipos de mensagens. As mensagens Session control são comandos que iniciam e terminam uma conexão redirecionadora para um recurso compartilhado no servidor. Um redirecionador usa mensagens File para acessar arquivos no servidor. As mensagens Printer são usadas para enviar dados a uma fila de impressão remota e receber informações de *status* da fila, e as mensagens Message são usadas para comunicação com outra estação de trabalho. Uma versão do protocolo SMB foi publicada como o common Internet file system (CIFS) que é suportado em vários sistemas operacionais.

19.6.2.2 Protocolo de Controle de Transmissões/Protocolo de Internet

A suíte protocolo de controle de transmissões/protocolo de Internet (TCP/IP), usada na Internet, tornou-se de fato a infraestrutura de conexão de rede padrão. O Windows usa o TCP/IP para se conectar a uma ampla variedade de sistemas operacionais e plataformas de hardware. O pacote TCP/IP do Windows inclui o protocolo simples de gerenciamento de rede (SNMP — *Simple Network-Management Protocol*), o protocolo dinâmico de configuração de hospedeiros (DHCP — *Dynamic Host-Configuration Protocol*) e o antigo serviço de nomes de Internet do Windows (WINS — *Windows Internet Name Service*). O Windows Vista introduziu uma nova implementação do TCP/IP que suporta tanto o IPv4 quanto o IPv6 na mesma pilha de rede. Essa nova implementação também suporta a descarga da pilha de rede em hardware avançado para obter desempenho muito alto dos servidores.

O Windows fornece um firewall em software que limita as portas TCP que podem ser usadas por programas para comunicação de rede. Firewalls de rede são, comumente, implementados em roteadores e representam uma medida de segurança muito importante. A existência de um firewall embutido no sistema operacional torna um roteador de hardware desnecessário, e também fornece gerenciamento mais integrado e maior facilidade de uso.

19.6.2.3 Protocolo de Canalização Ponto a Ponto

O protocolo de canalização ponto a ponto (PPTP — *Point-To-Point Tunneling Protocol*) é um protocolo fornecido pelo Windows para a comunicação entre módulos de servidores de acesso remoto em execução em máquinas servidoras Windows e outros sistemas clientes conectados pela Internet. Os servidores de acesso remoto podem criptografar dados enviados por meio da conexão e eles suportam redes virtuais privadas (VPNs) multiprotocolares pela Internet.

19.6.2.4 Protocolo HTTP

O protocolo HTTP é usado para get/put informações usando a World Wide Web. O Windows implementa o HTTP usando um driver de modalidade de kernel para que os servidores web possam operar com uma conexão de baixo overhead para a pilha de rede. O HTTP é um protocolo bem geral que o Windows torna disponível como uma opção de transporte para a implementação da RPC.

19.6.2.5 Protocolo de Autoria e de Criação de Versões Distribuídas na Web

A autoria e a criação de versões distribuídas na Web (WebDAV — *Web-Distributed Authoring and Versioning*) constituem um protocolo baseado no HTTP para a autoria colaborativa por meio de uma rede. O Windows embute um redirecionador WebDAV no sistema de arquivos. O fato de ser embutido diretamente no sistema de arquivos habilita o WebDAV a funcionar com outros recursos do sistema de arquivos, tal como a criptografia. Arquivos pessoais podem, então, ser armazenados seguramente em um local público. Já que o WebDAV usa o HTTP que é um protocolo get/put, o Windows tem que armazenar localmente os arquivos em cache para que os programas possam usar operações read e write em partes dos arquivos.

19.6.2.6 Pipes Nomeados

Os pipes nomeados são um mecanismo de troca de mensagens orientado a conexões. Um processo pode usar pipes nomeados para se comunicar com outros processos na mesma máquina. Já que os pipes nomeados são acessados por meio da interface do sistema de arquivos, os mecanismos de segurança usados para objetos arquivo também se aplicam a eles. O protocolo SMB suporta pipes nomeados; portanto, eles também podem ser usados para comunicação entre processos em diferentes sistemas.

O formato dos nomes dos pipes segue a convenção de nomeação uniforme (UNC — *uniform naming convention*). Um nome UNC tem a aparência de um nome de arquivo remoto típico. O formato é \\server_name\share_name\x\y\z, em que server_name identifica um servidor na rede; share_name identifica qualquer recurso que seja disponibilizado para usuários da rede, tais como diretórios, arquivos, pipes nomeados e impressoras; e \x\y\z é um nome de caminho de arquivo normal.

19.6.2.7 Chamadas de Procedimento Remotas

Uma chamada de procedimento remota (RPC) é um mecanismo cliente-servidor que habilita uma aplicação em uma máquina a fazer uma chamada de procedimento para um código em outra máquina. O cliente chama um procedimento local — uma rotina stub — que empacota seus argumentos em uma mensagem e os envia pela rede para um processo servidor específico. A rotina stub no lado do cliente é, então, bloqueada. Enquanto isso, o servidor desempacota a mensagem, chama o procedimento, empacota os resultados de retorno em uma mensagem e os envia de volta ao stub do cliente. O stub do cliente é desbloqueado, recebe a mensagem, desempacota os resultados da RPC e os retorna ao chamador. Esse empacotamento de argumentos é algumas vezes chamado marshaling. O código do stub do cliente e os descritores necessários para empacotar e desempacotar os argumentos de uma RPC são compilados a partir de uma especificação escrita na Linguagem de Definição de Interfaces da Microsoft.

O mecanismo de RPC do Windows segue o amplamente usado padrão de ambiente de computação distribuída para mensagens RPC; portanto, programas escritos para usar RPCs do Windows são altamente portáveis. O padrão RPC é detalhado. Ele oculta muitas das diferenças de arquitetura entre computadores, tais como os tamanhos de números binários e a ordem de bytes e bits em palavras do computador, especificando formatos de dados padrão para mensagens RPC.

19.6.2.8 Modelo de Objeto Componente

O modelo de objeto componente (COM — *component object model*) é um mecanismo para a comunicação entre processos e foi desenvolvido para o Windows. Os objetos COM fornecem uma interface bem definida para a manipulação de dados no objeto. Por exemplo, o COM é a infraestrutura usada pela tecnologia de vinculação e embutimento de objetos (OLE — *object linking and embedding*) da Microsoft para a inserção de planilhas em documentos do Microsoft Word. Muitos serviços do Windows fornecem interfaces COM. O Windows tem uma extensão distribuída chamada DCOM, que pode ser usada por meio de uma rede utilizando RPCs, para fornecer um método transparente de desenvolvimento de aplicações distribuídas.

19.6.3 Redirecionadores e Servidores

No Windows, uma aplicação pode usar a API de I/O do Windows para acessar arquivos em um computador remoto como se eles fossem locais, contanto que o computador remoto esteja executando um servidor CIFS como o fornecido pelo Windows. Um redirecionador é o objeto do lado do cliente que encaminha solicitações de I/O a um sistema remoto, em que elas são atendidas por um servidor. Por questões de desempenho e segurança, os redirecionadores e os servidores são executados em modalidade de kernel.

De modo mais detalhado, o acesso a um arquivo remoto ocorre como descrito a seguir:

1. A aplicação chama o gerenciador de I/O para solicitar que um arquivo seja aberto com um nome de arquivo no formato UNC padrão.
2. O gerenciador de I/O constrói um pacote de solicitação de I/O, como descrito na Seção 19.3.3.5.
3. O gerenciador de I/O reconhece que o acesso é para um arquivo remoto e chama um driver denominado provedor múltiplo de convenção de nomeação universal (MUP — *multiple universal-naming-convention provider*).
4. O MUP envia o pacote de solicitação de I/O assincronamente a todos os redirecionadores registrados.
5. Um redirecionador que pode atender a solicitação responde ao MUP. Para não fazer, no futuro, a mesma pergunta a todos os redirecionadores, o MUP usa um cache para que lembrar ao redirecionador que pode manipular esse arquivo.
6. O redirecionador envia a solicitação de rede ao sistema remoto.
7. Os drivers de rede do sistema remoto recebem a solicitação e a passam ao driver do servidor.
8. O driver do servidor conduz a solicitação ao driver apropriado do sistema de arquivos local.
9. O driver de dispositivo apropriado é chamado para acessar os dados.
10. Os resultados são retornados ao driver do servidor, que envia os dados de volta ao redirecionador solicitante. O redirecionador retorna então os dados à aplicação chamadora por meio do gerenciador de I/O.

Um processo semelhante ocorre para aplicações que usam a API de rede do Win32 em vez dos serviços UNC, exceto por ser usado um módulo chamado *roteador multiprovedor* em vez de um MUP.

Por questões de portabilidade, os redirecionadores e servidores usam a API TDI para transporte na rede. As próprias solicitações são expressas em um protocolo de mais alto nível que, por default, é o protocolo SMB descrito na Seção 19.6.2. A lista de redirecionadores é mantida no hive do registro do sistema.

19.6.3.1 Sistema de Arquivos Distribuído

Nem sempre os nomes UNC são convenientes, porque múltiplos servidores de arquivos podem estar disponíveis para servir ao mesmo conteúdo, e os nomes UNC incluem explicitamente o nome do servidor. O Windows suporta um protocolo de sistema de arquivos distribuído (DFS) que permite que um administrador de rede sirva arquivos a partir de múltiplos servidores usando um único espaço de nomes distribuído.

19.6.3.2 Redirecionamento de Pastas e Armazenamento em Cache no Lado do Cliente

Para melhorar a experiência do PC para usuários que trocam frequentemente de computador, o Windows permite que os administradores forneçam aos usuários perfis móveis que mantêm as preferências e outras definições dos usuários nos servidores. O redirecionamento de pastas é, então, usado para armazenar automaticamente os documentos e outros arquivos de um usuário em um servidor.

Isso funciona bem até que um dos computadores não esteja mais conectado à rede, como no caso em que um usuário leva um laptop em um avião. Para fornecer aos usuários acesso off-line aos seus arquivos redirecionados, o Windows usa o armazenamento em cache no lado do cliente (CSC — *client-side caching*). O CSC também é usado, quando o computador está on-line, para manter cópias dos arquivos do servidor na máquina local para melhor desempenho. Os arquivos são enviados ao servidor quando são alterados. Se o computador é desconectado, os arquivos continuam disponíveis, e a atualização do servidor é adiada até a próxima vez em que o computador estiver on-line.

19.6.4 Domínios

Muitos ambientes de rede têm grupos naturais de usuários, tais como estudantes em um laboratório de computação na escola, ou empregados em um departamento de uma empresa. É sempre desejável que todos os membros do grupo sejam capazes de acessar recursos compartilhados nos diversos computadores do grupo. Para gerenciar os direitos de acesso global dentro de tais grupos, o Windows usa o conceito de domínio. Anteriormente, esses domínios não tinham nenhuma relação com o sistema de nomes de domínios (DNS) que mapeia nomes de hospedeiros na Internet para endereços IP. Agora, no entanto, eles estão intimamente relacionados.

Especificamente, um domínio no Windows é um grupo de estações de trabalho e servidores Windows que compartilham uma política de segurança e um banco de dados de usuários. Já que o Windows usa o protocolo Kerberos para relações de confiança e autenticação, um domínio no Windows é a mesma coisa que um território no Kerberos. O Windows usa uma abordagem hierárquica para estabelecer relações de confiança entre domínios relacionados. As relações de confiança são baseadas no DNS e permitem relações de confiança transitivas que podem fluir para cima e para baixo na hierarquia. Essa abordagem reduz o número de relações de confiança requeridas para n domínios, de $n*(n-1)$ para $O(n)$. As estações de trabalho no domínio confiam no controlador do domínio para dar informações corretas sobre os direitos de acesso de cada usuário (carregadas no token de acesso do usuário pelo LSASS). No entanto, todos os usuários podem restringir o acesso às suas próprias estações de trabalho, independentemente do que qualquer controlador de domínio possa dizer.

19.6.5 Active Directory

O Active Directory é a implementação do Windows para os serviços do protocolo peso-leve de acesso a diretórios (LDAP — *lightweight directory-access protocol*). O Active Directory armazena as informações de topologia do domínio, mantém as contas e senhas de usuários e grupos baseadas no domínio e fornece um armazenamento baseado no domínio para recursos do Windows que precisem dele, tais como as políticas de grupo do Windows. Os administradores usam políticas de grupo para estabelecer padrões uniformes para preferências e softwares de computadores desktop. Para muitos grupos empresariais de tecnologia da informação, a uniformidade reduz drasticamente o custo da computação.

19.7 Interface do Programador

A API Win32 é a interface básica para os recursos do Windows. Esta seção descreve cinco aspectos principais da API Win32: o acesso a objetos do kernel, o compartilhamento de objetos entre processos, o gerenciamento de processos, a comunicação entre processos e o gerenciamento da memória.

19.7.1 Acesso a Objetos do Kernel

O kernel do Windows fornece muitos serviços que os programas de aplicação podem usar. Os programas de aplicação obtêm esses serviços manipulando objetos do kernel. Um processo obtém acesso a um objeto do kernel chamado XXX, invocando a função CreateXXX para abrir um manipulador de uma instância de XXX. Esse manipulador é exclusivo do processo. Dependendo do objeto que está sendo aberto, se a função Create( ) falhar, ela pode retornar 0 ou uma constante especial chamada INVALID_HANDLE_VALUE. Um processo pode fechar qualquer manipulador chamando a função CloseHandle( ) e o sistema pode excluir o objeto, se a contagem de manipuladores que referenciam o objeto em todos os processos chegar a 0.

19.7.2 Compartilhando Objetos entre Processos

O Windows fornece três maneiras para compartilhar objetos entre processos. A primeira forma é a herança, por um processo-filho, de um manipulador para o objeto. Quando o pai chama a função CreateXXX, ele fornece uma estrutura SECURITIES_ATTRIBUTES com o campo bInheritHandle posicionado como TRUE. Esse campo cria um manipulador herdável. Em seguida, o processo-filho é criado, passando um valor TRUE ao argumento bInheritHandle da função CreateProcess( ). A Figura 19.8 mostra um exemplo de código que cria um manipulador de semáforo herdado por um processo-filho.

Supondo que o processo-filho saiba que manipuladores são compartilhados, o pai e o filho podem obter a comunicação entre

```
SECURITY_ATTRIBUTES sa;
sa.nlength = sizeof(sa);
sa.lpSecurityDescriptor = NULL;
sa.bInheritHandle = TRUE;
Handle a_semaphore = CreateSemaphore(&sa, 1, 1, NULL);
char comand_line[132];
ostrstream ostring(command_line, sizeof(command_line));
ostring << a_semaphore << ends;
CreateProcess("another_process.exe", command_line,
   NULL, NULL, TRUE, . . .);
```

Figura 19.8 Código que habilita um filho a compartilhar um objeto por herança de um manipulador.

os processos por meio dos objetos compartilhados. No exemplo na Figura 19.8, o processo-filho obtém o valor do manipulador a partir do primeiro argumento da linha de comando e, então, compartilha o semáforo com o processo-pai.

A segunda forma de compartilhar objetos é por meio do fornecimento de um nome ao objeto por um dos processos, quando o objeto é criado, e a abertura do nome pelo segundo processo. Esse método apresenta duas desvantagens: o Windows não fornece um meio para verificar se um objeto com o nome selecionado já existe, e o espaço de nomes de objetos é global, independentemente do tipo de objeto. Por exemplo, duas aplicações podem criar e compartilhar um único objeto chamado "foo" quando dois objetos distintos — e possivelmente de tipos diferentes — eram desejados.

Os objetos nomeados têm a vantagem de que processos não relacionados podem compartilhá-los imediatamente. O primeiro processo chama uma das funções CreateXXX e fornece um nome como parâmetro. O segundo processo obtém um manipulador para compartilhar o objeto, chamando OpenXXX ( ) (ou CreateXXX) com o mesmo nome, como mostrado no exemplo da Figura 19.9.

A terceira forma de compartilhar objetos é por meio da função DuplicateHandle ( ). Esse método requer algum outro método de comunicação entre processos para passar o manipulador duplicado. Dados um manipulador para um processo e o valor de um manipulador dentro desse processo, um segundo processo pode obter um manipulador para o mesmo objeto e, então, compartilhá-lo. Um exemplo desse método é mostrado na Figura 19.10.

```
// Processo A
. . .
HANDLE a_semaphore = CreateSemaphore(NULL, 1, 1,
"MySEM1");
. . .
// Processo B
. . .
HANDLE b_semaphore = OpenSemaphore(SEMAPHORE_
ALL_ACCESS,FALSE, "MySEM1");
. . .
```

Figura 19.9 Código para compartilhamento de um objeto por busca de nome.

19.7.3 Gerenciamento de Processos

No Windows, um *processo* é uma instância carregada de uma aplicação, e um *thread* é uma unidade de código executável que pode ser incluída no schedule pelo despachante do kernel. Assim, um processo contém um ou mais threads. Um processo é criado quando um thread em algum outro processo chama a API de CreateProcess ( ). Essa rotina carrega qualquer biblioteca de vínculo dinâmico usada pelo processo e cria um thread inicial no processo. Threads adicionais podem ser criados pela função CreateThread ( ). Cada thread é criado com sua própria pilha que tem 1 MB por default, a menos que especificado diferentemente em um argumento para CreateThread ( ).

```
// Processo A quer conceder acesso a um semáforo ao Processo B

// Processo A
HANDLE a_semaphore = CreateSemaphore(NULL, 1, 1, NULL);
// envia o valor do semáforo ao Processo B usando uma
// mensagem ou um objeto de memória compartilhada
. . .

// Processo B
HANDLE process_a = OpenProcess(PROCESS_ALL_ACCESS, FALSE,
   process_id_of_A);
HANDLE b_semaphore;
DuplicateHandle(process_a, a_semaphore,
   GetCurrentProcess(), &b_semaphore,
   0, FALSE, DUPLICATE_SAME_ACCESS);
// usa b_semaphore para acessar o semáforo
. . .
```

Figura 19.10 Código para compartilhamento de um objeto pela passagem de um manipulador.

19.7.3.1 Regra de Scheduling

As prioridades no ambiente Win32 baseiam-se no modelo de scheduling do kernel nativo (NT), mas nem todos os valores de prioridades são selecionados. A API Win32 usa quatro classes de prioridades:

1. `IDLE_PRIORITY_CLASS` (prioridade nível 4 do NT)
2. `NORMAL_PRIORITY_CLASS` (prioridade nível 8 do NT)
3. `HIGH_PRIORITY_CLASS` (prioridade nível 13 do NT)
4. `REALTIME_PRIORITY_CLASS` (prioridade nível 24 do NT)

Processos são, tipicamente, membros da `NORMAL_PRIORITY_CLASS`, a menos que o pai do processo pertença à `IDLE_PRIORITY_CLASS`, ou que outra classe tenha sido especificada quando `CreateProcess( )` foi chamada. A classe de prioridade de um processo é o default para todos os threads que são executados no processo. Ela pode ser alterada com a função `SetPriorityClass( )` ou pela passagem de um argumento ao comando `START`. Somente usuários com o privilégio de *aumento da prioridade do scheduling* podem passar um processo para a `REALTIME_PRIORITY_CLASS`. Administradores e usuários avançados têm esse privilégio por default.

Quando um usuário está executando um processo interativo, o sistema precisa organizar no schedule os threads do processo de modo a fornecer boa capacidade de resposta. Por essa razão, o Windows tem uma regra de scheduling especial para processos na `NORMAL_PRIORITY_CLASS`. O Windows diferencia o processo associado à janela de foreground dos outros processos (de background). Quando um processo passa para foreground, o Windows aumenta o quantum do scheduling para todos os seus threads de um fator de 3; threads limitados por CPU no processo de foreground serão executados por um tempo três vezes maior do que threads semelhantes em processos de background.

19.7.3.2 Prioridades de Threads

Um thread começa com uma prioridade inicial determinada por sua classe. A prioridade pode ser alterada pela função `SetThreadPriority( )`. Essa função usa um argumento que especifica uma prioridade em relação à prioridade base de sua classe:

- `THREAD_PRIORITY_LOWEST`: base − 2
- `THREAD_PRIORITY_BELOW_NORMAL`: base − 1
- `THREAD_PRIORITY_NORMAL`: base + 0
- `THREAD_PRIORITY_ABOVE_NORMAL`: base + 1
- `THREAD_PRIORITY_HIGHEST`: base + 2

Duas outras designações também são usadas para ajustar a prioridade. Lembre-se, da Seção 19.3.2.2, de que o kernel tem duas classes de prioridades: 16-31 para a classe de tempo real e 1-15 para a classe variável. `THREAD_PRIORITY_IDLE` posiciona a prioridade em 16 para threads de tempo real e em 1 para threads de prioridade variável. `THREAD_PRIORITY_TIME_CRITICAL` posiciona a prioridade em 31, para threads de tempo real, e em 15 para threads de prioridade variável.

Como discutido na Seção 19.3.2.2, o kernel ajusta dinamicamente a prioridade de um thread de classe variável, dependendo de o thread ser limitado por I/O ou limitado por CPU. A API Win32 fornece um método para desabilitar esse ajuste por meio das funções `SetProcessPriorityBoost( )` e `SetThreadPriorityBoost( )`.

19.7.3.3 Suspensão e Retomada de Threads

Um thread pode ser criado em *estado suspenso*, ou pode ser colocado nesse estado, posteriormente, com o uso da função `SuspendThread( )`. Antes que um thread suspenso possa ser incluído no schedule pelo despachante do kernel, ele deve ser retirado do estado suspenso com o uso da função `ResumeThread( )`. As duas funções posicionam um contador de modo que, se um thread for suspenso duas vezes, ele tenha de ser retomado duas vezes antes que possa ser executado.

19.7.3.4 Sincronização de Threads

Para sincronizar o acesso concorrente a objetos compartilhados por threads, o kernel fornece objetos de sincronização, tais como semáforos e mutexes. Esses são objetos despachantes, como discutido na Seção 19.3.2.2. Os threads também podem ser sincronizados com serviços do kernel operando sobre objetos do kernel — tais como threads, processos e arquivos — porque esses também são objetos despachantes. A sincronização com objetos despachantes do kernel pode ser obtida com o uso das funções `WaitForSingleObject( )` e `WaitForMultipleObjects( )`; essas funções esperam que um ou mais objetos despachantes sejam sinalizados.

Outro método de sincronização está disponível para threads do mesmo processo que queiram executar um código exclusivamente. O **objeto seção crítica** do Win32 é um objeto mutex de modalidade de usuário que, frequentemente, pode ser adquirido e liberado sem a entrada no kernel. Em um multiprocessador, uma seção crítica do Win32 tentará entrar em rotação enquanto espera que uma seção crítica mantida por outro thread seja liberada. Se a rotação demorar muito, o thread solicitante alocará um mutex do kernel e desistirá de sua CPU. As seções críticas são particularmente eficientes porque o mutex do kernel é alocado apenas quando há disputa e, então, é usado somente após tentar entrar em rotação. A maioria dos mutexes em programas nunca são realmente disputados; portanto, a economia é significativa.

Antes de usar uma seção crítica, algum dos threads no processo deve chamar `InitializeCriticalSection( )`. Cada thread que queira adquirir o mutex chama `EnterCriticalSection( )` e, então, chama `LeaveCriticalSection( )` para liberar o mutex. Também há uma função `TryEnterCriticalSection( )` que tenta adquirir o mutex sem bloquear.

Para programas que queiram locks de leitor-gravador de modalidade de usuário em vez de um mutex, o Win32 suporta **locks de leitor-gravador magros (SRW — *slim reader-writer*)**. Os locks SRW têm APIs semelhantes às das seções críticas, tais como `InitializeSRWLock`, `AcquireSRWLockXXX` e `ReleaseSRWLockXXX`, em que XXX pode ser `Exclusive` ou `Shared`, dependendo de o acesso requerido pelo thread ser para gravação ou apenas para leitura do objeto protegido pelo lock. A API Win32 também suporta **variáveis de condição** que podem ser usadas tanto com seções críticas quanto com locks SRW.

19.7.3.5 Pool de Threads

A criação e a exclusão repetidas de threads podem ser dispendiosas para aplicações e serviços que executem pequenos volumes de trabalho em cada instanciação. O pool de threads do Win32 fornece três serviços a programas de modalidade de usuário: uma fila à qual solicitações de trabalho possam ser submetidas [por meio da função `SubmitThreadpoolWork( )`], uma

API que pode ser usada para vincular retornos de chamadas a manipuladores em espera [`RegisterWaitForSingleObject ( )`] e APIs que funcionem com timers [`CreateThreadpool-Timer ( )` e `WaitForThreadpoolTimerCallbacks ( )`] e para vincular retornos de chamadas a filas de conclusão de I/O [`BindIoCompletionCallback ( )`].

O objetivo do uso de um pool de threads é melhorar o desempenho e reduzir o footprint de memória. Threads são relativamente caros, e cada processador pode executar apenas um thread de cada vez independentemente de quantos threads estão disponíveis. O pool de threads tenta reduzir o número de threads executáveis retardando um pouco as solicitações de trabalho (reutilizando cada thread para muitas solicitações) ao mesmo tempo em que fornece threads suficientes para utilizar efetivamente as CPUs da máquina. As APIs de espera e de retorno de chamada de I/O e timer permitem que o pool de threads reduza ainda mais o número de threads em um processo, usando muito menos threads do que seria necessário se um processo tivesse que dedicar threads separados para atender a cada manipulador em espera, timer ou porta de conclusão.

19.7.3.6 Fibras

Uma fibra é um código de modalidade de usuário que é incluído no schedule de acordo com um algoritmo de scheduling definido pelo usuário. As fibras são um recurso totalmente de modalidade de usuário; o kernel não sabe que elas existem. O mecanismo de fibras usa threads do Windows como se fossem CPUs para serem executadas. As fibras são organizadas no schedule cooperativamente, significando que elas nunca sofrem preempção mas devem abandonar explicitamente o thread em que estão sendo executadas. Quando uma fibra abandona um thread, outra fibra pode ser incluída no seu schedule pelo sistema de tempo de execução (o código de tempo de execução da linguagem de programação).

O sistema cria uma fibra chamando tanto `ConvertThreadToFiber ( )` quanto `CreateFiber ( )`. A principal diferença entre essas funções é que `CreateFiber ( )` não inicia a execução da fibra que foi criada. Para iniciar a execução, a aplicação deve chamar `SwitchToFiber ( )`. A aplicação pode encerrar uma fibra chamando `DeleteFiber ( )`.

As fibras não são recomendadas para threads que usem APIS Win32 em vez de funções-padrão da biblioteca de C em razão de incompatibilidades potenciais. Os threads de modalidade de usuário do Win32 têm um bloco de ambiente de threads (TEB — *thread-environment block*) que contém vários campos por thread, usados pelas APIs Win32. As fibras devem compartilhar o TEB do thread em que estão sendo executadas. Isso pode levar a problemas quando uma interface Win32 insere informações de estado de uma fibra no TEB e, depois, as informações são sobrepostas por uma fibra diferente. As fibras foram incluídas na API Win32 para facilitar a portabilidade de aplicações legadas do UNIX que tenham sido escritas para um modelo de threads de modalidade de usuário, tal como o Pthreads.

19.7.3.7 Scheduling de Modalidade de Usuário (UMS) e o ConcRT

Um novo mecanismo no Windows 7, o scheduling de modalidade de usuário (UMS — *user-mode scheduling*), corrige várias limitações das fibras. Primeiro, lembre-se de que as fibras não são confiáveis para a execução de APIs Win32 porque elas não têm seus próprios TEBs. Quando um thread executando uma fibra é bloqueado no kernel, o scheduler do usuário perde o controle da CPU por um tempo enquanto o despachante do kernel assume o scheduling. Podem ocorrer problemas quando as fibras mudam o estado de kernel de um thread, tal como a prioridade ou o token de personificação, ou quando iniciam I/O assíncrono.

O UMS fornece um modelo alternativo ao reconhecer que cada thread do Windows na verdade são dois threads: um thread do kernel (KT) e um thread de usuário (UT). Cada tipo de thread tem sua própria pilha e seu próprio conjunto de registradores salvos. O KT e o UT aparecem como um único thread para o programador porque os UTs nunca podem ser bloqueados e devem sempre entrar no kernel, onde tem lugar uma permuta implícita para o KT correspondente. O UMS usa o TEB de cada UT para identificar o UT de maneira exclusiva. Quando um UT entra no kernel, é executada uma permuta explícita para o KT correspondente ao UT identificado pelo TEB corrente. O kernel não sabe qual UT está em execução porque os UTs podem invocar um scheduler de modalidade de usuário, assim como as fibras. Mas, no UMS, o scheduler permuta UTs, permutando inclusive os TEBs.

Quando um UT entra no kernel, seu KT pode ser bloqueado. Quando isso acontece, o kernel permuta para um thread de scheduling que o UMS chama de *primário*, e usa esse thread para reentrar no scheduler de modalidade de usuário de modo a poder selecionar outro UT para execução. Eventualmente, um KT bloqueado conclui sua operação e fica pronto para retornar à modalidade de usuário. Como o UMS já reentrou no scheduler de modalidade de usuário para executar um UT diferente, ele enfileira o UT correspondente ao KT concluído, em uma lista de conclusão em modalidade de usuário. Quando o scheduler de modalidade de usuário está selecionando um novo UT, ele pode examinar a lista de conclusão e tratar qualquer um dos UTs na lista como candidato ao scheduling.

Diferentemente das fibras, o UMS não foi projetado para ser usado diretamente pelo programador. Os detalhes da criação de schedulers de modalidade de usuário podem ser muito desafiadores, e o UMS não inclui um scheduler assim. Em vez disso, os schedulers vêm de bibliotecas de linguagens de programação que ficam no topo do UMS. O Microsoft Visual Studio 2010 veio com o Concurrency Runtime (ConcRT), uma estrutura de programação concorrente para C++. O ConcRT fornece um scheduler de modalidade de usuário junto com recursos para decomposição de programas em tarefas que podem então ser incluídas no schedule das CPUs disponíveis. O ConcRT fornece suporte a estilos de construtores `par_for`, assim como a um gerenciamento rudimentar de recursos e a primitivos de sincronização de tarefas. As características-chave do UMS são mostradas na Figura 19.11.

19.7.3.8 Winsock

Winsock é a API de sockets do Windows. O Winsock é uma interface da camada de sessão que é amplamente compatível com sockets UNIX, mas tem algumas extensões Windows adicionais. Ele fornece uma interface padronizada para muitos protocolos de transporte que podem ter diferentes esquemas de endereçamento, de modo que qualquer aplicação Winsock possa ser executada em qualquer pilha de protocolos compatível com o Winsock. O Winsock passou por uma grande atualização no Windows Vista para adicionar rastreamento, suporte ao `IPv6`, personificação, novas APIs de segurança e muitos outros recursos.

O Winsock segue o modelo Windows Open System Architecture (WOSA), que fornece uma interface provedora de serviços (SPI — *service provider interface*) padrão entre as aplicações

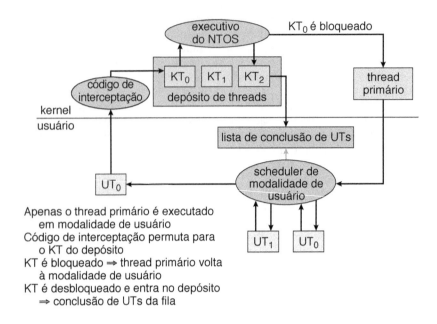

Figura 19.11 Scheduling de modalidade de usuário.

e os protocolos de rede. As aplicações podem carregar e descarregar os *protocolos em camadas* que constroem funcionalidades adicionais, tal como segurança adicional, no topo das camadas de protocolos de transporte. O Winsock suporta operações e notificações assíncronas, multicasting confiável, sockets seguros e sockets de modalidade de kernel. Também há suporte a modelos de uso mais simples, como a função `WSAConnectByName ( )`, que aceita o alvo sob forma de strings especificando o nome ou o endereço IP do servidor e o serviço ou número de porta da porta de destino.

19.7.4 Comunicação entre Processos com o Uso do Windows Messaging

As aplicações Win32 manipulam a comunicação entre processos de várias formas. Uma delas é pelo uso de objetos compartilhados do kernel. Outra é pelo uso do recurso Windows Messaging, uma abordagem que é particularmente popular em aplicações de GUI do Win32. Um thread pode enviar uma mensagem a outro thread ou a uma janela, chamando `PostMessage ( )`, `PostThreadMessage ( )`, `SendMessage ( )`, `SendThreadMessage ( )` ou `SendMessageCallback ( )`. A *postagem* e o *envio* de uma mensagem diferem desta forma: as rotinas de postagem são assíncronas; elas retornam imediatamente e o thread chamador não sabe quando a mensagem é realmente distribuída. As rotinas de envio são síncronas: elas bloqueiam o chamador até que a mensagem tenha sido distribuída e processada.

Além de enviar uma mensagem, um thread pode enviar dados com a mensagem. Já que os processos têm espaços de endereçamento separados, os dados devem ser copiados. O sistema copia dados chamando `SendMessage ( )` para enviar uma mensagem de tipo `WM_COPYDATA` com uma estrutura de dados `COPYDATASTRUCT` contendo o tamanho e o endereço dos dados a serem transferidos. Quando a mensagem é enviada, o Windows copia os dados em um novo bloco de memória e fornece o endereço virtual do novo bloco ao processo receptor.

Cada thread Win32 tem sua própria fila de entradas a partir da qual ele recebe mensagens. Se uma aplicação Win32 não chamar `GetMessage ( )` para manipular eventos em sua fila de entradas, a fila ficará cheia, e, após aproximadamente cinco segundos, o sistema marcará a aplicação como "Não Respondendo".

19.7.5 Gerenciamento da Memória

A API Win32 fornece várias maneiras para uma aplicação usar memória: memória virtual, arquivos mapeados para a memória, heaps e armazenamento local de threads.

19.7.5.1 Memória Virtual

Uma aplicação chama `VirtualAlloc ( )` para reservar ou confirmar memória virtual, e `VirtualFree ( )` para desconfirmar ou liberar a memória. Essas funções habilitam a aplicação a especificar o endereço virtual em que a memória está alocada. Elas operam com múltiplos dos tamanhos de página da memória. Exemplos dessas funções aparecem na Figura 19.12.

Um processo pode trancar algumas de suas páginas confirmadas na memória física chamando `VirtualLock ( )`. O número máximo de páginas que um processo pode trancar são 30, a menos que o processo chame primeiro `SetProcessWorkingSetSize ( )` para aumentar o tamanho máximo do conjunto de trabalho.

19.7.5.2 Arquivos Mapeados para a Memória

Outra maneira de uma aplicação usar memória é mapeando um arquivo para a memória no seu espaço de endereçamento. O mapeamento da memória também é uma forma conveniente de dois processos compartilharem memória: ambos mapeiam o mesmo arquivo para sua memória virtual. O mapeamento é um processo de vários estágios, como podemos ver no exemplo da Figura 19.13.

Se um processo quer mapear alguma parte do espaço de endereçamento apenas para compartilhar uma região da memória com outro processo, nenhum arquivo é necessário. O processo chama `CreateFileMapping ( )` com um manipulador de arquivo igual

```
// aloca 16 MB no topo de nosso espaço de endereçamento
void *buf = VirtualAlloc(0, 0x1000000, MEM_RESERVE | MEM_TOP_DOWN,
    PAGE_READWRITE);
// confirma os 8 MB superiores do espaço alocado
VirtualAlloc(buf + 0x800000, 0x800000, MEM_COMMIT, PAGE_READWRITE);
// faz algo com a memória
. . .
// agora descompromete a memória
VirtualFree(buf + 0x800000, 0x800000, MEM_DECOMMIT);
// libera todo o espaço de endereçamento alocado
VirtualFree(buf, 0, MEM_RELEASE);
```

Figura 19.12 Fragmentos de código para alocação de memória virtual.

```
// abre o arquivo ou o cria se ele não existir
HANDLE hfile = CreateFile("somefile", GENERIC_READ | GENERIC_WRITE,
    FILE_SHARE_READ | FILE_SHARE_WRITE, NULL,
    OPEN_ALWAYS, FILE_ATTRIBUTE_NORMAL, NULL);
// cria o mapeamento do arquivo com 8 MB de tamanho
HANDLE hmap = CreateFileMapping(hfile, PAGE_READWRITE,
    SEC_COMMIT, 0, 0x800000, "SHM_1");
// agora obtém uma visão do espaço mapeado
void *buf = MapViewOfFile(hmap, FILE_MAP_ALL_ACCESS,
    0, 0, 0, 0x800000);
// faz algo com o arquivo mapeado
. . .
// agora cancela o mapeamento do arquivo
UnMapViewOfFile(buf);
CloseHandle(hmap);
CloseHandle(hfile);
```

Figura 19.13 Fragmentos de código para mapeamento de um arquivo para a memória.

a 0xffffffff e um tamanho específico. O objeto mapeamento de arquivo resultante pode ser compartilhado por herança, por busca de nome ou por duplicação do manipulador.

19.7.5.3 Heaps

Os heaps fornecem uma terceira forma de as aplicações usarem memória, como ocorre com malloc( ) e free( ) em C padrão. Um heap no ambiente Win32 é uma região de espaço de endereçamento reservado. Quando um processo Win32 é inicializado, ele é criado com um heap default. Já que a maioria das aplicações Win32 são multithreadeds, o acesso ao heap é sincronizado para proteger as estruturas de dados de alocação de espaço do heap contra danos causados por atualizações concorrentes feitas por múltiplos threads.

O Win32 fornece várias funções de gerenciamento de heaps, para que um processo possa alocar e gerenciar um heap privado. Essas funções são HeapCreate( ), HeapAlloc( ), HeapRealloc( ), HeapSize( ), HeapFree( ) e HeapDestroy( ). A API Win32 também fornece as funções HeapLock( ) e HeapUnlock( ) para habilitar um thread a obter acesso exclusivo a um heap. Diferentemente de VirtualLock( ), essas funções executam apenas sincronização; elas não trancam páginas na memória física.

O heap original do Win32 foi otimizado para uso eficiente do espaço. Isso levou a problemas significativos com a fragmentação do espaço de endereçamento de programas servidores maiores que eram executados por longos períodos. Um novo projeto de heap de baixa fragmentação (LFH — *low-fragmentation heap*) introduzido no Windows XP reduziu muito o problema da fragmentação. O gerenciador de heaps do Windows 7 ativa automaticamente o LFH quando apropriado.

19.7.5.4 Armazenamento Local de Threads

A quarta forma de as aplicações usarem memória é por meio de um mecanismo de armazenamento local de threads (TLS — *thread-local storage*). Funções que dependem de dados globais ou estáticos normalmente não conseguem funcionar apropriadamente em ambientes multithreadeds. Por exemplo, a função C de tempo de execução strtok( ) usa uma variável estática para registrar sua posição corrente ao analisar uma cadeia de caracteres. Para que dois threads concorrentes executem strtok( ) corretamente, eles precisam de variáveis de posição corrente separadas. O TLS fornece um meio de manter instâncias de variáveis que são globais para a função que está sendo executada, mas que não sejam compartilhadas com nenhum outro thread.

O TLS fornece métodos dinâmicos e estáticos para criação de armazenamento local de threads. O método dinâmico é ilustrado na Figura 19.14. O mecanismo do TLS aloca memória global no heap e o anexa ao bloco de ambiente do thread que o Windows aloca a cada thread de modalidade de usuário. O TEB fica prontamente acessível a cada thread e é usado não apenas para o TLS, mas para todas as informações de estado de cada thread de modalidade de usuário.

```
// reserva um espaço para uma variável
DWORD var_index = TlsAlloc();
// posiciona-a com o valor 10
TlsSetValue(var_index, 10);
// obtém o valor
int var TlsGetValue(var_index);
// libera o índice
TlsFree(var_index);
```

Figura 19.14 Código para armazenamento local de threads dinâmico.

Para usar uma variável estática local ao thread, a aplicação declara a variável como descrito a seguir para assegurar que cada thread tenha sua própria cópia privada:

```
_declspec(thread) DWORD cur_pos = 0;
```

19.8 Resumo

A Microsoft projetou o Windows para ser um sistema operacional extensível e portável — capaz de tirar partido de novas técnicas e novo hardware. O Windows suporta múltiplos ambientes operacionais e multiprocessamento simétrico, incluindo processadores de 32 e 64 bits e computadores NUMA. O uso de objetos do kernel para fornecer serviços básicos, junto com o suporte à computação cliente-servidor, habilita o Windows a suportar uma ampla variedade de ambientes de aplicações. O Windows fornece memória virtual, armazenamento em cache integrado e scheduling preemptivo. Ele suporta mecanismos de segurança elaborados e inclui recursos de internacionalização. O Windows é executado em uma ampla variedade de computadores; portanto, os usuários podem selecionar e atualizar o hardware para que se ajuste a seus orçamentos e requisitos de desempenho sem precisar alterar as aplicações que executam.

Exercícios Práticos

19.1 Que tipo de sistema operacional é o Windows? Descreva duas de suas principais características.

19.2 Liste os objetivos de projeto do Windows. Descreva dois deles em detalhes.

19.3 Descreva o processo de inicialização de um sistema Windows.

19.4 Descreva as três camadas de arquitetura principais do kernel do Windows.

19.5 Qual é a função do gerenciador de objetos?

19.6 Que tipos de serviços o gerenciador de processos fornece?

19.7 O que é uma chamada de procedimento local?

19.8 Quais são as responsabilidades do gerenciador de I/O?

19.9 Que tipos de conexões de rede o Windows suporta? Como o Windows implementa protocolos de transporte? Descreva dois protocolos de rede.

19.10 Como o espaço de nomes é organizado no NTFS?

19.11 Como o NTFS manipula estruturas de dados? Como o NTFS se recupera de uma queda do sistema? O que é garantido após ocorrer uma recuperação?

19.12 Como o Windows aloca a memória do usuário?

19.13 Descreva algumas das maneiras pelas quais uma aplicação pode usar memória via a API Win32.

Exercícios

19.14 Sob que circunstâncias o recurso das chamadas de procedimento adiadas no Windows seria usado?

19.15 O que é um manipulador e como o processo obtém um manipulador?

19.16 Descreva o esquema de gerenciamento do gerenciador de memória virtual. Como o gerenciador de VM melhora o desempenho?

19.17 Descreva uma aplicação útil do recurso de página sem acesso fornecido no Windows.

19.18 Descreva as três técnicas usadas para a comunicação de dados em uma chamada de procedimento local. Que definições são mais úteis à aplicação das diferentes técnicas de transmissão de mensagens?

19.19 O que gerencia o armazenamento em cache no Windows? Como o cache é gerenciado?

19.20 Em que a estrutura de diretórios do NTFS difere da estrutura de diretórios usada em sistemas operacionais UNIX?

19.21 O que é um processo e como ele é gerenciado no Windows?

19.22 O que é a abstração fibra fornecida pelo Windows? Em que ela difere da abstração threads?

19.23 Em que o scheduling de modalidade de usuário (UMS) no Windows 7 difere das fibras? Cite algumas vantagens e desvantagens entre as fibras e o UMS.

19.24 O UMS considera um thread como tendo duas partes: um UT e um KT. Em que seria útil permitir que os UTs continuassem executando em paralelo com seus KTs?

19.25 Qual é o impacto sobre o desempenho quando se permite que KTs e UTs sejam executados em processadores diferentes?

19.26 Por que o mapeamento automático ocupa grandes montantes de espaço de endereçamento virtual, mas nenhuma memória virtual adicional?

19.27 Como o mapeamento automático facilita, para o gerenciador de VM, a transferência de páginas da tabela de páginas para dentro e para fora de disco? Onde as páginas da tabela de páginas são mantidas em disco?

19.28 Quando um sistema Windows hiberna, ele é desligado. Suponha que você mudou a CPU ou o montante de RAM em um sistema em hibernação. Você acha que funcionaria? Por que sim ou por que não?

19.29 Dê um exemplo que mostre como o uso de uma contagem de suspensões é útil na suspensão e retomada de threads no Windows.

Notas Bibliográficas

[Russinovich e Solomon (2009)] fornecem uma visão geral do Windows 7 e detalhes técnicos consideráveis sobre mecanismos internos e componentes do sistema.

[Brown (2000)] apresenta detalhes da arquitetura de segurança do Windows.

A Microsoft Developer Network Library (`http://msdn.microsoft.com`) fornece muitas informações sobre o Windows e outros produtos da Microsoft, incluindo documentação de todas as APIs publicadas.

[Iseminger (2000)] fornece uma boa referência sobre o Active Directory do Windows. Discussões detalhadas sobre a criação de programas que usem a API Win32 aparecem em [Richter (1997)]. [Silberschatz et al. (2010)] oferecem uma boa discussão das árvores B+.

O código-fonte de uma versão WRK 2005 do kernel do Windows, juntamente com um conjunto de slides e outros materiais curriculares do CRK, está disponível em `www.microsoft.com/WindowsAcademic` para uso de universidades.

Bibliografia

[Brown (2000)] K. Brown, *Programming Windows Security*. Addison-Wesley (2000).

[Iseminger (2000)] D. Iseminger, *Active Directory Services for Microsoft Windows 2000. Technical Reference*, Microsoft Press (2000).

[Richter (1997)] J. Richter, *Advanced Windows*, Microsoft Press (1997).

[Russinovich e Solomon (2009)] M. E. Russinovich e D. A. Solomon, *Windows Internals: Including Windows Server 2008 and Windows Vista*, quinta edição, Microsoft Press (2009).

[Silberschatz et al. (2010)] A. Silberschatz, H. E. Korth e S. Sudarshan, *Database System Concepts*, sexta edição, McGraw-Hill (2010).

Sistemas Operacionais Influentes

CAPÍTULO 20

Agora que você conhece os conceitos básicos dos sistemas operacionais (scheduling da CPU, gerenciamento de memória, processos, e assim por diante), estamos em posição de examinar como esses conceitos foram aplicados em vários sistemas operacionais mais antigos e altamente influentes. Alguns deles (como o XDS-940 e o sistema THE) foram os únicos sistemas de seu tipo; outros (como o OS/360) são amplamente usados. A ordem de apresentação realça as semelhanças e diferenças entre os sistemas; ela não é estritamente cronológica ou ordenada por importância. Os estudantes sérios de sistemas operacionais devem estar familiarizados com todos esses sistemas.

Nas Notas Bibliográficas no fim do capítulo, incluímos referências a leituras complementares sobre esses sistemas iniciais. Os artigos, escritos pelos projetistas dos sistemas, são importantes tanto por seu conteúdo técnico quanto por seu estilo e qualidade.

OBJETIVOS DO CAPÍTULO

- Explicar como os recursos dos sistemas operacionais migraram, com o tempo, dos grandes sistemas de computação para sistemas menores.
- Discutir os recursos de vários sistemas operacionais historicamente importantes.

20.1 Migração de Recursos

Uma razão para o estudo de arquiteturas e sistemas operacionais iniciais é que um recurso que antes era executado somente em sistemas enormes pode eventualmente ter migrado para sistemas muito pequenos. Na verdade, um exame dos sistemas operacionais para mainframes e microcomputadores mostra que muitos recursos, antes disponíveis somente em mainframes, têm sido adotados em microcomputadores. Os mesmos conceitos de sistemas operacionais são, portanto, apropriados para várias classes de computadores: mainframes, minicomputadores, microcomputadores e PCs portáteis. Então, para entender os sistemas operacionais modernos, você precisa conhecer o tema da migração de recursos e a longa história dos muitos recursos dos sistemas operacionais, como mostrado na Figura 20.1.

Um bom exemplo de migração de recursos começou com o sistema operacional Multiplexed Information and Computing Services (MULTICS). O MULTICS foi desenvolvido de 1965 a 1970 no Massachusetts Institute of Technology (MIT) como um utilitário de computação. Ele era executado em um computador mainframe grande e complexo (o GE 645). Muitas das ideias que foram desenvolvidas para o MULTICS foram subsequentemente usadas na Bell Laboratories (um dos parceiros originais no desenvolvimento do MULTICS) no projeto do UNIX. O sistema operacional UNIX foi projetado por volta de 1970 para um minicomputador PDP-11. Perto de 1980, os recursos do UNIX tornaram-se a base para sistemas operacionais para microcomputadores, ao estilo do UNIX; e esses recursos estão incluídos em muitos sistemas operacionais mais recentes para microcomputadores, como o Microsoft Windows, o Windows XP e o sistema operacional Mac OS X. O Linux inclui alguns desses mesmos recursos, que podem ser encontrados agora em PDAs.

20.2 Primeiros Sistemas

Voltamos nossa atenção agora para uma visão geral histórica dos primeiros sistemas de computação. Devemos observar que a história da computação começa bem antes dos "computadores" com os teares e calculadoras. Começamos nossa discussão, no entanto, com os computadores do século XX.

Antes dos anos 1940, os dispositivos de computação eram projetados e implementados para executar tarefas fixas específicas. Modificar uma dessas tarefas requeria muito esforço e trabalho manual. Tudo isso mudou nos anos 1940 quando Alan Turing e John von Neumann (e colegas), tanto separadamente quanto juntos, trabalharam na ideia de um computador de programas armazenados de uso mais geral. Tal máquina tem tanto um repositório de programas quanto um repositório de dados, em que o repositório de programas fornece instruções sobre o que fazer com os dados.

Esse conceito fundamental da computação gerou rapidamente vários computadores de uso geral, mas grande parte da história dessas máquinas foi obscurecida pelo tempo e pelo sigilo de seu desenvolvimento durante a II Guerra Mundial. É provável que o primeiro computador funcional de uso geral com programas armazenados tenha sido o Manchester Mark 1, que foi executado com sucesso em 1949. O primeiro computador comercial — o Ferranti Mark 1 que começou a ser vendido em 1951 – foi seu descendente.

Os computadores iniciais eram máquinas fisicamente enormes executadas a partir de consoles. O programador, que também era o operador do sistema de computação, escrevia um programa e, então, o operava diretamente a partir do console do operador. Primeiro, o programa era carregado manualmente

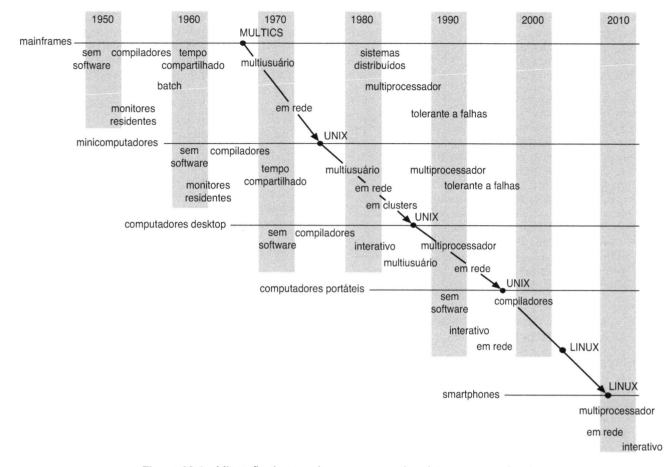

Figura 20.1 Migração de conceitos e recursos dos sistemas operacionais.

em memória a partir das chaves do painel frontal (uma instrução de cada vez), de fita de papel ou de cartões perfurados. Em seguida, botões apropriados eram pressionados para definir o endereço inicial e começar a execução do programa. À medida que o programa era executado, o programador/operador podia monitorar sua execução pelas luzes exibidas no console. Se erros fossem descobertos, o programador podia interromper o programa, examinar o conteúdo da memória e dos registradores e depurar o programa diretamente a partir do console. A saída era impressa ou era perfurada em fita de papel ou cartões para impressão posterior.

20.2.1 Sistemas de Computação Dedicados

À medida que o tempo passou, software e hardware adicionais foram desenvolvidos. Leitoras de cartões, impressoras de linha e fitas magnéticas tornaram-se lugares-comuns. Montadores, carregadores e vinculadores foram projetados para facilitar a tarefa de programação. Bibliotecas de funções comuns foram criadas. As funções comuns podiam, então, ser copiadas para um novo programa sem terem que ser escritas novamente, fornecendo reusabilidade de software.

As rotinas que executavam I/O eram particularmente importantes. Cada novo dispositivo de I/O tinha suas próprias características, requerendo programação cuidadosa. Uma sub-rotina especial — chamada driver de dispositivo — era escrita para cada dispositivo de I/O. Um driver de dispositivo sabe como os buffers, flags, registradores, bits de controle e bits de *status* de um dispositivo específico devem ser usados. Cada tipo de dispositivo tem seu próprio driver. Uma tarefa simples, como a leitura de um caractere a partir de uma leitora de fita de papel, pode envolver sequências complexas de operações específicas do dispositivo. Em vez de escrever, todas as vezes, o código necessário, o driver de dispositivo era simplesmente usado a partir da biblioteca.

Posteriormente, apareceram compiladores para FORTRAN, COBOL e outras linguagens, tornando a tarefa de programação muito mais fácil, mas a operação do computador mais complexa. Para preparar um programa em FORTRAN para execução, por exemplo, o programador tinha que carregar primeiro o compilador FORTRAN no computador. O compilador era, normalmente, mantido em fita magnética e, portanto, a fita apropriada tinha que ser montada em um drive de fita. O programa era lido por meio da leitora de cartão e gravado em outra fita. O compilador FORTRAN produzia saída em linguagem de montagem que, então, tinha que ser montada. Esse procedimento requeria a montagem de outra fita com o montador. A saída do montador tinha que ser vinculada para suportar rotinas de biblioteca. Finalmente, a forma objeto binária do programa estava pronta para execução. Ela podia ser carregada na memória e depurada a partir do console, como antes.

Um período significativo de tempo de preparação podia estar envolvido na execução de um job. Cada job consistia em muitos passos separados:

1. Carga da fita do compilador FORTRAN
2. Execução do compilador
3. Descarga da fita do compilador

4. Carga da fita do montador
5. Execução do montador
6. Descarga da fita do montador
7. Carga do programa-objeto
8. Execução do programa-objeto

Se ocorresse um erro durante algum dos passos, o programador/operador podia ter que começar tudo de novo. Cada passo do job podia envolver a carga e descarga de fitas magnéticas, fitas de papel e cartões perfurados.

O tempo de preparação do job era um problema real. Enquanto fitas estavam sendo montadas ou o programador estava operando o console, a CPU ficava ociosa. Lembre-se de que, no início, poucos computadores estavam disponíveis e eles eram caros. Um computador podia custar milhões de dólares, sem incluir os custos operacionais de energia, resfriamento, programadores, e assim por diante. Assim, o tempo do computador era extremamente valioso, e os proprietários queriam que seus computadores fossem usados o máximo possível. Eles precisavam de alta utilização para tirar o máximo de seus investimentos.

20.2.2 Sistemas de Computação Compartilhados

A solução seguiu dois caminhos. Em primeiro lugar, um operador profissional de computador foi contratado. O programador não operava mais a máquina. Assim que um job era concluído, o operador podia iniciar o seguinte. Já que o operador tinha mais experiência na montagem de fitas do que um programador, o tempo de preparação foi reduzido. O programador fornecia quaisquer cartões ou fitas necessários, assim como uma breve descrição de como o job tinha que ser executado. Naturalmente, o operador não podia depurar um programa incorreto no console, já que não o entendia. Portanto, em caso de erro no programa, era feita uma descarga da memória e dos registradores, e o programador tinha que depurar a partir da descarga. A descarga da memória e dos registradores permitia que o operador passasse imediatamente para o próximo job e deixasse o programador com o problema mais difícil de depuração.

Em segundo lugar, jobs com necessidades semelhantes eram reunidos em lotes e executados no computador como um grupo para reduzir o tempo de preparação. Por exemplo, suponha que o operador recebesse um job em FORTRAN, um job em COBOL e outro job em FORTRAN. Se ele os executasse nessa ordem, teria de fazer a preparação para FORTRAN (carregar as fitas do compilador, e assim por diante), fazer a preparação para COBOL, e então fazer a preparação para FORTRAN novamente. Se executasse dois programas FORTRAN como um lote, no entanto, podia fazer a preparação para FORTRAN somente uma vez, economizando seu tempo.

Mas ainda havia problemas. Por exemplo, quando um job era interrompido, o operador precisava perceber que ele tinha sido interrompido (observando o console), determinar *por que* foi interrompido (encerramento normal ou anormal), descarregar a memória e o registrador (se necessário), carregar o dispositivo apropriado com o job seguinte e reiniciar o computador. Durante essa transição de um job para o próximo, a CPU ficava ociosa.

Para eliminar esse tempo ocioso, foi desenvolvido o sequenciamento automático de jobs. Com essa técnica, os primeiros sistemas operacionais rudimentares foram criados. Um pequeno programa, chamado monitor residente, foi criado para transferir automaticamente o controle de um job para o próximo (Figura 20.2). O monitor residente está sempre na memória (ou é *residente*).

Quando o computador era ligado, o monitor residente era invocado e transferia o controle a um programa. Quando o programa terminava, ele devolvia o controle ao monitor residente, que passava, então, ao próximo programa. Portanto, o monitor residente passava automaticamente de um programa para outro e de um job para outro.

Mas, como o monitor residente sabia que programa executar? Previamente, o operador recebia uma breve descrição sobre que programas deviam ser executados sobre que dados. Cartões de controle eram introduzidos para fornecer essas informações diretamente ao monitor. A ideia é simples. Além do programa ou dados de um job, o programador fornecia cartões de controle que continham diretivas para o monitor residente indicando que programa executar. Por exemplo, um programa normal de usuário podia requerer um entre três programas para ser executado: o compilador FORTRAN (FTN), o montador (ASM), ou o programa do usuário (RUN). Podíamos usar um cartão de controle separado para cada um deles:

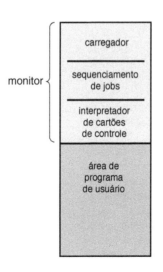

Figura 20.2 Layout de memória de um monitor residente.

$FTN — Executa o compilador FORTRAN.
$ASM — Executa o montador.
$RUN — Executa o programa do usuário.

Esses cartões informam ao monitor residente que programa executar.

Podemos usar dois cartões de controle adicionais para definir os limites de cada job:

$JOB — Primeiro cartão de um job.
$END — Último cartão de um job.

Esses dois cartões podem ser úteis na contabilização dos recursos de máquina usados pelo programador. Parâmetros podem ser usados para definir o nome do job, o número da conta a ser debitada, e assim por diante. Mais cartões de controle podem ser definidos para outras funções, como solicitar ao operador para carregar ou descarregar uma fita.

Um problema dos cartões de controle é como distingui-los dos cartões de dados ou de programas. A solução usual é identificá-los por um caractere ou padrão especial no cartão. Vários sistemas usavam o caractere cifrão ($) na primeira coluna para identificar um cartão de controle. Outros usavam um código diferente. A Linguagem de Controle de Jobs (JCL — *Job Controle Language*) da IBM usava marcas de barras (/ /) nas duas primeiras colunas. A Figura 20.3 mostra um exemplo de organização de um deck de cartões para um sistema batch simples.

Portanto, um monitor residente tem várias partes identificáveis:

- O **interpretador de cartões de controle** é responsável pela leitura e execução das instruções nos cartões no momento da execução.
- O **carregador** é invocado pelo interpretador de cartões de controle para carregar programas do sistema e programas de aplicação na memória, periodicamente.
- Os **drivers de dispositivos** são usados tanto pelo interpretador de cartões de controle quanto pelo carregador dos dispositivos de I/O do sistema. Com frequência, os programas do sistema e de aplicação são vinculados a esses mesmos drivers de dispositivos, fornecendo continuidade em sua operação, assim como economizando espaço de memória e tempo de programação.

Esses sistemas batch funcionam muito bem. O monitor residente fornece o sequenciamento automático de jobs como indicado pelos cartões de controle. Quando um cartão de controle indica que um programa deve ser executado, o monitor carrega o programa na memória e transfere o controle para ele. Quando o programa é concluído, ele transfere o controle de volta ao monitor, que lê o próximo cartão de controle, carrega o programa apropriado, e assim por diante. Esse ciclo é repetido até que todos os cartões de controle sejam interpretados para o job. Então o monitor passa automaticamente ao próximo job.

A mudança para sistemas batch com sequenciamento automático de jobs foi feita para melhorar o desempenho. O problema, muito simplesmente, é que os humanos são consideravelmente mais lentos do que o computador. Assim sendo, é preferível substituir a operação humana por um software de sistema operacional. O sequenciamento automático de jobs elimina a necessidade do tempo de preparação e do sequenciamento de jobs feitos por humanos.

Mesmo com esse esquema, no entanto, a CPU fica ociosa com frequência. O problema é a velocidade dos dispositivos de I/O mecânicos, que são intrinsecamente mais lentos do que dispositivos eletrônicos. Até mesmo uma CPU lenta funciona no nível de microssegundos, com milhares de instruções executadas por segundo. Uma leitora de cartões rápida, por outro lado, pode ler 1.200 cartões por minuto (ou 20 cartões por segundo). Assim, a diferença de velocidade entre a CPU e seus dispositivos de I/O pode ser de três ordens de grandeza ou mais. Com o tempo, naturalmente, avanços na tecnologia resultaram em dispositivos de I/O mais rápidos. Infelizmente, as velocidades das CPUs aumentaram ainda mais rapidamente e, assim, o problema não foi resolvido; ao contrário, foi exacerbado.

20.2.3 I/O Sobreposto

Uma solução comum para o problema do I/O era substituir leitoras de cartões (dispositivos de entrada) e impressoras de linha (dispositivos de saída) lentas por unidades de fita magnética. A maioria dos sistemas de computação do fim dos anos 1950 e início dos anos 1960 era de sistemas batch, lendo a partir de leitoras de cartões e gravando em impressoras de linha ou perfuradoras de cartões. No entanto, a CPU não lia diretamente de cartões; em vez disso, primeiro os cartões eram copiados em uma fita magnética por meio de um dispositivo separado. No momento em que estava suficientemente cheia, a fita era retirada e conduzida ao computador. Quando era necessário um cartão como entrada para um programa, o registro equivalente

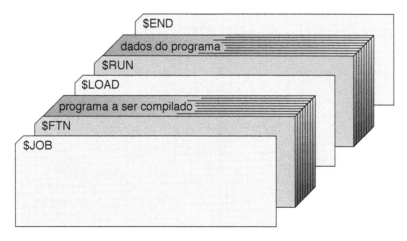

Figura 20.3 Deck de cartões de um sistema batch simples.

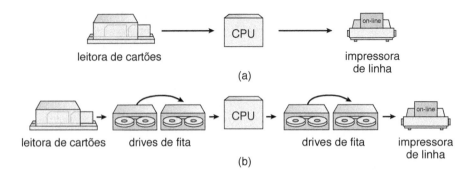

Figura 20.4 Operação de dispositivos de I/O (a) on-line e (b) off-line.

era lido da fita. De forma semelhante, a saída era gravada na fita, e o conteúdo da fita era impresso posteriormente. As leitoras de cartões e as impressoras de linha eram operadas *off-line*, e não pelo computador principal (Figura 20.4).

Uma vantagem óbvia da operação off-line era que o computador principal não era mais limitado pela velocidade das leitoras de cartões e impressoras de linha, mas apenas pela velocidade das muito mais velozes unidades de fita magnética. A técnica de usar a fita magnética para todo o I/O podia ser aplicada a qualquer equipamento semelhante (tais como leitoras de cartões, perfuradoras de cartões, plotadoras, fita de papel e impressoras).

O ganho real da operação off-line vem da possibilidade do uso de múltiplos sistemas de leitora-para-fita e de fita-para-impressora para uma CPU. Se a CPU pode processar entradas duas vezes mais rápido do que a leitora pode ler cartões, então duas leitoras funcionando simultaneamente podem produzir fita suficiente para manter a CPU ocupada. Há uma desvantagem, no entanto — uma demora maior para que um job específico entre em execução. Primeiro, o job deve ser lido da fita. Em seguida, ele deve esperar até que jobs adicionais suficientes sejam lidos para a fita para "preenchê-la". A fita deve então ser rebobinada, descarregada, carregada manualmente para CPU e montada em um drive de fita livre. Esse processo não é inaceitável para sistemas batch, naturalmente. Muitos jobs semelhantes podem ser reunidos em lote em uma fita antes que ela seja levada ao computador.

Embora a preparação de jobs off-line tenha continuado por algum tempo, ela foi rapidamente substituída na maioria dos sistemas. Sistemas de disco tornaram-se amplamente disponíveis e melhoraram muito a operação off-line. O problema dos sistemas de fita era que a leitora de cartões não podia gravar em uma extremidade da fita enquanto a CPU lia a outra. A fita inteira tinha que ser gravada antes de ser rebobinada e lida porque as fitas são, por natureza, dispositivos de acesso sequencial. Os sistemas de disco eliminaram esse problema por serem dispositivos de acesso randômico. Como o cabeçote é movido de uma área do disco para outra, ele pode mudar rapidamente da área do disco que está sendo usada pela leitora de cartões para armazenar novos cartões, para a posição requerida pela CPU para a leitura do "próximo" cartão.

Em um sistema de disco, os cartões são lidos diretamente da leitora de cartões para o disco. A localização das imagens dos cartões é registrada em uma tabela mantida pelo sistema operacional. Quando um job é executado, o sistema operacional atende suas solicitações de entradas da leitora de cartões lendo a partir do disco. Da mesma forma, quando o job solicita que a impressora imprima uma linha, essa linha é copiada em um buffer do sistema e gravada em disco. Quando o job é concluído, a saída é realmente impressa. Esse tipo de processamento é chamado spooling (Figura 20.5); o nome é um acrônimo para **si**multaneous **p**eripheral **o**peration **o**n-**l**ine (operação periférica simultânea on-line). Em essência, o spooling usa o disco como um buffer enorme para antecipar, o máximo possível, a leitura em dispositivos de entrada e para armazenar arquivos de saída até que os dispositivos de saída sejam capazes de aceitá-los.

O spooling também é usado para processamento de dados em sítios remotos. A CPU envia os dados, por caminhos de co-

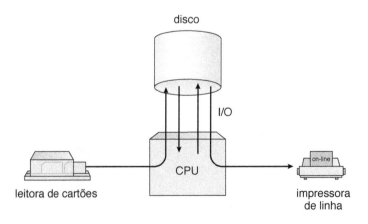

Figura 20.5 Spooling.

municação, a uma impressora remota (ou aceita um job de entrada inteiro de uma leitora de cartões remota). O processamento remoto é feito em sua própria velocidade, sem intervenção da CPU. A CPU precisa apenas ser notificada quando o processamento é concluído para que possa executar o spool do próximo lote de dados.

O spooling sobrepõe o I/O de um job com a computação de outros jobs. Até mesmo em um sistema simples, o spooler pode estar lendo a entrada de um job enquanto imprime a saída de um job diferente. Enquanto isso, outro job (ou outros jobs) pode ser executado, lendo seus "cartões" a partir de disco e "imprimindo" suas linhas de saída em disco.

O spooling tem um efeito benéfico direto sobre o desempenho do sistema. Pelo custo de algum espaço em disco e algumas tabelas, a computação de um job e o I/O de outros jobs podem ocorrer ao mesmo tempo. Portanto, o spooling pode manter tanto a CPU quanto os dispositivos de I/O funcionando a taxas muito mais altas. O spooling leva naturalmente à multiprogramação, que é a base de todos os sistemas operacionais modernos.

20.3 Atlas

O sistema operacional Atlas foi projetado na Universidade de Manchester, na Inglaterra, no fim dos anos 1950 e início dos anos 1960. Muitos de seus recursos básicos que eram novidade na época tornaram-se partes-padrão de sistemas operacionais modernos. Os drivers de dispositivos eram uma parte importante do sistema. Além disso, chamadas de sistema foram adicionadas por um conjunto de instruções especiais chamadas *códigos extras*.

Atlas era um sistema operacional batch com spooling. O spooling permitia que o sistema organizasse jobs no schedule de acordo com a disponibilidade de dispositivos periféricos, tais como unidades de fita magnética, leitoras de fita de papel, perfuradoras de fita de papel, impressoras de linha, leitoras de cartões e perfuradoras de cartões.

O recurso mais notável do Atlas, no entanto, era seu gerenciamento de memória. A memória de núcleo era nova e cara na época. Muitos computadores, como o IBM 650, usavam um tambor para memória principal. O sistema Atlas usava um tambor para sua memória principal, mas tinha um pequeno montante de memória de núcleo que era usada como cache para o tambor. A paginação por demanda era usada para transferir automaticamente informações entre a memória de núcleo e o tambor.

O sistema Atlas usava um computador inglês com palavras de 48 bits. Os endereços tinham 24 bits, mas eram codificados em decimais, o que permitia que 1 milhão de palavras fossem endereçadas. Naquela época, esse era um espaço de endereçamento extremamente grande. A memória física do Atlas era um tambor de palavras de 98 KB e núcleo de palavras de 16 KB. A memória era dividida em páginas de 512 palavras, fornecendo 32 quadros na memória física. Uma memória associativa de 32 registradores implementava o mapeamento de um endereço virtual para um endereço físico.

Se ocorresse um erro de página, um algoritmo de substituição de páginas era invocado. Um quadro de memória era sempre mantido vazio para que uma transferência do tambor pudesse começar imediatamente. O algoritmo de substituição de páginas tentava prever o comportamento futuro do acesso à memória com base no comportamento passado. Um bit de referência era ligado para cada quadro sempre que o quadro era acessado. Os bits de referência eram lidos na memória a cada 1.024 instruções, e os últimos 32 valores desses bits eram retidos. Esse histórico era usado para definir o tempo decorrido desde a referência mais recente (t_1) e o intervalo entre as duas últimas referências (t_2). As páginas eram selecionadas para substituição na seguinte ordem:

1. Qualquer página com $t_1 > t_2 + 1$ é considerada como não estando mais em uso e é substituída.
2. Se $t_1 \leq t_2$ para todas as páginas, então a página com o maior valor $t_2 - t_1$ é substituída.

O algoritmo de substituição de páginas assume que os programas acessam a memória em loops. Se o intervalo entre as últimas referências é t_2, então outra referência é esperada t_2 unidades de tempo depois. Se uma referência não ocorrer ($t_1 > t_2$), então se supõe que a página não esteja mais sendo usada e ela é substituída. Se todas as páginas ainda estiverem em uso, então a página que não será necessária pelo tempo mais longo é substituída. Espera-se que o tempo até a próxima referência seja $t_2 - t_1$.

20.4 XDS-940

O sistema operacional XDS-940 foi projetado na Universidade da Califórnia em Berkeley no início dos anos 1960. Como o sistema Atlas, ele usava paginação para gerenciamento da memória. Ao contrário do sistema Atlas, era um sistema de tempo compartilhado. A paginação era usada apenas para relocação; ela não era usada para paginação por demanda. A memória virtual de qualquer processo de usuário era composta por palavras de 16 KB, enquanto a memória física era composta por palavras de 64 KB. Cada página era composta por palavras de 2 KB. A tabela de páginas era mantida em registradores. Como a memória física era maior do que a memória virtual, vários processos de usuário podiam estar em memória ao mesmo tempo. O número de usuários podia ser aumentado pelo compartilhamento de páginas quando as páginas continham código reentrante somente-de-leitura. Os processos eram mantidos em um tambor e eram inseridos e extraídos da memória conforme necessário.

O sistema XDS-490 foi construído a partir de um XDS-930 modificado. As modificações foram típicas das mudanças feitas em um computador básico para permitir que um sistema operacional seja escrito apropriadamente. Uma modalidade de usuário-monitor foi adicionada. Certas instruções, tais como as de I/O e de encerramento, foram definidas como privilegiadas. Uma tentativa de executar uma instrução privilegiada em modalidade de usuário gerava uma interceptação para o sistema operacional.

Uma instrução de chamada de sistema foi adicionada ao conjunto de instruções de modalidade de usuário. Essa instrução era usada para criar novos recursos, tais como arquivos, permitindo que o sistema operacional gerenciasse os recursos físicos. Os arquivos, por exemplo, eram alocados ao tambor em blocos de 256 palavras. Um mapa de bits era usado para gerenciar blocos livres no tambor. Cada arquivo tinha um bloco de índices com ponteiros para os blocos de dados reais. Os blocos de índices eram encadeados juntos.

O sistema XDS-940 também fornecia chamadas de sistema para permitir que processos criassem, iniciassem, suspendessem e destruíssem subprocessos. Um programador podia construir um sistema de processos. Processos separados podiam compartilhar memória para comunicação e sincronização. A criação de processos definia uma estrutura de árvore em que um processo é a raiz e seus subprocessos são nós abaixo dele na árvore. Cada um dos subprocessos podia, por sua vez, criar mais subprocessos.

20.5 THE

O sistema operacional THE foi projetado na Technische Hogeschool em Eindhoven nos Países Baixos em meados dos anos 1960. Ele era um sistema batch executado em um computador holandês, o EL X8, com 32 KB de palavras de 27 bits. O sistema era interessante sobretudo por seu projeto limpo, particularmente sua estrutura em camadas e seu uso de um conjunto de processos concorrentes empregando semáforos para sincronização.

Diferentemente dos processos no sistema XDS-940, o conjunto de processos no sistema THE era estático. O próprio sistema operacional foi projetado como um conjunto de processos cooperativos. Além disso, foram criados cinco processos de usuário que serviam como agentes ativos para compilar, executar e imprimir programas de usuário. Quando um job era concluído, o processo retornava à fila de entradas para selecionar outro job.

Um algoritmo de scheduling da CPU por prioridades era usado. As prioridades eram recomputadas a cada 2 segundos e eram inversamente proporcionais ao montante de tempo da CPU usado recentemente (nos últimos 8 a 10 segundos). Esse esquema dava prioridade mais alta a processos limitados por I/O e a novos processos.

O gerenciamento de memória era limitado pela falta de suporte de hardware. No entanto, já que o sistema era limitado e os programas de usuário podiam ser escritos apenas em Algol, era usado um esquema de paginação de software. O compilador Algol gerava automaticamente chamadas a rotinas do sistema que se certificavam se as informações solicitadas estavam em memória, executando permuta se necessário. A memória de retaguarda era um tambor de palavras de 512 KB. Uma página de 512 palavras era usada, com uma estratégia LRU de substituição de páginas.

Outra grande preocupação do sistema THE era o controle de deadlocks. O algoritmo do banqueiro era usado para evitar a ocorrência de deadlocks.

Intimamente relacionado com o sistema THE é o sistema Venus. O sistema Venus também era um projeto estruturado em camadas, usando semáforos para sincronizar processos. Os níveis mais baixos do projeto foram implementados em microcódigo, no entanto, fornecendo um sistema muito mais rápido. A memória segmentada paginada era usada para gerenciamento de memória. Além disso, o sistema foi projetado como um sistema de tempo compartilhado, em vez de um sistema batch.

20.6 RC 4000

O sistema RC 4000, como o sistema THE, era interessante principalmente por seus conceitos de projeto. Ele foi projetado no fim dos anos 1960 para o computador Danish 4000 pela Regnecentralen, especificamente por Brinch-Hansen. O objetivo não era projetar um sistema batch, um sistema de tempo compartilhado ou qualquer outro sistema específico. Em vez disso, o objetivo era criar um núcleo, ou kernel, de sistema operacional sobre o qual um sistema operacional completo pudesse ser construído. Assim, a estrutura do sistema foi disposta em camadas e apenas as camadas inferiores — compreendendo o kernel — foram fornecidas.

O kernel suportava um conjunto de processos concorrentes. Um scheduler de CPU do tipo round-robin era usado. Embora os processos pudessem compartilhar memória, o principal mecanismo de comunicação e sincronização era o sistema de mensagens fornecido pelo kernel. Os processos podiam comunicar-se uns com os outros trocando mensagens de tamanho fixo com oito palavras de extensão. Todas as mensagens eram armazenadas em buffers de um pool de buffers comum. Quando um buffer de mensagens não era mais necessário, ele era devolvido ao pool comum.

Uma fila de mensagens era associada a cada processo. Ela continha todas as mensagens que tinham sido enviadas ao processo, mas ainda não tinham sido recebidas. As mensagens eram removidas da fila em ordem FIFO. O sistema suportava quatro operações primitivas que eram executadas atomicamente:

- send-message (in *receptor*, in *mensagem*, out *buffer*)
- wait-message (out *emissor*, out *mensagem*, out *buffer*)
- send-answer (out *resultado*, in *mensagem*, in *buffer*)
- wait-answer (out *resultado*, out *mensagem*, in *buffer*)

As duas últimas operações permitiam que os processos trocassem várias mensagens de uma vez.

Esses primitivos requeriam que um processo atendesse sua fila de mensagens em ordem FIFO e que bloqueasse a si próprio enquanto outros processos estivessem manipulando suas mensagens. Para remover essas restrições, os desenvolvedores providenciaram dois primitivos de comunicação adicionais que habilitavam um processo a esperar pela chegada da próxima mensagem ou a responder e atender sua fila em qualquer ordem:

- wait-event (in *buffer anterior*, out *próximo buffer*, out *resultado*)
- get-event (out *buffer*)

Os dispositivos de I/O também eram tratados como processos. Os drivers de dispositivos eram códigos que convertiam os registradores e as interrupções dos dispositivos em mensagens. Portanto, um processo gravava em um terminal enviando uma mensagem ao terminal. O driver do dispositivo recebia a mensagem e dava saída no caractere para o terminal. Um caractere de entrada interrompia o sistema e fazia a transferência a um driver de dispositivo. O driver do dispositivo criava uma mensagem a partir do caractere de entrada e a enviava a um processo em espera.

20.7 CTSS

O Compatible Time-Sharing System (CTSS) foi projetado no MIT como um sistema experimental de tempo compartilhado e apareceu pela primeira vez em 1961. Ele foi implementado em um IBM 7090 e eventualmente suportava até 32 usuários interativos. Os usuários tinham à disposição um conjunto de comandos interativos que os habilitava a manipularem arquivos e compilarem e executarem programas por meio de um terminal.

O 7090 tinha uma memória de 32 KB composta por palavras de 36 bits. O monitor usava palavras de 5 KB, deixando 27 KB para os usuários. As imagens de memória dos usuários eram permutadas entre a memória e um tambor veloz. O scheduling da CPU empregava um algoritmo de filas de retroalimentação multiníveis. O quantum de tempo para o nível i era de $2 * i$ unidades de tempo. Se um programa não terminasse seu pico de CPU em um quantum de tempo, ele era movido para baixo para o próximo nível da fila, o que lhe dava duas vezes mais tempo. O programa no nível mais alto (com o menor quantum) era executado primeiro. O nível inicial de um programa era determinado por seu tamanho para que o quantum de tempo fosse pelo menos tão longo quanto o tempo de permuta.

O CTSS foi extremamente bem-sucedido e foi usado até 1972. Embora fosse limitado, ele foi bem-sucedido em demonstrar que o compartilhamento de tempo era uma modalidade de computação conveniente e prática. Um dos resultados do CTSS foi o maior desenvolvimento de sistemas de tempo compartilhado. Outro resultado foi o desenvolvimento do MULTICS.

20.8 MULTICS

O sistema operacional MULTICS foi projetado de 1965 a 1970 no MIT como uma extensão natural do CTSS. O CTSS e outros sistemas iniciais de tempo compartilhado foram tão bem-sucedidos que geraram um desejo imediato de passar rapidamente para sistemas maiores e melhores. À medida que computadores maiores tornaram-se disponíveis, os projetistas do CTSS decidiram criar um utilitário de tempo compartilhado. O serviço de computação seria fornecido como a energia elétrica. Sistemas de computação grandes seriam conectados por fios telefônicos a terminais em escritórios e residências em toda a cidade. O sistema operacional seria um sistema de tempo compartilhado sendo executado continuamente com um vasto sistema de arquivos de programas e dados compartilhados.

O MULTICS foi projetado por uma equipe do MIT, da GE (que posteriormente vendeu seu departamento de computação para a Honeywell) e da Bell Laboratories (que abandonou o projeto em 1969). O computador básico GE 635 foi modificado para um novo sistema de computação chamado GE 645, principalmente pelo acréscimo de hardware de memória de segmentação paginada.

No MULTICS, um endereço virtual era composto por um número de segmento de 18 bits e um deslocamento de palavra de 16 bits. Os segmentos eram então paginados em páginas de palavras de 1 KB. O algoritmo de substituição de páginas da segunda chance era usado.

O espaço de endereçamento virtual segmentado foi incorporado ao sistema de arquivos; cada segmento era um arquivo. Os segmentos eram endereçados pelo nome do arquivo. O próprio sistema de arquivos era uma estrutura de árvore multiníveis, permitindo que os usuários criassem suas próprias estruturas de subdiretórios.

Como o CTSS, o MULTICS usava uma fila de retroalimentação multiníveis para o scheduling da CPU. A proteção era obtida por meio de uma lista de acesso associada a cada arquivo e um conjunto de anéis de proteção para processos em execução. O sistema, escrito quase inteiramente em PL/1, compreendia cerca de 300.000 linhas de código. Ele foi estendido para um sistema multiprocessador, permitindo que uma CPU fosse desativada para manutenção enquanto o sistema continuava em execução.

20.9 IBM OS/360

A linha mais longa de desenvolvimento de sistemas operacionais é, sem dúvida, a dos computadores IBM. Os primeiros computadores IBM, tais como o IBM 7090 e o IBM 7094, são os primeiros exemplos do desenvolvimento de sub-rotinas de I/O comuns, seguidas pelo desenvolvimento de um monitor residente, instruções privilegiadas, proteção de memória e processamento batch simples. Esses sistemas foram desenvolvidos em separado, frequentemente em sítios independentes. Como resultado, a IBM viu-se diante de muitos computadores diferentes, com diferentes linguagens e diferentes softwares de sistema.

O IBM/360 — que apareceu pela primeira vez em meados dos anos 1960 — foi projetado para mudar essa situação. O IBM/360 ([Mealy et al. (1966)]) foi projetado como uma família de computadores abrangendo a linha completa desde máquinas comerciais pequenas até grandes máquinas científicas. Apenas um conjunto de software seria necessário para esses sistemas, pois todos usavam o mesmo sistema operacional: o OS/360. Esse esquema foi planejado para reduzir problemas de manutenção na IBM e para permitir que os usuários transferissem programas e aplicações livremente de um sistema IBM para outro.

Infelizmente, o OS/360 tentou ser tudo para todos. Como resultado, não executava qualquer de suas tarefas especialmente bem. O sistema de arquivos incluía um campo de tipo que definia o tipo de cada arquivo, e diferentes tipos de arquivos eram definidos para registros de tamanho fixo e de tamanho variável e para arquivos bloqueados e não bloqueados. A alocação contígua era usada e, portanto, o usuário tinha que adivinhar o tamanho de cada arquivo de saída. A Linguagem de Controle de Jobs (JLC) adicionava parâmetros para cada opção possível, o que a tornava incompreensível para o usuário médio.

As rotinas de gerenciamento da memória eram dificultadas pela arquitetura. Embora fosse usada uma modalidade de endereçamento de registrador base, o programa podia acessar e modificar o registrador base para que endereços absolutos fossem gerados pela CPU. Esse esquema impedia a relocação dinâmica; o programa ficava limitado à memória física em tempo de carga. Duas versões separadas do sistema operacional foram produzidas: o OS/MFT usava regiões fixas e o OS/MVT usava regiões variáveis.

O sistema foi escrito em linguagem de montagem por milhares de programadores, resultando em milhões de linhas de código. O próprio sistema operacional requeria grandes montantes de memória para seu código e tabelas. O overhead do sistema operacional consumia, com frequência, metade dos ciclos totais da CPU. Com o passar dos anos, novas versões foram lançadas para adicionar novos recursos e corrigir erros. No entanto, a correção de um erro causava, frequentemente, outro erro em alguma parte remota do sistema, de modo que o número de erros conhecidos permanecia constante.

Memória virtual foi adicionada ao OS/360 com a mudança para a arquitetura do IBM/370. O hardware subjacente fornecia uma memória virtual segmentada paginada. Novas versões do OS usavam esse hardware de diferentes maneiras. O OS/VS1 criava um grande espaço de endereçamento virtual e executava o OS/MFT nessa memória virtual. Assim, o próprio sistema operacional era paginado, assim como os programas de usuário. O OS/VS2 Release 1 executava o OS/MVT em memória virtual. Finalmente, o OS/VS2 Release 2, que agora é chamado MVS, fornecia a cada usuário sua própria memória virtual.

O MVS ainda é basicamente um sistema operacional batch. O sistema CTSS era executado num IBM 7094, mas os desenvolvedores no MIT decidiram que o espaço de endereçamento do 360, sucessor da IBM para o 7094, era pequeno demais para o MULTICS; portanto, eles mudaram de fornecedor. A IBM decidiu então criar seu próprio sistema de tempo compartilhado, o TSS/360. Como o MULTICS, o TSS/360 foi pensado como um grande recurso de tempo compartilhado. A arquitetura básica do 360 foi modificada no modelo 67 para fornecer memória virtual. Vários sítios compraram o 360/67 em antecipação ao TSS/360.

O TSS/360 foi adiado, no entanto, de modo que outros sistemas de tempo compartilhado foram desenvolvidos como sistemas temporários até o TSS/360 estar disponível. Uma opção de compartilhamento de tempo (TSO — *time-sharing option*) foi adicionada ao OS/360. O Centro Científico de Cambridge da IBM desenvolveu o CMS, como um sistema monousuário, e o CP/67 para fornecer uma máquina virtual para executá-lo.

Quando o TSS/360 foi finalmente liberado, acabou sendo um fracasso. Era grande demais e lento demais. Como resultado, nenhum sítio migrou de seu sistema temporário para o TSS/360. Atualmente, o compartilhamento de tempo em sistemas IBM é, em grande parte, fornecido pelo TSO sob o MVS ou pelo CMS sob o CP/67 (renomeado VM).

Nem o TSS/360 nem o MULTICS obtiveram sucesso comercial. O que deu errado? Parte do problema foi que esses sistemas avançados eram grandes demais e complexos demais para serem entendidos. Outro problema era a suposição de que o poder de computação estaria disponível a partir de uma grande fonte remota. Os minicomputadores surgiram, e diminuiu a necessidade de grandes sistemas monolíticos. Eles foram seguidos por estações de trabalho e, depois, pelos computadores pessoais, que colocaram o poder de computação cada vez mais perto dos usuários finais.

20.10 TOPS-20

A DEC criou muitos sistemas de computação influentes durante sua história. Provavelmente, o sistema operacional mais famoso associado à DEC seja o VMS, um sistema popular orientado a negócios que ainda está em uso hoje como OpenVMS, um produto da Hewlett-Packard. Mas talvez o mais influente dos sistemas operacionais da DEC tenha sido o TOPS-20.

O TOPS-20 iniciou sua existência como um projeto de pesquisa na Bolt, Beranek, and Newman (BBN) por volta de 1970. A BBN tomou o computador orientado a negócios DEC PDP-10 executando o TOPS-10, adicionou um sistema de hardware de paginação de memória para implementar memória virtual e escreveu um novo sistema operacional para esse computador, para tirar partido dos novos recursos de hardware. O resultado foi o TENEX, um sistema de tempo compartilhado e de uso geral. A DEC então comprou os direitos do TENEX e criou um novo computador com paginador de hardware embutido. O sistema resultante foi o DECSYSTEM-20 e o sistema operacional TOPS-20.

O TOPS-20 possuía um avançado interpretador de linha de comando que fornecia ajuda a usuários, quando necessário. Isso, em combinação com o poder do computador e seu preço razoável, tornou o DECSYSTEM-20 o sistema de tempo compartilhado mais popular de sua época. Em 1984, a DEC parou de trabalhar em sua linha de computadores PDP-10 de 36 bits para se concentrar em sistemas VAX de 32 bits executando o VMS.

20.11 CP/M e MS/DOS

Os primeiros computadores para entretenimento foram construídos, tipicamente, a partir de kits e executavam um único programa de cada vez. Os sistemas evoluíram para sistemas mais avançados à medida que os componentes dos computadores melhoravam. Um sistema operacional inicial "padrão" para esses computadores dos anos 1970 foi o CP/M, abreviação de Control Program/Monitor, escrito por Gary Kindall da Digital Research, Inc. O CP/M era executado principalmente na primeira CPU de "computador pessoal", a Intel 8080 de 8 bits. Originalmente, o CP/M suportava apenas 64 KB de memória e executava somente um programa de cada vez. Naturalmente, ele era baseado em texto, com um interpretador de comandos. O interpretador de comandos lembrava os de outros sistemas operacionais da época, como o TOPS-10 da DEC.

Quando a IBM entrou no negócio de computadores pessoais, ela decidiu solicitar a Bill Gates e seus colaboradores que escrevessem um novo sistema operacional para sua CPU de 16 bits de escolha — a Intel 8086. Esse sistema operacional, o MS-DOS, era semelhante ao CP/M, mas tinha um conjunto mais rico de comandos embutidos, e foi novamente modelado, em grande parte, segundo o TOPS-10. O MS-DOS tornou-se o mais popular sistema operacional para computadores pessoais de sua época, começando em 1981 e continuando a ser desenvolvido até 2000. Ele suportava 640 KB de memória, podendo endereçar memória "estendida" e "expandida" para ultrapassar um pouco esse limite. No entanto, não tinha os recursos fundamentais dos sistemas operacionais atuais, principalmente memória protegida.

20.12 Sistema Operacional Macintosh e Windows

Com o advento das CPUs de 16 bits, os sistemas operacionais dos computadores pessoais puderam se tornar mais avançados, ricos em recursos e usáveis. O computador Apple Macintosh talvez tenha sido o primeiro computador com uma GUI projetada para usuários domésticos. Com certeza, foi o mais bem-sucedido durante algum tempo, começando com seu lançamento em 1984. Ele usava um mouse para apontamento e seleção na tela e vinha com muitos programas utilitários que tiravam partido da nova interface de usuário. Os drives de disco rígido eram relativamente caros em 1984; portanto, esse computador vinha apenas com um drive de disquete com capacidade de 400 KB, por default.

O Mac OS original era executado somente em computadores Apple e foi lentamente eclipsado pelo Microsoft Windows (iniciando com a versão 1.0 em 1985), que foi licenciado para execução em muitos computadores diferentes de várias empresas. À medida que as CPUs microprocessadoras evoluíam para chips de 32 bits com recursos avançados, tais como memória protegida e mudança de contexto, esses sistemas operacionais adicionaram recursos que, anteriormente, eram encontrados apenas em mainframes e minicomputadores. Com o tempo, os computadores pessoais tornaram-se tão poderosos quanto esses sistemas e mais úteis para muitos fins. Os minicomputadores sumiram, sendo substituídos por "servidores" de uso geral e específico. Embora os computadores pessoais continuem a crescer em capacidade e desempenho, os servidores tendem a ficar à frente deles em montante de memória, espaço em disco, e número e velocidade das CPUs disponíveis. Atualmente, os servidores costumam operar em centros de dados ou salas de máquinas, enquanto os computadores pessoais ficam em mesas ou próximos a elas e se comunicam uns com os outros e com os servidores por uma rede.

A rivalidade na área de desktops entre a Apple e a Microsoft continua até hoje, com novas versões do Windows e do Mac OS tentando superar umas às outras em recursos, usabilidade e funcionalidade das aplicações. Outros sistemas operacionais, tais como o AmigaOS e o OS/2, apareceram mas não competiram por muito tempo com os dois principais sistemas operacionais desktop. Enquanto isso, o Linux em suas muitas formas continua a ganhar em popularidade entre usuários mais técnicos — e até mesmo usuários não técnicos em sistemas como o One Laptop per Child (OLPC), uma rede de computadores conectados para crianças (http://laptop.org/).

20.13 Mach

O sistema operacional Mach descende do sistema operacional Accent desenvolvido na Carnegie Mellon University (CMU). A filosofia e o sistema de comunicação do Mach são derivados do Accent, mas muitas outras partes significativas do sistema (por exemplo, o sistema de memória virtual e o gerenciamento de tarefas e threads) foram desenvolvidas a partir do zero.

O trabalho no Mach começou em meados dos anos 1980 e o sistema operacional foi projetado com os três seguintes objetivos críticos em mente:

1. Emular o 4.3 BSD UNIX para que os arquivos executáveis de um sistema UNIX possam ser executados corretamente sob o Mach.
2. Ser um sistema operacional moderno que suporte muitos modelos de memória, assim como computação paralela e distribuída.
3. Possuir um kernel mais simples e fácil de modificar do que o do 4.3 BSD.

O desenvolvimento do Mach seguiu um caminho evolucionário a partir dos sistemas UNIX BSD. O código do Mach foi, inicialmente, desenvolvido dentro do kernel do 4.2 BSD, com os componentes do kernel do BSD substituídos por componentes do Mach à medida que esses componentes eram concluídos. Os componentes do BSD foram atualizados para o 4.3 BSD quando ele se tornou disponível. Por volta de 1986, os subsistemas de memória virtual e comunicação estavam sendo executados na família de computadores VAX da DEC, incluindo versões multiprocessadoras do VAX. Versões para o IBM RT/PC e para estações de trabalho SUN 3 seguiram-se rapidamente. Em seguida, o ano de 1987 viu a conclusão das versões multiprocessadoras Encore Multimax e Sequent Balance, incluindo suporte a tarefas e threads, assim como as primeiras versões oficiais do sistema, Release 0 e Release 1.

Por meio da Release 2, o Mach forneceu compatibilidade com os sistemas BSD correspondentes incluindo grande parte do código do BSD no kernel. Os novos recursos e capacidades do Mach tornaram os kernels dessas versões maiores do que os kernels correspondentes do BSD. O Mach 3 transferiu o código do BSD para fora do kernel, deixando um microkernel muito menor. Esse sistema implementa somente recursos básicos do Mach no kernel; todo o código específico do UNIX foi removido para ser executado em servidores de modalidade de usuário. A exclusão do código específico do UNIX do kernel permite a substituição do BSD por outro sistema operacional ou a execução simultânea de múltiplas interfaces de sistemas operacionais no topo do microkernel. Além do BSD, implementações de modalidade de usuário foram desenvolvidas para o DOS, o sistema operacional Macintosh e o OSF/1. Essa abordagem tem similaridades com o conceito de máquina virtual, mas aqui a máquina virtual é definida por software (a interface de kernel do Mach), em vez de por hardware. Com o Release 3.0, o Mach tornou-se disponível em uma ampla variedade de sistemas, incluindo máquinas monoprocessadoras SUN, Intel, IBM e DEC e sistemas multiprocessadores DEC, Sequent e Encore.

O Mach tomou a frente da atenção da indústria quando a Open Software Foundation (OSF) anunciou em 1989 que usaria o Mach 2.5 como a base para seu novo sistema operacional, o OSF/1. (O Mach 2.5 também foi a base do sistema operacional da estação de trabalho NeXT, fruto da imaginação de Steve Jobs, famoso pelos computadores da Apple.) O lançamento inicial do OSF/1 ocorreu um ano depois e esse sistema competia com o UNIX System V, Release 4, o sistema operacional preferido naquela época entre os membros da UNIX International (UI). Os membros da OSF incluíam importantes empresas de tecnologia como IBM, DEC e HP. Desde então, a OSF mudou sua orientação e apenas o DEC UNIX é baseado no kernel do Mach.

Diferentemente do UNIX, que foi desenvolvido sem preocupação com multiprocessamento, o Mach incorpora suporte total a multiprocessamento. Esse suporte também é excessivamente flexível, variando de sistemas de memória compartilhada a sistemas sem memória compartilhada entre processadores. O Mach usa processos pesos-leves, na forma de múltiplos threads de execução dentro de uma tarefa (ou espaço de endereçamento), para suportar multiprocessamento e computação paralela. Seu uso extensivo de mensagens, como único método de comunicação, assegura que os mecanismos de proteção sejam completos e eficientes. Ao integrar mensagens ao sistema de memória virtual, o Mach também assegura que as mensagens possam ser manipuladas eficientemente. Para concluir, por fazer o sistema de memória virtual usar mensagens para se comunicar com os daemons que gerenciam a memória de retaguarda, o Mach fornece grande flexibilidade ao projeto e implementação dessas tarefas de gerenciamento de objetos de memória. Ao fornecer chamadas de sistema de baixo nível, ou primitivas, a partir das quais funções mais complexas podem ser construídas, o Mach reduz o tamanho do kernel ao mesmo tempo em que permite a emulação do sistema operacional no nível do usuário, semelhante ao que ocorre nos sistemas de máquina virtual da IBM.

Algumas edições anteriores de *Fundamentos de Sistemas Operacionais* incluíram um capítulo inteiro sobre o Mach. Esse capítulo, como apareceu na quarta edição, está disponível no site da LTC Editora.

20.14 Outros Sistemas

Existem, naturalmente, outros sistemas operacionais, e a maioria deles tem propriedades interessantes. O sistema operacional MCP, para a família de computadores Burroughs, foi o primeiro a ser escrito em uma linguagem de programação de sistemas. Ele suportava segmentação e múltiplas CPUs. O sistema operacional SCOPE para o CDC 6600 também era um sistema multi-CPUs. A coordenação e a sincronização dos múltiplos processos foram surpreendentemente bem projetadas.

A história é cheia de sistemas operacionais que atingiram um objetivo por um tempo (seja um tempo longo ou curto) e então, quando desapareceram, foram substituídos por sistemas operacionais que tinham mais recursos, suportavam hardware mais novo, eram mais fáceis de usar ou tiveram marketing mais agressivo. Temos certeza de que essa tendência continuará no futuro.

Exercícios

20.1 Discuta que aspectos o operador do computador levava em consideração ao decidir as sequências em que os programas seriam executados nos sistemas de computação iniciais que eram operados manualmente.

20.2 Que otimizações foram usadas para minimizar a discrepância entre as velocidades da CPU e de I/O nos sistemas de computação iniciais?

20.3 Considere o algoritmo de substituição de páginas usado pelo Atlas. Em que aspectos ele é diferente do algoritmo do relógio discutido na Seção 9.4.5.2?

20.4 Considere a fila de retroalimentação multiníveis usada pelo CTSS e o MULTICS. Suponha que um programa use consistentemente sete unidades de tempo sempre que é incluído no schedule antes de executar uma operação de

I/O e ser bloqueado. Quantas unidades de tempo são alocadas a esse programa quando ele é incluído no schedule para execução em pontos diferentes no tempo?

20.5 Quais são as implicações do suporte à funcionalidade do BSD em servidores de modalidade de usuário dentro do sistema operacional Mach?

20.6 Que conclusões podem ser esboçadas sobre a evolução dos sistemas operacionais? O que faz alguns sistemas operacionais ganharem popularidade e outros desaparecerem?

Notas Bibliográficas

Teares e calculadoras são descritos em [Frah (2001) e mostrados graficamente em [Frauenfelder (2005)].

O Manchester Mark 1 é discutido por [Rojas e Hashagen (2000)], e seu descendente, o Ferranti Mark 1, é descrito por [Ceruzzi (1998)].

[Kilburn et al. (1961)] e [Howarth et al. (1961)] examinam o sistema operacional Atlas.

O sistema operacional XDS-940 é descrito por [Lichtenberger e Pirtle (1965)].

O sistema operacional THE é abordado por [Dijkstra (1968)] e por [McKeag e Wilson (1976)].

O sistema Venus é descrito por [Liskov (1972)].

[Brinch-Hansen (1970)] e [Brinch-Hansen (1973)] discutem o sistema RC 4000.

O Compatible Time-Sharing System (CTSS) é apresentado por [Corbato et al. (1962)].

O sistema operacional MULTICS é descrito por [Corbato e Vyssotsky (1965)] e [Organick (1972)].

[Mealy et al. (1966) apresentaram o IBM/360. [Lett e Konigsford (1968)] abordam o TSS/360.

O CP/67 é descrito por [Meyer e Seawright (1970)] e [Parmelee et al. (1972)].

O DEC VMS é discutido por [Kenah et al. (1988)], e o TENEX é descrito por [Bobrow et al. (1972)].

Uma descrição do Apple Macintosh aparece em [Apple (1987)]. Para mais informações sobre esses sistemas operacionais e sua história, consulte [Freiberger e Swaine (2000)].

O sistema operacional Mach e seu antecessor, o sistema operacional Accent, são descritos por [Rashid e Robertson (1981)]. O sistema de comunicação do Mach é abordado por [Rashid (1986)], [Tevanian et al. (1989)] e [Accetta et al. (1986)]. O scheduler do Mach é descrito em detalhes por [Tevanian et al. (1987a)] e Black (1990)]. Uma versão inicial do sistema de memória compartilhada e de mapeamento para a memória do Mach é apresentada por [Tevanian et al. (1987b)]. Um bom material que descreve o projeto do Mach pode ser encontrado em http://www.cs.cmu.edu/afs/cs/project/mach/public/www/mach.html.

[McKeag e Wilson (1976)] discutem o sistema operacional MCP para a família de computadores Burroughs assim como o sistema operacional SCOPE para o CDC 6600.

Bibliografia

[Accetta et al. (1986)] M. Accetta, R. Baron, W. Bolosky, D. B. Golub, R. Rashid, A. Tevanian e M. Young, "Mach: A New Kernel Foundation for UNIX Development", *Proceedings of the Summer USENIX Conference* (1986), páginas 93-112.

[Apple (1987)] *Apple Technical Introduction to the Macintosh Family*, Addison-Wesley (1987).

[Black (1990)] D. L. Black, "Scheduling Support for Concurrency and Parallelism in the Mach Operating System", *IEEE Computer*, volume 23, número 5 (1990), páginas 35-43.

[Bobrow et al. (1972)] D. G. Bobrow, J. D. Burchfiel, D. L. Murphy e R. S. Tomlinson, "TENEX, a Paged Time Sharing System for the PDP-10", *Communications of the ACM*, volume 15, número 3 (1972).

[Brinch-Hansen (1970)] P. Brinch-Hansen, "The Nucleus of a Multiprogramming System", *Communications of the ACM*, volume 13, número 4 (1970), páginas 238-241 e 250.

[Brinch-Hansen (1973)] P. Brinch-Hansen, *Operating System Principles*, Prentice Hall (1973).

[Ceruzzi (1998)] P. E. Ceruzzi, *A History of Modern Computing*, MIT Press (1998).

[Corbato e Vyssotsky (1965)] F. J. Corbato e V. A. Vyssotsky, "Introduction and Overview of the MULTICS System", *Proceedings of the AFIPS Fall Joint Computer Conference* (1965), páginas 185-196.

[Corbato et al. (1962)] F. J. Corbato, M. Merwin-Daggett e R. C. Daley, "An Experimental Time-Sharing System", *Proceedings of the AFIPS Fall Joint Computer Conference* (1962), páginas 335-344.

[Dijkstra (1968)] E. W. Dijkstra, "The Structure of the THE Multiprogramming System", *Communications of the ACM*, volume 11, número 5 (1968), páginas 341-346.

[Frah (2001)] G. Frah, *The Universal History of Computing*, John Wiley and Sons (2001).

[Frauenfelder (2005)] M. Frauenfelder, *The Computer — An Illustrated History*, Carlton Books (2005).

[Freiberger e Swaine (2000)] P. Freiberger e M. Swaine, *Fire in the Valley — The Making of the Personal Computer*, McGraw-Hill (2000).

[Howarth et al. (1961)] D. J. Howarth, R. B. Payne e F. H. Sumner, "The Manchester University Atlas Operating System, Part II: User's Description", *Computer Journal*, volume 4, número 3 (1961), páginas 226-229.

[Kenah et al. (1988)] L. J. Kenah, R. E. Goldenberg e S. F. Bate, *VAX/VMS Internals and Data Structures*, Digital Press (1988).

[Kilburn et al. (1961)] T. Kilburn, D. J. Howarth, R. B. Payne e F. H. Sumner, "The Manchester University Atlas Operating System, Part I: Internal Organization", *Computer Journal*, volume 4, número 3 (1961), páginas 222-225.

[Lett e Konigsford (1968)] A. L. Lett e W. L. Konigsford, "TSS/360: A Time-Shared Operating System", *Proceedings of the AFIPS Fall Joint Computer Conference* (1968), páginas 15-28.

[Lichtenberger e Pirtle (1965)] W. W. Lichtenberger e M. W. Pirtle, "A Facility for Experimentation in Man-Machine Interaction", *Proceedings of the AFIPS Fall Joint Computer Conference* (1965), páginas 589-598.

[Liskov (1972)] B. H. Liskov, "The Design of the Venus Operating System", *Communications of the ACM*, volume 15, número 3 (1972), páginas 144-149.

[McKeag e Wilson (1976)] R. M. McKeag e R. Wilson, *Studies in Operating Systems*, Academic Press (1976).

[Mealy et al. (1966)] G. H. Mealy, B. I. Witt e W. A. Clark, "The Functional Structure of OS/360", *IBM Systems Journal*, volume 5, número 1 (1966), páginas 3-11.

[Meyer e Seawright (1970)] R. A. Meyer e L. H. Seawright, "A Virtual Machine Time-Sharing System", *IBM Systems Journal*, volume 9, número 3 (1970), páginas 199-218.

[Organick (1972)] E. I. Organick, *The Multics System: An Examination of Its Structure*, MIT Press (1972).

[Parmelee et al. (1972)] R. P. Parmelee, T. I. Peterson, C. C. Tillman e D. Hatfield, "Virtual Storage and Virtual Machine Concepts", *IBM Systems Journal*, volume 11, número 2 (1972), páginas 99-130.

[Rashid (1986)] R. F. Rashid, "From RIG to Accent to Mach: The Evolution of a Network Operating System", *Proceedings of the ACM/IEEE Computer Society, Fall Joint Computer Conference* (1986), páginas 1128-1137.

[Rashid e Robertson (1981)] R. Rashid e G. Robertson, "Accent: A Communication-Oriented Network Operating System Kernel", *Proceedings of the ACM Symposium on Operating System Principles* (1981), páginas 64-75.

[Rojas e Hashagen (2000)] R. Rojas e U. Hashagen, *The First Computers — History and Architectures*, MIT Press (2000).

[Tevanian et al. (1987a)] A. Tevanian, Jr., R. F. Rashid, D. B. Golub, D. L. Black, E. Cooper e M. W. Young, "Mach Threads and the Unix Kernel: The Battle for Control", *Proceedings of the Summer USENIX Conference* (1987).

[Tevanian et al. (1987b)] A. Tevanian, Jr., R. F. Rashid, M. W. Young, D. B. Golub, M. R. Thompson, W. Bolosky e R. Sanzi, "A UNIX Interface for Shared Memory and Memory Mapped Files Under Mach", relatório técnico, Carnegie-Mellon University (1987).

[Tevanian et al. (1989)] A. Tevanian, Jr. e B. Smith, "Mach: The Model for Future Unix", *Byte* (1989).

Créditos

- Figura 1.11: De Hennesy e Patterson, *Computer Architecture: A Quantitative Approach, Third Edition*, © 2002, Morgan Kaufmann Publishers, Figura 5.3, p. 394. Reimpressa com permissão do editor.
- Figura 6.24: Adaptado com permissão da Sun Microsystems, Inc.
- Figura 9.18: De *IBM Systems Journal*, Vol. 10, No. 3, © 1971, International Business Machines Corporation. Reimpressa com permissão da IBM Corporation.
- Figura 12.9: De Leffler/McKusick/Karels/Quarterman, *The Design and Implementation of the 4.3BSD UNIX Operating System*, © 1989 por Addison-Wesley Publishing Co., Inc., Reading, Massachusetts. Figura 7.6, p. 196. Reimpressa com permissão do editor.
- Figura 13.4: De *Pentium Processor User's Manual: Architecture and Programming Manual*, Volume 3, Copyright 1993. Reimpressa com permissão da Intel Corporation.
- Figuras 17.5, 17.6, e 17.8: De Halsall, *Data Communications, Computer Networks, and Open Systems, Third Edition*, © 1992, Addison-Wesley Publishing Co., Inc., Reading, Massachusetts. Figura 1.9, p. 14, Figura 1.10, p. 15, e Figura 1.11, p. 18. Reimpressas com permissão do editor.
- Figura 6.14: De Khanna/Sebree/Zolnowsky, "Realtime Scheduling in SunOS 5.0," Proceedings of Winter USENIX, Janeiro 1992, San Francisco, Califórnia. Extraída com permissão dos autores.

Índice

A

ACLs (listas de controle de acesso), 460
Advanced
configuration and power interface
(ACPI), 477
encryption standart (AES), 372
Algoritmo
criptográfico simétrico, 372, 373
de controle de admissão, 154
de scheduling RR, 145
do banqueiro, 176, 177
do relógio, 227, 228
Alocador
SLOB, 240
SLUB, 240
ALPC (chamada de procedimento local avançada), 77, 462
Ambientes de computação, 20-24
em nuvem, 23, 24
móvel, 21
sistemas distribuídos, 21, 22
sistemas embutidos, em tempo real, 25
virtualização, 23
Aplicativo
de realidade aumentada, 21
terminal, 54
Apple, iPad, 34, 48
Armazenamento
gerenciamento do, em máquinas virtuais, 403, 404
local do thread, 104, 105
Arquitetura
AMD64, 209
ARM, 209, 210
IA-32, 207-209
paginação, 206, 207
segmentação, 207
IA-64, 209
multiprocessos, navegador Chrome, 71
VAX, 203, 204
x86-64, 206, 209
Arquivo(s)
estendido, atributos de, 275
replicação de, 423
sistemas de, distribuídos, 423-426
Árvore(s), 19
de pesquisa binária, 19
balanceada, 19
rubro-negras, 20
ASIDs (identificadores do espaço de endereçamento), 200
ASLR (*address-space layout randomization*), 460

Assinaturas digitais, 374, 460
Assistentes digitais pessoais (PDAs), 8
Autenticação, 362, 373, 374
com dois fatores, 378
com múltiplos fatores, 379

B

Background, 40, 67, 146
Banco de dados, PFN, 471
Bloco
de ambiente de threads (TEBs), 487
de controle de endereços virtuais (VACB), 475
de mensagens do servidor (SMB), 482

C

CFQ (completely fair queueing), 452
Chamada
de procedimento local avançada (ALPC), 77, 462
de sistema wait ( ), 68-70
Chave pública, criptografia, 373
Chips, conjunto de, 463
Chrome, 71
CIFS (common Internet file system), 482
Clones, 317
Cluster
assimétrico, 10
simétrico, 10
Cocoa Touch, 48
Codificação criptográfica, 371
Código
de kernel, 54
integridade de, 461
Completely fair queueing (CFQ), 452
Component object model (COM), 479
Computação
cliente-servidor, 473, 474
em nuvem, 23, 24, 394
móvel, 21
Computador de superfície, 478
Concurrency Runtime (ConcRT), 160, 487
Conexão, comutação
de circuitos, 416, 417
de mensagens, 416, 417
de pacotes, 416, 417
Configuração dinâmica, 464
Conjunto(s)
de chips, 463
de trabalho
corte automático, 243
janela do, 233
modelo do, 233

RAID, 480, 481
Contador do marcador de tempo (TSC), 465
Contenção, 181
Controladores de DMA, 326, 327
Controle
de conta do usuário (UAC), 385
participação de, 397
CPU virtual (VCPU), 394-396
Criptografia
assimétrica, 373
de chave pública, 373
simétrica, 372, 373

D

Dados, paralelismo de, 95
Daemons do sistema, 5
Dalvik, máquina virtual, 48, 49
DEC (digital equipment corporation), 203
Defesa em profundidade, 379
Despachante, 158
DirectCompute, 463
Discos de estado sólido (SSDs), 256
DMA controlador de, 326, 327
Domínio de proteção, 346-349
Drivers, registro, 438
DWM (*desktop window manager*), 460

E

EC2, 23
EDF, (scheduling do limite-de-tempo-mais-cedo-primeiro), 155, 156
Eficiência, 308
no uso de energia, 463, 464
Emulação, 23, 400
Emulador, 44, 392
Energia, eficiência no uso, 463, 464
Erros, detecção, 32
Espaço de endereçamento
identificadores, 200
randomização do layout, 460
Estado suspenso, 486
Estratégia fork-join, 98
Estrutura(s)
de controle de máquinas virtuais (VMCSs), 396
de drivers de modalidade de usuário (UMDF), 474
RAID, 264-270
Exit ( ), chamada de sistema, 69, 70
Ext2, sistema de arquivos estendido, segundo, 449
Ext3, sistema de arquivos estendido, terceiro, 449, 450

Ext4, sistema de arquivos estendido, quarto, 449
Extensão do endereço de página (PAE), 208, 209
Extensibilidade, 463

F

FIFO, 19
Filho, 19
 direito, 19
 esquerdo, 19
Foreground, 67, 146
Fork-join, 98
Frequência de erros de página (PFF), 234

G

GCD (grand central dispatch), 102, 103
Gerenciador
 de controle de serviço (SCM), 476
 de energia Windows 7, 476, 477
 de janelas de desktop (DWM), 460
 de máquina virtual (VMM), 14, 391
 de memória virtual (VM), 468-472
 de tarefas Windows, 49, 50
Gerenciamento do armazenamento em máquinas virtuais, 403, 404
Gestos, 34
GNOME, 34
GPS (sistema de posicionamento global), 21
Gráficos sombreadores, 463
Granularidade
 alta, 151
 baixa, 151
 mínima, 441
Green threads, 95
GUIs (interfaces gráficas), 38

H

Hadoop, 422
 sistema de arquivos distribuído (HDFS), 424
Hardware
 máquinas virtuais, 396, 397
 multitoque, 478
Hash
 colisões de, 20
 funções, 20, 374
 mapas, 20
 tabelas de páginas com, 204-206
 valor, 374
HDFS (sistema de arquivos distribuído hadoop), 424
Hibernação, 476-478
Hiperchamada, 399
Hipervisor(es), 391
 tipo
  0, 391, 397, 398
  1, 391, 398, 399
  2, 392, 399
Hospedeiro, armazenamento conectado ao, 257

I

I/O
 bus de, 255
 interlock de, 242, 243
 mapeamento para a memória, 238
 máquinas virtuais, 397
 programado, 238
IaaS (infraestrutura como serviço), 24
ID de segurança, 18, 473
Identidade de segurança (SID), 473
IDS (sistemas de detecção de invasões), 380, 381
IKE (Internet Key Exchange), 375
Interface(s)
 aqua, 33, 47, 48
 de programação de aplicações (API), 36, 37
  Win32, 484
 escolha de, 34, 35
 gráficas (GUIs), 38
Interpretação, 23
iOS, sistema operacional, 48
IP (protocolo de Internet), 419
iPad, 34, 48
ISRs (rotinas de serviço de interrupção), 465

J

Janela de informações de arquivo no Mac OS X, 275
JAVA, 400
JIT, just-in-time, 406
JVM (máquina virtual java), 62, 356, 400, 405, 406

K

KDE (K Desktop Environment), 34
Kernel(s)
 ambiente de, 47
 árvores, 19, 20
 código de, 54
 computacional, 463
 estruturas de dados, 18-20
 filas, 18, 19
 funções e mapas hash, 20
 gerenciador de transações, 477
 listas, 18, 19
 mapa de bits, 20
 -mode driver framework (KMDF), 474
 módulos
  carregáveis, 47
  do linux, 54-56, 90
 pilhas, 18, 19
 thread do, 487
KMDF (estrutura de drivers de modalidade de kernel), 474
KT (thread do kernel), 487
KTM (gerenciador de transações do kernel), 477

L

Latência
 -alvo, 157, 441
 de despacho, fase de conflito, 153
 de interrupção, 152, 153
 do evento, 152
 em sistemas de tempo real, 152, 153
Lei
 de Amdahl, 94
 de Moore, 6, 462
LFH (heap de baixa fragmentação), 489
LIFO, 19, 120
Linguagem(ns)
 de montagem, 35
 de programação, funcionais, 131, 132
 Erlang, 131
 imperativas, 131
 interpretadas, 400
 Scala, 131
Linux, módulos de kernel, 54-56, 90
Lista(s), 18, 19
 circularmente encadeada, 19
 de controle de acesso (ACLs), 460
 encadeada
  duplamente, 18, 19
  simplesmente, 18, 19
Livro laranja, 387, 460
Locks
 de leitor-gravador magros (SRW), 486
 mutex, problemas da seção crítica, 117, 118
LPC (chamadas de procedimento local), 462

M

Mac OS X, janela de informações de arquivo no, 275
Manipuladores, tabela de, 468
Mapa de bits, 20
Máquina(s) virtual(is)
 assistência de hardware, 396, 397
 benefícios, 393, 394
 ciclo de vida, 397
 Dalvik, 48, 49
 gerenciamento de memória, 402, 403
 hipervisor, tipo
  0, 397, 398
  1, 398, 399
  2, 399
 história, 393
 Java (JVM), 62, 356, 400, 405, 406
 migração dinâmica, 393, 404, 405
 recursos, 393, 394
 tradução binária, 395, 396
 VMware, 392
Memória
 acesso não uniforme à (NUMA), 10, 231, 462
 gerenciamento
  máquinas virtuais, 402, 403
  unidade de, 189, 471
 principal, paginação Solaris e Oracle SPARC, 206
 somente de leitura (ROM), 52, 262
 transacional, 130, 131
 vazamento, 56

Método interceptação-e-emulação, 394, 395
Micro, TLBs, 210
Migração com máquinas virtuais, 404, 405
    dinâmica, 393, 404, 405
MMU (unidade de gerenciamento de memória), 189, 471
Modelo OSI, 417
Módulo(s)
    de integridade de código (Windows 7), 461
    de kernel do linux, 54-56, 90
    ponto
        de entrada, 55, 56
        de saída, 55, 56
Monitor de referência de segurança (SRM), 476
Mutex locks, 117, 118

N

NAT (tradução de endereços de rede), 403
Níveis de privilégios, 14
Nomes, espaço de, 439
NPTs (tabelas de páginas aninhadas), 395, 396
NUMA, acesso não uniforme à memória, 10, 231, 462
Números de quadros de página (PFN), 471
Nuvem
    híbrida, 23
    privada, 23

O

Objeto, par de eventos, 473, 474
OLE (vinculação e embutimento de objetos), 483
OpenMP, 102, 103, 130, 131
OpenSolaris, 26, 27
Operações atômicas, 130
Oracle SPARC, 206
OSI
    modelo, 417
    pilha de protocolo, 418

P

PaaS, plataforma como serviço, 24
PAE (extensão do endereço de página), 208, 209
Paginação
    hierárquica, 203, 204
    Solaris e Oracle SPARC, 206
Páginas de proteção, 469
Paralelismo, 94, 95, 265
    de dados, 95
    de tarefas, 95
Paravirtualização, 392, 399, 400
Partição
    bruta, 263
    de controle, 397
    de inicialização, 262
    raiz, 300

PC, 478
PDAs (assistentes digitais pessoais), 8
Permuta
    em sistemas móveis, 192
    padrão, 191, 192
Personalidades, 47
PFF (frequência de erros de página), 234
PFN (números de quadros de páginas), 471
Plataforma como serviço (PaaS), 24
Políticas de grupo do Windows, 484
Pools de threads, 101, 102
Pop, 19
POSIX, scheduling de tempo real, 156
POST (autoteste de ativação), 477
Processadores
    grupos de, 462
    Intel, arquitetura
        AI-32, 207-209
        AI-64, 209
Processos
    background, 40, 67, 146
    do sistema, 5
    foreground, 67, 146
    periódicos, 154
Projeto
    heap de baixa fragmentação (LFH), 489
    LFH, 489
Protocolo
    de descoberta, 22
    de Internet (IP), 419
    SMB, 411
Pseudodriver de dispositivos, 402, 403
PTEs (entradas na tabela de páginas), 469
    tabela de, 469
Pthreads, cancelamento de threads, 104
Push, 19

R

RAID
    conjuntos, 480, 481
    estrutura, 264-270
RC4, 372, 373
RDP, 394
Recipientes, 385, 386
Registro de drivers, 438
ROM (memória somente de leitura), 52, 262
Roteadores, 413
Rotinas de serviços de interrupção (ISRs), 465
RR (round-robin), 145

S

SaaS, software como serviço, 24
Scheduling
    baseado em prioridades, 153, 154
    cotas proporcionais, 156
    da CPU
        de tempo real, 152-156
            baseado em prioridades, 153, 154

        das cotas proporcionais, 156
        minimizando a latência, 152, 153
        POSIX, 156
        primeiro-a-chegar, primeiro-a-ser-atendido, 143
        taxa monotônica, 154, 155
    máquinas virtuais, 401
    de modalidade de usuário (UMS), 158, 159
    de taxa monotônica, 154, 155
    de tempo real, do POSIX, 156
    do limite-de-tempo-mais-cedo-primeiro (EDF), 155, 156
    e os SSDs, 261
    menor-job-primeiro (SJF), 143-145
    SSTF, 259
SCM (gerenciador de controle de serviço), 476
Seção crítica, locks mutex, 117, 118
Serviços do sistema operacional, 31, 32
Shell bourne-again (bash), 437
SID (identidade de segurança), 473
Sincronização de processos
    abordagem alternativa, 130, 131
    linguagens de programação funcional, 131, 132
    memória transacional, 130
    OpenMP, 130, 131
    problemas de seção crítica, 114, 115
Sistema(s)
    agrupados, cluster
        assimétrico, 10
        simétrico, 10
    clientes, 22
    daemons do, 5
    de arquivos
        distribuídos, 423-426
            Hadoop (HDFS), 424
        quarto (ext4), 449
        segundo (ext2), 449
        terceiro (ext3), 449, 450
        registro lógico, 279, 280
        Tripwire, 382
    de computadores pessoais (PC), 478
    de detecção de invasões (IDS), 380, 381
    de posicionamento global (GPS), 21
    fracamente acoplados, 10
    hive do, 477
    linux, obtenção do tamanho da página, 198
    móveis
        multitarefa em, 67
        permuta, 192
    multicore, 9, 10, 63
    multiprocessadores, sistemas paralelos, 9
    operacional(is)
        híbridos, 47, 48
            android, 47, 48
            iOS, 48, 49
            Mac OS X, 47, 48
        portabilidade de, 463

ponto de restauração, 477
servidor
    de arquivos, 22
    de comutação, 22
tempo de desenvolvimento, 393
SJF (scheduling job-primeiro), 143-145
Skype, 23
SLOB, alocador, 240
SLUB, alocador, 240
SMB (bloco de mensagens do servidor), 482
SMSS (*session manager subsystem*), 477
Software como serviço (SaaS), 24
SPARC, 206
SRM (monitor de referência de segurança), 476
SRW (locks de leitor-gravador magros), 486
SSDs (discos de estado sólido), 256
SSTF scheduling, 259
Subsistemas, 77
    ambientais, 463
    de proteção, 464
Superusuário, 292
SYSGEN, 52

T

Tabela(s)
    de arquivos abertos, 276
    de manipuladores, 468
    de páginas aninhadas (NPTs), 395, 396
    de ponteiros do diretório de páginas, 208, 209, 470
    de PTEs, 469
Taxa
    de uma tarefa periódica, 154
    monotônica, 154, 155
TCP/IP, 21, 419
TEBs, 487
Tecnologia de visualização AMD (AMD-V), 396
Tela sensível ao toque (touchscreen), 4, 34
Tempo
    compartilhado (multitarefa), 12
    de desenvolvimento do sistema, 393
    fatia de, 441
    real Scheduling da CPU, 152-156
        baseado em prioridades, 153, 154
        das cotas proporcionais, 156
        do POSIX, 156
        limite-de-tempo-mais-cedo-primeiro, 155, 156

minimizando a latência, 152
taxa monotônica, 154, 155
Thread, armazenamento local do, 104, 105
Threading
    implícito, 101-103
        grand central dispatch (GCD), 102, 103
        OpenMP, 102
        pools de threads, 101, 102
Threads
    cancelamento de, 104, 105
    no linux, 106, 107
    no windows, 105, 106
    pools de, 101, 102
Thunking, 461
TLBs micro, 210
Tokens de segurança, 476
Tradução
    binária, 395, 396
    de endereço de rede (NAT), 403
Transacional, memória, 130
Transmissão de mensagens
    assíncrona, 35, 74
    síncrona, 74
TSC (contador do marcador de tempo), 465

U

UAC (controle de conta de usuário), 385
UI (interface de usuário), 31
UMDF (estrutura de drivers de modalidade de usuário), 474
UMS (scheduling de modalidade de usuário), 158, 159
USBs, 255
Usuário, permuta rápida de, 460, 478
UT (thread de modalidade de usuário), 467

V

VACB (bloco de controle de endereços virtuais), 475
Variáveis de condição, 486
VAX, arquitetura, 203, 204
VCPU (CPU virtual), 394-396
Virtualização, 23
    ambiente de programação, 400
    assistência de hardware, 396, 397
    benefícios, 393, 394
    componentes do sistema operacional, 401-405
        gerenciamento

de memória, 402, 403
do armazenamento, 403, 404
I/O, 403
migração dinâmica, 405, 406
scheduling da CPU, 401
    emulação, 400, 401
    interceptação, 394, 395
        e emulação, 394, 395
    recursos, 393, 394
Vírus love bug, 382
VM (gerenciador de memória virtual), 468-472
VMCSs (estruturas de controle de máquinas virtuais), 396
VMM (gerenciador de máquina virtual), 14, 391
VMware, 392, 405-407

W

Wait ( ), chamada de sistema, 68-70
Windows
    7
        eficiência no uso de energia, 463, 464
        gerenciador de energia, 476, 477
        módulo de integridade de código, 461
        mutant, 466
        permuta rápida de usuários, 478
        segurança, 385, 386
        serviços de terminal, 478
        sincronização, 466, 486
        suporte internacional, 463
        user-mode scheduling (UMS), 158, 159
    executivo, 467-478
        gerenciador de energia, 476
        inicialização, 477
    gerenciador de tarefas, 49, 50
    políticas de grupo, 484
    Vista, 459, 460
        links simbólicos, 481
        segurança, 385
    XP, 460
Winsock, 487, 488
Workstation (VMWare), 405, 406

X

Xen, 392

Z

Zonas, 401